제2차 세계 대전사

문두식 지음

제2차 세계대전사

초　　판　2024년 6월 25일
지 은 이　문 두 식
펴 낸 곳　대한기획인쇄
주　　소　서울시 용산구 원효로 68(원효로 4가. 영천B/D 3F)
전　　화　02)754-0765
팩　　스　02)754-9873
이 메 일　cm9193@hanmail.net

값 50,000원

ISBN 979-11-85447-18-6 (03300)

서 문

문 두 식
저자 전 기무사령관 예)육군 중장

1944년 6월, 연합군의 노르망디 상륙작전 시에 독일군 한 명이 미군 공수부대에 투항했다. 동양계인 그는 한국인이었고 이름은 양경종이었다.

그는 1938년, 18세의 나이로 일본군에 강제 징집되어 만주의 관동군에서 근무하던 중, 1939년 할인골(일본어로 노몬한) 전투에 동원되었는데, 거기에서 소련군에 포로가 되었다. 1942년에 소련군은 독일과의 전투에서 궁지에 몰리자 포로 수천 명을 골라 소련군에 강제 입대시켜 종군케 했는데, 양경종은 이때 소련군에 징집되었다. 양경종은 1943년 초 우크라이나 남부 하리코프 전투에 투입되었다가 독일군에 포로가 되었는데, 병력이 부족한 독일은 그를 독일군에 다시 입대시켰다. 그는 1944년에 유타 해변의 코탕탱반도에서 대서양 해안을 방어하는 임무를 맡고 있다가 미군에게 항복하여 포로가 되었다. 종전 후에 양경종씨는 석방되어 미국으로 건너가 과거를 숨기고 일리노이에서 살다가 1992년 생을 마감했다.

그는 그야말로 기막힌 일생을 살았다고 할 수 있겠다.

양경종씨의 예를 하나 들었지만, 2차 대전사에는 양경종씨의 일대기와 같이 극한의 상황에서 일어날 수 있는 처참하고도 흥미로운 사례가 너무나 많다.

저자가 2차 대전사를 쓰게 된 동기는 37년간의 군 복무를 마치고 2004년부터 원광대의 군사학과에서 전쟁사를 비롯한 군사학을 강의한 데서 시작되었다.

돌이켜 보면 1960년대 후반에 사관학교를 다닐 때 전쟁사와 군사 사상을 얕게 배워 학생들에게 강의할 만한 실력이 부족함을 절감하고 학생들에게 강의하기 위해서는 스스로 연구해야만 했고, 서점에서 참고도서를 구매하고 읽고 정리하면서 나의 부족함을 크게 느끼게 되어 점차 연구의 폭을 넓혀 가게 되었다.

차츰 독서량이 많아지고 모르는 부분을 보충하기 위해 교보문고를 방문하는 횟수가 늘어감에 따라 강의 내용을 정리하여 책을 한 번 써볼까 하는 생각이 들어 무모한 용기를 내어 글을 쓰게 되었다.

논문 작성법이라는 과목을 수강해서 대강 책을 쓰는 방법이야 알았지만, 컴퓨터 워드는 독수리 타법이고 문서 작성 방법도 서툴러서 주로 딸에게 자주 물어가며 조금씩 앞으로 나아가게 되었다. 모르는 학문의 내용을 알아가는 것이나 미숙한 컴퓨터 조작을 익혀가는 과정이 모두 어려웠지만, 나에게는 한편 무척 즐거운 시간이었다. 학문을 전공하는 학자들이 이래서 일생을 바쳐 연구에 몰두하는가 보다 하는 답을 알 것 같았다. 모르는 것이 있으면 새로 책을 사고 자료를 구하려고 하는 노력이 싫지 않았다. 아니 즐겁기도 했다. 그러다가 제대로 잘 정리해보려는 욕심에 컴퓨터를 잘못 조작해 200페이지 정도 분량이 모두 날아가 버려 컴퓨터 전문가들에게도 문의했으나 복구할 수 없어 아쉬웠지만, 다시 처음부터 시작했다. 또 언젠가는 바이러스에 감염되어 상당 분량이 못쓰게 되어 작업을 다시 하게 되는 등 순전히 컴퓨터에 미숙한 탓에 훨씬 많은 시간이 걸렸지만, 한편으로는 보다 충실한 연구가 되게 하는 효과도 있었다.

근본적으로 저자가 원래 학자가 아니어서 학문을 젊어서부터 전공한 학자들만큼 훌륭한 작품을 만들 자신도 없었으나 '아무리 전문가라도 한 꺼풀만 벗기면 비슷할 수 있다'라는 어떤 전문가의 말을 믿고 무모한 용기로 1,000페이지에 달하는 책을 써보게 되었다.

또 하나의 계기는 이 책을 쓰기 시작할 무렵 [이충무공 진중일기]라는 책을 접하게 되었다. 저자는 전라 좌수영 박물관 관장인 임00씨가 쓴 책으로 내심 감탄했다.

충무공에 관한 연구를 해 본 바는 없으나 이분이 쓴 책은 내용 면에서 과거 읽었던 어떤 책보다도 훌륭하다는 느낌이었다. 전라좌수영 박물관의 관장이었으니 남보다 많은 원전 자료를 접할 수 있었으리라 생각하면서도 소위 충무공 연구를 전문으로 한 어떠한 학자보다도 풍부한 고증과 자료를 제시하고 있어 감탄했는데, 이분의 작품을 보고서 필자도 용기를 얻게 되었다. 소위 재야의 고수들을 접할 수 있었다고 할까?

실제로 2차 세계대전에 관한 다수의 책을 섭렵해보니 필자의 수준으로는 모든 작가의 서적이 매우 훌륭했지만, 내 생각에 다소 아쉬운 부분도 보였다. 예를 들어 2차 대전에 관한 서적이 대부분 영국과 미국 책의 번역본인데, 저자들 역시 미국과 영국의 학자들이어서 미국, 영국 연합군이 싸운 전투 부분은 상세하게 잘 기술되어 있는 데 반해 독소전쟁이나 태평양 전쟁 부분은 다소 소홀하게 취급된 것 아닌가 하는 생각이 들었다.

그래서 영어 원문을 읽는데도 아주 초보 수준인 나의 형편에 욕심 같아서는 일본어나 러시아어를 잘 알아 그들의 책을 더 많이 읽어낼 수 있다면 하는 욕심도 들었다.

그러나 근래에 러시아 관련 서적이 다소나마 번역본이 있고 일본 관련 서적은 그보다 많이 나와 있어 갈증을 해소할 수 있었다. 그래서 영국이나 미국에서 발간된 책을 기초로 소련과 일본에 관한 부분을 조금 보충했다.

그러나 연구가 일천한 저자의 능력으로 졸저를 면할 수 없을 것이나 저자는 15년이 넘는 기간을 그야말로 틈틈이 정리했다는 노력에는 스스로 점수를 주고 싶다. 그리고 내용면에서 종료된 지 80년이 지나가는 시점에서의 2차 대전사가 세간의 흥미를 끌 수는 없을 것이나 군사학을 연구하는 학도들에게는 반드시 한 번 읽어 주었으면 하는 욕심이 있다.

레닌그라드나 스탈린그라드 전투의 잔혹함이나 과달카날을 필두로 태평양 전쟁에서 벌어졌던 참혹함과 유대인 학살을 필두로 한 인종 말살 등은 인간사에서 감히 상상할 수 있는 상황이 아니지만, 현재에도 재현되고 있기 때문이다.

러시아와 우크라이나 전쟁이나, 이스라엘과 하마스의 전쟁이 그렇다고 하면 반론을 제기할 것인가?

인간이 거대한 독재자나 이데올로기 집단의 광기에 몰려 극한의 상황이 되면 전쟁의 승리를 위해 인간이 발휘할 수 있는 모든 지적 능력은 물론이고, 인간이라면 절대 해서는 안 될 비인도적인 행위도 너무나 많이 자행된다.

보급이 끊어진 지역에서는 군인이나 민간인 수백만 명이 굶어 죽는 일은 필연적인 숙명이었다.

이러한 극한의 상황을 극복하기 위해 인간이 할 수 있는 일은 무엇일까?

모든 지혜를 동원하여 더 많은 적을 더 쉽게 죽일 수 있는 첨단 무기와 전략 전술을 개발하고, 외교력을 발휘하여 더 많은 동맹국을 만들어 적을 고립시키기 위해 이익을 제공하며 힘으로 약소국을 억압하는 것은 너무나 당연한(?) 일이었다.

그래서 20세기를 학자들은 [극단의 시대]라고 평하고 있는데, 두 번의 세계대전과 공산주의 등장으로 인한 이념 전쟁에서 인간 세계에서 일어날 수 있는 극단의 상황이 전개되었기 때문일 것이다.

이를 극복하기 위해 인간은 발휘할 수 있는 모든 능력을 경주해야만 했다.

대량 살상을 위한 핵무기, 화학무기, 생물학무기를 개발하였으며 핵무기는 실제 사용되어 현장에서 20만 명 이상이 숨졌고, 후유증으로 숨진 사상자를 포함하면 정확한 통계는 명확하지 않으나 기존 사상자의 50%는 될 것으로 추정된다.

핵무기의 사용은 적을 조속히 항복시켜 전쟁의 지속으로 인해 발생 가능한 더 많은 희생자를 예방한다는 명목으로 일부 면죄부를 받았지만, 인류 역사에 언제까지나 어두운 그림자로 남을 것이다.

그나마 마지막 남은 인류의 양심에 따라 사용이 제한된 화학무기와 생물학무기는 전후 북한 등 일부 독재 국가를 제외하고는 국제협약에 따라 영구 폐기된 것은 참으로 다행한 일이다.

V-2 로켓은 수백 발이 발사되었는데, 가장 치명적인 사례는 한 발이 벨기에의 극장에 명중되어 560여 명이 단숨에 죽었다. 로켓을 개발한 나치 친위대 장교는 훗날 미국으로 가서 우주 개발을 위한 선구자로 세상의 추앙을 받았다.

만일 전쟁 말기에 개발된 제트기가 좀 더 일찍 대량 실전 배치되었다면? 잠수함의 AIP(공기독립추진) 체계가 역시 좀 더 일찍 실전 배치되었다면? 전쟁의 향배는 어떻게 되었을지 모른다.

나의 직업군인 생활을 통해 가장 가슴에 남는 명언 중의 하나는 나폴레옹이 말한 "병사는 위로 행군한다"라는 말이었다. 전장에서 흔히 전쟁을 위해서는 절대 필수적인 식량의 결핍으로 장병들이 아사하는 경우가 많았다. 특히 독재 국가에서 인명을 경시하는 경향 때문이라고도 할 수 있다. 레닌그라드전투, 스탈린그라드전투에서 보급의 중단으로 수십만 명이 아사했다. 굶주림을 면하기 위해 장병들은 식량이 될만한 짐승들을 모두 먹었고, 심지어는 군화를 끓여 수프로 먹었다는 기록이 있으며, 마지막에는 인육을 먹었다고 한다.

군에서는 흔히 병사가 가장 훌륭한 나라는 소련군이라고 한다. 그들은 북극을 향하여 '우향우'라고 구령하고 '앞으로 가'라고 하면 북극까지도 군말 없이 간다고 농담한다.

부사관은 일본군으로 그들은 천왕 폐하를 앞세우고 병사들을 쥐어짜 죽음도 불사하게 만든다.

장교는 독일군을 최고로 친다. 그들은 강한 민족주의로 무장하고 임무형 지휘를 기본으로 공지작전을 비롯한 전술 전기에 능숙하며 독단 행동도 허용하여 매우 효율적으로 전투를 수행한다.

장군은 미군을 제일로 생각한다. 그들은 민주주의를 바탕으로 합리적인 생각과 장병들의 생명을 소중하게 생각하며 전장에서 포로나 민간인에 대한 국제법을 준수하려 한다고 해서일 것이다.

이러한 조크에 바탕을 두고 전쟁 양상을 비추어 보면 얼추 이해가 간다.

특히 독일군의 장교들은 기획과 작전에 매우 능하고 전술 전기에 숙달되어 있다. 반면에 상대적으로 인사, 군수, 정보의 기능을 소홀하게 취급한 경향이 있다. 각급 부대에서 작전

참모가 다른 참모보다 계급이 높았고, 작전참모는 대부분 엘리트인 일반참모(General Staff) 출신이었다. 그런 영향으로 다양한 전투에서의 정보판단은 많은 오류를 가져왔고, 인사 군수지원은 거의 언제나 부족하여 결과적으로 전쟁의 총체적인 패배로 연결되었다.

모스크바 전투에서의 월동용 장비의 터무니 없는 부족, 북아프리카 전선에서 롬멜군과 스탈린그라드 전투에서 제6군에 대한 보급의 부족이 결국 처참한 패배로 연결되었다.

지휘체계에서도 히틀러는 독일군의 총사령관을 필두로 육군총사령관과 때로는 군사령관까지 독점하면서 군의 주요 사령관들의 지휘권을 빼앗아 융통성을 없애버렸다. 대부분의 전역에서 후퇴를 절대 불허하여 엄청난 전력을 낭비하였으며 참모들의 반대에도 불구하고 히틀러의 직접 지시로 실행된 벌지 전투를 비롯한 대규모 전투에서도 많은 전력을 낭비하는 결과를 낳았다. 손자병법을 거론할 필요도 없이 전쟁 전문가가 아닌 정치가가 세세한 작전에 개입하면 패배한다는 것은 기본 원칙이다. 그런데도 독재자들은 흔히 그런 오류를 저지른다. 히틀러, 스탈린이 그랬고, 처칠도 많은 오류를 범했다고 할 수 있다.

태평양 전쟁에서 일본군의 부족한 식량 보급에 관한 기록은 너무나 많다.

역시 나폴레옹의 경구를 인용한다면 "전장에서 나쁜 병사는 없다. 나쁜 장교만 있을 뿐이다."라고 했는데, 일본군은 보급을 너무 경시하고 천황에 대한 충성심을 강조하여 굶주린 병사를 연합군의 기관총 앞에 총검을 들고 돌격시켜 귀중한 전력을 희생시켰다.

오로지 영국군이나 미군은 겁쟁이라서 야간에 함성과 함께 돌격하면 모두 도망갈 것이라는 터무니없는 믿음으로 장군, 장교들의 명령에 따라 죽음 앞에 뛰어든 것이다. 그 결과 일본군 병사들은 미국이나 영국군의 육해공군이 일본군의 용감성을 뛰어넘는 용기와 명예심을 지니고 있어 자신들보다 오히려 더욱 강하다는 것을 얼마 후에는 배웠지만, 부족한 전력을 보충할 자원을 찾지 못하고 대신에 자살 특공대인 가미카제(新風)나 가이텐(回天)이라 불리는 항공기나 잠수함으로 살아 돌아올 수 없는 병기를 만들어 인명을 소모하는 전쟁 범죄를 저질렀다.

우리는 어렸을 때 삼국지를 읽었다. 많은 영웅의 신화적 활동에 흠뻑 빠져 밤을 새워 몇 번씩 읽었던 기억이 새롭고 삼국지를 세 번 이상 읽은 사람과는 함부로 대적하지 말라고도 했다. 삼국지가 그만큼 많은 간접 경험과 지혜를 우리에게 준다고 믿었기 때문이다.

그렇다면 2차 대전과 삼국지를 비교하면 어떨까 하는 생각을 해본다.

정상적인 역사의 기술인 2차 대전사와 역사에 기반을 두었다지만, 흥미를 가미한 삼국지를 같은 선상에 놓고 비교한다는 것은 올바르지 않다는 것은 잘 알지만, 구태여 비교한다면 엄청난 차이가 있을 것이다. 우선 역사가 전개된 무대의 크기와 등장인물 면에서 너무 큰 차이가 있을 것이고, 투입된 물량과 노력에서도 비교할 수 없을 것이다.

삼국지를 세 번 읽은 사람과는 함부로 대적하지 말라고 했는데, 그렇다면 2차 대전을 세 번 읽었다면 어떻겠는가? 하는 생각을 해본다. 삼국지의 무대인 중국이 넓은 대륙이라고는 하지만 세계대전의 무대는 전 세계에 미치고 있으며, 참전 국가도 거의 전 세계 모든 국가가 참전했다고 해도 틀린 말은 아니다. 따라서 2차 대전의 역사를 공부하고 이해하는 것은 인간으로서 무궁무진한 지혜를 얻게 될 것이다.

물론 2차 대전이 종료된 이후 어언 80년이 지났다.

당시에 사용된 경이적인 무기나 전격전 같은 전법은 이제는 미사일이나 드론 같은 신무기체계로 대체 되어가고 있지만, 아직도 전장의 주역으로 사용되고 있으며 이들을 연합 및 합동작전에서 능숙하게 운용하는 것이 전장에서 승리를 가져온다.

다시 말하면 2차 대전에서 얻을 수 있는 교훈은 아직도 무궁무진하다.

전쟁하면 흔히 무기를 기본으로 전투 장비와 병력의 수를 기초로 한 부대의 수와 사용된 전술, 전략을 승패의 핵심 요소라고 생각한다. 그러나 전쟁사를 연구해 보면 그보다 더욱 중요한 것은 국가를 지키고자 하는 국민의 전쟁 의지와 전쟁 지속능력이라는 것을 알 수 있다.

프랑스는 전쟁의 징후가 명약관화한데도 좌우의 이념 대립으로 국민에게 방위 의지를 심어주지 않았다.

독일군이 공격할 것이라는 수많은 징후를 모두 무시했고, 아니 무시한 것이 아니고 방치했고, 이미 기습을 받아 돌파구가 크게 형성이 되었어도 실시한 역습은 한 번도 의미 있게 실행되지 못했다. 패퇴하여 분쇄된 부대는 집결하여 저항하려는 의지를 포기하고 길가의 카페에서 항복하려고 하루 이상 기다리기도 했다.

이탈리아가 침범하는 것을 방어하기 위해 출격하려는 항공기를 이륙하지 못하도록 활주로에 장애물을 설치하기까지 했다.

역사가들은 프랑스 패망의 책임을 군대에 우선하여 정치와 교육에서 찾았다. 좌우익의 대립으로 인한 국론 분열과 젊은 세대에게 국가를 수호해야 한다는 교육을 하지 않은 데서 패배의 원인을 우선 찾고 있는데 참으로 공감이 간다. 군대에 앞서 정치와 교육의 책임을 먼저 묻고 있다.

일본은 자국의 능력을 너무나 초월하는 전쟁의 목표를 세우고 스스로 자멸해 갔다. 대동아 공영권이라는 허위 명분을 내세워 독립을 갈구하는 동남아 제국에서 일부 동의와 지원을 얻기도 했지만, 터무니없이 넓은 태평양에서의 세력 범위는 점차 자신을 옭아매는 족쇄가 되었다. 이를 보충하기 위한 방책은 천황에 대한 충성이란 명분을 내세워 자살의 길로 가는 것이었다.

반면에 미국과 영국, 소련은 광대한 영토와 자원을 이용하여 적을 압박했다.

특히 미국은 자원을 마음껏 활용하여 연합군에 제공하는 것은 물론 자원이 부족한 적을 소멸시켰다. 미국은 1941년 12월 7일 진주만이 기습을 받기 전에 이미 무기대여법을 통과시켜 연합군을 적극적으로 지원하기 시작했다.

세계 전쟁에 참여하는 것을 꺼리던 미국은 막상 진주만 기습을 받자 거인이 잠에서 깨어나 포효하듯이 전비를 챙기기 시작했다.

미국의 산업 능력은 거의 무궁무진하여 항공기, 선박, 전차, 기관차 등 무기류를 대량으로 소련과 영국, 중국에 공급했다. 일반 장구류에서도 일례를 들면 내피에 털이 장착된 군화 1,500만 켤레를 소련에 제공하여 모스크바 전투나 스탈린그라드전투 시기의 혹한에서도 동상에 걸리지 않고 전투할 수 있도록 지원했다. 식량도 연합군에게 가장 인기 있었던 것은 반 파운드 크기 돼지고기 통조림인 스팸(SPAM)으로 전 연합군 병사에게 하루에 한 개씩 보급했다. 소련 병사들은 이를 '분홍색 살코기'라고 매우 선호했다고 한다. 대략 수천만 명이 넘는 연합군 병사에게 하루 한 개씩 보급했다니 산업 능력은 경이적이었고, 그 산업 능력이 2차 대전에서 승리를 가져온 가장 큰 요인이었다.

미국의 경우 젊은 남성이 1,000만 명 정도 징집되자 여성 인력이 산업전선에 대거 투입되어 여성의 권한이 남성과 대등해지는 사회 혁명이 일어나 인류 역사의 흐름을 바꾸게 하였으며, 물론 전쟁의 승리를 위한 방편이었을지라도 루스벨트와 처칠의 [대서양 헌장] 선언은 2차 대전 이후 새로운 세계질서를 창조했다.

대부분 민족이 시차를 두고 모두 독립했으며, UN의 창립과 GATT 체제의 탄생으로 인류의 공동번영으로 가는 길을 제시했다.

책의 말미에 3부의 부록을 기록했다.

첫째 부록은 유대인 학살로 저 멀리 출애굽기부터 로마 시대, 십자군 전쟁과 중세 시대의 유대인 핍박에서 2차 대전으로 이어지는 과정과 유대인 학살의 상황을 기록하여 다시는 재발되어서는 안 된다는 차원에서 역사적, 민족적, 종교적 관점에서 고찰해 보았다.

둘째는 페이퍼 클립 작전(Paper Clip Operation)으로 2차 대전 종료와 동시에 시작된 동서 냉전으로 인해 차후 전쟁에 대비하는 차원에서 전쟁범죄자로 재판에 회부되어야 할 독일이나 일본의 과학자들을 비밀리에 미국으로 데려와 연구 개발에 활용한 내용을 담았다.

이는 소련도 마찬가지였다.

셋째는 전쟁으로 인해 파괴될 수 있는 인류 문화재를 보호하는 것과 독일에 약탈당한 국가, 또는 개인의 문화재를 전쟁 이후에도 최선을 다해 되돌려준 미국과 영국의 노력에 대해 기록했다. 과거 전쟁에서는 승리한 국가가 중요한 보물들을 약탈해 갔던 관행을 완전히 뒤집는 쾌거였으며 숭고한 인류애의 표본이라고 할 수 있겠다.

관점을 달리해 보면 2차 대전이라는 전대미문의 재앙을 겪으면서 인류는 새로운 차원의 인권이 보장된 행복의 길로 나아가는 진정한 계기가 되었다고 할 수도 있겠다.

새로운 세계로 나아가는 데는 인류의 공존공영과 홍익인간의 정신이 바탕인 인본주의(Humanism)가 답이라는게 필자의 생각이다.

세계대전이 종료된 이후 80년이 되어가는 현시점은 러시아의 우크라이나 침공으로 서방세력과 러시아의 대결 구도와 팔레스타인의 생존권에서 비롯된 가자 지구에서의 전쟁이 중동 지역 전체의 전쟁으로 번질 가능성이 농후하다.

현재의 국제적 안보 상황은 마치 거대한 댐에 물이 가득 차서 흘러넘치기 일보 직전이라고 본다.

독재 국가의 지도자들이 영구 집권체제를 완비하고 패권주의를 지향하면서 세계의 평화와 번영은 물론, 자국민의 안위마저 도외시하면서 도발에 나서고 있다. 러시아나 중국, 터키는 헌법을 개정하여 영구 집권체제를 공고히 하여 자국민을 볼모로 하고 있다.

심지어 자유 진영의 선도역할을 담당하는 미국도 대선을 앞두고 당선 가능성이 가장 높은 후보는 세계의 기본 질서를 무시하는 정책을 연일 발표하고 있다.

특히 중국은 근래의 심각한 경제난에도 불구하고 대외에 적대적인 전랑(戰狼)외교 정책과 초한(超限: Beyond the extreme war)전쟁이라는 개념의 공격적이고 위협적인 내부의 정책을 암암리에 추진하고 있다. 이를 위해 전 세계에 공자학원이라는 평화적인 이름의 연구소를 만들고 내부적으로는 자신들의 패권주의를 선전하는가 하면 비밀경찰 조직을 확산시키고 있다. 남중국해에서의 분쟁과 일대일로의 정책 역시 주변국들과 마찰을 빚어 언제라도 충돌할 우려가 있다.

이와 함께 중동의 정세 역시 언제라도 강도 높은 충돌로 변화할 가능성이 고조 되고 있다.

우리는 국제정세 변화에서 위협과 적대적 태도를 강화해 가는 북한의 도발 가능성을 염두에 두고 슬기롭게 철저한 대비태세를 갖추어야 할 시점이다.

2차 세계대전사는 그런 의미에서도 반드시 공부해야 할 이유가 있다.

현대전의 양상은 사이버, 드론, 미사일이 중심이 되는 것 같지만, 아직도 보전포 협동, 공지작전, 연합작전 능력과 전쟁 지속능력인 인력과 군수지원이 최종 승패를 가르게 될 것이다.

우리 군은 2차 대전에서 롬멜이나 구데리안 만큼 보전포 협동에 능한가? 공지작전 능력이 그들을 능가하는 정도의 훈련이 되었는가? 스탈린그라드전투나 쿠르스크전투에서 소련군만큼 장애물 설치와 대전차전, 참호전투에 능한가? 영국전투에서 전투기사령관 다우딩만큼 선지적인 방공작전을 전개할 수 있는가? 잠수함전에서 되니츠만큼 부하들을 진정한 에이스로 만들 수 있는가? 미드웨이 해전에서 미군 조종사들의 살신성인하는 감투 정신을 갖추고 있는가? 오키나와나 이오지마전투에서 비록 패했지만, 일본군의 전투 의지, 그리고 그에 맞선 미 해병대만큼 애국심과 자긍심을 갖추고 있는가?

나는 여러 전투에서 최고의 군대를 예를 들었지만, 우리 군이 그 수준에 도달해야만 전쟁을 억제하고 국민의 생명과 재산을 보호할 수 있을 것이다.

그래서 군사학도들은 전쟁사를 열심히 공부해야 한다고 생각한다.

나이 80을 앞두고 두꺼운 책을 발간하는데 자부심을 느끼며 이 책을 발간하는 데 많은 도움을 주신 원광대 전 안보 대학장 김태웅 교수와 한국군사학회 관계자, 그리고 그동안 격려해주신 모든 분께 감사드린다.

특히 책의 모자란 부분을 감수해 주시고 기꺼이 추천사를 써주신 장정길, 남재준, 이한호 전직 총장님들과 이철우 해병대 사령관님께 깊은 감사를 드린다.

장차 우리나라를 지키고자 군인이 되고 싶어하는 군사학도들에게 이 책이 다소의 도움이 되었으면 필자의 목적은 달성하는 것이 되겠다.

2024년 6월

추천사 1

남 재 준
第25대 육군참모총장 예)육군대장, 전 국정원장

무릇 인간은 개인으로부터 국가에 이르기 까지 근본적으로 "생존과 번영을 위하여 때로는 자연에 순응하고 때로는 경쟁하거나 때로는 격렬하게 투쟁"하며 그 삶을 이어 나갔다.

자연자원이 풍족하였던 인류 출현 초기에는 채집과 수렵으로 그 삶을 영위 할 수 있었으나, 인구가 증가함에 따라 점진적으로 살던 지역을 떠나 자연스럽게 보다 더 나은 환경을 찾아 이동하게 되었다. 그 과정에서 그들 중 일부가 새로이 발견된 생활환경이 좋은 지역에 점차 정착하게 되면서 생활수단이 채집에서 영농으로, 수렵에서 가축의 사육으로 변화되었고, 이에 따라 잉여물자가 생기게 되자 이들은 자연변화에 보다 더 안정적으로 적응하기 위해 "저장"을 하기 시작하여 비축이 보편화 되어갔다. 그러나 이와 동시에 무리집단들의 거주 환경과 기후 조건에 따른 생산과 소비의 불균형 현상이 난 결과 전쟁이라는 현상이 인류역사에 출현하기 시작하였다.

서양의 문명사학자이자 윌 듀런트는 〈역사의 교훈〉에서 역사가 기록된 이후 3,421년 중 전쟁이 없었던 해는 268년으로 7.8%에 불과하다고 하였고 저명한 미래학자인 앨빈 토플러는 1945년부터 1990년까지 2,340주 동안 지구촌에 전쟁이 없었던 시기는 단 3주일뿐이라고 단언한바 있다. 이는 전쟁의 정의와 범위를 어떻게 정 하느냐에 따라 학자 간 다소 차이가 있지만 일반적으로 인류역사의 전 기간 중 전쟁 기간이 80~90%에 달한다는 견해에 대하여는 대체로 일치하고 있다.

이렇듯 인류의 역사는 불행하게도 전쟁의 역사다. 따라서 전쟁사를 이해하지 못하고는 결코 인류의 역사를 말할 수 없다. 여기에 전쟁사의 중요성이 있다.

그동안 출판된 제2차 세계대전에 관한 저서들이 적지는 않았다. 그러나 우리 한국의 전사학도들에 의한 체계적인 연구와 출판은 과문한 탓에 듣지 못하여 아쉬웠던 차, 문두식 장군의 「제2차 세계대전사」를 접하게 되었다. 그렇지만 솔직히, 본인이 전사에 대하여는 비교적 많은 관심을 가져 왔다고 자부 하였을 뿐 아니라 전역 후 대학에서 10년 가까이 학생들에게 세계 및 한국 전쟁사를 강의해온 본인으로서 특별히 새로운 내용을 기대하지는 않았다.

그러한 마음 때문에 문두식 장군으로부터 추천사를 써 달라는 부탁을 받았지만, 본인의 일천한 지식과 부족한 덕망을 내세워 사양하였으나 거듭되는 요청에 천여 쪽이 넘는 방대한 양의 책을 받아들고 들쳐 보았다.

처음에 나는 대략 책의 문맥과 흐름만 보려는 가벼운 마음으로 읽기 시작하였다. 그러나 얼마 되지 않아 다시 첫 장으로 돌아가 시험 보듯 밑줄까지 쳐가며 정독하지 않을 수 없었다. 왜냐하면 여태껏 출판된 기존 전쟁사들의 대부분은 저자의 집필목적에 따라 다소 차이는 있지만, 대략 작전적 기동을 중심으로 한 각 전역의 진행경과를 기술 하였거나 또는 전쟁의 개시 및 종전과 그 전쟁이 세계사의 흐름에 미친 영향을 정치나 경제 및 사회사를 중심으로 기술한 것이 대부분이었다.

그러나 문장군은 기존에 출판된 서적과 연구물의 결과에 더하여 각 전역에서 이루어진 전술적 수준에서의 전장상황과 전투실상을 보다 구체적으로 추가 서술함으로서 전사학도들에게 전쟁 전반을 이해할 수 있도록 함은 물론 전투 이외의 역사적 사실까지를 망라하여 그 자세한 수치까지를 제시함으로서 군인에게 간접 전투경험까지를 습득할 수 있도록 하였다. 이로써 전쟁을 경험하지 못한 후배장교들이 전장실상을 이해하고 전투감각을 습득함으로써 전쟁 및 전투지휘 능력을 크게 향상 시켜 우리 자유조국 대한민국을 방위하는 사명을 수행하는데 힘을 보탤 것으로 믿어 의심치 않는다. 아울러 전쟁사에 관심이 있는 일반인들에게도 이 시대를 살아가면서 숙명적으로 그 언저리를 헤치며 살아가게 되는 전쟁과 평화, 그리고 생존과 번영이라는 명제를 이해하는데 크게 보탬이 될 것을 기대하는 마음으로 14년에 걸친 문 두식 장군의 역작 「제2차 세계대전사」를 일독할 것을 권하는 바이다.

2024년 6월

추천사 2

장 정 길
제23대 해군참모총장 예)해군 대장

이 책의 저자 문두식 장군은 따뜻하고 소박한 품성을 지녔으며 매사에 긍정적이고 인간관계를 소중히 생각하는 사람이다.

나는 해군 출신으로 저자와는 현역 시절부터 20여 년간 오랜 우정을 이어왔다.

그동안 15년이란 세월에 걸쳐 힘들게 집필한 본 책자를 세상에 나오기 전에 먼저 볼 수 있었다는 것, 그리고 추천사를 쓰게 된 것 모두 큰 기쁨이며 감사함을 느낀다.

본 책자의 내용은 제1차 세계 대전 후 승전 연합국과 패전국 독일 간에 비준된 베르사유조약 이후 그 집행과정에서 시작된다.

전후 각국의 정치, 경제, 사회와 시대적 배경과 패전국의 배상 문제 등, 특히 히틀러의 등장으로 전쟁으로의 길로 들어서게 된다.

독일이 오스트리아와 체코를 합병하고 폴란드를 침공함에 따라 영국과 프랑스가 독일에 선전포고함으로써 제2차 세계 대전이 본격적으로 시작된다.

본 책자는 전쟁에 앞서 각국의 전쟁 준비와 전쟁 진행 과정, 그리고 결과 등 내용이 설명되어 있다.

그뿐 아니라 이 책은 세계 각 지역에서의 지상전 전투 상황은 물론 태평양 지역의 각종 해전까지 소상하게 기록된 대작이다.

말하자면 제2차 세계 대전의 백과사전이라 할 수 있다.

대한민국은 80년 전에 2차 대전 종료 후 일본 식민지로부터 독립되고, 연이어 6.25 전쟁 참상의 아픔을 뼈저리게 경험한 바 있다.

지금은 세계 10위의 경제 대국으로 발돋움하고 있지만, 최근 우크라이나 사태와 이스라엘-하마스 전쟁 등의 국제 정세와 북한의 핵 위협을 고려해 볼 때 안보가 매우 우려되는 위기라 아니할 수 없다.

우리는 이 위기를 슬기롭게 극복해 나가야 한다.

전쟁은 전장에 참여하는 군인뿐만 아니라 무수한 민간인이 살상되고 모든 시설들이 파괴되어 폐허가 되기 때문이다.

로마의 전략가 베게티우스Vegetius는 "평화를 원하거든 전쟁을 준비하라"라고 했다.

평화를 얻고자 하면 전쟁에 대비하는 마음가짐(안보의식)을 투철하게 하고 나라의 힘, 곧 국방력을 키우라는 것이다.

제2차 세계 대전의 역사를 공부하고 이해하는 것은 무궁한 지혜를 얻을 뿐만 아니라 안보의식을 높일 수 있다.

차제에 본인은 이 책을 집필한 저자의 노고에 높은 찬사를 보내며 이 책자가 군사학을 전공하는 학생은 물론, 수많은 교양인들에게 널리 읽혀지기를 기원한다.

2024년 6월

추천사 3

이 한 호
제28대 공군참모총장 예)공군대장

저자 문두식 장군으로부터 '제2차 세계대전사' 초고를 받아 보고 놀라움을 금치 못했다. 역사를 전공한 학자도 아니고 저술가도 아닌 사람이 37년간의 군 생활을 마치고 전역 후 대학에서 군사학을 강의했다는 경력만으로 이렇게 방대한 규모의 저술을 계획하고 10여 년에 걸쳐 꾸준히 연구하고 집필해온 저자의 집념과 끈기에 경의를 표하지 않을 수 없었다.

2차 세계대전과 관련해서는 수많은 저술과 자료들이 넘쳐나고 있어 지금 이 시점에서 새삼스럽게 2차대전에 관한 책을 출간해도 크게 주목받기는 어려울 것이라는 점을 저자도 몰랐을 리가 없었을 텐데도 이렇게 방대한 작업을 계속한 데에는 그동안 자신이 읽어 왔던 많은 서적들에서 뭔가 부족하고 아쉬운 점들이 있었고 이런 부분들을 보완하고 싶은 뜻이 있었던 것 같다.

추천사를 쓰고 있는 본인도 사관학교에서부터 전쟁사를 배웠고 여러 군사교육 과정에서 2차대전에 관한 강의를 듣고 책도 읽었지만 주로 군사작전이나 무기체계 분야에 더 많은 관심을 두었던 것 같다.

2차 세계대전이 워낙 방대하고 복잡한 전쟁이었기 때문에 이와 관련된 저술들은 저자의 성향에 따라 정치/외교적 관점, 전쟁 발발의 원인, 군사전략, 각 전구에서의 전투 진행 경과, 무기체계의 발전 등 주요 관심 분야를 중심으로 저술한 경우가 많았다.

이 책에서는 1차 세계대전 이후 유럽의 정세, 히틀러의 등장과 전쟁 준비, 그에 대한 영국과 프랑스의 안이한 대응 등 2차 대전의 발발 과정을 잘 기술하였고, 또한 일본의 팽창과 중일전쟁을 거쳐 태평양전쟁에 이르는 배경과 과정에 대해서도 잘 설명하고 있다.

군사작전과 관련 해서는 독일의 폴란드 침공과 전격전, 영국전투에서의 항공전과 잠수함전, 아프리카 전역에서의 기동전, 모스크바와 스타린그라드에서의 지구전, 진주만과 미드웨이에서의 항공모함전, 노르망디 상륙작전 등 거의 모든 주요 전투의 경과와 승패 요인까지 잘 기술하고 있다.

저자가 이 책을 저술한 의도는 단순히 수많은 서적들과 자료들을 섭렵하여 2차대전의 역사를 일목요연하게 정리하는 것만은 아니었을 것으로 짐작해 본다.

이 책에서는 처참한 살육전, 무고한 민간인들의 살상, 학살, 굶주림, 질병, 약탈 등 전쟁의 참혹한 모습들도 상당히 구체적으로 기술하고 있다. 다시 말해서 이와 같이 비참한 전쟁이 다시는 일어나지 말아야 한다는 저자의 속마음이 담겨있다고 볼 수 있을 것이다.

1차대전이 끝나고 나서 전승국들은 베르사유조약과 군축회담 등을 통해 다시는 전쟁이 일어나지 않기를 기대했었으나 불과 20년도 채 지나지 않아 또다시 더 방대하고 더욱 처참한 2차대전이 일어나고 말았던 것이다. 2차대전 후에는 전쟁의 재발을 막고 평화 유지 체제를 갖추기 위해 51개국이 가맹한 UN이 발족 되었으나 미소 간의 대립으로 냉전체제가 성립되면서 전쟁 예방과 평화 유지 기능은 유명무실하게 되고 말았다.

2차대전 후 약 80년에 걸쳐 크고 작은 전쟁이 세계 도처에서 이어졌고 지금도 거의 매일 우크라이나에서 그리고 가자 지구에서 얼마나 많은 시설물들이 파괴되고 얼마나 많은 무고한 사람들이 죽어가고 있는지에 대한 뉴스를 접하면서 살아가고 있다.

이 모든 것이 결코 남의 일이 아니다. 대한민국을 '불변의 제1주적'이라 칭하고 남북관계를 '동족 관계가 아닌 적대적 교전국'이라고 선언한 김정은이 버티고 있는 북한과 마주하고 있는 우리로서는 전쟁 억제가 절대적 우선 과제임은 말할 필요조차 없을 것이다.

전쟁을 알아야 전쟁을 막을 수 있고, 전쟁을 두려워하여 피하기만 하는 것은 오히려 전쟁을 불러들이는 결과를 낳게 될 것이다. 그런 의미에서 2차대전의 역사를 다시 한번 뒤돌아보는 것은 큰 의미가 있다 할 것이다.

군사학을 전공하는 사람들이나 국방 관계자들은 물론이고 더 많은 사람들이 이 책을 읽고 전쟁이 왜 어떻게 일어났으며, 전쟁을 막기 위해서는 무슨 준비를 해야 하는지, 전쟁을 피할 수 없을 때에는 어떻게 침략자를 쳐부수어야 하는지를 생각해 보는 계기기 되기를 바란다.

2024년 6월

추천사 4

이 철 우
제25대 해병대사령관 예)해병대중장

어느날 오후 한통의 전화는 나에게 무척 놀라움과 설레임을 갖게 하기에 충분하였다. 이 책의 저자와는 지난 20여년 간 교제하면서 제2차 세계대전사 연구에 대한 그의 열정과 과정을 자주 들어왔기에 그동안의 산고의 결과가 몹씨 궁금하였다. 일반적으로 2차 세계대전에 관하여는 지극히 단편적으로 교육을 받았고 영화나 서적을 통하여 일부 알고 있어서 낯설지 않으나 이처럼 상상을 초월하는 방대한 양의 자료수집과 연구를 통하여 역사적 사실을 상세하고도 명확하게 한권의 책으로 집대성한 작품은 최초이자 마지막일 것이라 생각되어 그간의 노고를 진심으로 치하하고 깊은 찬사와 경의를 보낸다. 작전수행 과정의 기록은 자칫 딱딱하고 단조로우며 한눈에 쉽게 그려지지 않아서 그냥 지나치기 쉬울 때에도 흥미로움과 새로운 지식을 더해줄 때에는 더욱 놀라움을 금하지 못하였다. 사실 미해병대의 사보해전(Battle of Savo)에서 얻은 해병은 빈곤하다는 뜻인 구두끈 해병(Shoe of String)이라는 별명은 한국 해병대에서 평생을 몸담았던 나도 처음 들어본 이야기다. 제시되고 있는 3편의 부록중 제1부 유대인의 학살(holocaust)은 대부분의 사람들이 단편적이고 피상적으로 알고 있는 지식을 종합적으로 기술하고 있어 오늘날 중동지역에서 벌어지고 있는 이스라엘과 아랍국가 그리고 팔레스타인과의 분쟁에 대해서도 이해의 폭을 넓혀주고 있다. 지난 역사를 통하여 국가 보위와 번영을 위한 참고문헌은 많이 있으나 특히 남북으로 대치된 현 상황하에서 현존하는 북한의 전쟁위협이 급격히 고조되고 있는 시기에 전쟁 억제를 위한 획기적 전력증강은 반드시 필요하고 아울러 국민에게 국방의지 강화와 철저한 교육으로 유비무한의 태세확립이 절실히 요구되는 마당에 많은 가르침을 제시하고 있다. 본 책자를 통하여 장차 군인이 되고자하는 군사학도들에게 도움을 주고 싶다는 필자의 겸손하고 소박한 바램이 아니라 국가안보와 경영을 책임지고자하는 모든 사람들에게 충분한 산지식이 되리라 믿고 필독을 권고합니다.

2024년 6월

목 차

제3부 아프리카 전역

제4부 소련 침공 - 바르바로사 작전

제6부 유럽 서부 작전(1943~1945)

제7부 동부유럽 전선 - 소련군의 반격 작전

제 1 부

전쟁으로의 길(1919년~1939년)

● 1939년 9월, 폴란드의 히틀러. 그의 왼쪽에 당시 영도자호위대대 사령관이었던 롬멜이 있고, 그의 오른쪽에는 참모장인 카이텔이 있다.

제 1 장
제1차 세계대전의 유산

제2차 세계대전은 제1차 세계대전이 종료된 20년 만에 폭발했다. 따라서 제2차 세계대전은 그 기원과 경과와 성격에서 제1차 세계대전의 결과를 돌아보지 않으면 논의가 되지 않는다. 제1차 대전에서 연합군 최고사령관이었던 포슈 장군은 제1차 대전을 종식하기 위한 베르사유 조약을 두고 "이런 회담의 결과로 평화를 가져올 수 있겠느냐? 이는 단순히 20년간의 휴전을 위한 조약이 체결된 것일 뿐이다."라고 혹평하면서 또 다른 세계대전을 예견했다. 베르사유 조약으로 세계는 항구적인 평화를 보장할 수 없었고, 그 자체의 모순 때문에 제2차 대전을 잉태하고 있었다고 학자들은 평가한다.

독일은 제1차 세계대전의 결과 내려진 평결과 그에 따른 평화협정을 뒤집기 위해 2차 대전에서 싸웠고, 연합국들은 그 평화협정을 지키기 위해 싸웠다.[1] 제1차 대전의 결과로 세계질서가 재편되면서 많은 제국이 사라지고 새로운 국가들이 탄생했지만, 앞으로 논할 제2차 세계대전의 결과는 새로운 국가를 탄생시키지 않은 대신에 많은 식민지 국가들의 독립을 가져왔으며, 자본주의 체제와 공산주의 체제로 세계가 양분되어 냉전이라는 새로운 갈등의 구조로 재편되는 결과를 가져왔다.

앞에 일어난 사건이 뒤에 일어난 다른 사건의 원인이 된다고 보면 제2차 대전은 분명히 제1차 세계대전의 영향으로 일어났다고 볼 수 있다. 1918년 11월, 제1차 세계대전의 휴전 조건은 다시는 독일이 전쟁을 일으키지 못하도록 못 박아두기 위해 신중하게 구상되었다. 독일은 남아있는 많은 전쟁물자를 양도해야 했고, 자신의 병력을 라인강 동쪽으로 철수해야 했으며, 함대는 연합국에 양도하여 억류되어야 했다. 연합국은 병력을 라인강 동쪽 너머로 보내 전쟁 억제를 위한 감시를 해야 했다. 그래도 독일은 통일국가를 유지하면서 군주제를 폐지하고 공화국을 건설하게 되었다.

독일 동쪽의 합스부르크 왕국과 남부의 오스만제국은 사라졌다. 휴전조약을 유지하기 위해서는 독일이 통일국가로 남아야 하는 것이 필수가 되었으며, 장차 연합국이 독일을 파괴하려는 볼셰비즘과 분리주의 움직임을 막아주는 역할까지 하는 서방 연합국의 동맹국이 되어 갔다. 휴전이 성립되면서 빌헬름 2세는 프로이센의 황제 직위를 유지하고 싶어

1) A.J.P 테일러 지음, 유영수 옮김, 『제2차 세계대전의 기원』(서울 : 지식의 풍경. 2012), p. 52.

했으나, 참모총장 그뢰너(Wilhelm Groener)[2)]의 강력한 진언에 황제의 자리에서 퇴위하고 네덜란드로 망명했다. 그리고 1919년 6월 28일 베르사유 궁전에서 강화조약이 체결되었다. 그 주요 내용을 요약하면 아래와 같다.

❶ 알자스(Alsace), 로렌(Lorraine) 지방을 프랑스에 양도.(1870년 보불전쟁 이후 독일 영토로 편입).

❷ 자르(Saar) 탄광 지대를 15년간 프랑스에 양도 후 주민투표로 귀속권 결정

❸ 폴란드 회랑을 설정하여 동프로이센 분리.

❹ 단치히(Danzig)시를 자유 도시화하되 폴란드가 통제.

❺ 상부 실레시아(Silesia)를 폴란드에 양도.

❻ 메멜(Memel) 지역을 리투아니아에 양도.

❼ 오이펜 말메디(Eupen Malmedy)를 벨기에에 양도.

❽ 군비제한.

- 육군 : 총병력 10만. 장교 4천 명, 보병 7개 사단, 기병 3개 사단으로 제한.
- 해군 : 병력 1만 5천 명, 잠수함 보유 금지.
- 공군 : 모든 군용 항공기 제작 보유 금지.

❾ 배상금은 1차로 1921년 말까지 50억 달러를 지급할 것 - 장차 총액은 1,320억 마르크로 결정.

❿ 해외 식민지는 모두 포기할 것.

베르사유 조약은 전후 독일인들에게는 "승자 없는 평화"를 기대하고 있었으나, 조약의 결과를 보면 그것은 대등한 협상이 아닌 패자에 대한 명령이 되어 있었다. 프랑스는 독일에 대해 인구 면에서의 열세를 특히 민감하게 의식했으며, 따라서 독일을 영원히 약화함으로써 정치적, 군사적으로 우위를 확보하여 장기적인 안전보장을 원했다. 프랑스는 그를 위해 라인란트를 독일에서 분리하여 완충국으로 만들기를 원했지만, 미국과 영국은 그것을 용인하지 않았다. 그 대신 독일의 위협을 고려하여 라인강 서안의 독일 영토를 항구적으로 비무장지대 화하고, 연합군이 15년간 주둔하도록 했으며 만일 프랑스가 향후 독일의 공격을 받는다면 미국과 영국이 지원할 것을 약속했다. 또한 프랑스는 알자스, 로렌을 되

2) 그뢰너 장군은 1차 대전 말기 전시 경제의 중앙통제를 위해 최고사령부와 내각을 연결하는 전쟁청을 담당하는 제1 병참감이었으며, 최고사령관 힌덴부르크를 지원하는 참모총장이 되어, 휴전회담에 즈음하여 빌헬름 2세가 전후에도 군의 최고사령관 겸 프로이센 황제로 남기를 희망했으나 "군의 신뢰를 잃었으니 퇴위해야 한다."라고 강력히 진언하여 빌헬름 2세가 네덜란드로 망명하도록 했다. 휴전 이후에는 바이마르 공화국 참모총장으로서 수상인 에베르트를 지원하여 공산주의 독재정권의 출현을 막았다. 1919년 퇴역하여 국방부 장관 등을 역임했으나 나치에 반대하여 은퇴했다.

돌려 받음은 물론, 자르(Saar) 지방의 석탄 채굴권을 15년간 보장받았으며, 15년 이후에 주민투표로 귀속권을 결정하기로 하였다. 조약을 체결할 당시에는 독일로부터의 위협이 영원히 없을 것처럼 보였다.

● 베르사유 조약 이후 독일과 중부유럽의 판도

※ 출처 : 폴 클리어 등 지음, 강민수 옮김. 『제2차 세계대전』(플래닛미디어, 2008), p. 54

독일의 육군은 10만 명으로 제한되었고, 함대는 파괴되거나 영국의 스카파 플로 항구로 보내어져 억류되었다가 대부분 자침했으며, 향후 군함의 보유는 전함 6척, 경순양함 6척, 구축함 12척, 어뢰정 2척으로 하고, 잠수함은 보유할 수 없도록 했다. 공군은 군용기를 제작, 생산하거나 보유하는 것을 아예 금지했다. 독일을 위시한 패전국들이 소유했던 해외 식민지들은 소위 전승국들이 나누어 차지했다.

북아프리카와 서아프리카에서 이미 우위를 점하고 있던 프랑스는 시리아와 레바논을 보탰다. 영국은 기존의 동아프리카 식민지에 독일령 탕가니카(Tanganyika)를 보태서 제국을 키웠고, 그럼으로써 '희망봉에서 카이로까지'를 영국의 것으로 만들겠다던 꿈을 실현할 수 있었다. 그뿐만 아니라 영국은 튀르크 제국의 영토였던 이라크와 팔레스타인에 대한 위임통치령을 얻어내 이집트에서 시작하여 페르시아만 북단까지 연결되는 유서 깊은 고대 문화의 발상지에 대한 지배권을 얻어냈다. 오스트리아-헝가리제국은 해체되었으며, 해체를 바탕으로 보헤미아(Bohemia)와 모라비아(Moravia)의 체코인들은 동쪽의 슬로바키아와 루테니아를 합하여 체코슬로바키아를 건립했다.

남쪽의 슬라브족은 세르비아, 크로아티아, 슬로베니아와 함께 유고슬라비아에 합병되었다. 이탈리아는 합스부르크 왕조 출신이 많이 포함된 트렌티노와 함께 유고슬라비아가 원했던 트리에스테를 얻었다. 루마니아는 헝가리로부터 트란실바니아(Transylvania)를, 소련으로부터 베사라비아(Bessarabia)를 획득하여 영토를 늘렸다. 불가리아는 그리스와 유고슬라비아에 국경지대를 양도함으로써 영토가 축소되었다. 소련은 서부에서 많은 영토를 잃었는데 핀란드, 발트 3국, 폴란드의 상당 부분이 소련의 영토에서 공식적으로 할양되었다.[3)]

그 밖에도 상당히 큰 부스러기들은 각각의 이해에 따라 분배되었다. 아프리카 남서부는 남아프리카공화국에, 파푸아(Papua)는 오스트레일리아에, 로도스(Ródhos) 섬을 포함한 도데카니소스(Dhodekánisos) 제도는 이탈리아에, 태평양상의 독일령 섬들은 일본에 넘어갔다. 그러나 승전국을 자처하는 이탈리아와 일본은 전리품의 분배에서 자기들이 상대적으로 푸대접 받았다고 생각하여 차후에 위험한 원한으로 자라났다.

주요 패전국 중에서 오스트리아와 튀르크는 영락한 처지를 수용하고 적응하려고 했다. 그러나 전쟁을 일으켰던 당사국인 독일은 뼈에 사무치는 치욕감에 떨며 원한을 품었다. 독일군인들은 전쟁에서 패배했다는 점을 인정하기 어려웠다. 서방에서는 영국과 프랑스, 미국을 상대로 1918년 7월까지도 일진일퇴를 거듭했지만, 전장은 내내 프랑스와 벨기에 영토였지 자국의 영토가 아니었다. 전쟁 말기인 루덴도르프의 5차 공세에서는 파리에서 100km 이내까지 접근하여 오히려 연합군을 궁지에 몰아대기도 했다.

---

3) 도널드 케이건 지음, 김지원 옮김, 『전쟁과 인간』(서울 : 세종연구원. 2004), p. 383.

동부지역에서는 볼셰비키 혁명으로 혼란한 와중에 있었던 소련을 상대로 전투에서 승리한 끝에, 브레스트-리토프스크(Brest-Litovsk) 조약을 맺어 상트페테르부르크 외곽으로부터 발트해와 돈강의 로스토프를 거쳐 흑해에 이르는 광대한 영토를 확보했었다. 이는 우크라이나의 수도이자 역사와 문화의 중심지인 키예프를 포함하여 소련 인구의 1/3, 농경지의 1/3, 그리고 공업의 1/2을 차지하는 지역이었다.

독일은 한 때 동남쪽으로는 그루지야(Gruziya)까지, 발칸반도에서는 불가리아 국경까지, 서남부에서는 이탈리아 북부의 포(Po) 평원까지를 점령했었으며, 동맹국인 오스트리아와 튀르크를 통해 발칸반도를 통제했다. 스칸디나비아반도에서 스웨덴과는 우호적인 관계였고, 핀란드가 볼셰비키 소련으로부터 독립하도록 지원했다. 서남아프리카에서 독일 식민지 군대는 연합국 식민지 군대의 10배에 가까운 규모를 동원할 수 있었다. 그렇듯 위세를 떨쳤던 군사적인 위력은 1918년 11월에 정치지도자들이 항복함에 따라 200개 사단 이상의 세계 최강 대군이 해산되어 고향으로 돌아가야 했다. 전쟁 말기에 일부 군대 내에 볼셰비키 사상이 침투하여 상관들의 명령을 거부하고 싸우지 않기로 작정한 것도 패배에 큰 영향을 미쳤다.

독일 군인들과 일반인들은 전쟁 중에 국가통제 하에서 선전 선동 때문에 언제나 승리하고 있는 줄 알고 있었기 때문에 항복 선언에 어리둥절했으며, 따라서 전쟁에 패한 것이 아니라 '등에 비수를 꽂은 배반 세력'으로 인해 항복한 것으로 간주했다. 전쟁 배상금 1,320억 마르크는 독일 국민이 한 푼도 안 쓰고도 2년 이상 생산해야만 갚을 수 있는 엄청난 액수였다. 독일은 베르사유 조약의 결과 600만 명의 인구를 포함하여 2만 5,000제곱마일의 영토를 잃었다. 65%의 철광석, 45%의 석탄, 72%의 아연, 57%의 납 등, 귀중한 천연자원을 잃었고, 그 밖에도 석유와 칼륨도 상당 부분 잃었다. 해외 식민지에서 1,200만 명의 인구와 100만 제곱마일의 영토, 그리고 고무 공급량의 25%를 상실했다.[4] 게다가 끝도 없는 보상비 청구서를 받아야 했다.

영국의 경제학자로서 평화회담에 참여했던 케인스(John Maynard Keynes)는 평화회담의 방향에 역겨움을 느끼고 경제 보상위원회에서 사임했다. 특히 그는 보상비와 관련한 경제 분야의 불합리성을 가차 없이 비판했는데, 베르사유 조약을 가리켜 마치 3차 포에니 전쟁 이후 로마가 카르타고를 소금을 뿌려가면서까지 완전히 파괴했던 예를 들면서, 실행되어서는 안 될 새로운 '카르타고 평화조약'이라고 비판했다. 그는 베르사유 조약이 폐기되지 않는다면 조만간 유럽의 경제는 파탄이 날 것이며, 그것은 새로운 전쟁을 잉태할 것이라고 경고했다. 베르사유체제 이후 설립된 바이마르 공화국은 상기 이유로 인해 국민에

4) 도널드 케이건 지음, 김지원 옮김, 앞의 책. p. 387.

게서 지지를 전혀 받지 못했는데, 국민은 정치지도자들을 '외세와 손잡고 베르사유 조약으로 조국을 배반한 세력'으로 간주하면서 적개심을 품었다.

미국의 윌슨 대통령은 전후 항구적인 세계평화의 유지를 위해 국제연맹을 창설했다. 국제연맹은 국제문제에 있어서 공동의 이익을 협상하기 위한 주권 국가들의 협의체로, 문제가 발생하면 연맹총회에 상정하여 그 결정에 따르기로 했으며, 만일 결정에 따르지 않으면 경제적, 군사적 제재를 가할 수 있도록 했다. 그러나 국제연맹이 실효성을 발휘하기 위해서는 강제할 수 있는 무력이 있어야 했지만, 그러한 규정이 없어 국제연맹을 통한 평화라는 명제는 신뢰를 주기 어려웠다.

모든 문제의 최종 결정은 미국, 영국, 프랑스, 이탈리아, 일본과 임시의석을 확보한 4개국을 포함한 이사회에서 만장일치가 있어야 했다. 연맹의 조항에는 모든 회원국의 주권과 영토를 '존중하고, 보호'할 책임을 부과하고 있지만, 전반적으로 승리한 국가들의 안보를 보장하는 장치였다. 특히 소련과 독일의 연맹 가입을 배제함으로써 실효성을 보장하기 어려웠으며, 모든 국가가 점차 자국의 이익만을 추구할 것이 뻔했기 때문에 태생적으로 불안정한 체제였다.

윌슨이 주장한 민족 자결주의에 바탕을 둔 이상적이고 초국가적인 국제연맹의 체제로는 모든 국가의 이해관계를 포괄하기에는 해결할 수 없는 많은 문제가 있었다. 특히 주목해야 할 것은 국제연맹의 창립을 제안하고 추진했던 미국이 국제연맹의 가입을 거부했기 때문에 체제가 추구했던 이상은 심하게 말하면 껍데기에 불과하게 되었다.

한편, 영국은 점차 프랑스가 대륙에서 새로운 패권을 추구하는 세력으로 등장하지 않을까 하는 뿌리 깊은 의구심으로 대안세력인 독일에 대한 태도를 점차 누그러뜨렸다. 보상비의 규모는 미국과 영국의 태도 변화와 1930년대 대공황으로 인해 계속 축소되었는데, 그에 힘입어 독일은 고도의 번영 태세를 회복했다. 독일은 보상비를 1924년에 '도스 플랜'에 의해 국가 총수입의 6%를 지급하던 것을 3.3%로 감축하였고, 1929년에 '영 플랜'에 의해 2.6%로 가볍게 할 수 있었으며, 1932년에는 이마저도 지불명령이 취소되어 모든 비용을 다 갚지 않게 되었다. 이는 물론 독일 경제가 파탄에 이르지 않고 부당한 희생 없이 지급할 수 있는 능력을 고려한 조치였지만, 미국과 영국의 호의가 없었다면 불가능한 조치였다.

미국에게 독일은 막대한 이익을 거둬줄 투자시장이고, 볼셰비키 혁명을 막아줄 첨단 보루였기 때문에 독일의 빠른 회복을 적극적으로 지지했다. 이에 따라 미국은 영국과 보조를 맞추어 평화조약을 강요하려는 프랑스의 노력에 제동을 가했으며, 오히려 경제 재건을 위해 차관을 제공했다. 그러면서도 미국과 영국은 프랑스와의 군사협력을 통해 안보를 보장하는 노력을 계속했다.

한편, 프랑스는 재정을 안정시키고 전쟁 빚을 갚기 위해 산업을 발전시키고, 황폐한 땅을 재건해야 했으며, 그를 위해 돈이 필요했다. 프랑스는 연합국의 지지를 받지 못한 상태에서 일시적인 군사적 우위를 무기로 베르사유 조약을 엄격히 준수하도록 강요하는 외에 대책이 없었다. 그런 이유로 프랑스는 자르와 루르 지방에서 나오는 자원의 통제권과 보상비에 기댔다.

그러나 독일은 지능적으로 프랑스의 요구에 저항했다. 1921년 5월 5일 결정된 보상액은 1,320억 마르크로, 이는 실질적으로 독일의 지급 능력을 초과하는 액수였다는 점은 앞에서도 강조한 바와 같다. 1921년 여름에 첫 번째 현금 보상은 이루어졌으나, 1922년에는 독일이 보상비를 지급하지 않을 거라는 전망이 명백해졌다. 1923년에 독일이 34번째 석탄 할당량을 체납하자, 프랑스와 벨기에는 루르탄전 지방을 점령했다.

독일의 경제적인 고통은 가중되었지만, 새로운 세금부과를 거부했기 때문에 유일한 대안은 화폐인쇄기에 매달리는 것이었다. 그로 인한 인플레는 상상을 초월했다. 1919년 달러당 8.9마르크였던 것이 1923년 11월에는 4조 마르크를 넘었다. 인플레로 인한 마르크화의 붕괴는 궁극적으로 보상비 지급을 피하기 위한 의도적인 것으로 평가되었다. 마르크화의 붕괴는 독일 산업에 막대한 이익을 가져다주었고, 빠르게 그 빚을 감경하는 효과를 가져왔다. 게다가 앞에서도 언급한 바와 같이 '도스 플랜'과 '영 플랜'으로 보상비는 대폭 감소하였으며, 마침 불어 닥친 대공황의 여파를 틈타 1931년 모라토리엄을 선언하여 지급이 유예되었다가 1932년에는 완전히 소멸하였다.

보상비 문제는 그렇게 합의에 이르렀으나, 그 과정에서 원망과 의심이 쌓인 가운데 13년이란 세월이 흘렀다. 프랑스인들은 사기를 당했다고 생각했고, 독일인들은 강탈당했다고 느꼈다. 보상비 문제는 원한의 씨앗이 되었으며, 전쟁을 향한 열정이 꺼지지 않고 불씨가 살아 있도록 만들었다. 보상이 제대로 이루어지지 않아 프랑스는 루르 지방을 점령하여 석탄을 확보했지만, 그로 인해 완전한 경제적인 이익을 가져오지는 못했는데, 많은 군대와 관료의 파견으로 인한 비용이 이익을 상쇄했고, 강제 점령으로 인해 국제적으로 비난받자 견디지 못하고 철수하고 말았다.

프랑스는 독일의 교묘한 태업과 연합국의 외면으로 장래의 안보가 난관에 부딪칠 것을 우려하여 좀 더 큰 틀의 대책을 강구하고자 했다. 그것은 루르 지방의 광산 통제권, 연합국의 항구적인 라인란트 철도 통제권, 그리고 프랑스의 안보를 보장해 줄 완충국으로서 라인 국가 설립이었다. 이러한 프랑스의 의도는 점차 프랑스를 경원시하고 독일을 지원하려는 영국과 미국으로서는 도저히 받아들일 수 없는 것이었다.

결과적으로 프랑스는 루르 지방에서 군대를 철수했음은 물론, 자국의 안보를 보장할 수 있도록 강제할 조약 내용을 모두 빼앗겨 버렸다. 이제 프랑스가 취할 수 있는 방책은 첫째로 국제연맹의 집단안보 체제에 의존하는 것이었다. 그러나 이 단계에서 세계 각국은 차후의 전쟁에 대한 우려에 대비할 수 있는 상황이 아니라서 프랑스만큼 절박하게 자국의 안보를 심각하게 생각하지 않았다. 특히, 영국은 오히려 프랑스의 군축을 요구하면서 안보 동맹에 대한 의지를 표명하지 않았다. 오직 외무상인 오스틴 체임벌린만이 영국과 프랑스 간의 특별한 동맹만이 프랑스의 공포를 진정시킬 수 있다고 주장했다. 그러한 국제정세를 정확히 분석하고 있던 독일의 외무상 슈트레제만은 1925년 1월 프랑스, 영국, 독일이 주축이 되는 유럽 평화유지 협약을 제안했는데 이것이 '로카르노 조약'의 기초가 되었다.

로카르노 조약은 크게 다음과 같은 두 가지의 요소로 구성되었다. 첫째가 상호보장조항으로 국경을 접하고 있는 나라들인 독일, 프랑스, 벨기에 간의 불가침 항목이며, 둘째는 영국과 이탈리아를 추가하여 라인란트를 비무장지대 화하는 데 동의하고, 현존하는 국경을 존중하며 이를 위반할 때는 서명국들이 공동 대응하자는 항목이었다.

로카르노 조약의 내용은 모두에게 환영받았다. 독일은 말없이 알자스-로렌의 상실과 라인란트의 항구적인 비무장화를 받아들였으며, 영국과 프랑스가 원한다면 잠재적인 독일의 위협을 방지하기 위한 동맹을 체결하는 데 반대하지 않았다. 그러나 문제는 동구라파 지역에서도 로카르노와 같은 협약을 체결하라는 국제적인 요구를 외무상 슈트레제만은 단호히 반대했다. 그에 따라 동구라파에서 국경을 접하고 있는 폴란드와 체코슬로바키아의 지위는 불안한 상태를 유지했고, 그런 나라들에 대한 프랑스, 영국의 원조체제는 오히려 방해받는 결과를 가져왔다.

독일은 로카르노 조약으로 국제적인 신뢰도가 높아졌음을 확신했다. 로카르노 조약 체결 이후 독일은 '독일이 군사적 수단으로 국경을 변화시키지 않는다는 보장을 했다.'라고 주장하면서도 벨기에에 할양했던 오이펜(Eupen)과 말메디(Malmedy)를 돌려 달라고 요구했다. 국제적인 분위기와 영국의 원조 약속을 믿고 프랑스와 벨기에는 그 지역을 돌려주었다.

한편, 국민의 신뢰와는 동떨어진 토대에서 출발한 바이마르 공화국은 허약했지만, 훌륭한 법체계와 진정한 민주주의가 꽃핀 시기이기도 해서 바이마르 공화국(Weimar Republic) 시대로 이름을 남기게 되었다. 그러나 공화국은 군대 없이는 국가가 존재할 수 없다는 점을 곧 깨달았다. 전후에 베를린이 아닌 바이마르라는 작은 도시에 행정수도를 두게 된 데는 베를린이 프로이센 군국주의 뿌리로서의 정서가 강한 지역이었기 때문에 이를 피하기 위해서였다. 또한 베를린은 새로운 정부에게 그다지 안전한 곳이 아니었다. 공화국은 초기에 좌파와 우파 모두로부터 심한 공격을 받았다. 대도시에서는 좌우의 극렬분자들이 폭동을 일으켜 혼란을 유발하고, 정부를 전복하기 위한 시도를 지속했다. 특히 심했던 폭동은 극우파 카프(Wolfgang Kapp)가 주동이 되어 '카프의 폭동'을 일으켜 공화제를 반대하고 과거의 제정으로의 복귀를 주장하였으며, 종국에는 실패했지만, 일시적으로 베를린을 점령하기도 했다.

독일 사회민주당 정부는 바이에른에서, 북해와 발트해에서, 그리고 베를린에서도 유행처럼 일어난 공산주의자들의 무장봉기와 더불어 러시아의 볼셰비키가 본격적으로 개입하자, 군대의 개입을 통해 사회질서를 확립하고자 했다. 전쟁 직후에 독일은 전국 곳곳에 병사, 노동자 회의가 열려 서로 정권을 장악하려고 노력했다. 1918년 11월 10일 전국 인민대표회의가 열려 사회민주당 당수인 에베르트가 수상이 되어 당분간 독일을 통치하도록 했다.

11월 초에 베를린에서 1차 소비에트 회의가 열렸다. 회의의 주체는 전국 병사, 노동자 대표였으며, 여기에서 그들은 총사령관 힌덴부르크의 파면, 정규군의 폐지를 주장하고, 그 대신 병사들에 의해 선출된 상관, 병사, 노동자 회의의 최고 권위 밑에 국민자위대를 구성하자고 주장했다. 이것은 최고사령관 힌덴부르크나 참모총장 그뢰너에게는 절대 받아들일 수 없었으며, 에베르트 역시 정권을 공산주의자들에게 넘겨줄 생각이 전혀 없었다. 러시아의 케렌스키[5]가 될 생각은 더욱 없었다.

이 시점에서 그뢰너는 비밀 전화로 에베르트와 통화한 후 베를린에서 만나 비밀 협정을 맺었다. 이 협정은 오래도록 공표되지 않았지만, 독일의 운명을 결정할 만큼 중요했다. 그 내용은 군과 당이 협력하여 볼셰비즘을 제압하고, 육군의 모든 전통을 유지할 것을 동의한 내용이었다. 당시 스파르타쿠스 당을 이끄는 로자 룩셈부르크는 그의 지도하에 있던 인민 해병단이 수상 관저를 점거하여 정부를 전복하고 소비에트 공화제를 시행하고자 노력하고 있었다.

군대는 1919년 1월 10일부터 19일까지 스파르타쿠스 당을 분쇄했다. 로자 룩셈부르크는 장교들에게 붙잡혀 살해되었다. 당시 베를린에서는 이 기간을 '피의 주간'이라고 불렀다.[6] 험난한 과정 끝에 1919년 2월 국회가 소집되고, 7월 31일 헌법이 통과되어 바이마르 공화국은 탄생했다. 신생 공화국 초기에 군대가 조직되어 있지는 않았고, 패전으로 귀향하였지만, 일자리를 찾지 못하거나 사회에 적응하지 못한 퇴역 군인들이 무정부 상태의 혼란을 억제한다는 구실로 결집하였는데, 사단장 출신의 메르케르(Ludwig von Maerker)

---

5) 제1차 세계대전 중인 1917년 3월 시민 봉기로 니콜라이 2세가 퇴위하면서 제정이 무너지자 국방부 장관이던 케렌스키가 수상이 되어 전쟁을 수행하다가 10월 혁명으로 레닌과 트로츠키에 의한 볼셰비키에 밀려 축출되고, 러시아에 공산주의 정부가 출현하였다.

6) 윌리엄 L. 샤이러 지음, 유승근 옮김, 『제3제국의 흥망』(서울 : 에디터. 1993), p. 91.

장군이 중심이 된 [자유 의용단]이 대표적인 예였다. [자유 의용단]은 여러 지방에서 유사한 형태로 생겨나 공산주의자들과 싸웠으며, 얼마 후에 베르사유 조약에 따라 창설된 10만 명 규모로 군대의 근간이 되었다.

공산주의자들의 책동으로 인한 사회 혼란은 군대의 정치개입과 함께 장차 나치의 출현을 독일 국민이 용인하는 빌미를 제공하게 되었다. 1924년 이후 독일의 경제는 급속히 회복세를 보여 1929년에는 수출량이 1924년 대비 2배로 늘었으며 산업생산은 여타 유럽 열강을 앞섰다. 그러한 번영과 산업의 성장, 로카르노 조약을 통한 국제적인 위상의 강화에도 국민은 만족하지 못하고 분열과 불화가 들끓었다. 슈트레제만이 로카르노 조약을 성사시켰지만, 독일 내에서는 매국노로 낙인찍혀 맹렬한 비난과 함께 암살의 위협에 시달려야 했다. 독일에는 오로지 화해란 없고, 기회만 주어진다면 우세를 확보하여 무력을 사용할 준비가 되어 있는 독일인들만 득시글거렸다.

제 2 장

히틀러의 등장

독일이 경제적·정치적·사회적인 문제들로 인해 혼란에 빠져 허우적거릴 때, 갑자기 급진주의 정치인 한 명이 혜성처럼 나타났다. 오스트리아 출신인 그는 제1차 대전에서 육군하사로 참전하여 2차례 부상했으며, 두 차례 훈장을 수여 받았다. 전후에 그는 타고난 열정과 웅변술로 독일이 처한 상황을 울분에 차서 대중들에게 호소했다. 그는 독일인들이 전쟁에서 겪은 고통 및 영토 상실과 군축 조항의 불공정성, 그리고 특히 배상금 강요에 대해 강도 같은 불공정한 조약이라고 울분을 토했다.

나아가 그는 전쟁을 통해 나타난 볼셰비키 및 유대인들과 베르사유 조약을 비준하고 공화국을 수립한 세력들을 내부의 적으로 몰아붙이면서, 그들이야말로 우선적으로 처단해야 할 대상자라고 매도했다. 그는 훗날 제1차 세계대전이 끝나고 난 직후인 1919년 이후에 급진적인 성격을 지닌 자신의 당을 창당한 1923년까지 쿠데타 외에는 생각하지 않았다고 고백했다.

● 돌격대(SA)의 갈색 셔츠 복장으로 뉘른베르크에서 열성적인 당원들을 대상으로 연설 중인 히틀러. 돌격대는 히틀러가 권력을 잡는 과정에 필요한 조직이었지만, 그가 총리직에 오른 뒤에는 골칫거리가 되었다.

그는 불만에 가득 찬 동조자들을 결성하여 1923년 뮌헨에서 신생 독일 노동자당(Deutsche Arbeiter Parted : 후에 나치당으로 변신)을 창당하고 당수가 되었다. 그는 "독일인들은 전쟁에서 영예롭게 싸우다 죽었지만, 후손들은 무기를 들고 항거할 권리마저 빼앗겼으며, 그 결과 독일은 이리 같은 이웃 나라들의 무법적인 요구에 희생되었다."라고 주장했다. 그리고 그는 무법적인 이웃 나라들로서, 독일로부터 많은 영토를 할양해 간 폴란드, 그 너머의 볼셰비키 소련, 슬라브족이 세운 신생국가 체코슬로바키아와 유고슬라비아 등을 지적했다. 전승국 가운데 가장 탐욕스러운 프랑스가 독일에는 이리 같은 인접국이었다. 프랑스는 알자스-로렌을 가져갔고, 라인란트에 군대를 주둔시켜 무력 시위를 하면서, 배상금으로 전쟁 비용을 모두 내놓으라고 협박한다고 주장했다.

히틀러는 이러한 위협을 극복하기 위해서는 베르사유체제에 명시된 군대를 10만이 아닌, 유럽대륙에서 가장 큰 영토와 인구를 가진 나라답게 강력한 군대를 보유해야만 한다고 주장했다. 그의 추종자들은 최초에 수천 명을 헤아렸으나, 복수하자는 그의 호소에 무아지경으로 빠져들며 호응했다. 그는 해체된 군대의 추종자들을 조직하여 사병으로 돌격대를 만들었다.[7] 반납하지 않고 숨겨두었던 무기로 무장한 돌격대는 1923년에 접어들면서 무려 1만 5,000명에 이르게 되었다.

1923년 초에 이르러 프랑스가 루르 지방을 무력으로 점령하고 석탄을 압류하여 이를 배상금 대신 가져가는 어려운 국내외 정세에 처하게 되면서, 이러한 프랑스의 행태는 독일인들로 하여금 잠재 적국에 대한 증오를 새롭게 하고 국가주의 정신을 부활시켜 공화정부 밑에 국민을 결집시키는 촉매제로 작용하였다. 독일 정부는 배상금 지급이 어렵다는 증거로 인플레를 의도적으로 조장하여 서민들의 경제를 파탄 냈다. 구매력과 저축이 고갈되고 1918년 1달러 당 9마르크였던 화폐가치는 1923년 말에 4조 마르크까지 떨어졌다.[8]

국내외 상황이 이렇게 전개되자, 각지에서 정부에 대한 불복종 운동이 전개되었는데, 그 대표적인 세력으로서 작센과 함부르크의 공산주의자, 라인란트의 분리주의자, 그리고 포메른(Pommern)과 프로이센의 자유 의용단을 들 수 있었다. 바이에른주는 중앙정부의 통제에서 벗어나 독립적인 정부를 수립하려는 기운이 가장 강했고, 독일 정규군도 참모총장인 젝트의 통제에 대해 반발하면서, 오히려 바이에른 정부에 충성할 것을 맹세했다.

히틀러는 기다리던 기회가 왔다고 생각했다. 그는 1923년 11월 8일 뮌헨의 뷔르거브로이(Bürgerbräu keller) 맥주집에서 무장한 부하들을 동원하여 혁명을 위한 집회를 했다. 이 집회에는 제1차 세계대전에서 총사령관을 역임한 루덴도르프(Erich Ludendorff) 장군은 물론, 바이에른주의 군사령관 폰 로소우 장군과 국무부장도 참석하였는데, 히틀러는 이들을 들러리로 세워놓고 그들도 쿠데타에 동조하는 것으로 호도했다. 대중의 인기를 등에 업은 루덴도르프는 정치 감각은 서툴렀지만, 새로운 혁명정부가 수립된다면 전쟁영웅으로서의 후광을 이용해 정권의 우두머리가 될 야심은 가지고 있었다. 히틀러는 이 자리에서 새로운 독일 정권의 수립을 발표하면서 아래와 같이 말했다.

---

7) 존 키건 지음, 류한수 옮김, 『2차 세계대전사』(서울 : 청어람 미디어. 2006), p. 51.
8) 존 키건 지음, 류한수 옮김, 앞의 책, p. 54.

"11월에 범죄자의 정부와 국가 대통령이 제거되었음을 선언합니다. 새로운 전국 정부가 바로 이날 여기 뮌헨에서 지명될 것입니다. 독일 국군이 즉시 조직될 것입니다. 본인이 정책 지휘를 접수하겠습니다. 루덴도르프가 독일 국군의 지휘를 맡을 것입니다."[9)]

그러나 밤 사이에 바이에른 정부의 태도는 혁명을 지원하는 분위기에서 토벌해야 한다는 분위기로 역전되었다. 다음날인 1923년 11월 9일 쿠데타 세력은 히틀러와 루덴도르프가 앞장을 서고 무장 돌격대가 호위하는 가운데, 예전 바이에른주의 국방부 청사로 행진해갔다. 돌격대장 룀(Ernst Röhm)은 전날 국방부 청사를 접수했었지만, 곧바로 국방군에게 포위되었다. 군대는 그들의 행진을 전면에 나서서 저지하지 않았지만, 무장경찰이 일차적으로 그들을 가로막았다. 제1 저지선을 뚫고 나아갔으나, 제2 저지선에서 발포하여 히틀러 옆에서 행진하던 남자가 죽고, 미래의 공군 사령관 괴링(Hermann Göring)에게 총상을 입혔다.

루덴도르프는 전설적인 제1차 세계대전에서의 무공 때문에 군이나 경찰이 자신에게 발포하지 않으리라는 신념이 있어 주변의 혼란에도 개의치 않고 뚜벅뚜벅 걸어서 국방부 청사에 도착했는데, 그의 곁에는 부관 한 사람만 남아있었다. 미래의 수상인 히틀러도 땅에 바짝 엎드렸다가 도망쳐 생명을 구했다. 16명의 나치 당원과 경관 3명이 죽으면서 쿠데타는 산산조각이 났다. 주모자 9명이 체포되어 재판받았는데, 루덴도르프는 석방되고, 히틀러는 5년 징역형을 받았지만 감형되어 9개월간만 복역했다. 그의 정치철학 지침서인 '나의 투쟁(Mein Kampf)'을 동료 수감자인 헤스(Rudolf Hess)가 받아쓰도록 하기에 적합한 시간이었다.

히틀러는 그의 저서 '나의 투쟁'에서 그의 정치적, 인종적인 신념, 대내외적으로 그가 추구하는 목표와 그 방법을 선명하게 논리적으로 피력하고 있다. 그리고 이후의 정치역정에서 그것을 솔직하게 실행해 나갔다. 그의 이론 중에서 첫째는 게르만인의 우월성이다. 독일의 주도적인 민족인 게르만과 아리안족은 원래 우월하여 슬라브족이나 지중해 주변의 열등한 민족을 다스릴 운명이라는 것이다. 둘째는 유대인에 관한 것으로 그는 "무엇보다도 나는 민족적 법칙을 빈틈없이 감시하고, 모든 민족을 두루 좀먹는 전 세계 유대인들에게 대항하는 지도자가 될 것을 서약합니다."라고 천명했다. 셋째는 '생활권'에 관한 내용이었다.

히틀러가 주장하는 '생활권(Lebensraum)'이란 우수한 아리안족이 자급자족하면서 안전하게 생활할 수 있는 공간을 의미했다. 생활권 이론은 원래 "대륙의 심장 지역(Heart land)

---

9) 존 키건 지음, 류한수 옮김, 위의 책, p. 54.

을 지배하는 자가 세계를 지배한다."라는 영국학자 매킨더(Halford Makinder)의 '심장부 이론'을 바탕으로, 히틀러의 고문이었던 하우스호퍼(Karl Haushofer)가 이를 확대 왜곡하여 주장한 것으로서, "광활한 영토와 풍부한 자원을 가졌으나 열등한 슬라브 민족이 돈과 피에 굶주린 유대인의 지배를 받으며 거주하고 있는 동부유럽을 독일이 지배해야 한다."라는 이론이었다. 생활권을 확보하여 독일 민족이 경제적으로는 '자급자족(Autarky) 체제'를 이룩해야 한다는 것이었다.

생활권 철학에 관한 내용은 처음 발간된 '나의 투쟁'에 이어, 1928년에 집필했지만, 발간되지는 않았던 속칭 '비밀의 책(Secret Book)'에 서술된 내용이었다. 그 책에서 히틀러는 "유럽에서 50만 제곱킬로미터를 확보할 수 있다면 독일인 수백만 명이 새로운 경작지를 얻게 된다. 아울러 그 땅이면 결정적인 순간에 독일 국민을 규합하여 수백만 명의 독일 군인을 만들 수 있다. 유럽에서 그러한 정책을 고려해 볼 만한 유일한 지역은 소련이다."라고 서술함으로써 이미 소련을 침공의 목표로 설정하고 있었다.[10]

'나의 투쟁'은 그야말로 증오와 저주를 포함하여 전쟁을 예고하고 있었지만, 초기에 그 위험성을 인지한 사람은 많지 않았다. 장차 '나의 투쟁'은 2,000만 부가 팔렸다고 하며, 나치는 물론, 독일인들의 필독서가 되다시피 했다. 그의 이론들은 1924년 란스베르크 감옥에서 출소한 이후부터 베를린에서 죽을 때까지 그의 정치 행동의 밑바탕이 되었다. 히틀러의 사상은 순수한 그의 독창적인 것은 아니었다. 그의 사상은 저 멀리 비스마르크, 아니 그 이전에 철학자들인 피히테(Johann Gottieb Fichte), 헤겔(Georg Wilhelm Friedrich Hegel), 니체(Friedrich Wilhelm Nietzsche) 등의 사상에서 많은 영향을 받았다고 할 수 있다.

1807년 예나(Jena) 전투에서 프로이센이 나폴레옹에게 패배하자, 베를린대학 총장 피히테는 [독일 국민에게 고함]이라는 연설을 통해 민족주의를 고양함으로써 패배한 국민을 흥분시키고 결집해, 비스마르크를 거쳐 제3제국에 이르기까지 우렁찬 메아리가 되도록 했다. 그는 독일인만이 새로운 시대를 열고, 세계의 지도적인 국가가 될 것이라고 역설했다. 이러한 독일 민족주의는 피히테가 죽자 헤겔이 바통을 이어받았다. 그는 인간 생활에서 가장 높은 가치는 국가를 찬양하는 것이라고 강조함으로써 역시 비스마르크나 히틀러의 정신적인 지주 역할을 했다. 그에게는 국가가 거의 모든 것이었다. 또한 그의 변증법은 마르크스와 레닌에게 계시를 줌으로써 공산주의의 태동에도 이바지했다.

또 한 사람 히틀러에게 영감을 부여한 사람은 니체를 들 수 있다. 니체는 민주주의와 의회를 여지없이 매도하고, 권력에의 의지를 역설하면서 전쟁을 찬양하고, 지배 민족과 초인의 출현을 날카로운 경구로써 강조했다. [나의 투쟁]에서는 '지구의 주인'이라는 표현을

10) 도널드 케이건 지음, 김지원 옮김, 앞의 책, p. 450.

자주 볼 수 있는데, 이는 히틀러가 니체의 사상을 받아들인 것이 확실해 보이는 반증이며, 심지어 니체가 예언한 초인이 자기 자신을 말하는 것으로 생각했음이 틀림없다.[11]

또한 히틀러는 국가사회주의를 이해하기 위해서는 바그너를 알지 않으면 안 된다고 가끔 말했다. 바그너는 유대인에 대하여 광적인 증오심을 품고 있었으며, 유대인은 금전으로 세계를 지배하기 위해 출현했다고 믿었다. 또한 의회, 민주주의를 경멸함과 동시에, 독일인은 특수한 천성으로 세계의 지배자가 되는 것이 아니라 세계를 고귀하게 하는 민족이라는 점을 강조했다.

이들 세 사람의 사상가들은 한결같이 프로이센의 군사적 영광을 찬미하고 독일 국민의 우월성을 강조했다. 히틀러가 이들의 사상을 자기의 것으로 받아들이는 것은 당연해 보인다. 그의 쿠데타 시도는 비록 보잘것없이 끝났지만, 그를 일약 전국적인 인물로 부각하는 효과를 가져왔다. 그는 법정 최후 진술에서 군을 적극적으로 옹호하고, 언제나 군과 함께할 것이라고 강조하여 군의 환심을 사면서, 실제로도 군을 통해 새로운 독일이 건설되어야 한다고 강조했다. 그는 뮌헨 푸치(Putsch : 폭동) 후에는 국가에 맞서는 반합법적인 투쟁 전술을 포기하고 선거를 통한 집권전략을 추진해 나갔다.

쿠데타가 실패한 이후에도 그는 돌격대의 성장을 제한하지 않고 조장했다. 1933년 히틀러가 집권할 당시에 돌격대의 규모는 정규 국가방위군의 4배인 40만을 헤아렸다. 그는 돌격대에 언젠가는 정규 국가방위군으로 전환될 것이라는 믿음을 포기하라는 말은 절대하지 않았다. 그러나 히틀러는 한편으로는 돌격대가 반드시 엄한 규율 속에서 활동하면서 힘으로 권력을 잡을 태세가 되어 있다는 자랑을 입 밖에 내지 않도록, 또 국가방위대를 보완하기보다는 대체하겠다는 허세가 표출되지 않도록, 그리고 돌격대의 지도자들이 정치인사라기보다는 군부 인사라고 자처하지 않도록 하는데 많은 주의를 기울였다.

한편, 독일의 경제위기는 히틀러가 도약할 기회로 작용했다. 1923년 살인적인 인플레를 겪은 후 독일 경제는 6년 동안 많은 회복을 이루었으나, 1929년 불어 닥친 대공황의 여파는 다시 독일 경제를 무너뜨렸다. 인구 6,000만 명의 독일에서 1929년 132만 명이던 실업자 수는 1932년에 이르러 600만 명을 넘어서게 되면서 궁핍이 전국을 덮쳤다. 케인스(John Maynard Keynes)의 잉여가치설 이론이 나오기 전의 전통적인 균형 예산정책을 고수하려는 바이마르 공화국은 해결책을 찾지 못했다. 그 결과 온건 정당들은 점차 퇴조하고 극우와 극좌 정당이 약진하게 되었다. 나치당은 1930년 9월 선거에서 18.3%의 득표율을 기록했으나, 1932년 7월에는 37.3%를 득표하여 국회 의석 230석을 차지하는 제1당이 되었다.

---

11) 윌리엄 L.샤이러 지음, 유승근 옮김, 『제3제국의 흥망』(서울 : 에디터. 1993), p. 160.

이에 맞서는 극좌 정당인 공산당도 100석의 의석을 차지하여 강력한 세력으로 등장했다. 국민은 1919년 스파르타쿠스 당[12]이 폭동을 일으켰을 때, 공산주의를 주창하는 정당은 군과 정부의 힘에 타도되어 사라졌다고 믿었으나, 다시 제2당으로 등장하자 국민에게 다시 볼셰비즘의 유령에 대한 공포심을 유발시켰고, 그것이 오히려 볼셰비즘에 대한 대안 세력으로 나치당에 대한 기대를 부추기는 효과를 가져왔다. 공산당에도 민병대가 있었다. '붉은 전선'이란 이름의 무장 집단은 나치의 돌격대와 걸핏하면 패싸움을 벌여 사상자가 자주 발생했다. 1932년 7월에만도 나치당원 38명과 공산당원 30명이 폭동으로 죽어 공산주의 혁명의 전망을 높였다.[13]

1933년 선거에서 나치가 좀 더 강한 제1당이 되었지만, 국민은 그 위험성을 인식하지 못하고 그저 과격한 우익으로만 생각했다. 그리하여 위험한 공산주의 혁명을 방지해주는 균형추로서 존재를 용인하는 처지였다. 많은 독일인이 히틀러의 위세가 높아가는 것에 대해 우려를 표명하면서 반대했고, 그가 집권하고 있는 동안에도 항거했지만, 반대로 많은 사람이 나치 정책에서 한 가지 이상의 매력을 발견하고 그에 동조했다.

1933년 1월 30일, 제1차 세계대전의 전쟁영웅 힌덴부르크(Paul von Hindenburg) 대통령은 제1당인 나치당의 총수 히틀러를 총리로 임명하라는 주변의 권고를 받아들였다. 전날까지 거의 10만 명에 가까웠던 노동자들이 거리에 나와 히틀러의 수상 취임을 반대하는 시위를 벌였고, 불과 이틀 전에 86세의 노쇠한 힌덴부르크 대통령은 참모총장 함메르슈타인 장군에게 "일개 오스트리아 출신의 하사를 수상이나 국방 장관으로 임명할 생각은 전혀 없다."라고 했음에도 불구하고, 마음을 바꾼 것이다.

1933년 1월 30일 정오 무렵, 힌덴부르크로부터 수상 임명을 받은 히틀러는 눈물을 흘렸다. 청년 시대 콧수염을 기르고 방랑하는 초라한 부랑자였고, 1차 대전에서 이름 없는 병사로서 두 번 부상했으며, 전쟁 후에는 뮌헨에서 사회의 낙오자로 방황하다가 맥주집 폭동 때는 엉터리 지도자 노릇도 했던 사나이, 독일인도 아닌 오스트리아인으로서 43세의 능변가인 히틀러가 독일 총리로서의 선서를 마친 것이다. 히틀러는 악마적인 성격과 바위와 같은 의지력, 얼음처럼 냉철한 직감력, 그리고 놀라운 상상력과 지능을 가진 천재라고 할 수 있었다. 그의 수상 취임과 함께 시작된 제3제국에 대해 히틀러는 천 년 이상 지속되리라고 천명했으나, 다른 민족의 희생을 담보로 한 독일 민족만을 위한 천년왕국은 세

---

12) 제1차 세계대전을 제국주의 전쟁으로 규정하고 독일 사회민주당의 전쟁 협력 정책에 반대하여 형성된 급진좌파. 1918년 혁명의 주도권을 당 우파에 빼앗기자 무장봉기를 일으켰지만, 정부와 군의 협력으로 실패하면서 주모자인 로자 룩셈부르크(Rosa Luxemburg)와 카를 리프크네히트(Karl Liebknecht)가 극우세력에 의해 살해되었다. 그 후 세력을 규합하여 공산당을 결성했다.

13) 존 키건 지음, 류한수 옮김, 앞의 책, p. 57.

계 속에 존재할 수 없었기 때문에, 종래에는 독일 민족을 파멸의 나락으로 떨어뜨리고 12년 만에 종말을 고하게 된다. 히틀러가 수상에 취임한지 얼마 후인 1933년 2월 27일 밤에 국회의사당에 원인 모를 화재가 발생했다. 화재는 훗날 나치의 소행으로 밝혀졌으나, 히틀러는 이를 공산당을 비롯한 반대파의 제거에 이용했다. 공산당의 당수와 일부 의원들이 체포되어 죽을 때까지 구금되거나 추방되었다.

1933년 3월 15일에 실시한 선거에서 독일 국민은 그래도 나치당에 과반의 표를 몰아주지는 않았다. 국민당의 52석과 연합하여 과반 의석을 확보한 히틀러는 완전한 독재의 기반을 구축하기 위해 새로운 법안을 제출했다. 소위 '권능 부여 법안'이라는 명칭으로 중요한 다섯 가지 조항이 포함되었다. 국가 예산의 감독권, 입법권, 외국과의 조약 승인권, 헌법 수정의 발의권을 의회로부터 박탈하여 향후 4년간 내각에 위임한다는 것이었다. 게다가 내각이 제정하는 법률은 수상이 기안하며 "비상사태에서는 헌법을 일탈하는 때도 있을 수 있다."라고 까지 규정하고 있었다.

3월 23일 개최된 의회에서 '권능 부여 법안'은 찬성 4백41표, 반대 84표의 압도적인 찬성으로 표결되었다. 이렇게 해서 바이마르 공화국은 무너졌으며, 히틀러의 독재를 위한 법적 기초가 완성되기에 이르렀다. 이제 의회도 히틀러에게는 걸림돌이 되지 못하였으며, 노쇠한 힌덴부르크 대통령은 사실상 상징적 존재였으므로 걸림돌이 될 수 없었다. 권능 부여 법안을 바탕으로 히틀러는 연방 각 주의 의회를 해산하고 당의 득표율에 따라 주 의회를 구성하되, 공산당의 참여는 거부했다. 주지사는 히틀러가 임명했다. 단지 군대만은 히틀러와 보조를 맞추어 과거 프로이센의 영광을 재현하는 수단으로서의 존재가치를 인정받음은 물론, 비밀리에 군대의 재건을 히틀러로부터 보장받아 친히틀러의 세력이 되었다.

다음 해가 되자 아예 주 의회를 없애 버렸고, 주지사는 내무성의 통제를 받는, 그야말로 중앙정부가 권력을 독점하는 체제로 만들어 버렸다. 그에 따라 모든 정당이 말살되고 오로지 나치당만 남게 되었다. 노동조합은 해산되고, 기금은 몰수되었으며, 지도자들은 체포, 구금되었다. 그렇지만 히틀러와 괴링은 노동자 대회에서의 연설을 통해 노동자들의 존재가치를 높게 평가하고 존경함으로써 이들의 지지를 얻어낼 수 있었다.

한편, 나치 정권을 창출하는데 폭력적인 테러를 제공하여 히틀러를 수상의 지위에 밀어올린 S.A 돌격대와의 갈등은 간단하지 않았다. 돌격대장 룀은 특공대가 나치 혁명의 중추로서 반동적인 프로이센 출신의 장군들을 쓸어버리고 돌격대가 혁명적 국민의 군대가 되어야 한다고 강조했다. 또한 S.A 돌격대 요원들은 대부분 사회의 하층 불만 세력으로 구성되어 있어, 나치가 정권을 잡으면 실업계나 관계에서 쓸 만한 일자리가 보장되리라는 희망을 품어왔다.

그러나 히틀러의 생각은 완전히 달랐다. 그는 육군 장성들의 지지, 또는 적어도 묵인이 없었다면 정권을 잡을 수 없었을 것이라는 점과 적어도 당분간은 육군의 지원이 없다면 정권 유지도 어려울 것이라는 점을 누구보다도 잘 알고 있었다. 그뿐만 아니라, 노쇠한 힌덴부르크 대통령이 작고한다면 육군의 그에 대한 충성이 절대 필요하고, 장차 군대를 증강함에 있어도 전통적인 육군의 장교단이 아니면 할 수 없을 것이라는 점도 정확히 인식하고 있었다. 히틀러는 심지어 "S.A 돌격대는 오합지졸에 불과하다. 거리에서 폭력을 행사하는 데는 충분하나, 현대적 군대로서는 아무 가치도 없다. 목적을 이미 달성했으므로 이제는 교묘하게 화면에서 후퇴시켜야 한다."라고 생각했기 때문에 룀과는 타협의 여지가 없어졌다.

히틀러가 수상에 취임한 지 3일 후에 육군참모총장 함메르슈타인 장군의 관사에서 가진 만찬에 육·해군의 최고위 장군들을 초청하여, 두 시간에 걸쳐 연설했다. 그는 이 연설을 통해 "군이 내정에 개입하여 명예를 훼손하는 일은 없을 것이며, 앞으로 아무런 방해를 받지 않고 새로운 독일을 급속히 재무장시키는 고유의 업무에 전념할 수 있을 것이다."라고 약속함으로써 S.A 돌격대와의 관계를 우려하는 군부를 안심시켜주었다. 히틀러는 재빨리 4월 4일에 국방위원회를 창설하여 새로운 비밀 재군비 계획을 추진함으로써 군이 나치 정권을 훨씬 호의적인 시각으로 바라볼 수 있게 만들었다.

히틀러는 S.A 돌격대를 회유하기 위해 사령관 룀을 각료로 임명하고, 우호적인 편지를 보내기도 했지만, 그것으로 룀의 욕망을 잠재울 수는 없었다. 1934년 2월 룀은 장문의 각서를 의회에 보냈는데, 주요 내용은 '250만 명에 달하는 인민의 무장 세력인 S.A 돌격대를 비롯한 모든 재향군인회 단체는 일괄하여 국방성 관할 아래 수렴되어야 하고, 그리고 국방성은 자신의 관할 하에 두어야 한다.'라는 요지였다. 기존의 장교단에게 이보다 불쾌한 안건은 상상도 할 수 없었다. 고위 장교단은 일치단결하여 반대하면서, 힌덴부르크 대통령의 지지를 요청했다. 만일 무지막지한 갈색 유니폼의 호전적인 돌격대가 육군을 지배한다면 군대의 조직은 분쇄되어 버릴 것이 명확했기 때문이다.

국무회의에서 램과 국방장관 블롬베르크(Werner von Blomberg)는 가끔 격렬하게 격돌했다. 히틀러는 생명이 꺼져가는 힌덴부르크 대통령 사후의 상황을 고려할 때, 절대로 육군을 자극해서는 안 된다는 것을 알고 있었다. 4월에 히틀러는 군의 최고 지휘관들에게 힌덴부르크 사후에 자신이 군의 도움을 받아 후계자가 되고자 하며, 그럴 때 S.A를 철저히 축소하고 육, 해군만이 종전대로 전통적인 군을 대표하게 될 것이라고 천명했다. 5월에 들어 군은 만장일치로 히틀러의 제안을 받아들이고 후계자로 추천하기로 했다. 독일 육군은 스스로 과대망상에 사로잡힌 독재자에게 자신들의 운명을 맡김으로써 궁극적으로 파멸을 가져오게 하는 길로 나가게 되었다.

히틀러는 S.A 돌격대를 어떻게든 자연스럽게 해체하도록 룀을 설득하였으나, 룀은 '제2의 나치 혁명'을 꿈꾸며 반발했다. 그에 따라 정국이 극도로 불안해지자 힌덴부르크는 비상사태를 선포하고 육군이 정권을 장악하도록 하는 안을 구상했다. 궁지에 몰린 히틀러는 S.A 돌격대를 척결하기로 결심했다. 척결을 실행할 무장 부대는 군이 아니라 히틀러의 친위 조직으로 히믈러(Heinrich Lutipold Himmler)가 거느린 SS(Schutzstaffel) 부대와 괴링이 거느린 경찰특공대였다. 1934년 6월 30일은 S.A 돌격대를 제거하는 행동이 개시된 날이었다. 단 룀에 대해서는 당일 새벽 2시에 뮌헨에서 히틀러가 직접 체포하여 감옥에 수감했다가 SS 대원이 사살했다. 이로써 두 사람은 지난 14년간 생사고락을 같이 해왔지만, 생과 사의 갈림길에서 갈라서게 되었다. 베를린에서는 괴링과 히믈러에 의해 S.A 돌격대 간부 150명이 체포되어 총살되었으며, 그 외에도 룀과 결탁하여 폭동을 사주하거나 반나치 활동을 해왔던 예비역 장성들과 부수상 파펜의 측근들이 재판 없이 사살되었다.

룀과 S.A 돌격대가 제거된 날 밤을 사람들은 [장검의 밤](Nacht der langen Messer)이라고 불렀다. 살인 작업의 대부분은 7월 1일 오후에 끝이 났다. 힌덴부르크 대통령은 '단호한 행동으로 반역의 씨를 미리 제거하여 독일 국민을 위험으로부터 구한 것'이라며 S.A 돌격대 숙청작업을 찬양했다.[14] 물론 군에서도 축하를 전했다. 그러나 S.A 돌격대가 제거되었다고 해서 나치의 특권층이 사라졌다고 생각하는 것이 잘못되었다는 것이 곧 드러났다. S.A가 사라지자 SS와 게슈타포가 생겨나 오로지 히틀러에게만 책임지는 특권을 가진 비밀조직으로서 비인도적이고, 폭력적인 범죄 활동을 해나가게 된다.

곧이어 독일뿐만 아니라, 전 세계에도 중대한 영향을 미치는 사태가 발생했다. 불사신처럼 독일 국민의 존경을 받으며 히틀러를 견제하던 힌덴부르크 대통령이 1934년 8월 2일 아침에 세상을 떠난 것이다. 그날 세 시간 후에 내각에 의해 발의되고 제정된 법률에 따라 수상과 대통령의 지위가 겸임 되어 히틀러가 국가원수로서 군의 통수권을 인계받았다고 발표했다. 이제 대통령의 호칭은 폐지되고 총통(Führer)[15], 또는 수상으로 불렸다. 이렇게 하여 그의 독재권은 완전한 것이 되었다. 그리고 항상 껄끄럽게 생각하던 군의 장병들에게서도 충성 맹세를 받았다. 이로써 제3제국(Third Reich)이 건립되었다.

1934년 8월 이후, 그때까지 결심만 했다면 나치와 히틀러를 축출할 수도 있었을 군은 완전히 히틀러의 수중에 들어갔다. 히틀러는 온갖 고통을 겪으면서 장악한 권력을 통해

---

14) 윌리엄 L.샤이러 지음, 유승근 옮김, 앞의 책, p. 360.

15) 무솔리니의 호칭인 두체(Duce : 영도자, 총통)를 모방하여 만든 호칭으로서, 1931년 이후 나치당에서는 히틀러를 이 호칭으로 부르도록 의무화되었다. Führer는 흔히 총통으로 번역되어 불린다.

평소 그의 소신을 현실화해 나갔다. 독일을 베르사유의 굴레에서 해방시키고, 강력한 군사력을 양성하며 경제를 발전시켜나간 것이다. 그리하여 1936년이 되면 근로자들은 일자리를 얻어 묵직한 도시락을 먹을 수 있게 되었다. 그와 동시에 개인의 자유 상실과 힘겨운 노동, 인종차별이 다가왔다. 그의 경제정책은 케인스 이론을 받아들인 것은 아니었지만, 뉴딜정책처럼 적자 예산 편성과 공공사업 투자를 통해 일자리를 창출하면서 경제적으로 호황을 가져왔다. 그 대표적인 사례가 고속도로(Autobahn)의 건설로서, 이는 장차 전쟁에도 크게 이바지하게 된다. 노동조합을 폐지하여 노동시장의 자유로운 이동을 조성함으로써 생산성이 증가되었고, 노동자들의 권리는 비록 축소되었지만, 경제 성장은 가속화되기 시작하였다.

한편, 나의 투쟁에서 천명한 바와 같이, 히틀러의 집권이 공고화되면서 유대인에 대한 박해가 점점 그 강도를 더해 갔다. 1938년 3월 오스트리아를 합병할 무렵부터 유대인에 대한 박해와 추방 활동이 강화되어 갔다. 이에 분개한 유대인 청년 그린슈판(Herschel Grynszpan)이 1938년 11월 7일 파리 주재 독일 대사를 살해하려고 대사관에 침입했다가, 대사 대신 3등서기관을 살해한 사건이 일어났다.

이를 계기로 나치 조직은 유대인을 본격적으로 핍박했다. 비밀경찰은 유대인 예배당을 불태우고, 주택이나 상가를 파괴하며, 부유한 유대인들부터 체포하도록 지령을 내렸다. 이를 위해 지역 경찰과 협조하도록 하고 민간인들의 시위를 방조 또는 지원하도록 했다. 그 결과, 11월 9일부터 11월 10일에 걸쳐 대규모 시위가 일어났으며, 시위가 발생한 이틀 동안 3만 명 정도의 유대인이 체포되고 수많은 상가와 개인 주택이 파괴되었고, 유대인 예배당인 시나고그는 대부분 불에 타버리는 사태가 일어났다. 그날 밤의 파괴로 인해 흩어진 유리 조각을 빗대어 '수정의 밤(Kristallnacht)'이라고 불렸다. 이후로 유대인들은 재산을 몰수당하고 체포되어 집단 수용소에 갇히는 운명으로 전락했고, 일부만 주변국을 통해 탈출했다.

제 3 장
전쟁 준비

제1절 군비증강을 위한 체제 정비

독일군의 군사력은 근본적으로 베르사유 조약에 의해 제한되었다. 육군은 총병력 10만 명에 장교 4,000명으로 제한되었고, 해군은 총병력 1만 5,000명에 전함 6척, 경순양함 6척, 구축함 12척, 어뢰정 2척을 보유할 수 있었지만, 잠수함은 그 보유가 금지되었다. 항공 전력은 군용 항공기의 제조나 보유가 전면 금지되었다. 게다가 일반 참모(General Staff)[16] 제도의 철폐, 징병제도의 폐지, 라인강 동쪽 50km 이내 군사력 배치 불가 등 군사력 제한 조치가 이루어졌다.

● 한스 폰 젝트 상급대장(오른쪽 외눈안경을 낀 사람)의 모습. (AKG Berlin)

군비제한에 대해 독일은 국가적으로 수치스럽게 생각하여 과거의 군사 대국을 회복하기 위한 노력에 국민적 공감대가 형성되어 있었다. 제1차 세계대전 직후의 육군참모총장 그뢰너의 뒤를 이어, 1920년부터 1926년까지 강철과 같은 굳건한 추진력과 곰 같은 외모에 어울리지 않은 여우의 지모를 갖춘 젝트(Hans von Seeckt)가 참모총장을 역임하면서 비밀리에 군비를 확충하는 기초를 구축하였다.

우선 병력에 관해서는 당분간 베르사유 조약에 근거한 10만 명을 유지하되, 철저한 간부 교육을 통해 차 상위계급의 직무를 수행할 수

16) 프로이센군으로부터 2차 대전까지 독일 군대의 독특한 참모 제도로써 대부분 귀족 출신으로 군의 우수한 요원을 선발, 특별 교육을 통해 정예 요원화한 다음 요직에 등용하여 전쟁의 기획, 지휘 분야에 근무하면서 특권적인 활동을 하였음. 군의 핵심을 이루어 진급과 보직에 우선권이 부여되어 장군 참모장교 출신이 아니면 고위 장성으로 진급이 거의 불가능했음. 장군 참모 또는 일반 참모로 호칭. 복장을 달리하였다.

있는 능력을 구비 하도록 했다. 그리하여 필요시 병사는 부사관, 부사관은 초급장교, 장교는 2단계 상위계급의 직무를 수행할 능력을 배양하도록 하여 동원 시에는 즉시 대군이 될 수 있는 준비를 했다. 그러나 그때까지도 옛날 프로이센의 전통을 탈피하지 못하고 장교는 귀족이나 군벌 가문의 자제를 우선하여 선발하되, 4년제 대학 졸업자 중에서 소정의 훈련과 자격시험을 통해 장교로 임관시켰다.

또한, 방대한 국방 업무를 정부의 각 부처에 위임하여 위장했는데, 예를 들어 정보업무는 외무성, 도로 및 철도관리는 교통성, 지형연구는 내무성, 전쟁사 연구는 국가문서실에서 실시하도록 하는 편법을 동원했다. 전략 연구는 제1차 세계대전에서 작전계획을 기초했던 참모총장을 기념하는 '슐리펜 백작협회'라는 위장 연구기관을 통해 새로운 전략 개념을 연구했다. 새로운 전략이론은 제1차 세계대전에서 참호전으로 인해 소모전에서 패배했던 점을 거울삼아 풀러(J. F. C Fuller)의 마비전 이론과 리델 하트(Lidell Hart)의 간접접근 전략 이론 및 두헤(Guilio Douhet) 등의 항공 이론, 그리고 제1차 세계대전 말기에 등장한 후티어(Oscar von Hutier) 돌파 전술을 연구하여 공격 위주의 기동전략을 수립하고, 이를 장차 전격전 이론으로 발전시키도록 하였다.

베르사유 조약에 명시된 참모본부의 해체는 이를 위장하여 그 기능을 정부 내의 다른 부처에 존속시키면서 기능을 향상하도록 했다. 전략 연구의 결과에 대한 훈련은 소련과의 비밀 협정을 통해 해결했다. 서방의 선진 과학 기술과 군사 지식이 필요했던 소련과 베르사유 조약으로 인해 군사훈련과 군비증강에 제약을 받아온 독일은 서로의 필요에 따라 1922년 비밀 협정을 맺고 국제적인 감시를 피할 수 있도록 소련 내에 기지를 두고 상호협동 훈련을 해왔다.

모스크바 남쪽의 리페츠크에서는 비행 훈련을, 볼가강 인근의 카마에서는 기갑부대 훈련을, 그리고 톰카에서는 화학전에 관한 실험이 시행되었다. 미래 독일에서 훗날 맹장으로 이름을 날린 브라우히취, 구데리안, 모델, 만슈타인 등이 이곳에서 장비 및 교리를 실험하고 훈련했다. 소련 측에서는 훗날 참모총장을 역임했다가 숙청당한 투하첸스키 등이 독일군과 함께 훈련하면서 군사 지식을 익혔으며, 특히 투하첸스키는 독일의 전격전 이론을 소화·적용하여 소련식 전격전 이론을 발전시킬 수 있었다.

그러나 독일의 비밀 군비증강 계획 추진 과정에서 커다란 문제점들이 도출·제기되기도 하였다. 독일군의 비밀군비 증강에서 나타난 첫 번째 문제점으로는, 군 간부를 선발하면서 1920년대에는 바이마르 공화국의 탄생과 함께 민주화의 바람이 거세게 불던 때인데도 불구하고, 장교 임용 과정 등에서 구 군벌의 자제나 귀족 출신들을 우대했다는 점이다. 이는 장차 군대 내에 일반 참모제도와 같은 특별한 계층이 형성되어 위화감이 조성되는 부작용을 야기하였다. 둘째, 군사 지도자들의 역사 인식과 정치에 대한 몰이해였다. 클라우제비츠가 말한 것처럼, 군사나 전쟁은 또 다른 정치의 계속임을 감안하여, 군이 정치에 개입하여 전제정치를 해서도 안 되지만, 정치를 잘 이해하여 정치적 목적에 맞는 국방이나 전쟁을 수행했었어야 함에도 불구하고, 제2차 세계대전이 발발하면서 전쟁이 정치를 선도해버리는 결과를 가져오게 만들었던 것이다. 셋째는 군의 다양한 기능 중에 특히 작전 분야만을 중시한 나머지, 인사·군수·정보 분야를 경시함으로써, 이러한 현상이 군사적 기능의 불균형을 초래함으로써 결국 패전의 큰 원인으로 작용하였다.

제2절 전격전 이론의 발전

독일군은 1차 대전에서의 폐해, 즉 참호전에 의한 소모전으로 인해 궁극적으로는 전쟁지속력이 고갈되어 패배했다는 점을 깊이 인식했다. 예를 들어 1916년 7월에 개시된 솜(Somme) 전투에서 연합군과 독일군 양측은 111만 명의 희생을 내고도 연합군 측이 겨우 11km를 전진하는 한숨 나오는 전과를 달성했다. 즉 포병과 보병에 의한 참호전을 수행함으로써 기동의 요소를 배제했던 전쟁행태는 전술과 기동이 아닌 인력과 장비, 수송 능력이 궁극적인 승패의 요인이 되었다.

리델 하트는 이러한 전쟁행태를 두고 "전략은 전술의 시녀로, 전술은 절름발이가 되었다."라고 표현했다. 제1차 세계대전의 참호전 양상은 상호 대량 살육전을 초래했고, 그 결과 패전하여 복수심에 불타는 독일군은 새로운 전법을 적극적으로 모색하기에 전념했다. 반면에 제1차 세계대전 결과 엄청난 소모전에 염증을 느낀 영국과 프랑스 등 연합군 측은 군비를 축소한 채 애써 전쟁 발발의 경고를 무시하며 전쟁 준비에 소홀하게 되었다.

독일군은 앞서 설명한 바와 같이, 새로운 과학 기술의 산물인 전차와 항공기를 주축으로 한 전법을 개발해 냈다. 새로운 전법은 과거의 소모적인 살육전을 피하고, 기동과 기습에 의한 돌파를 통해 신속히 적진의 후방으로 진출한 후에 적의 지휘소나 통신 시설을 점령하여 적의 지휘계통을 마비시킴으로써, 전의를 말살시켜 승리를 가져오는 방법이었다. 그를 위한 수단은 전차와 항공기이며 기습을 위해 속도와 기만이 필수요소였다. 풀러의 표현을 빌리자면, "이러한 전법은 적의 전력을 모두 파괴함으로써 승리하는 것이 아닌, 중추신경을 단칼에 잘라버림으로써 적을 마비시켜, 군사력의 통합적인 운용이 불가능하게 하여 궁극적인 승리를 가져오게 한다."라는 것이었다.

이러한 전법의 구체적인 전술 개념은 다음과 같다. 즉, 공군은 적의 공군 및 지휘기구와 병참선 및 집결지 등의 전술적 목표를 타격하며, 지상부대는 전선의 여러 곳에서 적진을 돌파하고, 그 돌파구를 통해 기갑부대가 항공기와 포병의 지원을 받아 최소 저항선과 최소 예상선[17]을 따라 적진 깊숙이 진출하여 적을 혼란에 빠뜨리고 와해시킨다. 그리고 적진 깊숙이 돌파한 부대는 와해된 적의 주력부대를 포위하여 무력화하고, 후속하는 보병부대가 이를 격멸한다. 부수적으로 오열 및 공수 부대의 운용과 병참 부대의 근접지원, 그리고 항공 화력의 근접지원과 포병의 동시 기동이 필요하다. 이를 위하여 지휘관의 창의적이고 독단적인 부대 운영과 대용 목표를 갖는 작전선 선택이 중요하게 요구된다.

이러한 혁신적인 이론은 수송 장교였던 구데리안을 중심으로 한 소장층의 장교들이 개발한 것으로서, 전차를 중심으로 보병·포병·항공·공병·병참·통신 등이 한 덩어리가 되어 속도와 기습으로 적을 돌파하고, 후방으로 돌진하여 적의 지휘체계를 마비시킴으로써 적을 혼란에 빠뜨려 적을 섬멸하지 않고도 승리를 거둘 수 있다는 이론이었다. 이들 소장층 장교들은 이를 '전격전(Blitzkrieg)'이론이라고 불렀다. 전격전 이론의 발전에서 빼놓아서는 안 되는 사실 하나는 제1차 세계대전 말기 독일군 제18군 사령관 후티어(Oscar von Hutier) 장군이 카포레토(Caporetto) 전투에서 사용했던 돌파 부대 전술을 돌파의 기본으로 하고 있다는 점이다.[18]

전격전은 2차 대전 초기에 빛나는 승리를 가져다주었지만, 각국이 전격전 이론의 장단점을 알고 대응하기 시작한 이후에, 특히 소련과의 쿠르스크 전투 이후부터는 그 공포에서 벗어날 수 있게 되었다. 그러나 오늘날까지도 전격전에 의한 승리는 신화로 남아있으며 현대 사회에서도 자주 인용되는 용어가 되었다. 이러한 전법을 실행하기 위해서는 전차와 항공기, 그리고 자주포 등의 장비가 필수적이며, 군의 편제도 전차를 집중적으로 운용하기 위한 사단 단위 이상의 기갑부대가 꼭 필요했다.

당시의 독일군 수뇌부는 고정관념에 의해 새로운 이론을 이해하지 못하고 새로운 전술

---

17) 리델 하트는 '간접 접근 전략(The Strategy of Indirect Approach)' 이론에서 유리한 전략적 상황 조성을 위해서 교란을 달성해야 하며, 적의 사고와 행동의 자유를 박탈하기 위해 사전에 심리적, 물리적 견제를 위해 '최소예상선(The Line of Least Expectation)'과 '최소저항선(The Line of Least Resistance)'을 따라 적의 배후로 접근하는 간접 접근 전략을 택해야 한다고 주장했다. 그의 주장은 손자병법의 攻其無備(공기무비)와 出其不意(출기불의), 그리고 迂直之計(우직지계)와 매우 일맥상통하여, '손자병법의 핵심 개념을 원용했을 개연성(Probability)도 제기되어지고 있다.

18) 第18군 사령관 후티어 장군은 게거(Gegar) 대위가 창안한 '침투와 마비 전술'을 받아들여 소위 말하는 '후티어 전술'로 발전시켜 리가와 카포레토 전투에서 사용하여 큰 승리를 가져왔다. 전술은 크게 5개 단계로 구분되는데 첫째, 기습을 위해 단시간에 강렬한 공격 준비 사격을 하고, 필요시에는 사격하지 않고 야간에 공격하기도 하며, 둘째, 공격하는 부대의 직 전방에 포병 탄막 사격을 하되, 경 포병은 기동부대와 동행하여 사격을 지원하고, 셋째, 경기관총을 주 무기로 하는 대대, 또는 연대 단위의 전투단이 적의 취약 지점을 침투, 돌파하고, 넷째, 지휘 통제는 작전의 진전에 따라 단위부대에 재량권을 부여하며, 다섯째, 공격부대에 화력의 우선권은 물론, 항공기를 통한 기총소사를 지원하는 전술이었다.

에 매우 부정적인 입장이었다. 그러나 1933년 1월 수상에 취임한 히틀러는 새로운 이론을 확실히 이해하고, 기갑력과 항공력을 우선하여 증강토록 하여 1935년 10월에 3개의 판처 사단이 최초로 탄생하였다. 히틀러는 장차 프랑스와의 전쟁에서 만슈타인 장군이 주장한 기갑부대 중심의 작전계획을 군 수뇌부의 반대를 무릅쓰고 승인함으로써 빛나는 승리를 거두는 직접적인 초석이 되도록 천재성을 발휘하기도 했다. 훗날 처칠은 "우리가 발명한 전차가 우리를 패배로 몰아넣었다."[19]라고 한탄했다.

제3절 국제연맹 탈퇴와 군축 협정 무효화

1933년 5월 16일에 루스벨트 대통령은 전 세계 주요국 44개국의 원수들에게 메시지를 보내 군축과 평화에 대한 미국의 계획과 희망을 역설하며, 모든 공격적 무기, 즉 폭격기 및 전차와 이동식 중포의 폐기를 호소했다. 그러자 히틀러는 이를 최대한 이용했고, 그는 바로 다음 날 다음과 같은 성명을 발표했다.

"루스벨트 대통령의 제안을 독일은 적극적으로 동의하고, 무장한 모든 국가가 공격적 무기를 폐기한다면 독일도 기꺼이 동참할 것이다. 독일은 공격을 생각하지 않고 다만 안전보장의 획득만을 염원하는 까닭에, 어떤 엄숙한 불가침 협정에도 동의할 용의가 있다."

히틀러의 연설에는 한 가지 경고가 포함되어 있었는데, 그것은 "독일은 모든 다른 제국과 평등한 대우, 특히 군비에 대한 평등한 대우를 원한다. 그것이 받아들여지지 않는다면 군축회의와 국제연맹으로부터 탈퇴하겠다."라는 것이었다. 모든 국가들은 히틀러의 이 연설 중에서 전반부의 도리에 맞는 제의에 일제히 환호하여 후반부의 경고를 경시해 버렸다. 그러나 히틀러가 진정으로 노리는 것은 후반부의 경고에 있었다.

주요 국가들의 군축 회담이 지지부진해지자, 1934년 1월 14일 히틀러는 돌연 "모든 나라의 평등권이 군축회의에서 부인되었기 때문에, 독일은 군축회의 및 국제연맹으로부터 탈퇴한다."라고 발표해 버렸다. 이는 봄에 있었던 화합적이고 타협적인 그의 연설이 공수표였음을 폭로하는 것이었으며, 외교 문제에 있어서 히틀러가 행한 최초의 공공연한 도박이

---

19) 1917년 캉브레 전투에서 영국군이 개발한 전차를 주요전력으로 삼아 독일군에 대항한 대규모 전투를 전개하여 승리를 거둔 이래, 영국군은 잦은 고장과 전투효율성이 별로 없는 전차의 무용성을 과도하게 인식하여 전차에 대한 관심이 적어진 반면, 캉브레 전투에서 등장한 전차의 위력에 충격받은 독일군은 오히려 전차의 전술적·전략적 효용성과 그 성능을 발전시킨 결과, 제2차 세계대전에서 전격전을 감행하여 영국군을 포함한 연합군을 무력화시키고 충격에 빠지게 하였다.

었다. 그의 발표는 독일이 향후 어떤 형태로든지 체결되어질 수 있는 군축 협정에 참가하지 않는 것은 말할 것도 없이, 특히 과거에 체결되었던 베르사유 조약도 무시해 버리고 자체적인 재군비를 추진해 나가겠다는 뜻을 분명히 하는 것이었다.

히틀러의 이러한 국제적인 도발은 연합국들의 우유부단한 대응으로 인해 베르사유체제에 의한 제재를 할 수 없을 것이라는 치밀한 계산에서 나온 것이었으며, 이때부터 히틀러의 재군비는 질주하기 시작했다. 그는 단계적으로 도발의 강도를 높여가며 연합국을 실험해 나갔다. 그러다가 프랑스가 출산율 저하로 인한 징집자원이 부족함을 보충하기 위해 병사들의 복무기간을 두 배로 늘리겠다고 선언한 1935년 3월에, 프랑스의 병역 근무 기간 연장 조치가 독일의 안보에 위협이 된다고 하면서 육군을 30만 명으로 증원하고 공군을 창설하겠다고 선언했다.

히틀러의 독일 육군 증원과 공군 창설 선언은 완전하게 베르사유 조약을 무시한 것이었지만, 연합국은 항의하면서도 어떠한 제재를 위한 행동을 취하지 않았고, 특히 영국의 경우 잠정적으로 독일의 조치를 용인하는 태도를 보였다. 그러면서도 히틀러는 독일 육군의 규모를 프랑스의 50%로 제한하겠다는 협정을 프랑스에 제시하는 알쏭달쏭한 태도로 상대를 혼란하게 하는 교활함을 보였는데, 프랑스가 거부하자 이를 계기로 육군의 증원을 노골적으로 늘려갔다.

한편, 영국과 프랑스는 독일의 재군비를 용인하는 대신에, 동부지역에서도 폴란드, 소련, 체코슬로바키아와 로카르노 조약을 체결하여 유럽의 총체적 화해에 동참하도록 요구했다. 히틀러는 알자스-로렌에 대한 독일의 이익을 포기한다고 하면서도, 동부 유럽에서의 로카르노 조약 체결에는 모호한 태도를 보였다. 이 무렵 1935년 1월 13일에 비무장 중립지대로 있던 자르 탄전 지대의 귀속을 위한 주민들의 자유 투표 결과 압도적인 지지를 통해 독일에 귀속되었다. 그에 따라 징병제가 도입되어 1936년에 기간 병력이 12개 군단, 36개 사단, 50만 명으로 급속히 늘어났다. 완전 편제의 사단은 아니었지만, 병사만 보충하면 곧바로 완전한 사단이 될 수 있는 태세였으며, 베르사유 조약에 명시한 사단 규모의 5배에 달한 수준이었다.

독일 국민은 히틀러의 이러한 조치에 국가의 명예가 회복되었다고 환호했다.

독일의 재군비 조치에 영국, 프랑스, 이탈리아 3국은 회합하고, 이를 비난했으며, 오스트리아의 독립과 로카르노 조약의 지지를 재확인했다. 프랑스는 독일이 동부유럽의 로카르노 조약에 절대 동참하지 않으리라고 예측하고, 급히 소련과 상호원조 협정을 맺었으며, 소련은 체코슬로바키아와도 상호원조 협정을 체결했다.

제4절 라인란트 점령과 군비 확장

히틀러는 진작부터 독일 영토 내의 라인강 서쪽을 비무장지대로 한다는 베르사유 조약을 못마땅하게 생각하여 무효화 할 적당한 계기를 노리고 있었다. 때마침 1936년 3월 프랑스가 소련과 상호원조 협정을 맺었다. 협정의 내용에 "만일 독일이 소련을 공격하면 프랑스가 자동으로 독일을 상대로 행동해야 한다."라는 조항이 있어, 히틀러는 이를 "국제연맹의 결의를 제외하고는 프랑스가 독일과 전쟁을 하지 않겠다."라는 협약을 일방적으로 위반한 것이므로 독일로서도 프랑스와 접경지역에 자위 수단을 마련하는 것은 당연하다고 강조하면서, 독일의 군비증강의 정당성을 주장했다.

이에 따라 1918년 11월 이후 단 한 명의 독일군도 주둔하지 못했던 라인란트를 재점령하라는 명령을 1936년 3월 7일에 하달했다. 장군들은 군비가 매우 미흡하여 연합군이 적극적인 반응을 보인다면 어려움에 부닥칠 것을 우려하여 반대하는 견해였다. 하지만 군은 히틀러의 정책적 배려를 받아왔기 때문에 그의 전략적, 외교적 판단에 적극적인 반대를 표시하지는 않았다. 그러나 히틀러는 비록 3개 대대의 소수 병력[20]이지만, 프랑스가 독일군을 축출하려고 행동에 나서지 않을 것으로 판단하여 과감한 조치를 했다. 히틀러는 훗날 다음과 같이 말했다.

"라인란트로 진군한 뒤 48시간이야말로 내 일생에서 가장 조마조마한 순간이었소. 만약 프랑스군이 라인란트로 진군해 들어왔다면 우리는 줄행랑을 쳤을 것이오. 우리 쪽의 군사력으로는 가벼운 저항도 제대로 막아내지 못할 정도였으니 말이오."[21]

총사령관 블롬베르크는 라인란트 독일 진주군에 대하여 프랑스군이 적대 행동으로 나오면 라인강을 건너 철수하도록 사전에 명령해 놓고 있었다. 그러나 히틀러의 모험적인 판단은 맞았다. 프랑스는 영국의 미온적인 태도에 자신감을 잃고, 히틀러의 불법적인 행동에 대해 적극적인 조치 대신, 수수방관하는 자세를 취했다. 이로써 베르사유 조약 탈퇴와 재군비 천명에 이어, 히틀러는 점점 더 공격적이고 모험적인 자세를 취하게 되었다. 후세 사가들은 라인란트를 점령한 시점에서 연합군이 강력한 조처를 했다면 아마도 2차 대전을 예방할 수 있었을지도 모른다고 평한다. 당시의 독일 군비는 별 볼 일 없었으므로, 라인란트 점령 단계에서 히틀러의 야망을 꺾어 놓았더라면 차후의 행위에서도 쉽게 도발할 수

---

20) 전후 뉘른베르크의 군사 법정에서 국방군 작전참모부장 요들은 3개 대대라고 했으나, 그 전에 히틀러는 4개 여단이라고 말했으며, 연합국 측의 첩보 기관에서는 3개 사단 규모라고 평가했다.
21) 도널드 케이건 지음, 김지원 옮김, 『2차 세계대전사』(서울 : 청어람 미디어. 2006), p. 483.

없었을 것이며, 따라서 제2차 세계대전은 발발하지 않았을 수도 있었을 것이라고 분석하기도 한다.

독일군의 라인란트의 점령은 엄청난 효과를 가져왔다. 국내적으로 히틀러는 절대적인 지지를 받아 인기를 새롭게 드높여 주었으며, 국제적으로 독일의 영향력을 크게 증진했다. 이때를 전후하여 10개의 기갑사단을 장비할 전차와 2,000대를 보유할 공군의 공중전 전담 부대(Luftwaffe)를 편제 장비화하기 위한 항공기가 계속 생산되고 있었다.

해군도 1935년의 화해 무드에 힘입어 영국을 비롯한 연합국 일부에서 독일 해군도 베르사유 조약의 제약에서 일부 해제되어야 한다고 동의함에 따라 수상함과 잠수함도 장비할 수 있게 되었다. 척수로 보면 수상함과 잠수함은 영국 해군의 33%와 60%에 해당하는 양으로 5척의 전함, 21척의 순양함, 64척의 구축함을 만들도록 인정한 것이다. 그러나 이미 독일은 2만 5천t급을 상회하는 2척의 순양함 [샤른호르스트]와 [그나이제나우]를 건조하고 있었으며, 잠수함도 스페인, 네덜란드, 핀란드 등지에서 부분별로 건조되고 있었다.

독일의 국제연맹을 무시하는 태도에 영국이나 프랑스가 극히 미온적인 태도를 보이자, 이탈리아의 무솔리니에게도 국제연맹의 규약을 위반해도 제재받지 않을 것이라는 믿음을 갖게 했다. 그러한 믿음을 바탕으로 무솔리니는 1935년 10월 3일 아비시니아고원에 있는 오랜 역사의 왕국, 에티오피아를 침공했다. 영국과 프랑스는 무솔리니의 에티오피아 점령을 막지 못했을 뿐 아니라 독일에 대한 견제 세력으로서의 이탈리아를 잃었으며, 오히려 히틀러에게 더 다가가게 방치했다. 히틀러는 이러한 상황의 전개를 기쁘게 바라보았다.

아낌없는 국가자원의 투자로 인해 독일 국방군의 긍지는 매우 높아졌고, 1차 대전 후 15년간 숨죽이고 움츠렸던 상황에서 갑자기 팽창하여 유럽의 여타 국가들의 앞자리를 차지하는 군사 강국으로 발돋움하게 되었다. 특히 장비 면에서는 신형 항공기와 전차를 대량으로 보유한 강군이 된 것이다.

인적 자원 면에서 1933년 56세였던 대령의 평균 연령이 1936년에 39세로 젊어졌다. 이는 앞에서도 언급한 바와 같이 참모총장 젝트의 간부화 프로그램으로 인해 간부들이 차상급, 또는 차차 상급 부대를 지휘할 수 있도록 훈련을 시켰던 결과로써, 갑자기 부대가 확장되더라도 무리 없이 변화된 체제로 전환되었기 때문이었다. 1937년에는 젊은 장교들이 대대, 연대, 또는 사단을 지휘하게 되어 갑작스러운 군의 팽창에도 잘 적응되었다.

그러나 장군들에 대한 히틀러의 생각은 이중적이었다. 그는 자신을 전쟁에 참전하여 부상당한 역전의 용사라고 자부했지만, 우수함을 인정받아 후방사령부에 주로 근무하였던 참모장교 출신 고위직들에 대해서는 생사가 오가는 전선에 있지도 않았으면서 자만심만 강하다고 생각하여 마음속으로 항상 경원시하였다. 이는 제2차 세계대전 내내 히틀러와 고급 장성들 간에 발생한 갈등 요인들 가운데 하나로 남게 된다.

정통 군인들에 대한 또 하나의 쓰라린 기억은 1922년 뮌헨에서의 쿠데타를 일으켰다 실패하여 법정에 섰을 때, 장군들과 검사가 재판과정에서 히틀러를 '제 분수도 모르고 주제넘게 설쳐대는, 북 치는 꼬마 정치가'라고 혹평했는데, 이는 히틀러의 자존심에 소금을 뿌리는 치명적인 발언이었다. 이제는 모든 인사권을 그가 행사하여 그들의 잘못된 인식(?)에 경종을 울렸지만, 아직도 군만은 독립성을 유지하며 자체적으로 진급 심사권을 행사했는데, 히틀러는 이를 끝장내기로 작정했다.

마침 1938년 초에 국방부 장관 블롬베르크(Werner von Blomberg)가 재혼했는데, 젊은 신부가 매춘부 출신임이 밝혀져 사퇴를 강요당했고, 그 뒤를 이어야 할 군 총사령관 프리치(Werner von Fritsch)는 동성애자라는 억지 혐의를 씌워 역시 퇴진시켰다. 히틀러의 생각에 두 사람 모두 우유부단하여 호전적인 기질의 장군을 원하는 그의 기대에 대단히 미흡했기 때문에 혐의를 씌운 것으로 보인다. 이에 맞춰 16명의 선임 장군들을 은퇴시키고 44명을 좌천시켰다. 여기에는 육군참모총장 베크도 포함되었다. 히틀러는 차제에 거추장스러운 국방부를 폐지하고, 독일 국방군 최고사령부(Oberkommando der Wehrmacht)를 창설하여 스스로 수장이 되었다. 그리고 국방군 최고사령부를 통솔할 인물로 유약하고 말 잘 듣는 카이텔을, 육군 총사령관에는 역시 유약한 브라우히취를 임명했다.

히틀러는 1차 대전의 패배를 틈타 독일에 손해를 끼쳤다고 생각되는 주변국들에 앙갚음 해줄 강력한 사령관들을 찾을 수는 없었지만, 국방군 최고사령부를 통해 필요한 전략을 입안할 수는 있게 되었다. 히틀러의 전쟁을 향한 행보는 이제 결정적인 것이 되어 갔다. 1938년은 재무장을 통해 공세적 외교 전략으로 이행하는 한 해가 되어 갔다.

제5절 오스트리아와 체코슬로바키아 합병

히틀러는 국제연맹을 탈퇴하고 베르사유 조약을 무효화 했으며, 동시에 군비를 대규모로 확충해가면서 라인란트를 점령했지만, 소위 승전 연합국들은 강력한 제재나 항의를 해오지 않고 거의 수수방관하는 태도를 보이자 점점 더 대담하게 패권을 추구해 나갔다.

우선 멀리 있는 동방의 나라 일본과 1936년 11월 25일에 소련의 공산주의 팽창을 저지하기 위한 '반 코민테른 협약'을 체결했고, 1937년 11월에는 이탈리아의 무솔리니와도 동일한 협약을 체결하여 1936년에 맺은 '로마 - 베를린 추축 협약'을 보강했다. 이로써 독일 국민 대다수와 함께 히틀러가 극도로 혐오하던 공산주의에 대한 적대감을 노골화했다.

다음 순서는 오스트리아와 체코슬로바키아에서 독일 민족이 거주하는 지역을 합병하는 것이었다. 히틀러는 [나의 투쟁]에서 독일과 오스트리아 합병에 대한 자신의 견해를 밝힌 바 있다.

"독일과 오스트리아는 거대한 게르만의 모국으로 돌아가야 한다. 경제적 관점에서만 본다면 이 결합은 중요하지 않다. 설령 경제적으로 손해를 볼지라도 정말로 이루어져야 할 일이다. 같은 피는 같은 제국에 소속되어야 한다."[22)]

오스트리아는 상당수의 국민이 실제로 독일과의 합병을 찬성하기도 했지만, 극렬한 나치의 앞잡이들이 폭력을 행사하면서 바람잡이 역할을 한 결과이기도 했다. 1934년 오스트리아 수상 돌퓌스(Dolfűβ)가 나치의 하수인에게 암살되었을 때 히틀러는 통합을 추진했지만, 오스트리아에 대한 보호국 지위를 자처하는 이탈리아의 반대로 통합을 유예해야 했다. 그러다가 이탈리아가 1936년 5월 에티오피아를 침공함으로써 발생한 영국과 프랑스의 항의를 포함한 국제적인 마찰에도 불구하고 히틀러가 이탈리아를 두둔함으로써 히틀러와 무솔리니의 관계는 호전되었다.

이어서 1936년 7월 16일 스페인은 참모총장을 역임했던 프랑코가 좌파인 중앙정부에 대항하는 반란을 일으켜 내전이 발생하게 된다. 여기에 공산주의를 혐오하는 히틀러와 무솔리니는 공동으로 프랑코를 지원하면서 더욱 긴밀한 관계로 발전했다. 이탈리아는 6만 명 이상의 지상군을 비롯하여 항공기를 포함한 다량의 무기를 지원했으며, 독일은 그에는 못 미치지만, 항공기와 전쟁기술자, 폭격기부대를 파견하여 자신들의 전술과 교리를 실험하기도 했다. 폭격기부대는 대표적으로 소도시 게르니카를 무차별 폭격함으로써 일반 시민을 학살하여 악명을 높였다.

스페인 내전에서 히틀러의 입장은 프랑코가 손쉬운 승리를 거두게 하는 것이 아니라, 무솔리니의 관심이 오스트리아로부터 스페인과 에티오피아에 머물게 하고, 프랑스가 좌우익의 대립으로 인해 주된 관심사가 중부, 동부유럽에서 자국 내부의 투쟁으로 전환되어 국제사회의 동향에 무관심해지기를 바랐던 것이다. 1937년 11월 5일 히틀러는 군사 지휘관들 및 외무장관과의 비밀회의에서 "프랑코가 100% 승리를 거두는 것은 독일의 처지에서 바라는 바가 아니다. 우리는 오히려 전쟁이 오래 계속되어 지중해에서의 긴장이 계속 유지되는 것에 관심을 둔다."라고 말하면서, 그의 교활하고 타산적인 스페인 정책을 드러냈다.[23)]

---

22) 도널드 케이건 지음, 김지원 옮김, 앞의 책, p. 487.
23) 윌리엄 L. 샤이러 지음, 유승근 옮김, 『제3제국의 흥망』(서울 : 에디터. 1993), p. 42.

프랑스는 내부에서 좌우익의 정치적 혼란과 더불어 국제적으로 독일에 대항하는 자국의 입지를 강화하기 위해 폴란드와 체코슬로바키아, 유고슬라비아, 루마니아와 협정을 맺으려고 했지만, 대부분 무시당하거나 거절당했다. 유고슬라비아는 오히려 이탈리아와 협정을 원했고, 체코슬로바키아는 독일과의 협정을 원했다. 주변의 환경이 히틀러가 원하는 데로 흘러갔다. 특히 이탈리아는 국경을 맞대고 있는 프랑스와는 본태적인 대립 관계를 유지해야 했으며, 지중해를 두고는 영국과 긴장 관계가 이어져 왔기 때문에 독일의 지원이 꼭 필요했다.

이러한 환경을 히틀러는 정확히 파악하고 이를 오스트리아 합병에 이용했다. 히틀러의 외교적 성과는 대단했다. 영국과 프랑스는 히틀러가 독일을 재무장하고, 라인란트를 무단 점령한 다음 평화조약을 침범했는데도 그것을 막기 위해 손가락 하나 까딱하지 않았다. 그들은 또한 에티오피아에서 무솔리니를 저지하지도 못했다. 1937년에 이르러 스페인 내전에서 독일과 이탈리아가 스페인의 운명을 좌지우지하려는 것에 대해서도 공연한 제스처만 되풀이하는 초라한 모습을 드러내 보였다.

그러나 무솔리니는 아직도 히틀러의 오스트리아 합병에 관해서는 알레르기 반응을 보였다. 이를 해소하기 위해 히틀러는 1937년 9월 25일 무솔리니를 베를린으로 초청하여 극진한 환대와 함께 강력하게 재무장한 군대의 사열, 군수공장의 시찰, 육해공군 부대의 훈련 상황을 보여주어, 무솔리니가 증폭되어가는 독일의 힘에 큰 감명을 갖게 하고, 무솔리니가 자기의 운명을 히틀러와 함께해야겠다는 각오를 다지도록 만들었다. 그로부터 얼마 후 무솔리니는 오스트리아의 처리에 관한 것은 관심을 두지 않겠다고 언급했다. 히틀러는 어렵게 오스트리아의 처리에 관한 무솔리니의 용인을 얻어낸 것이다.

그뿐만 아니라, 독일이 오스트리아와 체코를 병합하더라도 영국과 프랑스가 직접 개입하지는 않을 것이라고 정세를 세밀하게 분석했다. 오스트리아와 체코를 병합한다면 1천2백만 명의 '독일인'이 증가하고, 500~600만 명을 먹일 수 있는 식량이 확보되며, 12개 사단을 충원할 수 있는 인적 자원이 증가한다는 분석도 했다. 드디어 때가 왔다. 이탈리아는 독일이 오스트리아를 합병하는 데 적극적인 반대에서 소극적인 지지로 변했고, 영국과 프랑스는 군사적으로 개입하지 않을 것이며, 국내에서는 신중한 고전적인 장군들을 모조리 제거해 버린 상태였다.

히틀러는 1938년 2월 12일 오스트리아 수상 슈슈닉(Kurt von Schusch-nigg)을 남부 국경 근처의 별장인 베르히테스가든으로 초청했다. 1934년 이래 히틀러의 오스트리아 합병 노력으로 오스트리아의 나치 추종자들이 당시의 수상 돌퓌스를 암살하기까지 하였으나, 슈슈닉의 독재체제로 인해 사건의 공론화는 물밑으로 가라앉아 있는 상태였다. 베르히테스가든에 도착한 슈슈닉은 융숭한 영접을 받았으나, 두 시간도 못 되어 히틀러의 협박을 받게 되었다. 히틀러는 이 자리에서 그에게 대놓고 말했다.

*"나에게 따라오지 않는 자는 짓밟히고 말 것이오. 나는 일찍이 독일의 어느 누구도 걷지 않은, 다시없는 험난한 길을 택했습니다. 나의 단 한마디 명령이면 하룻밤 사이에 당신네 나라의 우스꽝스러운 방위기구는 산산조각이 날 수 있습니다. 나는 그러한 운명으로부터 오스트리아를 구출하고 싶습니다. 일단, 나의 군대와 친위대와 오스트리아인 부대가 물밀듯이 들어가면 어떤 사람이든 간에 그들의 정당한 복수를 저지할 수 없습니다. 나 자신도."*24)

그리고 그날 오후 내용상으로 완전한 항복문서를 들이밀고 서명을 요구했는데, 그 내용은 다음과 같았다.

"오스트리아는 나치당에 대한 금지령을 해제해야 한다.
수감 중인 나치스는 전부 특사한다.
빈의 친 나치스 변호사인 자이스 잉크발트(Arthur Seyβ Inquart)를 내무장관으로 임명하여 경찰과 보안에 관한 권한을 줄 것.
또 하나의 친 나치스 인물인 그라이제 홀슈테나우우를 육군 장관에 임명하고 독일과 오스트리아의 장교들을 교환하여 긴밀한 관계를 유지한다.
오스트리아의 경제를 독일의 경제체제에 동화시키도록 한다."

히틀러의 이러한 요구는 오스트리아의 독립을 완전히 종식하도록 하는 데 있었다. 슈슈니크는 그 자리에서 당장 서명하지 않고 시간을 달라면서 현장을 모면했다. 상황이 이렇게 흘러가자, 오스트리아 주재 독일 대사인 파펜은 슈슈니크를 회유하기 시작하였다. 그는 협정서에 서명만 한다면 독일은 협정서를 충실히 이행할 것이며, 오스트리아에 곤란한 일이 아무것도 일어나지 않도록 히틀러가 보장한다는 것을 믿으라고 했다. 얼마 후에 슈슈니크는 다시 히틀러에게 불려갔다. 흥분한 히틀러는 방안을 왔다 갔다 하면서, 다음과 같은 무자비한 협박과 공갈을 가하였다.

"슈슈니크씨! 여기 문서의 초안이 있습니다. 논의할 것은 아무것도 없소. 나는 이것에 티끌만큼도 변경할 의사가 없소. 당신이 3일 안에 이대로 서명하여 나의 요구를 들어주든지, 그렇지 않으면 내가 오스트리아에 군대의 진주를 명령하든지 그 둘 중의 하나요."

---

24) 윌리엄 L. 샤이러 지음, 유승근 옮김, 앞의 책, pp. 90-91.

결국, 슈슈니크는 항복했다. 그러나 마지막으로 오스트리아 헌법의 규정상 대통령만이 그러한 협정에 서명할 권한이 있다고 발뺌했다. 그러자 흥분한 히틀러는 국방군 총참모장 카이텔을 불렀고, 아울러 많은 장군이 불려와 겁을 주었다. 슈슈니크는 그 자리에서 체포될지 모른다고 생각했다. 그리하여 그는 마침내 굴복하고야 말았다. 슈슈니크는 1938년 2월 11일 히틀러의 무력 공격이라는 협박에 항복하여 히틀러가 제시한 문서에 서명하고 말았던 것이다.25)

빈으로 돌아온 슈슈니크는 미클라스 대통령에게 자초지종을 이야기했다. 대통령은 현실을 인식하더라도 자이스 잉크발트 같은 막돼먹은 자에게 육군과 경찰을 맡길 수 없다고 반대했으나, 결국은 독일의 압력을 이겨내지는 못했다. 2월 16일 오스트리아 정부는 전면적 특사를 시행했는데, 그중에는 전 수상 돌퓌스를 암살한 용의자도 포함되어 있었다. 내각이 바뀌어 히틀러의 요구대로 자이스 잉크발트가 보안장관에 임명되었다. 거기에 만족하지 못한 히틀러는 대통령의 사임과 함께 독일과의 합병을 요구했다. 매일 폭동과 시위가 일어났고, 행정부처 건물들은 폭도들에게 점령되었다. 궁지에 몰린 수상 슈슈니크는 독일과의 합병 여부를 묻는 국민투표를 3월 13일에 실시하도록 공고했다.

그러나 히틀러는 국민투표를 두고 볼 수 없었다. 갖은 압력을 가해 슈슈니크를 사임시키고 후임으로 자이스 잉크발트를 임명하도록 미클라스 대통령에게 협박을 가했으나, 소박한 대통령은 그 의지가 어지간히 굳센 게 아니어서 그에 응하지 않았다. 그러자 히틀러는 3월 11일 밤에 마침내 군대를 오스트리아에 진주시켰다. 그리고 날조된 내각을 통해 법안을 급조하여 히틀러가 오스트리아의 대통령으로 부임한다고 선포했다. 이 법안은 4월 10일 국민투표를 통해 추인되었는데, 나치는 99.75%의 오스트리아 국민이 찬성했다고 공식 발표하였다.

이러한 사태에 대해 영국이나 프랑스도 손가락 하나 까딱하지 않고 이례적인 외교적 항의로만 끝내고 말았다. 이탈리아의 무솔리니도 묵인했다. 젊어서 버림받고 냉대당하면서, 굶주린 배를 움켜쥐고 들쥐처럼 연명했던 사나이가 이제는 온 시내가 떠나갈 듯한 환영을 받으며 의기양양하게 돌아온 것이다. 이제 오스트리아는 동부지방을 의미하는 오스트마르크(Ostmark)가 되었다가 얼마 후에는 독일 일부분인 지방의 행정 단위로 격하되었다.

혼란의 기간에 히믈러는 7만 명 이상의 오스트리아인을 체포했다. 수많은 유대인이 강제노역 동원과 함께 재산을 빼앗기고 투옥되었다. 슈슈니크는 체포되어 전쟁이 끝날 때까지 수용소 생활을 하다가 가족과 함께 살아남았다. 오스트리아 국민 700만 명이 독일에 편입되어 2차 대전에서 무한한 희생을 치르게 되었다.

---

25) 윌리엄 L. 샤일러 지음, 유승근 옮김, 앞의 책. pp. 93-95.

히틀러의 다음 목표는 체코슬로바키아였다. 영국과 프랑스 등 주변 열강이 오스트리아의 합병에 거의 수수방관한 태도는 히틀러에게 체코슬로바키아를 상대로 하는 병합 작전에 대한 밝은 청신호였다. 오스트리아를 정식 합병한 지 11일 후에 히틀러는 국방총사령관 카이텔을 불러 [녹색 작전]에 대해 협의했다. 녹색 작전은 체코슬로바키아에 대해 기습적인 공격을 감행하는 암호였다. 체코슬로바키아의 서쪽지역인 주데텐란트(Sudetenland)를 중심으로 3백 5십만 명 이상의 독일 종족이 살고 있었는데, 그들은 독일의 사주를 받아 강하게 자치를 요구하고 있었다. 1933년 히틀러가 집권하면서 체코슬로바키아에도 국가사회주의라는 바이러스가 주데텐 지역의 독일 민족에게 감염되어, 독일 외무성의 금전적 후원을 받으며 정부에 반기를 들기 시작했다.

오스트리아에서 발생한 사건에도 불구하고, 영국과 프랑스는 이러한 사태를 히틀러가 체코슬로바키아에 있는 자국의 동포를 위한 정의로운 행동으로 평가하여, 주데텐 지역을 독일에 양보하도록 오히려 압력을 가하기 시작했다. 5월 20일이 되자 육군 총사령부는 히틀러에게 체코슬로바키아에 대한 공격계획을 제출했고, 이는 곧바로 외국에 누설되었다. 이에 따라 체코슬로바키아는 동원을 시작했고, 런던, 파리, 모스크바는 유럽에 전쟁의 위기가 닥쳤다고 두려움에 빠졌다. 영국을 중심으로 독일에 대한 외교전이 빗발치듯 전개되었다. 히틀러는 분노를 참고, 군사작전을 10월 1일까지 연기하도록 지시했다. 그러나 결코 포기한 것은 아니었다.

이 시기에 참모총장 베크는 히틀러의 무모함에 진저리를 치며 육군 총사령관 브라우히취에게 수차례에 걸쳐 각서를 보내고, 전쟁 방지를 위해 히틀러를 설득해 주도록 건의하면서 히틀러가 받아들이지 않으면 전 육군 장교단이 사임해야 한다고 주장했으나, 우유부단한 브라우히취는 히틀러에게 베크의 각서를 보여주었을 뿐 아무런 행동을 보여주지 않았다. 베크는 사임했지만 아무도 자기와 같이 행동한 장교는 없었다.

후임 참모총장은 프란츠 할더(Franz Ritter Halder)였다. 그는 비교적 양심적인 군인이었다. 훗날 폴란드 침공 이후 히틀러의 전쟁 확대에 반대하여 히틀러 정부를 전복하려는 생각을 가졌는데, 동조자가 없자 혼자서라도 히틀러를 제거하려는 뜻을 품었지만, 실행하지는 못했다. 그는 전쟁 확대가 궁극적으로 독일의 패망을 가져올 것을 예견하여 히틀러에게 반대했지만, 우유부단하여 제거 활동을 결행하지 못했으며, 1942년 9월 스탈린그라드 전투를 앞두고 히틀러와 불화를 일으켜 해임 당하게 된다.

1938년 여름 동안 OKW(국방군 최고사령부)와 OKH(육군 총사령부)는 매우 분주했다. 히틀러가 지시한 10월 1일을 기해 체코슬로바키아에 대한 침공계획을 완료해야 했기 때문이었다. 그러나 참모총장 할더를 비롯한 육군의 수뇌부 장교들은 독일이 체코슬로바키아를 침공한다면 프랑스가 서방에서 독일을 침공할 것이며, 그럴 경우 독일군은 프랑스군을 효과적으로 방어할 수 없다고 생각하여 체코슬로바키아 침공계획인 소위 [녹색 계획]을 반대하는 태도였다.

영국의 입장을 타진하기 위해 8월 18일에 특사 자격으로 런던에 파견된 클라이스트 장군은 처칠을 비롯한 주요 인사들을 만나 히틀러의 망상을 종식하기 위해 영국의 적극적인 개입을 비밀리에 요청하여 파견 목적에 반대되는 행동을 했다. 훗날 그는 1944년 3월 크림반도 일대를 방어하던 A집단군 사령관으로서 소련군의 진군에 견디지 못하고 철수하자, 격분한 히틀러에 의해 만슈타인 장군과 함께 해임된다. 그 이후 그는 현역으로 복귀하지 못하고, 전후에 전범으로 소련의 수용소에 수감되었다가 감옥에서 사망했다.

영국과 프랑스는 제1차 세계대전의 악몽에서 헤어나지 못하고 있어 독일이 체코슬로바키아를 침공하더라도 군사행동을 일으킬 생각은 애초부터 없었다. 히틀러는 각종 경로를 통해 그러한 국제적 기류를 간파하고 있었다. 이러한 상황에서 국제연맹의 역할을 기대하는 것은 아무런 의미가 없었다. 일본이 1931년 만주를 침략하고, 1937년 중국과의 전쟁에 돌입한 것이나, 1936년에 이탈리아가 에티오피아를 침략한 것에 대해 공허한 항의 성명 외에 어떠한 효과적인 군사적, 경제적 제재를 하지 못하고 있었다.

9월이 되자 체코슬로바키아를 탈출하려는 유대인들로 인해 공항과 기차역은 북새통을 이루었다. 영국 총리 체임벌린(Neville Chamberlain)은 체코슬로바키아 문제로 인해 세계 대전이 발발하는 것을 근본적으로 반대하는 처지였으므로, 체코슬로바키아를 희생하여 히틀러를 무마할 생각을 하고 있었다. 그리하여 9월 18일 한 번도 비행기를 타 본 적이 없는 체임벌린은 일곱 시간의 비행을 통해 뮌헨 공항에 도착했으며, 또다시 베르히테스가든까지 3시간 동안 기차를 타야 했다. 히틀러는 기차역에서 마중하지 않고, 사무실 돌계단 꼭대기에서 자기보다 20세 정도 나이가 많은 69세의 노정객을 오만하게 맞이했다. 히틀러는 체임벌린에게 아래와 같이 도전적으로 말했다.

"체코슬로바키아에 있는 3백만의 독일인을 독일에 복귀시키지 않으면 안 된다. 독일이 체코슬로바키아 문제로 세계전쟁에 말려들게 된다면, 사나이답게 전력을 기울여 나라를 이끌고 위기를 극복하겠다. 물론 세계전쟁이 일어난다면 유감이다. 그러나 그런 위험이 있다고 해서 이 각오를 번복할 수는 없다."

체임벌린은 속사포 같은 히틀러의 말을 듣고 나서, 자기 개인의 의견을 공식적으로 말할 수는 없으므로 의회에 보고하고, 프랑스와 협의한 다음에 답하겠다고 말했다. 그러나 마음속에는 주데텐란트를 독일에 이양하여 전쟁을 예방하겠다는 생각을 가졌으며, 히틀러도 이를 충분히 감지했다.[26] 9월 18일에 독일은 체코슬로바키아에 대한 침공을 위해 5개 군단 36개 사단이 전투편성을 마쳤으며, 히틀러는 체코가 독일의 요구를 거부할 경우, 10월 1일을 기해 공격하겠다고 공개적으로 말해왔다.

영국으로 돌아온 체임벌린은 다음 날 런던에서 달라디에(Édouard Daladier) 프랑스 수상과 회담하고 어떠한 대가를 치르더라도 전쟁을 방지해야 한다는 전제하에, 주데텐란트를 할양하게 한다는 공동 제안을 체코슬로바키아가 받아들이도록 설득하자는 데에 동의했다. 히틀러와 회담하는 자리에 체코슬로바키아의 대표를 참석시키자는 배려는 없었다. 9월 19일 당일에 영국과 프랑스의 공동 제안서는 체코슬로바키아에 제출되었다. 당연히 체코슬로바키아는 제안을 거부했지만, 영국과 프랑스는 곧바로 더 이상 체코슬로바키아의 운명에 관심을 두지 않겠다고 협박했다.

체코의 베네슈(Ēduvard Beneś) 대통령은 우방이라고 믿었던 국가들로부터 완전히 버림받았다는 것을 깨달았다. 그런데도 마지막으로 프랑스에 의사를 타진하도록 했으나, 영국과 프랑스의 공동 제안서를 받아들이지 않으면 체코슬로바키아 단독으로 독일군과 싸우게 될 것이라는 답을 들을 수 있을 뿐이었다. 소련은 동맹의 협약을 지키겠다는 의사를 표명했지만, 프랑스가 군사적인 행동을 할 경우에만 돕겠다고 조건을 제시했으며, 만일 소련이 지원을 위해 군대를 파견하더라도 적대 국가인 폴란드를 통과해야 가능하므로 사실상 지원이 불가능했으므로 체코슬로바키아는 고립무원이 되었다.

한편, 독일 육군참모총장 할더는 베를린 군구사령관 비츨레벤 등과 히틀러를 축출하기 위한 음모를 획책하고 있었다. 그들의 생각은 체코가 히틀러의 제안을 수락하지 않을 것이며, 독일이 군사행동을 개시하면 프랑스가 서쪽에서 독일로 진격하게 되어 다시 대전의 발발이 불가피하게 되고, 그러면 독일은 다시 한번 패전의 비참함을 감당해야 하는 결과를 초래할 것인바, 모든 것의 원흉인 히틀러를 제거해야만 한다고 생각한 것이다. 그러나 사태는 히틀러의 의도가 먹혀들어 가는 방향으로 전개되면서 그들의 계획은 무산되어 버렸다.

9월 21일 오후 늦게 체코는 어쩔 수 없이 굴복하고 영국과 프랑스가 제시한 안을 수락했다. 체코의 베네슈 대통령은 사임하면서 "우리는 치사하게 배반당했다."라고 입장을 표명했다. 다음날 내각이 총사퇴하고 육군총장 시로비 장군이 거국일치 내각의 임시수반이 되었다. 체코 지도부의 이러한 태도에는 "주데텐란트를 할양하게 되면, 독일과의 국경에 설치된 체코슬로바키아의 주요 요새진지를 모두 할양하게 된다."라는 의미가 내포되어 있었다. 여기에 헝가리와 폴란드가 히틀러의 독일에 동조할 경우, 점령한 체코슬로바키아 영

26) 윌리엄 L. 샤일러 지음, 유승근 옮김, 앞의 책, pp. 189-190.

토의 일정 부분을 할양받을 수 있을 것이라는 생각으로 9월 22일 체코슬로바키아의 일부 국경을 침입하는 사태가 발생하였다.

히틀러는 영국과 프랑스의 움직임을 훤히 간파하고 원래의 계획보다 더 많은 것을 요구했는데, 그것은 국제위원단이 체코슬로바키아와의 국경선을 설정하여 할양하는 것을 기다리지 않고 당장 주데텐란트를 달라고 주장한 것이다. 체임벌린과 달라디에는 9월 29일 뮌헨으로 가서 히틀러가 주장하는 요구를 모두 들어주는 비겁한 양보를 하고 말았다. 9월 29일 정오 무렵에 뮌헨의 회담장에 히틀러와 체임벌린, 달라디에, 무솔리니가 모였다. 체코슬로바키아의 외무상 마사리크는 회담장에 들어가지도 못하고 옆방에서 천장만 바라보며 국가의 운명이 강대국들에 의해 칼질당하는 장면을 견뎌야 했다.27)

1938년 9월 30일 새벽 1시경에 끝난 회담의 결과대로 10월 1일부터 10일 사이에 독일군이 단계적으로 주데텐란트를 점령할 것을 명시한 [뮌헨 협정]에 서명했다. 다음 날 체임벌린은 영국의 크로이던 공항(Croydon Airport)에 내리면서 히틀러와의 협정서를 내보이며 '이 시대의 평화가 보장되었다.'라고 의기양양해 했고, 영국의 언론에서도 그의 공로를 찬양했다. 그러나 한편으로는 히틀러의 정체를 완전히 인식하게 되어 불가피하게 전쟁을 준비해야 한다는 확신을 하게 되었다.

● 크로이던 공항에서 기자회견하는 체임벌린

전쟁의 방지를 위해 노력한 소위 유화정책(Appeasement Policy)은 '뮌헨 협정'이라는 결과물을 낳았지만, 결국은 처음부터 강경한 억제정책으로 대응한 것보다 못한 실패를 가져오게 되었다. 베르사유의 전승 국가들은 히틀러를 견제할 능력이 전혀 없지는 않았음에

27) 윌리엄 L. 샤일러 지음, 유승근 옮김, 앞의 책, p. 239.

도 불구하고, 감히 히틀러의 야심을 견제할 용기를 갖지 못했던 것이다. 오로지 처칠만이 사태를 직시하고 있었으나 그는 당시 야당으로 세인의 주목을 받지 못했다. 그는 장차 전개될 유럽의 정치·군사적 상황에 대해서 다음과 같이 예측하였는데, 뮌헨 협정은 체코슬로바키아는 물론, 영국과 프랑스에도 치욕적인 결과였으며, 앞으로는 힘에 대해 힘으로 대응할 수밖에 없다는 의지를 굳건히 하게 되는 계기를 가져다주었다.

"우리는 완전히 절대적인 패배를 맛보았다. 주변의 모든 국가가 베를린에서 방사되는 나치 정책의 광대한 조직 속으로 휩쓸려 들어갈 것이다."

한편, 히틀러는 뮌헨 협정에 따른 주데텐란트의 할양에 절대로 만족하지 않고, 체코슬로바키아 영토의 절반을 차지하는 슬로바키아와 루테니아에 친 독일 정당이 체코와의 분리와 함께 히틀러를 지도자로 옹립해야 한다고 주장하도록 배후에서 획책했다. 슬로바키아 정부를 대표하는 티소 대주교는 1939년 3월 13일 히틀러의 초청을 받았다. 만약 초청에 응하지 않으면 독일군 2개 사단이 슬로바키아의 수도 브라티슬라바로 진격하겠다고 협박했기 때문이었다. 3월 13일 티소는 베를린의 총통관저에서 실컷 협박과 설교를 들은 후에 다음 날 슬로바키아의 독립을 선언하고 아울러서 히틀러의 보호를 요청하는 문서에 서명했다.

루테니아는 3월 14일 '가르파트 우크라이나 공화국'으로 독립을 선언하면서 역시 히틀러의 보호를 요청했지만, 히틀러는 이를 상품으로 헝가리에 넘겨주고 말았다. 헝가리는 3월 15일 독일군의 체코 진격에 맞추어 루테니아로 진격하기만 하면 되었다. 체코는 이제 보헤미아와 모라비아의 체코 중심부만 남았다. 체코를 협박해도 영국과 프랑스가 잠자코 있으리라는 것을 히틀러는 이미 판단하고 있었다. 완전히 고립된 에밀 하카(Emil Hācha) 대통령은 항의하기 위해 1939년 3월 14일 베를린으로 달려갔지만, 히틀러의 분노와 신변의 위협을 견디지 못하고 체코슬로바키아 전체 지역에 대한 독일의 섭정을 요청하는 최악의 상황을 초래하고 말았다. 노령의 하카 대통령은 새벽 2시에 졸도했다. 히틀러의 주치의가 긴급 주사를 놓아 의식을 회복하자, 히틀러의 앞에서 자기 국가의 '사형 집행장'에 서명해야 했다.

3월 15일에 독일 군대가 체코슬로바키아의 수도로 진군했고, 히틀러는 삼엄한 경호 속에 의기양양하게 프라하에서 정권을 인수하는 행사를 했다. 체코슬로바키아의 35개 사단과 우수한 무기 생산시설이 모두 히틀러의 수중에 들어갔다. 히틀러의 야망은 억제할 수 없다는 것이 분명해지자, 체임벌린은 3월 17일 "만약 다른 나라에도 독일의 공격이 가해진다면 영국은 온 힘을 다해 저지할 것이다."라고 공개적으로 천명했다. 체임벌린은 히틀러에게 완전히 속아 넘어간 것을 깨달으면서 자신의 정치적 입장도 위험해졌다는 것을 인식했다.

제 4 장
제2차 세계대전의 발발

제1절 독일의 폴란드 침공

히틀러의 다음 목표는 폴란드였다. 폴란드는 한때 동유럽에서 강대국의 위치에 있었으나 18세기에 러시아, 오스트리아, 프로이센에 먹혀 어느 사이엔가 사라졌다가 1차 대전의 결과로 폴란드인이 다수 거주하는 독일의 동부, 러시아의 서부, 오스트리아 - 헝가리의 동북부에 넓은 땅을 차지하면서 신생국가로 탄생했다.

문제는 폴란드가 발트해로 진출하는데 필요한 폴란드 회랑(Polish Corridor)을 위해서는 독일의 영토가 동프로이센과 본토가 분리되어야만 했고, 특히 1918년 이전에는 독일 제2 도시였던 단치히(Danzig : 현재의 그단스크)시는 비록 중립 도시이지만 폴란드의 통제하에 있어 독일의 치욕감은 더했다. 이러한 상황과 관련하여, 일찍이 1922년 육군참모총장 젝트(Hans von Seeckt)는 다음과 같이 예언적으로 말했다.[28]

"폴란드의 존재는 도저히 참을 수 없다. 독일 생존의 본질적 조건과 양립할 수 없다. 폴란드는 소멸하지 않으면 안 되고 또 소멸할 것이다."

독일인들이 다수 거주하는 단치히시는 이제 독일의 통치를 희망한다면서 폴란드에 반기를 들었고, 그를 기화로 히틀러는 폴란드에 단치히의 반환을 요구하기 시작했다. 동프로이센은 독일인들의 정신적 심장이었기 때문에 본토와 분리되는 굴욕에도 불구하고 포기할 수 없는 지역이었다. 따라서 히틀러에게 폴란드는 반드시 손보아야 할 첫 번째 대상이었으며, 그로 인해 얼마 후에 폴란드는 다시 국가가 소멸하는 비극을 겪게 되었다.

히틀러는 1939년 1월 이후 폴란드를 위협해 오고 있었지만, 폴란드는 영국과 프랑스와의 보호조약을 믿고 완강히 버텨나갔다. 영국과 프랑스 또한 네덜란드, 벨기에, 스위스 그리고 폴란드를 반드시 지키겠다는 공동선언을 1939년 3월 31일에 새롭게 천명했다. 그뿐만 아니라, 이탈리아가 알바니아를 병탄(併呑)한 뒤 루마니아와 그리스를 위협하자 4월 13일 다른

---

28) 윌리엄 L. 샤일러 지음, 유승근 옮김, 『제3제국의 흥망』(서울 : 에디터. 1993), p. 305.

나라에도 동일한 입장을 천명했다. 이런 선언들은 영국을 전쟁으로 끌고 들어갈 수도 있는 협약을 대륙 국가와는 맺지 않는다는 오랜 외교적 관행을 완전히 뒤집는 것이었다. 그러나 막상 독일이 폴란드를 침공해 오자 영국과 프랑스는 발등의 불을 꺼줄 능력은 없었다.

제2차 세계대전의 발발 시기를 역사학자들은 독일이 폴란드를 침공한 1939년 9월 1일로 본다. 그것은 아마도 히틀러가 체코슬로바키아를 병탄할 때, 영국과 프랑스에 더 이상의 영토 확장은 없다고 약속했고, 만약 약속이 지켜지지 않으면 영국과 프랑스는 전쟁에 돌입하겠다고 선언했었는데, 실제로 독일이 폴란드를 침공하자 영국과 프랑스가 독일에 선전포고했기 때문일 것이다.

그러나 어떤 의미에서는 히틀러가 집권하면서 시작된 일련의 행위들, 군비의 증강, 라인란트의 진격, 국제연맹의 탈퇴, 오스트리아 및 체코슬로바키아의 병탄 과정이 이미 제2차 세계대전의 시작이라고 해도 잘못된 평가는 아닐 것이다. 왜냐하면, 히틀러는 나의 투쟁에서 제2차 세계대전을 의미하는 견해들을 강하게 천명하고 있어 이미 전쟁을 예고하고 있었기 때문이다.

독일이 동프로이센으로 가는 길목을 폴란드가 가로막고 있다고 걸고넘어지는 가운데, 단치히에서 독일과의 통합을 원하는 나치 당원들의 시위가 격화되자 히틀러는 체코의 주데텐란트 경우와 마찬가지로 노골적으로 폴란드에 영토를 내놓으라고 압박하기 시작했다. 그리고 1938년 10월, 독일 외무상 리벤트로프는 베를린 주재 폴란드 대사 리프스키를 초청하여 다음과 같은 내용을 폴란드가 신중히 검토할 것을 제안하였다.

❶ 단치히는 독일에 반환되어야 한다.

❷ 독일은 폴란드 회랑을 횡단하는 고속도로와 철도를 놓고 싶으며, 도로와 철로는 치외법권적 지위를 갖고 싶다.

❸ 독일은 폴란드와 소련을 상대로 한 반공 협정을 맺고 싶다.

❹ 이를 받아들인다면 폴란드의 현재 국경을 인정하고, 1934년에 맺은 독일, 폴란드의 불가침조약의 유효기간을 10년에서 20년으로 연장한다.

물론 폴란드의 답은 당연히 '노'였으며, 이에 대해 히틀러는 격분하여 독일군이 단치히를 기습 점령하는 계획안을 1939년 1월까지 제출하도록 명령했다. 이때 폴란드 역시 체코슬로바키아의 일부 영토를 독일의 묵인 하에 탐욕스럽게 탈취하여 부도덕한 행위를 했다. 사실 폴란드의 지정학적인 위치는 위험하기 짝이 없었다.

폴란드의 서쪽 국경에서 독일과 적대적 분위기가 높아지고 있는 가운데, 폴란드는 동쪽 국경을 마주하고 있는 소련과도 전통적으로 극히 위험한 관계를 유지하고 있었다. 제1차 세계대전 이후 소련이 볼셰비키 혁명의 여파로 극도로 혼란하여 대외적인 영향력이 약화하였던 1920년 폴란드가 소련을 침공하여 수년간의 공방전을 거친 결과, 동부 국경을 200km 정도 확장하고, 우크라이나인 450만 명과 백러시아인 150만 명이 폴란드의 지배하에 들어갔기 때문에 소련은 결코 폴란드를 용서할 수 없는 처지였다.

한편, 히틀러는 리투아니아를 협박하여 독일인들이 다수 거주하고 있는 메멜(Memel) 시를 독일에 양도한다는 것을 1939년 3월 23일에 서명하게 했고, 이날 사전에 군함을 타고 대기하고 있던 히틀러는 메멜 시에 입성하여 환영하는 독일 군중들에게 연설했다. 다시 한번 무혈 점령이 이루어졌는데, 이는 폴란드에는 마치 단치히를 독일에 양도하라는 커다란 메시지로 보였다. 한마디로, 독일과 소련의 입장에서 폴란드는 반드시 없애고 싶은 존재였으며, 특히 독일에는 민족적 히스테리에 가까웠다.

이러한 상황에서 점차 높아져 가는 나치의 위협에 대비하여 소련은 1939년 4월 16일에 영국, 프랑스, 소련의 3개국이 상호 원조조약을 맺자고 제의했다. 영국과 프랑스는 소련을 전혀 신뢰하지 않았지만, 적의 적은 친구가 될 수 있었다. 3국 간에 역내의 안정을 위해 군사협정을 체결하고, 필요하다면 폴란드도 포함해 나치에 위협받고 있는 모든 나라들의 안정을 보장시켜 주자는 것이 소련의 제안이었다.

영국과 프랑스는 소련에 대해 본질적으로 해소할 수 없는 경멸감을 가지고 있었지만, 처칠이 로이드 조지의 지지를 얻어 "유력한 동부전선 없이는 만족할 서부의 방위는 없다. 소련 없이는 안전한 동부전선은 있을 수 없다."라는 주장을 비롯하여, 다수의 여론이 국제 정세의 변화에 맞춰 5월 말에 소련과 원조조약이나 군사협정을 체결하기 위한 노력을 해 나가는 것에 동의했다. 그러나 소련은 서방 국가들의 미지근하고 유보하는 태도에 신경질적인 반응을 보이면서 체코슬로바키아의 경우처럼 영국과 프랑스가 소련을 제쳐놓고 히틀러와 협상을 맺을지도 모른다는 의구심을 가졌다. 따라서 다른 한편으로는 독일과의 관계 개선에 대해서도 줄을 대고 있었다.

독일과 소련은 모두 1922년 바이마르 공화국 당시 맺었던 비밀 군사협정에서처럼 긴밀한 관계를 회복하려는 성실한 노력이 밑바탕에 존재해 있었다. 독일의 침략행위가 점점 명확해지는 상황에서 소련 외무상 몰로토프는 6월 초에 영국과 프랑스의 외무상을 초청했다. 그러나 체임벌린은 비중 있는 외무상을 파견하지 않고, 무명의 중급관리를 파견하여 6월 14일부터 모스크바에서 회담에 임했는데, 소련 측은 영국과 프랑스가 진정으로 평등한 관계에서 조약을 맺는 것을 원치 않는 것으로 간주했다.

폴란드 침공을 염두에 두고 국제관계를 유리하게 전개하려는 방편의 일환으로, 히틀러는 1939년 5월 22일 무솔리니와 베를린에서 '강철 조약'으로 알려진 군사동맹을 체결했다. 무솔리니의 전폭적인 지지 의사에 의기양양해진 히틀러는 다음날 주요 군 관계자들을 소집하여 폴란드를 공격해야 할 당위성을 설명하고 침공계획을 수립하도록 명령했다. 이제 남은 것은 소련과 서방 국가들이 독일을 상대로 한 군사동맹을 맺는 것을 차단하는 것이었다.

6월 27일에 모스크바에서 독일 대사 슐렌부르크는 몰로토프와 양국의 통상협정 체결을 논의했다. 그러나 소련은 독일에 대해서 진한 의심을 떨쳐버리지 못했는데, 그것은 독일이 6월 7일에 자신의 영향권역이라고 생각하는 라트비아와 에스토니아에 대해 불가침 협정을 맺은 것과 그 이전에 리투아니아의 메멜 시에 압력을 행사하여 돌려받은 것에 대한 불쾌감이 더해졌기 때문이었다.

이렇듯 독일과 소련 및 서방 국가들이 자신들의 이해에 부합되는 협정체결을 위해 동분서주하고 있는 가운데, 히틀러는 6월 15일에 폴란드 침공계획을 검토하기 시작했다. 그렇게 하여 폴란드 침공 날짜는 9월 1일로 확정되었다. 문제는 소련과 불가침 협정을 체결하여 영·불과 소련이 연합하지 못하도록 하는 외교 관계를 수립하는 것이었다.

모스크바에서 영국과 프랑스와의 3자 군사 회담이 지지부진하게 열리고 있던 8월 22일에 갑자기 회담은 연기되었고, 8월 23일에 독일의 외상 리벤트로프가 모스크바에 나타나 전격적으로 소련과 불가침 협정을 체결했다. 협정서의 근본 내용은 "당사국의 한 편이 제3국의 전쟁 행동의 대상이 되는 경우, 다른 당사국은 어떤 형태로든 그 제3국에 지지를 보내지 않는다."라는 것이었다. 그러나 진짜 중요한 것은 [비밀 부속 의정서]에 있었는데, 그 주요 내용은 다음과 같은 것으로서, 제1차 세계대전 이전처럼 폴란드를 분할하며, 발트 지역에서 리투아니아를 제외한 나머지는 소련의 관할 하에 두는 것을 양해한 것이었다.

❶ 발트제국(핀란드, 에스토니아, 라트비아, 리투아니아)에 속하는 지역에 영토적, 정치적 변경이 있으면, 리투아니아의 북부 국경을 독일과 소련의 이익 범위로 한다.

❷ 폴란드의 경우 나레브, 비스툴라, 산강을 따른 선을 양국의 이익 범위로 한다.

서방 민주주의 국가들의 군사 사절단은 아무런 소득 없이 돌아올 수밖에 없었고, 폴란드의 운명은 이로써 결정되었다. 1934년에 폴란드가 독일과 맺은 불가침조약은 8월 28일에 공식적으로 폐기되었다. 이렇게 됨으로써 폴란드는 지정학적으로 너무 많은 불리한 점들을 안게 되었다. 서쪽으로는 독일과 동쪽으로는 소련이라는 강대국에 낀 샌드위치 신세가 되었는데, 가장 최악의 시나리오는 그 두 마리의 괴물이 동시에 침공해 오는 경우로서, 이제 그것이 현실화하기에 이르렀다. 특히, 남쪽의 체코슬로바키아가 독일의 지배를 받게 되어 폴란드는 3면이 완전히 포위되어있는 형국이었다.

동맹을 맺은 영국과 프랑스는 지리적으로 너무 멀고, 루마니아는 별 도움이 될 수 없었다. 혼자 모든 것을 감당해야 했다. 오로지 기대하는 것은 독일이 동부의 폴란드를 공격한다면, 프랑스와 영국이 독일의 서부를 공격하여 독일군이 동부를 공격할 여유를 갖지 못하게 하는 것이었다. 그러나 히틀러는 독일이 폴란드를 침공해도 영국과 프랑스가 군대를 파견하지는 않을 것이라고 확신하고 있었다. 그리고 만약 프랑스 육군 100개 사단이 군사 행동을 개시하더라도 독일군이 서부에 배치해 놓은 44개 사단으로 충분히 견제할 수 있다고 생각했다.

폴란드의 군사력은 그들의 의지에 비해 너무 작고 낡아 있었다. 폴란드군은 기동전 교리를 갖추고 있었지만, 불행하게도 장비가 뒷받침되지 못했다. 폴란드군은 순수 보병인 40개 사단을 보유하였을 뿐, 기갑사단은 전혀 없었으며, 낡은 경전차 여단이 하나 있을 뿐이었다. 공군은 935대의 항공기를 보유했으나, 절반 이상이 낡은 기종이었다. 독일군이 기동전을 위한 전차, 자주포, 기계화 보병에 항공기까지 자유롭게 운용할 수 있었던 데 비해, 폴란드군은 고전적인 기병과 오로지 발에 의지하는 순수 보병에 의지하고 있어 승패는 이미 결정되어 있었다고 보아야 할 것이다.

● 1939년 9월~10월 폴란드 전역

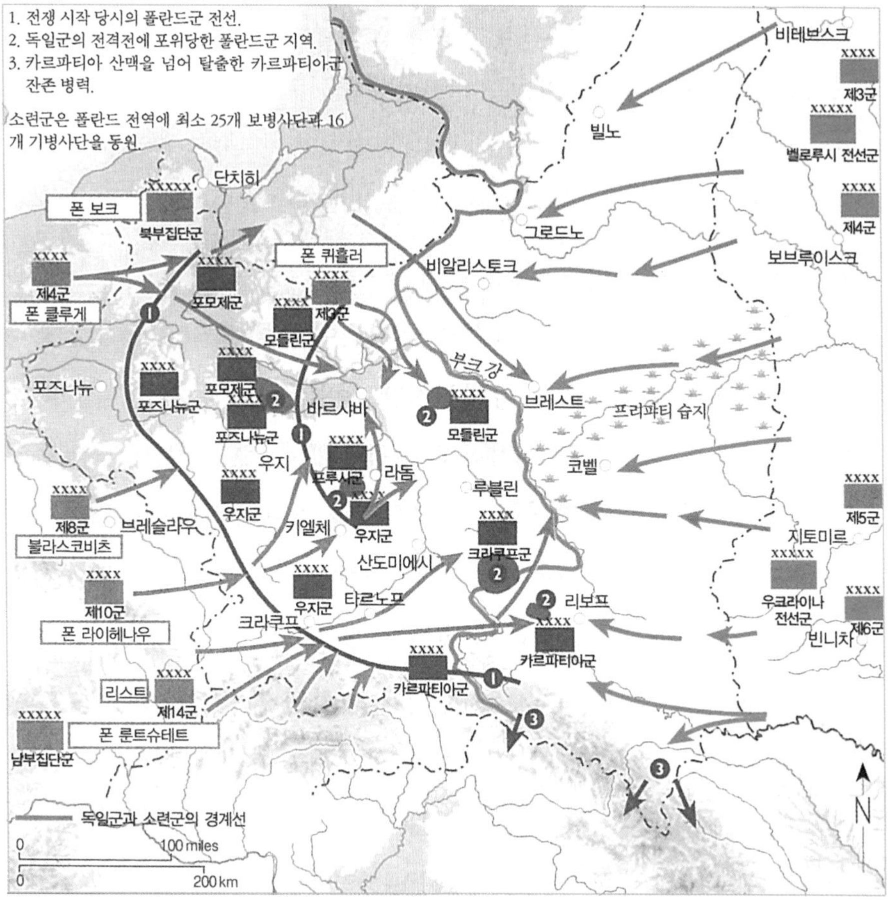

※ 출처 : 폴 클리어 지음, 강민수 옮김. 『제2차 세계대전』(플래닛미디어, 2008), p. 100

독일군의 전력은 총 62개 사단으로, 그 가운데 6개의 기갑사단과 10개의 기계화사단이 포함되어 있었다. 현대식 항공기 1,300대가 지상군부대를 지원했다. 독일군은 보크(Fedor von Bock)가 지휘하는 북부집단군이 그 예하 제3군(퀴흘러 ; Wllhelm von Kűchler)과 제4군(클루게 ; Hans von Kluge)으로 독일의 북부와 동프로이센에서 바르샤바 방면으로 공격하고, 룬트슈테트(Gerd von Rundstedt)가 지휘하는 남부집단군은 제8군(블라스코비츠 ; Johannes Blaskdwitz)과 제10군(라이헤나우 ; Walther von Reichenau) 및 제14군(리스트 ; Wilhelm List)으로 편성하여 독일 남부와 슬로바키아로부터 바르샤바 방면으로 공격하도록 하였다.

히틀러는 전쟁을 개시하게 된 원인이 폴란드군에 있다는 구실을 만들기 위해 친위 방첩대장 하이드리히(Reinhard Heydrich)로 하여금 죄수들에게 폴란드 군복을 입혀 글라이비츠(Gleiwitz)의 독일 방송국과 세관 사무소, 그리고 사냥터지기의 오두막을 공격하여 죄수 몇 명이 살해되도록 공작하였다. 히틀러는 의회에서 "폴란드 정규군이 8월 31일 밤에 독일 영토를 공격해왔다. 우리 군은 5시 45분부터 반격 작전을 실행 중이다."라고 발표했다. 위장 공격작전은 엉성했고 어설펐지만, 계획대로 실행되었다. 독일군의 목표는 폴란드군의 포위 섬멸이었고, 전략적 차원에서는 바르샤바의 점령이었다.

독일군의 전차들은 실제로는 9월 1일 새벽 4시 30분에 국경을 넘었다. 지상군 공격의 선봉은 북부집단군의 제4군 예하 구데리안(Heinz Wilhelm Guderian)의 제19 전차군단이었다. 9월 1일 저녁 무렵 폴란드의 공군은 완전히 무력화되었다. 대부분 항공기가 독일 항공기들의 기습으로 지상에서 파괴되었다. 지상군을 근접지원하는 독일 항공기들은 지휘소 및 교량과 도시를 공습했다. 지상군은 훈련한대로 기갑부대의 장점을 충분히 활용하면서 반응이 느린 폴란드군의 측면을 우회하여 포위 작전을 펼쳐나갔다. 1939년의 여름은 유난히 건조했으므로 딱딱한 지면은 기계화 부대의 기동에 이상적이었다.

9월 3일에 영국과 프랑스는 독일 측에게 폴란드에서 철수해야 한다는 최후통첩을 보냈지만, 독일의 응답이 없자 당일로 전쟁 관계로 돌입하게 되었다. 독일군은 9월 3일이 되면서 포메른에서 돌진한 제4군(클루게)과 동프로이센에서 튀어나온 제3군(퀴흘러)이 연결에 성공함으로써 단치히로 나가는 폴란드 회랑을 차단했다. 9월 7일이 되면 바르샤바 서쪽의 방위선을 확보하려는 폴란드의 계획이 수포가 되고 남부집단군의 제10군이 바르샤바의 50km 이내로 접근하였다. 북부집단군의 제3군은 40km 떨어진 나레프(Narev)강에 있었다. 폴란드 전체가 고립의 위험에 처했다. 독일의 급강하 폭격기들은 완전히 제공권을 장악하고 마음 놓고 폴란드군을 두들겨 댔다.

독일군은 폴란드 육군 대부분을 바르샤바 인근의 비수아강 서쪽에서 포위할 수 있으리라 생각했지만, 폴란드군은 생각보다 신속하게 전장을 이탈하여 수도를 방어하기 위한 진지로 이동했다. 따라서 독일군은 바르샤바에서 동쪽으로 150km 떨어진 부크(Bug)강 선에서 포위하기 위한 제2의 포위 전술을 구사해야 했다. 그 과정에서 폴란드군은 궁지에 몰린 가운데 한차례 날카로운 역습을 했다. 비수아강 서쪽에서 엉성하게 포위되었던 포즈나인(Poznān) 방면군이 남부집단군의 제8군과 제10군을 배후에서 공격한 것이다. 역습의 초기에 독일군 제30사단이 막대한 피해를 당했지만, 곧 이어진 독일군의 반격을 받고 9월 19일에 폴란드군 10만 명이 포로가 되면서 국지 전투는 끝이 났으며 전체적인 전황에는 큰 영향을 미치지 못했다.

히틀러는 기갑사단의 창설자 구데리안의 곁에 서서 비수아강의 도하작전을 방해하던 폴란드군의 포병 진지를 무력화시키는 것을 보고 놀라움을 금치 못했다. 그가 구데리안에게 "공군의 급강하 폭격기들이 했는가?"하고 묻자, 구데리안은 "아닙니다. 우리 기갑부대가 했습니다."라고 답했다. 히틀러는 창의적인 사고력이 풍부한 구데리안의 4개 기갑사단에서 사상자가 불과 150명에 지나지 않았음을 알고 놀라지 않을 수 없었다.[29] 이때 히틀러는 전격전이라는 새로운 전술과 병기에 대해 확실한 자신감을 가지게 되었다.

9월 17일이 되자 바르샤바는 사실상 포위가 되었다. 독일군은 인적 손실을 최소화하기 위해 바르샤바에 매일 대규모 공습했다. 폴란드군은 더는 견디지 못하고 9월 27일 항복했다. 일부는 동부로 도주해서 프리펫트(Pripiat) 늪지대를 토대로 항거하려고 시도했지만, 소련군이 진군해 오면서 폴란드 잔존 병력의 저항도 끝이 났다. 독일이 8월 23일 맺은 비밀 협정에 따라 소련군의 출병을 요구함에 따라, 9월 17일에 소련군은 백러시아전선군과 우크라이나전선군 1백만 명이 국경을 넘어 진격하자 폴란드라는 국가는 사라졌다.

폴란드군은 소련군이 침공해 오리라고는 상상도 못 했고, 동쪽과 서쪽의 양면 전쟁에 대해서는 전혀 계획이 없었다. 소련군은 거의 저항을 받지 않고 파죽지세로 진격했다. 그러면서 스탈린은 "폴란드에 대한 침공을 현재의 분쟁 상태에서 완전한 중립을 유지하면서, 순전히 우크라이나와 벨라루스를 선제적으로 지키기 위한 개입이다."라고 호도했다.

소련과 독일은 부크강을 경계로 폴란드를 분할하기로 합의했다. 폴란드가 그렇게 쉽게 함락된 데는 첫째로 4면으로 포위되었기 때문이다. 체코가 독일에 점령되었기 때문에 남쪽 국경이 독일 측에 개방되었으며, 독·소 비밀 협정으로 동쪽 역시 무방비 상태였다. 둘째는 완벽한 기습이었고, 나머지는 국력에 따른 근본적인 전쟁 준비의 부족이었다. 폴란드군의 치명적인 약점은 항공기와 기갑력의 부족에 기인한 기동력의 결핍에 있었다. 폴란드군은 30개 보병사단에 13개 기병여단을 보유했는데, 이 중 2개 여단만 차량화 되어

29) 아서 브라이언트 지음, 황규만 옮김, 『워 다이어리』(서울 : 플래닛 미디어. 2010), p. 77.

있었고, 나머지는 전통적인 기마부대였다. 기마부대가 전차 부대를 대적할 수는 없는 노릇이었다.

그런데도 독일군도 상당한 피해를 보았다. 투입된 전차의 10%에 달하는 200여 대가 파괴되었고, 1만 3,000명이 전사했으며, 3만 명이 부상했다. 폴란드의 포로는 91만 명이었는데, 소련 측에 21만 명 정도 체포되었고, 나머지는 독일군의 포로가 되었다. 폴란드인 10만 명은 헝가리 및 루마니아와 리투아니아를 통해 국외로 탈출했는데, 대다수 탈출자들이 서방으로 가서 장차 망명군을 구성하여 연합군과 함께 싸워 큰 전공을 세우게 된다.

독일과 소련은 분할 점령한 폴란드를 영원히 자국의 영토로 편입시키기 위해 폴란드 지도층 인사들에 대한 대규모 학살을 자행했다. 독일은 전진하는 군부대를 친위대와 보안대로 구성된 15개의 특수부대 아인자츠코만도(Einsaz-kommando)를 후속시켜 요인들을 색출했다. 폴란드군의 간부와 지식인, 유대인들 1만 5,000명을 체포하여 살해했는데, 장차 민족운동을 통해 새로운 국가로 탄생할 여지를 없애기 위한 것이었다.[30]

소련은 더욱 악랄했다. 내무인민위원회(NKVD)라는 온건해 보이는 명칭의 기구가 파견되어 지주 및 경찰은 물론, 정치가들과 관리들까지도 검거하여 투옥하고 총살했다. 그들의 고문은 원색적이고 끔찍했다. 폴란드인들은 지옥으로 떨어졌다. 2백만 세대가 중앙아시아나 시베리아로 강제 이송되었다. 포로가 된 장교들은 다른 가혹한 운명이 기다리고 있었다. 포로가 되어 수용되어 있던 인원들은 군인뿐 아니라 경찰, 성직자, 지식인들이 섞여 있었다. 그들은 1940년 4월경까지 수용되어 있다가 스몰렌스크 인근의 카틴(Katyn) 지역의 숲으로 끌려갔다.

특히 스몰렌스크 카틴 숲에서는 이렇게 붙들려간 군인들과 경찰들 및 성직자, 그리고 지식인들이 매일 밤 사전에 파여진 웅덩이에 끌려 내려가 300여 명씩 총살되어 매몰되었다. 인근 지역에서도 비슷한 상황이 재연되었으며, 그 수가 2만 5,000명을 넘었다. 구덩이는 흙을 덮어 은폐했으나 1941년 독일군이 소련을 침공하면서 발각되어 세상에 공표되었는데, 소련은 오히려 독일군의 만행이라고 발뺌했다. 이러한 만행은 소련의 침략에 대항하여 민족적인 봉기를 일으킬 소지를 말살하기 위한 스탈린의 전략이었다.[31] 훗날 고르바초프 대통령은 소련의 만행을 인정하고 공식으로 사과했다. 훗날 이야기지만 2010년 폴란드 대통령 레흐 카친스키와 각 군 참모총장 등 정부 요인들이 카틴 숲을 방문하여 추모하고 돌아가다가 항공기가 추락하여 전원이 사망하는 대참사가 일어난 비극의 현장이 되었다.

---

30) 크리스 비숍. 데이비드 조든 지음, 박수민 옮김, 『제3제국』(서울 : 플래닛 미디어. 2012), p. 38.
31) 리처드 오버리 지음, 류한수 옮김, 『스탈린과 히틀러의 전쟁』(서울 : 지식의 풍경. 2007), p. 82.

제2절 겨울 전쟁 - 소련의 핀란드 침공

스탈린은 1939년 8월 23일 독일과 맺은 비밀 협정대로 폴란드를 분할 점령한 후에 역시 소련의 권리로 명시된 핀란드를 접수하기 위한 공작을 펼쳤다. 핀란드는 과거 스웨덴 왕국에 소속되어 있다가 1809년부터 1914년까지는 러시아의 영토였다. 러시아가 1차 대전 이후 내전으로 혼란한 틈을 타서 핀란드는 투쟁을 통해 독립했는데, 소련은 이때 확정된 국경이 레닌그라드와 발트해에 있는 소련의 항구와 지나치게 근접해 있다고 트집을 잡아 왔다.

소련은 라트비아를 합병한 이후 일주일이 지난 10월 12일에 핀란드에서 레닌그라드로 이어진 길쭉한 카렐리야 해협을 소련에 양도하고 발트해의 입구에 있는 해, 공군기지를 내놓으라고 핀란드에 요구해 왔다. 그 대신 소련은 카렐리야의 넓은 소련령을 제공하겠다는 것이었다. 알짜배기 땅을 내놓는 대신 쓸모없는 불모지를 주겠다는 것이었다. 11월 26일까지 핀란드는 확답을 주지 않음으로써 거부 의사를 분명히 밝혔다. 약소국인 핀란드를 위협하면 간단히 해결될 것이라는 기대가 무산되자, 소련은 군사적 해결책을 모색하여 11월 30일에 4개 군, 30개 사단으로 공세를 취했다. 스탈린은 "우리가 할 일은 포를 한 방 쏘는 것이고, 그러면 핀란드가 손을 들겠지."라며 가볍게 생각했다.[32]

그러나 핀란드와의 전쟁은 큰 재앙이 되었다. 핀란드의 군 규모는 결코 17만 5,000명을 넘지 못했으나, 육군총장 만네르하임(Mannerheim) 장군의 지휘 아래 용감하게 응전하여 소련군을 무찔렀다. 유럽에서 가장 억센 민족인 핀란드는 눈이 쌓여 기동이 극히 제한된 숲속에서 적을 소단위로 고립시켜 조각내어 포위 섬멸하는 소위 '모티(Motti) 전술[33](일명 쪼갠 나무토막 전술)'을 구사하여 소련군을 무찔렀다. 소련군은 동계전투를 위한 준비가 부실했고, 무기체계와 보급, 수송체계가 무너졌으며, 훈련 수준도 극히 미비했다. 수적 우세는 빠르게 이동하는 핀란드의 스키부대와 저격병들의 표적이 되었으며, 훈련되지 않은 부대는 고립되어 동상과 굶주림으로 피해가 커졌다. 저격병으로 가장 이름을 떨친 시모 헤위헤(Simo Häyhä)는 망원 조준경을 사용하지 않고도 542명을 사살해 기록으로 남아있다. 핀란드군은 우세한 소련의 전차를 술을 병에 넣어 만든 화염병, 소위 '몰로토프 칵테일'로 공격하여 80여 대를 파괴하기도 했다.

소련군의 여러 가지 패인 중에서도 보급체계의 절대적인 미비로 병사들이 동사하여 전투력을 발휘하지 못한 것이 가장 중요한 요인이었다. 게다가 1936년부터 2년여에 걸친 군부 주요 지휘관들의 대규모 숙청으로 인해 우수한 지휘관이 절대 부족한 것도 중요한

32) 리처드 오버리 지음, 류한수 옮김, 앞의 책, p. 86.
33) 나무를 잘라 운반하기 전에 적당한 크기의 무더기로 쌓아놓은 더미를 뜻한다. 핀란드군이 사용한 도로를 따라 기동하는 소련군의 기계화부대를 절단하여 고립시킨 뒤에 경무장 부대가 습격, 격멸하는 전술을 의미한다.

요인이었다. 만네르하임은 소련군의 작전을 "지휘자가 형편없는 관현악 공연과 비슷하다"라고 평했다. 소련군은 견고한 요새지대인 만네르하임 선에서 무너졌다.

● 겨울전쟁

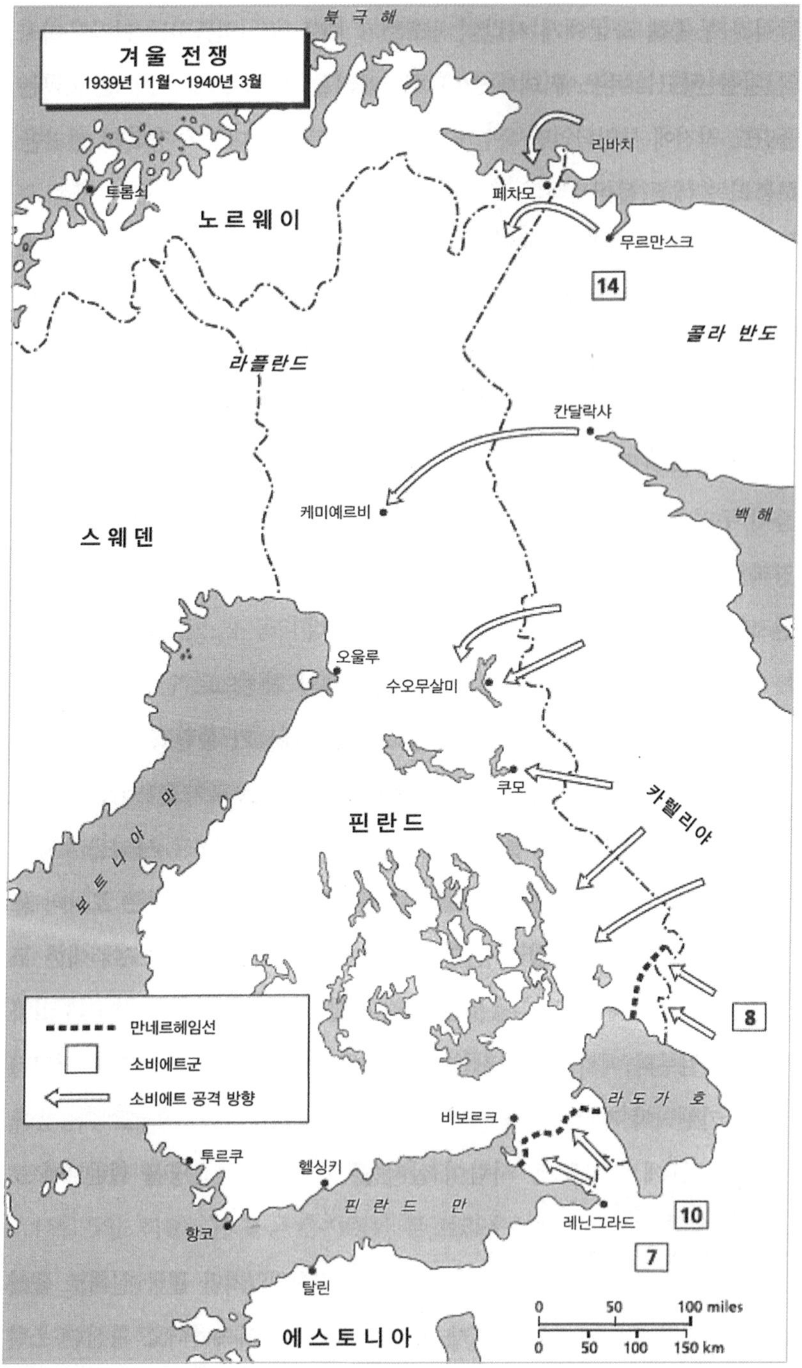

※ 출처 : 안토니 비버 지음, 김규태, 박리라 옮김. (글항아리, 2017) 『제2차 세계대전』, p. 72

1월이 되자 소련은 자신들이 핀란드군의 힘을 과소평가했음을 인정하고, 티모셴코 원수를 새로운 지휘관으로 임명함과 동시에 27개 사단을 추가로 투입하여 1백만 명의 병력과 강력한 기갑력을 보충하면서 만네르하임 선은 돌파되었다. 핀란드는 자신들의 국력으로는 감당할 수 없다고 인정할 수밖에 없는 피해를 당하고 나서야 강화를 요청했다. 3월 6일에 강화협상이 시작되어 3월 12일에 조약을 맺었다. 내용은 원래 소련이 요구했던 것보다 다소 많은 것을 양보해야 했다.

겨울 전쟁으로 핀란드는 2만 5,000명을 잃었지만, 소련의 피해는 20만 명을 넘었다. 겨울 전쟁은 많은 교훈을 남겼다. 우선 핀란드는 전 세계에 그 용맹성으로 감화를 주었으며, 장차 독일과의 관계와 또 소련과의 관계에서 함부로 취급되어서 질 수 없는 강한 존재로 인식되었다. 소련은 핀란드에 대한 침공으로 국제연맹에서 축출되었고, 소련 군대의 질은 거칠고, 훈련되지 않은 약체라는 평가를 받았다.

영토를 빼앗긴 핀란드는 원한을 품었으며, 1941년 독일이 소련을 침공하자 독일과 동맹을 맺고 빼앗긴 영토를 회복했다. 그러나 히틀러의 끈질긴 지원 요구에도 레닌그라드 전투에서 소련의 영토를 넘보지 않는 금도를 지켰으며, 점차 독일의 패배가 가시화되자 만네르하임 원수는 독일과 적당한 간격을 유지하다가 동맹을 파기하고 소련과 새롭게 평화조약을 맺어 독립을 유지했다. 핀란드는 제2차 세계대전 전의 협상 과정을 통해 동맹국을 바꿔가면서 전쟁을 수행했기 때문에, 역사는 이를 가리켜 '계속 전쟁(Continuation War)'이라고 부른다.

핀란드는 비록 결과적으로 겨울 전쟁에서 소련에 굴복했지만, 그 과정에서 눈부신 용맹을 과시함으로써 다른 동유럽 국가들처럼 소련의 위성국이 되는 불상사를 면할 수 있었다. 그러나 소련의 핀란드 침공은 장차 소련을 침공하려는 야욕을 품은 히틀러가 소련군을 얕잡아 보도록 하는 빌미를 제공했다. 소련은 독일과 비밀 협약에 명시된 발트 3국의 관할권에 근거하여, 라트비아 및 에스토니아와 핀란드 등 3개국을 병합했다.

제3절 가짜 전쟁(Phony War)

폴란드가 독일의 침공을 받자 영국과 프랑스는 곧바로 독일에 선전포고했다. 양국은 이미 폴란드가 침공받으면 폴란드를 도와 독립을 보장하겠다고 해놓고 실제로는 아무런 물리적 행동을 취하지 않았다. 단지 9월 7일 프랑스의 제4군과 제7군이 독일의 서부전선인 자르브뤼켄(Saarbrűcken) 부근에서 정면 26km, 종심 8km를 공격해 들어갔다가 정지했다.

독일군은 즉시 준비된 진지인 지크프리트선[34]으로 철수해 들어갔다. 당시 독일군의 주력은 폴란드에 가 있었기 때문에 프랑스가 적극적인 공세를 취했다면 독일군은 아마도 큰 어려움에 직면했을 것임이 분명했다. 그렇지만 프랑스군은 적진에 살짝 발만 담갔다가 정지했으며, 그나마도 폴란드가 항복하자 철수해 버렸다. 이는 히틀러가 영국과 프랑스의 소극적인 태도를 예측한 것과 정확히 일치했다.

이러한 상황은 독일에는 참으로 행운이었으며, 연합국이 명분이나 전략적으로나 매우 유리한 기회를 활용하지 않은 것을 의아하게 생각했다. 훗날 국방군 총참모장 카이텔(Wilhelm Keitel) 원수는 다음과 같이 회고했다.

"전쟁 초반 우리는 마지노선과 지크프리트선 사이에서 소규모 교전 이외에 큰 군사행동이 없었다는 데 대해 매우 놀랐다. 우리는 프랑스가 이 소중한 기회를 왜 제대로 활용하지 않았는지 이해할 수 없었다. 결국, 우리는 연합국이 우리와 전쟁을 벌일 생각이 없다는 확신을 하게 되었다."

얼마 후에는 폴란드에서 철수한 독일군이 서부 방벽인 지크프리트선에 들어가 프랑스군과 대치하게 되었고, 이에 따라 영국은 프랑스와 체결한 협약대로 9월30일까지 원정군 14만 명을 프랑스에 파견하게 되었다. 폴란드가 침공당하고 난 다음 해에 프랑스가 독일의 침공을 받을 때까지 선전포고하고서도 본격적인 군사행동을 하지 않고 지낸 기간에 대해 역사가들은 '가짜 전쟁(phony war)'의 기간이라고 불렀다. 영국 총리 체임벌린은 '희미한 전쟁(Twilight War)'이라고 불렀고, 독일에서는 '앉은뱅이 전쟁(Sitzkrieg)'이라고 불렀다. 그러나 보이지 않은 이면에서 독일군은 프랑스 침공에 관해 치열하게 연구하고 있었고, 연합국 역시 독일의 침공에 대비한 대책 마련에 혼신의 힘을 다하고 있었다.

9월에는 영국 항공모함 커레이저스(HMS Courageous)호가 독일 잠수함의 어뢰에 맞아 격침되었고, 10월에는 영국 북쪽의 함대 정박지인 스캐퍼 플로(Scapa Flow)에서 항만 내로 침투한 독일 잠수함에 의해 전함 로열 오크(HMS Royal Oak)호가 격침되었다. 물론 영국도 독일의 순양함 그라프슈페(KMS Graf Spe)호를 남미의 우루과이 해안에서 자침하도록 만듦으로써 자존심을 어느 정도 만회할 수 있었다.

그라프슈페호는 남대서양에서 영국 상선대를 파괴하는 작전을 펼쳐 상당한 전과를 올렸으며, 그 과정에서 상선대 선원 300여 명을 구조하여 싣고 다니다가 자신들의 보급선 알트마르크(Altmark)호에 인계했는데, 알트마르크호가 영국 군함에 포획되었을 때 상선대 선원들도 모두 구조되었다. 이러한 구조소식이 알려지면서, 나치주의자가 아니었던 그라프슈페호의 선장 랑스도르프(Hans Wilhelm Langsdorff)의 군인정신과 인도주의에 많은 이

34) 독일이 마지노선과 마주 보는 곳에 설치한 방어 요새로서. 바젤에서 클레프까지 480km에 달했다.

들이 찬사를 보내기도 하였다. 한마디로, 가짜 전쟁이라고 불리는 기간 동안 해상에서는 서로의 함대에 대한 공격이 치열했고, 스칸디나비아 지역에서도 본격적인 전쟁이 이미 시작되고 있었다.

제4절 스칸디나비아 전역

독일군의 다음 목표는 스칸디나비아반도였다. 해군총사령관이었던 래더(Erich Raeder) 대장은 연합국과의 전쟁을 위해서는 발트해에서 북대서양으로 나가는 안전한 통로를 반드시 확보해야 하며, 이를 위해서 스칸디나비아반도와 덴마크의 확보가 필수적이라고 히틀러를 졸라댔다. 실제로 영국과 프랑스를 상대로 한 전투를 위해서는 스칸디나비아반도의 확보가 필수적이었는데, 그 이유를 열거하면 다음과 같은 것이었다.

첫째, 전쟁에 필수적인 철광석의 확보를 위해서였다. 독일은 연간 1천만t의 철광석을 스웨덴으로부터 수입하고 있었는데, 철광석의 수송은 내륙을 거쳐 노르웨이의 나르비크(Narvik) 항으로 운송된 후 선박으로 독일에 운반되었다. 따라서 만일 스웨덴과 노르웨이가 연합국과 동조할 경우, 필수적인 전쟁물자인 철광석을 차단당해 전쟁 수행 능력에 큰 차질을 받을 수밖에 없었다.

둘째, 노르웨이를 점령하면 대서양으로 가는 잠수함과 전투함을 전개하기 위한 전진기지를 확보할 수 있었다. 해군력에서 영국에 절대적으로 열세인 독일이 대서양에 진출할 수 있는 요충지인 덴마크와 노르웨이를 확보하지 않을 경우, 독일 해군은 대부분이 발트해에 갇히게 될 것이며, 바로 그런 의미에서 스칸디나비아반도는 독일에 전략적으로 매우 중요하다고 할 수 있었다.

한편, 핀란드가 소련과 교전 상태에 있을 때, 영국과 프랑스는 핀란드를 지원하기 위해 병력과 물자를 노르웨이의 나르비크 항을 통해 스웨덴의 내륙을 거쳐 수송하도록 계획했었는데, 히틀러는 이러한 내륙 교통로의 연합국 사용 가능성에 위협을 느낀 것도 하나의 침공 계기가 되었다. 독일은 노르웨이를 침공하기 전에 노르웨이의 나치 지도자 크비슬링(Vidkun Quisling)[35)]을 독일로 초대하여 친 나치 운동을 벌이도록 하였고, 독일이 노르웨이를 점령하면 통치권을 그에게 위임할 것을 약속했다. 크비슬링은 사관학교를 수석으로 졸업하였고, 국방장관을 역임하였으며, 나치의 앞잡이로 노르웨이 수상 노릇을 했다가 전쟁이 종료된 후에 사형에 처해졌다.

---

35) 노르웨이의 정치가. 사관학교를 수석 졸업했고, 국방장관역임. 1933년 파시스트 정당을 만들고 1942년 2월부터 정무수반이 되었으며 종전 후 총살당함.

2월 21일 히틀러는 노르웨이 침공 작전을 '베저위붕(Weserübung : 베저훈련)'이라는 암호명으로 정하고, 팔켄호르스트(Nicolaus von Falkenhorst) 대장을 지휘관으로 임명했다. 그는 산악작전 전문가였으며, 노르웨이 침공을 위해 8개 사단이 할당되었다. 1940년 4월 8일 영국 해군장관 처칠이 독일의 철광석 운반을 방해하기 위해 노르웨이 근해에 기뢰를 설치한다고 발표하자, 독일은 마치 이를 기다렸다는 듯이, "독일 국방군은 덴마크와 노르웨이의 중립성을 해치려는 영국에 대응하기 위해 두 국가의 방어시설을 인수하겠다." 라고 함으로써 노르웨이 침공작전 개시를 알리는 성명을 발표했다.

● 1940년 4월~5월 노르웨이 전역

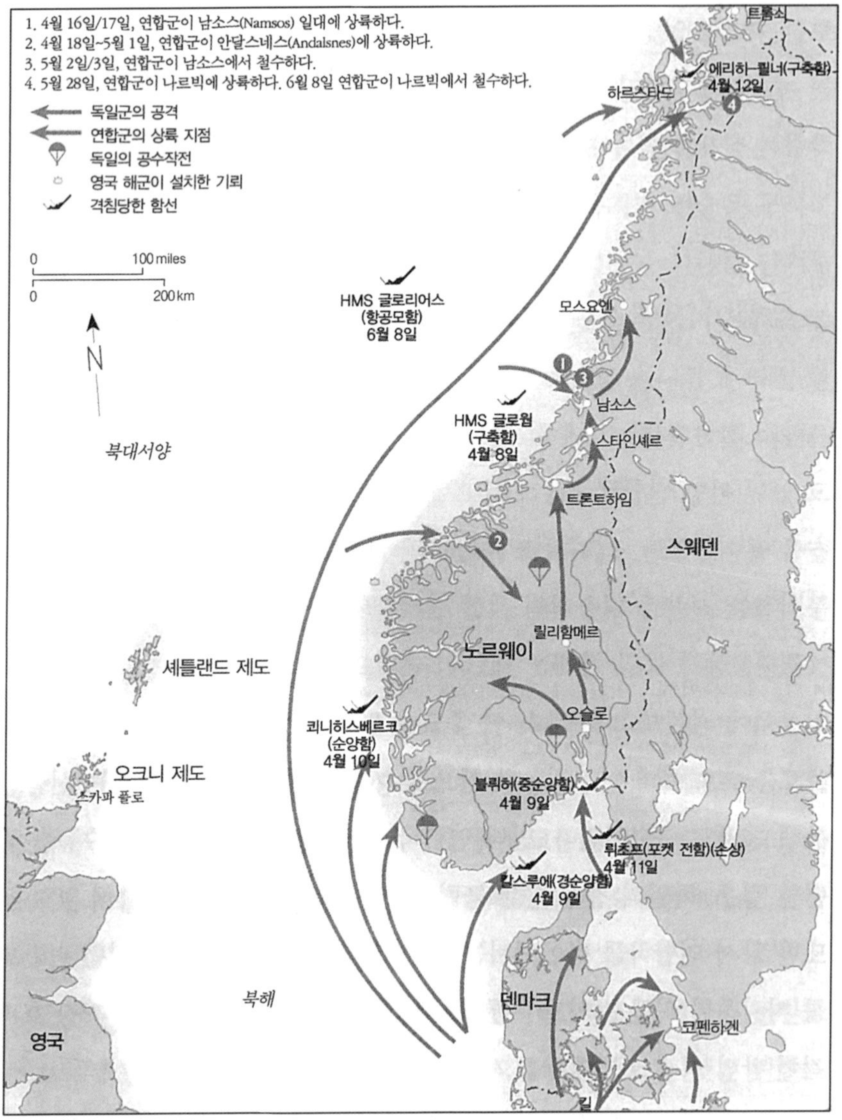

※ 출처 : 폴 클리어 지음, 강민수 옮김. 『제2차 세계대전』(플래닛미디어, 2008), p. 108

독일은 주목표인 노르웨이를 공격하기 전에 덴마크를 전격적으로 공격했다. 덴마크군은 당시에 1만 4,000명으로 독일군과 싸우기 위한 준비가 전혀 되어있지 않은 상태였다. 4월 9일 새벽 공수 부대가 공항에 침투했고, 코펜하겐 항구에 1개 대대가 상륙하여 국왕을 억류했다. 육군 2개 사단이 국경을 넘어 진격하면서 공군이 코펜하겐을 폭격하겠다고 위협하자, 덴마크 정부는 덴마크군에게 저항하지 말도록 명령했다. 당일로 독일군은 덴마크를 완전히 장악하게 되었으며, 이로써 독일군은 노르웨이를 공격하기 위한 토대와 북해와 대서양에서의 해군 작전을 위한 통로를 확보하게 되었다. 같은 날 독일군은 새벽에 노르웨이의 오슬로(Oslo), 베르겐(Bergen), 트론헤임(Trondheim)은 물론, 북쪽으로 훨씬 멀리 떨어진 나르비크 항에도 상륙했다. 공수부대들은 스타방에르(Stavanger) 인근의 공항과 오슬로 인근의 공항에 침투하여 점령했다.

노르웨이는 군대 규모는 작았지만 싸우려는 각오를 다지고 있었다. 정부와 왕실이 영국으로 망명하기에 충분할 만큼 오랫동안 오슬로 항구의 낡은 대포들이 독일 순양함 블뤼허(Blűcher)를 격침하면서 독일군을 저지했다. 이어서 노르웨이군은 해안을 따라 북상하면서 온달스네스(Ondalsness)와 트론헤임, 남소스(Namsos)로 전진하는 독일군에 대항했으며, 더 북쪽의 남소스에 상륙하려는 독일군의 상륙을 저지하기 위해 노력했다.

한편, 영국과 프랑스가 핀란드를 지원하기 위해 편성된 부대가 아직도 해체되지 않고 있어 즉시 노르웨이를 지원할 수 있었다. 4월 18일과 23일 사이에 두 나라의 군대 1만 2,000명이 트론헤임 일대에 상륙하여 남쪽에서 북상하는 독일군과 부딪쳤다. 독일군은 4월 23일 영국군의 선두 부대를 패퇴시켜 온달스네스로 물러나게 했고, 트론헤임으로 상륙하는 독일군과 합류하여 5월 3일에 연합군이 남소스로 퇴각하도록 만들었다. 강력한 포병화력과 독일 공군이 제공권을 완전히 장악했기 때문에 독일군의 승리는 예약되어 있었다.

그러나 바다에서는 영국이 승리를 거두고 있었다. 독일 경순양함 칼스루에(Karlsluhe)는 영국 잠수함 트루언트(Truant)의 공격을 받고 침몰했으며, 중순양함 아드미랄 히퍼(Admiral Hipper)는 영국 구축함 글로우웜(Glowworm)에 들이 받쳐 우현 앞부분 37m가 떨어져 나갔다. 독일군의 디틀(Eduard Dietl) 장군이 인솔하여 나르빅에 상륙하려는 산악부대를 수송하기 위한 독일 해군의 선박들이 영국 구축함들의 공격을 받았다. 독일군의 선박 10척이 많은 병력을 태운 채 나르빅의 피오르드에 가라앉았다.

디틀 장군은 잔존 산악부대원 2,000명과 해군 요원 2,600명을 지휘하여 노르웨이군 제6사단을 비롯한 연합군 전력 2만 4,500명과 결연히 맞섰다. 그러나 열세한 전력으로 인해 포위되었다가 일부가 포위를 뚫고 동쪽으로 탈출하여 스웨덴 국경에 도달했다. 열세한 가운데도 격전을 벌인 연합군은 얼마 후에 철수해야 했다. 왜냐하면, 프랑스가 독일의 공격을 받고 있어 자국 방어전에 참여해야 했기 때문이었다. 영국군과 프랑스군의 철수를 끝으로 노르웨이 전투는 사실상 끝이 났다. 디틀 장군은 완전한 패배상태에서 잔여 병력을 잘 지휘하여 철수하였으므로 히틀러로부터 끔찍한 신임을 받았다.

한편, 영국 의회는 체코 사태부터 노르웨이 함락까지의 대독일 정책의 실패를 두고 수상 체임벌린을 맹비난했다. 체임벌린은 독일군이 프랑스 침공을 개시한 5월 10일 사퇴했고, 후임은 해군성 장관이던 처칠이 대임을 이어받았다.

제 2 부

유럽 서부전선의 전쟁

● 프랑스 전역에서 자신의 지휘차량을 타고 14기갑군단을 지휘하는 하인츠 구데리안 장군. 이 사진에서 에니그마 기계에 앉아 있는 통신병 두 명(앞)이 보인다.

제 1 장
각국의 전쟁 준비

제1절 독일의 전쟁 준비

1939년 9월 1일 독일이 폴란드를 침공한 이후 영국과 프랑스는 본격적인 전쟁 준비에 돌입했다. 히틀러가 뮌헨 협정을 어기고 체코슬로바키아를 실질적으로 합병했을 때부터 영국과 프랑스는 히틀러와는 신사협정이란 것이 존재할 수 없다는 것을 깨달았고, 그에 따라 나름대로 진지한 전쟁 준비를 해왔으나, 제1차 세계대전에서의 악몽이 워낙 강해서 염전 분위기를 완전히 떨쳐버리지 못하고 있었다. 제2차 세계대전의 개전을 학자들은 독일이 폴란드를 침공한 1939년 9월 1일로 규정하고 있는데, 폴란드의 붕괴에 이어 벌어진 스칸디나비아 전역까지는 앞으로 벌어질 프랑스 전역 이후를 생각하면 일종의 예고편이었다고 생각할 수 있겠다.

히틀러는 폴란드 전역이 마무리되어가던 1939년 9월 12일 그의 참모들에게 프랑스를 신속히 점령해야 영국을 협상의 테이블로 끌어들일 수 있을 것이라는 말을 했고, 9월 27일에는 각 군사령관을 소집해 놓고 자기가 서유럽을 공격할 의사를 가지고 있다고 말했다.[1] 히틀러는 독일군이 폴란드에서 펼친 전격전의 위력을 보고 놀란 영국과 프랑스가 자신이 제안하는 강화안에 동의할 것이라는 희망을 품고, 10월 6일 강화안을 제안했다. 그러나 10월 10일과 12일 두 나라가 각각 반대 성명을 내자 서방과 전쟁해야만 한다는 심정을 굳혔다. 그뿐만 아니라 양국이 강화 제안을 거부하기도 전인 10월 9일에 이미 서부 전역을 준비하기 위한 영도자 지령 6호를 하달했다. 그는 독일 민족의 확장을 위해서는 서유럽 열강의 우위를 꺾는 것이 필수라고 하면서 공격을 위한 작전계획을 수립하도록 독촉했다.

"룩셈부르크와 네덜란드, 벨기에를 관통하는 공세가 계획될 것이다. 시간이 지연되면 네덜란드와 벨기에의 중립이 종식되어 연합국에 유리한 환경이 될 수 있으므로, 가능한 한 빠른 시기에 개시될 것이다. 이 공세의 목적은 프랑스군과 그들 편에 서서 싸우는 연합국

1) 존 키건 지음, 류한수 옮김, 『2차 세계대전사』(서울 : 청어람 미디어. 2006), p. 84.

의 부대를 될 수 있는 대로 더 많이 쳐부수는 동시에, 영국을 상대로 공중전과 해전을 성공적으로 수행하기 위한 기지로, 그리고 경제적으로 극히 중요한 루트를 지킬 넓은 보호구역으로 쓰일 네덜란드, 벨기에와 프랑스 북부의 영토를 될 수 있는 대로 더 많이 획득하는 것이다.[2]"

● 1940년 5월 국방부 수뇌부 조직도

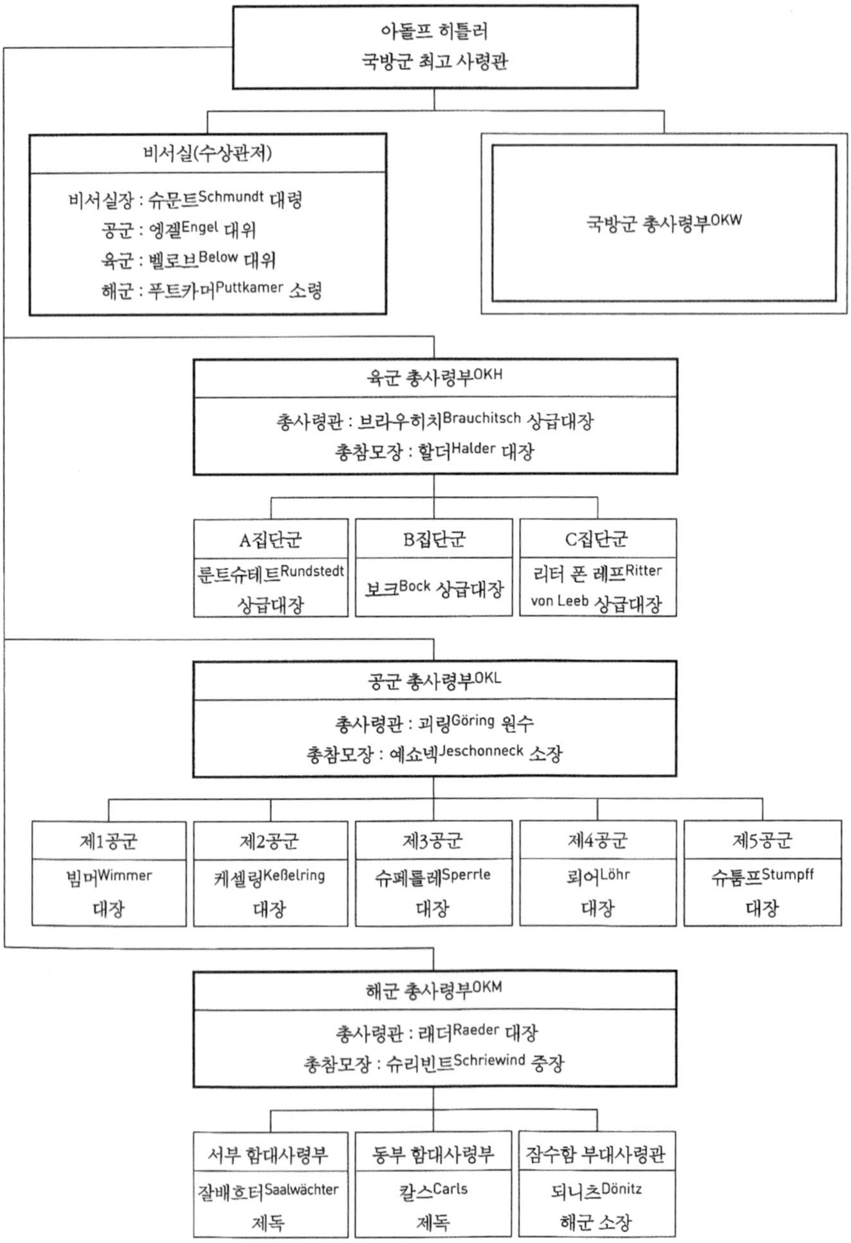

2) 존 키건 지음. 류한수 옮김. 위의 책, p. 84.

이에 따라 육군참모총장 할더(Franz Halder)를 중심으로 암호명 '황색 계획'이라는 명칭의 서유럽 공격계획을 작성하게 되었다. 육군의 수뇌부는 서유럽 침공에 대한 성공 가능성에 확신을 가질 수 없어 보이지 않게 히틀러에게 제동을 걸었다. 참모총장 할더는 포병 출신으로 총명하고 꼼꼼하여 히틀러의 지침을 꼬치꼬치 따지면서 부정적인 요소들을 제기했다.

그가 10월 19일에 제출한 공격계획은 D-day를 1942년으로 늦게 잡았는데, 이는 히틀러의 속전속결 지침에 어긋나는 소극적인 저항이었다. 할더가 제시한 최초의 황색 계획은 히틀러의 지령 6호를 존중하여 우익이 주공으로 벨기에의 대서양 해안을 확보하는, 전술적 승리만을 고려한 계획이었다. 이 계획을 보고받은 히틀러는 다음과 같이 내뱉었다고 한다.

"강력한 우익으로 대서양 해안을 공격한다. 이건 슐리펜계획과 다를 바 없는 진부하고 구태의연한 계획이야. 이런 계획으로 두 번씩이나 똑같은 재앙을 당할 수는 없어."

슐리펜계획은 1차 대전 당시 강력한 우익으로 벨기에를 통과하여 파리를 휘돌아 궁극적으로는 스위스 국경까지 진격하는 전략적 승리를 내다본 계획으로 히틀러의 지령 6호 내용과는 본질적으로 달랐지만, 초기 공격 단계는 동일하다고 보아야 할 것이다. 장군들의 비협조적인 사보타지에 격분한 히틀러는 황색 작전은 11월 12일에 시작되어야 하며, 벨기에를 우회하는 대신 프랑스로 직접 쳐들어가야 하고, 기갑부대가 프랑스군이 전혀 예상치 못하는 접근로인 아르덴(Ardennes) 숲속으로 진격해야 한다고 새롭게 제안했다.

히틀러의 지침에 늦은 가을에 공격을 개시한다는 점은 북유럽의 기상이 비가 자주 내리는 계절의 특성으로 공격작전에 불리하다는 점을 들어 참모본부는 무언의 항거를 했다. 또한, 아르덴의 숲을 통과하는 접근로는 마지노선의 북쪽 끝을 통과한다는 점에서 긍정적이지만 숲과 강과 단애를 통과해야 하므로 기갑부대의 기동에 애로가 있다는 점에서 불리하다고 역설했다. 할더의 생각은 결과적으로 절반은 맞고 절반은 틀렸다.

육군의 수뇌부는 근본적으로 전쟁을 반대하는 견해이었기 때문에 히틀러의 지령에 소극적으로 묵종했다. 히틀러는 프로이센 제국 이래 이어져 온 군부 엘리트들에 대해 뿌리 깊은 경멸감을 느끼고 있었다. 육군 총사령관 브라우히치는 유약하여 히틀러의 명령에 반기를 들지는 못했으나, 참모총장 할더는 히틀러의 지시에 더욱 소극적이었고, 한때는 히틀러를 제거하려고까지 했다. 그는 대부분의 군부 엘리트들이 프로이센 육군대학 출신인 데 반해, 바이에른 육군대학 출신으로 제1차 세계대전 때부터 차근차근 경력을 쌓아 총장이 되었기 때문에, 합리적이고 단계적인 방식이 아니면 수긍하지 못하는 성격이었다. 그는 포병 출신으로서, 조직적이고 체계적인 사고방식을 철저히 견지하여 영국에서는 그를 '수학 선생'이라고 불렀다. 실제로 그는 총장 업무에 주야로 시달리다가도 수학 문제를 풀면서 긴장을 해소했다고 한다.

브라우히치는 서유럽 공격 의도를 '히틀러의 광기'로 간주했고, C집단군사령관 레프는 '무모한 전쟁'이라고 비판했으며, 나치에 가장 협력적인 장군이었던 라이헤나우(Walter von Reichenau) 조차도 '범죄'나 다름없다고 강력히 비난했다. 라이헤나우는 심지어 네덜란드에 독일군의 공세에 대비하라는 비밀문서를 보내 경고함으로써 자국에 대해서는 이적행위를 하기까지 했다. 심지어 괴링이나 카이텔도 간접적인 반대 의사를 표시했다.3) 육군 총사령부는 제1차 세계대전의 악몽을 되새기며 1942년 이전에는 공격이 불가하다는 건의서를 작성했다. 그러나 히틀러의 광기를 이겨낼 수는 없었다. 히틀러를 설득하려 했던 브라우히치는 격렬한 질책을 받고 사직서를 제출했으나 반려되었다.

제1차 공격계획은 창의성과 적극성이 결여된 허술한 계획인 것은 틀림없었는데, 이는 장군들이 히틀러에게 서부지역으로의 공격이 과대망상적인 행위라는 점을 인식시키려고 일부러 이러한 계획을 제출했을 것이라는 분석이 가능하다. 실제로 할더는 전쟁계획 작성보다는 전쟁을 저지하기 위한 활동에 더 열을 올리고 있었기 때문이었다.

10월 29일에 육군은 두 번째의 공격계획안을 제출했다. 이는 제1차 공격계획안과 근본적으로 달라진 것은 없었다. 단지 주공을 맨 우익에 이어 중앙에도 두어 두 개의 주공을 두도록 한 점만이 달랐다. 이는 최초 돌파에 성공한 부대들이 대서양 연안만이 아닌 내륙에서도 남쪽으로 계속 진출해야 한다는 점을 명시했다는 점이 특징이었지만, '두 개의 주공을 둔다는 점은 작전의 핵심을 혼란시킨다'라는 모호성이 문제가 되었다.

그러나 진짜 문제는 히틀러의 새로운 지침이었다. 11월 11일 히틀러는 두 개의 주공에 이어, 보다 남쪽에 또 하나의 주공을 추가하라고 지시했다. 세 번째의 주공은 강력한 기갑과 차량으로 편성된 부대로 아를롱(Arlon)을 거쳐 스당(Sedan) 방면으로 진출하라는 것이었다. 이에 따라 3개의 주공 방향이 제시되었는데, 이는 모든 전선이 주공이면서 어디에도 주공이 없게 된다는 것으로 전 정면에서 동일한 강도의 공격을 의미했다. 이는 계획입안자들을 혼란에 빠뜨리는 결과를 초래하였다.

독일군 수뇌부가 작전계획 수립으로 혼란에 빠진 상태에서 헤매고 있을 때 중대한 보안사고가 일어났다. 소위 클라우제비츠가 말하는 '마찰'의 전형적인 예가 될 수 있는 사건이 발생한 것이다. 1940년 1월 10일 공수 부대 일반참모 라인베르거(Helmuth Reinberger) 소령은 뮌스터(Münster)에서 쾰른(Kӧln)으로 공무상 출장 갈 일이 생겼다. 그는 장교 클

3) 칼 하인츠 프리처 지음, 진중근 옮김, 『전격전의 전설』(서울 : 일조각. 2007), p. 111.

럽에서 항공 장교 호엔만스(Erich Hoenmanns) 소령을 만나 항공기로 데려다주겠다는 제안을 받고 항공기에 올랐다. 비행을 시작한 지 얼마 후에 시계가 갑자기 나빠져 항로를 벗어나 불시착했는데, 착륙한 지점이 벨기에 영토였다. 라인베르거 소령의 가방에는 일급 비밀인 공격계획서와 명령서가 들어있어 즉시 불태우려고 하다가 벨기에 경찰에 체포되었다. 일부만 훼손된 문서가 고스란히 적의 손에 들어가고 말았다.

독일군은 심각한 공황에 빠졌고, 분노한 히틀러는 제2항공군 사령관을 포함한 2명을 파면하고 또 하나의 명장으로 명성을 떨치게 될 케셀링(Albert Kesselring)을 대신 임명했다. 문서의 유출이 작전에 미치는 영향은 미미했다.

벨기에로부터 문서를 넘겨받은 프랑스군은 독일의 공격계획을 1차 대전 당시 슐리펜계획의 재판으로 생각했기 때문에 크게 놀라지 않았는데 오히려 독일이 위장 전술을 쓰고 있다고 오해했기 때문이었다. 프랑스는 자국의 방어 작전계획이 독일의 슐리펜계획에 대비하기 위해 수립되었기 때문에 입수된 기밀문서에 대해 안도하는 편이었다.

독일군은 이후에도 작전계획을 크게 수정하지 않고 3개의 주공 축선을 그대로 유지한 가운데 단지 보안과 기습이라는 항목을 추가했을 뿐이었다. 그러한 작전계획도 히틀러를 만족시키지는 못했다. 무언가 확실하게 기습효과를 달성할 수 있는 강렬하고 참신한 무엇인가가 빠져 있다고 못마땅해 하고 있었다.

1. 만슈타인과 '낫질 작전(Sichelschnitt)' 계획

공격계획에 있어서 중앙에서 공격하게 될 A집단군의 참모장 만슈타인(Erich von Manstein) 소장은 처음에는 히틀러가 할더의 공격계획을 불만족스럽게 여긴다는 점을 알지 못했고, 히틀러의 지침도 알지 못했다. A집단군사령관 룬트슈테트의 총애를 받는 만슈타인은 독일군 내에서 가장 총명한 군인 중의 한 명이었다. 그는 단지 할더가 열의를 가지고 달려들면 해결할 수 있을 것 같은 일을 성의 없이 처리하는 것에 반감을 느껴 황색계획을 비판했는데, 비판 내용이 히틀러의 열망과 유사하게 맞았으며, 흔히 '만슈타인 계획'이라고 알려진 계획으로 발전하게 되었다.

우선 만슈타인은 육군의 공격계획이 다음과 같은 두 가지 측면에서 심각한 맹점이 있다고 비판했다.

첫째, 강력한 우익으로 공격한다면 적 방어부대의 강력한 주력과 정면충돌을 피할 수 없다는 것이었다. 그는 즉 "아군의 강점이 적의 강점과 부딪히게 되는데, 이 충돌은 전술적 수준의 충돌이 될 것이며, 승리하더라도 기껏해야 작전술적 수준의, 그것도 국지적인 승리만 얻을 수 있을 뿐이다. 적을 정면 공격해서 솜(Somme)강 선 후방으로 격퇴하는 것보다는 솜강을 따라 적의 배후로 돌아가서 적을 포위해야 한다. 그것만이 이 상황에서 전략적 수준의 결정적인 승리를 얻을 수 있는 방책이기 때문이다."라고 주장하였다.

둘째, 우익을 주공으로 공격한다면 처음에는 성공적인 과정을 밟을 수 있겠지만, 적에게 작전술 규모의 치명적인 역습을 당할 수 있다는 것이었다. 그는 "독일군의 우익이 대서양을 따라 진격하면 할수록 프랑스군은 남부에서 북부를 향한 역습, 즉 신장된 독일군 기동축선의 측방을 역습하기가 용이해 진다.[4]"라고 믿고 있었다.

만슈타인은 이러한 비판과 함께 새로운 방책을 제시했다. 그는 단 하나의 조정만으로 모든 문제를 해결할 수 있다면서, 주공을 북부에서 공격할 B집단군이 아닌 중앙의 A집단군에 두는 방책이었다. 그 방책은 통과할 수 없다고 여겨지는 아르덴(Ardennes)의 산림지대를 강력한 기갑부대로 공격해야 한다는 것이었다. 스당(Sedan)에서 뫼즈(Meuse) 강을 기습적으로 도강하는 데 성공한다면, 적이 예상치 못하는 곳을 공격함으로써 기습을 달성하여 문제점을 일거에 해결할 수 있다는 안이었다. 스당은 프랑스군의 스위스 국경에서 시작되는 마지노선이 끝나는 지점이었고, 1870년 보불전쟁에서 프랑스군을 크게 격파한 승리의 땅이었다.

그리고 그는 스당을 돌파하는 데 성공했을 경우, 다음과 같은 두 가지의 차후 작전을 제시했는데, 첫 번째 작전은 기갑부대로 하여금 솜강 하구까지 깊숙이 돌파토록 하여 기갑부대를 도버해협에 도달케 함으로써 북부에 있는 연합군의 주력을 거대한 포위망에 가두는 작전이었으며, 두 번째 작전은 기갑부대의 전진으로 발생할 수 있는 측면에 대한 적의 역습을 저지하기 위해 1개 야전군 규모를 남쪽 방면으로 진격시키는 작전이었다.

훗날 프랑스 전역이 개시되었을 때 실제로 구데리안의 기갑부대들이 만슈타인이 제시한 전진 축선을 따라 정확히 기동했었다는 사실은 군사학도들의 입장에서 크게 주목할 만한 점이라 할 수 있을 것이다. 그러나 그러한 기동은 결코 우연이 아니었다. 구데리안은 만슈타인의 기동전 사상을 정확히 이해하는 몇 명 안 되는 기갑부대의 전문가였고, 만슈타인의 대담한 작전계획의 실행 가능성에 대해 만슈타인과 깊은 대화를 나눈 상태였다.

구데리안은 1914년 당시 아르덴의 공격작전에 참여했을 뿐만 아니라, 1918년 당시 독일 영토였던 스당에서 4주간 일반참모 교육을 이수한 적이 있어 이 지역의 지형에 밝았으며, 따라서 만슈타인이 제안한 기갑부대의 아르덴 통과가 가능하다는 확신도 심어주었다. 만슈타인은 룬트슈테트의 양해하에 총 7차례에 걸쳐 육군 총사령부에 이러한 기동계획을 건의했으나, 할더는 만슈타인의 제안을 A집단군이 전쟁에서 주역을 맡으려는 이기적인 발

---

4) 칼 하인츠 프리처 지음, 진중근 옮김, 앞의 책, p. 126.

상이라고 매도하여 무시했고, 브라우히치는 상상력이 풍부한 계획이라고 칭찬하면서도 A집단군에 할당할 전투력이 더 이상 없다는 이유로 반대했다. 그리고 국방군 총사령부는 검토 자체를 거부했다.

할더는 귀찮은 반대자를 승진이라는 명목으로 전보시켜 해결하려 했다. 11월 27일 자로 만슈타인은 승진과 함께 새로 창설 중인 제38군단장으로 명령을 받았고, A집단군의 기갑군단장에는 젊은 라인하르트(Hans Reinhardt) 중장이 임명되었다. 그러나 제38군단은 창설단계에서 동프로이센에 문서로만 존재하는 '유령 군단'이었기 때문에 만슈타인은 할더의 음모를 느낄 수 있었으며, 그래서 승진에도 기뻐할 수가 없었다.

할더의 전임 참모총장은 베크(Ludwig Beck)였는데, 그는 전임 장관 블롬베르크(Werner von Blomberg), 총사령관 프리치(Werner von Fritsch)와 함께 히틀러의 눈 밖에 나서 축출되었다는 점에 대해서는 앞서 이미 기술한 바 있다. 만일 순조롭게 베크가 프리치의 총사령관 자리를 이어받아 승진한다면, 육군의 제1 참모부장이던 만슈타인이 참모총장이 될 것이라는 전망이 대세였는데, 할더가 참모총장이 되었기 때문에 만슈타인은 1938년 9월 사단장으로 좌천되었던 적이 있어 할더와 만슈타인은 사실상 긴장 관계에 놓여 있었다.

그러나 만슈타인의 계획은 군의 상황을 예의 주시하던 히틀러의 보좌관 슈문트 대령에게 알려졌는데, 그는 만슈타인을 만나 직접 계획을 들은 다음, 총통의 지침과 유사함에 놀랐다. 슈문트는 2월 17일에 새롭게 보직을 받아 이동하는 6명의 신임 지휘관들이 총통에게 신고하고 조찬을 함께 하는 자리에서 만슈타인만을 별도로 총통과 만나도록 조치했는데, 그 자리에는 요들(Alfred Jodl)과 슈문트만 배석했다.

히틀러는 만슈타인의 명석한 논리에 감동되어 조용히 경청했다. 그리고 A집단군에 강력한 기갑부대를 증강하는 것에도 공감했다. 이로써 '지헬슈니트 계획'은 확고한 위치를 잡았고, 전쟁의 주사위는 던져졌다. 사실 이 시기에는 할더도 도상연습을 통해 만슈타인의 제안에 많은 부분 공감하고 있어 적대감이 완화되어 있었고, 육군 총사령부도 히틀러의 제안을 받아들이려는 입장이었다.

육군은 히틀러와 만슈타인의 구상을 세밀하고 빈틈없는 완벽한 계획으로 완성했는데, 그것은 1차 대전에서의 공격계획이었던 슐리펜계획의 역발상이었다.

새로운 공격계획이 강력한 우익에 의한 포위가 아니라, 중앙을 돌파하여 우익을 포위하는 것이므로 전략적 견지에서 포위에 의한 승리를 도모한다는 점에서는 슐리펜계획을 계승했다고도 할 수 있었다. 2월 24일 4차의 공격계획이 히틀러의 재가를 받아 '황색 계획', 즉 '지헬슈니트-낫질 작전'이라는 암호명으로 배포되었다. 슐리펜 계획은 프랑스군이 아르덴의 남쪽에서 독일 쪽으로 공격해오면 벨기에를 통과하여 프랑스군의 배후를 공격해 포위 섬멸할 수 있으라는 예상에 토대를 두었었다. 그러나 지헬슈니트는 프랑스군과 영국군의 주력이 벨기에 지역으로 밀고 들어올 것이므로 독일군이 아르덴 지방을 돌파하여 연합군의 주력을 배후에서 포위할 수 있으리라는 판단에 바탕을 둔 것이었다. 계획의 핵심 골자는 아래와 같다.

"벨기에-룩셈부르크를 돌파한 후 주공을 뤼티히(Lűtich)-샤를루아(Charleroi) 선의 남쪽에 둔다."

'지헬슈니트-낫질 작전'에서 각 집단군에 부여된 임무는 다음과 같았는데, 이는 첫째, B 집단군은 전선의 북부를 공격하여 주공인 것처럼 기만하고, 영국군과 프랑스군의 정예 주력부대를 유인하고 고착시키며, 둘째, A집단군은 기계화 부대를 중심으로 마지노선의 북쪽 끝에서 작전술적 돌파를 감행해 스당과 디낭(Dinant) 사이에서 뫼즈강을 극복한 후에 솜강 하구 방면으로 돌진하여 연합군을 분리·포위하고, 셋째, 남부지역의 C집단군은 마지노선 전방에서 양공을 실시하여 강력한 적을 고착 및 견제한다는 것이었다.

이상과 같이 강력한 기갑부대로 신속히 대서양까지 전진하여 영국군과 프랑스군의 허리를 잘라내는 '낫질 작전' 계획이 완성된 것이다. 새로운 작전계획을 수행하기 위해 전투편성이 대폭 변경되었다. 우선 독일군이 보유한 10개 기갑사단 중 7개 사단이 중앙의 룬트슈테트가 지휘하는 A집단군에 할당되었고, 3개 사단이 보크가 지휘하는 B집단군에 할당되었다. 마지노선을 마주 보고 있는 C집단군은 기갑사단이 한 개도 없게 되었다. 이에 대해 보크는 '낫질 작전계획'은 지나치게 모험적이라면서 만일 '낫질 작전'에 차질이 발생하면 1차 대전과 유사한 악몽의 교착상태가 독일군을 기다릴 것이라고 경고하면서 약화된 자신의 처지에 대해 항의했다.

얼마 후에 독일군이 상기 공격계획에 따라 프랑스를 격멸시켰을 때, "지헬슈니트 계획의 창시자는 과연 누구인가?"라는 문제가 등장했다. 즉, 히틀러와 만슈타인이 주공격 방향을 스당으로 동일하게 지목했다고 해서, 이 두 사람이 지헬슈니트 계획의 공동의 창시자라고 할 수 있느냐 하는 문제였다. 그러나 전쟁의 경과를 보면, 히틀러가 지헬슈니트 계획이 지닌 작전술적 개념을 전혀 이해하지 못하고 있었다는 점을 알 수 있다. 히틀러의 주된 관심사는 주공 방향을 스당 방면으로 하고 뫼즈강을 극복하는 데까지였으며, 만슈타인처럼 주공이 영국해협까지 진출하여 연합군을 포위하는 전략적 승리를 내다보는 방책은 아니었던 것이다. 그것은 장차 공격이 진행되는 동안 선두 전진 부대를 자주 정지시키는 조치와 됭케르크에서 주저주저했던 행동에서 잘 나타나고 있다.

● 만슈타인의 지헬슈니트 계획

※ 출처 : 칼 하인츠 프리저 지음, 진중근 옮김. 『전격전의 전설』(일조각, 2007). p. 152

그런데도 히틀러는 전역이 놀라운 승리로 매듭지어진 후에 자신이 이 계획을 구상했으며, 스스로 자신이 최고의 군사 지도자라는 착각에 빠졌다. 만슈타인의 주장은 할더가 최종적으로 작성한 제4차 작전계획과는 다소 거리가 있었는데, 여기서 우리는 할더가 체계적이고 논리적인 방식으로 만슈타인의 개념을 보다 구체화시켜 발전시켰다는 점을 알 수 있다.

할더는 한마디로, 한 장의 카드에 모든 운명을 거는 모험을 두려워하는 인물이었기 때문에, 독일군의 신장된 측면에 대해 남쪽으로부터 예상되는 프랑스군의 역습에 대비하여 큰 노력을 할당하는 방향으로 만슈타인의 개념을 발전시켰다. 그는 초기에는 만슈타인의 계획에 철저히 반대했으나, 마지막 작전계획을 완성한 이후로는 적극적인 지지자로 돌변했다. 그때까지도 낫질 작전계획은 장성 대부분에게 '정신 나간 무모한 발상'이라고 비난받았으며, 할더를 '기갑부대의 무덤을 파는 송장벌레'라고 불렀다.

결론적으로, 지헬슈니트 계획의 탄생에 결정적으로 이바지했다고 평가되는 인물은 만슈타인과 히틀러 및 할더, 이 세 사람이라고 할 수 있다. 그러나 여기에서 거론하지 않을 수 없는 인물이 바로 구데리안이다. 그는 기갑부대 전문가로서, 이 구상을 현실화하는 방안을 만슈타인에게 조언한 인물이었다. 만슈타인이 A집단군 참모장에서 해임된 이후에도 두 사람은 지헬슈니트 계획의 실현을 위해 모든 힘을 다했을 뿐만 아니라, 공격이 진행되는 동안에도 자신의 확고한 의지대로 상부의 지시를 여러 번 무시 또는 못 들은 체하면서 신념을 고수하여 결정적 승리를 이끌어냈다.

그러나 히틀러의 공로 또한 무시할 수는 없다. 그는 기갑부대의 역할과 증강에 대해 초기부터 구데리안을 적극적으로 후원했으며, 지헬슈니트 계획에도 영감 어린 지침을 제공한 것이 사실이었다. 만일 육군에서 작성한 초기의 '황색 계획'대로 공격이 전개되었다면 히틀러의 지적대로 슐리펜계획의 재판이 될 것이었기 때문이었다. 이때 만슈타인은 자신이 심혈을 기울여 발전시킨 낫질 작전이 전개되어 빛나는 승리를 구가할 때 현장에 있지 못하고 멀리서 구경만 하는 아쉬움이 있었다.

독일군은 낫질 작전 초기에 가장 큰 장애물인 뫼즈강을 극복하기 위해 모젤강에서 철저한 도하 연습을 시행하여 준비를 마쳤다. 이제 독일군은 육군의 절대 수에서만 연합군에 뒤떨어지고, 나머지 장비의 질과 훈련 정도 및 전투 의지 면에서는 압도적으로 우세한 입장에 서게 되었다. 독일군은 육군이 157개 사단에 420만 명, 공군이 1백만 명, 해군은 18만 명, 그리고 무장 친위대가 10만 명으로 총 540만 명이었다. 프랑스군은 총 610만 명에 육군이 117개 사단에 550만 명이었다. 참고로 영국군은 총 165만 명이었으며, 프랑스 원정군은 50만 명에 이르게 된다. 거기에 벨기에는 65만 명, 네덜란드는 40만 명을 확보하고 있었다.

독일군은 기동전을 수행하기 위해 우선 2,400대의 전차를 4개의 기갑군단으로 편성하여, 회프너의 제16기갑군단은 B집단군에 예속하고, A집단군에는 클루게의 제4군에 호트의 제15기갑군단을 배치했으며, 클라이스트의 기갑군 예하에는 구데리안의 제19기갑군단,

라인하르트의 제41기갑군단, 그리고 비터스하임의 제14기계화군단을 예속하여 폴란드에서 숙달시킨 전격전을 수행하도록 했다.

전차의 전체 대수에서 프랑스군은 3,000대를 보유하여 숫자상의 우위를 보였으나 1,500대는 느리게 움직이는 보병사단에 분산배치 했고, 800대는 이름뿐인 기병사단과 기계화사단에 할당했으며, 나머지 800대로 5개의 기갑사단을 구성했다. 고집 센 드골이 지휘하게 될 3사단은 편성 중에 있었다. 영국군은 기갑사단이 단 한 개뿐이었으며 그나마도 편성 중에 있었다. 벨기에군과 네덜란드군의 전차를 모두 합하면 연합군의 전차는 4,200대에 달하여 숫자상으로는 독일군을 압도했다.

독일군은 전차의 성능 면에서도 연합군을 앞서지 못했다. 독일군 4호 전차는 방호력은 양호했으나 화력이 약했고, 3호 전차는 영국군의 보병 전차나 프랑스군의 소뮈아(Somua) 전차보다 방호력이 뒤졌다. 실제로 5월 16일 스당 남부의 스톤(Stonne)에서 프랑스군의 샤르 B 전차 1대가 행군 중이던 독일군 전차 부대를 공격해 13대의 전차와 2대의 대전차포를 격파했다. 이 전차는 140여 발의 독일군 전차 포탄을 맞았으나 한 발도 관통되지 않았다.

그러나 독일 기갑부대는 독립적인 편성으로 기동에 제약받지 않아 보병이나 포병의 지원이 없이 공중 엄호만으로도 자유롭게 신속히 이동하며 독자적인 전투를 할 수 있었다. 독일군의 전차는 차량마다 무전기를 장착하여 전투 효율성을 극대화했으며 특히, 독일군의 임무형 지휘체제는 부대 지휘관의 재량을 최대한으로 보장하여 다소 부족한 전차의 성능에도 불구하고 전장에서의 돌파와 전과확대를 통해 승리에 이바지했다.

기동부대에 필수적이라고 할 수 있는 일반 차량은 독일군에게 매우 부족했다. 철과 고무의 부족으로 월간 1,000대 정도밖에 생산하지 못해 전격전을 외치는 군대에 군수지원을 위한 수송 수단이 태부족이었다. 할더는 고육지책으로 말을 이용하기로 했다. 1차 대전 때 140만 필의 말이 동원되었었는데, 2차 대전 당시에는 그 두 배 가까운 270만 필이 동원되어 자동차 엔진을 대신하도록 했다. 따라서 총 157개 사단 중에 완전 차량화된 사단은 10%인 16개 사단이고 나머지는 도보나 말에 기동력을 의존해야 했다.

2. 해·공군력 비교

공군력에 있어서는 독일군이 숫자, 성능, 훈련 정도에서 아주 우월했다. 서부 전역에서 독일군이 투입이 가능한 항공기는 3,500대로 프랑스군의 보유 대수와 비슷했다. 그러나 프랑스군은 여러 지역에 분산배치 되어 실제 전선 지역에 투입이 가능한 항공기는 900대미만이었다. 프랑스군의 항공기들은 실제 전투에 투입되지 않고 후방의 공군기지나 격납고에서 쉬고 있었다. 서부 전역에 투입된 연합군의 항공기는 영국과 벨기에, 네덜란드를 모두 합해도 1,500대 수준이었다.

독일군 전투기 메서슈미트(Messerschmitt) 109는 뛰어난 속도와 기동성, 그리고 중무장에 상승 속도도 높아 오로지 영국의 스피트파이어(Spitfire)만이 대등하게 싸울 수 있었다. 프랑스군의 블로슈(Bloch) 152는 뛰어난 전투기였지만, 제대로 성능을 발휘할 기회를 잡지 못했다. 독일군의 폭격기 융커 Ju 88은 영국과 프랑스의 최신예 폭격기를 제외하면 가장 우수한 기종이었다.

한편, 흔히 슈투카로 불리는 Ju 87은 급강하 폭격기로 기이한 명성을 떨치게 된다. 이 항공기는 속도가 느리고 항속거리와 무장면에서 보잘것없는 폭격기였다. 기관포의 명중률은 매우 높았지만, 수평비행이 아닌 오직 수직 강하 시에만 공격이 가능한 항공기였다. 이 항공기는 속도가 느려 제공권을 완전히 장악한 이후에나, 또는 전투기의 보호를 받을 경우, 활동이 가능하며, 그렇지 않으면 적의 전투기에 밥이 되기에 십상이었다. 훗날 영국 본토를 폭격할 때 슈투카의 높은 격추율이 이를 증명한다. 그런데도 명성이 높은 것은 수직으로 급강하할 때 나는 공포의 굉음 때문이었다.

그런데 독일 공군의 고위 지휘관들은 육군에서 공군으로 전군을 할 때 밀히(Milch)나 케셀링, 예숀넥(Jeschonnek)처럼 우수한 능력의 소유자들이 대부분이었지만, 영국군이나 프랑스군은 육군에서 두각을 나타내지 못한 장교들이 공군에서 새롭게 주목받아 보려고 전군한 경우가 많아 질적인 차이가 있었다. 특히 독일군의 고위 지휘관들은 공지작전에 숙달되어 있어서 지상군과 공군의 합동작전을 능숙하게 수행했다. 지상군은 어떻게 공군의 지원을 요청하는지, 어느 시점에 지원받을 수 있는지를 잘 알고 있어 기갑부대의 효율성을 극대화할 수 있었다.

독일의 해군은 영국에 비하면 매우 미약했다. 1차 대전 이후 베르사유조약으로 전함 9척, 순양함 5척, 그리고 50척이 넘는 각종 전투함이 연합국의 감시 하에 영국의 스카파 플로 군항에 끌려가서 억류되었다가 1919년 6월에 독일 함대의 승무원들이 스스로 배를 침몰시켰다. 이에 따라 독일이 보유한 해군력은 전함 6척, 구축함 10여 척, 그리고 일부 잠수정뿐이었다. 항공기와 잠수함의 보유는 금지 당했다. 그러다가 히틀러가 집권 후에 베르사유조약의 무효를 선언하면서 급격히 해군력을 증강하려 했으나 해군력의 건설은 시간이 필요했다.

1933년 이후 가장 먼저 해군에서 건조한 함정은 11인치 포를 장착한 순양함으로 샤른호르스트(Scharnhorst)와 그나이제나우(Gneisenau)호가 그 결과물이었다. 1939년 9월의 영국과 프랑스의 대독일 선전포고는 독일의 해군에게는 악몽과도 같았다. 독일 해군은 항공모함 4척, 전함 13척, 잠수함 250척으로 이루어진 강력한 해군을 목표로 Z-계획을 추진하고 있었으며, 그 목표 연도는 1940년대의 초, 중반으로 잡고 있었기 때문에, 1939년 당시에는 이제 막 시작 단계였다.

해군 사령관 래더의 전략 개념은 부족한 해군 전력 때문에 주력함대와의 결전을 피하고 영국의 상선을 파괴하는 작전을 전개하는 것이었다. 이를 위해 1936년부터는 강력한 전함인 비스마르크(Bismark)와 티르피츠(Tirpitz)를 건조하기 시작했는데, 배수량 4만 2천t에 15인치 포 8문을 탑재하고 30노트의 속도를 자랑하는 최신예 함정이었다.

래더 제독은 독일 해군도 항공모함을 갖춰야 한다는 생각을 가지고 추진했으나, 하늘을 나는 모든 것은 공군에 소속되어야 한다는 괴링의 권위에 눌려 실현되지 못했다. 잠수함 사령관 되니츠(Karl Dőnitz)는 잠수함 300척을 장비하면 전쟁에 승리할 수 있다고 히틀러에게 건의했으나, 자원 배분의 우선순위에 밀려 지지부진하게 처리되었다. 영국과의 전투에 돌입했을 때 바다에 나가 싸울 수 있었던 잠수함은 불과 24척뿐이었다. 그래서 래더 총사령관은 히틀러에게 영국과의 전쟁이 일어나서는 안 된다고 수시로 건의했었다.

제2절 프랑스의 전쟁 준비

전쟁 발발의 징후가 농후해지는 1930년대의 프랑스는 정치와 사회가 극도의 혼란한 상태에 빠져 있었다. 대공황의 여파로 경제는 파탄에 빠졌고, 민심은 흉흉한데 정치는 좌 우파로 나뉘어 무능의 극단을 달리고 있었다. 친 파시스트를 지향하는 극우단체로부터 프롤레타리아 혁명을 꿈꾸는 공산주의 단체까지 정권의 주도권을 잡기 위해 모든 수단을 다했기 때문에 사회적 혼란은 커져만 갔다. 1936년 선거에서 반파시즘을 내세운 사회당과 공산당의 연합체인 인민전선(Popular Front)이 승리했으나, 혼란을 극복하지 못한 가운데 내부 분열로 공산당이 분리되어 나가자 정권은 붕괴하였다.

그런 상황에서 인접한 스페인에서 극우 정권이 들어서자 좌파 정권의 존립이 위협을 받게 되었고, 이를 극복하기 위해 프랑스 공산당이 소련을 등에 업고 더욱 극렬한 투쟁을 전개하자 사회적 혼란은 더욱 가중되었다. 당시에는 노동자, 농민에 의한 전제 정권의 붕괴를 노리며, 사회적 약자들을 위한다는 소련의 정치체제는 동경의 대상이었지만, 공산주의 증오와 폭력을 수반하는 일당 독재체제에서 실현 불가능한 복지와 분배를 내세우는 기만성에는 눈을 뜨지 못했다.

이런 혼란을 틈타 공산당의 대표적인 슬로건은 '전쟁 없는 평화'였다. 이들은 제1차 대전을 자본주의 세력 간의 탐욕에 의해 빚어진 전쟁이라고 규정하고, 앞으로는 세계 공산주의 체제를 완성하여 항구적인 평화 체제를 구축하자고 하면서, 그 대안으로 평화를 위협하는 무력 사용을 적극적으로 배제하자는 것이었다. 이들이 내세우는 평화운동은 사실은 정권을 잡기 위해 내건 구호에 불과했으며, 정권을 탈취하기 위해서는 사보타주(Sabotage)와 같은 불법도 불사했다.

이러한 정치적 혼란이 사회를 혼란하게 만들자 군도 영향을 받았으며, 제1차 대전의 끔찍한 기억의 영향을 되새기며 소극적이고 무력한 집단으로 변해갔다. 군대의 기강과 감투정신이 유약해지면서, 전쟁이 일어날 가능성이 눈앞에 닥쳐도 반응은 지지부진했다. 이런 프랑스의 정세에 가장 크게 덕을 본 사람은 히틀러였다.

프랑스는 히틀러가 새로운 전쟁을 일으킬 것이 명확해진 상황에서도 억제정책을 써보지 않고 적극적인 행동을 회피하며 히틀러의 불장난을 방치했다. 1936년 3월에 히틀러가 베르사유조약을 무시하고 라인란트로 진격했을 때도 영국과 함께 방관함으로써 겁을 내며 발을 들이민 히틀러에게 면죄부를 주는 것으로 착각하게 하는 용기를 주고 말았다. 오로지 제1차 세계대전의 참혹함을 되새기며 새로운 전쟁을 회피할 생각만으로 히틀러를 달래려던 유화정책은 체코의 분할을 오히려 부추기는 결과를 가져왔다. 그 결과 1939년 9월 동맹국 폴란드가 독일과 소련이라는 야수의 침범으로 사라져가는 모습을 수수방관했다. 그러나 이제는 더 이상 방치할 수 없는 사활을 건 전쟁이 목전에 닥쳤다. 프랑스를 도와줄 나라는 영국밖에 없었다.

그러나 영국은 전통적으로 해군과 공군으로 주 전투를 수행할 생각이었으며, 육군은 초기에 10개 사단만이 지원 가능하다고 사전에 약속하고 있었다. 독일이 프랑스를 침공한다면 반드시 통과해야 할 길목에 있는 벨기에는 끝까지 자신들의 중립을 독일이 존중해 줄 것이라는 선의에 기대를 걸고 연합국에 적극적인 협조를 거부했다. 프랑스 국민의 전쟁의지는 매우 저조했다. 노동자들은 그들의 정신적 배후인 소련이 히틀러와 한패가 된데 당혹했고, 반면에 부르주아 계급은 은근히 파시스트를 동경하고 있었다.

독일군이 프랑스 국경에서 마지노선을 피하면서 가장 취약한 스당을 공략하기 위한 노력을 집중하고 있을 때, 101개 사단을 북서부지역을 방어하는 제1집단군으로 묶어 전선에 배치한 프랑스군의 사상은 1914년 8월의 심정과 똑같았다. 독일군의 기갑부대가 번개 같은 기동 속도를 나타내 보이려 하는 시점에서도, 보병의 걸음걸이는 과거의 나폴레옹 시대의 유구한 역사적 전쟁에서의 기동 속도를 능가하지 못했다.

프랑스군의 주요 간부들은 1차 대전에서의 끔찍한 전쟁을 치러 승리를 가져온 당시 영웅들의 초급 참모로 근무한 장교들이었다. 그들의 사고방식은 1차 대전 때와 비슷하여 여전히 도보로 이동하는 한가한 군대를 답습했다. 76mm 포를 신뢰하고 난공불락의 마지노선을 믿었다. 그렇지만 군사 지도자들의 사고방식은 병사들이 1차 대전처럼 평지의 진흙탕에서 적과 마주 보고 싸워서는 안 된다는 생각은 했다. 그에 따라 난공불락의 방어벽으로 믿어지는 마지노선을 구축했다. 육군성 장관 마지노(André Maginot)의 이름에서 유래한 독일국경에 대한 방어벽인 마지노선은 1927년부터 1936년까지 건설되었다. 매해 국방예산의 1/5을 투입하여 총비용이 70억 프랑에 이르렀지만, 총길이는 87마일에 불과했다.

마지노선이 설치된 지역은 육상의 불침 전함이라고 할 수 있을 것이다. 천재적인 설계로 1개의 요새에 1,000명을 수용할 수 있고, 7km에 달하는 내부 통로, 자동화된 포대, 거대한 디젤엔진 자동차, 전기 취사장과 목욕탕으로 이루어져 적이 공격할 의지를 포기하게 할만했다. 그러나 그만한 돈과 노력의 투자가 전투효율과 비례한다고는 볼 수 없다는 문제도 있었다. 즉, 요새에 의존하는 장병들의 심리 상태가 난공불락의 요새에 있으면 만사가 안전하다는 소극적인 생각으로 전의가 사라져 버린다는 것이다. 오히려 이만한 자금을 항공기와 기갑부대 증강에 투자하는 것이 바람직하지 않았을까?

마지노선과 함께 프랑스군의 군사사상은 완전히 방어적으로 변했다. 제1차 세계대전에서는 '극한의 공격이 전쟁의 승리를 가져온다.'라는 사상을 포슈나 패탱이 지휘참모대학에서 후배들에게 가르쳤고, 1차 대전에서의 전쟁계획인 '제17 계획'도 공세에 대한 신비스러운 믿음을 바탕으로 작성된 공격 일변도의 계획이었던 것에 비하면, 마지노선의 사상은 강력한 요새를 바탕으로 적의 공격을 격퇴하겠다는 수세적인 것으로 변한 것이다. 그러나 프랑스군은 마지노선이 가진 취약점에 관해 깊은 연구를 소홀히 했다. 독일군은 그 취약점을 정확히 찔러 들어가게 된다.

우선 마지노선이 끝나는 곳에서부터 벨기에를 거쳐 대서양에 이르는 250마일은 요새화되지 않고 노출되어 있었다. 그 이유는 벨기에가 중립을 표방하고 있어 외교적으로 간섭하려 한다는 여론을 우려했기 때문이며, 다른 하나는 마지노선을 확장하기 위한 재원이 부족했기 때문이었다. 벨기에는 독일이 라인란트를 점령하자, 프랑스와 맺고 있었던 군사조약을 파기하고 마지노선의 자국으로의 확장을 반대했다. 따라서 마지노선의 구축으로 인한 효과는 독일군이 마지노선이 설치되지 않은 북서쪽에서 공격해온다면 - 올 게 뻔했기 때문에 전혀 없는 것이나 다름없었다.

영국과 프랑스의 연합군은 벨기에가 독일의 눈치를 보며 중립을 유지하려는 태도 때문에 전쟁 발발 전에 방어에 관한 충분한 협의나 방어시설의 준비, 사전 부대 배치 등에 곤란한 지경에 빠졌다. 벨기에는 비밀리에 프랑스군 및 영국군과 접촉을 유지하면서도, 독일군의 도발을 유발할 수 있다는 이유로 연합군이 벨기에 영토 내로의 사전 진주하는 것을 계속 거부해 왔다.

벨기에의 비협조적인 태도는 전후에 연합국으로부터 많은 비난을 받게 된다. 그런데도 프랑스군의 총사령관 가믈랭(Maurice Gamelin) 장군은 1939년 10월에 벨기에가 공격받으면 프랑스 국경을 넘어 벨기에에 있는 천연의 요새지인 스헬데(Schelde)강까지 전진하여 방어하도록 계획했다. 스헬데강까지는 프랑스 국경으로부터 하루의 행군 거리였다.

그로부터 3주일 후인 11월 15일에 지령 8호를 다시 하달하였는데, 그것은 천연의 장애물인 스헬데강과 뫼즈강을 잇는 딜(Dyle)강 선으로 더욱 전진하여 방어선을 형성하도록 하는 것이었다. 딜 방어선까지는 국경으로부터 100km 이격되어 있으며, 이는 적의 공중폭격을 감수하면서 피난민으로 넘쳐날 도로를 따라 며칠간 전진해야만 점령할 수 있는 방어선이었다. 물론 지령 8호는 방어선의 폭을 좀 더 좁게 할 수 있고, 마지노선과 뫼즈강을 연결하는 간격을 지킬 수 있는 이점이 있었다. 딜강 선은 벨기에의 주 방어선의 후방에 더욱 가까워진다는 의미도 컸다. 그뿐만 아니라 군수 보급에 중요한 항구인 안트베르펜과 수도 브뤼셀을 보호할 수 있을 것이었다.

벨기에군은 뫼즈강을 따라 구축한 강력한 요새를 중심으로 22개의 잘 훈련된 사단을 배치하여 군사적 명성이 높았으므로, 독일군이 침공하더라도 축차적인 방어가 가능할 것이고, 프랑스군이 딜강 선에 배치하는 데 필요한 시간을 벌어줄 것이라고 믿었다. 가믈랭 장군은 1차 대전에서처럼 전투가 전개된다면 프랑스 영토가 아닌 벨기에의 영토에서 교전할 수 있도록 방어선을 전진 배치한 것이었다. 그러나 가믈랭 장군의 작전계획은 독일군의 낫질 작전계획의 함정을 향해 빠져들어 가는 어리석은 것이었다.

물론 상식적으로 보아서 가믈랭의 결심에도 타당성이 없지는 않았다. 프랑스 전선의 우익은 마지노선으로 방호 되어있고, 중부 전선은 뫼즈강과 아르덴의 삼림지대라는 천연장애물로 보호되고 있으므로, 취약한 좌익에 정예부대를 집중시키는 것은 당연해 보였다. 그는 독일군이 공격해온다면 1차 대전처럼 기동에 유리한 네덜란드, 벨기에의 저지대를 통과할 것이라고 믿어 의심치 않았기 때문이다.

그 확신은 특히 독일군 작전 담당 소령이 벨기에에 불시착했을 때, 독일군의 주공이 북부를 지향하는 초기의 '황색 작전계획'을 소지하고 있었기 때문에 더욱 굳어졌다. 독일군이 차후에 작전계획을 전면 수정하여 낫질 작전을 수립한 것은 전혀 몰랐고, 새로운 적의 작전계획이 수립될 수 있다는 가능성에 대해 작은 의심도 하지 않았다. 오히려 독일군은 누설된 초기 작전계획으로 인해 연합군을 독일군이 의도하는 포위망 내로 유도하는 긍정적인 결과를 가져왔으므로 의도적인 기만 작전은 아니었지만, 결과적으로 매우 유용한 실수를 한 셈이 되었다.

독일은 공격하기 전에 빈번한 항공정찰을 통해 연합군의 움직임을 정확히 파악하고 있었다. 독일군이 만약 기만 작전의 일환으로 작전계획을 누설했다 해도 이보다도 훌륭하게 연합군을 속이기는 어려웠을 것이다. 그러다가 점차 벨기에의 태도가 완화되어 만일 독일군이 벨기에의 국경을 침범할 때는 영국군과 프랑스군의 벨기에 진입을 허용한다는 조건부 허가를 받자, 가믈랭은 소위 '딜 계획'에 추가하여 '브레다(Breda) 수정안'을 결합했다. 이는 벨기에 영토의 북방까지 진출하여, 네덜란드군과의 연결을 가능하게 하는 선으로의 진출을 의미하는 것이었다. 결과적으로 그의 계획은 1차 대전에서처럼 스위스에서 북해까지 연합군의 전선을 1개의 선으로 형성하는 것이었다.

그러나 '브레다 수정안'의 가장 큰 문제점은 역시 거리였다. 프랑스 국경으로부터 브레다 방어선까지의 거리는 독일로부터 브레다까지 거리의 2배였다. 프랑스와 영국군이 기계화된 독일군과의 경주에서 이기리라고 생각할 수 없었고, 오히려 연합군이 독일군의 기만작전에 속아 포위망으로 뛰어드는 꼴이 될 것이었다. 더욱이 원래 '딜 계획'에 15개 사단을 투입하도록 했으나, '브레다 수정안'에는 30개 사단을 추가로 투입하도록 했기 때문에 불행은 결정적인 것이 되고 말았다.

추가로 투입될 부대는 제7군으로 원래 정예예비대로 랭스(Reims)에 전개하여 우발사태에 대비하도록 했으나, 가믈랭이 북서쪽으로 이동시켜 가장 좌측에 배치함으로써 군의 예비대가 없어져 버린 것이다. 이에 대해 지역방어 책임자인 북동부사령관 조르주(Alphonse Josep Georges) 장군은 다음과 같이 격렬히 항의했다.

> *"이것은 모험이다. 적이 벨기에에서 기만작전을 실시하고 실제로는 다른 지역으로 기동할 가능성이 충분하다. 우리는 이럴 때 투입할 예비대가 없다. 그런 일은 절대 있을 수 없다."*[5)]

결과적으로 가믈랭 장군은 칸나에 전투에서 로마군 사령관 테렌티우스 바로와 같은 역할을 했다. 그는 많은 경고가 있었음에도 불구하고, 정면으로 함정에 뛰어들었고, 그 결과 독일군의 '낫질 작전'의 성공에 크게 이바지했다고 할 수 있었다. '브레다 수정안'은 예비대의 전용뿐 아니라 계획 자체의 실행 가능성에 더욱 문제가 있을 수 있었다. 연합군이 항공지원과 대공방어 능력도 없이 적의 공중공격으로 인해 공황 상태 빠진 지역을 아무런

5) 칼 하인츠 프리저 지음, 진중근 옮김, 앞의 책, p. 160.

교통통제도 없는 도로를 따라 이동해야 하는 점과 시간 내에 방어지역에 도달한다고 하더라도 준비된 진지가 없어 시간적 여유 없이 급편방어를 해야 하는 필연적인 어려움을 계획입안자들이 충분히 고려하지 않았다는 점이다.

이러한 어려움은 앞에서 언급한 바와 같이 벨기에군의 비협조적인 태도에도 기인했다. 벨기에는 실제로 독일군의 공격이 있기 전까지는 어떠한 시설도 제공하지 않았으며, 부대의 진주는 물론 정찰도 하지 못하도록 했다. 벨기에는 연합군에게 모든 정보를 요구하면서도, 그들을 구원해줄 연합군에게는 하나의 정보도 제공하지 않았던 것이다. 교전이 임박해서야 민간인 복장을 한 연합군의 편의대가 방어지역을 정찰하도록 허용한 것이 고작이었다.

한편, 프랑스 육군의 사단 단위 전투준비 수준은 다양했다. 평시 완전히 편제되어 있던 10개 사단과 식민지 군대의 7개 정규사단, 그리고 알제리에서 지원병을 모집하여 편성한 북아프리카 사단들은 훈련이나 장비 면에서 훌륭한 편이었지만, 반대로 33세 이상의 예비군으로 동원된 사단들은 활력이 없고, 기강도 느슨하여 전투력을 제대로 발휘하기 어려운 형편이었다.

기갑부대 전력에서 4개의 기갑사단은 전차만으로 편성되어 있었고, 3개 경기계화사단은 장갑차와 경전차, 10개의 차량화사단은 무한궤도 차량으로 장비되어있었으며, 거기에 5개의 경기병사단에는 말과 장갑차로 병합 편제되어 있었다. 이들 부대는 여러 군에 분산배치 되어 장차 독일군의 해일처럼 밀려올 밀집 기갑부대에 대적할 핵심적인 힘으로 역할을 할 수는 없었다.

프랑스군의 전차는 성능 면에서 독일군의 전차보다 더 우수하다고는 못해도 결코 뒤떨어지지는 않았다. 프랑스군의 첨단 전차는 소무아 S 35(Somua S 35)와 샤르 B(Char B) 전차였는데, 이들의 성능은 독일 전차의 주력인 2호 전차와 3호 전차를 압도하고 있었다. 포병은 프랑스군이 11,000문을 보유하여 8,000문을 보유한 독일군을 능가했지만, 독일군은 자주 포병을 기갑사단에 배치하여 역동적이며 효과적인 운용으로 정적으로 운용하는 프랑스군을 압도했다. 그러나 전쟁에서 가장 중요한 것은 병력이나 장비, 혹은 훈련 정도보다는 적과 싸워서 이기겠다는 전투 의지일 것이다.

이에 대해 영국 원정군의 제2군단장으로 훗날 참모총장이 된 브룩(Alan Francis Brooke)은 프랑스군에 대해 매우 비판적인 관점에서 평가하고 있었다. 즉, 브룩은 최고사령관 가믈랭 장군이 노쇠하고 지쳐있다는 점과 군의 주요 간부들이 금테 달린 모자에 꽉 낀 바지를 깨끗하게 입고 있지만, 현실을 직시하지 않고 제1차 세계대전에서 조프르(Pѐre Joffre) 장군이나 포슈(Ferdi-nand Foch) 장군 휘하에서 활약했던 영광에 기대어 현대적

군사 지식에 어둡다는 점, 그리고 전투보다는 요리에 관심이 많다는 점 등을 들어 프랑스군에 대해 신랄하게 비판했다. 심지어 1939년 10월 어느 날의 일기에서 그는 프랑스군에 대해 다음과 같이 묘사하고 있었다.

"완전히 하루를 허비했다. 샴페인이 나오는 오찬, 굴, 새우, 닭고기, 고기파이, 꿩고기, 치즈, 과일, 커피, 리큐어 등등. 13 : 00에 식탁에 앉았다가 15 : 00에 일어남."

그리고 이틀 후의 일기에도 반복하여 프랑스군의 허점에 대해 다음과 같이 썼다.

"또 성찬! 오르되브르, 연어, 오리, 송이, 치즈, 아이스크림, 과일, 커피, 리큐어! 이런 성찬은 오늘로 끝냈으면 좋겠다. 이런 식사는 일에도, 나의 간에도 결코 도움이 안 된다."[6]

브룩 장군은 또한 1939년 11월에 프랑스군의 분열 행진을 보고 다음과 같이 기록했다.

"나는 지금껏 이렇게 무질서하고 오합지졸처럼 형편없는 부대를 본 적이 없다. 병사는 수염이 덥수룩하고, 말은 손질이 안 되어있고, 복장과 마구(馬具)는 맞지 않고, 차량은 지저분하고, 소속 부대에 대한 긍지는 털끝만큼도 없었다. 그러나 나에게 가장 큰 충격을 준 것은 병사들의 얼굴에 보이는 표정, 툴툴대며 순종하지 않는 표정이었다. '좌로 봐' 명령을 내려도 단 한 명도 순종하지 않고 귀찮아했다."[7]

브룩이 관찰했던 프랑스 부대는 스당 부근에 배치된 제9군의 예하 부대였으며, 그 부대는 대부분 예비군을 소집하여 구성되었기 때문에 프랑스 정예부대의 실상은 아니었다. 따라서 브룩의 프랑스군 전체에 대한 평가가 보편적인 것은 아니었다는 점을 참작하더라도 군기가 이완되어 있었다는 점은 사실이었다.

전쟁이 불가피한 위중한 상황에서 프랑스는 군뿐만 아니라 정치가를 비롯한 국가 전체가 긴장되어 있지 않았다. 심지어 전쟁이 발발했을 때, 프랑스 제2의 도시 마르세유에서는 원정 배치되어 있던 영국의 공군이 이륙하려 하자 시민들이 활주로에 장애물을 설치하여 방해했다. 이유는 독일군과 이탈리아군의 그 지역에 대한 보복 공격이 있을까 두려워서라는 것이었다.

프랑스군의 무기력하고 나태한 자세는 불치병 같은 것이었다. 프랑스인들의 독일에 대한 혐오감은 뿌리 깊은 것이었다. 물론 독일인들은 19세기 초에 나폴레옹의 프랑스군에

---

6) 아서 브라이언트 지음, 황규만 옮김, 『워 다이어리』(서울 : 플래닛미디어. 2010), pp. 94-95.
7) 존 키건 지음, 류한수 옮김, 앞의 책, p. 98.

대패하여 크게 시달린 적이 있지만, 1870년의 보불전쟁과 1914년의 제1차 대전을 통하면서 프랑스는 전통적으로 독일에 당해왔다. 프랑스인들은 전쟁을 싫어하고 진절머리를 내고 있었다.

한편으로는, 1차 대전 이후 계속하여 전쟁 위협에 시달리면서 제2차 세계대전에 직면하게 된 상당한 이유가 영국 때문이라는 인식이 있었다. 프랑스가 충분히 독일을 제어할 능력이 있었을 때 프랑스의 행동을 제약한 당사자가 영국이라고 생각했기 때문이었다. 영국은 루르 지방을 독일로 돌려주도록 압력을 행사했고, 라인란트에 주둔한 연합군의 철수를 종용했으며, 자르 지방이 주민투표를 통해 독일에 귀속되도록 하는 것을 용인했고, 독일이 서부 방벽을 강화할 때도 프랑스가 조약상의 권리를 주장했으나 영국은 강력히 제지했었다.

게다가 독일의 재군비를 은근히 묵인했으며, 동맹국인 체코가 합병될 당시에는 영국은 유화정책을 내세워 굴욕적으로 히틀러에게 동조하도록 프랑스를 끌고 들어갔다고 생각했다. 그런데도 전쟁이 임박해지자 상호방위조약에 따른 영국의 지지는 10개 사단에 불과한 미미한 것이었다. 전쟁으로 인한 가장 큰 피해는 프랑스가 당하게 되어있는데도, 바다를 사이에 둔 영국은 프랑스가 느끼는 절박감을 정확히 이해하지는 못한다고 생각했다. [프랑스사]를 써 노벨상을 받은 앙드레 모로와는 그의 저서 프랑스사에서 이렇게 기록하고 있다.

"이번 전쟁은 프랑스 국민에게 1914년과 같은 열성을 환기시키지 못하고 있다. 노동자의 대다수는 러시아가 적의 진영에 함께 있는 것에 당혹해 했고, 부르주아 계급 일부는 암암리에 파시즘에 공감하고 있었다. 군부는 의무를 다하고 있었으나 영국과 프랑스의 여론은 한결같이 국가의 멸망과는 관계가 없다고 국민을 유도하고 있었다."[8)]

그는 프랑스군이 의무를 다하고 있다고 옹호하고 있으나 그렇다고 수긍하기에는 마음이 편치 않다. 우선 프랑스군의 지휘체계에는 더 큰 문제가 있었다.

가믈랭의 총사령부는 파리 근교의 뱅센(Vincennes)에 있었고, 지상군 사령관 두망(Doumenc) 장군의 사령부는 몽트리(Montry)에, 북동부사령관 조르주(Alphonse Joseph George) 장군의 지휘소는 라페르테(La Fertė)에 있었는데, 모두가 지역적으로 긴급한 협조를 하기에는 어중간한 위치에 있었다. 공군은 영국 해외파병 원정군과 프랑스 공군의 사령부가 별도로 설치되어 연락장교를 교환하고 있었지만, 긴밀한 협조는 어려웠다. 지상

8) 앙드레 모로와 지음, 신용석 옮김, 『프랑스사』(서울 : 홍성사. 1983), p. 545.

군에 대한 작전 통제 권한은 처음에는 가믈랭 장군에게 있었으나, 얼마 후에는 지상군 사령관 두망 장군에게 위임되었으며, 곧이어 북동부사령관 조르주 장군에게 위임되었다.

프랑스의 육군과 공군의 합동작전 체제는 프랑스가 침공당하고 있을 때, 비효율의 극치를 보여주고 있다. 프랑스는 전쟁 발발 시 본토에 전투기와 폭격기만 해도 3,562대를 보유하고 있었으나, 전역에 투입된 항공기는 879대에 불과했고, 나머지는 군이 궤멸하고 있는데도 후방의 비행장에서 놀고 있었다. 전체 항공기 보유 대수는 독일군과 비슷했으나, 독일군이 2,589대를 투입한 것에 비하면 너무 적었다. 프랑스군의 항공기 892대가 6주간의 전투에서 파괴되었지만, 휴전 직후 점령되지 않은 지역에 방치되어 있던 항공기는 무려 4,268대나 되었다고 한다.

그러면서 레노 수상은 전장을 살피러 온 처칠에게 지속해서 영국의 전투기 편대의 증원을 요구했다. 좋게 평가하면 프랑스군 장성들이 전쟁의 승패는 1차 대전처럼 지루한 소모전이 되면, 항공 전력을 여유 있게 보유한 국가가 승리하리라는 생각으로 항공기를 초전에 투입하려는 의지가 없었기 때문이라고 할 수 있을 것이다. 만일 그렇다면 전투가 단기전으로 끝나고 말았기 때문에 초반 승부에 전력을 다한 독일군과 비교해서 너무나 큰 착각을 했다고 할 수 있을 것이다.

육군의 지휘체계는 총사령관 가믈랭 예하에 지상군 사령관 두망(Doumenc) 장군이 전선의 지휘를 책임졌으나, 전쟁이 발발 시에는 주전장을 담당하게 될 것으로 생각한 북동부의 사령관 조르주(Alponse Joseph Georges) 장군이 제1, 제2, 제3집단군은 물론, 영국의 원정군까지도 지휘했다. 총사령관 가믈랭은 68세로 정력이 고갈되어 예하 부대에 열정을 불어넣지 못했다. 그의 사령부는 외딴 수도원 같은 분위기로 학문을 연구하는 연구소 같았다. 혹자는 가믈랭에 대해서 "눈은 단춧구멍만 하고 배는 불룩 나온 왜소한 잡화점 주인 같다."라고 혹평했다. 북동부사령관 조르주는 1차 대전에서 입은 부상에서 완전히 회복된 적이 없었다. 영국 원정군사령관 고트는 1차 대전에서 소부대 지휘관으로 명성을 크게 떨쳤지만, 대부대 지휘관으로서는 그닥 유능하다는 평가는 받지 못했다.

총사령부의 통신망은 보안 문제로 무선통신을 극도로 제한함으로써 충분치 못한 유선망만 사용하여 융통성 있는 신속한 지휘가 근본적으로 불가능했다. 전쟁을 앞두고도 프랑스군은 기강이 풀려있고, '나 몰라라'하는 방임적 분위기와 방관적 자세가 팽배하여 훈련마저도 짜증나는 고역으로 생각했다. 프랑스군의 병사들은 보잘것없는 봉급에 사회적으로 무시당하기 일쑤였으며, 프랑스 전체가 정치적·사회적으로 혼란에 빠지면서 군도 분열된 모습을 보이고 있었다.

또한 고성능 전차를 개발해 놓고도, 보병들이 전선을 돌파할 때 지원하는 역할로 국한

하고, 보병을 전차에 탑승시켜 신속하게 이동하는 기동을 고려하지 않고 보병의 도보 속도에 맞추는 우를 범했다. 무선을 활용하지 못하고 계속 유선통신만을 고집하여 신속한 협동 및 합동작전이 불가했다는 점은 앞에서 언급한 바와 같다. 심지어 사령부 간에도 보안을 유지한다는 명목으로 전령을 이용하여 완전한 서식을 갖춘 명령을 주고받음으로써 긴급한 상황에서의 융통성과 순발력이 극도로 제한되었다. 드골을 비롯한 극히 일부 장교들이 전술 교리의 혁신을 주장했지만, 군의 지휘부는 제1차 세계대전의 전쟁 양상을 염두에 두고 있을 뿐, 새로운 전술의 변화를 전혀 이해하지 못했다.

독일군이 폴란드 전역에서 눈부신 전격전으로 빛나는 승리를 거두는 것을 목격했음에도 불구하고, 프랑스군은 차후의 전쟁도 제1차 세계대전처럼 질질 끄는 참호전이 될 것이라는 안이한 생각에 젖어 있었다.

프랑스 해군은 히틀러의 등장 이후 독일과 이탈리아의 해군력 증강에 위협을 느껴 전력을 증강했다. 개전 당시 전함과 순양전함 5척, 항공모함 1척, 순양함 15척, 그리고 다수의 호위함과 지원함을 보유한 해양 강국이었다. 그러나 프랑스 정부는 지상전을 염두에 둔 마지노선에 중점을 두어 해군 육성에는 소홀했다.

제3절 영국의 전쟁 준비

제1차 세계대전 말기에 영국군은 전술적인 면에서 가장 효율적인 군대였다. 1918년 말에 영국군은 보병, 포병, 기갑, 항공기를 통합하는 협동과 합동 전술에 능숙한 경지에 올라 있었다. 그러나 1939년 무렵에는 과거의 영광을 완전히 상실한 모습이었다. 영국에서는 너무나도 혁신적인 군사 사상가들이 선진 이론을 제시했었다. 풀러의 마비전 이론이나 리델 하트의 간접접근전략 사상들은 제1차 세계대전 이후에 더욱 발전되어 군에 흡수·적용되어야 했지만, 실제는 이를 경시하는 반대 방향으로 이행되어 갔다.

풀러는 대머리에 나폴레옹의 코를 가진 작은 사나이였다. 그는 아이디어가 풍부하고 언변이 유창하며, 기존의 여론이나 권위 또는 전통에 질색하는 독특한 인물이었으며, 신비주의 사교에 빠지기도 하였다. 그러나 그가 역사에 한 획을 긋는 인물이 된 것은 전차의 발전을 보고 '기계화'와 '마비전'이라는 군사이론에 푹 빠져버린 사교(?)의 교주가 되었기 때문이었다. 그는 "적의 뇌를 뚫고 들어가면 적의 몸을 우왕좌왕하게 만들어 쉽게 무장해제시킬 수 있을 것이다."라고 했다.[9]

---

9) 맥스 부트 지음, 송대범, 한태영 옮김, 『전쟁이 만든 세계』(서울 : 플래닛 미디어. 2007), p. 431.

풀러의 이러한 주창에 힘입어, 전차 한 대 없던 독일과 달리, 영국은 1927년에 기계화 사단을 창설하여 시범 훈련을 실시했으며, 그 결과 대규모 전차 부대의 기동전이 가능하다는 것을 입증했다. 국방부나 육군은 함부로 군을 비판하고 다니는 풀러가 못마땅했고, 석연찮은 이유로 인도로 보직이 결정된 풀러는 실망하여 군을 떠나버렸으며, 이후 기계화 사단은 해체되고 말았다. 이러한 현상은 선구자들이 당대에 영광을 누리지 못하는 또 하나의 교훈이 되었다. 그러나 영국은 늦게나마 기갑부대의 필요성을 절감하여 1931년에 제1기갑여단을 다시 창설하게 되었고, 1939년에는 정식 기갑사단이 창설되었는데, 그때는 이미 독일에게 기동전에 관한 능력을 선점당한 후였다.

풀러는 파시스트를 동경했기 때문에, 1939년 4월 20일 히틀러의 50회 생일에 베를린으로 초대되었다. 호화로운 경축 행사에는 기계화 부대의 분열 행사가 포함되어 있었다. 전차 부대가 요란하게 지나가자 히틀러는 풀러에게 다가가 “당신이 당신의 자식들을 보고 반가웠기를 바랍니다.”라고 말을 건넸다. 그러자 풀러는 “각하, 그 아이들이 너무 빨리 자라서 내가 알아보지 못할 정도입니다.”라고 대답했다.[10] 풀러나 리델 하트가 모두 차후의 전쟁은 전차와 항공기의 출현으로 인해 기동전이 될 것이라고 예견했음에도 불구하고, 영국에서는 크게 주목받지 못하였지만, 제1차 세계대전의 패배를 설욕하려고 절치부심하고 있던 독일의 군부 엘리트들, 특히 수송 장교였던 구데리안은 그들의 이론을 깊게 연구한 결과 전격전 이론을 만들어 내고, 이를 전장에서 실현되게 만들었다. 영국은 자신들이 발전시킨 전략사상들을 적이 연구하여 제2차 세계대전 초기에 연합군을 비통한 패배로 이끌었던 점에 대해 매우 애석해 하지 않을 수 없었다.

영국에서는 제1차 세계대전에 참전했던 병사들의 비참한 실상을 알리는 책들이 대거 출판되어 사회적으로 염전 사상이 팽배하고 있었다. 이러한 작품들이 전쟁을 인류 역사에 재현되어서는 안 될 비극으로 표현하면서 국민들의 정서를 반전사상으로 바뀌도록 유도했기 때문에, 새로운 전쟁의 위협에 대한 감각이 무디어져 버렸다. 이러한 반전 분위기 속에서 전국을 휩쓰는 경제난이 겹치자, 국방예산은 큰 폭으로 감축될 수밖에 없었다. 그와 함께 제1차 세계대전을 치르면서 세계 최대의 채권국이었던 영국은 최대의 채무국으로 전락하게 되고, 세계 주요 시장을 미국에 넘겨주어야 했다.

설상가상으로 1929년에 일어난 대공황으로 세계 경제가 암흑기를 맞이하자, 세계 금융업계를 주도하던 영국도 그 여파를 비켜 갈 수는 없었다. 재정 위기를 헤쳐 나가기 위해 가장 먼저 국방비에 대한 대폭 삭감이 한 번 더 이루어지게 되었다. 전통적으로 해양 강국이었던 영국은 1921년 주요 열강들이 참가한 워싱턴 해군 군비 감축 조약을 통해 함대

10) 맥스 부트 지음, 송대범, 한태영 옮김, 위의 책, p. 446.

규모를 축소했다. 영국과 미국 및 일본이 각각 5 : 5 : 3의 비율(5는 50만t)을 유지하고, 다른 나라들은 이보다 적은 비율로 전함을 보유토록 한 것이다. 그러나 전통적인 해양 강국으로서 영광을 자랑하던 과거와 달리, 수많은 함대를 보유하지는 못하게 되었지만, 영국은 그래도 여전히 가장 강력한 해군을 가진 나라였다. 특히 제1차 세계대전 말기인 1918년에 발전시킨 해군용 항공기는 혁신적이었고, 그것은 항공모함의 발달을 가져와 제2차 세계대전 간 전쟁 양상과 패러다임을 전환시키는 결정적인 무기로 활용되었다.

그러나 1918년 세계 최초로 공군을 독립시킨 영국은 해군 항공대를 공군의 지휘하에 둠으로써 항공모함 탑재기 개발은 뒷걸음질 치게 되어 상대적으로 미국이나 일본에 비해 성능이 크게 뒤떨어진 해군 항공기를 가지고 전쟁에 돌입해야만 했다. 그 외에도 영국 해군은 피를 흘리며 얻은 소중한 제1차 세계대전의 교훈을 망각했다. 영국은 섬나라로 생존이 대외무역에 달려 있다는 사실과 제1차 세계대전에서 독일의 잠수함에 의해 그 많은 피해를 입고서도 잠수함 전에 대해 제대로 대비를 하지 못했다는 점이다.

1930년대의 중반이 되자, 영국은 딜레마에 빠졌다. 생명줄 같은 지중해의 제해권을 놓고 이탈리아와 긴장이 고조되고 있었고, 1933년 이후 히틀러의 등장으로 인해 베르사유체제가 무시되어 독일이 대규모로 군비를 증강하자 그에 대비해야 했다. 또한 일본이 동남아 지역에서 영토 야욕을 드러내자, 식민지인 홍콩이나 싱가포르가 위협을 받게 되었지만, 함대를 보내 보호해 줄 능력이 없었다.

이와 같은 급박한 상황을 인식한 영국 해군은 재정비 계획을 가동했다. 우선 4만 2,000t급에 14인치 포 10문을 장착한 킹 조지 5세급 전함들을 발주하고, 제1차 세계대전 당시의 고물 함정들을 개조하여 일러스트리어스(Illustrious) 급의 항공모함으로 건조하기 시작하였는데, 1939년에는 1번 함을 취역시킬 수 있었다. 이어서 영국은 장차 대서양에서 대잠 호위함으로 위력을 발휘할 플라워(Flower) 급 함정들을 대규모로 발주했다.

독일이 폴란드를 침공하자 영국 총리 체임벌린은 해군 장관으로 처칠을 임명했는데, 이에 대해 해군에서는 "그가 돌아왔다."라고 암묵적인 환영을 표시했다. 처칠은 제1차 세계대전에서도 해군성 장관을 역임했으며, 1915년 갈리폴리 전투에서 실패하자 사임한 바 있었기에, 해군은 기대 반과 우려 반이 섞인 그와 같은 전문을 보냈던 것이다.

다만 독일도 히틀러가 등장한 이후 대대적인 재군비에 돌입했지만, 우선순위가 육군에 밀려 개전 당시에는 11인치 포를 장착한 샤른호르스트와 그나이제나우 2척만이 취역하고 있었다. 본격적인 전함인 4만 2,000t급의 비스마르크호와 티르피츠(Tirpitz)호는 1936년에 건조하기 시작하여 실전배치에는 시간이 다소 더 필요했다. 잠수함 사령관 되니츠는 히틀러에게 잠수함 300척을 구비하면 영국과의 전투에 승리할 수 있다고 건의했으나, 우선순위에 밀려 전쟁이 막바지를 향하는 1943년 무렵에야 꿈을 이룰 수 있었지만, 이때는 이미 연합군의 대잠 능력이 잠수함 작전을 거의 불가능하게 만들어 전쟁의 승패를 좌우하지는 못했다.

해양 국가인 영국의 육군은 해군과 비교하면 상대적으로 소홀히 취급되었다. 영국의 육군은 직업군인 제도를 채택하고 있었던 탓에 상비군이 적었다. 1939년 12월에 영국은 프랑스와의 협정에 따라 정예 부대의 전부라 할 수 있는 5개 사단을 프랑스에 파견했다. 그리고 1940년 1월부터 4월 사이에는 5개 사단을 추가로 파견했는데, 이 부대는 모두가 향토 예비군으로 편성되어 있었다. 4월에 마지막으로 파견된 3개 사단은 영국에서조차 노무부대로 불리는 부실한 사단이었고, 정식 편제 부대로 운용하고 있던 1개 기갑사단은 실전에 투입되지 못하는 신편 사단에 불과했었다. 그래도 전쟁이 발발할 당시까지 영국은 30만 명에 달하는 부대를 프랑스에 보내 최선을 다하는 모습을 보였다.

반면에 영국의 항공력은 독일군에 필적할 만했다. 영국은 1918년 세계 최초로 공군을 독립시켰으며, 본토를 지키기 위해서는 항공력이 필수라는 신념이 있었다. 특히 전투기의 중요성을 고집하며, 안간힘을 쓴 전투기 사령관 다우딩(Hugh Caswall Tremenheere Downing) 장군은 원만하지 못한 인간관계로 주변에 많은 저항 세력을 갖고 있었기에 전통적인 폭격기 만능론자들의 거센 반대에 부딪혔지만, 적의 항공 공격을 막아내기 위해서는 전투기가 필수적이라는 예지력과 신념을 가지고 대공방어 능력을 키워냈다. 그는 공군 내에 본토 방어를 위해 필수적이라고 생각한 최소한 25개 대대의 전투기를 유지했으며, 당시로서는 혁명적인 것으로 생각하는 레이더 시설을 촘촘히 준비했다. 대부분의 군사 전문가나 정치인들이 전략폭격에 심취되어 매력을 느끼고 있을 때도 다우딩은 흔들리지 않았으며, 프랑스 전역에서 끈질긴 프랑스의 전투기 증원요청에도 불구하고 본토 방호에 꼭 필수적이라고 생각되는 25개 대대는 보유하고 나머지만 지원했다.

제4절 벨기에의 전쟁 준비

벨기에는 1차 세계대전에서 얻은 교훈을 바탕으로 국가 안보를 보장하기 위해 최선의 노력을 해왔다. 중립을 선포했으면서도 영국, 프랑스와 동맹을 맺고, 징병제를 시행하여 국력에 비해 규모가 큰 60만 명에 이르는 강력한 상비군을 보유했다. 그러나 한때는 독일이 침공해 오면 영국과 프랑스가 틀림없이 지원할텐데 무엇 하러 대규모 상비군을 보유해야 하느냐는 여론도 있었다.

벨기에는 지형적인 이점을 이용하여 횡으로 흐르는 하천을 잇는 강력한 요새지대를 구축하고 있었고, 위력적인 최신무기를 상당량 보유하고 있었다. 그러나 중립을 표방하면서 독일이 중립을 존중해 줄 것이라는 선의를 기대하며 동맹국인 영국, 프랑스와의 관계를 제한적으로 유지했다. 즉, 독일이 침공해 오기 전까지는 연합군이 벨기에 영토에 진입하는 것을 금지했으며 심지어는 주저항선으로 선정한 지역에 대한 연합군의 방어시설 공사는 물론, 정찰마저도 극히 제한적으로 허용했다. 영국과 프랑스는 벨기에를 우군으로 확보하기 위해서 못마땅함을 참아야 했다.

제5절 이탈리아의 전쟁 준비

이탈리아는 1차 세계대전 중반에 연합국에 가담하여 승전국의 일원이 되었다. 주로 오스트리아-헝가리제국과 싸워 육군과 해군이 상당한 희생을 치르면서 비교적 선전했다. 그러나 전후의 보상에서 오스트리아 남부의 티롤 지방과 에게해의 도데카니소스 제도 만을 전리품으로 받아 불만이 팽배했다. 이 정도의 전리품은 전쟁에서 사망한 60만 명에 대한 보상으로서 너무나 하찮게 생각되었다. 이탈리아는 북아프리카에 큼직한 식민지를 희망했지만 무산되었다.

이탈리아는 제1차 세계대전에서 승전국의 하나가 되었지만, 살아남은 자들에게는 전쟁비용으로 인한 경제적 고통만 남았고, 끓어오르는 국민의 분노를 어떠한 정당이나 정치체제도 흡수할 수 없었다. 이러한 상황 속에서 국가가 사회주의 색채를 띠고 내부적으로 혼란에 빠지자, 무솔리니는 1922년 국가 파시스트당을 창립했다. 원래 파시스트라는 용어는 고대 로마에서 집정관을 경호하던 경호원들이 집정관의 권위를 상징하는 권표로 들고 다니던 도끼 모양의 파스케스(Fasces)에서 따온 것이었다. 파시즘은 개인보다는 국가를 우선하고 국민의 결속과 단합을 강조했기에 나무 묶음에 도끼를 매단 파스케스가 상징하는 의미는 적절했다.

그의 친위 조직인 '검은 셔츠 단'이 1922년 10월 27일 로마로 진격하여 사회주의 정부를 무너뜨리자, 무솔리니는 국왕에 의해 총리로 임명되었다. 무솔리니는 고대 로마의 위용을 재건하여 지중해를 중심으로 강대한 제국을 이룩하는 것을 목표로 가졌으며, 이탈리아 국민은 그의 의지에 동조했다. 그리하여 이탈리아는 1920년 리비아를 침공하게 되었고, 1934년 12월에는 에티오피아를 침공하여, 이를 식민지화하였다. 이 과정에서 국제적인 비난을 받게 되자, 이탈리아는 국제연맹의 상임이사국이었음에도 불구하고, 국제연맹에서 과감하게 탈퇴해 버렸다.

이탈리아가 비록 아프리카의 미개발국을 상대로 상당한 승리를 거두었지만, 이탈리아는 무솔리니가 희망하는 강대국과 동일한 반열에 올라서기 위한 실체적인 힘으로 간주되는 군사력이 너무 부족했다. 무솔리니는 허풍만 앞선 사나이로서 전쟁 준비는 거의 하지 않은 탓에, 개전 당시 군사력은 별로 보잘 것이 없었다. 무기들은 대부분 제1차 세계대전의 유산에 불과했고, 다른 나라들이 도입한 전략이나 합동작전을 위한 지휘체계는 거의 전무했다.

이탈리아는 육군에 73개 사단을 보유했지만, 그 가운데 기갑사단은 3개, 차량화 기동이 가능한 사단은 17개뿐이었으며, 발에 의지하는 순수한 '알 보병사단'이 43개로 대부분을 차지했다. 육군의 사단들은 1938년 무솔리니의 지시에 따라 2개 연대를 보유한 편제로 개편했는데, 이는 전 세계를 상대로 사단의 수가 배가 되었다고 과시하고 싶어서였다. 편제 개편이 이루어짐에 따라 당연히 사단의 전투력은 약화되고, 늘어난 것은 장군의 숫자뿐이었다. 심지어 무솔리니는 이탈리아의 육군이 800만이라고 자랑했지만, 이는 터무니없는 허풍으로서, 가장 기본이 되는 소총도 150만 정밖에 없었다. 그리고 그나마 소총의 대부분은 제1차 세계대전 당시 사용하던 것이었으며, 대포의 상태 역시 소총 상황과 비슷했다.

이탈리아군의 현대화 프로그램은 1942년에나 가능한 형편이었다. 기갑전력은 제1차 세계대전 당시 영국의 전차를 흉내 내어 만든 CV3가 주력이었는데, 장갑은 불면 날아갈 형편의 조잡한 것이었고, 화력도 당연히 형편이 없었다. 소수의 신형전차인 M11이나 M13 전차가 있어 북아프리카 전선에 투입되었지만, 무전기가 장착되어 있지 않아 독일이나 영국, 미국군의 전차에 비교할 수 없는 성능이었다.

제2차 세계대전이 발발할 당시에 동아프리카 지역에서 아오스타(Amedeo di Savoia Aosta) 공이 이탈리아군 9만 명과 식민지 병사 20만 명을 지휘하고 있었으며, 리비아 지역에서는 그라치아니(Rodolfo Graziani) 원수가 제5군과 제10군의 병력 20만을 지휘하고 있었다. 병력의 숫자는 많았으나 훈련과 장비 면에서 크게 뒤떨어졌는데, 특히 사막 지역 작전에 필수적인 차량이 태부족 상태를 면하지 못하고 있었다. 다만 병사들의 용맹성은 뛰어났지만, 장교들의 자질은 경멸받을 정도였다.

북아프리카 전역의 이탈리아군은 1941년 초에 영국군에게 격파되었다가, 독일군으로 이곳에 파견된 롬멜 장군의 보조부대 역할로 전락했다. 이탈리아군은 전쟁 중에 증강되어 300만 명에 육박하게 되지만, 현대 무기를 만들어 낼 기술과 산업 능력이 없어, 강력한 군대의 면모를 갖출 수 없었다. 독일이 소련을 공격하게 되자, 그나마 최정예 병력 22만 명을 소련 전선에 파견하게 되어 전쟁 준비가 안 된 소련군의 열세한 전력을 상대할 수 있었다. 그러나 만약 이들이 아프리카 전선으로 보내졌다면, 아마도 영국군이나 독일군으로부터 엄청난 수모를 당하지 않았을 가능성도 배제할 수 없었다.

공군 전력 역시 보잘 것 없었다. 이탈리아는 개전 당시 세계 최강의 공군으로 8,350대의 항공기를 보유했다고 허풍을 쳤으나, 실제로는 900대 정도에 불과했으며 성능도 지중해에서 맞붙게 될 영국군의 항공기에 비해 모든 면에서 열세였다. 조종사들의 능력은 훈련 시간이 부족해 숙련도가 낮은 데다 항공기에는 무전기가 장착되어 있지 않아 지휘 통제에 취약했다. 그런데도 신형 항공기인 마키 202(Marchi 202) 전투기나 사보이아(Savoia) S79 및 S84 폭격기들은 지중해 전투에서 영국 해군에 많은 타격을 주어 명성을 떨치기도 했다.

그러나 이탈리아의 해군만은 강대국에 맞설만한 전력을 갖추고 있었다. 이탈리아는 개전 당시 전함 6척, 순양함 19척과 구축함 52척, 어뢰정 76척, 그리고 잠수함 113척을 보유하였으며, 강력한 함포와 기동력을 갖추고 있었다. 그러나 '현존 함대 전략'이라는 기지를 위주로 안전한 지역에 머무는 전략을 취하면서 영국 해군에게 위협을 가하는 소극 전법을 택하고 있었기 때문에, 영국 해군에게 진정한 위협은 되지 못했다. 물론, 레이더 개발의 실패에 따른 야간작전 능력의 미약, 항공모함의 부재로 인한 항공력 부족, 그리고 상륙작전 능력 부족으로 인해 통합 전투력 면에서 주적인 영국 해군과의 전면전을 치를 수 없었기 때문에, 연안 전투를 택해야 하는 상황이었다. 실제로 이탈리아 해군은 북아프리카 전선으로 향하는 추축국의 보급로를 3년 동안 안정적으로 유지했고, 영국 해군이 지중해에서 마음대로 행동할 수 없게 억제함으로써 그 역할을 다했다. 그러나 시간이 흐르면서 점차 기울어가는 전세와 함께 이탈리아 해군도 점차 약화 되어 갔다.

제 2 장
전격전의 승리 - 프랑스의 함락

제1절 네덜란드, 벨기에 전선

1939년 9월의 폴란드와의 전쟁에서 빛나는 승리를 거둔 히틀러는 내심 프랑스와 영국이 선전포고를 폐기하고 협상으로 나오지 않을까? 하고 기대했다.

그러나 양국은 전비 태세를 강화하면서 한 치도 물러날 기세를 보이지 않음에 따라, 히틀러는 자신의 야망을 달성하기 위해서는 전쟁을 통해 최소한 프랑스를 패배시켜야 한다고 생각했다. 그리고 만약 프랑스를 패배시킨다면 영국을 협상테이블에 나오게 할 수 있을 것이라고 기대했다.

그에 따라 1939년 10월 9일에 지도자 지령 6호를 발령하여 하달하였다. 그 내용은 전장에서 기술했으므로 생략하고, 그 주요 골자는 독일군이 베네룩스 3국을 관통, 공격하여 프랑스 북부를 가능한 한 넓게 점령함으로써, 영국을 공중과 해상으로 공격하기 위한 기지를 확보하는 것이라고 작전의 목적을 설명했다.

그 이후 공격계획을 최종적으로 확정하여 '낫질 작전'이라는 암호명으로 만들어 작전명령으로 하달했는데, 프랑스 전역을 점령하는 계획으로 발전시킨 것이었다. 그 계획의 요체는 1차 대전 당시 작전계획인 슐리펜계획의 역으로, 우익에서의 대회전이 아닌 중앙부에서 낫질처럼 프랑스를 양분하여 연합군의 주력이 배치된 북부지역을 포위, 섬멸하는 계획이었다. 주공의 방향이 달라졌지만, 작전의 개념은 돌파에 의한 포위로 슐리펜계획을 원용한 것이고, 저 멀리는 기원전 216년 8월에 고대 영웅이었던 한니발에 의해 이루어진 '칸나에(Cannae)' 전투의 포위 전술에 뿌리를 둔 계획이었다.

연합군이 주력부대를 벨기에 방면으로 추진하면 할수록 독일군의 기갑부대들은 아르덴을 통과하여 거의 공백 상태인 중앙부를 관통함으로써 더욱 쉽게 연합군의 후방으로 전진할 수 있을 것이고, 이어서 대서양 연안에 이를 수 있을 것이었다. 그렇게 된다면 프랑스군과 영국 원정군, 벨기에군을 포함한 연합군의 주력을 모두 포위망에 가두어 섬멸할 수 있을 것이며, 그 이후에 프랑스 동남부와 마지노선에 배치된 프랑스군을 처리하는 작전은 훨씬 쉽게 수행될 수 있을 것이었다.

독일 육군은 총 157개 사단에 420만 명이었다. 그중 10개의 기갑사단과 6개의 차량화 사단이 있었고, 나머지는 모두 보병사단이었다. 이 중 135개 사단이 서부 전역에 투입되었다. 프랑스는 총병력 610만 명에 육군이 117개 사단, 550만 명이었으며, 전쟁 초기 104개 사단, 224만 명이 북부 전선에 투입되었다. 영국의 육군은 13개 사단, 30만 명이 프랑스 원정군으로 파견되었고, 네덜란드군은 약 40만 명, 벨기에군은 65만 명의 병력을 보유하고 있었다. 벨기에와 네덜란드 전선에서의 독일군의 전투편성과 임무는 다음과 같았다.

❶ B집단군은 북부에서 2개의 야전군 예하 총 29개의 사단으로 네덜란드군, 벨기에군, 영국 원정군, 프랑스의 제1, 7 야전군과 기병 군단을 공격한다. 중앙 A집단군의 주공 역할을 기만하기 위해 초기에 맹렬한 공격을 감행하여 1차 대전에서 슐리펜계획처럼 독일군의 주공이 북부에 집중된 것으로 연합군이 믿게 만들어야 한다.

❷ A집단군은 제4, 12, 16 야전군과 클라이스트 기갑군이 중핵이 되어 중앙에서 공세를 펼쳐 아르덴 삼림지대를 통과하고, 스당을 돌파한 후 솜강을 따라 전진하여 도버해협에 도달한다. 그럴 때 연합군을 남북으로 양분할 수 있으며, 특히 연합군의 주력이 배치된 북부를 포위 섬멸할 수 있게 될 것이다.

❸ C집단군은 남부에서 19개 사단으로 마지노선에 배치된 프랑스군 36개 사단을 고착, 견제한다.

독일군의 주력이 돌파하고자 하는 아르덴 지역에는 벨기에의 2개 사단만이 프랑스군 전방에 배치되어 있었고, 실제 돌파하려는 스당과 디낭 사이에는 프랑스의 2등급 수준의 7개 사단이 넓은 정면에 배치되어 있었다. 천연장애물인 아르덴의 삼림 지역이나 뫼즈강은 병력이나 다른 수단으로 방호되지 못하고 있었다. 마지노선을 공격하려는 독일군은 19개 사단인 데 비해, 강력한 요새인 마지노선을 프랑스군은 무려 36개 사단을 배치하여 공자와 방자가 거꾸로 인 것 같았으며, 병력의 절약이라는 원칙에 배치되는 우를 범했다.

독일군의 공격계획인 황색 계획의 성공 여부는 연합군의 주력이 벨기에의 함정으로 몰려들어 오느냐 아니냐에 달려 있었다. 1차 대전 당시 슐리펜계획은 프랑스군이 전선의 동부인 알자스-로렌 지방으로 돌진해 들어가는 것을 가정하여 작성된 것과 같은 논리였다. 리델 하트는 이 관계를 투우에 비교했다. 가장 우익에서 공격할 독일군의 B집단군은 투우사의 붉은 망토로써, 연합군은 붉은 망토를 보고 흥분한 황소처럼 벨기에로 뛰어들어 함정에 빠지게 될 것이며, 그럴 때 A집단군에 편성된 기갑부대가 투우사의 검처럼 공백이 된 적의 중앙부로 돌진할 수 있게 될 것이었다.[11] 다시 말해 황색 계획의 성패는 연합군이 독일의 예상대로 속아주느냐에 달려 있었다.

히틀러는 승리를 확신했다. 체계적인 절차를 지나치게 중시하는 프랑스군과 답답한 영국군이 융통성 있게 작전환경에 적응하거나 재빠르게 행동하지 못할 것이라고 간파했기 때문이었다. 그러나 만약에 연합군이 벨기에로 뛰어들지 않고 프랑스 북부에 머물다가 기갑부대의 허리를 잘라 공격해온다면, 독일군은 대서양 연안 일대에서 역포위 당해 격멸될 수도 있을 것이었다. 만슈타인은 그러한 사태는 일어나지 않으리라고 예견했고, 그의 분석은 잘 맞았다. 그리고 독일군은 연합군의 작전계획과 부대 운용계획에 대해 항공정찰과 암호분석을 통해 사전에 정확히 파악하고 있었다.

[황색 계획]이 솜강 북부의 연합군을 포위 섬멸하는 계획이라면, 프랑스 남부와 마지노선에 배치된 프랑스군을 섬멸하는 제2차 공격계획은 별도로 [적색 계획]이라는 암호명으로 준비되었다. 적색 계획은 황색 계획이 성공적으로 수행된 후에 기존의 슐리펜계획처럼 우익으로 크게 회전하면서 마지노선과 그 후방에 배치된 프랑스군을 배후에서 공격하여 제압하도록 하는 계획이었다.

그리고 황색 계획을 수립하면서 가장 격렬한 논쟁이 하나 있었다. 그것은 황색 계획에 의해 주력인 기갑부대가 솜강을 따라 대서양 연안을 향해 질주할 경우, 기갑부대의 측면이 노출되어 남쪽으로부터 역습받을 가능성과, 이에 대한 대비책에 관한 것이었다. 만약 보병으로부터 보호받지 못한 기갑부대의 측면이 남부에서 프랑스군에 의해 공격받아 절단된다면, 전방으로 뛰어나간 기갑부대가 오히려 역포위 되는 결과를 초래할 수 있다는 우려였다.

이에 대한 대비책으로 독일군은 A집단군에 제12군을 추가 할당하여 질주하는 기갑부대의 측면을 보호함과 동시에 남부를 향해 공격하도록 했다. 그러나 실제 작전이 전개되자 기갑부대의 속도가 너무 빨라 기갑부대의 측면을 보호해주지 못했고, 그것이 히틀러를 비롯한 군 수뇌들에게 갈등을 일으키는 요소로 작용하게 되었다.

독일군의 공격은 1940년 5월 10일 아침 04 : 30분에 시작되었다. 원래 히틀러는 1939년 10월 9일 영도자 지령 6호를 하달하면서 프랑스 공격 일자를 1939년 11월 12일로 지시했으나 4차에 걸친 작전계획의 수정, 그리고 작전 장교의 황색 계획 누설로 인한 지체, 동계에는 비가 많이 오는 기후로 인해 네덜란드나 벨기에 지역의 지형이 물러져 기계화부대의 기동에 극히 불리하다는 점과 덴마크와 노르웨이 침공으로 인한 노력의 분산 등이 겹쳐 5월 초에 공격을 개시하게 되었다. 4월 27일 히틀러는 할더 참모총장에게 5월 첫째 주에 공격한다고 했었는데, 기상 때문에 5월 5일에서 6일로, 다음에 8일에서 최종적

---

11) 칼 하인츠 프리저 지음, 진중근 옮김, 『전격전의 전설』(서울 : 일조각. 2007), p. 150.

으로 10일로 연기하였다.

공격 개시 전에 방첩대장 카나리스(Canaris) 제독은 필요한 기만 방책을 효과적으로 전개했다. 우선 다수의 간첩을 민간인으로 위장하여 연합군 지역에 침투시켜 거의 공공연히 유언비어를 흘렸다. 독일의 공격계획은 1차 대전에서처럼 슐리펜계획의 재판이 될 것이라는 내용을 수개월 동안 유포하고 다녔는데 연합군은 독일군의 주공이 당연히 그럴 것이라고 믿어 결과적으로 독일군의 승리에 크게 이바지했다.

작전 전개 과정에서도 초기에는 항공력을 주공인 A집단군 지역에는 거의 운용하지 않고 주로 B집단군 지역에 집중하여 운용하였으며, 그것도 프랑스군과 영국군이 벨기에로 급히 전진하자, 이들 전진하는 부대에 대해서는 항공 공격을 하지 않아 연합군이 큰 피해 없이 딜강 선에 도착하도록 유인했다. 그래야만 주공인 A집단군의 공격을 쉽게 하여 낫질 작전의 성공을 보장할 수 있었기 때문이었다. 단지 아르덴의 상공에 연합군의 정찰기가 나타났을 때만 먹이를 쫓는 독수리처럼 독일군의 전투기가 나타나 격추함으로써 숲속을 기동하는 기계화부대가 노출되지 않도록 보호했다.

최초의 접전은 벨기에군이 난공불락이라고 자랑하던 에벤 에마엘(Eben Emael) 요새를 독일군이 기습적으로 공격한 것이었다. 이는 독일군의 비밀병기인 공수부대 요원 80여 명이 5월 10일 새벽인 04 : 30분에 소음이 거의 없는 글라이더를 이용하여 요새의 단 하나의 취약점인 지붕 위에 안착했고, 폭약으로 요새에 배치된 야포 진지를 차례로 폭파했다. 요새에 고립된 1,200명의 벨기에군은 요새 밖으로 나오지 못하고 점차 1층으로 밀려 내려갔으며, 독일군의 지상부대가 진격해 오자 바로 항복해야 했다.

에벤 에마엘 요새는 두꺼운 방벽으로 축성되어 지상군으로는 점령이 거의 불가능한 난공불락의 거점이었다. 그러나 독일군 공수부대는 기발하고 과감한 작전을 통해 큰 피해 없이 무력화하여 지상군부대의 전진을 지원했다. 너무나 빛나는 국지 전투의 승리를 독일군은 초전에 획득했다.

벨기에와 동시에 네덜란드는 즉시 공황 상태에 빠졌다. 네덜란드의 육군은 10개 사단에 불과했고, 항공기는 125대였는데 기습받아 절반이 개전과 동시에 지상에서 독일 공군에 의해 격파되었다. 네덜란드는 1차 대전에 참여하지 않아 진정한 중립국의 위치를 유지했는데, 2차 대전에서도 그와 같은 행운이 함께하기를 바랐지만, 자신들만의 뜻대로 되지 않았다. 그것은 강자가 선택할 문제였다. 네덜란드의 오랫동안 유지되어 온 전략은 암스테르담과 로테르담을 둘러싼 운하에 바닷물을 채워 적의 지상군이 쉽게 기동하지 못하도록 지연시키는 것이었다.

그러나 이번에는 달랐다. 독일군은 운하에 다리를 설치하고, 수문의 잠금장치와 수위 조절 장치를 장악하면서 모든 지점을 돌파했다. 동시에 독일군의 공군은 거의 무방비 상태인 네덜란드에 무자비한 힘을 과시했다. 독일군은 제22공수사단을 융커스 22 수송기에 태워 네덜란드 중심부에 통째로 내려놓아 네덜란드 내부에서 먼저 교두보를 형성하고 B집단군의 기갑부대가 전진하기를 기다렸다. 그럼에도 네덜란드군이 용감하게 저항하여 접근로상의 중요한 교량 몇 개를 폭파했다. 그렇지만 프랑스 제7군이 전진해 국경에 당도했는데도, 5월 13일 독일 공군이 로테르담을 폭격하여 민간인 814명을 사살하면서 도심지를 쑥대밭으로 만들어 버리자 저항 의지를 잃었다.

네덜란드의 빌헬미나(Wilhelmina) 여왕은 피난을 위해 영국 함선에 올라 떠나면서 "네덜란드는 머지않아 신의 가호로 유럽의 영토를 되찾으리라"라고 예언했다. 네덜란드는 다음날 항복했으며, 서유럽 국가 중에서 가장 혹독하게 독일의 시달림을 겪어야 했다. 벨기에군의 용맹성은 연합군보다는 독일군에게 높게 평가받았다. 독일군들은 "우리의 적수들 가운데 벨기에군이 가장 잘 싸웠다"라거나 "전쟁의 끝이 다가올수록 벨기에군이 더욱 끈질기게 저항하는 것에 놀랐다"라는 찬사를 벨기에군에게 바쳤다.

그러나 영국, 프랑스 연합국으로부터 벨기에는 비난받아 마땅하게 보였다. 특히 레오폴드 국왕의 수석 군사 보좌관인 오베르스트라텐(Robert von Overstraten) 장군은 연합군에게서 '사악한 수호신'이라고 비판받았다. 그 이유는 독일이 공격하기 전까지 영국, 프랑스군과 연락을 금지하면서 연합방위체제를 반대했다는 점과 독일군이 공격하자마자 패배주의에 사로잡혀 손쉽게 무릎을 꿇었다는 점이었다.[12)]

그러나 벨기에 처지에서 보면 철저한 중립이 독일군의 침략을 방지하는 제일의 전략이라고 믿었기 때문에 침략의 빌미를 제공할 우려가 있는 연합국과의 협력에 소극적일 수밖에 없었으며, 그런 상황에서도 연합군이 민간복장으로 변장하여 방어지역을 정찰하도록 허용했고, 독일군의 항공기가 작전계획을 소지하고 불시착했을 때도 필요한 정보 모두를 프랑스군에 제공했었다는 사실도 고려해야 정확한 평가라고 할 수 있을 것이다.

오베르스트라텐 장군이 연합군과의 공조를 회피했던 또 다른 이유는 어떻게 하더라도 연합군이 벨기에를 온전히 방어해 주지는 못할 것이라는 의구심에서 연합군과의 공조를 회피했다는 것이다. 실제로 연합군의 딜강 방어선은 벨기에의 주 방어선인 알베르 운하선의 후방에 위치해 있었기 때문에 고스란히 벨기에군의 희생을 전제로 하는 것이었다.

한편, 프랑스 지상군의 전략 예비대였다가 연합군의 가장 좌측인 브레다 선까지 전진하여 독일군 우익의 공격을 방어하는 임무를 받은 앙리 지로 장군의 제7군은 전진이 더뎠다. 브레다 방어선까지의 행군 거리가 독일군의 전진 구간보다 두 배나 긴 데다, 독일 공

---

12) 존 키건 지음, 류한수 옮김, 『2차 세계대전사』(서울 : 청어람 미디어. 2006), p. 104.

군의 폭격이 진출 속도를 결정적으로 느리게 했기 때문이다. 진출이 저지되자, 원래 계획대로라면 알베르 운하 근처에서 벨기에군의 좌측면을 방호하고 네덜란드군과도 협조해야 하는데 그런 임무를 포기해야 했으며, 5월 12일에는 안트베르펜 근처에서 딜강 방어선의 좌측을 방어하라는 새로운 수정 명령을 받았다.

원래 딜강 방어선은 10개의 프랑스 사단과 5개의 영국군 사단이 점령하도록 계획되어 있었는데, 가믈랭이 추가로 브레다 수정안을 발전시킴에 따라 총 30개 사단이 투입되어 과밀현상을 초래했으며, 이 중에는 최정예부대인 기계화, 차량화 사단들이 포함되어 있었다. 그로 인해 프랑스군의 전략예비대가 없어져 버린 결과를 가져와 독일군의 낫질 작전 수행을 도와주는 행위가 되었다는 점은 앞에서 기술한 바와 같다.

● 프랑스 전투 : 서전(緖戰)의 움직임

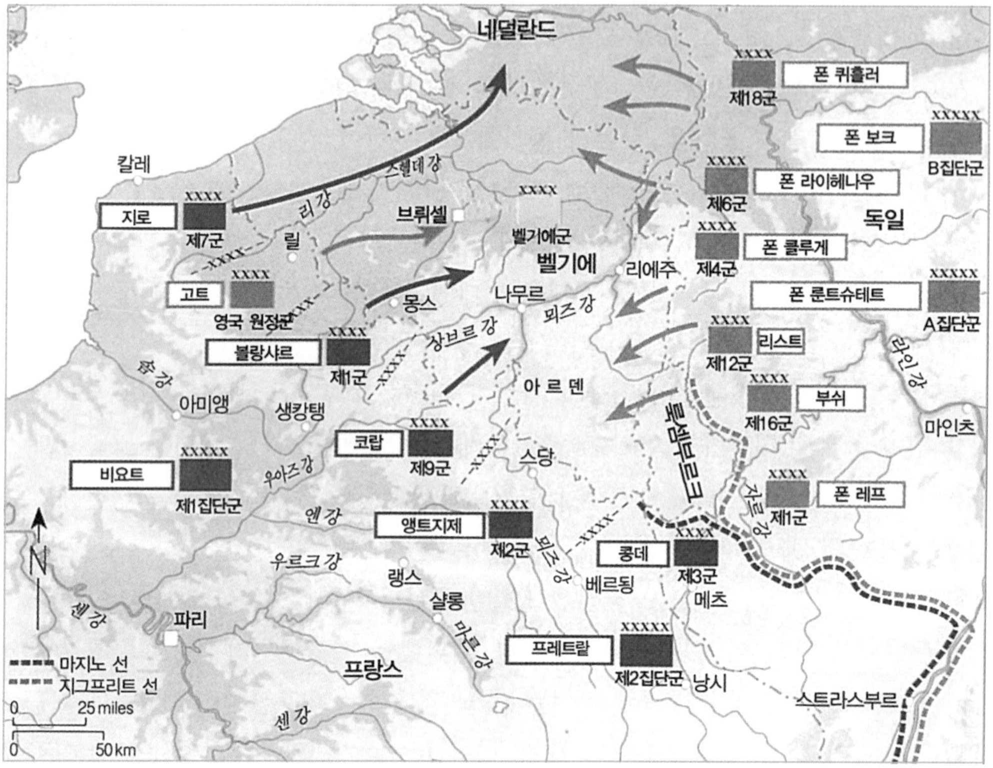

※ 출처 : 폴 클리어 지음, 강민수 옮김. 『제2차 세계대전』(플래닛미디어, 2008), p. 121

독일군의 진출은 예상보다 빨랐는데, 예행연습을 통해 숙달한 데로 하천 장애물을 능숙하게 극복했다. 따라서 프랑스의 제7군이 딜강 방어선에 도착하여 방어진지를 준비하기도 전에 독일군 제9기갑사단의 공격을 받았다. 제7군이 혼란해 처하고, 네덜란드군의 전방부대가 후퇴하면서 암스테르담과 로테르담의 홀랜드 요새로 철수해 들어가자, 공간이 생겨 벨기에군의 좌측면이 독일군 제9기갑사단에 노출되었다.

그뿐만 아니라 동쪽에서도 제3, 제4기갑사단이 벨기에군을 포위하기 위해 전진했으며, B집단군의 주력이 공수부대의 눈부신 운용으로 에벤 에마엘 요새를 극복하고 뫼즈강을 도하 하려 하자, 벨기에군은 딜강 방어선으로 전진하는 연합군과 연결 작전을 기대하면서 물러나기 시작했다. 그러자 연합군의 '딜강'을 주 방어선으로 하는 계획은 차질이 생겨 '도미노' 현상처럼 잘못되어 가고 있었다. 그러나 연합군의 지휘부는 그 심각성을 인식하지 못하고 있었다.

한편, 이 지역을 담당하는 제1집단군 예하 프랑스군과 영국군은 딜강 방어선을 향해 전진을 계속했다. 연합군의 가장 좌측에 편성된 제7군과 병행하여 영국군은 브뤼셀을 통과했고, 영국군의 우측에서 프랑스 제1군은 제9군을 우측으로 보면서 모뵈주(Maueuge)를 지나갔다. 이 지방은 영국군에게 워털루 전투와 1차 대전에서 격전을 벌였던 친숙한 지역이기도 했다. 그들은 딜강 방어선에 도착하여 진지를 구축하기 시작했다. 방어선은 천연장애물로서는 완벽하지 못했으며, 벨기에가 구축했다는 인공장애물도 변변치 못했다. 연합군은 제1차 세계대전에서처럼 독일군의 주력이 당연히 벨기에를 거쳐 프랑스로 향할 것이라는 믿음으로 대접전을 기다리며 진지 구축에 열중했다.

이로써 독일군은 초기 전투에서 연합군을 완벽히 기만하고 낫질 작전을 성공시키기 위한 조건을 만드는 데 성공했다. 투입부대 수에서 북부지역에서는 연합군이 60개 사단인데 비해 독일군의 B집단군은 29개 사단으로 연합군이 2배 이상 많아 주공인 A집단군 정면의 연합군 전력을 완전히 약화하는 임무를 완수한 것이다. 그 결과 중부 지역에서는 연합군이 18개 사단이지만, 독일군 A집단군은 45개 사단으로 독일군이 2.5배 많았다. 거기에다 기갑사단이 10개나 할당되어 종합 전투력에서는 사단의 숫자로는 계산할 수 없을 만큼 압도적이었다.

남쪽의 마지노선에는 막대한 비용을 들여 구축한 방어선에 제2집단군 예하 36개 사단을 배치함으로써 독일군이 겨우 19개 사단으로 견제하고 있는 상황에서 프랑스군은 지나치게 전력을 낭비하고 있었다. 강력한 방벽은 병력을 절약하고, 중요 통로를 이용하여 적을 습격하도록 준비되어야 하나, 마지노선에서의 프랑스군 운용은 오로지 안전한 방벽 속에 들어앉아 자리를 지키도록 계획되어 있었다. 마지노선의 제2집단군은 전체적인 방어작전에 아무런 역할 하지 못했고, 독일군의 주력이 북부지역을 평정한 이후 남쪽의 후방으로 전진하자 마치 보자기에 싸이듯이 포위되어 항복하게 되고 만다.

연합군의 주력인 제1집단군은 마치 마술에 홀린 것처럼 북부를 향해 돌진했다. 리델 하트가 말한 '투우사의 망토를 향해 달려드는 황소' 같았다. 연합군은 적의 주공이 어디를 향하고 있는지 의심하지도 않았고, 추가적인 정찰을 통해 적정을 수집하는 노력도 소홀히 했다. 이제 고대 칸나에 전투에서처럼 완벽한 포위전이 완성되어 가고 있었다. 이 단계에서 히틀러가 다음과 같이 빈정댔다는 것은 이상한 일이 아니었다.

> *"만사가 계획에 따라 이루어졌으니 놀라운 일이었어. 적이 전선 전체에서 전진하고 있다는 소식을 듣고 기뻐서 눈물이 나더라고. 적은 덫에 걸려버린 거야. 적은 우리가 낡은 슐리펜계획에 따라 공격하고 있다고 믿어버린 거야."*[13)]

한편, 이 시점에서 가믈랭은 독일군이 다시 한번 슐리펜계획에 따라 공격하고 있다고 믿고, 5월 10일 만족해했다. 독일군이 공격을 개시하자 당시 국방부 사무총국장 자코메(Pierre Jacomet) 장군은 이렇게 말했다.

> *"오늘 아침 가믈랭 장군이 내게 적의 공격 방향을 설명할 때 호쾌하게 웃는 모습을 보았다면 여러분들은 편히 잠들 수 있을 것이오. 독일군은 가믈랭이 고대하던 대로 움직이고 있소."*[14)]

연합군의 정찰기들은 아르덴 상공을 날아 적의 주공 기갑부대를 찾아야 할 시기에 벨기에 상공을 헛되이 뒤지고 있었다. 연합군의 주력은 벨기에의 딜 방어선에서 '정말로 치열한 한판 싸움'을 기대하면서 진지 구축에 여념이 없었다. 그러나 곧이어 아르덴에서의 붕괴가 연합군 전체에 눈물을 흘리게 할 시점이 곧 다가오고 있었다.

제2절 독일군의 공세

1. A집단군 전력의 할당과 기갑군의 지위

북부의 B집단군이 투우를 유인하는 '붉은 망토'라면 투우를 쓰러뜨릴 '예리한 검'의 역할은 아르덴 지역에서 공격할 룬트슈테트의 A집단군이었다. A집단군은 프랑스군 18개 사단을 압도하는 59개 사단으로 편성되어 있고, 7개의 기갑사단과 3개의 차량화사단을 포함하고 있어, 명실공히 날카로운 검의 역할에 부응하는 편성과 장비를 갖추고 있었다. A집단군은 예하에 제4, 12, 16군을 거느리고 특히 작전술적으로 독립적인 임무를 수행하기

---

13) 존 키건 지음. 류한수 옮김. 앞의 책, p. 107.
14) 칼 하인츠 프리저 지음, 진중근 옮김, 앞의 책, p. 161.

위해 제22기갑군(클라이스트)을 편성했다. 기갑군의 예하에는 구데리안(제19), 라인하르트(제41) 기갑군단과 비터스하임(제14)의 차량화군단이 편제되었고, 이와는 별도로 클루게의 제4군 예하에 호트(제15)의 기갑군단이 편제되어 있었다. 호트의 기갑군단에는 장차 전쟁사의 한 페이지를 빛내줄 명장 롬멜의 제7기갑사단도 포함되어 있었다.

클라이스트의 기갑군은 독일군 전차의 절반에 이르는 1,222대를 보유하고 있었고, 차량은 41,140대를 보유했으며, 병력은 134,370명에 이르렀다. 항공지원의 우선권은 물론, 제1방공군단의 지원과 돌파를 위한 공병도 강화되어 있었다. 그러나 기갑군은 야전군급으로 인정받지 못하고, A집단군 내의 1개 직할부대 취급을 받았다. 따라서 군과 군단의 중간 정도의 부대로 인식되었고, 참모 조직도 군단급으로 편성되어 있었으며, 부대장의 호칭도 사령관이 아닌 부대장이라고 불리는 등의 냉대를 당했다.

사령관 클라이스트는 계급이 다른 군사령관들처럼 대장이 아닌 중장이었으며, 사령관은 기병 출신으로 과거에는 기갑부대에 결코 우호적인 인물이 아니었다.

기갑군은 매우 위험한 작전술적 임무 수행을 위해 임시 편성된 일종의 특수임무 부대로서 그들의 기습작전이 실패한다면 곧바로 해체될 수도 있었다. 독일군에 있어서 클라이스트의 기갑군은 거부감을 주는 이색적인 존재로서 보이지 않는 견제와 시기를 받았다. 기갑군에게는 독립적인 작전구역을 할당하지 않고 야전군의 전방에서 돌파를 책임지는 역할을 하게 하였다. 따라서 군수지원도 야전군의 지원을 받도록 했다. 더욱이 특정한 작전구역에서의 지휘관은 단 한 명이어야 한다는 전통 교리에 따라 클라이스트의 선배이자 대장들인 야전군 사령관들은 "기갑군의 작전 활동은 야전군의 통제에 따라야 한다."라는 주장을 강하게 펼쳤다.

A집단군 사령관 룬트슈테트는 절충안으로 기갑군이 작전술 차원에서 적진 깊숙이 돌파를 성공시킨다면, 그들에게 독립적인 작전권을 허용하겠다고 천명하면서, 만일 후속하는 야전군이 기갑군을 초월하게 된다면, 기갑군은 야전군의 지휘를 받아야만 한다는 것이었다. 그것은 클라이스트의 기갑군에 '다모클레스의 검'[15]을 매단 격이었다.

클라이스트는 그러한 주장에 대해 강력히 반대했다. 그는 기갑군이 잘못하면 야전군의 선두에서 첨병 역할만을 하게 될지도 모른다고 걱정하면서, 기갑군이 독립적인 작전을 수행하려면 최소한 집단군의 직할부대 정도의 지위를 가져야 한다고 강력히 주장했다. 훗날 작전이 개시되어 클라이스트의 기갑군이 마치 악마에 쫓기듯 정면 돌파를 감행하고 대서

---

15) 영광을 누리고 있을 때도 언제나 재앙이 찾아올 수 있다는 뜻의 관용구. BC4세기경 시칠리아의 시라쿠사 참주인 디오니소스 1세에 대해 신하가 아첨하는 말로 찬양하자, 디오니소스 1세는 화려한 연회에 그를 초청하여 머리 위에 한 올의 말총으로 칼을 매달아 놓은 자리에 앉히고, 군주의 운명이 항상 그처럼 위험하다는 것을 보여 준 데서 유래했다.

양으로 질주한 작전행동은 단순히 임무 수행을 위한 것만이 아니고, 야전군에게 따라잡혀 지휘권을 침해당하는 사태를 두려워했던 이유도 작용했던 것으로 볼 수 있다.

2. 아르덴의 돌파와 대혼란 - 마찰

클라이스트의 기갑군은 1,222대의 전차와 545대의 장갑차, 그리고 39,373대의 일반 차량을 합하여 총 41,140대의 기동장비를 보유했다. 이를 전술 대형으로 행군한다면 행군 장경은 1,540km에 달해 단일 도로에 펼친다면 룩셈부르크 국경에서 동부 독일의 프로이센에 이르는 거리에 해당하였다. A집단군은 거대한 기갑군에 4개의 도로만을 할당하여 1개 도로 당 400km의 행군장경이 펼쳐지게 되었는데, 이는 적의 항공정찰과 공격에 속수무책으로 노출될 수 있다는 것을 의미했다.

아르덴 지역은 알려진 것 보다는 다수의 기동로가 발달해 있었지만, 선임 야전군 사령관들이 도로 사용의 우선권을 고집하여 기갑부대와 보병이 병진으로 전진하고자 해서 극심한 혼란이 초래되었다. 기갑군을 마치 눈엣가시처럼 여겼던 12군의 리스트(Wilhelm List) 상급 대장과 16군의 부슈(Ernst Busch) 대장은 기갑군 단독으로는 뫼즈강을 절대 도하할 수 없어 반드시 돈좌될 것이며, 그럴 때 자신들의 보병사단이 구세주로 나서야 도하에 성공할 수 있고, 그 이후에나 기갑군이 적의 종심으로 돌파해 들어갈 수 있을 것으로 생각했다.

보병부대들은 기갑부대에 승리의 영광을 통째로 넘겨주는 것을 참을 수 없었다. 독일국경에서 뫼즈강까지의 거리는 170km에 달하며 기동로는 굴곡이 심했다. 룩셈부르크 지역이 50km, 벨기에 지역이 100km, 그리고 프랑스 국경에서 뫼즈강까지가 20km 정도였다. 룩셈부르크군의 방어 강도는 취약했지만, 설치된 장애물을 제거하는 데는 상당한 시간이 요구될 수 있었다.

벨기에 지역에는 강력한 정예부대가 배치되어 있었지만, 그들의 임무는 그 지역에서 결전을 치르기보다는 적절한 견제와 경고를 하고 철수하는 임무를 띠고 있었다. 이 점도 문제였다. 벨기에군은 후방에 있는 프랑스군이 당연히 독일군을 저지할 것으로 믿고 자국 군대의 임무를 경계부대 역할로 제한했으며, 반대로 프랑스군은 벨기에군이 전방에서 독일군을 강력히 저지할 것이라는 믿음에 따라 방어 강도를 약하게 한 점이 있었는데, 서로의 역할을 크게 잘못 판단하고 있었다.

한편, 독일의 공격작전에서의 요체는 전쟁 개시 이후 4일 만에 뫼즈강을 성공적으로 도하할 수 있느냐에 있었다. 독일군의 선봉은 구데리안과 라인하르트의 기갑군단으로 두 개의 군단은 동시에 뫼즈강에 도착하여 도하작전을 실시해야 했는데, A집단군의 행군 명령은 그것이 거의 불가능하게 되어있었다. 즉, 라인하르트의 기갑군단이 구데리안의 부대를 400km 후방에서 후속하다가 뫼즈강 근처에서 우측으로 다른 부대의 행군로를 막아서면서 앞장서서 뫼즈강으로 가게 되어있었기 때문이었다.

이러한 기동계획은 두 가지 큰 문제가 있었다. 그것은 구데리안의 군단을 후속하던 라인하르트의 군단은 룩셈부르크와 벨기에 사이의 어떤 지점에서 우측의 보병부대를 정지시키고 이들의 행군로를 앞질러 가야 하는데, 그 과정에서 오는 혼란과 보병부대의 전투지경선을 침범해야 하는 문제였다. 라인하르트는 4월 24일 예행연습을 실시한 이후에 행군계획의 구조적 오류를 지적하고, 이 같은 기동계획은 위험하고 무책임하며, 각급 부대가 뒤엉켜 교통 마비에 빠진다면 적에게 노출되어 괴멸될 상황이 될 수 있다고 항의했으나, 이러한 항의가 받아들여지지 않았다.

기습 달성을 위해서는 결정적인 전투에서의 시간이 매우 중요한데, 구데리안과 라인하르트 군단이 동시에 뫼즈강에서 도하작전을 개시하는 것은 거의 불가능하게 보였다. 예상대로 5월 10일 04 : 30분, 공격 개시와 함께 A집단군의 부대 이동은 대혼란이 일어났다. 구데리안의 선두 부대가 신속하게 치고 나가 벨기에 국경에서 전투를 개시하였는데도, 라인하르트 군단은 겨우 라인강을 건넜고, 후속하는 비터스하임 차량화군단은 집결지에서 출발도 못 하는 상황이 벌어진 것이었다.

클라이스트 기갑군 사령관은 비상조치를 발동했다. 인접 군의 전투지경선을 넘어 부대를 진격하도록 지시했는데, 이는 상급 부대의 명령을 위반한 것은 물론, 보병들의 행군로에 끼어드는 것을 의미하며 혼란을 더욱 부채질하는 상황이 되었다. 야전군과 기갑군의 경쟁심이 양보를 불가능하게 했다. 구데리안의 군단이 프랑스 국경에 도달했을 때도 라인하르트 군단은 룩셈부르크 국경을 넘지도 못하고 있었다.

아르덴 지역은 그야말로 아수라장이 되어 라인하르트 군단이 구데리안의 군단과 뮤즈강에서 병진으로 도하작전을 실시하기는커녕, 2일간이나 독일 본토에서 나오지도 못하는 상황에 부닥쳤다. 도로에서 각급 부대가 뒤엉켜 건제가 유지될 수 없었고, 무전도 전파 간섭으로 소통조차 불가했다. 라인하르트 군단장마저도 전방으로 가기 위해 오토바이를 이용해야 했다. 여기서 클라우제비츠는 전쟁론에서 아래와 같이 마찰에 대해 말하고 있다.

> *"전쟁에서 모든 것은 단순해야 한다. 그러나 단순한 것이 가장 어렵다. 어려운 것이 쌓이면 전쟁을 제대로 알지 못하는 사람은 상상할 수 없는 거대한 마찰에 부닥치게 된다. 마찰을 가장 쉽게 설명하자면 실제 전쟁과 종이 위의 전쟁을 구별 짓는 유일한 개념이라고 할 수 있다."*

독일군의 아르덴 행군이야말로 전장에서의 거대한 마찰이 일어난 표본이라고 할 수 있었다. A집단군은 행군계획 착오로 국경으로부터 뮤즈강까지 250km에 이르는 대규모 교통 마비 현상이 발생했다. 이때가 지헬슈니트 작전 성공 여부에 대한 가장 취약한 시점이었다. 이토록 천천히, 밀집대형으로 기동하고 있는 거대한 지상부대는 항공 공격의 가장 적절한 먹잇감이 될 수 있었으나, 독일군에게는 다행스럽게도 프랑스의 정찰기나 폭격기는 단 한 번도 출현하지 않았다. 그것은 기적이나 다름없었다. 오로지 독일군의 전투기들이 쉴 새 없이 출격하여 클라이스트의 기갑군을 엄호했고, 방공군단도 기갑부대와 동행하면서 연합군의 공습에 대비했다.

연합군의 공군력은 B집단군이 작전을 펼치고 있는 벨기에 지역에 대거 투입되고 있었다. 독일군 기갑부대 장병들은 자신들의 주적이 벨기에나 프랑스군이 아니라, 기갑부대를 적대시 하는 보병 야전군과 A집단군의 지휘부라고 욕을 하며, 하마터면 아르덴을 기갑부대의 무덤으로 만들 뻔했다고 말했다. 그들은 장차 작전이 진행되는 과정에서 상급자들을 현대전에 낙후된 보수주의자라고 반발하며 명령을 무시하는 경향을 나타내게 된다.

클라이스트 군사령관은 상급 부대 행군계획을 무시하고 보병부대의 도로망에 끼어들어 행군을 재촉했는데, 그러한 독단행동은 결과적으로 성공을 가져왔다. 어쨌거나 구데리안의 군단과 라인하르트의 군단이 거의 동시에 뫼즈강을 건너는 작전을 개시할 수 있게 했기 때문이다. 구데리안은 강행군을 위해 졸음을 쫓으려고 각성제(페르비틴)를 보급하기도 했다.

극심한 혼란에도 불구하고, 결과적으로 5월 13일 스당과 몽테르메에서 뫼즈강 도하를 성공시킨 것은 중·하급 지휘관들의 숙달된 임무형 지휘와 융통성에 기인한 것이라고 말할 수밖에 없다. 전쟁 개시 4일째인 5월 13일 저녁까지 클라이스트의 3개 기갑군단은 모두가 뫼즈강을 도하하기 위한 준비를 마쳤다. 지헬슈니트 작전의 성패는 여기에서 결정 났다고 할 수 있다. 이날도 가믈랭 사령부는 "적의 주공 방향을 판단하는 것은 현재로서는 불가능하다."16)는 정보 보고를 하였다.

여기서 언급해야 할 부분은 아르덴 숲과 뫼즈강은 과연 기계화부대가 기동할 수 없는 지형이었는가에 대한 프랑스의 평가 내용이다. 독일군은 이미 여러 번의 정찰과 분석을 통해 기계화부대의 기동이 가능하다는 결론을 내놓고 작전을 개시했지만, 프랑스는 전혀 그렇지 않았다. 1934년 3월 7일 당시 프랑스 국방장관이던 페탱(Henri Philippe Pétain) 원수는 국회에서 "아르덴 삼림지대를 돌파하는 것은 절대 불가능하다."라고 발표했다. 이때 프랑스군은 "아르덴에서 전차 기동은 불가능하다." "뫼즈강은 절대 도하할 수 없다."라는 고정관념에 빠져 있었던 것이다.

---

16) 칼 하인츠 프리저 지음, 진중근 옮김, 앞의 책, p. 234.

반면에 군사 이론가 리델 하트는 1928년에 이 지역을 직접 탐사해보고 '이곳은 그 자체만으로도 완벽한 방어 태세가 갖추어져 있다.'라는 프랑스 군부의 허무맹랑한 사고를 접하고 무척 놀랐다고 기록하고 있다. 또한 1933년 영국 국방성이 대규모 기갑부대를 편성하기 위해 리델 하트에 장차 전에 적합한 기갑부대의 운용과 배치에 관해 자문을 요구했을 때 리델 하트는 '독일이 프랑스를 침공한다면 기갑부대로 아르덴을 통해 역습을 감행해야 한다.'라는 의견을 제시했으나 영국 국방부의 공식적인 반응 역시 '아르덴은 전차가 기동할 수 없음.'이라는 회신을 받았을 뿐이었다.

그러나 1930년대에 프랑스군에서 아르덴의 장애물로서의 실질적 가치를 논하는 연구가 이루어졌다. 1938년 제2군사령관 프레틀라(André Prêtelat) 장군은 현지 지형에서 훈련한 결과, 독일군이 침공한다면 60시간 만에 뫼즈강에 도달할 수 있고, 뫼즈강을 하루 만에 도하 할 수 있다고 판단했다. 훈련 결과에 대해 상급 지휘관들은 깜짝 놀랐지만, 막상 최고사령관 가믈랭 장군은 프레틀라 장군을 염세주의자라고 비판하면서 훈련 결과를 비밀에 부치라고 지시하며 훈련 결과를 묻어버렸다. 프레틀라의 계산은 구데리안이 57시간 만에 뫼즈강에 도달했으므로 3시간의 오차밖에 없는 정확한 것이었다.

또한 프랑스군의 상층부는 만일 독일군이 아르덴 지역에서 대규모 공세를 취하더라도 예비 병력을 이동시켜 대응하는데 충분한 시간적 여유가 있다고 확신했다. 프랑스군은 독일군의 전격전에 따른 속도를 고려하지 않고 1차 대전 당시의 진격 속도를 생각했기 때문이었다. 그들의 계산으로는 독일 국경을 출발하여 뫼즈강을 건너는 데까지 2주 이상이 걸릴 거라고 확신했는데, 그런 판단을 한 이유는 포병 탄약을 비롯한 군수 지원부대의 이동을 고려한 것이었다. 그러나 실제로 구데리안의 부대는 뫼즈강까지 이틀 반 만에 도달했고, 뫼즈강을 건너는데 후속 군수 지원부대를 포함하여 하루도 걸리지 않았다.

사실 독일군의 주공이 아르덴 지역이라는 결정적인 첩보는 전쟁 전에도 여러 차례 있었고, 작전이 개시된 이후에도 많았다. 히틀러를 지극히 싫어했던 독일 군인들 중에 침공 날짜와 주공 방향을 정확히 명시하여 연합군에 누설한 비밀 정보요원도 있었고, 프랑스 정보기관의 암호해독을 통한 정보도 있었으며, 벨기에나 스위스에 있는 정보요원들이 수집한 첩보도 있었다. 또한 독일군의 정찰 활동이 아르덴의 삼림지대나 스당 일대, 솜강 하구에 이르는 도로와 교량의 능력을 상세하게 파악하고 있다는 동향도 파악되어 있었다. 심지어 스위스 베른에 주재한 프랑스 국방무관은 5월 1일자 보고를 통해 "독일군은 5월 8일에서 10일 사이에 마지노선을 포함한 전 전선에서 공격할 것이다. 주공은 스당이다."라고 본국에 타전했다.

이처럼 수많은 징후와 보고에도 불구하고, 프랑스군은 주공이 벨기에 방향이라는 것을 의심하지 않았다. 5월 11일 오전에 정찰기가 아르덴 삼림 지역에서 기갑부대의 행렬을 발견했다고 보고했으나, 조공 부대의 이동으로 간주 되었다. 11일 밤에도 등화관제 상태에서 이동하는 수십 km의 차량 행렬을 관측했다고 보고했으나, 프랑스군 지휘부는 이를 별로 중요하게 생각하지 않았다. 12일 아침에 한 대의 정찰기가 적의 대공포에 맞아 벌집이 된 채로 귀환하여 끝없는 차량 행렬과 전차의 대수까지 보고했으나, 군사령부에서는 터무니없다고 무시했다. 그리고 그 다음 날에는 항공사진을 촬영하여 기갑부대의 이동상황을 보고했는데도 상부에서는 중요성을 인식하지 못했다. 5월 13일에 클라이스트의 3개 군단이 모두 뫼즈강을 건너는 순간 승부는 결정 나게 되었다.

프랑스군 총사령부의 상황인식에 대해서는 지금도 의문의 여지가 많다. 그들은 중요한 첩보가 쏟아져 들어오는 데도 적극적으로 확인하지 않았고, 무시했다. 그뿐만 아니라 정찰기의 항공사진까지도 휴지통에 버려졌다. 오히려 독일군의 활동을 주공 방향을 기만하기 위한 양공 작전으로 간주하고, 독일군의 활동이 뫼즈강 선에서 정지할 것이라고 판단하였다. 결과적으로 가믈랭 장군을 정점으로 한 프랑스군 수뇌부는 딜-브레다 계획을 고수해야 한다는 고정관념에 사로잡혀 사고의 융통성을 잃고 즉각적인 우발 조치를 하지 못해 쓰라린 종말을 맞을 수밖에 없었다. 히틀러는 클라이스트의 기갑군이 뫼즈강을 도하하여 내륙으로 돌진할 태세에 놓여 있었는데도, 연합군이 함정인 벨기에의 방어선으로 몰려든다는 보고를 받고 이해하지 못했다.

3. 뫼즈강 도하-스당 돌파, 솜강으로의 돌진

앞에서 서술한 것처럼 독일국경에서 뫼즈강까지는 형식적으로나마 3중의 방어선이 있었다. 1차 방어선인 룩셈부르크군은 일부 장애물을 설치한 것 외에는 독일군에게 저항할 의지가 없었고, 2차 방어선인 벨기에군은 1개 군단 규모의 전투단이 투입되어 있었으나, 그들의 임무는 주 방어선으로써의 임무가 아니라 경계와 감시였다. 벨기에군은 독일군이 공격해오자 적절히 견제하다가 북부로 철수하여 뤼티히(Lűttich)와 나무르(Namur) 방면의 방어부대와 합류했다. 그로 인해 벨기에군 역시 1차 대전을 염두에 둔 슐리펜 계획의 또 다른 제물이 되고 말았다.

그러나 예외가 있었는데 벨기에 지역의 자우어강과 바세유(Basseille)강이 합류하는 지점에 솟아있는 보당주(Bodange) 언덕에서였다. 이곳에 벨기에군 1개 중대가 견실한 방어진지를 구축하고 있었는데, 구데리안의 제1기갑사단이 진격하는 데 큰 걸림돌이 되었다. 이들은 다른 부대처럼 적당히 견제하다가 철수하지 않고 강력히 저항하여 6시간이나 독일군의 전진을 저지했다. 마침내 88mm 대전차포를 전방으로 추진하여 요새를 파괴한 후에야 전진할 수 있었다. 벨기에군이 유독 이곳에서만 끈질기게 방어 작전을 전개한 이유는 훗날 밝혀졌는데, 독일군의 특공부대가 통신선을 절단하여 보당주에 있던 중대에 철수 명령이 하달될 수 없었기 때문이었다. 결국, 독일군은 이 지역에서 6시간을 허비하고 12일 19:00경에야 보당주를 점령한 후 자우어강에 교량을 설치하고 전진할 수 있었다.

프랑스군의 총사령관 가믈랭은 벨기에군과 프랑스군 간에 전혀 협조가 이루어지지 않았다고 하면서 "벨기에군은 싸우지도 않고 증발해 버렸다"라고 말했다. 또한 룩셈부르크와 직접 국경을 맞대고 있는 150km의 정면은 독일군이 공격해오면 프랑스군이 지연전을 실시할 5개 기병사단과 3개 기병여단이 투입되어 작전을 시행할 예정이었다. 그러나 룩셈부르크군이 프랑스군과 협조 없이 저항을 종식하자, 이 지역이 한동안 공백 상태에 빠졌으며, 황급하게 투입된 경장갑차와 기마병 위주의 프랑스 기병사단들은 대규모 독일군의 기갑부대들에 의해 순식간에 궤멸하였다.

일부 부대들은 독일군의 공격에 끝까지 저항하여 독일군의 진격을 네 시간가량 저지했는데, 아이러니하게도 그들 역시 통신망의 두절로 상급 부대의 철수 명령을 받지 못했기 때문이었다. 이제 남은 것은 뫼즈강 남쪽에 설치된 주 방어선의 요새지대였다. 스당 지역은 프랑스군의 제2군과 제9군의 전투지경선이 나누어지는 지역으로, 제2군의 맨 좌측이 제10군단 제55사단의 방어 책임 지역이었으며, 그곳이 독일군의 가장 예리한 창이 노리는 지역이었다.

마지노선은 스당에서 동쪽으로 20km 떨어진 곳까지만 설치되어 있었다. 마지노선이 끝나는 곳에서 서쪽으로 스당까지의 일반적인 요새 진지들은 상대적으로 취약했다. 그곳은 무종 지역으로 소위 '스테네(Stenay)의 간격'이라고 일컬어지는 천연장애물이 전혀 없는 지역이 있었다. 지역의 방어책임자인 제2군사령관 욍치제르(Huntzier) 장군은 독일이 공격하기 3일 전에 "나는 독일군이 절대 스당 지역으로 공격하지 않을 것임을 확신한다."라는 말을 근거 없이 단언하면서 상황을 낙관했다.

욍치제르 군사령관의 방어개념과 별반 차이 없이 2군 예하 제10군단장도 스당 동부의 방어에 중점을 두고 전력을 기울였다. 오히려 취약한 스당 지역은 방어에 유리한 천연장애물로 보호된 지역으로 간주하고 있었기 때문에, B급 사단인 제55사단만으로도 충분히 방어할 수 있으리라고 생각했다. 더욱이 프랑스가 독일에 선전포고한 이후 전 전선에 걸쳐 방어시설을 강화할 때도 스당 지역은 우선순위가 낮아 영구진지의 구축이 늦어 개전 당시에도 부실하거나 완공이 되어있지 않았다.

그러나 프랑스 정치인 중에 유일하게 스당으로 적의 주공이 지향할 것이라고 정확히 지적한 사람이 있었는데, 그는 국회 국방위원이었던 테탱제(Pierre Taitinger)였다. 그는 국방장관과 총사령관에게 강력히 주의를 촉구했지만, 반응은 없었다. 그는 절망하여 "이곳은 아군에게 불행을 가져올 것이다."[17]라고 예언처럼 말했다고 한다. 사실 스당 지역은 1870년 보불전쟁 때도 독일군이 바로 이 지역에서 결정적인 승리를 거두고 프랑스 황제 나폴레옹 3세를 포로로 했던 역사적 악몽이 서려 있는 곳이었으며, 프랑스나 독일 공히 적 방향으로 공격할 때는 항상 사용하는 주 통로로서, 도하하기 쉬운 곳이었다. 스당을 방어하는 제55사단은 B급 사단으로 책임 지역을 할당받은 이후에도 훈련보다는 진지 공사에 매달려 정예화되지 못한 상태였다.

구데리안의 군단은 5월 12일 오후에 뫼즈강 북단에 도착하기 시작했다. 5월 13일 도하를 앞두고 클라이스트는 군단장들과의 회의를 통해 부대가 도하 하는 동안 화력지원 문제를 토론했다. 직접지원을 제공해야 하는 포병들이 아르덴에서 발이 묶여 아직 도착하지 않았기 때문에 항공 화력을 운용해야 했는데, 클라이스트는 뫼즈강 대안에 설치된 프랑스군의 진지와 요새들에 대해 대규모 공군으로 단 1회 20분간 융단폭격을 실시하여 프랑스 요새들과 진지들을 완전히 무력화시킨다는 계획을 제시했다.

그러나 구데리안은 단 1회의 집중 폭격으로 적을 완전히 무력화시킬 수는 없을 것이라는 의견과 함께, 당시로서는 혁신적인 폭격 전술이라고 할 수 있었던 '롤러식 폭격 작전'을 제안하였다. 이는 스당 공세를 지원하는 제2비행단장과 협의한 내용으로서, 소수의 공군부대를 온종일 지속해서 폭격에 동원하는 안이었다. 이러한 폭격의 장점은 적 포병을 지속해서 무력화할 수 있고, 프랑스군에게 심리적인 타격을 줄 수 있으며, 벙커 같은 점표적을 공격할 수 있다는 것이었다. 폭격은 구데리안의 건의에 따라 5월 13일 온종일 이어졌다. 5월 13일 스당에서 이루어진 독일 공군의 폭격 작전은 전 전쟁 기간을 통해 가장 밀도가 높은 잔인한 폭격이었으며, 가장 성공적인 전술적 기습이었다고 할 수 있었다. 독일군은 5월 13일 폭격 작전 이후로는 이처럼 협소한 정면에 가해진 엄청난 집중 폭격을 다시는 재현해 낼 수 없었다.

클라이스트 기갑군에 지원된 공군기는 무려 1,500대에 달했다. 이들 공군은 기갑군의 주공인 구데리안의 군단 정면 스당 지역에 중점적으로 지원되었고, 조공인 라인하르트 군단의 정면인 몽테르메-샤를르빌-메치에르 지역에는 극소수의 폭격기만 지원되었다. 아침 08 : 00시부터 16 : 00시까지 공군은 스당의 뫼즈강 만곡부에 집중적으로 폭격을 가했다. 이후에는 지상부대가 뫼즈강 도하작전을 개시했기 때문에, 폭격은 프랑스군의 종심을 타격하여 지상군의 전진을 지원했다. 그리고 마지막 단계에서 어두워질 때까지는 전방으로 이

---

17) 칼 하인츠 프리처 지음, 진중근 옮김, 앞의 책, p. 241.

동하는 프랑스군의 예비대를 차단하기 위한 폭격을 실시했다.

'롤러식 폭격 작전'은 구데리안이 기대한 바대로, 프랑스군의 포병을 온종일 무력화시켰고, 적의 전투 의지를 빼앗는 데 결정적인 역할을 했다. 흔히 슈투카라고 불리는 Ju 87 급강하 폭격기는 항공기의 성능이 열악하여 전투기를 만나면 지극히 무력한 전력에 불과했으나, 제공권이 확보된 상태 하에서 지상군에 대한 폭격기로서의 활약은 타의 추종을 불허했다. 거의 수직으로 낙하하며 실시하는 폭격은 정확도가 매우 높았고, 폭격기 날개에 장착된 파이프는 귀를 찢는 굉음을 일으켜 지상군에게 무한한 공포심을 주었다. 그 당시 스당 지역을 방어하고 있던 프랑스군 제55사단의 장병들은 생지옥과 같은 상황에 공황에 빠졌는데, 당시의 상황을 프랑스군 장교는 다음과 같이 묘사하였다.

● 슈투카는 연합군이 공군력에서 우위를 점하기 이전인 2차 세계대전의 중반까지는 지상군의 근접 지원 임무와 대(對)함정 작전에서 탁월한 성능을 발휘했다.

"계속해서 일어나는 폭발이 천지를 뒤엎었다. 악몽 같은 폭음 외에는 아무런 감각도 느낄 수 없었다. 폭탄이 허공을 가르며 떨어지는 소리는 점점 더 커지고 가까워져 왔으며, 그칠 줄을 몰랐다. 우리 병사들은 바로 자신이 표적이라고 느끼고 있었기에 더 초조했다. 첫 번째, 두 번째, 열 번째, 폭탄이 나르는 소리가 공중을 가득 메웠고, 폭발음이 끊임없는 천둥소리처럼 뒤엉켜 들려왔다. 소리가 일순 멈출 때는 사방에서 죽어가는 사람들의 헐떡이는 소리가 간간이 들렸다. 우리는 고막이 터지지 않도록 입을 벌리고 등뼈가 휠 정도로 몸을 구부린 채 꼼짝달싹 못하고 침묵할 수밖에 없었다. 각종 포탄이 폭풍우처럼 쏟

아지고 벙커가 들썩거렸다. 무시무시한 폭발음이 들렸고 환각 상태에서 벗어나 처절한 현실로 돌아왔다. 수직으로 하강하는 슈투카의 사이렌 소리에 귀청이 찢어지고 온 신경이 마비되는 듯했다. 울고 싶은 심정이다."[18]

프랑스군에 대한 이러한 심리적 공포의 충격에도 불구하고, 전쟁이 끝난 후에 당시의 폭격 효과를 분석한 결과, 파괴 효과는 미미한 것으로 밝혀졌다. 독일 공군은 단 한 개의 벙커도 파괴하지 못했으며, 프랑스군의 사망자는 56명에 불과했다. 그러나 모든 야전 통신선이 절단되고 장병들의 전투 의지를 완전히 소멸시켜 지휘부를 마비시키는 간접효과는 무엇보다도 컸다.

구데리안의 도하를 위한 최선두부대는 제1기갑사단이었고, 또 그 선두에는 대독일 보병연대 제2대대와 강습 공병대대였다. 5월 13일 16 : 00에 그들은 강습 단정과 고무보트를 이용하여 도하를 시도했으나, 극심한 항공 폭격에도 파괴되지 않았던 벙커에서 쏘아대는 기관총에 저지되어 몇 시간을 허비해야 했다. 구경이 큰 88mm 포를 이동시켜 벙커를 파괴한 이후에야 보병이 도하 할 수 있었다. 보병들은 일단 도하에 성공한 이후에 주변의 벙커들을 후방에서 접근하여 파괴하거나 제압하여 기동로를 확보해 나갔다. 이러한 방식으로 계속해서 프랑스군의 벙커를 제압해 나가 19 : 00시 경에는 프랑스군의 예비 진지까지 침투하여 돌파하는 성과를 거두었다. 그리고 20 : 00시에는 수많은 벙커와 참호로 연결된 전방 중대의 방어거점인 247고지를 백병전 끝에 마침내 점령하게 되었다.

대독일 보병연대 1, 3대대는 스당 남쪽 소도시인 토르시에서 치열한 시가전을 전개했다. 대독일 보병연대의 돌파와 동시에 제1보병연대도 뫼즈강을 극복하고, 과거 1870년 9월 2일에 나폴레옹 3세가 빌헬름 1세에게 항복했던 지점인 벨뷔(Bellevue) 요새로 진격했다. 이곳은 프랑스군의 포병 진지가 있는 핵심 요새였지만, 독일군의 전차포와 공병들에 의해 차례차례 점령당했다. 제1연대장 발크(Herman Balck) 중령은 연대가 하루의 극렬한 전투로 전투력이 완전히 소진되었으나, 프랑스군 주 방어선의 마지막 전방 거점인 301고지를 무조건 즉시 점령해야 한다고 다그쳤다.

301고지는 1870년 보불전쟁에서 독일군이 점령함으로써 결정적인 승리를 거둘 수 있었던 요충지로 대 몰트케의 고지로 불리는 곳이었다. 연대장 발크 중령은 "오늘 쉽게 할 수 있는 일을 내일로 미루면, 강물 같은 피의 대가를 치러야 한다."라면서 제2대대의 선두에서 공격하여 22 : 40분에 고지를 탈취했다. 그는 상황 보고를 통해 "제1보병연대는 22 : 40분에 301고지를 완전히 장악했다. 지대 내의 벙커는 모두 우리 수중에 들어왔다. 적의

---

18) 칼 하인츠 프리처 지음, 진중근 옮김, 앞의 책. p. 264.

방어선은 완전히 돌파되었다."라고 보고했다.

제1연대장 발크 중령은 훗날 집단군 사령관까지 승진한 매우 유능한 장교였다. 흔히 만슈타인이 독일군에서 최고의 전략가라면, 발크는 최고의 전술적인 야전 지휘관으로 평가되었다. 독일군에는 '유령 사단'이라고 불리는 두 개의 사단이 있었는데, 하나가 롬멜의 제7기갑사단이고, 다른 하나는 훗날 동부 소련과의 전선에서 명성을 날린 발크의 제11기갑사단이었다.

이러한 치열한 전투를 통해 제1기갑사단의 초기 전투, 즉 뫼즈강 도하를 위한 통로는 개척되었다. 구데리안의 다른 기갑사단인 제10기갑사단은 제1기갑사단의 좌측에서 뫼즈강을 도하해야 했다. 구데리안 군단의 전투력 할당이 주공인 제1기갑사단에 집중되었기 때문에, 제10기갑사단은 중포나 항공 화력의 할당이 거의 없는 상태에서, 뫼즈강에 도달하기 위해 600~800m나 되는 개활지 지형을 은폐 및 엄폐도 제공받지 못한 채 전진해야만 했다.

더욱이 보병들은 노출된 상태에서 완전군장을 하고 화기 및 공병 장비를 휴대한 가운데, 공격용 단정까지 끌고 뫼즈강변으로 가야 했다. 그러나 프랑스군의 포병과 기관총이 폭풍우처럼 쏟아졌기 때문에, 독일군은 단 한 대의 단정도 뫼즈강변으로 끌고 가지 못했다. 바로 그러한 상황에서 다행히도 중사 1명이 1개 분대의 특공대를 이끌고 도하하여 무려 300m의 정면에 있는 프랑스군의 벙커들을 무력화시켰다. 이를 계기로 제10기갑사단의 도하는 활발하게 이루어지게 되었는데, 이때 특공대를 인솔했던 루바르트(Walter Rubarth) 중사는 철십자훈장을 수여 받고, 일약 소위로 특진하게 되었다.

제2기갑사단은 제1기갑사단을 후속하면서 적 포병으로부터 큰 피해를 입었지만, 제1기갑사단의 보병부대가 먼저 도하하여 사단 정면을 일부 소탕해 버린 데 힘입어, 날이 완전히 어두워진 22:00경 도하를 개시할 수 있었다. 그러나 공병에 의한 교량의 건설은 당일 자정 무렵에서야 완성됨으로써 주 전력인 전차는 다음 날 5월 14일 아침 07:20이 되어서야 비로소 도하하기 시작하였다.

구데리안의 기갑군단이 무난하게 도하에 성공할 수 있었던 결정적인 요인은 부대의 최첨단에서 활약한 소부대 특공대에 의한 것이라고 할 수 있었다. 앞에서 기술한 루바르트 중사의 특공대나, 제10기갑사단과 제2기갑사단의 공병 특공대가 적의 벙커나 요새를 파괴했기 때문이었다. 구데리안의 도하작전 성공사례는 이와 같은 최첨단 소부대의 국지 전투가 때로는 대부대의 전술적 승리보다 전쟁의 승리에 크게 기여할 수 있음을 보여준다.

구데리안의 기갑군단이 도하를 위해 극한의 전투를 전개하고 있던 시각보다 조금 앞서 제4군 예하 호트의 제15기갑군단 소속인 롬멜의 제7기갑사단은 스당의 북쪽에 있는 우

(Houx)에서 도하를 시도하고 있었다. 오토바이 수색정찰대는 건너편에 수비병이 없는 제방을 발견했다. 제방 중간의 작은 섬에 증원부대가 도착했고, 13일 아침부터 도하를 위한 교량이 설치되기 시작했다. 이 지점은 강의 너비는 겨우 100m 정도였다. 13일 저녁 교량이 완성되어 첫 전차가 뫼즈강을 건넜다. 구데리안의 전차부대 도하 보다 오히려 10시간 정도 빨리 도하 한 것이다.

롬멜 사단의 도하는 초기에 프랑스군의 증강된 전차 1개 대대 규모의 역습으로 실패로 돌아갔지만, 설치한 교량은 완전히 파괴되지 않고 남아 있었다. 이때 스당에서 구데리안의 군단이 대규모 도하작전을 전개하자, 프랑스군의 관심이 스당으로 집중되었기 때문에 롬멜의 사단은 도하를 재개할 수 있었다. 이 시점에서 프랑스의 전술공군 사령관 테뛰(Marcel TêTu) 장군은 “모든 전투력을 스당에 집중하라. 스당과 우 간의 위협 정도는 1백만 대 1이다.”라고 말하면서, 스당 지역을 중시했다.

그는 제1항공사단에 구데리안이 가설한 골리에의 교량을 반드시 파괴해야 한다고 강력히 지시했다. 골리에의 교량은 독일군이 가진 부교의 거의 전부를 동원하여 완성했으며, 예비 물자도 전혀 없었다. 프랑스군이나 독일군이나 이 교량의 중요성을 정확히 인식하고 있었고, 따라서 전쟁의 승패가 골리에의 교량을 지켜내느냐, 아니면 파괴하느냐에 달려 있었다고 볼 수 있었다. 프랑스 제1집단군 사령관 비요트(Gaston-Henri Billotte) 장군도 북부지구 공군 사령관 비주리(Francois d'Astier de la Vigerie) 장군에게 “승리냐 패배냐, 그것은 이 교량에 달려 있다.”[19]고 말할 정도였다.

구데리안은 이 교량을 보호하기 위해 7개의 방공대대에 303문의 방공포를 요소요소에 배치하였고, 연합군의 항공기를 요격하기 위해 전투기를 집중하여 운용했다. 그러나 프랑스군은 보유한 역량을 모두 집중하여 운용할 시스템이 되어있지 못했다. 이론적으로는 프랑스군은 총 932대의 폭격기를 보유했고, 전방 지역에 242대를 운용했지만, 5월 14일 결정적인 전투가 벌어진 이곳에는 겨우 43대의 폭격기만 투입되었다. 오히려 영국군의 폭격기는 109대나 투입되어 역전 현상을 보였다. 폭격기를 엄호하기 위한 전투기는 연합군이 250대였다.

연합군의 폭격기를 요격하기 위한 독일 전투기는 당일 814소티를 기록한 반면, 연합군의 전투기는 250소티에 불과했다. 연합군의 공중공격은 05 : 30부터 자정까지 간단없이 실시되었지만, 27회에 걸친 소규모 축차 투입으로 독일 방공포대의 표적이 되기에 적당하여 결국 각개격파를 면치 못했다. 영국군 폭격기 109대 중에서 47대, 프랑스군 폭격기 43대 중 5대, 전투기 50대가 격추되었다. 격추되지는 않았지만 파괴된 항공기도 65대나

---

19) 칼 하인츠 프리처 지음, 진중근 옮김, 앞의 책. p. 289.

되었다. 조그마한 임시교량 하나를 파괴하기 위해 167대의 항공기가 손실되었던 것이다.

처칠은 후에 그의 회고록에서 이날 하루에 영국군 전투기 67기를 잃었으며, 프랑스에 전개한 전투기 총 474기 중에서 전투가 가능한 것은 206기에 불과할 정도로 피해를 보았다고 기술하였다. 그런데도 교량에는 조그마한 피해도 입히지 못했고, 심지어 접근하지도 못했다. 빗발치는 방공포의 화망에 맞아 목표지점에 도달하기도 전에 격추되기 일쑤였기 때문이다. 살아남은 연합군 조종사들은 이 상황을 '뫼즈강의 지옥'이라고 불렀으며, 프랑스인들은 이날을 '비통한 날'이라고 했다.

구데리안은 장병들을 격려하기 위해 수시로 교량 위를 걸어 다녔으며, 시찰을 나온 룬트슈테트 집단군 사령관에게도 교량 위에서 상황을 보고했다. 문제는 이날 전차 600대가 바늘구멍 같은 교량을 통과하여 뛰쳐나갈 태세를 갖추었다는 점이다. 그리고 5월 14일 아침 09:00경에 프랑스군 제55사단과 구데리안의 제1기갑사단 사이에 처음으로 전차 간의 교전이 이루어졌다. 그러나 문제는 그 전날인 5월 13일 저녁에 프랑스군의 진지에서 공황상태가 발생했다는 점이었다.

스당 지역 방어를 담당한 프랑스군 제55사단의 전방에서 독일군 전차가 나타났다는 유언비어가 퍼졌다. 물론 이 시점에서는 전차는 커녕, 독일군 병사도 보이지 않았다. 오직 포탄만 쏟아지고 있었기 때문에, 이를 자칫 전차포의 사격으로 오인할 수는 있었을 것이다. 이러한 오인이 풍문과 허위 보고로 이어져 걷잡을 수 없이 퍼졌다. 급기야는 제55사단의 지휘소가 위치한 퐁 다고(Fond Dagon)에서까지 "전차가 나타났다. 독일 놈들이 여기까지 왔다."라면서 진지를 이탈하여 도주하기 시작했다.

점차 불송(Bulson)에서 메종셀(Maisoncelle)로 통하는 주 보급로는 탈영병들로 가득 찼다. 군사 경찰들도 집단 탈영병들에 대해서는 방법이 없었다. 사단장 라퐁텐 장군은 도로를 화물차 여러 대를 동원하여 차단하고 참모들과 탈영병들을 설득하느라 여념이 없었다. 권총을 뽑아 위협하기도 하여 일시적으로 중지시키기는 했으나, 어느새 탈영병들은 어둠 속으로 사라져 갔다. 놀라운 것은 탈영의 시작이 최전선인 보병부대가 아니라, 후방의 포병부대였다는 점이었는데, 탈영을 말리던 장교들에게도 점차 공포가 전염되어 탈영대열에 합류하게 되었다.

제10군단의 중 포병연대장 퐁슬레(Poncelet) 대령은 예하 부대장들의 성화에 못 이겨 퇴각 명령을 내렸다. 대대들은 야포와 장비를 유기하고 도망쳤다. 점차 시간이 흘러 독일군 전차의 출현이 오보라고 밝혀졌을 때는 이미 상황을 바로 잡을 수가 없었다. 퐁슬레 대령은 자신의 명령이 가져온 결과에 책임을 느끼고 며칠 후 권총으로 자살했다. 5월 13일 저녁 20:00경에 제55사단장 라퐁텐 장군은 어쩔 수 없이 사단 지휘소를 4km 후방으로 이전했는데, 이것이 또 큰 실수로 작용하여 병사들의 진지 이탈을 부채질했다. 물론 이 시점에서는 독일군의 소규모 특공대가 전방 보병의 벙커들을 공격하기 시작했다는 상황 보고가 들어오면서 모두가 혼란에 빠졌기 때문이기도 했다.

제55사단은 정확한 상황을 파악해보지도 못하고 정신이 나가 통신장비와 암호를 파괴하는 등 집단 환각 증상에 빠졌다. 공황 상태에 휘말려 제55사단은 보병들은 아직도 대부분 진지를 지키고 있었으나, 포병들은 대부분 탈영해 버렸던 것이다. 제55사단의 붕괴는 우측에 배치되어 방어 중인 제71사단의 방어체계마저 붕괴시키는 연쇄효과를 가져왔다. 결국, 독일군은 전차포를 한 발도 쏘지 않고 적을 물리치는 결과를 획득했다.

프랑스군의 제10군단장 그랑사르 장군은 사전에 준비된 계획에 따라 13일 16:00경에 군단 예비대인 2개 연대에 불송 지역의 저지 진지를 점령하도록 명령했다. 예행연습의 결과로는 각각 전차 1개 대대로 증강된 보병 제205연대와 제213연대는 집결지로부터 저지 진지까지 이동시간은 두 시간 정도면 충분한 것으로 도출되었으나, 실제는 17시간이나 걸렸다. 그 이유는 제55사단에서 발생한 공황 상태로 인해 탈영병들이 모든 도로를 가득 메우고 있는 데다, 독일군의 항공기들이 수시로 폭격을 가해 온 때문이기도 했지만, 무엇보다도 지휘관들의 의지 부족 때문이었다.

군단장의 저지 진지 점령을 위한 명령은 5월 13일 16:00에 내려졌으나, 실제 부대 이동은 저녁 21:30분이 되어서야 가능했다. 그러나 제213연대장은 부대에 문제가 생겼다면서 독단으로 저지 진지까지 가지 않고, 후방지역인 셰메리(Chēmery)와 메종셀(Maisoncelle) 일대에 23:00 경에 도착하여 급편 방어진지를 점령했다. 그에 따라 제213연대보다 늦게 출발한 제205연대도 다음날인 5월 14일 10:45분 경에 제213연대 보다 우측에 도착할 예정이었다.

한편, 제10군단장은 제55사단장 라퐁텐 장군에게 군단 예비를 배속하면서 역습 권한을 이양했다. 하지만 라퐁텐 장군은 와해된 그의 사단을 수습하느라 경황이 없었기 때문에 군단 예비대인 2개 연대의 독단행동을 묵인해 버렸다. 이 시점은 구데리안의 전차부대들이 뫼즈강을 건너기 위해 1개밖에 없는 교량을 통과하느라 안간힘을 쓰고 있는 참으로 귀중한 시간이었는데, 프랑스군 지휘관들의 우유부단한 지휘로 인해 역습 기회를 날려버리고 있었다. 예컨대, 제55사단장 라퐁텐 장군이 군단 예비인 2개 연대에 역습 명령을 정식으로 하달한 것은 군단장으로부터 명령을 받은 후 아홉 시간이 지난 5월 14일 05:00이었고, 역습 개시 시간은 07:30분이었다.

역습은 우선 가용한 제213연대와 2개 전차대대였다. 목표는 먼저 불송 지역의 군단 저지선이고, 마지막은 뫼즈강의 주진지를 회복하는 것이었다. 역습 명령을 받은 제213연대장은 "이것은 우리 연대에 순교를 강요하는 것이다."라고 말했다. 패배주의에 젖어있기도 했지만, 역습이 실패할 것임을 예견한 말이었다. 그러나 연대장의 말과 달리 프랑스군이 전력 면에서 절대 불리하지 않았다. 구데리안의 기갑부대가 뫼즈강에서 교량을 건너기 시작한 시점이 14일 07 : 20분이었으므로 역습지역에는 독일군의 전차가 없었고, 오직 피로에 지친 제1보병연대만이 일부 돌파구를 형성하여 좁은 정면에서 진격하고 있었을 뿐이었다.

프랑스군은 제10군단 예비의 역습에 이어 제2군 예비의 역습도 준비하고 있었다. 따라서 제55사단장 라퐁텐 장군이 증강된 2개 연대로 불송 지역에 대한 역습에 성공하여 중요지형을 확보했다면, 독일군의 대규모 돌파를 저지할 가능성이 있었다. 명령대로 프랑스군의 역습부대는 07 : 30에 공격개시선을 통과했다. 그들은 전차부대와 보병이 한 덩어리가 되어 보병의 전진 속도에 맞추어 기동했기 때문에, 출발하여 1시간 30분이 경과되었어도 겨우 2km 정도밖에 진출할 수 없었다.

그런데 이때 뫼즈강을 간신히 건넌 독일군 전차가 전차부대 단독으로 급속히 기동하여 프랑스군 전방에 나타났다. 프랑스군은 주요 거점인 불송 지역으로의 경주에서 독일군에 뒤떨어졌다. 독일군은 프랑스군의 움직임을 항공정찰로 잘 파악하고 있어 그때까지 도하를 완료한 1개 중대의 전차부대에 전속력으로 유리한 지형을 점령하도록 사단장이 직접 명령을 하달하였다. 전차에 무전기가 장착되었기 때문에 즉각 조치할 수 있었다. 프랑스군의 전차와 교전이 시작되자 맨 처음 투입된 1개 중대의 전차부대는 거의 전멸했지만, 후속으로 증강되는 4개 중대 규모의 독일 전차부대는 점차 프랑스군을 밀어냈다.

5월 14일 10시 45분경에 이르러 라퐁텐 장군이 역습부대에 철수명령을 하달하자, 곧이어 독일군이 전방 요새지대인 불송 지역을 완전히 점령해 버렸다. 이러한 철수 과정에서 프랑스군 전차 40대 중에 10대만이 철수에 성공했고, 나머지는 모두 파괴되었으며, 역습연대장도 상처를 입고 포로가 되었다. 한편 역습부대의 우측을 담당하는 제205연대는 5월 14일 새벽에 역습을 위해 기동하려 했지만, 제55사단과 제70사단의 탈영병 무리에 휩쓸려 전진하지 못하고 있는 상태에서 좌측의 제213연대가 패배하자, 역습에 참여해 보지도 못하고 철수해야만 했다.

한 가지 아이러니는 제205 연대장 몽비니에 모네(Montvignie Monnet) 중령에게서 일어났다. 그는 긴급히 새로운 명령을 수령하기 위해 사단 지휘소를 찾아 후방으로 이동하다가, 군사 경찰에게 탈영병으로 오인되어 체포된 후에 베르됭의 감옥에 갇히게 되는 어이없는 일이 벌어졌다. 연대장이 사라진 부대는 지휘계통이 혼란해져 일부가 탈영병 대열에 가담하면서 와해되고 말았다. 군단 역습은 이렇게 한편의 희극처럼 실패로 끝이 났다.

전장에서 마찰로 언급되는 혼란이 흔히 발생하는데, 프랑스군의 군단 역습을 격파한 데 고무된 독일군 제1기갑사단장이 5월 14일 12 : 00경 점령지역의 교회 앞 광장에서 긴급 간부 회의를 시작할 무렵, 갑자기 나타난 독일군 슈투카가 무차별 폭격을 가했다. 이때 공병 대대장과 장교 2명이 즉사하고 제1기갑여단장과 부하들이 부상을 입었다. 신속한 부대의 전진을 예상치 못한 항공기가 아군을 적으로 오인하여 폭격한 것이었다.

적의 전방 요새를 돌파한 데 성공한 구데리안에게 차후 작전을 어떻게 전개할 것인가는 딜레마였다. 참모총장 할더는 사전에 뫼즈강을 돌파하더라도 돌파 지역에 대해 보병부대가 충분한 공간을 확보할 때까지 기갑부대의 독단행동을 허용하지 않았고, 히틀러도 남쪽으로부터의 역습을 우려하여 차후 작전은 자신이 결정하겠다고 언급해 놓고 있었다. 그러나 구데리안이나 만슈타인의 개념은 뫼즈강을 돌파한 이후에 지체없이 대서양 해안을 향해 돌진하지 않으면 작전술 차원의 승리는 없다고 확신해 왔다는 점이다. 상관의 명령에 따르자면 현 지점에서 정지하고 후속 보병의 증강을 기다려야 하지만, 승리를 위해서는 즉시 돌파를 계속해 나가야 했다. 그는 깊이 고심했지만, 눈앞의 호기를 놓치고 싶지 않았다. 그는 진격하는 것으로 결심하고 5월 14일 14 : 00에 제1, 제2기갑사단에 전속력으로 서쪽으로 진격하여 40km 떨어진 르텔(Rethel)까지 가도록 했다.

구데리안은 매너리즘에 빠진 프랑스군의 굼뜬 반응으로 남쪽으로부터의 역습은 무시해도 될 것으로 판단했고, 그의 판단은 옳았다. 그의 전진은 돌파구를 메우기 위해 기동하는 프랑스군의 전진보다 빨라 적의 반격을 무력화시켜버렸다. 그의 결심은 상급자, 심지어 히틀러의 지시까지 무시한 행동이었다. 그러나 그의 결심은 그의 군단만이 아니고 모든 기갑사단들에도 전파되어 공세에 참여하는 승수효과를 나타냈다. 측방에 대한 위협은 아랑곳하지 않고 대서양을 향해 쐐기를 박는 공격을 전개했으며, 가느다란 낫이 되어 연합군의 허리를 잘라갔다.

작전은 워낙 역동적으로 진행되어 독일군의 작전 주도권이 구데리안의 전진에 따라 결정되어졌다. 기갑부대에 대한 보병부대의 엄호는 생각할 수도 없었지만, 기습당한 연합군에게서 역습을 감행할 여력을 탈취해버려 오히려 우려할 것이 없게 만들었다. 현대의 군사학자들은 스당에서의 돌파 작전 성공으로 연합군의 패배가 기정사실이 되었다는 데에 대해 의견을 같이한다. 구데리안의 스당 돌파 작전은 14일까지 오직 전사 120명, 부상 400명의 손실만으로 달성되었다. 이제는 독일군에게는 승리의 영광만이, 연합군에게는 패배의 쓰라림만이 남아있게 되었다.

● 구데리안 중장

● 롬멜 소장

● 만슈타인 중장

● 룬트슈테트 상급대장

한편, 우측 지역에서 롬멜은 가장 먼저 도하에 성공하여 교두보에서 연료와 탄약을 만충하고 5월 14일 새벽에 적을 향해 돌진하기 시작했다. 롬멜은 히틀러의 경호 대장으로 신임을 받으며 재직하다가 전쟁 개시 무렵에 제7기갑사단장으로 보직되었다. 그는 제1차 세계대전에서도 보병 중대장으로 이탈리아군 1개 연대를 포로로 한 공로로 철십자훈장을 받았으며, 보병학교에서 자신의 전투 경험을 기초로 [보병 전술]이라는 책을 저술하여 명성을 얻었는데, 이를 본 히틀러가 롬멜을 경호 대장으로 발탁했다고 알려져 있다. 그는 독일 장교단의 엘리트 집단인 일반참모 출신이 아니었지만, 금욕주의자이면서 적을 쳐부수는 데만 온 정신을 집중하는 투사로서 부하들의 우상이 된 장군이었다.

그의 돌파 방향은 스당의 북서쪽인 디낭 지역으로 비교적 전투력이 약한 제9군이 배치되어 있었다. 뫼즈강을 건넌 독일군에 다행인 것은 프랑스군의 주진지가 강을 연해 축성되어 있지 않고 강에서 남쪽으로 다소 떨어진 구릉지에 있었다는 점이었다. 5월 14일 해가 밝기 전에 롬멜의 부대는 겨우 1개 중대 병력만 도하에 성공했는데 프랑스군의 집중사격과 역습으로 곤경에 빠졌다. 롬멜은 프랑스군에 모든 화력을 집중시켜 도하 부대를 보호하면서 최선두에서 고무보트를 타고 도하했다. 이때부터 몇 시간 동안 롬멜의 행동은 마치 만화를 보는 듯 눈부셨다. 그가 교두보에 도착하자 프랑스군의 전차 공격을 받았는데 독일군에게는 대전차 화기가 하나도 없었다. 위기에 직면했지만, 소총과 기관총을 전차에 집중하자, 프랑스군 전차는 보병의 호위를 받지 못했기 때문에 천천히 후퇴했다. 그는 다시 도하 지점으로 달려가 물속에서 직접 목재를 운반하며 부교 설치를 독려했다. 이때 프랑스군의 역습이 개시되어 도하지점을 포격하기 시작했지만, 롬멜은 프랑스군의 사격권에서 온종일 부대를 지휘했으며, 부대가 위기에 처할 때마다 반드시 현장에 있었다. 제7기갑사단 장병들에게는 롬멜이 절대 총에 맞지 않을 것처럼 보였다.[20]

날이 밝자 제7연대가 프랑스군의 진지를 유린하고 교두보를 넓혔으며, 전차도 30대가 도하를 완료했다. 롬멜이 선두에서 전차를 지휘하여 진격을 개시하는 도중, 프랑스군의 대전차포와 야포의 공격으로 그가 탄 전차에 2발이 명중하여 경사면을 미끄러지면서 도랑에 처박혔다. 그는 얼굴에 찰과상을 입었지만, 전차를 바꿔 타고 진격을 계속했다. 그의 부대는 또다시 제9군 예비인 프랑스군 제1기갑사단과 북아프리카 사단의 역습을 받았다. 제1기갑사단의 전차는 샤르 B-1으로서, 75mm와 47mm의 포를 탑재했고, 장갑도 두꺼워 독일군은 궤도나 현가장치에 사격해야만 무력화시킬 수 있었다. 그러나 가장 큰 문제는 전차의 성능이 아니라, 바로 유류 보급이었다. 프랑스군의 전차는 연료가 바닥나 할 일 없이 개활지에서 독일군에게 포위되어 도마 위의 물고기 신세가 되었다.

참고로, 프랑스군의 전차는 유류 보급을 유조차량에 의존했는데, 전장에서 유조차량은 피난민과 후퇴하는 병사와 차량들로 도로가 메워져 기동할 수가 없었고, 유조차는 오직 1대씩만 주유할 수 있었기 때문에 적시에 주유할 수 없어 어쩔 수 없이 전차를 유기해야만 하는 경우가 많았다. 전차 운용에 대한 프랑스군의 사상은 제1차 세계대전에서처럼 보병의 보조 역할에 머무르게 되어, 기동은 보병의 속도에 맞춰야 했고, 연료탱크도 작아 한 번 만충으로는 두 시간 정도밖에 운항할 수 없을 정도였다.

반면에 독일군은 드럼통을 개발하여 중간중간에 보급소를 운용함으로써 전차가 드럼통

---

20) 데니스 쇼월터 지음, 황규만 옮김, 『패튼과 롬멜』(서울 : 일조각. 2012), p. 231.

을 싣고 다니면서 자체 급유를 하고 빈 드럼통을 교체하는 방식으로 간단없는 유류 보급을 했으며, 항속거리를 늘리기 위해 연료통을 크게 만들었기 때문에 기동을 훨씬 원활하게 할 수 있었다. 롬멜은 유류가 고갈되어 정지한 프랑스군의 샤르 B형 전차 19대를 포함하여 총 35대의 전차를 노획했다. 도로에는 몇 백 명의 프랑스군 병사들이 줄지어 투항해 왔으며, 일부 전차는 불타고 있었다.

독일군의 수뇌부는 이즈음에 상상 이상의 승리와 진격에 오히려 당황했다. 가느다란 선처럼 진격하는 독일군 기갑부대의 측면에 대한 프랑스군의 역습을 우려한 경계심이 발동한 것이다. 그에 따라 히틀러는 A집단군 사령부에 진격하는 선두 기갑부대의 후미를 보병들이 따라잡고 공백을 메꿀 수 있도록 일시적인 정지를 명하게 되었다. 그러나 구데리안이나 롬멜은 돌파구를 형성했을 때 즉각 전진하지 않으면 돌파 자체가 무의미해지고 적의 방어력을 강화할 시간적 여유를 준다고 생각하였다.

5월 15일 클라이스트의 기갑군에 내려졌던 정지 명령은 클루게의 제4군에도 똑같이 내려졌다. 그에 따라 벨기에와 프랑스의 국경에 도착한 호트의 기갑군단에도 국경을 따라 설치된 마지노선의 연장 방어선에 대한 공격을 금하는 지령이 하달되었다. 그것은 북측으로부터의 프랑스군 역습에 대한 우려와 차후 임무 수행을 위해 기갑부대를 절약해야 한다는 이유에서였다. 그리고 프랑스군의 주방어진지를 돌파하기 위해 보병부대가 선두에 설 것인가, 아니면 기갑부대가 선두에 설 것인가를 두고 결심이 안 되어있기 때문이기도 했다.

제4군사령관 클루게는 제7기갑사단에 프랑스군의 주방어진지에 대한 돌파는 엄격하게 금지하면서도 위력 수색 정찰은 하도록 허용했다. 오후가 되자 북쪽 측방으로부터 프랑스군의 위협이 전혀 없음을 간파한 클루게는 호트의 기갑군단에 프랑스군의 요새지대를 돌파하라고 명령했는데, 이는 분명 상급 부대의 명령에 위배되는 것이었다. 그러나 명령한 프랑스군 요새지대에 대한 공격은 참으로 빛나는 성공을 초래하였다.

그렇지 않아도 전진하고 싶어 좀이 쑤시는 롬멜에게는 절호의 기회가 되었다. 5월 16일에는 18 : 00시경에 마지노선의 연장 요새인 프랑스 제9군의 주 방어선에 대한 돌파 작전을 전개하여 악전고투 끝에 경이적인 승리를 거두고 돌파에 성공할 수 있었다. 그의 부대는 기동하면서 좌우 사방으로 전차포를 사격하여 적을 혼란스럽게 하면서 요새지대의 종심을 꿰뚫었다. 이제는 프랑스군의 조직적인 저항이 끝난듯하였다. 롬멜의 전차부대는 탄약이 완전히 바닥났지만, 기관총과 기동력으로 프랑스군의 패잔병을 제압했다. 그리고 그는 23 : 00시 경에 프랑스군의 제2방어선마저 돌파해 버리고 말았는데, 이때의 심경을 롬멜은 자신의 일기에 아래와 같이 기록했다.

"이제 서쪽으로 가는 길은 완전히 개방되었다. 우리가 마지노선을 돌파한 것이다. 아무도 이를 예측하지 못했다. 우리는 22년 전에도 4년 반 동안이나 지금과 똑같은 적과 대치했다. 전투에서는 계속 승리했지만 결국 전쟁에서는 패했다. 그런데 오늘 우리는 그 유명한 불멸의 마지노선을 무너뜨리고 적국의 종심 깊숙한 곳으로 달려왔다. 이것은 꿈이 아니다. 현실이다."[21]

롬멜의 일생을 통한 무모할 정도의 과감성과 적극성은 대부분은 빛나는 승리를 가져왔는데, 마키아벨리가 운명의 신이 여자였기에 과감하고 용감한 남자에게 행운을 준다는 말이 잘 들어맞는 경우가 아닌가 싶다. 프랑스군의 주 방어선을 돌파한 5월 17일 새벽에 기동을 시작한 롬멜은 아벤(Avesnes)을 목표로 진격하다가, 도로변을 연하여 숙영 중인 프랑스의 제5차량화보병사단과 조우했다. 차량들은 도로변에 가지런히 주차되어 있었는데, 그곳에는 프랑스 제18보병사단과 제1기갑사단의 일부도 함께 숙영하고 있었다. 롬멜은 사단의 정중앙을 습격하여 당황하는 프랑스군에 대해 좌우로 무차별 사격을 가함으로써 공포와 전율을 일으키고 마비를 강요할 수 있었다. 그리하여 프랑스 제5차량화 보병사단은 참혹하게 짓밟히고 말았다. 10km 남짓 되는 거리에 수백 대의 전차와 차량이 구덩이에 처박힌 채 불타고 있었다. 프랑스군은 처참한 표정으로 손을 들고 숲에서 걸어 나왔다.

롬멜은 아벤에 도착하여 잠시 전열을 정비한 다음, 미약한 적의 산발적인 저항을 물리치면서 랑드르시(Landrecies)를 향해 진격했는데, 프랑스군이 상브르(Sambre)강의 교량을 미처 파괴하지 못해 롬멜은 이를 쉽게 확보할 수 있었다. 상브르강의 교량은 연합군의 주력이 배치된 벨기에 지역을 후방에서 포위 기동하는 데 참으로 중요한 인후부와 같은 곳이었다. 도로에는 피난민과 퇴각하는 프랑스군 병사들이 넘쳐났는데, 롬멜 부대가 랑드르시에 진입하자 차량 및 마차와 공포에 질린 시민, 그리고 넋이 빠진 병사들로 길이 가득 메워져 있었다. 항복한 병사들은 독일군을 따라 행진해갔다. 후속하는 독일군은 오후 16 : 00시경에 속속 도착하기 시작했다. 롬멜은 진격을 계속하여 이날 만 80km를 전진했고, 이러한 진격 과정에서 적 전차 100대를 노획하고 포로 1만 명을 획득했다. 반면에 그의 부대의 피해는 전사 35명에 부상자 59명이 전부였다고 한다.[22]

06 : 00경에 상브르강의 교량을 확보한 후에도 롬멜은 멈추지 않고 미친 듯이 계속 진격했고, 06 : 30분 경 선두 부대가 르카토(Le Cateau)에 도달해서야 부대를 멈추고 부대 상황을 보살폈다. 그가 대동했던 부대는 2개 전차대대와 몇 개의 오토바이 소대에 불과했으며, 유류와 탄약이 바닥난 상태였다. 그런데도 롬멜은 프랑스군에게 단순히 항복하라고

21) 칼 하인츠 프리저 지음, 진중근 옮김, 앞의 책, p. 420.
22) 데니스 쇼월터 지음. 황규만 옮김. 앞의 책. p. 238.

말했으며, 그들은 순순히 그의 명령에 따랐다. 어디에도 저항하는 모습은 찾을 수 없었다. 일부 프랑스 병사들은 영국군으로 오인하여 반가워하기도 했다.

이때 사단 사령부는 롬멜과 무선을 교신하다가 단절되는 상태를 몇 번 반복했다. 일시적인 진격을 명했는데, 사단장과 부대의 행방이 묘연해졌기 때문에 군단으로부터 쏟아지는 신경질적인 질문에 작전참모는 시달려야 했다. 부대의 진격 속도가 너무 빨라 신출귀몰한 데다, 통신 두절이 반복되었으므로 제7기갑사단은 "유령 사단"이라는 별명이 붙을 정도였다. 통신이 반복적으로 끊어지게 된 것은 때로는 상급 부대의 통제를 피하기 위한 롬멜의 의도적인 행위였다는 의심이 들기도 했다. 그러나 독일군 수뇌부가 대승리를 거둔 롬멜을 상급 부대의 지시를 어겼다고 군법회의에 회부하는 것은 불가능했으며, 오히려 철십자훈장을 수여하여 격려했다.

프랑스군의 저항 의지와 지휘계통은 걷잡을 수 없이 무너졌다. 롬멜의 좌측에서는 롬멜과 같은 군단 소속인 제6기갑사단이 도하하여, 프랑스 제9군을 격파하는데 가세했다. 특이한 사항으로는 제6기갑사단 정면에 프랑스의 식민지 베트남에서 온 부대가 있었는데, 후퇴할 줄 모르고 3일간 진지를 고수하는 용맹성을 발휘했기 때문에, 제6기갑사단은 어쩔 수 없이 그들을 우회해야만 했었다. 그들은 훗날 자국의 독립전쟁에서 진가를 발휘하게 되는데, 롬멜과 조우한 방어 전투에서도 그들 베트남 부대는 끈질긴 용맹의 징조를 보여주었다.

5월 13일 독일군의 선두 부대가 스당 지역에 작은 돌파구를 형성하고 막 터져 나오려는 순간에도 프랑스군은 그 심각성을 전혀 인식하지 못하고 있었다. 프랑스군의 북동부 전역에 대한 작전권을 위임받은 제1군사령관 조르주(George Blanchard) 장군은 이날 22 : 25분쯤 총사령관 가믈랭에게 "스당 지역에 큰 의미가 없는 바늘구멍이 생겼다."라고 보고를 했을 뿐, 그 의미에 관해 설명하지 않았다. 그러나 그는 독일군 기갑부대가 뫼즈강을 도하하여 돌파구를 확장해 가는 순간이었던 5월 14일 정오까지도 '단지 국지적인 작은 사건에 불과하다.'라고 과소평가하다가, 5월 15일이 되어서야 비로소 파멸을 가져올 대재앙이 닥쳤음을 인식할 수 있었다.[23]

이에 대해 프랑스군 지휘부는 제9군과 제2군 사이의 돌파구에 대해 주변의 부대가 최대한 저지하도록 하고, 돌파구의 정면에 있는 제2군의 예비로 강력한 역습을 하며, 새로 편성된 제6군을 제2군과 제9군 사이로 투입하여 돌파구가 더 이상 확장되는 것을 막도록 계획했다. 그러는 사이에 제2군 예하 제10군단의 역습이 결국 실패로 돌아갔음은 앞에서 언급한 대로다. 제2군 사령관 욍치제르(Charles Huntziger) 장군 역시 사태를 안이하게

23) 칼 하인츠 프리저 지음, 진중근 옮김, 앞의 책, p. 319.

판단하였다. 우선 제10군단의 역습이 사태를 수습해 줄 것으로 생각했으나, 그렇지 못했다. 그는 제2군의 역습이 성공할 것이라고 기대했던 것이다.

제2군의 역습은 전체 전역을 통틀어 프랑스군의 군단급 이상이 동원된 유일한 작전술적 역습이라는 의미를 담고 있었다. 동원될 부대는 제21군단장 플라비니(Flavigny) 장군에게 위임된 증강된 7개 사단(+)으로 1개 기갑사단과 2개 경기병사단이 포함된 2개 군단 규모였다. 역습의 목표는 제10군단이 역습했던 돌파구의 기저부인 불송 지역으로 스당에서 튀어나온 마지노선의 연장지역이었다. 만약 이들 프랑스군 제21군단이 불송 지역을 역습으로 회복한다면, 독일군이 그토록 우려하던 독일군의 주력인 기갑부대와 후속하는 보병부대를 단절시킨 다음, 기갑부대를 고립시켜 이들 독일군을 포위 및 섬멸할 수 있을 것임이 분명하였다.

그러나 이 시점에서 독일군의 구데리안 주력부대는 이미 그 지역을 크게 벗어나 내륙으로 질주 중이었고, 교두보에 남아있는 부대는 구데리안의 후속 부대인 제10기갑사단뿐이었다. 전력상으로 역습부대는 300대에 달하는 전차를 보유한데다, 수색 정찰을 위한 장갑차량 역시 충분한 상태였다. 역습부대의 주력이 될 제3기갑사단은 138대의 전차를 보유하고 있었는데, 그 가운데 약 1/2은 호치키스(Hotchkiss) 형이고, 1/2은 샤르(Char) B형의 신형 전차로서, 장갑과 화력에서 독일군의 최신전차 Ⅳ형으로도 파괴할 수 없을 정도였다. 교두보 내에 남아있는 독일군 제10기갑사단의 전차는 100대 정도였지만, 1/3만이 신형인 Ⅳ형 전차였고, 나머지는 프랑스군의 경전차와 비교해도 상대가 곤란한 Ⅰ형과 Ⅱ형 전차였다.

프랑스군의 역습부대가 공격 대기지점에 도착하여 역습 준비를 완전히 갖춘 시간은 5월 14일 17 : 30분이었다. 앞으로 뛰어나간 구데리안의 제1기갑사단과 제2기갑사단은 탄약과 연료가 거의 소모되어 있었기 때문에, 프랑스군이 전력을 다해 앞뒤 부대의 허술한 간격으로 역습했다면 전쟁의 승패는 아마도 달라질 수 있었다. 프랑스군은 공세적인 역습을 한다는 데 대해 고무되어 용기를 북돋우며 공격 명령을 기다리고 있었다. 그러나 아무리 기다려도 공격 명령은 하달되지 않은 채 어떤 연유인지 공격이 시나브로 취소되었으며, 그에 따라 장병들의 사기는 바닥으로 떨어져 버렸다.

역습부대장인 제21군단장 플라비니 장군은 전방에서 지리멸렬하여 철수하는 군단 역습부대의 장병들을 만났는데, 그들은 독일군이 수천 대의 전차로 공격하고 있다고 떠들어대는 등, 역습 실패 상황을 과장하여 보고하는 것을 듣고 성공 가능성이 없다고 판단하여 역습을 임의로 취소해 버렸던 것이다. 플라비니 장군은 역습하는 대신에 20km 정면에 걸쳐 저지선을 형성했는데, 그로 인해 모처럼 집결해 놓은 기갑부대들이 각급 부대에 분산되어 버렸다. 부대를 분산시키는 것은 쉽지만, 공격을 위해 부대와 병력을 집결시키기는 참으로 어려운 과업인데, 플라비니 장군은 집결한 부대를 분산시켜 절호의 역습 기회를 상실해 버렸던 것이다.

하루가 지난 5월 15일 새벽에 북동부 전선 사령관 조르주 장군은 제2군사령관에게 "내가 제3기갑사단을 당신에게 준 것은 역습하라는 것이었소."라고 말하며 독촉하자, 제2군사령관 왱치제르 장군은 플라비니 장군에게 역습하라는 엄중한 명령을 내렸다. 그러나 이때는 이미 독일군이 100km 정면에서 프랑스군을 무너뜨리고 내륙으로 돌진 중이었기 때문에 시기적으로 늦어버렸다. 역습 실시는 전날과 같이 부대 집결과 유류와 탄약의 보급이 지연되어 계속 늦어졌으며, 5월 15일 18시 15분이 되면서 역습 명령은 또다시 취소되었다.

만슈타인과 구데리안이 가장 우려했던 핵심은 스당 돌파 후에 예상되는 프랑스군에 의한 측면 방향에서의 역습이었는데, 프랑스군은 충분한 전력이 있었음에도 불구하고, 미적거리며 지체하다가 그만 역습의 기회를 놓쳐버렸다. 그러나 왱치제르와 플라비니는 모든 책임을 제3기갑사단장 브로카르(Brocard) 장군에게 미루고 그를 파면시키고 말았다. 전투근무 지원을 핑계로 작전을 거부했다는 이유였다. 파면당한 브로카르는 "어떤 임무든 간에 전차는 연료 없이는 갈 수 없습니다."라고 냉소했다.

프랑스군은 독일군을 패배시킬 수 있었던 최적의 시간을 미적거리다가 놓쳐 버렸고, 마지막 역습의 기회마저 놓치고 말았다. 이는 프랑스군의 교리가 제1차 세계대전 당시의 참호전 사상에 머물러 있었던 탓에 적의 움직임에 따른 신속한 부대 기동이 전혀 이루어지지 않았기 때문이었다. 이 외에도 신속한 대응을 위해서 꼭 필요한 지휘통신 운용 면에서 무선을 무시하는 경향이 만연하여 말단 부대, 특히 기갑부대의 무선장비 보유율이 20% 수준밖에 안될 정도로 극히 부족했다는 점, 그리고 둔중한 병참 체계로 인해 전차에 유류를 충진하기 위한 대책이 거의 전무했었다는 점 등을 역습의 실패 원인으로 지적할 수 있겠다.

그러나 대조적으로 독일군은 임무형 지휘에 따라 말단 부대의 독단행동이 허용되었고, 각 전차마다 무전기가 장착되어 있어 순간적인 변화에 즉시 대응이 가능했으며, 기동부대에 가장 중요한 유류 보급을 위해 당시로서는 획기적인 중간보급소를 운용하고 휴대용 드럼통을 이용함으로써 간단없는 기동을 가능하게 했다는 점 등이 승리를 가져온 중요한 요인이라고 할 수 있겠다. 거기에다 한 가지 덧붙인다면, 독일군의 유기적인 공지 합동작전 체계도 승리의 한 요인으로 작용하였다고 볼 수 있겠다. 독일군은 지상군에게 간단없는 항공지원이 제공되었다는 점이 거의 항공지원을 받지 못한 프랑스군과 대비되었다고 볼 수 있다.

프랑스군은 야전군급 규모의 대부대 차원의 작전술적 역습을 시도하지도 못하고 취소할 수밖에 없었는데, 이것은 앞서 설명한 이유에서 비롯된 것이었다. 한편 군사학도로서 프랑스군의 조치와 관련하여 이해할 수 없는 점은 작전통제권의 위임에 관한 것이라 할 수 있었다. 앞서 프랑스 제2군의 제10군단 역습 시에 제10군단장은 역습 권한을 제55사단장에게 위임한 바 있었고, 제2군의 역습 시에도 군사령관 욍치제르 장군은 제21군단장 플라비니 장군에게 역습 권한을 위임하였던 것으로 밝혀졌다. 또한 플라비니 장군은 역습부대의 핵심인 제3기갑사단의 지휘권을 제3차량화보병사단장 베르텡 부수(Bertin Boussu) 장군에게 넘겨주었다. 역습의 주력부대인 기갑사단의 지휘권을 보병사단에 넘겨준다는 것은 기갑부대의 생명력인 기동력과 충격력의 효과를 전혀 이해하지 못한 처사로서, 프랑스군 장군들의 사상이 1918년 당시의 전차 운용, 즉 전차는 보병부대의 지원화기로 인식하는 수준에 머물러 있었다는 점을 단적으로 보여주는 것이라 할 수 있다.

프랑스군은 어떤 전역에서도 기갑부대의 장점을 살린 작전행동을 펼쳐 보이지 못했다. 플라비니 장군은 단 한 번의 결정적인 영웅이 될 수 있는 기회를 책임 회피를 통해 허무하게 상실하였다. 그러나 스당의 돌파구를 회복하기 위한 프랑스군의 역습은 비록 실행해 보지도 못하고 실패했지만, 북동부 전선 사령관 조르주 장군은 새롭게 편성한 제6군을 제2군과 제9군의 틈새로 투입하여 마지막으로 독일군의 돌파구를 봉쇄하고자 했다.

그러나 갑자기 프랑스군의 구세주로 떠올라 막중한 임무를 맡게 될 제6군사령관 투숑(Robert Auguste Touchon) 장군에게는 당장 가용한 부대가 없었다. 그가 넘겨받은 것은 참모조직과 여기저기서 차출된 혼성부대였다. 그래도 정예부대인 제2기갑사단과 제14보병사단이 있었고, 얼마 후에는 제9군의 우익을 담당했던 제41군단과 제36보병사단도 휘하에 두게 되었다. 투숑이 이들 부대를 신속히 규합하여 돌파구에 대한 작전술적 역습을 가해야 했지만, 프랑스군의 고질적인 문제인 느림보 반응에 따라 프랑스군은 역습은커녕, 작전지역으로의 이동도 제때 이루어지지 않았다.

역습부대의 핵심인 제2기갑사단은 상급 부대의 계속되는 명령 번복 때문에 자멸하고 말았다. 5월 11일부터 5월 15일까지 사단장 브뤼셰(Bruché) 장군이 받은 명령은 모두 5가지인데, 모두가 상충된 내용을 포함하고 있어 수행이 근본적으로 불가능했던 것이다. 그 내용은 ❶ 벨기에 방면의 간격에 투입된 부대의 예비대 역할, ❷ 제1군을 지원, ❸ 제9군의 작전지역인 디낭 지역에 대한 역습 작전 수행, ❹ 시니(Signy) - 라베이(L' Abbaye) 방면의 집결지 점령, 그리고 ❺ 제6군에 배속 전환하여 우아즈-상브르 운하 지역에서 방어작전 수행 등 5가지 임무 수행에 관한 명령이었다.

모두가 상반된 명령을 받아 결과적으로 아무것도 실행하지 못하고 부대는 혼란 속에 와해 되어버렸다. 임무를 받고 부대를 이동시키느라 우왕좌왕하다가 사단장은 자기의 예하 부대가 어디서 무엇을 하고 있는지조차 파악을 할 수 없었다. 전황이 가장 위기에 닥쳤던 5월 16일에 사단장은 12개의 전차대대 중 7개만 소재를 알 수 있을 뿐이었다. 더욱이 적정을 전혀 알지 못했기 때문에 사단장은 통제가 가능한 부대만 상부의 명령에 따라 시니-라베이 지역의 집결지로 끌어 모았다. 그러나 제2기갑사단은 하필 그 지역을 진격하던 라인하르트의 기갑군단과 조우하여 단숨에 와해되고 말았다. 제6기갑사단은 조우하게 된 프랑스군 제2기갑사단의 근무 지원부대를 짓밟았고, 제8기갑사단은 브뤼셰의 제2기갑사단을 두 조각으로 분리시켰기 때문에, 프랑스군의 전차들은 연료가 바닥나 유기되었거나, 기차에 실린 채 하역해 보지도 못하고 무력화되었다. 이에 따라 마지막 역습 기회를 부여받았던 제6군사령관 투숑은 결국 잔여 부대를 엔(Aisne) 강을 따라 배치함으로써, 독일군의 공격을 정면에서 저지하지 않고 남쪽에서 방호하는 것으로 한정해야 했다.

4. '낫질 작전'의 완성

5월 16일 아침이 되자, 구데리안의 앞에 프랑스군의 강한 적은 이제 소멸되어 버리고, 대서양까지 진격해 가는 길이 훤히 열리게 되었다. 프랑스군에 대한 돌파와 공격 과정에서 독일군의 지휘체계에 혼선이 발생하게 되었는데, 그 이유는 전통적인 야전군 우위의 사고방식에 고착되어 있던 군사령관들과 기갑군과의 부대 운영에 대한 견해차 때문이었다. 구데리안의 우측에서 동시에 뫼즈강을 도하하도록 계획되어 있던 라인하르트의 제41기갑군단은 아르덴을 통과하는 도로 사용의 우선권에서 밀려 구데리안의 군단을 후속하다가 일정 지점에서 우측으로 기동하여 뫼즈강에 도달하게 되어 있어, 매우 불리한 처지였다. 라인하르트 부대는 예정보다 하루 늦게 뫼즈강에 도달했는데, 그들의 앞에는 제3군단 예하 보병부대가 뫼즈강을 도하하려고 전력을 기울이고 있는 중이었다.

구데리안의 부대가 이미 스당 지역을 돌파하는 혁혁한 전과를 세우고 있는 시점에서 라인하르트의 부대는 뫼즈강에 도달하여 도하를 준비하는 상황이었다. 라인하르트의 지지부진함을 기화로, 작전 책임 지역을 맡고 있던 선임 군사령관들은 자기 지역에 들어와 있는 기갑부대들을 배속해 달라고 A집단군에 요청하자, A집단군은 클라이스트의 기갑군 전체를 리스트(Wilhelm List)의 제12군에 배속해 버리고 말았다. 이러한 조치에 충직한 클라이스트도 반기를 들고 상급 부대의 명령을 전면 무시해버렸다. 그는 예하 부대에 전력을 다해 서쪽으로 진격하도록 명령했는데, 이는 보병부대에 주도권을 뺏길 뻔한 기갑부대를 격발시켰다. 라인하르트의 선봉인 제6기갑사단은 5월 15일 야음을 이용하여 부교를 설치하고 아침에 도하에 성공하였다. 다행히 프랑스군은 스당 방면에 발생한 구데리안의 돌파구에 온 신경이 쏠려있어 라인하르트의 전방에는 적정이 미약한 상태였다. 순조롭게 뫼즈강을 돌파한 라인하르트의 선봉 부대는 저녁까지 55km를 진격하여 몽코르네(Mont cornet)에 도착했다. 독일군은 이곳에 이르는 동안 전투다운 전투를 해보지도 않았으며, 프랑스군의 후방을 휘저을 수 있었다. 예상치 못한 적을 조우한 프랑스군은 얼어붙었으며, 일부는 영국군으로 착각하여 손을 흔들며 환영하기도 했다. 라인하르트의 진격으로 구데리안의 부대를 저지하기 위해 구축한 프랑스 제6군의 저지선은 의미가 없어져 버렸다. 방어선의 후방으로 적의 기갑부대가 전진해 왔기 때문이었다. 프랑스군의 방어계획은 이제 산산이 무너졌다. 5월 16일에 라인하르트의 선봉 부대인 제6기갑사단장 켐프(Werner Kempf) 소장과 구데리안은 몽코르네의 광장에서 만나 서로의 전공을 치하했다. 라인하르트의 성공은 지휘권을 두고 야기된 클라이스트 기갑군을 위기에서 구해냈다. 이에 따라 클라이스트의 기갑군은 자동적으로 제12군으로부터 배속 해제되었으며, 전방으로의 자유로운 진격을 허락받게 되었다.

5월15일까지 앞서 기술한 롬멜의 제7기갑사단이 북부에서, 라인하르트의 제6기갑사단이 중앙에서, 그리고 구데리안의 부대가 남부에서 뫼즈강의 방어선을 무너뜨리자, 스당 남부로부터 나무르(Namur)까지 100km 정면의 프랑스 방어선은 완전히 붕괴되고 말았다. 이러한 와중에서 프랑스군의 지휘부는 5월 14일부터 완전 혼란에 빠져들어 갔다. 5월 14일 제2군과 제9군의 전투지경선 부근에 돌파구가 발생했다는 정보를 받은 제1군사령관 조르주 장군에 대해 당시 하급 참모장교였던 앙드레 보프르(André Beaufre) 대위는 아래와 같이 묘사했다.

"초상집 분위기였다. 조르주는 완전히 새하얗게 질려 있었다. "우리 전선이 스당에서 깨져 버렸어. 무너져 버린거야." 그는 의자에 털썩 주저앉아 울음을 터뜨렸다. 그는 이 전역에서 내가 처음 본 울보였다. 아, 다른 사람도 울게 된다. 나는 그것을 보고 무서운 인상을 받았다. 참모장 두망 장군은 깜짝 놀라 "장군, 이건 전쟁이고 이런 일은 병가지상사(兵家之常事)입니다."라고 말했다. 그러자 조르주는 설명했다. "무시무시한 공중 폭격을 받고 2개 사단(제55사단과 제71사단)이 도망쳐버렸다고. 진지가 꿰뚫리고 독일군의 전차가 불송(Bulson)에 도착했다고 제10군단이 보고해 왔다고." 여기서 또 한 차례 눈물이 펑펑 쏟아졌다.[24]

---

24) 존 키건 지음, 류한수 옮김, 앞의 책, p. 109.

제1군사령관 조르주 장군만이 이 시점에서 진정한 위험을 감지한 단 한 명의 고급지휘관으로 보인다. 방어선을 회복하기 위한 프랑스군의 역습은 각 제대 단위로 행해졌지만, 어느 것 하나 성공하지 못했다. 우선, 반응시간의 지연으로 강력한 역습은 실행되지도 못하고 독일군에게 돌파를 허용해 버렸다. 5월 15일이 되자 스당으로부터 디낭 사이의 돌파구는 점점 확대되어 갔고, 그곳을 방어하던 제2군과 제9군의 붕괴는 기정사실이 되어버렸다.

5월 15일 제1군사령관 조르주 장군은 대령으로 국방차관을 역임하다가 불과 4일 전에 제4기갑사단장에 임명된 드골 장군에게 독일군 기갑부대의 경로상에 위치한 랑(Laon)을 공격하여 파리 북쪽에 새로운 방어선을 만들 시간을 벌라고 지시했다. 프랑스군이 보유했던 기존의 제1, 2, 3기갑사단은 모두 무력화되어 더 이상 존재하지 않았다. 제4기갑사단은 창설 중이었지만, 드골은 열의를 가지고 과업을 받아들였다.

드골은 수년 전부터 구데리안처럼 작전술 수준의 기갑부대 창설을 주장했던 통찰력 있는 전문가였다. 5월 17일에 제4기갑사단은 그때까지 보충된 전력인 '3과 1/2대대 규모'의 전력으로 몽코르네 지역의 독일군 제1기갑사단의 진지 안으로 파고들었다. 드골의 지체 없는 공세 행동은 독일군이 전혀 예상하지 못한 행동이었으므로 상당한 전과를 올렸다. 마침 몽코르네 지역에는 주력 기갑부대는 없고 구데리안의 군단 참모부와 제1기갑사단의 후미 부대만 있었기 때문에 독일군은 공병들의 지뢰매설과 대전차포로 급편 방어에 나섰다.

얼마 후 저녁이 되어 슈투카의 공격을 받은 데다 연료를 보충해야 했기 때문에, 드골의 기갑부대는 철수해야만 했다. 결과적으로 드골의 공세는 적에게 의미 있는 타격을 주지는 못하고 크게 놀라게 하는 정도에 그쳤다. 프랑스군이 이미 붕괴한 상황에서 드골의 공세가 전체적인 국면을 역전시킨다는 것은 불가능했다. 그 당시의 모습을 드골은 자서전에 자세히 기록하고 있었다.

"북에서 남으로 향하는 모든 도로에는 가엾은 피난민들의 행렬이 가득했다. 나는 거리에서 무기를 잃은 많은 병사를 만났다. 그들은 며칠 전 독일 기갑부대의 공격을 받고 전멸당한 부대의 병사들이었다. 프랑스 병사들이 전장 이탈 중에 적의 기계화부대에 포로로 잡히면 적들은 그들을 무장해제 시킨 후, 기동로를 막지 못하도록 남쪽으로 신속히 쫓아버렸다. 그들은 '우리는 너희들을 포로로 잡고 있을 시간이 없다.'라고 외쳤다. 패전으로 당황하는 주민들과 군사적 패배 앞에서, 그리고 적들의 건방지고 오만한 행동에서 나는 끝없는 분노를 느꼈다. 아. 너무 한심하다. 어떻게 전쟁 초반부터 이렇게 심각한 상황이 초래되었을까."

5월 15일 아침 07 : 30경에 프랑스 수상 레노는 영국 수상 처칠에게 전화를 걸어 도움을 청했다. 그는 "우리는 패하고 말았습니다. 우리는 전투에서 졌습니다."라고 말하자, 처칠은 "아니 그렇게 빨리 말입니까?"라고 대답했다. 이어서 레노는 "스당 부근의 전선이 무너졌습니다. 그놈들은 엄청난 탱크와 장갑차로 몰려오고 있습니다."라고 되뇌었다.[25] 이날 네덜란드는 항복했다.

5월 10일에 처칠은 수상으로 취임했다. 독일의 공세가 시작된 이날 체임벌린이 사임하고 처칠이 취임한 것은 상호 연관성은 없었다. 전쟁이 개시된 후 처칠은 5월 13일 총리로서 첫 하원 연설에서

"드릴 것은 피와 수고와 눈물과 땀뿐"이라고 솔직하게 말했다. 이어서 그는 "여러분께 묻겠습니다. 우리의 목표는 대체 무엇일까요? 한 마디로 대답하겠습니다. 승리입니다. 그 길이 아무리 멀고 험난해도, 어떠한 희생을 치르고 어떠한 두려움을 겪게 되더라도, 우리는 승리해야 합니다. 승리가 없으면 생존도 없기 때문입니다."[26]

처칠은 레노 수상의 전화를 받은 다음 날인 5월 16일 오후 프랑스로 날아가 외무성으로 가서 레노 수상과 달라디에 국방장관, 그리고 가믈랭 총사령관을 만났다. 가믈랭은 간단한 상황 보고를 통해 독일군이 100km 정도를 돌파해 아미앵과 아라스를 향하고 있으며, 해안을 향해 질주하고 있다고 했다. 10개의 독일군 기갑사단들이 두 동강이 난 프랑스군을 마치 측면부대처럼 여기고 전진 중이라는 것이었다. 처칠은 물었다. "전략 예비대는 어디 있지요?" 가믈랭은 머리를 흔들며 "없습니다." 처칠은 전략 예비대가 전혀 없다는 사실에 아연실색했다고 회고록에 기록하고 있다. 프랑스군은 독일군의 주공이 제1차 세계대전 때처럼 북쪽의 벨기에를 통해 해안으로 지향할 것이라고 굳게 믿어 전략예비인 제7군을 전선의 가장 좌익에 이미 투입했기 때문에 준비된 전략예비가 없었다. 사전에 제7군사령관 조르주 장군이 우려한 것이 현실이 되어 버렸던 것이다.

가믈랭은 독일군의 측면을 공격하기 위해 마지노선에서 철수하고 있는 사단 8~9개를 동원하고 있으며, 여기에는 핵심 전력으로 전투에 참여하지 않은 2~3개 기갑사단이 포함되어 있다고 말했다. 가믈랭의 방책은 옳았지만, 처칠에게는 프랑스군 수뇌부에게서 그것을 실행할 의지와 열정이 전혀 느껴지지 않았으며, 수단마저 매우 불확실하다는 것을 알았다. 마지노선에서 병력을 차출하여 예비대로 사용하기 위해서는 제1차 세계대전에서 제

25) 윈스턴 처칠 지음, 차병직 옮김, 『제2차 세계대전. 상』(서울 : 까치, 2016), p. 366.
26) 앤드류 로버츠 지음, 이은정 옮김, 『히틀러와 처칠. 리더십의 비밀』(서울 : Human & Books. 2004), p. 233.

6군을 급조하여 마른 강으로 투입했던 조프르 장군과 같은 결연한 의지가 있어야만 가능한 것이었다. 수송 수단은 차후의 문제였다. 제1차 세계대전에서 시민들은 자발적으로 택시까지 동원하여 장병들을 수송하지 않았던가? 그러나 제2차 세계대전에 임하고 있는 프랑스의 수뇌부에게는 그러한 불타는 의지가 없었다.

프랑스는 처칠에게 특히 전투기의 증원을 절실히 요청했다. 처칠은 영국이 본토를 방위하기 위해 필수적 보유 한도인 25개 대대를 남겨놓고, 전투기 6개 대대를 추가 증원하기로 했다. 동맹국에 제공할 수 있는 최대치의 전투기를 제공하여 프랑스의 사기를 진작시키려고 한 것이다. 하지만 제공권을 독일이 확실히 장악한 시점에서 6개 대대의 전투기가 과연 기대한 만큼 큰 역할을 해낼 수 있을지 예상하기가 참 어려운 형편이었다. 외무성 마당에는 손수레로 문서를 운반하여 태우는 연기로 자욱했다.

프랑스는 5월 18일에 내각과 최고사령부에 대해 인적 쇄신을 했다. 흔히 그렇듯이 위기의 순간에 단행하는 인적 쇄신은 최상의 해결책이라기보다는 후임자들에게 책임을 떠넘기고 자신들은 떠나려는 책임 회피의 의도가 숨어 있었다.

레노는 자신이 국방방관을 겸임하고 부수상에 제1차 세계대전의 영웅 패탱 원수를 임명했으며, 달라디에를 외무부로 돌리고, 최고사령관에는 가믈랭의 후임으로 베강 장군을 임명했다. 베강 역시 제1차 세계대전의 영웅인 포슈 원수의 오른팔이었다.

한편, 독일군의 상급 지휘부는 빛나는 승리를 눈앞에 두고 오히려 혼란에 빠졌다. 보수적인 지휘관들의 눈에는 기갑부대의 지나치게 빠른 공격 속도에 숨이 막힐 지경이었다. 그들은 기갑부대의 측 후방을 방호할 보병부대가 기갑부대를 적당히 후속할 수 있도록 속도를 늦추라고 강력히 주장했다. 그러나 구데리안을 중심으로 한 진보주의자들은 그렇게 지체하는 것은 적의 방어력을 강화할 시간만 벌게 해준다면서 반발했다.

기갑군 사령관 클라이스트는 구데리안을 지지하면서도, 수차례나 기갑부대의 전진을 만류하여 구데리안과 마찰을 빚었다. 5월 16일 구데리안은 몽코르네의 광장에서 라인하르트 기갑군단 예하의 제6기갑사단장 캠프를 만나 서로 자축하면서 진격로를 조정했는데, 그러한 역할은 전방 지휘관의 고유 업무가 아니고, 군사령부의 조정과 승인이 필요한 사항이었으나, 구데리안은 독단행동을 했다. 그날 저녁 선두 부대는 우아즈(Oise) 강에 도달했고, 프랑스군의 저항은 완전히 사라졌다. 이제는 상급 부대에 의한 작전술적 통제가 사라지고 모든 기갑부대가 스스로 알아서 기동했다. 그들은 승리감에 도취하여 먼지투성이에 기진맥진했지만 더할 나위 없이 즐거워했다.

독일군 기갑부대들은 자유롭게 기동했으며, 의기양양하게 프랑스 시민들을 향해 손을 흔들었다. 프랑스군의 패잔병들이 지나가도 별로 개의치 않았으며, 프랑스군의 장병들도 저항하려 하지 않았다. 독일군에게 저지선의 한 축이 뚫렸으므로 프랑스군 스스로가 패배했다고 포기하는 것 같았다. 이제 독일군 스스로가 정지하지 않는 한, 독일군 기갑부대를 멈추게 하지 못할 터였다.

5월 16일 16 : 30분에 발령된 클라이스트의 명령이 5월 17일 00시 45분에 구데리안에게 도착했다. 내용은 몽코르네 전방으로 절대 진출해서는 안 되며, 우아즈강의 교량을 확보하기 위해서라면 소규모의 정찰대만 파견 가능하다는 것이었다. 클라이스트의 명령은 사실 룬트슈테트의 지시에 의한 것으로서, 이는 후속 보병사단들과 최전방의 기갑부대 간의 간격을 좁히려는 의도에서 나온 것이었다. 그러나 이 명령은 사실상 효력을 상실한 것이었다. 그 시각에 구데리안의 부대들은 이미 지시된 정지선을 넘어 30km나 전방으로 전진해 있었기 때문이다.

구데리안은 5월 17일 아침 07 : 00시까지 몽코르네의 비행장으로 출두를 명받았다. 거기에서 클라이스트는 구데리안을 질책하고 지휘권을 박탈했으며, 제2기갑사단장 파이엘(Rudolf Veiel) 중장에게 지휘권이 넘겨졌다. 작전을 매우 성공적으로 수행했지만, 상관의 명령을 계속 무시해온 데 대한 제재였다. 훗날 밝혀진 바에 따르면 기갑부대의 전진을 중지시킨 최종 명령자는 히틀러였다고 한다.

군사 전문가가 아닌 히틀러가 작전에 개입한 것이며, 히틀러의 근심거리는 좌 측방에서 발생할지도 모르는 프랑스군의 역습이었다. 그러나 실제로는 좌우 측방 어느 곳으로부터도 프랑스군의 군사행동은 어떤 기미도 없었다. 5월 18일 전황 보고를 하는 참모총장 할더에게 히틀러는 독일군 수뇌부가 작전 전체를 파멸로 몰아가고 패배에 이르게 하고 있다고 분노하며, 고래고래 소리를 질러댔다.[27] 할더는 그날 전황 보고를 마친 후, 간신히 히틀러를 설득하여 진격해도 좋다는 승인을 받아냈다. A집단군은 할더의 지침에 따라 하루가 지난 5월 18일에 구데리안에게 군단 지휘소를 전방으로 이동시키지 않는 조건으로 지휘권을 돌려주었다. 황금과도 같은 기회를 이용하여 구데리안은 부대를 후방에서 유선으로 지휘하면서 부대를 마음껏 진격하도록 했다.

한편, 이러한 독일군 상황과 대조적으로, 프랑스군은 5월 15일부로 제9군사령관 코랍(Corap) 장군을 파면하고, 제1군사령관 지로 장군에게 그 지휘권을 넘겼다. 지로 장군도 잔여 병력을 추스르지 못해, 제9군은 5월 16일 거의 전멸했고, 이때 후퇴하며 도망치는 병사들의 물결은 걷잡을 수 없이 커졌다. 지로 장군은 며칠 후 취사반 창고에 숨어 있다가 독일군 취사병에게 포로가 되는 비참한 처지가 되었다.

---

27) 칼 하인츠 프리저 지음, 진중근 옮김, 앞의 책, p. 405.

● 1940년 유럽 서부전선의 전격전

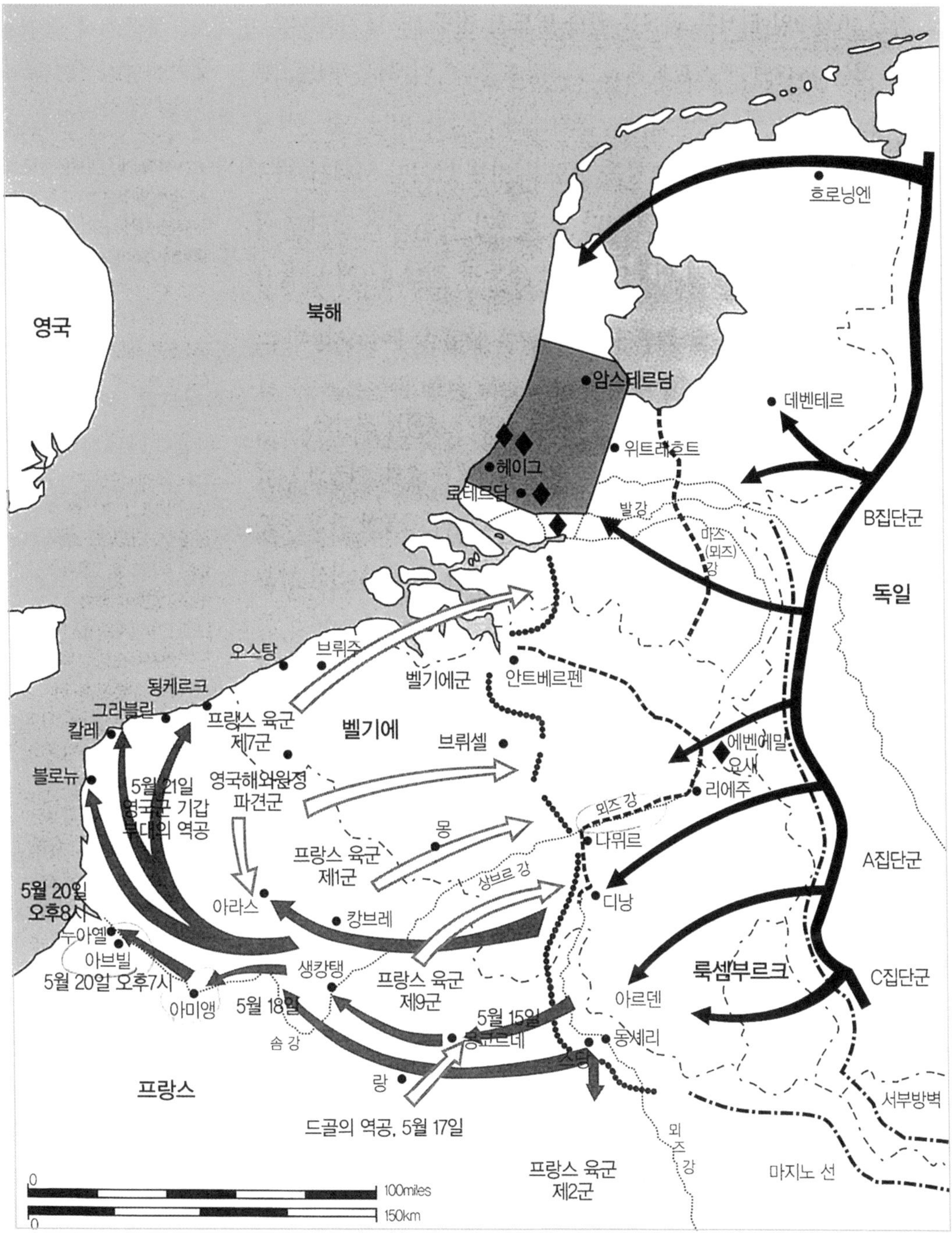

※ 출처 : 존 키건 지음, 류한수 지음. 『제2차 세계대전사』(청어람미디어, 2007), p. 83.

5월 17일이 되자 참모총장 할더는 부대를 재편할 생각을 하고 있었다. 소위 망치와 모루 개념을 생각하여 남쪽에서 솜강을 따라 진격하는 A집단군을 망치로, 북쪽에서 솜강을 향해 남하하는 B집단군을 모루로 하여 연합군의 주력을 섬멸하려는 생각이었다. 그를 위해 모든 기계화부대(기갑부대와 차량화부대)를 통틀어서 클루게의 제4군에 배속하려고 한 것이었다. 그러나 실제로는 히틀러의 정지 명령으로 A집단군의 진격이 늦어졌으며, 모루 역할을 고려한 보크의 B집단군의 진격이 예상보다 빨라 본래의 구상을 바꿔야 했다. 그러나 5월 19일에 할더는 히틀러의 승인을 얻어 모든 부대가 대서양을 향해 자유롭게 기동하도록 지시했다.

독일군의 기갑부대들은 각자 고삐에서 풀려나 솜강 하구를 향해 질주하기 시작했다. 제1기갑사단은 이날 아미앵(Amiens)에 도달하여 솜강 남쪽에 작은 교두보를 확보하였다. 제2기갑사단은 더욱 눈부시게 전진하여 20시 30분경에 만슈타인이 지헬슈니트계획의 최종 목표지로 생각했던 솜강 하구의 아브빌(Abbeville)에 도달했다. 그리고 새벽에는 예하의 보병부대가 드디어 대서양 해안에 도착함으로써 지헬슈니트 작전은 대성공으로 끝났다. 이제 포위망은 형성되었다. 정면이 140km에 종심이 200km이며, 이곳에 포위된 부대는 벨기에군, 영국 원정군, 프랑스 제1집단군 예하의 제1군, 제7군, 제9군의 일부를 포함하여 어마어마한 대규모였다. 이제 클라이스트의 기갑군은 해안을 따라 북상하여 됭케르크로 진격하고, 호트의 기갑부대는 내륙의 아라스(Arras)를 따라 진격함으로써 프랑스군에 대한 포위망을 좁히고 있었다.

한편, 프랑스군 총사령관 가믈랭 장군이 해임되기 전 5월 19일 오전에 마지막 내린 명령 제12호는 북부군은 포위되지 말고 독일군 기갑부대를 공격하여 절단하면서 솜강 남쪽으로 철수하고, 동시에 제2군과 신편 제6군으로 구성된 베송(Antonie-Marie-Benoit Besson) 장군의 제3집단군은 메찌에르(Méziés) 방향으로 북쪽을 향해 공격하라는 것이었다. 그의 명령은 이론상으로는 모두 타당했으나 시기가 이미 늦어버렸다. 그러한 명령은 4일 전에 내려야 했었을 것이었다.

스당이 돌파될 때 북부군의 유일한 희망은 즉시 솜강까지 물러나야 했었다. 그런데 제1집단군 사령관 비요트 장군의 조치는 부대의 방어선을 점차 축소하면서 서쪽을 향해 물러나는 것이었다. 5월 19일경에는 모든 것이 혼란에 빠져 수습이 불가능해졌다. 영국 원정군 사령관 고트경은 어쩔 수 없이 됭케르크 쪽으로 퇴각하는 방안을 검토해야 한다고 건의했다. 그에 따라 영국은 어쩔 수 없는 경우 해상 탈출을 위해 민간선박을 포함한 모든 선박을 점검하고 필요시 출동할 수 있도록 준비했으며, 다음날인 20일에 철수 작전의 암호명을 "다이나모 작전(Operation Dynamo)"으로 명명했다.

5월 20일 아침에 가믈랭 대신 프랑스군 사령관으로 취임한 베강(Maxime Weygand) 장군은 전장의 현실을 파악하기 위해 다음날인 21일에 북부군을 방문했다. 베강은 가믈랭보다도 고령인 74세였지만 원기 왕성했고, 1차 대전 당시 포슈 원수의 참모장으로 용맹을 떨쳤다. 그러나 기동을 위주로 한 전격전에 대응하는 데는 가믈랭과 다르지 않았다. 그의 비행기가 독일 공군의 공격을 받아 칼레에 불시착했고, 따라서 회의 시간이 오후 15 : 00시로, 장소는 이프르(Ypre)로 변경되었다. 그에 따라 회의 참석자는 벨기에 국왕 레오폴드와 제1집단군사령관 비요트 장군뿐이었으며, 영국 원정군사령관은 참여할 수 없었다. 베강 장군의 지침은 북부군이 솜강 남쪽에서 싸우고 있는 남부군과 공조해서 북쪽에서 독일 기갑부대를 수렴 공격하여 가느다란 포위망을 절단해야 한다는 것이었다. 그의 지침은 올바른 것이었지만 2일 전에 가믈랭이 제안했던 것과 같았다. 문제는 이를 실행할 예비대를 편성하는 것과 이를 실행할 과단성 있는 지휘자를 구하는 것이었다.

북부집단군 사령관 비요트는 회의 직후 부대로 돌아가다가 자동차 충돌사고로 사망했다. 베강은 칼레까지 자동차로 가서 잠수함을 타고 남쪽으로 돌아 파리로 돌아갔다. 비요트의 후임에는 3일 후 제1군사령관인 블랑샤르(George Blanchard) 장군이 임명되었다. 5월 19일 드골이 잔존 제4기갑사단으로 남쪽에서 다시 한번 역습을 시도했지만 허사였다. 가믈랭이나 베강 장군의 계획은 기본적으로 같았다. 그러나 프랑스군의 지휘관들은 적시에 역습하는 것을 주저했다.

현장에 파견되어 있던 영국군 육군참모총장 아이언사이드 장군은 원정군 사령관 고트 장군을 대동하고 지휘 체계상 상관인 제1집단군사령관 비요트를 방문하여 역습계획을 합의했다. 영국군이 2개 사단과 1개 기갑여단으로 아라스에서 남쪽으로 진격하고, 프랑스군 제5군단이 캉브레에서 동쪽으로 공격한다는 계획이었으며, 프리우 기병 군단이 돌파력을 지원하기로 했다. 프랑스군의 비요트 장군과 블랑샤르 장군의 소극적이고 비협조적인 태도에 실망한 아이언사이드 총장은 결국 자제력을 잃고 비요트의 멱살을 잡아 협조하겠다는 약속을 받아냈다. 아이언사이드 총장은 이때의 심정을 "이들은 계획은 커녕 계획을 세울 생각도 없이 그저 몰살당하기만 기다릴 뿐이었다."고 표현했다.

영국군과 함께 역습하게 될 제5군단장 알트마이어(René-Félix Altmayer) 장군은 기백을 완전히 상실하고 침대에서 내내 울기만 했다고 한다. 사실 비요트 장군이나 블랑샤르 장군에게는 조국의 운명이 걸린 연합군의 역습 작전을 지휘할 직접적인 책임이 있었다. 그런데도 그들은 역습 작전의 권한을 제5군단장 알트마이어 장군에게 위임했다. 이상하게도 프랑스군의 상급 사령관들은 자기에게 주어진 역습의 권한을 예하 부대에 위임하기 일쑤였다. 그것은 일종의 책임 회피였다. 역습의 권한을 위임받은 알트마이어 장군은 상심한 표정으로 눈물을 흘렸다. 그의 부대는 절반 이상의 전투력을 상실한 상태로 더 이상 군단의 장병들을 희생시키고 싶지 않아 명령을 거부하기로 마음먹었지만, 자기는 일부의 부대라도 선두에 서서 기꺼이 목숨을 바치겠다고 말했다.

혼란 속에 담당 지휘관들의 미온적인 비협조로 인해 역습부대는 축소되어 영국군 제4왕립전차연대와 제7왕립전차연대의 일부로서 마틸다 전차 74대, 더럼 경보병 2개 대대, 노섬벌랜드 퓨질리어연대 일부를 포함하여 증강된 전투단 규모였다. 5월 21일 이렇게 편성된 영국군 역습부대는 아라스에서 롬멜의 제7기갑사단을 치고 들어갔다. 아라스를 남쪽으로 우회하던 롬멜의 제7기갑사단은 주력부대가 이미 통과했기 때문에 현장에 전차가 없어 대경실색했다. 특히 영국군의 전차는 독일군의 대전차포에도 끄떡없는 80mm 장갑을 가진 마틸다II 보병용 전차였다. 영국군은 롬멜의 사단 일부와 SS-토텐코프(Totenkopf : 친위대 해골) 차량화보병사단을 짓밟았다.

그러나 결국 롬멜이 현장에서 대전차포와 야전포, 그리고 보병들을 통합하여 솔선수범하는 뛰어난 지휘와 독일군 전투기들의 지원으로 영국군을 패퇴시킬 수 있었다. 영국군은 용감하게 싸웠지만, 목표를 달성하지는 못하고 독일군을 크게 놀라게만 했다. 그들은 포병이나 항공력의 지원이 전혀 없었고, 합동작전을 하려는 의도도 없었기 때문에 실패는 예정되어 있었다. 영국군은 동시에 역습하기로 했으나 참여하지 않은 프랑스군에 대해 더 이상 싸울 의지가 없는 것으로 간주하여 동맹 관계는 금이 갔다.

이날 롬멜의 부대는 21일 서부 전역 최대의 피해를 입었는데, 전사 89명, 부상 116명, 실종 173명이었다. 롬멜은 적의 역습부대의 규모가 수백 대의 전차를 포함한 5개 사단 정도라고 보고했다. 이는 매우 과장된 것으로 롬멜의 공명심에 의한 잘못된 보고였다. 롬멜은 적의 포탄이 떨어지는 전투지역에서도 굴하지 않고 부하들과 함께하며 승리를 끌어내는 용기와 냉철함에서 높은 평가를 받았지만, 공명심이 지나쳐 주변의 비난을 사기도 했다.

다음날 실시된 프랑스군의 역습은 더 큰 실패로 끝났다. 프랑스군 제5군단장 알트마이어 장군은 프리우스 기갑군단의 전차를 지원받아 제5군단의 총력을 기울여 캉브레(Cambrai) 지역을 역습할 예정이었다. 그러나 이미 독일군에게 심대한 손상을 입은 부대가 대부분이어서 실제로 투입된 프랑스 역습부대 전력은 1개 보병연대와 감편된 2개 대대 규모의 전차부대가 전부였다. 캉브레 지역은 독일군의 기갑부대가 이미 통과해 버렸지만, 후속 보병부대가 아직 도착하지 못해 공백 상태였으므로, 독일군의 간격을 돌파하여 단절시킬 수 있는 절호의 기회였다. 그러나 프랑스군은 독일 폭격기들의 공습을 받고 진격이 저지되어 철수해 버렸다.

낫질 작전으로 두 동강 난 연합군의 전력은 완전히 공황 상태에 빠졌다. 정예부대가 투입되었던 제1집단군 예하의 제9군은 완전히 와해되었고, 나머지 벨기에군과 영국 원정군, 그리고 나머지 프랑스의 정예부대들도 방어선을 유지하지 못하고 점점 쪼그라들어 해안 쪽으로 내몰리고 있었다. 독일군 기갑부대에 의해 절단된 전선의 남부에는 마지노선에 과도하게 배치된 제2집단군과 남부지방의 제3집단군의 4개 군이 있었지만, 반격을 위해서 필수적인 수송 수단과 야포, 기갑부대가 부족했다.

5월 20일에 독일군이 낫질 작전을 성공적으로 마무리 짓고 남쪽에 남아있는 프랑스군을 섬멸하는 작전계획은 이미 계획되어 암호명 '적색 작전'이라고 명명되었는데, 독일군은 이제 이 '적색 작전' 실행을 위한 검토에 들어갔다. 이는 포위망에 갇힌 연합군이 더 이상 강력히 저항할 수 없을 것이라는 가정하에 검토되고 있었다. 차제에 영국군에 의한 아라스의 역습은 롬멜뿐 아니라, 히틀러를 깜짝 놀라게 만들어 예상치 못한 파장을 가져왔다. 기갑부대에 의한 가느다란 회랑에 대해 연합군이 절단을 시도해 올 것이라는 두려움이 또 다시 과도하게 작용하여 이성을 잃어버린 것이다.

클라이스트 기갑군 사령관은 "아라스에서와 같은 위기가 해소되지 않는 한 임무 수행이 어렵다."라고 했는데, 5월 22일 룬트슈테트는 이에 동의하고 즉시 기갑부대의 진격을 중지시켰다. 즉 돌파된 회랑 속을 보병이 후속하여 채워 넣을 때까지 기갑부대의 전진을 유보하자는 것이었으며, 히틀러도 이에 동조했다. 반면에 참모총장 할더와 육군 총사령관 브라우히치는 구데리안의 사상에 동조하면서, 연합군에 의한 측면 역습은 무시해도 좋다는 생각으로 기갑부대의 전진을 묵인했다.

5월 22일 구데리안은 예하 부대에 다음과 같은 명령을 하달했다. "제1기갑사단은 칼레로, 제2기갑사단은 불로뉴로, 제10기갑사단은 됭케르크로 진격하라."는 것이었다. 독일군의 전차가 해안을 향해 진격해 오는 순간에 연합군의 주력은 며칠 후 해상 철수 작전이 실시될 됭케르크에서 아직도 100km 정도 이격된 내륙에 있었다. 그러나 이날 다시 하달된 룬트슈테트의 명령에 따라 클라이스트의 기갑군은 정지해야만 했다.

5월 22일에 영국 수상 처칠은 다시 한번 파리로 달려가 현장의 실상을 파악하고 영국군의 해상 철수를 결심하기로 했다. 독일군의 진격 방향이 해안을 향하고 있었기 때문에 파리는 안전했다. 프랑스 정부는 며칠 사이에 주요 인물이 바뀌어 있었다. 가믈랭도 없었고, 국방장관 달라디에도 없었으며, 레노가 육군 장관을 겸하고 있었다.

그곳에서 처칠은 북부군 사령관 비요트가 교통사고로 죽었다는 것을 알게 되었다. 총사령관 베강은 여전히 원기 왕성했다고 처칠은 그의 회고록에 기록하고 있으나, 그의 전략에 대해서는 신뢰하지 않았다. 베강은 여전히 북부군이 아라스와 캉브레 부근에서 생 캉탱 방면으로 남동쪽을 향해 공격하여 독일군 기갑부대의 허리를 끊어야 한다고 주장했다.

그러면 남쪽에서 알사스, 마지노선, 아프리카에서 차출한 18~20개 사단의 예비대가 북상하여 상호 연결이 가능하다고 강조했다. 처칠은 베강이 실행 불가능한 희망 사항에 기대를 걸고 있다고 판단하고, "영국군은 남쪽으로 공격하는 동안에도 해안으로 통하는 길은 확보하고 있어야 한다."라고 함으로써, 영국군은 최악의 경우 해상 철수가 가능하다는 내용을 문서로 베강에게 남겼다.

영국군이 해상으로 철수하기 위해서는 항구인 불로뉴나 칼레, 됭케르크 중에서 한 곳은 반드시 확보해야 했다. 5월 22일 영국군과 프랑스군의 주력은 아직도 항구로부터 100km 이격된 내륙에 있었으므로, 특별한 사정이 없으면 칼레에서 15km 이격된 남쪽에서 북상하는 독일군의 기갑부대가 5월 24일 이전에 3개의 항구를 점령할 수 있는 상황이었다. 처칠은 불로뉴와 칼레에 증원군을 보내 독일군의 진격을 일시 저지하고자 했으며, 그들을 희생하여 됭케르크에서 주력을 구원하고자 했다.

5월 22일 항구를 방어하기 위한 부대로 웨일스연대와 1개 대대가 불로뉴에 급파되어 고립상태에서 36시간을 저지하다가 200여 명의 병력을 잃고 해상으로 철수했다. 같이 싸우던 프랑스군 일부는 함께 철수했으나, 일부는 25일까지 고대 전투처럼 성벽에 사다리를 걸고 올라가 백병전을 치르는 격렬한 전투를 치르다 궤멸되었다. 프랑스군은 영국군이 도망쳤다고 비난했으며, 양국 간의 동맹 관계는 점점 악화되어 갔다.

칼레에서는 영국군 3개의 보병대대와 1개 전차대대, 그리고 대전차포 중대를 포함한 증강된 전투단 규모의 방어부대가 동일한 규모 정도의 프랑스군과 연합으로 방어 전투를 결행했다. 그러나 이들에 대해서는 연합군의 단결을 위해 해상으로 철수를 허용하지 않고 끝까지 저항하도록 명령했다. 됭케르크를 보호하기 위해 희생을 강요한 것이며, 26일에 함락되었다. 처칠은 2, 3일의 시간을 벌기 위해 훌륭하게 양성된 장병들을 희생시킨 데 대한 고통을 표현했지만, 만약 그렇지 않았다면 히틀러나 룬트슈테트의 머뭇거림에 관계없이 모든 것을 잃고 말았을 것이라고 회고했다. 처칠은 칼레에서 마지막까지 항전한 부대를 '구원의 십자가'라고 찬양했다.

5. 독일군 수뇌부의 혼란 - 정지 명령

독일군의 선두 부대는 국지 전투를 계속하여 불로뉴와 칼레를 함락시켰지만, 5월 24일을 기해 '기갑부대의 전진을 정지시켜 보병사단과의 간격을 좁히라.'라는 명령이 하달되어 기갑부대는 전진을 중지해야 했다. 이에 대해 구데리안은 이제까지의 성과가 무산되고 있다고 강하게 비판했다.

"지금, 이 순간 마지막 남은 거대 항구도시인 됭케르크로의 진격이 절대적으로 필요하다. 그래야만 완벽한 포위를 달성할 수 있다. 그러나 공세는 일단 중단되었다."[28)]

기갑부대에 대한 정지 명령은 독일군 최고 지휘부에 심각한 균열을 가져왔다. 육군총사령관 브라우히치와 참모총장 할더는 A집단군의 정지 명령이 '지헬슈니트' 사상에 근본적으로 모순된다고 생각하여 극단적인 조치를 취했다. 즉, 클라이스트의 기갑군이 배속되어 있는 클루게의 제4군에 대한 지휘권을 A집단군에서 B집단군으로 전환해 버림과 동시에, A집단군의 임무를 솜강 남부에 대한 측방 방호로 제한하여 지휘권의 범위를 대폭 축소 시켜버렸다. 이러한 조치는 작전의 종결이 멀지 않은 시점에서 큰 문제를 야기했다. 즉 B집단군은 배속받은 제4군은 물론, 클라이스트의 기갑군과도 수백km 이격되어 있었고, 통신망이 전혀 없어 지휘 통제가 실질적으로 불가능하게 되었던 것이다.

5월 24일 오전, 전방 시찰을 위해 A집단군 사령부를 방문한 히틀러는 지휘체계와 임무의 변경이 자신을 배제하고, 허락받지 않은 상태에서 이루어진 데 대해 불같이 화를 내고 지휘체계를 원상태로 돌림과 동시에 룬트슈테트가 명령한 기갑부대의 전진 중지를 추인했다. 그리고 이날 저녁에 육군총사령관을 호출했다. 브라우히치는 히틀러를 설득할 절호의 기회로 생각했으나, 실상은 히틀러가 부대의 편성과 예·배속의 변경에 대해서는 자신의 허락을 받아야 한다고 엄중히 경고했으며, 기갑부대의 전진에 대해서는 전혀 언급하지 않았다. 히틀러가 고함을 치며 브라우히치에게 모멸감을 주자, 나약한 귀족 출신인 브라우히치는 정신이 혼미해져 돌아오고 말았다. 할더는 총통의 정지 명령을 교묘하게 회피할 방법을 모색했는데, 그것은 제한적인 전진을 허용하도록 하는 것이었다.

육군 총사령부는 "1940년 5월 24일 발령한 정지 명령과 연계해서 육군 총사령부는 됭케르크-카셀(Cassel)-에스테르(Estaires)-아르망티에르(Armentiéres)-이프르(Ypres)-오스텐데(Ostende) 선까지 공세를 재개할 것을 허용한다."라는 전문을 A, B집단군에 보냈다. 여기서 주목할 문구는 '허용한다.'라는 문구로서, 이는 군의 공식문서에 사용하는 '명령한다.'가 아니었다. 그것은 곧 정지 명령을 해지하는 것이 아닌, '일부 수정한다.'라는 의미를 포함한 편법의 명령이었다. 이러한 육군 총사령부의 지시에 A집단군은 예하 부대에 전파하는 것을 거부했다. 반면에 B집단군은 상부의 의미심장한 지시를 완벽히 이해했다.

5월 24일 저녁부터 5월 25일 새벽까지의 시간은 영국군을 완전히 패배시키고 지헬슈니트를 성공시킬 수 있는 결정적인 순간이었으나, 룬트슈테트는 꿈쩍도 하지 않았다. 조바심이 난 할더의 재촉에 못이긴 브라우히치는 다음날인 5월 25일 아침에 다시 히틀러를 찾

---

28) 칼 하인츠 프리저 지음, 진중근 옮김, 앞의 책, p. 459.

아가 됭케르크를 향한 기갑부대의 전진을 건의했지만, 또다시 거절당했다. 히틀러는 기갑부대의 전진에 관한 권한을 A집단군에 위임했다고 하면서, 브라우히치를 완전히 무시해 그는 지휘권을 박탈당한 것이나 다름없게 되었다. 이제 총사령관이 예하 사령관의 눈치를 봐야 하는 상황이 되어 버린 것이다. 룬트슈테트의 고집스러운 조치는 아마도 기갑부대에 대한 자신의 지휘권을 박탈하려 했던 총사령부의 무리한 지휘에 대한 무언의 항거일 수 있었다.

독일군 수뇌부의 갈등으로 인한 정지 명령은 영국군에게 대단한 행운이었다. 영국군은 대부분 수송 수단을 완비하고 있었기 때문에 독일군의 강한 압박에도 일면 싸우면서, 용이하게 됭케르크로 철수할 수 있었다. 한편 B집단군은 5월 24일에 벨기에군을 격파하고 됭케르크에서 50km 이격된 곳까지 진출했다. 벨기에 국왕은 절망적인 상황이라고 판단하고 자진하여 항복할 준비를 했다가, 5월 28일 이른 아침에 항복했다.

이 시점에서 영국군 사령관 고트는 베강이 명령했던 남쪽으로의 공격계획을 완전히 포기했다. 영국군은 프랑스 최고사령부의 지휘 통제력이 완전히 무너졌다고 판단하고, 해안을 향해 진군하기로 결심했다. 고트의 계획을 통보받은 프랑스군 제1집단군사령관 블랑샤르도 됭케르크 주변을 방호하는 교두보를 확보하는 데 동의하고 해안으로 후퇴를 결심했다. 이때 영국군 제2군단장으로 훗날 참모총장이 된 알란 브룩은 프랑스 제1집단군 사령관 블랑샤르의 인상에 대해 냉철하게 평가하고 있었다. 워낙 깐깐한 성품인 브룩의 눈에 블랑샤르 장군은 믿을 수 있는 상관으로 보이지 않았을 것으로 여겨진다.

> *"비요트가 차량 사고로 사망했다는 소식을 막 접했을 때였다. 비요트의 짐이 곧장 블랑샤르에게 넘어가게 되는 것은 아닐까, 하는 생각이 들어 그가 어떤 인물인지, 신뢰해도 될 만한 인물인지를 알아보기 위해 관심을 가지고 그를 노려보았다. 그는 선 채로 지도를 보고 있었으나, 내가 본 그의 첫인상은 그가 텅 빈 벽을 응시하고 있는 것처럼 보였다. 마치 두뇌의 활동이 멈춰버린 사람 같았다. 그는 단지 존재하고 있을 뿐 주변에서 무슨 일이 일어나고 있는지 거의 관심이 없는 것 같았다. 나는 전기에 감전된 듯 심적 충격을 느꼈고 현재 닥치고 있는 폭풍우 속에서 그가 만약 선장으로 배를 몰게 되었을 때 암초에 올라앉게 될 날이 머지않으리라 생각했다."*[29]

독일군의 전차들은 연합군의 철수를 눈앞에 두고도 정지 명령에 발이 묶여 적극적인 저지를 할 수 없었다. 그때까지도 후속하는 보병부대들은 기갑부대가 지나간 공백을 채우기 위해 힘겹게 전진 중이었다. 5월 26일이 되자 룬트슈테트는 총사령부의 명령을 거부한 데

29) 아서 브라이언트 지음, 황규만 옮김, 앞의 책, p. 151.

대해 점점 불안해져 최전선의 클라이스트 기갑군 사령관과 호트 제15기갑군단장을 방문하여 의견을 청취했다. 두 사람은 즉시 진격하게 해달라고 강력하게 건의했다. 룬트슈테트는 히틀러에게 보고하는 방법밖에 없다고 생각했고, 히틀러는 건의를 수용하여 5월 26일 13시 30분에 정지 명령을 취소했다. 그러나 기갑부대들은 재정비와 휴식을 취하고 있었으므로 명령을 전파하고 공격대형으로 집결시키는 데는 많은 시간을 필요로 하였다.

새롭게 공세가 시작된 것은 5월 27일 08 : 00시로, 이제는 상황이 많이 달라져 있었다. 3일간의 정지 기간에 연합군은 됭케르크 앞에 수 개의 사단이 강력한 방어진지를 구축하였기 때문에 이를 극복하기가 매우 어렵게 되어있었으며, 내륙에 있던 연합군은 대부분 큰 피해 없이 항구 쪽으로 철수를 할 수 있었다. 내륙에서 마지막으로 포로가 된 프랑스군은 겨우 3만 5,000명에 불과했다. 영국군은 철수에 필요한 함대를 집결하기에 필요한 귀중한 시간을 얻게 되었다. 그뿐만 아니라, 기상 조건의 악화로 비가 내렸기 때문에 공군의 활동이 제한되어 괴링이 공군만으로도 연합군을 궤멸할 수 있다고 장담했던 것을 실현하기 더욱 어렵게 되었다. 질척한 대지는 기계화부대의 운용에도 악영향을 미쳤다.

제3절 됭케르크의 철수 작전-다이나모(Dynamo : 발전기) 작전

1. 다이나모 작전의 개요 및 경과

영국은 사실 5월 20일에 해외파견군을 영국으로 되돌려 와야 할지 모른다는 생각에 함선들을 모으도록 해군에 지시해 놓고 있었다. 한편 처칠은 각료와 각 군 총장들에게 '특정 돌발 사태에 대해 영국이 취해야 할 전략'에 대해 검토하도록 지시했었다. '특정 돌발 사태'란 프랑스의 항복을 에둘러 표현한 말이었다. 프랑스가 항복했을 때 영국이 단독으로 독일과 전쟁을 계속한다면 어떻게 될 것인가를 평가한 것이다. 여러 장단점이 검토되었는데 최종 결론은 영국이 독일의 침공을 반드시 물리칠 수 있다는 것이었다.

앞서 이미 언급한 바와 같이, 영국 군사령관 고트 장군은 5월 25일 밤에 됭케르크로의 철수를 결심했다. 프랑스군의 지휘 통제체계가 무너져 협조 된 방어가 불가능하고 벨기에군의 항복이 멀지 않았다고 판단한 결과였다. 그리고 프랑스군 제1집단군사령관 블랑샤르 장군에게 계획을 통보했다. 5월 26일에 연합군의 두 사령관은 철수계획을 세우고, 5월 26일 저녁과 5월 27일 새벽에 철수하도록 했다. 프랑스군은 철수해야 할 거리가 더 멀었기 때문에 조금 더 빨리 출발했어야 했는데, 말단 부대에까지 명령이 제대로 이루어지지 않아 출발이 지연된 프랑스군은 영국군이 협조도 없이 철수해버렸다고 원망하게 됨으로써 연합정신이 크게 훼손되는 사태가 발생하였다.

영국 육군은 고트 사령관에게 가능한 한 최대한의 병력을 탈출시키는 것이 임무라고 명령했다. 이 시점은 독일군이 정지했다가 공세를 다시 시작하는 순간이기도 했다. 다행히 영국군은 자체 수송 수단을 구비하고 있었기 때문에, 하룻밤 사이에 해안으로 철수할 수 있었다. 그러나 수송 수단이 불비한 프랑스군 일부는 독일군 기갑부대의 집게발에 걸려 포로가 되었다. 5월 28일 전선이 뚫린 벨기에군이 독일 제6군에 무조건 항복했다. 제6군 사령관 상급 대장 라이케나우와 참모장 파울루스 중장이 조건을 제시하고 서명을 받았다. 참고로 파울루스는 2년 8개월 후에 스탈린그라드에서 소련군에 항복하는 비운의 제6군 사령관이 된다.

도버해협에 대기하고 있던 램지 제독에게 즉시 다이나모 작전을 전개하라고 명령했고, 육군성 장관 이든경은 고트사령관에게 "해안으로 퇴각해야 한다. 프랑스 및 벨기에군과 함께"라고 타전했다. 한편 처칠은 프랑스군 총사령관 베강에게 영국군의 철수를 통보하면서 프랑스군에 대해서는 말이 없었다. 당연히 프랑스군도 함께 할 것이라고 지레짐작했으나 그렇게 되지 않았기 때문에 프랑스군의 철수는 영국군보다 뒤처져 동맹 관계는 결정적으로 파탄이 나고 말았다. 됭케르크의 교두보에서 같이 싸우던 프랑스군은 승선 명령이 없자 영국군을 원망하는 한편 충격에 빠졌다.

5월 26일 밤부터 본격적인 철수가 시작되었다. 영국의 BBC방송은 소형 유람선, 요트의 자발적 지원을 방송했으며 해군이 동원한 200척에 자원봉사 민간인 선박 600척이 힘을 보태 크게 기여했다. 어선, 바지선, 잠수정, 예인선, 전마선 등 모든 배가 모기떼처럼 모여 무적함대를 이루었다. 작은 배들이 육지와 함선 사이를 오가며 독일 항공기들의 폭격을 무릅쓰고 병사들을 수송했다. 독일 항공대가 사나운 독수리처럼 덮칠 때마다 장병들은 살기 위해 도랑에 숨어야 했다. 바다에서 구축함들이 최대 발사속도로 대공포를 쏘아댔기 때문에 소음으로 귀청이 떨어질 지경이었다. 영국군과 프랑스군은 자신들에게 할당된 배를 기다리지 않고 멋대로 승선하여 싸움이 일어나기도 했고, 심지어 내던져지기까지도 했다.

영국은 처음에 작전은 길어야 이틀이 가능하고 구출 인원은 4만 5천 명 정도일 것으로 판단하고 있었다. 5월 28일까지 매우 더디게 철수 작전이 진행되다가 29일에 4만 7천 명, 31일에는 무려 6만 8천 명이 철수하여 기적을 이루기 시작했다. 기상은 연합군에 크게 유리하게 작용했다. 파도가 거칠기로 유명한 도버해협은 9일 동안 호수처럼 잔잔했다. 하늘은 구름이 낮고 짙게 끼어 공군의 활동을 제한했다. 개전 이후 2주 동안 날씨가 너무 좋아 독일 공군은 '헤르만 괴링의 날씨'라고 부르면서 기상의 이점을 누렸으나, 됭케르크 철수 작전 기간의 날씨는 비구름이 하늘에 잔뜩 끼어 때로는 안개 때문에 100m의 시계도 확보되지 않아 정상적인 폭격은 크게 제한되었다. 영국군은 이러한 날씨를 '결정적인 맹방'이라고 반겼다.

독일 공군기들의 폭탄은 생각처럼 큰 피해를 주지 못했는데, 폭탄이 부드러운 모래 속에서 폭발하여 파괴력이 약화되었기 때문이었다. 공군력의 수에서는 독일이 우세했으나, 전투기의 성능 면에서 영국의 스핏파이어(Spitfire)는 독일의 메서 슈미트(Messerschmitt) 109에 결코 뒤떨어지지 않았다. 특히 작전반경에서 영국은 절대 우세했다. 40km의 도버 해협을 건너 켄트에 있는 가까운 비행장에서 출격하는 영국 항공기에 비해, 독일 항공기들은 독일의 본토에서 출격하여 프랑스를 건너와야 했기 때문에 수적 우세의 이점을 충분히 누릴 수 없었다.

다이나모 작전 기간 영국 항공기는 총 2,739회나 출격했다. 괴링은 히틀러에게 됭케르크의 연합군을 끝내는 것은 공군만으로 가능하며 공군의 위대한 과업이 될 수 있다고 큰소리쳤다. 그러나 전쟁 개시 이후 5월 24일까지 1,005대의 항공기를 상실했으며, 조종사를 비롯한 항공 요원들은 기진맥진한 상태였다. 독일군은 개전 이후 처음으로 제공권을 장악하지 못했다.

영국 공군은 자국 방위를 위해 아껴두었던 항공기들이 출격하여 영웅적인 전투를 벌였지만, 구름 속, 수 킬로미터 상공에서 벌어진 전투를 지상군이 알 수 없었으므로, 공군의 노고에도 불구하고 육군은 공군에 심한 반감을 품고 만나면 모욕을 주기도 했으나, 실제는 감사를 표했어야 했다. 5월 30일까지 영국으로 수송된 병력은 모두 12만 명이었는데, 프랑스군은 6,000명에 불과했다. 처칠은 시급히 프랑스 병력을 더 구출해야 한다고 강조했는데, 이는 동맹국과의 관계가 돌이킬 수 없는 손상을 입을 수 있기 때문이었다.

처칠은 또한 원정군 사령관 고트 장군에게 영국군의 잔여 병력이 1개 군단 이하로 줄어들면 지휘권을 군단장에게 맡기고 철수하도록 지시했다. 최고 지휘관이 포로가 되어 적에게 이익을 줄 기회를 없애야 한다고 강조했으며, 아울러서 남은 병력이 더 이상 철수가 불가능하고 적에게 타격을 줄 수 없을 상황이 되면 아군의 대량 살상을 방지하기 위해 남아있는 지휘관에게 항복할 수 있는 권한을 준다고 지시했다.

5월 31일 고트 장군은 알렉산더 소장에게 지휘권을 이양하고 영국으로 돌아갔다. 그리고 이날 처칠은 필요한 참모를 대동하고 파리를 방문하여, 연합군 최고 전쟁회의(Supreme War Council)에 참석했다. 육군본부를 방문하여 수상 레노, 부수상 페탱, 육군총사령관 베강, 해군총사령관 다를랑과 회담했다. 프랑스 측에서는 북부군의 상황을 거의 모르고 있는 것 같다고 처칠은 회고했다. 그리고 됭케르크의 철수를 통해 프랑스군 1만 5,000명을 포함해 16만 5,000명이 철수했다고 말하자, 프랑스 측은 깜짝 놀랐다. 그때까지 프랑스군은 정식으로 철수 명령이 하달되지는 않았지만, 영국군의 철수 병력이 압도적으로 많은 것에 의아심을 표현했는데, 처칠은 프랑스군도 정식으로 철수 명령을 하달해야 하며, 향후 영국군과 프랑스군이 동등하게 "나란히 팔짱을 끼고" 승선해야 한다고 강조했다.

또 다른 토의 주제는 이탈리아가 참전할 경우, 밀라노, 토리노, 제노바 지역의 공업지대를 공습하고 나폴리 인근의 석유 저장소를 파괴해야 한다는 데 동의했다.[30] 그리고 프랑스군은 솜강 남쪽에 새로운 방어선을 구축하여 독일군에 대항하면 승리할 수 있다는 점을 강조했으며, 어떤 경우라도 영국은 끝까지 싸울 것이라고 말했다. 그러나 처칠은 회고록에서 페탱의 어두운 얼굴을 보고 프랑스가 단독으로 강화를 요청할지도 모른다는 우려를 나타냈다.

5월 31일까지 영국 원정군의 절반가량이 프랑스에 남겨지는 듯했으나, 기적이 일어나고 있었다. 영국의 해안에서 모든 종류의 함선, 즉 낚싯배나 구명보트까지도 동원되어 병력을 실어 날라 큰 배에 태웠다. 마지막 선박이 6월 3일 밤에 됭케르크 항구에 도착하였는데, 알렉산더 소장은 해변을 순찰하여 남은 장병이 없는지 점검했다. 자정 무렵 알렉산더 소장은 임무 완수 신호를 보내고, 다이나모 작전을 종료하였다.

원래 해군이 예상한 구출 인원은 4만 5,000명이었지만, 실제 구출 인원은 33만 8,000명이었다. 19만 3,000명이 영국군이었고 프랑스군이 12만 3,000명이며 나머지는 벨기에군, 폴란드군이었다. 프랑스군은 대다수가 곧바로 배를 갈아타고 노르망디와 브르타뉴로 돌아가 아직도 싸우고 있는 프랑스군에 합류했다. 6월 4일 아침에 격렬한 전투를 치른 다음 됭케르크는 독일군에게 점령되었다. 철수 명령이 늦어 전장에 남겨진 8만 명의 프랑스군은 포로가 되었다. 영국군은 전역을 통해 6만 8,000명이 희생되었으며, 그 외에 모든 전투 장비를 유기하거나 파괴하고 거의 맨몸으로 철수해야 했기 때문에, 새로운 군대 건설에 막대한 지장을 받게 되었다.

● 처칠을 풍자한 선전 포스터(Topham Picturepoint)

지헬슈니트 작전으로 북부지역에 포위되었던 연합군 100만 명 중에서 영국으로 탈

30) 윈스턴 처칠 지음, 차병직 옮김, 앞의 책, p. 408.

출한 총인원은 칼레와 불로뉴에서의 탈출을 포함하여 37만 명에 달하며, 벨기에군과 프랑스군이 대부분인 포로는 50만 명 정도였고, 나머지는 사망하거나 실종되었다. 연합군은 철수 작전 중에 13척의 구축함을 포함하여 272척의 선박이 침몰 당했으며, 177대의 항공기를 잃었다. 버려진 장비는 475대의 전차와 장갑차, 6만 3,000대의 일반 차량, 2,400문의 야포와 엄청난 탄약 및 군장류가 포함되어 있었다.

독일군은 지헬슈니트 작전을 역사적인 승리로 이끌었지만, 가슴 속에는 만감이 교차했다. 영국군이 고스란히 그곳에서 사라졌기 때문이었다. 연합군은 도망갈 곳이 없는 독 안에 든 쥐의 신세를 벗어났고, 독일군은 대승을 거둘 수 있는 '하늘이 내린 기회'를 날려버린 것이다. 슐리펜의 추종자들이 염원했던 완벽한 '칸나에 포위전'은 무산되어 버렸다. 만슈타인이 기획했던 전략적 승리는 날아가고, 평범한 작전적 수준의 승리로 전락하고 말았다. 실제로 됭케르크를 통해 성공적으로 철수한 연합군은 4년 후에 날카로운 창끝이 되어 노르망디로 상륙하게 된다.

5월 24일 기갑부대에 대한 히틀러의 정지 명령은 연합군이 성공적으로 철수할 수 있는 시간적 여유를 주었고, 그 결과 훗날 나치의 '숨통을 끊는 비수' 역할을 하게 된다. 처칠은 6월 4일 의회에서 행한 연설에서 됭케르크에서의 성공적인 철수에 들떠있는 국민에게 냉철하게 상황을 일깨우고, 앞으로의 전략을 설명했다. 그는 연설에서 다음과 같이 언급하였다.

"우리는 그 구출 작전을 승리의 상징으로 삼지 않도록 유의해야 합니다. 철군으로 전쟁에서 승리할 수는 없기 때문입니다."
"구출 작전의 이면에는 공군이 거둔 승리가 있습니다. 우리 용사들은 귀환하면서 활동하는 공군의 모습을 보지 못했습니다. 적의 공군은 그들이 우리에게 끼친 피해보다 네 배 더 큰 손실을 보았습니다. 장병들은 우리 공군의 공로를 과소평가하고 있습니다."

설혹 유럽 전체가 게슈타포의 손에 들어가더라도 우리는 결코 힘없이 주저앉거나 포기하지 않을 것입니다. 우리는 끝까지 나아갈 것입니다.[31)]

처칠의 연설은 지금에 와서 읽어봐도 그의 리더십을 높게 평가할 수밖에 없다는 생각이 든다. 흔히 사지에서 돌아온 장병들에 감탄하여 흥분하기 쉬운 국민에게 냉철하게 앞으로의 승리의 길을 제시하고 있다는 점에서 그는 위대한 리더인 것이다.

한편, 됭케르크의 기적이 이루어지도록 시간을 벌어준 히틀러의 정지 명령에 대해서는

31) 윈스턴 처칠 지음. 차병직 옮김. 앞의 책, pp. 412-414.

그 의도를 두고 수많은 군사 학도들의 분석이 존재한다. 물론 히틀러 본인이 이에 대해 특별히 언급한 점이 없기 때문에 모두가 가능성 있는 추론이지만, 군사학도들에게 매우 흥미로운 부분이다. 왜 히틀러는 결정적인 시점에서 기갑부대의 전진을 정지시켰을까? 여기서 몇 가지 가정을 정리해 보고자 한다.

첫째, 불리한 지형 때문이었다고 하는 점이다. 제1차 세계대전 시 이곳에서 전투를 치러본 히틀러는 플랑드르의 지반이 기계화부대의 운용에 매우 부적절하다는 것을 알았기 때문이라는 설이다. 그러나 그에 대한 반론은 정지 명령이 내려진 5월 24일까지는 지면이 견고하여 전차 운용에 전혀 문제가 없었다는 점이 제기되어지고 있고, 정지 명령이 내려진 5월 24일 저녁부터 비가 내려 진흙탕이 되었으므로, 이는 적합한 가설이 아니라고 논급되어지고 있다.

둘째, 기갑부대의 전투력을 보존하기 위해서라는 가설이다. 5월 10일 전쟁 개시 이후 기갑부대들은 계속되는 전투로 심대한 손실을 입은 것은 사실이나, 5월 24일의 시점에서 전문가들은 1개 여단 정도의 기갑부대로도 됭케르크를 손쉽게 점령할 수 있었다는 점에서 기갑부대의 능력이 부족했기 때문에 정지 명령을 하달했다고 보기는 어렵다고 말한다.

셋째, 연합군의 측면 돌파에 대한 두려움 때문이라는 가설이다. 제1차 세계대전 당시 초기에 승승장구하던 독일군은 프랑스의 신설된 제6군에 의한 측면공격 작전인 '마른전투'에서 일격을 당하고 결국 패전했다는 점을 지나치게 심각하게 우려했기 때문이라는 설이다. 그러나 5월 24일의 시점에서 더 이상 연합군의 반격을 기대할 수 없었기에 이를 동의하기는 어렵다.

넷째, 공군의 단독작전만으로 연합군을 궤멸시킬 수 있으리라는 기대 때문이었다는 가설이다. 실제로 공군 최고사령관 괴링은 "이것이야말로 우리 공군을 위한 과업이다. 이 과업을 성공시키면 우리 공군의 위대한 전공이 될 것이다."라면서, 히틀러에게 작전을 전담하게 해달라고 건의했다.[32] 괴링이 이처럼 장담하고 주장했던 배경에는 모든 전공을 육군만 차지하게 할 수 없다는 조바심도 작용했다고 사가들은 보고 있다.

그러나 공군 내에서도 공군의 단독작전만으로는 도저히 성공하기 어렵다는 비판 여론이 팽배했으며, 결과적으로도 연합군의 철수를 막지 못했다. 독일 공군은 개전 이래 1,005대의 항공기를 잃어 거의 1/3을 상실한 상태였고, 계속되는 전투로 피로에 젖어있어 정상적인 전투력을 발휘하기 어려운 상황이었다. 부가적으로 기상이 악화되어 공군 활동이 제한되었기도 했지만, 영국 공군의 끈질긴 요격 활동, 그리고 무엇보다도 막강한 영국 해군의 감투 정신을 꺾을 수는 없었다. 영국 해군은 다이나모 작전 중에 13척의 구축함과 272척

32) 칼 하인츠 프리저 지음, 진중근 옮김, 앞의 책, p. 434.

의 소형 함정들을 잃었으며, 공군도 177대의 항공기를 잃었다. 독일 공군도 이보다 더 큰 피해를 입었다는 점을 간과할 수 없을 것이다.

다섯째, 영국군에 대한 배려설이다. 히틀러는 평소에도 로마 교황청과 영국은 세계평화와 안정을 위해 필요하다고 강조한 바 있고, 영국인은 게르만의 뿌리에서 나온 동족이라고 말한 바도 있었다. 또한, 영국군대를 전멸시키고 싶지 않다고도 했으며, 자신의 목표는 "영국의 권위를 실추시키지 않고 평화조약을 체결하는 것이다."라고 언급하였다. 그러나 한편으로는, 5월 24일에 하달한 '지령 13호'에는 포위된 프랑스-영국-벨기에군을 섬멸하도록 명령하고 있어 가설을 완전히 인정하기 어렵다. 이외에도 포위된 연합군의 규모를 너무 과소평가했다는 설과 연합군이 그처럼 대규모의 철수 작전을 실행할 수 있는 가능성을 간과했다는 설 등을 이유로 히틀러가 기갑부대의 전진을 정지시켰다고 전사가들은 거론하고 있다.

2. 다이나모 작전의 전략적 평가

독일군은 지헬슈니트 작전의 성공으로 연합군 1백만 명을 완전히 포위망에 가두었다. 가장 강적으로 여겼던 영국에게 결정타를 가할 기회를 잡은 것이다. 영국군은 비교적 소규모였으나 모병제였으므로, 원정군은 영국이 가지고 있던 지상군의 거의 전부라고 할 수 있었다. 만약 영국군이 모두 포로가 되었다면, 이는 영국 본토를 방어할 병력을 모두 잃게 되는 것이 되며, 새로운 지상군을 육성하기 위한 교관과 조교 요원들을 모두 잃어버리게 되는 결과가 될 것이기 때문에, 단시간에 육군을 건설할 수 없게 되었을 것이다.

영국 원정군에는 훗날 참모총장이 되었던 알란 브룩과 롬멜을 패주시킨 몽고메리 장군, 중동사령관이 된 알렉산더 장군 등 명장이 모두 포함되어 있었다. 이들은 모두 훗날 원수로 승진하게 된다. 만일 원정군 모두를 포로로 하였다면 히틀러는 영국과 협상을 위한 귀중한 카드를 손에 넣을 수 있었을 것이며, 만일 됭케르크 철수에 성공하지 못했다면 처칠 내각은 붕괴되었을 것이다. 영국이 완패했다면 미국이 막대한 자원을 들여 영국을 후원하리라고 생각할 수 없었을 것이고, 히틀러가 영국군 포로를 담보로 무방비 상태의 영국 본토를 공격하겠다고 위협하면서 협상을 요구한다면 영국은 진정한 위기에 빠지고 전쟁은 쉽게 마무리되었을지도 모른다. 그렇다면 히틀러는 훗날 북아프리카에 출병할 일도, 발칸반도에 개입하여 전력을 손실할 일도 없이 소련을 침공했을 것이다.

독일은 다이나모 작전과 영국전투에서 1,882대의 항공기를 잃었는데, 만약 그렇게 되지 않았다면, 더구나 독일군이 대서양 방벽이나 북아프리카전선, 그리고 발칸에 40개 이상의 사단을 투입하여 영국을 상대할 필요가 없었다면, 모두 소련전투에 투입할 수 있었을 것이다. 모두가 가설이지만 됭케르크의 성공적인 철수는 연합국에게는 희망을, 히틀러에게 치명적인 결과를 가져왔다고 할 수 있을 것이다. '됭케르크의 전설'을 과대평가해서도 안 되지만, 됭케르크에서의 성공적인 철수는 제2차 세계대전이 연합군의 승리로 끝나게 하는 데 결정적인 요소로 작용하였음을 결코 부인할 수 없을 것이다.

제4절 프랑스의 항복

만슈타인은 처음부터 서부 전역을 2단계로 구분했었다. 1단계는 '황색 작전'으로 아르덴을 통과하여 스당을 돌파한 다음 솜강을 따라 대서양으로 돌진하여 연합군의 주력이 배치된 북익을 포위 섬멸하는 것이며, 2단계는 '적색 작전'으로 1단계 작전 종료 후에 솜강 남쪽의 프랑스군을 격멸하는 것이었다. 마지노선을 따라 배치된 제2집단군과 내륙의 제3집단군을 격멸하기 위해서는 대서양 연안을 따라 공격하여 스위스 국경 쪽으로 기동하여 프랑스군을 후방에서 압박해야 했다. 됭케르크를 함락한 이후 독일군은 104개 사단과 예비 19개 사단을 투입할 수 있었던 반면, 프랑스군은 마지노선에서와 남은 예비와 식민지에서 차출한 병력을 모두 합쳐 66개 사단만이 가용했다.

프랑스군 총사령관 베강은 솜강과 엔(Aisne) 강을 연하여 '베강선'이라고 명명한 방어선을 구축했다. 프랑스군은 이제까지의 전투에서의 경험을 바탕으로 선형방어선을 지양하고 격자식의 작은 요새 형태의 방어선을 구축하여 요새의 공간을 적이 통과하더라도 지속적인 방어가 가능하도록 했다. 그러나 문제는 전력의 부족으로 인해 종심을 두껍게 편성할 수 없었다. 초기 전투에서 패한 공황 상태에서 일부 기력을 회복한 프랑스군은 전투 의지를 불사르며 활기를 찾았지만, 전체 전력의 차이를 극복할 수는 없었다.

독일군 B집단군은 6월 5일 베강선을 공격했다가 뜻밖의 강한 저항에 부딪혀 일시 정지해야만 했다. B집단군이 주춤하는 사이에 A집단군이 재편성을 마치고 공세에 투입되었다. 구데리안의 기갑군단은 5월 31일부로 기갑군으로 승격되었으며, 대서양 해안에서 스당 남쪽의 마지노선 방향으로 공격하도록 임무를 부여받았다. A집단군의 주력이 남쪽으로 진격하는 동안 구데리안의 기갑군은 스당과 스위스 국경 사이에 배치된 프랑스의 제2집단군을 포위하기 위해 측방으로 기동한 후 방향을 전환하여 스위스 국경을 목표로 공격해 갔다. 이로써 '적색 작전'을 위한 또 하나의 칸나에 포위망이 완성되어 갔다.

'적색 작전' 중에 가장 뛰어난 기동력을 보여준 것은 역시 롬멜이었다. 프랑스군의 방어선에 대한 약점은 교통의 요지나 촌락을 중심으로 한 거의 선형의 격자 요새 진지였는데, 종심이 얕아 몇 개의 요새를 피하면 다음은 무방비 상태였으므로, 롬멜은 격자 요새를 피해 후방으로 마음껏 기동했다. 롬멜은 그 과정에서 영국군 제51하일랜드보병사단의 항복을 받아냈다. B집단군 사령관 보크는 롬멜에게 대서양을 따라 후방으로 기동하여 베강 선의 좌익 방어부대를 포위하라는 지시를 내렸다. 그는 6월 17일 하루 만에 무려 240km를 기동했다.

한편, 처칠은 프랑스가 가능하면 오랫동안 독일에 저항하도록 만들기 위해 안간힘을 썼다. 동맹국으로써의 의무를 다한다는 점을 입증하기 위해 됭케르크의 사지에서 돌아온 알란 브룩 장군을 다시 프랑스의 원정군 사령관으로 보냈다. 프랑스에는 아직도 영국군이 14만 명 정도 있었는데, 파견 명령을 받은 육군장관 이든(Anthony Eden) 경에게 브룩은 정치적 목적을 위해 파병하는 데는 이유를 달 수 없었지만, 이미 무너져 버린 프랑스군을 위해 무고한 영국군이 대규모로 희생되어서는 안 된다는 점을 분명히 하고, 시기를 놓치지 않고 철군할 수 있는 대책을 요구했다.

브룩은 다 무너져 가는 프랑스군을 돕는다는 것은 의미가 없는 일이고, 정치 지도자나 군사 지도자들이 아무런 쓸모없는 목적을 위해 장차 본토 방위를 위해 필수적인 군사력을 투입하는 것은 지옥의 불가마에 뛰어 들어가라는 것이나 마찬가지라는 자신의 심경을 기록했다.[33] 6월 11일 밤에 브룩은 낡고 더러운 네덜란드 기선을 타고 프랑스의 셰르부르항에 도착했다. 그가 프랑스에 도착하는 날, 보병 제51 하일랜드 사단은 솜강 방어선에서 프랑스 제41사단과 함께 싸우다 독일군에 포위되어 항복해야 했다. 6월 11일 센 강을 건너 철수할 수 있는 시간적 여유가 있었음에도 불구하고, 베강은 진지를 고수하도록 명령하여 아브르(Havre) 반도에 갇혔다가 항복해야 했다. 영국군 사령관 브룩은 그러한 베강의 처사를 매우 못마땅해 하였다.

1. 이탈리아의 참전

1940년 6월 10일 이탈리아가 갑자기 프랑스와 영국에 선전포고를 했다. 명분은 동맹국인 독일을 지원하기 위해서라지만, 프랑스와 영국은 물론이고, 심지어 독일조차도 이탈리아의 참전을 불쾌하게 생각했다. 전쟁은 이제 막바지에 달해 프랑스군이 거의 궤멸하여 곧 항복만 받으면 종료되는 시점에 이제까지 남의 일처럼 쳐다보기만 하다가 승리가 목전에 다다르자 참전하겠다는 저의가 명백하게 들여다보였기 때문이었다. 한마디로, 차려놓은 밥

33) 아서 브라이언트 지음, 황규만 옮김, 앞의 책, p. 195.

상에 숟가락 하나 더 얹는 것처럼 전리품을 챙기겠다는 얄팍한 의도가 보이는 행위였다.

물론 이탈리아도 자신의 행동이 비난받는다는 것 정도는 잘 알고 있었지만, 국익을 챙기는 데는 체면이나 비난은 다음의 문제였다. 5월 28일 무솔리니는 영국대사에게 프랑스가 북아프리카에 있는 프랑스의 식민지를 뇌물로 준다 해도 이탈리아를 중립국으로 묶어 둘 수는 없다고 말해 왔었기 때문에, 언젠가 전쟁이 끝나기 전에 연합국에 선전포고하여 영광과 보상을 한몫 챙기려 할 것이라는 점이 예견되어 왔었다. 그러나 정작 제기된 문제는 이탈리아가 전쟁 준비가 전혀 되어있지 않은 상태였다는 점이었다. 그리하여 선전포고를 하고 나서야 전쟁 준비를 시작하는 촌극이 벌어졌다.

프랑스는 알프스군 예하 6개 사단에, 8만 명으로 방어에 임했지만, 이탈리아군은 제1군과 제4군 예하 32개 사단, 총 70만 명이 동원되었다. 사전 준비가 없었기 때문에, 이탈리아군의 공세는 6월 21일에야 전개되었다. 하지만 이탈리아군의 공세는 알프스 산록에서 국경을 넘자마자 프랑스군의 강력한 저항에 부딪혀 갈피를 잡지 못한 채 우왕좌왕하며 맴돌았다.

영국은 이탈리아가 아무런 대책도 없이 먼저 선전포고를 한 덕분에 이탈리아 연안에서 보급품을 실은 이탈리아 상선 수척을 나포할 수 있었다. 영국은 또한 프랑스와의 협의를 통해 만약 이탈리아가 프랑스를 침공한다면, 영국 공군이 이탈리아의 밀라노와 토리노를 폭격하기 위한 중폭격기를 마르세유 인근 공항에 이동시켜 놓고 있었다. 그러나 영국 공군이 이탈리아를 폭격할 경우, 영국군의 영향권 밖에 있는 남프랑스 지역을 이탈리아 공군이 보복 공격할 우려가 있다는 이유로 프랑스의 지방 당국이 이륙을 불허했으며, 지역 주민들은 활주로에 온갖 종류의 손수레와 운반용 차량을 끌고 와서 늘어놓는 통에 임무 수행이 불가능했다. 처칠은 이를 매우 안타까워했다.

프랑스군은 어디에서건 2km 이상 영토를 내주지 않고 단 8명의 전사자를 내었지만, 이탈리아군에게는 5,000명의 피해를 입혔다. 프랑스군은 사기가 올라 이탈리아 본토로 진격할 계획을 구상하기까지 했으나, 다음날인 6월 22일 프랑스가 독일에 항복함으로써 전투는 종결되었다. 이탈리아는 자신의 비열함을 전 세계에 노출하고, 기존 국경으로부터 50km를 전진한 새로운 국경을 만들었으나, 잃은 것에 비해 작은 땅을 얻는 데 그쳤다.

2. 프랑스의 항복

프랑스군은 6월 10일 정부를 루아르강의 투르로 이전하면서 파리를 비무장 도시로 선포하여 파괴를 면하고지 했다. 그와 동시에 독일과 관계가 좋은 프랑스 주재 미국대사 윌리엄 불릿에게 임시 파리 시장을 맡아 파리를 독일에 넘기되, 파괴하지 않도록 해달라고 당부했다. 독일군 제18군 사령관 퀴흘러(Georg von Küchler)는 파리시의 양도를 협상하기 위해 파견한 장교단이 총격을 받게 되자 파리를 포격하라고 명령했다가, 미국 대사의 중재를 받아들여 파리시의 파괴를 가져올지도 몰랐던 포격명령을 가까스로 취소하였다.

한편, 처칠은 6월 11일 프랑스 정부 각료들을 고무시키고 향후 전략을 논의하기 위해 투르 공항으로 갔다. 그의 프랑스 방문은 전쟁 발발 후 5번째였다. 처칠을 맞은 프랑스의 인사들은 폴 레노 수상과 베강 최고사령관, 페탱 원수, 그리고 5월 25일 준장으로 진급하여 국방차관이 된 드골이었다. 처칠의 방문목적은 프랑스가 어떻게 하든지 항복하지 않고 동맹국으로 함께 싸우도록 하는데 있었다. 그는 프랑스가 파리를 이미 독일군에게 양도해 버린 것을 모른 채 파리에서 시가전을 전개할 것과 프랑스 전역에서의 게릴라전을 전개함과 동시에, 브르타뉴 해안지방에 영국군과 프랑스군 연합으로 강력한 요새를 구축하여 투쟁하자고 제의했다. 처칠의 견해에 대해 페탱은 "그것은 나라를 파괴하는 짓이오!"라고 거절했다.

베강은 더 이상의 저항이 무의미함을 토로하면서, 프랑스의 패배 원인이 장군들이 아닌 인민전선과 학생들에게 애국심 및 희생정신을 길러주기를 거부한 선생님들에게 있다고 비난했으며, 페탱은 '이 나라는 정치 때문에 썩었다.'라고 말했다.[34] 베강은 처칠과 프랑스 각료들이 있는 자리에서 "어쩔 도리가 없습니다. 제게 예비 병력이 하나도 없습니다. 이것은 붕괴입니다."라고 말하면서 독일과 협상에 나서야 한다고 했다.

무엇보다도 처칠에게 사활적인 문제는 프랑스 해군이 어떠한 경우라도 독일군이나 이탈리아군에 투항하는 사태만은 막아야 한다는 것이었다. 프랑스 해군이 독일에 항복한다면 그만큼 독일의 영국 침공계획은 힘을 얻게 될 터였다. 프랑스 해군 총사령관 다를랑 제독은 처칠에게 해군은 절대로 적에게 항복하지 않을 것이며, 도저히 어쩔 수 없는 경우가 되면 마지막 순간에 함대를 캐나다에 넘겨줄 것이라고 했다. 처칠은 그러한 결정은 정치가들이 받아들이지 않을 것이라고 예측했다.[35] 실제로 휴전협정이 체결되자, 다를랑 제독은 프랑스 함대를 북아프리카의 오랑과 메르스 엘케비르로 옮겨 독일의 영향을 피했다.

처칠의 다른 제안, 즉 영국과 프랑스군이 브르타뉴 반도에 요새를 만들어 해군의 지원을 받아 영국이 육군을 대규모로 육성할 때까지 저항하자는 의견에 대해서는 레노를 비롯한 강경파 각료들이 찬성했으나 베강은 군사적으로 불가능하다고 일축했다. 처칠은 프랑스 정부가 휴전 협상 전에 영국과 상의하겠다는 약속을 받았지만, 베강이나 페탱이 개별적으

34) 안터니 비버 지음, 김규태, 박리라 옮김, 김추성 감수, 『제2차 세계대전』(서울 : 글항아리. 2017), p. 178.
35) 윈스턴 처칠 지음, 차병직 옮김, 앞의 책, p. 439.

로 휴전 협상을 위해 물밑에서 접촉한다는 사실을 알게 되자, 모든 희망과 환상을 버리고 6월 13일 영국으로 돌아왔다. 그러면서도 계획된 원정군의 증원이 이루어졌는데, 6월 12일 제52로울랜드 사단과 캐나다 사단을 셰르부르에 상륙시켰다. 그 부대들은 포로를 면하기 위해 상륙하자마자 곧바로 후퇴해야 했다.

6월 13일에 영국 원정군 사령관이 된 알란 브룩은 셰르부르에서 프랑스군 총사령부가 위치한 르망 근처의 브리아르(Briare)까지 540km를 달려갔다. 도로에 쏟아져 나온 피난민을 헤치고 밤에 목적지에 도착했다. 6월 14일 아침 브룩은 베강을 만났는데, 베강은 프랑스군이 더 이상 조직적인 저항을 할 수가 없다고 말했다. 브르타뉴 반도에서의 저항을 위한 진지구축 계획을 토의하기 위해 지상군 사령관 조르주 장군을 방문했을 때도 결론은 현재의 자원으로는 계획의 성립이 불가능하다는 것이었다. 브룩은 여기서 오히려 급속도로 와해 되어가는 프랑스군의 진면목을 확실히 목격할 수 있었다.

독일군은 프랑스군이 저항하지 않고 이틀간이나 길가의 식당에 앉아 항복을 기다리고 있는 모습을 보고 놀라움을 나타냈다. 그것이 바로 프랑스의 현실이었고, '유명한 대국'의 면모였다. 실제로 3일 후에 페탱은 프랑스군에게 전투 중지 명령을 내리게 된다. 브룩은 본국에 더 이상의 증원군 파견을 중지하고 잔류부대 철수를 지시해달라고 요청했다. 6월 13일 독일군은 파리에 무혈 입성하게 되었다.

6월 14일부터 영국 원정군은 비전투 부대부터 철수하기 시작했다. 이때 처칠은 브룩에게 가능하면 영국이 프랑스를 최선을 다해 지원하고 있다는 것을 확실히 느끼도록 하지 않으면 안됨으로 철수를 보류하라는 지시를 하달하였다. 그러나 완강한 브룩은 현 단계에서 어떻게 행동하더라도 무너지는 프랑스를 감동시킬 수는 없으며, 훌륭한 군대를 무의미하게 희생시키는 결과를 초래할 것이라고 말했다. 그는 "시체들뿐이어서 그런 느낌을 심어줄 수 없어요. 프랑스군은 사실상 전멸했습니다."라고 대답했다. 30분 정도의 통화에서 처칠은 브룩을 겁쟁이라고 몰아붙였으나, 끝내는 영국군의 철수를 허가했다.[36] 브룩은 더 이상 프랑스군의 지휘를 받지 않아도 된다는 지시도 받았다.

6월 14일부터 6월 19일까지 15만 명의 영국군과 4만 7,000명의 연합군, 300문 이상의 화포가 구출되었다. 됭케르크에서의 철수를 합하면 50만 명 이상이 무사히 영국으로 돌아간 것이다. 6월 17일에는 6,000명이 승선한 '랭커스트리아'호가 독일 공군기의 폭격을 받아 침몰, 3,500명 이상이 익사하여 최악의 참사를 빚어내기도 했다. 프랑스는 6월 13일 회의에서 정부가 북아프리카로 망명하여 저항을 계속하자는 의견이 있었으나, 페탱은 "정부가 나라를 떠나서는 안 되며 국민과 함께 남아 고통을 함께 나누어야 한다."라고

36) 아서 브라이언트 지음, 황규만 옮김, 앞의 책, p. 210.

거부했다. 그리고 그는 휴전협정을 강력히 주장하며, 프랑스가 필요하다면 지도자로서 고난을 함께하겠다는 의사를 밝혔다. 레노 수상은 신경쇠약에 걸리기 일보 직전이었기 때문에, 휴전협정 요구를 막아낼 희망을 잃고 있었다. 그는 6월 16일 르브룅 대통령을 면접한 후 사임 의사를 밝히면서, 새로운 정부를 구성한다면 페탱이 적임자라고 추천했다.

6월 16일 밤 23 : 00시에 페탱이 각료회의를 주재하면서 제3공화정은 막을 내렸다. 페탱은 군사력이 조금이라도 남아있는 상태에서 협상해야만 국가가 공산주의자들에게 넘어가지 않는다는 생각을 하고 있었으며, 그가 진정으로 두려워한 것은 좌익에 의한 권력 장악으로 프랑스가 혼란에 빠지는 것이었다. 계속 항전해야 한다는 의지를 갖고 있던 젊은 장군 드골은 처칠의 지시로 제공된 항공기를 타고 런던으로 갔다. 레노는 그의 기상을 높이 평가하여 자신의 비자금 10만 프랑을 드골에게 내주었다.

다음 날 페탱은 전쟁 중지 명령을 내리고 협상에 들어갔다. 영국으로 망명한 드골은 BBC방송을 통해 "이 전쟁은 프랑스 전투로 끝나지 않습니다. 이 전쟁은 세계대전입니다. 어떠한 일이 있어도 저항의 불길이 꺼져서도 안 되고 꺼지지도 않을 것입니다."라고 말하면서, 영국 땅에서 자기에게 가담할 수 있는 프랑스 사람들에게 계속 싸우자고 호소했다.[37] 그리고 드골은 3주 후에는 영국이 패배할 것이라는 유언비어나 히틀러가 유럽의 평화를 좌지우지할 것이라는 등의 패배주의적인 이야기를 한 마디로 단호히 부정하였는데, 그는 장차 미국의 산업력이 세계대전으로 변하는 전쟁의 상황을 변화시킬 것이라는 예리한 통찰력을 갖고 있었다. 드골의 도전적인 행위 때문에 페탱 정부는 드골을 곧바로 군법회의에 회부하여 반역자로 선고했다.

● 파리 군정장관 폰 브리젠 장군. 상젤리제를 따라 승전 퍼레이드를 하는 국방군으로부터 경례를 받고 있다. 독일군은 6월 14일 파리를 함락했고, 1주일이 지난 6월 22일에 프랑스의 새 지도자 페탱 장군은 독일에 휴전을 요청했다.

37) 존 키건 지음, 류한수 옮김, 앞의 책, p. 130.

페탱의 사절단은 6월 20일 독일군과 만났다. 프랑스 협상 대표는 욍치제르 장군으로서, 욍치제르는 개전 당시 제2군사령관으로서 스당 일대에서 독일군의 뫼즈강 도하를 허용하여 프랑스군의 패배를 초래한 장본인이었는데, 휴전회담의 대표가 된데다, 장차 페탱 정부의 국방장관이 된다. 6월 21일 히틀러가 지켜보는 가운데 독일군 국방군 총참모장 카이텔과 욍치제르가 협상에 들어갔다. 휴전 조건은 대략적으로 다음과 같았다.

❶ 프랑스 북부와 벨기에로부터 스위스와 대서양에 연하는 선으로 하여 프랑스 영토의 3/5이 독일의 점령지구가 되고, 나머지 남부 프랑스는 페탱 정부의 주권 하에 남는다.
❷ 지방 도시 비시(Vichy)를 수도로 하는 프랑스 제국은 아프리카와 인도차이나의 식민지를 그대로 통치하게 된다.
❸ 포로가 된 200만 명은 무기한 독일군의 관할 하에 들어간다.(200만 명은 프랑스 인구의 5%였지만, 남성 활동 인구의 25%를 의미했다.)
❹ 육군의 병력은 10만으로 제한된다. 해군은 독일군의 감시 하에 탈 군사화 한다.
❺ 이탈리아와의 국경은 프랑스 국경 안으로 50km 진격한 선에서 점령을 인정한다.
❻ 독일군에 대한 점령 비용은 (터무니없는 프랑화와 마르크화의 비율로) 프랑스 예산에서 배상하게 된다.

독일과의 협상을 통해 왕치제르는 이러한 조건으로 페탱의 허락을 받아, 6월 22일 저녁에 조인했다. 휴전조약은 1918년 1차 대전에서 패배한 독일이 항복문서에 서명했던 장소인 콩피에뉴(Compaégne) 부근의 레통드(Réthondes)에서 이루어졌으며, 히틀러는 제1차 세계대전에서의 독일군 대표가 연합군 사령관 포슈 원수에게 항복 서명을 했던 철도 객차를 박물관에서 꺼내와 항복 서명을 받게 함으로써, 제1차 세계대전 종전 후 프랑스가 독일로부터 항복서명을 받았던 방식과 반대되는 방식으로 프랑스의 항복 서명을 받아 내는 것을 재현하도록 하였다. 히틀러는 승리의 영광을 만끽하는 협정을 동일한 상황에서 체결함으로써 복수심을 충족시키고자 했을 것이다.

독일과 이탈리아와 맺은 협정은 6월 25일 12시 25분을 기해 발효되었다. 신생 비시 정부에게 남겨진 '자유 지대' 안으로 진격해 있던 독일군은 곧바로 퇴각했다. 이탈리아는 휴전협정 조인식에 참석하지 않았다. 히틀러가 프랑스에 가혹한 조건을 강요하고 싶지 않아서 이탈리아가 요망한 프랑스의 해군이나 북아프리카의 프랑스 식민지에 대한 취득을 허용하지 않았기 때문이었다.

5월 10일부터 6월 22일까지의 42일간의 전투에서 프랑스군은 거의 9만 명이 사망했지만, 독일군은 2만 7,000명만이 사망하여 비싼 대가를 치른 승리가 아니었다. 프랑스는 나폴레옹 시대를 제외하고는 내내 독일군에 내몰렸었다. 나폴레옹 3세는 1870년 스당에서 독일군에 항복했고, 제1차 세계대전에서도 프랑스군은 용감하게 싸웠지만, 영국과 미국의 힘을 빌리지 않았다면 아마도 승리하기 어려웠을 것이다.

그런데 제1차 세계대전 이후 또 20년 만에 그 '위대한 나라'는 허망하게도 무릎을 꿇게 된 것이다. 프랑스가 패배하자, 동남아에서 일본은 이 기회를 틈타 프랑스에 미국이 인도차이나를 통해 중국의 국민당 정부에 보급품을 전하는 통로를 폐쇄해 달라고 요구했고, 프랑스는 이를 수용한 것은 물론, 일본 군대와 항공기가 통킹 만에 주둔하는 것을 허용했다.

발칸반도에서는 6월 28일 소련이 루마니아의 베사라비아와 북부 부코비나 지역을 갑자기 점령했다. 그 지역은 히틀러에게는 매우 중요한 전략적 가치를 지니고 있었는데, 바로 독일군의 유류를 공급해주는 플로이에슈티 유전이 위치한 인근이었기 때문이었다. 그로부터 3일 후에 루마니아는 영국과 프랑스의 안전보장 약속을 파기하고 히틀러에게 사절을 보내 동맹 체결을 요청했다. 프랑스의 패전은 전 세계의 세력균형을 흔들었다. 참고로 페탱은 비시정부의 대통령으로 재직했지만, 그의 통치는 오욕과 비난으로 얼룩졌다.

영국군과 미군이 1942년 11월 '횃불 작전'에 따라 북아프리카에 상륙하자, 히틀러는 비시정부가 연합군과 내통한다고 생각하여 '안톤 작전'이라는 명칭으로 비시정부 통치하의 남프랑스를 점령한 다음, 페탱을 비롯한 비시정부의 내각을 납치하여, 1944년 9월까지 유폐했다가 종전 무렵에 스위스를 거쳐 프랑스로 입국하도록 했다. 파리 해방 이후 페탱은 사형을 언도 받고 대서양의 작은 섬 델(Ile d`Ell)에서 수감생활 중에 95세를 일기로 사망했다. 그의 죄목은 독일에 자발적으로 협조하고 레지스탕스를 검거하여 독일 측에 인계하였으며, 7만 6,000명에 달하는 유대인을 검거하여 독일의 수용소로 인도했다는 것 등이었다. 제1차 세계대전에서 구국의 영웅이 부역자로 전락하여 생을 마감한 것이다.

3. 항복 후 프랑스 해군에 대한 조치

처칠은 프랑스의 패전에도 굴하지 않고 독일과의 전쟁 의지를 굳건히 해나갈 각오를 하고 있었다. 프랑스가 패전하기 전에 처칠은 프랑스의 해군 총사령관 다를랑 제독에게 함대의 향방을 문의하고 절대로 독일의 통제 하에 들어가면 안된다고 언급했으며, 당시 다를랑은 처칠에게 절대로 그런 일은 없을 것이라고 확답을 했지만, 휴전 조건에는 프랑스 해군을 독일과 이탈리아가 통제하여 무력화하는 것으로 되어 있었다. 프랑스는 만일 독일이 프랑스의 함대를 접수하려 할 경우, 자침하는 것으로 내부 방침을 정하고 있었다.

처칠의 입장에서는 히틀러의 다음 점령 목표는 영국이 확실하며 영국 점령을 위해서는 제공권과 제해권이 필수적인데, 프랑스의 해군이 히틀러에게 장악되지 않는다는 보장이 없으므로 프랑스 해군의 향배가 불안하기 짝이 없는 상황이었다. 특히 독일 해군이 노르웨이 침공에서 영국 해군에게 대량의 피해를 입은 이후에는 프랑스 해군은 영국 침공에 무한한 가치를 갖는 존재가 되었기 때문이었다. 더욱이 프랑스 패전 이후 이탈리아 해군이 지중해에서 영국에 도전장을 내밀고 있는 상황이었다.

처칠은 이 문제를 냉혹하게 힘으로 해결하기로 작정했다. 처칠은 프랑스의 항복을 보고 프랑스에 함대의 향배를 결정하라고 요구했다. 처칠은 프랑스 해군을 ❶ 영국 해군에 합류시키든지, ❷ 영국 항구로 대피하든지, ❸ 미국으로 가든지, ❹ 프랑스 식민지인 서인도제도의 마르티니크 항구로 가든지, ❺ 자침하든지를 결정토록 요구하였는데, 최종적으로는 스스로 자침시키는 방안을 요구했다. 그러나 프랑스는 처칠의 이러한 요구에 응하지 않았다.

처칠은 암호명을 '캐터펄트'로 명명하고, 7월 2일 지브롤터에 위치한 H 전대장 섬머빌(James Fownes Somerville) 제독에게 "무슨 수를 사용하더라도, 프랑스령 북아프리카의 메르스 엘케비르(Mers-el-Kebir)에 위치한 프랑스 함대가 독일이나 이탈리아에 넘어가는 것을 막아야 한다"라고 명령했다. 결국 이러한 처칠의 명령은 필요시 무력행사를 해도 좋다는 의미였다. 이와 동시에 영국 남부의 항구에 대피해 있던 소규모 프랑스 함대는 큰 소동 없이 영국 해군에 접수되었다. 알렉산드리아에서도 프랑스 해군이 영국 해군 사령관 커닝엄 제독의 권유에 순응하여 봉쇄되었다.

그러나 주력함대가 위치한 메르스 엘케비르에서는 상황이 달랐다. 그곳에는 순양전함 스트라스부르, 브르타뉴, 됭케르크, 프로방스와 고속의 함대형 구축함으로 이루어진 대형 함대가 정박해 있었다. 프랑스 함대사령관 마르셀 장술(Marcel Gensoul) 제독은 섬머빌 제독의 권유를 거절하고, 함대를 절대로 이탈리아나 독일에 넘기지는 않겠지만, 영국의 요구대로는 할 수 없다는 의사를 굽히지 않았으며, 영국함대가 발포하면 선전포고로 간주하겠다고 강경하게 말했다. 지루한 협상에도 불구하고, 성과가 없자 섬머빌 제독은 공격을 명했다. 전함 됭케르크와 프로방스는 크게 파손되었고, 브르타뉴는 폭발 후에 전복되었다. 스트라스부르는 어둠을 이용해 탈출했다. 이 전투로 프랑스 해군 1,297명이 사망하고 350명이 부상했다.

다카르에서는 프랑스의 전함 리슐리외를 영국의 항공모함 허미즈가 공격하여 심각한 손상을 입혔다. 서인도 제도의 프랑스령에 있던 항공모함과 두 척의 경순양함은 미국에 억류되었다. 페탱은 평시 영국에 대해 혐오감을 가졌지만, 메르스 엘케비르 사태 이후 뼈에 사무치게 영국을 싫어하게 되었다. 영국은 어제까지 가장 가깝던 동맹국을 공격하는 비참함을 견뎌야 했지만, 이는 어디까지나 자국의 안위를 위해 압도적인 제해권 확보의 필요 차원에서 이루어진 부득이한 조치로 이해되었다. 그리고 전 세계에 영국은 히틀러에게 굴하지 않고 끝까지 싸우겠다는 의지를 강력하게 보여주었는데, 특히 미국의 루스벨트는 이제 영국이 항복하지 않을 것임을 확신하게 되었다. 한편으로는, 영국 측에서도 성가신 동맹국이 없어져 홀가분해 하는 분위기도 있었다.

4. 프랑스 패배의 원인

가. 정치·사회적 원인

제1차 세계대전에서 150만 명의 사상자를 낸 프랑스는 전쟁 염증과 전쟁 피로증으로 인해 평화주의가 만연해 있었다. 150만 명은 젊은 프랑스 남성 활동 인구의 27%에 해당하였기 때문에, 모든 프랑스 사람들에게 깊은 충격을 주어 헤어나기 어려운 상처를 주었다. 평화주의자들은 전쟁 자체가 무의미하며 히틀러와의 전쟁도 무의미하다고 주장하면서, 히틀러의 위장평화 공세를 오히려 찬양하기도 했다.

특히 공산주의자들의 활동은 사회를 혼란에 빠뜨리기에 충분했다. 프랑스는 1939년 9월부터 공산주의 활동을 법으로 금지하여 당원 대부분이 체포 구금되었다. 공산주의자들은 그들이 종주국으로 생각했던 소련이 원수로 생각했던 히틀러와 동맹을 맺자, 엄청난 내분을 겪게 되지만, 결국은 소련의 동맹국인 나치와 협조하여 내통하는 사람들이 많이 생겨났다. 국가의 이익보다는 공산주의 종주국의 이념을 따라 국가를 배신한 것이다.

공산주의 노동자들은 무기 생산 공장에서 테러와 파업을 저질러 군사력을 약화시키는데 앞장섰다. 항공기를 생산하는 파르망 사에서 완성품을 배달하려고 이륙하다가 폭발 사고가 났는데, 비밀경찰은 현장에서 로제 람방(Roger Ramband)이라는 공산당원을 체포했다. 그는 17대의 항공기 연료 공급 장치를 조작해 연료가 누출되어 폭발하도록 만든 것으로 드러났다. 르노사의 공장에서는 샤르 B 전차의 변속기에 나사를 집어넣어 양산된 전차들이 운반 도중 고장 나게 하여 큰 손실을 입혔다. 구경 2.5cm의 대공포 200여 문(4개 사단 분)이 생산과정에서 사고로 폐품처리 되었다. 전쟁을 앞두고 이러한 사례가 빈번하게 일어나, 좌파 공산주의자들의 행위가 국민들의 전쟁 의지와 사기를 저하시키고 혼란을 부추겨 국력을 결집하기 어렵게 만들었다.[38]

독일군 점령 치하에서의 프랑스가 안고 있었던 또 다른 하나의 문제점으로서, 괴벨스의 심리전 활동과 선전전에 프랑스 국민들이 크게 혼란에 빠진 점도 언급되어져야 할 것으로 보인다. 괴벨스는 공산주의자들이 방송하는 것으로 위장한 비밀 라디오 방송을 통해 많은

38) 칼 하인츠 프리저 지음, 진중근 옮김, 앞의 책, p. 507.

유언비어와 공포를 확산시킴으로써 프랑스인들을 공포와 혼란에 빠뜨렸다. 예컨대, '독일군 공수부대가 신부와 수녀 복장으로 후방으로 침투했다'라는 허위 소문을 퍼뜨려 모든 수도사들이 체포되기도 했으며, 수많은 스파이가 침투했다는 유언비어에 프랑스인들은 환각에 빠진 것처럼 곳곳에 간첩이 있다고 생각했다. 전선이 무너졌다는 사실을 과장해서 방송함으로써 프랑스인 수백만 명이 거리로 뛰쳐나와 피난 대열에 합류함으로써 사회 내부의 공황이 급속히 확산되었으며, 피난민이 도로를 가득 메우게 되어 군사작전을 거의 불가능하게 만들기도 했다.

전쟁이 종식된 후 프랑스는 패전의 책임자를 색출하는 작업이 진행되었다. 대부분의 경우 사회를 혼란으로 몰고 간 공산주의자들에게 책임이 돌아갔으며, 국가 패망의 원인이 군사적 실패보다는, 평화주의로 위장하여 사회를 분열시킨 자들에게 화살이 돌아갔다. 그러나 한편에서는 장군들이 자신들의 실책을 전가할 희생양으로 공산주의자 및 정치가와 지식인들을 내세웠다고 비난했다. 더욱이 스당에서의 돌파를 허용했던 장본인인 제2군 사령관 욍치제르 장군이 국방장관이 된 데 대해서 훗날 역사학자들은 비판을 제기했다.

나. 군사적 요인

1) 마지노 사상

나폴레옹은 그의 군사적 금언에서 "자신의 참호 안에 숨어 있는 자는 반드시 패배한다."라고 했다. 사실상 프랑스군에서 제기·발전된 마지노선의 근본적인 의도는 병력을 절약하여 융통성을 확보하자는데 있었다. 독일에서 '작전술 차원의 기동전'이라는 군사사상의 르네상스가 태동했던 것과 달리, 이러한 나폴레옹의 경귀적 금언에도 불구하고, 프랑스에서는 개활지에서의 전투를 회피하고, 제1차 세계대전에서처럼 참호전을 예상하여 기동보다는 화력에 의존하려는 사상을 고수하려는 소위 '마지노 사상'이 팽배하기 시작한 폐단이 야기되고 있었다. '마지노 사상'은 수동적이고 수세적인 자기 구속과 주도권의 단념을 의미하는 군사사상을 낳게 됨으로써, 이러한 사상이 결과적으로 프랑스의 군사사상 발전 면에서 엄청난 재앙으로 작용하게 되었던 것이다.

심지어 프랑스 장군들은 능동적인 방어 작전, 즉 파쇄 공격이나 역습, 역공격, 반격 작전에 대해서도 무능해져 버렸다. 스당에서의 돌파를 허용한 이래, 수많은 역습 기회 상황 속에서도 제대로 된 역습을 단 한 번도 실행하지 못하고 중도에서 모두 포기해 버렸다. 드골을 비롯한 몇몇 기갑부대 운용에 선진 사상을 가진 이들도 있었으나, 프랑스군에서는 이러한 사상이 받아들여질 수 있는 틈이 없었으며, 따라서 기동을 전제로 한 부분적인 역습도 성공할 수 없었다. 프랑스군은 마지노선이라는 뚫리지 않는 방패를 가졌지만, 대신에 날카로운 창을 갖추는 것을 잊어버렸던 것이다.

2) 노쇠한 프랑스군의 지휘구조와 통신체계

스당에서의 독일군의 돌파를 허용한 프랑스군 총사령관 가믈랭은 68세였고, 그를 밀어내고 새로운 사령관이 된 베강은 그보다 많은 73세였으며, 수상으로 취임한 페탱은 84세였다. 프랑스 육군은 자신들의 지위와 특권에 집착했고, 과거의 전장에서 통했던 구태의연한 사고를 철저히 견지했다. 국가는 망해도 자신들의 지위가 어디에까지 승진하는가에 연연하는 모습을 보이기도 했다.

드골처럼 젊은 장교들은 설 자리가 없었다. 가믈랭이 있던 뱅센(Vincennes)의 최고사령부 지하 벙커는 '잠망경 없는 잠수함'으로 불리었다. 우선 최고사령부부터 무전기나 전신기가 없었는데, 보안을 이유로 무선은 물론, 유선 사용도 극도로 제한했기 때문이었다. 명령을 하달하기 위해서는 전령을 직접 운용하였기 때문에 작전의 반응시간은 매우 길 수밖에 없었는데, 명령이 실시부대까지 도달하는 데는 통상 48시간이라는 긴 시간이 소요되었다. 가믈랭은 북동부 사령관 조르주 장군을 만나기 위해서 60km를 차량으로 이동했는데, 교통체증으로 두 시간 이상이 소요되었음에도 불구하고, 유선 사용은 거의 하지 않았다.

독일군이 진격해 오자, 뱅센에 있던 최고 사령부를 베강 장군은 버려진 고성인 브리아르(Briare)로 옮겼는데, 그곳에는 살아있는 전화기가 오로지 딱 한 대 있었다. 그러나 급박한 상황으로 프랑스의 운명이 걸린 중요한 시각인 정오부터 두 시간 동안 총사령관은 외부와 어떤 연락도 취할 수 없었는데, 그 이유는 교환수들이 점심시간을 지켜달라고 강력히 요구했기 때문이었다. 이를 어떻게 받아들여야 할는지에 대해서는 깊은 고뇌가 요구된다 하겠다. 한편, 프랑스군의 참모부는 모든 명령을 완벽하게 문서화하여 하달하는 방식으로 작전을 지휘했는데, 명령문은 장황했고, 작성·배포하는데도 장시간이 소요되어, 급박한 전투 현장에서의 상황 조치가 지연되기 일쑤였다. 명령이 전달되기도 전에 상황이 변화하여 작성·하달한 명령문이 휴지가 되는 경우가 많았다.

3) 미흡한 정보체계

독일은 '황색 계획'을 수립하면서 수차례 수정을 거듭했다. 심지어 작전계획을 휴대한 장교가 실수로 포로가 되면서 프랑스군에 통째로 노출되기도 했다. 차후에 독일은 작전계획을 완전히 새롭게 바꾸어 '지헬슈니트 계획'으로 변경했는데, 이러한 수정된 계획에서도 프랑스군은 독일군이 제1차 세계대전 당시의 슐리펜 계획으로 공격해 올 것이라고 철석같이 믿으면서 이를 의심치 않았기 때문에, 독일군의 함정에 빠지는 우를 범했다.

독일군이 만슈타인의 건의를 받아들여 아르덴 숲을 통과하는 새로운 작전계획을 발전시켰는데도, 프랑스군은 의심조차 하지 않았다. 아르덴 삼림지대는 예행연습에서 기갑부대의 통과가 가능하다는 견해가 많았음에도 불구하고, 무시되었다. 그뿐만 아니라, 전쟁이 발발하여 아르덴으로의 주공이 확실한 징후가 많았는데도, 프랑스군 지휘부가 이를 애써 묵살한 징후와 혐의가 짙었다. 조금만 주의 깊게 상황을 분석했더라면, 독일군의 기갑부대가 아르덴 지역에서 뒤엉켜 지지부진했을 때 더 많은 항공정찰이나 수색대를 파견하여 정보수집에 노력을 기울였다면, 전세는 아마도 뒤집혔을지도 모른다. 이러한 모든 정황들은 "프랑스군의 수뇌부가 독일군의 기습 정보를 일부러 무시하려고 했던 것이 아니었을까?" 하는 의심을 자아내게 하는데 전혀 부족함이 없다.

4) 군수지원 능력의 차이

독일군과 연합군이 보유한 장비의 성능과 수적 비교에서 독일군이 앞선 부분은 별로 없었다. 전차는 대수나 그 성능 면에서 연합군이 앞섰고, 항공기도 전체 숫자에서는 연합군이 우세했으나, 실제 전투에 투입된 대수는 독일군이 압도적으로 많았다. 그만큼 프랑스군은 항공기를 놀리는 유휴전력이 많았었다고 볼 수 있다. 물론 전술적인 운용 면에서 독일이 압도적으로 우세했기 때문에, 단순히 장비의 수나 질적인 면으로 따질 것만은 아니지만, 세부적으로 관찰해 보면 후속 군수지원 면에서 독일군은 매우 우수했다는 점을 확인할 수 있다.

특히, 프랑스군은 기계화 부대의 유류나 탄약을 지원하는 유조차량이 길이 막혀 전차에 급유할 수 없는 상황이 발생함으로써, 많은 전차를 전장에 버려야 했던 반면, 독일군은 중간 중간 중요지점에 보급소를 운용하면서, 당시로서는 획기적인 드럼통을 운용하여 전차가 보급소에서 드럼통으로 자체 급유를 하고, 또 필요한 만큼 드럼통을 다시 적재하고 다니면서 급유를 했기 때문에, 전투 간 간단없이 기동할 수 있었다는 사실은 매우 유의할만한 일이었다.

이에 부가하여 독일군은 매 전차마다 무전기를 장비하고 있었기 때문에 상황변화에 임기응변할 수 있어서 국지적으로 불리한 상황에서도 프랑스군을 물리칠 수 있었다는 점도 매우 중요한 요소일 것이다. 흔히 군인들은 작전이나 기획이 전장에서 승패를 가르는 핵심 요소라고 이해하고 있지만, 사실은 후속 군수지원 능력을 비롯한 전쟁 지속능력이 승패를 가름하는데 더욱 중요하다는 점을 알아야 한다. 독일군은 그런 점에서 연합군에 확실한 우세를 보였다. 앞서 정리한 몇 가지는 프랑스가 패배한 원인을 정리한 것이며, 독일군 측에서의 승리 요인은 별도 정리하지 않았다. 독일군의 이러한 승리 요인을 대강 제목만 정리한다면, 전격전이라는 전략·전술과 전차·항공기·포병을 비롯한 제병과 간의 합동 운용 능력, 그리고 속도전을 통해 적을 마비·붕괴시키는 능력 등 너무나 많다.

그러나 무엇보다도 프랑스인들의 국가를 지키고자 하는 의지에 문제가 있었다는 점이 총체적 분석이라고 할 수 있다. 최전방의 군인들이 풍문만 듣고도 공황에 빠져 스스로 붕괴한 것이나, 사소한 사례이지만, 교환수가 점심시간을 보장해달라고 하면서 자리를 비운 바람에 최고 사령부의 전화가 두 시간 정도 불통한 사례, 마르세유에서 이탈리아를 폭격하려는 영국 항공기를 출격하지 못하도록 활주로를 봉쇄해버린 주민들의 작전 방해 사례, 그리고 패주하던 부대가 재정비하여 싸우려 하지 않고 노천의 카페에서 항복하기 위해 한가하게 대기하고 있던 사례 등은 스스로 국가를 지키려는 의지를 포기한 국민에게는 전쟁에서의 승리를 구하는 것 자체가 결코 가당치 않다는 것을 단적으로 보여주고 있다. 이외에도 프랑스군의 패배 요인들에 대해서는 많은 이유를 찾을 수 있을 것이나, 여기서는 큰 줄거리만 정리해 보았다.

제 3 장

영국 전투 - 바다사자 작전

히틀러는 프랑스가 항복한 이후 영국이 화평을 제의해 올 것이라고 기대했다. 그러나 영국이 프랑스 해군을 무력화시키는 것을 보고 강화 가능성이 없다고 보고, 영국을 무력으로 침공하기로 결심했다. 그리하여 히틀러는 7월 16일 영국 상륙작전 지침 제16호를 발령했다. 작전명은 '바다사자(Sea Lion) 작전'으로 정했다.

'바다사자(Sea Lion) 작전'에 대한 해군총사령관 레더 제독은 항공대가 제공권을 장악한 이후에나 병력의 수송이 가능하다는 견해였고, 육군총장 할더는 육군의 침공은 바다에서의 안전이 확보된 다음에 이루어질 최후의 수단이 되어야 한다고 강하게 주장했다. 레더 제독은 병력 10만 명과 전차, 포병, 차량 등의 장비를 운반할 선박과 주정을 확보해야 한다는 거의 불가능한 임무에 부딪쳤다.

육군은 셰르부르 반도와 오스탕드 사이의 해안에 배치된 제6, 9, 16군을 침공 전력으로 할당했다. 어려운 문제에 관한 토론 끝에 나온 결론은 독일 공군이 영국 공군을 무력화시킨 후에나 본토에 대한 상륙작전이 가능하다는 것이며, 실제로 '바다사자' 작전의 성공 가능성은 매우 희박하다는 것이 전문가들의 견해였다. 설령 영국 공군을 무력화시키더라도 독일 해군보다 압도적인 전력을 지닌 세계 최강의 영국 해군을 이겨내고 육군을 도버 해협 너머로 수송할 수 있을지는 의문이었고, 또 만에 하나 지상군이 영국 본토에 상륙하더라도 이제 막 전력화되어가는 영국 본토 군을 손쉽게 이겨낼 것이라고 보기는 매우 어려웠다.

어떤 결론이든 급선무는 영국의 항공력을 완전히 제압해야 다음 단계의 작전이 가능한 것이었다. 영도자 지령 제16호에 명시된 독일 공군의 임무는 "모든 항공 공격을 예방하고, 접근하는 해군 함선과 교전하여 해안방어시설을 파괴하며, 적 지상군의 초기 저항을 와해하고, 전선 후방의 예비 병력을 제거하라."라는 것이었다. 이러한 명령은 해군과 육군이 투입되기 전에 승리의 조건을 사전에 구비하라는 것을 의미하고 있었다. 제1차 세계대전에서 뛰어난 조종사 에이스였던 괴링은 이러한 임무를 가볍게 생각했으며, 8월 1일 이와 관련하여 그는 예하 장군들에게 아래와 같이 지시했다.

"영도자께서는 내게 공군으로 영국을 박살내라고 명령하셨소. 강력한 타격을 가해 이미 재기불능의 정신적 참패를 당한 적이 가장 가까운 장래에 무릎을 꿇도록 만들 계획입니다. 그래야 우리 부대가 그 섬나라를 점령하는 일이 아무런 위험 없이 진행될 수 있습니다."[39)]

괴링의 장담과는 달리, 독일 공군이 안고 있는 문제점은 많았는데, 이를 살펴보면, 다음과 같다.

첫째, 항공 전력의 피로 문제였다. 독일 공군은 개전 이후 폴란드와 노르웨이, 네덜란드, 그리고 프랑스 전역을 통해 1,284기의 항공기를 상실하였는데, 이때 숙련된 조종사도 함께 잃어, 항공 전력은 결코 쉽게 보전되어질 수 있는 것이 아니었다.

둘째, 항공기지 문제였다. 영국을 공격하기 위해서는 항속거리를 줄이기 위해 벨기에나 프랑스로 작전기지를 이전해야 했다. 그렇더라도 영국을 공습하려면 최소한 50km를 비행하여 도버해협을 건너 영국 항공기와 맞붙어야 했으며, 상대적으로 영국의 전투기 사령부는 그만큼 이점을 누릴 수 있었다. 그뿐만 아니라, 공중전에서 항공기가 손상을 입어 조종사가 탈출해야만 할 경우, 적지에 떨어진 독일 조종사들은 죽거나 포로가 되어야 하지만, 영국의 조종사들은 부상만 당하지 않으면 업무에 바로 복귀할 수 있는 큰 이점이 있었다.

이에 따라 괴링은 독일 본토의 항공기지를 슈툼트(H. J. Stumpff) 상급대장의 제5공군을 노르웨이로 케셀링(Albert Kesserling) 상급대장의 제2항공군은 벨기에로 그리고 슈페를레(Hugo Sperrle) 상급대장의 제3항공군을 프랑스로 각각 이전했다. 3,000대에 달하는 항공기를 운용하기 위해 필수적인 보급·정비·통신 등 각종 시설을 구비하는 작업은 시간을 요할 뿐 아니라, 매우 정밀해야 했기 때문에 7월 초에야 어렵사리 전투에 돌입할 수 있었다.

이에 대항해야 할 영국의 전투기 사령관은 '휴 다우딩(Hugh Caswall Tremenheere Dowding)'이었다. 그는 1936년에 처음 창설된 전투기 사령부의 초대 사령관에 보직되었다. 다우딩은 자기주장이 강하고, 냉랭하며 고집이 센 까다로운 사람으로 모두들 [꼰대]라고 불렀다. 시릴 뉴월(Cyril Newall)이 자기보다 임관 후배였음에도 불구하고, 공군총장으로 발탁되고, 그가 전투기 사령관으로 보직되자, 주변에서는 다우딩이 언제 예편할 것인가를 두고 말이 많았다. 그는 동료 장군들이나 정치가들을 매혹시킬 능력이 없어 악전고투를 자초했다.

그는 고독하고 엄격하며 웃을 줄 모르고, 자신에게 정말로 중요한 것 외에는 아무것도

---

39) 존 키건 지음, 류한수 옮김, 옮김, 『2차 세계대전사』(서울 : 청어람 미디어. 2006), p. 139.

말할 줄 모르는 괴팍한 사람이었다. 실제로 그는 1938년에 전역하라는 명령을 받았으나, 후임자로 내정된 사람이 항공기 사고로 부상해 그의 퇴직은 어쩔 수 없이 1년 더 연장되어 1939년 6월에 전역하도록 예정되었다. 그러나 그의 전역은 1939년 말로 연장되었다가, 또다시 1940년 3월 말로 재차 연장되었으며, 전역을 하루 앞둔 순간에 참모총장 뉴월은 그를 불러 7월 14일까지 복무하도록 지시했다. 군의 후배인 총장이 전역을 하루 앞둔 그에게 복무 연장을 통보한 것은 참으로 무례한 처사임이 분명했으나, 그는 자존심을 억누르고 계속 자리에 남았다. 그는 불만을 함부로 입 밖에 내는 사람이 아니었을 뿐만 아니라, 남에게 도움을 청하는 사람도 아니었다.

전역을 이틀 앞둔 1940년 7월 12일 얄궂게도 히틀러는 '바다사자 작전'을 최고 속도로 진행하라는 문서에 서명했고, 이를 알게 된 처칠은 직접 인사에 개입해 그의 임기를 10월까지 연장하였다. 그의 군 경력은 한 편의 드라마 같았다. 그리고 꼭 필요한 순간에 간신히 그 자리에 있게 되었다. 강을 건너는 도중에는 말을 갈아타기가 어렵기 때문이다.

숱한 개인적인 어려움을 겪으면서도, 그는 유사시 영국 상공에서 벌어질 전투에서 어떻게 승리할 수 있는가에 대해서는 타의 추종을 불허하는 전문성과 열정을 가지고 있었다.[40] 그는 새로운 과학 이론에 두려움 없이 매달렸으며, 미래 전쟁이 어떤 모습으로 전개될지, 또 어떤 전법을 사용해야 이길 수 있을지를 잘 알고 있었다.[41] 프랑스가 패망할 무렵 프랑스에서 처칠에게 애타게 전투기의 추가 지원을 요청할 때도, 처칠은 동맹 관계를 고려하여 대폭으로 지원하고자 했으나, 다우딩은 본토 방위를 위해 25개 대대는 반드시 확보해야 하므로, 나머지 6개 대대만 보낼 것을 끝까지 주장하여 수상의 협박과 설득 및 강요를 꿋꿋하게 거절했다. 이때 처칠은 다우딩에 대해서 매우 좋지 않은 감정을 표현했으나, 훗날 영국전투를 겪으면서 감탄으로 바뀌었다. 그럼에도 불구하고, 다우딩은 결코 원수로 승진하지는 못했다.

그런 까다로운 성격에도 불구하고, 부하들에 대한 애정은 놀랄 만큼 따스해서 부하들은 그를 진정으로 따르고 존경했다. 당시 영국의 항공 사상은 폭격기 만능론이 지배할 때였다. 항공기의 선구자라는 이탈리아의 줄리오 두헤(Giulio Douhet)나 미국의 윌리엄 미첼(William Mitchel) 장군은 일찍이 폭격기 만능 이론을 주장했다. 폭격기는 어디든지 갈 수 있고, 이를 막을 수 있는 수단은 없으며, 또 적의 인구가 밀집한 도시나 군수공장을 폭격하여 궤멸시킴으로써 승리를 거둘 수 있기 때문에, 폭격기야말로 가장 효과적인 전쟁 억제 수단이라고 강조했다.

---

40) 마이클 고다 지음, 이동훈 옮김, 『영국전투』(서울 : 열린 책들. 2014), p. 28.
41) 마이클 고다 지음, 이동훈 옮김, 위의 책. p. 49.

제1차 세계대전 말기에 독일에 '전략폭격'을 가하면서 좋은 경험을 쌓은 영국은 1918년 세계 최초로 육군 및 해군에 이어, 공군을 독립시킴으로써 독자적인 항공작전으로 적의 공격을 완전히 저지한다는 나름대로의 항공작전 개념을 공식화했다. 따라서 거대한 육군을 육성·보유하는 데 따른 막대한 비용보다 싸게 먹힌다는 주장은 예산을 지원해야 하는 정치가들과 공군의 발전을 고대하는 고급 장교들에게 아주 좋은 소재였다. 도서 국가인 영국의 경우 강대한 해군력이야말로 방위력의 근본이라는 제독들의 불만스러운 주장도 폭격기 만능론을 결국 이기지는 못했다.

1932년에 수상 스탠리 볼드윈(Stanley Baldwin)은 "폭격기는 어디든지 갈 수 있다."라고 의회에서 연설했다. 그의 의도는 폭격기들이 적을 폭격하는데 자유롭게 기동하여 타격함으로써 전쟁을 예방할 수 있다는 의미였다. 그러나 그의 사상과 현실적인 제약이 폭격기보다는 전투기를 생산하도록 만들었다. 그는 폭격기가 적의 도시를 공격했을 때 발생할 무고한 민간인들, 특히 어린이나 노약자 및 아녀자를 포함한 희생을 끔찍하게 생각했으며, 예산 문제에서도 현실적으로 폭격기 한 대의 생산가격은 전투기에 비해 대략 10배에 달해, 제한을 받을 수밖에 없었다. 거기에다가 폭격기는 기체가 크고 무겁기 때문에 콘크리트로 포장된 긴 활주로와 격납고가 필요했고, 탑승하는 승무원도 많아야 했기

● 에밀이라고도 불리었던 메서슈미트 Bf 109E

● 2문의 20mm 기관포와 4정의 8mm 기관총을 날개에 장착한 슈퍼마린 스핏파이어 MK VB

때문에 엄청난 돈이 들어야 했지만, 전투기는 비포장 활주로에서도 이착륙이 가능했다. 그래서 예산을 최우선으로 생각하는 하원에서 전투기 생산에 비교적 관대했으며, 군비 증강을 반대하는 노동당조차도 방어무기인 전투기 생산에 덜 적대적이었다.

제1차 세계대전 이후 항공기의 성능은 비약적으로 발전하여 전투기와 폭격기의 구분이 확실해졌으며, 폭격기는 많은 폭탄을 적재하고 고속으로 멀리 날아갈 수 있는 항공기로 계속 진화되었다. 전투기는 1938년이 되면 고속 폭격기의 개념에서 완전히 벗어나 비약적인 기술의 발전을 이루어 고성능 전투기로 태어나게 되었다. 영국의 허리케인(Hawker Hurricane)과 스피트파이어(Spitfire), 그리고 독일의 메서슈미트(Messerschmidt)라고 불리는 Bf 109는 당시의 가장 빠른 폭격기보다도 시속 160km 이상 빨랐으며, 작전 고도도 훨씬 높았다. 그러한 배경으로 1940년 여름이 되면 비커스(Vickers)사와 호커(Hawker) 사가 매월 500대씩 스핏파이어와 허리케인을 생산하게 되어, 영국전투가 벌어지는 기간에도 전투기 사령관이었던 다우딩은 600기 이상의 전투기를 항상 운용 가능한 상태로 보유할 수 있었다.

반면에 독일은 전략폭격 이론을 일절 신봉하지 않았다. 1933년 장거리 폭격기를 양성하여 대규모로 운용하는 안을 검토한 결과, 자국의 공업 능력을 초과한다는 결론을 내렸다. 따라서 육군 출신이 대부분인 공군의 수뇌부는 지상군을 지원하는 데 초점을 맞추어 공군을 육성·운용하도록 했다. 그 결과, 바르샤바와 로테르담, 그리고 프랑스 전투에서 혁혁한 전과를 이루었으며, 이러한 전과 가운데 상당 부분은 도시를 대량 폭격하여 이룬 것임에도 불구하고 장거리 폭격기에 대한 인식은 쉽게 바뀌지 않았다.

독일은 주력 폭격기로 도르니에(Dornier) 17과 하인켈(Heinkel) 111, 융커스(Junkers) 88을 1935년부터 생산했는데, 이 기종들은 모두 폭탄 적재량이 적고, 소형 폭탄밖에 적재할 수 없다는 점과 전투행동 반경이 짧다는 단점을 지니고 있었다. 가장 큰 하인켈(Heinkel) 111도 500파운드 폭탄을 여덟 발 밖에 적재할 수 없었다. 그리고 만약 독일의 기지에서 출발한다면 영국의 목표를 아주 간신히 타격하고 돌아가야 할 정도였으며, 장점은 단지 속도가 빠르다는 점뿐이었다. 이들 폭격기들은 베르사유체제 하에서 군용기 제작이 금지되었던 시기에 개발되어, 고속 여객기의 설계를 응용하여 기체를 매우 좁게 제작했다는 배경으로 인해 별명이 '나르는 연필'로 불리어졌다.

이에 반해, 영국은 1939년이 되면서, 폭격기의 속도를 포기하는 대신, 대형화하는 방향으로 폭격기를 개발·운용하게 되는데, 속도는 느리지만 항속거리가 길고 폭탄 적재량이 많은 폭격기를 개발하여, 1만 2,000파운드의 폭탄을 적재하고 베를린까지 폭격할 수 있는 에브로 랭커스터(Avro Lancaster)와 같은 폭격기를 운용하게 된다. 더욱이 이러한 영국 폭격기에 비해 독일의 전투기들은 전투행동 반경이 더욱 짧아 폭격기들의 타격 임무를 전 과정에 걸쳐 호위할 수 없었다.

전투기의 생산에 있어서도 독일은 메서슈미트 109와 메서슈미트 110을 매월 각각 140대와 90대 정도만 생산할 수 있었다. 그 결과 독일 공군은 어떤 경우에도 800대 이상의 전투기를 동시에 집중적으로 운용하는데 결코 성공하지 못했고, 성능이 대등했던 영국 전투기를 수적으로 압도하지 못했다. 영국과 독일의 최신예 주력 전투기는 스피트파이어와 메서슈미트였는데, 두 기종은 성능 면에서 우열을 가리기 어려운 장점과 약점을 지니고 있었다.

두 기종의 속도 비교에 관해 굳이 따진다면, 스피트파이어가 시속 570km로서, 569 km의 메서슈미트보다 미세하게 우세했지만, 상승률 면에서는 분당 1,005m인 메서슈미트 109와 비교하여, 스피트파이어는 771m, 그리고 허리케인은 668m 정도였다. 선회력 면에서는 스피트파이어가 월등했지만, 상승 속도와 급강하 속도는 메서슈미트가 월등했고, 상승고도 역시 메서슈미트가 9,100m로 월등했다. 항속거리 면에서 스피트파이어는 1,800km로서, 메서슈미트의 1,100km를 압도했다. 그러나 무엇보다도 독일의 메서슈미트는 연료 급유 가능 용량이 적어 영국 상공에 도달한 후 작전 가능 시간이 30분을 넘길 수가 없었다.

무장 면에서는 20mm 기관포 2문과 기관총 4정을 장착한 메서슈미트가 초기에는 우세했으나, 곧바로 개선을 거듭한 스피트파이어와 대등했으므로 모든 면에서 양대 주력 전투기는 호각이었다고 말할 수 있겠다. 영국의 또 다른 전투기 허리케인에 비해 메서슈미트는 상당한 우위를 보였으므로, 영국은 폭격기를 공격하는 데는 허리케인을 주로 사용하고, 메서슈미트와의 교전은 대부분 스피트파이어가 담당했다. 그러나 허리케인은 생존성이 매우 우수하고, 날개에 20mm 기관포 4정, 또는 40mm 기관포 2정을 장착할 수 있어 명중률이 높았고, 쉽게 조작할 수 있었다. 요컨대 날아다니는 발사대로서는 적격이었다.

프랑스 전투 기간에 전투기 사령관 다우딩은 됭케르크 구출 작전을 제외하고는 주로 허리케인을 파견하여 스핏파이어를 아끼면서 성능을 은폐·절약했다. 영국전투에 임하는 독일 항공 전력은 메서슈미트 109 전투기가 656대, 메서슈미트 110 쌍발전투기 168대, 도르니에와 하인켈 및 융커스 88 폭격기가 769기, Ju-87 슈투카 급강하 폭격기 300여 기를 포함하여 도합 3,000기 정도였다. 이를 방어하기 위한 영국의 전투기는 초기에 스피트파이어와 허리케인을 합하여 총 504기뿐이었다.[42]

---

42) 엔터니 비버 지음, 김규태·박리라, 제2차 세계대전』(서울 : 글 항아리. 2017), p. 198.
다른 자료에는 영국의 전투기 대수가 700대로 명시되기도 하였다.

● 승리의 설계자 휴 다우딩 공군대장. 그는 1936~1940년에 전투기사령부 최고사령관을 지냈다. 그가 1930년대 말에 레이더 개발을 지원하고 이를 데 없이 중요한 전투 비행대들을 이미 진 싸움에 투입하라는 압력을 심하게 받은 프랑스 전투 동안 그 빠듯한 자원을 소중하게 아꼈기 때문에 1940년 여름에 전투기 본부는 적에게 아주 약간의 우위를 누릴 수 있었다.

조종사의 경우 독일은 1939년에 총 1만 명에 달하는 노련한 조종사가 확보되어 있었던 데 반해, 영국 전투기 사령부는 매주 50명 정도를 보충해도 겨우 1,450명 정도를 유지할 수 있었기 때문에, 전투가 한창일 때 조종사의 부족에 시달려야 했다. 조종사의 부족을 영국은 폴란드 망명자 145명과 뉴질랜드 출신 126명을 비롯하여 캐나다, 호주, 남아프리카, 프랑스 및 미국인들의 지원자로 보충했다. 이러한 시점에서 다우딩은 사령관 취임 이후 장차 작전을 위해 크게 3가지를 혁명적으로 발전시켰다.

첫째, 전투기의 성능향상이었다. 다우딩은 전투기를 개발할 때 공군성에 8정의 기관총과 폐쇄형 조종석 및 접이식 착륙장치를 갖춘 전금속제 단엽 전투기를 요구했다. 또한 롤스로이스사로 하여금 12기통 엔진을 개발하도록 했는데, 이는 후일 롤스로이스 멀린이라는 명칭의 명품 엔진이 되었다. 다우딩은 또한 전투기에 조종사를 보호할 방탄유리를 설치하는 문제가 예산의 제약을 받게 되자, "시카고의 갱들에게도 방탄유리가 있는데, 우리 스피트파이어에 방탄유리가 없다는 건 이해할 수 없다."라고 항의하여, 빛의 굴절이 없는 방탄유리를 스피트파이어와 허리케인에 설치한 일화도 있었다. 허리케인이 1935년, 스피트파이어가 1938년에 각각 초도 생산되어, 8정의 기관총을 장착한 두 종류의 전투기가 공군에 배치됨으로써 다우딩은 독일과 충분히 싸울 수 있는 항공기를 보유하게 되었다.

둘째, 레이더망을 설치하여 조기경보체제를 갖춘 것이다. 처음 레이더가 설치되어 가동되기 시작한 1937년에는 사람들은 레이더에 대한 관심이 별로 없었다. 당시 레이더에 관한 기술은 전 세계적으로 비밀이 아니었으며, 영국이 다른 나라보다 혁신적인 선구적 기술을 가진 것도 아니었다. 단지 레이더를 실험실 밖으로 꺼내 먼저 실용화했을 뿐이었다.

그리고 미심쩍은 장비를 막대한 예산을 투입하여 설치하도록 허가한 사람은 국제적 정세에 비교적 둔감했던 볼드윈 수상이었다. 다우딩은 기적적으로 원하는 것을 손에 넣을 수 있었다. 그는 신뢰성이 입증되기 한참 전에 90m 높이의 철제 격자형 전파 발신 탑 4개와 72m 수신탑 4개를 갖춘 레이더 기지 건설을 시작한 것이었다.

처음에는 엉터리 신호를 너무 많이 수신했고, 항공기의 수량이나 고도 측정에 실패했으며, 적과 아군기의 구분도 할 수 없었다. 그러나 개선을 거듭한 결과, 1939년에는 15개의 레이더 기지가 작동되었는데, 영국 동남부 일대를 중첩하여 감시할 수 있었고, 벨기에, 네덜란드, 프랑스 상공의 항공기도 탐지할 수 있게 되었다. 점차 평범한 장병들에게 레이더의 조작법과 스크린에 전시되는 점과 곡선을 해석하는 법을 가르쳐 운용하도록 했다. 당시에는 이러한 시스템이 독일에는 물론, 미국이나 프랑스에도 없었다. 레이더 시스템은 적 항공기의 접근을 조기에 경보함으로써, 아군이 적의 공습에 적시에 대응할 수 있는 시간을 확보할 수 있게 해 주었다.

셋째, 다우딩이 전투기의 통제와 레이더 시스템을 결합한 중앙관제 시스템을 만든 것이다. 전투기의 성능이 아무리 우수해도 레이더의 조기 경보나 전투기의 집중 운용이 결합되지 않으면, 피아 전투기들 간에 이루어지는 각개전투나 마찬가지가 될 터였다. 다우딩은 전투기사령부가 위치한 벤틀리 프라이어리에 작전과 관련이 있는 부서의 인물들을 불러 모았다. 해군과 육군 방공포대 및 탐조등 부대에서 연락장교를 받아 정보를 교류해야만 함대의 위치를 파악하여 보호할 수 있고, 방공포대가 아군기를 오인 사격하는 불상사를 방지할 수 있기 때문이었다. 민간 행정기구와도 협조를 통해 적기의 공습을 전국에 사전 경고하여 대피하도록 하는 역할과 피해를 입었을 때 즉각적인 복구가 가능하도록 연락하는 기능을 통합했다.

그리고 지하에는 적의 폭격으로부터 안전한 작전상황실을 건립하여 원형극장 같은 시설을 만들었다. 벽면에는 적과 아군 항공기의 고도 및 위치와 대수를 실시간으로 기록하여 대응하도록 만들었다. 전투기 조종사들이 교대로 근무하며 상황 장교들에게 조종사들이 조치할 수 있는 것과 불가능한 것들을 알려주어 협조하도록 했다. 해군 연락장교는 물론, 방공포대나 탐조등부대, 그리고 육군 포병부대와 소방서 및 경찰 등이 자기 부서와 연결된 직통전화로 필요한 상황을 전파하고 조치하도록 만들었다.

이보다 중요한 것은 상황 장교들이 각 전투비행단에 필요한 조치를 전파하여 가장 경제적인 전력운용 시스템이 되도록 했다는 점이다. 이러한 조치들이 효과적으로 기능하기 위해서는 필수적인 것이 통신이었다. 제1차 세계대전 당시의 전투에 익숙해 있던 공군의 간부들은 지상 관제소에서 들려오는 여군의 목소리에 매우 이상한 감정을 느꼈으나, 곧 익숙해져 갔다. 중요한 간선 전화는 폭격에도 견딜 수 있도록 지하에 콘크리트관을 매설하여 보호했다. 당시 다우딩의 중앙통제본부 시스템 구축은 가히 천재적이라고 할 수 있을 내용들이었으며, 지금도 전 세계 항공관제 시스템의 전형이 되고 있다.

● 영국 공군 및 독일 공군의 주요 기지

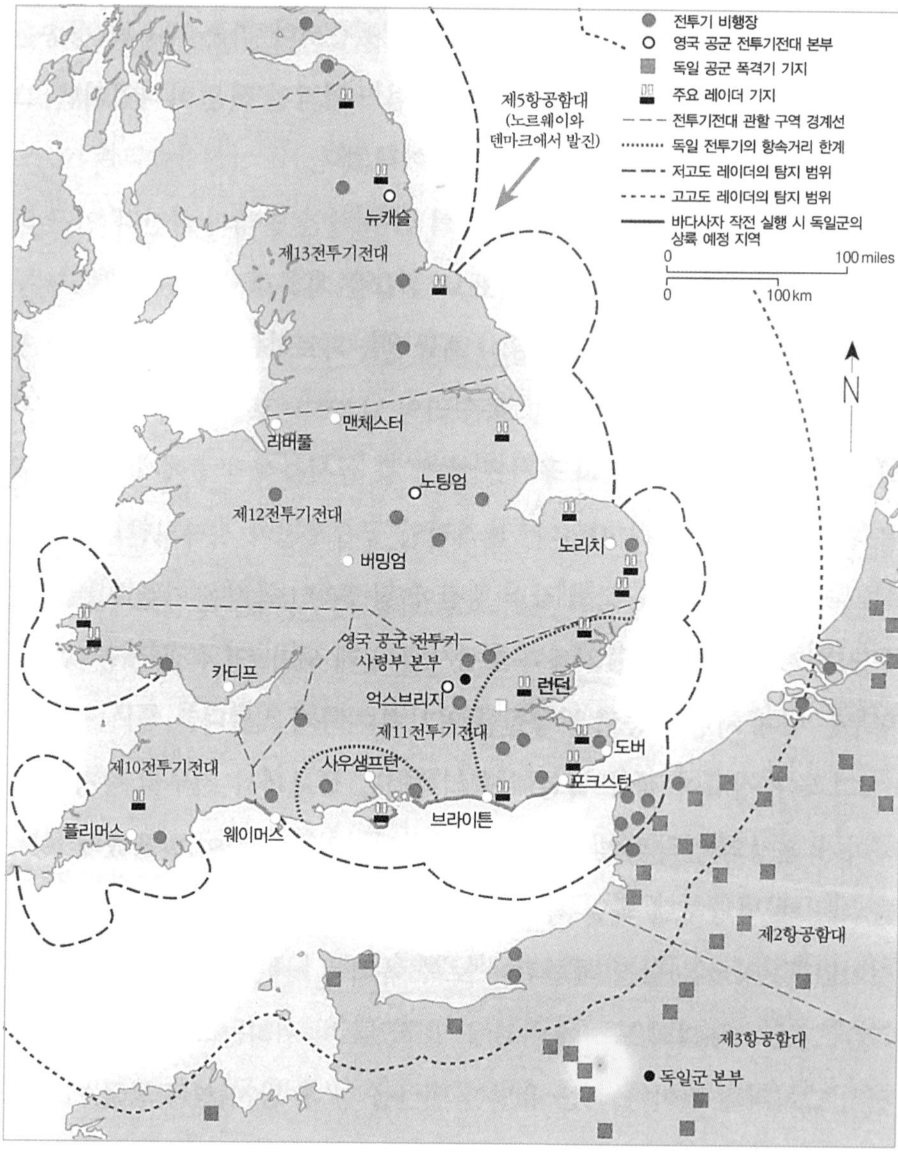

※ 출처 : 폴 클리어 지음, 강민수 옮김. 『제2차 세계대전』(플래닛미디어, 2008), p. 137.

추가로 다우딩은 전투기 연료를 옥탄가 100을 사용하도록 고집스럽게 밀어붙였다. 왜냐하면, 롤스로이스 엔진은 기존의 기화기 방식(카뷰레터)을 사용했는데, 이 방식은 급강하

시에 연료 공급이 단절되어 엔진이 멈추는 경우가 발생했기 때문이었는데, 옥탄가 100 연료를 사용하면 엔진이 멈추는 문제를 완화시킬 수 있었다. 문제는 옥탄가 100 연료는 영국에서 생산되지 않아 미국에서 수입해야 했기 때문에, 예산상의 문제와 대서양을 건너오는 동안 독일 U-보트의 위협과 화재의 위험 증가 등이 문제였지만, 다우딩은 고집스레 이를 관철시켰다. 독일의 항공기는 기화기 대신 연료 직접 분사 방식을 사용했기 때문에 문제가 되지 않았다.

됭케르크 철수 이후 전쟁은 다소 소강상태에 빠지게 되었다. 물론 대서양에서 U-보트의 공격으로 영국의 함대와 상선이 큰 피해를 받는 상황이 전개되어 고심하고 있기는 했다. 루스벨트는 구축함 50척을 지원해 달라는 처칠의 요구를 정중히 거절했는데, 이는 과연 영국이 단독으로 독일에 맞서 싸울 수 있을지를 전 세계가 의심하고 있었기 때문이기도 했다. 훗날 미국 대통령인 존 케네디 대통령의 아버지인 주영 미국대사 조지프 케네디는 영국이 독일의 공격에서 살아남을 가능성이 지극히 낮다고 워싱턴에 보고했다.[43]

비관적인 상황에서 영국의 굳건한 전투 의지를 보이고 세계의 신뢰를 회복하기 위한 유일한 방도는 감동적인 승리를 얻는 것이었고, 그것은 임박한 영국전투에서 다우딩의 전투기 사령부가 독일의 공군을 물리치는 것이었다. 이 시점에서 다우딩의 전략은 노련한 노름꾼이 자신의 패(Card)를 상대에게 노출시키지 않고 아군의 전력을 얕잡아 보도록 하면서 적에게 출혈을 강요하도록 하는 것이었다. 따라서 전투기들 간의 대규모 공중전을 피하고, 오히려 적의 폭격기를 요격하는 전술을 채택했다. 폭격기는 생산비가 전투기에 비해 월등했고, 승무원도 최소 4명이 탑승했으므로 손실을 받으면 복구하기가 그만큼 어렵다고 생각했기 때문이었다. 즉 독일의 항공기가 영국을 폭격하는 것을 원천적으로 봉쇄하지 않으면서, 적에게 축차적인 소모를 강요해 고사시키는 전략을 택한 것이다.

'영국전투(Battle of Britain)'란, 1940년 7월 10일부터 10월 31까지 영국 상공에서 전개된 영국 공군과 독일 공군 간의 전투를 말하며, 처칠에 의해 붙여진 명칭이었다. 영어를 그대로 직역하면 영국 전투가 되지만, 실제로는 양국의 공군 간 항공전이었으므로, '영국 본토 항공전' 또는 '영국 본토 방공전'으로 번역하는 것이 옳다고 학자들은 말한다. 영국에 대한 독일의 폭격에 대해 역사가들은 독일 측이 세밀한 전략을 수립함이 없이 즉흥적으로 다섯 단계를 거쳐 진행했다는 데에 대해 대체적으로 동의하고 있다.

제 1단계는 7월 10일부터 8월 초순까지로 '해협전투(Kanalkampf : 카날캄프)' 단계였다. 제 2단계는 8월 13일 '독수리의 날(아들러타크 Adlertag)'에 시작되는 '독수리 작전' 이었는데, 8월 18일까지 계속된 이 단계는 독일 공군과 영국 공군 간에 벌어진 전형적인

43) 마이클 코다 지음, 이동훈 옮김, 『영국전투』(서울 : 열린 책들. 2014), p. 139.

공중전 형태로 진행된 기간이었다. 제 3단계는 8월 24일부터 9월 6일까지 독일의 공중공격이 영국의 전투기 사령부로 목표를 전환한 단계였다. 그리고 제 4단계는 9월 7일부터 30일까지는 '런던 전투(Battle of London)'로서, 독일의 항공기가 매일 런던시에 무차별 폭격을 가하여 민간인의 피해를 가중시키는 단계였다. 끝으로, 제 5단계는 '영국전투'가 공식 종결되는 10월 30일까지 일련의 자잘한 후속 공습 기간으로 구분된다. 그 이후로는 심각한 피해를 입은 독일의 폭격기 대대들이 파괴적이기는 하였지만, 전략적 효과가 별로 없었던 야간공습으로 전환하게 된다.

제 1단계에서 7월 10일 막이 오른 '카날캄프'는 독일 폭격기가 회당 20~30대씩 플리머드(Plymouth), 웨이머드(Weymouth), 팔머드(Falmouth), 포츠머드(Portsmouth), 도버(Dover) 등 남부 해안 도시와 때로는 호송선단에 가하는 공습으로 시작되었으며, 점차 템스 강 어귀까지 확대되었다. 선박 4만여t이 침몰하는 큰 물적 손실이 초래되었다. 그러나 도버해협을 극복하기 위해 네덜란드와 벨기에에 모아 놓은 독일의 수송 선단들이 안전하게 도하에 성공하기 위해 반드시 격멸해야 할 영국 공군은 거의 피해를 입지 않고 건재했다.

해협전투에서는 초기에 독일의 공습이 주로 Ju 87 슈투카에 의한 영국 연안의 소규모 호송선단에 집중되어 있었기 때문에, 다우딩의 입장에서는 석탄이나 생필품을 주로 운반하는 호송선단을 보호하기 위해 전투력을 낭비하고 싶지는 않았다. 그러나 전통적인 해양 국가인 영국의 입장에서 수상을 비롯한 모두가 영국 연안에서 제해권을 독일에 내주고 싶은 생각은 없었기 때문에, 전투기 사령부는 소극적이나마 전투에 가담하지 않을 수 없었다. 그러자 점차 메서슈미트 전투기들도 공중 엄호에 나서게 되어 공중전은 점차 치열해졌다. 그 결과 7월 10일부터 7월 말까지의 전투에서 영국은 전투기 96대를 잃은 반면, 독일은 227대를 잃게 되었다. 독일이 폭격기 100대를 잃은 것은 감안하면, 전투기 손실면에서 독일의 손실이 컸지만, 아직 영국이 확고한 우위를 점했다고 말하기는 어려운 상황이었다.[44]

앞에서 기술한 것처럼, 다우딩은 해협전투에 전력을 기울이지 않고 비교적 소수의 전투기를 출동시켰기 때문에, 독일은 영국 전투기 사령부의 전력을 비교적 낮게 평가했으며, 전투기 보유 대수를 300~400대밖에 안 된다고 괴링에게 보고하기도 했다. 독일은 영국 전투기 사령부의 레이더 시스템이나 중앙관제 시스템에 대해서 잘 알지 못했고, 자신들이 대규모 공격을 가하게 되면 영국의 공군력을 쉽게 괴멸시킬 수 있다고 믿게 되었다.

이 시점에서 영국이 당면했던 방공에 대한 중요 문제점을 고찰해 볼 필요가 있다고 보

44) 마이클 코다 지음, 이동훈 옮김, 앞의 책, p. 143. 항공기의 격추 대수는 책자마다 다소 차이가 있는데, 아마도 영국이나 독일 모두 자신들의 전과를 과장했기 때문인 것으로 추정된다.

여 진다. 우선 처칠은 항공기의 생산을 보장하기 위해 가장 친한 친구 중의 한 명인 비버브룩(Beaver Brook)을 항공기 생산성 장관에 임명했다. 그는 캐나다 출신으로 [데일리 익스프레스]지의 사주였으며 백만장자였다. 신뢰받지 못한 언론인이었고, 바람둥이로 까다로운 사람이었지만, 열정이 넘치는 활기찬 사람이었다. 왕과 왕비의 반대에도 불구하고, 그의 능력을 믿고 처칠은 그를 항공기 생산성 장관에 임명한 것이다. 비록 자신에게 잘 맞는 것에는 한없이 다정하면서도, 자신과 맞지 않으면 한없이 가혹한 인물이었지만, 항공기 생산량을 끌어 올리는 데 있어서 비버브룩 보다 더 적합한 인물은 찾을 수가 없었다. 우연찮게도 그와 똑같이 괴팍한 인물이었던 다우딩과는 완벽하게 궁합이 잘 맞았다.

다우딩과 비버브룩은 자신의 아들들이 모두 전투기 조종사로 전투에 참가하고 있었다. 비버브룩은 종전에 매월 260대 정도를 생산하던 전투기를 무려 2배인 500대로 증산하여 어김없이 다우딩에게 인계하게 되었다. 롤스로이스사의 엔진 생산이 한계에 봉착하게 되자, 미국의 루스벨트 대통령에게까지 협조를 요청했고, 종래에는 미국의 패커드사로 하여금 성능이 향상된 멀린 엔진을 개발하여 대체토록 했다. 멀린 엔진은 장차 미군의 P-51 머스탱 전투기에 보조 연료탱크를 장착했을 때 전투행동 반경이 무려 3,000km에 달하게 됨으로써, 1,000km 정도인 독일의 메서슈미트 109에 비해 3배에 달하게 되었다. 후에 멀린 엔진을 장착한 P-51 머스탱 전투기도 전투행동 반경이 대폭적으로 늘어나게 되어, 미군 폭격기들이 주간에 독일을 폭격하는데 완벽한 호위를 제공하게 되었다. 비버브룩은 당시의 업적은 기적이라고 자평했다. 더욱이 독일군이 이를 전혀 모르고 있었기에, 연합군 전투기의 이러한 성능 향상은 독일군으로 하여금 시간이 지나면 영국의 방공력이 급격히 쇠퇴하게 될 것이라는 오판을 하도록 만들었다.

한편, 다우딩에게도 내부적인 시련이 있었다. 부하들의 전투행동 방식에 대한 마찰이 바로 그것이었다. 전투기 사령부는 영국을 4개 권역으로 나누어 방공업무를 분담하고 있었다. 제13전투비행단이 뉴캐슬에 본부를 두고 스코틀랜드를 포함한 영국의 북부를 담당하고, 제12전투비행단은 노팅엄에 본부를 두고 주요 산업지대를 포함한 미들랜드를 담당하며, 그리고 제11전투비행단은 억스브리지에 본부를 두고 런던을 포함한 영국 남동부를 담당하고, 제10전투비행단이 브리스톨에 본부를 두고 남서부와 웨일스를 담당하도록 했다.

적의 공격이 집중될 것으로 판단되는 런던 일대를 담당하는 제11전투비행단의 임무가 가장 중요했기 때문에 많은 전투력을 할당받고 있었으며, 비행단장은 뉴질랜드 출신의 키스 R. 파크 소장이었다. 다음으로 중요한 제12전투비행단은 트래퍼드 리맬러리 소장이었다. 두 사람 모두 명성을 떨친 조종사 출신이었지만, 성격은 판이했다. 호전적이고 영웅심이 강한 리맬러리 장군은 협조적인 성격의 파크 장군과 불편한 관계가 되었으며, 때로는 상관인 다우딩에게도 충성심을 보이지 않고 지시를 거부하는 경우도 있었다.

전투방식에서 다우딩은 독일군의 전투기에 집착하기보다는 폭격기를 격추시키는 것이 적의 전투력을 더 약화시키는 것이라는 견해를 가지고 있어 전투기 간의 접전을 선호하지 않았고, 전투에 임하는 방식도 대규모 전투기를 동시에 투입하기보다는 적의 공격상황에 맞춰 비행단장들이 적시성을 중시한 융통성 있는 투입으로 피해를 최소화하고 효율을 극대화하도록 하는 것이었다.

반면, 리맬러리는 적의 공격이 예보되면 대규모 전투기를 동시에 전개하여 접전하는 빅윙(Big Wing) 방식을 선호했는데, 이 방식의 가장 큰 단점은 각 비행장에 산재해 있는 전투기들을 공중에 집결하는 노력과 시간상의 차이 때문에 적을 적시에 요격하기 어렵다는 것이었다. 다우딩은 자긍심과 허영심이 강한 리맬러리를 구슬리거나 말을 잘 듣게 할 능력이 없었으며, 노력도 하지 않았다. 그렇기 때문에 공군 내에 많은 지지자를 가진 리맬러리를 비롯하여 공군본부로부터 경원시 당하는 하나의 원인이 되기도 했다. 다우딩은 항공기를 비롯한 전투 장비와 레이더 시스템, 그리고 조종사 충원 문제는 해결이 되었으나, 부대 내부의 인화에는 문제점을 안고 있었다. 그러나 그는 싸워 이기는 방법은 잘 알고 있었다.

1940년 8월이 되어 독일의 공중공격 목표는 영국 공군의 전투기 사령부를 포함하여 예하 비행단의 지휘소와 활주로, 그리고 항공기 생산 공장 등에 대해 대규모 폭격을 가해 공중 방어 능력을 고갈시키는 것이었다. 그러나 문제는 목표에 대한 정확한 정보가 부족하거나 부정확했다. 괴링은 대규모 공중공격의 날을 8월 5일로 정하고 [독수리의 날(Adler tag)]이라고 명명했다. 그러나 기상 불량으로 당일에 실시하지 못했다. 8월 8일에 독일은 대규모 슈투카를 동원하여 영국 해협 수송 선단을 공격했으나, 슈투카는 영국 전투기에 매우 취약하다는 것을 또다시 드러냈다. 이날 독일 항공기 31대가 격추되고 영국 항공기 19대가 손실되었다. 8월 11일이 되자 아조레스제도에서 북상하는 고기압의 영향으로 맑은 날씨가 시작되었으며, 독일의 공중공격이 본격적으로 시작되어 이날 독일기 38기, 영국기 32기가 격추되어 거의 대등한 피해를 입었다.

기상이 좋아지자 [독수리의 날]을 8월 13일로 다시 지정하고, 8월 12일에는 [독수리의 날] 공습을 위해 영국군의 방어체계를 약화시키기 위한 전방의 레이더 기지를 공습하도록 했다. 괴링은 직접 전투를 지휘하기 위해 제2, 제3항공군 사령관과 함께 작전을 참관했다. 날씨는 맑았고, 전략도 잘 짜여 있었지만, 지나친 낙관주의와 엉성한 정보 분석이 전과를 올리기 힘들게 했다. 레이더 기지를 파괴하기는 매우 힘들었고, 대규모로 진행된 해안 공군기지에 대한 융단 폭격은 큰 효과를 보지 못했다. 구조상 명중시키기가 어려운 레이더

기지는 피해를 입기도 했지만, 대부분 정상적으로 운용되었고, 폭격을 당한 시설은 불도저만 있으면 바로 복구가 가능했다. 독일군은 레이더 구조물보다는 작전센터를 겨냥했어야 했다. 이날 독일 항공기는 31대, 영국 항공기는 22대가 각각 격추되었는데, 격추된 대부분의 영국 조종사들은 자국의 영토에 착륙하여 복귀할 수 있었으나 독일 조종사들은 죽거나 포로가 되어야 했다.

한편, 영국 측에서는 독일이 영국의 레이더 시스템을 중시하기 시작했다는 점에 두려움을 느꼈다. 독일은 12일의 공습에 대해 소기의 성과를 거두고 전투기사령부를 궁지로 몰아넣었다고 자평했다. 이러한 근거에는 독일 측이 영국의 전투기 대수를 300기로 잘못 산정했기 때문에 그때까지 70여 대를 격추했으므로 전투기 대수가 크게 감소했을 것으로 판단했으며, 레이더 기지 두 곳을 완파하고 해안 공군기지 수 개소를 파괴했다고 판단한데서 비롯되었다고 할 수 있었다. 이에 비해, 다우딩은 이러한 독일의 동향을 자세히 파악하고 있었다. 처칠은 울트라로 다우딩에게 "괴링이 8월 13일에 [독수리의 날] 공격을 실시할 것이다."라는 정보를 보내주었기 때문이었다. 여기서 이러한 괴링의 전문은 다음과 같았다.

"제국 원수 괴링이 전 부대에 알린다.
독수리는 공격한다. 영국 공군을 하늘에서 완전히 몰아내라.
히틀러 만세![45]"

[독수리의 날]로 지정된 8월 13일은 예상과는 달리, 안개와 구름이 많이 끼고 보슬비가 내리는 기상으로 항공작전에는 지독하게 불리했다. 아침 일찍 개시되도록 계획된 작전은 날씨가 좋아진다는 오후로 연기되었는데, 일부 예하 부대에는 연기한다는 전문이 전달되지 못했다. 그리하여 나폴레옹의 금언처럼 [명령했다가 취소하면 질서가 사라진다]는 전장에서의 관행에 따라, 일부 부대는 나쁜 기상 조건에도 불구하고 새벽 일찍 항공기를 출격시켰다.

독일의 제2폭격단 소속 도르니에 17 폭격기 74대는 자신들을 호위할 전투기와 연결이 되지 않았음에도, 사전 계획된 목표인 전투기사령부로 향했으나 실제 폭격은 해안사령부를 폭격했다. 또 다른 오폭은 제54전투비행단에서도 일어났다. Ju 88 폭격기 120대가 잉글랜드 남부 사우샘프턴 지역을 한 시간 동안 폭격했는데, 피해를 입힌 곳은 자전거 공장, 가구 창고, 냉동고기 창고였고, 실제로 중요한 스핏파이어 공장은 건드리지도 않았다. 스

---

45) 마이클 코다 지음, 이동훈 옮김, 앞의 책, p. 178.

핏파이어 공장은 규모가 커서 쉽게 식별이 되었는데도 정보가 잘못되어 있었던 것이다.

제54전투비행단은 출격했지만 호위하기로 했던 Bf 110 전투기는 목적지에서 80km나 떨어진 곳으로 출동하여 호위 활동을 하지 못해 제54전투비행단은 영국 전투기들의 요격을 받아 큰 피해를 받았다. 그들은 영국의 레이더 기지가 전날의 폭격으로 모두 격파되었다는 호언장담에도 불구하고 영국의 전투기들이 귀신처럼 독일 항공기들을 찾아내 공격하는데 대경실색했다. 오전의 공격에서 독일은 항공기 11대를 잃게 되었다. 이러한 상황에서 그들의 불만은 고조되어갔다.

[독수리의 날] 공격은 기상이 좋아진 오후에 본격적으로 실행되었다. Ju 87과 Ju 88 폭격기 총 197기가 전투기의 호위 아래 사우샘프턴 지역을 폭격했다. 동쪽에서도 Ju 87이 전투기의 호위를 받으며 칼레와 볼로뉴 일대에서 출격하여 켄트의 로체스터에 위치한 쇼트 항공기 공장과 데틀링 공군기지를 폭격했다. 그러나 사우샘프턴에 위치한 가장 중요한 목표로서 스핏파이어 생산 공장인 비커스 수퍼마린은 그냥 지나쳤다. 쇼트 공장은 전투기 생산 공장이 아니고 폭격기 공장이었고, 쇼틀링 기지도 전투기 기지가 아닌 해안사령부 기지였다. 야간에는 하인켈(He1) 11이 너필드에 있는 항공 공업사를 폭격해 상당한 피해를 입혔다.

이날 영국의 장병이 12명, 민간인이 23명이 폭격으로 죽었다. 항공기는 영국이 전투기 13기, 지상 주기 상태에서의 피해를 받은 10기를 포함하여 23기가 파괴되었다. 독일군 또한 38기의 항공기를 잃었다. 양쪽은 모두 자신들의 전과를 과장했다. 공중전의 특성상 정확한 전과나 피해를 파악하기 어려운 점은 있었으나, 서로가 상대적으로 우위에 있었다는 점을 항시 주장했다.

영국의 조종사들은 이날 대략 150대의 독일 항공기를 격추시키거나 파괴했다고 보고했고, 독일은 한층 더 전과를 확대해석했다. 괴링의 예하 지휘관들은 냉철한 일부를 제외하고는 기쁨을 감추지 못했다. 원래 300~400기에 불과한 것으로 추산한 영국 전투기를 그들의 계산에 의하면 1/3이나 1/4을 무력화시켰고, 전투기 생산 공장 1곳과 전투기 사령부 예하 기지 여러 곳을 사용 불가능한 상태로 만들었으니, 얼마 후에는 제공권을 확실히 장악할 수 있을 것이라고 믿었다.

다우딩의 전략대로 적이 공격해오더라도 대규모 전투기를 투입하는 경우가 없고, 상황에 따라 2개 대대 정도의 전투기만 투입했기 때문에, 독일군이 영국의 전투기 전력을 낮게 평가한 데는 일리가 있었다. 그러나 실제로는 이 시점에서 다우딩은 647대의 항공기를 보유하여 여유가 있었다. [독수리의 날] 다음날인 8월 14일에 독일군의 공습은 넓은 범위에서 산발적으로 이루어졌다. 주요 타격 목표는 비행장이었다. 그러나 심각하게 파괴된 곳은 없었다. 영국 전투기 8대가 격추되고 독일은 19대를 잃었다. 이날 독일의 손실은 주로 Ju 87 슈투카에 편중되었다. 슈투카는 500파운드 폭탄을 놀랄 만큼 정확하게 목표에 투하할 수 있었지만, 속도가 너무 느려 영국 전투기의 희생물이 되기가 일쑤였다. 독일 측에서 영국 폭격에 슈투카를 계속 투입하는 것은 문제가 있다는 목소리가 점차 높아져 갔다.

8월 15일은 괴링이 원하던 쾌청한 기상이 될 것이라고 예보되었다. 괴링은 이날을 기해 3개의 항공사령부 전체를 동원하여 영국 전투기사령부에 치명적인 타격을 가할 준비를 했다. 우선 Bf 109 편대를 먼저 날려 보내 영국 전투기를 유인하여 영국 전투기가 독일의 폭격기를 공격하지 못하게 하고, 슈툼프 장군이 지휘하는 노르웨이, 덴마크 주둔 제5항공함대까지 동원하여 영국 북부를 공격함으로써, 이 지역 공역을 담당하는 제12, 제13전투비행단이 남부 지역의 제11전투비행단을 지원하지 못하게 한다는 복안이었다. 그 틈에 대규모의 제2, 3항공함대가 잉글랜드 남부의 전투기 사령부와 공군기지들을 공격하여 무력화시킨다는 계획이었다.

이 계획에는 독일군이 모르는 요소가 있었다. 평소에도 사이가 좋지 않은 제12전투비행단장 리맬러리 소장은 다우딩의 문서화 된 지시에도 불구하고, 제11전투비행단에 지원하는 것을 못마땅하게 생각하여 매우 소극적인 태도를 취해 왔다. 마치 제12전투비행단이 제11전투비행단의 보조 역할을 하는 것처럼 느껴져 불만이었고, 전투방식에서도 4~5개 대대를 동원하여 대규모 전투를 벌이는 방식이(훗날 이를 빅 윙이라고 불렀다) 옳다는 지론을 갖고 있어 소규모 전투를 종용하는 다우딩의 방식을 경멸했다. 런던을 중심으로 방공을 책임진 제11전투비행단이 상대적으로 높은 평가를 받는 것에 제12전투비행단 요원들은 시기와 분노를 품고 있었다.

그리고 [빅 윙] 방식의 전투는 적에게 큰 피해를 입힐 수 있다는 희망차고 공격적인 방식이어서 긴 소모전을 지루하게 생각하는 항공성 내부에서 많은 사람들의 지지를 받는 편이었다. 전투에서는 이기고 있었지만, 다우딩의 전술은 너무 조심스럽고 고루하다고 생각하는 편이었다. 이러한 내부 문제 때문에 제11전투비행단이 곤경에 처하더라도 제12전투비행단으로부터 전폭적인 지원을 받으리라는 기대는 할 수 없는 형편이었다.

8월 15일에 괴링은 주요 지휘관들을 소집하여 회의를 개최했다. 따라서 계획된 대규모 공습은 대령급 실무자들의 지휘 하에 실시되었다. 아침에는 흐렸으나 10시가 되자 쾌청한 날씨가 되었다. 10시 30분이 되자 독일 항공기들이 대규모로 영국 상공으로 쇄도하기 시작했다. 영국 전투기사령부를 날려버릴 공습이 드디어 시작된 것이다. 11시에 100대의 적기가 도버해협을 넘어왔고, 12시에는 70대가 날아왔다. 오후 2시 30분에는 200대 이상이 날아왔고, 오후 늦게는 300대와 400대, 초저녁에는 70대가 또 날아왔다. 이들의 공통된 목표는 모두 전투기 사령부와 예하 비행장, 레이더 기지를 파괴하는 것이었다.

12시가 지나자 제5항공함대 소속의 항공기 150여 대가 잉글랜드 북부를 공격해 왔다. 이는 제12, 제13전투비행단이 제11전투비행단을 증원하지 못하도록 견제하기 위한 것이었다. 그날 하루 종일 1,000여 대의 독일 항공기들이 영국 전역을 공습해왔고, 이에 대응한 영국 전투기들과 숨 막히는 접전이 이어졌다. 특히, 잉글랜드 북부에서의 공중전은 다우딩에게 의미가 컸다. 잉글랜드 북부공역을 담당하는 제13전투비행단은 중부나 남부의 전투비행단에 비해 전황이 미미해 전투력을 전투가 빈번한 남부로 전환해야 한다는 의견이 많았으나 다우딩은 반드시 북부에도 대규모 공습이 있을 것이라며 적정 전투력을 유지하고 있었다.

노르웨이와 덴마크에서 출격한 독일의 제5항공함대 소속 항공기들은 장거리 비행 끝에 뉴캐슬-선덜랜드 지역의 제13전투비행단의 기지를 폭격했으나, 큰 피해를 입히지는 못했다. 그들의 항공기들은 멀리서부터 레이더에 포착되어 기습의 효과를 노릴 수 없었고, 전투기의 호위를 받지 못해 제13전투비행단의 좋은 먹잇감이 되었다. 제5항공함대 소속의 항공 폭격은 격납고와 지상의 항공기 10여 대를 파괴했으나, 반대로 24대의 항공기를 잃었다. 의미 있는 피해를 입히는 데는 실패한 것이다. 항공기의 출격에 따른 자체 피해가 5% 미만일 경우 납득하며 감내할 수준으로 생각되었지만, 제5항공함대는 이번 출격에서 10%가 넘는 피해를 받았으므로, 향후에는 제5항공함대의 주간 대규모 폭격은 두 번 다시 고려되지 않았다.

북동부의 공습에 대해서 전투기 사령부는 호된 역습을 가했지만, 그보다 이전에 남부에 가해진 공습에서는 많은 피해를 감수해야 했다. 전투가 한창일 때 처칠은 제11전투비행단 상황실에서 위기를 같이하고 있었다. 이날 전투를 지켜본 처칠은 다우딩에 대해 큰 호의를 가지고 있지는 않았지만, 훗날 회고록에 아래와 같이 기술하고 있다. 처칠의 회고록은 전쟁이 종료된 8년 이후에 작성된 것으로, 처칠은 진심으로 다우딩의 지휘력에 대해 정확하게 판단한 것이라고 생각된다. 그럼에도 불구하고, 다우딩의 반대자들, 즉 공군총장을 비롯하여 제12전투비행단장 리맬러리를 비롯한 유력자들로부터 다우딩을 지켜주지는 못했다.

"전투기 부대의 지휘와 관련하여 다우딩 대장의 예견은 감탄할 만한 것이었다. 그러나 더욱 놀라운 것은 그 긴 몇 주일에 걸쳐 남쪽에서 사투를 벌이는 동안 북쪽에 전투기를 대기시킨 그의 무서울 정도의 자제력과 예측력이었다. 거기서 그가 보여준 지휘력은 천재적 전술의 전형으로 꼽을 수밖에 없다."[46]

남부 전투에서의 공습에는 북부에서와 달리, Bf 109 전투기의 호위가 따르고 있었다. 오전 10시경 호킨지와 림의 공군기지는 100대가 넘는 Ju 88의 공격을 당해 3일간 기지가 완전히 마비되는 피해를 입었다. 또한 3개소의 레이더 기지에 전기 공급이 끊겨 방공망에 허점이 발생하였다. 독일 항공기 제1파가 물러나자, 이어서 제2파가 몰려왔다. 영국의 전투기들은 더 많은 독일 전투기에 의해 압도당했다. 독일의 항공기는 너무 많아 레이더 상으로 집계가 불가능할 정도였다. 마틀섐 히스기지에는 Bf 109와 Bf 110 전투기가 저공에서 기총소사를 해와, 기능이 완전히 마비되었다. 제11전투비행단은 기진맥진했지만, 사투를 멈추지 않았다.

8월 15일 오후에 각각 100대와 150대 이상의 대 공습이 이어졌다. 이들은 폭격기를 생산하는 로체스터의 쇼트 브러더스의 공장을 대파시켰다. 이들이 퇴각할 무렵 총 250대의 항공기들이 몰려와 전투기사령부의 기지들을 폭격했다. 이에 대해 제11전투비행단은 11개의 대대로 맞섰다. 저녁 무렵에는 70대의 항공기들이 몰려와 비긴힐과 켄리의 전투기사령부 공군기지를 폭파하려고 했다. 그들은 요격하려는 2개 대대의 전투기와 맞서자, 흩어져 최초 목표를 폭격하지 못한 채 길을 잃고 크로이든의 민간 비행장을 폭격해 버렸다.

실수로 민간 비행장에 대해 가했던 폭격은 후에 큰 정치적인 문제를 야기했다. 사실상 히틀러는 영국을 폭격하면서도, 군사 목표가 아닌 민간시설에는 폭격하지 못하도록 엄명을 내려놓고 있었다. 그 이유는 독일이 영국 민간 목표를 공격하면, 영국도 처칠이 있는 한 독일 민간시설에 대해 보복 폭격을 하리라는 사실을 예상하고 있었기 때문이었다. 그때까지 독일 본토에는 단 한 발의 포탄도 떨어진 적이 없었는데, 만일 폭탄이 독일에 떨어진다면 국민들의 사기에 미치는 영향이 매우 클 것이라고 히틀러와 괴벨스는 우려하고 있었다.

사실 그때까지 히틀러는 영국을 타격하면 영국의 온건한 정치인들이 처칠과 그의 일당을 내쫓고 협상테이블로 나오지 않을까 기대하고 있었다. 그런데 의도하지는 않았지만, 실수로 민간시설을 폭격하게 되었던 것이다. 크로이든 비행장은 민간 비행장이었지만, 제111 전투 비행대대 역시 같은 기지에 주둔하고 있었기 때문에, 실제로는 민군 겸용 비행장이었다. 이날의 전투에서 영국 공군은 161대의 독일 항공기를 확인 격추하고, 61대의 항공기를 미확인 격추했으며, 58대에 손상을 입혔다고 발표했다. 그에 대한 대가로 영국은 34대의 항공기를 잃었다고 했다. 그러나 영국이 실제로 격추한 독일 항공기는 75대뿐이었다. 그렇더라도 손실은 2대 1이 넘었다. 다우딩의 승리가 명백했다.

괴링은 영국의 전투기 사령부가 계속 기능을 유지하면서 자신들에게 큰 피해를 주게 되자, 충격과 함께 새로운 현실을 자각하고 세 가지 결정적인 명령을 내렸다. 그러한 명령은

46) 윈스턴 처칠 지음, 차병직 옮김, 『제2차 세계대전. 상』(서울 : 까치, 2016), p. 520.

3가지로서, 첫째, 독일의 전투기가 영국 전투기를 찾아 자유롭게 전투를 하는 것보다는 독일의 폭격기를 밀착 호위하는 데 중점을 두어야 한다는 것이었다. 그리고 둘째, 레이더 기지에 지속적인 공격을 가했음에도 불구하고, 어느 것도 사실상 무력화 되지 않았음으로 레이더 기지를 목표에서 배제한다는 것이었으며, 셋째, 장교는 항공기 승무원으로 복무해서는 안 된다는 것이었다. 이러한 세 가지 명령은 모두 한 마디로, 숙련된 장교의 손실을 줄이기 위한 대책들이었다.

괴링은 노르웨이와 덴마크에 주둔하고 있던 제5항공함대의 전력을 프랑스에 주둔 중인 제2, 제3항공함대에 모두 증원했다. 이에 따라 영국의 전투기 사령부의 존망은 위급한 상태를 면한 것 같았지만, 독일의 공습은 점차 그 강도를 더 해갈 것이 분명했고, 양국 모두 극도로 치열한 전투가 남아 있을 뿐이었다. 독일은 8월 15일의 접전에서 큰 피해를 입었음에도 불구하고, 8월 16일에도 공습을 거르지 않았다. 이날의 기상은 엷은 안개가 끼었지만, 항공 공격에는 이상적인 날씨였다. 오전에 독일 항공기 250여 대가 제11전투비행단 예하의 비긴힐 기지를 폭격했으나, 치명타를 날리지는 못했다. 오후에는 탱미어 기지를 목표로 세 번의 공습이 있었다. 탱미어 기지는 난타를 당하여 극심하게 파괴되었다. 활주로는 시한폭탄에 의해 땅속 깊은 곳에서의 폭발로 노면이 곰보가 되다시피 폐허가 되었고, 대기 중이던 항공기들이 다수 파괴되었으며, 격납고와 정비공장도 불타올랐다. 괴링의 지시에도 불구하고, 일부는 레이더 기지들을 폭격하여 한 곳이 기능을 상실했다.

이날 처칠은 제11전투비행단의 지하 상황실에서 격전을 참관했다. 비행단의 모든 전투기들이 출격하여 예비 항공기 한 대도 없이 전투 중이었으며, 계속되는 독일 공격기들의 출현으로 현기증이 날 지경이었다. 차량으로 집무실로 복귀하는 과정에서 처칠은 동승한 이즈메이 장군에게 "전쟁의 역사에서 이렇게 많은 사람들이 이렇게 적은 사람들에게 이렇게 큰 빚을 진적은 없었네."라고 토로할 정도였다. 그리고 이 말을 하고 난 4일 후 그는 하원 연설에서 똑같은 얘기를 반복하였는데, 이러한 그의 연설은 영국인의 애국심을 크게 자극하기에 충분했다.

이날의 전투에서 영국 공군은 독일 항공기 45대를 격추시켰고, 자국 항공기 14대의 손실과 함께 지상 요원 및 민간인 90명을 잃었다. 영국 공군은 지난 9일 동안 조종사 손실이 156명이나 되었다. 훈련을 통해 양성한 조종사로도 대치가 안 되어 육군과 해군의 조종사를 데려와 필수 요원을 충원해야 했다. 속성으로 훈련을 마친 조종사들은 평균 연령이 17세에 불과했으며, 더욱이 최초 임무에서 이들 조종사들의 생존율은 극히 낮았다. 항공기의 손실은 비버브룩 경의 노력으로 손실을 극복할 수 있었으나, 조종사의 손실은 해결하기 어려운 상황이었다.

8월 18일은 독일은 대규모 공격을 위해 매우 정밀한 계획을 수립하여 공습을 가해왔다. 우선 목표를 제11전투비행단의 핵심 비행장인 캔리와 비긴힐로 압축하였고, 제2, 제3항공함대를 축차적으로 투입하여 급강하 폭격, 저공폭격, 대형 폭격기의 집중 폭격을 실시하며, 영국의 전투기들이 폭격기를 공격하지 못하도록 대규모의 독일 전투기들이 엄호할 예정이었다. 비긴힐에는 Hel 111 60대, Do 17대, Ju 88 48대가 동원되었다. 캔리의 기지에도 비슷한 규모의 공격이 계획되어 있었으며, 폭격 방법은 더욱 정밀한 것이었다.

평온한 오전이 지나가고 12시 30분경이 되자, 독일의 폭격기 108대와 전투기 150대가 도버해협을 건너왔다. 그날 독일 공군의 계획은 우선 60대의 전투기가 먼저 출격하여 영국의 전투기를 소탕하고, 나머지 전투기들은 폭격기를 직접 엄호하는 것이었다. 영국 전투기를 무력화 내지는 분산시키면 캔리에는 급강하 폭격으로 비행장을 단 10분 정도 폭격으로 완전히 무력화시킬 것이며, 동시에 비긴힐에는 He 111 60대가 기능을 마비시킬 수 있을 것으로 판단하고 있었다.

그러나 영국의 9개 대대에서 출격하는 약 100대의 스핏파이어와 허리케인을 대입하면 독일의 계획은 차질이 생기게 되어 있었다. 정보참모가 괴링에게 그때까지 남아있는 영국의 전투기를 200대 정도라고 낙관적으로 보고했기에 그렇게 많은 전투기가 대응하여 출격하리라고 생각하지 못했기 때문이었다. 여기에 독일군이 더 모르고 있었던 점은 제11전투비행단에는 3개 대대의 예비가 있었고, 필요하면 주변의 비행단에서 6개 대대를 추가로 지원받을 수도 있었다는 사실이었다.

제1제파로서, 캔리 기지에 저공으로 접근한 제2항공함대의 도르니에 폭격기들의 폭격으로, 3개의 격납고와 많은 건물들이 파괴되고 작전실에 공급되는 전원이 차단되어 당분간 기능이 마비되었다. 그러나 참여한 항공기의 절반을 잃어야 했다. 활주로는 곰보가 되다시피 공격을 받았으며, 건물들은 불타올랐다. 독일 공군은 그들이 노렸던 캔리 기지의 파괴에는 성공했으나, 켄리 기지가 작전이 가능한 상태로 회복하는 데는 불과 2시간여밖에 걸리지 않았다. 그러나 인명 손실은 매우 컸다. 60대의 Hel 111기의 폭격에 의해 주위가 온통 포연으로 휩싸인 것을 보고, 독일은 아마도 비행장의 기능이 완전히 파괴된 것으로 착각했을 수도 있었다.

제2제파의 공격은 제3항공함대의 슈투카 편대로 호위 전투기만 157대가 동원되었다. 슈투카들은 4개 그룹으로 나뉘어 기지들을 공격했다. 슈투카들은 500파운드 폭탄 1발을 동체의 하단에, 110파운드 폭탄 4발을 주익의 하부에 장착하고 있었으며, 정밀폭격에 관한 한 타의 추종을 불허했다. 단지 느린 속도와 자체 방어무기의 미약함으로 전투기에 노출되면 매우 취약하다는 점이 문제였다. 슈투카 편대는 공격 목표에 매우 치명적인 피해를 입혔지만 16대를 잃었고, 호위 전투기도 8대가 격추되었다.

제3제파는 오후 4시 45분에 크로이든 기지에 집중되었다. 밤까지 이어진 전투에서 영국은 27대의 전투기를 잃었고, 독일은 71대를 잃었으며, 이 중에는 전투기 11대가 포함되어 있었다. 영국전투 기간 영국의 피해가 이토록 심했던 날은 앞으로도 없었으며, 독일 공군 또한 전과에 비해 너무나 큰 피해를 받은 날이기도 했다. 그러나 결론적으로 영국은 점차 전투에 이기고 있었으며, 그럴수록 영국에 대한 상륙작전을 감행할 가능성은 희박해지는 것이었다.

그러나 이날의 작전을 분석한 괴링은 새로운 생각과 작전을 펼치게 되었다. 우선 그는 히틀러에게 약속했던 2주 이내에 영국의 전투기 사령부를 완전 무력화시킨다는 것이 불가능하다는 점을 명확히 인식했다. 또한, 투입되었던 슈투카와 Bf 110 쌍발 전투기의 손실률이 너무 크다는 점도 인정해야 했다. 따라서 당분간 슈투카를 전투서열에서 배제하고, Bf 110 전투기도 Bf 109 전투기의 호위 없이는 전투 공역에 진입하지 못하도록 했다. 그러나 괴링의 이러한 결정은 다소 타당성이 없다는 점이 발견되어졌는데, 그것은 바로 전투기를 다른 기종의 전투기로 호위한다는 점이었다. 그리고 또 한 가지 문제점은 영국에 대한 공격 목표를 우선은 전투기 사령부의 각 기지와 스핏파이어 및 허리케인 생산 공장으로 한정하여 집중 공격한다는 방침이었다. 이러한 방침은 다우딩에게도 큰 걱정을 안겨주었다. 만약 8월 18일과 같은 대규모 공격이 전투기 사령부에 집중된다면, 전투기 사령부의 항공기와 조종사는 급격히 소모되어 버릴지 모르는 상황이었다. 다우딩은 전투가 집중된 제11전투비행단을 다른 비행단과 임무 교대를 통해 피로를 해소하며 전투력을 보존했다.

8월 19일부터 8월 23일까지의 5일간은 구름이 많고 소나기가 왔다. 그러나 독일 공군은 전투임무 부재 상태에 놓여 있지는 않았다. 작전수행에 적합한 날씨가 아님에도 불구하고, 오히려 항공기 생산을 위한 알루미늄 공장과 엔진 공장에 대해 정밀하게 야간 폭격을 실시했다. 독일 공군 전투기들은 전파를 발사하여 목표 상공에서 교차하도록 하여, 그 지점을 폭격하는 '크니케바인' 시스템을 개발하여 야간에도 정밀폭격이 가능했다.

반면에 영국의 전투기 사령부는 야간 요격능력을 갖추지 못해 문제였다. 당시에는 전투기가 적의 항공기를 발견하는 방법은 육안에 의지해야만 했기 때문에, 야간 요격을 하기 위해 출격한다면 적의 항공기를 요격하다가 사고가 발생할 확률이 너무 높았다. 독일의 야간폭격은 큰 효과를 보았다. 8월 19일에는 6대의 항공기만 잃고, 영국 각 지역의 항공기 생산 공장을 성공적으로 폭격했다. 그리고 8월 20일과 8월 21일에도 150대가 넘는 항공기를 출격시켰으며, 8월 22일 밤에는 230대를 출격시켜 맨스턴 공군기지를 사용 불능 상태로 만들고, 브리스틀 항공기 공장을 타격했다. 독일 전투기들은 그 외의 표적에 대해서도 매우 정확한 폭격을 가함으로써 영국의 전투기 생산 공장들이 치명적인 손상을 입게 되어 그 피해가 점차 누적되어갔다.

8월 24일이 되자, 기상이 호전되어 독일의 공중공격은 더욱 심화되었다. 주간에는 전투기 사령부의 공군기지를 폭격하여 무력화하고, 야간에는 전투기를 생산하는 부품 공장을 파괴해 나갔다. 독일군의 이러한 폭격은 매우 효과적이라는 것이 곧 증명되었다. 8월 24일 이른 아침부터 격전이 벌어지고 엄청난 손실이 발생했다. 제11전투비행단 예하 맨스턴 기지는 크게 파괴되어 사용 불능 상태가 되었고, 인원을 대피시켜야만 했다. 건물은 모두 불탔고, 활주로는 시한폭탄으로 인해 손을 쓸 수가 없었으며, 유선은 모두 절단되었다. 또한 독일 공군은 영국 남부에 500대 이상의 항공기를 투입하여 제11전투비행단 예하 기지들을 폭격했다. 제11전투비행단장 파크 소장은 제12전투비행단장 리맬러리 소장에게 지원을 요청했는데, 리멜러리는 2개 대대밖에 지원하지 않았다. 그 이유는 빅윙 전술을 구사하기 위해 전투력을 집결하다 보니, 여유가 없었다는 것이었으나, 이로 인해 파크와 리맬러리는 불화는 더욱 깊어졌다.

이날도 리맬러리가 빅윙을 위해 전투기를 결집하고 보니, 독일 항공기는 임무를 마치고 복귀하는 시점이 되어 빅윙의 효과는 거의 없게 되었다. 전투기 사령부의 분투에도 불구하고, 영국의 피해는 막심했다. 8월 25일의 상황도 전날과 거의 비슷했다. 그러나 8월 25일 야간폭격은 전략적으로 매우 의미 있는 날이었다. 8월 24일 밤에 독일 폭격기들의 일부가 원래 연료 저장소를 폭격하려다가, 항법 오류로 런던 시내를 폭격해 버린 것이었다. 히틀러의 지시를 어기게 된 것이다.

처칠은 런던 시내가 폭격을 당했다는 소식에 즉각 보복 폭격을 명했고, 25일 밤에 75대가 넘는 영국의 장거리 폭격기가 베를린을 폭격했다. 8월 29일까지 매일 폭격이 계속되었는데, 폭격의 성과 면에서 볼 때, 당시의 항법장치와 폭격 조준기의 성능 미흡으로 베를린에 의미 있는 목표를 타격했다는 기록은 없다. 그러나 베를린 시민들은 매일 밤 공습경보 사이렌을 듣고 방공호로 뛰어 들어가야만 했다. 히틀러와 괴링에게는 참으로 수치스럽고 체면을 구기는 일이었다. 히틀러는 국민들에게 "영국인들이 우리 도시를 공격했으니, 우리도 그들의 도시를 지구상에서 없애버릴 것이오."라고 공언하고, 괴링에게 런던을 폭격하도록 지시했다. 그에 따라 독일 공군의 전략은 수정되어 공격의 목표가 전투기 사령부와 항공기 생산시설에서 런던 시내의 민간시설에 대한 보복 폭격으로 전환되었다.

1940년 8월 말까지 독일의 공습은 더욱 심해졌다. 특히 스핏파이어 공장 및 고무공장 등을 포함한 항공기 생산 공장과 제11전투비행단을 중심으로 한 전투기 사령부 예하 기지

● 독일 영국 공습 기간 중, 공습을 피해 지하철역에서 잠을 청하고 있는 영국 시민들(Topham Picturepoint)

들에 대한 폭격이 극에 달했다. 8월 31일에는 전투기사령부가 일일 단위에서 가장 큰 피해를 입었는데, 이날 영국 공군은 전투기 39대가 격추되고 조종사 14명이 전사하는 피해를 입게 되었다. 이에 비해 독일 공군은 항공기 41대를 잃어 손실 비율이 거의 대등했다. 영국의 전투기 사령부 전력은 독일 공군의 수적 우세와 끊임없는 파상 공격, 그리고 숙련된 조종사들의 대량 전사와 탈진 등으로 한계에 달할 정도로 약화되어 갔다.

9월 1일에도 450대 정도의 독일 항공기가 전투기 사령부 예하 기지들을 공습해 화재를 일으키고, 활주로는 물론 통신시설을 파괴했다. 9월 6일까지 계속된 독일 공군의 심한 폭격 하에서는 어떠한 공장이나 비행기지도 살아남기 어려울 정도였다. 이제 전투기 사령부는 붕괴 직전에 도달하게 되었다. 영국 공군과 독일 공군의 항공기 손실 대수는 서로 같았는데도, 이는 영국 공군에는 치명적인 문제였다. 독일이 지금까지의 폭격방침을 계속했다면 역사는 어떻게 흘러갔을지 모른다. 혹여 바다사자 작전이 성공하여 영국에 독일군이 상륙했을지도 모른다.

그러나 앞서 언급한 것처럼 8월 30일 히틀러가 괴링과 만나 런던을 폭격하기로 한 결정이 전략적으로 전투기 사령부를 괴멸로부터 구해냈고, 그것은 곧 항공전에서 궁극적으로 영국이 승리하는 계기가 되었다. 그것은 마치 1942년 5월에 미국의 둘리틀 비행대가 일본을 폭격한 것이 계기가 되어 미드웨이 해전이 촉발되었고, 그 결과 일본이 전쟁의 주도권을 상실하게 되는 원인이 되었던 것과 유사한 것이었다. 그만큼 영국이 8월 25일 베를린을 폭격한 것은 전략적으로 새로운 국면을 만들어 냈다고 할 수 있었다. 독일로서는 엄청난 희생을 치르고 이제야 노력의 결과가 나타날 시점에서 공격의 목표를 변경하는 전략적 우를 범하게 된 것임에 반해, 반대로 영국의 전투기 사령부로서는 빈사 직전의 상태에서 피해복구 및 재편성할 시간을 얻어 다시 전투에 투입할 여유를 갖게 되었던 것이다.

한편, 독일은 런던에 대한 무제한 폭격이 매우 치명적일 것이며, 영국 전투기사령부는 전력을 다해 런던 폭격을 방어하기 위해 전투기를 동원할 것이므로, 오히려 영국의 방공

능력을 고갈시키는 것이 용이할 것으로 판단했다. 그러나 다우딩의 전략은 전과 거의 동일했다. 런던 지역을 담당하는 제11전투비행단이 전담하여 일대를 방어하되, 필요시 웨일스 지역의 제10전투비행단과 미들랜드지역의 제12전투비행단에서 지원하는 시스템을 유지하는 것이었다. 실제로 전투기 사령부는 독일의 런던 폭격을 완전히 방어할 능력이 없었다. 다우딩이 할 수 있는 일이란 공습해 오는 독일 항공기와 승무원들에게 지속적인 피해를 강요해 장차 런던 폭격을 중지하거나 최소한 전술을 바꾸도록 하는 비교적 소극적인 방식이었다. 이는 단기적으로 확실하고 깔끔한 승리를 염원하는 사람들에게는 답답하고 실망스러운 것이었다.

9월 2일 괴링은 런던에 대한 대규모 주간 폭격을 실시했다. 폭격기 300대에 전투기 600대가 동원된 압도적인 전력을 투입한 것이다. 다우딩의 전투기 사령부는 독일의 공습 목표가 예전처럼 항공기 생산 공장과 전투비행단일 것으로 예측했으나, 독일 폭격기들이 방향을 돌려 런던으로 향하는 바람에 제대로 요격하는 데에 실패했다. 독일은 축제 분위기로 최종 승리를 낙관하는 방송을 내보내고 있었다. 영국은 독일군의 대규모 폭격이 시작되자, 독일군의 본토에 대한 상륙이 코앞에 닥쳤다고 믿고 본토 방어 준비 태세를 발령했다.

폭격은 런던의 항구에 위치한 유류 저장소 및 가스공장과 발전소 및 일련의 창고 등을 목표로 폭격하여 대화재를 유발하였고, 이러한 폭격으로 철도 및 가스와 상하수도 및 전기 전화선이 모두 불통되었다. 석유가 타면서 그 연기가 하늘을 뒤덮어, 이로 인한 냄새와 먼지를 참을 수 없을 정도였다. 이날 민간인 306명이 죽고, 1,337명이 중상을 입었다. 9월 7일과 9월 8일 사이의 밤에도 독일은 300대의 폭격기를 동원하여 전날과 비슷한 폭격을 실시했다. 영국은 28대의 전투기를 잃은 대신, 독일 항공기 41대를 격추하여 또 다시 양측 항공기의 손실이 차이를 보이기 시작했다. 독일 공군의 무자비한 폭격에도 런던 시민들의 사기는 전혀 위축되지 않았다.

전통적인 항공 폭격 만능론자들이 간과했던 점은 항공 폭격만으로는 적을 항복시킬 수 없다는 점일 것이다. 런던 시민들도 매일 계속되는 폭격으로 방공호로 대피하고 집과 직장이 불타며 많은 시민이 죽어갔지만, 그들의 저항정신과 적개심을 꺾지는 못했다. 훗날 연합군이 오히려 독일의 함부르크나 쾰른, 또는 드레스덴을 폭격할 때 도시가 초토화되고 수만 명의 시민이 희생되었어도, 그로 인해 저항을 포기한 사례는 발생하지 않았다.

괴링은 영국 공군을 단기간에 괴멸시킬 것이라고 호언해 왔는데, 남은 항공기 대수가 미지수이기는 하나, 영국의 전투기 사령부가 강력한 전투력으로 계속 저항해 오는 것에 대해 당혹해 하였다. 9월 8일 괴링은 파드칼레에 있는 제2항공 함대사령부에 지휘관들을 집합시킨 후, 폭격기 호위에 성공하지 못한 전투기 조종사들을 비겁하다고 비난했다. 폭격기를 비롯한 항공기의 엄청난 손실을 견디지 못한 것은 물론, 9월 15일로 연기된 바다사자 작전의 마감 시한이 닥쳐오고 있었는데도, 해군이 해협 도하를 위한 요구조건으로 주장하는 제공권을 완전히 확보할 수 없었던 점에 대한 자책이기도 했다.

9월 8일과 9일은 쾌청한 날씨에 힘입어 런던에 대한 공습이 계속되었다. 9월 10일에는 흐린 날씨로 공습이 뜸했지만, 9월 11일은 날씨가 좋아 주간에 500대의 폭격기들이 대규모 폭격을 가했고, 밤에도 200대의 폭격기들이 폭격을 가했다. 전투기 사령부도 대대적인 요격에 나섰으나, 독일기를 25대 격추한데 반해, 영국 공군은 29대를 잃어 독일보다 다소 많은 항공기의 손실을 봤다.

9월 12일부터 9월 14일까지 이루어졌던 독일의 공습은 날씨 탓에 다소 완화되었으나, 9월 15일은 쾌청한 데다 결정적인 승리를 노리는 독일의 대규모 공습에 맞서 영국도 만반의 준비를 갖추고 맞받아치려고 했다. 독일은 250대로 오전 늦게, 300대로 오후에, 그리고 밤에도 공습할 계획을 가지고 있었다. 독일은 항로의 변경이나 전투기의 유인 등의 기만책도 없이 오로지 많은 물량에 의지한 힘으로 밀어붙일 생각이었기 때문에, 출격 상황이 레이더에 일찍이 포착되어 영국의 전투기 사령부는 이에 대응할 수 있는 준비를 갖출 충분한 시간을 확보할 수 있었다.

● 런던 공습의 인간적 면모. 1940년 11월, 중상자 구조대가 폐허에서 생존자 한 사람을 조심스럽게 꺼내고 있다. 런던 공습에서 민간인 4만여 명이 죽임을 당했다.

처칠은 이날 11시에 제11전투비행단의 상황실에 도착하여 작전을 참관했다. 얼마 후에 독일의 항공기 250대가 몰려들었고, 영국의 전투기 사령부는 21개의 대대를 동원하여 맞섰다. 대략 5,000m 상공에서 양국의 항공기 500대가 서로 엉켜 사투를 벌였다. 독일의 폭격기들은 폭격을 위한 대형이 흐트러지고 예정된 항로를 이탈할 수밖에 없었으나, 그래도 런던의 도심에 폭탄을 투하하는 데는 성공했다. 많은 민간인 시설과 철도 및 상하수도, 그리고 가스관과 발전소가 타격을 입었고, 심지어는 버킹엄 궁전 왕비의 방에도 폭탄이 떨어졌다. 그렇더라도 괴링이 호언장담한 것처럼 영국을 항복시킬 수는 없었다.

한 시간쯤 후에 독일의 폭격기들은 복귀했고, 영국의 전투기들도 재급유와 탄약을 보충하기 위해 지상으로 내려와야 했다. 그야말로 하늘은 무방비로 열려있는 상태였다. 처칠은 제11전투비행단장 파크 소장에게 예비대가 있느냐고 물었는데, 파크는 전혀 없다고 답했다. 오후 두 시가 되자 독일의 항공기 150대가 3개 제파로 침공해왔다. 이 시점에서는 영국의 전투기들은 재급유와 재무장을 하고 그들을 기다리고 있었다. 처칠의 생각에 만일 그들이 영국 전투기들이 지상에서 재정비하는 동안에 공격해 왔다면 치명타를 가할 수 있었을 것이라고 생각하며 안도했다. 큰 손실을 입고 돌아간 독일 폭격기들은 우선 영국의 전투기 사령부가 완전히 무력화되었다는 상관의 말을 믿을 수 없었으며, 더더욱 자국의 전투기들이 자신들을 안전하게 호위해 줄 거라고 믿을 수 없었다.

그날 밤 독일은 200대의 항공기를 더 투입하여 런던을 무차별 폭격했으나, 런던의 존속에는 큰 위협을 주지 못했다. 그날의 전투에서 영국은 적기 183대를 격추했다고 보고했으나, 실제는 60대가 격추되었고, 영국의 전투기는 26대가 격추되었다. 독일은 누적되는 대규모 피해에 더 이상 작전을 이어가기 어려워졌고, 영국의 전투기 사령부가 무력화되었다는 증거를 찾을 수 없었기 때문에 작전을 변경해야만 했다.

9월 17일 독일은 '바다사자 작전'을 무기한 연기한다고 예하 부대에 지시해야만 했다. 독일 해군이 영국에 상륙하기 위한 전제조건이 완전한 제공권 확보인데, 영국의 전투기 사령부가 건재하다는 것이 분명한 상황에서 어쩔 수 없는 선택이었다. 10월 12일에는 영국 침공을 다음 해 봄까지 미룬다고 발표하고, 1941년 7월에 가서는 1942년 봄으로 늦추었는데, 그때까지 소련 침공을 완료한다는 생각 때문이었다. 그러나 그 이후에도 독일군의 폭격은 계속되었지만, 영국 본토에 적이 상륙하는 사태는 더 우려하지 않아도 되었다.

9월 15일을 전환점으로 영국 측은 적의 위협이 줄어들었음에도 불구하고, 자신들이 큰 승리를 거두고 있다는 사실을 알아차리지 못했다. 독일은 계속하여 야간폭격을 강화해 도합 5만 명 이상의 민간인이 희생되었는데, 영국은 독일의 야간폭격을 효과적으로 저지할 확실한 수단을 강구하지 못하고 있었기 때문이었다. 그러나 점차 해가 짧아지면서, 가을철 폭풍이 해협에 몰려들면서, '바다사자 작전'을 위해 몰려있던 예인선과 바지선들이 흩어져 돌아간 것을 보고, 독일이 영국에 상륙하는 일은 없을 것이라는 확신을 갖게 되었다.

1940년 여름, 영국만이 홀로 독일에 맞서 당당히 싸워 1,000여 명에 불과한 전투기 조종사들의 희생을 바탕으로 승리를 이루어냈다. 사실상 이런 상황을 확실히 예측한 사람은 처칠이나 다우딩을 제외하면 아무도 없었으나, 바다사자 작전에서의 영국의 이와 같은 승리는 영국 사람들이 다우딩과 그 병아리들의 노력으로 얻은 결과를 두고 매년 9월 15일 '영국전투의 날(Battle of Britain Day)'을 기념하는데 전혀 부족함이 없었다. 바다사자 작전에서의 영국의 이러한 승리와 관련하여, 처칠은 하원에서 행한 연설에서 "인류의 싸움터에서 이렇게 많은 사람이 이렇게 소수의 사람에게 이렇게 큰 은혜를 입은 예는 일찍이 찾아볼 수 없습니다."[47]라고 말할 정도였다.

비록 '바다사자 작전'은 연기되었지만, 독일의 공습은 계속되었다. 독일은 전술을 달리하여 시한폭탄을 사용함으로써, 불발탄이 아닌 폭탄의 불안정성으로 인한 위험을 가중시켰다. 10월 중순부터는 대규모로 소이탄을 투하하기 시작하여 엄청난 화재를 유발했는데, 그래도 런던 시민들은 소방 시스템을 구성하여 훈련하고 대피 시설을 강화하는 등으로 고통을 이겨나갔다.

1940년 11월 초가 되자, 독일은 소규모 도시에 있는 군수공장으로 초점을 맞추어 완전히 파괴하는 방식으로 전술을 변화시켰다. 대표적인 곳이 코번트리(Coventry) 시였다. 11월 14일 저녁 500대 이상의 항공기가 600t 이상의 고폭탄과 소이탄을 투하했다. 도시의 중심부는 완전히 폐허가 되었고, 기능은 마비되었으며, 400명이 사망했다. 그러나 시민들은 활동 불능에 빠지지 않았으며, 재건 위원회를 구성하여 눈부신 활동으로 1주일 후에는 활력을 되찾도록 했다. 이어서 버밍엄(Birmingham), 브리스톨(Bristol), 맨체스터(Manchester), 리버풀(Liverpool)이 비슷하게 폭격을 당하였다.

12월 29일은 일요일이었는데, 독일은 런던에 절정의 공습을 실시했다. 소이탄으로 도시를 불태우고, 시한폭탄으로 철도 및 항만과 수로의 배관을 파괴했다. 1,500건의 화재가 발생했으며, 시 청사가 날아가 버렸다. 국왕 조지 6세는 피해 현장을 방문하여 시민들을 위로하여 열렬한 환영을 받기도 하였는데, 조지 6세 국왕은 한편으로는 버킹엄 궁전 내부에 사격장을 조성하여 왕실 요원들을 훈련시키기도 하였다. 처칠은 전쟁 기간 내내 매주 화요일 국왕 부처와 오찬을 같이 하면서, 국정을 보고하고 조언을 구했다. 참으로 애국적인 국왕에 그 수상이었다.

독일의 폭격은 1941년 5월까지 계속되다가 이후로 중단되었다. 마지막 공습이 있던 1941년 5월 10일 밤에 독일은 소이탄으로 런던을 공습했다. 2,000군데 이상의 장소에 화재가 발생했고, 150군데 이상의 장소에서 수도의 배관이 파괴되어 진화작업에 큰 지장을 초래했기 때문에, 아침까지 진화작업을 할 수 없는 곳이 수백 곳에 이르고 있었다. 많

47) 윈스턴 처칠 지음, 차병직 옮김, 앞의 책, p. 530.

은 공장과 항만시설이 파괴되었으며, 하원 건물도 폭격을 당하였다.

그날 밤의 공습에서 영국군은 독일의 항공기 16기를 격추했는데, 이는 야간 전투에서 올린 가장 큰 전과였다. 이날 밤을 끝으로 독일은 소련 침공에 주력하면서, 항공 사령부를 동쪽으로 이전시킴에 따라 영국에 대한 공습은 끝이 났다. 1년 가까운 영국 본토에서의 항공전에서 영국은 4만 3천 명의 사망자와 5만 1천 명의 중상자가 발생했다. 전쟁 후반기에는 V1과 V2 로켓이 개발되어 런던을 폭격했는데, 실질적인 피해를 주기에는 미흡했지만, 민간인들을 공포에 떨게 하는 데는 충분했다.

한편, 독일은 1940년 9월 29일 베를린에서 일본과 이탈리아를 초청하여, '삼국동맹'을 맺게 되는데, 이에 대해 미국은 일본의 침공 위협을 깊게 인식하고, 중국 국민당의 장제스 군대에 제공할 군수물자를 수송하기 위해 '미얀마 로드'를 재개방했다. 야간 공습과 관련하여, 또 하나의 에피소드는 1940년 11월 13일에 영국의 폭격기들이 야간에 베를린을 폭격했는데, 이는 이날 소련 외무상 몰로토프가 베를린을 방문하는 것을 사전에 알고 폭격을 한 것이었다.

히틀러는 몰로토프의 베를린 방문 간 소련이 '삼국동맹'에 참가하도록 종용하면서, 영국이 대규모 폭격으로 박살이 났으므로 영국의 영향 아래 있는 인도와 페르시아 만에 있는 이익을 공유하자고 제안했다. 그러나 몰로토프는 소련의 적국인 핀란드에 독일군이 주둔하고 있는 것과 나치가 발칸반도에서 크게 영향력을 확대해 가는 것에 대해 불만을 토로했다. 또한, 소련이 흑해에서 다르다넬스 해협을 통해 지중해로 선박을 운항할 권리를 보장하라고 요구했다.

독·소 양국 간 회담은 성과도 없이 상대에게 짜증만 불러일으켰다. 그러다가 영국 폭격기들의 폭격으로 인한 경보로 지하 대피소로 이끌려 내려가게 되었는데, 소련의 외상 몰로토프는 나치 외무상 리벤트로프에게 속이 뒤틀린 말을 내뱉지 않을 수 없었다. "영국이 패전했다고 하셨지요. 그럼 우리가 왜 이 방공호에 앉아있는 것입니까?"[48] 이때 히틀러는 소련을 침공할 계획에 골몰하고 있어 소련과의 동맹에는 큰 기대가 없었고, 소련 역시 본태적인 의심으로 독일을 경계하고 있어서 세계 제패를 향한 공동보조를 취할 수는 없었다.

48) 안토니 비버 지음, 김규태·박리라 옮김, 『제2차 세계대전』(서울 : 글 항아리. 2017), p. 209.

제 4 장
바다에서의 전쟁과 대서양 전투

제1절 각국의 해군력 정비

제1차 세계대전 종료 후에 유럽 각국이 모두 빚더미에 올라앉게 되자, 모든 국가들은 국방예산을 삭감하게 되었는데, 특히 군별 비중이 가장 큰 영국 해군의 예산은 대폭적으로 감소되었다. 영국 해군은 제1차 세계대전에서 독일 해군이 대양으로 나올 엄두를 내지 못하도록 철저히 봉쇄하는 데 성공했으며, 궁극적으로 독일 경제를 반신불수가 되게 하여 전쟁 승리에 기여했다. 비록 독일 잠수함의 위협에 많은 어려움을 겪었지만, 미국의 물자를 대규모로 유럽에 수송하는 데 안전을 보장했었다.

그러나 영국은 전쟁을 통해 피로써 얻은 교훈을 잊고 말았다. 영국은 무엇보다도 해군용 항공기의 이용에서 선구자였으며, 제2차 세계대전에서 전쟁의 양상을 바꾸는 결정적인 역할을 수행하도록 선도했었다. 1914년 12월 영국은 함정에서 발진한 항공기를 이용하여 쿡스하펜(Cuxhaven)에 있는 독일군 시설을 최초로 공습한 바 있었다. 그러나 영국은 1918년 세계 최초로 공군을 독립시키면서, 해군 항공대를 모두 공군에 통합함으로써 항공모함의 발전이 정체되는 우를 범해, 제2차 세계대전에서는 그 분야에서 일본과 미국에 뒤떨어지게 되었다. 마치 전차를 영국이 먼저 개발하고도, 오히려 독일로부터 피해를 보는 것과 유사했다.

지속되는 재정 압박을 이겨내지 못하고, 영국은 1921년 '게데스 도끼(Geddes Axe)' 법안과 '10년 규정 법안(향후 10년간 어떠한 대규모 전쟁에도 참여하지 않을 것을 가정하여 예산을 편성할 것을 규정한 법안)'을 제정하여 국방예산을 대폭 삭감했다. 군축조약 가운데 가장 큰 영향을 미친 것은 1921년에서 1922년에 걸쳐 체결된 '워싱턴 해군 군축조약'이었다. 그 내용은 미국, 영국, 일본, 프랑스, 이탈리아의 5대 강국이 끔찍했던 제1차 세계대전과 같은 대규모 전쟁을 예방한다는 목적으로 해군의 군비를 제한한다는 것이었다.

회담의 결과 미국, 영국, 일본, 프랑스, 이탈리아 5개국의 주력함 보유 비율은 5 : 5 : 3 : 1.75 : 1.75로 한다는 것이었으며, 이 비율에 따라 미국과 영국은 52만 5,000t, 일본은 31만 5,000t, 프랑스와 이탈리아는 17만 5,000t 이내에서 함대를 보유하도록 규정했다.

아울러서 주력함의 최대 크기는 3만 5,000t을 넘지 않도록 하고, 함포의 최대 구경도 16인치를 넘지 않도록 했다. 워싱턴 군축 회담은 1936년까지를 시한으로 하고 있었으나, 군국주의가 팽창되어가는 일본은 시한을 2년 남겨둔 1934년에 조약의 파기를 선언하고, 본격적인 해군력 증강에 돌입하게 되었다. 이에 따라 일본의 위협을 인식한 미국과 영국은 일본을 빌미로 역시 군비경쟁에 뛰어들었다. 특히 1933년 히틀러가 등장하여 베르사유조약을 탈퇴하고 독일의 재무장을 선언하자, 주변 강국들은 내키지 않았지만, 군비증강에 박차를 가해야만 했다.

영국은 1930년대 중반에 들어서서 점차 전운이 짙어지자 깊은 고민에 빠졌다. 그동안의 군비 축소로 인해 전 세계에 산재한 식민지와 자치령을 보호할 능력이 없었기 때문이었다. 일본의 영토 야욕에 대항하여 싱가포르와 홍콩을 보호하기 위해서는 본국에서 함대를 파견해야 했지만, 유럽에서 히틀러의 야욕에 맞서야 했으며, 생명줄과 같은 지중해에서도 이탈리아의 해군과 긴장이 고조되고 있어 유럽에서의 전력을 아시아로 전용할 형편이 되지 않았다.

1933년 히틀러가 재무장을 선언하자, 영국은 해군의 재정비에 돌입했다. 우선 영국은 14인치 포 10문을 장착한 4만 2,000t급의 킹 조지 5세(King George V)급의 전함을 발주했다. 이어서 제1차 세계대전 당시에 사용되었던 함선들을 개조하여 장갑 갑판과 격납고를 갖추고 고물 함재기를 탑재한 일러스트리어스(Illustrious) 급 항공모함을 1939년에 1번 함으로 취역시켰다. 그리고 무엇보다도, 독일의 U-보트의 위협을 감안하여 플라워(Flower)급의 대잠 호위함을 대량으로 발주했다. 그러나 문제는 오랫동안 함정 건조를 중단했기 때문에, 단시간에 대규모 군함을 건조 할 수 있는 능력이 없어 전쟁이 발발한 이후에 미국 조선소의 힘을 빌려서야 해결할 수 있었다.

해군은 오랜 투쟁 끝에 1937년에야 공군으로부터 해군 항공대를 되찾을 수 있었다. 그러나 상당 기간 해군 항공의 역할을 중단했기 때문에, 항공기의 성능이 미국이나 일본의 항공기에 비해 매우 열악했다. 결국, 영국 해군의 항공모함은 지나치게 소형으로 제작되었고, 함재기들은 구형을 면치 못했다. 게다가 해군 항공대 장교들은 해상에서 항공 전력의 위력과 필요성을 제대로 이해하지 못했다.

1939년 9월, 독일이 폴란드를 침공하자 처칠은 제1차 세계대전 간 역임했던 해군 장관으로 다시 임명되었지만, 해군의 전쟁 준비 상태가 매우 미비하다는 것을 알고 있었다. 해군은 처칠의 이러한 해군 장관 임명 소식을 전 부대에 알리면서, '그가 돌아왔다.'라는 전문을 보내어 '기대 반, 우려 반'의 반응을 보였다. 제1차 세계대전 당시 해군 장관이었던 처칠이 갈리폴리 전투에서 심각한 패배를 당했던 쓰라린 기억이 해군에는 그때까지도 남아 있어, 해군에서는 이러한 기억과 함께 적극적이고 추진력이 강한 장관의 등장을 환영하는 분위기가 혼재하는 상황을 보이고 있었다.

한편, 영국의 제1 주적인 독일 해군의 전쟁 준비는 영국보다도 더 미흡했다. 독일은 베르사유조약으로 인해 제1차 세계대전 종전과 동시에, 기존에 보유하고 있던 전함 9척, 순양함 5척, 그리고 50여 척의 각종 전투함은 연합국의 감시 하에 영국의 스카파 플로 군항으로 끌려갔고, 이듬해인 1919년 6월 21일 자신들의 함대를 모두 자침시켜야 했었다. 오로지 베르사유체제에서 허용된 드레드노트급 전함 6척과 구축함 10척, 그리고 비슷한 숫자의 어뢰정만을 보유할 수 있었고, 잠수함과 항공기는 아예 보유를 금지 당했다는 점은 앞에서 언급한 바 있다.

그러나 1933년 히틀러가 권력을 장악하고 베르사유체제를 탈퇴하면서 대대적인 전력증강에 돌입했다. 1928년 10월에 독일군 총사령관으로 취임한 레더(Erich Reader) 제독은 처음부터 영국을 주적으로 해상작전을 전개하는 데에 적극적으로 반대하는 견해였다. 영국 해군이 1차 대전 이후 1920년대를 거치면서 대규모로 축소되었다지만, 여전히 상대적으로 막강한 전력을 보유하고 있으며, 세계 곳곳에 요충지들을 확보하고 있어 영국과의 해상 전면전을 전개한다면 독일 해군은 격멸될 수밖에 없다는 견해를 가지고 있었다.

독일이 1차 대전 이후 최초로 건조한 대형 전투함인 포켓 전함(Pocket Battleship)도 영국이 아닌, 프랑스 해군과의 전투를 염두에 두고 만들어진 것이었다. 독일은 전쟁 필수물자 중에 식량은 거의 자급자족할 수 있었고, 석탄도 자체 생산량으로 충당할 수 있었으나, 석유와 고무는 전적으로 수입에 의존해야 했으며, 무기 생산을 위한 철강은 스웨덴으로부터 철광석을 수입해야 했다. 전쟁 말기에 석유 공급이 끊기면서 석탄에서 대용품을 어렵게 추출했지만, 궁여지책에 불과했다.

1935년 히틀러는 독일이 주권국가로서 권리를 회복해야 한다고 주장하면서 해군협정을 제의했다. 영국은 독일의 전쟁 위협을 제대로 인식하지 못하고 1935년 6월에 협정에 조인했다. 주요 내용은 독일의 해군력을 영국의 35%까지 보유할 수 있도록 허용하는 것이었다. 그에 따라 독일은 전함 184,000t, 중순양함 51,000t, 경순양함 67,000t, 항공모함 47,000t, 구축함 52,000t, U-보트 24,000t을 각각 보유할 수 있게 되었다. 예외 조항으로 U-보트는 영국의 45%까지 허용되었고, 특별한 경우에는 상호합의에 따라 100%까지도 보유할 수 있게 되었다.

영국은 잠수함이 포를 쏘기 위해 부상했을 때 매우 취약하며 속도가 느려 전술적 중요성이 떨어진다고 평가하고 있어 위험성을 낮게 보아 잠수함의 보유에 대한 필요성을 느끼지 못하고 있었다. 1939년에 영국 해군은 57척의 잠수함을 보유하여 프랑스의 78척에 비해, 2/3 수준에 불과했다. 전통적으로 영국 해군의 주 임무는 수상함에 의한 해상교통로의 보호였다. 특히 잠항하는 잠수함을 탐지하는 대잠 탐지 조사 장치(ASDIC : Anti-Submarine Detection Investigation Committee)로서, 흔히 우리가 소나(Sonar)라고 부르는 수중 음파탐지기를 개발하여 성능을 과신하고 있었기 때문에 잠수함의 위험성을 간과하였다. 영국은 수중에서 음파의 반사를 이용하여 수천 미터 떨어진 거리에서 잠수함의 정확한 위치까지 탐지할 수 있어 잠수함은 전투 효율성 면에서 별 볼 일 없는 무기라고 생각한 것이다.

독일에서 히틀러의 지침에 따라 만들어진 최초의 군함은 샤른호르스트(Scharnhorst)와 그나이제나우(Gneisenau)였다. 이는 3만 8,000t급의 순양전함으로 11인치 포를 장착하고 있었으며, 원래 5척을 건조할 계획이었으나 재원의 부족으로 2척만 건조되었다. 이후 1936년에 4만 2,000t의 배수량에 15인치 포 8문을 탑재하고, 30노트의 속도를 가진 강력한 전함인 비스마르크(Bismark)와 티르피츠(Tirpitz) 호를 건조하기 시작했다.

아울러 독일 해군도 독자적인 항공대를 보유할 필요성을 깊게 인식하고 있었지만, 나치의 제2인자인 공군 총사령관 괴링이 "하늘을 나는 모든 것은 나의 소관이다."라면서 반대하는 데는 어쩔 수가 없었다. 그런데도 해군 총사령관 레더는 소형 항공모함인 2만 3,000t급의 그라프 체펠린(Graf Zeppelin)을 건조하기 시작했다. 독일은 이 항공모함에 급강하폭격기 슈투카 28대와 전투기 매서슈미트(Me-109T) 12대를 탑재하여 운용할 계획이었다. 그러나 공정이 85% 정도 진행된 시점에서 1940년 5월 프랑스를 침공하면서 항공모함 건조는 중단되었다.

독일 해군에서 총사령관 레더 다음으로 영향력이 큰 사람은 잠수함 사령관 되니츠(Karl Dönitz)였다. 그는 제1차 세계대전 시에 잠수함 함장으로서 전투 중 포로가 되었다가 종전이 되면서 석방되었다. 그는 독일 해군에 복귀했지만, 베르사유조약에 의해 1935년까지 잠수함 보유를 금하고 있었기 때문에, 수상함의 함장으로 복무했다. 그러다가 히틀러의 등장과 함께 군비를 재정비하면서, 1935년 7월 잠수함 부대를 다시 조직하는 사령관으로 취임했다. 그는 히틀러에게 잠수함 300척을 건조해주면 전쟁을 승리로 이끌 수 있다고 건의했지만, 그의 주장은 받아들여지지 않았다. 더 나아가 전쟁이 발발했을 때 독일의 잠수함 전력은 외해로 나가 전투에 투입할 수 있는 잠수함이 24척에 불과하였다. 그래도 되니츠는 '늑대 떼 전술'이라는 이름의 잠수함 합동작전 전술을 개발하여, 적의 함대를 탐지하고 협동으로 공격하여 큰 효과를 거두는 전술을 직접 시현해 보기도 하였다.

1938년이 되자, 히틀러는 장차 영국과의 전쟁도 불가피할 것이라는 점을 시사했다. 해군총사령관 레더는 깜짝 놀라 긴급히 대규모 해군의 건설에 착수하여 위장 명칭을 'Z 계획'이라고 명명했다. Z 계획에 따라 해군의 전력을 증강하는 완료 시점을 1944년으로 예상했기 때문에 레더는 '그때까지는 전쟁을 일으켜서는 안 된다'라는 입장이었지만, 히틀러는 그렇게 기다려 주지 않았다. 레더는 어디까지나 해군의 작전 목표가 영국 상선단의 격멸이어야 한다고 주장하면서, 그를 위해서는 5만 6,000t급의 대형 전함 6척을 비롯한 강력한 함대를 갖추고자 했다. 히틀러는 1939년 9월 폴란드를 침공하기 전까지 레더의 진언을 받아들이는 것처럼 했지만 사실은 결코 아니었다.

레더가 마련한 해군력 증강계획인 Z 계획은 ❶ 5만t급 전함 6척(비스마르크와 티르피츠에 추가하여), ❷ 2만t급 순양함 8척(차후에 12척으로 수정), ❸ 2만t급 항모 4척, ❹ 경순양함 다수, ❺ U-보트 233척 등이었다. 히틀러는 1939년 1월 Z 계획을 5년 이내에 완료하도록 지시하고는 그해 9월에 전쟁을 일으켜 레더의 기대를 완전히 무시했다. 레더는 전력 증강의 순위를 수상함이 우선이고 U-보트가 다음이라고 규정했다.

프랑스는 해상에서 가상 적국을 지중해에서 도전을 가해 올 것으로 예상되는 이탈리아 해군으로 생각했다. 그러나 독일이 재무장을 선언하자 독일에 관해서도 관심을 경주해야만 했다. 독일의 포켓 전함들을 제압하기 위해 13인치 포 8문을 장착한 전함 됭케르크와 스트라스부르를 건조한 것을 필두로 전쟁이 발발하기 직전 5년 동안 국방비의 27%를 해군의 재정비에 투입하도록 했다. 그 결과 총사령관 다를랑 제독이 지휘하는 프랑스 해군은 다수의 고성능 전투함들과 숙련된 장병들을 확보하여 세계에서 4위 수준의 막강한 전력을 갖추게 되었다.

이탈리아 역시 프랑스의 해군력 강화에 자극받아 전력 증강에 나섰으며, 주적을 지중해에서의 프랑스 해군에 두었다. 이탈리아 해군총사령관 카바냐리(Domenico Cavagnari) 제독은 독일과 마찬가지로 영국 해군과는 절대로 전쟁을 벌여서는 안 된다는 견해를 가졌다. 이탈리아의 해군은 육군이나 공군보다는 상대적으로 나은 전력을 갖추었지만, 장비 면에서 현대적인 무기들을 완전히 갖추지는 못했다. 함정들은 대잠작전에 필수적인 음파탐지기를 갖추지 못했고, 해군 항공대는 독립적으로 운용되지 못하고 공군에 예속되어 있었다.

한편, 대서양 건너의 미국은 일본이 노골적으로 제국주의적인 확장정책을 전개하자 대서양보다는 태평양에 더 높은 관심을 경주해야 했다. 루스벨트 대통령은 미국의 주력함 15척과 항공모함 5척을 태평양에 배치했다. 그 결과 1939년 9월 유럽에서 전쟁이 발발했지만, 대서양에 할당할 전력은 매우 축소될 수밖에 없었다. 캐나다 역시 개전 당시에는 해군 병력이 2,000명에 불과한 미미한 전력으로 출발해야 했다. 물론 전쟁이 끝날 무렵에는 전투함 365척을 거느린 해양 강국의 모습을 갖추게 되었더라도 초기에는 준비가 없었다.

● 1939년 1월 당시 주요 국가들의 해군력

	영국과 영연방국가들	독일	프랑스	이탈리아	미국	일본
전함	12	2	5	4	15	9
순양전함	3	2	1			
포켓 전함		3				
순양함	62	6	18	21	32	39
항공모함	7		1		5	5
수상기모함	2		1			3
구축함	159	17	58	48	209	84
어뢰정	11	16	13	69		38
잠수함	54	57	76	104	87	58
해안 방어함(모니터함)	3			1		1
기뢰부설함	1		1		8	10
호위함	38	8	25	32		
초계함	27		10	2	20	10
소해함	38	29	8	39		12

※ 출처 : 폴 클리어 등 지음, 강민수 옮김, 『제2차 세계대전』(서울 : 플래닛미디어. 2009), p. 197.

제2절 대서양 전투의 발발과 전개

1. 독일의 서유럽 침공 이전의 해전(1939년 9월-1940년 5월)

대서양에서 독일 해군의 전략목표는 영국 해군의 격멸에 있지 않고, 외국에서 영국을 왕래하는 수송 선단의 파괴와 차단에 있었다. 독일의 몇몇 최신예 전투함들은 속도와 성능에서 영국의 전투함들을 능가했지만, 총체적인 전력에서 너무나 격차가 크다는 것을 잘 알고 있었기에 함대함 전투는 가능한 한 회피하면서 수송 선단 차단을 목표로 한 것이다. 일찍이 나폴레옹은 "병사는 위로 행군한다."라고 말하여 전장에서의 병참을 무엇보다도 중시했다. 더욱이 현대전에서는 장기간 계속되는 전투에서 탄약·유류·식량을 비롯한 전투장비의 원활한 보급은 전쟁의 승패를 가르는 중요 요소가 될 수밖에 없었다.

영국은 뛰어난 과학기술로 모든 종류의 무기를 생산할 수 있었지만, 그러기 위해서는 석유 100%, 식량의 50%를 비롯한 대부분 원자재를 외부에서의 수입에 의존해야 했다. 쉽게 말해 영국은 수입을 못 하면 망하는 나라였다. 1939년을 기준으로 한 생활을 영위하려면 영국은 한 해에 물품 5,500만t을 수입해야 했는데, 그를 위해 영국은 총톤수 2,100만t의 수송 선단을 유지해야 하고, 이를 위해서 원양 상선 3,000척과 대형 연안선 1,000척이 필요했으며, 언제라도 2,500척 이상이 지속해서 항해를 해야 했다.

선박을 운항하는데 필요한 승조원은 모두 16만 명이 소요되었다. 또한, 이러한 수송 선단을 보호하기 위한 해군은 수중음파탐지기인 대잠 탐지 관제장치(ASDIC : Anti-Submarine Detection Investigation Committee)를 장착한 군함 220척이 필요했는데, 구성은 구축함 165척과 경무장 쾌속 호송함 35척이 중심이었다. 상선과 호위함의 비율은 14 : 1이 되어야 했다. 영국에게 물자 공급을 위한 수송 선단의 활동은 영국에게는 사활을 좌우하는 문제였다. 윈스턴 처칠은 보급 문제에 대해 아래와 같이 말했다.

"대서양 전투는 대전 전 기간에 걸쳐 전쟁의 향방에 큰 영향을 미쳤다. 우리는 육지나 바다, 공중에서 벌어지는 모든 사건이 결국은 대서양 전투의 결과에 따라 좌우될 것이라는 사실을 어느 한순간도 잊을 수 없었기에 수많은 걱정거리 속에서도 매일 매일 변화하는 대서양 전투의 전황을 우려, 혹은 희망을 가지고 지켜보았다."[49)]
전쟁 기간 참으로 나를 두렵게 만든 유일한 것은 바로 U-보트의 위협이었다. U-보트 전투로 인해 우리의 수입 물량과 선박 운항 횟수는 얼마나 될 것인가? 그 부분에서 어떠한 유형적 신호나 충격 같은 것은 없었다. 오직 도표상에서 그래프로 나타나서 마침내 질식 상태에 이를 가능성을 보여줄 뿐이다. 침략군에 맞설 용감한 군대나 사막전에서의 훌륭한 작전계획 같은 중요성도 나타나지 않았다."[50)]

'대서양 전투'라는 용어는 '영국전투'라는 말과 함께 처칠이 만들어 공식화한 용어로, 독일의 상선 파괴 활동으로부터 얼마만큼 수송 능력을 보존하여 보급을 유지할 수 있는지에 초점이 맞춰져 있는 전투였다. 만일 독일이 되니츠가 요구한 데로 U-보트를 300척 정도 확보하여 상선 파괴 활동에 성공했다면, 영국은 도저히 전쟁을 지속할 수 없었을 것이라는 훗날 사가들의 견해가 설득력 있게 논의되었다. 대서양에서의 전투는 1939년 9월, 2차 대전 발발 이후 독일이 프랑스를 침공하는 1940년 5월까지 육상에서 전투가 이루어지지 않아 선전포고하고도 소강상태를 유지하여 흔히 '가짜 전쟁(Phoney War)'이라고 부르는 것과 무관하게 지속적으로 전개되었다.

1939년 9월 1일 2차 대전의 발발과 동시에 해상에서 최초의 포문을 연 것은 독일의

---

49) 폴 클리어 등 지음, 강민수 옮김, 『제2차 세계대전』(서울 : 플래닛미디어. 2009), p. 198.
50) 윈스턴 처칠 지음, 차병직 옮김, 옮김, 『제2차 세계대전. 상』(서울 : 까치, 2016), pp. 595-596.

구식 드레드노트급 전함 슐레스비히-홀스타인으로 11인치 포로 폴란드의 베스터 플라테(Wester plate) 요새를 공격한 것이었다. 폴란드의 해군력은 전혀 독일의 적수가 되지 못해 구축함 3척은 영국으로 도주했고, 잠수함 5척은 순식간에 제압당하고 말았다.

독일은 개전과 동시에 다수의 수상함과 잠수함들이 대서양 깊숙이 전개하여 영국을 상대로 상선 파괴 작전을 수행할 태세를 갖추고 있었다. 그러나 정식으로 상선 파괴 작전의 허가가 하달된 것은 9월 26일이었다. 그러나 실제로는 전쟁이 개시되자마자 몇 시간 후에 U-30에 의해 영국의 여객선 아르테미아호가 격침되어 승객 112명이 사망함으로써, 현실적인 위협으로 등장했다. 물론, 독일은 여객선을 순양함으로 오인했다고 발표하면서 민간인의 희생에 유감을 표하고 일부 교전규칙을 수정했지만, 영국은 1차 대전에서처럼 독일이 민간선박을 포함한 무제한 잠수함전을 전개할 것이라는 확신을 갖게 되었다.

영국과 독일 양국은 상호의 운항로와 항구에 대량의 어뢰를 부설하여 상대방의 해상운송을 차단하려고 했으며, 특히 영국은 독일의 대서양을 향한 출입구를 봉쇄하여 10월 말까지 283척을 검문하고, 이 중 71척을 오크니제도로 끌고 가서 정밀 조사 끝에 8척의 군사 물자를 수송하던 민간 밀수선을 적발하기도 했다. 독일 해군이 대서양에 진출하기 위해서는 덴마크와 노르웨이 사이의 해협을 통과해야 하는데, 이를 집중적으로 감시하는 영국 해군의 감시망을 피한다는 것은 매우 어려운 일이었다.

독일은 영국의 봉쇄선을 돌파하기 위해 11월에 그나이제나우와 샤른호르스트를 출동시켰다. 11월 23일 영국의 보조 순양함 라왈핀디(Rawalpindi)는 북해의 입구에서 이들을 발견하고 영국의 다른 전투함들이 올 때까지 저지하기 위해 용감히 맞섰다. 그러나 6인치 포가 전부인 보잘것없는 보조 순양함은 막강한 독일의 순양전함의 적수가 될 수 없어 교전한 지 불과 14분 만에 격침되고 2척의 독일 순양전함은 대서양으로 들어가 영국 상선 파괴 작전에 돌입했다. 1월 말에 일부 수리를 마친 두 척의 전함은 2개월의 순항 중에 모두 11만 5,000t에 이르는 22척을 나포하거나 격침시켰다. 동시에 출격한 히퍼는 아조레스 군도 부근에서 호송 군함이 동행하지 않은 상태로 영국으로 향하던 수송 선단을 공격하여 19척 중 7척을 격침시키고 브레스트 항구로 돌아갔다. 전쟁 초기에 해당하는 1939년 9월부터 1942년 10월 어간에 10여 척의 독일 수상 함정들이 연합국의 상선을 파괴하기 위해 대양을 누볐으며, 그중에서 가장 큰 성공을 거둔 것은 아틀란티스(Atlantis) 호로 1941년 11월 영국의 디본셔(Devonshire) 호에 피격되어 파괴될 때까지 상선 22척을 격침시켰다.

2. 그라프 슈페(Graf Spee) 호의 활동

상선 파괴 활동을 위한 수상함의 활동 중에 가장 상징적인 함정은 그라프 슈페호였다. 1939년 9월 말에 독일의 포켓 전함 그라프 슈페와 뤼초프(Lützow) 호가 연합군의 상선단을 파괴하는 작전에 돌입하자, 영국과 프랑스는 대서양이나 인도양에서 이들을 격멸하기 위해 권역별로 8개의 전투 그룹을 편성했다. 하지만 뤼초프는 연합국이 모르는 사이에 11월 초에 독일로 귀환해 버렸고, 남아있던 그라프 슈페호는 12월 6일 남아메리카 우루과이의 라플라타강 하구에서 영연방 해군과 조우했다.

영연방군은 남대서양 담당 G그룹으로 3척의 순양함으로 구성되어 헨리 하우드(Henry Harwood) 제독이 지휘했다. 그라프 슈페호의 함장 랑스도르프(Hans Langsdorff) 대령은 영국함대와 교전을 원치 않았지만, 어쩔 수 없게 90분간 격렬한 포격전을 주고받은 결과, 영국의 중순양함 엑세터(HMS Exeter)에 치명적인 타격을 입혀 전열에서 이탈시켰으나, 그라프 슈페호 역시 연료 계통에 심각한 손상을 입어 장기간 운항이 불가능하게 되었다. 함장 랑스도르프는 정비를 위해 그라프 슈페호를 중립국인 우루과이의 몬테비데오(Montevideo) 항으로 피신시켰다. 교전국 선박의 중립국 체류는 72시간을 초과할 수 없다는 국제법에 따라 그라프 슈페호는 72시간 이내에 정비를 해야 했지만, 실제 정비에는 2주 정도의 시간이 필요했다.

● 1939년 12월 17일, 라플라타 강 하구에서 자폭한 그라프 슈페 호의 모습. 당시 그라프 슈페는 헨리 하우드 제독이 지휘하는 영국 순양함전대와 격렬한 전투를 치른 후 몬테비데오 항으로 도주한 상태였다. 그라프 슈페는 독일이 건조한 포켓 전함 3척 가운데 1척이었다. 그러나 그라프 슈페는 '전함'으로 보기에는 부족한 면이 있는 배였다. 비록 11인치(280밀리미터) 포 6문을 탑재하여 전함급의 강력한 화력을 확보하는 데는 성공했지만, 배수량 1만 톤의 작은 함체에 전함급 주포를 탑재하다 보니 장갑을 희생할 수밖에 없었기 때문이었다.(IWM A5)

한편, 항구 밖에 영국 해군은 경순양함 2척이 감시하고 있었지만, 항공모함을 포함한 다수의 함정이 항구 밖으로 나오기를 기다린다는 기만 선전공작을 펼쳐 랑스도르프 함장을 어렵게 만들었다. 그는 끝까지 싸우라는 히틀러의 지시를 거부하고 무고한 생명을 희생시키지 않기 위해 선원들을 하선시킨 다음, 1939년 12월 17일 자침하도록 하고, 그는 권총으로 자결했다.

그라프 슈페호를 자침하게 만든 것은 영국 해군에게는 상징적으로 매우 고무적인 사건이었다. 그러나 그라프 슈페호의 사건은 1940년 2월 16일이 되어서야 완전히 종료될 수 있었다. 영국 해군은 당시까지는 중립국이었던 노르웨이의 피오르드에 숨어서 활동 중이던 그라프 슈페호의 보급선 알트마르크(Altmark) 호를 검문한 결과, 그라프 슈페에 의해 포로가 되었던 영국인 선원 299명이 억류되어 있어 이들을 구출할 수 있었다. 그라프 슈페호의 함장 랑스도르프는 인도주의적인 마음을 지닌 참 군인으로 평가되었다. 히틀러는 알트마르크호 검문 사건을 통해 노르웨이의 전략적 중요성을 재인식하고 프랑스 침공에 앞서 1940년 4월 7일 노르웨이를 점령하게 된다.

3. 노르웨이 연안 해전

독일이 노르웨이를 점령하자 독일 해군은 북해와 북대서양으로 진출이 훨씬 용이하게 되었고, 스웨덴의 철광석을 노르웨이의 항구를 통해 안전하게 독일로 수송할 수 있게 되었으며, 공군기들은 노르웨이의 지상기지를 이용해 장차 영국의 수송 선단이 북해 항로를 통해 소련으로 원조물자를 싣고 운항할 때 항로를 장악하여 큰 피해를 입힐 수 있게 된다.

한편, 처칠은 수시로 노르웨이에 대한 기습 상륙을 기획하고 소규모 기습작전을 전개하여 2차 대전 내내 히틀러의 심기를 거슬리게 했으며, 결국 히틀러는 스칸디나비아반도를 방호하기 위해 상당수의 육군을 주둔시키고, 그나마도 부족한 해군 전력을 상시 노르웨이 해안에 배치하여 과도하게 전력을 낭비하였다. 독일의 노르웨이 점령은 영국 해군에게 항공모함의 중요성을 새롭게 인식시키는 계기가 되었다. 그때까지 영국 해군은 해상작전에서 항공기의 엄호가 있으면 좋고, 없어도 그만이라는 생각을 하고 있었는데, 독일의 노르웨이 점령 작전에서 항공기의 엄호가 없이 해상작전을 하다가 육상에서 발진한 독일 공군으로부터 혹독한 공격을 경험하고는 적이 제공권을 장악한 지역에서의 해상작전은 거의 불가능하다는 사실을 깨닫게 되었다.

그렇지만 오랫동안 소홀히 했던 해군 항공 전력을 단시일 내에 육성하거나 고성능 항공기를 확보한다는 것은 불가능했기에 한동안 혹독한 대가를 치를 수밖에 없었다. 일례를 들어 1940년 6월 9일 노르웨이 전선에서 패퇴한 영국군을 철수시키는 과정에서 영국 항공모함 글로리어스(HMS Glorious) 호는 갑자기 독일의 중순양함 샤른호르스트와 그나이제나우를 조우했다. 영국 항공모함의 함재기들은 정찰 활동에는 그런대로 기능했으나, 대함공격에는 서툴렀다. 빌헬름 마셜(Wilhelm Marshall) 제독이 지휘하는 독일 함대는 즉시 공격을 감행해왔다.

영국 항모전단장 도일리 휴즈(Doyle Hughes) 제독은 탑재 항공기들의 운용에 이해가 부족하여 유리한 입장이 될 수도 있는 상황에서 대규모 피해를 받았다. 결과는 호위 구축함 아카스타(HNS Acosta)와 아덴트(HMS Adent)는 물론, 항공모함 글로리어스까지 격침되어 1,400명의 승조원 모두가 노르웨이 근해의 차가운 물속으로 가라앉았다. 그러나 영국 해군은 일부 뼈아픈 패배에도 굴하지 않고 제해권을 넘겨주지는 않았다. 구축함 글로웜(HMS Glowworm)은 1940년 4월 8일 노르웨이 트론헤임 항구의 북서쪽에서 독일의 중순양함을 충돌하여 큰 손상을 입혔다. 물론 글로웜은 격침되었지만, 감투 정신은 높은 평가를 받았다.

한편, 와버튼 리(War burton Lee) 대령이 지휘한 제2구축함 전대는 전함 워스파이트(HMS Warspite)를 앞세워 피오르드를 거슬러 올라가 나르빅 항에 정박하고 있던 독일 구축함 전대를 완파하는 대전과를 올렸다. 독일은 부분적인 전투에서 승리하기도 했지만, 워낙 열세였던 전력에서 상대적으로 더 큰 피해를 당하게 되어 연말까지 거의 활동을 할 수 없게 되었다.

4. 됭케르크 철수 작전에서의 해전

1940년 5월 28일부터 6월 4일까지 진행된 됭케르크 철수작전에서 영국군과 프랑스군, 벨기에군을 포함하여 무려 33만 8,226명이 영국으로 탈출했다. 거의 전멸을 각오했던 작전에서 대부분이 생존하여 복귀했기 때문에 어떤 면에서 승전한 것처럼 고무되었지만, 대부분 전투 장비를 모두 유기하고 돌아왔기 때문에 한동안 장비를 갖추기 위해 비상한 노력을 경주해야 했다. 그토록 많은 인력을 구조하기 위해서 구축함 9척을 비롯한 다수의 민간선박까지 희생된 해군의 헌신적인 노력이 바탕이 되었다. 물론, 됭케르크에서 지상군의 전진을 정지시키고 공군만으로 연합군을 섬멸해 보이겠다던 괴링의 호언장담도 철수작전의 성공에 크게 기여했다고 할 수 있다.

5. 프랑스 패전 이후 해상작전 환경 : 1940년 6월 이후

프랑스의 항복을 받아낸 히틀러는 영국에 대한 상륙작전을 구상하여 암호명을 '바다사자 작전'으로 명명하고 추진했다. 대규모 상륙작전은 매우 어려운 일이었고, 문제는 독일이 그런 작전을 수행할 능력과 준비가 전혀 없었다는 점이다. 앞장에서 기술한 바와 같이 상륙작전의 선결과제로 도버해협에 대한 제공권 장악을 위한 대규모 항공작전은 결국 실패로 돌아가고 말았다.

영국은 독일의 영국 본토 상륙작전 기도를 무산시키기는 했지만, 해군은 한계상황에 내몰리고 있었다. 영국 해군의 과제는 첫째가 수송 선단의 호위였다. 둘째는 독일 해군에 대한 해상봉쇄로 독일 대형 전투함들이 대서양으로 뛰쳐나오는 사태를 예방해야 했다. 셋째는 독일의 협력국으로 전락한 프랑스 해군에 대한 대비였으며, 넷째 역시 지중해에서 독일의 동맹국인 이탈리아 해군에 대한 대비였다.

그뿐만 아니라, 잠시 후에 전개된 북아프리카 전선에서의 보급을 위한 호위 작전이 큰 과제로 다가왔으며, 아울러서 가장 큰 과제가 될 U-보트의 위협에 대비해야 했다. 지정학적으로는 프랑스가 항복함으로써 프랑스 해안의 항구들과 비행장들이 독일 해군과 공군의 기지가 되자 독일의 함정들이 북해로 빠져나오는 것을 봉쇄한다는 계획은 실행 불가능하게 되었고, U-보트나 함정들이 프랑스 해안인 생나제르, 비스케이만 등을 자유롭게 기지화함으로써 영국의 해상작전 환경을 한층 어렵게 만들었다. 응급처치 방식으로 영국은 미국으로부터 구형 구축함 50척을 임대하여 수송 선단의 호위에 다소 숨통이 트였지만, 여전히 어려움을 면치 못했다. 그럼에도 불구하고 영국 해군은 사력을 다해 난관을 헤쳐 나가고 있었다.

제3절 지중해 전투

지중해의 지정학적 위치는 매우 복잡했다. 지중해는 유럽과 아프리카, 아시아를 모두 접하고 있으며, 서쪽 지브롤터에서부터 동쪽 팔레스타인에 이르는 3,200km의 거리는 모든 국가의 함정이 작전 상황에 따라 움직이고 있어 언제라도 적대적으로 변할 수 있었다. 지중해의 남과 북은 일정치 않아 가장 짧은 구간인 시칠리아에서 튀니지까지는 불과 160km에 불과했지만, 때로는 1,000km를 넘는 경우도 있었다. 19세기에 수에즈운하가 개통됨으로써 유럽과 극동으로의 거리는 아프리카 남단 희망봉을 돌아가는 것보다 무려 2만 1,000km나 단축되었다. 인도와 태평양, 오스트레일리아에 식민지나 연방국을 갖고 있는 영국의 경우, 수에즈운하는 생명줄과 같이 중요했다.

1940년 6월 22일 프랑스가 독일에 항복하자, 이탈리아가 추축국의 일원으로 전쟁에 참여하면서 지중해의 제해권을 둘러싸고 긴장은 갑자기 고조되기 시작했다. 또 다른 중요한 요소는 프랑스의 항복으로 인해 북아프리카에 주둔한 프랑스 함대의 향방이었다. 영국은 '바다사자 작전'을 방어하기 위해 영국 본토 항공전에 전력을 쏟아 붓고 있는 상황에서 대서양과 인도양에서 독일 수상함과 U-보트들의 상선 파괴 작전에 대항해야 하는 등, 한계에 몰리고 있었다.

영국은 지중해에 지브롤터, 몰타, 알렉산드리아에 기지를 두고 있었으며, 함대사령관은 커닝엄(Andrew Browne Cunningham) 제독이었다. 커닝엄 제독은 매우 적극적인 지휘관으로 언제나 적을 찾아 격파하려는 성격으로 장차 타란토와 마타판 해전에서 빛나는 승리를 거두게 되며, 몰타를 지키는데도 크게 기여했다. 훗날인 1943년 10월 그는 해군 제1경(First Sea Lord)으로 불리는 원수로 승진했다.

지중해 함대는 알렉산드리아에 전함 워스파이트(HMS Worthfight)와 말라야(HMS Malaya), 로열 소버린(HMS Royal Sovereign), 밸리언트(HMS Valiant) 등, 구형이었지만 4척이 있었고, 항공모함은 이글(HMS Eagle) 한 척뿐이었으며, 이외에 경순양함 5척과 구축함 17척의 작은 규모였다. 지브롤터 전대는 서머빌(James Somerville) 준장이 지휘하였으며 'H 전대(Force H)'라고 불렸다. 전력은 1940년 8월 기준으로 전함 레솔루션(HMS Resolution)을 위시하여 순양전함 리나운(HMS Renown), 항공모함 아크로열(HMS Arcroyal) 외에 순양함 1척, 구축함 7척으로 구성되어 있었다.

몰타에는 독일과 이탈리아의 혹독한 공습에 모두 대피하였고, 파괴되어 남은 것은 전투기 3대와 고사포 38문이 전부였다. 몰타는 시칠리아와 북아프리카의 가운데 있어 전략적으로 사람의 목에 해당하는 중요한 요충지 역할을 했다. 영국은 몰타 기지를 이용하여 잠수함, 항공기, 전투함을 운용함으로써 추축국이 북아프리카에 공급하는 전략물자를 차단하는데 말할 수 없이 크게 이바지했다.

따라서 추축국은 몰타를 무력화하기 위해 전력을 경주했으므로 연일 치열한 전투가 끊이지 않았다.

1. 지중해에서의 프랑스 함대 처리

지중해의 프랑스 함대는 앞 장에서 기술했으므로 간단히 개요만 추가하겠다.

북아프리카의 프랑스령 식민지는 서부 아프리카의 다카르(Dakar)에서부터 모로코, 알제리, 튀니지 일대까지 전개되어 있었다. 지중해의 프랑스 함대는 알제리의 항구인 메르스 엘케비르와 오랑, 다카르, 알렉산드리아, 툴롱항에 강한 전력을 보유하고 있었다. 프랑스가 독일에 항복한 이후에 비시정부의 프랑스 해군총사령관 다를랑 제독은 프랑스 해군 전력이 절대로 타국의 통제를 받는 일이 없을 것이라고 선언했으나, 그가 독일의 영향력이 강한 비시정부의 해군 장관이 되자 입장이 미묘해졌다.

영국은 만일의 사태를 대비하여 북아프리카의 프랑스 함대에 영국에 항복하든지, 아니면 중립국인 미국이나 캐나다로 이전하거나 서인도제도로 가든지 하여 독일의 영향력을 배제하는 방향으로 강하게 압박했으나 협상은 실패했다. 그 결과 1940년 7월 3일 지브롤터 전대가 메르스 엘케비르 항을 기습해 프랑스의 순양전함 리슐리외만 간신히 탈출하여 툴롱(Toulon) 항으로 대피했고, 나머지는 대파되었거나 침몰했다. 단지 알렉산드리아의 함대는 커닝엄 제독의 통제 속에 순응하여 피해가 없었다. 프랑스 수병 1,250명이 전사한 이 사건은 후세에 참으로 불명예스러운 것으로 평가되었으나, 전쟁이라는 비상 상황에서 어쩔 수 없는 조치로 이해되었다. 전부터 영국에 부정적인 인식을 가져온 비시정부의 페탱 대통령은 이 사건으로 더욱 영국을 싫어하게 되었다.

1942년 11월 8일 연합군이 '횃불 작전'을 전개하여 알제 일대에서 상륙을 시작하자, 이 지역에 주둔한 프랑스군은 일시 강력히 저항했으나, 현지 사령관 다를랑 제독의 지휘로 연합군에 합류하도록 했다. 이에 자극받은 히틀러는 프랑스의 자유 지대인 비시 정부 통제 지역으로 진군하여 프랑스 전역을 점령하고, 툴롱항에 있는 프랑스 해군을 접수하고자 했다. 페탱 원수의 비시 정부는 무너졌지만, 프랑스는 해군을 독일에 양도하는 것을 거부했다.

1942년 11월 27일 독일군은 툴롱 항구를 급습했지만, 지략 있는 장교들은 함대 전체를 자침시켰다. 전함 1척, 전투 순양함 2척, 순양함 7척, 구축함과 어뢰정 29척, 잠수함 16척을 포함하여 73척의 함정이 바닷속으로 가라앉았다. 강대했던 프랑스 해군은 자국의 방위를 위해 아무런 공헌도 하지 못하고 굴욕적으로 항복하거나, 무의미하게 연합군에게 저항하다가 희생을 당했으며, 그렇지 않으면 눈물을 머금고 자침하는 비참함을 맛보았다. 패전한 국가의 애환은 단순히 고위 정치인들만이 아닌 말단 병사나 국민 개개인에게도 치명적인 희생을 강요한다는 사실을 프랑스 해군은 명확히 보여주었다. 다를랑 제독은 그 후에 한 달도 안 되어 젊은 청년의 총에 맞아 사망했다.[51]

51) 윈스턴 처칠 지음, 차병직 옮김, 앞의 책, p. 949.

2. 타란토 해전

1940년 11월 11일 영국의 지중해 함대는 이탈리아 해군의 주력이 정박하고 있는 타란토(Taranto) 항을 공격하여 큰 성공을 거두었다. 커닝엄 제독은 타란토 항을 항공모함을 이용하여 공격하겠다는 계획을 세우고 항공모함 1척을 전함 5척, 순양함 2척, 구축함 13척의 대규모 함대로 호위하여 접근하도록 했다. 항공모함 일러스트리어스호는 목표로부터 170마일 이격된 지점까지 접근한 후 소드피쉬(Swordfish) 뇌격기 21대를 2개 제대로 편성하여 출격시켰다.

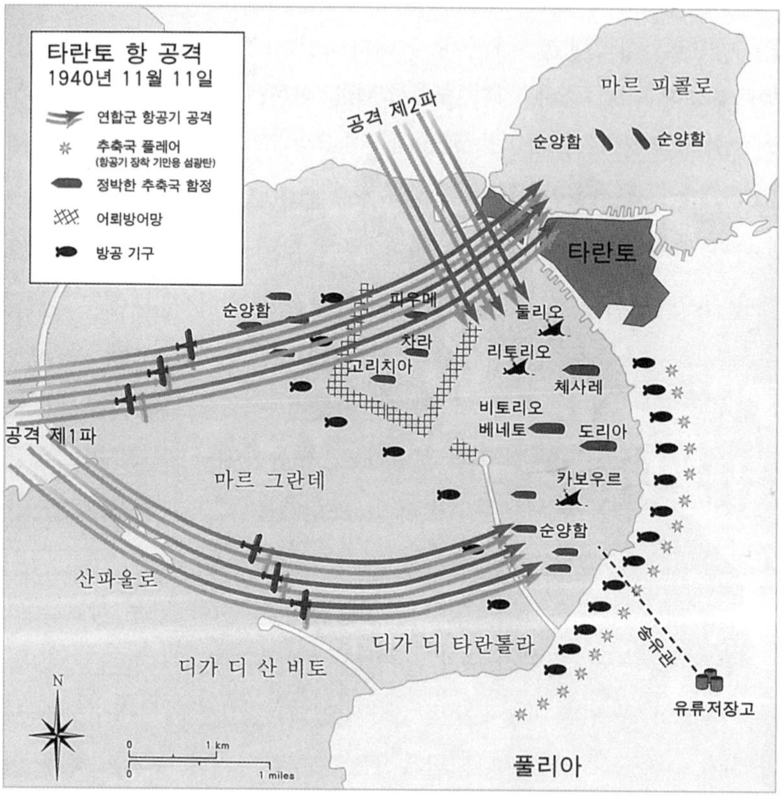

● 1940년 11월 10일 밤, 영국 해군은 항공모함 일러스트리어스호에서 출격한 구형 페어리 소드피시 복엽기 21대로 타란토에 정박한 이탈리아 함대 주력을 파괴했다. 타란토 항 기습 공격으로 영국 해군은 이탈리아 해군보다 사기가 올랐고 이런 상황은 전쟁 말기까지 유지되었다.

※ 출처 : 크리스 비숍 등, 박수민 옮김. 『제3제국』(플래닛미디어, 2012). p. 145

항구에는 이탈리아의 전함 6척과 순양함 및 구축함 수척이 정박해 있었다. 전 세계 해군 사상 처음으로 함재기로 각종 대공포와 방어시설로 방호된 항구에 정박해 있던 함정을 폭격한 것이다. 초저녁의 기습 공격은 대성공을 거두었다. 전함 콩테 디 카보우르(Conte di Cavour)는 항구 내에서 격침되었고, 리토리오(Rittorio)는 어뢰 3발이 명중되었으며, 카이오 듀리오(Caio Duilio)도 어뢰 1발 이 명중되어 큰 피해를 입었다. 이외에도 중순양함 트렌토(Trento)와 구축함 수척도 피해를 받았으며, 유류저장소도 폭격 받았다. 반면에 영국군의 피해는 항공기 2대를 잃은 것이 전부였다.

타란토 해전에서 항공모함의 역할과 중요성은 확실히 입증되었다. 이러한 교훈을 가장 의미 있게 받아들인 나라는 일본으로, 무관을 통해 수집한 정보를 이용해 해군 항공을 급속히 발전시켜 1941년 12월 7일 진주만 기습을 성공시켰으며, 이후 태평양에서의 한동안 제해권을 유지하는데 크게 기여하였다.

3. 마타판(Matapan) 해전

마타판 해전은 1941년 3월 28일부터 29일까지 크레타섬 인근의 마타판 곶에서 이탈리아 해군이 그리스로 병력을 수송하는 영국함대를 요격하기 위해 출격했다가 통신 첩보를 통해 이를 알고 있던 영국 해군의 반격을 받아 크게 패배한 해전이다.

당시 북아프리카 전선에서 이탈리아군을 크게 패배시켜 지상전에서 여유가 있다고 성급하게 판단한 영국군은 독일이 그리스를 침공하자, 이를 원조하기 위해 3개 사단을 그리스로 수송하기로 했다. 이를 포착한 이탈리아 해군은 영국의 수송 선단 '러스터(Lustre)'를 요격하기 위해 출동한 것이다.

이탈리아 함대는 야치노(Iachino) 대장의 지휘하에 15인치 포를 장착한 전함 비토리오 베네토 1척, 8인치 포를 장착한 중순양함 6척(폴라 ; Pola, 피우매 ; Fiume, 트리에스테 ; Trieste, 트렌토 ; Trento, 볼차노 ; Bolzano, 자라 ; Zara), 6인치 포를 장착한 경순양함 2척 외에 구축함 13척으로 구성된 대함대를 3개 집단으로 나누어 출격했다.

영국 해군이 이탈리아 해군에 크게 앞섰던 전쟁 기능 중의 하나가 암호분석 능력이었다. 영국은 독일의 암호기 에니그마(Enigma)를 부분적으로나마 감청하여 이탈리아 함대의 동향을 사전에 알고 있었다. 또 다른 우수한 기능은 레이더로 가시거리 밖에서뿐만 아니라 야간에도 적의 함대를 발견할 수 있는 능력을 구비하고 있었는데, 이탈리아 군함에는 레이더가 장착되지 않았었다.

그 외에 크레타섬에 있는 말레메(Maleme) 비행장에서 항공기를 운용할 수 있어 마타판 해역에 출격할 수 있었다는 점도 크게 유리한 요소로 작용했다. 지중해 함대사령관 커닝엄 제독은 이탈리아 해군을 격파하기 위해 전함 3척(워스파이트, 바함, 벨리언트)과 항공모함 1척(포미더블 ; Formidable), 구축함 9척을 동원하여 마타판 해역을 향해 출격했다.

커닝엄의 함대는 대부분 1차 대전 당시 활동했던 구형 함정으로 속도가 느렸다.

커닝햄은 부사령관 위펠(Pridham Wippell) 제독에게 순양함 4척과 구축함 9척을 이끌고 본대에 앞서 출격하도록 했다. 3월 28일 아침 위펠의 선견대는 이탈리아 중순양함 3척과 조우했다. 화력에서 열세한 위펠의 선견대는 천천히 물러나면서 후속하고 있는 커닝엄의 본대 앞으로 이탈리아 함대를 유인했다. 130km 후방에서 전진하던 커닝엄은 느려터진 자신의 전함들로는 기회를 놓칠 수 있다고 생각하여 항공모함 포미더블의 함재기를 이용하여 이탈리아 함대의 속도를 늦추기로 했다.

함재기 5대와 크레타섬의 비행장에서 발진한 육상기 블렌하임은 이탈리아 전함 비토리오 베네토에 일격을 가해 속도를 15노트까지 떨어뜨리는 데 성공했다. 그리고 저녁 무렵 다시 한 번의 공중공격으로 중순양함 폴라가 움직일 수 없도록 만들었다. 전함 베네토는 긴급 수리를 해서 간신히 전선을 이탈했지만, 폴라는 그렇지 못했다.

밤늦게 전장에 도착한 영국 커닝엄의 본대는 레이더를 이용해 4km 전방에서 활동 중인 적선을 확인했지만, 이탈리아 해군은 레이더가 없어 영국 해군의 접근을 까맣게 모르고 있었다. 저녁 10 : 30분경 폴라를 호위하기 위해 현장에 남아있던 중순양함 2척과 구축함 2척은 영국 전함 3척의 기습적인 포격을 받았다. 중순양함 피우메와 자라, 그리고 구축함 2척은 5분 만에 완전히 격파 당했다.

앉은뱅이 신세였던 중순양함 폴라는 영국군에 나포되었으나 견인할 경우 느려진 속도로 인해 추격당할 위험성이 있다고 판단한 영국군에 의해 격침되었다. 영국 해군은 물에 빠진 2,400명의 이탈리아 병사 중에서 800명을 구출했지만, 아침이 되자 육상에서 출격하는 독일 항공기를 피해 귀환했다. 영국은 경순양함 4척이 경미한 손상을 입고 항공기 1대가 격추된 반면, 이탈리아 해군은 중순양함 3척과 구축함 2척이 격침되고 전함 1척이 심각한 손상을 입게 되었다.

마타판 해전 이후 이탈리아 해군은 적극 전법을 포기하고 주로 잠수함을 이용하여 영국 해군을 괴롭히는 소극적인 전투로 일관하게 되었다. 그뿐만 아니라 홍해 일대에 배치되었던 이탈리아 함대는 본국과의 연결이 끊겨 졸지에 미아가 되어 장차 영국군의 먹이가 되어야 했다.

4. 크레타 철수 작전과 영국 해군의 피해

마타판 해전은 영국에게 큰 승리를 가져다주었지만, 그리스 철수 작전과 크레타 철수 작전은 영국 해군에게 쓰라린 손실을 강요당한 전투였다. 영국은 1940년 9월부터 전개된 북아프리카 전투에서 엉성한 이탈리아군을 역공격하여 1941년 2월까지 약 13만 명의 포로를 획득하는 대승을 거두었다.

때마침 이탈리아가 그리스를 침공하자 처칠은 동맹국의 대의를 위해 여유가 생긴 북아프리카 전선에서 3개 사단을 차출, 그리스에 파견했는데, 독일군이 그리스를 공격하자 영국군은 그리스에서의 지연전과 크레타 방어전에서의 패배로 해상으로 철수해야만 했다. 육군의 대규모 희생과 함께 해군도 그리스 철수작전(1941년 4월 24일~4월 29일)과 크레타 철수작전(5월 28일~6월 1일)에서 처참한 피해를 입었다. 그리스에서 출격한 독일 공군에 의한 것이었다. 이때 영국 해군은 전함 2척 및 항모 1척 대파, 순양함 3척 격침, 구축함 7척 격침이라는 대규모 피해를 감수해야만 했으나, 그 대가로 1만 8,000명의 육군 장병들을 구출할 수 있었다. 영국은 엄청난 피해에도 불구하고, 함대사령관 커닝엄 제독의 강인한 의지에 감사했다.

1941년 12월 19일에는 영국 해군으로서는 악몽과 같은 사건이 벌어졌다. 이탈리아의 '인간 전차(Human Chariot)'이라고 불리는 소형 잠항정이 알렉산드리아 항구에 잠입하여 전함 퀸 엘리자베스(Qween Elizabeth)와 밸리언트에 폭탄을 설치하여 폭파한 사건이었다. 두 전함은 배 바닥에 구멍이 뚫려 한동안 수리가 필요해 전력에서 이탈해야만 했다. 이탈리아의 잠수함 부대는 용감한 행동으로 모처럼 자랑스러운 전과를 올렸다. 이로 인해 영국 지중해 함대사령부의 가용한 전력은 전함 3척과 구축함 몇 척에 불과한 처지로 전락했다.

5. 지중해에서의 보급을 위한 해전-페데스탈 작전

지중해에서의 해전은 주로 북아프리카에서 싸우고 있는 적의 보급을 저지하고 아군에게 원활한 보급을 보장하기 위한 전투였다. 당시 북아프리카에서 싸우고 있던 독일, 이탈리아군과 영국군은 항상 보급 부족에 시달려야 했다. 전투 장비는 물론 식량과 유류 보급을 군함의 호위를 받는 수송선에 의존해야 했기 때문에 전투는 자국 보급 선단의 호위와 적국 보급 선단의 차단에 초점이 맞춰졌다. 일부 수송기를 이용한 긴급 보급이 있었지만, 수송량에 있어서 한계가 있었다.

영국은 본국으로부터 지브롤터, 몰타를 거쳐 알렉산드리아에 이르는 보급선을 안전하게 유지하기 위해 전력을 기울였지만, 큰 희생을 치러야만 했다.

1940년 8월 몰타에 전투기 12대를 수송한 '허리 작전(Operation Hurry)'과 11월의 몰타에 전투기 12대를 수송하는 '코트 작전(Operation Coat)'에서 1차 수송은 성공했지만, 2차 작전은 12대 중 8대는 물속에 가라앉고 4대만 도착하는 피해를 입었다.

지중해에서 진정으로 사활을 건 보급 수송 전은 '페데스탈 작전(Operation Pedestal)'이었다. 페데스탈 작전은 스핏파이어 전투기 36대를 비롯한 다량의 전투물자를 적재한 수송선 14척을 몰타에 도착시키기 위한 작전이었다. 호위부대는 항공기 72대를 탑재한 항공모함 3척, 전함 2척, 순양함 7척, 구축함 24척의 대규모 함대가 동원되었다.

몰타에 주둔 중인 영국군의 항공기와 군함에 소요되는 연료와 각종 무기, 그리고 생필품을 군인과 주민들에게 수송하는 작전으로 1942년 8월에 영국군과 추축군 사이에 벌어진 해전이 페데스탈 전투였다. 몰타는 시칠리아 연안에서 100km 이격되어 있으며, 영국은 강력한 해군과 공군기지를 운용 유지 하고 있어 북아프리카에서 작전 중인 독일과 이탈리아군에 보급되는 전쟁 물자의 수송을 저지하는 최적의 요새였다. 실제 북아프리카 전투에서 희대의 명장 롬멜은 지상전에서 매우 불리한 지상 장비를 가지고도 곧잘 승리를 거두었지만, 결과적으로 패배한 진정한 원인은 군수지원의 부족 때문이었는데, 몰타의 영국군에 의한 방해가 가장 큰 요인이었다.

몰타 주둔 영국 잠수함은 추축군 군함 39만t을 격침하였고, 영국 공군은 적기 280여대를 파괴했다. 추축군은 몰타를 점령하거나 무력화하기 위해 서울시의 절반 정도의 영토를 가진 몰타섬에 총 3,343회의 공습으로 1만 5,000t의 폭탄을 퍼부었다. 1942년이 되자 몰타는 보급이 거의 두절되었다. 처칠은 1942년 2월 항복했던 싱가포르를 상기하며 전대미문의 수송 작전을 계획했다. 보급물자 중에 가장 중요한 것은 전투용 유류였다.

처칠은 미국을 방문하여 루스벨트 대통령에게 몰타를 구원하기 위한 특별 수송선으로 독일 폭격기에도 견딜 수 있는 철갑 대형 유조선을 건조해주도록 요청했다. 그렇게 특별 유조선이 건조되었는데 길이 201m에 선복량 1만 2000t에 이르는 오하이오 함으로 철갑의 갑판을 쇠못이 아닌 용접으로 건조해 어지간한 폭격에도 생존을 보장하도록 했다. 수송 선단은 제2차 세계대전 최대의 선단으로 상선 14척에 전함 2척, 항공모함 4척, 순양함 7척, 잠수함 8척, 소해정 2척, 구축함 32척, 항공기 100대로 호송하도록 했다. 선단은 1942년 8월 3일 영국을 출발해 8월 9일 지중해에 진입했다.

사전에 영국 수송 선단의 동태를 상세히 파악하고 있었던 추축군은 이를 저지하기 위해 600대의 항공기와 잠수함 21척, 어뢰정 4척, 쾌속정, 기뢰 등을 총동원했다. 이탈리아 해군은 수송 선단이 반드시 통과해야 하는 시칠리아 해협에 수만 개의 기뢰를 설치했기 때문에 이를 제거하는 2척의 소해정을 따라 운항하는 수송 선단은 속도가 느려졌다. 추축군의 주공격 목표는 유류를 수송하는 오하이오 함이었다. 오하이오 함은 집중 공격을 받고 엔진이 정지되고 조타장치 마저 고장 나 운항이 정지되었다.

● 지중해 전투

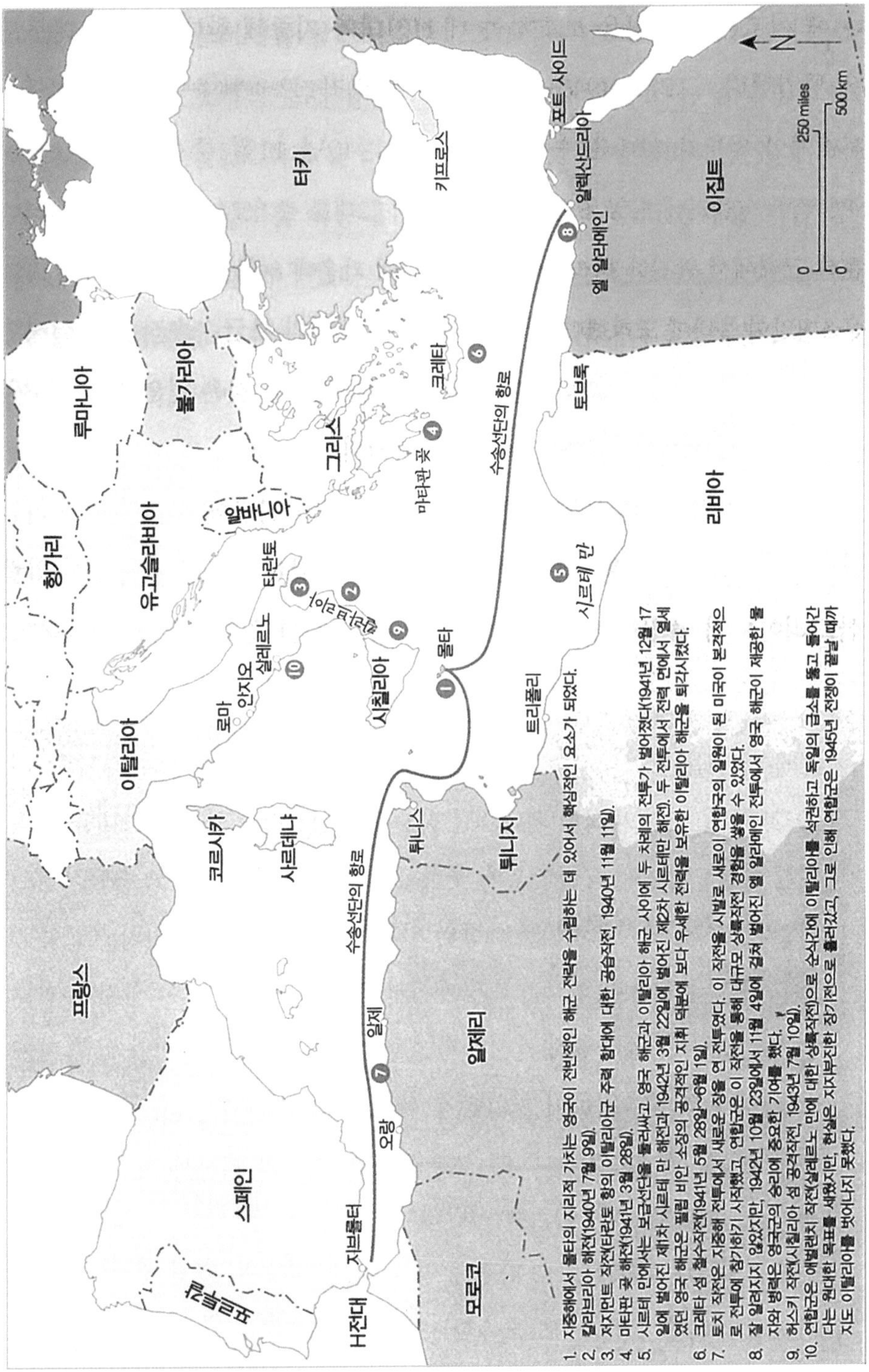

※ 출처 : 폴 클리어 등 지음, 강민수 옮김. 『제2차 세계대전』(플래닛미디어, 2008). p. 208

영국 해군은 순양함이 오하이오함을 로프로 연결하여 견인했는데 속도는 시속 9km에 불과하여 적 항공기에 좋은 표적이 되었다. 견인하는 선박이나 오하이오함의 선원들은 초인적인 노력으로 8월 15일 아침에 몰타 항에 도착했다. 오하이오 함의 갑판은 수많은 포탄과 심지어는 추락한 적 항공기의 잔해까지 만신창이가 되었지만, 3만 2,000t의 귀중한 연료를 수송했다. 수송선 14척 가운데 5척만 몰타에 도착했고 나머지 9척은 침몰당했다. 항공모함 1척, 순양함 2척, 구축함 1척도 같이 격침되었고 항공기 34기와 500명의 장병도 희생되었다. 그러나 이러한 참혹한 피해에도 페데스탈 작전은 성공했다는 평가를 받았는데, 이로써 북아프리카 전투를 승리로 이끄는 변곡점이 되었기 때문이었다. 장차 북아프리카 전선에서 추축국이 패퇴하게 된 원인은 근본적으로 전시 보급의 부족으로 보아야 할 것이다.

제4절 독일 수상함들의 최후

1. 독일 수상함들의 작전 실패와 전력 열세

독일의 수상함 전력은 수적으로 영국에 비해 너무나 열세했기 때문에 독일은 수상함끼리의 교전을 극히 꺼렸다. 독일 해군총사령관 레더 제독은 영국 수송 선단에 대한 전략적 파괴 임무를 수행하되 적의 전력이 우위에 있거나 동등할 경우 교전을 회피하도록 지시했는데, 이는 금쪽같은 수상함을 아끼기 위해서였다. 그래서 독일의 전함, 순양전함, 순양함이 가끔 대양에 나가 수송 선단을 습격하는 일이 있었으나, 위험 부담을 감수하기에는 너무 소중하다고 판단했기 때문에 자주 출격하지는 않았다.

1939년 12월 소형전함 그라프 슈페호가 우루과이의 몬테비데오 항구 입구에서 치욕적인 자침을 한 뒤에 더욱 그랬다. 그래도 1940년 10월까지 보조 습격함 10여 척이 대양을 누비며 상선을 습격하고는 했다. 가장 큰 성공을 거둔 함선은 아틀란티스(Atlantis)호로 영국 선박 22척을 격침시켰지만, 1940년 11월에 영국의 디본셔(Devonshire)호에 의해 파괴되었다.

독일의 대형 함선들은 1940년 가을, 모처럼 만에 대서양으로 상선 파괴 작전에 나섰다. 11월 초에 대서양에 들어선 포켓 전함 어드미럴 셰어(Admiral Scheer)호는 42척으로 구성된 수송 선단 HX-84와 조우했다. HX-84는 무장상선 저비스 베이(Jervis Bay)의 호위를 받고 있었는데, 엄청난 화력의 차이에도 불구하고 저비스 베이는 불굴의 감투 정신을 발휘해 수송선들은 무사히 피난했으며, 5척만 피해를 입었다. 인도양까지 상선 사냥을 계속한 어드미럴 쉐어는 1941년 4월 모항으로 복귀할 때까지 상선 17척, 137,000t을 파괴하는 성과를 거두었다.

어드미럴 쉐어의 뒤를 따라 1941년 1월 중순양함 히퍼와 2척의 전함 샤른호르스트, 그나이제나우가 대서양으로 나갔다. 그들은 2월과 3월에 걸쳐 수송선 22척을 격침, 또는 포획하여 3월에 브레스트(Brest)항으로 복귀했다. 그러나 샤른호르스트는 기관이 고장 나 수개월의 수리를 해야 했고, 그나이제나우는 4월 6일 어뢰 1발을 맞은 데 이어 영국 항공기에 의해 4발의 폭탄을 맞아 역시 수개월의 수리가 필요하게 되었다.

이후에 독일 해군은 역사상 최대의 상선 파괴 작전을 구상하고 있었는데, 작전명을 '라인 연습 작전(Operation Reinübung)'으로 하고 4만 2,000t급의 최신예 전함 비스마르크를 중심으로 전함 샤른호르스트와 그나이제나우, 중순양함 프린츠 오이겐(Prinz Eugen), 유조선 7척 등 지원함을 대동하게 되어있었다. 그러나 샤른호르스트와 그나이제나우가 전열에서 이탈하였으므로 1941년 5월 18일 비스마르크와 프린츠 오이겐을 주축으로 모항인 킬과 고텐하펜(Gotenhafen)항을 야심차게 떠났다. 비스마르크호는 당시 최고의 전함으로 독일의 자존심이었고, 영국에게는 두려움의 상징적인 존재였다.

얼마 후에 덴마크와 스웨덴 사이의 카테가트(Kattegat) 해협에서 스웨덴의 순양함과 영국 스핏파이어 정찰기는 북쪽으로 향하는 비스마르크와 프린츠 오이겐을 발견했다. 지중해에서 큰 타격을 받았던 영국 해군에게 비스마르크 함대의 대서양 진출은 실로 중대한 사태로 인식되었다. 독일 함대가 대서양에 진출하기 위해서 반드시 통과해야 하는 덴마크 해협(Denmark Strait)과 아이슬란드 셰틀랜드(Iceland Shetland) 사이를 순시하는 영국 전력은 순양함 수척에 불과한 정도였다.

그러나 이들의 후속 전력은 홀랜드(Holland) 대장이 지휘하는 최신예 전함 프린스 오브 웨일스(Prince of Wales)와 순양전함 후드로 구성된 강력한 전함 전대가 버티고 있었다. 당시 프린스 오브 웨일스는 신조 전함으로 아직도 완전한 상태는 아니었다. 비스마르크호의 출격을 인지한 영국은 본토함대 사령관 토베이(Tobay) 대장 역시 전함 킹 조지 5세와 항공모함 빅토리어스(Victorious)를 주축으로 한 함대를 이끌고 홀랜드 제독을 지원하기 위해 모항인 스카파 플로를 떠났다.

5월 23일 저녁 덴마크 해협에서 영국 순양함 노포크(Norfork)와 서포크(Surfork)가 비스마르크호를 발견하여 본대에 경고했다. 영국의 순양함들은 레이더를 이용하여 독일 함대를 감시하며 홀랜드 제독의 주력부대와 만나도록 노력했지만, 밤사이에 독일 함대의 위치를 놓쳤다. 홀랜드 제독은 이를 찾기 위해 함대 전력을 분산했는데, 프린스 오브 웨일스는 비스마르크보다 앞서버리는 결과를 가져왔으며, 순양함 노포크, 서포크와의 협조도 되지 않았다. 홀랜드의 의도는 프린스 오브 웨일스와 후드가 비스마르크와 교전하고 프린츠 오이겐은 노포크와 서포크가 교전하도록 하는 것이었는데, 독일 함대의 행방을 놓쳐 계획에 차질이 발생했다. 새벽 03 : 00시경 비스마르크를 재발견했을 때는 양국의 함대가 거의 최고의 속도로 50km 정도 이격하여 병진 항해하는 상황이 되었다.

새벽 05시 52분 양국의 전함은 25km까지 접근하여 상호 포격전에 돌입했다. 전함의 포격전에서 함대의 적을 향한 각도는 치명적인 것이다. 적을 정확히 지향하고 있으면 탑재한 포대의 전량을 적에게 쏟아 부을 수 있지만, 그렇지 못하면 함포의 일부는 무용지물이 되어야 하고, 적의 포사격에 자신을 과도하게 노출시키는 약점을 제공하게 된다. 홀랜드 제독은 결정적인 순간에 우왕좌왕하는 모습을 노정함으로써 프린스 오브 웨일스가 측면을 노출하여 적에게 정확한 사격의 기회를 제공했다.

● 비스마르크 전함(구글 검색)

비스마르크 전대는 또한 바람을 등지는 이점을 가지고 있어 적함까지의 거리를 정확히 측정할 수 있었던 반면, 영국의 함대는 바람을 마주하고 있어 파도에 거리 측정기의 렌즈가 젖어 적 함대의 거리를 측정하기 어렵게 만들었다. 게다가 홀랜드 제독은 노포크와 서포크에게 비스마르크 전대의 후방으로 접근하여 협조하도록 지시했어야 했는데, 무전 교신이 자신의 위치를 노출할 위험이 있다는 생각에서 지시하는 것을 망설였다. 교전이 임박해서 이미 상호 위치를 확인한 상태였으므로 당연히 노포크와 서포크를 현장에 출동하도록 해야 했으나 그렇지 못한 것이다.

최초로 후드가 포문을 열었다. 비스마르크와 프린츠 오이겐은 우선 모든 함포를 후드에 퍼부었다. 독일 함대의 포격은 후드의 장갑판을 뚫고 들어가 후방 탄약고를 폭발시켰고, 잠시 후 전방 탄약고마저 폭발시켜 눈 깜작할 사이에 격침되어버렸다. 후드에 탑승했던 홀랜드 대장을 비롯하여 승조원 1,420명 가운데 생존자는 3명에 불과했고 나머지는 모두 전사했다.

반면에 프린스 오브 웨일스는 4발을 비스마르크에 명중시켰다. 모두가 치명적인 손해를 입히지는 못했지만, 선수 부분을 관통한 부분에서 연료가 새어 나와 속도를 약간 떨어뜨리면서 항적을 뚜렷이 남기게 되었다. 후드가 격침된 후 프린스 오브 웨일스는 비스마르크와 프린츠 오이겐으로부터 집중 사격을 받아 격침당할 위기에 몰려 연막으로 시계를 차장하고 전장에서 이탈했다.

독일 함대는 영국 전함 후드를 격침시켜 크게 만족했으며, 계속적으로 프린스 오브 웨일스를 추격하여 격침시킬 것을 기대했으나, 함대사령관 뤼첸스(Johann Günther Lütjens) 제독은 불허했다. 뤼첸스 제독은 프린스 오브 웨일스를 충분히 격침시킬 수 있는 속도와 시간이 있다는 것을 알고 있었다. 영국 본토함대 사령관 토베이 제독이 스카파플로를 출발했지만, 전투 현장까지의 거리는 500km 이상 이격되어 있어 프린스 오브 웨일스를 제압하는데 필요한 2~3시간의 여유는 충분했기 때문이었다. 그런데도 더 이상 추격하지 못하도록 했는데, 이유는 해군총사령관 레더 제독이 엄중히 명령한 '위험 부담이 있는 수상함과의 교전을 가능한 한 피하라'는 지침을 준수해서였다. 뤼첸스 제독은 비스마르크의 수리를 위해 프랑스의 브레스트 항구로 향하도록 하고 피해가 전혀 없는 프린츠 오이겐은 최초 계획대로 대서양에서 상선 사냥에 나서도록 조치했다.

한편, 영국은 대양에 나온 비스마르크를 잡기 위해 기존에 투입된 함대에 지브롤터에 위치한 소머빌(James Fownes Somerville) 제독이 지휘하는 H 전대까지 동원하여 비스마르크의 추적에 나섰다. 투입된 총 전력은 19척에 이르는 전함, 항공모함, 순양함과 20여 척의 구축함이었다. 한차례 항공모함 빅토리어스에서 발진한 소드피쉬 뇌격기와 풀머(Fulmar) 전투기들이 공격했지만, 독일 함정들에 하등의 피해를 주지 못했다. 그러는 사이 비스마르크는 한동안 영국 해군의 추적을 따돌리는 데 성공했다.

그러나 얼마 후에 뤼첸스 제독이 해군본부에 상세사항을 보고하는 무선통신 교신으로 인해 위치가 다시 노출되게 되었다. 5월 26일 오전 10시 30분경 영국 해안 경계 사령부의 정찰기가 브레스트 항의 서쪽 1,100km 해상에서 항진하는 비스마르크의 위치를 확인했다. 토베이 제독이 이끄는 주력함대와는 240km 정도 이격되어 단시간 내에 따라잡는 것이 불가능해 H전대의 항공모함 함재기를 이용하기로 했다. 그날 저녁 2100시 경, 항공모함 아크로열에서 발진한 소드피쉬 뇌격기 전대가 비스마르크를 공습했다. 비스마르크는 대부분의 어뢰 공격을 피했지만, 한 발이 불행하게도 우현 후미에 맞으면서 방향키가 완전히 고장 나 전진하지 못하고 제자리에서 맴돌게 되었다. 추가로 함저에 구멍이 나 대량의 해수가 유입되어 속도가 7노트 정도로 떨어졌다. 이후로 밤새 영국의 구축함들에 의한 5km 이내의 거리에서 포격과 어뢰 공격을 견뎌내었다.

5월 27일 아침 09 : 00시경 전함 킹 조지 5세와 로드니, 순양함 도세트셔(Dorsetshire)와 노포크로 구성된 토베이 제독의 주력함대가 도착하여 마주쳤다. 약 88분간의 격전으로 비스마르크는 400여 발의 포탄과 3발의 어뢰가 명중하는 뭇매를 맞았다. 더 이상 견딜 수 없다고 판단한 비스마르크는 10시 40분 자침을 선택한다. 그러나 일부에서는 어뢰가 결정타가 되어 침몰했다고 하기도 한다. 비스마르크의 승조원 2,200명 중에 생존자는 114명이었다.

독일 해군의 자랑이요 상징이었던 비스마르크 호가 격침되자, 영국은 큰 피해를 당했음에도 불구하고 환호했고, 독일 해군은 큰 충격을 받고 차후로는 더는 수상함에 의한 상선 파괴 작전을 적극적으로 구사하지 못했다. 이러한 전황에 영향을 받아 전함 비스마르크호와 티르피츠호의 다음으로 신예 주력함정인 중순양함 샤른호르스트와 그나이제나우는 기대만큼 큰 활약을 보여주지는 못했다. 수차례에 걸친 상선 파괴 작전에 성공하기는 했지만, 언제나 영국의 공군으로부터 폭격을 받아 활동하는 날보다 수리하는 날이 많은 지경이었다.

한편, 1942년 초, 영국의 특수부대들이 노르웨이 해안에 대해 몇 차례 기습하자, 항상 노르웨이의 전략적 가치를 높게 평가하고 있던 히틀러는 그 위험성을 과대평가하게 되었다. 총통은 "이번 전쟁에서 운명의 장소는 노르웨이다."[52]라고 하면서 노르웨이를 보호하려는 조치로 1년 동안 프랑스의 브레스트에 위치하여 연합군의 수송 선단을 위협하고 있던 순양전함 샤른호르스트와 그나이제나우, 그리고 순양함 프린츠 오이겐을 구축함 5척과 함께 도버해협을 돌파하여 노르웨이 해안으로 이동하도록 지시했다.

독일에 있던 비스마르크호의 자매함인 티르피츠호는 1942년 1월에 이미 노르웨이의 트론헤임 항구로 이동했었다. 독일 해군 총사령관 레더 제독은 '케르베로스 작전(Operation Cervberus)'이라고 명명된 이 작전을 영국 해군의 엄중한 감시상태를 뚫어야 하는 위험성 때문에 강력히 반대했으나, 히틀러의 명령을 번복시키지는 못했다. 그러나 엄중한 감시상태 하에서의 위험한 작전행동은 영국군의 실수와 독일 해군의 기만전술로 인해 조기에 간파되지 않았다.

독일군의 레이더 최고 책임자였던 마르티니 장군은 영국군의 레이더에 탐지방해용으로

52) 윈스턴 처칠 지음, 차병직 옮김, 앞의 책, p. 791.

방해전파를 발사하여 무력화시켰으며, 브레스트 항구를 떠날 때는 밤 11 : 00시로 자욱한 안개를 이용했다. 다음날 대낮이 되어 도버해협에서 노출되었을 때는 영국 도버 포대의 사격을 받았으나 별 피해를 받지 않았다. 영국군은 늦게나마 6대의 소드피쉬 항공기를 투입했는데, 모두 독일의 호위 전투기들에 희생되었다. 다섯 척의 구축함과 도버 포대의 포격을 뚫고 독일의 함대는 유유히 독일의 항구로 들어갔다. 독일 함정들이 도버해협을 통과하여 사라져 버린 데 대해 영국 국민들은 마치 해군이 큰 패배를 당한 것처럼 격앙했다.

하지만 마지막 단계에서 영국이 부설해 놓은 기뢰에 샤른호르스트는 2발, 그나이제나우는 1발이 접촉되어 큰 피해를 입었기 때문에 노르웨이로 가지 못하고 수리를 위해 독일로 가야 했다. 샤른호르스트는 장기간의 수리 끝에 1943년 3월에 전선에 복귀하여 노르웨이에 도착했다.

그러나 1943년 12월, 영국에서 소련으로 향하는 수송 선단을 습격하기 위해 출격했다가 영국 해군의 매복에 걸려 격침되었는데, 영국은 샤른호르스트를 유인, 격침시키기 위해 위장 수송 선단을 구성했으며, 요격 팀으로 전함 듀크 오브 요크(Duke of York) 외에 13척을 동원했다. 샤른호르스트는 영국함대에 포위당한 상태에서 350발의 포탄과 11발의 어뢰를 맞고 침몰했다. 1,900명의 승조원 중에 생존자는 36명뿐이었다.

한편, 그나이제나우는 어뢰에 맞아 손상된 부분을 정비하기 위해 킬 군항에 들어갔으나, 1942년 2월 26일 연합군 항공기들의 추가 폭격을 받아 뱃머리 부분의 탄약고가 폭발하면서 함수가 절단되는 큰 피해를 입고 침몰했다. 얼마 후 독일 해군은 이를 인양, 재정비하여 전력화하려 했으나, 바렌츠 해전에서 수상함대가 우세한 전력에도 불구하고 졸전으로 패배하자, 히틀러는 대노한 나머지 대형 수상함 폐기를 지시함으로써 진행 중이던 정비 작업을 중지하고 후에 폐기되는 상황에 처하고 말았다.

바렌츠 해전은 1942년 12월에 영국 수송 선단 JW-51B가 약한 호위 세력으로 소련으로 가고 있어 총사령관 레더 제독은 전과를 올릴 절호의 기회로 생각하여 중순양함 히퍼와 포켓 전함 뤼초를 중심으로 강력한 함대를 구성하여 출동했으나, 소극적인 작전행동에 따라 패배에 가까운 결과를 가져오자 히틀러는 대형 수상함을 폐기하도록 지시한 것이다.

이에 대해 레더 총사령관은 이의를 제기했고, 받아들여지지 않자 사표를 제출하게 되었다. 이에 따라 잠수함 사령관 되니츠 제독이 1943년 1월 후임 해군총사령관으로 취임했다. 되니츠 역시 히틀러로부터 대형 함들을 퇴역시키라는 지시를 받았으나, 그는 히틀러에게 대형함의 퇴역이 결코 좋은 결정이 아니라고 설득하여 호의적이지는 않았지만 어쨌든 동의는 받아냈다.

2. 채리엇 작전(Operation Chariot)

영국은 티르피츠가 대서양 연안을 탈출한 후에 대서양 연안에 대형 도크가 설치되어 있는 생 나제르(Saint-Nazaire) 항구를 파괴하는 작전을 구상했다. 만일 티르피츠가 손상을 입는다면 대형 함정을 수리할 수 있는 곳은 대서양 연안에서는 생 나제르의 도크 밖에 없으므로 대형 도크를 파괴한다면 당분간 티르피츠의 위협으로부터 자유로울 수 있었기 때문이었다.

해군과 공군은 작전의 무모함과 위험성 때문에 반대하는 입장이었으나, 처칠이 강력히 주장하여 실시하게 되었다. 계획은 미국이 상선 호위를 위해 영국에 지원해준 낡은 구축함 가운데 하나인 캠벨타운(Campbeltown) 호에 4t의 폭약을 싣고 대형 도크에 돌진하여 폭파하는 것으로, 이를 위해 구축함과 연안 경비정, 고속초계정이 지원하는 작전이었다.

1942년 3월 26일 400명의 특공대는 팰머스(Falmouth) 항을 출발하여 700km를 항해한 후, 사전에 입수한 독일 암호를 이용하여 독일군을 기만하고 항구 근처까지 접근한 다음, 격렬한 포화를 뚫고 구축함을 도크에 충돌시키는 데 성공했다. 육군 특공대원들이 하선하여 항만의 부대시설을 파괴하였지만, 대부분의 특공대원은 사살되거나 포로가 되었으며, 퇴로가 마련되지 않은 작전이었기 때문에 오직 5명만이 육상으로 머나먼 스페인을 통과하여 영국에 귀환할 수 있었다.

다음날 예정된 시간보다 1시간 늦게 구축함에 설치된 폭약이 지연 폭발하면서 대형 도크는 완전히 파괴되어 작전의 목표는 달성되었다. 이 과정에서 충돌한 현장을 조사하던 독일군 100여 명도 함께 날아가 버렸다. 작전의 성과와는 달리 퇴로가 없는 작전으로 많은 인명피해를 초래하여 비난이 일었지만, 정작 처칠 본인은 작전의 성공을 자랑스럽게 생각했다. 물론 티르피츠는 다시는 대서양 연안으로 돌아오지 못했다.

한편 비스마르크의 자매함인 티르피츠는 비스마르크가 격침되기 직전인 1941년 2월에 취역했기 때문에 대형 수상함의 직접적인 교전을 회피하던 히틀러나 총사령관 레더의 지침에 따라 주요 작전에 거의 참여하지 못했고, 연합군 함선에 제대로 포격 한번 해 본 적이 없었다. 그러나 노르웨이의 항구를 이곳저곳 전전하면서 영국 해군의 신경을 심하게 자극했다. 영국 해군은 티르피츠가 공세적으로 대양에 나설 것을 염두에 두고 항상 대규모 전력을 배비해야만 했다.

1942년 7월에 소련으로 가는 영국 수송 선단 QP17을 요격하기 위해 티르피츠가 중순양함 히퍼, 포켓 전함 어드미럴 셰어, 뤼초프와 구축함 9척을 대동하여 출격했다. 영국은 피해를 줄여보기 위한 방책으로 수송 선단을 산개하도록 했는데, 이는 오히려 U-보트와 독일 공군의 밥이 되게 하는 결과를 초래하여 수송 선단 37척 중에 소련에 도착한 수송

선은 11척에 불과했다. 영국은 승조원 153명이 사망한 것을 비롯하여 소련에 인도하기로 한 항공기 2,500대, 전차 400대, 차량 4,000대가 북극해에 가라앉았다. 이 과정에서도 티르피츠의 역할은 미미했으며, 이외에 실제로 티르피츠는 제한적인 공세작전에 3회 출격한 것 외에는 크게 한 일이 없었다.

그러나 영국은 소련으로 가는 수송 작전에 막대한 지장을 주는 위협으로 생각하여 1942년 12월까지 북해 항로를 포기하고 이란을 통하는 육상 교통로를 이용하거나, 블라디보스토크에 하역하여 원거리를 돌아가는 빈약한 철도 수송을 감수해야 했다. 따라서 영국에게는 티르피츠는 반드시 제거해야 하는 위협이었기에 수차례의 작전을 통해 침몰시키게 된다.

침몰을 위한 1차 작전은 1943년 9월 20일에 실시된 '소스 작전(Operation Source)'으로 잠수정 6척이 피오르드로 잠행하여 선저에 4t의 폭약을 설치, 폭파하여 큰 피해를 주기는 했지만, 침몰에 이르지는 않았다. 2차 작전은 티르피츠가 수리를 마친 1944년 4월에 실시된 '텅스텐 작전(Operation Tungsten)'으로 2척의 전함, 2척의 항공모함, 5척의 호위 항공모함, 2척의 순양함, 16척의 구축함의 대규모 함대를 구성하여 출동했다.

4월 2일 수리를 마치고 시험 항해를 위해 준비 중인 티르피츠에 대규모의 항공기 폭격이 가해졌다. 티르피츠는 122명 사망에 300여 명이 부상하였으며, 상당한 손상을 입어 다시 수리하는데 2개월 이상이 소요되었다. 그러나 결정타를 날리는 데는 실패했다. 이후로도 영국 해군은 수차례의 공격을 퍼부었으나, 선체에 일부의 손상을 줄 수 있을 뿐이었다. 그에 따라 티르피츠의 격침 작전은 공군으로 이관되었다.

공군은 기존의 폭격으로는 중 장갑을 갖춘 전함을 격침할 수 없다고 결론 내리고 톨보이라는 명칭의 5t짜리 폭탄을 개발하여 사용하기로 했다. 문제는 영국에서 출격하기에는 너무 거리가 멀었기 때문에 소련의 비행장을 이용하기로 하였으며, 장거리 폭격기 랭커스터가 동원되었다. 1944년 9월 15일 소련의 야고드니크(Yagodnik) 공항을 이륙한 랭커스터 폭격기들은 시한신관을 장착한 5t의 톨보이를 투하하고 기뢰를 투하했다. 티르피츠가 살포한 연막으로 인해 대부분의 폭탄이 빗나갔으나, 1발이 명중하여 심각한 피해를 입혔다. 정밀한 수리를 위해서는 9개월 이상이 소요된다고 판단되었으나, 독일군은 이를 은폐했다.

독일군은 티르피츠가 더는 전함의 역할은 불가능하다고 판단하고 연합군의 노르웨이 상륙을 저지하기 위한 해상포대로 이용하기 위해 트롬쇠 항구의 피오르드로 이동하였다. 문제는 트롬쇠 항구가 스코틀랜드의 비행장에서 출격하는 영국 항공기의 작전반경 내에 있었다는 점이었다. 1944년 10월 28일에 실시한 폭격으로 티르피츠는 스크루의 프로펠러가 망가져 자력 이동이 불가능해졌다. 최종적으로 1944년 11월 12일 영국은 '케테키즘 작전(Operation Catechism)'을 펼쳐 톨보이 3발을 갑판에 명중시킴으로써 티르피츠는 결국 폭발과 함께 수 분 만에 전복되어 수중으로 침몰하게 되었다. 티르피츠호의 1,700명 승조원 가운데 무려 1,000여 명이 전사하는 인적 피해가 발생했다. 결국 티르피츠를 마지막으로 독일의 수상함 전력은 완전히 소멸했다고 할 수 있었다.

3. 디에프 전투

디에프는 파리의 북서쪽 160km에 있는 항구다. 1942년의 전황은 연합군에게 지극히 불리했다. 영국은 본토 항공전에서 간신히 독일의 공세를 물리쳤으나 대서양에서 수송 작전은 독일의 U-보트에 심각한 피해를 보고 있어 5월과 6월에만 150만t의 수송 선단이 피해를 보고 있었으며, 북아프리카 전선에서도 롬멜의 기갑군에 밀려 이집트로 후퇴하고 있었다. 동남아에서도 대부분의 식민지를 일본에 잃고 인도마저 위협을 당하고 있었다.

1941년 12월 진주만 피습으로 전력을 가다듬고 있는 미국은 기지개를 펴고 반격을 위해 군사력을 건설하고 있어 본격적인 전력이 되기에는 미흡한 상태였다. 소련은 1941년 말에서 1942년 초에 이르러 모스크바 전투에서 독일군을 물리쳤으나, 남부 지방이 유린되어가고 있어 수세를 면할 수 없는 상황이었다.

스탈린은 처칠과 루스벨트에게 서방에서 제2전선을 형성, 독일을 압박하여 소련에 가해지고 있던 독일의 군사적 위협을 해소해 주도록 강력히 요구하고 있었다.

때마침 영국은 침체된 국민의 사기진작을 위해 전투의 성과를 기대할 수 있는 작전을 고려하고 있었다. 그 결과 영국 공군의 작전반경 내에 있고 상륙 병력을 수송하기에도 적합한 프랑스의 디에프 항구를 기습하여 교두보를 형성하는 안을 채택하게 되었다. 이 작전에 대해 영국군은 물론이고 미군 내에서도 해안의 적정과 지형에 대한 정보도 정확하지 않은 점을 들어 강력히 반대했으나 작전사령관인 마운트 배튼 제독이 강력히 추진하여 실행하게 되었다. 마운트 배튼 경은 처칠 수상의 강력한 신임을 받고 있었다.

상륙지점의 지형에 있어서 좌안인 블루비치는 지상군이 극복하기 어려운 높은 암벽이었다. 작전명은 '루터(Operation Rutter)'로 정하고 7월 4일과 8일 사이에 기습적으로 상륙하도록 했다. 전투편성은 캐나다 제2보병사단이 지정되어 예행연습에 들어갔다. 작전을 수행할 육군의 주력은 캐나다의 제2보병사단이었는데, 실전경험이 전혀 없어 전투력이 의심스러운 편이었다. 독일군은 제302사단 예하의 제571연대 소속 2,500명이 방어하고 있었다. 무엇보다도 현지 방어부대는 해변 인근에 지형을 이용하여 잘 준비된 방어진지를 구비하고 있었다.

1942년 8월 19일 캐나다 제2사단에 덧붙여 영국의 코만도 1,005명과 약간의 미군 특수부대가 작전명을 '주빌리(Jubilee)'로 변경하여 새벽 네 시에 상륙하도록 했다. 무엇보다도 중요한 것은 기습이었는데, 목표를 12km 남겨 놓은 해상에서 적의 호위함과 조우하여 기도가 노출되었고, 일부 상륙 주정이 적의 포격으로 손상을 받아 작전을 포기하고 돌아가야 하는 상황이 벌어져 초반부터 혼란이 벌어졌다. 나머지 주력부대가 상륙에 성공했지만, 목표지점을 점령하지 못해 고전했다. 총 27대의 처칠 전차가 상륙에 성공하고 15대는 마을의 광장까지 진출했지만, 그것이 한계였다.

독일군은 해안에 구축된 엄폐 진지에서 화력을 집중하여 연합군은 더 이상 진출이 불가했다. 실패가 확실해지자 연합군은 철수했다. 6,090명의 참전 인원 중에 1,027명의 전사자와 2,340명의 포로가 발생했으며 항공기도 119대를 잃어 작전은 완전히 실패했다. 그러나 디에프 상륙전에서 연합군은 귀중한 교훈을 얻을 수 있었지만, 캐나다군은 영국이 자기들을 총알받이로 이용했다고 불평했다. 작전 책임자였던 마운트 배튼 경은 "디에프에서 전사한 병사 한 명 한 명이 훗날 노르망디에서 10명의 연합군 병사를 살렸다"라고 자찬했다. 그의 말이 틀렸다는 것은 아니나, 작전 수행자의 책임을 결코 잊어서는 안 된다는 교훈을 남겨 주었다.

제5절 잠수함 작전

대서양에서 영국 호송선단의 진정한 주적은 U-보트였다. 따라서 처칠이 '대서양 전투'라고 명명한 진정한 해전은 연합국의 호송선단 호위 전력과 U-보트와의 전투였다. 독일 해군은 진작부터 전략적 과업이 영국의 호송선단을 분쇄하는 데 있음을 도출하고, 1938년 가을에 필요한 전력을 건설하기 위한 'Z 계획'을 수립했다. 'Z 계획'에 의하면, 독일은 1946년까지 U-보트를 233척 건조하도록 했으며, 함대 건조는 수상함이 우선이고, 잠수함은 차선이었다.

그러나 1939년 9월에 전쟁이 해군이 예상한 시기보다 훨씬 조기에 발발했기 때문에 전쟁 발발 시점에서 독일 잠수함사령부가 보유한 U-보트는 56척에 불과했다. 이 중에서 작전이 가능한 척수는 46척이었으며, 그중에서도 24척은 250t급의 소형으로 북해를 벗어날 수 없었기 때문에 대서양으로 나가 작전할 수 있는 U-보트는 단지 24척뿐이었다. 당시 독일이 보유한 U-보트는 3가지 종류였는데, 이를 살펴보면 다음과 같다.

첫 번째 U-보트는 250t급의 Type2로서, 그 작전반경이 3,100마일이었으며, 수상에서의 속도는 12노트 내지 13노트였다. 매우 간단하고 효율적인 잠수함이었지만, 너무 소형이어서 원양 작전이 불가능했다.

두 번째 U-보트는 712t급의 Type 1로서, 작전반경 7,900마일이었으며, 수상에서의 속도는 17노트였다. 운항에 고도의 숙련도가 요구되는 위험한 기종으로 매우 부적합했다고 되니츠는 평가했다.

세 번째 U-보트는 500t급의 Type 7로서, 작전반경 6,200마일이며, 수상속도는 16노트였다. 되니츠는 Type-7 U-보트가 연료를 67t밖에 적재할 수 없어 작전반경이 만족스럽지는 못하지만, 운항하는데 조종이 매우 용이하고 어뢰를 12발 내지 14발을 탑재하여 강력한 전투력을 발휘할 수 있다고 극찬했다. 이에 따라 향후 독일의 U-보트는 Type 7을 모델로 개량해 나가게 된다.

되니츠가 U-보트의 성능보다도 더욱 강력하게 상부에 요구한 것은 U-보트 척수의 증강이었다. 1939년 10월 히틀러가 잠수함사령부를 방문했을 때, U-보트야말로 영국의 취약점에 결정타를 날릴 수 있는 최적의 무기임을 역설하고, 최소 300척이 있으면 영국의 숨통을 누를 수 있다고 강조했다. 그의 열정 어린 건의로 U-보트의 건조를 우선순위 상단에 올리되, 월간 건조 척수는 29척으로 조정되었다. 하지만 이마저도 1940년 3월에 25척으로 축소되었고, 건조 기간도 그다지 단축되지 못했다. 실제로 1940년 전반기에 월간 잠수함 인수 척수는 2척, 후반기에는 월간 6척에 불과했다.

참고로, 독일은 1939년 9월 개전했을 때 57척의 U-보트를 보유했었는데, 그 후 1년이 지난 시점에서도 같이 57척에 그쳤으며, 1년간 28척이 추가 취역했으나 추가된 척수와 동일하게 28척을 상실해서 변함이 없었다. 1941년 전반 6개월간은 13척씩, 후반기에도 월간 20척의 증강에 불과하여 되니츠가 요구하는 강력한 U-보트 전력 건설은 간단히 실패로 돌아갔다. 되니츠는 연합군의 U-보트 대응 전술이 미숙하다고 생각되는 1943년 이전에 강력한 U-보트 전력을 보유하여야만 전쟁에 승리할 수 있는데 기회를 놓쳤다고 회고했다. 그 이후가 되면 충분한 U-보트 전력을 가지고도 연합군의 대잠 능력 향상으로 목적 달성이 불가능하다는 점을 간파하고 있었다. 독일의 U-보트 건조 지연은 영국에게는 반대로 행운이었다.

한편, 전쟁 초기에 지정학적 측면에서 독일 해군은 매우 부적합한 위치에 있었다. 주전장이 되어야 할 영국 서쪽 북대서양으로의 진출로는 독일 본토에서 셰틀랜드와 노르웨이의 좁은 해협을 통과해야 하므로, 수상함의 경우 독일 함정이 출발하는 순간부터 영국 해군에 접촉되어 전투가 벌어질 것이며, 더구나 도버해협을 통과해야 할 경우는 영국 공군과 해군으로부터 지속적인 공격을 감수해야 할 불리한 처지였다.

그러나 잠수함의 경우는 수상함의 경우와 달리 잠항으로 적에게 노출되지 않고 진출하여 대서양을 횡단하는 수송 선단에 접근할 수 있기 때문에 U-보트의 중요성은 한층 강조될 수 있는 처지였다. 1940년 6월 프랑스의 항복으로 비스케이만의 로리앙 기지를 사용하기 전에는 U-보트가 대서양에 도달하기 위해서는 독일의 빌헬름스하펜 기지를 출발하여 노르웨이의 좁은 해협을 통과한 다음 북해로 나아가는데 450마일의 항해를 해야만 했었다.

1940년 6월 이후 프랑스 연안의 비스케이만을 기지로 활용하면서부터는 상황이 달라졌다. 작전지역을 입·출항하는데 평균 일주일 정도의 시간이 절약되었기 때문에, 작전구역에서 머무를 수 있는 시간이 늘었고, 따라서 U-보트의 척수가 늘어나는 효과를 볼 수 있었다. 그런데도 되니츠는 결과적으로 전쟁 초기에 대서양에서 전투에 투입할 수 있는 U-보트의 척수는 평균 5에서 7척에 불과했다고 자책했으며, 이마저도 점차 감소하여 때로는 1~2척에 불과할 때도 있었다고 그의 회고록에 기술하고 있다. 되니츠는 빈약한 부대 전력에 한탄하면서, 독일이 그 당시에 보유하고 있던 전력으로는 적에게 침으로 몇 번 찌르는 정도의 충격밖에 줄 수 없다고 했다.[53] 그렇지만 그 적은 전력으로 영국, 특히 처칠 수상을 공포에 떨게 하였음은 물론, U-보트 승조원들의 감투 정신에 찬탄을 자아내게 했다.

1. U-보트전의 시작(1939년 9월-1940년 3월)

가. U-보트전의 개시와 그 효과

1939년 9월 1일 2차 대전이 발발한 후, 9월 23일에 정식으로 북해 전역에서 잠수함 작전에 대한 제한이 모두 해제되자 10월 4일 때부터는 무제한 잠수함전이 대서양 전역으로 확대되었다. 선전포고 후에 가장 먼저 격침된 선박은 영국의 여객선 아테니아(Athenia)호였다. U-30은 아테니아호가 등화관제 상태에서 지그재그로 운항하면서 비정상적인 항로로 운항하고 있어서 격침했다고 했다. 히틀러는 그러나 여객선에 대한 공격은 설사 군함의 호위 하에 운항하더라도 공격을 자제하도록 하여 민간인 학살로 인한 비난이나 혹시 미국을 자극할지도 모르는 행위를 예방하고자 했다.

독일 U-보트의 위협에 대응하여 항상 적극적인 조치를 선호하는 해군장관 처칠은 항공모함을 중심으로 수 개의 대잠수함 전대를 구성하여 수송 선단을 호위하도록 했다. 해군에게 항공기는 U-보트를 탐색하는데 최고의 수단이지만, 개전 초기에는 대잠작전에 대한 훈련이 되어있지 않아 오히려 큰 피해를 초래했다. 9월 14일 항공모함 아크로열(Ark Royal)은 U-보트가 발사한 어뢰가 불발하여 간신히 피해를 면했지만, 또 다른 항공모함 커레이저스(Courageous)는 아일랜드 근해에서 U-29가 발사한 어뢰 2발에 명중되어 승무

53) 칼 되니츠 지음, 안병구 역, 『제2차 세계대전 잠수함 전 회고록. 10년 20일』(서울 : 삼신각. 1995), p. 53.

원 519명과 함께 침몰했다.

처칠은 항공모함을 동원하여 대잠작전을 펼치는 것은 금쪽같은 항공모함을 위험에 노출하여 큰 피해를 초래한다는 결과를 인식하고, 차후에 대잠작전에서 항공모함을 퇴출시켰다. 이어서 초래된 충격적인 사건은 1939년 10월 14일 영국 해군의 모항인 오크니(Orkney)제도에 위치한 스카파 플로(Scapa Flow) 기지에 U-보트가 침입한 사건이었다. 스카파 플로 기지는 해저 철조망을 비롯한 방어방책이 다수 설치되어 있었지만, 이를 뚫고 귄터 프린(Guenther Prien) 소령이 지휘하는 U-47이 잠입하여 전함 로열 오크(Royal Oak)를 침몰시키고 리펄스(Repuls)를 대파했다. 되니츠는 영국이 완벽하다고 자부하던 영국함대 모항의 방어시설에 대한 모든 정보와 조류 및 기상을 정확히 분석하여 작전을 성공시켰다. 영국 해군은 방어시설을 추가로 완벽히 보강하기 위해 스카파 플로에 있던 함정을 모두 다른 항구로 분산시켜야만 했다.

10월 30일에는 U-56이 스코틀랜드 근해에서 전함 넬슨(Nelson), 로드니 후드(Lodny Hood)를 발견하고 공격해 왔다. 넬슨에 2발의 어뢰가 명중했지만, 다행히 어뢰가 불량하여 폭발되지 않아 무사할 수 있었다. 놀랍게도 당시 전함 넬슨에는 처칠이 타고 있었다고 되니츠는 회고했다. 이 기간에 독일은 U-보트 14척이 침몰하면서 승조원 400여 명과 총 9,500t을 잃었다. 반면에 U-보트에 의한 연합국의 손해는 선박 199척에 701,985t이 격침되었으며, 여기에 추가해서 U-보트의 기뢰 작전으로 115척, 394,533t을 침몰시키는 성과를 달성했다. 이 통계는 U-보트 작전이 얼마나 경제적인가를 보여주며, 작은 수단을 가지고 엄청난 전과를 기록한 것을 여실히 보여준다.

한편, 되니츠는 영국이 신뢰하는 대잠 음파 탐지기(ASDIC ; 소나와 동일한 음파 탐지기)가 그렇게 완전하지 않다는 점을 간파했다. 대잠 음파 탐지기(ASDIC)의 성능이 뛰어났다면 U-보트들이 호위 구축함에 둘러싸인 항모 로열 오크나, 커레이저스, 전함 넬슨 등에 가깝게 접근할 수 없었을 것이기 때문이었다. 전쟁 초기부터 독일의 U-보트는 참으로 보잘것없는 전력으로 단숨에 영국의 숨통을 조르는 위협으로 등장했다.

나. 늑대 떼 전술(Tactics of Wolf Pack)

영국은 1차 대전에서부터 호송선단 체제를 도입하여 대잠 능력을 갖춘 군함으로 하여금 수송 선단을 호위하게 하여 피해를 최소화하였다. 따라서 단독으로 작전하는 U-보트들은 선단을 발견하기도 힘들고, 발견하더라도 호위 함정의 위협을 무릅쓰고 작전하기도 어려웠다. 이를 극복하기 위해 제1차 세계대전에서 잠수함 함장으로 근무하면서 다양한 경험을 축적한 되니츠가 U-보트들이 공동작전을 펼칠 수 있는 전술을 개발한 것이 '늑대 떼 전술'이었다.

'늑대 떼 전술'의 개념을 살펴보면 다음과 같다. 우선 U-보트들을 수송 선단이 지나는 경로에 넓게 배치하여 적의 발견을 쉽게 하고, 주간에는 잠항, 야간에는 수상 항해를 반복하며 수송 선단의 방향과 속도, 규모를 계속 보고하면, 지휘부로부터 무선으로 지시받은 근거리의 U-보트들이 집결하여 주로 야간에 수송 선단을 집단 공격하게 된다. 보통은 수송 선단의 외곽에서 어뢰를 발사하지만, 때로는 수송 선단의 중앙으로 파고들어 한 척마다 정조준 직사하는 방식을 구사하기도 했다. 어떤 방식이든 낮에는 주변으로 철수했다가 야간에는 공격하는 방식으로 수일간 연속적으로 공격하는 전술을 구사했다. U-보트의 수상 운항 속도가 상선의 속도를 능가하기 때문에 가능한 전술이었다.

늑대 떼 전술은 집단 공격을 통해 호위 세력을 압도할 수도 있었고, 수송 선단에 큰 피해를 주어 총체적인 혼란을 초래하게도 했다. 가장 두드러진 늑대 떼 전술의 예는 1940년 10월 16일부터 19일간에 벌어진 호송선단 SC 7에 대한 공격이었다. 7척의 U-보트로 이루어진 늑대 떼의 반복적인 공격으로 34척의 선단 중에 20척이 격침되었다. 다음 날에는 호송선단 HX 79가 48시간 동안 공격을 받아 무려 34척이 격침되는 큰 손실을 받았다. 1940년 6월 프랑스가 항복하여 독일이 대서양 연안을 해군 기지로 이용하면서 늑대 떼 전술은 더욱 맹위를 떨치게 된다. 대서양 전투는 바로 이 늑대 떼 전술로 인해 우위를 점치기 어려운 아슬아슬한 국면에 돌입하게 되어, 처칠의 비상한 노력에도 불구하고, 총체적 전쟁 수행 전망에 어둠이 깃들었다. 연합군은 장차 다양한 방책을 개발하여 늑대 떼 전술에 대항하게 된다.

2. U-보트의 위력적 활동(1940년 3월-11월)

가. U-보트의 위력과 효율성 개선

처칠은 그의 회고록에서 "전쟁 기간 나를 두렵게 만든 유일한 것은 U-보트의 위협이었다. 나는 영국전투의 항공전이 시작되기 전에도 독일의 침공이 실패할 것이라고 생각했다. 그러나 이제 넓은 대양에서 영국 섬으로 진입하는 입구에서부터 우리의 생명선이 위협받게 되었다."라고 기술했다.

"U-보트로 인해 감소되는 수입 물량은 어느 수준에서 멈출 것인가? 어쩌면 영국 국민의 생명을 위협할 수준까지 이르게 될 것인가?"에 관해 고심하면서, 영국의 처칠은 전쟁 초기에 U-보트로 인해 심각한 피해를 입고 참으로 깊은 고민에 빠지게 되었다. 처칠이 내심으로 믿고 의지하는 것은 미국의 참전이었다. 1941년 2월 미국은 무기 대여법을 통과시켜 영국에게 낡은 무기부터 제공하기 시작했으며, 공공연하게 독일을 견제하고 나섰지만, 미국의 방대한 자원과 산업 능력이 최대한도로 가동되어 영국을 지원하기에는 시간이 필요했다. 대서양 전투는 미국이 본격적으로 참전하기 전에 U-보트부대가 영국을 얼마나 고갈시킬 수 있느냐 하는 시간 싸움이기도 했다.

개전 이후 빛나는 전과를 달성해 가던 되니츠에게도 심각한 고민이 있었다. 그것은 어뢰의 성능 문제였다. 1940년 4월 10일에 U-보트들은 영국의 구축함이나 수송선에 적합한 조건으로 다량의 어뢰를 발사했으나, 폭발하지 않거나 침로를 벗어나거나 목표를 지나쳐서 폭발하는 등으로 적함에 피해를 주기는커녕 자신의 위치를 노출시켜 오히려 위기에 빠진 적이 다수 발생했다. 충격 신관이나 자기 신관 모두 고장률이 65%에 이르렀다. 기존 어뢰의 고장률보다 1940년 4월에 이르러 갑자기 고장률이 높아진 것이다. 불량 어뢰로 인해 적에게 피해를 입히지 못하고 자신의 위치가 노출되어 곤욕을 치른 U-보트 함장들은 어뢰에 대한 신뢰를 완전히 상실하고, "가짜 총을 가지고 더 이상 싸울 수 없습니다." 라면서 절망적으로 항의했다.

어뢰에 대한 신뢰가 모조리 사라지면서, 용감한 승조원들은 한없는 절망에 빠져들어 갔다. 특히 이 당시는 독일군이 노르웨이를 침공하는 시기여서 U-보트들이 노르웨이 해상에서 지원 작전을 수행하면서 영국 해군과 교전이 많았지만, 작전은 거의 완전한 실패로 돌아갔다. 되니츠는 상세히 분석한 결과 어뢰가 불발되지 않았다면, 노르웨이 연안에서 영국 함정 31척과 교전하여 20척에 명중탄을 날릴 수 있었을 것으로 결론지었으나, 분석 결과에서 독일 측도 U-보트 4척을 상실하는 피해를 입는 것으로 나타났다.

어뢰의 결함은 1942년 12월이 되어서야 완전히 해결될 수 있었다. 그동안까지는 자기식 어뢰는 사용하지 않고, 충격식 어뢰만을 사용했다. 독일은 1942년 1월부터 6월까지 816발의 충격식 어뢰의 명중 사례를 분석한 결과. 40%가 침몰, 38%는 2발 이상으로 침몰, 22%는 1발에서 4발까지 명중되었어도 침몰당하지 않고 회피했다는 결과를 얻었다. 1940년부터 1942년까지 먼저 명중시킨 함정의 숨통을 완전히 끊어 놓기 위해 어뢰를 다 사용해버려 다른 함정을 공격할 기회를 놓친 경우도 많았다. 다시 말해 U-보트의 작전이 가장 효과를 발휘했던 시점에서 자기식 신관이 없어 다수의 연합국 선박이 침몰을 면했다고 할 수 있었다.

1942년 12월이 되어서야 U-보트부대는 신뢰할 수 있는 충격 신관, 자기 신관 어뢰는 물론 프로펠러 소리를 추적하는 수준 높은 음향 어뢰까지 보급을 받을 수 있었다. 1940년 5월 당시까지 영국은 영국에서 출발하여 아메리카로 향하는 선박의 경우 서경 19°까지만 호위했으며, 북미에서 오는 선박은 동쪽으로 400마일만 호위했다. 그 나머지 구간은 거의 보조 순양함 1척만이 호위할 수 있었는데, 이는 전적으로 호위 전력의 부족 때문이었으며, 이 구간이 늑대 떼들의 사냥터였다.

나. 연합국의 U-보트 대응책

전쟁 초기 영국의 호송선단 체계는 유조선을 비롯한 상선 40여 척으로 구성된 수송 선단을 호위 함정이 부족하여 구축함 두어 척과 코르벳함 한 척 정도가 호송을 담당했기 때문에, 늑대 떼에게 큰 위협이 되지 못했다. 잠항 중인 U-보트를 발견하기 위한 영국 해군의 대잠 음파 탐지기(ASDIC)는 1,000야드를 넘어가면 효과가 거의 없었고, 그나마도 깊이가 아니라 방위만을 나타내 주었다. 구축함이 적재하고 다니는 U-보트 공격용 폭뢰는 정확한 심도와 위치를 확인하지 못해 어림짐작으로 투하해야 했으며, U-보트 바로 근처에서 폭발해야만 U-보트의 동체에 손상을 줄 수 있는데, 그 정확성이 별로였다.

더욱이 U-보트의 공격은 주로 야간에 이루어져 대잠 탐지 조사 장치(ASDIC)보다는 레이더가 효과적이었는데, 1943년 이전에는 레이더의 성능이 원시적이어서 거리를 정확히 측정하지 못해 지속적으로 성능이 개량되어야 했다. 무엇보다도 U-보트에 대항하는 효과적인 방책은 수송 선단을 U-보트의 초계선에서 벗어나도록 하는 조치를 취해야 했다. 그러기 위해서는 독일 측의 암호통신을 감청·해독하여 U-보트의 초계선을 알아내야 했다.

영국은 독일의 암호를 해독하기 위해 버킹엄셔주의 블레츨리(Bletchly)에 연구소를 설치하고, 천재 수학자 앨런 튜링(Alan Turing)을 비롯한 암호 해독가들과 첩보부 요원들이 한 팀이 되어 되니츠의 본부가 있는 로리앙의 케르네블(Kernevel)과 U-보트 사이에 오가는 전문을 감청했다. 이때 독일의 해군은 에니그마(Enigma)라는 암호기를 사용했는데, 에니그마는 전쟁 발발 전부터 폴란드의 암호 전문가들에 의해 일부가 해독되었다. 폴란드가 점령되자, 그들은 영국으로 망명하여 축적된 기술을 전달하고 연구에 동참하게 되었다. 게다가 영국은 1941년 3월에 노르웨이 근해에서 독일의 무장 트롤선 한 척을 나포했는데, 그 트롤선에 에니그마 암호기가 설치되어 있었다. 이어서 5월 9일에는 HMS 불도그가 U-110을 공격하여 떠오르게 만든 다음, 독일군이 에니그마와 암호 책을 파기해버리기 전에 확보했다. 이러한 전리품은 블레츨리로 하여금 암호 해독에 박차를 가하여 성과를 내는 데 큰 도움이 되었다.

그 외에도, 영국은 수차례에 걸쳐 침몰당한 U-보트에서 에니그마를 탈취하여 연구를 심화시켰으며, 초기 형태의 컴퓨터인 봄베(Bombe)를 만들어 상당 수준의 암호를 해독했다. 그 결과 1942년 7월부터 1943년 5월 사이에 영국과 미국의 해군 첩보부에서는 174개의 호송선단 가운데 105개를 위협이 전혀 없는 항로로 유도했고, 53개의 선단은 가해지는 공격을 최소화하도록 항로를 변경시킬 수 있었다. 다만 16개의 선단만 이리 떼의 덫 가운데로 들어가 큰 피해를 입었다. 이에 대응하기 위한 독일의 암호 해독반은 B-감청반(B-Dienst)으로 불렸는데, 영국 해군이 기계식 암호 전환기 대신 암호 책의 사용을 고집하는 바람에 비교적 쉽게 해독되어 수송 선단의 위치가 간파됨에 따라, 이리 떼를 고의적으로 수송 선단의 항로로 유도하여 때로는 엄청난 성과를 달성하기도 했다. 암호 해독의 결과는 시간이 흐를수록 연합군의 우위로 돌아섰다.

U-보트에 의한 손실을 보충하기 위한 보다 적극적인 방책은 앞에서도 언급한 바와 같이 손실되는 톤수보다 많은 선박을 건조하여 보충하는 것이었다. 되니츠는 연합군이 호송 선단 체제를 갖출 경우, 전쟁에 승리하기 위해서는 독일은 최소한 300척의 U-보트가 필수라고 주장해 왔다. 300척을 보유할 경우, 100척은 항구에서 수리와 승조원들의 휴식, 100척은 전장으로의 이동이나 복귀, 나머지 100척은 전장에서 적과의 교전하는 상황을 고려한 것이다. 되니츠의 계산에는 U-보트 300척을 보유한다면, 영국의 대체 선박 건조량의 다섯 배가 넘는 연간 700만t 이상을 침몰시킬 수 있어 영국의 숨통을 충분히 누를 수 있다는 것이었다.

그렇지만 그의 요구는 전력 증강 우선순위에 밀려 1942년 7월에야 겨우 충족되어 영국의 연간 대체 선박 건조량의 다섯 배가 넘는 700만t 이상을 격침시킬 수 있었다. 그러나 그때는 이미 작전환경이 크게 변해 연합군의 대잠 능력과 선박 건조량이 U-보트의 격침 능력을 초월하여 연합군의 수송 선단을 차단하는 성과를 달성하기 어렵게 되어버린 시점이었다. 이 시점에서 영국은 외국 선박의 징발과 임대로 수송 선단에 700만t이 보충되어 U-보트가 격침하는 톤수와 비슷해졌으며, 미국의 비상 동원으로 1943년에는 1만 5천t급의 수송선 1,500척의 건조가 확실해졌다. 이는 U-보트가 격침할 수 있는 최대량보다 세 배나 많았다.

1942년 5월이 되면 미국에서 1만 4,000t급의 규격화된 유조선인 T 10과 1만t급의 화물선 리버티(Liberty) 선이 대량 생산되기 시작했는데, 이들의 건조 기간은 평균 3개월로 하루에 리버티 선이 세 척씩 진수되었고, 11월에는 조립식 수송선 로버트 피어리(Robert E, Peary)가 4일 15시간(총 111시간) 만에 건조 완료되는 무시무시한 생산 능력을 보여줌으로써 되니츠를 무기력하게 만들기 시작했다. 결론적으로 미국의 엄청난 산업 능력이 되니츠의 계산을 무력화시켜버렸던 것이다.

다음으로 유용한 대잠작전은 수송 선단의 호위함대를 확충하는 방안이었다. 1939년 기준으로 영국인들의 일상적인 삶을 보장하기 위해서는 매년 5,500만 t을 해양을 통해 수입해야 했으며, 이를 감당하려고 총 t수 2,100만t의 수송선이 운용되어야 했는데, 이 수송 선단은 원양선 3,000척과 대형 연안선 1,000척으로 구성되어야 했다. 이들을 호송하는데 연합군은 초기에 ASDIC을 장착한 함선 200척, 구축함 165척을 비롯한 호송함정 400여 척을 전개했다. 따라서 수송 선단의 구성이 수송선과 호위 군함의 비율은 14 : 1이 되었는데, 그럴 경우 1개 호송선단에 군함은 기껏해야 구축함 2척에, 코르벳함 1척밖에 제공할 수 없어 U-보트의 예리한 창끝을 저지하기 어려웠다.

영국은 당장 부족한 호위함을 충당하기 위해 미국으로부터 낡은 구축함 50척을 임차했다. 이후로 미국은 1941년부터 1945년간에 생산된 군함 중에 매년 200척씩을 호위함으로 할당했는데, 이중 총 500척 이상이 영국 해군의 북대서양 호위함대에 합류했다. 1941년 3월이 되면 호위함의 숫자는 374척으로 증가하여 전쟁 초기에 비해 두 배에 이르렀으며, 연합군은 전쟁 발발 이후 18개월 동안 엄청난 피해를 입으면서 대잠수함 작전 교리와 신형장비를 크게 발전시켰다.

그럼에도 불구하고, U-보트에게 유리했던 점은 프랑스 항복 이후 대서양 연안의 항구들을 대형 폭탄을 맞아도 끄떡없는 대피 시설로 구축했던 점이다. 프랑스 연안에서 출발한 U-보트들은 쉽게 대서양에 진출할 수 있었고, 특히 서아프리카와 희망봉을 잇는 노선에 손쉽게 위협을 가할 수 있게 되었다. U-보트들은 비스케이만을 출항하자마자 영국과 희망봉으로 오가는 항로에서 나이지리아산 석유와 남아프리카산 비철금속의 원광석을 운반하는 수송 선단을 쉽게 만날 수 있었으며, 좀 더 서쪽으로 나가면 아르헨티나산 육류와 미국의 곡물은 실은 호송선단을 공격할 수 있는 유리한 입장이 되었다.

대잠작전에서 가장 효과적인 또 다른 방책은 대잠초계기였다. 당시 잠수함에 대한 일반적인 인식은 잠수함은 주로 수중에서 활동하면서 가끔 수면 위로 올라오는 배라는 것이었다. 이것은 틀린 생각이었다. 1944년까지도 잠수함은 거의 모든 시간을 수상에서 보내고 자기방어나 공격을 위해서 필요할 때만 잠항하는 타입이었다. 심하게 표현하면 잠항해서 사라질 수 있는 수상함이었다. 당시 U-보트의 수중 속도는 7노트 정도의 매우 느린 것이었으며, 그것도 단시간만 잠수할 수 있었다. 잠수함이 수상에 머무르는 이유는 우선 넓은 시야를 확보하는 것이고, 다음은 최대한의 기동성을 유지하여 공격하기에 좋은 위치로 이동하기 위한 것이었다. 잠항으로는 수송선에 가까이 접근할 수 없고, 공격하기에 좋은 위치를 확보할 수 없었다.

여기에 U-보트를 잠항하지 않을 수 없게 만드는 것이 연합군의 항공기였다. 대잠초계기의 활동 범위를 넓히기 위해 처칠은 아일랜드를 점령하여 항공 기지화하였고, 추가로 1940년에 뉴펀들랜드, 버뮤다, 서인도제도에 미군의 항공기지 설립을 허가했다. 그러나 이들 기지에서 출항한 항공기의 최대 작전반경으로도 넓은 대서양을 전부 커버할 수 없어, 북미 대륙과 영국 사이의 중간지대에 2,000마일 정도 남는 공간이 U-보트의 주 활동무대가 되었다.

1942년이 되면서 연합군의 초계기를 이용한 대잠 전술이 크게 발전했다. 1939년에 시험 삼아 항공모함을 수송 선단 엄호에 투입했다가 큰 손실을 입은 경험이 있는 영국은 다양한 대안을 모색했다. 맨 처음에 시도된 방법은 화물선에서 사출기를 이용해 허리케인 항공기를 문자 그대로 발사하여 공중 엄호를 제공하는 방식이었다. 독일군의 장거리 항공 공격에 대비하기 위한 이 방식은 치명적인 약점이 있었다. 일단 이륙한 항공기가 착륙할 방법이 없었던 것이다. 결국, 허리케인의 조종사는 임무를 마치고 바다에 불시착하거나 낙하산으로 탈출하고 항공기는 버리는 위험과 손해를 감수해야 하는 막장 방식이었다. 마침내 영국 해군은 안전하고 효율적인 대안을 연구한 결과, 곡물 운반선과 유조선을 개조하여 항공기 4, 5대를 수용하고 이착륙시키는 항공모함을 만들어 위험을 줄였다. 연합군이 호송용 소형 항모를 개발하여 수송 선단에 배치하게 되자, U-보트의 활동은 점점 더 어려워져 이들이 호송하는 수송 선단은 단 1척의 손실도 입지 않는 결과를 가져왔다.

호송용 소형 항모들은 지상기지에서 이륙한 항공기들이 작전반경 때문에 커버하지 못한 대양의 공간을 잘 통제할 수 있었고, 늑대 떼 전술로 배치된 U-보트들을 사전에 발견하여 대형을 흩트리거나 공격하여 수송 선단으로부터 멀리 쫓아낼 수 있었다. 더욱 진보한 호위 항모는 1941년 영국 해군성이 바나나 수송선을 개조한 본격적인 항모인 오대서티(Audacity)를 건조 배치한 것이다. 1942년 말이 되면 미국은 수송선과 함께 호위 항모들도 대량 생산하기 시작했다. 이들 호위 항모는 장차 상륙작전에서 지상군에 대한 항공지원 임무에 투입되는 등 다양하게 활용되었다. 1943년 봄이 되자 호위 항모들은 수송 선단 호위에 필수 구성요소가 되었다.

연합군이 대잠작전에 투입한 또 하나의 노력은 장거리 대잠초계기의 배치였다. 항속시간이 18시간인 초장거리 항공기 리버레이터(Liberater : B-24)가 실전배치 되어 U-보트가 항공기의 감시 없이 활동할 수 있었던 대서양 한가운데 2,000마일 정도의 공간도 사라졌다. 리버레이터는 전략폭격기로서도 우수한 항공기였으므로 영국 공군은 해군에 할당할 생각이 전혀 없었고, 미국도 태평양 전선에서 대서양으로 전용할 생각이 없었으나, 고위 전략회담을 통해 필요성을 절감한 영국 해군은 1943년 3월부터 2개 대대를 운용할 수 있게 되었다. 리버레이터의 등장은 대서양 전투에서 큰 전환점이 되었다.

대서양 전투에서 연합군과 독일군의 기술적인 발전은 전투의 향배에 결정적인 영향을 주었다. 추가로 영국은 1942년부터 항공기에 강력한 리(Leigh) 탐조등을 개발하여 장착하고 프랑스 연안의 잠수함 기지인 비스케이만을 집중적으로 초계하기 시작했다. 비스케이만을 입·출항하면서 방해받지 않고 수상 항해를 해오던 U-보트들은 1942년 초부터 야간에 강력한 불빛을 비추며 느닷없이 공격해 오는 항공기들에 의해 피해가 속출했다. 레이더의 성능이 미비했던 시점에서 항구를 출입하는 U-보트에게 강력한 탐조등은 결정적인 위협이 되어 7월에만 2척의 U-보트가 파괴되었다. 이에 독일은 영국의 항공기가 접근하는 것을 경고해주는 수동식 레이더를 개발하게 되자 탐조등의 위력은 사라졌다.

3. U-보트 작전의 전성기(1940년 11월-1941년 12월)

1940년 7월부터 1년간이 영국의 수송 선단에는 최악의 해였다고 말할 수 있다. 독일의 영국 공군력을 소멸시키기 위한 대 공습 작전이 막바지에 달해 영국이 소위 말하는 '영국 전투'에서 승리해 가는 기간에 '대서양 전투'는 어려움에 직면해 있었다. 1940년 9월의 상황은 개전 이래 최악의 상황이었는데 1차 대전의 같은 기간에 당했던 침몰 톤수보다 훨씬 많은 선박이 침몰했다. 선박의 손실은 건조물량보다 훨씬 많았고, 미국의 방대한 자원이 가동되기에는 시간이 매우 필요했다. 9월에 핼리팩스 수송 선단에서 27척이, 10월에는 대서양 수송 선단에서 20척이 모두 U-보트에 의해 격침되었다.

처칠은 수송 선단의 침몰을 두고 마치 바닷속 깊이 들어간 잠수부를 생존하게 만드는 산소 공급 호스를 상어가 물어뜯는다면 어떻게 될 것인가? 라고 표현하면서 잠수부가 곧 4,600만 명의 영국 국민이라고 걱정했다. 일례로 프랑스 전투가 한창이던 1940년 6월 8일 한 주 동안 도입된 물량은 석유를 제외하고 125만t이었는데, 점점 하락하기 시작해 7월 말에는 주당 75만t으로 떨어졌고, 그해의 마지막 3개월도 80만t을 넘지 못했다고 우려했다. 1942년 2월 중순에 처칠은 해군 장관에게 메모를 보냈는데 "1월 중 화물을 적재하고 입항한 선박의 숫자가 작년의 같은 기간에 비해 절반 이하임."이라고 적었다.[54]

기간 중 U-보트의 빛나는 전과를 몇 가지 예를 들어보자. 1940년 11월 3일 U-99(크레취머 소령)는 아일랜드 서쪽에서 2척의 보조 순양함을 접촉하여 모두 격침시켰다. 라우렌틱(18,724t)호와 파트로 클루스(11,314t)호였다. 아울러 근처에 있던 카사나래호를 격침시켰다. 크레취머는 U-보트부대 내에서도 몇 명 안 되는 뛰어난 함장으로 침몰 총톤수는 200,000만 톤을 기록했다.

1940년 12월 1일에 아일랜드 서쪽 300마일 해상에서 수송 선단을 발견하여 늑대 떼 전술로 10척을 침몰시켰다. 1941년 1월과 2월에는 대 수송 선단 전투로 60척, 323,565t을 격침시켰다. 3월 초에는 U-보트의 주력을 아일랜드에서 아이슬란드 남쪽으로 조정하여 5척을 침몰시켰다.

---

54) 윈스턴 처칠 지음, 차병직 옮김, 앞의 책, p. 598.

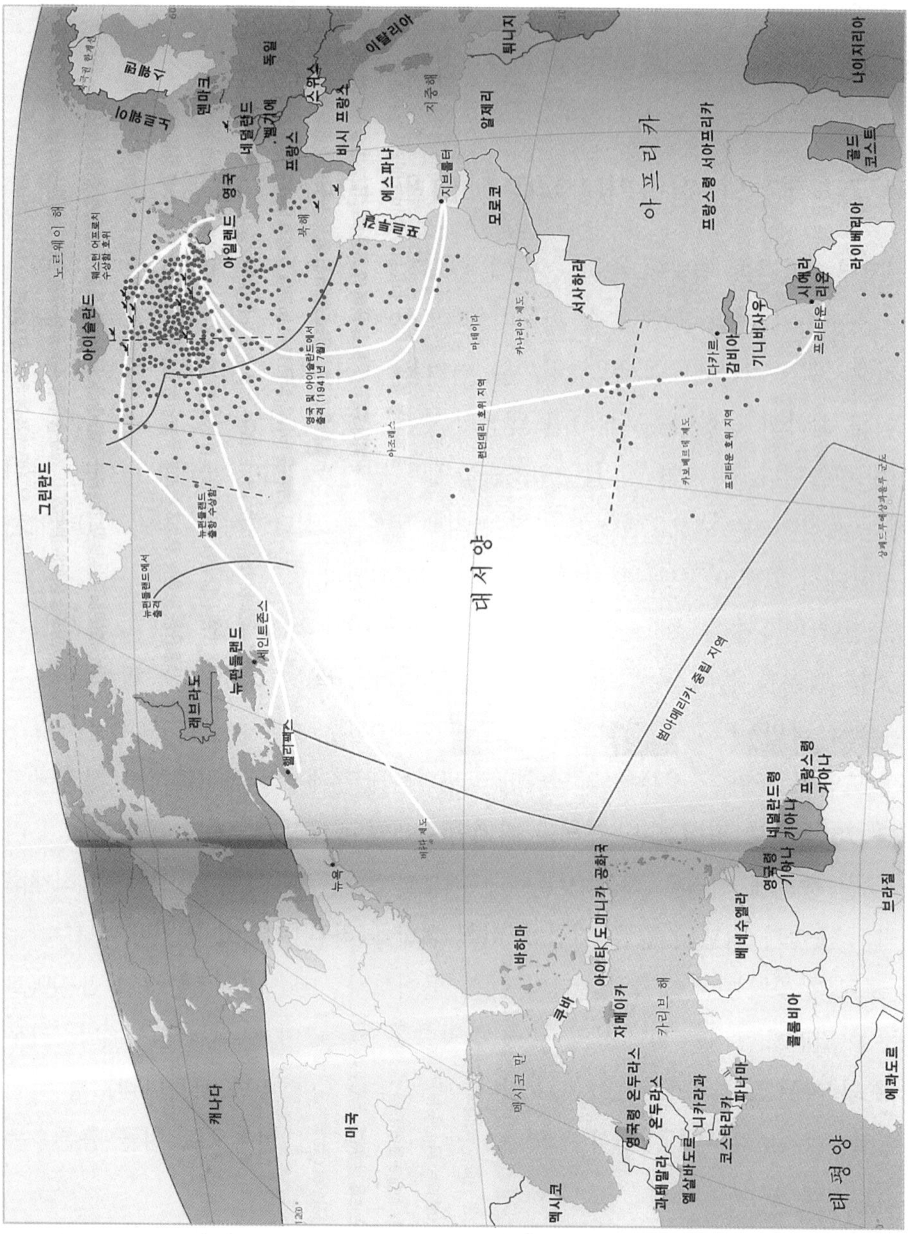

대서양 전투 II
1940년 6월~1941년 3월

- 범아메리카 중립 지역 경계선(1939년)
- 공중엄호 범위
- 수상함 호위 범위
- 주요 호송로
- 유보트 공격으로 침몰한 연합국 상선
- 유보트 침몰 위치
- 연합국 관할 지역
- 추축국 관할 지역
- 비시 프랑스 관할 지역
- 중립지역

● 독일 해군은 1940~1941년에는 작전 범위가 넓은 대형 유보트와 밀히코브 보급용 잠수함을 도입했다. 이 때문에 유보트 활동은 대서양 먼 바다와 서아프리카 해안까지 확대되었다.

※ 출처 : 크리스 비숍 등 지음, 박수민 옮김. 『제3제국』(플래닛미디어, 2012). p. 145

위에서 열거한 빛나는 전과와 대비하여 이 구역에서 U-보트부대도 5척을 잃는 심각한 손실을 입는다. 가장 뛰어난 함장들이 지휘하던 U-551(쉬로트 소령), U-70(마츠 소령), U-47(프린 소령), U-99(크레취머 소령), U-100(쉐프케 소령)이었다. 프린 소령은 전쟁 초기에 스카파 플로의 영국 해군 기지에 침투하여 전함 로열 오크를 격침을 비롯하여 28척에 160,935t을 격침시켰으며, 크레취머 소령 역시 44척에 총톤수 266,629t을 격침시킨 전사였고, 쉐프케 소령은 39척에 159,130t을 격침시켰었다.

되니츠는 이들의 손실로 일종의 전설적인 U-보트 함장들을 더 이상 갖지 못했다. U-보트들의 손실 원인을 정확하게 확인하지 못했지만, 되니츠는 작전구역을 남서쪽으로 이동하지 않을 수 없었다. 1941년 3월과 4월에 걸쳐 U-보트부대는 총 84척에 492,395t을 격침시켰으며, 1941년 5월과 6월에는 북대서양에서 119척 635,635t을 침몰시켰다.

되니츠가 주목하는 영국의 수송 선단의 접근로는 첫째가 북대서양으로 주로 미국과 캐나다로 오가는 노선이고, 둘째는 희망봉을 돌아 아프리카 서안을 따라 오는 노선이었다. U-보트의 전력이 제한적이었기 때문에 두 개의 노선을 항시 감시하기는 어려워 때에 따라 전력 배치를 변경하고는 했다. 양 개의 노선은 너무 멀리 떨어져 있어 대서양을 모두 커버하겠다고 넓게 전력을 배치한다면 수송 선단을 발견하더라도 늑대 떼 전술을 펼치기에는 물리적으로 불가능했기 때문이었다.

1941년 5월과 6월에 북아프리카 시에라리온 해안에서 많은 성과를 거두었던 U-보트들은 7월과 8월에는 성과가 저조했고, 앞에서 기술한 바와 같이 U-보트의 손실이 커 되니츠는 U-보트들을 다시 북대서양으로 이전시켰다. 그 결과 9월 11일 수송 선단 SC42를 발견하고 16척을 격침시켰다. 이어서 그달에 추가로 4척, 7척, 9척을 격침시켰다. 결과적으로 9월 한 달 동안 53척, 202,802t을 격침시킨 것이다. 그러나 1941년의 마지막 3개월은 대서양에서 활동이 최하로 떨어졌는데, 이는 북아프리카 전선의 롬멜 군단을 지원하기 위해 U-보트의 주력을 지중해에 투입했기 때문이었다.

북아프리카 전선은 1940년 가을 이탈리아가 동쪽으로 공격하여 이집트 국경 근처에 이르자, 겨울에 영국군이 반격하여 이탈리아군을 패배시켰다. 이제까지 독일의 지원을 거부하던 무솔리니는 독일에 지상군의 지원을 요청하게 되었다.

그에 따라 롬멜의 아프리카 군단이 1941년 2월부터 반격을 개시하여 역으로 영국군을 이집트 국경까지 밀어붙였는데, 문제는 보급이었다.

1941년 6월 22일 독일이 소련을 침공해 들어가면서부터는 우선순위가 낮은 북아프리카의 보급은 심하게 제약받게 되었는데, 최고사령부는 명예욕에 불타는 롬멜에게 자주 보급을 고려하여 신중하게 전진하도록 촉구했다. 최고사령부의 우려는 옳았다. 영국은 몰타 기지를 축으로 북아프리카로 향하는 이탈리아의 보급선들을 공격하여 롬멜의 생명줄을 옥죄었다. 그러자 히틀러는 해군 총사령부에 U-보트를 지중해에 파견하도록 지시했고, 9월에 10척의 U-보트가 지중해에서 작전을 전개했다.

U-보트의 출현은 즉각적으로 효과를 나타냈다. 11월 13일에 지브롤터 동쪽에서 항공모함 아크로열호가 격침되었고, 11월 25일에는 전함 바햄이 침몰했으며, 12월 24일 순양함 갈라테아가 격침되었다. U-보트에 추가해서 히틀러는 프랑스에 위치한 제2항공군(케셀링 원수)을 지중해로 전환하도록 했다. 그 결과 이제는 전세가 역전되어 이집트에 주둔한 영국군에 대한 보급이 거의 정체 상태에 이르렀다. 영국군은 1941년 말에 이집트 국경까지 후퇴해야 했고, 롬멜은 다시 공세를 시작할 수 있었다.

해군 총사령부는 되니츠에게 이제는 지중해가 주전장이므로 지브롤터 해협에 U-보트 15척을 영구 배치하고, 지중해 동쪽에도 10척을 배치하라는 명령을 내렸다. 25척의 U-보트는 되니츠가 가진 전력의 전부라고 해도 과언이 아니었다. 되니츠의 견해는 달랐다. 어디까지나 U-보트의 전략목표는 영국 수송 선단을 고사시키는 것이기 때문에 대서양이 주전장이 되어야 하며, 영국의 수송 선단이 수에즈운하를 통과해 영국으로 가는 항로를 사용할 가능성이 낮다는 점을 들어 재고하도록 계속 건의했다. 특히 지브롤터 해협은 영국의 항공기로부터 지속해서 감시당하는 상태이며, 대서양에서 지중해로 강한 조류가 흐르기 때문에 지중해로의 진입은 쉬우나 진출은 매우 어려워 그동안 U-보트 4척이 폭파당하고 5척이 심하게 손상되는 피해를 입었기 때문이기도 했다.

되니츠의 건의는 받아들여지지 않았지만, 지브롤터 외곽에 배치된 U-보트들은 아프리카 연안을 따라 영국을 오가는 선단에 대해서는 작전을 전개할 수 있었다. 12월 4일 수송 선단 HG를 발견하고 늑대 떼 전술을 펼치기 위해 비스케이만에 있는 U-보트 3척을 수송 선단으로 향하도록 하여 12월 22일 주야로 완강한 공격을 퍼부었다. 그러나 결과는 매우 실망스러운 것이었다. 수송 선단에는 성능이 뛰어난 보조 항공모함 오데서티가 있었다. U-보트들은 오데서티와 구축함 스탠레이를 침몰시키고 상선 2척도 침몰시켰지만, U-보트 5척을 잃었다. U-보트부대에서는 대 수송 선단 전투에서 더 이상 우세한 입장에 있지 못하다는 의견을 말하기 시작했다. 연합군의 호위 전력은 갈수록 강해져 U-보트 작전을 매우 어렵게 만들었지만, 되니츠의 기본적인 생각을 바꾸게 하지는 않았고, 1942년의 전투에서 그것을 훌륭하게 증명해 냈다.

4. 미국의 참전과 U-보트 전(1942년 1월-6월)

2차 대전이 발발한 이후 미국은 국제법상 중립을 표방하였지만, 실제적으로는 영국에 대한 끊임없는 지원과 원조를 아끼지 않았다. 특히 해군은 초기부터 구축함 50척을 지원하는 것을 필두로 점차 광대한 자원과 산업 능력으로 영국 해군의 초기 난관을 적극적으로 뒷받침하기 시작했다. 1941년 12월 7일 일본이 진주만을 공격하여 미국이 공식적으로 전쟁에 돌입한 후, 일본과 동맹 관계였던 독일이 12월 11일 미국과의 전쟁을 공식 선포했는데, 독일은 전쟁 선포 이전에도 이미 '선전포고 없는 전쟁'이라고 부르면서 미국을 잠재적인 전쟁 당사국으로 간주하고 있었다.

1940년 5월 15일 체임벌린의 후임으로 영국 수상이 된 처칠은 루스벨트에게 편지를 보내 '전쟁에 도움이 되는 것은 무엇이든 도와 달라.'고 하면서 '만일 영국이 독일에 항복하게 된다면 세계평화의 파괴자를 미국이 혼자 떠맡게 될 것'이라고 협박이 깃든 호소를 했다. 처칠의 호소는 즉각적인 효과를 발휘하여 비록 낡았지만, 상선을 호위할 수 있는 구축함 50척을 1940년 9월에 지원하게 된다.

영국의 계속되는 지원 요청에 루스벨트는 노변정담(爐邊情談)을 통해 미 국민을 소위 '소방호스론'을 들어 설득했다. 소방호스론은 '옆집에 불이 났는데 직접 가서 꺼주지는 못하더라도 소방호스는 빌려줄 수 있는 것 아니냐?'라는 것으로 미 국민들이 직접 전쟁에 참여하지는 않더라도 물자라도 지원하자는 호소였다. 그 결과 1940년 3월 '무기 대여 법'을 통과시켜 합법적으로 연합국에 군사 원조를 시작했다. 1941년 4월에는 미국은 대서양 연안으로부터 동쪽으로 수백 마일을 중립 초계 구역(Neutrality Patrol)으로 선언하고 교전국 선박이 이 구역으로 진입하는 것을 금지했다.

중립 초계 구역은 국제법상 연안으로부터 12마일의 해상까지 경계구역으로 인정하는 관례를 벗어나는 위법적이었으므로 겉으로는 중립을 표방하였으되, 실제는 영국을 노골적으로 지원하기 위한 편법이었다. 미국과 영국은 수차의 해군협의를 통해 미국의 대서양 함대가 구성되었고, 아울러서 1940년 4월 1일부로 미국의 대서양 경계수역을 서경 26도까지 확대한다고 일방적으로 발표했다. 이는 뉴욕으로부터 2,300마일에 해당하는 거리이며, 유럽 해안의 최서방 돌출부인 포르투갈로부터 740마일밖에 안 되는 거리였다.

영국은 아이슬란드를 통제하여 미국의 해, 공군기지를 건설하도록 허용하자 미국의 경계구역은 서경 22도까지 확장되었다. 미국은 자신들이 설정한 경계구역까지 미국 선박은 물론, 미국 수송 선단에 포함되기를 원하는 선단의 경계를 제공했다. 이러한 노골적인 미국의 대독일 적대 정책에 대해서 히틀러는 1941년 12월 11일 대미 선전포고 전까지는

'어떤 경우에도 미국과 사건을 일으켜서는 안 된다.'라고 해군에 엄명했었다. 히틀러로서는 어떤 경우라도 미국과의 직접적인 전쟁을 하는 것보다는 낫다고 생각했기 때문이었다.

그러나 상황은 미국의 호송 세력과 독일의 U-보트의 충돌을 기정사실로 했으며, 실제로 1941년 10월에 미국의 구축함이 U-보트의 어뢰에 맞아 격침되는 일이 벌어졌다. 그로부터 얼마 후에 일본이 미국의 진주만을 공격하자, 히틀러는 12월 11일 대미 선전포고하고 미국 방어구역에 내렸던 공격 제한 조치를 해제했다. 그에 따라 되니츠는 필수 임무를 수행 중인 U-보트를 제외하고서 가능한 최대 전력인 12척을 미국 연안에 보냈다. 당시 독일의 U-보트의 총 보유량은 91척이었는데, 23척이 지중해 작전에 투입되어 있었고, 나머지는 지브롤터와 노르웨이 연안에 있었으며, 절반 정도는 작전구역으로 이동 중이거나 정비 중이어서, 가용한 U-보트의 최대 척수가 미국 연안으로 출동했다고 할 수 있었다.

되니츠는 미국의 동해안에서의 최초 공격개시일을 1942년 1월 13일로 잡았다. U-보트들은 미국 연안의 경계 상태가 매우 느슨한 것을 발견했다. 연안은 등화관제가 전혀 안 되어있었고, 뉴욕을 비롯한 대도시들은 휘황찬란한 불빛을 자랑했으며, 해안도로를 주행하는 자동차들의 불빛도 아주 선명했다. 상선들은 제한 없는 무전사용으로 그들의 위치를 노출하여 손쉬운 사냥감이 되었다. 독일과의 전쟁을 선포한 지 5주일이 지났지만, 대잠수함 활동은 매우 미약했다.

상선들은 U-보트의 다양한 공격 전술이나 야간 공격에 대해 전혀 우려하지 않는 것처럼 보였다. 독일은 U-보트 5척에 의한 '북치기 작전(Operation Drumbeat)'을 실시했다. 결과는 대단했다. U-123은 유조선 3척을 비롯하여 8척에 53,360t을 격침시켰고, U-66은 5척에 50,000t을 격침시켰으며, 나머지 3척도 모두 비슷한 전과를 거두었다.

영국군의 통계에 의하면 1942년 1월에 62척, 327,357t이 침몰했는데, 대부분 미국 연안에서 침몰당한 것이었다. 이때는 미국 수송 선단을 공격하기 위해서는 참으로 좋은 환경이었지만, 히틀러는 노르웨이에 대한 방어에 불안감을 느껴, 가용한 U-보트를 모두 그곳으로 보내라는 지시를 내리는 통에 20척을 노르웨이 방어에 투입하고, 미국 연안에는 오직 6척만이 가용했다.

되니츠는 5척의 U-보트를 카리브해역으로 보내 1942년 2월 16일 기습적인 합동 공격을 실시했다. 1월부터는 미국 연안에서 등화관제나 선박들의 항로변경 및 항공 초계가 보다 강화되었지만, 수송선박의 침몰을 방지하는 데는 큰 영향을 주지 못했다. 1942년 1월부터 3월 사이에 U-보트들은 125만 t을 격침했는데, 이는 1941년 북대서양에서 격침했던 비율과 비교하여 무려 4배에 해당되는 규모였다.

독일은 1942년 1월부터 6월까지를 '즐거운 시간'이라는 기괴한 별칭으로 부르며 미국 연안에서 카리브해 일대에서의 전과를 과시하기도 하였다. 이 기간에 대잠작전에 기술적인 진보가 획기적으로 이루어졌다. 영국은 새로운 단파 레이더를 개발하여, 장거리에서도 수상의 목표를 정확히 포착할 수 있게 되었다. 2월부터 4월 사이에 비스케이만을 드나들던 U-보트 3척이 호송선단을 공격하려다가 갑자기 나타난 항공기에 격파 당했는데, 이는 신형 레이더의 능력 덕분이었다.

한편, 독일은 일명 '젖소'라고 불리는 1,700t급의 대형 유조 잠수함을 만들어 해상에서 U-보트들에 급유함으로써, U-보트들이 기지로 복귀하지 않고도 장기간 작전이 가능하게 했다. 그럼에도 불구하고, 1942년 5월이 되자 미국 연안에서의 잠수함 작전은 점점 어려워졌는데, 이는 미국도 영국의 조언을 받아들여 호송선단 체제를 시행했기 때문이었다. 이제는 U-보트 작전이 다시 북대서양 일대에서 '늑대 떼' 전술로 돌아가야 했다. 그러나 1942년 6월까지 전반기에 U-보트가 침몰시킨 연합국의 선박은 총 585척, 3,080,934t이었다. 동일 기간에 침몰당한 U-보트는 21척에 불과했다. 주된 전장이던 미주 지역에서는 6개월간에 6척밖에 잃지 않았던 반면, 지중해에서 7척을 잃었다.

5. 호송선단 전투와 원거리 작전(1942년 7월-12월)

1942년 초에 미국이 호송선단 체제를 도입하기 전에 '즐거운 시간'으로 대단한 성과를 거두었던 U-보트 작전은 6월 이후에 성과가 줄어들기 시작했다. 그에 따라 되니츠는 대서양에서의 늑대 떼 전술로 돌아가야 했다. U-보트의 근본적인 목표는 연합군의 수송 능력을 저하시킬 수 있도록 선박을 격침해야만 한다는 것이었다. 즉 영국과 미국, 그리고 캐나다를 비롯한 연합국의 선박 건조 능력과 독일과 일본, 이탈리아의 추축국이 상선을 격침시킬 수 있는 능력의 싸움이 된다는 의미였다.

1941년에 독일 해군은 연합국의 선박 건조 능력을 1942년에 8백만t, 1943년에는 1천만t을 예상했다. 그러나 실제로 연합국의 건조실적은 1942년에는 7백만t으로 예상보다 저조했으나, 1943년에는 미국이 1천2백30만t을 건조함으로써 연합국이 총계 1천 5백만t에 육박하는 건조실적을 나타내어 독일의 예상을 훨씬 뛰어넘었다. 따라서 독일이 연합국의 수송 능력을 감소시키기 위해서는 1942년에는 매월 700,000t을 격침시켜야 하고, 1943년 이후에는 그 보다 거의 2배 이상을 달성해야만 전쟁에 이길 수 있다는 점이었다.

되니츠는 1942년 전반기에 큰 성과를 거두었지만, 잠수함 전의 장래가 어둡다는 것을 직감했고, 결정적인 시기를 놓쳤다고 생각했다. 그가 평상시에 주장했던 잠수함의 증가는 항상 여타 전력 증강 우선순위에서 밀려 지지부진했다. 1942년 전반기에 신규 취역 척수는 기존의 월평균 20척에서 12척으로 감소하였다. 따라서 U-보트 총 보유 숫자는 101척이었으나 59척이 해상에 나가 있었고, 42척은 기지에서 정비 중이었다. 해상에 나가 있는 U-보트 중에서도 28척은 히틀러의 지시에 따라 노르웨이와 지중해 해역에 배치되었으며, 나머지도 기지로 복귀하거나 작전지역으로 이동 중인 U-보트를 고려하면, 실제로 전투에 투입된 U-보트는 19척에 불과했다.

게다가 앞에서도 기술한 바와 같이 영국군은 단파 레이더를 개발하여 수상을 운항 중인 U-보트를 정확히 포착함으로써 수시로 비스케이 만을 출입하는 U-보트를 공격해왔다. 따라서 기지를 입출항 시에도 네 시간 이상 잠항을 해야 했고, 늑대 떼 전술을 펼치기 위해 수송 선단의 전단에 잠수함을 위치하기 위해 수상 고속 운항을 해야 할 때는 비록 야간일지라도 큰 위험에 노출되어야 했다. 이러한 위험을 극복하기 위한 방책으로 독일 해군은 수중에서도 수송선보다 빠르게 고속으로 운항할 수 있는 U-보트를 개발하려 했다.

그것은 현재 우리가 사용하고 있는 공기 독자 추진 체계(AIP ; Air Independent Propulsion System)와 유사한 것으로 과산화수소를 연료로 하는 엔진을 개발하는 것이었다. 엔진의 천재 발터가 설계한 엔진은 전쟁 초기부터 시험 운전을 계속해 왔으나, 성공했다면 전쟁의 승패에 큰 변화를 가져올 수 있었겠지만, 아쉽게도 종전 시까지도 실용화되지는 못했다. 이 엔진은 잠수함이 수상으로 올라와 엔진을 가동하여 축전지를 충전해야 수중 운행이 가능한 애로를 해소해 줄 수 있었다. 이 엔진을 장착한 21형의 잠수함은 잠항 속도가 일반 잠수함의 네 배에 달하는 시속 30노트였다. 그러나 이 엔진의 실용화 작업은 제한된 자원인 과산화수소가 V-2 로켓 개발에 모두 투입되면서 중단되었다. 연합군에게는 다행이었다.

U-보트의 작전환경을 고려해 볼 때, 1942년 후반기에 최대의 성과를 거둘 수 있는 지역으로 되니츠는 우선 미국 해역을 고려했다. 미국에서의 수송 선단은 이미 호송체제를 도입하여 매력이 격감했지만, 작전구역이 카리브해역까지 확장된 데에 따른 이완된 호송체제는 여전히 이용할 가치가 높았다. 단지 원거리 작전으로 애로가 있었지만, 평균 이상의 전과를 거둘 수 있게 해주었다. 그러나 점차 대서양의 중부 지역으로 작전구역을 옮기지 않을 수 없었는데, 그 이유는 이곳이 육상의 기지에서 운용하는 항공기의 전투 행동반경 밖이어서 U-보트들이 항공기의 방해 없이 '늑대 떼 전술'을 구사할 수 있었기 때문이었다. 다행히 7, 8, 9월에는 매월 30척씩의 U-보트가 증강되었다. 그에 따라 산발적으로 카리브해와 북아프리카의 시에라리온 연안 일대, 그리고 브라질 외곽까지 U-보트를 보낼 수 있었는데, 이때는 장거리 항해를 위해 잠수함 탱커인 젖소를 대동해야만 했다.

1942년 7월부터 9월 사이에 추축국의 잠수함들은 연합국의 선박 302척, 1,505,888t을 격침시켰는데, 이중 독일의 잠수함에 의해 1,298,000t이 격침되었다. 반면 U-보트는 32척을 잃었다. 전체적인 평가에서 독일 측에게는 만족할 만한 성과였다. 그러나 1942년 후반기에 독일의 잠수함 작전이 이와 같이 괄목할 만한 전과를 가져왔음에도 불구하고, 연합군의 전술은 대잠작전 전반에 걸쳐 점차 우위를 보이고 있었다. 우선 항공력을 대폭 보강하였는데, 유조선이나 곡물 운반선을 소형 항공모함으로 개조하여 호송선단을 따라다니며 U-보트가 수상에 떠오르기만 하면 탐지해 공격함으로써 U-보트의 활동을 크게 제한했다. 연합군의 전술이 우위를 보였던 다른 한 가지는 단파 레이더를 개발하여 수상을 항해하는 U-보트를 쉽게 탐지하게 되었다는 점이다. 물론 독일 해군의 잠수함단은 연합군의 항공기나 함정이 자신을 탐색하고 있는지를 경보해주는 탐색 수신기를 장착하여 연합군이 공격하기 전에 잠항할 수 있도록 대응책을 마련했다.

그러나 독일의 이러한 대응책을 간파한 연합군은 곧바로 독일의 U-보트가 탐색하는지를 알지 못하도록 파장이 1.5m였던 레이더를 파장이 10cm인 초단파 레이더로 성능을 향상해 항공기와 함정에 장착했다. 그리고 거기에 더하여 고주파 방향탐지기(허프-더프 ; HUFF-DUFF)를 개발하여 무선으로 교신하는 잠수함의 위치를 파악해 냈다. 대부분은 U-보트들은 자신이 탐지되었다는 사실을 알지 못하다가 항공기의 공격을 받았다. 이러한 첨단장비의 개발은 '늑대 떼 작전'을 전개하기 위해 반드시 수상 항해를 해야 하는 U-보트에 치명적인 약점이 되게 했다. 결국 연합군과 독일군 사이에는 치열한 가위, 바위, 보, 게임이 지속적으로 이어지게 되었다.

그러다가 1942년 7월이 되자 U-보트는 되니츠가 희망하던 300척을 드디어 보유하게 되었다. 이 무렵 U-보트부대는 호송선단을 상대로 한 이리떼 전술에 완전히 숙달되어 있었고, 독일의 B-감청반이 당시에 영국의 블레츨리보다 암호 해독에서 우위를 보여 호송선단의 위치를 알아내는 데 성공을 보임으로써 대단한 성과를 거두고 있었다. 1942년 11월에는 U-보트부대는 북대서양에서 50만 9,000t을 격침시켰는데, 이는 5월에 미국 앞바다에서 '즐거운 시간' 동안 이 수치를 넘겼던 이후로 가장 높은 격침 실적이었다.

되니츠는 호송선단의 루트가 미국과 영국 간의 수송에서 대부분 가장 단거리를 택한다는 것을 알고 있었다. 그것은 영국의 연료 부족에 기인한 것이었다. 독일 해군의 입장에서 또 다른 하나의 중요 루트는 아프리카 남단에서 아조레스 군도를 지나 영국으로 가는 경로로서, 이 경로상에는 사냥감이 항상 풍성했다. 그러나 대부분의 독일 해군 U-보트들은 호송선단을 호위하는 호위 전단에 고성능 장비를 갖춘 영국군에게서는 거의 성과를 거두지 못했고, 저성능 장비로 무장한 캐나다 해군이 호위하던 수송 선단에서 80% 이상의 성과를 거두었다. 1943년이 되자 연합군은 캐나다 호위 전단을 전선에서 철수시킨다는 결정을 내렸다.

호송선단의 보호에 있어서 호위 항모 못지않게 중요한 대잠 전력은 육상에 기지를 둔 항공력이었다. 1942년 10월이 되면 항속거리가 무려 4,540km에 달하는 B-24 리버레이터(Liberator) 초장거리 폭격기가 등장했다. 영국과 미국 간의 항로에서 중부 대서양은 아이슬란드나 그린란드의 육상기지에서 출격한 기존의 항공기들이 항속거리가 짧아 항공 엄호를 제공하지 못해 U-보트들의 주요 작전지역이 되었었는데, 리버레이터 항공기의 출현으로 취약한 공간이 닫혀버렸다. 리버레이터는 종전 시까지 76척의 U-보트를 격침시켜 대서양 전투의 일등 공신이 되었다.

1943년 3월이 되면 영국의 해안방어 사령부는 초장거리 대잠초계기 B-2D 리버레이터-Ⅲ 2개 대대를 보유하게 되었다. 영국의 폭격기 사령관 해리스는 366대의 리버레이터를 미국으로부터 인수하였으나, 전략폭격기 활용 차원에서 일부 항공기를 해군에게 인계하는 것이 매우 아쉬웠지만, 해군에게 그 우선순위를 양보했다. 1942년 11월 기간 중에만 북대서양에서 독일 해군 U-보트의 수송선 격침 실적은 50만 9,000t에 이르게 됨으로써 월 단위로는 2번째로 많은 최대의 성과를 거두었으나, 1943년에 들어서면서 연합군의 효과적인 대잠작전과 폭발적인 수송선의 건조로 대서양 전투는 점차 연합군의 우세로 돌아서게 되었다.

6. U-보트의 패배(1943년 이후)

1943년 1월이 되면서, 되니츠는 독일 해군 총사령관으로 임명되었다. 1942년 12월 바렌츠 해전에서 월등 우세한 전력을 갖고도 소련으로 가는 영국의 호송선단에 대해 시원한 승리를 거두지 못하자, 히틀러는 총사령관 레더 제독을 해임하고 후임으로 되니츠를 선택한 것이다. 이와 함께 히틀러는 되니츠에게 대형 수상함을 모두 퇴역시키도록 지시했다. 그러나 되니츠는 히틀러에게 지시의 부당함을 설득하여 수상함 전력을 그대로 유지했다. 항상 솔직하고 정직한 되니츠를 히틀러는 매우 신임하여, 때로는 히틀러에게 강력히 반대의사를 개진할 때도 오히려 히틀러가 공손한 태도를 보였다.

1942년 12월부터 1943년 1월까지 동계에는 불순한 날씨로 인해 침몰량이 절반으로 줄었다. 2월에는 120척의 U-보트가 북대서양에서 거의 30만t에 달하는 격침 실적을 올렸으며, 3월에는 108척에 47만 6,000t을 물속에 가라앉혔다. 영국 해군성은 독일이 미국과 유럽대륙 간의 물자 수송을 거의 차단하는 상황에 이르렀다는 어두운 보고서를 냈다. 이러한 보고서는 겉보기에는 '늑대 떼 작전'이 호송선단 체제를 제압하는 것처럼 보였다.

그러나 이는 사실상 오랜 기간의 지루한 전쟁으로 인한 피로가 반영된 지나친 비관적인 보고서라고 할 수 있었다. 실제로는 이 무렵에 아무런 피해를 보지 않고 도착하는 선단의 수가 늘어나고 있었으며, 독일의 암호체계 변경으로 오랫동안 에니그마 통신을 해독할 수 없었던 블레츨리에서도 암호 해독에 성공하여 수송 선단을 안전하게 유도하고 있었다. 이를 토대로 수송 선단의 경로가 U-보트들이 대기하는 지역을 피하는 대신 오히려 U-보트들이 집결하는 지역으로 통과하면서 U-보트를 파괴하는 작전을 활용하기도 했다.

당시 되니츠는 '늑대 떼 작전'을 위해 최대 투입 척수인 101척의 U-보트를 네 개의 그룹으로 나누어 수송 선단 사냥에 나서고 있었다. 5월 4일 미국으로 가는 빈 수송 선단(ONS 5 선단)이 41척에 달하는 U-보트의 집단 공격을 받았다. 이때 수송 선단은 12척의 수송선을 잃었지만, 반대로 U-보트 7척을 격침시키고 5척에 손상을 입혔다. 게다가 독일 해군은 U-보트끼리 상호 충돌하면서 2척의 U-보트를 추가로 잃었다. 그러한 과정에서 한 달에 추가되는 U-보트의 숫자와 손실되는 숫자가 같아지기 시작하더니, 되니츠는 1943년 5월에만 무려 43척을 잃게 됨으로써, U-보트의 손실량이 대체량보다 무려 두 배에 달하기 시작했다.

호송선단에 배치된 항공기와 항공기에 장착된 초단파 레이더는 수상에서 U-보트의 전투력을 박탈해 버렸다. 이제 북대서양에서 더 이상 '늑대 떼 작전'은 가능하지 않게 된 것이다. 또한, 수송선박의 대체 속도가 높아져 손실을 메우고도 남을 정도였다. 1943년 10월이 되면서, 개전 이래 손실된 선박의 총량을 능가하는 건조량을 보이게 되었으며, 이에 따라 연합군은 추가적인 수송 선단을 조직하게 되었다. 이러한 통계수치는 되니츠의 노력이 실패로 돌아가고 있음이 명백해졌다는 것을 의미했다. U-보트의 전투력을 획기적으로 개선하지 않으면 더는 작전이 불가능하게 된 것이다. 피할 수 없는 운명을 받아들인 되니츠는 1944년 5월 24일 U-보트 부대를 대양에서 거

● U-보트를 시찰하는 되니츠

뒤들였고, 회고록에서 "우리가 대서양 전투에서 졌다."라고 인정했다.[55] 그러나 그것이 잠수함 전의 종지부는 아니었다.

7. 잠수함 전의 종말

되니츠는 일단 U-보트들을 대서양에서 철수시켰지만, 수송 선단에 대한 공격 의지를 버리지는 않았다. 오히려 연합군의 대잠 능력을 능가하는 U-보트의 개발에 박차를 가하고 있었다. 1944년 5월에 새로운 잠수함의 시험 운항을 개시했다. 새로운 잠수함은 수중에서 수상으로 통풍관(Snorkel)을 장치해 잠수함이 수중에 있으면서 외부의 공기를 흡입하여 디젤엔진을 구동함으로써 잠항에 필요한 축전지를 충전시킬 수 있고, 긴급 시는 통풍관을 설치한 상태에서 낮은 심도로 잠항할 수도 있었으며, 작전 시에는 통풍관을 잠수함 안으로 접어 넣으면 되었다. 기존의 잠수함은 잠항 시에 축전지의 전기를 사용해야 하므로 몇 시간 잠항 운항하면 반드시 부상하여 엔진을 가동해야 충전할 수 있었으며, 그때 대잠 항공기나 구축함에 탐지될 취약성이 있는데, 통풍관을 설치하면 탐지될 위험성을 최소화할 수 있게 된다.

1927년 네덜란드 장교에 의해 발명된 통풍관형의 잠수함은 작전 임무 수행 내내 잠항 상태를 유지할 수 있는 진정한 잠수함으로 새롭게 태어나게 할 수 있었다. 이는 앞에서 언급한 과산화수소를 이용한 AIP 체계에 의한 잠수함과 유사하다고 할 수 있으며, 오늘날 오랫동안 부상하지 않아도 생존 가능한 핵잠수함의 개념을 보여준 것이라고 할 수 있었다.

만약 독일이 1942년 이전에 되니츠가 요구한 데로 U-보트 300척을 충당해 주었거나, 1944년 이전에 통풍관 Snorkel을 장치한 U-보트와 과산화수소를 활용한 수중에서 장시간 활동이 가능한 U-보트를 만들었다면 연합군의 숨통은 정말로 졸림을 당했겠지만, 1944년 6월 연합군의 노르망디 상륙작전을 기점으로 독일군은 대서양 연안의 항구를 모두 잃게 되어 U-보트의 효율성은 급속히 저하 되었다. 그럼에도 불구하고, 잠수함 전으로 인해 연합군은 1939년 9월 이래 대서양에서 상선 2,432척에 총톤수 1,300만t을 격침당했으며, 군함 175척을 상실했다. 반면 독일은 작전에 참여한 U-보트 830척 가운데 696척을 대서양에서 잃었으며, 전투에 참여한 4만 900명 가운데 2만 5,870명이 전사했다. 파괴된 U-보트에서 구조된 5,000명은 포로가 되었다. 총사상자 비율이 75%에 이르는 희생률은 어떤 국가의 육해공군 전투병과에 견주어 보아도 압도적으로 높았다.

나치의 총력전 신조를 어떻게 평가하든 간에 독일 U-보트부대의 헌신적인 복무 자세는

---

55) 존 키건 지음, 류한수 옮김, 옮김, 『2차 세계대전사』(서울 : 청어람 미디어. 2006), p. 151.

독일군뿐만 아니라 다른 나라의 어떤 병종과 비교해도 단연 뛰어나다고 할 수 있었다. 부대를 단결시키고 헌신적으로 복무하도록 만든 되니츠는 후세에 만슈타인이나 롬멜, 구데리안 등의 지상전 명장만큼 후세에 이름을 떨치지는 못했을지라도 참으로 효율적인 명장이었다. 히틀러가 1945년 5월 자살하면서 괴링이나 카이텔 등을 제쳐놓고 되니츠를 후계자로 임명한 것은 나름대로 타당한 조치였다고 할 수 있었다.

나치의 사상과 관계없이 신화적인 U-보트의 함장들인 귄터 프린(Günther Prien), 오토 크레치머(Otto Kretschmer), 만프레드 킨첼(Manfred Kinzel), 요아힘 셉케(Joachim Schepke) 등 잠수함 에이스들은 초인의 기품을 시현했고, 심지어 그들의 만행에도 불구하고 전사로서의 무용은 적의 존경을 받는 데에 이르렀다. 선박 27만t을 격침시킨 킨첼을 훗날 심문한 영국군 장교는 "그와 같은 군인은 많지 않다."라고 침울하게 찬사를 표했다.[56] 그들의 희생은 명백하게 전쟁에 기여했다. 비록 전쟁의 승패를 좌우하지는 못했어도, 전쟁 기간 내내 영국을 최저 생계 수준으로 떨어뜨리고, 연합군의 제2전선 형성을 위한 프랑스 상륙작전을 상당 기간 지연시켰다.

56) 존 키건 지음, 류한수 옮김, 앞의 책, p. 175.

제 5 장
프랑스 항복 후의 국제 정세와 히틀러의 전략구상

1940년 6월 25일 프랑스와 독일이 공식적으로 휴전협정에 조인했다. 이에 따라 각국은 자국의 이해를 따지기에 머리가 아팠다. 우선 소련은 독일이 프랑스, 영국의 연합군과의 전투에서 전력을 크게 소모하기를 기대했었는데, 결과는 매우 실망스럽게 끝이 났다. 오히려 독일군은 프랑스의 무기나 기동장비를 대거 획득하여 전쟁 이전보다 훨씬 강력해졌다. 스탈린은 이제 더 강해진 독일에 대해 대비를 해야 했다.

한편, 유럽과 멀리 이격되어 있어서 영향이 별로 없을 것으로 여겨지는 아시아 지역에서도 프랑스의 함락은 큰 영향을 미치고 있었다. 중국에서 장제스의 국민당군은 일본군의 진격에 계속 밀려 인도차이나에 근접한 윈난성과 광시성 일대로 근거지를 옮겼는데, 이 지역은 인도차이나를 통해 육로로 미국의 군사 원조를 받는 데 유리한 곳이었다. 일본은 허약해진 비시정부에 식민지인 인도차이나에서의 군사작전을 펼칠 수 있는 권리를 요구했고, 7월에 페탱 정부는 이를 마지못해 허락했다.

페탱 정부의 허락이 이루어짐에 따라 장제스의 국민당 군대(국민당군)에 들어가는 버마를 통한 육상 보급로가 차단되어, 중국과 미국의 어려움은 한층 가중되었고, 미국은 어쩔 수 없이 히말라야산맥을 넘는 공수작전을 펼쳐야만 했다. 일본군은 양쯔강을 타고 올라가면서 국민당군을 압박했는데, 6월 12일 무창을 함락시켜 양쯔강을 통한 보급로를 차단했으며 국민당군의 수도인 중경에 대한 끊임없는 공중공격을 퍼부었다. 국민당군은 부패하여 국민의 신임을 잃어, 군대의 규모는 컸지만, 실질 전투력은 신뢰하기 어려웠다.

한편, 스탈린은 일본군과 국민당군의 비밀협상을 깨뜨리기 위해 마오쩌둥의 팔로군에 허베이성 일대에서 일본군에 대한 대규모 공세를 취하도록 명령했다.

소위 백단대전(百團大戰)이라고 불린 전투는 백 개의 연대가 참가하였다고 하여 붙여진 이름이었다. 공산당은 중요 철도와 도로망을 절단하고 탄광을 폐기하는 등, 성과를 거두었으며, 국민에게 큰 존재감을 불러일으켰으나, 반면에 장래를 위해 자신의 실력을 숨기고 싫어 했던 모택동에게는 부담으로 작용했다. 일본군은 물론이고, 공산당을 타도하려는 장제스의 국민당군에게도 공산군의 실체를 드러냈기 때문이었다.

1940년 7월에 일본은 육군 대장 도조 히데키(東條英機)가 육군상에 이어 10월에는 총리에 취임하여 군사력 위주의 대외정책을 추진함으로써 태평양전쟁의 가능성이 커졌다. 한편, 히틀러는 1940년 7월 19일 베를린의 오페라 극장에서 국회를 소집하고 프랑스와의 전쟁에서 공로를 세운 장성들을 포상했다. 이는 1804년 5월에 황제로 취임한 나폴레옹이 18명을 원수로 임명한 것과 같이 부하들을 포상했는데 이는 국가수반으로서 자신의 위상을 높이기 위한 목적이 더 컸다.

원수로 승진한 사람은 우선 A, B, C집단군 사령관인 룬트슈테트, 보크, 레프와 국방군 총참모장 카이텔, 육군 총사령관 브라우히치, 야전군 사령관 중에서 공로가 많다고 생각되는 클루게, 비츨레벤, 라이헤나우, 리스트와 공군의 군사령관인 케셀링, 밀히, 슈페를레였다. 공군 총사령관 괴링은 특별히 국가원수라는 특수 계급을 받고, 과거 제1차 세계대전 이전에 프로이센 국왕이 블뤼헤르, 몰트케, 힌덴부르크에게 수여했던 철십자대훈장을 수여받았다. 철십자대훈장의 수여자는 독일 역사상 괴링이 마지막이었다. 이 자리에서 히틀러는 "이 시간에 저는 영국의 이성과 상식에 한 번 더 호소하는 것이 제 양심 앞에 선 제 의무라고 느낍니다. 우리는 승자이기 때문에 이런 호소를 할 수 있다고 생각합니다. 저는 이 전쟁이 계속되어야 할 까닭을 모르겠습니다."라고 하면서 영국이 협상테이블로 나오기를 호소했다.

프랑스가 항복한 이후 히틀러는 한동안 휴식기를 가졌다. 제1차 세계대전에 자신이 참전했던 지역을 답사하기도 했고, 나폴레옹의 묘지를 참배하고 파리의 건축물들을 감상했다. 그러면서 처칠이 현실을 인식하고 협상해 오기를 기다렸지만, 오히려 처칠은 끝까지 싸울 의지를 불태우고 있어 협상의 가능성은 없었다. 히틀러는 프랑스와의 전쟁 이전에도 다음 목표를 어디로 할 것인가를 고심하고 있었다. 어느 쪽도 만만치 않았고, 위험했다. 영국에는 패배는 하지 않을지라도 치욕은 당할 수 있었다. 그래서 전쟁보다는 영국의 협조를 얻을 수 있다면 좋겠다고 생각하여 여러 가지 제스처를 취했지만, 효과는 전혀 없었다.

히틀러는 국회에서 연설한 이후 고위 장성들과 향후 작전에 대해 논의했다. 해군 총사령관 레더 대장은 "바다사자 작전의 준비를 9월까지 확실히 마무리할 수 없다면 다른 계획을 고려해야 할 것"이라고 건의했다.57) 작전의 준비 완료는 영국의 공군을 완전히 무력화시켜 도버해협을 도하할 때 위협이 없어야 한다. 라는 의미였다. 장성들과의 회의 직후 히틀러는 비밀리에 소련 침공계획을 수립하도록 국방군 최고사령부 작전 장교인 로스베르

57) 존 키건 지음, 류한수 옮김, 옮김, 『2차 세계대전사』(서울 : 청어람 미디어. 2006), p. 185.

크(Bernhard von Loßberg) 대령에게 지시했다. 아울러서 육군 총사령관 브라우히치와 참모총장 할더에게 기계화 사단을 10개 사단에서 20개 사단으로 늘리고 육군을 180개 사단으로 증강하며, 1941년 봄까지 120개 사단을 동부지역으로 전환하라고 지시하였다.

한편으로 히틀러는 소련이 1940년 6월까지 발트 3국을 합병하고 루마니아로부터 베사라비아와 부코비나를 떼어내 간단히 합병한 데 놀랐다. 이는 1939년 8월에 맺은 비밀 협정에 명시되어 있는 양해 사항이었으나, 그렇게 간단히, 그리고 권위 있게 합병하는 모습이 매우 언짢았다. 이에 따라 1939년 9월 이후 인구 2,000만 명에 영토는 28만 6,000제곱 마일에 달하는 지역을 소련이 획득하게 되어 국경선이 서쪽으로 확실하게 다가왔다. 그 결과 독일의 피보호국인 핀란드가 위협을 받게 되었고, 독일의 U-보트 훈련장에 소련의 해군이 근접하게 되었다. 한편 소련이 루마니아의 동쪽 지방을 통합하게 되자, 독일의 피 후견국인 불가리아에 대한 영향력이 커졌고, 소련이 지중해에서 흑해로 들어가는 입구를 통제할 가능성이 확대되었다. 독일의 군사력이 최고조에 달하는 시점에서도 소련의 거침없는 확장정책은 자국의 이익이 된다면 좌고우면하지 않겠다는 의지의 표현이었다. 이에 히틀러는 소련의 우악스러운 대외정책을 조속히 제한해야겠다는 결심을 하게 되었다.

소련의 군사력에 대한 독일군의 평가는 붉은 군대가 200개 사단을 편성할 능력은 있지만, 1938년에 실시한 무자비한 군 수뇌부 숙청으로 지휘 능력이 형편없이 저하되어 전투력은 낮다는 것이었다. 실제로 1939년 11월의 핀란드를 상대로 한 '겨울 전쟁'에서 소련군은 지휘 능력의 취약점을 여실히 노출했고, 이를 바탕으로 히틀러는 소련군의 방어 능력에 대해 '썩은 울타리를 발로 걷어차는 것과 같을 것'이라고 저평가했다. 그러나 독일의 소련에 대한 군사력 평가에는 지나치게 소홀한 부분이 많았다. 실제로는 2만 4,000대였던 소련의 전차를 1만대로 과소평가했다. 3,500대에 불과한 독일의 전차를 1만대로 과대평가했더라도 3배나 많은 소련의 전차에 맞붙여도 승산이 있다고 히틀러는 생각했다. 설사 소련이 200개 사단을 편성해도 독일의 120개 사단이 승리할 수 있다고도 확신했다.

히틀러는 1940년 9월 6일에 서부의 보크 원수가 지휘하는 B집단군 산하 35개 사단(6개의 기갑사단 포함)을 동부의 폴란드 지역으로 이전 배치하도록 승인했다. 한편 독일의 가장 취약점이면서 전략물자인 원유의 생산기지 루마니아를 보호하기 위해 강력한 대공방어부대를 포함한 1개 사단을 파병했다. 외교적으로도 소련 침공을 위한 발칸반도에서의 뒷마무리를 확실히 했다. 9월 2일에 헝가리, 루마니아, 슬로바키아를 부추겨 독일과 일본, 이탈리아가 체결한 3국 협상에 가입시켜 확실한 위성국으로 삼았다.

히틀러는 소련 침공을 최종 결심하지 못하고 꾸물거리는 모습을 보였지만, 공격을 위한 조치는 계속 이루어지고 있었다. 9월 14일에 군 고위 지휘관 회의를 통해 3일 후에 '바다사자 작전'의 연기를 공표했다. 힘을 한곳으로 모으는 노력을 기울이는 행위였다. 9월 15일에는 임무를 받았던 로스베르크 대령이 소련 침공계획을 히틀러에게 제출했다.

유럽지역에서 무솔리니는 정신적으로 여전히 히틀러의 멘토 역할을 하고 싶어 했지만, 실력이 뒷받침해 주질 못했다. 두 독재자는 서로 협조했지만, 묘한 시기심으로 깊은 신뢰는 없었다. 1939년 9월, 독일이 폴란드를 침공할 때 히틀러는 무솔리니에게 철저히 보안을 유지하고 싶어 했다. 1940년 5월 프랑스를 침공할 때는 공동전선을 펴자고 제안했으나, 무솔리니가 거부하자 히틀러는 무척 실망했다. 무솔리니의 계산에 독일이 프랑스를 공격하기에는 최소한 2년 정도의 시간이 필요할 것이라고 믿었기 때문에 미적거린 것이었지만, 불과 6주 만에 프랑스가 괴멸되자, 그나마 한몫 잡으려고 남부 지역에서 어설프게 뛰어 들어가 망신을 자초한 것은 이미 언급한 바이다.

독일군은 무솔리니가 이미 패배한 프랑스에 선전포고한 것을 두고 '사자가 먹이의 숨통을 끊어 놓자 고기 한 덩이를 가로채려 엿보는 하이에나의 행동'에 비유했다. 무솔리니는 독일군의 강대함을 인정하고 있었지만, 히틀러에게 종속되는 모습을 피하고자 안간힘을 다 썼다. 1939년 4월에 무솔리니는 히틀러에게 일언반구 언질 없이 알바니아를 쳐들어갔다. 무솔리니의 야망은 고대 로마의 강대함을 현세에 재현하는 것이었고, 그러기 위해 끊임없이 허풍을 쳐댔다. 8백만의 총검 부대를 보유했다고 떠들었지만, 실제는 170만 정도에 불과했고, 그마저도 장비할 총포가 부족했다. 사단 수를 늘리기 위해 3개 연대의 편제를 2개 연대로 줄인 데다, 훈련 상태는 저조했고, 최소한의 기동장비도 매우 부족했다.

히틀러는 무솔리니의 허풍을 큰 비판 없이 받아들여 동맹을 맺음으로써 국제적으로 고립된 추축국의 세력을 확장하기를 기대했다. 무솔리니의 터무니없는 욕망은 북아프리카에서의 식민지 확장과 발칸반도에서 일정 지분 확보 정책으로 나타나는데, 이는 자국에 재앙을 초래하고 히틀러에게는 의도하지 않는 전투에 개입하게 되어 전력을 소모하는 결과를 가져오게 된다.

1940년 9월 27일 독일은 일본, 이탈리아와 3국 동맹을 체결했다는 점은 앞에서 거론한 바 있다. 이 시점은 영국에 대한 바다사자 작전의 실패가 모습을 드러내고 있었는데, 히틀러는 3국 동맹을 통해 전략적으로 가장 두려운 미국의 참전을 예방하고자 하는 여망이 있었으며, 태평양 지역에서 일본이 미국의 발목을 잡아주기를 바라는 전략을 포함하고 있었다. 1940년 10월경에 히틀러의 주요 관심사는 첫째가 지중해 일대에서의 이탈리아, 스페인 그리고 비시 프랑스의 이해관계를 조정하여 영국을 고립시키고 강화의 테이블로 끌어내는 것이었다.

한편, 무솔리니가 1940년 9월 13일, 리비아에서 영국군이 지배하고 있던 이집트로 쳐들어가 초기에 성공을 거두는 것처럼 보였다. 지중해는 지난 200여 년 동안 영국이 해상 우세를 유지해 오면서, 이집트를 통치하는 것을 핵심으로 한 강력한 영향력을 행사하고 있었다. 만일 무솔리니가 이집트의 영국군을 약화시킬 수 있다면 히틀러에게도 영국을 상대로 한 전략에 매우 유리한 입장이 될 수 있을 것이었다.

1940년 10월 4일 두 독재자는 양국의 국경 지역인 브렌너(Brenner) 고개에서 만났다. 그들은 어떻게 하면 지중해에서 영국을 패퇴시킬 수 있는지 논의했다. 히틀러는 프랑스령 북아프리카 영토 일부를 스페인에 제공하고, 그 대가로 스페인이 지브롤터를 점령하게 하여 독일이 지중해를 자유롭게 이용할 수 있도록 하는 방책을 넌지시 무솔리니에게 흘렸다. 그럴 때 영국 지배하에 있는 서아프리카 일부를 보상으로 프랑스에 할양하면 설득할 수 있다고 말했다. 히틀러의 구상이 성사되면 이탈리아는 북아프리카의 튀니스와 코르시카, 니스를 얻게 되어있어 무솔리니 입장에서 대환영할 일이었다.

베를린으로 돌아온 히틀러는 스탈린에게 약화된 영국을 어떻게 요리하여 독일과 소련이 이익을 볼 것인지를 토의하기 위해 외무장관을 보내 달라는 편지를 썼다. 히틀러는 소련 침공을 앞두고 배후를 안정시키기 위한 노력을 마무리 지으려고 했다. 1940년 10월 22일 히틀러는 열차를 타고 프랑스와 스페인의 국경에서 비시정부의 수상 라발을 만났다. 어떻게 하든지 히틀러에게서 비시 정권의 안위를 보장받으려는 비시정부는 히틀러에게 적극적인 협조 자세를 보였다. 그렇지만 프랑스가 양보해야 할 부분에 대해서는 입을 꽉 다물었다.

다음날인 23일 히틀러는 전용 열차 아메리카호를 타고 스페인 국경인 앙다예(Hendaye)에서 프랑코를 만났다. 스페인의 철도 사정이 나빠 프랑코의 도착이 지연되어 오랜 시간을 기다려야 했던 히틀러는 이미 기분이 좋지 않았다. 늦게 도착한 프랑코는 히틀러의 기분을 살피는 배려 같은 것은 안중에도 없었다. 히틀러의 의장대를 사열한 후에 프랑코는 참모총장 출신답게 배짱과 교활함으로 무장하고 히틀러를 상대했다. 불룩 나온 배를 내밀고 가식적인 웃음을 띤 프랑코는 히틀러가 미처 주요 의제를 꺼내기도 전에 스페인 내전에서 히틀러의 지원에 감사하는 찬사를 비롯하여 히틀러를 칭찬하는 미사여구를 쉴 새 없이 늘어놓아 히틀러를 당황하게 했다. 히틀러는 이러한 분위기에 익숙하지 못해 진저리를 쳤다. 그러나 끝내는 스페인 내전에서 프랑코를 크게 지원했다고 생각하는 히틀러가 프랑코에게 요구 사항을 내밀었다. 우선 지브롤터를 영국으로부터 탈취하라는 것이었고, 그 대가로는 프랑스령 모로코를 할양받을 수 있다는 것이었다.

지브롤터를 영국으로부터 탈취한다면 해협의 폭이 최소 14km밖에 되지 않아 영국함대의 지중해 진·출입을 확실히 통제할 수 있어 지중해에서 영국의 해상 지배권을 결정적으로 약화시킬 수 있으므로 영국의 이집트 지배를 약화 또는 포기시킬 수도 있을 것이며, 몰타에 대한 지배권 역시 박탈할 수 있을 것이었다.

프랑코 입장에서 아프리카의 새로운 식민지 획득에 대한 가능성은 구미가 당기지만, 지브롤터의 획득이 얼마나 어려운지, 만일 그러한 행동을 했을 때 영국의 보복 작전이 어떻게 진행될지를 고려한다면 절대 쉽게 답할 수 없는 난제였다.

또한, 북아프리카에서 확실하지 않은 보상인 프랑스 식민지의 대체는 각본대로 된다는 보장도 없었다. 무엇보다도 스페인은 유류와 곡물 대부분을 미국으로부터 수입하고 있었고, 수입 선을 다른 국가로 전환할 수 있는 형편이 아니었다. 실제로 스페인은 내전으로 황폐화하여 굶주린 사람들이 길에 늘어선 것이 일상화되어 있는 처참한 상태였다. 프랑코는 히틀러의 요구를 이리저리 피했고, 결론적으로 내전으로 피폐한 스페인은 독일을 돕기 어렵다고 말했다. 세 시간 동안의 회담에서 프랑코로부터 개인 신상에 관한 이야기만 듣다가 아무런 성과 없이 회담은 종료되었다. 회담 후에 분개한 히틀러는 프랑코와 다시는 대화하지 않겠으며, 그럴 경우 차라리 자기의 생이빨을 서너 개 뽑는 것이 낫겠다고 말했다. 새벽 두 시에 열차가 떠날 때까지 히틀러는 프랑코를 공동전선에 끌어들여 함께 싸우자는 방향으로 한 치도 나가지 못하고 말았다.

독일로 돌아온 히틀러는 측근들에게 불같이 화를 내며 프랑코를 '음흉한 돼지 같은 놈'이라고 비난했다.

프랑코는 독재자였지만, 자국의 이익은 절대 양보하지 않았다. 훗날 히틀러가 소련을 침공했을 때 이탈리아를 비롯하여 모든 위성국이 독일군에 많은 병력을 파견하여 막대한 피해를 받게 되지만, 스페인은 1개 사단 정도의 최소한의 병력만을 파견하여 피해를 최소화했다.

프랑코를 만난 이후 24일에 히틀러는 전용 열차를 타고 프랑스 남부의 몽투아르로 가서 페탱을 만났다. 늙은 원수는 히틀러에게 대등한 권위를 나타내며 독일과의 관계가 협력적이기를 바란다고 온건하게 말했지만, 프랑스가 북아프리카의 식민지를 일부 할양해야 한다는 강압적인 제안에 대해서는 단호하게 거절했다. 히틀러는 프랑스가 독일에 피해를 주었으므로 이제 영토적, 물질적으로 보상해야 한다고 페탱에게 말했으나, 확답을 들을 수는 없었다. 결국, 히틀러는 비시 프랑스가 반영국 전선에는 같이 서겠지만, 진정한 대륙연합을 이루는 데는 결코 믿을 수 없는 상대라는 사실을 깨달았다. 1940년 말이 다가오는 시점에서 히틀러는 영국에 상륙하여 점령한다는 '바다사자 작전'의 성공 가능성은 극히 적다고 현실적인 인식을 하고 있었다. 오히려 영국을 협상테이블로 끌어들이는 가장 빠른 길은 동부에서 소련을 격멸하는 것이라고 믿게 되어 히틀러는 소련 침공을 더욱 서두르게 되었다.

한편, 무솔리니의 무모한 행동이 히틀러의 대전략에 혼란을 초래했다. 이탈리아는 1939년 4월에 발칸의 알바니아를 무단 침입하여 점령했는데, 그곳을 기점으로 1940년 10월 28일 그리스로 쳐들어갔다. 대외적인 명목은 만일 영국이 아드리아해 인접한 곳의 그리스 지역에 해, 공군기지를 건설한다면 이탈리아에 큰 위협이 될 것이어서 선제적으로 점령하기 위한 것이라고 했다. 그러나 실제로는 히틀러에 대한 경쟁심과 시기심의 발로였다. 히틀러가 초기에 무솔리니를 칭찬하며 다양하게 파시즘을 흉내 내다가 폴란드와 프랑스에서 눈부신 군사적 성공을 거두자, 무솔리니는 자신이 뒤로 밀려난 데 대한 초조감이 있었다.

1940년 10월 28일에 개시한 그리스의 침공은 결과적으로 히틀러의 소련 침공에 막대한 불이익을 초래했다. 우선 이탈리아군이 그리스를 침공하자 영국은 기다렸다는 듯이 그리스에 군사력을 전개하기 시작했다. 10월 31일에 영국은 이집트 전선으로부터 병력을 차출하여 크레타섬과 에게해에 있는 림노스섬을 점령했고, 며칠 후에는 공군부대를 그리스 남부에 이전 배치했다. 이는 곧 독일로서는 제일의 전략 자원인 석유 생산기지가 위치한 루마니아의 플로이에슈티(Ploesti) 유전이 공중공격에 노출된다는 것을 의미했다. 그뿐만 아니라, 그리스 침공은 군사력을 사용하지 않고 외교를 통해 발칸반도를 위성지대로 만들려는 히틀러의 정략을 망치고, 지역 내에서 패권을 다투는 소련의 의심을 가중시키는 결과를 초래했다.

소련을 회유하기 위해 이미 외교문서를 통해 소련 외무상 몰로토프를 초청해 소련의 의구심을 해소하려는 순간 히틀러에게 사전 통보도 없이 이루어진 이탈리아의 그리스 침공은 오히려 소련의 경계심을 자극할 수 있어 히틀러는 분개했다. 이런 상황 전개에 대비하여 히틀러는 다양한 우발계획을 발전시켰다. 첫째가 지브롤터를 점령하는 작전으로 영도자 지령 18호인 '펠릭스 계획(Felix Plan)', 프랑스의 비시정부 자유 지대를 점령하는 영도자 지령 19호인 '아틸라 계획(Atilla Plan)', 그리스를 침공하는 영도자 지령 20호인 '마리타 계획(Marita Plan)'을 발전시켰다.

또 하나의 큰 재앙은 이탈리아군이 이집트로 쳐들어가 영국군을 자극한 데 따른 영국군의 반격 때문에 이탈리아군이 대패하자, 이탈리아가 독일에 지원을 요청하게 된 것이다. 히틀러는 초기에 무솔리니의 요청을 무시하기로 작정했다. 그는 훗날 북아프리카 사령관이 되는 롬멜 장군에게 "나는 북아프리카에 단 한 명도, 단 한 푼도 보내지 않을 걸세."라고 천명했다. 그는 북아프리카에서 무솔리니의 군대가 영국군을 상대로 승패를 떠나 싸우도록 놔두기로 했다. 대신에 불가리아에 사전 전개되어 있던 기갑부대를 그리스 전선에 투입하기로 했다.

히틀러는 1940년 10월과 11월에 걸쳐 그의 주된 관심사인 동방 원정에 모든 노력을 기울여야 하는 시점에서 무솔리니로 인해 야기된 주변의 문제에 힘을 할당하는 데에 대해 매우 언짢아했다. 히틀러는 1940년 11월에도 소련 침공에 대해 결심하지 못하고 망설였다. 당시 그는 폴란드에 주둔하고 있던 B집단군사령관 보크에게 “동쪽에서 무슨 일이 일어날지는 아직은 결정되지 않은 문제야. 상황상 어쩔 도리 없이 우리는 더 위험한 사태의 전개를 사전에 막기 위해 발을 디뎌놓아야 할지도 모른다네.”라고 말한 적이 있었다.[58]

병력은 지속해서 동부전선으로 전환 배치되고 있었고, 육군과 국방군 최고사령부는 소련 침공을 준비하는 계획안 마련에 골몰하고 있었다. 이제 최종 결심은 11월 12일로 독일 방문이 예정된 소련 외무상 몰로토프의 반응에 따르게 될 것이었다. 만일 몰로토프가 독일의 유럽대륙 지배를 인정한다는 보장을 할 경우에만 소련 침공을 단념하게 되어있었다. 몰로토프는 독일을 방문하여 결과적으로 히틀러의 심중을 완전히 뒤집어 놓고, 오히려 자국의 이익을 확고히 보장하라는 요구를 늘어놓았다. 몰로토프는 1939년 8월 23일 체결한 ‘리벤트로프-몰로토프 조약’의 철저한 준수를 요구하면서, 소련은 대국으로서 자국의 이익을 독자적으로 추구할 것이며, 소련과 제3국과의 관계에서 독일의 입장을 확실히 밝혀 달라고 요구했다.

이에 대해 독일 외상 리벤트로프는 소련을 자국의 우호 세력으로 만들기 위해 협상 카드를 제시했다. 만약 소련이 3국 협상에 동조한다면, 그 보답으로 영국을 약탈하는데 몫을 챙기도록 보장하겠다는 것이었다. 좀 더 구체적으로는 일본이 아시아에서 권리를 행사하는 동안 독일은 통제권역을 아프리카로 확장하며, 소련은 자유롭게 흑해를 건너 인도양으로 팽창하도록 보장한다는 내용이었다. 몰로토프는 이러한 제안에 흥미를 표명하지 않았다. 리벤트로프는 몰로토프가 대영제국을 약탈하는 게 소련에 얼마나 큰 이익이 될 것인가를 설득하는 데 주력했다. 대영제국은 이제 파멸에 직면해 있다고 역설했다.

마침 그날 저녁은 영국의 전략 공군이 베를린을 공습하고 있어 몰로토프와 리벤트로프는 지하 방공호로 내려갔다. 몰로토프는 리벤트로프의 제안에 동의하지 않으면서 대영제국이 몰락하고 있다면 “우리가 왜 이 방공호에 있고, 지금 떨어지는 폭탄은 누구 겁니까?”라고 빈정거렸다. 몰로토프는 히틀러와의 협상에서 발트해에서 북해로 나가는 통로 상의 덴마크 영토를 소련의 군사기지로 제공할 것과 콘스탄티노플과 루마니아, 불가리아, 핀란드에 대한 영토조정 및 통제권을 요구했다. 히틀러는 분노했고, 오래전부터 견지해온 볼셰비즘과의 공존은 있을 수 없으며, 소련 침공을 서둘러야 한다는 결심을 굳혔다.

히틀러는 12월 5일에 합동참모회의를 가졌다. 주요 의제는 지난여름에 지침을 주었던 소련 침공계획에 대한 검토 보고였다. 국방군 최고사령부 작전 장교 로스베르크 대령이

---

58) 존 키건 지음, 류한수 옮김, 앞의 책, p. 195.

작성한 계획과 육군 최고사령부의 작전부장 파울루스 장군(훗날 스탈린그라드 전투에서 제6군을 지휘하다 패배하여 소련군에게 항복)이 작성한 계획이 각각 제출되었는데 두 개 안 모두 초기 전투에서 소련군의 주력을 섬멸해야만 전쟁에 승리할 수 있다고 명시했다. 단지 육군의 안은 북부, 중부, 남부에서 레닌그라드, 모스크바, 키예프로 돌진하되 주공은 모스크바에 두어야 한다고 강조했으나, 국방군 최고사령부의 안은 레닌그라드를 점령한 이후에 모스크바에 집중해야 한다고 주장했다.

히틀러는 국방군 최고사령부의 안을 지지하는 듯한 태도를 보였고, 이는 12월 18일 육군 최고사령부에 의해 다듬어져 영도자 지령 21호로 작성되었다. D-day는 명시되지 않았지만, 뒤로 미루어져 1941년 6월 22일에 이루어지게 된다. 대부분의 지상군 사령관들은 소련 침공계획을 반대하는 견해였다. 유약한 육군 최고사령관 브라우히치는 입을 떼지 못했지만, 클라이스트 원수는 "우리 장군 대다수는 만약 소련군이 후퇴하면서 저항하기로 작정한다면 격변의 도움(소련 정치체제의 자발적 해체) 없이는 최종적인 승리 가능성이 거의 없다는 점을 모두 알았다."라고 말했다. 만슈타인과 구데리안은 1812년 나폴레옹이 소련을 침공했을 때 거대한 공간과 혹독한 기후가 군사력의 우위를 무력화시켜버리는 지형과 기상을 걱정했다.

괴링은 국가 경제의 수반으로서 소련과의 전쟁이 가져올 경제적 부담을 히틀러에게 말했다. 히틀러는 장군들에게 오히려 만약 소련을 점령한다면 영국을 타도하는데 필요한 연료와 식량을 충분히 확보 가능하다고 설득하자 모두는 마지못해 순응했다. 해군 총사령관 래더 대장은 독일은 역사적으로 양면 전쟁을 피해왔다고 역설하면서 영국과의 전쟁이 종결되기 전에는 새로운 전쟁을 피해야 한다고 고집 세게 반대했다. 그러나 히틀러의 결심을 번복시키지는 못했다.

그러나 동쪽으로 진군하기 위해서는 우선 배후를 깨끗이 정리해야 할 필요가 있었다. 소련 침공을 위한 발칸반도에서의 히틀러의 전략구상은 어떻게 하든지 군사력을 사용하지 않고 외교를 통해 지역을 우호 세력화하는 것이었는데, 무솔리니가 그리스를 침공하여 패배함으로써 영국이 개입하게 되고, 북아프리카에서도 이집트의 영국군을 공격했다가 대실패를 거듭함으로써 독일이 동쪽으로 대공세를 펼치기 위해서는 부득불 배후를 안정시켜야만 하는 곤란한 처지에 빠졌다. 어쩔 수 없이 히틀러는 발칸반도를 거쳐 그리스에 진격하고, 북아프리카에 군사력을 할당해야만 했으며, 이는 향후 2차 대전의 진로를 결정하는 중요한 요소로 작용하게 된다.

제 6 장
발칸반도에서의 전쟁 - 소련 침공의 뒷마당 다지기

제1절 이탈리아의 그리스 침공

고대 로마의 위대함을 재현해야 한다는 무솔리니의 과대망상은 능력은 없으면서 무모한 행동을 유발하여 결과적으로는 자신을 망치는 것은 물론, 누구보다도 히틀러의 전략을 망치는 방향으로 진행되었다. 물론 장기적으로 히틀러의 야망이 달성될 수 없는 것이었지만, 단기적으로는 무솔리니의 망동이 없었다면 연합군을 더 곤혹스럽게 만들었을 가능성이 충분했다.

소련이 루마니아의 베사라비아와 부코비나를 점령하자, 당장은 소련과의 관계 악화를 바라지 않았던 히틀러는 오히려 루마니아를 달랬다. 대신에 플로이에슈티 유전을 지키기 위해 방공부대를 주축으로 한 부대를 파병했다. 또한, 히틀러는 무솔리니가 유고슬라비아나 그리스를 공격하여 발칸 국가들을 자극하는 것을 원치 않았다. 그리스를 공격하면 영국을 자극하여 그리스에 군대를 파견할 가능성이 크고, 그 결과 루마니아의 플로이에슈티 유전이 위협받을 수 있기 때문이었다.

● 히틀러와 무솔리니의 만남

히틀러는 무솔리니의 언약보다는 이탈리아의 무기력함을 잘 알고 있었기 때문에, 무솔리니가 그리스로 진격하지는 않을 것으로 생각했으며, 오히려 지중해와 북아프리카에서 영국군을 견제하여 자신의 전략구상에 도움

이 되기를 기대했다. 히틀러는 이탈리아에 그리스를 공격하지 않도록 외교적인 경로를 통해 경고해왔다. 무솔리니 역시 유고슬라비아나 그리스를 공격하기 전에 이집트를 정복하겠다고 호언장담하여 영국이 제1의 가상 적국이라는데 동의하는 것처럼 보였다.

그런데 10월 8일 독일이 군대를 루마니아에 파견했다는 소식이 들어오자, 무솔리니는 마치 자신의 권역에 외국군이 침범한 것처럼 모욕감을 느끼고 태도가 돌변했다. 다음 날 무솔리니는 이탈리아가 점령하고 있는 알바니아로부터 그리스를 공격하는 계획을 세우도록 지시했다. 작전 수행을 위해서는 20개 사단이 필요하며, 본토로부터 아드리아해를 건너 병력을 전개하는 데는 3개월 정도가 소요될 형편인데도, 무솔리니는 2주도 안 넘기고 10월 26일에 공격하고자 했다. 경제적인 이유로 인해 이탈리아군은 장비가 열악하고 특히 기동력이 부족했다. 이탈리아의 알바니아 주둔군사령관 비스콘티 프라스카 장군을 포함한 누구도 알바니아의 고산지대에서 작전을 펼치기 위해 필수적인 장비나 병참 지원의 어려움에 대해 무솔리니에게 직언할 용기를 갖지 못했다.

1940년의 이탈리아군은 1915년 1차 대전 당시의 육군이 아니었다. 당시에 이탈리아군은 똑같은 산악 전투에서 오스트리아군을 곤경에 빠뜨려 독일군이 개입한 후에야 진격을 멈추었을 정도로 강인했었다. 그러나 1940년의 이탈리아 군대는 상대적으로 허약했다. 무솔리니는 대외적으로 많은 부대를 보유하고 있는 것처럼 부풀리기 위해 부대의 규모를 줄여 3개 연대가 있어야 할 사단에 2개 연대만 편제되는 눈속임용 행위를 했기 때문에 각급 부대의 전투력은 약했고, 전투 의지 또한 매우 낮았다. 전쟁의 승리를 구하기 위한 것보다는 무솔리니 자신의 기분에 맞추다 보니 휘하 장병들이 전투에 열의를 가지고 임할 동기가 빠져 있었기 때문이었다.

무솔리니는 1940년 10월 28일 알바니아의 남부 산악지대에서 무리한 공세를 시작했다. 이탈리아는 외형상 공격에 성공할 가능성이 커 보였다. 이탈리아군의 병력은 그리스군의 규모를 훨씬 능가했고, 그리스군은 동부 트라키아지역에서 적대적인 불가리아군에 맞서 상당한 전력을 배치해야 했으므로 총력을 기울일 수 없었기 때문이었다. 다행히 터키가 불가리아에 만약 그리스의 곤경을 이용하여 이익을 보려고 한다면 자신들의 37개 사단을 사용할 수 있다고 으름장을 놓은 덕택에 정부의 수반인 메탁사스(Ioannis Metaxas) 전 참모총장이 전역 초기에 병력을 동북부 지역인 트라키아에 4개 사단만을 남겨 놓고 나머지를 알바니아 전선으로 이동시켜 배치할 수 있었다.

그리스군은 초기에 산악지대에서 이탈리아군이 스스로 피곤함에 빠져 지치도록 지연전을 펼치면서 결연히 방어에 주력했다. 때마침 이틀 동안 폭우가 쏟아져 도로는 진흙탕이 되고 교량은 급류로 인해 유실되어 병력이 움직일 수 없었다. 이 틈에 그리스는 11월 14

일에 불가리아 전선으로부터의 전환한 전력으로 공세로 전환하여 이탈리아군을 혼란에 빠뜨리고 패배시켰다. 무솔리니는 전국 방방곡곡에서 예비 병력을 모집하여 이 병력을 전선에 긴급 투입했지만, 전황은 호전되지 않았다.

그리스는 11개 사단을 투입하여 이탈리아군 15개 사단을 공격함으로써, 그들을 패퇴시켜 국경선 밖으로 몰아냈다. 11월 11일 밤에는 또다시 이탈리아의 자부심에 재를 뿌리는 사건이 발생했다. 알렉산드리아에 주둔한 영국 해군의 커닝엄 제독은 항공모함 1척과 순양함 4척, 구축함 4척으로 구성된 소함대를 거느리고 이탈리아의 타란토 해군 기지를 공격했다. 항공모함에서 출격한 소드피시 뇌격기들의 공습으로 이탈리아의 전함 카르보가 침몰하고, 리토리오와 두일리오는 대파되었다. 영국 측의 손실은 낡은 소드피시 항공기 2기뿐이었다. 이로써 지중해에서의 제해권은 영국이 확실히 장악했다.

이 시점에서 히틀러는 굳건한 군사동맹의 지지자이자 충직한 정치적 동반자이며 파시즘의 창건자인 무솔리니가 그리스군에 의해 치욕을 당하도록 내버려 둘 수 없다고 생각했다. 그는 11월 4일 이미 국방군 최고사령부에 그리스 점령계획을 세우도록 지시했다. 독일군이 그리스로 진격하기 위해서는 기계화부대의 운용에 매우 부적합한 발칸반도의 복잡한 지형을 극복해야 하고, 전략적으로는 영국의 개입을 초래하고 소련을 긴장시키는 불이익이 있을 것이며, 반면에 독일의 개입에 순순히 응하지 않는 유고슬라비아와 중립국으로 남으려는 터키를 겁박하여 외교상으로 유리한 입장을 얻을 수는 있을 것이었다.

한편, 영국은 11월 3일 이미 아테네와 펠로폰네소스 반도에 단거리 전술 항공기의 공군기지를 건설하여 알바니아와의 국경전투를 지원하고 있었다. 그러나 그리스는 독일을 자극하지 않기 위해 영국이 더 이상 내륙 깊숙한 곳에 기지 건설을 허용하지는 않았다. 히틀러로서는 더는 영국의 발칸 진출을 허용해서는 그들의 제1의 전략물자인 루마니아의 석유산지를 보호하기 어렵다고 생각했으며, 그뿐만 아니라 전쟁에 필요한 필수품목을 대부분 조달하는 발칸지역을 반드시 보호해야만 했다. 유고슬라비아와 그리스는 독일이 쓰는 알루미늄 원료인 보크사이트의 45%를 생산하고 있으며, 유고슬라비아는 독일이 소요하는 주석의 90%, 납의 40%, 구리의 10%를 조달하고 있었고, 특히 식량의 주요 공급원이 되고 있었다.

만일 영국이 내륙 깊숙이 항공기지를 건설한다면 유전은 물론이고 필수 광물을 수송하는 철도나 도로를 폭격하여 독일의 전쟁 지속능력을 현저히 저해할 수 있게 될 것이었다. 역사적으로는 1820년경에 그리스가 오스만튀르크를 상대로 한 독립전쟁에서 영국이 후원함으로써 양국의 관계는 매우 긴밀했다. 물론 영국은 러시아의 남진을 저지하기 위해서 1856년경에는 튀르크 제국과도 손을 잡고 크림전쟁에 참여하기도 했다.

유고슬라비아는 1차 대전 이후 독립과정에서 영국이 지지해 주었기 때문에 영국과 원만한 관계를 유지해 왔다. 오로지 1차 대전 당시 적국이었던 불가리아와 영국의 관계는 여전히 밝지 못했다. 불가리아는 흑해를 통해 소련과 접해있고 지중해로 나가는 길목에 있는 지정학적 여건에 따라 독일이나 소련의 눈치를 살피지 않으면 안 되게 되어있었다.

따라서 이탈리아의 그리스 침공으로 지역 내의 국가들은 물론, 독일과 소련, 영국이 분규에 개입할 복잡한 문제가 야기되었기 때문에 히틀러가 자동으로 군사적인 행동을 취하도록 만들었으며, 이는 장차 소련 침공을 목표로 하는 대전략에 큰 차질을 초래하게 했다. 그뿐만 아니라 이탈리아는 이 시점에서 무리한 욕심으로 북아프리카의 리비아에서 이집트로 진격하다가 영국의 반격을 받아 참패하자, 히틀러는 또한 북아프리카에 파병해야 하는 크나큰 부담을 떠안게 되어 소련 침공에 집중해야 할 전력의 한쪽 팔을 딴 곳으로 전용해야 했다.

11월 14일 반격을 시작한 그리스군은 그해 말까지 애국심으로 똘똘 뭉쳐 이탈리아군을 알바니아 영토 내로 40~70km나 몰아냈다. 이탈리아 증원군이 도착하여 총병력이 49만을 넘었지만, 상황은 변하지 않았다. 다음 해 4월 독일군이 그리스에 진격할 때까지 이탈리아군은 4만 명이 사망하고, 11만 4,000명이 부상과 동상에 걸려 전력에서 이탈하자, 무솔리니가 꿈꾸는 강대국의 꿈은 철저히 무너졌다.

제2절 독일군의 발칸 진격

무솔리니가 그리스를 침공하여 비참한 결과를 초래하자, 영국은 기다렸다는 듯이 그리스에 진출했다. 1939년 4월 영국은 이미 그리스에 지원을 약속했고, 그리스 수상 메탁사스가 도움을 청하자 1940년 11월 둘째 주에 첫 번째 비행대대가 그리스에 도착했고, 육군은 크레타섬에 상륙하여 크레타를 수비하던 그리스군이 전선으로 떠나도록 지원했다. 그러나 메탁사스 장군은 영국 공군이 루마니아의 플로이에슈티 유전을 폭격해서는 안 된다고 제한을 두었는데, 이는 그리스군이 이탈리아군을 대적할 수는 있으나 독일군에는 역부족임을 알고 독일을 자극하지 않으려는 계산에서였다.

그러나 히틀러는 추축국의 동지인 이탈리아를 곤경에서 구하고 무엇보다도 루마니아를 확고하게 방호하기 위해 그리스로의 진격을 지시했다. 이미 영도자 지령 20호로 준비했던 '마리타 작전'을 전개하도록 명령했다. 진격할 경로에 있는 헝가리와 루마니아, 불가리아와는 이미 외교적으로 동맹국이 되었기 때문에 통과하는 데는 문제가 없었다.

독일군의 그리스 침공을 위한 준비는 1941년 초에 이루어지고 있었는데, 리스드 원수

휘하의 제12군은 헝가리, 루마니아를 거쳐 다뉴브강의 하류에 집결하고 있었다.

한편 소련은 독일군의 행동에 깊은 의구심을 품었지만, 독일의 진군 목표가 영국군이라는 독일의 해명에 대해 직접적인 항의나 의사표시를 할 수 없었다.

영국군은 독일군의 진격에 대해 잘 알고 있었다. 북아프리카에서는 1940년 12월 9일부터 이집트 국경을 100km 정도 넘어서 진군해 온 이탈리아군을 영국군이 사정없이 반격하여 1941년 2월 9일까지 13만 명의 포로를 획득하는 큰 승리를 거두었다. 처칠은 언제나 공세적인 성격의 정치인으로서 자국민들과 특히 잠재적인 동맹국으로 생각하고 있는 미국에 깊은 인상을 주기 위해 요란한 승리가 필요했는데, 이집트 전선에서의 승리는 그의 요구에 잘 맞는 것이었다. 그러나 군사적으로 이탈리아군의 전력이 너무 형편없었기 때문에 실속 있는 승리는 아니었다.

문제는 그 다음이었다. 신명이 난 처칠은 북아프리카 전선에서 이탈리아군을 더 몰아붙이는 대신 3개 사단을 차출하여 그리스로 파견하도록 명령했다. 그럴 경우 북아프리카에서의 영국 전선에는 공백이 발생하여 방어력이 매우 약화할 수밖에 없었다. 때마침 히틀러는 무솔리니의 지원요청 성화에 맞추어 북아프리카로 파병을 준비하고 있었다. 1941년 2월 3일에 히틀러는 사막작전이 기갑 위주가 될 것으로 알고 만슈타인과 롬멜을 두고 검토한 결과, 롬멜을 사령관으로 파견하기로 하고 준비에 박차를 가했다. 영국군이 빠져나가 전력에 공백이 생기면서 독일군은 의도하지는 않았지만, 절묘한 타이밍에 북아프리카에 진격하게 된 것이다.

한편, 1941년 2월에 그리스와 영국은 그리스에 파병할 부대의 규모와 성격을 놓고 비밀회의를 계속했다. 그리스의 독재자였던 메탁사스가 1월 19일 사망하자 실질적으로 군을 지휘하게 된 육군총사령관 파파고스(Alèxandros Papagos) 장군은 독일군을 분노하게 할지도 모르는 대책에 대해 메탁사스보다 덜 신중했다. 영국의 지원 병력 규모는 4개 사단으로 합의를 보았다. 이집트의 사막 군에서 4개 사단이 3월 4일 수송선에 올랐다. 대부분 군사전문가가 군사적인 성공 가능성이 없다고 우려했음에도 동맹국에 대한 의무를 다해야 한다는 처칠의 열의를 막을 수 없었다. 사실 대규모 독일군에 대해 비록 그리스와 연합을 한다고 해도 영국군 4개 사단은 보잘것없는 먹이에 불과할 정도였다. 정치가들의 의도에 따라 목숨을 바쳐야 하는 것은 승패와 관계없이 민주주의 국가에서 국민의 군대로서 복종해야 하는 군의 의무였다.

2월 15일이 되면 독일군은 도나우강을 건너 불가리아에 진주하여 공격 준비를 완료하고 있었다. 그리고 '마리타 작전'에 따라 독일 공군은 동지중해와 에게해를 제압할 기지를 갖는 기존의 목표에 만족하지 않고 영국군이 진주한 것을 참작하여 그리스 전역을 점령하는 것으로 확장되었다. 히틀러는 그동안 스페인의 프랑코와 비시 프랑스 정부의 페탱을 회유하고 압박하여 서지중해에서 영국군의 전력을 분산시키도록 노력했으나, 노련한 프랑코와 완고한 페탱의 지지를 얻지 못해 실패하고 말았다.

그리스 진격을 앞둔 시점에서, 히틀러는 동지중해와 레반트59)에서 영국이 우위를 점하고 있는 역내의 패권을 흔들어 보려고 시도했다. 그는 이라크의 친독 성향의 반영 정당을 회유하여 수에즈 운하와 이라크의 유전을 공격할 수 있는 공군기지를 건설할 수 있는 가능성에 대해서도 기대를 갖는 듯했다. 영국은 오히려 이에 자극받아 병력 부족의 어려움에도 불구하고 레바논을 포함하여 두 개 지역을 점령하여 독일의 위협을 제거했다.

독일에게 중동지역 내 이라크나 레바논은 그리스와는 가치가 달랐다. 그리스는 소련 침공을 위해 독일이 반드시 깨끗하게 정리해 두어야 할 높은 가치의 배후지였다. 1941년 3월 초에 독일군은 병력의 집결을 거의 마무리했으나, 문제는 접근로였다. 알바니아를 통한 접근로에는 이미 이탈리아의 많은 부대가 전개되어 도로 사용이 제한되었다. 불가리아를 통한 접근로 역시 내부의 도로와 철도가 너무 원시적이어서 대규모 부대가 사용하기에는 부적합했다. 가장 좋은 접근로는 유고슬라비아를 거쳐 마케도니아를 통과하여 그리스로 가는 길로서, 교통망과 부대 전개에 필요한 공간이 충분했다.

문제는 유고슬라비아의 태도였다.

1. 유고슬라비아의 저항

1940년 10월 이후 히틀러는 헝가리, 루마니아, 불가리아와 함께 유고슬라비아에도 삼국 협약에 가입하라고 압박과 권유를 거듭해 오고 있었다.

그러나 숱한 압력에도 불구하고 유고슬라비아는 발칸반도가 2차 대전에서 중립으로 남아야 한다면서 줄기차게 버텨오고 있었다. 당시 유고슬라비아는 나이 어린 국왕 페타르 2세의 삼촌인 파울(Paul)이 섭정하면서 친 영국 성향을 지니고 있어 영국의 대의명분에 동감한다는 의사를 밝혀왔었다. 그뿐만 아니라 그리스 출신 공주의 남편이었기 때문에 처가를 공격하려는 독일에 협조하는 것이 내키지 않는 일이었다.

당시에 헝가리와 불가리아, 루마니아에 독일군이 가득 들어서자 압력은 더욱 거세졌다. 결국에 그는 유고슬라비아 영토로 독일군이 진격하지 않는다는 거짓 약속에 속아 3월 17일 삼국 협약에 가입했다. 조인은 3월 25일 빈에서 이루어졌다. 그러나 세르비아를 중심으로 한 대다수 국민과 군은 발끈해서 그에 반대했다. 1차 대전에서도 세르비아 출신들이

59) 역사적으로 근동의 팔레스타인, 시리아, 요르단, 레바논 등이 위치한 지역을 가리키는 말이다.

주동이 되어 오스트리아 황태자를 암살해서 일어난 것처럼 세르비아 국민은 슬라브 민족으로서, 다혈질이고 저항정신이 어느 민족보다도 강했다.

3월 26일부터 이틀간 공군의 미르코비치(Bora Mirković) 장군을 주축으로 한 장교단이 베오그라드를 점령하고 파울 섭정 공을 퇴위시켰다. 대신에 국왕이었지만, 어려서 국정에서 배제되었던 페타르(Petar)를 전면에 내세우고 훗날 유고슬라비아 망명정부를 지도하게 되는 공군총장 씨모비치(Duśan Simović)가 새로운 정부를 구성하고 이끌었다. 결과적으로 쿠데타는 독일의 적대감을 불러일으키고 내부적으로 국론을 분열시켰다. 독일에 대항하여 자기들을 도와줄 지원 세력은 전혀 없었다. 주변국들인 헝가리, 루마니아, 불가리아와는 역사적으로 영토분쟁을 거듭해왔기 때문에 적대적이었고, 국내적으로도 크로아티아는 독일과 우호적인데다 장차 독립을 꿈꾸고 있어 세르비아는 고립무원이었다. 불끈하여 일으킨 쿠데타는 1차 대전에서처럼 머지않아 점령당하고 고통받는 결과로 이어질 것이었다.

한편, 유고슬라비아의 심모원려가 없는 쿠데타의 배후에는 미국과 영국의 부추김이 있었다. 장차 미국 중앙정보국(CIA)의 전신인 전략정보국(OSS : Office of Strategic Service)의 국장인 도노반(William Donovan) 대령이 1941년 1월 23일에 루스벨트 대통령의 개인 특사 자격으로 베오그라드에 도착하여 '국가의 명예를 잃지 말라'는 권고문을 전달했다. 처칠 역시 주재 대사에게 "유고슬라비아가 삼국 협약에 가입하지 않도록 괴롭히고, 들볶고, 물어뜯어라."라고 닦달하고 있었다.

히틀러는 유고슬라비아의 쿠데타로 오히려 '마리타 작전'을 수행하는 것이 간단해졌다고 생각했다. 수도 베오그라드는 자국의 국기와 더불어 영국, 프랑스 국기가 나부끼며 시민들이 환호했지만, 독일군을 저지할만한 실력은 없었다. 유고슬라비아의 철도체계는 합스부르크제국 시절부터 통합 운용되어 오스트리아, 헝가리 루마니아, 그리스와 잘 연동되어 있어 독일군의 사용을 쉽게 해주었고 독일이 주전장으로 생각하는 마케도니아에 전력 수송을 편하게 해줄 것이었다.

3월 26일 청사에서 히틀러는 육군 총사령관 브라우히치와 괴링에게 유고 침공을 결심했다고 말했다. 유능한 독일군은 이미 우발계획으로 침공계획을 완벽히 수립하고 있었다. 히틀러는 작전에 동참하게 될 헝가리에는 아드리아해에 면한 항구 하나를, 불가리아에는 마케도니아 일부를 주겠다고 언약했다. 헝가리의 국가수반인 호르티(Horthy) 제독은 아드리아의 항구라는 뇌물을 무슨 연유인지 모르지만, 거절했다.

유고슬라비아의 실권자들은 독일이 유고슬라비아에 특별히 원한을 품을 이유가 없다고 착각하고 있었다. 설사 문제가 있더라도 영국 사절단의 입국을 거절함으로써 독일을 달랠 수 있을 것으로 생각했다. 그러나 히틀러의 눈에는 그들이 쿠데타를 일으켜 삼국 협약 가입을 무산시킨 것만으로도 적으로 간주하기에 충분했으므로 조속히 유고슬라비아를 군사적으로 점령하도록 명령했다. 오스트리아에 주둔 중인 제2군이 세르비아의 수도 베오그라드로 진격하고, 불가리아에 사전 배치된 제12군은 일부는 우회전하여 유고슬라비아의 남부로 진격하며, 일부는 남쪽의 그리스로 향했다. 아울러서 서쪽에서 이탈리아의 1개 군이 자국의 후견을 받는 크로아티아의 수도 자그레브를 향해 공격하는 동안, 동쪽에서는 헝가리의 제3군이 자국의 영토라고 주장하는 보이보디나(Vojvodina) 지역을 도나우강을 건너 공격하도록 계획했다.

총병력이 100만이라는 유고슬라비아 육군은 전투부대가 28개 보병사단과 3개의 기병사단으로 편제되어 있었지만, 장비는 구닥다리였다. 전차대대는 3개에 전차 대수는 단 100대에 불과하였고, 기동장비는 주로 말과 소, 노새가 주였으며, 그래도 90만 마리를 동원할 수 있었다. 모든 장비는 제1차 세계대전 당시의 모습 그대로였다. 유고슬라비아의 방어대책은 우왕좌왕 지지부진했으며, 적에 대한 정보도 깜깜했다. 4월 3일 부참모총장이 그리스를 방문하여 그리스 총사령관 파파고스 장군과 회담했으나, 그리스가 제의한 유고슬라비아의 군대를 남쪽으로 집중하여 그리스군과 연합하자는 계획에는 반대했다.

"모든 것을 방어하려는 자는 아무것도 방어하지 못한다."라는 프리드리히 대왕의 경구처럼 유고슬라비아는 허약한 전력으로 모든 곳을 방어하려고 했다. 마치 1939년 9월 폴란드처럼 동일한 잘못을 저지르고 있었다. 어떤 면에서는 그리스도 같았다. 그리스의 전력으로는 전통적인 적의 접근로로 보이는 마케도니아를 통한 접근로를 방어하기에도 부족할 텐데 동부지역의 트라키아를 동시에 지키려는 열망으로 전력을 분산시켰다. 그렇더라도 유고슬라비아처럼 영토 내의 곳곳에 전력을 분산 배치하고 노새가 견인하는 산악 포와 낡은 소총으로 최강의 독일군을 방어하려는 무모한 전쟁은 참으로 어이없는 행위였다.

독일은 유고슬라비아의 저항은 배후에 영국의 개입에 의한 것이라는 확신하고 외무장관 리벤트로프가 일본과 회담을 열어 일본이 동양의 영국령인 싱가포르를 점령하도록 제의할 것을 지시했다. 4월 6일에 독일의 공격은 시작되었다. 유고슬라비아는 베오그라드를 무방비 도시로 선포했지만, 히틀러의 지시에 따라 무자비한 공중 폭격의 대상이 되었다. 아침의 베오그라드에 대한 공습으로 유고슬라비아의 공군은 바로 괴멸되었다. 450대의 항공기 가운데 200대가 낡은 기종이었지만, 첫 번째 공격에서 대부분 파괴되었다. 베오그라드에서만 민간인 3,000명이 이상이 희생되었다. 육군은 이탈리아의 제2군 및 헝가리의 제3군과 연합하여 역내를 통과하는 도나우강, 사바(Sava)강, 모라바(Morava)강을 따라 진격하여 유고슬라비아의 심장부로 집중하는 기동에 의해 철저히 분쇄되었다. 유고슬라비아의 공식 전사는 그 당시 베오그라드 전투에 관하여 다음과 같이 기록하고 있다.

"유고슬라비아 육군의 운명은 4월 6일 마케도니아에서, 4월 8일 세르비아에서, 4월 10일 크로아티아에서 이루어진 세 차례의 초기 공격으로 결정되었다. 히틀러 도당이 국경방어를 깨뜨리고 내륙 안으로 깊숙이 밀고 들어와 유고슬라비아군을 방어진지에서 몰아냈다. 국경방어가 돌파된 뒤 유고슬라비아 부대들은 상호 접촉도, 보급도, 지휘부도 없이 의표를 찔려 산산이 부서졌다."[60)]

원래부터 유고슬라비아는 민족과 종교, 역사와 문화가 다른 과거의 왕국이 혼재하여 언제나 분쟁의 소지가 있었다. 역내에서 가장 강력한 세력인 세르비아는 슬라브 민족이면서 동방정교가 주력이었고, 다음으로 강력한 세력은 서부의 크로아티아로 라틴족이면서 로마 가톨릭이었다. 기타 다양한 민족과 종교, 언어, 역사가 섞여 있어 언제라도 분리 독립할 기회를 엿보고 있는 화약고 같은 곳이었다. 실제로 1차 대전 이후, 그리고 1992년 공산주의가 무너지면서 각 세력이 분리 독립하는 과정에서 많은 피를 흘려서야 지금의 질서를 유지할 수 있었다.

당시에도 독일과 이탈리아에 우호적이었던 크로아티아의 극우 정치조직인 우스타샤(Ustaša)는 독일의 침공 즉시 4월 10일 독립을 선언했고, 슬로베니아는 4월 11일 독립을 선언했다. 군대 역시 지역별로 갈라져 크로아티아인으로 구성된 군대는 즉시 반란을 일으켜 독일군에 협조했다. 문제는 유고슬라비아의 지역주의가 군대 내에도 극심해서 육군의 사단장은 1명을 제외하고 모두 세르비아 출신이었기 때문에 독일군에 저항하는 데 부정적인 영향을 미쳤다.

유고슬라비아군의 저항은 너무 미미해서 4월 17일에 항복해야 했으며, 그 과정에서 독일군의 희생자는 불과 151명이었다. 끝까지 저항한 집단은 제2군의 부참모장이었던 미하일로비치(Draža Mihaijlovič)와 그를 추종하는 50여 명으로 대부분 세르비아 출신인 그들은 국왕에 충성을 맹세하고 체트닉(Četnić)이란 조직을 만들어 점령군에 대항했다. 그러나 히틀러가 게릴라에 협조했다고 의심이 가는 민간인을 대규모로 응징하자 그들도 적극적인 대독 항전을 포기했다.

체트닉은 1942년 티도(Tito)가 등장하여 외부 침입자에 맞서 적극적으로 항전할 때까지 소극적으로나마 유일하게 독일에 항전한 세력이었다. 훗날 티토와 헤게모니 다툼에서 패배하여 체트닉은 소멸하였다. 그러나 나치가 세르비아를 너무도 가혹하게 탄압하자, 결국 역효과를 일으켜 장차 게릴라의 저항이 극렬하게 전개되어 상당한 전투력을 상주시키지 않을 수 없었다.

---

60) 존 키건 지음, 류한수 옮김, 옮김, 『2차 세계대전사』(서울 : 청어람 미디어. 2006), p. 230.

2. 그리스의 붕괴

4월 6일에 독일군은 유고슬라비아와 더불어 그리스에도 동시에 침공했는데, 여기에서는 강력한 저항에 부딪혔다. 그리스군은 1920년 초에 오스만튀르크와의 전쟁에서부터 경험을 쌓은 많은 지휘관이 있었고, 현대식 전차와 항공기를 가진 영국군의 지원을 받았다. 영국군은 총 5만 8,000명의 병력을 그리스군과 협조하여 배치했다. 그리스군은 전력을 3개소로 분리 배치했다. 우로부터 4개 사단은 불가리아 접경지역에 소위 '메탁사스 선'으로 불리는 방어선에 배치했고, 중앙부에는 올림포스산을 끼고 영국의 3개 사단과 - 영국군 제1기갑사단, 오스트레일리아군 제6사단, 뉴질랜드군 제1사단 - 그리스군 3개 사단을 함께 알리악몬(Aliákmon) 선의 150km 후방에 배치하였으며, 나머지 14개 사단으로 알바니아에서 유고슬라비아군과 함께 역으로 공격한다는 계획을 세웠다. 이러한 부대 배치는 넓은 공간에서 상당 부분 유고슬라비아군의 보호를 염두에 둔 것이었다.

만약 유고슬라비아군이 붕괴한다면, 그리스군의 방어는 측면이 노출되어 재앙을 맞을 수밖에 없는 방어편성이 될 수밖에 없었는데, 후에 전투 결과도 그렇게 진행되었다.

한편 히틀러는 고대 그리스군이 마라톤 전투나 살라미스 해전에서 보여준 용맹성과 알렉산더 대왕의 기병과 방진에 경의를 표하며, 전쟁이 승리로 끝나게 되면 그리스군의 포로를 조건 없이 석방하라는 명령을 내려두었다.

영국군은 앞에서 기술한 바와 같이 중동군사령관 웨이블 장군이나 지중해 함대사령관 커닝엄 제독도 영국 원정군이 독일군을 물리칠 것이라고 기대하지 않았다. 다만 영국의 명예가 걸려있다고 믿는 외무장관 이든이나 수상 처칠이 강력히 주장했기 때문에 마지못해 파병하게 된 것이었다. 병력의 절반 이상이 오스트레일리아와 뉴질랜드 출신이었는데, 이는 쉽게 동원할 수 있었기 때문이었지만, 자기들을 희생양으로 내몰았다고 오스트레일리아와 뉴질랜드 국민은 훗날 크나큰 분노를 표출했다.

원정군 사령관은 메이틀랜드 윌슨(Maitland Wilson) 장군이었는데 워낙 체격이 커서 '점보'로 불리었다. 그는 전투에 대해 냉철한 분석을 하고 어떠한 낙관적인 환상도 갖지 않았으며, 장차 영국군이 패배한다면 물러날 장소를 물색하고 있었다. 일부 하급 장교들은 유고슬라비아를 지나 계속 진격하여 오스트리아의 빈으로 향하는 경로에 대해 지도를 통해 연구하기도 했다. 그러나 고위 장교들은 그리스 전역이 제2의 노르웨이 전역이 될 것이라고 예상하였다. 윌슨 사령관은 펠로폰네소스 반도의 지도를 연구하며 장차 패배하면 군대가 항구를 통해 철수할 경우를 염두에 두고 있었다.

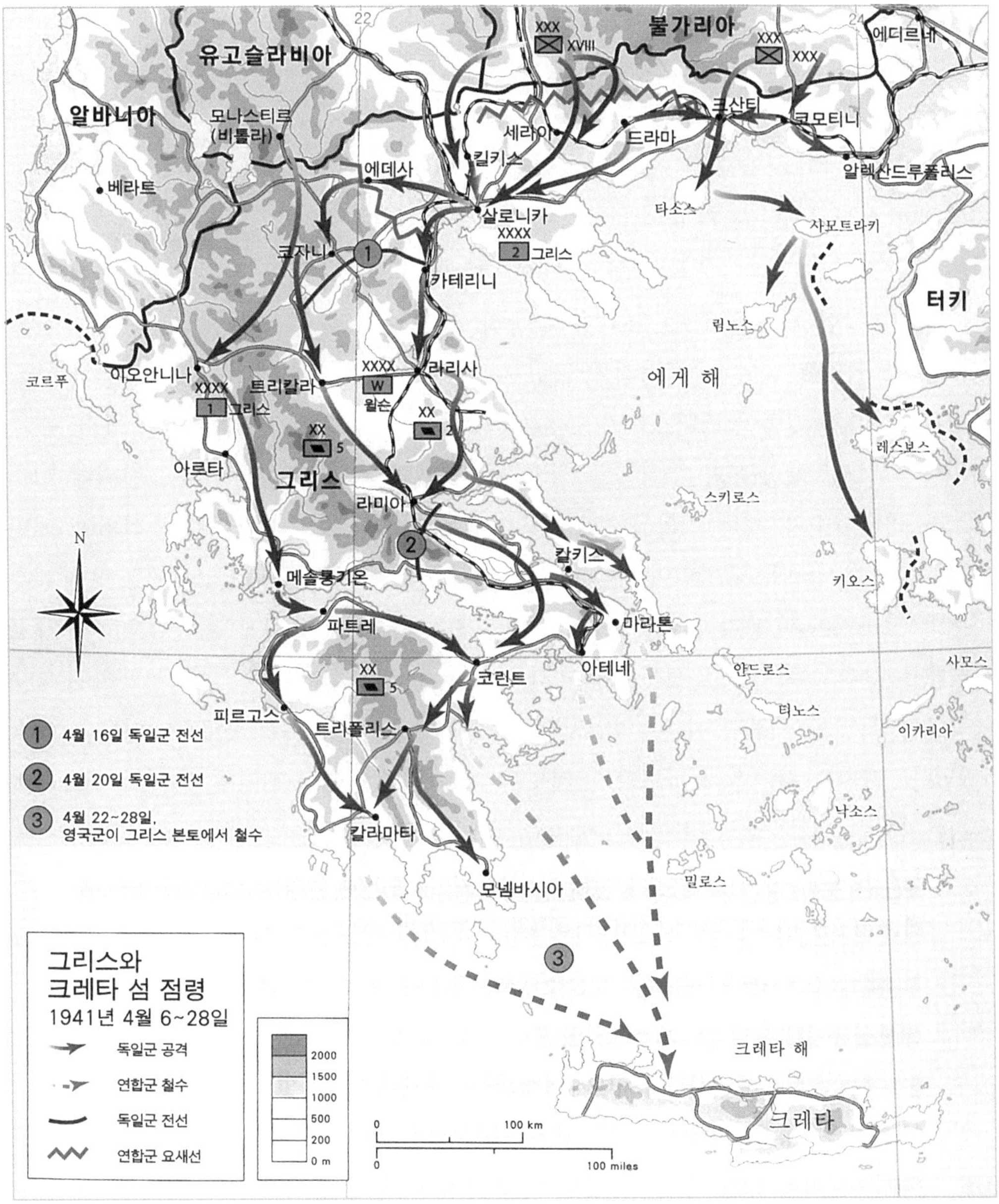

● 독일군의 신속한 공격에 그리스를 지원하기 위해 파견된 소규모 영연방군은 제대로 싸워보지도 못하고 후퇴해야 했다. 4월 마지막 주에 그리스는 무너졌고 영국군은 크레타 섬에서 철수했다.

※ 출처 : 크리스 비숍 등 지음, 박수민 옮김. 『제3제국』(플래닛미디어, 2012). p. 175

전역은 히틀러가 예상한 데로 흘러갔다. 전투가 벌어진 지 이틀 만에 독일군은 마케도니아에서 유고슬라비아군을 깨뜨리고 그리스로 쇄도했으며, 동부의 메탁사스 선은 4월 9일에 항복해야 했다. 중앙에서도 알라악몬 선의 좌익을 돌파하여 마케도니아를 거쳐 바르다르강을 따라 그리스 중부로 향하는 진격로를 거침없이 돌파해 나갔다. 서부에서도 알바니아의 이탈리아군을 향해 전진하는 그리스군을 독일군이 저지하자 이탈리아군은 자력으로 할 수 없었던 전진을 개시하게 되었다. 모든 전선에서 그리스군은 패배를 면치 못하고 각개 격파되어 항복하기 시작했다.

알바니아에서 그리스군의 사령관 촐라코글루(Tsolakoglu) 장군은 이탈리아군이 아닌 독일군에게만 항복하겠다고 하여 이탈리아군에게 만족감을 주지 않았다. 그리스군은 항복한 이후에 포로들이 이탈리아군의 처분을 받지 않는다는 조건으로 독일의 제2군사령관 리스트 원수와 협상했다. 4월 18일 그리스의 총리 코리치스(Koryzisi)가 갑자기 자살하자 더 이상 저항할 의지를 잃었다. 공식적으로는 1941년 4월 27일 아테네의 아크로폴리스에 갈고리 모양의 나치 깃발인 스바스티카(Swastika)가 게양됨으로써 전쟁은 끝이 났다.

독일군은 전사, 행방불명, 부상자를 합쳐 5,000명의 인명 손실을 냈다. 반면에 그리스와 유고슬라비아군의 희생은 확실히 집계되지 않았다. 전쟁의 결과 유고슬라비아 연방의 영토 중에서 보스니아, 달마티아, 몬테네그로가 이탈리아에 할양되었고, 세르비아 남부와 그리스의 트라키아는 불가리아가 차지했으며, 크로아티아는 독일에 협력함으로써 새로운 국가형태를 갖추고 독일의 위성국이 되었다.

영국군은 독일을 격퇴할 수는 없었지만, 수송 수단은 충분해서 신속히 전장을 이탈할 수 있었다. 기원전 480년 스파르타의 레오니다스 왕이 휘하 300명의 전사로 페르시아군에 맞서 싸웠던 테르모필라이(Thermopilai)에서 한차례 지연전을 펼쳐보았지만, 역부족으로 남쪽으로 떠밀려 내려갔다. 철수하는 과정에서 영국군은 매일 독일군의 공습을 받아야 했다. 아테네의 항구는 전역 초기에 독일 공군에 의해 파괴되었기 때문에 영국군이 중동 지역이나 크레타섬, 또는 이집트로 피난하기 위해서는 펠로폰네소스 반도에서 항구를 찾아야 했다.

패주하는 영국군을 차단하기 위해 독일의 공수부대가 4월 26일 펠로폰네소스로 가는 길목인 코린토스의 지협에 강하했지만, 영국군은 이미 이 지역을 통과한 후였다. 처음부터 승리할 가능성이 거의 없는 전역이었지만, 필사적인 패주는 참으로 비참했다. 그런데도 그리스의 시민들은 영국군의 지원과 언젠가 다시 돌아와 적군으로부터 자신들을 구출해 주리라는 기대감으로 인해 열렬한 환호성으로 작별했다. 그리스는 패전 후에 겪어야 할 고난을 그때까지는 실감하지 못했으나, 당장 그 해에 4만 명 이상이 아사하는 비극을 맛보았다.

영국 해군은 또 한 번 패배한 육군을 실어 나르기 위해 가용한 모든 선박을 동원했다. 화물선과 돛단배를 포함하여 순양함 6척과 구축함 19척을 파견했다. 독일군도 또다시 됭케르크의 철수를 용인할 수는 없었다. 결국, 그리스에 파병한 5만 8,000명 중에 1만 4,000명이 포로로 남겨졌고, 2,000명이 전사했다. 그 외에 장갑차를 비롯한 기동장비와 무기를 폐기 처분해야 했기에 장차 북아프리카에서 롬멜과 대적할 때 매우 불리한 상황에 빠졌다. 영국군은 각종 함정에 승선하여 철수하는 동안, 독일 공군의 습격으로부터 큰 피해를 보아야 했는데, 두 척의 병원선을 포함하여 무려 선박 26척이 침몰했고, 병력 2,000명이 희생되는 참사가 벌어졌다. 구축함 다이아몬드와 아이네크가 침몰하고 승선했던 장병들은 대부분 수장되었다. 마지막으로 구출된 장병은 2만 7,000명으로서, 크레타섬의 항구에 도착했다.

이들은 얼마 후에 북아프리카에서 싸울 것으로 예측하였지만, 곧이어 들이닥친 독일 공정부대와의 혈전이 이들을 기다리고 있었다.

발칸전투의 의의를 사가들은 히틀러의 소련 침공과 연결하여 해석하기도 한다. 1812년 6월 22일 나폴레옹이 러시아를 침공했다가 추위와 굶주림으로 패주한 사실과 1941년 6월 22일 독일이 소련을 침공했다가 12월 모스크바 앞에서 공격을 이어가지 못한 원인이 소련의 혹독한 기후의 영향이 절대적이었다는 사실을 반추하며, 만일 독일군이 공격을 6월 22일 이전에 개시했다면 모스크바를 탈환하고 승리했을 수도 있었을 것이라는 가정을 내세워, 발칸전투는 소련에 대한 공격 개시 시간을 몇 개월 늦추는 결정적인 계기가 될 수 있었다는 큰 의미가 있다고 평가되어지기도 한다. 그러나 엄격한 평가는 몇 개월의 지연이 전체적인 전쟁의 승패에는 크게 영향을 미치지 않았다고 결론지었다.

3. 크레타 전투 - 공정작전에 대한 평가

발칸반도의 전역이 완결되어가는 시점에서 히틀러의 측근들은 독일이 육성하여 보유하고 있는 대규모 공정부대를 크레타에 투입하여 작전을 마무리 지어야 한다고 주장하자 히틀러는 이를 받아들였다. 공정작전을 처음으로 창안한 나라는 이탈리아로 1927년 완전무장한 보병을 전장에 직접 투하하는 실험을 했는데, 이를 의미 있게 받아들인 국가는 소련이었다. 소련은 1936년 외국인들이 참관한 가운데, 1개 연대 규모를 직접 낙하산으로 투하하는 모습과 1개 여단 규모를 공수하는 작전을 시범 보였다.

그러나 1937년부터 불어 닥친 군부의 대숙청으로 인해 공정작전은 발전을 못 하고 지체되었다. 훗날 1943년에 독일과의 전투에서 몇 차례 적의 퇴로를 차단하여 대규모 포위작전으로 연결하려 했으나 성공한 예는 찾아보기 힘들었다. 오히려 어설픈 공정작전은 후속 군수지원과 주력 기동부대와의 연결 작전이 원활하지 못해 대규모 피해를 초래한 경우가 많았다. 대표적인 예가 연합군이 몽고메리 원수의 지휘하에 실시한 마켓가든 작전이 아닌가 싶다.

한편, 독일에서는 새로운 군사 혁신가들이 이를 열렬히 받아들여 개전 초기 네덜란드와 벨기에의 최전방 요새를 무력화하는 데 크게 기여하기도 했으나 이는 어디까지나 소규모 작전에 불과했다. 독일은 1차 대전에서 항공대원으로 참전했던 슈투덴트(Kurt Student) 장군이 제7비행단이라는 명칭의 공수사단을 맡았다. 발칸반도의 전투에서는 공정사단을 중심으로 한 합동부대로 제11항공군단이 편성되어 지중해로 전역을 확장할 태세를 갖추었다.

히틀러는 원래 제11항공군단을 이용하여 몰타를 점령하고 싶어 했다. 독일의 고위 군사전문가들은 지중해에서 가장 중요한 요충지의 섬으로 몰타와 크레타를 꼽았으며, 굳이 한 군데를 선택하라고 하면 주저 없이 몰타를 선택했다. 왜냐하면, 몰타는 이탈리아에서 북아프리카로 가는 해상 교통로를 완벽하게 방호할 수 있는 가장 적합한 지형이었기 때문이었다. 국방군사령관 카이텔과 작전참모 요원은 이를 받아들였다. 그러나 공정부대 지휘관인 슈투덴트는 이를 반대하고 크레타를 선호했다. 그 이유는 우선 몰타는 영국군이 강력하게 방어하고 있어 실질적으로 점령하기가 어렵다는 것이며, 둘째, 크레타는 섬의 형태가 횡으로 길게 늘어져 있고 단일 도로로 되어있어 점령하기에 적합하고, 셋째, 크레타를 거점으로 주변의 키프로스를 비롯한 섬들을 점령하여 지중해에서의 주도권 행사에 유리하며, 마지막으로 중동에서 영향력이 약해져 가는 영국을 축출하는데 기여할 수 있다는 것이었다.

영국전투에서 영국의 공군을 제압하는 데 실패하여 체면을 구긴 괴링은 이를 회복할 좋은 기회라고 여기고 부하인 슈투덴트의 구상을 지지하여 4월 21일 히틀러에게 보고했다. 히틀러는 최초에 탐탁치 않게 생각했으나 결국은 동의했다. 4월 25일에 영도자 지령 28호를 발령했고, 작전 명칭은 '수성(Merkur)'으로 했다. 슈투덴트는 자기 휘하의 제7공수사단을 독일에서 데려오고 최고사령부를 설득하여 그리스에 주둔 예정인 제5기갑사단을 자기 휘하의 전투편성에 포함했다. 후속 지원부대는 제5산악사단으로 해상으로 수송하도록 했다.

작전개념은 다음과 같았다. 즉, 3개의 낙하산 연대와 1개의 공정 연대는 융커스 52 수송기 600대로 직접 크레타섬에 공수 낙하한다. 융커스 52 수송기 일부는 경전차와 강습부대 1개 대대를 글라이더 80대에 싣고 끌고 간다. 슈투카 150대와 전투기 200대가 작전을 지원하고 엄호한다. 투입되는 총병력은 2만 2,000명이고, 전역 전체는 제4항공군사령관 뢰르(Alexander Lőhr) 장군이 지휘한다는 것이었다.

슈투덴트의 복안은 비교적 단순했다. 그는 우선 3개의 낙하산 연대를 이용하여 크레타섬의 주요 도시를 점령한다는 것이었다. 주요 도시는 섬의 북쪽 해안을 따라 서쪽으로부터 일렬로 발단된 말레메(Måleme), 레팀논(Rêthimnon)과 이라클리온(Irāklion)이었다. 3개 도시를 점령한 다음에는 비행장에 전차를 비롯한 중장비를 수송한 다음 이를 이용하여 170마일의 동서로 발달한 간선도로를 따라 설치되었을 것으로 판단되는 영국군 진지를 격파하는 것이었다. 슈투덴트는 가장 큰 도시인 서쪽의 말레메를 중심 지역으로 생각하여 최강의 부대라고 생각하는 제1강습연대를 비행장에 직접 동체 착륙할 과감한 구상을 가지고 있었다. 비록 초기에 병력의 열세에 처하더라도 기습의 효과, 제1강습연대의 뛰어난 전투력, 압도적인 공중 우세로 며칠간의 고전이 예상되지만, 영국군을 무난히 무찌를 것으로 생각했다.

크레타섬을 방어하는 영국군의 지휘관은 프레이버그(Bernard Freyberg) 소장으로 그는 1차 대전에서 갈리폴리 전투와 솜 전투에 참가하여 용맹한 전투로 최고의 훈장을 받은 전설적인 영웅이었다. 그러나 그의 명성에 맞지 않게 그의 부대들은 대부분이 그리스 전역에서 패배한 의기소침하고 편제 장비가 부족한 패잔 부대들이었고, 피해를 보지 않은 부대는 새롭게 증원된 뉴질랜드군 제2사단 소속 2개 여단과 오스트레일리아군 1개 여단 정도였다. 총병력은 4만 명 정도였지만, 전차를 비롯한 중장비는 전혀 없었고, 특히 항공기의 지원이 아예 없었다. 크레타섬의 주민들로 구성된 현지인 부대는 일찍이 그리스로 차출되어 섬에 없었기 때문에 남아 있는 원주민의 전력은 소총 한 정에 6명 정도가 할당된 예비군이 전부였다.

그렇더라도 어쩌면 크레타섬의 방어에 성공할 가능성도 컸다. 왜냐하면, 독일군의 작전 기도를 사전에 암호해독을 통해서 알 수 있었기 때문이었다. 사실 낙하산 부대의 전투는 기습효과를 제외하면 매우 취약한 전투방식이었다. 낙하산 부대의 작전을 옹호하는 주창자들은 마치 1차 대전에서 참호를 기본으로 하는 강력한 방어진지를 항공기를 이용하여 뛰어넘어 주력 방어부대의 후방에 공격부대를 내려놓아 방어력이 취약한 지휘소나 통신 시설, 병참 부대를 타격하는 방식의 또 다른 마비 전술을 실행한다는 사상을 가지고 있었다.

이러한 대담한 전략적 상상력의 실행은 방자가 자신들이 타격당하는 것을 인지하지 못했을 때만 성공할 수 있는 것이었다. 왜냐하면, 공수부대는 장비를 경량화해야 할 수밖에 없으므로 실제 전투에 필요한 전차나 장갑차, 중포는 초기에는 사용할 수 없으며, 특히 낙하하는 도중에는 거의 무방비 상태의 취약한 상황을 견뎌야 하는 작전 형태이기 때문에 만일 방어부대가 공수부대의 공격을 사전에 인지한다면 막대한 피해를 면할 수가 없을 것이었다. 크레타섬을 방어하는 영국군은 이미 독일군의 공격계획을 인지하고 있었다. 영국군의 암호해독 부서인 블레츨리에서 독일군의 암호를 감청하여 해독함으로써 중요한 정보를 얻을 수 있었다.

독일군은 비록 암호를 사용했지만, 크레타의 지도와 항공사진을 요청하는 건수가 급증하였으며, 작전개시일은 5월 17일이라는 것을 감청해 냈고, 사정상 2일 연기한다는 것까지 알아냈다. 작전 개시 전에 공수부대의 지휘관들이 각자 3개 도시의 지도를 들고 회의에 참석한다는 첩보도 알아내 방어부대에 통보되었다. 독일의 공군은 전통이 짧아 육군이나 해군과 비교하면 보안에 취약해서 암호를 취급하는 절차상 실수가 잦았기 때문에 암호를 해독해서라기보다는 사소한 처리 과정에서 부스러기를 주워 모아 첩보를 생산해 낼 수 있었다. 첩보의 출처를 속이기 위해 모든 정보가 아테네에 있는 한 명의 간첩에 의해 수집된 것으로 위장했다.

방어부대장인 프레이버그 소장은 슈투덴트의 낙하산 부대가 언제, 어디에, 얼마만큼의 규모로 낙하할지 모두 사전에 알 수 있었다. 그러나 미리 적의 의도를 알아냈다고 해서 그것만으로 승리를 확보할 수 없는 것이 전쟁이었다. 방어부대의 능력과 훈련 정도, 그리고 무엇보다도 지휘관의 능력이 승리를 보장해 줄 것이기 때문이다. 적의 공수부대는 가장 기동력이 뛰어난 부대의 특성이 있지만, 프레이버그 소장 휘하의 부대들은 기동력을 거의 완전히 상실한 앉은뱅이 부대들이었다. 가장 중요한 방어의 핵심은 말레메에 위치한 비행장이었다. 이곳에 독일군은 후속 증원군과 전차를 비롯한 중장비를 하역할 것이므로, 만약 이곳의 방어에 실패한다면 크레타섬의 방어가 무너질 것이었다.

말레메의 비행장을 방어하는 부대는 뉴질랜드군의 제21, 22, 23대대였는데, 그들의 끈질긴 용맹성은 널리 알려져 있었다. 그러나 3개 대대 모두가 비행장 방어만을 위해 배치되지는 않았다. 왜냐하면, 프레이버그 장군은 독일군이 해상으로 상륙작전을 감행한다면 감당하기 어렵다고 생각했기 때문에 연대 1개와 뉴질랜드 대대 1개를 예비로 남겨두고 나머지 사단의 대부분을 카니아 지역의 서쪽 해안에 배치하는 우를 범했다. 말레메의 서쪽에는 아예 병력을 전개하지 않았다. 중동 군사령관 웨이블은 독일군이 절대 해상 상륙을 시도하지 않을 거라고 첩보를 제공했지만, 프레이버그의 우려를 없애지는 못했고, 현지 작전의 권한은 어디까지나 현지 사령관의 몫이었다.

5월 6일이 되자, 암호 해독부대는 최종적으로 독일의 투입부대 규모는 공중으로 2개 사단이 될 것이라는 내용을 풀어냈다. 웨이블의 예상보다 2배가 넘는 규모였다. 프레이버그는 공중으로의 공격보다는 전차를 대동한 상륙에 더욱 신경을 쓰고 있었다. 그는 독일군이 비행장을 사용할 것이라는 첩보를 제공받고도, 활주로를 망가뜨리는 등의 사용 거부 대책을 강구하지 않음으로써, 방어작전에 대한 결정적인 실수를 범하게 되었다.

한편, 독일군의 정보력은 한심했다. 독일군은 크레타섬의 방어부대 규모가 빈약한 장비를 가진 5,000명 규모이며, 놀라운 것은 크레타의 주민들이 독일군을 환영할 것이라는 평가였다. 영연방군은 꽤 철저히 진지를 위장했기 때문에 독일의 항공정찰에도 대부분 노출되지 않았다.

5월 20일 날씨는 쾌청했다. 아침 6시에 시작된 공중 폭격은 한 시간 반 동안 이루어졌는데, 이는 며칠 전부터 계속되어 오던 것이었다. D-day가 그날이라는 것을 알고도 프레이버그는 그 정보를 부하들에게 전파하지 않았다. 오전 8시가 되자 융커스 52 수송기가 섬에 접근하면서 요란한 굉음을 냈다. 병사들은 모두 진지에 투입되어 각종 대공화기를 발사했다. 말레메 근처에서는 해안가 모래밭에 글라이더들이 착륙했다. 몇몇은 대공포에 맞아떨어지고 많은 수는 착륙과정에서 부서졌다. 프레이버그 장군이 말레메 서쪽에 병력을 배치하지 않은 잘못이 금방 드러났다.

최초로 투입된 부대는 팔시름예거의 제1대대로서, 벨기에의 에벤 에마엘 요새를 점령하여 명성을 떨쳤던 코흐 소령이 지휘했다. 곧이어 더 큰 항공기들의 엔진소리가 들려오면서 적의 주력이 도착하는 것을 알렸다. 주위 참모들의 우려에도 불구하고 프레이버그 장군은 침착하게 식사를 계속하면서 "저들은 때가 되면 죽는다."라고 한마디 던질 뿐이었다.

융커스 항공기들은 차례로 공수병들을 토해냈다. 사방에서 글라이더부대를 소탕하거나 하강하는 낙하산병들을 사격하느라 요란했다. 말레메에 공수병 2개 대대가 추가로 투입되었다. 뉴질랜드 제22대대는 비행장에 1개 중대만 배치하고 취약하다고 판단한 서쪽에는 1개 소대를 배치했다. 비행장 바로 남쪽에는 저명한 지형으로 107고지가 있었는데 이곳이 대대본부였다. 비행장에 배치된 중대장은 낙하하는 공수병들을 적시에 사격하여 큰 피해를 입혔으며, 한편 늘어나는 증원부대를 제압하기 위해 해안포를 동원해야 한다고 건의했지만, 상부에서는 해안포는 오로지 해상 방어를 위해 제자리에 있어야 한다고 강력히 지시함으로써 해안포 동원이 거부되었다.

프레이버그는 오지도 않는 해상 상륙부대를 거부하기 위해 해안포는 물론 예비대의 사용도 허용하지 않았는데 이는 중대한 실착이었다. 초기 낙하하여 빈약한 장비를 가진 공수부대를 완전히 진지를 구축하기 전에 역습하는 것이 올바른 전술이었으나 그 시기를 놓쳤다. 말레메 인근에 낙하한 공수부대들은 영국군이 위장하여 주둔한 진지 인근에 떨어져 대량 학살을 면치 못했다. 제1강습연대 소속 제3대대는 600명 가운데 400명이 첫날 전사했고 그중 1개 중대는 126명 중 112명이 전사했다. 글라이더로 공수된 제1대대는 100명만이 다치거나 죽지 않고 살아남았으며 제2대대도 그와 비슷한 피해를 보았다. 제4대대만 비교적 온전히 병력을 보존했으며, 제4대대는 다른 대대의 잔여 병력을 그러모아 뉴질랜드 대대를 물리치며 목표인 말레메 비행장으로 향했으나, 그들은 목적을 달성하지 못했다. 저녁까지 대대장 2명이 전사하고, 2명은 부상당했는데, 그들은 50% 이상의 전력을 손실하고도 아무것도 이루지 못했다.

크레타섬의 주민들도 마을을 자체 방어하겠다는 결의에 차 남녀노소가 소총이나 사냥총뿐만 아니라 농기구나 부엌칼을 들고 나와 나무에 걸린 공수병이나 고립된 독일 병사들을 학살했다. 말레메의 전투가 본격적으로 시작된 시점에서도 섬 중부와 동쪽의 레팀논과 이클라리온에서는 통신장비의 부족으로 독일군의 침공을 모르고 있었다. 오후 5시 30분경이 되자 비상경보가 울려 이클라리온에서는 대공포가 날아오는 항공기를 사격하여 두 시간 동안에 14기를 격추시켰다.

이클라리온의 대공포들은 독일의 제1공수연대 예하 제2대대가 도시의 동쪽 비행장에 착륙하고, 제1, 3대대는 그보다 더 동쪽에 낙하하는 것을 허용하고 말았으나, 그 가운데 비행장에 착륙한 제2대대는 참사를 면치 못했다. 영국의 연대가 무자비하게 공격하고 경장갑차까지 동원되어 그들을 격멸했던 것이다. 도시 동쪽 농장에 강하한 독일군 제3대대는 그리스군과 민병대로 구성된 방어부대와 싸우는 도중에 지원되었던 영국군의 증원으로 후퇴해야만 했다.

레팀논에도 독일군 제2공수연대가 낙하했다. 호주군 2개 대대는 비행장을 감제하는 고지와 해안도로에 배치되어 있었다. 항공기들이 바다와 평행하게 저공비행으로 다가오자 집중사격으로 7기를 격추시켰다. 사격을 피해 항로를 이탈한 항공기들이 공수 병력을 일부는 바다에 낙하시켰고, 암석 지대나 산림에 낙하시키기도 했다. 그들은 익사하거나 대나무를 깎아 세워놓은 장애물에 찔리기도 했다. 생존한 독일 병사들은 도시의 동쪽으로 물러나 간신히 자신들을 보호할 수 있었다. 제2공수연대장이며 사단장도 동시에 맡고 있던 쥐스만(Sűssmann) 대령은 글라이더가 이륙하다가 떨어져 죽었다.

독일군은 밤이 되어도 움직일 수 없어 당장 식수를 구하지 못해 심각한 탈수를 겪어야 했고, 물을 찾으러 나서다가 죽임을 당하기도 했다. 이 과정에서 제7공수여단장을 포함하여 다수가 사살되었다. 독일군의 참사는 아테네의 사령부에 보고되었다. 3곳의 비행장 모두 탈취에 실패했고, 사상자 수가 엄청나게 발생한 것으로 알려졌다. 제12군사령관 리스트 원수와 제8항공군단 리히트호펜 장군은 투입된 병력을 포기하더라도, 작전을 포기하는 것이 옳다고 판단하였다.

한편, 크레타섬의 방어 사령관 프레이버그 소장은 휘하 부대들이 3개 비행장과 2개의 주요 항구를 장악하고 있다는 내용을 카이로의 사령부에 보고했다. 그러나 그의 판단은 안일했다. 말레메의 비행장을 방어하던 뉴질랜드군 제22대대는 계속된 전투에서 완전히 소진되어 여러 차례 증원을 요청했으나 무시되었다. 대대의 상관이었던 제5여단장 하게스트 준장은 해상 위협을 강조하는 프레이버그의 지침에 영향을 받아서인지 방어대대의 지원요청을 간과했다. 그는 대대장이 증원이 없으면 철수하는 수밖에 없다고 하자, "꼭 그렇게 해야 한다면 하면 되지."라고 무책임하게 말했다. 그리하여 말레메 비행장과 감제 고지인 107고지는 밤사이에 버려져 무방비 상태가 되었다. 제22대대장은 다음날 증원을 받아 다시 돌아올 작정이었다.

아테네의 후방사령부에 머물러있던 슈투덴트 사령관은 마지막 명운을 걸고 모험을 결심했다. 그에게 남은 예비대는 제100 산악사단의 1개 연대가 전부였다. 그는 "실패한 작전에는 절대로 증원군을 보내지 말라."라는 군사상의 금언을 무시하고 말레메에 증원을 결심했다. 그는 정상적인 상황이라면 잘못된 결정을 내린 것이다. 그러나 전장의 상황은 언제나 유동적이고 마찰이 있게 마련이었다. 그것은 바로 프레이버그 사령관을 비롯한 제5여단장과 말레메 비행장 방어를 직접 담당한 제22대대장의 결심과 조치였다. 가장 중요한 지형인 말레메 비행장은 텅 빈 상태였기 때문에 슈투덴트의 결심은 좋은 결과를 가져오게 되었다. 5월 21일 아침에 융커스 52 항공기들이 말레메의 간이 비행장에 동체착륙을 시도했다. 그 항공기에 같이 탄 종군기자는 이렇게 기술하고 있다.

"기관총 총알이 오른쪽 날개를 찢는다. 조종사가 이를 악문다. 그는 무슨 일이 있어도 내려앉아야 한다. 갑자기 우리 밑에서 포도밭이 확 덤벼든다. 땅바닥에 부딪힌다. 그러자 한쪽 날개가 모래 속에서 긁혀서 반 원통형 등짝을 왼쪽으로 찢어 놓는다. 사람, 배낭, 상자, 탄약이 앞으로 내동댕이쳐진다. 우리는 제 몸을 가눌 힘을 잃는다. 드디어 멈춘다. 비행기는 머리를 처박고 반쯤 물구나무서있다."[61]

거의 40대에 이르는 융커스 52가 제100 산악사단 연대의 제2대대 650명을 이런 식으로 말레메의 간이 비행장에 착륙시켰다. 산악연대 역시 공수부대와 마찬가지로 훈련이 잘되고 사기가 높은 정예부대였다. 그들은 말레메 비행장을 장악하고 이를 보호하기 위해 주변에 방호 진지를 만들기에 분주했다. 다음날인 5월 22일 아침 뉴질랜드의 예비대가 말레메 비행장을 탈환하기 위해 공격을 가했지만, 실패했다. 오히려 독일군은 작은 비행장을 이용해 융커스 52가 착륙하면서 수많은 병력과 장비를 수송했다. 망가진 비행기는 임시로 활주로 옆으로 밀어냈다.

영국군은 항공기의 지원을 전혀 못 받는 상황에서 독일군의 공군기들은 보이는 것은 무조건 폭격하여 움직이지 못하게 했다. 프레이버그는 부대들을 동쪽으로 철수시켜 강력한 역습을 하고자 했다. 그동안 산악사단의 전력은 급속히 불어나 점차 동쪽으로 전진해 나갔

---

61) 존 키건 지음, 류한수 옮김, 앞의 책, p. 253.

다. 5월 24일 영국군의 역습으로 독일군은 일시적으로 물러났으나, 증강된 산악사단의 힘으로 영국군을 동쪽으로 밀어내자 영국군은 진지를 차례차례 포기하고 동쪽으로 내몰렸다.

5월 26일이 되자 프레이버그 사령관은 중동군 사령관 웨이벌에게 크레타를 잃는 것은 시간문제라고 보고했다. 웨이벌은 독일 공군이 더 증강되기 전에 일부라도 항공기로 철수하도록 결심했다. 섬의 가장 동쪽에 있는 이클라리온을 방어하던 부대가 5월 28일 밤에 항공기로 섬을 떠났다. 나머지 중앙에 있는 레팀논 방어부대와 말레메 일대의 잔여 병력은 북에서 남으로 걸어서 남쪽 해안에 있는 스파키온(Sfakĭon)이라는 작은 항구에 도착했다.

여정의 막바지는 치욕과 고통이었다. 그리스에서 패배했고, 크레타에서 패배하여 기진맥진한 부대들은 완전히 기강을 잃었다. 프레이버그는 "우리가 터벅터벅 걸어가는 병사들을 헤치고 나아갈 때, 통솔은 거의 사라진 채 지리멸렬한 모습으로 걸어가는 병사들의 모습을 나는 절대로 잊지 않으리라."라고 훗날 기록했다. 만신창이가 되어 스파키온 항구에 도착한 생존 병력은 바위틈에 은폐하여 대기하면서, 야음을 이용해 그들을 태우고 갈 함정을 기다렸다. 해군은 극심한 피해를 당했지만, 6월 1일까지 1만 8,000명을 구조하여 국민들의 여망에 부응했다. 1만 2,000명은 독일군의 포로가 되었고, 전투 중에 사망자는 2,000명 정도였다.

한편 독일군 산악사단을 태우고 크레타로 향하던 이탈리아의 함정들은 5월 22일 영국 해군의 요격을 받아 증원군 300명과 수송선을 포함한 선단이 모두 가라앉았다. 그러나 독일 공군은 더욱 큰 피해를 영국 해군에 가했다. 5월 22일에만 구축함 카시미르(Kashmir)호와 켈리(Kelly)호, 그리고 순양함 글로스터(Gloucester)호와 피지(Fiji)호가 격침되었으며, 전함 워스파이트(Warspite)호가 파손되었다. 철수작전이 종료되는 6월 2일까지 추가로 순양함 주노(Juno)호, 캘커타(Calcutta)호, 구축함 임페리얼(Imperial)호, 그레이하운드(Greyhound)호가 침몰하고 항공모함 포미더블(Formidable)호, 전함 밸리언트(Valiant)호, 순양함 퍼드(Perth)호와 어라이언(Orion)호, 에이작스(Ajax)호, 네이아드(Naiad)호, 그리고 구축함 캘빈(Kelvin)호와 네이피어(Napier)호, 히어워드(Hereward)호가 파손되었다.

해군이 당한 피해는 장차 싱가포르 전투에 참여했다가 일본군의 항공기에 피격당해 격침되는 전함 프린스 오브 웨일스(Prince of Wales)호나 리펄스(Repulse)호의 손실보다도 더 컸다고 할 수 있었고, 아마도 제2차 세계대전 기간 중 영국 해군이 겪은 가장 큰 손실이었을 것으로 판단된다. 독일군은 이러한 영국군에 대한 공격을 얼마 전 5월 26일 격침된 비스마르크 호의 보복 작전으로 간주했다. 영국은 뉴질랜드, 오스트레일리아와 영국군으로 이루어진 연합군 2개 사단을 잃게 되었다. 이들은 장차 북아프리카 사막에서 롬멜의 군대와 치열하게 교전하는 데 절실히 필요한 전력이었는데, 모두 잃었다.

영국이나 독일 모두 크레타 전투의 승패에 어떤 극적인 분기점이 있었는지 잘 모르고 지나갔다. 만일에 뉴질랜드군이 잔여 병력으로라도 말레메를 포기하지 않았더라면, 또는 프레이버그 장군이 해상으로 올 것이라고 예상했던 적의 증원 전력을 지나치게 과대평가하지 않고 예비대를 말레메 비행장으로 투입하여 역습했다면 틀림없이 승패는 바뀌었을 것이라고 역사가들은 평가한다. 만일 독일군이 크레타에서 패배했다면 계속하여 패주를 거듭하는 연합군은 세계의 이목을 일신하는 주목을 받았을 것이고, 반대로 히틀러는 큰 좌절감을 맛보아야 했을 것이다. 결과는 영국의 내해라고 간주하는 지중해에서 독일이 다시 한번 큰 승리를 거둔 것이었다.

크레타 전투에서 독일군은 4,000명의 인명 손실이 입었는데, 대부분 낙하산 부대 요원이었고, 제1강습연대는 절반이 전사했다. 특히 3대대는 낙하하면서 불과 수 분 만에 괴멸되었다. 동원된 수송기는 600대 가운데 200대 이상이 파괴되는 등 물질적 손실이 너무 컸다. 이후 6월 22일 독일이 소련을 침공했을 때 수송기의 부족을 크게 아쉬워하는 상황이 발생하게 되는데, 크레타 전투에서의 이러한 손실이 큰 원인으로 작용하였다. 작전의 결과는 성공했으나, 크레타섬의 전략적 가치는 예상에 비해 기여하는 바가 그다지 크지 않았다. 그리고 섬을 실질적으로 점령하기 위한 토벌 작전에서 독일군은 크레타섬의 게릴라들과 오랫동안 피를 흘려야 했기 때문에, 오늘날까지도 크레타섬은 독일에 대해 증오심을 버리지 못하고 있다.

한편, 크레타 전투를 통해서 본 공수부대의 역할과 기능에 대해서 독일과 영국, 미국 그리고 소련의 견해는 완전히 달랐다. 작전을 성공시킨 독일은 공수부대의 역할에 대해 매우 부정적으로 생각했다. 특히 히틀러는 7월 20일 최종적인 전투의 결과를 보고하는 슈투덴트 장군에게 "크레타 전투는 낙하산 부대의 시대가 끝났다는 증거야. 낙하산 부대의 가장 큰 무기는 기습인데 이제 기습의 요소가 사라지고 없다니까."라고 말했다. 실제로 독일은 이후의 전투에서 공수부대의 활용을 전혀 하지 않았다. 반면에 영국과 미국은 적극적으로 공수부대를 육성하여 시칠리아 상륙전과 노르망디 상륙전 그리고 네덜란드 지역에서 대규모 공수작전을 감행했다. 작전의 수행 방법에 있어서 독일군은 크레타섬의 적진 속으로 직접 낙하했으나 영, 미군은 적의 주둔 지역을 피해 낙하하여 집결지에 집결한 다음 작전을 전개한다는 방식으로 낙하 과정이나 초기 전투에서의 피해를 최소화하려 했다.

그러나 노르망디 상륙작전 이후 몽고메리 원수가 지휘한 마켓가든 작전에서는 크레타에서의 전투에 못지않은 대량 피해를 당했다. 공수부대는 공중에서 낙하하는 동안 방어대책이 전혀 없고, 낙하해서도 경장비만으로 부장했기 때문에 적에게 무방비 상태에서 당할 수 있는 취약성이 많아, 공수작전은 죽음을 내건 매우 위험한 도박일 경우가 많았다. 그래서였는지 장차 작전에서 히틀러가 공수부대 작전을 실시하지 않았던 것은 전략적으로 옳은 판단이었다고 여겨지고 있다.

그리스와 크레타 전투에서 연합군은 어떤 면에서 무모한 희생을 치렀다고 판단되어진다. 군인이란 정치지도자의 결심에 따라 죽음이 예정된 지역에도 당연히 투입되어야 하지만, 그것은 비록 목숨을 버리더라도 국가를 위한 숭고한 희생을 통해 얻을 수 있는 가치가 클 때 비로소 가능한 것이다. 그리스 전투와 크레타 전투에서의 희생은 과연 그러한 기준에 부합된 것이었는지 생각할 필요가 있다. 지휘관이든, 정치지도자이든지 간에 국민의 자제인 장병들의 생명을 가볍게 생각해서는 결코 안 된다는 것이다. 모험과 명분을 중시하는 처칠은 과거 제1차 세계대전 당시 갈리폴리 전투를 수행하면서 수많은 장병을 희생한 전력이 있었는데, 이 전투에서 히틀러가 간과했던 희생에 대해 현대의 사가들도 많은 문제점을 제기하고 있다.

제 3 부

아프리카 전역

● 사막의 롬멜. 1940년에 프랑스에서 제7기갑사단을 지휘하면서 명성을 날린 롬멜은 1941년 2월 12일에 트리폴리에 도착했고, 곧 적군인 영국군을 상대로 자신의 정통한 기동작전 기술을 과시했다.

제 1 장
수단 - 에티오피아 전역

아프리카 전역은 지역과 시간에 따라 세 개의 전역으로 구분해 보는 것이 이해하는데 쉽다. 그 첫째가 에티오피아와 수단 지역에서의 영 연방군과 이탈리아군의 전투인데, 이 지역이 2차 대전의 주요 관심 지역에서 멀리 떨어져 있고 정예 군사력의 격돌이 없었으며 전략과 전술 면에서 크게 관심을 끌 만한 전투가 없어 간단히 취급하고자 한다.

아프리카에서의 전투는 수단과 에티오피아에서 가장 먼저 서전이 개시되었다. 이탈리아는 1935년 10월 그라치아니 원수가 이탈리아령 소말릴란드로부터 에티오피아로 쳐들어갔다. 원시적인 에티오피아군을 무찌르자 셀라시에(Haile Selassie) 황제는 영국으로 망명길에 올랐다. 이탈리아는 즉시 에티오피아, 에레트리아, 이탈리아령 소말릴란드를 통합하여 이탈리아령 동아프리카연방을 건설하고, 그라치아니 원수를 총독(얼마 후에 아오스타 공작으로 교체)으로 임명했다. 이어서 2차 대전이 발발하자, 1940년 8월 5일부터 19일 사이에 영국령 소말리아를 점령했다. 이 지역에서 이탈리아의 군사력은 항공기 323기의 지원을 받는 이탈리아군 9만 2,000명과 토착민으로 이루어진 25만 명을 보유했다. 이를 바탕으로 영국 통치하의 수단 국경 도시들을 점령하고 동쪽의 케냐로 침투하여 점령지를 넓혀 갔다.

반면, 이 지역의 영국군은 대부분이 현지인으로 이루어진 4만 명의 병력과 항공기 100대가 전부였다. 영국군에 충성심이 깊은 현지인 부대들이 있었으나 병력의 격차는 물론이고 장비 면에서도 이탈리아군의 적수가 되기에는 많이 부족했다. 영국군은 지중해에 면한 이집트에 1882년 점령 이래 1개 군을 유지하고 있었지만, 수단이나 에티오피아를 지원할 능력은 없었다. 왜냐하면, 이집트의 서부, 즉 리비아에 이탈리아군 20만 명이 주둔하고 있어 이를 방어하는 임무가 최우선이었기 때문이었다.

한편 에티오피아와 수단 일대에서 이탈리아군의 문제점은 현존 군사력은 영국보다 압도적으로 우세한 것처럼 보였지만, 문제는 본국에서 사실상 고립되어 추가적인 보급과 증원이 어려운 처지라는 것이었다. 반면에 영국은 인도양 연안을 따라 발달한 항구를 통해 부대를 이전 배치하거나 증원하는 데 자유로운 강점이 있었다. 팽창하는 이탈리아에 대응하기 위해 영국은 주변국을 설득하여 전력을 모았다.

우선 남아프리카공화국에서 1개 사단을 편성하여 케냐로 이동하였고, 수단에 주둔한 영국군 1개 여단이 가세하였으며, 1940년 12월에 이집트 국경을 침범한 이탈리아군에 승리하여 여유가 생긴 제4인도인 사단을 수단으로 파견하여 증원하였다. 동아프리카 전역을 지휘할 사령관은 지중해 함대사령관인 커닝엄 제독의 친동생인 알란 커닝엄 장군이 임명되었다.

에티오피아로의 진격을 위한 전략회의는 1940년 10월 수단의 수도 하르툼에서 열렸다. 영국의 전쟁부 장관 안소니 이든, 중동사령관 웨이벌, 11월 1일부로 지휘를 담당할 커닝엄, 남아프리카의 스무츠(Jan Smuts) 총독, 그리고 왕국을 다시 돌려받을 수 있으리라고 기대하고 영국에서 망명 중인 셀라시에 황제가 모두 모였다. 셀라시에, 스무츠를 비롯한 역내의 정치 지도자들은 이탈리아를 축출함으로써 자신들의 통치지역에서의 입지를 굳히고자 하는 정치적 목적을 가지고 영국에 동조했다.

1941년 초에 영국 연합군은 에티오피아로 진격할 태세를 갖추었다. 각 지역에서 모든 부대가 에티오피아로 진격해 들어갔다. 1월 19일 제4, 5인도인사단이 청나일강 북쪽의 경계를 넘어 에티오피아로 진격하였다. 일부 기마부대의 저항을 받았으나 미미했다. 1월 20일에는 수단방위대가 역시 국경을 넘어 에티오피아로 들어갔다. 셀라시에 황제가 거느린 에티오피아군은 세력은 보잘것없었으나 영국군 윈게이트(Rode Wingate) 장군의 인솔하에 에티오피아의 수도로 향하고 있었다.

마지막으로 2월 11일 커닝엄의 지휘하에 남아프리카군, 왕립 서아프리카 국경대, 근왕 아프리카 소총부대의 혼성집단이 케냐로부터 에티오피아의 남부와 이탈리아령 소말리아로 들어갔다. 이탈리아의 에티오피아 총독 아오스타(Aosta) 공작은 침공부대 중에 가장 강한 부대로 생각되는 북쪽의 제4, 5인도인 사단이 대응해야 할 우선순위가 높다고 판단하고 휘하의 최정예부대를 에리트리아의 케렌(Keren) 부근에 집결시켰다.

높은 산악으로 둘러싸인 케렌은 좁은 협곡을 통해야만 접근할 수 있는 요충이었다. 2개의 인도인 사단이 2월 10일 케렌을 공격했다가 격퇴되었고, 3월 15일의 재공격도 역습당해 밀려났다. 그러나 끈질긴 인도인 사단 공병대가 케렌을 향한 접근로의 장애물을 착착 제거해 나가자, 이탈리아군은 자기들이 패배했다고 생각하고 후퇴했다. 4월 2일까지 에레트리아 전체가 영국군의 수중에 들어갔다.

에티오피아의 남부에서도 이탈리아군의 방어진지는 무너지고 있었다. 케냐에서 이탈리아령 소말리아로 진격하던 커닝엄 장군은 도주하는 적을 포착하기가 어렵다는 것을 알았다. 현지인들을 주축으로 구성된 이탈리아의 방어부대들은 현지인들이 소총과 탄약 등 값나가는 것들을 훔쳐 부대를 이탈하여 고향으로 도주함으로써 부대가 해체되고 있었기 때문이었다.

소말리아에서 에티오피아의 중앙을 향해 북서쪽으로 방향을 전환한 커닝엄은 3월 하순이 되자 유서 깊은 도시인 하라르(Harar)로 가기 위해 격전을 한차례 치러야 했다. 이곳에서는 이제까지 용맹성에서 크게 신뢰받지 못했던 왕립 서아프리카 국경대의 나이지리아 흑인들이 감투 정신을 발휘하여 승리했다. 이후로는 현지인들로 구성된 이탈리아군이 스스로 무너지는 현상이 다른 곳과 마찬가지로 나타났다.

4월 초순이 되자 수도 아디스아바바로 향하는 커닝엄의 앞에는 사보이아 척탄병이 주축인 소부대만이 있었다. 그들은 간단히 축출되었고, 4월 5일에 수도가 함락되었다. 5월 5일에 셀라시에 황제가 승전가를 올리며 수도에 입성했다. 이탈리아의 총독 아오스타 공작은 산악의 요새로 은거했다가, 5월 하순에 항복했다. 그는 포로가 되어 영국으로 이송되어 수감생활 중에 폐결핵으로 사망했다.

한편, 소말리아에서도 3월 6일 이탈리아군이 항복하여 에티오피아 전역은 끝이 나게 되었다. 이탈리아군은 주로 현지인들로 구성된 부대원 28만 9,000명을 잃었는데, 대부분이 항복했다. 영연방군은 그들을 절실하게 필요로 하는 다른 전쟁터로 향하게 되었는데, 인도인 사단들은 이집트 전선으로, 자유 프랑스군은 중동으로, 서아프리카와 동아프리카의 부대들은 각각 고향으로 돌아갔다. 셀라시에 황제와 행동을 같이했던 윈게이트 장군은 버마 전선에서 장차 명성을 떨치게 된다. 커닝엄 장군은 이집트 전선으로 갔지만, 북아프리카에서 롬멜과 싸워 명성을 잃게 된다.

제 2 장
북아프리카 전역

1940년 6월 11일, 이탈리아가 독일에 보조를 맞추어 연합국에 선전포고했을 때부터 북아프리카 전선은 타오르기 시작했다. 이집트에 주둔한 영국군은 6월 11일 무솔리니의 선전포고 직후 제11경기병대가 일몰 후에 리비아 국경을 넘어 매복하고 있다가 70명을 포로로 잡았다. 이때까지 이탈리아군은 선전포고 사실을 본국으로부터 통보받지 못하고 있었기 때문에 무척 당황했다. 영국군은 6월 13일에도 국경 지역의 작은 요새 두 곳을 파괴하고 추가로 100명의 포로를 획득했다. 포로 중에는 이탈리아 장군이 만삭의 여성과 함께 타고 있었는데, 현지처여서 스캔들이 되었다. 문제는 그 장군이 국경 지역의 방어계획을 잘 알고 있었다는 점이었다.

이탈리아군 사령관 공군 원수 발보는 6월 28일 어처구니없는 사고로 사망했는데, 투브루크의 이탈리아군 대공포가 그가 탑승한 항공기를 격추했기 때문이었다. 기강이 문란하고 훈련되어 있지 않은 군대에서 발생하는 사고의 전형이 이탈리아군에서 빈번하게 일어났다. 이제 이탈리아군의 지휘권은 그라치아니(Rodolfo Graziani) 원수에게 넘어가게 되었다. 북아프리카에서의 초기 군사행동은 장차의 대규모 전투의 맛보기 정도였다. 이탈리아군은 리비아에 20만 명에 달하는 12개 사단의 병력을 유지하고 있었으며, 시칠리아에서 가까운 트리폴리에 사령부를 두고 있었다. 반면 영국군은 이집트에 6만 3,000명의 병력을 유지하면서 알렉산드리아에 사령부를 두고 아치볼드 웨이벌 장군이 지휘하고 있었다.

히틀러는 이탈리아군이 이집트로 진군하여 알렉산드리아를 거쳐 중동에 진출하면 지중해의 제해권은 물론, 인도를 향하는 축선까지도 위협을 가하여 궁극적으로 추구하는 소련의 공략에 도움이 될 것을 기대하고 있었다. 그래서 이탈리아군이 이집트로 진군한다면 이를 지원할 마음의 준비를 하고 있었다. 성급한 무솔리니는 그라치아니에게 신속히 이집트로 진격할 것을 재촉했다. 경악한 그라치아니는 우선 계절이 한여름으로 기상의 장애가 있고, 병참 지원이 부족하다는 이유를 들어 작전을 연기하려고 갖은 애를 썼다.

● 지중해 전쟁은 병참 지원에 따라 좌우되었다. 북아프리카에 주둔한 추축군은 지중해 건너 이탈리아의 지원을 받을 수 있었다. 영국군의 보급로는 훨씬 길고 취약했지만 지브롤터·몰타·알렉산드리아에 있는 주요기지를 이용할 수 있었다.

※ 출처 : 크리스 비숍 등 지음, 박수민 옮김. 『제3제국』(플래닛미디어, 2013). p. 126

그라치아니의 합리적인 지연 이유에도 불구하고 무솔리니는 불같이 화를 내며 진격을 촉구했다. 무솔리니의 재촉에도 타당한 이유가 있었다. 우선 에티오피아에 주둔한 아오스타 공작이 외부로부터 완전히 고립되어 있어 그라치아니가 이집트를 공략하지 못하면 자신의 처한 상황이 절망적이었기 때문에 무솔리니를 강력히 부추기고 있었기 때문이었다. 그라치아니는 전투준비가 미비한 가운데도 어쩔 수 없이 9월 13일에 5개 사단으로 진격을 개시했다.

전쟁 준비가 미비한 것은 영국군이 더했다. 사막의 쥐라고 불리는 정예 제7기갑사단에도 가용 전차가 70대에 불과했다. 영국군은 싸우면서 계획적으로 지연전을 펼쳤고, 그라치아니는 지지부진한 공격을 계속하여 이집트 국경 넘어 100km 지점의 시디바라니까지 진군했다. 무솔리니는 마르사마트루흐까지 진격을 강조했으나 이탈리아군은 진격으로 인한 병참선이 지나치게 신장된 데다 그리스 전선에서 불이 붙은 주력 전투에 보급의 우선순위를 빼앗겨 지속적인 전투를 위한 보급품의 부족으로 진격을 중지할 수밖에 없었다.

북아프리카 전역은 근본적으로 군수의 전쟁이었다. 북아프리카 전장의 특성은 리비아의 트리폴리로부터 이집트까지 지중해의 해안선으로부터 내륙으로 대략 100km의 폭으로 발달한 도로망을 따라 진격과 퇴각을 거듭하는 전쟁이면서 해안에 띄엄띄엄 산재한 항구, 즉 트리폴리, 벵가지, 투브루크를 이용한 보급이 전쟁의 승패를 좌우하는 특성이 있었다.

겉으로 보면, 북아프리카 전역이 롬멜이나 몽고메리 장군의 용병술에 의해 승패가 좌우된 것처럼 전사는 기록되고 있지만, 오히려 이탈리아나 영국으로부터 보급품을 가득 실은 함정이 적의 공습과 잠수함 및 전투함의 위협을 피해 항구에 도착하여 보급품을 원활히 하역해 주고 있는가, 그리고 하역한 보급품이 전투를 벌이고 있는 전선에 잘 수송되고 있는가에 따라 전쟁의 승패에 결정적인 영향을 미쳤다고 보는 것이 타당할 것으로 보인다.

지형의 특성상 북아프리카 전선은 승리한 측에서 적 방향으로 공격을 계속하다 보면, 병참선은 반대로 길어져 궁극적으로 보급의 결핍으로 인해 다시 퇴각해야 하는 상황이 반복되는 것이 상식이었다. 결국, 연합군이나 추축국의 군대 역시 본국으로부터 보급과 증원군을 받아야만 공세 작전을 펼칠 수 있었다. 무솔리니나 처칠 역시 병참이 주는 이러한 악몽을 과소평가했다고 볼 수 있다. 모두가 자신들의 군대가 적을 무찌르고 승리를 가져다주기를 희망했지만, 지휘관은 기름이 없는 탱크나 굶주린 병사들을 데리고는 승리를 쟁취할 수 없었다는 것이다. 나폴레옹은 오죽했으면, “병사는 위(胃)로 행군한다.”라고 했을 정도였고, 그라치아니는 시디바라니에서 진격을 중단한 채, 병참 지원이 이루어지기를 기다리면서 강력한 방어진지를 구축하여 2개월 동안 머무를 수밖에 없었다.

그동안 7월에는 영국의 지브롤터에 주둔한 H 전대와 알렉산드리아의 지중해함대가 합세하여 사르데냐와 칼라브리아(Calabria) 일대에서 이탈리아 함대에 피해를 입혀 격퇴했으며, 11월에는 커닝엄(Andrew Cunningham) 제독의 지휘하에 항공모함 일러스티리어스호의 항공부대가 타란토 항을 공습하여 4척에 큰 피해를 줬다. 영국이나 이탈리아 공히 수송선을 이용한 아프리카 전역에 대한 군수지원이 점점 더 어려워졌다. 이후로 이탈리아 해군은 영국 해군과 교전을 피했으며, 시칠리아와 트리폴리를 오가는 호송선단은 가끔 성공하고, 때로는 영국의 호송선단을 효과적으로 저지하기도 했지만, 대부분 항구에 틀어박혀 정박해 있었다. 지중해에서 제해권은 대체로 영국이 유지하고 있었지만, 이탈리아에 전개된 독일의 공군력은 몰타와 알렉산드리아를 왕래하는 호송선단에 막대한 피해를 강요하였다.

한편, 성미 급한 처칠은 중동 사령관 웨이블이 이집트에 진군한 이탈리아군을 몰아내고 승리하기를 기대했다. 지적이면서 과묵한 웨이블은 착실히 반격을 준비하면서도 수상이 과도하게 간섭할 것을 우려하여 반격 작전 계획인 '컴퍼스 작전'에 대해 사전 보고하지 않았다. 그리스 전역에 대비하기 위해 카이로를 방문한 전쟁성 장관 이든에게 계획을 보고하고, 이든이 처칠에게 이를 다시 보고하자, 처칠은 흡족해 하면서 조속히 반격하도록 촉구했다.

반격을 지휘할 영국 서부 사막군사령관은 오코너(Richard Ocorner) 중장으로서 작은 체구에 강인했다. 그는 시디 바라니 남쪽 40km 지점에 제7기병사단과 제4인도인사단을 배치해 놓고 있었다. 12월 9일 영국군은 기습적으로 '컴퍼스 작전'이라는 암호명의 반격 작전을 전개했다. 36시간 정도 지나자 인도인 제4보병사단이 마틸다 전차를 앞세우고 시디 바라니 우측방에 있던 이탈리아 방어진을 밀어냈고, 제7기갑사단이 해안도로를 차단했다. 패배한 이탈리아군은 해안선의 도로망을 따라 무질서하게 후퇴했고 4개 사단이 항복했다. 처음 전투에서 영국군은 624명의 전사자가 발생했지만, 대신 3만 8,000명의 포로와 야포 237문, 전차 73대를 노획했다. 그사이 인도인 제4사단이 에티오피아 전역을 지원하기 위해 수단으로 이동했고, 대신에 오스트레일리아 제6사단의 일부를 증원받았다. 다음 목표는 바르디아 항구였다. 이탈리아의 그라치아니 원수는 그곳에 6개 사단을 집중시켜 놓고 있었다.

1941년 1월 3일에 공격을 재개하자 3일 후에 이탈리아군은 오스트레일리아 제6사단에 항복했다. 4만 5,000명의 포로와 462문의 야포, 전차 129대를 노획했다. 그동안 제7기갑사단은 투브루크를 차단하여 포위하고, 포로 2만 5,000명, 야포 208문, 장갑차 87대를 획득했다. 오코너 장군은 제7기갑사단으로 하여금 내륙을 관통하여 키레나이카 내륙 어깨를 지나 벵가지를 포위하도록 하는 한편, 오스트레일리아 제6사단은 해안도로를 따라 계속 공격했다. 이탈리아군은 전면적인 퇴각을 시작했고, 영국군은 2월 6일 벵가지에 입성했다. 이탈리아군의 계속된 후퇴는 1941년 2월 초순에 이집트 국경으로부터 600km 서쪽에 있는 베다폼에 이르러서야 정지했다. 그 과정에서 영국군은 총 13만 명의 이탈리아군을 포로로 획득하였으며, 그 결과 양국의 병력은 6만 5천 명 수준으로 비슷해졌다. 전차 400대를 비롯한 각종 무기의 노획은 부수적이었다.

영국군의 반격 작전 양상은 장차 2년간 벌어지는 전투의 전형을 보여주었다. 패배한 쪽은 하나밖에 없는 해안도로를 따라 허겁지겁 후퇴하면 승리한 쪽은 역시 하나밖에 없는 해안도로를 이용하여 급속히 추격하는 한편, 사막 내륙으로 빈약하게 발달한 도로를 이용하여 퇴로를 차단하는 '퇴로 차단 작전'을 전개하는 양상을 보여주었다. 그러나 영국군의 귀중한 승리는 얼마 가지 못했다. 그 이유는 두 가지였다. 그 첫째는 승리를 너무 과신한 처칠이 주 전력을 북아프리카에서 그리스로 이전하여 전력의 공백을 초래한 것이었고, 둘째는 히틀러가 북아프리카에서 이탈리아군의 패배를 간과하지 않고 소규모 기갑부대와 용맹한 장군을 파견했기 때문이었다. 영국, 뉴질랜드, 오스트레일리아 출신의 사단들이 그리스로 떠나는 동안 장차 '사막의 여우'라는 영광스러운 별칭을 얻게 되는 롬멜은 아프리카 군단을 이끌고 트리폴리에 상륙하고 있었다. 처칠은 공격을 계속할 경우 영국군의 승리가 확실했는데도, 1941년 2월 12일 공격을 중지하고 전력의 1/2 이상을 그리스로 이전하도록 명령했다. 만약 오코너가 공격을 중지하지 않았다면, 이탈리아군은 2주 이상을 견디지 못했을 것이다.

제1절 롬멜의 아프리카 기갑군단 참전

영국군이 공격을 중지한 바로 그날인 2월 12일 에르빈 롬멜이 트리폴리 공항에 도착한 것은 하나의 아이러니이다. 6일 전에 히틀러는 베를린의 집무실에서 롬멜에게 직접 북아프리카 전선의 지휘권을 주면서 영국군의 전진을 저지시키라고 명령했다. 히틀러는 만약 이탈리아가 리비아를 잃는다면 동료 무솔리니가 정치적으로 큰 곤경에 빠지게 되어 베를린과 로마라는 추축국의 중심이 흔들릴 수 있다고 생각했다.

그러나 소련과의 일전을 앞두고 있던 시점에서 북아프리카 전역은 주전장이 아니었다. 물론 히틀러는 롬멜에게 수에즈운하까지 진격을 희망한다는 언질을 주며 용기를 북돋아 주었고, 롬멜은 주저 없이 북아프리카 전장으로 떠났다. 육군 총사령관 브라우히치나 참모총장 할더는 북아프리카 전선의 지휘관으로 구데리안을 추천했으나, 히틀러는 자신의 경호대장이었던 롬멜을 임명했다. 부라우히치나 할더의 입장에서 보면 롬멜은 용감하지만, 무모하고 지나치게 명예를 탐하는 장교로 육군의 정통 주류에서 벗어나 있던 이색적인 존재였다. 육군 내의 상관들은 롬멜이 명령체계를 무시하고 건방지게 명성을 추구하며, 히틀러의 총애를 얻으려는 태도에 내심 경멸했다.

1941년 2월 북아프리카 트리폴리에 도착한 롬멜 : 당시 북아프리카 이탈리아군 최고사령관 로돌포 그라치아니 원수가 사임하고 그의 참모장인 이탈로 가리볼디 장군(롬멜의 오른쪽)으로 교체되었다.

2월 14일 롬멜의 부대는 '아프리카군단'이라는 정식 명칭을 수여 받았다. 군단의 주 전력은 제15기갑사단과 제5경장갑사단이었다. 3월 19일 롬멜이 프랑스 전투에서의 공로로 훈장을 수여 받기 위해 베를린을 방문했을 때, 히틀러는 '아프리카군단이 신속히 키레나이카 방향으로 전진하기를 바란다.'라면서 그동안의 노력을 칭찬했다. 총장인 할더와 만나서 롬멜은 "수에즈운하까지 전진하기 위해서는 2개의 전차사단이 더 필요하다."라고 자신감에 가득 차서 말했다. 할더는 부대를 더 많이 할당하더라도 후속 군수지원에 문제가 많다고 상황을 설명했으나, 롬멜은 그것은 총장이 해결할 문제라고 일축했다.

3월 11일 최초의 독일 전차군단 주력이 트리폴리에 도착했는데, 최초의 사열에서 전력을 확대 선전하기 위해 부대가 연단을 두 번 지나가게 하는 기만술을 구사했다. 도착 즉시 공격을 개시하였는데, 영국군의 저항은 없었다. 주력이 그리스로 이전했기 때문에, 영국군은 싸우지 않고 후퇴하고 있었다. 영국군의 전력이 이탈한 상황에서 작전을 개시한 롬멜은 행운아였고, 북아프리카 전투에서 완전한 승리를 거둘 수 있는 상황에서 전력을 전용한 영국군에게는 불운이었다.

동맹국인 그리스를 구원해야 한다는 처칠의 명분은 당위성이 있었으나, 전력을 분산함으로써 그리스 전선은 물론 북아프리카 전선에서도 패배를 면치 못하게 되었다. 처칠은 지나치게 적극적인 성격으로 인해 불필요한 피해를 초래하는 경향이 있었고, 그것이 그의 최대의 약점이기도 했다. 육군참모총장 알란 브룩은 그의 자서전에서 처칠의 분에 넘치는 의욕에 제동을 걸기가 무척 어려웠다고 자주 기록하고 있다.

3월 24일이 되면 독일군은 키레나이카 돌출부의 서쪽 어깨에 해당하는 엘 아게일라에 도착했으며, 영국군의 소규모 부대는 그대로 붕괴했다. 롬멜은 이러한 장면을 선전에 잘 이용했다. 롬멜이 사막의 최전선에서 승리하는 모습이 베를린의 매스컴을 장식하자, 선전부장 괴벨스의 눈길을 끌었다. 이어서 히말라야 기록영화와 베를린 올림픽 기록영화로 명성을 떨친 에르틀(Hans Ertl)과 사진작가 보르헤르트(Eric Borchert), 그리고 최고의 기자 중 한 명인 에세벡(von Esebeck)이 북아프리카 전선에 투입되었다. 거기에다가 괴벨스의 선전부 국장이었던 베른트(Ingemar Berndt) 박사가 롬멜의 참모진으로 편입되었다. 괴벨스 입장에서는 자기 부하가 최전선에서 싸우는 모습을 보고 싶어 했고, 용감한 롬멜의 승전은 대중에게 신선한 선전 자료였다.

한편, 독일군 총사령부는 4월 3일부로 롬멜의 작전행동을 '군단의 임무는 당분간 지금까지 도달한 위치를 사수하고 북아프리카에서 영국군을 묶어두는 것이다.'라고 못 박았다. 그러나 롬멜은 진격을 멈추지 않았다. 그는 본능적으로 승리를 계속하면 히틀러가 이를 승인할 것으로 예측했고, 이는 적중했다. 롬멜은 그의 장기인 신속한 기동을 통해 4월 3일에 벵가지를, 4월 11일이 되면 오코너가 4개월 전 공세를 시작했던 전선에 근접해 있었다. 중동군사령관 웨이블 장군은 서부사막군사령관 오코너 장군을 님(Philip Neam) 소장으로 교체했는데, 이는 큰 실수였다. 왜냐하면, 님 장군은 사막전이나 기갑전에 전혀 전문성이 없는 문외한이었기 때문이다.

영국군은 독일군의 통신을 감청하여 해독한 결과, 베를린의 지침을 알게 되어 당분간 독일군의 공격이 없을 것이라고 잘못 판단했다. 상대가 상부의 지시를 필요에 따라 어기는 것을 가볍게 생각하는 롬멜이라는 점을 간과한 것이다. 1941년 4월의 기온은 섭씨 50도에 육박하여 철모를 쓴 군인들은 격심한 두통과 탈수에 시달렸다. 그런데도 롬멜은 공격을 결심했다. 4월 3일 불시에 공격한 추축군은 영국군을 재앙으로 몰아넣었다. 이탈리아사단이 벵가지를 점령했고, 제5경보병 사단은 영국군을 차단했다.

그동안 영국군 제7기갑사단은 정비를 위해 제2기갑사단과 교체되었는데, 제2기갑사단은 철수 중에 연료가 바닥나 모든 전차를 잃었다. 사단장과 참모들은 물론, 인도 제3차량화여단 모두가 포로로 잡혔다. 사령관 님 장군은 자문을 위해 동승한 오코너 장군과 함께 운전병이 길을 잘못 드는 바람에 포로가 되었다. 오코너는 영국군에서 단 한 명의 기갑전 전문가였는데, 영국군으로서는 귀중한 자원을 잃게 되었다.

롬멜은 전투에서는 이겼지만, 문제는 보급이었다. 이탈리아에서 오는 보급선은 영국군의 항공기와 해군에 의해 지중해에 가라앉았기 때문에 원활한 보급을 받을 수도 없었을 뿐 아니라, 독일이 소련의 침공을 앞두고 있던 시점에서 롬멜의 전차군단은 보급 우선순위에서 밀렸기 때문이었다. 이러한 와중에서 독일군은 오히려 벵가지에 있던 영국군의 군수기지에서 다량의 보급품을 발견하고 기뻐했다. 이제 키레나이카에 남아 있는 적은 오로지 뱃속의 암처럼 도사린 투브루크 요새가 유일했다.

● 콤파스 작전과 롬멜

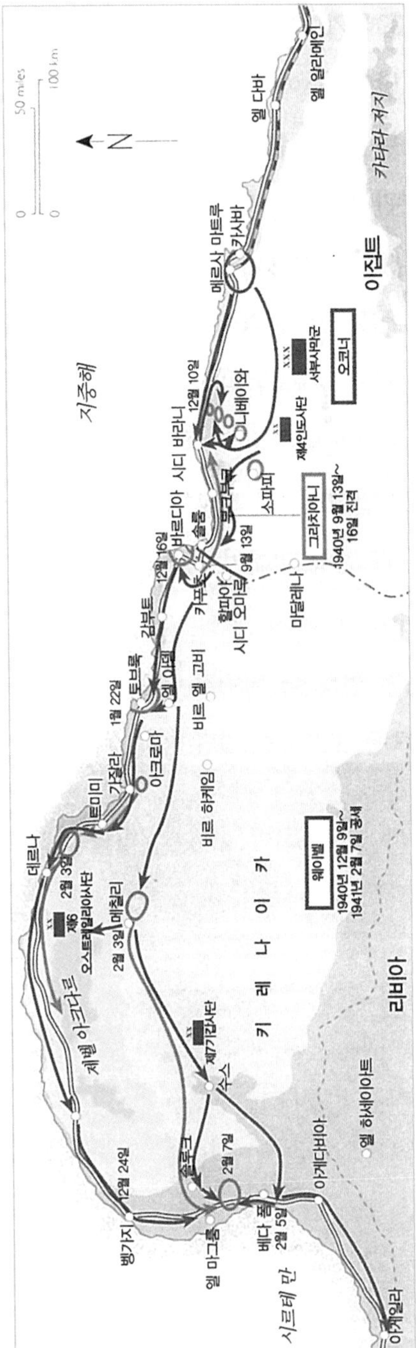

롬멜은 영국군이 투브루크를 포기할 것이라는 막연한 기대를 품고 기습적인 공격으로 점령하려고 했다. 그러나 그것은 오산이었다. 투브루크를 방어하는 오스트레일리아 제9사단은 사단장 모스헤드(Owen Morshead) 소장을 중심으로 굳게 단결하여 전투 의지를 불태웠으며, 해상으로부터의 증원과 강력한 포병 화력, 대전차포부대를 포함한 4개 여단이 있었다. 부하들에게 혹독하기로 소문난 사단장 모스헤드는 경험과 훈련이 부족한 제9사단을 강력히 통제하여 진지를 강화했다. 롬멜이 간과했던 또 한 가지는 이탈리아군이 투브루크에 주둔하고 있었을 당시에 이탈리아군이 육지와 해안을 따라 강력한 요새를 건설해 놓았다는 점이었다. 이제는 그 요새를 오스트레일리아군이 사용한다는 점이 달랐다. 투브루크는 49km의 참호에 126개의 위장된 벙커, 촘촘한 철조망과 깊은 대전차 호를 갖춘 웅장한 요새였다.

롬멜은 요새에 관한 깊은 연구 없이 지난 전투에서 지칠 대로 지친 4개의 전투사단으로 총공격을 명했다. 주력부대는 제15기갑사단이었다. 제15기갑사단은 아직도 사단의 전투력이 완전히 아프리카에 도착하지 않고 있었다. 롬멜은 새로 부임한 사단장 프리트비츠(Heinrich von Prittwitz)에게 적군은 철수하고 있다고 잘못된 정보를 제공하였다. 전방에 배치되어 있던 독일군 병사들은 투브루크 방향으로 돌진해 오는 지프에 정지 신호를 보냈으나, 탑승해 있던 장군은 "계속 앞으로, 적군은 철수했다."라면서 달려 나갔다. 그가 바로 프리트 비츠 사단장이었다. 얼마 후에 사단장은 적진 속으로 차를 몰고 나아갔고, 영국군의 화망 속에서 즉사했다.[1]

공격 첫날은 아무런 성과 없이 끝났다. 다음날은 제5경기갑사단과 제8기관총 연대가 공격했지만, 2km 정도 전진하자 영국군의 화력이 무시무시하게 쏟아졌다. 날이 어두워진 후에야 땅에 엎드려 있던 병사들은 기어서 돌아왔다. 장병들은 자살행위나 다름없는 돌격이 중단되기를 바랐지만, 다음날도 공격은 계속되었다. 전투의 양상은 전날과 같이 일방적인 살육행위가 계속되었다. 그리고 그다음 날은 오후 다섯 시경에 포병연대가 중심이 되어 공격에 나섰다. 어둠에 힘입어 새벽 2시경에 철조망을 뚫고 요새 주변에 작은 교두보를 확보했는데, 롬멜은 여기에 제5경기갑사단의 전차를 증원하여 결사대와 합류시켰다. 그러나 영국군의 방어력은 그들보다 강했다.

아침에 공격이 재개되자 전차 11대가 전복되고 병력은 후퇴할 수밖에 없었다. 모든 공격은 실패했다. 900명의 기관총부대는 전투 개시 이래 700명이 전사하거나 부상, 또는 포로가 되었는데, 대부분이 투브루크 전투에서였다. 전투 과정에서 롬멜은 제5경기갑사단장 슈트라이히(Johannes Streich) 소장을 심하게 질책했다. '실패의 책임은 잘못된 지휘에 있는 것이 일반적이다.'라면서. 몇 주 후에 사단장과 전차연대장은 독일로 소환되었다. 물론 롬멜의 지휘 조치였다. 5월 4일에야 공격은 중단되었다. 롬멜은 사전에 지형을 철저히 정찰하지도 않았고, 병력과 화력의 충분한 보충, 병사들의 휴식을 고려하지 않았다. 49세인 롬멜 중장의 공격은 중요한 실수를 한 것이 사실이었고, 부하들과의 소통이나 휘하 장병들의 목숨을 소홀히 취급한 것처럼 보이는 것도 사실이었다. 롬멜은 투브루크 전투에서 쓰라린 경험을 하게 되었고 자신을 믿고 따르던 장병들의 희생으로 큰 교훈을 얻었다. 롬멜을 신화처럼 존경하는 사람들은 이러한 롬멜의 모습에 대해서는 전혀 비판할 생각을 하지 않는다.

참모총장 할더는 그의 비망록에 "아프리카군단이 투브루크 전투에서 53명의 장교와 1,187명의 병사를 잃었다. 너무 많은 숫자다."라고 기록했다.[2] 그 후 얼마 동안 아프리카에서 행한 롬멜의 지휘에 대해 독일군 총사령부에 진정서가 몇 건 접수되었고, 그에 대

1) 마우리체 필립 레미 지음, 박원영 옮김, 『롬멜』(서울 : 생각의 나무. 2003), p. 89.
2) 마우리체 필립 레미 지음. 박원영 옮김. 위의 책. p. 92.

한 평가가 이루어졌다. 국방부 인사부장은 롬멜에 대해 “탁월한 용맹과 굳은 결단력은 인정하지만, 사태를 조망하는 능력은 떨어지는 것 같다. 또한 그동안 능력을 인정받은 노년의 군 지휘관들에 대해 딱딱하고 냉정한 태도는 그들의 명예를 건드리는 행동이다.”라고 평가했다.3)

이 시점에서 롬멜은 군의 수뇌부로부터도 불신받고 있었다. 그러나 보다 심각한 문제는 보급이었다. 4월 16일 독일의 아프리카군단을 위한 보급선 5척에 적재한 물자와 병사들이 모두 영국군에 의해 물속으로 가라앉아 버렸다. 설상가상으로 영국군은 새로운 장비로 무장한 증원부대가 투브루크와 이집트 국경에 도착하고 있었다. 롬멜은 비상사태에 직면했고, 이를 인지한 참모총장 할더는 작전참모 파울루스(Friedrich Paulus) 중장을 파견하여 롬멜의 무모한 공세 행동을 저지하도록 했다.

파울루스는 현지를 시찰하고 돌아와서 할더에게 상황을 정확히 보고했는데, 롬멜이 현 상황을 타개하는데 적합하지 않은 인물이라고 보고했다. 할더나 총사령관 브라우히치는 북아프리카에서 롬멜의 상관 직위를 만들어 롬멜을 견제하려는 계획을 세우고, 국방군 작전참모 요들(Alfred Jodl) 장군과 상의했는데, 히틀러의 의중을 잘 아는 요들은 육군의 생각이 옳지 않다고 단호히 거절했다. 롬멜의 입지는 다시 탄탄해졌고, 전투에만 전념할 수 있게 되었다.

1941년 4월 말이 되자 그리스에서 패배하여 철수한 영국군은 북아프리카 전선에 전력을 증강하여 승리를 추구했다. 5월에 영국군은 ‘호랑이 작전(Operation Tiger)’를 전개하여 지중해를 통해 크루세이더 전차 300대와 허리케인 전투기 50기를 증강했다. 성미가 급한 처칠은 중동군사령관 웨이블에게 당장 공세에 나설 것을 재촉했다. 처칠은 제7기갑사단 장병들이 새로운 장비에 숙달한 시간이 필요하다는 웨이블의 건의도 받아들이지 않고 공격을 재촉했다. 5월 15일 ‘간결 작전(Operation Brevity)’이라는 명칭의 소규모 역습 작전은 롬멜에 의해 저지되었다.

이제 대규모 작전인 ‘싸움 도끼(Battleaxe)’라는 명칭의 공격작전으로 전환했다. ‘싸움 도끼 작전’의 목적은 공격을 통하여 고립된 투브루크와 연결하여 독일군을 후퇴시키고 격멸하는 것이었다. 당시 서부사막군사령관 커닝엄(Alexander Cunningham) 장군은 기갑전에는 문외한이었다. 그는 전차를 일시에 대규모로 투입하여 전차가 가진 충격력과 돌파력을 이용할 생각을 못하고 축차 투입하는 우를 범했다. 반면 롬멜은 역시 롬멜이었다. 영국군의 전차 300대에 비해 독일군은 80대의 소규모 전차로 맞섰다. 롬멜은 부족한 기갑력을 보충하기 위해 이때까지는 생각하지 못했던 88밀리 대공포를 대전차포로 운용하여

---

3) 마우리체 필립 레미 지음. 박원영 옮김. 위의 책. p. 93.

대단한 승리를 가져오도록 했다. 장거리 시계를 자랑하는 대공포가 매복하고 있는 지역으로 전진하는 영국군의 전차는 바로 죽음의 구렁텅이로 굴러 떨어졌다. 부족한 기갑전력을 대공포로 보충한 창의적인 전력 운용이 빛나는 승리를 거둔 것이었다.

6월 15일에 시작된 '싸움 도끼 작전'은 초기에 영국군이 할파야 능선과 일부 지역을 장악하는 데 성공하는 것처럼 보였으나, 롬멜이 투브루크를 포위하고 있던 전차들을 동원하여 대응하자 곧바로 역전되었다. 88밀리 대전차포는 우수한 장거리 관측장비와 직사포로 영국군의 전차를 박살냈다. 독일군이 12대의 전차를 잃은 데 반해 영국군은 91대를 잃었다. 6월 17일 롬멜은 영국군을 결정적으로 격멸하기 위해 직접 선봉에 나서 공격을 개시했으나, 영국군은 이미 지난밤에 후퇴하고 진지에 없었다.

이 전투의 결과 롬멜은 7월 1일 대장으로 승진한 데 반해, 패배한 영국의 중동군사령관 웨이블은 보직 해임되어 인도군 총사령관으로 전보되었고, 인도군 총사령관 오친렉(Claude Auchinleck) 장군이 중동군 사령관으로 부임했다. 롬멜이 대장으로 승진한 배경에는 히틀러의 그에 대한 신임이 결정적이었으며, 반면에 참모총장 할더를 비롯한 육군의 수뇌에게는 롬멜을 좋아하지 않았지만 어쩔 수 없이 총통의 지시를 받아들여야 했다. 이와 함께 롬멜의 아프리카군단은 8월에 기갑집단으로 승격되었다. 그의 부대는 제15, 21기갑사단과 새로 편성된 제90경장갑사단으로 구성되어 정상적인 군에는 훨씬 못 미쳤다. 그러나 공식적인 지휘관계는 아니었지만, 이탈리아군의 2개 차량화 사단으로 구성된 제20군단과 4개 보병사단으로 구성된 제21군단, 그리고 1개 독립 보병사단도 운용할 수 있게 되었다.

이 승리로 롬멜은 상당히 고무되었다. 승세를 이용하여 보급이 원활해지면 알렉산드리아를 거쳐 시리아에 진출할 수도 있다고 생각했다. 그러나 6월 22일 독일이 소련을 침공하는 바바로사 작전이 전개되자, 북아프리카 전선은 단번에 부차적인 전장으로 격하되었다. 그뿐만 아니라 독일 육군 수뇌부는 원천적으로 롬멜을 신뢰하지 않았기 때문에 보급은 더욱 어려워졌으며, 가능하면 롬멜의 공세를 중지시키려 했다. 따라서 전장은 한동안 소강상태를 유지했다. 처칠은 오친렉에게 조속히 투브루크를 포위에서 구하라고 재촉했지만, 오친렉은 서두르지 않고 서부사막군을 제8군으로 증강 개편했다.

한편, 병사들과 똑같이 야전 생활을 하던 롬멜은 건강이 나빠져 황달에 걸렸으나, 오래가지는 않았다. 롬멜의 특징은 언제나 냉철했으며 생명의 위협을 받는 최전방 전선에서 병사들과 함께하는 리더십을 견지했지만, 타협할 줄 모르고 냉정한 롬멜은 부하들의 존경과 사랑을 받지는 못했다. 심지어 장교들은 롬멜의 부대로 전근되면 벌을 받는다고 생각했으며, 실제로 휘하 사단장, 군단장이 죽거나 보직해임이 되는 경우가 많았다. 그러나 생명의 위협을 받는 최전방에서 매일 롬멜을 만나는 말단 장병들은 크나큰 위안을 받고 감동했다. 괴벨스는 이를 충직한 야전 지휘관의 모습으로 생각하고 민족 영웅의 이미지를 창출하려고 했다.

6월 22일 독일이 소련을 공격하자 보급이 더욱 어려워져 이래저래 투브루크에 대한 공격은 11월로 연기되었다. 롬멜이 공격을 준비하고 있는 동안 공교롭게도 영국군이 11월 18일 기습적으로 공격해 왔다. 그동안 전력을 착실히 보충한 결과 700대의 전차를 주축으로 하여 독일과 이탈리아군 연합의 전차 400여 대를 상대로 기습 공격을 전개한 것이다. 오친렉 장군은 수적인 우세에 승부를 걸었다. 반면 롬멜은 전선에 영국군의 증원이 이루어지고 있다는 정보를 알고 있었으나, 투브루크를 공격하려는 자신의 계획에 대한 방어 목적의 공격으로 판단하고 중요성을 간과했다. 롬멜은 영국군이 공격을 개시하는 시각에 로마에서 이탈리아군 총사령관 카발레로(Ugo Cavallero) 원수와 회담하고 있다가, 다음날 급히 아프리카로 돌아왔다.

암호명 '십자군 전사 작전(Operation Crusader)'의 영국군 공세의 목적은 독일군의 기갑전력을 격멸하고 투브루크를 구원하는 것이었다. 철저한 무선 침묵과 야간 기동을 견지한 영국군의 기습을 독일군은 전혀 감지하지 못했다. 본격적인 기갑전은 당일 오후 늦게 전개되었지만, 야간이 되어 중지되었다. 항상 최전방에서 전투를 지휘하는 방식이었던 롬멜은 이번만큼은 새로운 군단장 크뤼벨(Ludwig Crüwell)에게 지휘를 일임했다. 11월 20일 저녁이 되자, 고질적인 보급 문제가 다시 대두되어 제21기갑사단의 연료가 떨어지면서, 롬멜이 직접 해결에 나섰다.

전투는 주로 투브루크로 이어지는 접근로 상에서 이루어졌는데, 사막에서 적의 상황을 완벽히 파악하지 못한 상태에서 상호 조우전 형식으로 엎치락뒤치락 어지럽게 싸웠다. 롬멜은 공격군과 고립된 투브루크 요새의 수비대가 연결되는 것을 저지하는데 주안점을 두었다. 그러나 언제나 롬멜의 주된 목표는 투브루크를 점령하는 것이었다. 기갑군단장 크뤼벨은 한 때 뉴질랜드사단의 공격으로 대부분 참모가 포로가 되기는 했지만, 불같은 투지로 영국군 제30군단의 기갑전력을 대부분 무력화시켰다.

전투의 막바지에서 롬멜은 전세가 우세하게 돌아간다고 판단하고 제21기갑사단을 직접 지휘하여 남쪽으로부터 제8군의 사령부를 공격하려고 했다. 그러나 사령부의 위치를 파악하지 못해 공격의 성과는 없었으나 결과적으로 제8군사령관 커닝엄 장군을 보직에서 해임되도록 만들었다. 커닝엄은 롬멜이 나타났다는 소식을 듣고 공포에 사로잡혀 국경 너머로 후퇴하려 했고, 이를 인지한 오친렉은 즉시 그를 제8군사령관 직에서 해임하고 자신이 직접 8군을 지휘했다.

롬멜이 남쪽에 집중하는 동안 투브루크를 향한 영국군 뉴질랜드사단은 착실하게 전진하여 투브루크와 연결하는 좁은 통로를 확보했다. 투브루크의 상황은 롬멜의 작전에 차질을 주었기 때문에, 11월 24일 롬멜은 전선 남부에서 진격을 위해 노력 중인 군단장 크뤼벨을 전방지휘소로 호출했다. 크뤼벨은 야간에 전방지휘소를 찾는 데 애를 먹다가 우연히 영국제 트럭을 발견하고 접근했다. 거기서 그는 새까맣게 햇볕에 타고 수염도 깎지 못한 롬멜과 참모장 가우제를 발견했다. 거기에는 차량 고장으로 꼼짝도 못 하고 고립된 상태에서 식량 몇 개와 물 한 통, 그리고 잠자리로 사용했음 직한 건초더미가 있었고, 통신 트럭 2대와 통신 연락병이 기갑 집단사령부의 전부였다. 그들은 후방 지휘소로 돌아가기 위해 길을 찾으려 했으나, 어둠 속에 고립되어 헤매다가 날이 밝아서야 돌아올 수 있었다. 이러한 모습이 진정한 롬멜의 면모였다.

대부대의 지휘관은 전장의 상황을 가장 잘 파악하고 전투부대의 상황에 적합한 지원을 제공하는 것이 미국을 비롯한 연합군의 전형적인 지휘 행태였는데, 롬멜은 자신이 직접 최전방을 정찰하고 상황을 파악하며, 특히 고전하고 있는 격전지에서 직접 적을 격멸하는 위험한 지휘를 즐겼으며, 대부분 큰 성공을 거두었다. 그의 독특한 지휘방식이 그를 최고 명장의 반열에 오르게 하는 요인이었다.

롬멜은 크뤼벨에게 투브루크와 뉴질랜드사단의 연락을 절단하기 위해 뉴질랜드사단의 후방으로 진격하도록 했다. 작전은 성공하여 뉴질랜드사단이 포위를 피해 후퇴하는 것으로 종결되었다. 그 과정에서 용감한 제21기갑사단장 라벤슈타인이 영국군의 포로가 되고 말았다. 오랜 전투와 보급의 부족으로 추축국의 군대는 공세 종말점에 도달하고 있었고, 무선 도청으로 입수된 정보에 의하면 영국군의 제8군이 많은 손상을 입었음에도 전투력이 건재하다는 것을 알 수 있었다.

영국군은 점점 증강되는 반면, 독일군은 심각한 보급 난이 가중되고 있었다. 롬멜은 잘못하면 부대 전체가 위험에 빠질 수 있다고 판단하고 철수를 결심했다. 철수로 인한 영국군의 추격을 뿌리치기 위해 제한된 역공격을 실시했다. 12월 5일이 되자 이탈리아군 총사령관으로부터 앞으로 한 달간 추가 증원은 없을 것이며 보급도 최소한에 그칠 것이라는 좋지 않은 통보를 받았다.

이탈리아군은 언제나 롬멜에게 화가 나 있었다. 전투에서 이탈리아군은 항상 보조 역할이나 악역을 담당하게 한다는 의구심과 비록 보안 유지를 위해서이기는 했지만, 롬멜의 사전 협의 없는 독단적인 부대 지휘에 매우 불만스럽게 생각했다. 이제 롬멜에게는 철수하는 선택밖에 남은 것이 없었다. 철수는 12월 5일 야간에 시작되었다. 롬멜은 보급선을 단축하기 위해 키레나이카를 완전히 포기하기로 결심했다. 이탈리아군은 그곳에 거주하는 이탈리아인을 보호할 의무가 있다고 강력히 반대했으나, 롬멜의 결심은 확고해 필요하면 독일군만이라도 철수하겠다고 하자, 이탈리아군도 따를 수밖에 없었다.

롬멜은 지난 3월 공격을 개시했던 위치인 엘 아게일라까지 퇴각했다. 1941년 봄에 질풍 같은 공격으로 많은 전공을 세웠으나 투브루크의 점령에 실패하여 다시 제자리로 돌아오는 실패를 맛보아야 했다. 그러나 언제나 낙관파인 롬멜은 수에즈운하를 건너 중동에 진출하려는 야심을 포기하지는 않았다. 독일군의 뒤를 따라 영국군이 멀리 서쪽으로 전진하자, 지난번 독일군이 겪었던 병참의 문제가 이제는 똑같이 영국군을 괴롭히게 되었고, 반면에 독일군은 보급이 점차 개선되었다. 1942년 1월 5일 독일군은 전차 45대와 장갑차 20대를 인수했다. 대부대의 입장에서는 보잘것없는 증강이었지만, 고질적인 전력 결핍에 목마른 롬멜에게는 너무나 귀중했다.

부차적이기는 하지만, 롬멜에게는 뜻하지 않는 중요한 정보원이 생겼다. 1941년 12월 7일 일본이 진주만을 기습함에 따라 독일이 미국에 선전포고하자, 미국은 자연스럽게 독일의 군사 상황을 상세하게 파악할 필요가 있었다. 이집트에 근무하는 미국 무관은 북아프리카의 전황과 전망에 대해 자세한 보고를 워싱턴에 하게 되었는데, 독일군과 이탈리아군은 이 암호를 완전히 해독하고 있었기 때문에, 롬멜은 영국군의 동향을 정확히 파악할 수 있게 되었다. 향후 6개월 동안 미국 무관의 전문은 뜻하지 않게 롬멜에게 중요한 정보원이 되었다.

롬멜에게 파악된 영국군의 상황은 장차 트리폴리로 진격을 계획하면서 전방에서 지친 부대를 새로운 부대와 교대하거나 재정비하고 있어 전방 지역에는 제4인도인사단과 1개 기갑여단만이 방어하고 있다는 것이었다. 당장은 롬멜이 수적인 우위에 있었으나 영국군이 정상적인 부대 교대가 이루어지면 우세는 오래가지 못할 것이었다. 기갑전력을 보충 받았던 롬멜은 즉시 기습 공격하기로 결심했다. 보안 유지를 위해 이탈리아군에게는 물론 독일의 최고사령부에도 계획을 보고하지 않았다.

공격은 1942년 1월 21일 저녁에 기습적으로 실시되었다. 독일군은 대전차포로 운용되는 88mm 대공포와 전차가 축차적으로 진지를 점령하면서 상호 엄호하에 전진했다. 영국군의 기갑부대 운용 능력은 아직도 독일군보다 뒤떨어졌다. 독일군 기갑부대의 전진 속도가 너무 빨라 영국군은 재정비할 여유를 갖지 못하고 포위되거나 격멸되었다. 독일군은 연료가 부족했으므로 영국군을 포위하기 위해서는 더 빠른 기동이 필요했다. 작전은 전광석화처럼 진행되어 1월 29일에 벵가지를 탈환하였는데, 영국군은 가잘라와 비르하케임을 연하는 선에서 겨우 방어선을 구축할 수 있었다. 2월 4일에 롬멜은 이 방어선 앞에서 정지했다.

이탈리아군은 비협조적인 롬멜의 독주에 불쾌감을 표시하며 1개 군단을 철수시켰다. 양쪽 진영은 더 이상 작전을 진행할 여력을 잃었기 때문에 4개월 정도 의도하지 않는 휴식을 가져야 했다. 그동안의 전공으로 롬멜은 중장으로 승진한 지 7개월 만에 상급 대장으로 승진하였고, 아프리카 기갑집단은 이제 기갑군으로 명칭을 바꿨다는 것은 앞에서 언급한 바와 같다. 특별한 부대의 증편은 없었지만, 부대 명칭의 변경과 지휘관의 승진은 부대의 명예와 사기에 미치는 영향이 클 수밖에 없었다.

영국 총리 처칠마저 롬멜을 칭찬했다. 그는 1월 27일 의회에서 북아프리카 전선에 대해 보고하면서 "나는 이 자리에서 키레나이카의 상황이 어떤지 말씀드리지 않을 수 없습니다. 우리의 상대가 무척이나 용감하고 유능한 장군이기 때문입니다. 이 전쟁의 참상과 관계없이 개인적인 평가를 해도 된다면 나는 그를 위대한 장군이라고 말하고 싶습니다."라고 말했다.[4] 영국과 미국의 언론들도 롬멜을 영웅으로 칭했는데, 롬멜에 대한 명성은 영국군 장교들의 무능함을 암시하기도 했다. 한편 연합국의 롬멜 평가에 대해 히틀러는 흡족해하면서, "적장을 유능하다고 인정하는 것은 참으로 위험하다. 롬멜의 이름만으로 몇 개 사단의 전력에 맞먹는 위력을 갖게 됐다."라고 평했다.

제2절 투브루크 함락

4월에 롬멜은 히틀러와 군 수뇌부가 머물고 있던 베르히테스가든 지휘소를 방문하여 히틀러와 무솔리니, 지중해 전구를 책임진 케셀링(Albert Kesselring) 원수를 만나 차후 작전에 대해 논의했다. 그들은 5월에 공격해도 좋으나, 투브루크를 넘어서는 안 된다는 단서를 달았다. 아프리카로 돌아온 롬멜은 곧 공격계획에 착수했다. 영국군의 가잘라 방어선은 여단 단위의 사주방어 형태를 취하고 있었다. 일부 진지는 포병 화력으로는 상호 지원이 안되는 약점이 있었으나 공간은 빈틈없이 철조망과 지뢰로 봉쇄되어 있었고, 후방에는 적의 침투를 분쇄하기 위한 기갑부대로 구성된 예비대가 대기하고 있어 난공불락처럼 보였다. 방어선의 정면은 80km에 이르러 측면을 우회하는 공격도 불가능한 것처럼 보였다. 장애물로 보호되어 있었지만, 유일한 약점은 사주방어 진지 사이의 공간이었다.

롬멜의 작전 계획은 80km에 달하는 영국군의 방어선 남쪽을 측면에서 공격하여 북쪽으로 밀어붙이고, 궁극적으로는 투브루크 요새를 함락하는 것이었다. 공격을 위한 암호명은 고대 그리스 신화에 나오는 영웅 '테세우스(Theseus)'로 정했다. 공격은 1942년 5월

4) 마우리체 필립 레미 지음, 박병원 옮김, 앞의 책, p. 112.

26일에 시작되었다. 공격 개시 순간까지 철저한 보안을 유지한 가운데 기습적으로 시작되었으나, 공격은 영국군 제8군의 대거 투입으로 저지되었고, 오히려 요새 사이에 갇혀 포위된 형세를 맞게 되었다. 아프리카 기갑군은 총체적인 위기에 봉착했다. 만일 영국군이 예비대를 투입하여 총력을 기울여 반격했다면 독일군은 완전히 패배할 국면이었지만, 영국군은 언제나처럼 기갑전력을 축차적으로 투입하는 우를 범했다. 위기에서 행운을 얻은 롬멜은 군을 재정비하고 주위에 믿음을 주며 공세를 이어갔다.

독일군은 영국군의 남쪽 측면에 주공을 두고 공격했다. 6월 1일부터 시작된 공격은 몇 시간 만에 승패가 판가름 날 것으로 예상했으나, 10일간의 혈전으로 이어졌다. 북쪽에서의 조공 부대는 방어부대를 고착시키고 있었지만, 돌파할 수는 없었고, 남쪽의 공격부대는 뜻하지 않게 자유 프랑스군 1개 여단의 강력한 방어에 막혀 전진할 수 없었다. 자유 프랑스여단은 쾨니히(Marie Pierre Koenig) 장군 휘하에 인도차이나, 세네갈, 타히티 등지의 프랑스 식민지 용병들과 나치가 싫어 도망쳐 나온 오스트리아와 독일인들로 구성되어 있었는데, 그들은 고립된 방어진지에서 엄청난 공격을 받았는데도, 무려 2주간이나 영웅적인 방어전을 견뎌냈다. 용맹한 전투 후에 3,000여 명의 병사 중에 부상자 500여 명만 남기고 나머지는 무사히 후방으로 철수했다.

북쪽 방어선에서의 전투 중에 군단장 크뤼벨이 탄 정찰기가 격추되어 사망했고, 롬멜의 참모장과 작전참모마저 부상했다. 크뤼벨을 대신하여 현지에 와있던 독일 지중해 전구 사령관인 케셀링 원수가 군단을 지휘했다. 독일군이 총력을 기울여 공격하는 데 반해, 영국군의 역습은 비교적 소규모였다. 6월 11일 되자 롬멜은 전선의 남쪽 비르하케임을 가까스로 점령하고 북쪽으로 다시 진격할 수 있게 되었다. 북쪽으로 향하는 진격로에는 영국군의 사주방어 진지가 염주 알처럼 늘어서 굳건한 방어선을 구축하고 있었지만, 끈질긴 독일군의 공세에 전투가 시작된 20일 후인 6월 14일부터 영국군은 철수하기 시작했다.

처칠과 오친렉은 제8군사령관 리치가 투브루크 요새와 동일선상의 방어선을 고수해주기를 희망했으나, 리치는 도저히 불가능하다고 판단하여 이집트 국경으로 후퇴했다. 이제 투브루크에는 1개 여단이 결여된 제2남아프리카 사단을 주축으로 제32전차여단이 증원되어 있었다. '사막의 여우'는 기갑군단을 투브루크를 지나쳐 이집트 국경으로 전진했다. 그러나 이는 기만 작전으로 요새에 남아 있던 방어부대들은 지나치는 독일군에 안심하고 경계를 소홀히 했다. '사막의 여우'는 갑자기 방향을 뒤로 돌려 투브루크로 향했다. 1942년 6월 20일의 새벽에 격렬한 공중공격이 있고 난 뒤에 롬멜의 부대는 투브루크로 맹렬하게 돌진하여 이후 함락시켰다. 롬멜은 21일 저녁에 가물거리는 촛불 아래서 참모장과 노획한 영국 전투식량을 허겁지겁 먹으면서 승리감을 만끽했다.

● 신화로 남은 롬멜(1941. 4. 투브루크)

그동안 여러 차례의 공격에도 난공불락을 자랑하던 투브루크 요새는 사소한 방심 때문에 쉽게 함락되어 롬멜은 숙원을 이루었으며, 6월 22일 원수로 승진했다는 뉴스를 들었다. 그는 중장에서 7개월 만에 대장으로, 또 4개월 만에 원수로 승진하여 독일 역사상 최연소 원수가 되었으며, 롬멜의 승전을 다룬 뉴스 영화가 전국에 배포되어 그는 민족적 영웅이 되었다. 때마침 미국을 방문하여 루스벨트와 회담하고 있던 처칠은 투브루크의 함락을 전하는 전문을 루스벨트로부터 건네받고 놀라 몸을 움찔 떨었다. 처칠은 그의 회고록에서 “그것은 제2차 세계대전 기간 중 내가 기억하는 가장 큰 타격 가운데 하나였다. 군사적 결과도 뼈저렸을 뿐만 아니라, 영국 육군의 명예를 생각하더라도 비통한 일이었다.”라고 기록하고 있다.[5]

처칠은 1942년 2월 15일 싱가포르에서 8만 5,000의 방어 병력이 그보다 소수인 일본군에게 항복한 사실을 수치스러워했는데, 4개월 후에 또다시 3만 3,000명의 노련한 병력을 보유한 투브루크 요새에서 그 절반 정도밖에 되지 않는 적군에게 무릎을 꿇고 말았다는 사실에 대해 망연자실했다. 처칠에게는 처절한 순간이었으며 루스벨트 앞에서 충격을 숨기려 하지 않았다. “패배와 치욕은 별개의 문제였다.”라고 처칠은 기록했다. 루스벨트가 “무엇을 도울 수 있을까요” 하고 물었을 때 처칠은 주저 없이 “셔먼 탱크를 줄 수 있는 대로 주십시오. 그리고 가능한 한 신속히 중동으로 보내주십시오.”라고 답했다. 미국은 자기들의 기갑사단을 장비하기 위해 최초로 생산하기 시작한 탱크 300대와 자주포 100문을 수에즈운하로 보내게 된다. 처칠은 루스벨트와 회담을 통해 연말쯤에 영국과 미국의 연합군이 북아프리카에 상륙하는 전략을 개략적으로 합의했다.

5) 윈스턴 처칠 지음, 차병직 옮김, 옮김, 『제2차 세계대전. 상』(서울 : 까치, 2016), p. 841.

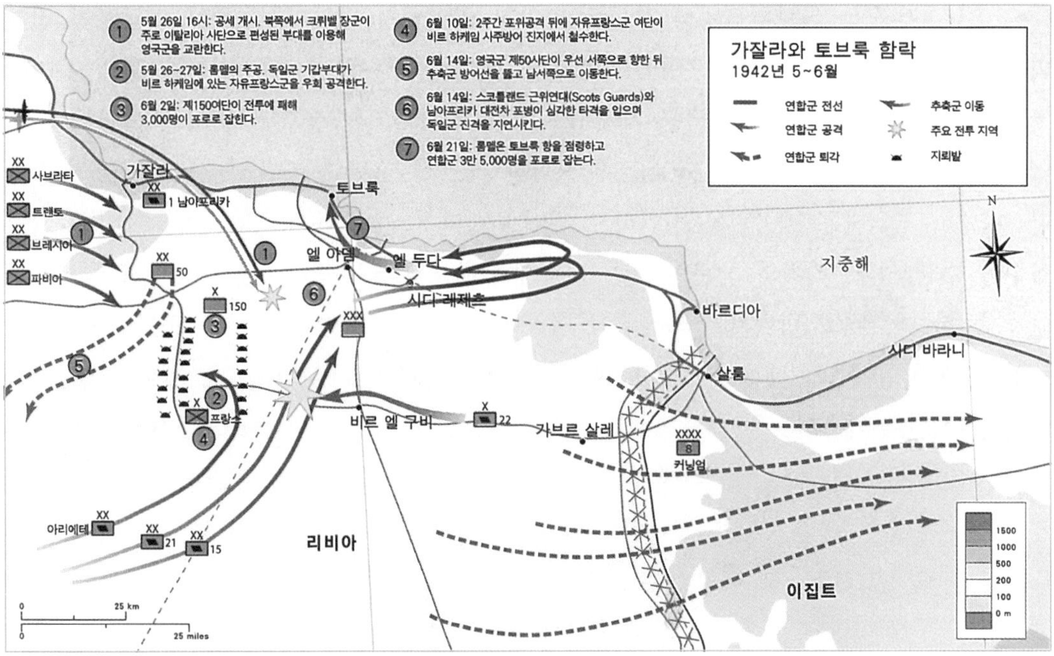

● 아프리카군단의 투브루크 함락과 뒤이은 동진으로 영국군은 괴멸했고 제8군 잔존 병력을 이집트 국경으로 쫓겨났다.
※ 출처 : 크리스 비숍 등 지음, 박수민 옮김. 『제3제국』(플래닛미디어, 2013). p. 208

처칠이 영국으로 돌아와 직면한 문제는 의회의 불신임 투표에 대해 대응하는 것이었는데, 다행히도 475대 25표로 부결되었다. 처칠은 싱가포르의 상실과 투브루크의 함락으로 정치적 난관에 봉착하여 불신임 투표까지 하게 되었기 때문에, 무엇보다도 지상전에서의 승리가 필요했다. 특히 6월에 미드웨이 해전에서 대승을 거둔 미국은 물론, 독일군과 대등한 전투를 이어가는 소련을 보면서 영국도 연방국으로서의 체면을 생각해서라도 커다란 승리가 절실했다.

투브루크를 장악한 독일군 수뇌부는 지중해 전략에서 다음의 목표는 몰타섬이었기 때문에, 롬멜에게 투브루크에서 정지하도록 지시했다. 그러나 롬멜의 생각은 달랐다. 현 상황은 영국군 제8군이 궤멸하기 일보 직전이었으므로 그들에게 재편성할 여유를 주는 것은 매우 어리석은 짓이며, 독일군 역시 매우 지쳐있었지만, 투브루크에서 노획한 선리품으로 보급에 여유가 있으므로 그대로 공격을 계속한다면 수에즈운하까지 점령 가능하다고 판단한 것이다. 롬멜은 지중해 사령관 케셀링을 설득한 후에 히틀러에게 직접 편지를 썼다. 히틀러의 판단은 몰타를 점령하는 데는 무엇보다 제공권을 장악하는 것이 급선무인데, 공중 우세를 달성할 수는 있지만 완전한 제공권은 장악할 수는 없으므로 실패할 가능성이 크다고 생각했음에도 불구하고, 어떻든 수에즈운하까지 계속 공격하고자 했던 롬멜의 건의는 허락되었다.

승리한 독일군은 투브루크에서 잠시도 가만히 앉아있지 않았다. 노획한 영국군의 전차와 차량에 연료를 가득 채우고 영국제 탄환을 쏘며 영국군을 추격했다. 6월 23일 독일군은 이집트 국경을 넘었다. 영국군 제8 군사령관 리치는 국경을 방어하려는 특별한 노력 없이 국경으로부터 동쪽으로 240km나 떨어진 메르사 마트루(Mersa Matruh)로 철수했다. 다행히 영국군은 제공권을 장악하고 있어 큰 피해 없이 메르사 마트루에서 재정비에 착수할 수 있었다. 리치의 상관인 오친렉은 메르사 마트루의 방어선을 못마땅하게 생각했다. 메르사 마트루의 방어선은 가잘라의 방어선처럼 남쪽 측면에서 우회 공격을 당할 가능성이 큰 지형이었기 때문이었다. 오친렉은 차라리 동쪽으로 160km 더 떨어진 엘 알라메인을 주목했는데, 이곳은 남쪽으로 카타라분지(Qattara Depression)가 있어 차량의 통행이 불가하여, 바다와 카타라분지 사이의 좁은 정면인 64km를 방어한다면 적의 진격을 저지할 수 있는 이점이 있었다. 다만 알렉산드리아로부터 100km밖에 떨어져 있지 않아 위기가 곧 닥쳐오는 것으로 보일 수 있었다.

성질이 급한 처칠은 투브루크의 함락 이전부터 오친렉이 직접 전장을 지휘하여 롬멜을 저지하기를 바랐는데도, 온건한 오친렉은 리치에게 지휘권을 위임하고 간섭을 최소화하는 방침을 고수했다. 여기서 우리 군사학도들은 전장의 최전방을 휘젓고 다니며 때로는 적의 포탄을 직접 맞기도 하면서 난관을 타개하는 롬멜의 지휘방식과 오친렉처럼 가급적 예하 지휘관의 권위를 보장하면서 지원하는 지휘방식 간의 차이와 각 방식의 장단점이 무엇인지 깊이 생각해 볼 필요가 있다고 보여진다. 이는 옳고 그름을 넘어서 전장 상황에 따라 승리를 쟁취하는 방식의 차이에 관한 문제라고 할 수 있을 것이다.

제3절 엘 알라메인 전투

메르사 마트루에서 오친렉은 과감하게 리치를 해임하고 제8군을 직접 지휘하기로 했다. 그는 메르사 마트루에서 전면전을 치른다면 전멸할 가능성이 크다고 판단하여 엘 알라메인으로 단계적 철수를 지시했다. 그러나 롬멜은 조금도 여유를 주지 않고 공격했기 때문에, 영국군은 6,500명의 포로와 많은 보급품을 독일군에게 넘겨주지 않을 수 없었다. 그러한 상황에서도 영국군 제8군의 주력은 큰 상처 없이 철수하여 엘 알라메인 방어선을 점령할 수 있었다. 위기를 감지한 알렉산드리아의 지중해함대는 베이루트(Beirut), 하이파(Haifa), 포트사이드(Port Said) 등지로 흩어졌고, 중동군사령부는 팔레스타인으로 철수하면서 모든 기밀문서를 불태웠다.

6월 30일 롬멜은 엘 알라메인 방어선에 근접했다. 투브루크를 점령한 이후 워낙 거세게 공세를 이어오기는 했지만, 독일군과 이탈리아군은 군수지원의 부족으로 이미 공세 종말점에 도달하고 있었다. 독일군의 전차는 55대, 이탈리아군은 30대 정도만 가동되고 있었고, 병력도 완편 체제에 비해 매우 미달된 상태에 놓여 있었다. 독일군의 보급은 한동안 영국군으로부터 노획한 연료와 차량으로 충당하고 있었지만, 그마저 바닥이 나고 있었으며, 우세한 영국 공군으로부터 끝없는 공습을 당하고 있었다. 소위 말하는 '벵가지 핸디캡'에 빠지게 된 것이다. 벵가지 핸디캡은 서쪽에서 동쪽으로 진격하는 추축군이나 동쪽에서 서쪽으로 진격하는 영국군이 벵가지만 지나게 되면 겪게 되는 군수지원의 곤란을 의미했다. 그러나 롬멜은 영국군이 더 녹초가 되어있다고 판단했다. 당시에 영국군은 온갖 종류의 전차를 포함해 모두 250대 정도 보유하고 있었는데, 다만 알렉산드리아로부터 100km의 근거리에 주 방어선이 있어 병참선과 통신선이 매우 짧다는 이점은 가지고 있었다.

독일군은 7월 1일 새벽 세 시에 공격을 개시했으나, 그와 동시에 영국군의 강력한 공격 준비 파괴 포격을 받아 공격이 돈좌 되고 말았다. 이러한 영국군의 공격 준비 파괴 포격으로 인해 심지어 롬멜의 당번병까지 부상하는 사태가 발생했다. 날이 밝아오면서 영국군의 포격은 정확히 독일군을 가격하여 움직일 수 없게 만들었으며, 때마침 불어오는 엄청난 모래 폭풍은 장병들에게 공격의 의지를 포기하게 했다. 일부 병사들은 너무 탈진하여 뒤로 돌아서서 달아났다. 영국군은 부대별로 사주 방어진지를 구축하고 결연한 의지로 방어하고 있었다. 다음날도 독일군은 영국군의 방어진지를 뚫을 수 없었다. 강력하고 정확한 포격은 독일군의 진격을 저지했는데, 심지어 롬멜도 참모장과 함께 2시간 동안 모래밭의 참호에 엎드려 있어야 했다. 영국군의 또 다른 이점은 울트라를 통해 롬멜의 작전 의도를 명확히 파악하고 있었다는 점이다.

오친렉은 롬멜의 기동계획을 간파하고 작전의 주도권을 빼앗기 위해 공격하기로 결심했다. 기갑부대 간의 전투는 야간에까지 이어져 양쪽 모두 큰 피해를 당하였다. 영국군은 독일군을 격퇴하지는 못했으나, 독일군이 더 이상 진격하지 못하도록 저지할 수는 있었다. 심각한 문제는 독일군에게 쓸 만한 전차가 28대밖에 남아 있지 않다는 점이었다. 이제 더 이상의 공격은 불가능하다는 것이 명백해졌다. 7월 4일 롬멜은 현 접촉선에 대한 방어를 이탈리아군에게 넘겨준 다음, 독일군의 철수를 명령했다. 감청을 통해 독일군의 계획을 감지한 오친렉은 반격을 결심하고, 제30군단으로 하여금 북서쪽에서 공격하여 독일군의 철수를 차단하려고 했다. 그러나 영국군도 지쳐있기는 독일군과 마찬가지였으므로 공격의 긴장감이 없었으며, 오친렉의 반격 명령은 흐지부지하게 되었다. 양측은 소강상태에서 며칠간의 짧은 휴식을 취하면서 전력 증강에 골몰했다.

7월 17일 지중해 사령관 케셀링과 이탈리아군 최고사령관 카발레로가 방문했을 때, 롬멜은 군수지원이 얼마나 절망적인지 설명했다. 그들은 동감하고 지원을 약속했지만, 그들로서도 한계가 있었다. 롬멜은 더는 공격을 이어 나가는 것이 불가능하다는 사실을 받아들이고, 지뢰를 비롯한 장애물을 보강하여 방어를 강화하는 데 주력했다. 7월 21일에는 최고사령부에 전문을 보냈는데, 내용은 주로 증원군과 보급의 절박함에 관한 것이었다. 이 내용은 모두 영국군에게 감청되었다. 오친렉은 독일군의 약화를 확인하고 또다시 공세를 펼쳤지만, 그들도 지쳐있기는 마찬가지여서 7월 27일에는 공격을 중지했다.

영국군과 추축군은 서로 공방을 주고받다가 완전히 탈진하여 몸도 가누지 못할 정도였다. 독일군은 수에즈로 나아가지 못했고, 영국군도 독일군을 물리치지 못하고 교착상태에 빠졌다. 그러나 이제부터 위기는 독일군에게 있었다. 롬멜은 영국군도 전력을 보충하고 있지만, 수송선이 지중해를 통과하지 못해 희망봉을 돌아올 것이므로 9월 초나 되어야 충분한 전력을 갖출 수 있을 것으로 판단하여, 8월 8일에 공격을 재개하겠다고 생각했다.

이 무렵 영국과 미국은 전 세계전쟁의 국면을 전환할 중요한 합의를 도출했다. 7월 8일 미국 육군 참모총장 마셜, 해군 참모총장 킹이 런던에 도착하여 1942년 10월 말 이전에 북아프리카에 상륙작전을 전개하며 작전 명칭은 '횃불(Torch)'로 한다는 데 합의했다. 이어서 처칠은 곧바로 카이로로 향했다. 직접 전장을 돌아보고 현지 사령관을 좀 더 적극적인 인물로 교체할 생각이었다. 그곳에서 처칠은 참모총장 브룩, 인도총독 웨이벌, 중동군 사령관 오친렉과의 회의·면담을 통해 지휘관의 인사교체에 관한 방안을 다양하게 고려했다. 현 중동사령관 오친렉은 신사로서 교양을 갖춘 장군이었지만, 처칠이 요구하는 맹장 스타일은 아니었다. 그러나 1차 알라메인 전투에서 롬멜의 진격을 저지한 공로가 크다는 점이 교체하는 데 걸림돌이었다. 공석인 제8군 사령관에는 예하 군단장 중의 한 명인 고트 장군을 내정하고 처칠이 직접 면담까지 했는데, 이틀 후에 그가 탄 항공기가 적탄에 맞아 추락해 사망하여 무산되었다.

참모총장 브룩은 프랑스 전투에서 자기 휘하에서 군단장을 역임했던 알렉산더(Harold Alexander)를 중동군사령관에, 사단장이었던 몽고메리(Bernard Montgomery)를 제8군 사령관에 추천했다. 처칠은 중동군의 관할을 두 개로 분리하여, 이집트·팔레스타인·시리아를 근동사령부(Near East Command)로 하고, 페르시아·이라크를 하나로 묶어 중동사령부(Middle East Command)라고 칭하며, 근동 사령관에 알렉산더, 중동 사령관에 오친렉을 보임하겠다고 오친렉에게 통보했다.

오친렉은 원만한 인품으로 많은 사람의 호감을 받고 있었지만, 정치인들과는 친분이 원만하지 못했고, 처칠이 요구하는 강인한 승부 근성이 부족했다. 그는 사실상 해임되었으나, 위풍당당함을 잃지 않았다. 그는 처칠에게 중동 사령관 취임을 정중히 사양했다. 처칠은 얼마 후에 그를 다시 발탁하여, 인도군 사령관에 보임했다. 따라서 중동군과 근동군의 분리는 없던 일로 하고 지나가게 되었다. 처칠이 단행한 인사의 핵심은 몽고메리였는데, 중동군 사령관 알렉산더의 부하가 되겠지만, 처칠이 롬멜과 대적할 제8군사령관에 강인한 몽고메리를 임명한 것은 적임자를 발탁한 인사 조치라고 볼 수 있었다.

● 1942년 11월 5일, 영국 제8군 사령관 버나드 몽고메리 중장이 특유의 전차병용 베레모를 쓰고 그랜트 전차 위에서 엘 알라메인으로부터 퇴각하는 독일군을 살펴보고 있다.(Imperial War Museum)

무자비한 승부 근성을 가진 몽고메리의 임명은 영국군에게 새로운 바람을 불러왔다. 그는 장병들에게 더 이상의 후퇴는 없으며, 현 진지에서 뼈를 묻어야 한다고 강조했다. 아울러 독일군의 기갑부대 공격에는 공세적인 기동전을 펼치지 않고 유인 작전으로 파괴하겠다고 하면서, 방어를 우선시하는 살상지대를 설치했다. 이제까지 영국군은 롬멜의 대전차포에 너무나 많은 전차를 잃었기 때문이었다.

한편, 롬멜은 과로로 인해 위장병과 순환기 질환으로 탈진되어 건강이 상당히 악화되기에 이르렀다. 의사들은 검진 결과를 종합하여 그가 부대를 지휘하기에 부적합하다는 보고서를 최고사령부에 독자적으로 보고했다. 롬멜은 자기를 대신할 기갑 전문가는 구데리안밖에 없다고 생각했으나, 최고사령부에서는 구데리안이 모스크바 전투에서 히틀러의 눈 밖에 나게 되어 대체 불가능하다는 생각을 전해왔다. 그러나 전장의 상황은 영국군이 급속히 증강되고 있었기 때문에 즉시 공격하여 승패를 결정짓지 않으면 더 이상 기회가 없다고 롬멜은 판단했다. 그는 현재 위치에서 아무것도 하지 않으면서 영국군의 공격을 기다리는 것은 차라리 현 상태에서 공격하는 것만 못하다는 결론을 내렸는데, 당시 상황으로 보았을 때, 그의 판단은 매우 타당한 것이었다. 그렇더라도 롬멜은 자기가 도박하고 있다고 생각했고, 그 도박이 마지막 기회라는 것도 알았다.

8월에 이탈리아에서 트리폴리로 향하던 4개의 수송 선단 가운데, 3개 수송선단을 영국의 사막 항공대가 차단하여, 롬멜은 전차나 연료를 보급 받을 희망이 사라지게 되었다. 물론 독일도 몰타로 가는 영국의 호송선단 페데스탈(Pedestal) 작전의 항공모함 1척을 포함하여 순양함 2척과 수송선 16척 중 무려 11척을 침몰시켰는데도, 상당량의 보급품이 영국군에 전달되었다. 롬멜이 공격을 목전에 두고 있는 상황에서 전차나 항공기, 그리고 병력면에서 영국군이 확실히 우세한 상황이었고, 투브루크 함락 이후 루스벨트가 지원하겠다던 전차 300대와 자주포 100문도 영국군에 조만간 도착할 예정이었다.

독일군의 공격은 8월 30일 야간 10시에 개시되었다. 공격을 개시하자, 독일군은 종심이 8km에 이르는 지뢰지대에 봉착하여 전진이 지지부진하게 되었는데, 영국군의 정확한 항공 폭격과 포사격으로 군단장 네링(Walther Nehring) 장군이 부상당했고, 제21기갑사단장 비스마르크(George von Bismarck) 장군이 전사했다. 독일군은 밤새워 실시한 야간 전투에서 16km 정도 전진했으나, 기습의 효과는 완전히 사라졌다. 다음날의 공격에서도 진격 속도는 더 느려졌고, 영국군의 공습과 정확한 포병사격은 독일군의 공격을 거의 무력화시켰다. 그러나 진정한 문제는 연료의 부족이었다.

9월 1일 저녁 무렵에 롬멜은 더 이상 공격을 지속할 연료를 비롯한 자원이 없다는 사실을 알고도 건강 악화로 인한 판단력이 흐려져 신속한 결정을 내리지 못했다. 9월 2일에도 상황은 호전되지 않았으며, 롬멜 자신도 참호에 포탄이 떨어져 겨우 목숨을 건지는 사태가 발생하였다. 9월 2일 밤에 롬멜은 어쩔 수 없이 공격을 중단하고 방어 태세를 강화했다.

10월까지 몽고메리는 4개의 기갑사단을 비롯하여 총 11개 사단을 전개할 수 있었다. 영국군은 전차 1,030대를 포함하여 대포 900문과 항공기 530대를 보유하여 전력 면에서 독일군에 비해 압도적인 우세를 점할 수 있었다. 독일의 아프리카 기갑군은 최선을 다해 전력을 증강하려 했지만, 트리폴리에서 2,000km나 떨어져 있어 보급이 더욱 어렵게 되어, 대포 500문과 항공기 350대만을 보유하는 한계를 드러냈다. 보유하고 있는 기갑사단은 4개 사단이었지만, 2개 사단은 이탈리아군으로서, 롬멜은 그들을 크게 신뢰하지 않아 방어선을 배치함에 있어서 이탈리아군을 독일군 부대 내에 끼워 넣는 방식으로 방어편성을 함으로써 그들이 임의로 독자적인 후퇴를 하지 못하도록 조치했다.

롬멜의 건강은 한계에 달해 9월 22일 독일로 후송되고, 그 후임에 슈툼메(Georg Stumme) 대장이 보임되었다. 슈툼메는 프랑스 전투에서 롬멜이 지휘했던 제7사단의 전임 사단장이었다. 롬멜은 향후 건강이 회복되면 소련 전선의 집단군 사령관으로 보직될 것이라는 말을 들었는데, 후송된 지 한 달 후인 10월 24일 히틀러가 직접 전화하여 "아프리카에서 나쁜 소식이 있네. 상황이 아주 암담해 보여. 돌아갈 만큼 몸은 괜찮은가?"라고 물어왔다.[6] 롬멜은 건강이 회복되지 않았으나, 다음날인 10월 25일 출발하여 당일로 아프리카 기갑군사령부에 도착했다. 상황은 몽고메리의 공격에 압박을 받아 군 전체가 흔들리고 있었다.

몽고메리의 공격은 10월 23일 자정에 456문의 강력한 포격으로 시작되었다. 몽고메리는 독일군에 대한 공격을 계획하면서 전임자들과는 다른 작전개념을 발전시켰다. 그의 전임자들은 사막 지형의 특성을 고려한 기갑부대의 자유 기동을 통해 적을 격멸하려 했지만, 몽고메리는 기갑부대 작전에 관한 한 영국군의 능력이 독일군에 미치지 못함을 인정하고, 초기 전투에서 포병과 보병을 이용하여 독일군의 방어선을 붕괴시킨 다음, 기갑부대를 자유롭게 기동시켜 독일군을 뿌리째 격멸하겠다는 구상을 했다. 그는 앞서 있었던 전투처럼 단순히 독일군을 후퇴시켜 트리폴리 쪽으로 밀고 나가는 것이 아니라, 적에게 괴멸적인 타격을 주는 공격을 실시하고자 했다. 독일군의 방어선은 촘촘한 지뢰지대와 소규모 부대의 사주방어 진지로 구성되어 있었으나, 대인지뢰의 부족으로 대전차지뢰 위주로 지뢰지대가 구성되어 있었기에, 보병들이 손쉽게 대전차지뢰를 제거하고 통과할 수 있다는 약점이 있었다.

주공은 북쪽 해안선을 따라 제30군단의 보병사단들이 통로를 개척하고 후속하는 제10군단의 기갑부대들이 돌파구를 확장하여 진격하며, 양동작전으로 남쪽 전선에서 제13군단이 일부러 기도를 노출하면서 추축군의 예비대를 유인하도록 계획했다. 이때 독일군은 포격으로 인해 통신이 두절 되자, 사령관 슈툼메는 상황 파악을 위해 호위 병력이나 통신차량도 대동하지 않은 채 전방으로 정찰을 나갔다. 슈툼메는 적의 매복조에 습격을 당해 함께 탄 장교가 사망하자 운전병이 차량을 급선회했고, 슈툼메는 그러한 차량에 매달려 가다가 떨어져 사망했다. 슈툼메의 사망으로 히틀러가 긴급히 롬멜을 호출한 것이었다.

롬멜이 10월 25일 전장에 도착했을 때, 남쪽 전선에서 영국군이 일부 돌파에 성공하여 기갑부대들이 북쪽으로 방향을 선회하려는 기도를 보였다. 북쪽 전선에서는 독일군의 주력이 영국군의 주공 방향을 파악하고 필사적인 방어작전으로 전선을 유지하고 있었다. 문제는 후속 군수지원이었다. 특히 연료의 부족 문제가 심각했다. 전차를 통해 적의 공격을 격퇴하려 했지만, 제한된 연료는 작전의 행동반경을 좁혀 지엽적인 반격만 가능한 상태였다. 기갑부대 작전에서 기동을 위해서는 연료가 모든 것을 지배하였다. 10월 26일이 되자, 롬멜의 군대는 최초 119대의 전차 중에 31대밖에 남지 않았다. 영국군의 저지선을 돌파한

6) 존 키건 지음, 류한수 옮김, 옮김, 『2차 세계대전사』(서울 : 청어람 미디어. 2006), p. 501.

이탈리아 보급선이 보급품을 벵가지에 하역하여 전선에 도착하려면 며칠이 걸릴지 몰랐다. 10월 28일에 이르러 롬멜은 더는 방어선을 유지가 불가하다는 것을 알고서, 10월 29일부터 전투에 투입되지 않은 부대부터 철수시키기 시작했다.

몽고메리는 북쪽에 집결되어있는 독일군의 기갑부대를 차단·격멸하려 했으나, 성공하지는 못했다. 11월 2일 몽고메리는 '수퍼차지(Supercharge)'라는 암호명의 대규모 공격을 다시 개시하게 되었고, 롬멜은 이를 격파하기 위해 보유한 전력을 모두 투입했다. 이때 영국군은 울트라 암호해독을 통해 독일군의 반격 루트를 사전에 감지하고 대비했다. 격렬한 전투 결과, 독일군은 영국군의 돌파를 저지하기는 했으나, 큰 피해를 보아 전 부대가 혼란에 빠졌다.

롬멜은 영국군의 우세한 전력으로부터 군대를 보존하는 길은 철수하는 수밖에 없다는 것을 알고 단계적인 철수를 서둘렀다. 그와 동시에, 최고사령부에 현지의 위급한 상황을 최대한 조심스럽게 보고하면서, 철수 의도를 내비쳤다. 그러나 문제는 히틀러였다. 그는 "그러므로 귀관이 귀관의 병사들에게 제시할 수 있는 유일한 길은 승리 아니면, 죽음뿐이다."라고 함으로써, 절대 철수를 허용하지 않겠다는 의지를 천명했다. 롬멜은 히틀러의 전문을 기갑군단장 토마(Wilhelm von Thoma) 장군과 함께 읽었다. 히틀러의 명령을 거역할 수 있는 사람은 아무도 없었다. 1941년 12월 모스크바 공방전에서 제2기갑군 사령관 구데리안만이 오로지 히틀러에게 철수를 건의하고 보직해임 당한 사태가 히틀러에 대한 거의 유일한 거역 행위였다.

독일군 기갑군단은 철수부대의 후위를 담당하여 앞서 철수하는 보병부대를 엄호하는 임무를 맡았으므로, 주력부대를 구출하는 것은 군단장 토마 장군에게 달려 있었다. 롬멜은 전체 부대의 전투력이 50% 미만이며 운용 가능한 전차는 24대이고, 이탈리아군의 피해 수준도 비슷하다고 하는 전문을 최고사령부에 보냈다. 동시에 롬멜은 독일군이 전멸당하는 것을 피하여 남은 유용한 전력을 잘 보존하기 위해서라도 아프리카 전역에서 철수해야 한다는 필요성에 대해 총통을 설득하도록 나치 열성 당원인 자신의 참모를 직접 히틀러의 지휘소로 파견하였다. 그는 지중해군 사령관 케셀링 원수가 방문했을 때도 같은 보고를 했지만, 케셀링도 히틀러의 명령을 번복하는 것은 불가능했다.

그런데 이러한 위급한 상황에서 분투하는 독일의 기갑군단에 큰 변고가 발생하게 되었다. 군단장 토마 장군이 포로가 되고 이탈리아군이 담당한 방어선이 돌파된 것이다. 롬멜은 마침내 자기 부대가 전멸하는 모습을 볼 수 없다는 결론을 내리고, 후미를 담당하는 기갑군단에도 철수를 허용했다. 다음날 히틀러의 답신이 도착했다. "지금까지 진행된 상황을 고려하여 귀관의 요청을 수락한다."는 내용이었다. 그러나 이러한 히틀러의 철수 허락과 달리, 이 시점을 계기로 히틀러와 롬멜의 관계는 틀어지기 시작했으며, 롬멜의 운세도 영광의 자리에서 내리막길을 걷기 시작했다.

제2차 엘 알라메인 전투에서 독일군은 1만 5,000명의 사상자가 발생했고, 전차 400대, 야포 1,000문을 잃었다. 이탈리아군을 주로 한 포로는 2만 3,000명이었다. 롬멜은 축차적인 저지선이 무너져 메르사마트루에서 새로운 방어선을 구축하려 했지만, 전차는 12대만 가용했고, 각 사단은 잔여 병력이 1개 연대에도 미달하는 수준이었다. 롬멜은 이틀 후에 다시 후퇴를 시작했다. 히틀러는 아프리카 기갑군의 전력을 최대한 증강 시켜주겠다고 약속했고, 11월 8일에 전차 35대가 도착한다는 보고를 받았다. 상황은 호전되고 있었지만, 그와 동시에 11월 7일 서쪽으로 3,200km 떨어진 프랑스령 모로코에 영미 연합군이 상륙했다는 소식을 듣자, 독일군은 혼란에 빠지면서 후방의 안전이 우려되었다. 첫째는 비록 거리가 멀리 떨어져 있지만, 전·후방에서 동시에 양면 공격을 당할 수 있다는 것이며, 둘째는 히틀러가 약속한 증원 전력 지원이 차질을 빚을 우려가 있다는 점이었다.

지중해 사령관 케셀링이나 이탈리아군 최고사령관 카발레로는 아무런 작전지침을 주지 않았기 때문에, 롬멜은 히틀러에게 다시 참모를 보내 지침을 구했다. 히틀러는 배후인 트리폴리는 고수될 것이며, 연합군의 상륙에 대비한 새로운 부대를 보냈으니 배후는 걱정하지 말고 정면의 적에게만 신경 쓰라고 역정을 냈다. 롬멜은 아무에게도 도움을 받을 수 없는 고립무원 상태에 빠지게 되었다. 케셀링이나 카발레로에게 부대를 방문해달라고 요청해도 응답이 없었다. 추축군은 투브루크를 거쳐 벵가지로 철수했다.

피해를 최소화하기 위한 속도는 사실 연료에 달려 있었다. 영국군이 키레나이카 돌출부를 가로질러 철수하는 추축군의 앞을 가로막고 저지할 것이라는 예측은 누구나 할 수 있는 상황이었으며, 그러한 재앙을 면하기 위해서는 키레나이카에서 신속히 철수하여 트리폴리 근처에 새로운 방어선을 구축하고 전력의 증원을 기대해야 할 상황이었다. 그러나 히틀러는 철수하는 것을 불허하고 현 위치를 고수하라는 완고한 지령을 내렸다. 롬멜은 히틀러의 현실성이 전혀 없는 명령을 거부할 생각은 없었으나, 무고한 희생을 줄이기 위해 상관들을 설득하려는 노력을 계속했다.

그리하여 롬멜은 11월 23일 케셀링과 카발레로를 키레나이카와 트리폴리의 접경지에서 만났다. 롬멜은 추축군을 전면적으로 철수하여 튀니지에서 영·미군과 싸우고 있는 제5기갑군과 합류한 다음, 먼저 서쪽의 영·미군을 격파하고, 이어서 동쪽의 적인 몽고메리와 대적하자는 파격적인 방안을 제안하였다. 두 사람은 롬멜의 감당할 수 없는 제안에 얼굴이 창백해졌다. 그리고 11월 26일 롬멜의 요구 사항에 대한 답을 전해왔다. 우선 부대 일부를 트리폴리로 보내 서쪽으로부터의 위협에 대비하는 데 동의했다. 그러나 철수는 별개의 문제였다. 카발레로는 무솔리니의 지침이 "어떠한 대가를 치르더라도 현재의 위치를 고수하고 가능한 한 조속히 영국군을 공격하라."는 것이라고 전했다.

이 시점에서 훗날 전쟁 사가들은 몽고메리가 롬멜의 지치고 망가진 아프리카 기갑군을 섬멸하는 데 실패했다는 비난을 퍼부었다. 명장의 명성에 걸맞지 않다는 것이었다. 흔히 '황금의 교량'이라고 불리는 북아프리카의 기동로는 해안을 따라 유일하게 발달한 도로망밖에 없었지만, 때로는 키레나이카를 가로지르는 사막의 기동로가 일부 존재했다. 패배한 롬멜의 기갑군을 섬멸하기 위해서는 내륙의 기동로를 활용하여 퇴로를 차단해야 했음에도 불구하고, 몽고메리는 그러한 시도를 전혀 하지 않았다. 1941년 2월 오코너 장군만이 이탈리아군을 앞질러 포위한 적이 있었고, 반대로 롬멜이 영국군을 앞질러 전과를 올린 적이 많았었다. 비판자들은 전쟁터에서 지휘관이면 누구나 포위 섬멸을 꿈꾸고 시도해왔으나, 몽고메리는 패배한 적의 후미를 압박했고, 때로는 강력한 정면 공격으로 적을 무력화했을 뿐이라고 비난했다.

몽고메리의 성격은 굳세고 강했지만, 모험을 즐겨 하지는 않았다. 오히려 돌다리도 두드리는 조심성이 많은 성격이라고 해야 할 것이다. 실제로 엘 알라메인 전투 이후 11월까지 영국군의 전 사상자는 1만 3,500명에 달했는데, 이는 제8군 전체의 5%에 달했고, 보병만을 고려한다면 보병 병력의 1/4에 해당하는 큰 피해였다. 이는 그만큼 격렬한 전투를 벌였다는 사실을 대변하고 있다. 여기서 압도적인 전력을 보유하고 있었지만, 만에 하나 능수능란한 롬멜의 기갑전 용병술에 말려들 수도 있는 위험을 피하고, 궁극적인 승리를 쟁취하겠다는 그의 의도를 무턱대고 비난만 할 수는 없을 것이다.

제 3 장
횃불(Torch) 작전과 추축군의 패배

1942년 6월에 처칠은 미국을 방문했다. 토론의 주요 안건은 영·미군이 프랑스 해안에 상륙하여 제2전선을 형성하는 것이고, 다음은 원자탄 개발에 관한 진척 상황이었다. 미국은 하루라도 빨리 유럽대륙에 상륙하여 독일군을 패퇴시켜 동부전선에서 소련군의 부담을 덜어주려는 의지가 강했다. 그러나 현실은 수송선과 상륙용 선박이 부족하고 신생 미군의 미숙한 훈련 정도가 문제였다. 영국은 대안으로 북아프리카에 상륙하는 방안(횃불 작전 : Operation Torch), 노르웨이에 상륙하는 방안(주피터 작전 : Operation Jupiter), 그리고 프랑스의 셰르부르 항에 상륙하는 방안(큰 망치 작전 : Operation Sledgehammer)을 미국 측에 제시하면서 가능성을 검토하게 했다.

루스벨트 대통령은 장차 유럽 전역에서 싸우게 될 지휘관으로 아이젠하워와 클라크 소장을 처칠에게 소개했다. 처칠이 영국으로 귀환한 이후, 7월 8일 미국의 육군 참모총장 마셜 장군과 해군 참모총장 킹 제독이 아이젠하워, 클라크를 대동하고 런던을 방문했다. 미국은 비록 소규모일지라도 프랑스 해안에 직접 상륙하는 '모루채 작전'을 주장했으나, 상륙부대의 생존성과 위험성을 평가하여 폐기하고, 처칠이 주장한 데로 북아프리카 지역, 즉 모로코와 튀니지 지역에 상륙하는 것으로 결론을 냈다. 시간은 10월 30일 이전이라고 못 박았다. 1942년의 시점에서 도버 해협을 건너 프랑스로 직접 진격하는 것은 위험 부담이 커서 감당하기 어렵다고 판단한 영국과 미국은 횃불 작전이 최선의 작전이라는데 합의한 것이다.

이어서 처칠은 8월에 카이로에 들러 중동사령관과 제8군사령관을 알렉산더와 몽고메리로 교체하고 곧바로 모스크바로 향했다. 그는 제2전선을 프랑스 해안에 펼쳐주기를 고대하는 스탈린에게 1942년에 제2전선은 유럽에는 없고, 북아프리카에 상륙하는 안을 설명하여 설득해야 했다.

처칠에게 소련은 사악하고 증오스러운 존재였다. 독일과 비밀 협정으로 폴란드를 반분했고, 프랑스를 비롯한 유럽이 침공당할 때도 수수방관했다. 그러다 소련이 독일의 공격을 받아 위태롭게 되자 긴급구조를 요청하는 태도가 못마땅했지만, 우선은 코앞의 거대한 적인 히틀러를 격멸하는 데 힘을 합쳐야만 했다.

처칠은 8월 12일 모스크바를 방문하여 스탈린과 회담했다. 스탈린은 '1942년에 유럽에 제2전선이 없다'라는 말에 신경질적인 반응을 보였으나, 횃불 작전으로 지중해를 완전히 통제한다면 얻을 수 있는 이익, 즉 이란을 통해 군수 물자를 소련에 보내는데 용이할 것이라는 설명에 간신히 납득하는 표정이었다. 그러나 스탈린은 여전히 영미 연합군이 대규모 작전을 겁내고 있다고 못마땅해 했지만, 전쟁 전체의 대강에 대해 나름대로 허심탄회한 대화를 충분히 나눴고, 1943년에는 서부지역에서 대규모 제2전선을 형성하겠다고 합의했다.

카이로를 거쳐 런던으로 귀환한 처칠은 미국과 협의한 후에 '횃불 작전'의 개시일을 11월 8일로 최종적으로 결정했다. 횃불 작전은 3개의 임무 부대로 편성되어 서부, 중부, 동부의 지역에 각각 상륙하는데, 서부는 모로코의 카사블랑카, 중부는 튀니지의 오랑, 동부는 알제에 상륙하도록 했다. 서부 임무 부대는 패튼의 지휘 아래 미군 제2기갑사단과 제3사단, 제9사단, 중부 임무 부대는 미군 제1기갑사단과 제82사단, 동부 임무 부대는 영국군 제78사단과 미군 제34사단으로 편성되었다.

독일의 첩보부대는 이들 대부대가 지브롤터 해협을 통과할 때 몰타로 가는 함대라고 평가했다가 11월 7일에야 트리폴리에 상륙할 거라고 판단했다.

아프리카 상륙을 앞두고 연합군에게 중요한 난제는 북아프리카에 주둔 중인 프랑스군의 향배였다. 프랑스인들의 생각은 힘의 중심이 어디에 있느냐에 따라 충성의 향배를 따른다는 속셈이 있었다.

횃불 작전을 앞두고 10월 21일 아이젠하워의 부사령관 클라크(Mark Clark) 장군은 잠수함을 타고 은밀히 알제 근처에 상륙했다. 북아프리카에서의 프랑스 지역 미국 특사인 머피를 통해 알제 인근의 프랑스군 지휘관 마스트 장군 일행과 은밀히 만났다. 그는 상륙하는 연합군의 병력이 50만 명에 달하므로 프랑스군이 저항하지 말고 중립을 지켜달라고 당부했다. 그러나 실제 상륙 병력은 12만 명을 넘지 못할 예정이었지만, 과장하여 말한 것이었다. 마스트 장군은 북아프리카의 프랑스군은 육군과 공군은 약체여서 쉽게 협조할 수 있지만, 해군은 필사적으로 항전할 것이라고 귀띔하고 일부 부대 배치에 대해 첩보를 제공하기도 했다.

다음날 프랑스군 헌병이 미군과의 은밀한 거래 내용을 모르고 밀수선이 활동하는 것으로 신고받아 검거에 나서자 클라크 장군은 황급히 잠수함으로 탈주했는데, 그의 활동은 장차 크게 성공을 거두게 되었다. 한편 처칠은 고집 세고 타협을 모르는 드골에게 횃불 작전에 대해 보안을 유지했다. 비시정부가 드골을 반역자로 취급했기에 드골을 횃불 작전에 참여시킨다면 프랑스군과 불필요한 마찰을 빚을 수도 있었기 때문이었다.

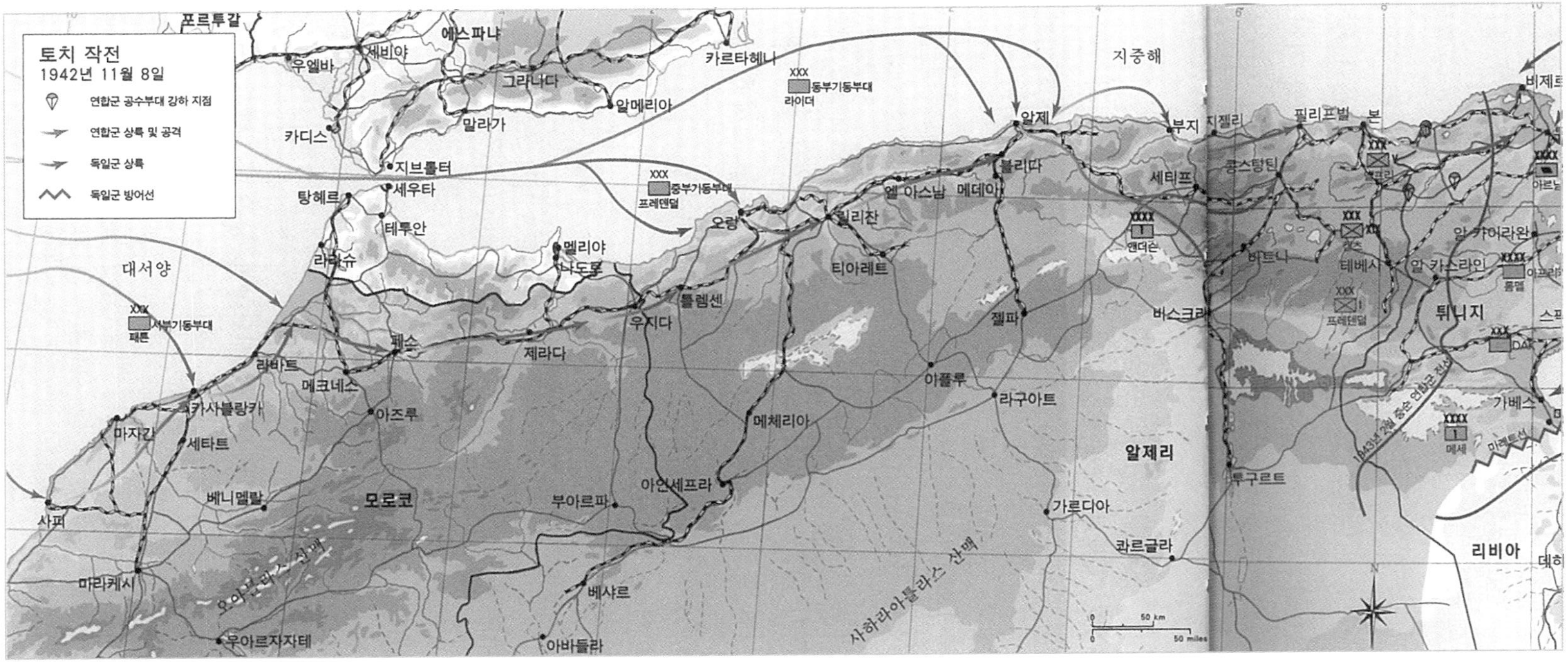

● 토치 작전을 제2차 세계대전 중 최초의 대규모 영미 연합작전이었다. 참가전력은 북아프리카 해안을 따라 세 가지 독립적인 상륙작전을 펼쳤다. 비시 프랑스군이 모로코와 알제리를 방어하면서 작전 상황은 복잡하게 돌아갔다. 독일과 맺은 조약에 따라 비시 정부는 명목상 연합군과 싸워야 했기 때문이다. 하지만 비시 프랑스군은 거의 저항하지 않았고, 덕분에 연합군을 튀니지에서 독일군과 마주치기 전까지 신속하게 진격할 수 있었다.

※ 출처 : 크리스 비숍 등 지음, 박수민 옮김. 『제3제국』(플래닛미디어, 2013). p. 286

상륙이 개시되기 4일 전에 프랑스군 총사령관 다를랑 제독은 마침 알제에 있는 해군 대위인 아들이 소아마비로 상태가 나쁘다는 소식에 문안차 알제에 와있었다. 11월 8일 미군이 알제에 상륙하자, 다를랑은 그날 저녁 미 제34 사단장을 만나 휴전 협상을 하고 프랑스군은 중립을 지키겠다는 의사를 표명했다. 연합군의 압도적인 전력을 보고 말을 갈아탄 것이다. 다를랑은 증조부가 트라팔가르 해전에서 전사한 것과 영국 해군이 프랑스 전투 이후 프랑스 해군을 공격한 사실 때문에 영국에 대해서는 지독한 혐오감을 가지고 있었다.

연합국은 다를랑을 북아프리카 고등판무관으로, 자유 프랑스군의 사령관 앙리 지로(Henri Honoré Giraud)[7] 장군을 북아프리카 프랑스군의 총사령관에 임명함으로써 타협이 이루어지기를 바랐다. 다를랑과의 거래 뉴스가 보도되자, 연합국의 여론은 비시정부의 매국노와 협상한다는 것에 대해 반감이 들끓었다. 다를랑 역시 자신의 지위에 만족하지 않았는데, 시간이 지나면 연합군이 자신을 '즙을 짜낸 레몬'처럼 버릴 것이라고 예측했기 때문이었다.

연합군이 다를랑을 북아프리카 고등판무관으로 임명하려는 목적은 오직 툴롱 항구에 있는 프랑스 함대를 넘겨받기 위함이었는데, 이때 독일군의 개입이 확실해지자 프랑스 함대가 모두 자침해버렸기 때문에 활용 가치가 거의 없어져 버렸다. 다를랑은 근본 성격이 배신을 밥 먹듯이 하는 평이 나쁜 사람이었으므로, 그에 대해 반감을 품은 청년에 의해 12월 24일 암살당한다. 그의 죽음에 슬퍼하는 인물은 거의 없었고, 심지어 루스벨트 대통령은 백악관 초대 손님에게 그를 '후레자식'이라고 평했다고 한다.

연합군의 상륙은 혼란하게 진행되었다. 비시 프랑스군이 대부분 강력히 저항하였는데, 일부의 프랑스군은 연합군의 대의에 동의하여 적대 행위를 중단했지만, 많은 부대가 강력히 저항했다. 알제에서 항구의 접수와 포대 장악, 그리고 프랑스 선박의 자침을 저지하기 위한 미국 특수부대의 상륙을 위해 구축함 2척이 입항을 시도하다가 프랑스군의 지상포에 맞아 1척은 격침되고 1척은 항해 불가능한 상태가 되었으며, 상륙에 성공한 특수부대는 모두 포로가 되었다. 그러나 오후 늦게 프랑스군 사령관 쥐엥과 다를랑이 항복하여 사태는 해결되었다. 오랑에서도 알제에서와 같이 지상포의 직격탄을 맞은 상륙 선박 2척이 파괴되고 많은 병력이 살상되었다. 10일에 되어서야 프랑스군은 미군에 항복했다. 서부 기동대는 11월 8일 새벽에 카사블랑카에 상륙을 시도하여 상륙 과정에서 격전이 벌어졌으나, 문제는 해상에서 더 크게 격전이 벌어졌다. 프랑스군의 각종 함정 7척과 잠수함 3척

7) 제1차 대전에서 포로가 되었다가 서커스 단원으로 위장하여 탈출한 적이 있었고, 제2차 대전에서는 제9군사령관으로 근무 중 아르덴을 돌파한 독일군에 포로가 되어 드레스덴 인근의 쾨니히슈타인 요새에 수감되었다가 탈출하여 페탱 정부에 합류하였으나, 연합군과 비밀리에 회동하고 횃불 작전에 동참하여 북아프리카 프랑스군 사령관이 되었다.

이 파괴되었다. 프랑스군은 1,000여 명의 사상자가 발생한 이후에야 11월 11일에 다를랑의 지시에 따라 패튼 장군에게 항복했다.

한편, 페탱은 연합군의 북아프리카 상륙과 다를랑의 변절 소식을 듣고 라발 총리를 히틀러가 있는 뮌헨으로 보내 해명하게 했다. 그러나 비시정부가 연합군에 합류할지도 모른다는 히틀러의 뿌리 깊은 의구심을 해소할 수는 없었다. 히틀러는 동맹국으로서 비시정부가 연합국에 선전포고함으로써 충성심을 증명하라는 요구를 했는데, 이는 무척 어려운 과제였다. 히틀러로서는 단순히 튀니지 내의 프랑스군 비행장을 독일이 사용하도록 프랑스가 허용하는 것만으로는 만족할 수 없었다.

히틀러는 진작부터 준비해둔 우발계획인 '아틸라(Attila) 작전'의 실행을 명령했다. 아틸라 작전은 페탱이 통솔하는 비시정부 영토를 무력으로 점령하는 계획이었다. 11월 11일이 되자 비시정부가 담당하던 전 지역이 독일의 군사 점령하에 넘어갔다. 이때부터 형식상으로는 페탱 원수가 1944년 9월에 쫓겨나 독일로 호송될 때까지 국가수반의 위치를 유지하고 있었으나, 실제로는 허수아비에 불과했다. 프랑스가 연합군에 동조할 것을 우려한 히틀러는 프랑스군의 총사령관이었던 웨이강 장군을 쾨니히슈타인에 구금하고 있었는데, 페탱도 훗날 그곳에 구금된다.

툴롱항에 있던 프랑스 함대사령관 라보르드는 끝까지 비시정부에 충성하며 연합군에 합류하기를 거절했다. 그러면서도 독일군이 툴롱항을 점령하거나 프랑스 함대를 건드리지 않겠다는 약속을 믿지 못하고 독일군이 항구를 통제하려 하자 함정 100여 척을 모두 자침시켰다. 횃불 작전에서 연합군은 프랑스군과의 마찰로 2,225명의 사상자를 냈고, 프랑스군도 3,000명을 잃었다. 연합군은 비교적 경미한 피해를 입고 점령한 알제리 지역의 경험으로 차후 전장의 승리를 손쉽게 획득할 것이라고 속단했지만, 실제로는 장차 많은 고난을 치러야 했다.

한편, 북아프리카 전선에 대한 히틀러의 반응은 눈부시게 신속했다. 그는 연합군이 남유럽 침공을 위한 기지를 눈앞에서 손쉽게 건설하는 것을 두고 볼 수 없었다. 오랑과 알제, 카사블랑카에서 연합군의 상륙이 완료되기 전인 11월 9일에 벌써 증원 전력을 적재한 독일의 항공기들이 프랑스령 튀니지에 착륙하기 시작했다. 융커스 52 수송기 편대가 증원 전력을 실어 나르는데 동원되었기 때문에 동부전선의 스탈린그라드 전투에서의 보급을 더욱 어렵게 만들었다.

한편, 롬멜은 북아프리카 전선이 회복할 수 없는 지경에 이르렀다고 판단하고 이를 해결하는 길은 히틀러를 직접 설득하는 것이 유일하다고 생각했다.

11월 28일 그는 상관들의 허락도 없이 전장을 이탈하여 동프로이센에 있는 히틀러의 지휘소 '늑대 소굴'을 찾았다. 히틀러는 불쾌한 표정으로 허락 없이 임지를 떠난 것을 따졌다. 롬멜은 북아프리카 전선의 상황을 설명하였으나, 당시 히틀러의 주요 관심은 스탈린그라드에 포위된 파울루스의 제6군에 있었으므로 북아프리카 전선의 어려움을 진지하게 고려할만한 정신적 여유가 없었다. 롬멜이 북아프리카 전선에서 완전히 철수하는 길이 가장 고려할만한 대안이라고 건의하자 히틀러는 대로했다. 롬멜도 화가 나서 현재 병력은 7만 명이고 당장 소총부터 2만 정이 필요하다고 말했다. 히틀러는 특유의 몸짓을 하면서 당장 6천 정의 소총을 보내라고 측근에게 말했다. 자기의 말에 진정성을 보이지 않는 히틀러에게 더욱 화가 난 롬멜은 "히틀러에게 소총만으로 어떻게 전차에 맞서 싸울 수 있는지 보여 달라."라고 했다.[8)]

히틀러의 입장에서는 아프리카 전선을 포기한다면 이탈리아의 위상이 크게 훼손될 것이고 장차 무솔리니의 정치적 생명에도 큰 영향을 미칠 것이 틀림없었기 때문에 절대 받아들일 수 없는 생각이었다. 히틀러는 불같이 화를 내며 롬멜을 방에서 쫓아냈다가 다시 불러 롬멜에게 원하는 것 이상의 무기와 전력을 보강해주고 케셀링으로 하여금 보급품 지원을 원활하게 하도록 하겠으며, 무솔리니를 방문하기 위해 로마로 갈 때 괴링이 동행하도록 하겠다고 했다. 괴링과 함께 로마로 가는 동안 괴링의 전용 열차 내에서 롬멜은 나치 장교인 베른트로 하여금 아프리카 기갑군이 서쪽의 모로코와 알제리에서 전진하는 연합군을 격멸하기 위해 튀니지로 철수하는 것이 좋겠다고 설득했다. 괴링은 롬멜의 제안에 일시 설득되었다.

로마에서 무솔리니를 비롯한 이탈리아군의 수뇌들과 괴링, 케셀링, 롬멜이 장차 작전에 대해 회담했다. 결과는 철수를 반대하는 무솔리니를 설득하지 못해 절충안으로 결과를 도출했다. 절충안은 '몽고메리가 추축군을 공격할 경우에만 현 진지인 메르사 브레가에서 철수를 허락한다. 철수의 한계는 튀니지까지가 아닌 부에라트로 트리폴리 동쪽 321km 지점까지이다.' 이 절충안은 롬멜의 구상에는 한참 못 미치지만, 현 위치를 고수하라는 명령보다는 훨씬 완화된 조치였다. 한편 괴링과 케셀링은 롬멜의 지휘 능력을 낮게 평가하여 히틀러에게 교체해야 한다는 의견을 보고했는데, 히틀러도 동조했지만 당장 교체가 이루어지지는 않았다.

12월 2일 롬멜은 부대로 복귀했다. 히틀러가 약속한 보급품은 상황이 더 위급한 튀니지의 증원 전력에 우선 보내져 북아프리카 기갑군은 현재의 탈진한 전투력으로 살아남아야 했다. 롬멜은 완전히 고립무원의 신세가 되었다.

12월 6일부터 그는 메르사 브레가 진지에서 기동력이라고는 다리밖에 없는 알 보병을

---

8) 마우리체 필립 레미 지음, 박원영 옮김, 『롬멜』(서울 : 생각의 나무. 2003), p. 201.

먼저 철수시키고 기갑부대가 후위로서 전체 부대를 엄호하게 했다. 12월 11일에야 몽고메리는 메르사 브레가에 포격을 퍼붓기 시작했으나, 추축군은 이미 진지를 떠나버려 공터에 포격하는 꼴이 되었다. 연료가 바닥나 기갑부대들은 서로의 전차에서 연료를 나눠가며 후퇴하여 12월 26일에 겨우 부에라트 방어선에 도착했다. 부에라트에서도 롬멜에게로 오던 유조선 10척 중 9척이 영국군에 의해 격침되어 보급은 여전히 형편없었다. 적극적인 지원을 약속했던 히틀러조차 어떻게 할 수 없는 전장의 실상이었다.

1943년이 되었다. 히틀러는 케셀링을 지중해 국방군 총사령관에 임명하여 독일-이탈리아군을 통솔하게 했다. 케셀링의 사령관 임명은 롬멜의 위치에 큰 영향을 미치게 했다. 케셀링은 롬멜이 우울증을 앓고 있어 전장 상황을 지나치게 비관적으로만 보고 있다고 히틀러에게 보고하고 교체를 다시 요청했지만, 히틀러로서는 국민의 영웅인 롬멜을 당장 보직 해임하는 것은 정치적으로 큰 부담이 된다고 생각하여 망설였다.

그러나 실제로 롬멜은 건강에 심각한 문제가 있었다. 엘 알라메인 전투 이후 그는 심한 두통과 혈액 순환 장애로 기절한 적이 여러 차례 있었고, 만성적인 위장장애를 앓고 있었다. 나치 장교인 베른트는 의사의 건강검진 소견서를 작성하여 총통 지휘 본부에 보고했고, 그 결과 1월 26일 건강을 회복하기 위해 지휘권 교체를 고려하게 되었으나 역시 차일피일 미루어졌다. 그 무렵 북아프리카 기갑군은 계속 철수하고 있었다. 이제 롬멜을 지원하는 사람은 아무도 없었다. 직속상관인 케셀링이나 히틀러는 물론이고 이탈리아군 총사령관 카발레로 원수와 무솔리니도 모두 롬멜을 염세주의자 또는 패배주의자라고 매도하고 있었다.

1월 25일이 되자 아프리카집단군은 트리폴리에서도 철수하여 튀니지의 마레트(Mareth) 방어선으로 후퇴했다. 마레트 방어선은 프랑스가 리비아에 주둔하던 이탈리아군에 대비하여 준비했던 강력한 방어선이었다. 마레트 방어선까지 철수함으로써 2년 동안 롬멜에게 대승리를 안겨주었던 전쟁터인 리비아를 완전히 잃은 것이다. 이 무렵에는 모로코와 알제리에 상륙한 영미 연합군은 21만 명의 병력과 1,300대의 전차를 보유하고 있어 병력 12만 명에 150대의 전차를 보유한 추축군에 비해 압도적인 우위를 보였다. 특히 거의 무제한의 보급 능력을 갖춘 연합군에게 추축국의 군대가 패배하는 것은 시간문제일 뿐이었다. 11월 19일 이후 소련의 스탈린그라드 전투에서 독일군 10만 명 이상이 전사하고 최종적으로 2월 9일에 9만 명이 포로가 되는 대참패를 당한 상황에서 북아프리카 전선도 비슷한 위기에 봉착한 것이었다.

11월 16일에 독일군이 튀니지의 항구와 공항을 통해 증원되기 시작했다. 제10기갑사단과 괴링의 낙하산사단, 제334사단으로 이루어진 제5기갑군이 아르님(Jürgen von Arnim) 대장의 지휘하에 동진하고 있던 아이젠하워의 제1군을 저지하려고 했다. 실제로 연합군 제1군을 지휘하는 영국군 앤더슨 중장은 11월 25일 독일 비행장을 가로지르면서 20여 대의 각종 항공기를 파괴했다. 다른 곳에서는 독일의 공수부대가 진격하는 영국군에 매복 공격을 가해 심각한 손해를 끼쳤다. 설상가상으로 미군 항공기가 아군에게 기총소사를 가해 피해가 발생했는데, 그러자 흥분한 연합군 지상군부대들이 모든 항공기는 적이라고 간주하고 피아를 막론하고 항공기에 대공사격을 가하는 일이 발생했다. 전쟁의 전 과정을 통해 항공기가 아군을 구분하지 못해 폭격을 가하는 일은 종종 일어나는 일이지만, 이 당시에 훈련이 부족한 미군에게서 자주 발생했다. 12월 3일에 앤더슨의 제1군은 독일 제10기갑사단과 신형 티거 전차로 무장한 독일군에 큰 피해를 당하고 후퇴했다. 압도적인 전력으로도 승리는 손쉽게 얻어지지 않았다. 양군은 아틀라스산맥을 사이에 두고 서로 대치했다. 아르님은 1월 30일 기갑부대가 전혀 없는 자유 프랑스군 제19군단과 전투 경험이 없어 미숙한 미군 제2군단을 급습하여 격퇴했다.

아르님의 제5기갑군과 롬멜의 아프리카기갑군은 이제 등을 맞대고 서쪽의 아이젠하워 군과 동쪽의 몽고메리 군을 상대하게 되자, 내선의 이점으로 일시적이나마 안정된 방어 태세를 갖추었다. 독일군과 이탈리아군은 모두 합해 11개 사단 규모였다. 그러나 문제는 보급이었다. 1월 한 달 동안 보급선 51척 가운데 22척이 지중해에 가라앉았다. 2월에는 해상보급을 보충하려고 MC 323 기간트(Gigant) 동력 글라이더를 이용한 공중 보급을 추진했는데, 필요량 8만t에 한참 못 미치는 2만 5,000t만 지원되었다. 4월 22일에는 유류를 운반하던 기간트 21대를 연합군이 요격하여 16대를 격추시키기도 했다. 히틀러는 공중 보급으로 전선을 유지하겠다는 생각을 버렸다. 스탈린그라드에서 이미 크게 실패한 경험이 있었기 때문이었다.

2월 초에는 롬멜의 제21기갑사단과 아르님의 제10기갑사단이 케셀링의 조정하에 미 제2군단을 공격하여 2월 19일에 공황 상태에 빠지게 했지만, 영국군 제6기갑사단이 투입되어 추가적인 붕괴를 막을 수 있었다. 점차 전투 경험을 쌓은 미군은 패튼의 지휘를 받고 갈수록 강해졌고, 영국군은 이미 노련했다. 패튼과 몽고메리는 아프리카 기갑군을 좌우에서 협공하여 독일-이탈리아군의 방어공간을 좁혀 나갔다.

히틀러는 북아프리카 전역에 희망이 없다고 판단하고 3월 6일 롬멜에게 귀국하라고 명령을 내렸지만, 아르님에게는 계속 싸우라는 명령을 내려 군 전체를 철수시킬 생각은 하지 않았다. 4월 말이 되자 아르님에게 남은 전차는 76대에 불과했으며, 연료가 부족해지자 현지에서 생산되는 포도주를 증류하여 기동장비의 연료로 사용하려고 노력하는 등 최악의 상황에 부닥쳤다. 항공기 4,500대를 운용하는 연합군에 대항하던 독일 공군은 5월 8일부로 튀니지에 있는 기지를 모두 포기했다.

● 튀니지 전선의 최종 상황

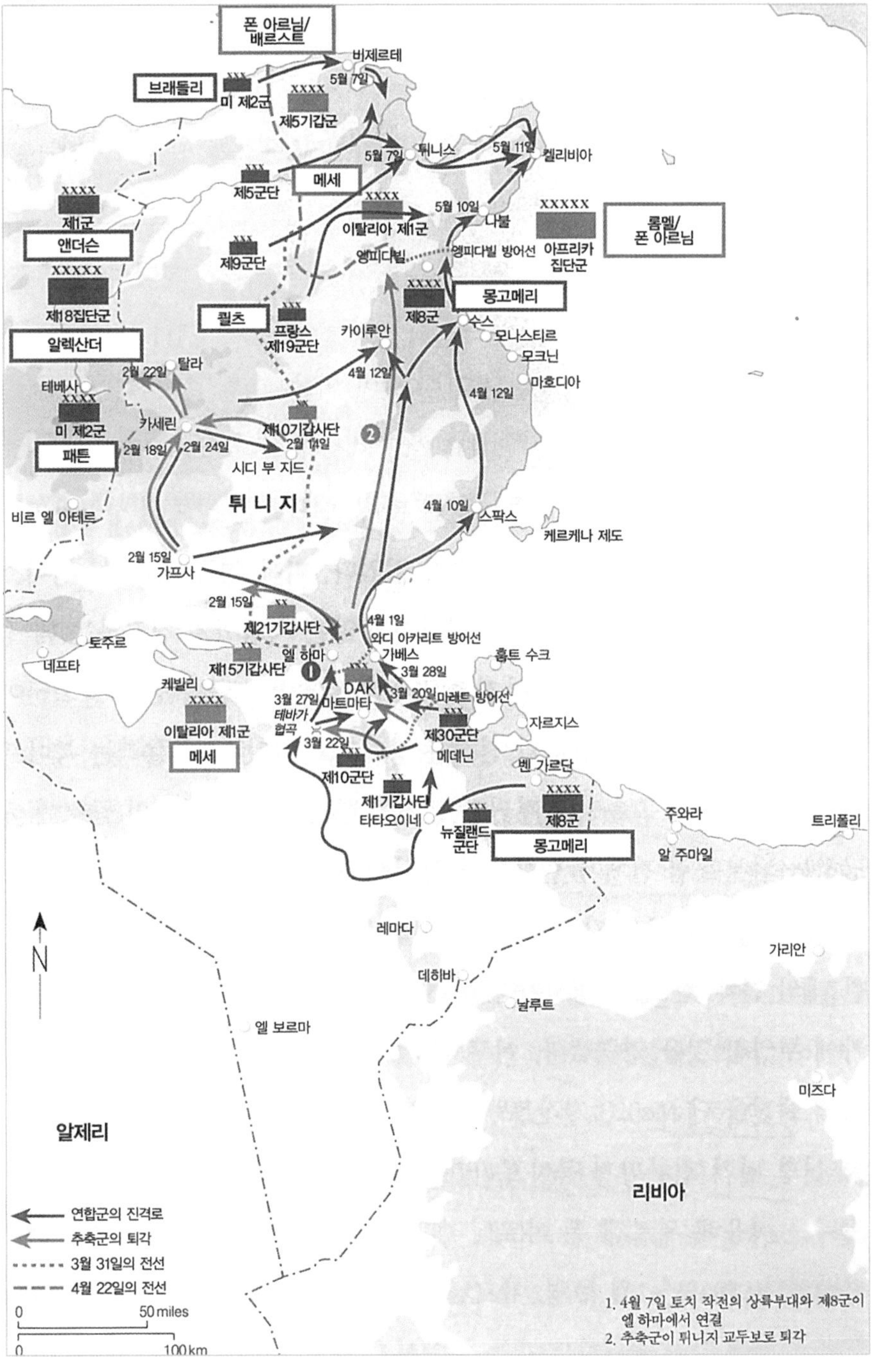

※ 출처 : 폴 클리어 등 지음, 강민수 옮김. 『제2차 세계대전』(플래닛미디어, 2008). p. 389

4월 7일부터 동쪽의 몽고메리가 공격을 가해오자 아르님은 튀니지와 비제르트에 걸쳐있는 작은 고립지대로 후퇴해야 했다. 5월 1일에는 서쪽의 제1군이 공격하여 아프리카집단군의 방어진지를 분쇄하여 튀니지와 비제르트가 함락되었다. 연료와 탄약이 없는 아프리카 집단군은 마지막 안전지대인 봉(Bon) 곶으로 몰려 들어가며 1주일을 더 저항했으나, 5월 13일에 결국 항복했다. 이제는 더는 지킬 땅도 없었다. 독일군 사령관 아르님과 이탈리아군 사령관 메세(Messe)를 포함한 병력 27만 5,000명이 포로가 되었다. 이는 이제까지 연합군이 성취한 최대의 전과였고, 추축군에게는 스탈린그라드 패배에 못지않은 치욕이었다.

튀니지와 비제르트에서의 패배는 무솔리니에게는 아프리카를 중심으로 고대 로마의 영광을 재현해보겠다는 헛된 야망이 무산된 재앙이었으며, 장차 정치적 종말을 가져오는 계기가 되었다. 만일 롬멜의 건의대로 적당한 시기에 북아프리카 전역을 포기했다면 27만 명의 병력과 장비는 1개 집단군으로 편성할 수 있어 이탈리아 본토 전역이나 서부 방벽에서 강한 전력이 될 수 있었을 것이었다. 히틀러는 어느 전선에서도 절대 후퇴를 허용하지 않아 막강한 전투력을 소모하는 우를 또다시 범했다.

제 4 부

소련 침공 - 바르바로사 작전

● 토이제(I. M. Toize)가 1941년에 만든 포스터 "나라의 어머니가 부른다!" 러시아를 상징하는 어머니가 붉은 군대 입대를 권하는 이 포스터는 대조국전쟁이 계급의 적에게서 공산주의 이념을 지킨다는 의미보다는 외적에게서 조국을 지킨다는 의미가 더 컸음을 드러내 준다.

● 열한 살 소녀 타냐 사비체바(Tania Savicheva, 작은 사진)의 일기장. 이 일기에는 독일군의 레닌그라드 봉쇄에서 비롯된 식량난의 참상이 극명하게 드러나 있다. "졔냐가 1941년 12월 28일 아침 12시에 죽었다/할머니가 1942년 1월 25일 3시에 죽었다/레카가 1942년 3월 17일 아침 3시에 죽었다/바씨아 아저씨가 1942년 4월 13일 밤 2시에 죽었다/사비체프 집안 식구가 죽었다/모두 다 죽었다." 가족을 잃고 혼자가 된 타냐는 1942년 봄에 후방으로 호송되었지만, 병에 걸려 죽고 말았다.

제 1 장
독일군의 공격 준비

제1절 소련 침공에 대한 히틀러의 인식과 정세분석

히틀러는 1923년 감옥에서 서술한 [나의 투쟁]에서 증오에 가득 찬 세계관을 보여주고 있다. 세계적으로 암적 존재인 유대 민족은 말살되어야 하며, 볼셰비키 체제의 열등한 소련은 영원히 지상에서 사라져야 한다는 것이었다. 여기에다 우수한 아리안족이 이들을 지배해야 하며 그를 위해서는 아리안족의 자급자족(Autarky)을 위한 충분한 생활권(Lebensraum)[1)]이 필요한데, 그곳은 충분한 공간, 식량, 석유, 철강 등의 자원이 풍부한 동부 유럽을 포함한 소련의 남부 우크라이나 일대를 점령하는 것이라고 피력하고 있다.

"우리는 유럽의 남쪽 및 서쪽으로 향하는 게르만의 영원한 이동을 멈추고, 동쪽의 영토에 관심을 가진다. 우리는 마침내 전쟁 전의 해외 식민정책 및 무역정책을 모두 청산하고 장래의 영토정책으로 이행한다. 우리가 오늘날 유럽에서 새로운 영토에 대해서 말할 경우, 우선 러시아와 그 주변 국가가 떠오른다. 러시아는 볼셰비즘에 넘겨짐으로써 그때까지 나라를 존립시키고 또 존립을 보증해온 상급의 지식인층이 러시아 민족으로부터 상실되었다. 수백 년 이래 러시아는 상급의 지도층인 게르만 민족의 중핵(中核) 덕택에 존속해 왔다. 그러나 이 중핵은 오늘날 거의 흔적도 없이 사라져 버렸고, 대신에 유대인이 등장했다. 러시아인이 스스로의 힘으로 유대인의 멍에를 벗어버리기 힘든 것처럼, 유대인도 이 강력한 국가를 장기간에 걸쳐서 유지한다는 것은 불가능하다.
유대인은 조직의 구성요소가 아니라 분해효소이다.
러시아에서의 유대인 지배의 종결은 국가로서의 러시아의 종결이기도 하다.
우리는 운명에 의해서 민족주의적 인종 이론의 정당성을 대단히 강력하게 뒷받침할 일대 파국의 목격자로 선택받았다.
그러나 우리의 과제, 국가사회주의 운동의 사명은 우리 민족의 장래 목표가 새로운 알렉

1) 생활권에 대한 이론의 시초는 영국의 지리학자 매킨더(Halford John Mackinder)가 쓴 [역사의 지리학적 중심]이라는 논문에서 아시아 내륙과 유럽이 심장 지대로서 전략적 중심이라고 주장했다. 이를 히틀러의 정신적 지주라고 할 수 있는 독일의 지정학자 하우스호퍼(Karl Haushofer)가 심장 지대를 지배하는 자가 세계를 지배한다는 국수주의적 사상으로 발전시켜, 우수한 게르만 민족이 자급자족하는 전략적 중심을 지배하기 위해서는 동부 유럽과 우크라이나 일대를 점령해야 한다는 이론으로 변질 발전시킨 것이다.

산더의 원정처럼 사람 마음을 뒤흔드는 감명으로 실현되리라 생각해서는 안 되며, 무력에 의해서만 영토를 얻을 수 있다고 해도 우리 민족의 쟁기에 의한 부지런한 노동에 장래의 목표가 있다는 정치적 통찰을 갖도록 하는 데 있다."[2)]

히틀러는 소련의 지도부인 레닌을 비롯한 정치권력이 유대인이라고 생각했으며 유대인은 볼셰비키와 함께 영원히 타도해야 할 대상으로 치부했던 것으로 보인다. 또한 발간되지는 않았지만, 1928년에 흔히 히틀러의 [비밀의 책]이라고 불리는 메모 형태의 기록에는 그의 목적이 더욱 자세히 나와 있다.

"유럽에서 50만km^2을 확보할 수 있다면 수백만 명의 독일 농부들이 경작할 땅을 갖게 된다. 아울러 그 땅이면 결정적인 순간에 독일 국민을 규합하여 수백만의 독일 군인을 만들 수 있다. 유럽에서 그러한 정책을 고려해볼 만한 유일한 지역은 소련이었다."[3)]

히틀러의 소련에 관한 생각은 증오 그 자체였다. 프로이트는 "만약 어린애가 충분한 육체적 힘을 가지고 있다면 그에게 불쾌감을 주는 모든 것을 때려 부수고 말 것이다"라고 했다. 히틀러가 갈망했던 것은 소련의 정치체제를 분쇄하고 경제를 붕괴시키며 국민을 노예로 만들어 영원히 소련이라는 나라를 없애버리는 것이었다. 히틀러는 1941년 3월 3일 군의 주요 간부들에게 전쟁의 성격에 관해서 아래와 같이 말했다.

"소련과의 전쟁은 기사도적으로 수행할 수 있는 그런 종류의 것은 아닐 것이다. 이 전쟁은 민족적 차이의 전쟁으로 전례 없이 가차 없고, 가혹하게 수행하지 않으면 안 된다.
국제법에 저촉되는 독일 군인의 죄과는 … 허용될 것이다.
소련은 헤이그 협약에 가입하지 않고 있다. 따라서 협약에 규정된 여러 권리를 갖고 있지 못한다."

이러한 히틀러의 지시는 전통적인 군인의 윤리관 즉, 전투원이 아닌 민간인에 대해서는 적절한 보호 조치는 물론, 전투원 포로에 대해서도 인권을 보호해야 하는 명예를 배반하도록 요구하고 있다. 더 심하게 말하면 점령지역에서의 약탈, 살인, 방화나 성적인 추행도 처벌의 대상이 아니며 오히려 조장한다는 의미를 내포하고 있다고 보아야 할 것이다. 참모총장 할더의 기록에 의하면, 장군들은 이 명령에 분개하여 육군 총사령관 브라우히치에게 항의했다고 한다. 무골호인인 브라우히치 원수는 '지금의 명령에는 반대하고 싸운다.'

2) 히틀러 지음, 이명성 옮김, 『나의 투쟁』(서울 : 문화사. 2006), pp. 423-424.
3) 도널드 케이건 지음, 김지원 옮김, 앞의 책, p. 450.

라고 했지만, 훗날 뉘른베르크의 전범재판에서 그는 감히 히틀러에게 반대하지 못했다고 실토했다.4)

앞서 보듯이, 히틀러가 소련을 침공하려는 이유는 첫째, 게르만 민족의 생활권 확보, 둘째, 열등 민족인 유대인과 소련인의 제거, 셋째, 세계의 악인 볼셰비키의 제거, 그리고 설명되지는 않았지만 내심에는 동부에서 점차 커져가는 소련의 위협을 조기에 제거함으로써, 육군을 감축하고 공군과 해군력을 증강해 영국을 정복하려는 의도가 있었다. 덧붙여서 소련인들을 제거하기 위한 대책으로 전쟁이 진행 중인 1941년 7월 27일에 광대한 점령지역에서 치안 확보를 위해 SS 친위대장 히믈러에게 현지에서 작전 중인 육군의 통제를 받지 않고 독립하여 [특별임무]를 수행하는 권한을 부여했다. [특별임무]란 점령지에서의 주민에 대한 통제를 법에 따르지 않고 처벌이 가능한 임무를 말하였다.

히틀러는 아울러서 점령지를 새로운 국가로 분할하려는 계획을 수립했다. 히틀러는 발트인으로서 나치 초기부터 자신의 고문 역할을 했던 얼치기 사상가 알프레드 로젠베르크를 [동부 유럽 지방에 관한 제 문제 중앙관리 판무관]이라는 애매한 직책을 부여하여 점령지에 대한 분할을 계획한 것이다. 로젠베르크는 첫째, 러시아와 폴란드를 묶어 '오스트란트라는 독일 보호국'으로 하고, 둘째, 우크라이나는 '독일과 동맹을 체결하는 독립 국가'로 하며, 셋째, 캅카스는 풍부한 유전이 존재하는 관계로 '독일이 직접 통치'하고, 발트 3국과 백러시아는 '일정 기간 동안을 거쳐 대독일에 통합'한다는 계획이었다. 이렇게 분할된 국가들에 대해 로젠베르크는 독일 동방지역은 주 임무가 독일 국민을 부양하는 것이라고 하면서 '저 넓은 잉여 토지에서 생산되는 식량으로 러시아인까지 부양할 의무는 아군에게 절대로 없다.'라고 착취의 의사를 분명히 밝혔다.

한편 소련의 경제적 착취 임무를 맡은 괴링은 더욱 명확하게 착취계획을 밝혔다. 1941년 5월 23일 지령문에서 '[동부 경제국]은 소련 남부 흑토지대의 잉여 식량을 공업지구 주민용으로 공급되어서는 안 된다. 무슨 일이 있어도 공업을 분쇄해야 한다.'라고 비밀리에 전파했다. 이 지령문의 의미는 공업지대의 노동자와 가족은 식량을 보급받을 수 없으며 방임하여 아사시키든가, 아니면 시베리아로 이주시킨다는 것이었다. 어떤 경우라도 러시아의 막대한 식량은 독일군을 부양하는데 할당되어야 한다는 것이었다. 이는 러시아인 수백만을 계획적으로 아사시킬 생각을 하고 있었던 것으로 보인다.5)

소련에 대한 공격이 철저히 파괴적이고 비인도적으로 진행된 것은 이러한 히틀러의 심리에서만 이해될 수 있을 것이다. 이러한 기본사상을 갖고 있으면서 히틀러는 1차 대전에

4) 윌리엄 L. 샤일러 지음, 유승근 옮김, 『제3제국의 흥망』(서울 : 에디터. 1993), pp. 474-475.
5) 윌리엄 L. 샤일러 지음. 유승근 옮김. 앞의 책. pp 478-479.

서 독일이 동서 양면작전으로 인해 전력을 배분함으로써 겪어야 했던 어려움을 잘 알고 있었기 때문에 우선하여 서쪽을 정리하기 위해 소련과는 폴란드를 침공하기 직전인 1939년 8월 23일 불가침조약을 체결하여 소련을 안심시켰다.

그러나 히틀러는 스탈린과 불가침조약에 서명한 지 3개월도 안 되어 서부 유럽을 점령한 이후에는 즉시 소련을 공격할 것이라고 공언했다. 즉 새롭게 점령한 폴란드가 소련 공격을 위한 준비 기지가 될 것이라고 했다. 이후 1939년 겨울 소련이 핀란드를 공격했을 때도 동일한 언급을 하면서 1940년 가을에 소련을 공격할 계획을 발전시키도록 군에 지시했다. 1940년 봄 히틀러가 서부 유럽에 열중하고 있는 동안, 소련은 발트 삼국을 합병하고, 루마니아의 베사라비아, 부코비나를 탈취해 버렸다. 이에 분개한 히틀러는 다시 한 번 소련 정복을 위한 계획을 발전시키도록 촉구했다.

그는 영국이 완강하게 독일에 대항하고 있는 것은 소련이 동쪽에서 전쟁에 뛰어들 것이라는 희망이 있기 때문으로 영국을 거꾸러뜨리기 위해서는 먼저 소련을 패배시켜야 한다고도 생각했다. 그러나 실제로 당시의 소련은 영국을 도와줄 의사가 전혀 없었으므로 히틀러가 전력을 기울여 영국을 공략했다면 치명타를 가할 수 있었을지도 모른다.

서부 유럽을 점령한 이후 히틀러는 1940년 가을부터 군을 동쪽으로 이동시키기 시작했다. 독일이 일본, 이탈리아와 삼국협상을 맺은 후 1940년 11월 양국의 외무상인 리벤트로프와 몰로토프의 베를린회담은 전술한 바와 같이 소련을 삼국협상에 끌어들이려는 히틀러의 노력이 물거품으로 끝나자, 히틀러는 격분하여 "스탈린은 매우 영리하고 교활한 놈이다. 이제 소련을 그냥 내버려 둘 수 없게 되었다. 이른 시일 안에 굴복시켜야 한다."라고 장군들에게 말했다.[6] 그리고 12월 18일 아래와 같이 지령을 내렸다.

독일군은 영국과의 전쟁을 끝내기 전에 전격적으로 소련을 공격해야 하며 그에 대해 준비해야 한다. 나는 그 계획이 시작되는 8주 전에 병력 전개를 명할 것이다. 준비는 5월 15일까지 완료되어야 한다. 공격 의도를 비밀에 부치는 것이 매우 중요하다.[7]

이러한 결정적 시기에 히틀러가 소련 침공을 5주간 연기하게 만드는 사건이 발생하는데 그것은 앞에서 열거한 무솔리니의 그리스 침공과 그에 연계한 유고슬라비아 점령 작전, 그리고 크레타 전투이다. 그로 인한 5주간의 연기는 학자에 따라서 동구라파와 소련의 기상에 따른 정상적이었다는 견해와 히틀러가 5주간을 연기하는 바람에 그해 12월 모스크바 전방에서 혹한을 만나 공격이 좌절되자 한탄했다는 견해가 있는데, 아무래도 후자의

6) 존 G. 스토신저 지음, 임윤갑 옮김, 『전쟁의 탄생』(서울 : 플래닛 미디어. 2009), p. 79.
7) 존 G. 스토신저 지음. 임윤갑 옮김. 위의 책, p. 79.

주장에 더욱 설득력이 있다고 봐야 할 것이다.

한편, 크레타 전투를 종료할 시점에서 바르바로사 작전[8]을 최종적으로 결심해야 하는 히틀러에게 심적으로 매우 큰 타격을 주는 일이 일어났다. 첫 번째는 신화적인 불침 전함 비스마르크의 격침이었다. 전함 프린츠 오이겐과 함께 대서양의 영국군 상선대 사냥에 나갔던 비스마르크 호는 1941년 5월 27일 프랑스의 브레스트 항으로 귀환하다가 격침되었다. 독일이 전함 티르피츠와 함께 야심차게 당대의 최고 전함으로 건조한 비스마르크 호는 명성에 걸맞은 활약을 제대로 해보지도 못하고 침몰함으로써 독일 국민의 사기에도 영향을 미쳤다. 두 번째는 더욱 충격적인 사건으로 나치의 부당수 루돌프 헤스가 사전에 아무런 상의도 없이 영국과 강화를 한다는 명목으로 혼자서 비행기를 조종하여 영국으로 간 것이다.

헤스는 그의 가장 가까운 친구이며 괴링의 다음가는 인물로서, 1921년 이래 헌신적인 충성을 다하던 추종자였다. 뮌헨 반란 후에 감옥에 갇혔을 때 감옥 속에서 히틀러의 [나의 투쟁]을 받아 적었고, 1차 대전 당시 같은 연대 전우이기도 한 인물이 혼자서 적국과 담판하겠다고 영국으로 가버린 것이다. 히틀러는 머리를 두드리며 헤스가 분명히 정신적인 장애를 갖고 있다고 하면서 선전상인 괴벨스에게 헤스의 행위를 '환각' 탓이라고 해명하도록 했다.

한편, 헤스는 단순 순진한 사람으로 영국과의 평화교섭을 진심으로 희망했다. 그는 독일이 승리하고 영연방이 분쇄된다는데 확신을 품고, 영국에 도착한 뒤에 자신을 통해 강화하지 않으면 혹독한 곤란을 겪을 것이라고 하면서, 자신은 독일의 각료인 만큼 각료로 대우해달라고 요구했다. 그러나 영국은 그를 종전이 이루어질 때까지 연금시켰다가 1945년에야 비로소 전범재판소에 보냈다.

어쨌든 독일의 최고위급 인사가 메서슈미트를 혼자 직접 조종하여 착륙 직전에 낙하산으로 탈출한 기괴한 용기(?)는 해프닝이었고, 소련 침공을 눈앞에 둔 시점에서 히틀러를 어지간히 당황하게 하여 히틀러는 만일 헤스가 돌아온다면 비밀리에 총살해 버리라고까지 지시했다. 한편 스탈린은 중대한 위기의 시점에서도 헤스의 해프닝이 영국과 독일이 무언가 음모를 꾸미고 있지 않은가 하고 오히려 의심했다.

---

8) 1941년 6월 22일 독일의 소련 침공계획을 말함. 바르바로사(Barbarossa)는 원래 신성로마제국의 황제 프리드리히 1세(1125-1190)의 별명으로 그의 수염이 유난히 붉어 Barbarossa(붉은 수염)로 불림. 그는 영국의 사자 왕 리처드와 제3차 십자군을 조직하여 콘스탄티노플을 지나 중동에 진입했으나 1190년 6월 물에 빠져 의문스럽게 사망하자 영웅으로 칭함. 독일 국수주의자들은 바르바로사가 산에 은둔해 있다가 다시 세상에 나와 게르만족을 이끌고 다시 동방을 원정한다는 전설을 만든 것으로 알려지고 있다.

● 1940년 6월~1941년 3월의 전략 개관

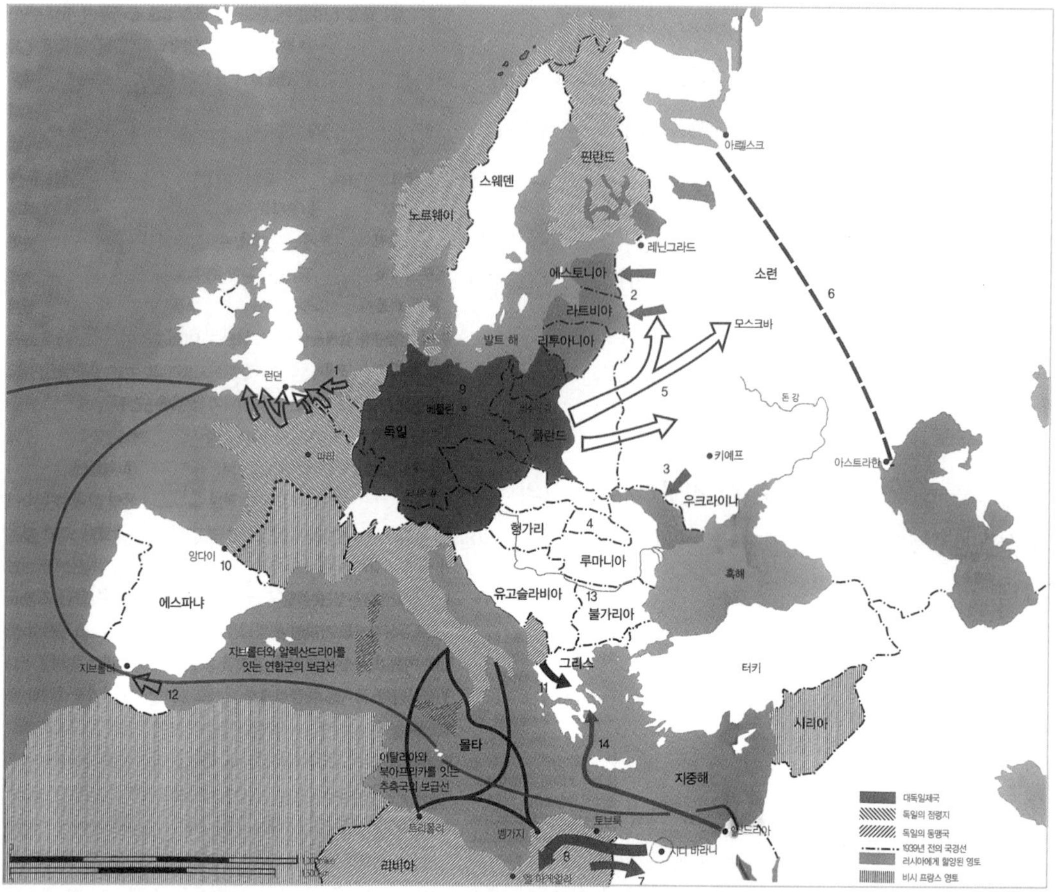

※ 출처 : 존 키건 지음, 류한수 옮김. 『2차 세계대전사』(청어람미디어, 2007), p. 192

1. 1940년 9월 17일에 무한정 연기된 바다사자 작전 계획.
2. 1940년 6월 중순, 소련의 라트비아, 리투아니아, 에스토니아 점령, 사실상 독일의 보호국인 핀란드를 위협하고자 러시아의 통제 영역을 발트 해로 확장한다.
3. 1940년 6월 말. 소련이 루마니아로부터 베사라비아와 부코비나를 떼어내 합병한다.
4. 1940년 9월 3일. 루마니아가 빈 국경변경협정의 조건 아래 헝가리에 영토를 할양한다. 국왕 카롤 2세가 퇴위한 뒤 이온 안토네스쿠 장군이 독재자로서 권력을 잡고, 루마니아를 추축국 진영으로 들여보낸다.
5. 1940년 9월 15일에 제출된 '프리츠' 소련 침공 계획안. '프리츠'는 독일군 공격의 주력을 모스크바에 겨눈다.
6. 아르한겔스크에서 남쪽으로 내달려 아스트라한에 이르는 동방 정복 계획선인 히틀러의 'AA'선.
7. 1940년 9월. 이탈리아군 5개 사단이 행군해서 이집트로 들어가 시디 바라니를 점령한다.
8. 1941년 2월. 영국군의 역공이 엘 아게일라에 이른다.
9. 1940년 9월 27일. 독일과 이탈리아와 일본이 베를린에서 삼국협약에 조인한다.
10. 1940년 10월 23일. 히틀러가 앙다이에서 프랑코 장군을 만난다.
11. 1940년 10월 28일. 이탈리아가 알바니아로부터 그리스 공격에 나선다.
12. 지브롤터를 장악함으로써 지중해에서 영국을 무력화한다는 레더 제독의 '펠릭스' 계획.
13. 1941년 3월. 불가리아와 유고슬라비아가 강요를 받아 삼국협약에 가입한다.
14. 3월 27일. 부분적으로는 영국군 4개 사단이 북아프리카에서 그리스로 파견된 데 힘을 얻어 일어난 군사 쿠데타로 유고슬라비아에서 정부가 타도된다.

제2절 독일군의 소련군에 대한 정세 판단

독일군은 바르바로사 작전의 전망에 대해 낙관했다. 브라우히치 육군 총사령관은 1941년 4월 말에 "대규모 국경전투가 예상됨. 그 기간은 4주까지이지만 그 이후에도 여전히 사소한 저항은 감안해야 될 것."이라고 쓰면서, 중요한 전투는 4주 이내에 끝장이 날 것으로 전망했다. 그러나 히틀러는 더욱 낙관적으로 전망했다. 작전 개시 직전에 그는 남부집단군 사령관 룬트슈테트 원수에게 "귀하는 문짝을 걷어차기만 하면 됩니다. 그러면 썩어 문드러진 건물 전체가 폭삭 주저앉을 것입니다."라고 말했다.[9] 히틀러가 보는 소련은 스탈린이라는 한 사람의 볼셰비키 폭군에 억눌린 2억 명의 야만인 집단으로, 중심이 텅 비어있어 쉽게 붕괴할 국가 조직이라는 것이었다.

이러한 관점은 1939년 겨울, 거대한 소련군이 핀란드를 침공했을 때, 비록 핀란드군이 용전분투했기로서니 초전에서 소련군의 너무나 한심한 작전 능력으로 인해 대 패배를 당하는 것을 보고 판단한 결과였다. 그뿐만 아니라, 1937년부터 시작된 군부의 대량 숙청으로 유능한 군사 지도자가 거의 전멸하다시피 했기 때문이기도 했다. 스탈린은 군부의 반역을 의심하여 참모총장 투하첸스키를 필두로 80% 내외의 군 고위 간부를 처형, 체포, 보직 해임해 버림으로써 막상 전쟁이 시작되었을 때 충성심과 복종심 면에서 세계 최강인 병사를 지휘할 군의 간부가 절대로 부족했던 것이 사실이었다. 소련군의 문제점은 역사적으로 우수한 병사들이 무능력한 간부로 인해 고통을 받아왔는데, 바르바로사 작전에서도 예외 없이 반복되었으며, 이는 순전히 스탈린의 의심에서 비롯된 것이었다.

독일군의 공식적 정보조직은 [대외정보 및 방첩국]으로 지휘관은 빌헬름 카나리스 제독이었다. 독일 정보조직은 군의 규모와 능력에 비해 지나치게 취약했다. 정보를 다루는 태도에서 정보는 작전을 위해 필요한 필수조직으로 보는 것이 아니라, 작전을 위한 보조조직으로 보는 경향이 농후했다. 총참모본부의 [전시 임무 편람]에 정보참모는 작전참모의 보좌라는 점을 명시하여 정보를 거의 작전에 예속된 존재로 만들었다. 임무 편람에 심지어 "적의 상황을 평가하는 것은 정보참모의 소관이 아니라 작전참모와 참모장의 협조를 받아 지휘관이 수행하는 업무이다."라고 명시하여 영국, 미국 등과 같이 정보나 작전을 같은 위상을 갖게 하는 노력은 없었다.

게다가 총참모부의 정보부서의 인적 구성이 너무 적은데다가, 질적인 면에서도 작전부서에 비해 현저히 낮아, 무시당하거나 과소평가되어 대부분 이직을 원했다. 작전부서에는 장군 참모(General Staff) 요원들이 대다수를 이루었으나, 정보부서는 상대적으로 정예 요

9) 존 키건 지음, 류한수 옮김, 앞의 책, p. 261,

원이 드물었다. 취약한 정보조직을 탓하기 이전에 독일군의 소련군에 대한 기본 인식은 "정치적으로 불안정하고, 불만을 품은 소수민족이 넘쳐나며, 비효율적인 통치로 인해 군사적으로 취약한 [진흙으로 만든 거인]에 불과하여, 한 차례의 강한 타격으로 틀림없이 붕괴할 것"이라는 정도의 고정관념이 팽배해 있었다.

더욱이 독일 국방군은 자신들의 인식을 확실한 정보로 검증하지 않은 오류를 범하고 있었다. 항공정찰은 소련의 항의를 받으면서도 줄기차게 실시했지만, 너무 광범위한 지역을 모두 망라하기 힘들었고, 신호정보의 감청은 비교적 양호한 소련군의 암호체계로 인해 효용성이 별로였다. 여기에 1940년 8월 참모총장 할더에게 제출된 공격계획에는 소련군이 총 221개 사단급 부대를 보유하고 있으며, 서부지역에서 143개 사단이 운영될 수 있어 독일군의 147개 사단에 맞설 것으로 판단했다. 아울러 작전은 11주를 넘기지 않고 종결이 가능하며, 소련군은 1812년 나폴레옹의 군대에 대항했던 것처럼 지역과 시간을 맞바꾸면서 공격하는 독일군을 함정으로 유인하지는 못할 것으로 판단하고 있었는데, 그러한 판단 근거에는 소련의 서부지역에 산업시설이 집중되어 있어서 이를 방기(放棄)하고 후퇴하지 못할 것이라는 분석이 자리 잡고 있었다.

따라서 국가의 핵심인 모스크바를 점령하면 소련은 조만간 붕괴할 것으로 보았다. 1941년 1월에는 '소련의 군사 현황'이라는 제목으로 적에 대한 보다 상세한 평가보고서가 제출되었는데, 여기에는 소련의 평시 병력을 약 200만 명으로 평가하고 전시가 되면 400만 명으로 증가할 것으로 분석되고 있었다. 동 보고서는 소련의 전차나 장갑차가 장비, 성능면에서 구식이거나 외국의 개량형으로 질이 낮은 것으로 평가했다. 또한 소련군의 전투서열, 교리, 훈련 정도 등에 대해서는 전보다 폭넓은 평가를 했는데, 붉은 군대의 장점은 병사들의 수와 금욕적인 생활 태도, 인내심, 용기에 있으며, 그래서 방어 작전에 효과를 발휘할 것으로 내다보고 있었다.

그러나 소련군의 장교들은 독일군에 비해 능력이 현저히 부족하여 현대적인 합동작전이나 기동전을 수행할 수 없으며, 결단을 내리거나 책임을 감당하려 하지 않아 병사들의 우수성을 모두 상쇄해버릴 것으로 평가했다.

그럴 뿐만 아니라 소련군은 자국 영토 안으로 깊숙이 철수하지 않을 것이므로 독일군이 종심 깊게 내륙으로 진출하지 않고도 섬멸전을 수행할 수 있을 것으로 보았다.

독일군의 이러한 정보판단은 많은 점에서 소련군을 과소평가하는 오류를 범하고 있었다.

첫째, 병력과 부대 수에서 본다면 1941년 1월에 소련군은 143개 사단에 200만 명으로 평가했다가 전시가 되어 증원된다면 200개 사단에 400만 명으로 증원될 것이라고 예상했으나, 실제로는 1941년 초에 이미 425만 명에 달했고, 전쟁이 시작된 1941년 6월에는

500만 5,000명이 되었으며 230개 사단을 능가했다. 이들 중에 110개 사단이 개전 당시에 서부전선에 배치되어 있었다. 그래도 소련군의 현존 전력에 대해서는 비교적 근사한 평가를 했으나, 동원 가능한 예비 전력과 무장 능력에 대해서는 추정치에 비해 큰 오류를 범해 신속한 승리가 물 건너가게 된 원인으로 작용하였다.

이에 부가하여, 또 하나의 심각한 오류는 동부 시베리아 지역에 배치된 소련군이 일본군의 견제 때문에 서부로 전용(轉用)되지 못할 것으로 판단한 점일 것이다. 그러나 실제로는 1941년 4월 13일에 소련은 독일의 맹방인 일본과 불가침조약을 맺음으로써, 그리고 일본이 미국과의 전쟁을 계획함에 따라 주요 전력을 태평양 전역으로 전용하게 되자 동부에서의 위협이 감소하여, 모스크바 공방전에서 시베리아에 있던 전투력이 대다수 서부로 지원할 수 있어 방어 전투를 성공적으로 이끄는데 공헌했다는 점이다. 부대들의 핵심에는 50개 전차사단과 25개의 기계화사단이 있었다는 점도 과소평가 되고 있었다.

둘째, 주요 장비 면에서 소련군의 전차 대수가 1만 대에 이르고 있으나, 질적으로는 구식이거나 열등한 성능으로 평가했다. 그러나 비록 질적으로 우수하지는 않았다고 하더라도, 소련군은 실제로는 최대 2만 4천 대의 전차를 보유하고 있었으며, 특히 당시 세계 최강의 전차로 알려진 독일의 3호나 4호 전차보다도 뛰어난 T-34 전차와 KV 중전차를 1941년 중반의 개전 당시에 1,475대나 보유하고 있었을 뿐 아니라, 전쟁 개시와 함께 급속히 증산되기 시작했다. 그리하여 1941년 말이 되면서 소련의 전차 생산은 연간 2만 대 내지 2만 5천 대에 이르고 있었다. 이에 비해 독일은 어느 한 해라도 1만 8천 대 이상을 생산해 본 적이 없었다. 항공기는 1940년에 비록 질적으로 독일에 필적(匹敵)하지 못한 채 육군에 종속된 관계로 독자적인 작전 능력이 떨어지기는 했으나, 무려 1만 대 정도를 보유하여 세계 최대 규모를 보이고 있었으며, 1941년 말에는 연간 무려 1만 대 정도를 생산하게 되어 초기에 투입된 독일의 항공기 3,000대 수준과 비교했을 때는 물론이고, 생산 능력 면에서도 독일을 크게 능가하는 수준에 이르게 된다.

셋째, 소련의 체제에 대한 오류였다. 소련의 진정한 힘은 병력과 장비에 의한 것보다는 오히려 공산주의 독재체제에서 오는 무자비한 동원과 사상의 힘이 더욱 큰 요소였다. 스탈린을 정점으로 한 강력한 체제는 독소전쟁에서 국민의 생명과 인권을 완전히 도외시하고 오로지 이념의 적인 나치를 타도하는데 온 힘을 기울였다. 비밀경찰과 정치 장교들은 포로가 되거나 후퇴, 또는 부대를 이탈했을 경우, 죽음보다 더 강하게 처벌하고, 패전한 장교의 가족까지도 처벌하여 초기 전투에서 엄청나게 많은 희생에도 불구하고 강력한 방어력을 발휘하는 데 일조했다. 특히, 히틀러는 초기 전투에서 소련 체제의 강력함에 대한 우려는 전혀 없이 소련군의 주력을 조기에 섬멸한다면 소련은 스스로 붕괴할 것이라는 근거 없는 낙관적인 인식을 하고 있었다.

넷째, 독일군은 전통적으로 소련의 불변의 우군인 동장군(冬將軍)과 진흙 장군 등 대자연 환경을 무시했다. 광활한 영토가 주는 시간벌기 전술과 가혹한 기상이 주는 이점은 1812년 6월 22일 나폴레옹의 대 육군(Grand Army)을 패배시켰을 뿐만 아니라, 바르바로사 작전에서도 그대로 답습되었다. 흔히 소련 사람들이 우스갯소리로 소련의 3대 악마가 무엇인가? 라고 하면, 보드카와 게으른 남자, 그리고 가혹한 자연조건이라고 하는데, 광대한 영토와 변화무쌍한 기상은 전쟁에서 가장 믿을 수 있는 우군이었다.

바르바로사 작전 개시 당시 일부 독일 장군들이 1812년 나폴레옹의 교훈을 되새기며 우려를 표명했으나, 낙관론이 지배하는 분위기에서 크게 검토되지는 못했다. 일부에서는 소련의 핵심인 레닌그라드와 모스크바, 키예프가 점령된 뒤에도 소련의 육군이 계속 버티게 될 상황을 우려하였지만, 그 저항은 미미할 것으로 보았다. 덧붙여서 프리페트(Pripyat)[10] 습지대에 대한 평가를 소홀히 하여 대전 기간 내내 그 지역에 근거를 둔 게릴라 부대에 후방을 위협당하기도 하였다. 이처럼 독일군은 소련의 지형과 기상에 대한 분석을 너무 가볍게 취급했다. 앞에서 언급한 바와 같이, 독일군은 소련군의 저항이 짧게는 10일에서 길게는 3개월까지의 단기간일 것으로 판단했다.[11] 이러한 판단 오류에 의해 독일군은 장기 동계작전을 위한 준비가 미흡함으로써, 결과적으로 독일군이 패배하는 중요한 요인으로 작용하게 된다.

다섯째, 훈련 면에서 독일군은 소련군을 대다수의 외국에서 평가하듯이 전적으로 무능력하다고 평가했는데 꼭 그렇지만은 않았다. 소련군은 1939년 8월 내몽고의 할인 골(Khalhyn Gol : 일본에서는 노몬한이라고 호칭) 전투에서 주코프(Georgi Zhukov) 장군의 지휘하에 제병협동과 기동전의 교리를 훌륭하게 발휘한 경험이 있었다. 또한 1937년 이래 진행된 군부의 대숙청과 핀란드와의 전쟁을 경험하고 난 후에 취한 개혁의 결과, 주코프에 비견될 만한 능력을 갖춘 로코소프스키(K.K. Rokossovskii)나 코네프(Konev), 바투틴(Batutin), 츄이코프(Chuikov) 등이 재능을 알아보는 스탈린에 의해 발탁되어 지휘부를 보강했다는 점도 독일군의 분석 항목에서 찾아볼 수 없었다.

그리하여 제1차 세계대전 당시 압도적인 병력의 우세에도 불구하고, 독일군에게 위대한 승리를 헌납하여 힌덴부르크(Hindenburg)와 루덴도르프(Ludendorff)를 영웅으로 만들어 주었던 렌넨캄프(Rennenkampf)나 삼소노프(Samsonov), 그리고 질린스키(Jilinski) 같은

---

10) 벨라루스 남쪽에서 우크라이나 북쪽에 걸친 7만 2천 제곱킬로미터에 달하는 대규모 습지대를 의미한다.

11) 제프리 메가기 지음, 김홍래 옮김, 『히틀러 최고사령부. 1933~1945년』(서울 : 플래닛 미디어. 2009), pp. 244-245.

장군이 소련군에서 사라졌다[12]는 사실을 독일군은 간과했던 것이다. 결과적으로, 이상과 같이 소련 공격을 위한 기초 자료인 정보판단은 낙관론에 휩싸여 중요한 부분을 무시한 채 작전계획을 수립케 함으로써 결국 독일군의 중요 패전 요인이 되었다고 볼 수 있다.

제3절 독일군의 군수지원 능력

"병사는 위(胃)로 행군한다."라고 나폴레옹은 말했다. 전투력의 가장 작은 단위인 병사 개개인이 모여 부대가 되고, 이들은 기본적으로 사격과 행군으로 전투력을 발휘한다. 따라서 기동성을 발휘하기 위해서는 병사들의 위는 채워져야 한다는 기본적인 진리를 나폴레옹은 직설적으로 표현한 것이다. 그뿐만 아니라 따뜻하고, 영양이 풍부한 음식과 전투 장비의 우월함이 부대의 사기에 절대적인 영향을 미친다는 점은 만고불변이다.

기실 전쟁은 아주 초기에는 작전계획대로 진행되다가 일정한 기간이 지나면 전쟁 지속능력이 우월한 군대가 승리하는 것이 정상이다. 그래서 독일군처럼 작전과 기획을 최우선으로 생각하는 군대에서는 흔히 전쟁 지속능력의 근원인 군수와 인사를 부차적인 문제로 치부(置簿)해 버리기 쉽다. "군대는 전쟁이 발발하면 10분밖에 유효하지 않을 작전계획을 10년 동안 준비한다."라고 군사 사상가들은 말하고 있는데, 독일군은 작전에 우선을 두고 기타 요소를 경시하는 경향이 두드러졌다. 종합군수지원이라는 용어는 2차 대전 이후에나 등장하는 개념으로, 당시에는 보급, 급양이란 협소한 개념이 사용되었는데, 그만큼 군수의 중요성을 간과했던 것으로 보인다.

히틀러의 소련 침공에 관한 수많은 책 중에서 독일군의 실패를 부분적으로나마 군수의 탓으로 지적하지 않은 책은 아마 단 한 권도 없을 것이다. 병력에 있어서 350만 명 규모는 나폴레옹의 소위 대 육군(Grand Army)에 비해 5배를 넘었고, 거기에 60만 대 규모의 차량과 60만 필의 말을 포함한 거대한 집단이 출발지로부터 1,000km~1,500km에 이르는 목적지를 향해 전진해 가는 동안 보급품이 원활하게 지원되어야 했다. 그렇지만 작전계획이 단기전을 전제로 하여 작성되다 보니, 1941년 겨울을 염두에 둔 동계작전을 위한 군수 지원계획은 큰 차질을 빚게 되었는데, 각종 기동장비의 연료와 동계 윤활유의 부족이 기계화부대의 기동성을 현저히 저하시켰고, 방한복을 필두로 병사 개개인의 월동대책은 매우 미흡하여 추위로 인한 질병과 굶주림으로 많은 희생을 치러야만 했다.

---

12) 그들은 제1차 대전시 렌넨캄프는 제1군, 삼소노프는 제2군 사령관이었으며, 질린스키는 그들의 상관인 북서전선군 사령관으로 탄넨베르크 전투에서 무능한 지휘를 통해 독일군에게 영웅적인 승리를 안겨 주었다.

심지어 월동 장비의 부족에 대해 히틀러가 각급 부대에 언급하지 못하게 지령을 내리기도 했다는 것이 사실인지도 모른다. 독일군은 19개의 기갑사단과 15개의 차량화사단을 보유한 현대적인 군대였지만, 119개의 보병사단은 작전의 진행에 따라 덥고, 먼지 나는 황야를 수천km나 걸어야 했으며, 야포와 보급품을 나폴레옹의 군대처럼 60만 마리의 말에 의존해야 하는 원시성도 동시에 지니고 있었다.[13]

독일의 기계화부대 장비는 매우 정밀하고 복잡하여 정비 소요가 많아 이에 따른 부품이 충분해야 하지만 실제는 항상 부족했으며, 게다가 중요한 부분은 소위 후송하여 창(廠) 정비를 해야 했다. 식량은 현지에서 노획한 것을 이용하여 보급 소요를 어느 정도 줄일 수 있었으나, 노획한 소련군의 연료는 옥탄가가 낮아 특별히 고안된 공정을 거쳐 벤졸을 첨가해야 사용할 수 있었고, 석탄은 질이 낮아 독일의 기관차에는 사용이 제한되었다.

군수지원에 있어서 독일군의 가장 심각한 문제는 보급품의 부족이 아니라, 수송 능력에 있었다. 이 점에 있어서 독일군은 근본적인 딜레마에 직면했다. 오로지 예상보다 단기전이 될 수 있다는 자기 합리화에 매달려 논리적인 사고를 포기한 것 같았다. 광대한 소련에서 기후의 영향을 받지 않는 표면이 단단한 도로는 대략 6만 4천km에 불과했고, 그보다는 사정이 나은 8만 2천km의 철도가 있었다.

그런데 소련의 철도는 독일의 철도보다 궤도 간격이 넓었다.[14] 따라서 독일군이 소련의 철도를 이용하려면 철도의 궤도를 독일의 규격으로 변환해야만 했고, 노획한 소련군의 철도차량은 철도의 궤간을 독일식으로 개조하는 바람에 사용이 극히 제한되었다. 철도의 궤간이 변환되는 지점에서 보급품의 집적과 정체로 인해 각 부대 간에 아비규환(阿鼻叫喚)의 쟁탈전이 벌어지는 현상이 자주 일어났다.

기계화부대가 휩쓸고 지나간 지역에 후속 보병부대가 도착하지 못해 소탕이 이루어지지 못한 지역에서는 소련군의 잔존부대가 독일군의 보급부대를 습격하여 탈취해 가기도 했다. 겨울이 되자 독일의 기관차는 급수 도관이 보일러실 외부로 노출되어 있어 70~80%가 동파되는 바람에 다수가 사용 불능이 되었다. 이를 보완해야 하는 60만 대의 수송차량은 열악한 도로와 정비의 부족으로 난관에 봉착해야 했다. 그리고 차륜차량은 작전 개시 1개월이 지나자 1/3이 고장 났다. 초현대전이 벌어졌던 아프가니스탄의 고지대 작전에서도 미군들의 수송 수단으로 노새가 최고로 꼽히는 것에 비유하면, 당시로서 훨씬 적절한 수단은 역시 말이었으며, 특히 현지 농부들로부터 약탈한 농사짓는 체구가 작은 말들은 현지

---

13) 마르틴 반 크레벨트 지음, 우보형 옮김, 『보급전의 역사』(서울 : 플래닛 미디어. 2010), p. 258.
14) 데이비드 M. 글렌츠, 조노선 M. 하우스 지음, 권도승·남창우·윤시원 옮김, 『독소전쟁사, 1941-1945』 (서울 : 열린 책들. 2009), p. 57.

적응력이 뛰어나 효용성이 컸다. 그래서 가장 현대적인 군대를 보급 곤란으로부터 구출해 내기 위해 수레보급대가 편성되었다.

기상이 작전과 보급에 많은 영향을 초래했다. 가을이 되어 '진흙탕의 계절(Rasputitsa)'에는 차량이 진흙탕에 빠져 운행에 악영향을 주었고, 11월 중순이 되자 기온이 영하 20도를 오르내리면서 땅이 얼어 도로 상태는 좋아졌으나, 부동액을 비롯한 동계 장비의 부족으로 역시 가동에 많은 장애를 가져왔다. 게다가 군수를 담당하는 장교들의 계급과 질이 정보 장교들과 같이 작전을 담당하는 장교들에 비해 낮다 보니 작전을 수행하기 위해 무리한 지원계획이 작성되었고, 그것이 곧 마찰과 불확실성을 야기하게 되었다. 이러한 제반 문제의 근본적인 원인은 아마도 그 당시 독일 경제가 감당할 수 없었던 한계로 보아야 할 것이다.

히틀러는 고질적인 자원 부족을 외면한 채 단기전의 희망에 매달린 실수를 저질렀는데, 특히 미국의 참전으로 인해 미국을 위시하여 대영제국과 소련이라는 세계의 최대 자원 대국들인 연합군과 싸워야 했지만, 이에 대한 대비가 소홀했다는 점은 너무 심각한 잘못이었다. 어떻게 독일 규모의 국가가 일본, 그리고 이탈리아 정도의 몇몇 중급 국가들의 지원만으로 거대한 미국, 영국, 소련의 연합군을 상대로 승리를 꿈꿀 수 있었단 말인가?

인사에 있어서도 히틀러는 사단장급 이상의 육 해 공군 장성들의 보직을 직접 챙겼다. 과거 프로이센 시절부터 관습적으로 이어오던 총참모부에 의한 엘리트 집단 위주의 인사에서 오로지 능력 위주로 전환된 것은 바람직했다. 일부 고위급 장성들에게는 히틀러가 직접 비밀자금을 하달하여 사조직처럼 충성을 유도하기도 했다. 인력 면에서 독일군은 프랑스 침공 시에 120개 사단에서 207개 사단으로 증원되었으며, 초기 전투 희생을 고려하여 보충병으로 38만 5천 명을 대기시키고, 추가로 20만 명이 더 필요할 것으로 판단하여 다음 해에 징집 대상이 되는 자원을 조기에 소집하도록 했다. 그러나 참모총장 할더는 병력이 고갈되기 전에 전역을 끝마치게 될 것으로 가정했다.[15)]

위에서 언급한 바와 같이, 인사와 군수 분야에서의 문제들은 단기전이 될 것이라는 독일 지도부의 까닭 없는 낙관적인 가정이 모든 분야를 규제해 버렸다. 따라서 독일군은 어떠한 작전 실패에 대한 예비계획이 없어 우발사태를 감당할 수 없게 만들었다. 어느 하나의 작전이 실패하면 곧바로 동계작전으로 이어지는데 동계작전이라는 우발사태에 대한 준비가 전혀 되어있지 않았던 것이다.

모호(模糊)한 정보를 고려한다면 독일군의 지도자들이 갖고 있던 막연한 자신감은 전문군인에게는 어떻게 해도 이해할 수 없다.

---

15) 제프리 메가기 지음, 김홍래 옮김, 『히틀러 최고사령부. 1933-1945』(서울 : 플래닛 미디어. 2009), p. 275.

그들의 스승인 클라우제비츠는 "전쟁에서의 상황은 무한한 변화의 가능성을 갖고 있다. 그것들은 자주, 그리고 급격히 바뀌며 사전에 명확하게 파악되는 경우가 거의 없다. 미지의 변수는 종종 결정적인 영향력을 발휘한다. 전장에서 마찰과 오류는 일상적인 현상이다."라고 말하면서 우발계획의 중요성, 사전 준비의 완전성을 강조했으나 바르바로사 작전에서는 단기전이 될 것이라는 낙관론 속에 묻혀버렸다.

대부분의 전쟁에서 초기 단계가 지난 다음에는 교전국들의 전쟁 지속능력이 더욱 중요해진다. 군대가 초기에 가지고 있는 힘만으로 전쟁을 결정지을 수 없다면 장기적인 요소들이 승패를 가름하게 될 것이기 때문이다. 결국 소모전이 되면 우세한 힘이 약한 힘을 고갈시켜 가는데, 약한 쪽에게는 가장 두려운 시나리오일 것이다. 히틀러가 처한 상황이 바로 그렇다고 할 수 있었다.

제4절 독일군의 작전계획

독일의 바르바로사 작전에 대한 국가 전략목표는 우수한 게르만 민족의 생활권 확보를 위하여 충분한 자원을 지닌 소련의 영토를 확보하고, 열등 민족이 지배하는 볼셰비키 정권을 지상에서 소멸시키는 것이었다. 그를 위한 군사전략은 최종적인 독일군의 진출 선을 북쪽은 백해(白海)에 면한 아르한겔스크(Arkhangelsk)에서 남으로 볼가강을 따라 흑해(黑海)의 아스트라한(Astrakhan)을 연하는 선("A-A 선")으로 하여 광대한 전 지역을 장악한 후, 국경지대에 요새화된 경비 도시를 만들어 식민 통치를 통해 지배 종족을 항구적인 통제 아래 두는 한편, 우랄산맥 넘어 잔여 아시아 측 국가, 즉, 슬라브란트(Slavland : 독일이 구상한 가상 국가 명칭)는 나머지 소련 인민으로 채우겠다는 계획을 세웠다. 점령지역의 한계를 그렇게 정한 이유는 소련의 인구, 공업 및 농업지대, 교통, 경제의 핵심이 서부지역에 위치하므로, 이 지역을 점령당하면 소련은 더 이상의 조직적인 저항이 불가능하고, 독일로서도 '자급자족이 가능한 독자적인 경제체제(Autarky)'를 확립한 생활권의 확보가 가능하며, 소련 항공기에 의한 독일 본토 공격이 불가능한 충분한 거리를 이격시킬 수 있기 때문이었다.

독일군이 계획한 최대 진출 선은 모스크바에서 동쪽으로 500km 정도, 우랄산맥에서 700km 정도 이격되어 있는데, 히틀러는 1941년 말까지 이 선에 도달할 수 있으리라 기대했다. 작전 개념은 속전속결로, 전격전을 전개하여 적의 주력을 국경지대 전투에서 격멸하여 단기전으로 전쟁을 종료해야 하며, 그를 위해서 몇 군데에서 대규모 포위망을 형성하여 적을 섬멸해야 한다는 것이다.

국경지대에서 적의 주력을 섬멸한다면 소련은 1918년처럼 자체 붕괴할 것이라고 기대했다.

● 바르바로사 작전(1941년 6월 22일~9월 30일)

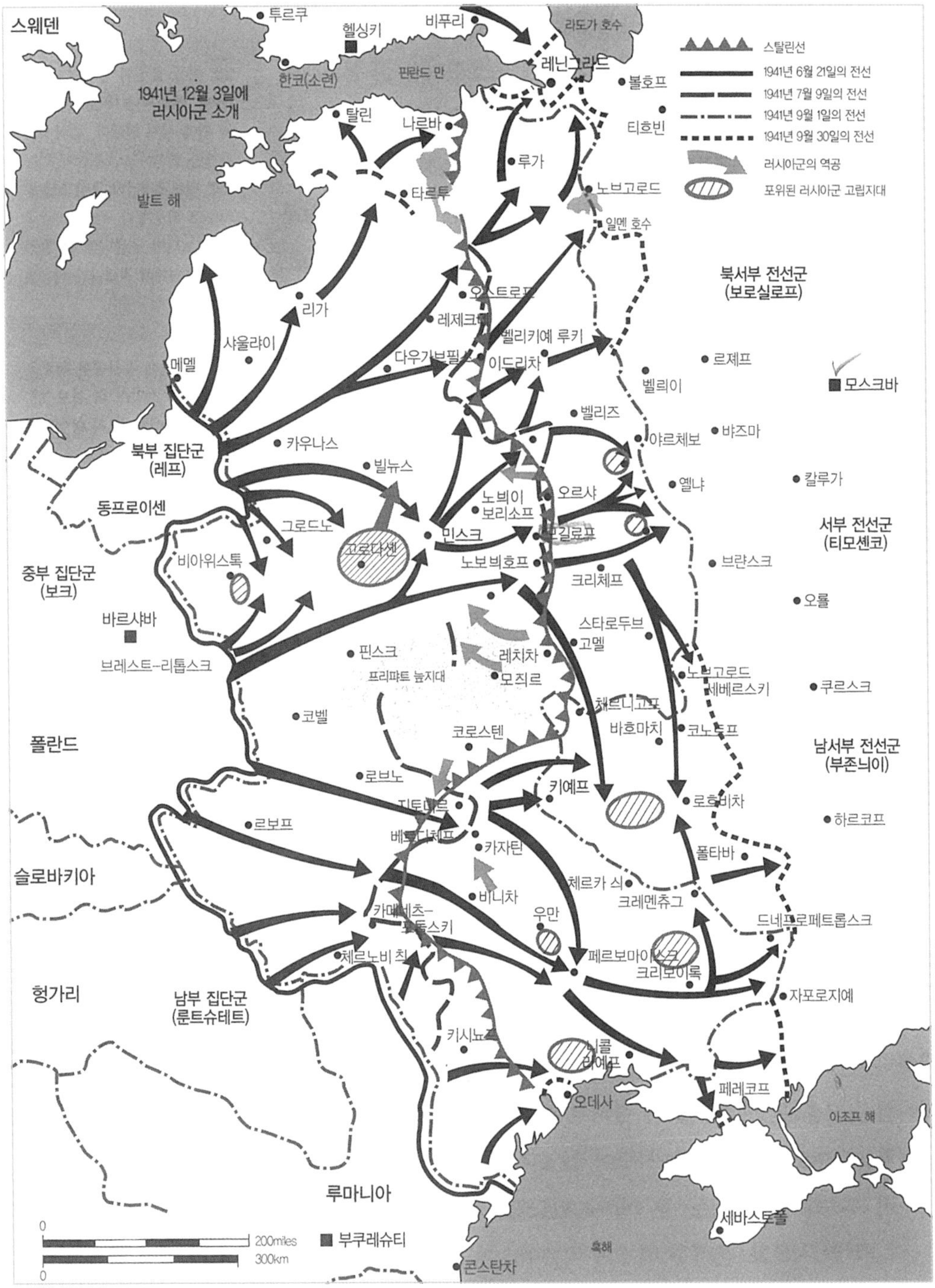

※ 출처 : 존 키건 지음, 류한수 옮김. 『2차 세계대전사』(청어람미디어, 2007), p. 271

군사적인 목표는 3개로 북서의 레닌그라드와 중동부의 모스크바 및 남부의 우크라이나로 정했으며, 단기적인 목표는 적의 주력을 섬멸하는데 두었다. 주공을 어디로 할 것인가에 대해서는 히틀러의 생각과 군사 지휘관들의 생각에 차이가 매우 컸는데, 이를 둘러싼 갈등은 어쩌면 전쟁의 승패를 가르는 가장 중요한 핵심 요인이 되었는지도 모른다. 여기서 필자가 모른다고 표현한 것은 후세의 사가들에 따라서 독일 군사 지도자들의 견해를 옳다고 평가하는 경향이 대다수지만, 최근에는 히틀러의 견해를 지지하는 학자들도 나타나고 있기 때문이다.

결국 작전의 초기 전개는 군사 지도자들의 견해를 따랐으나 결정적인 시기에 히틀러의 주장대로 진행되었는데, 결과는 실패했기 때문에 군사 지도자들의 견해에 더 비중을 두는 편이 우세하나, 엄밀하게 평가한다면 주공 방향을 어떻게 선택했든 결과적으로는 실패했으리라는 견해가 옳을 것이다. 왜냐하면 장기전에서 전쟁의 승리를 결정짓는 최종적인 요소는 전역에서의 승리보다는 국민의 의지와 전쟁 지속능력에 달려있기 때문이다.

주공 방향을 놓고 군사 지도자들은 모스크바를 주장했고, 히틀러는 우크라이나를 주장했다. 주공의 목표를 두고 갈등의 양상은 1940년 12월부터 이미 싹트고 있었다. 참모총장 할더는 모스크바를 주공 목표로 삼아야 한다고 생각했다. 모스크바는 정치, 경제, 문화, 교통의 중심지일 뿐 아니라 수도로서 소련 국민의 정신적 중심도시이므로, 탈취한다면 적의 저항을 종식할 수 있는 '전략적 중심(Strategic Center of Gravity)'이라고 생각한 것이다. 따라서 소련은 모든 전력을 집중시켜 방어하려 할 것이므로, 모스크바에서 적의 주력을 완벽히 섬멸할 수 있다고 본 것이다.

그러나 히틀러의 생각은 달랐다. 소련의 남부는 우크라이나의 밀, 도네츠의 석탄과 철강, 캅카스의 석유를 가진 자원의 보고이므로, 전략적으로 반드시 확보해야 하는 지역이며, 북부의 레닌그라드는 볼셰비키의 발상지이므로 말살되어야 하는 상징적인 목표로서 중요하다고 보았다. 그래서 히틀러는 12월 5일 할더로부터 작전계획을 보고받고 모스크바를 주공으로 하는 안에 의문을 표시했으나, 당장에 결정을 번복하지는 않고 유보했다.

그러다가 12월 18일에 히틀러는 총통 훈령 21호 '바르바로사 작전 계획'에 서명하게 되는데, 이때도 주공의 목표는 명확하게 천명되지 않았다. 이에 할더는 히틀러와의 논쟁을 피하고 자신의 개념에 맞는 작전계획을 계속 발전시켜 나가 관철시키려고 했기 때문에 총통 훈령 21호를 예하 부대에 하달하면서 "나[히틀러]에게 보고된 계획을 승인하며"라는 특정 문구를 추가하였는데, 여기에는 자신의 계획을 히틀러가 승인했다는 것을 기정사실로 하려는 의도가 숨어 있었다.[16]

16) 제프리 메가기 지음, 김홍래 옮김, 앞의 책, p. 278,

참모총장 할더의 계획에 따라 침공군은 북부, 중부, 남부집단군 등 3개 집단군으로 구성되었다. ❶ 레프(Wilhelm Ritter von Leeb) 원수가 지휘하는 북부집단군은 3개 기갑사단과 3개 기계화보병사단으로 구성된 제4기갑집단과 20개 보병사단을 할당하여 발트 3국을 거쳐 레닌그라드로 향하고, ❷ 보크(Fedor von Bock) 원수가 지휘하는 중부집단군은 제2, 제3기갑집단 예하의 9개 기갑사단과 6개 기계화보병사단을 필두로 35개 보병사단을 할당하여 비알리스톡-민스크-스몰렌스크를 거쳐 모스크바로 지향하며, 그리고 ❸ 룬트슈테트(Gerd von Rundstedt) 원수가 지휘하는 남부집단군은 5개 기갑사단과 3개 기계화보병사단으로 구성된 제1기갑집단과 33개 보병사단, 14개의 루마니아 보병사단을 할당하여 프리페트 습지 남쪽에서 우크라이나와 캅카스로 향하게 했다. 이외에도 핀란드에서 8개의 독일 보병사단이 20개의 핀란드 사단과 함께 레닌그라드로 공격하도록 하였다. 여기에다가 육군은 예비로 2개 기갑사단, 2개 기계화보병사단, 24개 보병사단을 준비했다.

총체적으로 독일군은 19개의 기갑사단, 14개의 기계화보병사단, 120개의 보병사단으로 총 153개 사단이며, 여기에다가 루마니아와 핀란드, 이탈리아, 슬로바키아 등에서 차출된 40개 사단이 공격에 동원되었다. 병력의 수로는 독일군 330만 명, 위성국의 군대가 50만 명에 달했으며, 전차 대수는 3,300대, 중포 7,000문이 참전하였다. 항공기는 2,770대를 동원함으로써 육군 전력의 73.6%와 공군 전력 58.3%를 쏟아 붓는 무지막지한 노력을 기울였다.

작전의 주안점은 적의 주력을 전선 지역에서 조기에 격멸하기 위한 포위망을 형성하는 것으로, 중부집단군이 첫 번째 포위는 독소 접경지역에서 100km 정도 떨어진 비알리스톡 지역에서, 두 번째 포위는 거기에서 동쪽으로 300km 떨어진 민스크에서, 세 번째 포위는 다시 동쪽으로 400km 정도 떨어진 스몰렌스크 지역에서 실시하며, 남부집단군은 키예프 일대에서 대규모 포위 작전을 전개하여 적을 격멸함으로써 적이 스스로 붕괴하는 것을 기대하는 것이었다.

이를 실현하기 위한 작전술은 '쐐기와 함정(Keil und Kessel : 영어로는 Wedge and Trap 또는 Pincer and Claw라고 표현)'이라는 전통적인 양익포위 작전으로, ❶ 강력한 기갑부대 위주의 선봉 부대가 양쪽에서 쐐기처럼 적진을 돌파한 뒤에 적진 깊숙이 전격전 개념으로 침투하고, ❷ 양방향에서 침투한 부대가 목표하는 지점에서 연결하여 집게발처럼 끝을 닫아버리며, ❸ 후속하는 차량화보병부대가 기갑부대의 측면을 보호함은 물론'솥(Keil)'모양의 함정을 만들어 포위망을 강화하는 한편, ❹ 후속하는 보병이 포위망 속의 적을 소탕하는 전법을 말하는 것으로서, 한마디로 전격전의 전형을 구현하는 것이었다.

참고로 기갑 집단의 규모는 군단보다는 크고 군보다는 작은 규모로 참모조직이나 자체 보급 수단이 약해, 군에 배속되어 운용되는 경우가 많았었는데, 바르바로사 작전 초기에 기갑군으로 승격되었다. 1941년 6월 22일 새벽, 독일군은 129년 전에 나폴레옹의 대 육군이 침공했던 바로 그날에, 그리고 1년 전 프랑스의 콩피에뉴 숲에서 프랑스의 항복을 받아냈던 바로 그날에 건곤일척(乾坤一擲)의 소련 정복전을 개시했다.

제 2 장
소련의 전쟁 대비 태세

제1절 스탈린의 성격적 특성과 소련군의 변화 과정

독일과 소련의 전쟁을 이해하기 위해서는 우선 스탈린의 성격적 특성을 이해하는 것이 필요하다. 스탈린은 1897년 그루지야에서 주정뱅이 신발 수선공의 아들로 태어나, 툭하면 얻어터지면서 자라 음산한 성격이 형성되었고, 6세 때 천연두를 앓아 곰보 자국이 생겼다. 비상한 기억력으로 어려서부터 주목받았으며 초등학교를 지나 신학교에 입학하면서 차르 치하의 폭력 정권에 염증을 느껴 테러리즘에 강조점을 둔 러시아 마르크스주의를 접하게 되었다.

● 이오시프 비사리오노비치 스탈린

은행을 털어 정치자금으로 쓰기도 하면서 감옥을 들락거렸지만, 운 좋게 처형을 면해 30대에 들어서서 폭넓은 경험을 가진 혁명가 테러리스트가 되었으며, 레닌 혁명 이후 1922년에는 당의 총 간사가 되어 권력의 진정한 핵심 요원이 되었다. 그러다가 1925년 레닌 사후에 당의 총서기가 되어 막강한 권력을 행사하기 시작했다. 그는 간편한 옷에, 수수한 곳에 기거했으며, 음식도 값싼 것을 즐겨 먹는 검소한 생활 태도를 견지했다. 그러나 금욕적이고 겸손한 외양과는 달리, 내면은 거칠고, 잔인하고, 복수심이 깊었다. 그는 주변 사람을 상대하면서 먼저 불신하는 데서 출발했으며, 폭력을 사용하거나 배신하는 것에 대해 일말의 거리낌도 없었다.

레닌은 생전에 스탈린을 간교하고, 변덕스럽다고 말했고, 유언에서도 그가 '권력을 충분히, 신중하게' 사용할 수 있을까 하는 의구심을 공개적으로 표명했다.[17] 어떤 측면에서 스탈린은 히틀러와 매우 닮았다고 볼 수 있었다. 교활함과 잔혹성에서 두 독재자는 쌍벽을

17) 리처드 오버리 지음, 류한수 옮김, 『스탈린과 히틀러의 전쟁』(서울 : 지식의 풍경. 2007), pp. 33-34.

이루며, 혹자들이 말하는 대로 괴물 같은 두 독재자가 공존하기에는 이 세상이 너무 좁았다는 것이 사실인지도 모른다. 전쟁 전에 이루어진 숙청과 조작된 혐의로 너무도 많은 사람이 투옥되고 고문당하고 지옥 같은 강제노동수용소에 끌려가는 과정들이 소련이나 독일이 비슷했다고 볼 수 있었다.

스탈린이 권력을 완전히 장악하고 난 뒤에 강력한 경제개발이 강제적으로 추진되었는데, 그 시발은 농촌이었다. 그의 포부는 농업 위주의 국가 산업을 10년 이내에 현대 공업사회로 개조하는 것으로써, 사업은 1927년에 시작되었다. 농촌은 집단 농장화 했고, 그에 따라 수백만 명의 농민이 이주하여 환경이 전혀 다른 악조건하에 놓여 있는 도시나 다른 농촌으로 이주하여 갔다. 만약 이를 거부하거나 저항하게 되면, 처형되거나 강제 노동교화소로 갔다. 그 결과 1939년 기준으로 10년 전에 비해 도시 인구는 3천만 명이 늘었고, 생산량은 철강이 4백 30만t에서 1천 8백 10만t으로, 석탄이 3백 50만t에서 1억 3천 3백만t으로 엄청나게 증가하는 결과가 나타나기도 하였다.

군수공업 분야에서도 괄목할 발전이 이루어졌다. 1928년에 92대에 불과한 탱크 생산은 1935년 초에는 10,180대로, 항공기는 1928년에 1,394대였던 것이 1935년에 6,672대로 4~5배 증가하였다. 1940년에 중공업과 기계공업의 1/4이 군수공업 부문이었다. 이렇듯 스탈린은 현대의 공업에 기반을 둔 경제발전과 군비증강에 박차를 가했다. 스탈린은 1931년 경제 관련 연설에서 다음과 같이 경제와 안보의 중요성을 역설했다.

> *"러시아는 역사적으로 후진성 때문에 무수히 얻어맞았습니다. 몽골의 칸에게, 튀르크의 제후들에게, 스웨덴의 영주들에게, 폴란드와 리투아니아의 귀족들에게 얻어맞았습니다. 영국, 프랑스의 자본가들에게 얻어맞았고, 일본의 귀족들에게 얻어맞았습니다. 모두가 러시아를 때렸습니다. 러시아의 후진성 때문에…. 우리는 선진국에 50년에서 100년 뒤떨어져 있습니다. 우리는 이를 10년 이내에 따라잡아야 합니다. 우리가 그것을 해내든지 아니면 그들이 다시 우리를 쳐부수든지 둘 중의 하나가 될 것입니다."*[18]

경제발전과 함께 군사 부문에서도 급격한 변화가 일어났다. 레닌 혁명 직후 1차 대전의 여파와 1920년까지의 내전으로 소련은 피폐했고, 그 틈을 노린 핀란드, 발트해 연안국, 루마니아가 영토를 탈취해 갔으며, 특히 폴란드는 많은 영토를 떼어가고도 1920년 5월 우크라이나를 침공해 키예프를 점령했다. 폴란드의 침공을 저지하는데 가장 두각을 나타낸 장군은 미하일 투하쳅스키(Mikhail Tukhachevskii)로서, 키예프까지 진출한 폴란드군을 반격하여 다시 바르샤바 전방까지 몰아넣었다. 그는 잘생기고, 솔직하고, 용기가 뛰어나

18) 리처드 오버리 지음. 류한수 옮김, 위의 책. pp. 34-35.

인기가 높았다. 반면에 '작은 나폴레옹'으로 발전할 가능성에 대한 우려를 낳아 혹시 쿠데타를 일으켜 정권을 탈취할지도 모른다는 인식들이 생겨나, 당의 핵심으로부터 무언의 견제를 받고 있었으며, 폴란드와의 전쟁 시에 그의 정치 장교였던 스탈린과도 개인적으로 결코 좋은 관계가 아니었다.

1925년 스탈린이 집권한 후에 트로츠키가 숙청당하면서 군사 부문의 총책임을 미하일 프룬제(Mikhail Frunze)가 맡았다. 그는 전문 직업군인으로 군 내에서 정치지도위원의 권위를 장교단에게 되돌려 주었다. 그는 짧은 10개월의 재임 중에도 장교단에 급료 인상, 주택 공급, 부대에 대한 명령권을 부여함으로써 군은 점차 전문 집단이 되어 갔으나, 그와 함께 군이 당과 갈등을 빚는 현상이 나타나게 되었다. 그는 만성 위장병을 앓고 있었는데 스탈린의 압력으로 수술을 강행하고 난 직후 사망하게 되었지만, 그의 자세한 사망 원인은 정확히 밝혀지지 않은 채 묻히고 말았다.

프룬제의 후임은 스탈린의 친구로서, 무능하지만 스탈린에게는 위험하지 않았던 보로실로프가 맡았는데, 그는 오랜 기간 직책을 유지하다가 1940년 핀란드와의 전쟁 직후에 패배에 대한 책임으로 경질되고 말았다. 보로실로프의 그러한 무능함은 32세의 젊은 투하쳅스키가 참모총장이 됨으로써 일단 보완되었다. 한마디로 투하쳅스키의 임명은 탁월한 선택이었다. 그의 목표는 전문적인 군대를 육성하는 것으로서, 그가 새로이 정립한 전략은 1928년도에 발간된 [미래의 전쟁]이라는 명료한 책의 제목에서 잘 나타나고 있었다. 책의 대강은 전차와 항공기로 무장한 기동부대가 속도와 화력을 이용하여 압도적인 대규모 공세로 적을 괴멸시킨다는 것이었다.

그는 자신의 저서를 통해 공격과 방어에서 똑같은 개념을 사용하여 이를 [종심전투]라고 명명하고, 이를 수행하기 위한 전략으로 대규모 기동전을 염두에 둔 가운데, 그에 맞는 군대를 건설하고자 했다. 이는 독일군의 전격전 교리와 거의 완벽하게 동일한 것으로서, 1922년에 독일과 소련이 맺은 군사 협약에 따라 독일군이 소련에서 실험한 각종 무기와 전술을 공유한데서 유래한 것이었다.

독일군은 베르사유 체제하에서 금지된 각종 군사 훈련을 독일과 멀리 이격된 소련에서 실시함으로써 독일의 군비 확충에 대한 국제적인 비난을 피하고자 했는데, 모스크바의 남서쪽 소도시 리페츠크에서 비행훈련을, 기갑부대 훈련은 볼가강 인근의 카마에서, 화확전은 톰카에서 각각 훈련하였다. 바로 이러한 독일군의 훈련 과정에 소련군의 엘리트 장교들이 동참하여 독일의 모든 교리를 흡수 및 체득하게 되었다. 그리고 바로 이때 함께 훈련에 참여했던 독일 장교들로서 제2차 세계대전의 주역이었던 카이텔, 브라우히치, 모델, 구데리안, 만슈타인 등이 있었다. 그러나 이들과 함께 훈련한 소련군의 엘리트들은 차후 숙청과정에서 대부분 살해당했다.

투하첼스키의 주장은 현대전에 모두가 합당한 것이었지만, 이를 위해서는 국가의 경제 능력이 작전을 가능케 하기 위한 장비를 제공해주어야만 했으나 1920년대의 소련의 능력으로서는 시기상조였다. 결국 그는 비현실적이고 독립적, 권위주의적 업무처리 방식 때문에 참모총장직으로부터 직위 해제되어 레닌그라드 관구 사령관의 한직으로 밀려났다. 한직에 있으면서도 그는 1930년에 차후의 전쟁을 위해서는 4만 대의 항공기와 5만 대의 탱크가 필요하다는 건의서를 크레믈린에 제출하여 뜻을 굽히지 않았다. 비록 그의 건의는 받아들여지지 않았으나, 종심작전 개념은 일부 살아남게 되었다. 그리고 1930년대 중반에 급속한 경제발전으로, 점차 첨단 무기를 대량으로 생산할 수 있게 되면서 군대는 현대전에 걸맞은 전문 집단으로 변모해 나갔다.

스탈린은 투하첼스키를 '붉은 군국주의' 냄새가 난다고 비난하면서도 1934년 참모총장으로 다시 기용했다. 1935년에는 원수라는 계급이 도입되어 차르 시절 이래로 누리지 못했던 영광이 군에 부여되었다. 최초의 원수는 보로실로프 국방위원장과 투하첼스키 참모총장, 예고로프 장군 등 5명이었다. 그러나 투하첼스키가 정치적 간섭으로부터 비교적 자유로운 상태에서 현대식 대규모 군대를 육성하기 시작한 바로 그때, 군은 난폭한 숙청의 태풍 속으로 휘말려 들어갔다.

제2절 군대의 숙청

1937년에 불어 닥친 군을 대상으로 한 숙청은 1930년에 시작된 경제발전계획 과정에서 저항 세력을 제압하기 위해 시작된 숙청이 소련의 전 사회로 번지면서, 체제 전복의 위험성이 있다고 군을 의심한 스탈린이 군의 고위 장교들을 대상으로 피비린내 나는 대규모 숙청을 단행해 버린 것으로, 군대의 전투력과 사기를 심각하게 훼손한 사건이었다.

이를 본 히틀러는 기뻐했고, 서방 국가들은 그 무자비함과 무도함에 경악하여 소련을 악의 집단으로 취급했다.

소련의 공산당 지도자들은 내전을 겪으면서 혁명을 위해서는 가혹해야 한다는 생각에 익숙해져 있었다. 가족이든, 친구든, 적이든 혁명에 도전하는 자들은 가차 없는 계급투쟁으로 말살시켜버려야 한다고 교육받았다.

반혁명 분자로 낙인찍히면, 세련된 고문과 협박으로 자백을 끌어내 악명 높은 수용소에 장기간 수용되거나 사형이 보통이었으며, 가장 가벼운 처벌은 교화 노동이었다. 일부는 개척되지 않은 추운 시베리아로 추방되어 원시적인 삶을 영위하다가 스러지기도 했다. 내전 기간에 25만 명이 뚜렷한 죄목도 없이 죽어갔고, 스탈린이 집권한 이후 현대화 운동으로 이성적인 근거 없이 마녀사냥이 시작되었다. 변호도 없고, 항소도 없이 소련 전역에 산재한 수용소로 끌려갔다. 대부분 몽매한 농민들이 주요 희생의 대상이었다.

농촌을 중심으로 집단화가 한창 진행 중이던 1932년과 1933년에 곡창지대인 남부에 유례없는 가뭄으로 우크라이나, 캅카스, 카자크스탄 일대에서 농민들의 저항이 일어났는데, 이들은 당의 철저한 보복을 당했다. 스탈린은 이 지역을 봉쇄하여 이 지역 주민이 다른 지역으로 이주하는 것과 식량을 외부에서 반입하는 것을 철저히 금지했다. 이로 인해 이 지역에서 대략 7백만 명이 굶어 죽거나 신체의 저항력이 줄어 질병으로 죽었다고 후세의 학자들은 추산했다.

1941년 히틀러가 이 지역을 침공했을 때, 초기에는 나치의 군대를 해방자로 환영했던 이유는 스탈린의 흉포한 테러 때문으로 이해될 수 있었다. 물론 히틀러가 이 지역 주민들을 인도적으로 대하지 않고 제거 대상으로 보아 다시 테러를 가했기 때문에 갈 곳 없는 그들은 정복된 지역에서 게릴라가 되어 갔다. 스탈린의 테러는 점차 당 내부로 지향하여 1933년에 79만 명의 당원이 부패했다는 명목으로 처형 또는 축출되었다. 1939년 당시에 수용소에 수감 되었던 인원은 무려 3백 5십만 명에 달했다. 이러한 국가 테러에 앞장선 것은 내무인민위원회(NKVD)[19]라는 완곡한 명칭을 갖고 있었던 국가 보안경찰이었다.

점차 당 내부로 지향된 테러는 1934년의 당 대회 대의원 1,966명 중 1,108명을 인민의 적으로 지목하여 처형했다.[20] 검찰과 내무인민위원회(NKVD)는 힘을 합쳐 당의 간부들을 낫질하듯 베어냈다. 내무인민위원회(NKVD)의 총수 예조프(Nikolai Ezhov) 시대에 2년 동안 무려 68만 명이 처형되었으며, 숙청의 칼날은 어떤 조직도 피해 갈 수가 없어 스탈린에 저항하는 기반은 완전히 사라졌다.

그에 따라 기괴한 형태의 충성 경쟁으로 "개인숭배"가 자리 잡아갔다.

1937년 6월 국방위원장 보로실로프는 독일과 연계된 군의 고위 장성들이 주축인 반역 음모를 적발했다고 발표하면서, 다수의 고위 장성들을 체포하여 이제까지 유일하게 테러를 면한 군에 칼날이 겨누어졌다. 당시 참모총장 투하쳅스키는 인기가 높았고, 소신이 뚜렷하여 말을 거리낌 없이 했으며, 당의 군대에 대한 간섭을 못마땅하게 생각하여 스탈린의 비위를 거슬렀다.

메드베데프(Medvedev)라는 여단장이 내무인민위원회(NKVD)에 연행되어 고문당한 끝에

---

19) NKVD(엔카 베데, Narodnyi Kommissarat Vnutrennikh Del)의 원뜻은 내무인민위원회이지만, 소련의 비밀경찰을 의미한다. KGB가 NKVD의 후신이다. 전시에 각급 부대에 배치되었다.

20) 리처드 오버리 지음, 류한수 옮김, 앞의 책. p. 45.

내무인민위원회(NKVD)에 필요한 날조된 자백을 했다. 자백을 번복하면 필요한 자백이 나올 때까지 고문을 가한 끝에 '투하쳅스키를 필두로 한 국가전복음모가 있다.'라는 자백을 받아냈다. 투하쳅스키는 1937년 5월, 영국의 조지 6세 즉위식에 소련 대표로 참석하기 위해 비행기로 폴란드를 경유하는 도중 소환되어 총장 직위에서 해임된 후, 볼가 관구 사령관으로 아찔하게 좌천되었다. 두 달 동안 감시당하자 머리가 하얗게 세어 버렸다고 한다.

그를 비롯한 여덟 명의 고위직위자들이 첫 번째 희생자였다. 투하쳅스키의 두 형제와 부인도 처형을 면치 못했고, 자식들은 수용소로 보내졌다. 그들은 감옥 속에서의 야만적인 고문 끝에 자신들의 없는 죄를 자백했고, 관계도 없는 동료들의 이름을 밝혀 심문관들을 만족하게 했다. 그들을 재판하는 재판관도 내일이면 똑같이 법정에 서야 했고, 시간이 갈수록 명단은 늘어갔다.

예고로프 원수는 부인이 고문 끝에 남편이 폴란드 첩자라고 자백해 제거되었고, 블류헤르(Bliukher) 원수는 끝까지 자백을 거부했으나, 고문 끝에 눈알이 하나 빠졌으며, 자신을 심문하는 심문관과의 격투 끝에 죽임을 당했다. 그들은 투하쳅스키를 재판했던 재판관이었다. 이렇게 계속된 숙청으로 1935년에 작성된 편성표 상의 대령 이상 원수까지 837명의 지휘관 중 720명을 포함해서 육해공군의 고위 장교와 정치 장교의 45%가 처형 또는 면직되었다.[21] 1938년 가을까지 원수 5명 가운데 3명, 군사령관 15명 가운데 13명, 사단장 195명 가운데 110명, 여단장 406명 가운데 186명이 죽었다. 거기에다가 국방차관 11명 전원, 군사위원 80명 가운데 75명, 군관구 사령관 전원이 총살당했다.[22]

살아남은 고위직위자는 훗날 총장으로 발탁된 샤포시니코프와 주코프, 로코소프스키가 있다. 로코소프스키는 2년간 사형수로 감옥에 갇혀 있다가, 1940년 핀란드와의 전쟁에 패배한 후 스탈린이 재능 있는 장교를 발탁함에 따라 사형수 신분으로 복직시켜 훗날 원수로 승진하는 기막힌 인생을 살게 된다. 1937년과 1938년에 해임된 하급 장교단은 3만 4천 명이었는데 이 중에 9천 5백 명이 내무인민위원회(NKVD)에 체포되었다.

그러나 1940년 봄까지 1만 2천 명이 복직되어 피해는 고위직에 비해 경미했다. 너무도 무자비하고 비이성적인 숙청은 해외에서 소련의 군사력을 낮게 평가하도록 하는 이유가 되었고, 히틀러에게 붉은 군대를 쉽게 격파할 수 있다는 인식을 주었다. 특히, 투하쳅스키를 위시한 젊은 개혁집단이 사라진 데 대해 역사가들은 소련이 초기 전투에서 맥을 쓰지 못하고 패배한 원인의 하나로 꼽는다. 그러나 앞에서도 언급한 바와 같이 숙청으로 인해 무능한 집단이 청산되고 새로운 유능한 고위 지휘관들이 등장하게 되는 긍정적인 면도 동

21) 리처드 오버리 지음. 류한수 옮김. 앞의 책. p. 50.
22) 존 키건 지음, 류한수 옮김, 『2차 세계대전사』(서울 : 청어람 미디어. 2006), p. 262.

시에 나타났다는 점도 스탈린의 인재 발탁 능력과 함께 이해해야 할 것이다.

한 가지 덧붙여야 할 사항은 투하첸스키의 제거와 함께, 군대 내의 정치 장교 집단이 우위를 점하여 야전 지휘관들의 위상이 한결 낮아졌다는 점도 특기할 만하며, 교리에서 기계화부대와 항공 전력을 기반으로 하는 공세 위주의 [종심작전]은 당분간 사라지게 되었다는 점이다. 이에 따라 [종심작전]의 교리를 이해하는 집단이 사라졌고, 항공기와 전차를 이용한 합동작전 능력을 배양할 훈련이 없었으며, 이를 연결할 통신장비를 비롯한 기자재가 매우 부족했다. 각급 부대에 배치된 정치장교들의 감시가 엄중해지자 지휘관들은 '책임에 대한 공포'가 만연하여 창의적이고 자발적인 부대 운용이 불가능해졌다. 투하첸스키가 제거된 뒤 곧바로 여단급 이상의 전차부대는 모조리 해체되었다.

전쟁사와 관계없지만, 공산주의 독재를 인식함에 있어서 1930년대 이후 스탈린의 급진적인 경제정책의 결과로 남부 소련에서 7백만 명의 희생자를 낳게 하여 그에 따른 저항 세력을 숙청하는 과정에서 스탈린에 대한 개인숭배와 신격화 작업이 뒤따르게 되었는데, 이는 중국의 모택동과 북한의 김일성에게도 그대로 답습되었다는 점이 특이하다. 이러한 세 사람의 독재자들은 권력을 확고하게 구축하는 과정에서 반대 세력이나 저항 세력을 그야말로 처참하게 고문하여, 저항 세력이 스스로 반란 모의를 허위 자백하거나 적국의 간첩을 자처하도록 만들었다는 점에서 사회주의 독재자로서의 공통점을 갖고 있다고 하겠다.

모택동은 1950년 초에 소련을 방문하여 스탈린의 현대화 정책에 감동하고 중국으로 돌아와, 1958년에 농촌을 집단화하는 등 급진적인 경제정책인 '대약진 운동'을 펼쳐, 결과적으로 3천만 또는 5천만 명이 굶주려 죽는 사태를 초래했으며, 그 후유증이 '문화혁명'으로 이어져 더 많은 희생자를 가져왔다. 이러한 과정을 통해 모택동은 신격화되어갔다.

북한의 김일성 또한 모택동의 '대약진 운동'을 본받아 '천리마 운동'을 전개하였고, 누구보다도 견고한 신격화를 이루어냈는데, 이를 보면 스탈린과 모택동, 그리고 김일성으로 이어지는 이들 희대의 독재자들이 마치 3대에 걸친 사제지간이라고 해도 과언이 아닐 것이다.

제3절 스탈린의 전쟁상황 인식과 정세 판단

스탈린이 독일과 전쟁을 앞두고 취한 제반 사항은 여러 가지 측면에서 매우 이해하기 힘든 부분들이 많다. 오로지 전쟁을 피하고 싶은 일념에 히틀러의 무수한 전쟁 준비 기도를 보고서도 일부러 모른 체 했으며, 심지어는 믿을 수 있는 많은 정보를 제공하는 자들을 오히려 배척했다는 점 등이다. 스탈린은 1939년 8월 23일 독일과 체결한 비밀 협정에 따라 폴란드를 분할 점령했고, 핀란드를 침공하여 카렐리야 해협에 군사기지를 건설할 땅을 할양받았으며, 발트 3국을 순조롭게 합병함은 물론, 루마니아의 베사라비아, 부코비나를 합병하는 등 욕심껏 영토를 확장하여 뱃속을 두둑이 채웠다.

그러나 1940년 9월 27일 독일이 이탈리아, 일본과 삼국동맹을 체결하고 세계의 새로운 질서를 내세우며 소련에 동참을 제의해 옴에 따라 외무상 몰로토프가 11월 12일 베를린을 방문하여 회담하는 과정에서 상호 의견 대립으로 격앙된 상태로 결렬되자, 히틀러는 소련과의 모든 셈을 청산하려고 결심했다. 이에 반해, 스탈린은 협정에 따라 독일이 요구하는 각종 원자재를 성실히 제공하였으며, 심지어 전쟁이 발발하는 날에도 원자재를 수송하는 열차가 독일로 향했을 만큼 독일과의 약속을 철저히 지켰다. 1939년 8월 23일 비밀협정 이후, 전쟁 발발 시까지 18개월 동안 소련은 석유 86만 5천 톤, 14만 톤의 망간 단괴, 2만 6천 톤의 크롬 광석, 1만 4천 톤의 구리, 64만 8천 톤의 목재, 1백 50만 톤의 식량 등을 대량으로 독일에 제공하였다.[23)]

최후의 화물열차는 독일이 공격을 개시하기 불과 몇 시간 전에 국경을 넘어갔다.

스탈린은 독일에 필수 불가결한 자원을 제공하면서, 개전이 되면 그로 인해 오히려 독일을 곤경에 빠뜨릴 수 있다는 생각도 가지고 있었다. 이는 절대로 독일을 신뢰하지 않으면서도 독일의 침공을 지연, 또는 무산시키려는 스탈린의 희망에 찬 처절한 노력이었다. 그만큼 스탈린은 전쟁이 발발하는 순간까지도 협상을 통해 전쟁을 피할 수 있으리라는 희망을 품고 있었던 것은 사실이었다.

기실 독일이 소련을 침공하리라는 첩보는 넘칠 만큼 다양하게 스탈린에게 제공되었다. 그러한 정보와 첩보는 해외의 소련 대사와 무관, 세계에 나가 있는 첩보원, 그리고 외국 정부, 특히 영국과 미국으로부터 신뢰할 수 있는 제보가 많이 들어왔다. 심지어 전쟁 개시 전 300회 이상 독일 항공기에 의한 소련 상공에서 이루어졌던 항공정찰에 대해 소련이 외교적 항의를 하였음에도 불구하고, 독일은 별다른 조치를 취하지 않았다.

1941년 4월 3일에는 윈스턴 처칠은 "유고슬라비아 전역에서 활동하던 독일의 기갑부대가 폴란드 남부에 배치되어 침공이 임박했다."라는 정보를 모스크바 주재 대사를 통해 소련에 전달했다. 그리고 6월 10일 영국 정보기관은 마지막으로 독일이 공격할 것이라는 경고를 처칠에게 보고하였다. 이날 외무차관 카도건(Alexander Cadogan) 경은 러시아 대사 마이스키(Ivan Maisky)를 외무성으로 불러 독일군의 이동지역과 날짜를 적시하면서 정확한 자료를 제공했다. 이에 러시아 대사는 "영국의 정보는 독일의 소련 공격에 대해 생각할 수 있는 중대한 계기를 제공할 것이며, 소련군 부대에 경계 강화 지시가 내려져야 한다"라는 자기 생각을 첨부하여 스탈린에게 보고한 것으로 전해졌다. 그런데 이보다 3개

23) 리처드 오버리 지음, 류한수 옮김, 앞의 책. pp. 83-83.

월 앞선 3월에 미국 국무부 차관 섬너 웰스(Sumner Welles)가 독일의 소련에 대한 공격과 관련된 공식문서를 워싱턴 주재 소련 대사에게 보냈는데, 그 문서의 원본은 다음과 같은 내용을 담고 있었다.

"미합중국 정부는 세계정세의 전개를 평가하려고 노력하던 차에 소련 연방을 공격하는 것이 독일의 의도임을 분명히 알려주는 정보를 입수하게 되었으며, 미합중국 정부는 이 정보의 근거가 확실하다고 간주하는 바입니다."

이에 대해 소련 외무상 몰로토프는 미국이 독일의 소련 침공계획에 관한 증거를 가지고 있다는 사실을 주미 독일 대사에게 알리도록 주미 소련 대사에게 지시했다. 스탈린은 영국 및 미국 측의 이러한 정보제공 행위가 소련을 독일과의 전쟁에 끌어들이려는 영국과 미국의 계략으로 보았으며, 한편으로는 소련이 독일의 침공계획을 다 알고 있다고 독일에 경고함으로써 독일의 소련에 대한 공격을 주저하게 만들려는 의도로 보여진다.

한편, 도쿄 주재 독일 언론사의 지사장이면서 소련의 첩보원인 조르게(Richard Sorge)는 독일 대사와의 친분을 이용하여 입수한 첩보로 독일군의 공격이 6월 22일이라는 것까지 보고했다. 이외에도 스위스에서 활동하는 첩보원 푸트(Alexander Foote)와 다른 조직망으로부터도 신빙성 있는 첩보가 쌓여갔다. 그러한 상황에서 6월 13일에는 마지막으로 영국에서 확실한 증거를 가지고 군사 사절단이 모스크바를 방문하겠다는 제안을 해왔다. 그리고 6월 16일이 되자 모스크바 주재 독일대사관이 필수 인원을 제외한 인력을 본국으로 돌려보냈으며, 6월 21일에는 소련이 지배하는 항구에 독일 상선이 한 척도 정박하지 않고 떠나게 되는 상황이 발생하였다. 이와 함께 국경에서는 소련군 복장으로 위장한 독일 정찰대의 활동이 포착되었고, 독일군의 지원을 받는 우크라이나의 게릴라들이 활동하면서 독일군에게 첩보를 건네주었다. 이렇듯 많은 확실한 정보에도 불구하고, 스탈린은 영국이 소련을 독일과의 전쟁으로 끌어들여 자신들의 곤경을 모면하려는 서방측의 음모에서 나온 산물이라는 자기 믿음과 바람에서 벗어나지 못했다.

한편, 독일은 기만 방책을 사용하여 소련의 이목을 흐리게 했는데, 영국과의 전쟁을 위해 영국 공군의 작전반경을 벗어난 공군기지가 필요하여 동부지역에 공군기지를 건설한다느니, 지브롤터와 스웨덴에 대한 영국의 공격이 임박했다느니 하여 소련의 경계심을 이완시켰다. 스탈린의 완강한 유화정책과 소망 때문에, 소련군 예하 사령관들은 생생한 정보를 접할 수가 없어 예방조치를 취하지 못했다.

키예프 관구 사령관 키르포노스는 독일군의 침공을 예상하고 독자적으로 병력을 국경에 배치했는데, 이는 내무인민위원회(NKVD)의 총수 베리야(Beriia)에게 보고되어 도발 행위로 간주되는 병력 배치를 취소하라는 명령을 받았다. 그 이후에도 배치를 시도했으나 “전쟁은 일어나지 않는다.”라는 단정적인 지시를 받았다. 이때는 이미 독일군은 180개 사단으로 편성된 400만 명에 가까운 육군이 항공기 2,000대, 전차 3,350대, 야포 7,200문을 대동하고 국경지대에 배치 완료했으며, 추가로 루마니아군 14개 사단, 스페인 의용군 1개 사단, 이탈리아군, 핀란드군, 헝가리군, 슬로바키아군이 가세했다. 국경지대에서 이러한 낌새를 알아차린 소련의 전방 지휘관들이 행동 지침을 상부에 요청하면 돌아오는 대답은 언제나 “허둥대지 마라. 진정하라. 지도자께서 다 알고 계신다.”라는 것이었다.

개전 전날 밤에 티모셴코 국방장관과 주코프 참모총장이 스탈린에게 “귀순자 1명이 발생하여 내일 새벽 4시에 공세가 시작될 것이라고 진술했으며, 독일이 소련에서 국외로 통하는 전화선을 모두 절단했다.”라고 보고하자, 이때도 스탈린은 경계 명령을 내리기에는 시기상조라고 말하면서 “어쩌면 문제가 아직도 평화적으로 해결될 수 있을지 몰라. 분규를 피하려면 국경 지역 부대는 어떤 도발에도 자극받아서는 안 되네.”라고 말했다.[24] 완강하게 물러서지 않고 주코프는 방어준비태세 지령 문서를 내밀었으며 스탈린은 마지못해 문구를 수정하여 사인했다. 그러나 그 문서도 당일 밤에 하달되지 못하고 너무 늦게 하달되어 레닌그라드, 발트해, 서부, 키예프, 오데사 관구들의 방어시설에 병력이 배치되기도 전에 독일군의 공격이 덮쳐들었다.

그렇다면 왜 그렇게 스탈린은 그토록 눈이 멀었을까? 세계 최대의 첩보망을 가진 소련에서 입수된 수많은 첩보를 무시한 이유는 무엇이었을까? 스탈린은 왜 수많은 정치인 중에 가장 교활한 히틀러를 믿었는지에 관해 정확하게 답할 사람은 아무도 없다. 스탈린은 선천적으로 타인을 의심하는 사람이었다. 그러면서도 나름대로 합리적인 판단을 한 것으로 보여지는데, 스탈린의 입장에서는 아무리 히틀러라고 하더라도 독일이 수 천km의 국경선을 가진 소련을 침공할 경우, 동서 양면 전쟁을 치를 여력이 없으리라는 생각과 전쟁하기에 적합한 날씨가 얼마 남지 않은 6월 말에 침공하는 것이 무리일 것이라는 판단이 작용했었을 것으로 보인다.

제4절 소련군의 방어 태세

개전 당시 소련군은 지나치게 전방 위주로 배치되어 있었다. 폴란드 동부를 합병하기 전의 방어선이었던 [스탈린 선]에서 훨씬 더 앞으로 나와 1939년에 획득한 폴란드 영토상

24) 존 키건 지음, 류한수 옮김, 앞의 책. p. 274.

의 독소 국경선에 따라 주 방어선을 배치함에 따라, 실질 방어를 위한 진지는 부실했고, 전방까지의 보급을 위한 자국의 철도 시스템과도 연결이 거의 되어있지 않은 상태였다. 폴란드 점령지역에 투입된 군대는 적대적인 주민들 가운데 배치되어 보이지 않는 어려움에 직면해 있었고, 전선 사령부는 전방 지역에 지휘소마저 설치하지 못한 상태에 놓여 있었다.

1939년 12월 핀란드 침공 이후 무능한 보로실로프가 실각하고 티모셴코가 장관에, 1940년 12월 주코프가 참모총장으로 임명되었는데, 전쟁을 앞두고 그나마 올바른 고위층 인사를 임명하여 비록 늦었지만, 전쟁 준비는 제 궤도를 찾아가기 시작했다. 그러나 소련군은 옛날 프레데릭 대왕의 금언인 "모든 곳을 다 지키려고 하는 것은 아무 곳도 지키려하지 않는 것과 같다."라는 말에서 지적된 나쁜 의미에 정확히 부합하리만큼 전선의 전 지역에 걸쳐 전력을 얇게 배치했다. 지나치게 국경 지역에 편중된 부대 배치는, 압도적인 힘으로 몇 군데의 돌파구를 형성하여 쇄도하려는 독일군의 전격전 전술에 가장 취약한 상황에 놓여 있었다.

독일군이 훤히 바라볼 수 있는 국경선에서 소련군의 공병들이 요새를 건설하는가 하면, 과거의 주저항선이었던 스탈린 선은 거의 폐기되어 일부는 창고로 쓰였다. 새로운 요새에는 각종 화포와 통신시설, 지뢰지대와 위장시설이 부족했는데, 전방에 설치된 요새 2,300개 중에 중포가 배치된 곳은 겨우 1,000개 이하에 불과할 정도였다. 이러한 전선 상황 속에서 1941년 4월 전방을 시찰한 주코프는 스탈린 선을 방치해서는 안 된다고 주장하여, 국방위원인 샤포시니코프의 지지를 받았다. 그러나 스탈린은 스탈린 선에 종심방어를 위한 전력을 배치해야 한다는 건의를 거부했는데, 그 이유는 새롭게 획득한 폴란드 지역 영토를 반드시 확보해야 하며, 그러기 위해서는 전방에 더 많은 병력을 배치해야 하기 때문이라고 했다. 그러다가 스탈린은 독일의 공격이 임박한 6월에야 마지못해 방어 전력의 30%를 스탈린 선에 배치하도록 허용했다.

소련군은 독일군의 공격이 북, 중, 남의 3개 방면이 될 것으로 판단하여 방어계획을 3개 지역으로 구분하였다. 북부지역은 보로실로프(Voroshilov) 원수가 32개 사단을 지휘하는 서북전선군(North-West Front)을 배치하고, 중앙에는 티모셴코(Timoshenko) 원수가 47개 사단을 지휘하는 서부전선군(West-Front)을 배치하였으며, 남부에는 부데니(Budenny) 원수가 69개 사단을 지휘하는 서남전선군(South-West Front)을 배치하였다. 스탈린은 만약 독일군이 공격한다면, 주공이 우크라이나와 캅카스 지역의 공업, 농업, 석유 자원이 풍부한 남부로 지향할 것이라고 주장하면서 남부지역에 보다 많은 전력을 배치하였다.

더욱이 붉은 군대는 방어전략이나 훈련도 매우 부족한 상태였다. 그뿐만 아니라 독일군의 전격전에 대응하는 방법은 독일군이 공세를 취하는 것처럼 소련군 또한 공세를 취하는 것이 최선이라고 믿고 종심방어에 대비하는데 무관심했으며, 전쟁이 발발할 경우 독일군이 독일의 동부지역인 프로이센으로부터 진출할 것으로 예상하고 병력을 배치하였다. 스탈린은 1941년 5월에 "붉은 군대는 현대 군이며, 현대 군은 공격군"이라고 언급했다. 또한 그는 방어는 혁명 국가가 받아들일 수 없는 선택이며, 군사적으로도 바람직한 선택이 아님을 여러 차례 언급했다. 그러나 소련군은 초기 전투에서 공격은 커녕 방어에서도 지리멸렬한 상태를 벗어나지 못하여 전장에 대한 상황 파악이 전혀 안 되고 있었다.

소련군의 사단 편제는 독일의 사단 편제가 1만 5천 명 수준으로 완전히 편제되어 있었던데 반해, 여전히 8천 명 수준으로 매우 저조한 상태였다. 기계화 부대들은 투하쳅스키를 비롯한 군부 숙청 직후에 여단급 이상을 해체하였으나, 핀란드와의 전쟁 이후 경험에 따라 2개 기갑사단과 1개 차량화 사단을 합친 기갑군단을 창설하였는데, 개전 당시 50개의 기갑사단과 25개의 차량화 사단을 보유하여 수적으로는 독일군보다 많았지만, 이를 집중적으로 운용하기보다는 분산 배치함으로써 프랑스 전역에서 연합군이 저지른 실수를 반복하는 우를 범하였다. 심지어 기갑군단 내 사단 간의 이격거리도 100km 이상 떨어진 경우가 많았다.

이외에도 소련군의 상황을 파악하기 위해서는 다음과 같은 몇 가지의 중요한 특이점을 이해할 필요가 있었다.

첫째는 정치위원(Commissar) 제도이다. 군내의 정치위원제도는 원래 트로츠키가 '붉은 군대'를 창설할 때 제정러시아의 군대를 감시·감독하기 위해 만든 것으로써, 오늘날에도 공산권 국가의 군대에 유지되고 있는 특징이 되고 있는데, 군대 내에서 가장 중요한 결정은 이들을 통하지 않으면 안 되게 되어있어, 지휘권을 중시했던 프룬제나 투하쳅스키, 주코프는 이러한 정치위원 제도가 군대의 독자성을 해친다고 공개적으로 반대했었다. 정치위원들을 의식한 지휘관들이 작전에 대한 책임을 지지 않으려는 행태가 나타나 비효율적이기도 했으나, 한편으로는 정치위원의 엄격한 감시에 따라 전투의지를 고양하는 효과도 적지 않았다.

둘째는 빨치산 조직이다. 사실상 이들 빨치산 조직의 뿌리는 몽골의 후예인 기병대에서 찾아볼 수 있는데, 이들 빨치산 부대들은 몽골 기병대의 피를 이어받았다고 볼 수 있었다. 1812년 나폴레옹의 군대를 눈 속에서 추격하고 괴롭힌 경험이 있는 강인한 그들은 독일이 점령한 지역의 후방에서, 특히 독일군의 활동이 어려운 프리펫트 늪지대에서 독일군을 괴롭혔다. 그들의 특징은 정규군과 긴밀한 협동작전을 전개했다는 점으로서, 소련군의 고급사령부에는 빨치산과의 협조를 전담하는 지역 참모까지 편성되어 있었으며, 활동을 위한 교범도 구비하고 있었다. 그들의 규모는 여단급까지 편성되어 사실상 준 정규군의 역할을 수행했는데, 지역 정세에 밝은데다가 정규군에 비해 값싼 전투력을 운용할 수 있어서 실제로 매우 효율적이었다. 어쩌면 모택동의 배합 전술은 이를 본받았을 것으로 판단되며, 김일성의 배합전도 이를 모체로 발전된 것으로 여겨진다.

셋째는 부대 편제이다. 독일을 비롯한 서방에서는 대규모 육군의 경우 '집단군-군-군단 체계'로 군대가 편성되어 있으나, 소련에서는 특이하게 서방의 집단군 규모와 유사한 전선군(Front)이라는 편제를 사용했으며, 공격이나 방어 등 작전 형태에 따라 군단이나 사단, 여단, 연대를 편의에 따라 편조 내지는 폐지 및 창설하여 비교적 융통성 있게 운용하였다. 이러한 군대 편제는 포병, 공병, 기갑이나 공군에 대해서도 마찬가지였다. 소련군에는 이에 따라 돌격 포병사단, 강습 공병여단, 화염방사 탱크연대 등의 특이한 부대도 존재했다.

제 3 장
독소전쟁의 전개

제1절 초기 전투

1941년 6월 22일 새벽 3시에 독일군은 107개 보병사단, 19개 기갑사단, 18개 차량화사단의 300만 명과 3,350대의 전차, 7,200문의 중포, 2,770대의 항공기를 동원하여 소련군을 향해 진군했다. 첫 번째의 공격은 독일의 전투기들이 대부분 비행장에 계류 중인 소련 공군기를 무자비하게 공격하여, 오전에 1,200대를 파괴함으로써 전선 지역의 제공권을 장악했다.

소련의 지형은 광대하기는 했지만, 프리펫트 늪지대를 제외하면 공격부대에 심각한 영향을 주는 자연장애물은 없었다. 물론, 드비나(Dvina)강과 드네프르강을 비롯한 대여섯 개의 강이 가로지르고 있었지만, 공세를 주도하는 부대에 대해 하천은 그다지 큰 영향을 주지 않았다. 이는 독일군이 프랑스 침공 시에 뫼즈강을 건너면서 경험을 쌓아 도하작전에 이미 숙달되었으며, 완전히 공중 우세를 달성한 부대에 저항이 거의 없는 강을 도하 하는 것은 그리 어려운 일이 아니었다. 게다가 맹렬한 공격을 위해 건기를 택했고, 소련군이 대부분 병력을 최전방 지역에 넓고 얕게 배치하고 있는 데다가, 스탈린의 안이한 대비 태세로 인해 완벽한 기습을 달성할 수 있었다.

국경 후방의 요새지대인 스탈린 선도, 역시 얇고 넓게 배치되어 있어 독일군에게 타격을 가할 수는 없었다. 독일군은 아주 얇은 방어선을 살짝 뚫고 들어가도 적의 주력을 전선에서 기갑부대 아가리에 넣을 수 있었으며, 후속하는 보병들은 느긋하게 소련군을 섬멸할 수 있었다. 비록 소련군이 후퇴를 모르고 탄약이 바닥날 때까지 용감하게 싸우고 있었지만, 거대한 물결처럼 밀려오는 독일군을 정지시킬 수는 없었다. 지역별로 보면 레에프 원수가 지휘하는 북부집단군은 소련군의 저항과 울창한 삼림지대, 그리고 늪지대 등의 어려움을 무릅쓰고, 계획대로 발트 3국을 점령하면서 진격하였다. 이 진격로는 튜턴 기사단과 한자동맹 상인들이 지난 500년간 게르만 화했던 발트해 연안으로, 구데리안과 만슈타인의 고향이기도 했다.

북부집단군은 초기에 소련군의 제3, 제12 기계화군단과 격돌하여 T-34와 KV 전차에 일시 고전했으나, 탄약, 연료의 부족과 부대 간 협조 실패로 전투력을 완전히 발휘하지 못하는 붉은 군대를 뒤로하고, 비교적 계획대로 전진하여 소련군 15개 사단을 격파한 다음, 8월 말에 레닌그라드를 고립시키는 데 성공했다. 제56기계화군단을 지휘한 만슈타인 장군은 하루에 평균 50km를 진군하면서 5일 만에 레닌그라드까지의 거리를 절반으로 줄이는가 하면, 드비나강의 교두보를 점령하기까지 했다. 훗날 만슈타인은 "이러한 맹렬한 질주는 탱크부대를 이끄는 사령관의 숙원이나 다름없었다."라고 함으로써, 그 당시의 심정을 글로 남겼다.

이후로 장장 30개월 동안 레닌그라드의 점령을 놓고 독일군과 소련군은 사투를 벌이게 되었다. 모스크바를 향하는 보크 원수의 중부집단군은 2, 3기갑집단을 할당받아 가장 강력했던 탓에 넓고 얇게 포진된 소련군을 뚫고 신속하게 전진하여 프랑스와의 전쟁 당시보다 훨씬 숙달된 전격전을 펼쳐나갔다. 그리고 이에 맞서는 소련군은 파블로프(D, G, Pablov)가 지휘하는 서부전선군이었다. 그의 부대는 규모 면에서 3개 군, 12개 기갑사단, 6개 기계화보병사단, 2개 기병사단, 35개 보병사단으로 보크의 전력보다 컸지만, 초기에 완벽하게 기습을 당한 데다 훈련 부족과 지휘통신의 미비로 전투력을 제대로 발휘하기에는 상당히 미비했다.

독일군의 기습에 소련군은 초기부터 괴멸적인 타격을 입었지만, 몇몇 부대는 강인하고 용감하게 전투를 치러냈다. 중부집단군이 전진하는 축선에 있는 지금의 벨라루스의 브레스트-리토프스크(Brest Litovsk) 요새는 18세기 이래 건설된 국경의 견고한 요새로 바실리 포포프(Vasillii Popov) 장군이 지휘하는 제28소총군단이 방어하고 있었는데, 개전 첫날부터 고립되고 말았다. 독일 공수 특공대 브란덴부르거(Brandenburger)가 소련군으로 위장하고 전쟁 발발 직전에 공중과 육로로 침투하여 모든 전화선을 절단해버려, 포포프는 인접 부대는 물론, 상급 부대와의 연락이 완전 두절된 상태에서도 영웅적인 사투를 벌여 7월 20일까지 거의 한 달간을 버텨냈다.

비록 제28소총군단 병사들의 뛰어난 희생이 전체 전쟁 상황에는 크게 기여하지 못했지만, 그래도 이들의 치열한 저항은 중부집단군의 보크 원수에게 일말의 두려움을 가져다주었다. 사실 독일군 사령관들이 간과한 실수 중의 하나는 '이반(Ivan)', 즉 '평범한 소련 병사'를 과소평가했다는 점이었다. 다른 병사들 같으면 벌써 항복했을 상황인데도, 이들 소련군의 이반들은 끝까지 저항했던 것이다.

여기서 군사학자들은 흔히 계급별로 세계 최강의 병사는 러시아, 부사관은 일본, 장교는 독일, 장군은 미국이라고 말하고 있는 것이 결코 빈말은 아닌 듯하다. 심지어 "러시아 병사들에게 '우향우'한 다음, '앞으로 가'라고 명령하면 북극까지도 군말 없이 걸어간다."라는 조크가 있음은 결코 우연이 아니라고 보여 진다.

보크는 브레스트-리토프스크 요새의 분투가 퇴각하는 소련군의 주력을 엄호하기 위한 것으로 생각하여, 단계적인 포위 작전을 포기하고 적의 주력을 차단하기 위해 단숨에 스몰렌스크까지 진군해야 한다고 최고사령부에 제안했다. 그러나 참모총장 할더는 허락하지 않았는데, 그 이유는 후방에 남겨진 소련군이 프리펫트 늪지대로 도망쳐 들어가 후속하는 독일군 부대를 괴롭힐 수 있으므로, 뒤에 남겨진 소련군을 반드시 섬멸한 후에 전진해야 한다고 생각했기 때문이다. 그러나 보크는 전면에 대치하는 적을 전선에서 400km 떨어진 벨라루스의 수도 민스크 동쪽에서 포위망을 형성하여 섬멸해야 한다고 생각했다.

브레스트-리토프스크 요새의 항전과는 별도로, 이미 구데리안과 호트의 제2, 3기갑집단은 요새의 저항 세력을 뒤에 남겨둔 채 이미 저 멀리 동쪽으로 진군하여 휘젓고 있었다. 이에 맞서 서부전선군의 파블로프는 모든 예비대를 전방으로 진출시켜 공격적인 방어를 하도록 명령하였는데, 이는 적정을 전혀 알지 못하는 가운데 기존의 계획을 시행한 것으로 적이 의도하는 함정에 스스로 빠져드는 조치였다.

독일군은 이미 6월 25일까지 벌써 세 번째 포위전을 구사하고 있었다. 처음이 브레스트-리토프스크이고 두 번째가 비알리스톡(Bialistok) 돌출부이며 세 번째가 볼코빅스크(Volkovysk)에서였다. 이 과정에서 소련군 12개 사단이 포위되었다. 파블로프의 서부전선군 3개 군과 증원된 1개 군도 적의 집게발에 완전히 포위되었다. 통신망이 대부분 마비되어 전장 상황을 파악하지 못해 스탈린은 3일 후에야 독일의 방송을 통해 알게 되었으며, 간신히 포위망을 탈출한 파블로프를 그의 참모들과 함께 군법회의를 거쳐 총살해 버렸다.

독일군은 여기까지 포로 29만 명, 탱크 2,500대, 포 1,400문을 노획했다. 6월 29일에는 네 번째 포위가 민스크 주위에서 진행되어 다시 15개 사단이 솥에 가두어졌다. 이때 후속하는 보병부대들은 선봉 기갑부대보다 200마일 후방에서 열심히 전진하고 있었다. 가능한 한 신속히 포위된 소련군을 정리할 필요성 때문에 보크는 미처 도착하지 못한 보병부대 대신에 귀중한 기갑부대와 차량화부대를 근접전투에 투입해야 했다. 8월 5일 포위망 안의 저항이 완전히 끝날 시점에 스몰렌스크 일대에서 독일군은 또다시 소련군 포로 31만, 탱크 3,200대, 포 3,100문을 노획했다.

중부 집단군은 개전 이후 18일 동안에 400마일을 진격하는 경이적인 공격력을 발휘했으며, 이 지역의 소련군은 지리멸렬하여 모스크바로 통하는 통로가 사실상 개방되었다. 8월 8일이 되면 중부집단군은 모스크바에 이르는 1,200km의 2/3를 주파했다. 그러나 이 과정에서 소련군의 저항도 만만치 않았다. 국방 인민 위원장 티모셴코는 지나치게 전방으로 돌출된 독일군 선봉 부대의 측면을 공격하여 주목할 만한 피해를 강요했다. 비록 구식 소총에 탱크가 없는 기마병으로 구성된 보병부대로 공격하여 무려 5만 명의 희생을 입었지만, 독일군의 전진을 상당 기간 저지하고 재편성을 강요했다. 참모총장 주코프 역시 스몰렌스크 남서쪽 80마일 지점에서 독일군에게 국지적 패배를 안겨주었다. 9월 6일에는 완전 폐허가 된 스몰렌스크를 일시 탈환하기도 했으나, 전력이 공세 종말점에 달해 포기해야 했다.

오늘날의 연구자들은 7월 10일부터 9월 10일 사이에 스몰렌스크에 투입된 소련군 58만 명 가운데 83.6%에 해당하는 48만 명이 전사, 또는 부상, 포로가 되는 등 막대한 피해를 보았다는 데 동의하고 있다. 막중한 피해에도 불구하고 소련군의 저항은 더욱 격렬해지고, 그에 따라 독일군의 피해도 늘어만 갔다. 인적 피해뿐 만 아니라 전선을 달려온 기동장비의 절반 이상이 고장이 났고, 마차와 야포의 운반수단인 군마의 피로와 손실도 그에 못지않았다.

독일의 중부 집단군도 이 시점에서 재편성해야만 했다. 장비의 보충, 정비, 병력과 물자의 재보급, 그리고 휴식이 절대 필요했다. 사실 후속하는 보병들은 뙤약볕 아래에서 병사 개인당 25kg의 식량, 탄약, 장비를 지고 하루에 15마일 꼴로 560마일을 행군했었다. 이는 1차 대전 당시 프랑스 전선의 가장 우익에서 파리를 우회하기 위해 폰 클룩(von Kluck)이 이끌었던 제1군의 행군 속도와 거리를 능가했는데, 이는 오로지 전방의 기갑부대가 전쟁에서 승리하고 있는 것을 알고 있었으므로 발이 온통 부르터도 버텨 낸 것이다.

반면 남부집단군은 진격이 순조롭지 못했다. 룬트슈테트 원수 휘하의 남부집단군은 전혀 이질적인 2개의 집단으로 이루어졌다. 하나는 전통적인 정예 독일군의 제1기갑집단과 3개의 보병군으로 이루어진 집단이 우크라이나의 수도이자 러시아 문명의 기초인 키예프를 향하고 있었으며, 다른 하나는 독일군이 키예프를 향해 진격하는 동안 남쪽에서 드네스트르강과 부그강을 건너 흑해 연안의 오데사를 점령하려는 다소 열등한 헝가리, 루마니아의 연합군 집단이었다. 남쪽의 독일 연합군 집단은 전쟁의 열의나 장비, 훈련 면에서 뒤떨어지고, 소극적이었다.

룬트슈테트는 초기 국경선 전투를 어렵지 않게 수행하고 키르포노스 상장이 지휘하는 키예프 군관구 군과 부딪쳤다. 스탈린 휘하의 가장 뛰어난 지휘관 가운데 한 명인 키르포노스는 휘하에 장차 소련 공산당 서기장인 흐루쇼프(Nikita Khrushchev)를 정치지도위원으로 두고, 또 하나의 걸출한 지휘관인 로코소프스키를 기갑부대 지휘관으로 거느렸다. 로코소프스키는 숙청 기간에 사형수로 감옥에 갇혀 있다가 핀란드와의 전쟁에서 소련군이 뜨거운 맛을 본 후에 능력 있는 장교를 발탁하는 과정에서 사형수 신분 상태로 현역에 복귀한 특이한 장군으로서, 전후에 영웅의 한 사람이 된다.

남서부전선군은 스탈린이 독일군의 주공 방향이 남부일 것으로 판단하여 가장 강한 전력을 배치하고 있는 지역이기도 했다. 키예프 군관구 사령관 키르포노스 상장은 소련의 장군 중에서 가장 야전적이고 독립적인 투사형 지휘관으로서 6월 초순에 독일군의 공격징후를 포착하고 독자적으로 예하 부대 일부를 국경의 방어진지에 배치하였다. 그런데 이를 현지에 배치된 내무인민위원회(NKVD) 요원이 총수인 베리야에게 보고하게 되었고, 베리야의 보고를 통해 이를 알게 된 스탈린은 키르포노스의 이와 같은 전력의 전진 배치가 독일을 자극하는 행위라고 보고, 배치된 전력을 즉시 철수시키라는 지시를 하달하였다. 그러나 키르포노스가 6월 중순에 다시 병력을 배치하려 하자 "전쟁은 일어나지 않는다."라는 단정적인 지시를 받았다. 마치 달리려고 하는 말에 계속 재갈을 물린 것처럼 계속하여 능력 발휘를 제한시켜 버렸다. 그렇지만 그만큼 감각이 뛰어난 지휘관으로서 그는 다른 지역보다는 전쟁 준비에 앞서 적의 전진에 따른 방어 수칙을 정하여 단계별로 부대를 움직이도록 조치하고 있었다.

키르포노스의 남서집단군은 전력 면에서도 적의 주공 방향이 키예프일 것이라는 스탈린의 판단에 따라 할당된 6개 기계화군단을 보유하고 있었고, T-34 전차의 보유 비율도 높아 독일의 제1기갑집단에 맞서 싸울만한 충분한 전력을 확보하고 있었다. 키르포노스는 독일의 보병 제6군과 제17군, 그리고 제1기갑집단이 국경을 박차고 나오자, 맨 선두에서 전진하는 제1기갑군을 그에 후속하는 보병과 차단시키기 위한 반격을 시도하였다. 그러나 통신장비의 부족과 훈련의 미비로 반격을 시도할 부대 집결이 지연되거나 차질을 빚게 됨으로써 독일군의 측방을 공격하기 위한 전력을 축차적으로 투입할 수밖에 없었고, 따라서 반격의 효과는 그만큼 제한적일 수밖에 없었다. 그렇더라도 독일군이 추구하는 '쐐기와 솥' 전투를 위한 집게발을 닫아걸지는 못하도록 저항할 수 있었다.

이러한 소련군의 강력한 저항에도 불구하고, 클라이스트의 제1기갑군은 완강한 적의 저항을 우세한 항공력의 도움으로 헤쳐 나가며 6월 30일 르부프(Lwow)를 장악했다. 르부프의 방어 사령관은 블라소프(A, A Vlasov) 장군이었는데, 가까스로 독일군의 포위망에서 벗어날 수 있었다. 그는 이듬해 레닌그라드 근처에서 독일군에게 포로로 잡힌 후 전향하여 소련에 대항하는 반 스탈린 '블라소프군'을 조직하여 독일군을 위해 싸우게 된다. 이는 아마도 르부프 전투에서 패배한 다음 내무인민위원회(NKVD)가 정치범이나 후퇴하는 자들을 수용하기보다는, 학살하는 장면을 보고 그의 충성심이 변했을 것이라고 보인다. 소련의 제5군은 비록 패배하기는 했지만 후퇴한 것이 아니라 비교적 질서 있게 프리펫트 습지로 들어갈 수 있었다.

개전 이후 두 달 동안 중부집단군은 800km나 진격하면서 많은 포로를 비롯한 전과가 많았음에 비해, 남부집단군은 640km를 진격하였지만, 포로는 거의 없었다. 그러나 7월 중순 이후 남부집단군의 3개 기갑군단 가운데 2개 군단이 소련군 3개 군을 포위하면서 점차 전과가 확대되기 시작했다. 여기에 제11군과 제17군의 지원으로 8월 2일 우만(Uman)에서 포위망이 완성되어 6일 후에 소련군 10만 3,000명이 항복했다. 소련 남부전선군의 잔여 부대가 드네프르강을 건너 철수하자 흑해 연안의 오데사 요새는 고립되었다.

7월 중순이 되자, 독일군 각 전선의 선봉 부대는 정확하게 계획된 지점에 도달하여 이미 심각해진 보급품의 부족분을 보충하기 위해 전진을 중단해야 했는데, 이제까지는 비교적 순조롭던 전진이 점차 어려워지는 것을 지도부는 감지하고 있었다. 이때 부대의 진출선은 북부집단군이 레닌그라드 전방에 바짝 다가섰고, 중부집단군은 스몰렌스크에서 대규모 포위망을 형성하여 소탕전에 성공해 가고 있었다. 그러나 남부집단군은 우만에서 3개 군을 포위하고, 오데사를 포위했지만, 소련군의 남부전선군 사령관 키르포노스의 선전에 말려 8월 말까지도 키예프를 함락시키지 못하고 있었다.

오래지 않아 최고사령부의 근거가 희박했던 '단기전 승리'라는 자신감에 찬물을 끼얹는 사태가 나타나기 시작했다. 8월 6일 독일군 최고사령부는 '동부전선 전역 이후 전쟁의 지속에 대한 간략한 전략적 개요'를 작성했는데, 거기에서 독일군은 1941년 말까지 작전의 목표인 캅카스 유전지대로부터 볼가강을 거슬러 올라가 아르한겔스크에 이르는 선에 도달하지 못할 것이며, 이러한 사실을 전쟁지도부가 알고 있어야 한다고 경고했다.[25] 그리고 이러한 상황과 관련하여, 참모총장 할더는 8월 11일자 자신의 일기에서 아래와 같이 기술하였다.

"전반적인 상황이 우리가 거대한 소련을 과소평가했다는 사실이 점점 분명해지고 있으며, 그들도 전체주의 국가의 부도덕성을 유감없이 발휘하고 있다. 이는 전쟁을 조직하는 측면이나 경제력, 그리고 무엇보다도 순수한 군사적 효율성에 대해서도 그렇다. 전쟁을 시작할 때 우리는 적이 200개 사단을 보유하고 있다고 계산했으나, 지금 우리는 360개까지 파악했다. 이 사단들은 우리가 생각하는 수준의 무장을 갖추지는 않았고, 전술적으로 아주 부적절한 지휘를 받고 있다. 하지만 그들은 존재한다. 그리고 우리가 12개 사단을 전멸시키면 소련은 그 자리에 새로운 12개 사단을 투입한다. 적은 자신들의 자원에 가까이 있고, 우리는 엄청나게 늘어난 전선에 흩어지게 되어 종심이 얕아져 적의 끊임없는 반격에 시달리고 있다."[26]

---

25) 제프리 메가기 지음, 김홍래 옮김, 『히틀러 최고사령부. 1933-1945』(서울 : 플래닛 미디어. 2009), p. 280.
26) 데이비드 M, 글랜츠·조너선 M, 하우스 지음, 권도승. 남창우 옮김, 『독소전쟁사』(서울 : 열린책들. 2009), p. 109.

이때 이후로 전쟁의 진행이 예상과 달리, 점차 혼미한 상황으로 빠지기 시작하면서 독일군의 전쟁지도부는 파열음을 내며 급격히 흔들리기 시작했다. 전쟁 개시 이전에 완전히 해결하지 못하고 미봉책으로 얼버무렸던 주공의 방향을 두고 히틀러와 군 지휘관들과의 사이에 심각한 이견을 보이면서 혼란의 양상을 보인 것과 후속 군수지원의 어려움으로 인한 차후 작전에 차질이 어둡게 모습을 드러낸 것이다.

제2절 소련의 전쟁지도부와 방어 태세 재편

독일군의 기습 공격에 누구보다도 놀란 사람은 스탈린이었다. 수많은 공격징후에도 끝까지 현실을 직시하기를 거부하면서 독일을 자극하지 않기 위해 노력했기 때문에 사실상 무방비 상태에서 기습을 자초했기 때문이다. 6월 21일 저녁, 국방 인민위원 티모셴코와 참모총장 주코프가 스탈린에게 내일 아침 4시에 공세가 시작되리라는 독일 귀순 병사의 진술과 통신망이 두절된 사실을 보고하며 방어 준비명령을 하달하도록 요구하자, 스탈린은 이때까지도 경계 명령을 내리기에는 너무 이르다고 하면서, "어쩌면 문제를 아직도 평화적으로 해결할 수 있을지 몰라. 분규를 피하려면 국경 지역 부대는 어떤 도발에도 자극받아서는 안 되네"라고 말했다. 이에 주코프가 물러나지 않고 계속 방어 준비명령 초안을 들이밀자, 마지못해 문구를 수정한 뒤에 서명했다.

그러나 그 명령은 밤에 예하 부대에 하달되지도, 위험을 경고하지도 못했다. 또한 통신망의 불비로 명령이 도착해도 너무 늦었기 때문에 모든 전방부대가 방어진지에 투입되기도 전에 독일군의 공격이 폭풍처럼 덮쳤다. 대표적인 예로 앞에서도 기술한 바와 같이 소련 공군은 당일에 전방 전력의 1/4인 1,200대의 항공기가 활주로를 이륙하기도 전에 대부분 상실했다.

20여 일이 지나 전격전의 충격에 어느 정도 적응이 된 스탈린은 기존의 전쟁지도 기구가 현실에 전혀 맞지 않는다는 점을 깨닫고, 7월 10일 새롭게 지도부를 개편했다. 이제까지 실질적인 국가수반이면서도 공식 직함이 없었던 스탈린은 정식으로 국가수반에 취임했고, 8월 7일에는 인민위원회가 자신을 최고사령관에 임명하도록 했다. 국가방위위원회를 만들어 스탈린, 보로실로프, 베리야, 몰로토프, 말렌코프를 위원으로 하였으며, 그 산하에 직속으로 스타브카(Stavka ; 참모 본부)를 두어 스탈린, 몰로토프, 보로실로프가 당을 대표하여 참여하고, 티모셴코, 부존늬이, 샤포시니코프, 주코프가 군을 대표하여 들어갔다. 작전부서는 모두 스타브카의 통제하에 일원화되었고, 이로써 스탈린이 전쟁 지휘기구를 모두 장악했다.

이렇듯 자기의 위상을 높이는 행위는 자칫 위험을 불러올 수도 있었다. 전쟁에 패배하면 모든 비난을 받을 수도 있었는데, 너무 암담한 현실이 이러한 위험을 따질 수 없게 만들었다. 소련군은 초기 전투에서의 패배 이유가 완벽한 기습을 당한 것과 훈련 및 장비의 부족에 기인함을 잘 알고 있었지만, 그에 못지않게 지나치게 복잡한 지휘체계에도 있음을 간파하고 신속하게 부대를 개편해 나갔다.

7월 10일에는 공격해 오는 독일의 3개 집단군에 대응하여 보로실로프의 북서부전선군, 티모셴코의 서부전선군, 부존늬이의 남서부전선군이 만들어졌다. 계속하여 1941년 7월 15일에 발령된 스타브카 훈령 1호는 군단급 부대를 없애고 야전군을 5~6개의 보병사단을 주축으로 2~3개의 전차여단, 1~2개의 기병사단, 포병연대로 구성하는 간략화 된 편제로 개편하는 것이었다. 이에 따라 야전군 사령관이 사단을 직접 지휘하여 지휘의 신속성과 기동성이 대폭 강화되었다. 사단급의 구조도 간편화되었는데 사단에 편제되어 있던 대전차, 방공, 기갑, 포병부대를 없앴다. 그에 따라 사단의 편제는 14,500명에서 11,000명으로 간소화되었다.

1941년 말이 되면서 사단이 전투로 인해 전투력이 약화 되면, 다시 보충하여 사단으로 복귀시키는 것이 아니라, 독립여단으로 개편하여 더욱 경량화하였는데, 1942년 초에는 170개의 보병여단이 편성되었다. 경험 있는 지휘관과 전차가 부족한 기계화군단은 해체하여 사단급으로 재편하고, 이를 야전군에 예속시켰다. 1941년 말에는 전차가 너무 부족해서 새로 편성한 기갑부대는 전부 전차여단이었다. 이러한 여단들은 신형전차 50대로 장비되어, 대규모 기갑부대의 개념을 버린 보병과 함께 싸우는 부대로 편성되었다.

초기 전투의 패배로 평균 전력이 심하게 감소함에 따라 더 이상 복잡한 지휘체계를 유지할 필요성 역시 감소하여 지휘 통제는 상대적으로 간편해졌다. 또한 기병 부대를 크게 증강하였는데, 3,447명으로 구성된 기병사단 30개를 신규 편성했다. 1941년 말이 되면 기병사단은 82개로 증가했으나, 높은 손실률로 인해 기병 군단으로 통합되었다. 이런 기병 부대에 대해 독일군은 '구제 불능의 시대착오적 편성'이라고 비웃었는데, 모든 종류의 운송 수단이 부족한 소련군에게는 불가피한 측면이 있었다. 그러나 동계에 기계화부대가 기동 불능 상태에 빠졌을 때, 스키부대를 동반한 기병 부대들은 스탈린과 부죤늬이가 기대했던 장거리 침투와 게릴라전을 성공적으로 수행했다.

소련의 부대 재편성 능력은 독일군의 정보기관을 혼란에 빠뜨리고 판단에 오류를 가져오기도 했다. 그들은 소련군의 격파된 부대를 잡다한 요소를 섞어서 새로운 부대로 창설해 내는 능력을 알지 못했고, 이것도 독일군이 단기전으로 전쟁을 끝내지 못한 하나의 원인이 되었다. 소련군은 오직 필요에 따라 부대를 수시로 개편하는 능력을 보여주었다.

아울러서 전쟁 의지를 고취하기 위한 제도 역시 다음과 같이 새롭게 만들어졌는데, 이를 살펴보면 다음과 같았다.

첫째, 근위부대의 부활이었다. 근위부대는 과거 차르 시대에 특권을 누리며 하얀 장갑을 끼었던 혐오스러운 구체제의 상징이었지만, 스탈린은 독일군에게 맞서 가장 용전분투한 부대(사단, 연대)에 '근위'라는 명칭을 붙이도록 훈령을 내렸다.

둘째, 훈장 제도의 부활이었다. 나폴레옹 전쟁 당시의 명장이었던 쿠투조프(Kutuzov)와 수보로프(Suvorov)훈장이 제정되었다.

셋째, 계급장의 부활이었다. 1917년 혁명으로 견장에서 뜯겼던 계급장이 제정되었다.

넷째, 혁명 이후 비난과 핍박을 받아왔던 동방정교회가 어느 날 복원되어 '어머니 루스(Matsushka Rus)'[27]를 섬기는 성스러운 자리로 자리매김했다. 집단 농장의 제도화와 숙청의 시기에 '어머니 루스'의 자식들을 무자비하게 폭행하며 테러를 가했던 독재자가 갑자기 민족의 어머니를 불러낸 것이다.

다섯째, 한동안 약화하였던 '정치지도위원제도'가 권위를 가지고 등장했다. 모든 부대의 정치위원은 지휘관과 대등하거나 참모장 정도의 권위를 행사하게 되었다. 각 전선군의 정치위원은 장차 미래의 핵심 공산당 지도자로 성장하게 되는데, 북서전선군에 즈다노프(Zhdanov), 서부전선군에 불가닌(Bulganin), 남서전선군에 흐루쇼프(Khrushchyov)가 대표적인 인물이었다.

이에 추가하여 항복하거나 포로가 된 자들은 모두 '조국의 배신자'로 간주하는 포고령이 발령되었다. 그 첫 희생자 중에는 7월 초순에 포로가 된 스탈린 자신의 아들 야코프(Iakov)도 끼어 있었다. 스탈린은 야코프를 독일군 고위 장교와 교환하자는 독일 측의 제의를 거절했는데, 야코프는 1943년 수용소에서 금지구역으로 일부러 걸어 들어가 경비병에게 사살당했다. 야코프의 부인도 체포되어 2년간을 수용소에서 노동 형을 당한 뒤에 풀려났다.

패배한 지휘관들은 모두 우선 처벌받았고, 가족들도 투옥되었다. 그 대표적인 예가 서부집단군사령관 파블로프 장군과 제3전선군, 제4전선군, 제30소총사단, 제60소총사단의 지휘관들이 반역죄로 사형선고를 받았는데, 처벌받은 내용이 전 장병에게 전파되었다. 서부공군관구 사령관 코페츠(Kopets) 소장은 침공당한 첫날 저녁에 자살하여 내무인민위원회(NKVD)의 수고를 덜어주었다. 내무인민위원회(NKVD)는 전선 후방에 위치하여 부대를 이탈하여 후퇴하는 자를 직접 사살했으며, 때로는 기관총으로 위협해서 제자리를 벗어난다는 생각을 아예 하지 못하도록 감시함으로써, 소련군은 탄약이 다 떨어지더라도 포위에서

---

27) 러시아 땅을 어머니에 빗대어 일컫는 표현으로서, '루스'는 러시아를 고풍스럽게 부르는 표현이다.

벗어나기 위해 진지를 이탈하거나 항복하지 않고 끝까지 저항했다. 게다가 독일군이 소련군 포로에 대해 히틀러의 지령에 따라 제멋대로 사살하는 테러를 가하자, 소련군은 안과 밖에서 가하는 위협 때문에 전사하는 것보다 포로가 되는 것을 더욱 두려워했다.

여섯째, 파르티잔 부대의 군사 조직화였다. 소련에서 파르티잔은 장구하고도 자랑스러운 역사를 갖고 있었다. 나폴레옹 전쟁 시에 농민들로 조직된 파르티잔이 프랑스의 대군을 맞아 불굴의 전투력을 보여준 전통이 있었고, 내전기에는 볼셰비키의 편에 서서 혁명을 완성하는 데 앞장섰었다. 내전 이후 효용이 없어진 파르티잔은 소멸했다가 독일의 침공으로 다시 살아난 것이다. 스탈린은 1941년 7월 3일 소련 국민에게 보내는 최초의 호소문에서 전국 각지에서 침략자에 맞선 파르티잔의 투쟁을 촉구했다. 전쟁의 신속한 전개에 따라 수많은 패잔 군인들과 유대인, 공산당원이 독일군의 후방에 남겨졌는데, 이들은 독일군의 접근이 어려운 늪지대나 삼림 속으로 도망쳐 독일군의 후방을 괴롭히기 시작했다.

1941년 후반기에는 중앙에서 파견한 파르티잔 부대가 공중이나 지상으로 독일군의 후방에 침투하여 기존의 세력과 합류했다. 1942년 봄에 스탈린은 파르티잔에 공식조직을 만들고, 정규군과 배합전을 위해 중앙에서 통제할 수 있게 하였다. 파르티잔의 활동은 독일군의 잔학한 보복을 불러왔고, 그들에게 협조하거나 배반한 민간인들은 양편 모두로부터 모진 핍박을 받았다. 특히 전쟁 전에 중앙으로부터 심한 숙청의 대상이 되었던 우크라이나 지역은 파르티잔의 활동에 비협조적이었는데, 이 지역에서는 전쟁을 통하여 우크라이나의 독립을 추구하려는 민족주의적인 성격이 강했기 때문이었다.

어쨌거나 광활한 전선에 빠져든 독일군의 활동은 암울했다. 독일군의 파르티잔에 의한 피해는 늘어갔고, 사기는 저하되었다. 전쟁이 끝날 때까지 대략 1백만 명의 독일군이 파르티잔에 의해 피해를 당한 것으로 추산된다.[28] 스탈린은 개전 이래 240개 사단이 동원되어 180개 사단을 전선에 투입할 수 있었는데, 시간적인 여유가 주어진다면 350개 사단도 만들 수 있는 능력이 있었다.

제3절 주공의 문제 : 모스크바인가? 우크라이나인가?

1941년 8월 초에 이르러 독일군은 중부집단군이 스몰렌스크에 이르는 동안 대략 60만의 포로와 5,700대의 전차, 4,500문의 포를 노획했으며, 남부집단군이 10만 이상의 포로를 획득하는 대승을 거두고 있었다. 그런데도 군의 지도부는 장차 전망이 점차 어두워지

---

28) 리처드 오버리 지음, 류한수 옮김, 『스탈린과 히틀러의 전쟁』(서울 : 지식의 풍경. 2007), p. 210.

는 것을 감지하고 있었다. 게다가 개전 이래 승승장구하던 전황에서는 수면 아래 잠자고 있던 주공의 목표를 두고 상황이 점차 어려워지자 군사지도부와 히틀러의 마찰이 본격화하고 있었다.

히틀러는 겨울이 다가오기 전에 국제적으로 독일이 승리하고 있다는 확신을 심어줄 목표를 찾기 시작했는데, 그 목표는 소련의 공업과 농업의 중심지를 확보하는 한편, 루마니아에 있는 플로이에슈티 유전을 소련 공군의 사정권에서 벗어나도록 하는데 주안점을 두도록 했다. 다시 말해 레닌그라드의 공업지대와 남부 우크라이나 지대를 점령하는 것을 모스크바 점령보다 우선시하는 것이었다. 이에 따라 7월 19일에 총통 훈령 33호("동부전선에서의 추이")는 중부집단군의 전력을 북쪽과 남쪽으로 전환하라고 명령함으로써 모스크바를 향한 전진을 중단시켰다. 즉 호트의 제3기갑집단은 레닌그라드로, 구데리안의 제2기갑집단은 키예프를 향해 진격함으로써 레프와 룬트슈테트에게 협력해야 한다는 것이었다.

이 훈령은 크나큰 논쟁을 일으켰다. 8월 초에 중부집단군은 장차 모스크바로의 진격을 위해 스몰렌스크 근교의 데스나강 남부에서 교두보를 강화하고 있었고, 소련군은 이에 맞서 스몰렌스크 인근의 엘냐 교두보와 그 일대에서 공세를 강화함으로써 격전을 벌이고 있었다. 총사령관 브라우히치와 참모총장 할더, 그리고 기갑전의 대가 구데리안을 포함한 군사 지도자들은 모스크바를 목전에 두고 있어 히틀러의 마음을 돌리도록 노력했으나 히틀러는 완강했다.

구데리안은 이 보다 일찍이 7월 26일 부대를 남쪽으로 전환하여 프리페트 늪지대의 가장자리에서 분투하는 소련의 제5군을 격멸하라는 상부의 명령을 받고 격분했다. 그의 기갑부대는 격렬한 전투를 치르면서 열악한 도로망을 6주 동안에 700km 이상 달려오느라 전력이 50% 정도로 줄어있었지만, 그의 선두 부대는 모스크바에서 불과 220km 정도만 남겨 놓아 가을비가 내리기 전 건기에 모스크바에 도착할 가능성이 큰 상황에서 노력을 분산시키는 명령은 질주하는 황소의 고삐를 잡아채는 것으로 느꼈기 때문이다.

게다가 각각의 기갑집단은 7월 26일부로 기갑군으로 승격하여 이제까지 사이가 좋지 않았던 상관인 제4군사령관 클루게의 통제를 벗어났으므로, 구데리안은 직속상관인 보크에게 명령의 부당함을 항의했다. 보크는 총사령부도 암묵적으로 동의하는데 힘입어 히틀러의 지령을 무산시키는 지연작전을 전개하였다. 지연작전은 기갑부대가 레닌그라드와 모스크바, 키예프로 가기 위해서는 통과해야 하는 분기점인 스몰렌스크 남동쪽 100km 지점에 있는 로슬라브(Roslav) 시를 점령하는 전투에 말려들게 하여 발을 뺄 수 없는 상황을 만드는 것이었다. 이럴 경우 남부집단군을 지원하는 것이 불가능하게 되므로 일정한 시간이 지나면 원래의 목표인 모스크바로 향하게 하는 작전이었다.

구데리안의 위장된 불복종은 거의 성공할 뻔했다. 때마침 스탈린이 민병대와 훈련부대를 급조하여 티모셴코를 사령관으로 로슬라브에 투입함으로써 전황이 치열해져 구데리안의 주장이 타당성을 얻었다. 히틀러도 자기의 지령에 의구심을 품고, 7월 30일 지령 34호를 하달하여 중부집단군의 기갑군을 전용하는 것을 일시 보류하고, 상황을 판난하고자 8월 4일 중부집단군을 방문하려 했다. 한편, 호트의 제3기갑군은 레닌그라드 공격을 위해 레프에게 협조하라는 히틀러의 지령에 순응했다. 그러나 보크와 구데리안은 이에 저항하여 남쪽으로 서서히 내려가면서 주력을 모스크바로 향하는 길목에 잔류시켰다. 이로써 8월 4일부터 24일까지 '19일간의 공백기'가 생겼다. 어쩌면 스탈린에게 패배를 모면시켜주었을 성싶기도 한 19일간의 공백은 모든 전선에서 독일군의 느린 전진뿐 아니라 히틀러의 심경도 수시로 흔들렸다.

8월 7일에는 국방군 최고사령부 작전참모부장 요들과 참모총장 할더가 합의하여 히틀러에게 모스크바로의 진격의 타당성을 설득함으로써 영도자 지령 34A 호가 발령되어 구데리안의 주장이 관철되는 듯 보였다. 그러나 3일 후에 레닌그라드에서 저항이 격화되었다는 보고를 받은 후에 34A 호의 지령은 철회되었다. 그러한 과정에서 히틀러는 국방군 최고사령부의 작전장교 호이징어, 육군총사령부의 브라우히치와 할더, 중부집단군 사령관 보크, 제2기갑군 사령관 구데리안이 계속해서 지연작전을 펴면서 명령을 회피한다는 것을 간파하고 분노했다. 그는 다시 한번 레닌그라드와 우크라이나 방향으로 공격해야 함을 강조하면서 브라우히치에게 '꼭 필요한 장악력이 보이지 않는다'라고 질책하는 편지를 보냈다. 심약한 브라우히치는 가벼운 심장 발작을 일으켰다. 편지를 받았을 때 브라우히치에게 사임하라고 충고했던 할더는 '어리석은 짓을 그만두려고' 자기도 사표를 냈다. 물론 사표는 반려되었지만, 히틀러는 이를 불복종 행위로 받아들여 마음에 새겨 두었다.[29]

참모총장 할더는 히틀러의 압력을 이겨내지 못하고 소극적으로 저항하면서 "역사는 상급사령부를 책임진 우리에게 가할 수 있는 가장 큰 비난, 즉 우리가 위험을 과도하게 두려워하여 우리의 공격 기세를 활용하지 않았다는 비난을 받을 수 있다는 것이 두렵다."라고 했으며, 중부집단군 사령관 보크는 "내가 바라는 것은 모스크바를 점령하는 것이 아니다. 오직 적군을 쳐부수고 싶다. 그 적군의 대다수가 내 앞에 있는데"라면서 좌절감을 일기에 기록하고 있다.[30] 그러면서도 그들은 히틀러에게 반대 의견을 건의할 사명을 구데리안에게 맡겼다. 전략적으로 옳다고 생각하는 모스크바로의 진격에 대한 구데리안의 의견에 압도된 보크는 8월 23일 자기의 사령부를 방문한 할더를 통해 히틀러의 부관인 슈문트

29) 존 키건 지음, 류한수 옮김, 『2차 세계대전사』(서울 : 청어람 미디어. 2006), p. 291.
30) 존 키건 지음, 류한수 옮김, 위의 책, p. 292.

대령에게 전화하여 '구데리안이 영도자를 뵙게 주선해 달라'는 부탁을 하도록 했으며, 그에 따라 할더는 구데리안을 자신의 비행기에 태워 같이 최고사령부에 도착했다.

구데리안은 히틀러의 전방사령부인 라스텐부르크에 도착하여 야간회의에 참석하기 전 육군 최고사령관 부라우히치로부터 아래와 같은 주의를 들었다. "자네가 모스크바 문제를 총통께 건의하는 것을 금지하네. 남쪽의 키예프에 대한 공격 명령이 내려왔어. 지금은 어떻게 그 명령을 수행해야 하느냐가 쟁점이야. 논쟁을 해봐야 쓸데없는 짓이야."라는 것이었다. 구데리안은 불만이었지만, 그렇다고 대놓고 반발할 수 없었다. 그러나 회의 중에 구데리안이 중부집단군의 상황에 대해 너무 많은 발언을 하자, 히틀러가 오히려 문제를 끌어냈다. 기회를 얻은 구데리안은 열정적으로 모스크바로의 진격에 대한 중요성을 탄원했으며 말을 중단시키는 사람도 없었다. 히틀러는 이제까지는 구데리안에 대해 각별한 호감을 가졌었는데, 프랑스 전역을 비롯한 각종 전투에서의 눈부신 전과는 물론, 최근에도 소련군에게 예상치 못한 추가적인 기갑전력이 있다고 유일하게 경고한 적이 있었으며, 이를 히틀러가 의미 있게 받아들임으로써 신뢰는 더욱 돈독해져 있었다.

그렇더라도 이제 상황은 달랐다. 구데리안이 말을 마치자 히틀러의 반론이 시작되었는데, 논지는 장군들이 전쟁의 경제적인 측면을 전혀 이해하지 못한다고 비판하는 것이었다. 남부지역의 경제 지구를 점령해야 할 필요성을 강조하고, 그를 위해서 키예프에서 하르코프(Kharkov)까지 반드시 점령해야 하며, 루마니아의 플로이에슈티 유전을 보호하기 위해 크림반도 점령의 중요성을 강조했다. 그 자리에 있는 모든 장군이 총통의 견해에 동조하자, 구데리안은 자신의 주장을 접었다. 오로지 얻어낸 양보는 그의 기갑군이 한꺼번에 투입되어 남부집단군의 작전을 지원해야 하며, 키예프전투가 종료되면 즉시 모스크바 축선으로 복귀한다는 내용을 재확인한 것밖에 없었다.

구데리안은 전장에 복귀하자마자 남쪽으로의 행군을 시작했다. 거의 3주간을 군을 정비하면서 히틀러의 명령에 소극적으로 저항하던 태도는 사라졌다. 하지만 키예프를 점령하고 복귀한 후에 모스크바로의 진격이 성공할 수 있을지는 날씨가 가장 큰 변수가 될 것이다. 키예프에서 복귀하면 아마도 12월이 될 터인데, 이때는 소련의 동장군이 스탈린의 편에서서 강력한 동맹군의 역할을 할 것이기 때문이다.

전통적인 전쟁사학자들은 히틀러의 주공 전환을 독일이 전쟁에서 패한 가장 중요한 원인의 하나로 꼽는 데에 주저하지 않는다. 그러나 히틀러에게도 변명할 근거는 있었다. 그 이유로 히틀러는 처음부터 주공의 방향을 남부 우크라이나 일대로 주장해왔으나, 할더를 비롯한 군사 지도자들이 군이 이를 모호하게 만들면서 모스크바로 지향하도록 추진하다가 결정적인 단계에서 히틀러의 반대에 부딪혔다는 점을 간과해서는 안 된다. 또 다른 이유는 결과적으로 전쟁에 패배했으므로 그 이유를 주공의 전환에서 찾는 것이지 히틀러가 주장한 데로 우크라이나 역시 작전상으로나 경제적인 이유에서도 매력적인 목표로서 충분히 고려할만했다는 점이다. 따라서 최근에 독소전쟁 전문가인 데이비드 글렌츠(David Glants) 같은 학자들은 히틀러의 주장이 아주 합리적이었다는 견해를 피력하고 있다.

제4절 키예프 포위전

독일군이 주공의 목표를 놓고 갈등을 빚는 틈을 이용해 스탈린은 새로운 예비대를 조직하여 남부와 중부에 나타난 틈새를 메우고 역공격을 노리고 있었다. 그는 예레멘코를 사령관으로 하는 브랸스크(Briansk)전선군을 만들고 가능한 신형장비를 최대한 투입했다. 5~6개쯤의 T-34 전차대대와 상당한 수의 카투사 로켓 중대를 할당했다. 카투사 로켓은 다연장 로켓포로서 당시에는 다른 나라의 무기체계에는 없던 것으로 단시간에 집중 화력을 퍼부을 수 있는 살상력이 높은 공포의 무기였다.

남서전선군의 키예프 방어선은 삼각형의 형태로 서쪽으로 돌출되어 있었는데, 방어선의 핵심은 제5군으로 프리펫트 습지대 남쪽에서 완강하게 방어전을 펼치고 있었다. 구데리안의 제2기갑군은 스몰렌스크에서 남쪽으로 방향을 돌려 남서전선군의 취약한 북쪽 측면을 돌파하고, 드네프르강의 크레멘추크(Kremenchug)에서 북상하는 클라이스트의 제1기갑군과 연결하여 키예프에 대한 포위망을 형성하려 했다. 8월 5일 참모총장 주코프가 이러한 위협을 간파하고 키예프에서의 철수를 주장하자, 스탈린은 대로하여 그를 해임하고 샤포시니코프 원수를 참모총장으로 임명하였으며, 대신 주코프는 위급한 레닌그라드 방어군 사령관으로 보내졌다.

이 시점에서 스탈린은 처음과는 달리 소련의 주공 방향을 레닌그라드와 모스크바로 판단하는 우를 저질러 히틀러의 키예프작전을 용이하게 하는 결과를 초래했다. 그에 따라 키에프 전역을 보강하기 위한 브랸스크전선군의 예레멘코에게 주어졌던 주요 전력이 다른 곳으로 전용되어 구데리안의 기갑군을 측면에서 공격하려던 시점에서의 전력은 매우 취약해졌다. 불행한 지휘관 예레멘코는 9월 2일 스타브카의 지시에 따라 2개 축선으로 구데리안군을 공격했으나, 곧 실패하고 말았다. 구데리안 휘하의 저돌적인 장군들, 훗날 원수로 승진하는 발터 모델(Walter Model)의 제3기갑사단과 북아프리카 전선에서 맹위를 떨치게 될 폰 토마(Von Toma) 장군의 제17기갑사단이 소련군의 공격을 용납하지 않았다.

9월 11일이 되자 독일군의 집게발은 남과 북에서 닫아걸기 위해 다가오고 있었다. 남서방면군의 부죤늬이 원수와 정치위원 흐루쇼프는 스탈린에게 철수를 건의했으나, 스탈린의 답은 부죤늬이를 티모셴코로 교체한다는 것이었다. 9월 14일 남서전선군 참모장은 참모총장 샤포시니코프에게 정확한 상황을 설명하고 철수를 재삼 요구했으나 소용없었다. 가을이 되어 내리기 시작한 비로 인해 도로는 진창이 되었고, 독일 공군의 지원은 줄어들었으며, 구데리안의 선봉 부대인 제3기갑사단의 전차는 10대밖에 움직일 수 없었지만, 열정적인 노력으로 9월 16일에 제1기갑군과 제2기갑군의 남북 연결 작전이 로흐비챠(Lokhvitsa)에서 완성되어 키예프 방어군은 포위망에 갇혔다.

이제야 남서방면군 사령관 티모셴코는 남서전선군의 철수를 허락했으나, 사령관 키르포노스는 모스크바의 직접적인 철수 명령을 기다렸다. 모스크바의 철수 명령은 9월 17일 밤에야 하달되었다. 아직도 포위망은 허술했고, 소련의 지상군과 공군이 지원함으로써 티모셴코, 흐루쇼프, 부죤늬이 등 상당수가 포위망을 탈출했지만, 남서전선군 사령관 키르포노스 상장과 참모장 투피코프는 탈출 중에 전사했다. 9월 26일 포위망이 완성되어 포로 66만 5천 명에 47개 사단, 4개 군(제5군, 제21군, 제26군, 제37군)이 완전히 무력화되었다. 이는 전쟁 역사상 단일 전투에서 발생한 최대의 포로였다. 이들 포로는 후방으로 도보로 끌려가면서 최대의 참상을 빚어냈다. 잠자리, 식량이 제대로 지급되지 않고 학대당한 끝에 그해 말까지 대다수가 목숨을 잃었다.

만일 스탈린이 주코프나 티모셴코의 건의를 받아들여 포위망이 완성되기 전에 남서전선군이 철수했다면 어떻게 되었을까? 훗날 반격 부대로 히틀러에게 강한 타격을 가할 수 있지 않았을까? 하는 의구심이 드는 것은 모두의 관심사일 것이다. 손자가 말했듯이 최고 통수권자가 전장의 상황을 잘 알지 못하면서 개입하면 실패한다는 경구가 이 경우에 적합하다고 하겠다.

키예프의 함락으로 히틀러가 그렇게 염원하던 소련의 가장 비옥한 농업의 생산기지를 빼앗는 데 성공했지만, 그에 대한 대가는 약 2개월간의 공백으로 모스크바 공격이 지연되었고, 그로 인해 얼마 후에는 우려하던 라스푸티차(Rasputiza)[31]가 시작되어 기계화부대의 기동과 보급이 매우 곤란해졌다. 이제는 오히려 땅이 얼기만을 기다려야 할 판이었다. 이를 잘 알고 있는 구데리안은 날씨가 돌변하기 전에 모스크바를 점령해야 한다는 열망에 달아올라 중부 전선으로 되돌아갔다. 남부집단군은 여세를 몰아 전과를 확대하면서 9월 말이 되면 돈바스강에 도달했고, 10월 17일에는 돈바스 전역을 확보했다. 그러나 돈강 유역의 요충지 로스토프(Rostov)에서는 소련군의 완강한 저항으로 뺏고 뺏기는 치열한 공방전이 벌어졌다.

31) 비와 진창의 계절. 소련에서 봄에는 눈 녹은 물 때문에, 가을에는 장맛비로 도로가 진창이 되어 교통이 마비되는 기간을 뜻한다.

한편, 루마니아군은 10월 16일 독일군의 지원을 받아 오데사를 점령하여 소련군을 크림반도에서 완전히 축출했다. 소련군 10만이 방어하는 오데사는 만슈타인이 지휘하는 제11군이 드네프르강이 흑해로 흘러드는 어귀를 도하하여 세바스토폴로 통하는 입구를 막아서자 함락되었다. 언제나 히틀러가 남부지역에 주공을 지향해야 하는 중요한 이유로 강조해 왔던 루마니아의 플로이에슈티 유전을 소련의 공군기가 폭격할 때 기지 역할을 할 것이라는 크림반도의 위협은 제거되었다. 이제는 흑해에 면한 세바스토폴(Sevastopol) 요새만이 소련군에게 남겨져 있었다.

제5절 레닌그라드 공방전

독일군 중부 집단군의 제3기갑군이 지원됨으로써 북부집단군은 8월 8일 레닌그라드의 외곽방어선인 루가강에 치열한 공격을 전개했다. 레닌그라드에 대한 공격은 북부집단군의 서북쪽에서 핀란드군의 공격과 연합하여 이루어졌지만, 다음과 같은 몇 가지 중대한 요소로 인해 계획대로 이루어지지 못하였다.

첫 번째, 지형적으로 레닌그라드의 배후에 거대한 라도가 호수가 위치하여 북쪽으로부터 포위할 수 없도록 천연적인 방호를 제공한다는 사실이다. 라도가 호수는 레닌그라드가 포위되어 보급이 불가할 때 배후 보급로의 역할을 해주었고, 특히 동계에 결빙되었을 때는 차량 통행이 가능하여 보급에 더욱 중요한 역할을 했다.

두 번째, 레닌그라드 주민이 일치단결하여 시의 외곽에 흙으로 1천km 길이의 간이 성벽을 쌓았고, 대전차 호 600km, 철조망 550km, 토치카 5,000개를 설치하는 강력한 방어 장벽을 구축했다는 점이다.

세 번째, 핀란드군의 협조 공격이 매우 제한적이었다는 점이다. 핀란드군의 만네르하임 원수는 1940년 초에 소련이 핀란드로부터 할양해 간 자국의 영토를 확보하는 선에서 더 이상 전진하려 하지 않았다. 그는 장차 전후를 내다보는 혜안으로 현재 전쟁에 무한정 말려들지도 않으면서 전후에도 자국의 안위를 염두에 두고 소련이나 독일 양측 모두에게 간섭의 빌미를 제공하지 않도록 현명하게 처신했다. 독일군의 입장에서는 야속한 행동이었지만 어쩔 수가 없었다. 핀란드군은 중부집단군의 제3기갑군이 모스크바 공격을 위해 되돌아간 9월 5일 이후에는 레닌그라드에서 100km 떨어진 라도가 호수 인근에서 꾸물거리며 전진하지 않았다.

히틀러의 강력한 권고도 만네르하임을 움직이게 할 수 없었다. 아마도 히틀러는 2차 대전 전 기간을 통해 스페인의 프랑코 총통에게 지원 요청을 거절당한 이후로 다시 한번 만네르하임에게 제대로 거절당하는 쓴맛을 톡톡히 봤을 것이다. 만네르하임의 판단은 오늘날에도 참으로 참고할만하다. 2차 대전이 종료된 이후에 주변국을 모두 위성국으로 만든 소련의 정책에서 핀란드는 유일하게 제외되었는데, 이는 초기에 핀란드가 소련군에 보여준 용맹성과, 유리한 입장에서도 분수를 지킨 절제된 만네르하임의 전략이 주효했기 때문으로 보인다.

네 번째, 주코프의 등장이었다. 그는 키예프에서의 철수를 주장했다가 참모총장에서 해임된 후, 레닌그라드 방어사령관으로 부임하여 방어에 활력을 불어넣고, 장벽을 대폭 강화했다. 스탈린은 보로실로프 원수가 레닌그라드를 제대로 방어해 내지 못할 것으로 판단되자 주코프를 대신 보낸 것이다. "거기 상황은 거의 희망이 없어."라면서 스탈린은 주코프에게 최선을 다해 주도록 당부했다.

주코프가 맨 처음 내린 명령은 "대포와 박격포와 공군력으로 적의 숨통을 눌러 방어벽이 뚫리지 않게 하라."는 것이었다. 임무를 제대로 수행하지 못하는 지휘관들을 해고 및 재배치하는 한편, 명령에 복종하지 않으면 총살형을 집행하는 부대 앞에 서게 될 것이라고 경고했다. 그는 도시 전체를 요새화하도록 했다. 외곽의 강화는 물론이고 거리마다 바리케이드와 대전차 호를 팠으며, 북아프리카 전역에서 롬멜이 방공포를 대전차 화기로 사용한 것처럼 주코프도 방공포를 대전차 무기로 활용했다. 접근로에 지뢰가 촘촘히 매설되었으며 2만 개 이상의 기관총좌가 설치되었고 주민들을 포격으로부터 보호하기 위해 방공호가 최대한으로 설치되었다.

발트 함대의 함포마저 떼어내 지상의 고정포로 활용했다. 9월 8일 레닌그라드는 외부의 보급로와 완전히 차단되었고, 독일군의 선두 부대는 도시의 중심부로부터 10km밖에 떨어지지 않았다. 쥬코프의 결연한 지휘에 힘입어 독일군 회프너의 제4기갑군 공격은 시민들이 구축한 방어 장벽에 막혀 힘을 잃었다. 9월 24일에 독일 북부집단군 사령관 레프는 히틀러에게 "상황이 상당히 악화하였다."라고 보고했다. 핀란드군의 진격은 카렐리야 지협에서 완전히 멈추었다. 독일군의 포격으로 하루에 4만 명의 사상자가 발생하고 200여 회의 화재가 일어났지만, 3백만 명의 시민이 거주하는 레닌그라드는 더 이상의 참화는 면했다. 마지막 독일군의 공세에 동원된 전차는 20대에 불과했는데, 이는 모스크바를 공격하기 위해 회프너의 기갑전력을 다시 중부집단군으로 전환하였기 때문이었다.

레닌그라드시와 외부를 연결하는 통로는 동쪽으로 30km 떨어진 라도가 호수가 유일한데, 라도가 호수까지 연결해줄 철도가 독일군에 점령되어 호수를 건너 보급품을 전달할 외부 운송 수단을 구할 수가 없었다. 10월 초가 되면 3백 3십만 명의 도시를 먹일 식량이 20일분밖에 남아 있지 않아 외부의 지원이 없다면 굶주림을 피할 길이 없었다. 11월 중순이 되면 군인들은 하루에 8온스, 나머지 사람들은 4온스의 빵을 보급 받았는데, 이것으로는 기초적 생존도 할 수 없는 소량이었다. 사람들은 굶주림과 추위에 숱하게 죽어갔다. 1942년 1월이 되면 하루에 사망자가 4천 명을 상회하였으며, 사망자를 공동묘지로 운반할 힘을 잃어 길거리에 시체가 나뒹굴었다. 한 의사는 1942년 1월에 어느 가정을 왕진하고 아래와 같은 글을 남겼다.

● 포위당한 후 첫 겨울을 맞은 레닌그라드의 모습. 시체 집적소에서 시신들이 실려 나가고 있다. (AKG Berlin)

> *"내 눈에 끔찍한 광경이 나타났다. 방은 좀 어두컴컴했다. 벽에는 서리가 끼어 있었고 바닥에는 괸 물이 얼어 있었다. 의자 위에는 열네 살 먹은 남자아이의 주검이 있었고, 유모차 안에는 작은 아이의 두 번째 주검이 있었다. 침대 위에는 주인의 주검이 누워있었고, 그 곁에 맏딸 미카우가 어머니의 가슴을 수건으로 문지르고 있었다. 하루 만에 미카우는 모든 가족을 굶주림과 추위로 잃은 것이다."*[32]

그러나 레닌그라드를 옥죄이는 강력한 포위는 풀리지 않아 장차 1944년 봄에 포위가 풀릴 때까지 900일 동안 굶주림으로 100만 명이 목숨을 잃게 되는 참사를 겪게 된다. 소련의 공식적인 통계는 63만 2,253명이 아사한 것으로 되어있으며 극심한 기아와 추위로 인육을 먹게 되었다는 기록도 남아 있다.

제6절 군수공장의 이전과 생산 능력

1941년 6월부터 10월 사이에 독일군의 기갑부대와 쐐기와 함정(Keil und Kessel) 전술은 전선에 배치된 소련군을 박살을 냈으나, 그것이 곧 완전한 승리를 보장해 주지는 못했다. 궁극적 승리의 요건인 전쟁 지속능력을 파괴하는 데는 실패했기 때문이다. 소련의 방대한 인구와 영토에서 오는 보충 능력과 이를 뒷받침하는 군수 능력은 아무리 스탈린의

32) 리처드 오버리 지음, 류한수 옮김, 앞의 책. p. 153.

무자비한 독재체제에서 오는 효율성을 고려하더라도 경이적인 동원 능력을 발휘했고, 독일군이 물밀듯 전진해오던 상황에서도 미코얀(Anastas I. Mikoian)이 지휘하는 소개위원회가 독일군의 기갑부대 진로에서 신속히 공장을 저 멀리 동쪽으로 이전하고 있었다.

공업시설의 재배치는 전략적으로 전쟁 이전부터 강력히 추진되고 있었지만, 전쟁의 소용돌이로 인해 급격히 진행되었다. 전통적인 공업지역인 대도시, 즉, 모스크바, 레닌그라드, 키예프, 돈바스 일대의 공장들은 우랄산맥의 동쪽에 새로운 단지를 조성함으로써 석탄, 철광석, 석유 등 새로운 원료 공급지 개발과 함께 복합 공업단지로 발전시키고 있었다. 역으로 말해, 독일의 침공에 따라 어쩔 수 없이 실시한 급격한 생산시설의 소산과 재배치는 결과적으로 소련의 '제2차 산업혁명'으로 이어졌다.[33)]

1941년 8월부터 10월까지 소련의 유럽지역에 있는 군수공장은 80%가 동쪽으로 이전하고 있었다. 물론 군수공장 300여 개가 독일군의 수중에 들어가고, 점령지역의 지하자원 모두가 독일군 차지가 되어 타격을 받았으며, 특히 돈바스 지역의 탄광과 금속 광산의 상실은 소련에 심각한 충격을 주었지만, 그래도 공장 대부분은 성공적으로 소개되었다. 전쟁 개시 이후 철도를 이용하여 250만 명의 군인이 서쪽으로 이동하지만, 그 기차를 이용하여 반대인 동쪽으로는 공장 1,523개를 싣고 되돌아갔다. 그 공장들은 우랄산맥에 455개, 시베리아 서부에 210개, 볼가 지역에 200개, 카자흐스탄을 비롯한 중앙아시아에 250여 개가 재배치되었다.

이러한 공장 이전 작업은 위험하고 비상한 노력이 필요했다. 주요한 예는 1941년 9월 한 중기계공장은 이전 명령을 받았는데, 소련에서 단 하나뿐인 1만t짜리 압형기를 비롯한 기계 전체가 단 5일 만에 해체되어 독일군의 포화 속에서 열차에 실렸으며, 기술자들은 열차가 부족하여 마지막 날 50km를 걸어서 기차를 타야 했다. 레닌그라드 지역의 공장 90개는 육로가 모두 봉쇄되자, 배후에 있는 라도가 호수를 통해 배를 이용하여 소개되었다. 남부의 돈바스 지역에서는 독일군의 신속한 진격으로 소개할 시간이 없자 적의 사용을 거부하기 위해 드네프르 댐을 비롯한 모든 공장을 폭파했다.

소련의 경제 관료들은 엄청난 혼란 속에서도, 기적처럼 짧은 기간에 공장을 정상화하여 가동하는 데 성공한다. 하르코프에서는 12월 8일 공장을 첼랴빈스크로 이전한 뒤 10주 만에 T-34 전차 25대를 생산하는 데 성공했다. 이처럼 소련경제의 '제2차 산업혁명'은 히틀러가 전혀 예상치 못한 재앙이었다. 참고로 1939년을 기준으로 볼 때 각국의 자본재 생산 능력은 미국이 아직 대공황의 불황에서 완전히 벗어나지 못했는데도 전 세계의 42%를, 독일과 영국이 각각 14%를, 그리고 프랑스가 5%를 차지하고 있었으며, 소련은 통계

---

33) 존 키건 지음, 류한수 옮김, 앞의 책. p. 313.

가 없었지만, 독일보다는 우위에 있었을 것으로 평가되었다. 거기에다가 전쟁에 필수적인 석유, 철강, 석탄 등, 부존자원을 고려한다면 독일은 영국에도 한참 못 미치는 것으로 평가되었다. 따라서 히틀러도 강조한 바와 같이, 독일은 전격전을 통한 속전속결 외에는 전쟁에 승리할 수 없게 되어 있었는데, 독, 소 전쟁은 장기전의 수렁으로 이미 빠져들고 있어서, 1941년 말이 되면 승리의 기회는 이미 날아가 버렸다고 보는 것이 타당했다.

따라서 히틀러가 생각하는 1942년의 전쟁주안점은 소련 남부의 자원지대를 탈취하여 전쟁 지속능력을 강화는 데 두는 것은 일면 당연했다. 그리고 1941년 추계에 이르기까지 이미 많은 부분을 달성했다. 1941년 중순까지 독일군은 소련 인구의 45%, 석탄의 64%, 철강의 67%, 알루미늄의 60%, 식량의 47%가 생산되는 지역을 점령하였다. 많은 공장이 동쪽으로 이전하여 독일을 위한 제품을 만들어내는 데는 지장을 받았지만, 부존자원은 그대로 남아 이용이 가능했다.

제7절 모스크바 공방전

남부의 키예프가 함락된 후에 격전의 주 무대가 다시 중부지역으로 옮겨졌다. 키예프 포위전이 마무리되기 전에 9월 6일 모스크바 점령을 위한 히틀러의 지령 35호가 하달되었다. 지령의 주요 내용은 중부집단군이 정면에 있는 적을 분쇄하고, 우측의 오카강과 좌측의 볼가강 사이의 공간을 통해 모스크바로 전진한다는 것이었다. 공격의 강도를 높이기 위해 북부집단군 예하의 제4기갑군도 공격에 가세하도록 했다.

작전의 주안점으로는 중부집단군의 주력인 기갑부대를 운용, 북부에서 제3기갑군이, 중앙에서 제4기갑군이, 남부에서 제2기갑군이 400km 정면을 병진 공격하여 비야즈마 일대에서 포위망을 형성, 소련의 서부전선군을 격멸함으로써 모스크바로 향하는 진격로를 개방한다는 것이었다. 이 작전의 당면 목표는 전면에 대치하고 있는 붉은 군대를 '겨울 날씨가 시작되기 전에' 격멸하는 것이었다.

그러나 9월 하순에 모스크바로 향하여 진격하는 독일군의 모습은 10주 전에 전쟁을 시작할 때와는 사뭇 달랐다. 전투와 질병으로 인해 10주 동안 독일군은 50만 명의 희생자가 발생했는데, 이는 붉은 군대가 입은 엄청난 손실에 비교할 수는 없지만, 장병들의 사기를 떨어뜨리고, 후방에 있는 가족들의 가슴을 쓰리게 하며, 불행과 근심에 휩싸이게 하는 데 부족함이 없었다. 키예프 전선에서 모스크바 공격을 위해 중부집단군으로 배속이 전환된 제98보병사단의 전쟁일지에는 현장에서 겪는 어려움을 아래와 같이 기록했다.

"고무 타이어와 베어링이 장착된 바퀴를 가진 현대식 다용도 마차는 끔찍한 도로에 견디지 못하고 오래전에 부서져 소련 농가의 수레로 대체되었다.
전쟁을 시작할 때 60만 마리였던 질 좋은 독일산 말은 먹는 것이 부실하고 탈진해서 매일 쓰러져 갔지만, 왜소한 소련의 조랑말은 끌고 있는 수레를 버티기에는 너무 약해 보이기는 해도 자작나무 가지와 오두막의 지붕을 이은 이엉을 먹고도 살았다.
수송 수단이 없어서 탄약 비축분 수 톤을 비롯한 장비를 길가에 버려야 했다.
비누, 치약, 칫솔, 면도칼, 바늘, 실, 구두 수선물자 등 간단한 생활필수품이 점차 사라졌다.
심지어 9월에도 비가 줄기차게 내리고, 차가운 북동풍이 불어와, 아무리 지저분하고 벌레가 들끓는 곳이라도 바람과 비를 피할 수 있는 곳이라면 서로 차지하려고 아귀다툼을 벌였다. 그런 자리를 찾지 못한 병사들은 비를 맞으면서 자야하고, 추운데도 쉬지 못해 질병이 늘어 갔다.
평시라면 병원에 후송되어야 할 환자도 매일 계속되는 40km의 행군을 함께해야 했다. 환자를 싣고 갈 수송 수단이 없는데다가 그들을 게릴라가 들끓는 숲에 놔두고 갈 수도 없었기 때문이다. 군화가 망가져서 쪼개지고 있었다. 쇠못을 박은 구두 밑창 때문에 겨울이 다가오면서 더 빨리 동상에 걸렸다.
모든 부대원이 덥수룩했고, 삭아가는 지저분한 속옷에 해충이 만연했다. 머지않아 티푸스가 돌 것이다."[34]

정복하는 군대라고 해서 장거리 행군으로 인한 참상은 별로 다를 게 없었다. 알렉산더 대왕의 군대는 너무나 먼 장거리 행군으로, 연전연승에도 불구하고 고달픔을 견디지 못해 인도에서 반란을 일으켰으며, 유럽을 석권했던 나폴레옹의 군대, 제1차 세계대전에서 프랑스의 도버해협을 스치며 지나가야 했던 독일군의 보병들도 괴롭기는 마찬가지였다. 그렇지만 승자의 발걸음은 패자의 발걸음과는 너무나 차이가 크다. 승자는 가는 곳마다 따뜻한 음식과 잠자리가 보장되어 있고, 정신적으로 고양되어 있지만, 그렇지 못한 경우는 훨씬 힘이 들 수밖에 없다. 이때의 독일군은 가도 가도 도시화 된 지역이 없는 광활한 대지를 행군했기 때문에, 패배한 군대의 처지와 별로 다를 게 없었다. 과거의 군대에서 경험해 보지 못한 추위가 생존을 위협해 오고 있어 모스크바에 도달하지 못하면 따뜻한 잠자리는 어디에도 찾을 수 없을 것이다.

모스크바를 점령하기 위한 작전의 명칭은 "태풍(Typoon) 작전"이라고 명명되었다. 모스크바를 방어하기 위한 최후의 저지를 담당할 서부전선군은 9월 13일부로 남서전선군으로 전출하는 티모셴코로부터 이반 코네프에게 인계되었다. 벌목꾼이었다가 제1차 세계대전

---

34) 존 키건 지음, 류한수 옮김, 앞의 책. p. 299.

당시 부사관으로 참전했던 코네프는 뛰어난 지휘관 가운데 한 사람이었다. 소박하고 금욕적인데다가, 다양한 독서를 통해 러시아 문학에 정통한 그는 전선에서도 자신만의 장서를 휴대했다. 훗날 그는 바르샤바 조약 군 총사령관으로 군 생활을 마감하게 된다. 그가 지휘하는 부대는 스몰렌스크 전투에서 패배하여 후퇴해온 강인하지만, 손상이 심한 잔존부대와 새로 편성되어 훈련도 제대로 받지 못한 민방위대의 혼합 군이었다.

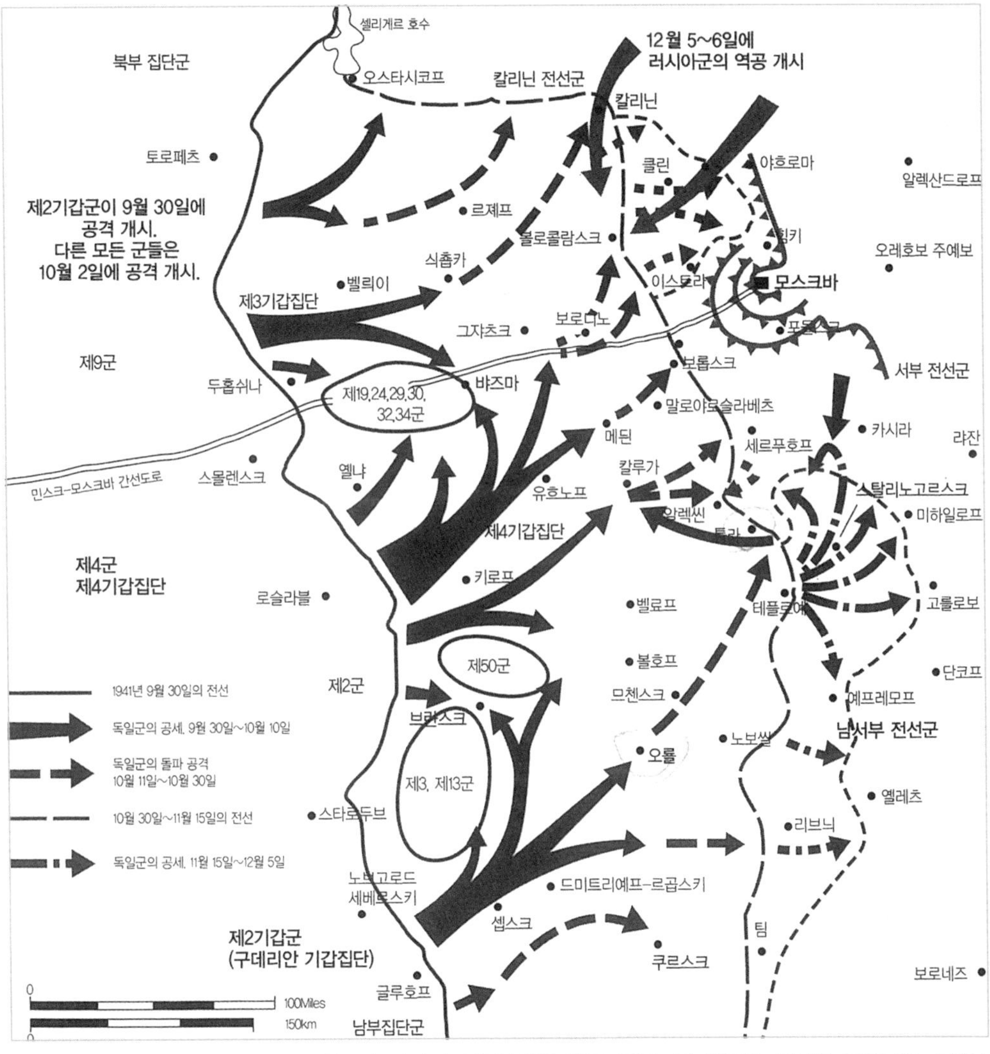

● **태풍작전** : 모스크바를 향한 독일군의 마지막 강공이었던 태풍 작전. 이 작전은 지독한 겨울날씨 속에서 진행속도가 차츰 느려졌고, 붉은 군대가 역공에 나섰다.

※ 출처 : 존 키건 지음, 류한수 옮김. 『2차 세계대전사』(청어람미디어, 2007), p. 307

코네프의 민방위대는 50세 이상의 남자와 여자들도 다수 포함된 소위 오합지졸이었고, 탱크나 항공기의 지원이 거의 없어 정상적인 전투력을 제대로 발휘할 수 없는 형편이었다. 편제는 제22, 29, 30, 19, 16, 20군으로 모스크바 정면을 담당하고, 북쪽에는 부존니 원수의 예비전선군이 6개 야전군을 배치하고 있었는데, 일부 방어구역이 중첩되면서 지휘 체계에 혼선을 가져왔다. 남쪽에는 브랸스크전선군이 어깨를 마주 대며 방어하고 있었지만, 정확한 책임 구역과 종심방어에 대한 협조는 극히 미흡한 상태였다. 코네프가 보유한 전차는 479대였지만 신형전차는 45대에 불과했으며, 항공기와 대전차포, 대공포가 특히 부족한데다가, 공격해 오는 독일군에 비해 기동력이 현저하게 열세였다. 이에 맞선 독일군은 3개 기갑군에 1,000대 이상의 전차를 보유한 80만 명에 달하는 최정예 군이었다.

10월 2일에 시작한 태풍 작전의 초기 단계는 순조롭게 풀려나갔다. 독일군은 짧은 공격 준비사격 후에 전 전선에 걸쳐 격렬한 공습과 함께 다시 한번 대규모 쐐기와 함정 전술을 시도했다. 코네프의 서부전선군은 비교적 선전했으나, 독일군의 중앙에서 공격을 담당한 제4기갑군이 비교적 방어력이 약한 서부전선군과 남쪽의 브랸스크전선군의 전투지경선을 돌파하여 남쪽 측면을 포위하기 시작했다. 동시에 제3기갑군이 서부전선군의 북쪽에 배치된 제19군과 제30군의 지경선을 돌파하여 10월 8일에는 비야즈마(Viazma)에서 짚게 발을 닫아걸면서 포위망이 형성되었다.

이로써 독일 제2, 3, 4기갑군의 합동 공격을 통해 스몰렌스크와 비아즈마 사이의 소련군 65만을 포위하여 섬멸했다. 남부집단군을 지원하느라 약간 늦게 전투에 뛰어든 구데리안의 제2기갑군은 남쪽에서 치고 올라와 예레멘코가 지휘하는 브랸스크전선군의 남쪽 측면에 큰 돌파구를 형성하고 신속하게 전진했다. 그의 전진이 너무 빨라 전위부대가 오룔(Orel)에 진입했을 때 아직도 시내에는 전차가 운행 중이었다. 예레멘코는 키예프의 구조에 실패했고, 이제 모스크바를 지키는 데도 실패할 처지에 놓였다. 그의 부대는 대부분 포위망에 갇혀 소멸했다. 그 자신도 포격에 심하게 상처를 입었지만, 간신히 탈출에 성공하여 훗날 스탈린그라드 전투에서 진가를 발휘하게 된다.

민방위 부대들은 쉽게 와해되었지만, 정규군 부대들은 매우 끈질긴 전투력을 보여주었다. 그 대표적인 사례가 10월 6일 므첸스크(Mtsensk) 일대에서 진격하는 구데리안의 예하 제4기갑사단에 대한 소련의 제4전차여단이 가한 반격에 잘 나타나 있다. 당시 오룔지구에서의 독일군 제4기갑사단의 전차는 60대 수준이었는데, 소련군 제4기갑여단은 20대 정도의 T-34 전차와 신형 전차인 약간의 KV-1 전차를 운용하여 반격을 가해 독일군의 전차 10대, 88mm 대공포 2문과 다수의 포를 파괴했다. 이에 대해 구데리안은 상당한 충격을 받았다.

이때 독일군은 듣지도 보지도 못한 기상천외한 소련의 무기를 목격하고 당황한 적이 있는데, 이는 훈련시킨 개의 등에 대전차 지뢰를 장착하여 독일군의 전차에 충돌하는 것으로, 대부분 목표물에 도달하기 전에 사살되어 효과는 없었지만, 독일군의 기분을 섬뜩하게 하기에는 부족함이 없었다.[35] 구데리안은 T-34 전차와 교전해본 결과 매우 우려스럽다고 기록하고 있다.

"그 당시 우리의 무기체계로는 아주 조건이 좋아야 T-34를 파괴할 수 있었다. 포신이 짧은 판처 4호의 75밀리 포는 T-34를 격파할 수 없었고 뒤에서 공격할 때만 효과가 있었다. 그럴 때에도 T-34의 엔진을 덮고 있는 덮개를 정확히 맞춰야 했다. 그렇게 쏘기 위해서는 아주 대단한 기동력을 발휘해야만 했다. 소련은 대규모 기갑부대를 우리의 측면에 투입하면서 보병이 정면으로 공격해 온다. 그들은 점차 배우고 있다."[36]

● T-34 전차

훨씬 불길한 조짐은 눈이 오기 시작한 것이다. 구데리안은 전쟁일지에 10월 6일에 첫눈이 내렸다고 기록하고 있다. 눈이 녹으면서 대지를 진흙탕으로 만들어 길이 없어지는 라스푸티차가 닥쳤다. 앞에서도 언급한 바와 같이 비가 와서 모든 길이 진창이 되어 움직이

35) 안토니 비버 지음, 안종설 옮김, 『여기 들어오는 자, 모든 희망을 버려라』(서울 : 서해문집. 2004), p. 61.
36) 존 키건 지음. 류한수 옮김. 앞의 책, p. 300.

기 어렵지만 온화한 가을이 좋은지, 추워져 길이 얼어붙어 단단해져 장비의 이동에는 유리하지만, 사람마저 얼어붙는 겨울이 좋은지는 판단하기 힘들고 모두가 견디기 어려운 일이었다. 그는 당시의 기상에 다른 어려움을 아래와 같이 기록하고 있다.

*"도로는 끝없이 이어진 진흙탕으로 변해 버렸고, 그 길을 따라 우리 군은 달팽이처럼 천천히 전진해야 했으며, 그사이에 전차의 엔진은 심하게 망가져 갔다."*37)

어렵기는 소련군도 마찬가지였다. 비아즈마의 도가니 속에 갇힌 소련군은 독일군의 포위망을 피해 필사적으로 도망치고 있었다. [크리스나야 즈베즈다] 신문의 특파원이자 소설가인 바실리 그로스만은 당시의 상황을 목격하고 신문에 쓸 수는 없었지만, 아래와 같이 기록을 남겼다.

*"나는 예전에 후퇴하는 군대를 본 적이 있다고 생각했다. 그러나 지금 내 눈 앞에 펼쳐진 상황은 결코 본 적이 없으며 상상할 수도 없었다. 대탈출! 성서에 나오는 엑소더스! 차량들이 8줄로 앞 다투어 움직이고 수십 대의 트럭이 동시에 진흙에 빠져 앞으로 나가려고 굉음을 토해낸다. 수많은 사람이 등짐을 지고, 보따리와 가방을 들고 줄지어 걸어간다. 성서에 등장하는 혼란과 재앙의 시대로 돌아간 것 아닌가 하는 느낌이 생생하게 느껴진다."*38)

소련 지도부에 더욱 나쁜 정보가 계속 보고되었다. 공군 정찰기들은 모스크바 남서쪽 160km밖에 떨어지지 않는 곳에서 고속도로를 따라 독일군의 기갑부대가 계속 전진하고 있으며, 이를 저지할 소련군은 전혀 보이지 않는다는 것이었다. 내무인민위원회(NKVD)의 베리야는 정찰기의 조종사들이 '공황을 조성하는 자'라고 하며 체포하겠다고 을박질렀다. 그러나 여러 차례의 정찰기에서도 동일한 보고를 해오자, 스탈린은 비로소 소련의 수도가 얼마나 위험한 상황에 부닥쳤는지를 실감했다.

10월 10일 저녁에 스탈린은 레닌그라드의 수비에 전념하고 있던 주코프에게 전화하여 당장 모스크바로 돌아오도록 명령했다. 한밤중에 도착한 주코프를 스탈린은 그의 아파트에서 접견하고 "서부전선에 심각한 문제가 일어나고 있는데, 나는 상세한 상황을 보고받지 못하고 있어. 당장 전선에 가서 구체적인 상황을 파악해서 보고해줘."라고 지시했다. 결론은 독일군의 진격을 저지하고 모스크바를 구하라는 것이었다.

주코프는 지친 몸으로 당일에 전선으로 출동하면서 자신이 조국의 운명과 함께한다는

37) 베빈 알렉산더 지음, 함규진 옮김, 『히틀러는 왜 세계 정복에 실패했는가?』(서울 : 홍익출판사. 2004), p. 219.
38) 앤드루 나고르스키 지음, 차병직 옮김, 『세계사 최대의 전투. 모스크바 공방전』(서울 : 까치, 2011), p. 158.

사명감을 가지고 무언가를 해내지 않으면 안 된다고 생각했다. 주코프는 전선으로 가는 도중 졸음을 쫓기 위해 차량에서 내려 수백 미터를 뛰어가기도 했다. 서부전선 사령부에 도착하여 보고받은 주코프는 상황이 정말 암담하다는 것을 깨달았다. 비야즈마에 포위된 부대들과는 연락이 두절되어 더 이상 방어 전력으로써의 역할을 기대할 수 없었으므로, 서부에는 더 이상 유지할 수 있는 전선이 없었다. 보충할 부대가 없었기 때문에 공백을 메꿀 수도 없었다.

주코프는 새벽 2시 30분에 전황을 보고하기 위해 스탈린에게 전화를 걸었는데 밤에 주로 일하는 습성대로 스탈린은 깨어 있었다. 주코프는 "현재의 당면한 위험 요인은 모스크바로 향하는 모든 통로가 거의 무방비 상태라는 것입니다. 현재 모자이스크(Mozhaisk) 방어선으로는 독일의 기갑군을 방어하기에는 역부족입니다. 가능한 한 빨리 모자이스크 방어선에 전력을 집중하여 보강해야 합니다."라고 보고했다. 여기서 말하는 모자이스크 방어선은 비야즈마의 후방 도시 이름으로, 모스크바 전방 100km 근처에서 종심은 모스크바 외곽 10km까지 이르고, 남북으로 200km에 달하는 방어선을 말하는 것으로, 모스크바를 방어하기 위해서는 어떤 희생을 치르더라도 반드시 고수해야 하는 최후의 보루였다.

● 1941년 10월에 중부집단군의 진격로에서 대전차호를 파고 있는 모스크바 여성 시민들

주코프의 보고를 받은 후 스탈린은 10월 10일 자로 그를 서부전선군 사령관으로 임명하고, 모스크바 방어를 위한 모든 권한을 주코프에게 위임했다. 주코프가 권한을 위임받았을 때 가용한 병력은 90,000명에 불과했다. 이는 9월에 800,000만 명으로 구성되었던 부대가 이후 벌어진 전투에서 모조리 소모되고 최종적으로 남은 병력 전부였다.[39] 이에 따라 가용한 모든 수단이 강구되었다.

모자이스크 방어선을 보강하기 위해 모스크바의 중심부에서 10km 이상 떨어진 지역에 방어선이 원형으로 만들어졌다. 레닌그라드에서와 마찬가지로 여자와 어린이를 포함한 가용한 전 시민들이 동원되어 대전차 방벽, 도로 대화구, 바리케이드가 설치되었고, 곳곳에 대공포가 배치되고, 도시의 어두운 하늘에 수많은 기구가 띄워져 항공기의 운항을 방해하도록 했다.

보충병의 일환으로 제일 먼저 포돌스크 사관학교 생도 4,000명이 동원되어 방어선 가운데 가장 취약한 말로야로슬라베츠 인근의 방어선에 보병과 포병으로 구성하여 투입되었다. 사관생도 부대는 며칠 동안 영웅적인 전투를 벌여 독일군의 공격을 저지했으나 어차피 희생되어 질 운명이었다. 80%의 사관생도들이 며칠 동안의 전투에서 사망했다. 그들은 마치 6·25 전쟁 당시 퇴계원 일대에서 북한군을 저지하다가 궤멸한 우리나라의 육사 생도들을 연상케 한다.

이곳저곳에서 긁어모은 병력으로 주코프는 부대를 재편하여 모자이스크 방어선에 소련군 6개 군이 투입되었다. 무기와 편제 대비 인원이 부족했고, 훈련도 미흡했지만, 사력을 다한 노력의 결과 방어선을 갖출 수는 있었다.

이 무렵 독일군의 진격은 그동안의 누적된 피로와 기상 악화로 확실히 둔화하고 있었다. 10월 6일 내리기 시작한 눈으로 도로가 진창으로 변한 데다, 병참선이 길어짐에 따라 보급이 어려워졌으며, 그동안 소모된 전투력을 회복할 수 없었기 때문이었다. 소련군은 패배해도 퇴각할 수 없었다. 내무인민위원회(NKVD)에 권한이 주어진 저지 부대가 허락 없이 퇴각하는 장병은 모조리 사살해버리라는 명령을 받고 후방에 포진하고 있었기 때문이다. 소련군은 적에게 항복하는 것은 죽음보다 못하다는 것을 알고 있었다.

독일군은 소련군 포로를 인도적으로 대해주지 않았을 뿐더러 대부분 죽음으로 몰아넣었고, 소련은 또한 장병이 포로가 되면 남겨진 가족을 처벌해 버렸다. 또한 후방에는 저지 부대가 있어 최상층부의 허가가 없는 한 전장에서 죽을 때까지 싸우는 것이 운명이었다. 소련의 지도자들은 히틀러와 마찬가지로 목적 달성을 위해서는 장병들의 죽음을 심각하게 생각하지 않았다. 비야즈마의 포위망 속에서 죽거나 포로가 된 수십만 명의 장병들에 대해서도 그런 희생이 결코 헛된 것이 아니었다고 애써 자위했다.

한편, 언제나처럼 스탈린은 비야즈마에서 독일군을 저지하지 못하고 대규모 포위에 걸려들게 한 지휘관들을 해임하고 처벌했다. 주코프는 그들에게 아무런 동정심도 없었지만, 이반 코네프 만은 예외였다. 주코프는 코네프는 유능하여 장차 반드시 중요한 역할을 해낼 것이라고 믿고 스탈린에게 코네프를 자신의 부사령관으로 임명해 주도록 강력히 주장

39) 리처드 오버리, 류한수 옮김, 앞의 책, p. 161.

하여 관철하였다. 스탈린은 내키지 않지만 동의한다면서 “만일 모스크바 방어에 실패한다면 두 사람의 머리도 떨어질 거요.”라고 엄포를 놓았다. 주코프와 코네프는 서로 좋아하는 사이가 아니었지만, 그들은 풍부한 경험과 뛰어난 전술적 지식을 겸비한 동반자였다.

독일군은 점점 더 가까이 다가왔으며, 10월 14일에는 모스크바에서 북쪽으로 210km 떨어진 르제프가 함락되어 모스크바를 공격하기 위한 절호의 거점을 마련했다. 비야즈마와 르제프의 함락은 곧 모스크바에 대한 최종 공격이 임박했다는 것을 의미했다. 10월 15일이 되자 공포가 만연하였으며, 외무상 몰로토프는 미국을 비롯한 외국의 공관에 동쪽으로 800km 떨어진 볼가강 변의 쿠이븨셰프(Kuibyshev)로 소개할 준비를 하라고 공식적으로 통보했다. 소련 정부를 필두로 외국 공관, 문서고, 예술품, 인민 위원들과 주민들이 소개하기 시작했고, 스탈린의 가족들과 개인의 장서도 소개되었으며, 마지막으로 레닌의 유해도 소개했다.

모스크바는 끊임없이 독일 공군의 폭격을 받았다. 옮길 수 없는 문서를 소각하는 연기, 서류철과 문서를 싣고 떠나는 화물차와 붐비는 기차역을 떠나는 소개민들은 곧 모스크바가 함락될 것이라는 예고와 같았다. 절망에 찬 시민들이 열차에 몰려들어 심한 자리다툼을 하고, 떠나버린 빈 아파트에서는 남기고 간 물건들을 훔치는 도둑들이 넘쳤다. 내무인민위원회(NKVD) 수장 베리야는 남아 있는 사람들에게 식량을 무료로 나누어 주도록 명령했다. 독일군에게 넘겨주지 않기 위해서였다. 이러한 공황이 촉발된 것은 과거에는 볼 수 없었던 솔직한 방송 때문이었는데, 내용은 “10월 14일과 15일에 서부전선의 상황이 더욱 악화하였습니다. 독일군이 엄청난 수의 탱크로 우리의 방어시설을 돌파했습니다.”라는 것이었다.

이때 스탈린은 정부를 따라 피난 가지 않고 몇 가지 미진한 일을 처리하기 위해 그의 다차[40]로 갔다. 그의 다차는 폭파하기 위해 폭탄이 설치되어 있었는데, 그는 폭탄을 제거하도록 하고, 모스크바에 남아 최후의 전투를 치를 각오를 했다. 그는 쿠이비셰프로의 이전을 계획하고 몰로토프를 비롯한 주요 인사까지 소개했지만, 정작 본인은 계속 미적대며 결심을 못 하고 있었다. 무엇이 그의 모스크바 체류 결심을 촉구했는지 알 수 없지만, 그때부터 그는 심기일전하여 모스크바를 사수하기로 결심했다. 이것은 모스크바 전투, 아니 독일과 소련의 전쟁에서 하나의 중대한 분수령이 되었다. ‘지도자란 존경의 대상이 되는 것보다는 두려움의 대상이 되는 것이 낫다.’라고 했던 마키아벨리의 격언처럼 스탈린은 공포의 대상이기도 했지만, 한편으로 소련인들에게 ‘사랑의 대상’이 되기도 했다.

역사가들은 스탈린이 모스크바에 잔류하기로 결심하게 된 이유를 다음과 같이 말한다.

40) 소련 사람들이 흔히 소유하고 있는 교외의 별장으로서, 주말농장의 의미를 담고 있다.

첫째, 날씨였다. 10월 6일에 눈이 온 뒤로 땅은 완전히 진창이 되어, 독일 기계화부대의 진격을 곤란하게 만들었으며, 11월 초에는 기온이 급강하하면서 땅이 얼어붙어 장비의 기동은 유리해졌으나, 병력은 동상 환자가 속출하고 장비 역시 얼어붙어 기동에 지장을 주었다. 일예로 항공기는 시동을 걸기 위해서는 나무를 태워 장시간 엔진을 예열해야 했다.

둘째, 일본이 극동에서 소련에 대한 공격을 포기했다는 확실한 정보를 입수했기 때문이다. 희대의 간첩 [조르게]는 뛰어난 능력으로 일본이 소련이 아닌 미국과의 전쟁을 결심했다는 정보를 알아내 보고했다. 이로써 극동의 시베리아에 배치된 75만의 병력 대부분을 모스크바 전투에 전용할 수 있게 된 것이다.

셋째, 붉은 군대가 자체적으로 손실된 대규모 병력을 보충할 수 있었기 때문이다. 7월 이후 143개 사단을 신규 창설했고, 와해된 84개 사단도 보충을 통해 재건하였다.[41)]

이러한 유리한 조건을 고려한 스탈린은 10월 17일에 '죽을 때까지 완강하게 모스크바를 방어할 것이고, 수도를 포기할 생각을 해본 적이 없으며, 자신이 여전히 모스크바에 체류하고 있음'을 강조하는 방송을 했다. 그러나 전선은 모스크바를 향해 사정없이 다가서고 있었다. 10월 17일에는 모스크바 북쪽의 칼리닌에 배치된 3개 군과 1개 전투단을 묶어 코네프를 지휘관으로 하는 칼리닌(Kalinin)전선군을 만들어 방어선을 강화했지만, 10월 18일 독일군의 제3기갑군이 칼리닌(Kalinin)을 탈환하자, 주코프는 전선을 모스크바 서쪽 40km까지 축소하여 새로운 방어선을 형성하지 않을 수 없었다.

10월 19일 계엄령이 선포되었고, 내무인민위원회(NKVD)는 약탈자들을 사살하여 질서를 회복하는 한편, 무질서를 조장했다는 이유로 열 명에 한 명씩 본보기로 아파트 관리인들을 처형하였다. 순식간에 모스크바는 이전의 안정을 찾았고, 수많은 사람이 민방위대에 지원했으며, 아녀자들까지 동원되어 얼어붙은 땅을 파고 방어시설을 구축했다.

제8절 마지막 관문에서

10월 말이 되면 독일군과 붉은 군대 모두 녹초가 되어, 마치 권투선수가 서로 치고받아 눈이 부어 시야가 희미하고 정신이 몽롱한 상태에 빠진 것처럼 자신의 한계점을 인식하면서도, 적에 대해서도 정확한 상황을 파악하지 못하고 본능적으로 공방전을 계속하고 있는 것처럼 보였다. 냉정하게 본다면 독일군은 1941년의 전쟁 목표를 대부분 달성했으므로 동계의 정비에 들어가야 했으나, 모스크바가 눈앞에 있는데다가 적과 완전히 교착되어 있어

41) 크리스 비숍. 데이비드 조던 지음, 박수민 옮김, 『제3제국』(서울 : 플래닛 미디어. 2012), p. 237.

쉽사리 접촉을 끊어버릴 수도 없는 지경이었다.

소련의 스타브카(참모부)는 땅이 굳어져 기계화 부대의 기동이 자유로워지면 독일군이 레닌그라드, 모스크바, 스탈린그라드, 로스토프 등의 대도시에 대한 포위 공격을 기도할 것으로 판단하고 있었다. 소련의 처지에서는 어떻게 하든지 현 전선에서 적의 진격을 저지하고 반격의 발판을 마련하는 것이 사느냐 죽느냐의 갈림길이었다. 다행히도 레닌그라드 전선은 핀란드군이 기존의 국경선을 넘어 공격하지 않는 절제된 군사행동과 내무인민위원회(NKVD)의 혹독한 심문을 견디고 복직한 메레츠코프(K. A Meretskov)가 지휘하는 제7독립군의 제한된 공격이 성공하여, 독일군과 핀란드군이 라도가 호수에서 합류하는 것을 저지했다.

이에 따라 레닌그라드로 향하는 모든 도로와 철도가 봉쇄된 가운데에서도 소련군은 얼어붙은 라도가 호수를 통해 제한적이나마 보급을 할 수 있었다. 12월 초순이 되면 라도가 호수로 가는 철도선에서 독일군을 밀어내어 수송이 더욱 원활해져, 충분하지는 못했지만, 굶어 죽는 사태는 더 이상 없어졌다. 10월 18일이 되자, 독일군은 모스크바 북쪽의 칼리닌과 남쪽의 칼루가를 함락시키고, 모스크바를 남북에서 포위하기 위해 강력하게 조여 붙이고 있었다.

주코프가 거느린 서부전선군이 사투를 벌이면서, 추위가 닥쳐 땅이 굳으면 독일군이 더욱 더 거세게 공격해 올 것임을 예상하여 준비하고 있는 동안 스탈린은 10월 혁명 기념일 행사를 더욱 대대적으로 치를 결심을 했다. 기념일 전야제는 매년 볼쇼이 극장에서 하는 것이 관례였으나, 극장이 폭격으로 무너져, 그해에는 지하철역의 광장에서 개최되었다. 저녁 7시 30분에 시작되는 행사를 방해하기 위해 독일 공군이 5시간 동안이나 대공 방어망을 무너뜨리려고 노력했지만 성공하지 못했다.

스탈린은 연설에서 독일군의 피해는 대폭 부풀리고 소련의 피해는 반대로 경미하게 발표했다. 그는 연설을 통해 "독일 놈들이 바라는 것이 말살전이라면, 말살당하는 쪽은 독일 놈들이 될 것입니다. 지금부터 우리의 과제는 독일 놈들을 마지막 한 놈까지 모조리 처치하는 것입니다. 독일 침공군에게 죽음을!"[42]이라고 외치면서, 전통적인 공산주의자의 혁명 연설이 아닌, 애국주의자로서의 연설을 행함으로써 소련 국민의 전쟁 의지를 고양하려고 했다.

그리고 그 다음 날 아침 5시 30분에는 살을 에는 추위에도 불구하고, 붉은 광장에 대규모 군중들을 집결시켜 대규모의 열병식을 거행하였다. 눈이 펑펑 내려 독일 공군기들은 폭격할 수 없었지만, 높은 고도를 날고 있어 윙윙거리는 비행 음을 들을 수 있었다. 중장

42) 리처드 오버리 지음, 류한수 옮김, 앞의 책, p. 163.

비들은 눈에 미끄러져 병사들이 밀어야 했다. 스탈린은 녹음된 방송을 통해 연설했다. 그는 여기서 역대 전쟁의 영웅들이었던 수보로프와 쿠투조프 등 나폴레옹 전쟁의 승리자들을 열거하면서 혁명적인 열정에 호소하지 않고, 애국심과 민족주의에 바탕을 둔 역사의식에 호소했다. 이로써 스탈린은 위기에 빠진 모스크바에서 결전을 감행하겠다는 불굴의 의지를 대내외에 천명하여 사기를 북돋웠던 것이다.

열병식이 끝나자 병사들은 불과 60km 떨어진 전장으로 갔다. 11월 초 무렵에 땅이 얼어붙자 독일군의 진격 속도는 빨라졌다. 그러나 기갑군의 전차는 65% 수준으로 감소했고, 구데리안, 호트, 회프너 등 기갑군 사령관들은 자신들의 부대가 목표지점까지 과연 도달할 수 있을지에 관해 의심하고 있었다. 이에 따라 참모총장 할더는 11월 13일 오르샤(Orsha)에 있는 중부집단군 사령부에서 남부 집단군의 조덴슈테른(Sodenstern), 중부집단군의 브레네케(Brenneke), 북부집단군의 그리펜베르크(Griffenberg) 참모장들과 회담을 통해 전역 수행에 대한 의견을 청취했다. 남부와 북부집단군은 현 전선에서 정지하여 진지를 구축하고 이듬해의 좋은 기후에 공격하는 것이 바람직하다고 하였지만, 중부집단군은 "우리가 성공하지 못할지도 모르지만, 모스크바가 50km밖에 떨어지지 않은 노천바닥에 눈과 추위에 떨며 누워있는 것이 훨씬 더 나쁠 것입니다."라고 답변했다. 그러나 히틀러가 이미 할더에게 자기의 생각은 계속 공격이라고 밝혔기 때문에 쟁점은 더 이상 논의되지 않았다.

한편, 서부전선군의 주코프는 독일군의 의도를 파악하고 스탈린의 허락을 받아 독일군에게 연속적인 파쇄공격[43]을 실시했다. 그 대표적인 전례가 구데리안의 제2기갑군 소속 제112보병사단에 대한 공격이었다. T-34 전차에 대한 방어력이 전혀 없었던 제112보병사단은 곧 공황 상태에 빠졌고, 11월 17일 퇴각했는데, 이는 독일군으로서는 유례없는 패배였다. 반면에 몽골 제44기병사단이 클린의 남서쪽에서 독일 제106보병사단에 감행한 공격은 대실패로 끝났다. 독일군의 기관총과 포병은 평지의 설원에서 돌진하는 기병 2,000명을 간단히 쓸어버렸다. 독일군의 손실은 전혀 없었다.

땅이 굳어지자 11월 중순에 공격이 극에 달했다. 호트와 회프너의 제 3, 4기갑군이 모스크바 북쪽을 공격하여 11월 24일 클린을 장악하고, 28일에는 모스크바-볼가 운하를 건넜다. 선봉 부대는 이때 모스크바 중심부에서 불과 20km 떨어진 곳까지 진격하여 쌍안경을 통해 청명한 겨울 공기에 쌓인 크렘린의 첨탑을 볼 수 있었다. 이것이 가장 근접한 공격의 마지막이었다.

남쪽에서는 구데리안의 제2기갑군이 툴라를 공격하고 있었다. 툴라가 함락되면 모스크

---

43) 적이 공격을 위해 집결 중이거나 대형을 갖추고 있을 때 적의 공격을 와해히기 위해 방자가 제한적으로 공자를 공격하는 방어를 위한 공세작전을 의미한다.

바의 후방으로 가는 길이 열리게 된다. 이전의 전투에서 독일군의 포위를 경험한 바 있는 수비군 사령관 볼딘(Boldin) 장군은 깊은 참호로 연결된 종심진지에서 구데리안의 진격을 저지했다. 주코프의 방어 병력은 240,000명에 불과했고, 부대 구성은 패잔 부대를 재편성하거나 민병대의 오합지졸을 묶어 세워 독일군의 기갑부대에 맞서는 상황이었다. 전선 전체에 500여 대의 전차가 있었으나, 대부분 현대전에 부적합한 구형이었다. 그럼에도 그는 이제는 독일군의 전술을 잘 이해하는 지휘관들을 조정하여 부대 간의 합동성을 발휘하도록 지휘했다.

결정적인 전투가 전개되는 가운데 전투의 영웅을 선전함으로써 사기를 고양하여 전투의지를 강화하는 일이 자주 일어났다. 대표적인 예가 "판필로프(Panfilov) 부대 28 용사"의 전설일 것이다. 서부전선군 제16군 예하 제8보병 사단장인 판필로프의 부대는 보유한 무기라곤 화염병과 대전차 총류탄뿐이었지만, 자체로 대전차공격을 위한 소 분견대를 조직하여 적의 전차 18대를 파괴함으로써 기갑부대를 물리쳤으며, 심지어는 심한 상처를 입은 정치지도원 한 명이 수류탄 더미를 안고 적의 탱크 밑으로 몸을 던졌다는 것이었다. 판필로프 사단장 역시 이때 전사했다. 이러한 전쟁 영웅담은 그 이후로 많이 나타났다. 그러나 그 이면에는 주코프가 판필로프에게 "소련 땅은 넓지만 물러날 곳은 없다. 방어진지를 사수하든지, 그렇지 않으면 저지 부대의 총을 맞든지 하라."는 무시무시한 지시를 받았기 때문이기도 했다.

11월 중순 어느 날 스탈린은 주코프에게 전화를 걸어 "귀관은 우리가 모스크바를 지켜내리라고 믿는가? 아픈 가슴을 안고 묻고 있네. 공산주의자답게 솔직하게 대답해주게."라고 물었다. 주코프는 "의심할 여지없이 우리는 모스크바를 지킬 것입니다."라고 대답해 스탈린을 안심시켰다. 그러나 주코프는 실상은 모스크바 사수에 대한 확신은 전혀 없었다고 회고했다.[44] 그러한 와중에서 10월 말부터 독일군의 공세는 눈에 띄게 무뎌졌고, 11월 말이 되면 한계점에 도달했다. 독일군은 수색대가 모스크바의 근교까지 접근했지만, 그것이 최종 한계였다. 모든 장비가 부족했고. 탄약은 고갈되었으며, 추위에 대비한 준비가 전혀 되어있지 않았다.

12월 초에 독일의 중부집단군의 사령관들은 탈진한 상태의 얼어붙은 부대로는 모스크바를 탈취할 수 없을 것이라는 점을 깨달았다. 히틀러의 독촉에도 불구하고 1812년의 나폴레옹 군대의 처참한 철수 모습을 떠올리기 시작했다. 진흙탕이 얼어붙어 도로는 단단해졌지만, 보급은 개선되지 못했다. 기온은 영하 20도를 기록하고 시정은 아주 나빠 공군은 대부분 시간을 지상에서 대기해야 했다. 기계화부대를 위한 연료, 부동액, 윤활유가 모두

44) 리처드 오버리 지음, 류한수 옮김, 앞의 책. p. 167.

얼어붙었다. 포탄에 엉겨 붙은 윤활유를 긁어내지 않으면 장전 자체가 불가능했고, 항공기와 전차를 야지에서 정비하고 운용하는 것은 악몽과도 같았다. 기동장비의 시동을 위해서는 엔진 밑에 불을 피워야 했다. 소총과 기관총은 얼어붙어 작동이 안 되고, 무전기는 극한 온도에서 침묵하기 일쑤였다.[45)]

점점 더 밀착된 소련군의 완강한 저항에 독일군의 피해가 갑자기 증가했다. 7월 말 독일군이 소련의 서부 전역을 석권할 때까지만 해도 독일군의 피해는 그야말로 경미했다. 46,000명이 서부지역에서 희생된 데 비해 레닌그라드, 키예프, 모스크바 지역의 격전에서는 118,000명이 희생되어 11월 말까지 전투에 투입된 병력의 25%를 상실했다. 모스크바 공세에서 독일군은 동상 환자가 133,000명이나 발생하여 2,000여 명이 다리를 절단했는데 이는 전투를 통하여 손상된 희생자와 맞먹는 숫자였다.[46)] 물론 이것도 소련군의 희생에 비하면 매우 적다고 할 수 있었는데, 12월까지 붉은 군대는 2,663,000명의 사상자가 발생했고, 3,350,000명이 포로가 되었기 때문이다. 독일군 한 명이 전사할 때 소련군은 20명이 죽은 셈이다.

12월 초가 되면서 전방 전투사단의 독일 병사들은 거의 움직일 수 없게 되었다. 병사들은 추위를 쫓으려는 한 방편으로 신문지를 찢어 전투복 안에 구겨 넣기도 했지만, 이러한 방법도 효과가 별로 없었다. 독일군은 현지에서 획득할 수 있는 방한 도구를 모조리 이용했는데, 주민들의 의복이 주였다. 남자들은 전쟁터에 나간 바람에 얻을 수 있는 것은 대부분 여자의 의복으로, 심지어 치마까지 빼앗아 둘러 입었고, 양말은 장갑 대신 손에 끼었다. 주민들에게서 빼앗은 옷을 있는 대로 껴입어 우스운 꼴을 하고 있는 독일군을 소련군은 "겨울의 프리츠(Winter Fritz : 경멸하는 의미의 독일군인)"이라고 불렀다.

이와는 대조적으로 소련군은 추위에 익숙했을 뿐 아니라 방한 장비도 여유 있게 갖추고 있었다. 12월 7일 일본이 미국을 공격하는 바람에 소련은 부자나라를 동맹국으로 두게 되어 장차 엄청난 전쟁물자를 원조 받게 되었으며, 이미 미국은 소련 병사들의 동상 방지를 위해 털 장화를 보내주기 시작해 전쟁 기간에 무려 1,300만 켤레나 제공하여 실질적인 전투력 향상에 크게 기여했다.

12월 초에 독일군이 기진맥진했을 때도 독일군의 수뇌부는 적의 전투력을 판단하면서 소련군에게 더 이상의 예비대는 없다고 잘못 판단했다. 참모총장 할더는 일기에 "적에게 동원할 수 있는 새로운 병력은 없다."라고 썼으며, 육군 최고사령관 브라우히치도 "붉은

45) Anthony Beevor, *THE SECOND WORLD WAR* (Newyork, Boston, London : Back Bay Books, 2013), p. 241.
46) 폴 콜리어 등 지음, 강만수 옮김, 『제2차 세계대전』(서울 : 플래닛 미디어. 2009), p. 597.

군대에 대규모 예비대는 더 이상 없다."라고 히틀러에게 보고했다. 이들의 판단은 모두 크게 틀렸다. 스탈린은 새로운 예비대를 대규모로 준비하여 역습을 가하려고 은밀히 기다리고 있었다. 그렇다면 새로운 대규모 부대는 어디서 나타난 것인가?

제9절 새로운 반격 부대의 출현과 희대의 간첩 [조르게]

11월 30일 주코프는 스탈린의 부름을 받고 부사령관 벨로프 장군과 함께 크레믈에 도착했다. 스탈린은 주코프에게 느닷없이 '독일군에 반격을 가해 모스크바에 가해지는 위협을 종식시키라'라고 지시했다. 주코프가 놀라자, 스탈린은 준비된 예비대의 상황을 설명하면서, 독일군이 내년에 공격을 재개하기 위한 발판으로 겨울을 안전하게 지나기 위해 참호를 파고 들어가기 전에 역습을 가하도록 지시했다. 역습을 위해 58개 사단이 은밀하게 후방에 도사리고 있었으며, 일부는 모스크바의 방어선을 지탱하기 위해 이미 전선에 투입되어 있었다. 그들의 대부분은 시베리아 지역에서 일본의 관동군과 대치하던 부대들이었다. 따라서 훈련이 안 되고 잡동사니로 구성된 저급한 부대가 아니고, 앳된 얼굴의 강인한 "시베리아의 용사들"이 대부분이었다. 독일군이 전혀 예상치 못한 가운데 예비대는 준비되었고, 소련군은 전쟁 개시 이후 내내 당했던 수모를 되돌려 줄 태세를 갖추어 갔다.

● 리하르트 조르게

그렇다면 여기서 어떻게 막대한 시베리아의 수비군이 일본 관동군과의 대치를 무시하고 모스크바 전선에 전용되었는가에 관심을 가지지 않을 수 없다. 거기에는 역사상 가장 위대한 간첩의 하나인 리하르트 조르게(Sorge)의 활약이 결정적인 역할을 했다는 점을 군사학도들은 이해해야 할 것이다. 조르게는 1895년 러시아의 캅카스(코카서스) 지방에서 독일인 유전 기술자의 아들로 태어났으며, 증조부가 카를 마르크스의 비서였다. 어릴 때 할아버지로부터 물려받은 책이 마르크스의 [자본론]이었다. 제1차 대전 당시 독일군에 입대하여 두 번이나 부상을 당해 입원해 있는 동안, 게걸스럽게 공산주의 이론서를 읽어가며 공산주의에 빠져 사상 무장을 했다. 이념은 피보다 진했다. 1920년대 독일 공산당의 초창기 당원이 되었고, 함부르크 대학에서 박사학위를

받았다. 공산주의에 대한 열망과 지성이 뭉쳐진 젊은 엘리트는 코민테른의 주목을 받아 첩보요원으로 발탁되었으며, 모스크바로 보내져 고급 교육을 받은 후에, 공작원으로 발탁되어 최초 임무로 미국의 할리우드에서 영화 산업에 공산주의 사상을 전파하도록 파견되었다.

그리고 그로부터 1년 후에는 또 다른 훈련을 위해 모스크바로 돌아왔다. 그의 뛰어난 능력은 어학에서도 독일어, 러시아어는 물론이고 프랑스어, 영어, 중국어, 일본어까지 구사할 수 있었다. 그의 능력을 높이 평가한 게루(GRU)47)의 총국장 베르친은 조르게를 상하이에 보내 중국 내의 공산당조직을 재건하라는 커다란 지령을 주었다. 그는 상하이에서 언론인으로 위장하여 거대한 조직망을 성공적으로 구축했음은 물론, 장개석과 모택동에 대한 정확한 분석 자료를 보고 하여 신뢰를 받았다.

조르게는 당의 신뢰가 높아지자, 도쿄에 파견되어 본부의 세밀한 지령 없이도 활동할 수 있는 많은 재량권을 가지고, 우호조약을 맺은 독일과 일본의 동향 수집은 물론, 일본 내의 공산당조직을 건설하는 임무를 수행했다. 조르게는 일본에 부임하기 전에, 자신의 신분을 더욱 새롭게 강화하기 위해 먼저 독일에 들어가 열렬한 나치주의자로서 활동하여, 괴벨스가 이끄는 선전성의 주요 직위자들과 교분을 두텁게 했다. 그러한 연출을 이용하여 그는 독일 신문사들이 합동으로 파견하는 일본 주재 특파원으로 임명될 수 있었기 때문에 공작 활동을 더욱 원활하게 할 수 있었다.

1938년 일본에 도착하여 우선 그는 독일대사관 무관 오트(Eugene Ott) 대령과 친구가 되어, 일본정세에 대한 정보를 교환함은 물론, 일본어가 미숙한 오트 대령을 도와주어 고마움을 느끼게 만들었다. 이러한 관계는 오트가 임기를 마치고 독일에 돌아갔다가 얼마 후에 다시 대사가 되어 부임함으로써 더욱 큰 가치를 띄게 되었다. 그는 1,000권이 넘는 일본 관련 서적을 읽고 보유하는 일본 전문가로서 오트를 돕게 되어 결과적으로 '1941년 6월 22일 독일이 소련을 침공할 것'이라는 정확한 첩보를 보고하게 된다. 그러나 앞에서도 언급한 바와 같이 모든 첩보를 무시한 스탈린은 그의 보고서 역시 무시해 버렸다. 그로 인해 스탈린은 자신의 과오를 인정하기 싫어 오히려 그를 경원시하게 된다.

1941년 10월 초 독일 군대가 모스크바의 목전에 도달했을 때, 조르게는 전쟁의 흐름을 역전시킬 만한 결정적인 정보를 입수하는데, 그것은 '일본이 만주에 주둔한 군대를 태평양으로 돌려, 산업에 필수적인 자원을 획득하는 방향으로 전쟁의 방침이 결정되었다.'라는 것이었다. 이는 곧 일본이 미국과의 전쟁을 개시할 것이며, 소련과의 전쟁은 없을 것이라는 의미였다. 따라서 만주 지역 일본 관동군의 주력이 남쪽으로 이동하고 있으며, 시베리

---

47) 러시아 연방군 정보부로서 해외정보업무까지 관장하며 현재도 25,000명의 부대원이 있는 것으로 알려져 있다.

아에서의 위협은 없어졌다는 점을 명시하여 보고했다.

일본이 이러한 전략적 결정을 하게 된 중요한 이유는 1936년 할인 골(Khalkhin Gol : 일본에서는 '노몬한 전투'라고 칭함) 전투에서 주코프가 일본군을 무찌르고 승리한 것이 중요한 원인이라고 하는 주장도 있다.48) 모든 역량을 집중하여 조르게는 독일대사관에서 보유하고 있던 일본 내각의 회의 내용을 입수하여 전문을 모스크바에 보고할 수 있었다. 이로 인해 조르게는 역사상 가장 위대한 첩보원의 반열에 오르게 되었다.

물론, 일본과 소련은 1941년 4월 13일 상호 불가침조약을 맺었지만, 역사적으로도 가장 위협적인 적국이었으므로 불가침조약은 하나의 미봉책에 불과하다는 점을 양국은 익히 알고 있어 주의를 게을리 하지 않는 상황이었다. 스탈린은 조르게의 보고를 완전히 신뢰하지는 않았지만, 그의 첩보는 다른 감청기관의 보고서로 검증되어 완전한 신뢰도를 얻게 되었다. 역사에 만약이란 없다지만, 만약 일본이 미국과의 전쟁 대신에 유서 깊은 알력 관계였던 소련에 칼을 들이대는 결정을 내렸다면, 아마도 모스크바 전투는 독일의 승리로 귀결되지 않았을까?

조르게는 마지막으로 일본과 미국의 전쟁이 임박했다는 보고서를 작성하여 보고하려 했으나, 10월 17일 일본 정보기관에 검거되었다. 일본 정보기관은 조르게가 첩보원인 것은 알았지만, 소련을 위해 일했다는 것은 까맣게 몰랐다. 그와 함께 주변 인물이 검거되어 자백을 통해 내용을 알게 되었는데, 훗날 일본은 조르게를 소련에서 검거된 일본 간첩과 교환하려 했으나, 소련은 매정하게 조르게의 존재를 부인함에 따라 1944년 11월 7일 볼셰비키 혁명 27주년 기념일 날 처형될 때까지 감옥에 수감되었다.49) 007시리즈의 저자 이언 플레밍은 조르게에 대해 "역사상 가장 위협적인 스파이"라고 평했다. 아제르바이잔의 수도 바쿠에는 훗날 그의 기념비가 세워져 첩보전 승리의 전설을 기록하고 있다. 그뿐만 아니라 2013년 5월 9일 전승 기념일에 주일 소련대사 아파나시에프는 독일에 있는 조르게의 무덤을 참배하여 그의 공로를 기렸다.50)

소련은 동부지역에서 일본의 침공을 우려하지 않아도 되는 행운과 함께 싱싱한 전투력을 가진 시베리아의 용사 40만 명을 서방의 전선에 수혈할 수 있게 되었다. 시베리아에서 전용한 대략 40만 명의 병력은 1941년 말에 25만 명은 주로 모스크바 전선에, 나머지는 레닌그라드를 비롯한 다른 지역에 배치되었다.51) 병력과 함께 주요 장비도 전용되었는데

---

48) Antony Beevor, *op.cit.*, p. 236.
49) 어니스트 볼크만 지음, 석기용 옮김, 『20세기 첩보전의 역사』(서울 : 이마고. 2004), p. 222.
50) 박보균 대기자, "역사상 최고의 첩보원, 조르게 기념비" 『중앙일보』, 2014년 4월 17일 : http://www.joong.co.kr/article/14469665.(검색일 : 2023년 2월 25일)
51) 앤드루 나고르스키 지음, 차병직 옮김, 앞의 책, p. 264.

전차 1,000대와 항공기 1,000대도 차출하여 방어 전투는 물론, 반격 작전에 투입했다. 조르게의 정보는 어떤 면에서 40개 사단만큼의 가치를 지녔다고 말할 수 있다. 그들은 50년 만에 찾아온 강추위에도 끄떡하지 않고, 독일의 전격전 부대에 최초의 패배를 안겨주게 된다.

제10절 12월의 반격

앞에서도 기술한 바와 같이 11월 말에 스탈린은 주코프에게 반격을 가해 모스크바에 대한 독일군의 위협을 제거하도록 명령했다. 이에 따라 주코프는 능력에 걸맞은 제한된 반격 작전계획을 발전시켰다. 이 단계에서 소련군은 모스크바 주변에 완벽한 참호로 2개의 방어선을 구축하고 있었으며, 각급 부대의 방어정면도 어느 때보다도 조밀하였고, 최고 50km에 이르는 깊은 종심을 가진 방어지대를 완비하고 있었다. 아울러 모든 지휘관은 독일군을 상대하는 전술을 여러 차례 경험을 통해 터득하여 노련하게 변해있었다. 주요 접근로에는 대전차 방어 수단이 장비와 병력을 통합하여 밀집되어 있어, 독일군의 진격을 여유 있게 저지할 수 있었다.

소련군의 향상된 실력은 몇 가지 사례를 들 수 있는데 대표적인 것이 벨로프 근위기병군단으로, 벨로프 소장에게 전차사단의 절반과 2개 독립전차대대, 포병, 공병, 대공포 부대를 증원하여 제1기병군단으로 개칭하고, 모스크바 남쪽의 툴라지역에서 구데리안의 제17기갑사단을 공격하라고 지시했다. 벨로프는 독일군의 제17기갑사단을 패퇴시키고, 적진 후방으로 진출하여 5개월간이나 적을 후방에서 괴롭혔다. 또 다른 예는 독일군 제4군이 민스크-모스크바 고속도로를 따라 공격하다가 소련군 제1근위차량화사단의 방어선에 걸려 치열한 전투 끝에 패퇴했으며, 이어서 제33군이 측면을 강타해 12월 5일에 독일군의 공세를 중단시켰다.

12월 초에 독일군은 마침내 한계에 도달했고, 전장의 주도권은 소련군에 넘어왔다. 스타브카(참모부)는 동계전역으로 알려진 반격 작전을 시작했다. 이 시점에서 양군의 전투력은 수적으로는 아직도 독일군이 앞서 있었다. 소련의 역사가들은 12월 1일 당시 소련군 1,100,000명이 독일 중부집단군 1,708,000명과 대치하였고, 전차는 소련군 774대, 독일군 1,170대, 야포는 소련군 7,652문, 독일군이 13,500문을 보유하고 있었다고 주장했다. 소련 측의 주장은 독일군의 능력을 과대평가한 면이 있지만, 소련군의 전력은 비교적 정확하다고 할 수 있겠다.[52] 소련군의 전력은 완전한 편제를 유지하고 있는 부대가 드물고, 대부분이 1/2 수준이었다.

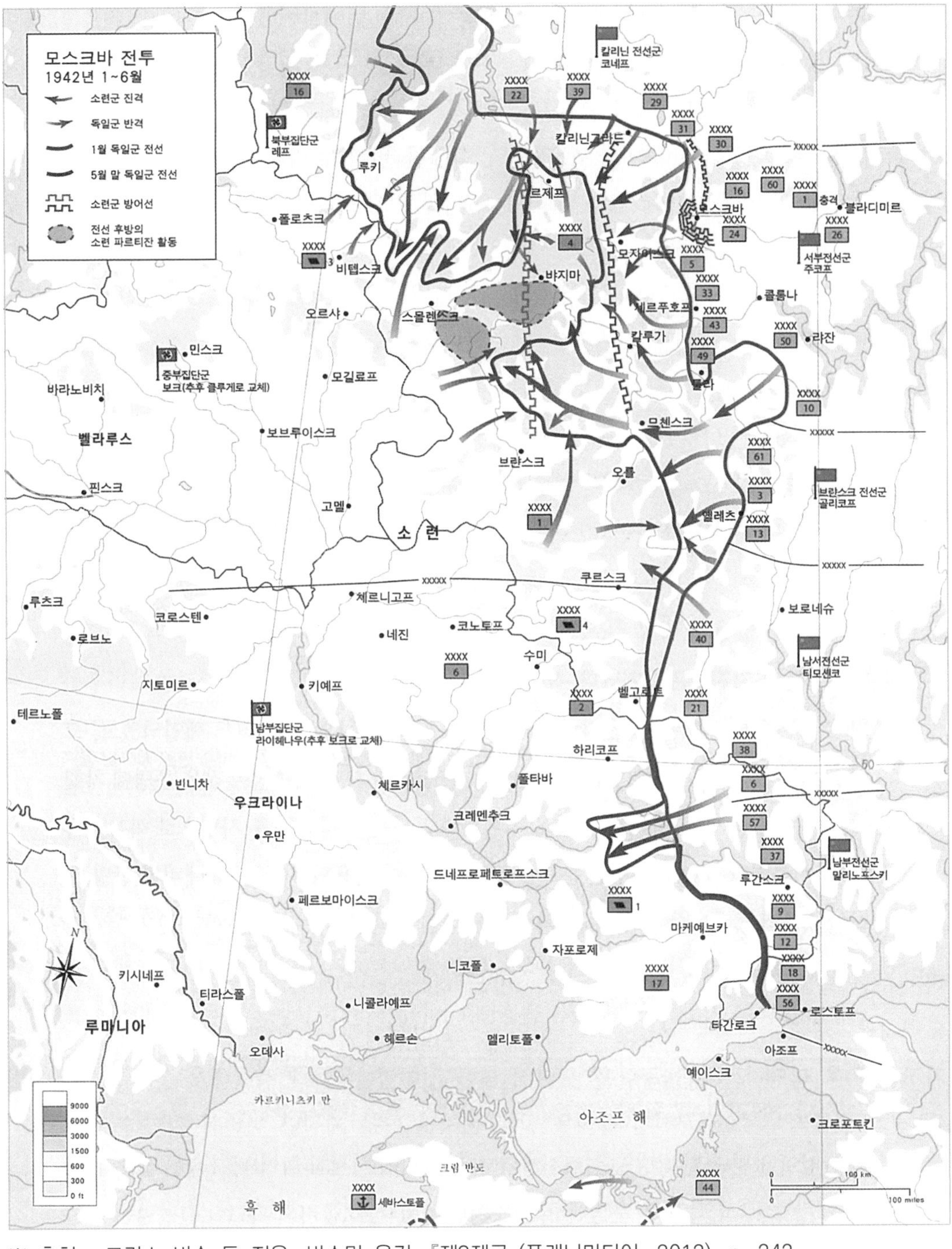

※ 출처 : 크리스 비숍 등 지음, 박수민 옮김. 『제3제국』(플래닛미디어, 2012), p. 242

52) 데이비드 M. 글랜츠, 조너선 M. 하우스 지음, 권도승, 남창우. 윤시원 옮김, 『독소전쟁사』(서울 : 열린 책들, 2009), p. 124.

그러나 근본적인 차이는 추위에 떨며, 모든 장비가 얼어붙어 가동이 매우 어려운 독일군에 비해, 소련군은 따뜻한 방한복과 충분한 식량으로 원기 왕성했으며, 추위에서도 문제없이 가동하는 전차, 야포, 일반차량을 보유함과 아울러 항공기도 격납고 안에서 따뜻하게 관리 정비할 수 있었다는 점이다. 소련군의 착실한 반격 준비에도 불구하고 소련군의 전략예비대가 거의 없을 것이라고 안일하게 판단한 독일군의 수뇌부에게 소련군의 대규모 역습은 대단한 충격을 주었다.

12월 5일 금요일 새벽 3시 정각에, 기온은 섭씨 영하 15도 이하로 떨어지고 눈이 1m 이상 내린 상태에서, 소련군의 반격은 기습적으로 감행되었다. 주코프의 계획은 우선하여 모스크바 정면의 적에 대해 제한적인 공격을 펼쳐 당면한 위협을 제거하는 것이었다. 우선 북쪽에서 코네프의 칼리닌전선군이 볼가-모스크바 운하의 북쪽에서 공격하여 12월 7일에는 클린 돌출부에 있던 독일군 제56기갑군단을 휩쓸었다. 독일군들이 '스탈린의 거시기'라는 별명을 붙인 카투사 다연장포가 우박처럼 쏟아지면서 맹렬한 반격이 개시되었다.

주코프의 서부전선군은 로코소프스키의 제16군과 블라소프의 제20군이 독일군 제4기갑군 예하의 제46기갑군단을 포위하기 위해 클린 돌출부의 남쪽을 공격하여 12월 14일에 돌파구를 마련하였고, 모스크바-스몰렌스크 축선 상의 이스트라(Istra)를 수복했다. 형성된 돌파구를 통해 제2근위기병군단이 투입되어 독일군의 방어선을 붕괴시켰다. 독일군은 얼마 안 되는 예비대를 이곳저곳에 투입하였지만, 역부족으로 포위를 피하고자 어쩔 수 없이 철수하기 시작했다.

모스크바의 남쪽에서도 구데리안의 제2기갑군을 상대로 비슷한 작전이 전개되었다. 벨로프의 기갑-기병의 혼합 군은 돌출부의 독일 선두 부대를 고립시키는 한편, 툴라에서 독일군 최정예부대인 독립연대를 섬멸했다. 구데리안 역시 후방 병참선이 차단될 위험에 처하자, 툴라의 남쪽인 돈강까지 철수하기 시작했다. 소련군은 돌출부를 봉쇄하여 포위를 시도했지만, 적을 섬멸시킬만한 능력은 없었다. 그러나 가장 큰 성과는 독일군 제2기갑군의 가장 남쪽을 담당하는 제34군단을 포위 섬멸한 것이었다. 가장 중앙에서 공격을 담당했던 제4군의 클루게 원수도 끈질긴 공격을 받는 처지라 남을 지원할 여력이 없었다.

붉은 군대의 기병사단들은 몸집은 작지만, 지구력이 뛰어난 카자크의 조랑말을 타고 적의 배후에 침투하여 교란작전을 펼쳤다. 스키부대 역시 하얀 천으로 위장하고 스키를 타고 후방에 침투하여 포대나 병참 시설을 유린했다. 붉은 군대는 개전 이래 처음으로 공중 우세도 달성했다. 소련군은 독일군이 10월 이후 모스크바를 점령하기 위해 출발했던 지점까지의 영토를 크리스마스 이전에 모두 수복했다. 독일이 득의만면하여 공격하던 길을 이제는 소련군의 수뇌부가 그대로 갚아가고 있었다. 보크의 중앙 집단군은 열흘 만에 100km를 후퇴하지 않을 수 없었다. 이제야 비로소 모스크바는 안전하게 지켜질 수 있었다.

제11절 독일군 수뇌부의 동요와 대숙청

소련군의 공세에 독일군의 수뇌부는 크게 동요했고, 위기감을 느낀 지휘관들은 추운 겨울을 무사히 넘기고 이듬해에 반격을 위한 보다 안전한 방어선으로의 철수를 요구하기 시작함으로써 히틀러의 분노를 촉발했다. 그 발단은 중부집단군보다는 남부집단군에서 먼저 시작되었다. 11월 한 달 동안에 남부집단군은 세바스토폴(Sevastopol) 요새를 제외한 크림반도를 모두 석권했다. 11월 20일에는 캅카스(코카서스)로 가는 관문인 주요 도시 로스토프(Rostov)를 함락시켰지만, 곧바로 티모셴코가 지휘하는 남서부전선군의 반격을 받아 11월 29일 로스토프를 빼앗기고, 최전방의 제1기갑군이 방어에 용이한 미우스(Mius)강선으로 총퇴각을 시작했다.

캅카스(코카서스)의 유전이 눈앞에 있다고 환상에 젖어 있다가 뒤늦게 이 사실을 알게 된 히틀러는 남부집단군 사령관 룬트슈테트의 후퇴 명령을 취소하려 했지만, 후퇴하는 부대를 다시 되돌릴 수는 없었다. 분노에 찬 히틀러는 브라우히치와 할더를 대동하고 남부집단군 사령부가 있는 폴타바를 방문하여 룬트슈테트를 만나 로스토프를 잃은 책임을 물었다. 그러나 룬트슈테트는 용감하게 패배의 책임은 야전부대에 있지 않고 전투를 계획한 사람에게 있다고 말했다. 당시의 상황에서는 항명에 가까운 것이었다. 히틀러는 한순간 룬트슈테트에게 달려들 것처럼 바라보다가, 군복에 있는 '기사의 십자가' 훈장을 떼어내 버렸다. 그 자리에 있던 브라우히치는 원래 심장병을 앓고 있었는데 충격적인 장면을 보자 심장 발작을 일으켰다.

룬트슈테트는 자유로운 지휘권을 계속 요구했으며, 그렇지 않으면 지휘권을 내놓겠다고 우겼다.[53] 히틀러는 룬트슈테트의 요구대로 철수를 허가하면서도 그의 작전지휘를 못마땅하게 생각하여 12월 1일부로 사임을 받아들이고, 후임에 제6군 사령관이면서 열렬한 나치 지지자인 라이헤나우를 임명했다. 그렇지만 남부집단군은 미우스강의 진지에서 안전하게 겨울을 지난 뒤, 1942년 중반까지 능숙하게 소련군의 공격을 막아냈고, 다시 로스토프와 캅카스(코카서스)로 진격할 수 있었다. 결국 룬트슈테트의 판단이 옳았음이 입증된 것이었다.

---

53) 베빈 알렉산더 지음, 함규진 옮김, 『히틀러는 왜 세계 정복에 실패했는가?』(서울 : 홍익출판사, 2004), p. 215.

얼마 후에 실정을 이해한 히틀러는 룬트슈테트와 화해하고 그의 사임을 병가로 처리했다. 히틀러는 라이헤나우에게 남부집단군과 6군사령관을 겸직하라고 했지만, 라이헤나우는 지나친 업무 과중으로 도저히 무리라고 하면서 프랑스 전선에서 자신의 참모장을 역임했다가, 그 당시 육군본부 작전참모부장직을 맡고 있던 파울루스를 제6군사령관에 추천했다. 그리하여 1942년 1월 1일부로 사단이나 군단을 지휘해본 경험이 전혀 없는 학자풍의 파울루스가 제6군사령관으로 임명되어 제6군을 지휘함으로써 장차 스탈린그라드(현 볼고그라드) 전투에서 비극의 주인공이 된다.

한편, 파울루스의 후견인 격인 라이헤나우는 1월 12일 영하 20도의 추위에도 평소 습관대로 아침에 개인 운동을 하고 일과를 시작했지만, 점심때쯤 심장마비를 일으켜 사망하고 말았다. 룬트슈테트는 라이헤나우를 '새벽부터 반쯤 벗어부치고 운동한다면서 길길이 뛰어다니는 괴팍한 인물'이라고 평했는데, 실제로 외눈박이 안경에 불도그 같은 인상으로 잔인했던 그는 원수로 승진한 지 겨우 2개월도 안 돼 사망하고 말았던 것이다.

12월 16일이 되자 중부집단군의 보크 원수도 소련군의 총반격에 밀리면서 재정비를 위해 후퇴를 허가해주도록 요청했다. 이에 따라 육군 총사령관 브라우히치 원수와 참모총장 할더는 히틀러에게 상황을 설명하고 후퇴를 허가하도록 종용했으나, 히틀러는 완강했다. 결과적으로 12월 17일에 보크가 건강상의 이유로 물러나고, 제4군사령관 클루게 원수가 후임으로 임명되었다. 보크 원수는 1942년 1월 남부집단군 사령관 라이헤나우가 심장마비로 사망하자 곧바로 남부집단군 사령관으로 보직되었다.

히틀러는 장군들에게 "어디로 후퇴한단 말인가? 50km나 100km 뒤로 물러나면 덜 추울 것 같은가?"라고 말하면서 현진지를 반드시 고수하도록 윽박질렀다.[54] 그럼에도 불구하고, 12월 14일 브라우히치는 자신이 총사령관직에서 사임하기 전 마지막 명령의 하나로, "제2군을 구데리안의 제2기갑군의 작전통제 하에 두고, 오룔을 방어할 수 있는 선까지 제한적인 철수를 해도 좋다."는 허가를 했다. 그러나 이틀 후인 12월 16일에 구데리안은 히틀러로부터 현진지를 사수하라는 명령을 직접 받게 되었다.

참모총장 할더는 이때의 히틀러가 강조한 말을 일기에 기록했다. "총퇴각은 당치도 않은 소리다. 적군은 일부 지역에서만 독일군 진지를 돌파했다. 후방으로 퇴각하자는 주장은 허튼소리일 뿐이다."[55] 그리고 12월 19일 우유부단하고, 심장이 좋지 않았던 육군 총사령관 브라우히치를 해임하고 본인이 스스로 육군 총사령관이 되었다. 이로써 히틀러는 장군들을 가볍게 보고 있으며, 전쟁지도에서도 자신이 그들보다 우월하다고 생각한다는 사실이 드러

54) 크리스 비숍. 데이비드 죠든 지음, 박수민 옮김, 『제3제국』(서울 : 플래닛 미디어, 2012), p. 241.
55) 엔드루 나고르스키 지음, 차병직 옮김. 『세계사 최대의 전투 모스크바 공방전』, pp. 308-309.

났다. 히틀러는 할더에게 "작전지휘 같은 사소한 일은 누구나 할 수 있는 일이네. 총사령관의 임무는 군대를 나치식으로 통솔하는 것이야. 그래서 내가 직접 지휘권을 행사하기로 했네."라고 말했다.[56)]

한편, 구데리안은 최고수뇌부가 최전방 상황을 알지 못하기 때문에 경직된 지시를 하는 것으로 생각하여, 12월 20일 라슈텐부르크(Rastenburg)의 히틀러 지휘소를 방문하여 자신이 처한 절망적인 상황을 보고했다. 그는 월동 장비를 비롯한 식량 및 탄약의 부족 상황과 병사들의 동상으로 인한 건강 상태, 폴란드의 철도역에 쌓여있는 방한 피복이 전방에 보급되지 못하는 수송체계와 함께 강력한 적의 반격 상황을 보고했다.

한때 대담한 계획과 과감한 전술로 히틀러의 사랑을 한 몸에 받았던 구데리안은 과거와 달리 히틀러의 적의에 찬 눈빛을 보고 놀라지 않을 수 없었다. 그럼에도 브라우히치가 승인한 것처럼 부대를 그보다 안전한 곳으로 철수하겠다는 의도를 내비치자, 히틀러는 "안돼. 절대 허락할 수 없어. 그 자리에서 참호를 파고 한 뼘의 땅도 내주지 말라!"고 분노에 차서 외쳤다. 심지어 구데리안이 "얼어붙은 땅에서는 1m 50cm 깊이까지 참호를 파는 것이 불가능하다."라고 하자, 히틀러는 '대포를 쏘아서라도 참호를 구축하라'라고 했으며, 구데리안은 지지 않고 '대포는 적에게 쏘는 것도 양이 부족하다'라고 지지 않고 대꾸했다.

그날의 대화로 구데리안의 운명은 결정이 나게 되었다. 그는 언제나 사이가 좋지 않았던 상관인 클루게 원수와 다툰 다음에 크리스마스 이전에 해임되었다. 북부집단군 사령관 레프 원수도 해임되었다. 북부집단군 예하 제4기갑군 사령관 회프너는 허락 없이 후퇴했다는 이유로 제명 처분을 당했으며, 2군사령관 바이츠, 9군사령관 슈트라우스, 그리고 17군사령관 슈틸프나겔도 해임되었다. 군단장과 사단장 35명이 동시에 해임되었던 것이다. 오직 룬트슈테트 원수의 병가만 허용되었다.

이제 제1차 대전 당시 하사이던 히틀러가 전쟁을 직접 지휘하게 되었다. 그러나 히틀러의 강력한 의지는 자칫하면 129년 전 나폴레옹의 대 육군처럼 추위에 무너져 버릴 수도 있는 독일군을 방어 전선에 붙들어 세울 수 있었고, 그럼으로써 희생을 최소화할 수 있었다고 평가하는 역사가도 있다. 그러한 상황에서는 일정 거리를 후퇴한다고 해서 사실상 좀 더 따뜻하고 안전한 장소를 찾을 수 있다는 보장은 없었을 것이다.

한편으로는, 어떠한 대가를 치르더라도 현진지를 사수하라는 히틀러의 지시로 인해 가장 우수한 전투원들이 대규모로 희생되었다고 평가되기도 한다. 아마도 소련군의 열악한 통신체계, 부족한 예비대, 후속 군수지원의 빈약함으로 인해 독일군이 참패당할 수는 없었을 것이며, 따라서 독일군의 퇴각이 곧 참패로 이어질 것이라는 가능성은 별로 없었을 것

56) 엔드루 나고르스키 지음, 차병직 옮김, 위의 책, p. 309.

으로 보여 진다. 그러나 현진지 사수로 인해 무적 독일 육군의 신화는 깨지고 말았다고 할 수 있다. 레닌그라드로부터 크림반도까지 소련군의 강력한 반격에 의해 히틀러의 전쟁 기계는 천천히 얼어붙어 정지해 버렸기 때문이다. 1812년 나폴레옹의 러시아 침공 결과를 두고, 군사평론가인 조미니는 "러시아에 들어가기는 쉬워도 나오기는 대단히 어렵다."라고 했는데, 히틀러가 그의 경고에 귀 기울이지 않았던 것은 매우 불행한 일이었다.

제12절 스탈린의 총공세와 실패

'교병(驕兵)은 필패(必敗)'라고 손자는 말했다. 1942년 1월 스탈린은 모스크바를 지켜낸 공세작전에서 성공을 거두자, 장차 작전에 대해 지나치게 낙관적인 전망과 적을 패배시킬 야심에 차 있었다. 1941년 11월의 절망적인 상황에서 12월의 공세로 상황이 호전되자, 반격의 목표를 전 전선으로 확대하고자 했다. 스탈린은 독일군이 와해하고 있다고 잘못 판단하고, 충분한 전력이 갖추어지지 않은 상태에서 일부 후방에 남겨진 독일군의 거점들을 우회하고 방치하면서까지 공세를 확대하려 했다. 게다가 대외적인 여건이 좋아졌다. 12월 7일 일본이 하와이의 진주만을 공격하자, 일본의 동맹국인 독일은 12월 11일 미국에 선전포고함으로써 세계에서 가장 부유하고 강력한 나라인 미국을 적으로 만들었는데, 이를 역으로 생각하면, 소련에는 가장 부자나라를 전우로 갖게 되었다는 것을 의미했다.

12월 16일에는 영국의 외무장관 이든(Anthony Eden)이 불과 80km밖에서 전투가 진행 중인 모스크바를 방문하여 스탈린과 회담했다. 여기에서 스탈린은 이든에게 전후의 국경은 1941의 소련국경을 회복하는 데 동의하라는 제의를 했는데, 이는 암묵적인 의미에서 전쟁이 종료된 후에 실질적으로 폴란드의 동부를 포함한 동구라파와 발트 3국을 소련의 지배하에 두어야 한다는 내용으로 보아야 할 것이다. 물론 조약은 성립되지 않았지만, 스탈린은 최종적인 전쟁의 승리를 기정사실로 주장하면서 소련의 야심을 노골적으로 표출한 것이다.

1월 7일 스탈린은 총공격 명령을 내리면서, 전력을 적의 중부집단군에만 집중하지 말고 남부의 크림반도, 하리코프, 중부의 오룔, 북부의 레닌그라드 지역 등 전 지역에서 동시에 공격하도록 지시했다. 참모총장 샤포시니코프와 주코프를 비롯한 군 지휘관들은 얼마 안 되는 예비전력을 너무 넓은 지역에 전개하면 공격의 힘을 분산 소모할 것이므로 불가하다고 반대했으나, 스탈린도 히틀러만큼이나 막무가내였다.

12월에 성공을 안겨주었던 소련군의 전차, 기병, 스키부대들은 전력이 크게 약화 되어 있었다. 전진할수록 병참선은 신장 되어 공군은 독일군과 같은 야지에서 정비해야 하고, 폭격 임무를 수행해야 했으므로 효율은 급격히 떨어졌다. 어쩌면 당연한 결과로, 북부에서는 독일군 제18군을 포위하기 위해 볼호프전선군의 메레츠코프 사령관을 협박하듯 해서 레닌그라드 남부를 공격하게 했는데, 제52군이 독일군의 방어선을 돌파하고 돌파구를 통해 제2충격군이 독일군 후방 70km까지 침투했으나, 독일군은 당황하지 않고 노련하게도 침투한 제2충격군을 역포위해 버렸다.

역으로 포위당한 제2충격군이 포위망을 돌파하지 못하고 3월이 되자, 모스크바 방어전에서 크게 능력을 발휘했던 블라소프(Vlasov)[57] 중장이 볼호프전선군의 부사령관으로 임명되어 포위된 부대의 지휘를 맡았다. 필사적인 항전에도 포위망을 돌파하거나 외부의 구원부대와 연결에 실패하자, 6월 말에 이르러 항복할 수밖에 없었다. 블라소프는 훗날 독일군에 협력하여 [자유 러시아군]을 결성해 소련에 대항함으로써 반역자로 낙인찍혔고, 전후 당연히 처형되었다. 결과적으로 북부지역에서 볼호프전선군의 반격은 실패로 끝났다.

모스크바 전선에서 코네프의 칼리닌전선군과 주코프의 서부전선군에 의한 반격도 야심에 찬 계획에 비해 성과는 미미했다. 코네프와 주코프는 각각 비야즈마의 좌우익에서 공격하여 모스크바 정면의 독일 4개 군인 제4군, 제9군, 제3기갑군, 제2기갑군을 포위 섬멸하는 것을 목표로 하였다. 양 개 전선군의 공세에 보조를 맞추어 남부에서 브랸스크전선군이 오룔 방면으로 공격하여 힘을 보탰지만, 최초 주코프가 예상했던 야심에 찬 계획을 실행하는 데는 전과확대를 위한 예비대, 기동력을 갖춘 기계화부대, 통신 및 지휘체제의 미비로 적을 섬멸할 수는 없었다.

소련군은 일부가 비야즈마를 회복하고, 최초의 모스크바 방어선인 모자이스크 진지를 탈환했으며, 곳곳에서 독일군의 후방으로 진출하여 적을 포위하기도 했지만, 반대로 오히려 적의 후방에서 독일군에게 포위되어 각개격파 되기도 했다. 특히 공수부대를 적의 후방에 낙하시켜 병참선의 차단과 후방교란, 그리고 전진해 오는 부대와의 연결 작전으로 독일군을 격멸하려는 계획은 수송기가 독일 공군의 요격으로 공중에서 추락당하는 경우도 많았고, 수송기의 부족으로 인한 축차 투입으로 기습효과를 상실하여 각개격파 되기 일쑤였으며, 적의 후방에서 전차와 포병의 지원 없이 적의 기계화 부대에 노출되어 너무나 많

57) 블라소프는 군인으로서 훌륭했으나 아내의 출신성분이 나쁘다고 당에 의해 강제로 이혼하여 스탈린 체제에 불만이 있었다. 1941년, 9월 키예프전투에서 용전하다가 마지막으로 탈출했으며, 1942년 1월 레닌그라드전투에서 볼호프전선군 부사령관으로서 독일군에 포위된 부대를 지휘하여 최선을 다했고, 탈출을 위한 비행기가 있었으나 거절하고, 부하들과 함께 숲속에 숨었다가 독일군에게 발각, 항복한 뒤 [자유 러시아군]을 결성, 스탈린 체제를 비난하며, 소련에 대항하지만 매우 소극적이었다. 전쟁 말기에는 오히려 독일에 저항하여 체코의 프라하를 보호하기 위해 투쟁하였으며, 서부전선에서 패튼의 연합군에 항복하려 하였지만, 직전에 소련군에 체포되어 처형당하는 비운을 맞았다.

은 희생을 치른 데 비해 성과는 미미했다.

독일군은 곳곳에서 차단되고 포위되었으나, 포로가 되면 어떤 결과가 온다는 것을 알고 악착같이 버텨냈다. 10만에 달하는 데미얀스크 지역 포위망에 갇힌 독일군은 하루 100회가 넘는 공수작전으로 보급을 받아 72일 간을 버텨냈다. 4월 말 포위가 풀릴 때쯤에는 거의 굶어 죽기 직전이었다. 지역 내의 민간인들은 얼마나 많은 인원이 굶어 죽었는지 아무도 모른다.

이러한 독일군의 분투와 생존은 히틀러에게 몹시 나쁜 교훈을 주었다. 첫째는 아무런 대안이 없는 악조건에 봉착하면 어떻게든 견디어내기 마련이라는 인간 의지에 대해 잘못된 신념과, 둘째, 공중보급 능력을 과신하게 되었다는 점이다. 이러한 잘못된 교훈이 1942년 말의 스탈린그라드 전투와 북아프리카 전선에서 공군의 보급 능력을 과신하여 철수를 허락하지 않았다가 귀중한 병력을 20만 명 이상씩 희생당하는 참혹한 결과를 맞이하는 이유가 되었다.

그래도 히틀러는 스탈린에 비하면 조금은 나은 편이라고 할 수 있는 것이 스탈린은 데미안스크의 북서쪽 150km의 늪지와 숲속에 고립된 블라소프 장군 휘하의 제2충격군에 대해서 잔인하게 눈썹 하나 까딱하지 않고 포기해 버려 결국 포로가 되도록 했다. 앞에서도 기술한 바와 같이 화가 난 블라소프 장군은 독일군에 전향한 후에 스탈린에 저항하는 군을 조직하여 종전될 때까지 투쟁하게 된다. 여기에서 모스크바 방어전에서의 반격 작전은 끝이 났다. 모스크바 전투는 역사가들의 견해에 따르면, 공식적으로 1941년 9월 30일에 시작하여 스탈린의 반격이 끝나는 1942년 4월 20일에 끝이 났다. 상승의 군대인 독일군의 전격전이 모스크바 전투에서 승리를 거두지 못해 불패의 신화도 무너졌으며, 이를 기점으로 독일군은 점차 쇠퇴의 길을 걷게 된다.

모스크바 전투는 외형상으로도 2차 대전에서, 아니 세계전쟁사에서 단일 전투로서는 가장 규모가 큰 전투였고, 승패의 분수령이 된 가장 큰 의미가 있는 전투였다고 할 수 있었다. 소련과 독일 양측을 합해 총 700만 명이 참전하였으며, 그중 250만 명이 희생되었다. 소련군은 전사, 실종, 포로를 합하여 958,000명이 사라졌을 뿐 아니라 이에 더하여 938,500명이 부상했다. 모두를 합하면 1,896,500명이 희생되었다. 반면에 독일군은 615,000명이 희생되어 상대적으로 피해는 3 : 1 정도였지만, 독일군도 정예병들이 사라져 전력의 심각한 약화를 초래했다.

흔히 스탈린그라드 전투를 가장 참혹하고 큰 규모의 전투로 생각하는데, 모스크바 전투와 비교한다면 스탈린그라드 전투에 참여한 병력은 360만 명으로 모스크바 전투의 절반 정도이며, 희생자 수에도 양측을 합쳐 91만 명을 약간 상회하여 모스크바 전투 희생자의

50% 정도에 그쳤을 뿐이다. 굳이 비교하자면 1차 대전 당시의 베르당 전투나 솜 전투에서의 희생자는 양측을 합하여 약 120만 명 정도였음을 우리는 기억할 수 있다.

그런데도 모스크바 전투는 흔히 스탈린그라드 전투나, 레닌그라드 공방전, 쿠르스크 전투들에 비하여 극적인 휴먼드라마로서의 인상을 주지 못하고 있는데, 이는 아마도 다른 지역의 전투들이 소련 측 관점에서 승리를 거둔 전투로서, 스탈린의 입장을 선전하는 데 이용하기 좋은 요소가 있었던데 반해, 모스크바 전투는 스탈린의 실책과 잘못이 다수 개입되어 있어서 동등한 관심을 끌지 못했기 때문이라고 보인다.

한편, 남부지역에서도 봄이 오면 전과를 확대할 수 있으리라는 기대 하에 2개의 공세작전이 수행되었다. 1월 18일 소련의 남부전선군은 도네츠강 북부지역을 건너 하리코프를 남쪽에서 포위하기 위해 독일 남부집단군의 제6군과 제17군의 지경선을 강타했다. 그리하여 소련군의 기습공격은 초기에 성공하여 종심 100km에 달하는 돌파구를 형성하였으나, 1월 31일 독일군의 역습을 받아 공세가 저지되었다.

이보다 앞서 소련의 흑해 함대는 캅카스전선군과 합동으로 세바스토폴 요새가 있는 크림반도의 끝자락 케르치(Kerch) 반도에 과감한 상륙작전을 펼쳐 교두보를 확보할 수 있었다. 상륙작전의 목표는 만슈타인이 지휘하는 제11군에 포위된 세바스토폴 요새에 대한 포위를 푸는 것이었으나 결국 실패하고 말았는데, 소련군은 초기에 해안에서 루마니아군을 몰아냈지만, 곧바로 만슈타인 장군의 신속한 조치로 인해 케르치 반도에서 오히려 봉쇄되어 세바스토폴의 함락을 끝내 막지 못했다.

스탈린의 공세는 전선 전체에서 전투가 격화되면서, 개별부대의 혼란스러운 기동과 때로는 영웅적인 전투로 소모전의 양상을 초래하였다. 봄까지의 전투로 소련은 주로 농촌지역을 확보하였고, 독일군은 도시와 주요 병참선을 고수하는 데 성공했다. 전반적으로 스탈린의 공세는 지나친 욕심으로 인해 소련군은 444,000명이 전사한 데 비해, 독일군은 80,000명이 희생되어 상대적으로 전과보다는 훨씬 더 큰 피해를 보는 결과를 가져왔다.

제 4 장
1942년 여름의 전투와 겨울의 스탈린그라드 전투

제1절 여름 전쟁의 준비

혹한의 겨울이 물러가도 봄의 진창으로 작전이 중단되는 것이 러시아 지형과 기상의 특징이다. 1942년 초에 끝난 소련의 공세에 이어 해빙기가 되자 쌓인 눈과 땅이 녹으면서 갑자기 대지가 진흙의 바다로 변하는 라스푸티차가 찾아왔다. 모든 차량은 차축까지 진흙에 묻혀버리고, 농부들의 가벼운 짐마차도 진창에서 허우적거리는 계절이 된 것이다. 독일군이나 붉은 군대 공히 계절 앞에 손을 들고 정전 상태에 돌입하여 지난겨울에 입은 손실을 보충하는데 전력을 기울였다.

이 기간에 소련은 다음과 같은 몇 가지 중대한 개혁을 단행했다.

첫째, 전력의 집중 운용을 위한 조치였다. 주코프는 1941년 12월 반격 작전 시에 제한된 예비대를 충격군으로 편성하여 좁은 정면에 집중 운용함으로써 적을 돌파하고 전과를 확대할 수 있었다. 이를 교훈으로 하여 과거 전선군의 공격정면을 400km에서 30km로, 군 단위 부대의 정면을 80km에서 15km로 과감히 좁혀 전력을 집중시켰다.

둘째, 포병의 운용에 있었다. 과거에 공격작전에서 km 당 평균 7~12문의 야포와 박격포를 지원하는 데 그쳤으나, 1942년 여름부터는 45~65문으로 대폭 증가했으며, 운용 방법도 단계별로 세분화하여 기동부대와 협동이 원활하게 했다. 포병의 운용 방법을 개선한 것은 극히 상식적이었으나 새롭게 강조한 것은 이를 운용하는 많은 초급 장교들의 자질이 매우 낮았기 때문으로 보인다.

셋째, 기계화부대의 대폭 강화 조치였다. 1937년에 숙청된 투하쳅스키 원수가 참모총장 시절 이전부터 강조한 [종심 전투이론]의 핵심이 기동부대에 의한 제병협동작전에 있었음을 우리는 기억한다. 투하쳅스키는 전쟁 이전에 독일과의 연합훈련을 통해 이미 독일의 전격전 전술과 거의 동일한 개념의 종심작전 전술을 주장했으나, 그의 숙청과 더불어 기계화부대를 모두 해체하는 우를 범했고, 전쟁이 발발했을 때에는 선 방어 개념을 고수함으로써 독일군의 전격전에 좋은 먹이가 되었음을 소련의 군사지도부는 깨달았다.

스타브카(참모부)의 일원이자 기계화 지도국장인 페도렌코 상장은 전쟁 이전의 편제와 운용개념을 다시 도입하겠다는 구상으로, 독일군의 기갑군에 맞설 수 있는 독립된 제병협동 기계화부대를 부활시키려고 했다. 다행히도 소련의 산업은 급속한 시설의 소개와 재배치에도 불구하고 1942년에는 이미 군수물자 생산 부문에서 독일을 능가하기 시작했다. 소련은 1942년 여름의 전투가 개시되기 전까지 전차 4,500대, 항공기 3,000대, 야포 14,000문, 박격포 50,000문을 생산해 냈다. 1942년이 다 가기 전에 페도렌코는 독일의 전차사단에 맞먹는 28개의 전차군단을 창설했다. 1개 전차군단은 병력 7천 800명, T-34 전차 98대, 경전차 70대로 편성되었다. 여기에 한 걸음 더 나아가 전차군단에 보병을 혼성하여 기계화군단을 편성했는데 기계화군단은 병력 13,559명, T-34 100대와 다른 전차 104대로 편제되어 제병협동 능력이 훨씬 강화되었다. 그뿐만 아니라 독일의 기갑군에게 필적할 수 있는 전차군을 편성했는데, 이는 2~3개의 전차군단과 1개의 기병군단, 2~6개의 보병사단을 위주로 일부 지원부대를 포함하였는데, 1942년 7월까지 1, 2, 3, 4전차군이 새롭게 편성되어 전쟁이 끝날 때까지 운용되었다.

반면, 독일군의 사정은 소련만큼 좋지는 않았다. 지난겨울 모스크바 전투에서 입은 손실을 보충하려고 해도 원자재의 부족과 인력의 부족이 회복력을 더디게 만들었다. 1941년 6월 개전 이래 1942년 3월까지 독일군에게서는 110만 명의 전사, 부상, 실종자가 발생했다. 특히 1941년 11월 이후에 90만 명이 희생되었는데 이를 보충하기 위해 비상한 노력을 기울였지만, 충원이 가능한 인원은 45만에 불과했다. 국방군 총사령부의 통계에 따르면 동부전선에 1942년 5월 1일 현재 62만 5천 명의 병력이 부족했으며, 이들은 대부분 전투부대원이었다.

군수 면에서도 동일한 부족 사태에 봉착하고 있었다. 1942년 3월 통계에 따르면 육군의 동부전선에서 개전 이래 11만 5,000대의 수송용 차량과 3,100대의 장갑차량, 1만 4,000문의 야포를 손실했다. 겨울에 동상과 질병을 포함해 군마 18만 필이 사라졌지만 2만 필만 보충되었다. 육군은 57만 톤의 탄약을 소비했고, 1억 8천 만 갤런의 연료를 소모했다. 공군도 상황은 비슷했다. 1942년 3월 기준으로 공군은 1941년 6월 대비 600대나 부족한 항공기를 보유했는데, 이는 1939년 9월 폴란드를 침공할 때보다 40대나 적은 숫자였다.

독일군은 동부전선에서 5월 이후에 최대한의 전력을 쏟아 부을 작정이었지만, 독일의 경제가 그동안의 손실과 다가오는 여름의 손실을 보충할 수 있으리라는 희망은 전혀 없었다.[58] 히틀러는 이제야 독일이 장기전의 함정에 빠진 것을 알고 이에 대비하게 되었다.

전투 병력의 보충을 위해 공장 근로자 28만 명을 차출했는데, 이들은 대부분 군수산업에 근무하던 숙련공이었다. 숙련공의 자리는 농민이 채웠으며, 농업에 종사할 인원은 외국 노동자가 대체했고, 이도 부족하여 최초로 참모 보조원으로 여성 자원이 유입되었다. 3월 21일부로 히틀러는 모든 경제체제를 군수산업에 종속시키고, 이에 대한 책임을 슈페어(Albert Speer) 박사에게 전폭적으로 위임했다.

그렇더라도 모스크바 전투 이래로 손실된 장비와 인원을 보충하기에는 원자재와 시간이 너무 부족했다. 4월이 되어도 독일군은 3호, 4호 전차 1,600대, 대전차포 7,000문, 야포 2,000문이 부족했다. 소련의 전장 환경에서 매우 쓸모 있는 군마는 1941년 개전 시에 60만 필 가운데 1/2이 죽어 제대로 보충되지 못했다.[59] 1942년 여름 전투의 주역이 될 남부집단군은 북부집단군과 중부집단군에서 장비를 넘겨받아 보충함으로써 편제의 85%를 겨우 채울 수 있었다. 특히 북부집단군의 제4기갑군은 예속을 달리하여 남부집단군으로 소속이 바뀌었다.

히틀러는 비록 완전하지는 못하더라도 이 정도면 소련군을 격파하기에 충분하다고 생각했고, 이러한 인식은 주요 지휘관들도 동의함으로써 하계전투를 앞두고 중요한 사기가 되살아났다. 히틀러의 작전 의도는 남부의 초원지대를 건너 캅카스의 유전을 점령하는 것이 제1의 목표였다. 히틀러는 1918년 제1차 대전 말기에 소련과 맺은 브레스트-리토프스크 조약에 따라 차지했던 크림과 캅카스를 다시 점령하여, 항상 염원하던 곡물과 광물, 그리고 무엇보다도 절실한 석유를 얻고자 했다. 그뿐만 아니라 캅카스를 점령한다면 이란을 통해 소련에 이르는, 미국의 무기대여법에 따라 소련에 제공되는 전쟁물자의 수송로를 차단할 수 있으며, 무모한 꿈처럼 보이기는 하지만, 롬멜의 북아프리카 기갑군이 수에즈 운하를 탈환한다면 중동에서 양대 방면군이 접선하고, 장차는 인도로까지 진격할 수 있으리라는 꿈도 어렴풋이 갖고 있었다.

이를 위하여 히틀러는 1942년 4월 5일 자로 총통지령 41호를 발령하여 '청색 작전(Operation Blue)'으로 명명한 차후 작전을 구체적으로 발전시켰다. '청색 전전'의 주요 내용은 먼저 1942년의 주공 목표는 캅카스(코카서스)이고, 조공 목표는 레닌그라드로 하며, 본격적인 공격을 앞두고 전선을 정리하기 위한 예비공격을 제한적으로 실시하되, 세바스토폴 요새 함락과 케르치 반도를 소탕한다는 것이었다.

이어서 주공격은 3단계로 구분하여 실시하기로 했다. 첫 번째 공격단계에서는 남부집단

58) 제프리 메가기 지음, 심홍래 옮김, 『히틀러 최고사령부 1933-1945』(서울 : 플래닛 미디어. 2009), pp. 358-359.
59) 존 키건 지음, 류한수 옮김, 『2차 세계대전사』(서울 : 청어람 미디어. 2006), p. 328.

군이 쿠르스크에서 보로네즈 방면으로 소련군을 돌파하고 정면의 적을 포위 격멸하며, 두 번째 공격단계에서는 남부집단군을 B집단군으로 개칭하고 돈강을 따라 남쪽으로 공격하여 측면에 대한 방호를 강화하면서 또 한 번 소련군에 대한 포위 격멸을 시도하는 것이었다. 그리고 세 번째 단계에서는 제1기갑군과 제17군, 루마니아 제3군으로 A집단군을 새롭게 편성하여 남쪽의 로스토프에서 돈강을 건넌 뒤에 스탈린그라드에서 B집단군과 연결 작전으로 소련군을 포위 격멸하며, 그 이후 A집단군은 남부 유전지대를 향해 공격을 계속한다는 계획이었다. 그리고 이를 위한 전력 보강책으로 제4기갑군이 남부집단군에 합류하였으며, 여기에 독일군 20개 사단, 이탈리아군 6개 사단, 헝가리군 10개 사단, 루마니아군 5개 사단이 증원되었다. '청색 작전' 시행을 위한 영도자 지령 41호는 원대한 포부를 담고 다음과 같이 선포되었다.

"우리의 목적은 소련에 남아 있는 방어 잠재력을 완전히 파괴하고 가장 중요한 공업중심지로부터 소련을 가능한 한 멀리 단절하는 것이다.
따라서 캅카스의 유전, 그리고 캅카스산맥 자체를 넘어가는 통로를 확보하기 위해 돈강 앞에 있는 적을 섬멸할 목적으로 가용한 모든 병력을 남부 방면에 집결할 것이다."[60]

한편, 독일은 소련의 판단을 흐리게 하기 위한 기만 작전을 준비했는데, 그것은 바로 '크레믈 작전(Operation Kreml)'이었다. 독일군이 '크레믈 작전'을 시행하면서 마치 독일군의 공격목표가 모스크바인 것처럼 정교한 기만 작전을 실행하자, 스탈린은 속아 넘어가 다시 한번 독일군의 의도를 잘못 판단하게 되었다. 스탈린은 모스크바가 장차 작전의 중요 목표일 것이며 르제프와 비야즈마에 소련 측으로 깊게 돌출되어 남아 있는 독일군의 거점이 공세를 재개할 때 발판으로 사용되리라고 생각하여, 소련군의 전략예비대 대부분을 주코프의 관할 하에 있는 모스크바 일대에 집결하여 대기시켰다.

반면, 독일군의 하계작전계획 입안자들은 코카서스 일대로 전진하는 독일군에 대항하여 소련군이 대회전으로 맞서리라 생각했으며, 그렇게 될 경우 다시 한번 대규모로 소련군을 격멸할 기회를 포착할 수 있으리라고 기대했다. 스탈린은 독일의 공격목표가 모스크바라고 확신했기 때문에 이에 대한 공세를 완화하려는 목적하에 몇 군데에서 제한적인 선제 공세를 펼칠 계획을 세웠는데, 예비전력의 부족을 이유로 주코프를 위시한 군사 지휘관들이 반대했음에도 불구하고, 스탈린은 전력의 회복력에 대해 낙관적으로 전망하면서 참모들의 건의를 묵살한 채 제한적인 선제공격을 지시하였다.

60) 존 키건 지음, 류한수 옮김, 앞의 책, p. 331.

우선 그 첫 번째가 티모셴코 원수와 흐루쇼프 정치위원이 지휘하는 남서전선군의 하리코프를 목표로 한 제한 공격이었고, 두 번째는 세바스토폴 요새를 구원하기 위한 크림반도의 역습계획, 그리고 세 번째는 영국에서 북해를 건너 연합군의 원조물자가 도착하는 무르만스크 철도를 방어하기 위한 제한적인 성격의 공격계획이 바로 그것이었다. 첫 번째와 두 번째 공격계획은 독일군의 청색 작전을 위한 예비 공격계획과 상충하여 서로가 공격하려는 계획이었으므로 자연적으로 격돌하는 모습이 되었다.

한편, 독일과 소련의 정보기관은 서로가 상대편의 전력을 과소평가하고 있었다. 독일은 소련군의 회복된 군수 생산 능력을 전혀 파악하지 못했고, 소련군 역시 남부집단군의 전력 증강을 너무 몰랐다. 1942년 봄에 독일 정보기관은 소련군이 하리코프 남동쪽에 집결하고 있으며, 아마도 우크라이나 일대를 탈환하려고 하는 의도가 있다고 판단했지만, 그 규모에 대해서는 미지수였다. 그들의 공격은 라스푸티차가 끝나는 5월 초가 되리라는 점은 명확히 파악했다. 독일군은 주공격을 앞두고 하리코프 남부의 이줌(Izyum) 돌출부를 제거해야 했으므로 캅카스(코카서스) 공격 이전에 소련의 공세를 맞받아치기로 결심했다.

제2절 세바스토폴 요새 함락

청색 작전의 예비공격은 5월 8일 만슈타인의 제11군이 크림의 케르치 반도로 소련군을 공격하면서 시작되었다. 1주일간의 전투에서 소련군 17만 명이 포로가 되고 케르치 반도가 점령되면서 끝이 났지만, 세바스토폴 요새는 대단한 격전을 벌였다. 세바스토폴은 제정 러시아 시절에 오스만 제국과 흑해의 제해권을 두고 싸워왔던 이래, 3중의 견고한 요새로 축성되어 대부분의 방어시설이 지하화된 난공불락의 요새였다.

독일군은 1941년 10월부터 여러 차례 공격을 가했으나 실패했다. 만슈타인은 기존의 공격으로는 어림없다는 결론을 내리고 특단의 조치를 취했는데, 곧 대구경 포를 활용한 초토화 전술이었다. 그는 제1차 세계대전 시에 사용했던 공성포, 즉 구경 800mm의 구스타프 열차 포를 다시 끌어왔는데, 포탄은 암반을 27m나 파고 들어가 폭발하는 대형 포였다. 그 외에도 구경 600mm인 '칼', '가마'를 비롯한 1,300문의 포로 5일간을 집중 포격을 가하자, 지상의 모든 시설물은 모래가 되어버렸다.

그러한 포격에도 불구하고, 지하의 방어부대는 살아남아 끈질긴 저항을 하다가 7월 2일에야 함락되었다. 이러한 포격은 1543년 5월 오스만튀르크 제국의 메메트 2세가 콘스탄티노플의 성벽을 1개월 동안 돌로 된 포탄으로 파괴했던 것과 유사했으며, 1914년 8월 루덴도르프 장군이 벨기에의 리에지 요새에 1t 무게의 포탄에 시한신관을 장착하여 콘크리트 벽체를 뚫고 들어가 폭파했던 전술의 재판이었다. 독일군의 사상자는 25,000명 정도였던데 비해, 소련군은 90,000여 명에 이르고 있었다. 세바스토폴에서의 승리로 만슈타인은 원수로 승진했고 전사 상 명장의 반열에 오르게 되었다.

● 구스타프 열차포(구글 검색)

제3절 하리코프 전투

소련군은 제한적인 공세에 적합한 목표로 하리코프를 선정했는데, 이러한 선정 배경에는 하리코프가 독일군의 보급과 교통의 중심지로 이를 탈취한다면 남부지역에서 독일군의 보급체계를 차단할 수 있다는 점과 하리코프의 남과 북에 걸쳐 소련군의 돌출부가 있어 도시를 포위하기에 양호한 기반이 되는 거점을 제공하고 있다는 점이 작용하였다. 1942년 4월 10일에 하달된 소련군의 작전계획은 하리코프의 남북에서 동시 공격하여 도시를 포위하도록 하는 것이었다. 여기서 스타브카는 독일군이 지난 겨울의 타격에서 회복하지 못해 기동력과 병력 부족에 허덕이고 있다는 가정하에 공격을 계획하는 우를 범했는데, 이는 독일군의 주 공격목표가 모스크바가 될 것이므로 남부에서의 전력 증강은 극히 제한되었을 것이라고 본 것이다.

공군을 포함한 소련의 정찰 부대들은 하리코프로 이동해 온 독일군의 전력을 전혀 탐지하지 못해 지역 내의 독일군의 방어력을 과소평가하고 있었으며, 독일군의 이즘 돌출부 제거 작전인 '프리데리쿠스 작전'에 대해 전혀 모르고 있었다. 소련의 공격을 위한 준비에도 많은 허점을 드러냈는데, 5월 12일 공격이 개시될 시점까지도 예정된 포병 32개 연대 가운데 17개 연대만이 공격 대기지점에 도착할 수 있었고, 전과확대를 담당할 제3근위기병군단은 공격이 시작된 지 3일 후인 5월 15일에도 계획된 집결지에 도착하지 못했다. 군수지원도 미흡하여 공격준비사격에 소요되는 포병 탄약의 1/3만이 적시에 보급된 형편이었다. 그런데도 티모셴코 휘하의 전력은 총병력 64만, 전차 1,200대, 항공기 1,000대를 확보하고 있었다.

한편, 독일군은 청색 작전의 주요 예비 작전인 '프리데리쿠스(Fridericus) 작전'이 위태로워지는 상황에 직면하게 되었다. 프리데리쿠스 작전은 "본격적인 청색 작전에 앞서, 하리코프 남쪽에서 독일군 지역으로 튀어나온 이줌 돌출부를 제거하기 위해 파울루스 휘하의 제6군이 5월 18일 공격을 개시한다."라는 것으로서, 파울루스는 5월 10일 '프리데리쿠스 작전계획'을 보크 원수에게 보고했다. 그러나 독일군이 공격하기 전에 소련군이 예상보다 빠르게 5월 12일에 공격을 개시함으로써 양군은 충분한 준비 없이 격돌하게 되었다.

결과론적이지만, 티모셴코의 공격은 독일군에게 청색 작전을 시작하기 전에 소련군의 가장 중요한 전력을 분쇄하는 데 오히려 도움이 되었고, 반대로 소련군은 새롭게 편성한 기계화부대의 운용에 대한 경험 부족으로 인해 보병, 포병, 전차와 공군의 제병협동작전이 미숙하여 실패함으로써 대패 당했지만, 그에 못지않은 교훈을 얻게 되었다.

5월 12일 티모셴코의 공세는 시작되어 첫날 15km를 진격함으로써 순조롭게 진행되는 것 같았다. 보크는 소련군의 공격이 예상보다 큰 위험을 초래할 수 있다고 놀랐는데, 72시간 동안의 전투가 진행되었을 때 제6군의 16개 연대가 궤멸 되자 파울루스는 어떻게 하든지 적의 공세를 둔화시키기 위해 시간을 버는 것이 중요하다고 생각했으나, 보크의 생각은 달랐다. 그는 참모총장 할더에게 히틀러가 통제권을 가지고 있는 클라이스트의 제1기갑군을 남쪽에서 공격시켜 과감하게 반격하면 수세를 극복하고 오히려 대규모로 적을 포위 섬멸할 기회가 있다고 주장했다.

그러한 기회를 잡기 위해 목말라 있는 히틀러는 대단히 좋은 기회가 왔다고 판단하였다. 그는 클라이스트에게 신속하게 적의 남쪽 옆구리를 강타하도록 지시하면서, 그동안 티모셴코가 꼼짝하지 못하게 모든 가용한 공군을 동원하여 지속적인 폭격을 하도록 지시하는 것도 잊지 않았다. 5월 17일 새벽 클라이스트의 제1기갑군은 이줌 돌출부의 남쪽 측면을 강타하여 정오 무렵에는 거의 15km를 전진했다. 독일군의 이줌 돌출부 기저에 대한 공격으로 소련군은 자진하여 함정에 빠진 꼴이 되어갔다. 그날 저녁 티모셴코는 스타브카에 지원 병력을 요청했고, 정치위원 흐루쇼프는 포위될 위험이 크므로 퇴각을 요청했다.

증원 전력의 요청을 받은 스탈린은 "시장에서 사단을 돈을 주고 살 수 있다면 당장 사주겠지만, 불행히도 사단은 시장에서 파는 물건이 아니다."라면서 철수를 허가하지 않았다.[61]

5월 19일이 되어서야 스탈린의 허락을 받아 늦게나마 공격 중지를 명했으나 때는 이미 늦었다. 5월 22일에 포위망이 완성되면서 소련군은 거의 3개 소총군과 1개 전차군이 피해를 당함으로써 무려 포로 24만 명, 야포 2,000문, 그리고 상당수의 탱크부대 등 엄청난 손실을 입게 되었다. 이러한 피해는 소련 측에게는 피나는 값비싼 수업이었는데, 대규모 기계화부대를 편성하더라도 고급지휘관들이 운용 방법에 서투르면 결코 승리를 가져오지 못한다는 점을 소련군은 깨닫게 되었으며, 6개월 후에는 이러한 약점을 보완하여 능숙한 부대 운용을 할 수 있었다는 점 또한 주목할 만한 일이다.

반면, 독일군의 손실은 2만 명도 채 되지 않았다. 제6군과 파울루스 대장은 갑자기 영웅 대접을 받았고, 전략적 결단을 내린 공로를 내세운 히틀러는 더욱 자신감에 차서 매사에 독선적으로 되어갔다. 이 시점에서 파울루스는 총통의 변덕에 따른 위험을 깊이 자각했어야만 했다. 이때 소련군은 레닌그라드에서도 포위를 풀기 위해 1개 군이 반격 작전을 펼쳤으나, 오히려 포위·분쇄되어 막대한 피해를 입고 실패했다.

제4절 청색 작전

청색 작전을 목전에 두고 독일군의 지휘부를 심각한 혼란에 빠뜨리는 사건이 발생했다. 6월 28일로 예정된 청색 작전의 개시일보다 9일 전인 19일에 23기갑사단의 작전장교인 라이헬 소령이 전방부대를 방문하기 위해 경비행기를 타고 가다가 소련군 점령지역에서 격추당했다. 그는 마침 청색 작전에 관한 세밀한 계획서를 지니고 있어서 독일군의 회수 노력에도 불구하고 먼저 소련군의 수중에 들어갔다. 이 소식에 놀란 히틀러는 분노하여 사단장과 군단장을 군법회의에 보내도록 지시했다.

그러나 더욱 아이러니한 것은 스탈린의 태도였다. 중요한 문건으로 보고된 독일군의 공격계획에 대해 그는 독일군이 남부지역을 공격하려는 계획이 명시된 문건은 히틀러가 소련군을 교란하려고 일부러 유출한 것으로 치부해버렸다. "사람은 자기가 믿고 싶은 것만 믿는다."라고 했던 고대 명장 카에사르의 금언을 새삼 들먹일 필요도 없이 스탈린은 독일군이 모스크바를 노리고 있다는 자기 확신으로 인해 중요한 정보를 깊게 검토하지 않은 것은 매우 잘못된 결과를 초래했다. 이 사건은 마치 1940년 1월에 독일군이 서유럽을 공

61) 폴 클리어 등 지음, 강민수 옮김, 『제2차 세계대전』(서울 : 플래닛미디어. 2009), pp. 607-608.

격하기 위한 작전계획이 공수부대의 장군 참모 라인베르거 소령의 항공기 사고로 인해 벨기에에 불시착함으로써 누설되었던 사건과 매우 유사했다. 문제는 비밀문건을 입수한 쪽에서 스스로 적의 기만 작전이라고 예단하여 조금의 이익도 얻지 못했다는 점에서 의도된 기만 작전이라면 진정으로 멋지게 성공한 작전이었다고 할 수 있겠다.

하리코프의 대승리 이후 본격적인 청색 작전은 6월 28일에 개시되었다. 이 단계에서 독일군 남부집단군의 전투서열이 조정되었는데 동쪽을 향해 나란히 늘어선 4개 군은 북으로부터 제6군, 제4기갑군, 제1기갑군, 제17군이었는데, 6군과 4기갑군을 묶어 남부집단군으로 유지하면서 보크가 계속 지휘하고, 1기갑군과 17군을 묶어 A집단군을 편성, 폴란드 전역에서부터 두각을 나타낸 리스트가 지휘하게 되었다. 그들의 상대는 소련의 4개 군으로 즉, 제40군, 제13군, 제21군, 제28군이었다. 소련군은 독일군의 주력이 모스크바를 노리고 있다는 굳건한 믿음으로 예비대가 모스크바 주변에 집결되어 남쪽은 예비전력을 할당받지 못했다.

소련군의 남부에 배치된 전력으로는 정예의 독일군을 상대할 수 없었다. 제40군이 이틀만에 궤멸하였고, 나머지 부대들도 패배를 면하지 못하고 후퇴했다. 이제 독일군의 앞을 가로막는 장애물은 없었다. 소위 도네츠 회랑으로 불리는 대초원이 펼쳐져 돈강이 동쪽으로 크게 굽이쳐 스탈린그라드 시가 등지고 있는 볼가강 근처까지 흐르다가 급격히 남서쪽으로 꺾어지는 만곡부 일대까지는 자연장애물이 없었고, 적의 저항도 미미했다.

순조로운 진격에 고무된 히틀러는 다시 한번 재앙을 불러오는 결정을 하게 되는 데 다름 아닌 돈강에 면한 보로네즈시에 대한 공격에서 보크의 건의를 무시하고 무리한 진격을 요구하여 갈등을 빚는다. 히틀러의 입장에서 보로네즈시는 돈강을 따라 남진하는 부대의 측방을 위협하는 요소지만, 점령할 필요까지는 없고, 기습당하지 않을 정도의 방호만 제공하는 정도로 만족해야 한다고 생각했다. 반면에 보크는 남부집단군이 돈강을 좌측에 두고 남쪽으로 내려가다가 만나는 보로네즈시에서 소련군으로부터 측면을 공격당할 가능성이 크다고 판단하여 호트의 제4기갑군으로 하여금 보로네즈를 점령하라고 명령했다.

한편, 히틀러는 보크의 남부집단군이 보로네즈 전투에 휘말려 기갑부대의 전력을 소비하거나 귀중한 시간을 지체할까 두려워 7월 3일 직접 보크를 만나러 갔다. 히틀러의 우려를 이해한 보크는 예하 부대가 근접전에 휘말리지 않도록 하겠다는 약속을 믿고 귀환했지만, 약속은 지켜지지 못했다. 7월 7일이 되자 제4기갑군은 보로네즈를 버려두고 제6군과 합류하여 스탈린그라드로 진격해야 함에도 보로네즈에서 근접전투에 휘말려 발을 빼지 못하게 되어버렸다. 스탈린의 입장에서 보로네즈는 북동쪽에 있는 모스크바를 공격하는데 양호한 발판이 될 수 있으므로 매우 중요한 거점으로 보았다. 따라서 소련군은 73개 사단,

6개 전차군단, 37개 여단으로 구성된 남서부전선군이 총 130만 명의 수비대로 엄중하게 대비하고 있었다.

보로네즈에서의 2주간의 전투에서 소련군은 독일군 제4기갑군에 밀려 37만 명의 손실을 보고 패퇴했지만, 과거처럼 전체가 포위 섬멸되지 않고 주력부대는 비교적 안전하게 돈강을 건너 동쪽으로 질서 있게 철수했다. 파울루스의 제6군이 이들을 추격했지만, 알보병으로 구성된 6군의 기동력으로는 그들을 따라잡을 수 없었다. 보크의 판단이 잘못되었다고 할 수는 없고 적을 패배시켜 도시를 점령하는 공을 세웠지만, 어쨌든 히틀러의 지침을 어기고 중요한 기갑전력을 7월 13일까지 묶어두는 우를 범한 것이 되었다.

보로네즈의 전투결과를 보고받고 분노한 히틀러는 다짜고짜 보로네즈에서 물러나라고 지시하면서 보크를 경질했고, 부대를 B집단군으로 명칭을 변경하면서 바익스(Maximilian von Weichs)를 사령관으로 임명했다. 그러나 히틀러가 우려한 전력과 시간은 이미 상당 부분 상처받은 후였다. 이때 파울루스의 제6군은 주력부대인 A집단군이 캅카스를 관통하기 위해 남쪽으로 전진할 때, 스탈린그라드로부터의 위협에 대비하기 위해 측면을 방호하는 임무를 맡았다. 이때도 소련은 독일 중부집단군의 기만전술에 속아 독일군의 주공 목표가 모스크바라고 굳게 믿어 주코프가 서부전선군 사령관으로서 3개 야전군을 지휘하면서 7월 5일에는 오룔의 북쪽에서 독일 제2기갑군에 대해 선제 파쇄공격을 감행했다. 독일의 제2기갑군은 열세한 전력에도 불구하고 순전히 소련군의 미숙한 전력 운용에 힘입어 가까스로 소련군을 저지할 수 있었다.

한편, 소련군은 점점 영악해져 갔다. 그동안 스탈린이 금과옥조로 지시한 '물러서지 말라. 현 위치를 사수하라'라는 명령은 독일군의 대규모 포위 작전에 좋은 표적이 되므로 바람직하지 않다는 건의에 동의하면서 포위 위협을 받는 부대는 융통성 있게 후퇴해도 좋다고 허락했다. 스탈린은 아마도 1941년의 키예프전투나 비야즈마 전투에서 절대 후퇴하지 말라는 명령 때문에 사상 유례없이 2개 지역에서만 120만 명이 넘는 포로를 넘겨주어 전력을 낭비한 것에 대해 잘못을 깨달았기 때문으로 보인다.

그 결과 A집단군과 B집단군이 도네츠강과 돈강 사이에서 3차례나 대규모 포위를 시도했지만, 과거처럼 큰 규모의 성과는 거둘 수 없었다. 7월 9일부터 8월 15일 어간에 9만 명의 포로를 획득했지만, 지난해와 비교하면 한 줌도 안 되는 규모였다. 좀이 쑤신 히틀러는 전장에 좀 더 가깝게 위치하기 위해 우크라이나의 빈니차(Vinnitsa)에 완벽한 경호시설을 준비하고 기존의 지휘소였던 라스텐부르크를 떠나 이전했다.

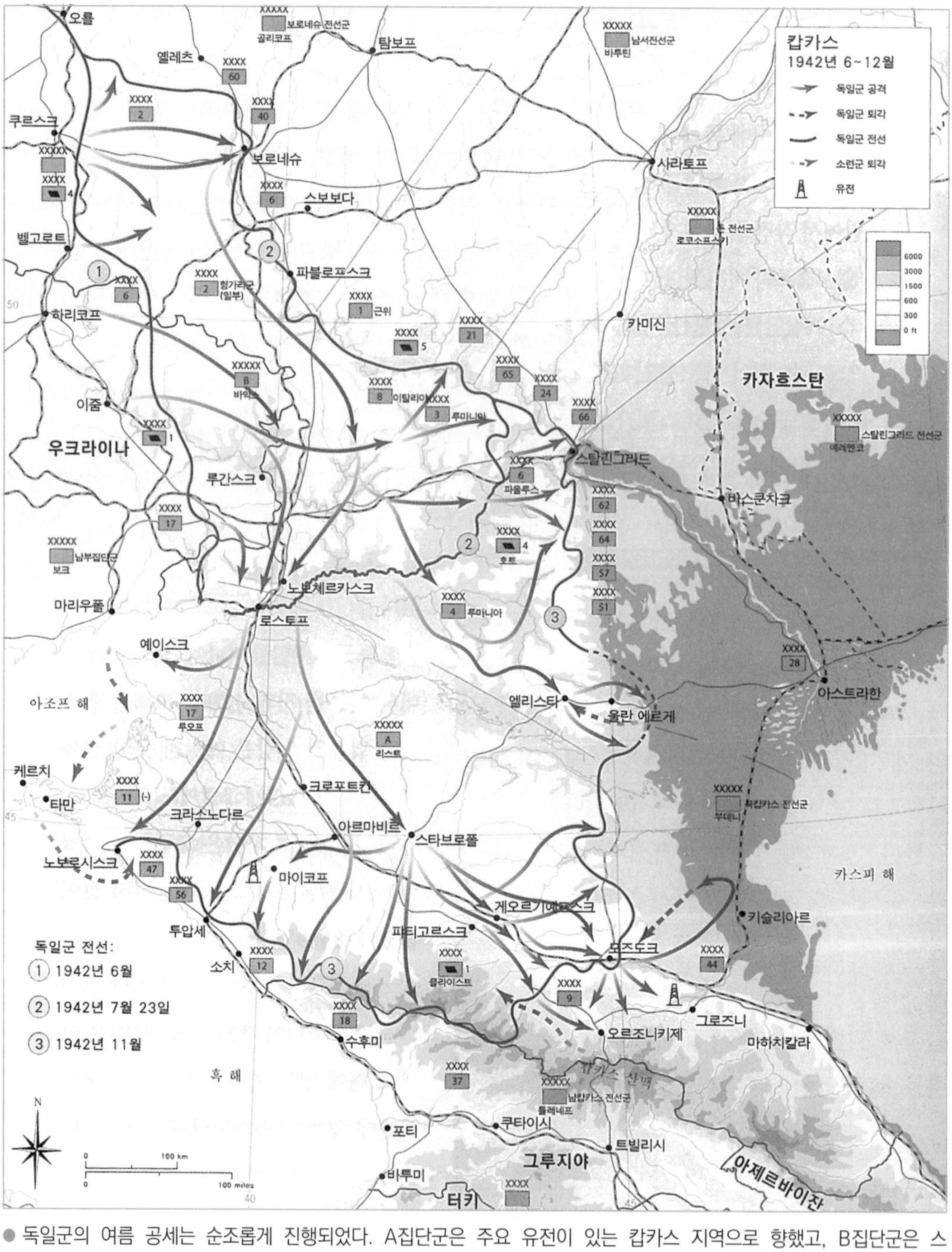

● 독일군의 여름 공세는 순조롭게 진행되었다. A집단군은 주요 유전이 있는 캅카스 지역으로 향했고, B집단군은 스탈린그라드로 향했다.

※ 출처 : 크리스 비숍 등 지음, 박수민 옮김. 『제3제국』(플래닛미디어, 2012), p. 264

빈니차에서 히틀러는 7월 23일 자로 청색 작전의 원활한 진행을 독촉하는 영도자 지령 45호를 암호명 '브라운슈바이크'라고 명명하여 하달했다. 내용은 'A집단군 예하 제17군과 제1기갑군이 돈강이 남서 방향으로 거의 90도로 꺾여 흑해로 들어가는 입구의 로스토프시를 넘어 소련군을 섬멸하고, B집단군의 제6군은 제4기갑군의 지원을 받아 스탈린그라드를 점령하여 볼가강을 따라 남북으로 형성된 소련군의 보급선을 차단하라. 이후 양 개 집단군이 협력하여 볼가강을 따라 고속으로 전진하여 아스트라한까지 전진한다.'라는 것이었다.

카스피해의 연안에 있는 아스트라한은 1918년 브레스트-리토프스크 조약으로 짧은 기간이나마 독일이 점령했던 너무나 멀었던 지역으로, 이미 고향에서 거의 2,000km나 멀리까지 와서 터벅터벅 더위와 먼지를 무릅쓰고 걷고 있는 보병 군바리들에게는 세상 끝이나 마찬가지였다. 소련 남부의 중요도시인 로스토프는 7월 24일에 독일군 제17군에 의해 함락되었고, 거기에서 6일 만에 돈강을 건넌 양 개 부대, 즉 제1기갑군은 캅카스 방향으로 남진하고, 제4기갑군은 스탈린그라드를 공격하는 제6군을 지원하기 위해 북상하였다.

독일군의 작전 목표는 이제 스탈린그라드(현 볼고그라드)와 캅카스(코카서스)라는 2개로 나뉘어 진행되었는데, 전쟁사가들은 독일군의 능력을 초월하는 전쟁 목표의 선정이 전쟁에 패배하는 결과를 초래했다고 비판하기도 한다. A집단군은 초기에 예상보다 빨리 남쪽으로 전진하여 제1기갑군은 넓은 초원지대를 지나 8월 9일에 히틀러가 그렇게 고대하던 유전이 있는 마이코프에 도달했다. 비교적 소규모 유전이지만 그나마 유류를 획득할 수 있을 것이라는 기대는 철저한 소련군의 거부작전으로 무산되었다. 유정과 정유시설을 완벽하게 파괴하고 철수해 버린 것이다.

그러나 이제는 캅카스(코카서스)산맥을 눈앞에 두고 있어 산맥을 넘으면 염원하던 유전을 손안에 넣을 수 있으리라는 희망에 부풀었다. 8월 21일에 히틀러는 유럽에서 가장 높은 봉우리인 엘브루스(Elbrus) 산[62]의 정상에 진출한 산악사단이 나치의 깃발 스바스티카를 꽂았다는 보고를 받았지만, 크게 기뻐하지는 않았다. 히틀러의 희망은 소수 산악부대의 진출이 아니라 대규모 기갑부대와 보병부대의 전진이었기 때문이다. 그러나 리스트의 A집단군의 진격 속도는 캅카스산맥에 이르러 완전히 느려졌다.

7월 중순이 되면서 실제로 제1기갑군의 전력은 30% 정도만 가용했으며, 각 기갑사단의 전력은 평균적으로 완전히 편제된 1개 대대 규모로 축소되고 전차 대수는 54대 정도였다. 리스트는 부대 자체 방호력의 약화와 후속 군수지원의 어려움을 호소했지만, 히틀러의 요구는 그런 문제들을 들은 체도 하지 않고 화를 냈다. 결국 리스트의 요청으로 요들이 현지를 방문하고 돌아와 히틀러에게 전적으로 리스트의 견해에 동의한다고 보고하

62) 유럽에서 가장 높은 산은 통산 알프스산맥의 몽블랑(4,807m)으로 알고 있으나 사실은 그루지야의 캅카스(코카서스)산맥에 있는 옐브루스산으로 해발 5,642m이다.

여 히틀러를 분노케 했다. 히틀러는 자기의 의도를 거스르는 요들뿐만 아니라 국방군 총사령관 카이텔까지 해고해 버리려고 생각했다. 주요 직위자들이 자신의 지휘 결함으로 작전에 문제가 발생한 것으로 몰아가고 있다고 의심한 히틀러는 이후 몇 달 동안 카이텔, 요들과의 회의에서 속기사가 발언 내용을 일일이 기록했고, 악수하지도, 식사에 동석하지도 않았다.

9월 9일에 할더를 통해 리스트가 사임해야 한다고 전함으로써 리스트는 바로 사임했고, A집단군 사령관은 히틀러가 겸임했다. A집단군은 사령관인 히틀러로부터 1,300km나 떨어져 있게 되었으며, 히틀러는 국가수반, 국방군 총사령관, 육군 총사령관, A집단군 사령관의 직책까지 가지게 되었다. 히틀러의 분노는 사실 어떤 사람보다도 참모총장인 할더에게 오래전부터 향해 있었다. 8월 24일 드디어 두 사람의 관계는 폭발했다. 할더는 당시 북부집단군에 맹공을 퍼붓는 소련군의 위협에 대응하여 적당한 거리를 후퇴하여 전선을 축소함으로써 예비대를 확보하도록 히틀러에게 지속해서 건의하면서, 히틀러의 현 위치를 고수하라는 명령 때문에 지나치게 전력의 손실이 커지고 있다고 히틀러를 에둘러 비난했다. 이에 대해 히틀러는 할더를 노려본 뒤에 고함을 질렀다.

"총장! 당신이 원하는 것은 도대체 뭐야? 1차 대전에서도 그랬듯이 회전의자만 빙빙 돌리던 당신이 병사에 대해 내게 이야기해? 단 한 번도 검은색 상이기장을 달아본 적도 없는 자가?"[63)]

히틀러의 노골적인 힐책이 있고 나서 할더의 사임은 기정사실로 되었고, 9월 24일 회의 후에 히틀러는 할더가 기력이 빠졌으며, 그와 다투느라 자신도 기력이 빠지기 시작했다고 말했다. 조용히 듣고 있던 할더는 자리를 떠났다. 단지 그만 가보겠다고 말했을 뿐이었다. 떠나는 그를 참모부 요원들이 조용히 그리고 연민의 정으로 전송했다. 할더의 후임자는 쿠르트 자이츨러(Kurt Zeizler)가 임명되었다. 그는 당시 서부지역 사령관인 룬트슈테트 원수의 참모장이었다. 자이츨러는 할더보다 11살이나 어렸고, 소장으로 진급한 것도 그해 4월이었다. 그는 한 때 요들의 부하였고, 히틀러의 육군 부관 슈문트의 친구로 슈문트가 추천했다고 한다.

파리의 사령부에서 우크라이나의 빈니차에 있는 히틀러의 지휘소에 도착한 자이츨러는 히틀러가 자신을 두 계급이나 승진시켜 참모총장으로 임명한 것을 알았다. 그는 할더와 비교되는 인물이었다. 할더가 비관적이라면, 자이츨러는 적극적이고 자신감이 넘치는 충동

---

63) 제프리 메가기 지음, 김홍래 옮김, 『히틀러 최고사령부』(서울 : 플래닛 미디어. 2009), p. 370.

적인 인물이라고 할 수 있는 사람이었다. 그는 일과를 '하일 히틀러'라고 인사하고 시작했다. 그렇지만 히틀러는 총장의 고유 권한인 육군의 인사권을 자신의 보좌관인 슈문트에게 대폭 위임했다.

독일군에게 남은 과제는 도네츠와 돈강 사이의 초원지대를 신속히 통과하여 남부에서 돈강을 건넌 다음 염원하던 캅카스 지역의 석유를 손에 넣는 것이었다. 캅카스를 점령하면 이란을 통해 소련으로 미국에서 제공되는 전쟁물자의 수송로를 단절시킬 수 있고, 캅카스에서 생산되는 원유가 소련의 공업지대로 배분되는 원천을 봉쇄하여 소련의 공산품 생산을 저지하고, 무엇보다도 원유를 독일이 사용함으로써 루마니아의 플로이에슈티 유전에 대한 의존도를 낮출 수 있다는 다목적 이점이 있었다.

히틀러는 보로네즈에 대한 공격을 성공한 후에 육군지휘부에 대한 대규모의 재편성을 하면서 차후 전투를 독려했다. 돈강을 건너 볼가강에 접근하면서 암묵적인 위험이 독일군에게 어른거렸다. 캅카스로 진격하는 A집단군은 보급 부족에 시달리며 500km 이상의 병참선을 유지하는데 필요한 방호능력의 태부족 상태를 겪고 있었다. 볼가강의 서쪽을 따라 남하하는 B집단군의 느려터진 전진은 히틀러의 욕심을 전혀 만족시켜주지 못했고, 한편 점차 스탈린그라드 부근의 지옥 같은 함정에 휘말려 들어가고 있었다.

이 무렵 8월 12~17일까지 처칠이 모스크바를 방문하여 스탈린과 회담했다. 스탈린은 처칠에 대해 대놓고 화를 터뜨렸다. 스탈린은 무뚝뚝했고, 처칠은 상대를 만족시킬 패가 없어 안절부절못하며 불안해했는데, 그 이유는 다음과 같았다.

첫째는 전쟁물자의 지원에 대한 불만이었다. 영국과 미국은 어려운 가운데도 최선을 다해 소련에 원조를 해왔는데 6월에 호송선단 PQ17이 북해에서 독일의 해상세력에게 큰 피해를 본 이후 중단된 것에 대한 불만이었다. 미국과 영국은 스탈린이 마음에 들지는 않았지만, 그렇다고 스탈린이 궁지에 몰려 히틀러에게 동조하거나 히틀러에게 패배하는 것은 차원이 다른 문제였다. 현실적으로 영국은 북아프리카에서 육군이 롬멜의 기갑군을 방어하는데 전력을 쏟고 있었고, 해군은 대서양 전투에서 사투를 벌이고 있어 소련을 지원할 여력이 별로 없었다. 단지 미국의 군사원조는 미국의 전쟁 준비가 미흡한 까닭에 1942년 말까지 영국에 58억 달러를 제공하지만, 소련에는 겨우 14억 달러만 제공된 형편이었다.

둘째는 스탈린이 그렇게 염원하는 서유럽에서의 '제2전선' 형성 작전이 1942년에서 1년 연기된 점이다. 서유럽에서 제2전선이 형성된다면 독일의 소련에 대한 압력이 약화할 것이기 때문이다. 그러나 곧이어 미·영 연합군의 북아프리카 상륙계획을 거론하자 다소 분위기가 누그러졌다. 처칠은 무례하게 행동하는 스탈린을 달래면서 지난해 말에 폴란드군 포로 18만 명을 이란을 통해 이집트로 보내서 연합군 부대로 싸우게 한 데 대해 치하하고, 군사원조에 대한 약속을 확고히 하여 화해했다. 이때 스탈린은 넌지시 처칠에게 스탈린그라드(현 볼고그라드)에서의 대공세를 귀띔했다.

제5절 스탈린그라드 전투

1. 전투 개요

스탈린그라드(현 볼고그라드) 전투는 인류 역사상 가장 참혹한 전투의 하나로 평가되고 있으며, 스탈린그라드 전투를 계기로 소련군은 독일군으로부터 주도권을 빼앗아 전쟁을 승리로 이끌어가는 전환점이 되는 의미 있는 전투였다고 볼 수 있었다. 전투의 막바지에서 노정되는 참혹함에 대해 독일인 의사 아크라이트너 박사는 즉각 단테의 신곡에서 지옥에 들어가는 입구에 씌어 있는 문구 "여기에 들어오는 자, 모든 희망을 버릴지어다."를 떠올렸다. 영국의 작가 안토니 비버도 상기의 문구, 즉 "여기에 들어오는 자, 모든 희망을 버려라."라는 제목의 책을 저술하여 다수의 많은 상을 받았으며, 그의 저서는 전 세계에 번역되었다.

앞에서 언급한 바와 같이 히틀러는 7월 23일 청색 작전을 가속화하기 위해 '브라운슈바이크'라는 암호명의 '영도자 지령 45호'를 하달하였다. 히틀러는 '영도자 지령 45호'를 통해 "남부의 A집단군은 제17군과 제1기갑군이 주력이 되어 돈강이 동쪽으로 크게 굽이쳐 흘러가는 부분의 남쪽에서 로스토프 시를 넘어 소련군을 섬멸하고, B집단군은 제6군과 제4기갑군이 주력이 되어 보로네즈로부터 돈강을 따라 계속 남하하여 스탈린그라드로 가서 그곳에 집결된 소련군을 격멸하고 볼가강을 따라 운행하는 육로 및 수로의 교통을 단절하라."라는 내용을 적시함으로써 작전의 목표를 2개로 구분하였다.

이러한 작전개념에 따라 그 당시 크림반도에서 작전을 벌이고 있던 만슈타인 원수의 제11군은 곧 예비로 전환될 예정이었다. 그러나 양 개 집단군 공히 가장 중요한 군사적 목표, 즉 적을 볼가강 서쪽에서 섬멸하는 데는 모두 실패했다. 소련군은 예전과 달리, 불리하면 민첩하게 후퇴하여 대규모의 포위망에 걸려들지 않았던 것이다. 혹자들은 앞에서 기술한 바와 같이 독일군의 능력을 벗어나는 2개의 작전 목표로 인해 전쟁의 패배를 가속화했다고 비판하기도 한다.

초기에 히틀러는 스탈린그라드의 전략적 가치를 중시하지 않고, 보로네즈처럼 남부로 진격하는데 측방의 위협이 되는, 그래서 적당히 방호하고 통과해야 할 도시로 생각했다. 그러나 스탈린그라드는 볼가강을 통제하며 남부에서 중부 및 북부로 연결되는 주요 도로와 철도, 수상 교통의 중심지이면서 중요한 공업도시이기 때문에 전략적인 중요성이 크다는 점이 차츰 부각되었다. 그러나 무엇보다도 히틀러로서는 가장 증오하는 스탈린의 이름을 딴 상징성이 있는 도시라는 점에서 반드시 제거해 버려야 할 대상이 되어, 가장 치열한 전투가 전개되는 또 하나의 배경이 되었으며, 반대로 소련으로서는 스탈린이라는 이름 때문에 반드시 사수해야 하는 도시가 되어버려 양국의 자존심 싸움이 되었다.

7월 초에 스탈린그라드를 향하던 독일군 제6군은 유류를 비롯한 보급품의 부족으로 10일간 진격을 멈추고 정비에 들어갔다. 귀중한 시간을 번 소련군은 스탈린그라드 전방에 기본적인 방어선을 구축할 수 있었고, 레닌그라드나 모스크바 방어전에서처럼 주민들을 동원하여 스탈린그라드 주변에 4중의 방어선을 구축했다. 7월 12일에 티모셴코 원수는 남서전선군의 잔존병력과 전략 예비에서 지원된 제62, 63, 64군을 휘하에 두고 새롭게 스탈린그라드전선군을 편성하여 스탈린그라드 일대의 방어를 책임지게 되었다. 이에 더해 5일 뒤에는 남부전선군의 잔존부대인 제28, 38, 57군이 스탈린그라드전선군에 배속 전환되었으며 지휘는 티모셴코에서 고르도프 중장에게 인계되었다. 남쪽의 모든 전력이 스탈린그라드에 집중되자 남쪽의 캅카스 일대에서 A집단군을 방어할 전력이 전혀 없게 되었다.

7월 23일에는 스탈린그라드에서 서쪽으로 128km 떨어진 치르(Chir) 강 근처에서 독일군 제6군과 소련군 제62, 64군의 격전이 벌어졌고, 며칠 후에는 연료 보급을 위해 멈춰선 독일 제14기갑군단에 대해 급히 편성되어 전투력이 미흡한 소련의 제1, 제4전차군이 반격을 개시했다. 이에 따라 소련군은 일시적이나마 독일군을 곤경에 빠뜨렸지만, 스탈린그라드의 방어 태세는 아직도 엉성했다. 반격에 나선 소련의 제1, 제4전차군은 7월 말에 혼란한 격전 끝에 사실상 전멸하고 말았다. 힘 한 번 제대로 써보지 못하고 로스토프가 함락되고, 스탈린그라드 전면에서 그동안 안간힘을 써 육성한 전차군들이 궤멸하자 스탈린은 분노했으며 패배의 기운이 다시 스타브카를 지배했다.

스탈린은 붕괴를 막기 위한 특단의 조치를 취했다. 불과 얼마 전에 융통성 있는 후퇴를 허용했던 스탈린은 다시 "니 샤그 나자드(Ni Shag Nazad)", 즉 "한 발자국도 물러서지 말라."라는 명령서 227호를 하달했다. 어떠한 지휘관이나 정치장교도 명령 없이 후퇴할 경우, 징벌대대에 보낸다고 명시했다. 명령 227호는 죽을 때까지 제자리에서 싸워야 하며 주춤대는 자, 공황 조장자, 겁쟁이는 즉결 처형에 해당하는 중범죄로 취급했다. 징벌대대는 가장 위험한 임무인 지뢰지대 돌파나 최전방 돌격부대의 역할을 하는 것을 임무로 하여 죽음이 예고된 것이나 다름 아닌 부대로서, 부상했을 때만 복귀될 수 있었다. 거기에다가 후방에 저지 부대를 편성하여 임무를 버리고 후퇴하는 자는 처형하였다. 저지 부대는 1941년 중반에 편성되었으나, 폐지되었다가 스탈린그라드 전투에서 새롭게 부활한 것이다. 이러한 조치는 이상하게도 공산주의의 이념이 아닌 애국심으로 무장되어 방어부대에 활기를 불어넣었다.

독일의 B집단군은 8월 초에 스탈린그라드에 대한 본격적인 공격을 위한 부대 배치와 보급을 위해 진격을 멈췄다. 왜냐하면 스탈린그라드로 통하는 주요 보급로가 단 하나의 철로에 의지하고 있었으며, 좌우 측방을 방호해줄 루마니아, 헝가리, 이탈리아군의 재배치에 시간이 필요했기 때문이었다. 이 기회를 소련군은 보고만 있지 않았다. 스탈린그라드의 남쪽과 북쪽에서 독일의 동맹군인 이탈리아군과 헝가리군에게 반격을 가해 일시나마 돈강을 건너 교두보를 확보했다.

이 무렵 캅카스 산악지대에서는 자캅카스(북코카서스)전선군이 독일의 A집단군의 진격을 완전히 저지했고, 북쪽에서는 레닌그라드를 점령하려는 독일 북부집단군의 노력 역시 무산시켰다. 이제 독일군은 모든 노력을 동쪽으로 집중했다. 폭격기 600대로 구성된 제8항공군단은 8월 23일 소이탄과 고폭탄으로 시내를 공격하여 시설물을 완전히 파괴하고 대화재를 일으켜 불지옥을 만들었다. 이날의 폭격으로 주민 4만 명이 목숨을 잃었다. 제6군은 폐허가 된 스탈린그라드 시내로 진입하기 시작했고, 파울루스는 며칠 내에 볼가 수로를 점령할 수 있으리라고 자신만만해했다. 이제 지옥 같은 시가전의 서막이 올랐다.

스탈린그라드는 볼가강의 서안을 따라 24km에 걸쳐있는 중요한 공업도시였다. 인구 60만 명이 제철소, 트랙터 공장, 군수공장에 주로 종사하며 거주하고 있었다. 도시를 방어하는 주력부대는 8개 사단 규모의 제62군이며 지휘관은 얼마 전까지 64군의 부사령관이었던 추이코프(V. I. Chuikov) 중장이었다. 유명한 독종으로 알려진 추이코프는 프룬제 사관학교를 졸업하였고, 1940년부터 중·일 전쟁에서 장개석의 군사고문으로 재직하다가 1942년에 복귀하여 즉시 스탈린그라드에 투입되었다. 훗날 그는 베를린 함락에 큰 공을 세웠으며, 전후에는 동독 주둔 소련군 사령관을 거쳐 소련군 최고사령관이 되어 원수로 승진한다. 죽어서는 스탈린그라드 시내에서 가장 높은 지형인 마마예브(Mamaev) 고지에 묻혔다.

독일군의 제6군과 제4기갑군은 오랫동안 전투를 통해 전력이 약화한 25개 사단을 투입했고, 9월 16일에는 제4기갑군 소속의 보병사단들까지 제6군에 배속했지만, 그것으로도 충분하지 못하다는 것이 금방 드러났다. 덤불 숲과 구릉과 골짜기, 협곡이 모두 사투의 표적이었고, 포탄 자국은 훌륭한 엄폐 진지가 되었다. 무너진 철제건물과 콘크리트 잔해가 한 치의 땅을 차지하기 위한 목표이면서 진지가 되어 이전투구를 벌였다. 공장, 배수관, 제방, 지하실, 폐허 더미는 숨어서 적을 저격하기 위한 좋은 엄폐물이었다.

독종인 추이코프 장군은 철저한 초토화 작전을 펼쳐 스탈린그라드 주변의 모든 우물을 파괴하고, 집단 농장에 불을 질렀으며, 트랙터와 가축까지 아무것도 남기지 않고 몰고 가 버렸다. 운반하지 못한 곡물 창고에는 기름을 부어버렸다. 7, 8월의 더위는 한낮 기온이 섭씨 50도를 넘어가다가 9월 들어 갑자기 싸늘해졌다. 보급은 늘 부족했고, 취사장에는 득시글대는 파리떼를 쫓아낼 방법이 없었다. 병사들은 점차 이질, 발진티푸스 같은 병에 걸려 쇠약해 갔다. 추이코프는 점차 방어선을 스탈린그라드시를 중심으로 축소해가면서 적의 약점을 세밀히 파악했다.

우선 독일군은 제병협동 전술을 기본으로 하여 보병은 전차와 항공기의 지원이 없으면 공격하려 하지 않는다는 점이나, 보병들이 소총 유효사거리 밖에서 사격을 시작하며 근접 전투를 매우 꺼리는 것을 알게 되었다. 따라서 그에 대한 대응책으로 소련군을 최대한 독일군에 근접하여 전투를 벌임으로써 독일군의 장점인 항공기나 포병이 아군을 폭격할 위험성 때문에 마음 놓고 화력을 지원하지 못하게 하는 방법을 쓰게 된다. 이는 야전에서는 곤란하지만, 스탈린그라드처럼 시설물이 밀집한 시가지 전투에서는 위험하지만 매우 유용한 전술로써 일명 '껴안기 전술'로 불리었다. 독일군의 총탄에 살상될 위험은 커졌지만, 독일군의 장기인 제병협동 전술을 무너뜨리는 데는 성공했다. 이와 더불어 소련군에게 필요했던 것은 적과 근접하여 싸우겠다는 병사들의 의지와 감투 정신이었는데, "한 발짝도 물러나지 말라!"는 스탈린 명령 제227호를 강조하면서 추이코프 이하 지휘관들은 장병들을 겁주고 독려하며 때로는 총살하기도 했다.

어렵사리 부대를 시내의 요소에 독일군과 대치하도록 배치하면서 추이코프는 다시 한번 새로운 전술을 시도했다. 대부분의 전투는 건물 내에서 치열하게 근접전투로 이루어지기 때문에 부대를 보병 20~50명, 경포 2~3문, 지뢰나 장애물 설치를 위한 공병 팀, 화염방사기나 폭발물 전문가를 포함한 소규모의 돌격대를 편성했다. 이 돌격대들은 은밀하게 숨어서 독일군을 잘 관찰하다가 독일군이 식사 중이거나 보초 교대 등 경계가 소홀할 때 기습적인 공격을 가해 피해를 가중시켰다. 돌격대는 6~8명의 공격조, 지원조, 예비조로 구분하는데, 공격조는 기관단총, 수류탄, 단검, 야전삽을 휴대하여 공격을 주도하고, 지원조는 중기관총, 박격포, 대전차포, 폭발물, 지렛대와 곡괭이를 휴대하여 공격조를 지원하거나 공격조를 타격하기 위해 출동하는 적을 접근로에 매복하고 있다가 타격하는 임무가 주였다.

예비조는 정상적으로는 예비조의 역할을 하지만 그럴 필요가 없으면 공격조로서 활동했다. 건물 내에서 복도나 방과 방을 사이에 두고 벌어지는 근접전을 독일군은 '생쥐 작전'이라고 불렀는데 이는 이쪽 방에서 도망친 생쥐가 옆방에서 나타나는 모습을 비유한 것이다. 근접전이 벌어지는 시가지 전투에서는 전차나 포병의 대규모 집중 운용은 생각할 수 없었고, 단지 1~2대의 전차나 야포가 보병작전을 지원하는 수준으로 운용할 수밖에 없었다. 이외에도 효과적인 작전은 땅굴 작전을 들 수 있다.

독일군은 도시의 동쪽에서 볼가강을 이용해 병력과 장비를 충원하는 소련군을 저지하기 위해 간단없이 포격을 가했는데, 소련군은 포대 밑까지 땅굴을 파고 폭약을 설치하여 포대를 날려 버리기도 했다. 모든 원시적인 방식의 전술이 효과적으로 사용된 전투가 바로 이곳이었다. 8월 23일에 독일군이 스탈린그라드시의 북쪽에서 볼가강 쪽으로 깊게 침투하여 스탈린그라드전선군을 동강 내버렸다. 그에 따라 스탈린그라드시를 포함한 지역을 스탈린그라드전선군 책임 지역으로 그대로 두고, 사령관은 예레멘코장군으로 교체하였으며, 정치위원은 흐루쇼프를 투입했다. 북쪽은 돈전선군으로 새롭게 편성하여 스탈린그라드전선군 사령관이던 고드로프 장군이 지휘하게 되었다.

예레멘코는 용맹하기로 이름 나 있었으며, 스탈린그라드 전투에서만 일곱 번 부상했는데 네 번은 중상이었다. 그는 병원 침상에서 계속 지휘했고, 결국은 회복되어 전쟁에서 죽지 않고 살아남았다. 파울루스는 예레멘코와 추이코프가 절대로 물러서지 않을 적수임을 인정했다. 그러자 9월 13일 히틀러는 제6군사령관 파울루스를 전방 지휘소인 빈니차에 불러 공방전의 상황을 논의하고 독려했다. 이후 독일군은 한 차례의 돌파 공격에 3개 보병사단을, 또 한 차례는 4개 보병사단과 기갑사단을 동원하여 남, 북 양쪽에서 볼가강을 따라 전진하여 트랙터 공장, 바리카디 공장과 '붉은 10월 공장'을 포위하고 볼가강의 선착장을 점령하려고 모든 노력을 집중했다.

추이코프 사령관 예하의 제187사단장 로딤체프(A, I. Rodimtsev)는 시가전의 달인이었는데, 그는 1936년 스페인 내전에서 공화국을 도와 프랑코 반군에 맞서 싸우면서 기술을 터득했다. 그의 사단은 공장지대를 사수하라는 명을 받고 단지 안에 들어선 지 3일 만에 90%가 살상 당했다. 이 희생의 결과로 사단은 [13근위사단]의 명예를 얻게 되었다.

독일군은 3일간의 전투에서 폐허를 헤치고 중앙 기차역과 마마이 고지의 비탈길로 전진했다. 중앙 기차역은 15회나 주인이 바뀌었다. 독일군이 낮에 이루어 놓은 소득을 밤이 되면 소련군이 원상태로 되돌려 놓았다. 마마이 고지를 서로 주고받았으며, 언덕은 분화구에서 분출한 회색의 화산재처럼 변했다. 전 지역이 불타버린 건물에서 생겨난 검은 재로 덮였고, 포탄이 떨어질 때마다 회색 먼지구름이 피어올랐다. 공기는 불타버린 나무, 시체의 냄새가 뒤섞여 아주 역겨웠다.

탱크 단 열다섯 대와 한 줌밖에 되지 않는 병력을 가진 추이코프는 볼가강의 선착장을 차지하려는 파울루스군의 맹렬한 공격을 막아내고 있었다. 추이코프의 부대들은 모두 땅속에 진지를 구축하고 들어앉았다. 양측의 병사들은 수류탄 투척 거리 이내에 위치하여 적의 취약점을 노리고 습격하고, 백병전을 벌였다. 부상자들을 후송하기 위해 노력했지만 그러기 위해서는 적에게 노출될 수 있어 그냥 방치되고, 그 자리에서 죽어갔다. 주검은 어디선가 떼로 나타난 쥐들의 먹이가 되었다. 쥐들은 지하의 참호나 진지에 병사들과 같이 두려움 없이 횡횡했다. 최선을 다하고 있었지만, 전선의 병사들에 대한 보급은 매우 미흡했다. 병사들은 항상 배가 고팠고, 비위생적인 식사로 설사가 만연하고, 티푸스에 걸리는 경우도 점차 증가했다. 특히 지역 내의 민간인들은 전쟁이 발발하자 철수를 금지하고 현지 입대하거나 노동에 동원되었는데, 먹을 것이 전혀 없어 쐐기풀을 끓여 먹거나 쥐를 잡아먹기도 했다.

스탈린그라드전선군은 밤이 되면 볼가강을 통해 바지선이나 작은 배를 동원하여 끊임없이 시가전의 지옥 속으로 보충 병력을 투입했다. 이때 스타브카는 스탈린그라드 방어에 대한 조직개편과 함께 반격을 위한 전략을 수립했다. 8월 23일 예전 레닌그라드나 모스크바 방어에서처럼 스탈린은 또다시 주코프를 불러 스탈린그라드로 가서 상황을 타개하도록 노력해야 한다면서 주코프가 스탈린그라드 전역의 최고사령관 될 것임을 암시했다. 주코프는 8월 29일 스탈린그라드 전선으로 갔다. 그곳에서 7월에 이미 기운이 떨어진 샤포시니코프 대신 참모총장으로 임명된 바씰레프스키를 만나 전략구상을 마치고, 9월 13일 완성된 전략구상에 대해 스탈린에게 보고했다.

쥬코프는 바씰레프스키와의 토의에서 "스탈린그라드 주변을 폭넓게 공격하여 제6군을 포위섬멸 한다."라는 계획에 대한 윤곽을 잡았다. 스탈린은 폭을 좁혀 포위하자고 주장했으나, 독일군이 빠져나갈 가능성으로 인해 기각되었다. 반격에 필요한 전력의 충원은 독일군의 모스크바 공격에 대비해 보유했던 전략 예비를 사용하도록 했으며 준비기간은 45일이 걸릴 것으로 예상했다.

9월 중순에도 아직도 우세한 전력을 유지하고 있는 독일군은 탱크를 동원하여 소련군의 진지를 한 치 한 치 갈아댔다. 9월 하순이 되자 도시의 중심부가 대부분 함락되었고, 영웅광장에 있는 백화점의 지하실을 거점으로 저항하던 소련군이 죽임을 당하고 물러나자 파울루스가 그 자리에 지휘소를 설치했다. 시의 남쪽에 있는 곡물 창고를 독일군의 야포와 탱크가 박살을 냈지만, 소련군은 남아 있는 골조를 이용하여 각 층에 방어조를 편성하여 전투를 이어갔다. 전투력이 절반으로 줄어든 독일군의 3개 보병사단과 2개 기갑사단이 좁은 공간으로 밀고 들어와 볼가강 변에 있는 바리카디 공장을 제외한 전 지역이 점령되었다. 이제 소련군은 좁다란 띠처럼 볼가강을 연하여 근근이 버티고 있었다. 추이코프의 다른 부대들은 지역별로 고립되어 악착같이 달라붙어 방어전을 이어갔다. 붉은 군대가 스탈린그라드 전투에서 어떻게 살아남았는지 군사적인 관점에서는 설명이 불가하다. 추이코프는 몸소 독종으로서의 결연함을 보여주고 가혹한 전투를 이겨내지 못한 자들을 무자비하게 처단했는데 13,500명이 용기 부족이라는 이유로 처벌되었다고 한다.[64] 그의 결연함은 부하들에게 전염되어 모두가 굳은 결의로 독일놈들을 물리쳐야만 살아남을 수 있다고 믿었다.

독일군에게는 찰거머리 같은 추이코프의 군대와 더불어 겁나는 한 가지는 카투사라고 불리고, '스탈린의 파이프'라고도 하는 다연장 로켓포, 즉 방사포였다. 독일군은 방사포를 야포보다 무서워했는데, 방사포는 일제 기습사격으로 10에이커의 면적에 4t의 폭탄을 퍼부어 초토화하는 능력을 갖춰 기습적으로 발사하면 대단한 피해를 유발했다.

10월이 되자 방어군은 4개의 작은 교두보로 밀려났고, 적과의 접촉선은 볼가강에서 불과 183m 정도밖에 남아 있지 않았다. 10월로 접어들면서 소련군은 공중 우세를 달성했다는 고무적인 상황에 접할 수 있었다. 소련의 제8공군은 전투기 생산력의 향상으로 기존의 항공기 운용 대수가 300에서 1,500대로 늘어났고, 동시에 독일 공군이 점차 소모되어 약화하면서 제공권을 장악할 수 있게 되었으며, 이와 함께 독일군에 대한 타격도 개시할 수 있었다.

이때 소련군에는 다소 혁명적인 조치가 있었는데, 10월 9일 법령 307조를 발령해 각급 부대를 감시하고 독려하기 위해 존재했던 특권층인 정치위원제도가 없어지고, 부대를 전투 지휘관이 독단적으로 운용할 수 있는 단일 지휘체제가 확립되었다. 각급 부대에 경원의 대상이었던 정치위원들은 갑자기 달라진 위상에 당황했지만, 그래도 장교와 같은 봉급 체제를 유지하는 등으로 완전히 폐지되지는 않고 명맥을 유지했으며, 스탈린의 기분에 따라서 언제 또다시 부활할지 몰랐다.

덧붙여서 장병들의 사기 진작을 위해 쿠투조프 훈장, 수보로프 훈장 등의 훈장 제도가 생겨났다는 점은 앞에서 언급한 바 있다. 그러나 독일군 제6군의 전위부대도 완전히 소모되어 새롭게 전력을 보강하기 위한 휴지기를 가지게 되었다. 이때의 상황을 독일군 제24기계화사단 소속의 한 장교는 아래와 같이 기록했다.

"우리는 집 한 채를 차지하려고 박격포와 기관총과 수류탄과 총검으로 보름간 싸웠다. 이미 3일째에 아군의 시체 54구가 지하실 안과 층계참과 계단에 널려 있다. 전선은 불타버린 방 사이에 있는 복도이며 두 층 사이의 얇은 천장이다. 도움은 비상 탈출용 계단과 굴뚝 옆에 있는 이웃집에서 온다. 한낮부터 밤까지 싸움은 끊이지 않는다. 층마다 얼굴이 땀으로 새까맣게 된 우리는 폭발과 먼지와 연기구름으로 자욱한 한가운데서 수류탄을 들고 서로를 날려버렸다…. 어느 병사든 붙잡고 이런 싸움에서 백병전이 무엇인가를 물어보

64) 리처드 오버리 지음, 류한수 옮김, 『스탈린과 히틀러의 전쟁』(서울 : 지식의 풍경. 2007), p. 243.

라. 그리고 스탈린그라드를 상상해 보라. 백병전을 벌인 80일 밤낮을…. 스탈린그라드는 더는 도시가 아니다. 낮에는 시야를 가리는 불타는 연기의 거대한 구름이며, 화염의 반사광으로 훤히 빛나는 거대한 용광로다. 그리고 밤이 오면 타는 듯 뜨겁고, 음울하고…. 개들이 볼가강에 뛰어들어 저편 강가에 닿으려고 죽을힘을 다해 헤엄친다. 개들에게도 스탈린그라드의 밤은 공포다. 짐승은 이 지옥에서 도망친다. 가장 맹렬한 폭풍도 이 지옥을 오랫동안 견디지 못한다. 오로지 인간만이 견뎌 낸다."[65]

스탈린그라드 전투에서 특기해야만 하는 중요한 요소는 저격병의 활약이다. 제62군의 진정한 스타하노프(노동 영웅)는 탱크를 파괴한 자가 아니고 저격수들이었다. 10월 혁명 25주년을 계기로 저격수 운용에 관한 전술이 새삼 각광을 받기 시작했고, 경쟁적으로 선전에 활용되었다. 가장 유명한 저격수는 바티우크 사단의 '자이체프'라는 병사로서, 10월 혁명을 기념하는 동안 149명의 독일군을 사살한 것으로 기록되었는데, 아쉽게도 150명을 채우지 못했다고 한다.

그에 관해서는 'Enemy At The Gate'라는 제목의 인기 영화로 제작 상영된 것을 기억한다.

그의 활동은 제62군에서 저격수의 중요성을 일깨우는 계기가 되었고, 전군에 전파되었다. 우랄산맥의 양치기 출신인 그는 젊은 저격수를 훈련시켜 제자들을 양성했으며 '자이체프(토끼)'라는 그의 이름을 인용하여 제자들은 '자이치타(토끼 새끼)'라고 불렸다. 저격병들은 다양한 전술을 사용했다. 어떤 저격병은 참호를 3개를 연결하여 구축해 놓고 취침과 공격과 은신을 번갈아 했으며, 가짜 진지에 백기를 꽂아 놓고 줄을 당겨서 독일군이 확인하기 위해 머리를 내밀면 저격하기도 하고, 허수아비를 그런 식으로 운용하여 허수아비에 사격하는 독일군을 저격하기도 했다.[66]

저격병들이 가장 중요하게 생각하는 목표는 적의 중화기 사수였고, 특히 전방에 배치된 포병의 관측 장교들이었다. 그들은 부서진 콘크리트의 잔해나 공장의 배관 속을 통로로 이용하거나 은신처로 활용했다. 이름 있는 저격수는 150명 이상을 사살하기도 했다. 소련 측의 기록에 의하면 독일군은 유명한 저격수 자이체프를 사살하기 위해 저격학교 출신의 특급 저격수를 불러왔으며, 며칠간을 쫓고 쫓기는 두뇌 싸움 끝에 결국 자이체프가 독일 저격수의 은신처를 찾아내 사살했다고 한다.

10월 17일 추이코프는 독일군의 공격에 견디지 못하고 지휘소를 마마이 고지 인근 언

---

65) 존 키건 지음, 류한수 옮김, 앞의 책, pp. 343-344.
66) 안토니 비버 지음, 안종설 옮김, 『여기에 들어오는 자, 모든 희망을 버려라』(서울 : 서해문집. 2004), pp. 282-283.

덕의 후방에 땅굴을 파고 들어갔다. 눅눅하고, 폐쇄된 지하 지휘소에서는 예하 부대와의 통신도 제대로 소통되지 않았지만, 부대들은 소규모 돌격대로 분산되어 저항을 이어갔다. 추이코프는 이때의 상황을 다음과 같이 기술하고 있다.

> *"독일군이 10월 14일 치고 나왔다. 그날은 모든 전투 가운데 가장 피비린내 나고, 가장 치열한 전투로 역사에 남을 것이다. 4~5km 길이의 좁다란 전선을 따라 독일군이 수많은 대포와 비행기의 지원을 받는 5개 보병사단과 2개 전차사단을 투입했다.*
> *독일 공군이 낮 동안 2,000회 넘게 출격했다. 그날 아침 당신은 개개의 총성이나 폭발음을 들을 수 없었다. 전체가 하나로 합쳐져 귀가 멍해지는 굉음이 끊임없이 울렸다. 5야드 거리가 떨어져서는 아무것도 분간할 수 없었다. 먼지와 연기가 너무 짙은 탓이다. 그날 나의 본부에서 61명이 목숨을 잃었다. 넋을 빼는 이 일제 포격이 네댓 시간 지속된 뒤, 독일군이 전차와 보병으로 공격을 시작해서 1.5km를 전진해 마침내 트랙터 공장까지 돌파해 들어왔다."*[67]

이번 공격은 마지막에서 두 번째 단계였다. 10월 18일에는 양쪽이 모두 소진되어 소강상태가 찾아왔다. 양쪽 군대는 서로 상대를 꽉 껴안고 절대로 놔주지 않은 채 버티고 있었다. 몇 군데에서는 볼가강과 불과 300m도 남지 않았다. 주요 건물 가운데 붉은 10월 공장과 트랙터 공장은 뺏겼고, 바리카디 공장 일부만 소련군에게 남아 있었다. 소련군은 대규모의 반격 작전을 위한 예비대를 최대한 마련하기 위해 최소한의 지원 병력만 추이코프에게 보내면서 사태를 예의 주시했다.

히틀러는 자기가 지금껏 무엇을 위해 제6군을 스탈린그라드에 투입하여 엄청난 희생을 치르고 있는지 목적을 잊어버린 것 같았다. 전략적 관점에서 캅카스로의 전진이나, 소련군의 반격에 대비한 측 후방 방호에 대한 중대한 전술 조치도 오로지 스탈린그라드 전투에 함몰되어 아무것도 거론되지 않았다. 매일 두 차례씩 열리는 지휘관 회의에서는 전진하는 부대의 속도를 km에서 m 단위로 따지고, 투입하는 부대의 규모를 군단이나 사단이 아닌 중대나 소대를 두고 갑론을박함으로써 전쟁에서 나무를 보고 숲을 보지 못하는 모순에 빠져 통찰력을 완전히 잃어버렸다.

독일군은 대량의 소모전 끝에 추이코프의 제62군을 밀어붙여 볼가강에 처박는다고 해도 단지 전술적인 승리에 그칠 것이며 전략적인 승리를 가져오지 못한다는 사실을 까맣게 잊고 있었다. 이미 제6군 예하 20개 사단의 전투력은 막대한 희생으로 모두 절반 이하로 떨어졌다. 그나마도 실패한다면 독일과 소련의 전력 균형은 급격하게 기울어 전장의 주도권

---

67) 존 키건 지음, 류한수 옮김, 앞의 책, pp. 344-345.

을 완전히 소련군에게 넘겨주는 상황이 될 터였다.

이미 추워지는 날씨가 심리적 압박감을 더해주는 가운데 11월 11일 파울루스가 마지막 공세를 펼쳤다. 다음날에 제4기갑군이 스탈린그라드 남쪽에서 볼가강에 도달하여 도시를 완전히 에워쌌다. 이것이 독일군이 가장 동쪽으로 전진한 종점이었다. 그 후 엿새 동안의 전투에서도 양측 모두 결정적인 성과를 얻지 못하고 서로가 맞물려 부둥켜안고 죽어갔다. 이제 볼가강이 얼기 시작하면서 얼음 위로 보급이 한층 쉽게 될 터였다. 그러다가 11월 19일 북쪽에서 대포 2,000문이 일제 사격하는 무시무시한 천둥소리가 모든 것을 뒤바꿔 놓는 전주곡이 되었다. 주코프와 바씰레프스키의 반격이 시작된 것이다.

2. 소련군의 반격 - 천왕성 작전

히틀러는 스탈린그라드에 독일군을 집중하여 투입하고 좌우 주위에는 동맹국인 루마니아, 헝가리, 이탈리아 군대를 늘어놓았다. 동맹군의 전투력은 독일군에 비해 매우 취약했는데, 우선 전투 의지에 있어서 그들은 자신들의 이해에 의해서가 아닌 히틀러의 강요 때문에 참전한 만큼 생사를 건 전투를 해야 할 필요성이 없었고, 전투 장비나 훈련에서도 소련군에 대해서도 열세였다. 히틀러의 입장에서는 그들로 인해 핵심 전력을 아껴 집중할 수 있었으나 상대적으로 핵심을 방호할 외곽전력으로서는 매우 취약한 상태라고 할 수 있었다.

이 무렵 소련군은 전쟁 개시 이후 피해가 1,000만 명을 상회했다. 그러나 끈질긴 생명력으로 예비군을 조직하고, 초기에 엉성한 장비로 무장해 전선에 투입되어 독일군에게 포위되고 격파당했지만, 마치 단순 무식한 힘센 거한이 커다란 몽둥이를 예리한 칼을 가진 기사에게 휘둘러 대듯이 악착같이 대들었다. 그러다가 1942년 말이 되면 소련군도 자연스럽게 싸우는 방법을 터득하여 독일군에 대해 대등한 전투를 벌일 수 있게 되었다. 이제는 더 이상 독일군의 전가 보도인 전격전은 위력을 발휘할 수 없게 되었을 뿐 아니라 소련군이 역으로 전격전을 구사할 수도 있게 되었다.

소련군은 스탈린그라드 전투에서 지난 8월 이래로 적의 1개 집단군 수준에 대한 포위격멸이란 원대한 목표를 계속 추진해 왔다. 이제까지의 작전이 스탈린 개인의 직관으로 수행되어 전술적·전략적 패배에 대한 상당한 책임이 자신에게 있다는 점을 자각하고 스탈린은 마침내 전문 집단을 신뢰하여 그들에게 더 광범위한 재량권을 부여했다. 9월 13일 주코프는 스탈린그라드의 양측 돌출부를 점령하고 있는 약체의 루마니아군을 공격하여 최종적으로 독일군을 차단, 포위한다는 계획을 스탈린에게 보고했다. 그의 계획은 원대하고

심원했으며, 전쟁의 최종단계까지를 염두에 둔 내용을 포괄하고 있어, 확신을 갖고 집중 검토를 통해 10월 말에 최종 승인되었다.

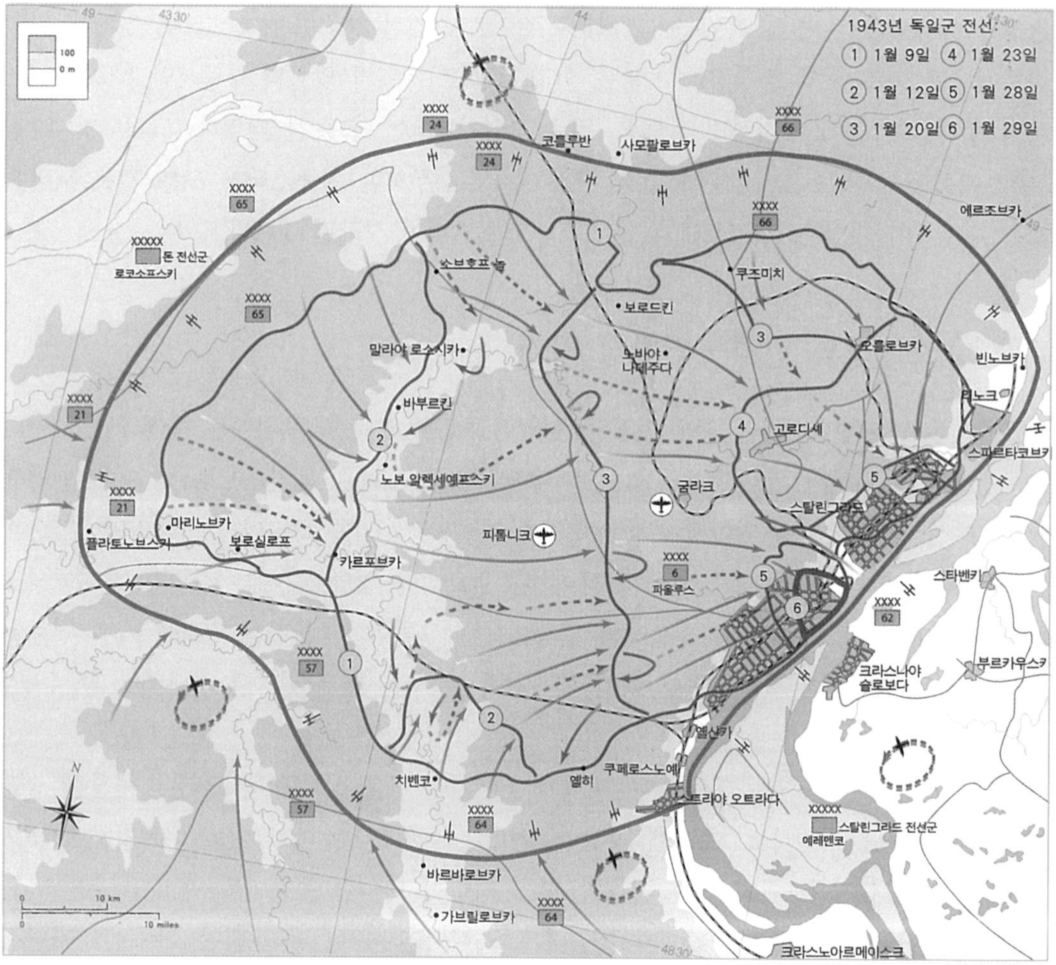

● 소련군은 파울루스의 제6군을 신속하게 포위했다. 1942년 11월 19일 '천왕성 작전'을 개시한 주코프 원수는 도시 북쪽과 남쪽에 대한 집중 포격으로 대규모 공격의 시작을 알렸다. 독일 제6군은 나흘 만에 강철 같은 소련군 포위망에 갇혔다.

※ 출처 : 크리스 비숍 등 지음, 박수민 옮김. 『제3제국』(플래닛미디어, 2012), p. 271

쥬코프가 수립한 포위 격멸계획의 주요 내용은 다음과 같다. 우선 첫 번째로 작전명을 '천왕성(Uran)'으로 스탈린그라드 일대의 적을 섬멸한다. 두 번째로 '토성(Saturn) 작전'으로 연결하여 소련 남부 전체의 독일군, 즉 A집단군과 B집단군을 포함한 추축군 모두를 격멸한다. 동시에 모스크바를 중심으로 서부전선군과 칼리닌전선군이 주코프의 통솔하에 르제프 돌출부에 있는 중부집단군을 격멸하는 '화성(Mars) 작전'을 전개하고, 이후에 남부와 중부에서 반격을 가해 독일군에게 심대한 피해를 강요한다는 계획이었다. 최초 단계에서 천왕성 작전은 포위전의 전범이라 할만했다.

구체적인 계획은 독일군의 양측 면을 방호하고 있는 북쪽의 루마니아 제3군과 남쪽의 루마니아 제4군을 대규모 공격으로 돌파하고, 돌파 부대가 칼라치에서 연결하여 스탈린그라드 일대의 독일군을 포위한다는 것이었다. 이 작전의 성공을 위해서 가장 중요한 것이 보안이었다. 스탈린은 자신에게 계획을 보고하러 온 주코프와 바실레프스키에게 "적절한 때가 되기 전까지는 우리 셋 이외에는 누구도 이 작전을 알아차려서는 안 되오."라고 당부했다. 당분간은 스탈린그라드전선군과 남서부전선군을 지휘하고 있는 예레멘코에게도 아주 개략적인 내용 외에는 아무런 정보도 제공되지 않았다. 여름과 가을에 걸쳐 전략예비대는 스탈린그라드로 가지 않고 모두 모스크바 인근에서 철저한 훈련에 몰두했다.

작전 개시일이 다가오자 무선통신의 양을 대폭 줄여 작전을 은폐했으며, 명령은 문서로 작성되지 않고 구두로 하달되었다. 작전 개시일이 가까워져 오자 병력의 이동은 모두 야간에 이루어졌으며, 평원지대에서도 적의 항공정찰에 대비한 철저한 위장으로 적에게 포착되지 않아 효과를 톡톡히 보았다. 제62군사령관 추이코프에게는 작전이 개시되는 11월 19일의 하루 전에야 스탈린그라드 양측에 묵직한 공격으로 독일군을 동강을 낼 참이라고 작전 내용을 통보했다.

기만 작전으로는 의도적으로 암호화되지 않은 평문의 무선통신으로 천왕성 작전과는 별 상관이 없는 보로네즈의 중부집단군에 대한 공격을 준비하라는 위장지시가 내려졌다. 독일군이 감청하기를 바라는 의도였다. 이는 '화성 작전'으로 스탈린그라드 포위전을 기만하기 위한 작전이라고 말하지만, 일부 사가들은 투입된 부대가 스탈린그라드 일대의 작전과 거의 대등하여 별개의 양 개의 작전으로 보기도 한다.[68]

한편, '화성 작전'계획은 2중 간첩을 통해 독일군의 동부정보국 게렌 대령에게 자세하게 누설되었는데, 이는 독일군의 노력을 스탈린그라드로부터 떼어 놓기 위한 고도의 첩보전이기도 했다. 그 결과 독일군의 관심을 크게 자극하지 않고 스탈린그라드 북쪽에서 제5전차군, 제4전차군단에서 차출한 2개 기병군단과 다수의 소총사단이 돈강을 건너 공격 대기지점으로 이동했고, 남쪽에서도 제13, 14기계화군단과 제4기병군단 등이 야음을 틈타 볼가강을 건넜다. 이리하여 천왕성 작전을 위해 총병력 114만 명, 전차 894대, 야포 13,451문, 항공기 1,115대가 집결하였다.

오랫동안 소련 측의 공식 사료들은 독일과의 전력 비교에서 병력 1대 1, 전차 1.3대 1, 포병 1.4대 1이라고 주장했지만 실제로는 소련군이 2대 1로 우세했다는 것이 정설이다.[69]

68) 안토니 비버 지음, 안종설 옮김, 앞의 책, p. 370.
69) 데이비드 M. 글렌츠 외 지음, 권도승 외 옮김, 『독소전쟁사. 1941-1945』(서울 : 열린 책들. 2009), p. 176.

그리고 작전을 위한 부대 편제로써 스탈린그라드전선군은 돈전선군으로 개칭되어 로코소프스키 중장이 지휘하고, 남동부전선군은 스탈린그라드전선군으로 개칭되어 예레멘코 원수가 그대로 지휘하며, 10월 말에는 남서부전선군이 새롭게 편성되어 바투틴(Vatutin) 중장이 임명되어 돈전선군 북방에서 공세를 취하도록 하였다.

기동계획은 스탈린그라드 북쪽에서 바투틴의 남서부전선군 예하 로마넨코 중장이 이끄는 제5기갑군을 주축으로, 로코소프스키의 돈전선군과 협력하여 방어선이 신장되어 약화된 정면의 루마니아 제3군을 돌파하여 전진하며, 남쪽에서 예레멘코의 스탈린그라드전선군 예하 제51군과 제57군이 제13전차군단과 제4기계화군단을 선봉으로 발진하여 정면의 제4루마니아군을 돌파한 다음, 전진하여 칼라치에서 북쪽의 제5기갑군과 연결함으로써 스탈린그라드 일대의 독일군을 포위한다는 것이었다. 이때 포위망에 대한 외부 구출 작전을 차단하는 것은 바투틴 예하의 제8기병군단이 담당하도록 하였다.

이 계획의 가장 커다란 취약점은 독일군의 증원 전력을 차단하는 임무를 지닌 제8기병군단에 있었는데, 경무장한 기병군단의 전력으로는 주어진 임무를 수행하는 것이 무리라는 점이 제기되어졌으나, 가용수단의 제한으로 달리 특별한 선택의 여지가 없었다. 또 하나의 취약점으로서 지적된 소련 기계화부대의 후속 군수지원 문제는 작전 개시 전까지도 여전히 해결되지 못한 취약점을 안고 있어서 작전 일수가 길어지게 되면 무력화될 소지가 다분했다. 공군력은 숫자상으로는 독일군을 상회했지만, 훈련과 실전경험부족으로 최상의 전투력을 발휘하기에는 크게 모자랐다.

한편, 독일군은 스탈린그라드 양 측방의 위협에 대해 어느 정도 인지하였지만, 심각하게 고려하지 않았다. 당시에 스탈린그라드 북부에서 실시된 소련군의 소규모 공격에서의 무능함은 독일군에게 붉은 군대가 치명적인 대규모 공세를 취할 능력이 없을 것이라는 확신을 심어주기도 했다. 8월 중순에 육군 총사령부 동부정보국의 게렌 대령은 소련군이 73개 보병사단과 86개 전차여단을 비롯한 상당수의 예비대가 즉각 전투에 투입될 수 있다는 비교적 정확한 평가를 하고 있었지만, 공격 방향은 독일의 중부집단군으로 향할 것으로 전망했다. 소련의 기만 작전이 성공적이었다고 할 수 있었다.

히틀러는 곧 스탈린그라드가 함락되리라는 낙관적인 생각과 함께 소련군에게 대규모 반격을 가능케 할 예비대가 있다는 것을 애써 믿으려 하지 않았고, 오히려 붉은 군대의 운명이 막바지에 달해 고갈되어 가고 있다고 믿었다. 독일군은 여름 동안 소련이 전차 생산량을 대폭 늘려 5개의 전차군과 4개의 전차군단을 증설한 것을 전혀 몰랐다. 아울러서 아직도 소련군의 작전 능력을 낮게 평가하여 제6군을 포위하는 대규모 작전을 펼칠 능력이 있다고는 꿈에도 생각하지 못했다. 그러나 제4기갑군사령관 호트는 위험을 비교적 정확하고 뚜렷하게 인식하고 있었다.

스탈린그라드 북방을 방호하던 루마니아 제3군사령관 두미트레스쿠는 돈강 주변의 심상치 않은 움직임을 10월 말에 감지하고, 돈강 자체를 방패삼아 적의 기갑부대를 저지해야 하며, 9월 말부터 돈강의 서안을 완전히 장악하여 강력히 방어해야 한다고 주장했지만, B집단군 사령관 바이크스는 그의 제안에 대한 타당성을 인정하면서도 예비 병력을 투입하는 우선순위에서 스탈린그라드가 앞선다면서 심각하게 고려하지 않았다. 루마니아군의 가장 큰 약점은 대전차 방어 능력의 결핍으로 그들의 사단에는 말이 끄는 37mm 대전차포 몇 문이 고작이었는데, 이 포는 T-34 전차를 격파하지 못한다는 이유로 '도어 노커(Door Knocker)'라는 별칭이 붙어 있을 정도였다. 두미트레스쿠 장군은 상관인 본국의 안토네스쿠 원수에게 보고했고, 안토네스쿠는 루마니아군의 방호력 강화를 위한 대책을 히틀러에게 청원했지만, 히틀러는 근일 내에 스탈린그라드 함락의 낭보가 날아들지 모른다는 희망으로 애써 무시했다.

하기야 당시에 히틀러는 무수한 난관에 봉착하여 특단의 대책을 강구하기에는 능력이 부족하기도 했다. 그 이유는 1942년 10월 23일 북아프리카 전선의 엘 알라메인 전투에서 패배한 롬멜의 부대가 긴급한 증원요청을 해오고 있었으며, 11월 7일 미-영 연합군이 '횃불 작전'을 전개하여 북아프리카 서쪽 알제리에 상륙하고 있는 긴박한 상황이었기 때문이다. 이에 따라 히틀러는 튀니지에 대규모 증원군을 파견하는 한편, 8일에는 프랑스의 비시정부 관할 하의 영토를 모두 점령하여 프랑스 남부에 대한 자치권을 박탈하는 조치를 취했다.

북쪽의 취약한 방어력을 보강할 수 있는 유일한 부대는 제4기갑군 예하의 제48기갑군단이었는데, 명목상으로는 2개 기갑사단에 루마니아군 제1기갑사단과 상당한 대전차 및 야포 부대를 거느린 것으로 되어있었다. 그러나 실제로는 군단 전체의 탱크 보유 대수가 100대에도 미치지 못했고, 연료의 부족으로 심각한 상태인데다가 탱크를 오랫동안 사용치 않아 쥐들의 은신처가 되어있었으며, 일부는 전선을 쥐들이 갉아 먹어 시동이 걸리지도 않았다. 제6군사령관 파울루스는 인접 부대와 후방에 가해지는 위험을 감지하고 있었지만, 전투가 자기 부대 관할구역이 아닌 후방에서 이루어졌다는 이유로 별다른 조치를 취하지 않았다. 이는 프로이센의 군사 전통인 임무형 지휘 방침에 비추어 명령이 있어야만 움직이는 수동적인 태도와 스스로 생각하기를 포기하는 파울루스의 행위는 지휘관으로서 절대 용서받을 수 없는 것이었다.

물론 임무형 작전의 전통을 박탈한 것이 히틀러였지만, 본태적으로 야전군 사령관이라기보다는 참모형 장군인 파울루스는 더욱 히틀러의 의중을 거스르려 하지 않았다. 어쨌든 야전군 사령관으로서 그가 저지른 진짜 과오는 적군의 위협에 대비한 자기 부대의 방호에도 무대책이었다는 점일 것이다. 만일 그가 스탈린그라드 시내에 투입된 전차를 비롯한 전력을 재배치하고 예비대를 편성하는 등 대응책을 갖추었다면, 아마도 결정적인 시기에 좀 더 효과적인 대응책을 강구할 수 있었을 것이다. 그러한 가정은 스탈린그라드 남부에서 예레멘코의 공격을 호트의 제4기갑군의 일부가 날카롭게 반격하여 부분적인 성공을 가져왔음에 비추어, 파울루스가 정확한 상황판단으로 과감한 부대운용을 했다면 부대가 전멸하는 상황은 면할 수 있었을 것이기 때문이다.

천왕성 작전은 예상을 뛰어넘어 기대 이상의 성공을 가져왔다. 독일군의 외곽인 동맹국의 전투력은 달걀의 껍데기처럼 취약하여 단숨에 부서졌다. 11월 19일 새벽 06시 30분 스탈린그라드 외곽을 돌파하려는 공격준비사격이 3,500문의 포에서 80분간 맹렬히 발사되었다. 11월 19일에는 바투틴의 남서부전선군과 로코소프스키의 돈전선군이 루마니아 제3군과 인근의 독일군에게 들이닥쳤다. 그리하여 루마니아군은 불과 몇 시간 만에 무너졌다. 전투 의지도 별로 없고, 장비도 미비한 동맹국의 전력을 보강하기 위해 파견한 독일군 제14기갑사단과 제22기갑사단, 그리고 루마니아의 제1기갑사단이 반격에 나섰지만, 거대한 탁류에 휩쓸린 바위같이 사라져버렸다. 11월 21일이 되자, 루마니아 제3군의 10개 사단 가운데 5개 사단이 소련군에게 항복했다.

남쪽에서는 예레멘코의 스탈린그라드전선군이 연결 작전의 목표지점과 가까운 관계로 북쪽의 공격부대보다 하루 늦게 출발하여 루마니아 제4군을 엄습하자, 똑같이 극적인 속도로 무너졌다. 소련군이 전진해 감에 따라 점차 독일군과 접전하게 되면서 저항이 거세졌지만, 소련군의 거센 격류를 막을 길은 없었다. 작전 개시 4일 후에 파울루스의 제6군을 포위하기 위한 소련군의 양쪽 집게발이 스탈린그라드 서쪽 100km에 위치한 칼라치(Kalach)에서 굳게 닫혔다. 장차 작전을 위해 돈강에 위치한 다리를 점령하는 것은 매우 중요했는데, 필리포프(Filippop) 대령이 전차를 동반한 소규모 분견대를 이끌고 야간에 전조등을 켠 채 교량으로 돌진했다. 독일군은 당연히 아군이라고 생각하여 대응이 늦었다. 순식간에 필리포프는 교량과 인근의 중요지형지물을 점령해 버렸다.

독일군의 남부 전선은 극도의 혼란에 빠졌다. 소련군이 포위망에 넣은 독일군은 제6군과 제4기갑군의 일부, 그리고 동맹국의 군대를 포함하여 독일군 20개 사단과 루마니아군 2개 사단을 포함한 33만 명이 넘는 대군이었다. 베를린에서 잠시 휴식하고 있다가 부랴부랴 라스텐부르크의 전방지휘소에 나타난 히틀러에게 11월 23일 참모총장 자이츨러가 제6군이 후퇴하지 않으면 궤멸할 것이라는 건의를 했으나, 묵살하고 예의 전가 보도인 "볼가에서 물러나지 않는다."라는 고집불통의 명령을 내렸다. 제6군사령관 파울루스에게는 지휘소를 스탈린그라드 시내로 옮기고 시가지 방어전을 펼치라고 명령했다.

파울루스는 B집단군사령관 바이크스에게 연료와 탄약이 바닥났으며, 식량도 6일분 밖에 없다고 하면서 원활한 보급이 유지된다면 버텨보겠지만 그렇지 않으면 서쪽으로 포위망을 뚫고 나갈 수 있도록 허가해 달라고 요청했다. 그러나 11월 24일 히틀러는 공군에 맡겨 주면 보급은 문제없다는 괴링의 장담을 믿고 파울루스의 요청을 거부했는데, 이는 모스크바 전투 이래 진행된 르제프 돌출부에서의 혹독한 겨울을 후퇴하지 않고 어떻게든 견뎌낸 성공적인 경험이 히틀러에게 잘못된 교훈을 주었기 때문일 수도 있다고 사가들은 말한다. 히틀러는 제6군이 르제프에서처럼 견고한 방어선을 구축하여 겨울을 지내고 1943년 봄이 되면 반격의 발판이 되어주기를 바랐다.

제6군에 대한 보급지원은 '하루에 필요한 물량은 700t'이라는 파울루스의 건의를 실제로 필요한 양은 300t이라고 임의로 삭감해서 평가했다. 독일 공군의 주력 수송기는 Ju-52로 최대 탑재량이 2.5t이었으므로 삭감해서 고려한 300t을 수송하려 해도 일일 150소티가 제공되어야만 최소한 생존이 유지될 판이었다. 겨울 해는 무척 짧았고, 악천후로 인해 안개가 마치 우유같이 짙어 어두운 날이 지속되었다.

스탈린그라드 일대의 비행장은 7개소였지만 야간 이착륙이 가능한 비행장은 피톰니크(Pitomnik) 공항 한군데였다. 겨울의 혹한은 항공기의 고장률을 높여 가동률이 저하된 데다가 또 이때 튜니지로 병력을 공수하기 위해 막대한 수송기를 동원해야만 했기 때문에 항공기가 태부족이었으며, 설상가상으로 소련의 전투기들은 악천후를 무릅쓰고 악착같이 독일 수송기들을 공격해왔다. 스탈린그라드 일대를 지원하는 제4항공사령관 리히트호펜(Wolfram von Richthofen)은 괴링의 견해에 절대 동의할 수 없다는 의견을 분명히 밝혔다. 그의 주장대로 제6군에 보급된 물자의 양은 가장 실적이 좋았던 날에도 289t에 불과했고, 평균적으로 하루에 100t을 넘지 못했다.

이제는 독일군이 붉은 군대의 포위망을 뚫고 제6군과 연결을 위한 작전을 전개할 차례였다. 11월 27일 히틀러는 세바스토폴 승리 이후 비교적 한직에 머물고 있던 제9군사령관 만슈타인 원수를 호출했다. 만슈타인이 기차를 이용해 남부로 내려가고 있는 도중에 스몰렌스크 인근에서 중부집단군 사령관 클루게 원수가 동승하여 소련 남부의 전황을 비공식적으로 설명하면서 히틀러 때문에 제6군이 위험한 처지에 놓이게 되었다고 말했다. 그러면서 클루게 원수는 대대급 단위까지 일일이 통제하려고 하는 총통의 시도를 차단하지 않으면 작전은 성공할 수 없다고 충고했다. 그는 강경한 어조로 "지난겨울의 위기 때 동부전선의 부대들이 살아남은 것은 장병들의 용기와 노고에 의한 것이지 히틀러의 능력 때문이 아닌데도 총통은 착각하고 있다."라고 비판했다.[70] 클루게 원수는 반 히틀러 음모에 가담할 준비가 되어있는 현역 원수 중의 한 사람이었다.

제2차 세계대전의 대표적인 명장의 한 사람으로 꼽히는 클루게는 1944년 7월 암호명 '발키리'라고 불리는 히틀러 암살사건의 배후로 지목되어 롬멜과 함께 자살을 택하게 된다. 클루게는 만슈타인의 성향을 알고 위와 같은 충고를 한 것으로 보인다. 실제로 만슈타인은 군사적 자질과 지성이 뛰어난 명장으로 허세가 심한 괴링을 멸시했으며 히믈러를 증오했다. 그는 또한 자신의 핏속에 유대인의 피가 섞여 있음을 가장 믿을 만한 측근에게 토로했다. 히틀러에게 맹목적인 충성을 맹세하는 유형도 아니었다. 만슈타인의 전속부관 스탈베르크 중위는 '발키리' 음모에 깊이 간여한 인물이기도 했다.

어쨌거나 히틀러의 신임을 두텁게 받는 기갑전의 마술사 만슈타인이 연결 작전을 위한 사령관으로 임명되었다. 그의 부대는 돈 집단군을 새롭게 편성하였는데, 구성은 포위된 제6군과 제4기갑군, 그리고 루마니아의 제3군과 4군이었다. 그러나 이들은 모두 깊은 상처를 입어 뼈만 앙상하게 남아 정상적인 전투력을 발휘할 수 있는 상태가 아니었다. 루마니아군은 큰 상처를 입은 데다가 전투 의지와 장비에 결함이 많아 의지할 수 없었고, 제6군은 포위되어 있으며, 제4기갑군은 3개 사단만이 가용하여 싸울 수는 있으나, 사단마다 전차 대수가 30여 대에 불과하여 기갑군의 명칭에 어울릴 규모의 부대는 전혀 아니었다. 이들 가운데 완전 편제 상태의 전투력을 가진 부대는 프랑스로부터 금방 이동해 온 제6기갑사단 하나뿐이었다.

작전 명칭을 '겨울 폭풍'으로 정하고 12월 12일 눈 덮인 초원지대를 거슬러 진격해 갔다. 소련군은 독일군의 포위망 돌파를 이미 예상하고 60개 사단과 전차 1,000대를 동원하여 포위망 안팎을 강력히 사주방어 했다. 만슈타인은 이러한 허약한 전력으로 구출 작전을 성공시킨다는 것이 매우 어렵다는 것을 간파하고, 히틀러에게는 스탈린그라드에 전력을 증원하기 위한 작전이라고 보고했지만, 실제로는 탈출로를 뚫어 제6군을 탈출시킨다는 계획으로 작전을 전개했다.

만슈타인의 진격로로써 고려할 수 있는 최우선 접근로는 지리상으로 가장 단거리인 베르흐네-쿰스카야(Verkhne-Kumskaya)를 출발하는 64km의 접근로였지만, 돈강과 치르(Chir)강이라는 자연 장애를 극복해야 할 뿐만 아니라, 소련군도 최우선 접근로를 잘 파악하고 대비하고 있어 제5기갑군으로부터 측면을 공격당할 것이 명백했기 때문에, 거리는 멀지만, 적의 배치가 비교적 약한 우회 접근로를 택했는데, 이는 스탈린그라드 남쪽을 따라 접근하는 코스로써 거리상으로 130km 정도 더 멀었지만, 소규모 하천 외에는 자연장애물이 없고, 적의 배치도 5개의 보병사단만으로 비교적 약한 접근로였다.

70) 안토니 비버 지음, 안종설 옮김, 앞의 책, p. 372.

만슈타인이 최단 거리 접근로를 이용하여 구출 작전을 펼칠 것으로 예상한 소련군은 제5기갑군으로 하여금 치르강을 건너 빈틈없는 수색 작전을 펼치면서 추가로 제5충격군을 증원해오자 만슈타인은 작전 개시일을 12월 3일에서 12월 12일로 늦출 수밖에 없었다. 만슈타인은 기갑전의 대가답게 전진을 막아선 바투틴의 제5기갑군에 대해 호트의 2개 기갑사단으로 공격하게 하고, 루마니아 제3군으로 하여금 치르강 방어선을 유지하는 동안 제48기갑군단이 호트와 대적하고 있는 소련군의 후방을 타격하는 계획을 세웠다. 그러는 동안 적절한 시기에 제6군이 안쪽으로부터 터져 나와 공격부대와 연결한다는 후속 계획을 염두에 두었다.

그러나 이러한 계획도 소련군의 엄중한 수색 작전과 감시의 눈을 피할 수가 없었다. 11월 28일 독일군의 가장 강력한 완편 부대인 제6기갑사단이 공격을 위한 출발선인 코텔니코보(Kotelnikovo)의 기차역에 도착하여 하역작업을 하던 중에 소련군의 기병사단에 포착되어 기습받았다. 이를 보고 예레멘코는 독일군의 구출 작전이 최단 거리 코스가 아닌 자신의 작전구역 남부에서 전개될 것을 예견하고 스타브카에 증원을 요청하는 한편 전선의 남쪽 측면을 강화하기 시작했다.

12월 12일 공격을 개시한 만슈타인의 부대는 이틀 만에 전체 공격로의 1/3을 돌파했으나 예레멘코의 기갑부대들이 반격을 가해오자 속도가 느려지기 시작했다. 그러다가 스탈린그라드 전방 50km 떨어진 미시코바(Myshkova)강에 이르러서는 완전히 저지당하고 말았다. 스탈린그라드의 제6군은 호트의 전위부대가 소련군과 교전하는 포성을 들을 수 있었다고 한다. 제6군에서는 한 때나마 부활절을 맞은 신도들처럼 '만슈타인이 온다.'라며 서로를 격려했다. 그러나 공격이 지지부진해지자 만슈타인은 파울루스에게 서쪽으로 공격을 개시해 호트의 기갑부대와 연결하라고 명령했지만, 파울루스는 현진지를 이탈하는 것은 히틀러의 명령 없이는 불가능하고, 실제로 역공격을 하려고 해도 연료의 부족으로 실행할 수 없다며 이를 거부했다.

12월 24일이 되자 소련군이 2개 군을 추가로 증원하자 오히려 만슈타인의 부대가 포위될 위험에 처했으며, 3일 후에 독일군은 공격 개시선 너머로 물러나야만 했다. 이로써 독일 제6군을 구원할 가능성은 완전히 사라졌다. 이로써 소련군은 전쟁 개시 이후 처음으로 수백만 명이 동원되는 대규모 작전을 성공적으로 수행할 수 있는 능력을 과시할 수 있었다.

스탈린그라드를 완전히 고립시키는 데 성공한 소련군은 이를 바탕으로 더욱 큰 성과를 내기 위해 다음과 같은 후속 계획 준비에 분주했다.

첫째, '토성(Saturn) 작전'으로, 돈강 북쪽에서 남서부전선군이 이탈리아 제8군과 헝가리

제2군이 담당하는 전선을 돌파하여 지역 내 교통의 목에 해당하는 로스토프를 탈환함으로써 캅카스 일대까지 진출한 독일군 A집단군의 퇴로를 차단한다는 야심 찬 계획이었다.

둘째, 스탈린그라드에 갇혀있는 독일군을 소탕하는 것으로 작전명을 '콜초(Koltso)' 작전, 즉 고리 작전이었다.

이제 제6군은 고립무원이 되었다. 많은 역사학자는 파울루스가 소련의 포위망을 돌파하기 위해 히틀러의 명령을 거부하고 특단의 조치를 취했어야만 했다고 말한다. 그러나 현장의 고위 지휘관들은 그러한 조치를 선호했지만, 하급 지휘관들이나 병사들은 나름대로 견고하게 구축한 벙커와 진지를 버리고 붉은 군대의 공격에 무방비로 노출될 수밖에 없는 야지로 나가는 상황을 원하지 않았으며, 히틀러가 약속한 구원군이 조만간 반격을 개시할 것이라는 믿음을 가지고 있었기 때문이다. 그들은 늦어도 크리스마스 이전에는 구원부대가 도착할 것으로 믿었다.

독일군은 스탈린그라드 전방의 초원지대에 사주방어 형태로 방어선을 치고 적의 접근을 저지했다. 아직도 기능을 발휘하는 비행장이 세 군데나 있어 공군기들이 미약하나마 보급을 유지하고 있었다. 소련군은 독일군의 공중보급을 차단하기 위해 항로상에 대공포를 집중하여 배치하고 전투기까지 수시로 출격하여 수송기들을 사냥해댔다. 독일 공군은 제6군에 대한 보급을 유지하다가 수송기 325대와 폭격기 165대를 잃었다. 12월 말에 이르러 제6군에 대한 보급량은 일일 700t 요구량의 10% 수준인 70t 언저리에 머물렀다. 보급품 대부분은 연료가 차지했고, 27만 명을 먹여 살릴 식량은 전체 보급량의 10%도 되지 않았다. 사료 부족으로 쓰러지는 말은 모두 식품으로 도살되었다.

파울루스는 기존의 보급을 최대한 아껴 생명을 유지해 나가면서 구출을 기다리는 신세가 되었다. 대부분이 귀족 출신이었던 고급장교단에 비해 그는 서민 출신으로 조직업무에 능한 참모장교라는 평을 받았다. 자기 외모에 까다로워 심지어는 신경질적이기도 했지만 쉽게 흥분하거나 냉정을 잃지도 않았다. 단정하게 차려입고, 광택이 나는 군화를 착용한 깔끔하고 소심한 사람인 파울루스에게 스탈린그라드의 지옥 같은 상황은 가장 어울리지 않는 무대였다. 과감성과 결단력이 결여된 그는 때로는 부하들의 생존을 위해 북아프리카에서의 롬멜처럼 히틀러의 명령도 융통성 있게 거스를 수 있어야 하는 상황이었으나 전혀 그러지 못했다. 부하들은 그를 '피곤하고 열의가 없으며 쇠약해져서 때로는 발작을 일으키며 운명이 자기에게 맡은 임무에 대해 말 못 할 쓰라림으로 받아들이는 사람'으로 기억했다.71)

독일군은 끊임없이 대포와 전차와 항공기의 공격을 받았다. 1월이 되자 기온은 섭씨 영

71) 리처드 오버리 지음, 류한수 옮김, 앞의 책, p. 251.

하 30도까지 떨어졌다. 병사들은 체온을 유지하기 위해 천 쪼가리나 신문지도 몸에 둘렀다. 생존이 위협을 받자 군대의 규율과 군인정신이 사라졌다. 식량 배급은 하루에 빵 2온스, 설탕 0.5온스였다. 죽은 말이나 때로는 마지막 수송용으로 남겨둔 말을 도축하여 식량으로 충당했으며, 운이 좋은 병사는 고양이나 쥐를 잡았다. 사람 고기를 먹는다는 소문이 끊이지 않았고, 너무나 허기에 지친 병사들은 군화를 끓여 수프로 먹기도 했다.

12월 24일부로 만슈타인의 구조 노력이 수포로 돌아가자, 캅카스에 진출한 클라이스트 A집단군의 퇴로가 위태로워졌다. 소련군은 만슈타인의 구조 노력을 근본적으로 차단하기 위해 스탈린그라드의 북쪽에서 공세를 취해 캅카스 일대에서 작전하고 있는 A집단군과 돈강 만곡부에서 작전 중인 만슈타인의 돈집단군을 고립시켜 포위한다는 원대한 계획을 세웠지만, 스탈린그라드 남쪽에서 독일군의 공세가 예상된다는 스탈린그라드 전선군 예레멘코의 요청을 받아들여 계획을 변경하였는데, 즉 작전의 중심을 독일 돈집단군의 보급선을 차단하는 동시에 제6군에 대한 공중보급의 전진기지인 타친스카야(Tatsinskaya)와 모로조프스크(Morozovsk) 공항을 점령하는 것으로 전환한 것이다. 즉 현재의 전력으로 '천왕성 작전'과 '토성 작전'을 동시에 추진하는 것은 무리이므로 '토성 작전'을 축소 조정하여 제6군의 격멸과 돈집단군의 후미와 북쪽 측면을 분쇄하는 것으로 작전의 목표를 변경한 것이다.

한편, 이탈리아 제8군은 소련군의 '토성 작전'에 따라 12월 16일에 개시된 공격에 1주일도 채 되지 않아 말 그대로 녹아내렸다. 소련군의 제24탱크군단은 12월 23일까지 200km 이상을 전진하여 스탈린그라드에 보급을 책임지고 있는 타친스카야 비행장에 돌진하여 T-34 전차로 항공기를 들이받으면서 72대를 파괴하고 점령했다. 군단장 바다노프는 새로운 제도에 따라 제정된 '수보로프' 훈장의 최초 수혜자가 되었으며, 그의 부대는 제2근위탱크군단으로 명예로운 명칭을 얻게 되었다. 12월 28일이 되어 소련군이 타친스카야와 모로조프스크의 비행장을 점령하자, 그러잖아도 어려웠던 스탈린그라드에 대한 보급은 완전히 빈사 상태에 빠지게 되었다.

12월 28일에 이르러 '한 발자국도 물러나지 말라.'라는 금과옥조를 되뇌던 히틀러로서도 어쩔 수 없이 돈집단군에게 스탈린그라드 서쪽 240km 선까지 물러나라고 할 수밖에 없었다. 그러나 A집단군이 아직도 캅카스(코카서스)에 있는 한 파울루스에게 항복하라고 허락할 수는 없었다. 12월 하순이 되자 소련군은 '고리 작전'을 펼쳐 본격적으로 스탈린그라드에 고립된 독일군에게 덤벼들었다. 스탈린과 주코프는 독일군이 형편없는 보급을 받으며 포위되어 있으므로 적절한 조건이라면 항복할 것이라고 믿었다. 해가 바뀌어 1943년 1월 8일 소련군 장교 2명이 항복을 권유하러 독일의 고위 장교를 방문하였는데, 항복 제의는 그 자리에서 거부되었다. 1월 10일이 되자 항공기 300대의 지원 아래 탱크 179대로 보강된 47개 보병사단이 전선의 둘레를 조여들어 갔다.

4일 후인 1월 14일 스탈린그라드의 생명선과 같은 피톰니크 비행장이 함락되고, 이제는 간이 비행장인 굼라크(Gumrak)를 통해서만 보급이 이루어지게 되었다. 게다가 북아프리카 전선으로 항공기 일부가 이전 배치됨으로써 보급은 더욱 어려워졌고 종종 공수 낙하를 통해 이루어졌다. 독일군은 소련군보다도 추위와 배고픔과 공포에 맞서 처절한 전투를 이어갔다. 그들은 항복하기보다는 싸우다 죽으라고 강요받았지만, 스스로 포로가 되는 것이 어떤 면에서는 죽는 것보다 못하다는 것도 알고 있었다. 소련군은 솥에 가두어진 병력이 8만 명이 아닌 25만 명 정도라는 것도 포로를 통해 정확히 알게 되었다. 일부 부대에서는 후퇴할 때 부상병들을 적에게 넘겨주기보다는 차라리 사살하는 고육지책을 택하였다. 1월 9일에는 소련의 정보장교가 항복을 권유하기 위해 백기를 들고 나팔을 불면서 독일군의 진지로 갔으나, 전방의 연대장만 만나 거절 의사를 받고 돌아왔다.

1월 10일부터 최후의 공격이 개시되었다. 1월 17일이 되자 포위된 고립지대는 원래 크기의 절반으로 축소되었다. 제6군은 점차 스탈린그라드 도시 안으로 몰려 들어갔고, 소련 제62군이 했던 것처럼 도시 내에서 접근전을 벌이며 견디어 나갔다. 이제 남은 병력은 마지막 탈출을 위한 비행기에 탑승하기 위해 뇌물을 주는 등 꼴사나운 모습으로 광란의 쟁탈전을 벌여댔다. 비행장에는 후송을 기다리다 죽은 시신들이 수북이 쌓여 버려져 있었다. 비행기가 도착하면 부상이 별로 심하지 않거나 꾀병을 부리는 병사들은 굶주린 거지 떼처럼 비행기를 향해 달려갔다. 약한 자들은 사정없이 발밑에 깔렸다. 이들을 말리기 위해 군사경찰들이 발포하는 예도 많았다.

1월 21일에 굼라크 비행장마저 소련군에게 함락되자 파울루스는 지휘소를 마지막으로 시내 백화점의 지하로 옮겼다. 가는 곳마다 부상병들이 넘쳐나서 전체 환자는 4만 명은 될 것이었다. 제60보병사단의 군의관은 "신음과 기도 소리, 도움을 바라는 처절한 목소리가 폭격의 굉음과 함께 들려왔다."라고 기록했다. 군의관의 한사람인 아크라이트너 박사는 갱도로 연결된 지하에 3천 명 이상의 중환자가 수용되어있는 장면을 보고 단테의 신곡 중 지옥편에서 지옥 입구에 새겨져 있다는 문구를 떠올렸다. "여기에 들어오는 자, 모든 희망을 버릴지어다." 갱도 밖에 꽁꽁 얼어붙은 채 수북이 쌓여있는 시쳇더미는 그에게 큰 충격을 주었다.

1월 22일 소련군은 마지막 일격을 가하기 위해 집결하여 도시 구역을 차례로 고립시키면서 조여 들어갔다. 서쪽에서 전진하던 부대가 독일군을 동강 내고 시내로 들어가서 원래 스탈린그라드를 방어하던 제62군을 만나 얼싸안고 눈물을 흘렸다. 1월 23일에 히틀러는 다시 한번 항복은 절대 안 된다는 지령을 내렸으며, 30일에는 파울루스를 원수로 승진시키면서 포위된 모든 장군을 한 계급씩 승진시켰다. 이는 파울루스의 공로가 커서가 아니고, 당시까지 독일군의 원수가 항복한 전례가 없음을 상기시켜 실제로는 자살을 종용한 것이다. 진급 사실이 발표되자 파울루스는 마치 사약이라도 받은 느낌이었다. 그는 마지막 회의에서 부하들에게 "난 이 보헤미안 상병을 위해 자살할 생각이 전혀 없어."라고 말했다.72)

1월 30일 소련군 제64군사령관 슈밀로프(Shumilov) 대장은 파울루스가 머물고 있는 백화점 일대에 강력한 포격과 화염방사기를 포함한 화력을 과시한 다음, 기계화부대를 대동시켜 정보장교인 일첸코(Ilchenko) 중위를 보내 항복을 권유했다. 독일군의 장교가 나와"파울루스 원수가 당신네 지휘관과 이야기하기를 원한다."라고 전하자 슈밀로프는 자신의 정보, 작전참모를 보냈다. 이후 항복 협상이 이루어져 1월 31일에 도시의 남쪽 포위망에 갇혀 있던 독일군이 항복하였고, 파울루스는 소련군의 승용차로 로코소프스키의 돈전선군 사령부로 갔다.

2월 2일에는 북쪽의 독일군이 항복하여 모든 전투가 종료되었다. 2월 1일에 히틀러는 파울루스의 항복에 분통을 터뜨렸다. 그는 라스텐부르크의 지휘소에서 참모총장 자이츨러와 국방군 작전참모 요들이 있는 자리에서 "부하 5~6만 명이 용기 있게 끝까지 자신을 지키다가 죽게 만든 자가 여기 있네. 그런 자가 어떻게 볼셰비키에 항복할 수 있었을까?" 라고 하면서 파울루스를 비난했다. 독일의 국영 라디오 방송은 바그너의 오페라 [신들의 황혼]에 나오는 [지그프리트의 장례 행진곡]을 되풀이함으로써 의기소침한 분위기를 표시했다.

최종적으로 장군 22명을 포함하여 독일군 9만 1천 명이 항복했다. 그러나 영양실조, 추위, 티푸스에 걸려 허약해질 대로 허약해진 병사들은 대부분 포로 생활 도중에 죽어버려 전후에 고향에 돌아간 인원은 6,000여 명에 불과했다. 수용소로 이송되는 도중에 굶주림과 추위에 얼어 죽거나, 수용소에서 티푸스에 걸려 죽었다. 원래 굶주림으로 쇠약해진 상태에서 극히 열악한 식량 배급과 수용소의 조건이 생존을 박탈한 것이다.

그럼에도 계급에 따라 사망률은 병사와 부사관은 95%, 초급 장교는 55%였지만, 고급장교의 사망률은 5% 미만이었다. 고급장교들은 굶주린 기색이 없이 건강한 상태에서 포로생활을 시작했고, 포로 생활에서도 특혜를 받아 생존할 수 있었다. 독일군은 포위전을 통해 14만 7천여 명이 전사했고, 항공기로 8만 4천여 명이 탈출했지만, 탈출 과정에서 숱한

72) 안토니 비버 지음, 안종설 옮김, 앞의 책, p. 511. 히틀러는 제1차 세계대전 당시 상병으로 근무했으며 보헤미아 출신이었다.

인원이 소련군의 대공포와 전투기 때문에 격추되어 희생되었다. 스탈린그라드 전투에서 독일군이 입은 순손실은 22만 6천여 명에 달했으며, 이를 대체할 싱싱한 전투력을 가진 인원은 더 이상 찾을 수 없었다.73)

● 1943년 1월, 걸어서 포로수용소로 가는 독일 육군 제6군의 생존자들.

독일군이 패배한 곳은 스탈린그라드만이 아니었다. 스탈린그라드 북쪽에서 헝가리 제2군이 보로네스전선군의 공격으로 괴멸적인 타격을 입었다. 전체적으로 돈강과 스탈린그라드 일대에서 독일군의 제6군 전체, 제4기갑군 일부, 루마니아 제3군, 제4군, 헝가리 제2군, 이탈리아 제8군의 대부분을 상실하는 타격을 받았다. 이에 따라 간신히 살아남은 이탈리아, 헝가리, 루마니아 동맹군의 잔존부대들이 본국으로 철수해 버림으로써 독일군은 20만 명의 병력을 추가로 상실하는 결과를 가져왔다. 소련군의 손실 또한 대단한 규모였는데, 1993년에 공개된 자료에 의하면 스탈린그라드와 돈강 일대의 전투에서 53만 4천여 명이 최종 손실 처리되었다. 그러나 독일군과는 달리 예비 병력과 탈환한 지역에서의 징집으로 손실된 병력의 공백을 어렵지 않게 메울 수 있었다.

소련은 크레믈의 종을 울려 처음으로 거둔 완전한 승리를 축하했다. 제62군은 제8근위군으로 명칭이 바뀌었고, 미래에 원수로 승진하는 추이코프는 스탈린그라드를 떠나면서 다음과 같이 회상했다.

---

73) 폴 콜리어 등 지음, 강민수 옮김, 『제2차 세계대전』(서울 : 플래닛미디어. 2009), p. 628.

"잘 있거라 볼가강이여! 괴로움과 고통을 겪은 도시여! 우리가 너희를 언제 보게 될는지. 보게 된다면 그때엔 네가 어떤 모습일는지. 인민의 피를 머금은 땅에 남은 전우들아, 잘 있거라. 우리는 서쪽으로 간다. 너희를 위해 복수를 하는 것이 우리의 임무다."

소련은 승리에 대한 기쁨을 자발적으로, 조직적으로 선전했다. 크렘린의 종들이 일제히 울리며 파울루스의 항복을 전파했고, 강렬한 행진곡과 함께 방송을 통해 전파되는가 하면 신문들은 매일 공식적인 브리핑을 통해 보도하였다. 현대판 '칸나에' 전투에서 붉은 군대의 한니발들이 독일의 모험주의자들에게 '준엄한 역사의 교훈'을 가르쳤다고 찬양했다.

3. 도네츠 전역

스탈린그라드 전선이 붕괴하면서 캅카스 일대의 A집단군은 전 지역에서 철수해야만 했다. 소련군은 원래 돈강을 따라 내려가 로스토프를 점령함으로써 A집단군의 퇴로를 차단하려 하였으나, 파울루스의 제6군이 예상보다 오랫동안 스탈린그라드에서 저항함에 따라 포위망을 유지하기 위해 병력을 전용하지 못해 목적 달성에 실패했다.

원래 히틀러는 캅카스에서 A집단군이 철수하더라도 다수의 전력을 흑해 연안의 투압세(Tuapse) 항구와 타만(Taman) 반도 일대에 남겨 1943년 여름 작전에서 공세를 벌일 때 교두보로 활용하려는 생각을 가졌지만, 현실은 신속히 철수하지 않으면 퇴로가 차단될 위기에 빠졌다. 따라서 만슈타인은 A집단군의 퇴각을 위한 중요한 목인 로스토프 시를 사수해야만 했다.

1943년 2월 12일에 소련군은 자신들의 승리가 마지막 단계에 와있다고 평가하고 3개의 공세작전을 펼치겠다는 계획을 다음과 같이 추진했다.

첫째, 2월 12일에 서부전선군과 브랸스크전선군이 협격하여 독일 중부집단군의 오룔 돌출부를 포위한다.

둘째, 2월 17일에서 25일 사이에 로코소프스키의 돈전선군을 증편하여 중부전선군으로 개칭하고 1단계의 2개 전선군과 협력으로 브랸스크 일대의 독일군을 격멸한다.

셋째, 최종적으로 2월 25일과 3월 중순 사이에 칼리닌전선군과 서부전선군이 스몰렌스크를 점령한 후 남부의 전선군과 협동하여 르제프-비야즈마 돌출부의 독일군을 격멸한다는 내용이었다.

절체절명의 어려움 속에서도 히틀러는 새롭게 편성된 SS기갑군단을 투입하여 소련군에 대한 반격을 통해 하르코프 시를 사수하도록 했다. 반면 전체적인 상황을 잘 파악하고 있던 만슈타인은 히틀러에게 동부지역 전체의 지휘권을 달라고 거듭 요청함으로써 반감을 유발하여 거의 항명의 수준까지 갔다. 2월 17일 전반적인 상황에 어두운 히틀러는 만슈타인을 질책할 목적으로 만슈타인의 지휘소를 방문하여 정확한 상황을 파악한 후에 최종적으로 약화된 7개의 기갑사단과 차량화사단을 만슈타인이 통제하도록 허락했다. 이때쯤에는 소련군의 공세도 주춤해지고, 공군은 다시 독일군이 우세한 상황으로 전환되고 있었다.

2월 말이 되자 소련군의 공격 지속능력은 종말점에 다다라 만슈타인이 쳐놓은 덫에 빠져들었다. 만슈타인이 독일군은 '도네츠 전역'이라고 부르고 소련군은 '하르코프-돈바스 작전'이라고 부르는 하리코프 일대의 반격에서 기동전의 전범을 시현하여 과거에 독일군이 전격전을 전개하던 모습으로 소련군의 제6군, 제1근위군, 제25전차군단을 포위했다. 독일군이 소련군을 완전히 포위 섬멸하기에는 병력이 너무 모자라 대부분이 탈출하고 포로는 9,000명에 불과했으나 적을 퇴각시키기에는 충분한 전과였다.

스탈린그라드 전투에서 독일 제6군의 괴멸과 함께 지속된 소련군의 공세는 이로써 효과적으로 차단되었고, 봄이 되자 진흙탕의 계절 라스푸티차의 시작으로 여름이 될 때까지 전선은 휴지기로 들어갔다. 소련군의 공세 중단으로 쿠르스크 일대의 돌출부가 기괴한 모습으로 남게 되어 1943년 여름 전역에서 자연스럽게 격돌하는 장소가 되었다.

1943년 겨울의 재앙을 막아낸 것에 대해 전쟁 사가들은 만슈타인의 재능을 칭찬해왔는데, 그러한 평가를 받아 마땅할 것이다. 그는 기동방어에 대한 히틀러의 완강한 반대에 시달려야 했고, 스탈린그라드에서의 승리로 사기가 최고조에 달한 소련군과 맞서야만 했는데도, 파멸적인 상황에서 소련군에게 충격적인 강타를 가하고 전선의 안정을 끌어낸 공로는 찬사를 뛰어넘어 중요한 생사의 갈림길을 개척한 명장이라고 해야겠다. 스탈린그라드 전투의 결과는 히틀러가 염원하던 캅카스의 유전지대 확보와 더 나아가 중동을 점령하여 그 일대의 석유를 통제하는 동시에, 인도까지 진출하여 서쪽으로 전진해 오는 일본군과 접선한다는 원대한 계획은 덧없는 물거품이 되었으며, 이후 소련과의 전투에서 국지적인 승리 외에 국면을 전환할만한 전략적 승리는 찾아볼 수 없게 되었다.

제6절 독·소 전쟁에서의 인도주의와 국가 테러

1. 점령지 테러의 배경

히틀러가 소련을 침공하려는 근본적인 의도는 앞에서도 언급한 바와 같이, 첫째, 우수한 아리안족을 위한 생활권(Lebensraum)의 확보, 둘째, 세상의 악이라고 생각한 유대인의 제거, 셋째, 나치에 대항하는 볼셰비즘의 멸절, 넷째, 점차 확대 되어 가는 소련의 위협을 제거하여 육군 예산을 감축함으로써 영국과의 전쟁에 유리한 조건을 조성하는 데 있었다고 할 수 있다. 그리고 이는 히틀러가 1923년 감옥에서 서술하고 동료 헤스가 받아 쓴 '나의 투쟁'에서 그러한 의도가 이미 명확하게 드러나 있었다. 이러한 의도에 의한 전쟁은 필연적으로 소련인과 유대인의 학살을 전제로 하였고, 전쟁의 진행에 따라 역사상 유례없는 참혹한 비인도적인 양상을 드러내 보였다.

여기서 이미 앞서 언급한 바 있는 히틀러의 소련 침공의 원인을 분석하면서 전쟁과 인도주의에 관한 관점에 주의 깊게 생각할 필요가 있다고 보여진다.

히틀러의 전쟁과 인도주의에 관한 첫 번째 관점으로써, 생활권의 확보에 대한 구상을 들 수 있다. 히틀러는 [나의 투쟁]에서 "유럽에서 획득할 영토가 있다면 그것은 대체로 러시아의 희생만으로 가능할 것이다."라고 기록하고 있으며, 이에 덧붙여서 "우리는 유럽의 남쪽과 서쪽으로 향하는 게르만족의 영원한 이동을 멈추고, 동쪽의 영토에 관심을 가진다. 우리가 오늘날 유럽에서 새로운 영토에 대해 말할 경우, 우선 러시아와 그 주변 국가가 떠오른다. 러시아는 볼셰비즘에 넘겨짐으로써, 이때까지 그 나라를 존립시키고, 또 그 존립을 보증해온 지식인층이 러시아 민족으로부터 사라져 버렸다. 수백 년 이래 러시아는 상급 지도층인 게르만 민족의 중핵 덕택에 존속해왔다. 그러나 이 중핵은 오늘날 거의 흔적도 없이 사라져 버렸고, 대신에 유대인이 등장했다."[74]라고 기록하고 있다.

그런데 히틀러의 생활권 확보에 대한 생각은 다음과 같은 몇 가지 숨은 뜻을 내포하고 있는 것으로 보인다. 첫째, 독일의 생활권 확보에 대한 구상이다. 아마도 히틀러는 고대 로마 시절에 게르만족이 끊임없이 로마의 국경을 침범하였던 사실이나, 또는 로마의 국경이 유럽대륙에서 라인강과 도나우강을 연해 게르만과 대치했던 사실, 그리고 그 국경선에 쾰른, 빈, 부다페스트, 베오그라드 등 오늘날 주요 국가의 대도시로 발전한 로마의 군사기지들을 두어 외적의 침입을 방어했던 역사를 염두에 두었을 것이라고 필자는 생각한다. 그래서 히틀러는 독일군의 최종 동방 진출 선을 속칭 'AA선'인 백해에 면한 아르한겔스크(Arkhangelsk)로부터 볼가강을 따라 남쪽으로 흘러 들어가 카스피해의 아스트라한(Astrakhan)으로 간주하였는데, 이 선은 모스크바 동쪽 500km와 우랄산맥에서 동쪽으로 700km 이격된 선을 연하는 것으로, 베를린으로부터는 대략 3,200km 정도 떨어진 지점에 위치한다. 히틀러가 그 선을 따라 고대 로마 시대처럼 국경에 군사 거점을 설치하고, 소련인들은 최대한 국경의 동쪽으로 축출하여 슬라브란트(Slavland)를 건설하는 것을 계획했다는 것은 앞에서 이미 기술한 바 있다.

생활권의 확보에 관한 히틀러의 두 번째 숨은 뜻으로서, 히틀러는 점령지에서 소위 자

---

74) A. 히틀러 지음, 이명성 옮김, 『나의 투쟁』(서울 : 홍신 문화사, 2006), p. 423-424.

급자족(Autarky)이 가능하도록 유럽 방면의 러시아를 러시아로부터 분할하는 방안을 계획했다. 즉, 폴란드와 러시아를 묶어서 '오스트란트'라고 명명하여 독일의 보호국으로 하고, 우크라이나는 동맹체제의 독립 국가로, 캅카스는 풍부한 유전을 고려하여 독일이 직접 통치하며, 발트 3국과 백러시아는 장차 독일에 합병하는 것으로 청사진을 마련했다.[75] 소련의 본토 대부분에는 독일인을 이주시켜 살도록 계획하였는데, 이는 마치 영국이 빅토리아 여왕 시절에 전 세계에 진출하는 것이나, 미국인이 서부 개척으로 영토를 넓혔던 것처럼, 독일이 소련에 진출하는 것은 '명백한 운명(Manifesto Destiny)'이라는 감정을 불러일으켰다.

전쟁과 인도주의에 관한 히틀러의 두 번째 관점으로 히틀러의 유대인에 대한 증오심을 들 수 있다. 히틀러는 '나의 투쟁'에서 자신이 어떻게 반유대주의자가 되었는가에 대한 기억부터, 유대인이 세계에 어떻게 해악을 끼치는가에 대해 많은 부분을 할애하여 기록하고 있다. 특히, 그는 유대인의 조종을 받는 것으로 굳게 믿는 마르크시즘을 유대인과 묶어서 거의 동일시하고 증오했다.

"유대인이 마르크시즘적인 신조의 도움을 받아서 이 세계의 여러 민족을 이긴다면, 그들의 왕관은 죽음을 상징하는 화관이 될 것이고, 이 행성은 태고 때와 마찬가지로 인류가 존재하지 않는 텅 빈 우주의 에테르 속을 회전할 것이다.[76]

모든 비유대 국가의 절멸을 최후의 목표로 삼고 있는 마르크시즘은 1914년 7월 노동자계급이 조국을 위해 봉기하는 것을 보고 놀라, 기만적으로 국민 재흥 운동에 참여했다.[77]

유대인은 유목민도 아니고, 늘 다른 민족의 체내에 사는 기생충일 뿐이다.
유대인은 다른 민족의 국가 속에 살며, 거기서 자신의 국가를 형성하고 있는데, 종교 공동체라는 명칭으로 가장하여 행동한다. 자신이 막강해지면 베일을 벗고, 유대인이 되었다. 다른 국가의 기생충으로서의 유대인의 삶에는 특징이 있는데, 일찍이 쇼펜하우어가 유대인을 '거짓말의 명수'라고 부르게 한 것이다.[78]

유대인들은 처음에 부르주아적 계급을 봉건적 세계의 성을 파괴하는 철퇴로 사용했으나 이제는 노동자를 부르주아를 궤멸하는 데 이용하게 되었다."[79]

---

75) 윌리엄 L. 샤일러 지음, 유승근 옮김, 『제3제국의 흥망』(서울 : 에디터. 1993), pp 477-478.
76) A. 히틀러 지음, 이명성 옮김, 앞의 책, p. 47.
77) A. 히틀러 지음, 이명성 옮김, 위의 책. pp. 95-96.
78) A. 히틀러 지음, 이명성 옮김, 위의 책. p. 182.
79) A. 히틀러 지음, 이명성 옮김, 앞의 책. p. 186.

히틀러는 그의 저서에서 앞서 열거한 내용 이외에도 수도 없이 많은 부분에서 유대인에 대한 혐오를 드러내고 있다. 바로 그것이 유대인 학살의 기본사상을 이루고 있다고 할 수 있다. 이와 함께 히틀러가 공산주의의 증오와 파괴적인 위험성에 대해서는 선견적인 이해를 하고 있다는 점은 매우 놀랍다. 그러면서도 그가 유대인과 볼셰비즘을 거의 동일시 한 점은 아마도 마르크스나 레닌이 유대인의 혈통이었다는 점을 알고 있었기 때문으로 보이며, 과거 러시아의 상층부가 프로이센 혈통과 매우 긴밀한 관계였던 것이 레닌 혁명으로 인해 무너지고 유대인으로 교체된 데 대한 반감이 작용하지 않았을까 하는 의구심도 든다. 이와 더불어 그는 게르만족의 뿌리인 아리안족이야말로 가장 우수한 민족이라고 기술하고, 인종의 교배는 우수한 인종의 수준 저하, 육체적, 정신적 퇴행을 가져오므로 순수성을 유지할 필요가 있다고 강조하면서, 결함이 있는 인간을 격리하여 후손을 낳지 않도록 해야 한다고 주장했다.

"결함이 있는 인간이 결함이 있는 후손을 생식하지 못하도록 하려는 것은 가장 명석한 이성의 요구이며, 그 요구가 계속해서 수행된다면, 그것이야말로 가장 인간적인 행위를 의미한다. 그 요구는 몇 백만의 불행한 사람들의 고뇌를 제거해 줄 것이며, 그 결과 일반적인 건강 증진을 가져올 것이다."[80]

이상과 같이 독일 민족의 자급자족을 위한 생활권 확보, 유대인과 볼셰비즘의 절멸, 아리안족의 순수 혈통 보존, 결함 있는 인간의 제거를 주장함으로써 소련 침공에 있어서 인간에 대한 테러와 말살은 이미 예고되어 있었다. 이를 실현하기 위해 히틀러는 소련 침공을 앞두고 비전투원인 민간인들에게도 가혹한 처벌을 강요하였다. 즉, 소련은 제네바 협약이나 헤이그 협약에 가입하지 않은 국가이므로 민간인에 대한 가혹행위도 국제법적으로 처벌의 대상이 아님을 강조했다. 물론, 군사 지휘관들은 히틀러의 지시를 받고 육군 총사령관 브라우히치에게 항의했지만, 심약한 브라우히치는 히틀러에게 한마디도 건의하지 못했다. 장군들도 자신의 휘하 부대가 비인도적인 행위를 하지 못하도록 히틀러의 지시를 적극적으로 반대하는 조처를 하지도 않았다.

한편, 소련의 경제적 착취를 히틀러로부터 명령받은 괴링은 1941년 5월 23일자 지령문에서 "소련 남부 흑토지대의 나머지 식량을 공업지구 주민용으로 공급해서는 안 된다. 무슨 일이 있어도 소련의 공업은 분쇄되어야 한다. 공업지대의 노동자와 그 가족은 방임해서 아사시키든지, 아니면 그들이 갈 수 있는 시베리아에 이주시킨다. 러시아의 막대한 식

80) A. 히틀러 지음, 이명성 옮김, 위의 책. p. 152.

량은 독일인에게 분양하지 않으면 안 된다."라고 강조하고 있다. 이어서 "신은 여러분들이 관할 하에 있는 주민들의 복지를 위해 보내진 것이 아니라, 독일인의 삶을 위해 최대한 착취하기 위해 보내진 것을 알고 있다."라고 말하였으며, 제4기갑군 사령관 회프너 상급대장은 "이번 전쟁은 해묵은 독일과 슬라브족의 전쟁이고, 유럽의 문명과 동방의 미개민족 간의 전쟁이며, 유대 볼셰비즘과의 전쟁이다."라고 말했다.[81)]

히틀러로부터 [소련 점령지역 중앙관리판무관]이라는 애매한 직책을 받은 로젠베르크는 "저 넓은 잉여 토지에서 생산되는 식량으로 러시아인까지 부양할 의무가 아군에게는 절대로 없다."라고 지시하고 있다. 이러한 정책의 결과를 자체 검토한 결과 독일은 전쟁을 통해 '러시아인 수백만이 아사할 것이 틀림없다.'라고 결론지었고, 누구도 이런 사악한 계획에 항의하지 않았다.[82)] 전쟁을 통한 인종청소의 테러는 이미 계획되어 있었다.

2. 국가 주도 테러의 실행

독일은 소련 민중 대부분이 스탈린의 학정에 시달렸으므로, 독일군이 진격하면 소련군이 스스로 붕괴할 것이며, 점령지의 주민들도 독일군에 순응할 것이라고 기대했다. 전쟁 초기에 이러한 예상은 어느 정도 들어맞았다. 발트 3국과 소련의 집단농장화 과정에서 스탈린의 야만 행위에 희생되었던 우크라이나 지역의 주민들은 지배자가 바뀌는 것을 환영하지는 않더라도 협조적인 경우가 많았다.

그들은 1차 대전 말기 독일이 지배했던 시기에, 독일군이 비교적 온건한 정책을 폈던 기억 속에서 독일군이 진주해 오더라도 피난을 가기보다는 삶의 터전에 남아 경계심을 가지고 사태를 관망하는 쪽을 택했다. 그들이 진정으로 원하는 것은 독일이나 소련의 영향력이 미치지 않는 그들만의 나라를 건설하는 것이었다. 그러나 주민들의 기대와는 반대로 히틀러는 소련인을 가혹하게 처벌하도록 종용하는 지령을 하달했고 실행했다.

히틀러의 지령에 따라 국방군 최고사령부는 소련이 전쟁 포로나 민간인에 대한 처우를 규정한 제네바 협약과 헤이그 협약에 가입한 국가가 아니므로, 포로나 민간인에 관해서도 가혹행위를 하면 그 병사들에 대한 처벌은 해당 지휘관의 재량에 맡기도록 지령을 내렸다. 즉 민간인이나 포로를 임의로 처형하더라도 군법으로 처벌하지 않겠다는 표현을 에둘러 지시한 것이다. 그와 함께 소련의 정치위원에 관해서는 포로의 대우를 하지 말고 처형하도록 구체적으로 지시했다.

81) Max. Hastings, *INFERNO, THE WORLD AT WAR*, 1939-1945(Newyork : Vintage Books, 2011), p. 140.
82) 윌리엄 L. 샤이러 지음, 유승근 옮김, 앞의 책, pp. 478-479.

전쟁이 끝난 후에 독일군의 고위 지휘관들은 점령지에서의 잔학행위는 군부대의 소행이 아니고, 대부분 나치 친위대 행위로 둘러댔는데, 이는 지휘관들이 전적으로 거짓말은 한 것은 아니었더라도 그들의 부하들이 한 범죄행위를 묵인한 책임을 면할 수는 없을 것이다. 게다가 실제로 포로나 민간인과 접촉하는 초급 장교들은 대략 30%가 나치 당원이었는데, 이들의 교육 수준과 사회적 지위는 동료들보다 상대적으로 높아 사단 내에서도 주도적인 처지에 있었다. 문제는 이들이 나치의 세뇌 교육으로 소련인들은 미개한 열등 민족으로 생각했다는 점일 것이다. 나치는 공산당원이 대부분 유대인이라고 교육함으로써, 유대인이나 공산당원은 모두 처형하라는 식으로 확대해석 되었으며, 부하 병사들에게 소련인을 비인간적이고 악마적인 존재라고 교육함으로써 살인과 잔학행위에 대한 당위성을 부여했다.

독일군의 침공 초기에 특히 스탈린의 학정에 시달렸던 우크라이나의 민족주의자들은 우크라이나 전역으로 퍼져나가면서, 민족의 독립을 위한 복음을 전하며 활동을 개시했다. 그러나 그들은 독일군이 "결코 좋은 일을 하려고 우크라이나에 오지 않았다."라는 것을 금방 깨달았다. 8월 말이 되자 독일군의 점령 당국은 지역의 민족주의자를 엄하게 소탕하라는 명령을 내렸다. 발트해 연안 국가들과 소련령 폴란드, 벨라루스, 우크라이나에서 민족주의자를 포함하여 독일의 이익에 저해가 되는 모든 인사들을 나치 친위대의 출격대(SS-Einsatzgruppen)가 체포하여 투옥하거나 처형했는데, 점령지역 중에서도 우크라이나는 특히 압제의 대상이 되었다.

1941년 9월에 독일의 우크라이나 총독령이 건립되었다. 총독은 고참 나치 대원인 에리히 코흐(Erich Koch)로서 그는 총독부가 세워진 로브노(Rovno)에서 총독부 관계자들에게 한 연설을 통해 "본인은 야수 같은 개로 알려져 있습니다. 우리가 할 일은 우크라이나에서 우리가 움켜쥘 수 있는 물건을 모두 빨아 먹는 것입니다. 본인은 여러분들이 토착민들을 최대한 가혹하게 다루기를 기대하고 있습니다."라고 말했다. 괴링은 우크라이나에서 최종 해결책은 15세 이상의 남자를 모두 제거하는 것으로 생각했고, 친위대장 히믈러는 인텔리겐치아가 대량으로 처치되기를 원했다.[83]

현지 주민들은 엄청난 수의 독일군과 말의 먹이를 위해 식량을 공출 당해, 식량 사정은 절망 상태에 빠졌다. 도시에서도 식량 배급이 줄어들고, 도시로 들어가는 식량을 차단함으로써, 하리코프에서 8만여 명이 굶어 죽었으며, 키예프에서는 틀림없이 더 많은 인원이 죽었을 것이다. 봄에는 씨앗을 공급했지만, 공출량은 소비에트 체제에서의 그것보다 두 배에 달했고, 농민들은 생존에 필요한 양의 1/3만 배급이 주어졌다. 이러한 착취를 견디지

83) 리처드 오버리 지음, 류한수 옮김, 앞의 책, pp. 187-188.

못해 노동자들은 초기에 독일에서의 근로를 위한 차출을 희망했지만, 독일에서의 근로조건은 너무 나빴다. 위생시설이 없고 식량이 제대로 주어지지 않는 유개화차에 실려 독일에 도착했고, 철조망이 처진 엉성한 막사에 수용되었다. 동방 OST이라고 새겨진 완장을 차야 했고, 식량 배급은 필요량에 항상 모자랐다. 열악한 조건이 알려져 근로 지원자가 끊기자 이제는 총부리를 들이대고 강제로 차출해갔다.

그해 여름이 다 가기 전에 7백만에 가까운 우크라이나를 비롯한 소련 지역의 노동자들이 붙잡혀 겁에 질리고 여윈 상태로 열차에 실려 독일로 보내졌으며, 독일의 농장과 공장에서 일했다. 수많은 젊은이는 붙잡혀 강제노동에 시달리느니보다는 숲과 늪지대로 도망쳐 파르티잔에 가담했다.

3. 소련 내의 유대인 테러

독소전쟁사에서 가장 잔혹한 부분은 인종청소에 관한 부분일 것이다. 열등한 민족은 지배하는 인종보다 못한 생존권을 가진다는 것이 히틀러의 사상이었다. 거기에다가 유대인은 독일 인종에 대한 가장 교활하고 음험한 적이라고 여겨졌으며, 볼셰비키와 동일시되었다. 따라서 붉은 군대와 볼셰비키, 그리고 유대인은 모두가 처형의 대상이었다. 독일군이 폴란드와 발트국가, 그리고 소련 영토로 쏟아져 들어감에 따라 광대한 지역에 거주하던 유대인은 강제 주거지인 게토로 들어가야 했으며, 굶주리고, 병들어 죽거나 처형될 운명에 처했다.

러시아 지역 유대인들이 겪었던 악몽은 사실 독일군의 침범 이전인 스탈린 치하에서뿐만 아니라, 차르 시대부터 지속적으로 존재해 왔었다. 오랜 세월 동안 유대인들은 소련인들의 조직적인 박해를 피해, 서유럽이나 미주지역으로 이주해 왔었다. 스탈린은 골수 반유대주의자로서 1920년에 소련 서부지역의 유대인들을 크림지역으로 이주시켰다가, 1930년이 되자 다시 한번 동아시아지역인 아무르강(헤이룽강의 러시아 명칭) 주변으로 이주시켰다. 일본 지배지역과 인접한 황량한 곳에 유대인 극장, 유대인을 위한 행정국을 만들고, 신문까지도 발행할 수 있는 체제를 갖추어 주었다. 이곳은 게토와는 달랐지만, 유대인들을 끌어들일 수 있는 매력적인 조치는 되지 못해 서부에서 이곳으로 이주한 유대인은 극소수에 불과했다. 이는 실패한 소련판 인종차별(Apartheid)정책이었다. 1936년 무렵 실시된 소련의 대숙청 기간에 소련 상층부에 있던 유대인들이 차별적으로 더 많이 숙청되었다.

1939년 9월 독일이 폴란드를 점령하자, 폴란드에 거주하던 유대인들이 독소국경을 넘어 대거 몰려들었는데, 소련은 그들에게 안전한 피난처가 아니었다. 소련인들은 그들을 다시 독일 측에 넘기거나, 아니면 카자흐스탄이나 더 동쪽인 시베리아 쪽으로 유배시켰다. 그러다가 독일의 유대인 학살에 반대하는 전 세계 유대인들의 여론으로, 소련을 지원하는 분위기가 형성되었을 때, 뛰어난 기회주의자인 스탈린은 그들에게 재정적인 지원 등을 기대하며 유대인을 속박에서 해제했다.

독일군은 소련 점령지에서 유대인과 더불어 붉은 군대와 볼셰비키도 동일하게 제거하라는 상부의 명령에 따라 나치 친위대 소속 출격대는 전쟁하는 동안 6십만 명의 소련군 포로를 처형했다고 한다.[84] 나치 친위대의 출격대는 지시받은 데로 17세에서 45세까지의 유대인을 대량으로 처형했고, 점차 나이 많은 남자와 소년도 추가되었으며, 차후에는 여자들도 처형 대상이 되었다. 그들 중에는 점령지의 토착민들이 유대인을 독일군에 밀고한 예도 많았다. 가장 두드러진 사례의 하나로는 키예프 외곽인 바비야르(Babiiar)에서 단 이틀 만에 3만 3천 명을 학살한 것을 들 수 있는데, 이는 지역의 파르티잔들이 독일의 제6군사령부가 들어있는 콘티넨털 호텔을 폭파하자, 그에 대한 보복으로 지역 유대인을 골짜기로 끌고 가, 그들 스스로 1마일가량의 대전차 호를 파게하고, 그 참호에서 발가벗겨진 다음 총살되었다.

유대인에 대한 학살은 1941년 9월 29일과 30일 양일간 자행되었으며, 이때 키예프 방어전에서 포로가 된 소련군 수천 명도 이들과 함께 처형되었다. 시체를 대량으로 매몰한 대전차 호는 생석회 층으로 덮이고, 그 위에 흙을 뿌렸는데 6개월 후에 작은 폭발음과 함께 부패한 시체가 솟아올랐다고 한다. 그 외에도 루마니아군이 점령한 오데사에서는 최대 8만 명의 유대인이 루마니아군과 나치 친위대에 의해 살해되었다.

독일 점령군에 의한 유대인 살해 인원의 대부분은 독일의 절멸 수용소가 곳곳에 세워져 유대인의 살해가 더 본격적으로 가동되기 이전이었던 전쟁 초기 9개월 내에 발생했다. 소련 지역 유대인 5백만 명 가운데 4백만 명이 독일군의 점령지역에 살고 있었는데, 이 중 1백 5십만 명은 독일이 진주하기 전에 도망쳤으며, 1942년 말까지 남은 유대인 가운데 무려 1백 15만 명이 살해된 것으로 알려져 있다. 유대인에 대한 박해는 유대인만이 유일한 선민이라는 의식 때문에, 저 먼 옛날 고대 로마의 하드리아누스 황제 시절에 예루살렘이 함락되면서 조상의 거주지로부터 쫓겨나, 전 유럽지역으로 이산(Diaspora)된 이래 하나의 숙명이 되었다. 유대인에 대한 학살을 통해 소련과 독일, 두 국가의 잔악성이 드러났지만, 특히 히틀러가 유대인, 볼셰비키, 소련인을 박멸해야 할 대상으로 적시했기 때문이며, 사실상 모든 책임은 히틀러와 나치가 지지 않으면 안 되게 되었다.

84) 리처드 오버리 지음, 류한수 옮김, 앞의 책, p. 123.

4. 파르티잔과 테러

또 하나의 잔악 행위는 소련의 파르티잔 활동에 의한 것이다. 전쟁 초기에 독일군이 공산주의의 잔악함을 종식해주는 해방군으로 환대받았던 위치에서 순식간에 적대세력으로 인식이 바뀌면서, 점령지에 남아 있던 민간인들과 진지선 후방에 남겨진 패잔병들은 어쩔 수 없이 파르티잔이 되어 독일군의 후방을 교란하는 세력이 되어갔다. 파르티잔은 대부분이 국가를 수호하기 위한 대의에서 자발적으로 독일군에 맞서지는 않았다. 그들은 독일군의 잔학한 포로 대우, 거기에다가 패배한 부대가 상부로부터 허락되지 않은 후퇴를 했을 때, 상부로부터 가해지는 가혹한 처벌이 두려워 어쩔 수 없이 모여든 패잔병과 마을 주민들이었다. 그들은 너무나 신속한 독일군의 진격으로 인해 공백으로 남겨진 후방의 산림이나 늪지대의 접근이 어려운 지역에 둥지를 마련하여 독일군의 후방을 괴롭혔다. 초기에는 빈약한 장비와 식량부족이 문제였으며, 그로 인해 지역 주민을 착취하는 경우가 종종 발생하여 문제가 되었다.

1941년 7월에 스탈린은 모든 파르티잔들로 하여금 소련의 대의에 충성을 바치고, "적에게 무자비하고 가차 없는 복수를, 피에는 피로, 죽음에는 죽음으로!"라고 맹세하도록 함으로써 파르티잔의 투쟁을 촉구했다. 어떻게 보면 파르티잔 투쟁은 이래도, 저래도 죽는 상황에서 패잔병이나 지역 주민들이 택할 수 있는 유일한 길이었는지도 모른다. 1941년 말이 되면 청년 공산주의자 3만 명이 독일군 후방으로 침투하여 이러한 파르티잔 부대에 합류하는 상황이 발생하였다.

1942년 5월에는 백러시아 공산당 간사인 포노마렌코(Ponomarenko)를 모든 파르티잔 부대의 참모장으로 임명하여 지역의 파르티잔들이 중앙당과 지역군 지휘관들의 통제를 받도록 했다. 문제는 파르티잔으로 인한 피해에 대해 독일군의 대응은 또 다른 가혹한 테러를 유발하게 되었다는 점일 것이다. 1941년 9월 히틀러는 파르티잔의 활동을 근절하기 위해 "주민들의 모든 저항 의지를 박탈할 테러를 가할 것"을 지시했고, 나치 친위대는 독일군 한 명이 희생되면 소련인 50명에서 100명을 처형해야 한다는 내부 지시를 하달했다. 소련 사람들에게 통하는 것은 당근이 아니라 채찍이라는 것이었다. 파르티잔과 그 공범자들은 체포되는 즉시 즉결처형 되었다. 백러시아에 주둔했던 독일군 제707보병사단에서 부대원 두 명이 목숨을 잃은 보복으로 파르티잔과 그 동조자라는 명목으로 근처의 마을을 초토화 한 것을 위시하여 한 달 동안 무려 1만 명 이상을 처형했다.85)

독소전쟁에서 가장 큰 또 하나의 피해는 포로들에게 나타났다. 독일은 소련군 5백 70만

85) 리처드 오버리 지음, 류한수 옮김, 앞의 책, p. 203.

명의 포로를 획득했는데, 이들 중 3백 30만 명이 기아, 질병, 학대, 주거시설의 부족으로 죽었다. 독일은 대량의 포로를 관리할 준비가 전혀 되어있지 않아 포로들은 대부분 철조망에 갇혀 그대로 방치된 채 굶주리고 병들어 죽었다. 포로들은 전쟁 초기 6개월 동안에 2백만 명이 죽을 만큼 수용소의 조건이 열악했으므로, 포로들은 그들을 기다리는 운명에 대해 알게 되어 어떻게 하든지 탈출하려고 노력했고, 포위된 부대원들은 항복하기보다는 파르티잔과의 접촉에 희망을 품고 숲으로 숨어들었다. 파르티잔들의 활동은 유고슬라비아에서 티토의 활동과 쌍벽을 이루며 격렬하게 진행되었다.

파르티잔의 활동으로 광활한 전장에 뛰어든 독일군은 암울했다. 수시로 보급 차량이나 열차가 습격당했고, 희생자도 늘어갔다. 파르티잔은 전쟁 기간 독일군의 차량 6만 5천 대를 파괴하고, 보급로 상의 교량 1만 2천 개를 폭파하였다.86)

백러시아 독일 총독 쿠베(Wilhelm Kube)는 하녀가 침대 밑에 설치한 폭탄이 터져 죽었고, 나치 돌격대 지도자 루체(Victor Luze)는 매복에 걸려 죽었다. 파르티잔의 활동은 독일군의 사기에 많은 영향을 미쳤지만, 그에 상응하는 보복으로 수많은 마을이 파괴되고, 1백만 명으로 추산되는 파르티잔들이 희생되었다. 독일군은 잘 보이지 않는 적을 박멸하기 위해 더욱 잔인한 대응으로 맞선 것이다. 히틀러가 말한 "저항 의지를 말살할 테러"를 가한 끔찍한 증거라고 할 수 있겠다. 제2차 세계대전 중에 히틀러의 유대인 대량 학살(홀로코스트)은 이미 많이 알려졌지만, 상대적으로 슬라브인과 기타 비유대인에 대한 잔학 행위는 비교적 덜 알려져 있다. 이에 대한 범죄행위의 규모는 완전히 파악되고 있지는 않지만 대략 3백만 명의 러시아, 벨라루스, 우크라이나인들이 독일로 끌려가 강제 노동을 해야 했으며, 수용시설이 불비하여 열악한 환경에서 굶주리고, 병에 걸려 많은 인원이 죽거나 다쳤다.

5. 포로에 대한 테러

앞서 이미 언급했지만, 전쟁하는 동안 대략 5백 7십만 명의 소련 포로 가운데 3백 3십만 명이 죽었는데, 이는 전체 포로의 57%로써 모두가 기아와 질병, 주거시설의 열악함으로 인한 것이었다. 월동 장비가 부족한 독일군은 때로는 소련군 포로들의 신발, 피복을 강탈하여 자신들이 착용했다. 역설적으로 독일이 포로들의 노동 가치를 인식하기 시작한 1941년 말부터는 포로의 대우가 달라져 갔지만, 독일군의 인종차별적인 처우로 인해 포로들의 고통을 줄여주지 못했다.

---

86) 리처드 오버리 지음, 류한수 옮김, 위의 책, p. 210.

소련인들이 열등 민족으로 차별되어야 한다는 근본 인식은 바뀌지 않아 학대는 계속되었다. 소련군도 역시 잔인한 대응으로 보복하여 세계 역사상 유례없는 증오와 살육이 자행되었다. 소련군에 붙잡힌 독일군 포로들 또한 상대적으로 숫자는 적었지만, 처우는 비슷했다. 그 일례로 1943년 초에 스탈린그라드에서 항복한 독일군 포로 9만여 명은 추운 겨울에 모포 한 장만으로 멀고 먼 동쪽의 포로수용소까지 걸어갔으며, 전후에 살아남아 귀환한 장병은 6천 명에 불과했다고 한다.

이에 덧붙여 소련군은 적에게서 받는 고통뿐 아니라 스탈린으로부터의 압박으로 이중고를 당했다. 앞에서도 언급했듯이 스탈린은 중요 전장에서는 한 걸음도 후퇴하지 못하게 함으로써, 전투력 보존을 위한 전략적이나 전술적 고려를 봉쇄하여 피해를 확대하였음은 물론, NKVD를 축으로 한 처형부대를 운영하여 후퇴하는 자에게는 현지에서 즉결처분하게 하였으며, 그 가족까지 형벌을 가함으로써, 비록 방어지역을 고수하게 하는 효과는 일부 있었을지라도 전력을 너무 쉽게 소모해 버리는 결과를 곧잘 초래했다. 그리하여 적진 속에 남겨진 부대는 포로가 될 수도 없고, 후퇴하면 처벌받아야 했기 때문에 현지에서 싸우다 죽거나 도망쳐 파르티잔에 가입하는 것이 유일한 희망이 되었다.

6. 소련군의 폴란드에 대한 테러

1939년 8월 23일 독일과 소련 간의 비밀 협정에 따라 9월 1일 독일이 폴란드를 침공하자, 소련은 9월 17일 동부 폴란드에 침범하여 특별한 희생을 치르지 않고 폴란드를 분할 점령하였다. 점령지역에는 수많은 소련의 관리와 내무인민위원회(NKVD) 요원들이 들어와서 새로운 영토를 소련으로 편입하는 작업을 진행했는데, 그들이 세운 기준에 따라 위험 분자들에 대한 공식적인 약탈과 체포, 살인이 허용되었다. 소련이 점령한 지역의 폴란드인들은 지옥의 나락으로 떨어져 툭하면 체포 및 구금은 물론, 고문당하고 살해되었다. 폴란드인들은 1940년 초부터 무려 2백만 세대가 강제로 시베리아와 중앙아시아의 혹독한 지역으로 이송되었는데, 이는 훗날까지도 소련에 저항할 소지를 말살시키려는 소련의 의도에 따른 것이었다.

전쟁 포로들도 이들과 함께 이송되었는데 장교들과 경찰, 성직자, 교수, 의사 등 사회지도층 인사들은 별도로 이송되어 더욱 가혹한 운명을 맞았다. 이들은 1940년 4월에 단계적으로 이송되었는데, 스몰렌스크 근처에 도착했을 때 밤마다 수백 명씩 카틴(Katyn)의 숲속에서 살해당하고 암매장되었다. 그들 중의 한 사람이 남긴 기록에는 "저들이 우리를 작은 숲으로 데리고 갔다. 반지, 시계, 허리띠, 칼을 빼앗아 갔다. 저놈들이 우리에게 무슨 짓을 할까?" 몇 분 뒤에 그들은 손이 뒤로 묶인 채 숲속에 이미 파놓은 구덩이로 끌려가 뒤통수에 총을 맞고 집단으로 매장되었다.

그들은 매일 매일 죽임을 당했는데 독일군이 1943년 4월에 우연히 발굴하여 세상에 알려졌다. 집단 매장지에서 4,100여 구가 발견되었고, 인근에서 발견된 유골까지 포함하여 22,000구 이상이 되었다.[87] 폴란드의 군 간부를 비롯한 엘리트 집단에 대한 학살은 장차 소련에 대항하여 민족의 독립을 요구하며 봉기의 깃발을 올릴 요소를 뿌리 뽑아버리려는 소련 지도층의 의도에 따른 것이었다. 독일의 선전상 괴벨스는 이를 소련의 무도함을 폭로하는 좋은 자료로 삼아 활용했으나, 소련은 독일군의 만행이라며 이를 완강히 잡아떼었다. 영국에 있던 폴란드의 망명정부는 국제 적십자사에 진상을 규명하여 달라고 요청했으나, 전쟁하는 동안 동맹국을 자극하는 것을 꺼린 미국이나 영국의 미온적인 협조로 성과는 없었다.

제2차 세계대전이 종료된 이후에 미국은 의회에서 조사를 벌여 진상을 확인했다. 완전히 진상이 확인된 것은 1989년 공산주의가 붕괴한 이후로 소련은 스탈린의 지시하에 내무인민위원회(NKVD)의 수장인 베리야의 서명을 받아 21,857명을 사살하라는 명령으로 자행되었음을 정식으로 인정했고, 이 사실은 곧 1990년 고르바초프 대통령에 의해 확인되었다. 2005년 1월에 러시아는 당시의 범죄행위가 공소시효가 만료되어 책임을 물을 수 없다고 폴란드에 통보했으나, 폴란드는 집단학살이 인류에 대한 범죄이므로 공소시효가 있을 수 없다고 주장했지만, 보상받을 실효성은 없었다.

더욱 불행한 일은 2010년 4월 10일 이 지역을 조문하고 돌아오던 폴란드의 카친스키 대통령과 참모총장 등 정부 요인들이 탑승한 비행기가 추락하여 80여명 전원 사망했다는 점이다. 약한 국가로서 안전보장을 확보하지 못하면 무도한 일을 당해도 하소연할 수 없는 비극을 우리는 타산지석으로 삼아야 한다.

---

87) 리처드 오버리 지음, 류한수 옮김, 앞의 책, p. 82.

● 미얀마에서 일본군 병사들이 인간 교각을 만들어 진군하는 모습

제 5 부

태평양전쟁

● 오키나와 전투가 벌어지는 1945년 5월 11일에 가미카제 비행기 두 대에게 1분 이내에 직격타를 맞은 미 항공모함 벙커힐호의 비행갑판. 이 함대가 오키나와 앞바다에 떠 있는 두 달 동안 일본군은 가미카제 임무비행을 1,900차례 날려보내, 대다수가 소형인 군함 38척, 대형 군함 열두어 척을 격침했다. 일본군은 전함 야마토 호도 희생했다. 야마토 호는 자살임무를 띠고 편도행 연료만을 가진 채로 파견되어 4월 7일에 미군 항공기 300대의 공격을 받고 오키나와 인근 해저에 가라앉았다.

제 1 장
전쟁의 배경 - 일본의 팽창

히틀러는 일본과 동맹을 맺으면서 지난 1000년 동안 한 번도 패배한 적이 없는 국가와 동맹을 맺게 된 데 대해 매우 흡족해했을 뿐만 아니라, 1941년 12월 7일 진주만을 공격하자 더욱 기뻐했다. 그의 눈으로는 일본이 서방에서 최우수 민족인 게르만족에 버금가는 동양의 우수한 민족이라고 생각하여 우수한 민족이 세계를 지배해야 한다는 그의 철학과 일치하는 상대이기 때문에 호감을 느낀 것으로 보인다.

일본은 15세기 이래로 제한적이나마 서방세계와 무역과 교류를 통해 국제정세에 상당 수준의 지식을 축적해왔으나, 17세기 이래 외세의 침입을 우려하여 외국인을 추방하고 폐쇄정책을 고수했다. 그러나 19세기에 이르러 서세동점의 물결을 거스를 수는 없어 1853년 6월 전함 4척을 이끌고 나타난 미국의 함대사령관 페리(Matthew C. Perry)의 무력시위에 굴복하여 통상조약을 체결한 이래, 차례로 다른 나라들과도 수교함으로써 개국하였다. 그 여파로 1868년 메이지 유신이 선언되어 막부정치의 몰락과 함께 급격히 근대화의 물결을 타게 되었다.

일본은 뿌리는 약했지만, 민주적인 헌법을 채택하였고, 선거에 의한 의회제도, 의무교육제도를 통해 급속한 서구화를 추진해 나갔다. 일본은 당시로서는 매우 현명하게도 근대화 과정이 자기들의 통제를 벗어나지 않도록 조절했는데, 서구의 기술을 도입하되, 그 과정에서 일본이 서구에 몸을 맡기는 형태가 되지 않도록 조치한 것이다. 일본은 1840년 중국이 아편전쟁 이래 서방 국가들의 이권에 농락되어 고통을 겪는 것을 교훈으로 삼아, 외부 세력과의 불평등조약을 최대한 억제하고 오히려 서방 선진국의 제국주의적인 행태를 본받았는데, 서구의 선진국들이 우수한 산업 능력을 바탕으로 한 군사력으로 아시아 지역에서 수 세기에 걸쳐 식민지를 확보하여 원자재의 공급기지 겸 시장의 역할로 활용함을 보아왔다.

이러한 세계정세를 읽은 일본은 살아남기 위해서는 산업화를 이룩하고 이를 바탕으로 강력한 군대를 가져야 한다는 점을 깨달았다. 일본은 10여 년간의 노력으로 산업화에 급속한 진전을 보이고, 서구의 군대를 모방하여 육성한 후, 1894년 한반도에 대한 주도권을 놓고 중국과 벌인 청일전쟁에서 승리했다. 이듬해 4월 일본은 시모노세키 조약을 통해 첫 번째 조항에 조선의 독립국임을 천명하여 청나라의 간섭을 배제함으로써 장차 조선 합병에 장애가 되는 조건을 제거하고, 랴오둥반도, 팽호도와 대만을 할양받았다.

그러나 일본의 세력 팽창을 꺼린 러시아와 프랑스, 독일의 간섭에 막혀 랴오둥반도를 포기했는데, 결국 랴오둥반도는 남진 정책을 추진해 온 러시아가 만주에 진출하면서 할양받았다. 물론 프랑스와 독일도 더 많은 특권을 챙겼다. 랴오둥반도에 대해서 '재주는 곰이 부리고 돈은 되놈이 챙긴다.'라는 속담처럼 3국의 간섭으로 이익을 챙기지 못한 일본은 분통이 터졌지만, 국력의 한계를 느끼며 후일을 기약해야 했다. 이때 준 독립 국가의 지위를 유지해오던 오키나와도 확실하게 일본의 보호에 들어갔다.

만주 일대와 한반도의 지배권을 놓고 갈등하던 러시아와 일본은 1904년 2월 8일 일본이 여순항에 있는 러시아 블라디보스토크 함대의 분견대를 선전포고 없이 공격함으로써 러, 일 전쟁이 발발했다. 절치부심해 온 일본의 철저한 전쟁 준비로 전쟁은 일본의 승리로 돌아갔다. 여순항의 공방전에서 일본군은 5만 명 이상의 희생자가 발생했음에도 1905년 1월 1일 함락에 성공했고, 뒤늦은 1905년 5월 27일에야 전장에 도착한 발트 함대는 도고 헤이하찌로(東鄕平八郞) 제독의 함대에 쓰시마 해협과 울릉도 사이의 바다에서 철저히 격멸 당했다.

발트 함대는 영국과 일본의 동맹 관계 때문에 수에즈운하를 통과하지 못하고 희망봉을 돌아 지구를 반 바퀴나 항해해 오면서 이미 기진맥진해 패배할 수밖에 없었다. 양국은 1905년 9월 5일 포츠머스에서 미국의 중재 하에 강화조약을 체결하여 일본에 랴오둥반도와 사할린의 지배권을 인계하고, 한반도에서 일본의 우월적 지위를 인정했다. 이로써 일본은 만주에서의 이권을 보호한다는 명분으로 군대를 진주시키고, 1905년 을사늑약을 시작으로 한반도를 식민지화하였다. 이후 1914년에 발발한 제1차 대전은 일본에 엄청난 이득을 남겨주었다.

연합국의 일원으로 유럽지역에 자국 군대를 보내지 않고도 태평양과 중국 내의 독일 점령지를 축출했다는 공로로 전쟁 이전 독일이 지배했던 땅을 그대로 인수하여 점령했다. 그럴 뿐만 아니라 전쟁물자의 조달을 통해 산업은 급속히 확장되었으며, 물자의 효과적인 수송을 위해 해군력이 역시 빠르게 팽창되었다. 일본은 전후에 새롭게 확보한 영토의 지배권에 대해 국제연맹의 인정을 받았으나, 뒤늦게야 일본의 의도를 의심하기 시작한 미국과 영국의 견제를 받기 시작했는데, 대표적으로 1922년 워싱턴에서 열린 군축회의에서 미국과 영국, 그리고 일본은 주력함의 수를 5 : 5 : 3으로 제한했다.

미국이나 영국의 군사전문가들은 너무도 쉽게 일본을 강대국의 대열에 포함되도록 허용하여 태평양에서 강력한 군사력을 갖게 한 데 대해 몹시 후회했다. 일본은 내심 자국의 해군력에 가해진 조치에 만족하지 못하고 분노했지만, 미국과 영국은 태평양과 대서양을 동시에 작전구역으로 유지해야 한다는 명분을 내세웠다. 물론 이런 비율로도 일본은 서태평양에서 가장 강한 해군력을 유지할 수 있었다. 1924년 일본을 미심쩍어하는 영국은 싱가포르에 해군기지를 건설하고, 동남아에서 위기 상황이 발생한다면 싱가포르에 해군력을 강화하여 작전을 전개한다는 계획을 수립했다.

전통적인 무사도에 근거하여 일본은 강대국이 가하는 노골적인 수모를 절대로 용서하지 않겠다고 다짐했다. 육군은 영국의 전통을 이어받아 육성한 해군보다도 독일의 전통을 이어받아 육성하여 더 민족적이고 배타적이어서 더욱 한이 맺혀 있었다. 일본의 가장 큰 약점은 자급자족할 수 없는 경제구조에 있다는 점에 있었다. 6천만 명이 넘는 인구를 먹일 수 있는 식량의 생산이 구조적으로 불가능했고, 신진 산업국가로서의 필수적인 석유, 비철금속, 고무 등을 해외에 크게 의존하지 않으면 안 되었는데, 민족주의자들이 생각하는 해결책은 주변 국가들로부터 조달하는 것으로, 평화적으로 안 되면 정복을 통해 확보한다는 생각이었다.

1920년대 들어 일본은 심각한 경제·사회적인 문제에 봉착해 있었다. 전쟁의 종료로 경제적 호황이 끝나자 각국이 보호무역 정책을 추진하여 일본의 산업은 지대한 타격을 받았다. 엎친 데 덮친 격으로 1923년 일어난 도쿄 대지진으로 많은 인명이 살상되고, 공장이 무너졌다. 1929년 대공황이 일어나기 전인데도 일본은 1926년에 300만 명에 달하는 실직자들이 거리에 넘쳤다. 여건이 어려워지자 메이지 유신 이래 국력과 군사력의 팽창으로 기고만장한 소장파 장교들을 핵심으로 한 호전적인 민족주의가 대두되면서 정치를 압박하기 시작했다.

일본의 군국주의는 마치 독일의 나치즘, 이탈리아의 파시즘, 그리고 소련의 공산주의가 발호하는 토양이 조성된 것과 흡사한 환경이 만들어진 것이다. 이러한 환경을 바탕으로 단일민족이라는 단결력과 동아시아 지배를 천명으로 생각하는 터무니없는 믿음으로 일본 특유의 군국주의가 태동하게 된 것이다. 이러한 군국주의의 태동에 맥을 함께 하면서, 그 당시 만주에 주둔하고 있던 관동군은 고도로 정치화된 야심만만한 장교들이 배치되기를 갈망하는 부대로서, 표면적으로는 만주 지역에서 일본의 상업 활동을 보호하고 육성하는 후견 역할을 목표로 하고 있었다.

● 일본의 영토 야욕

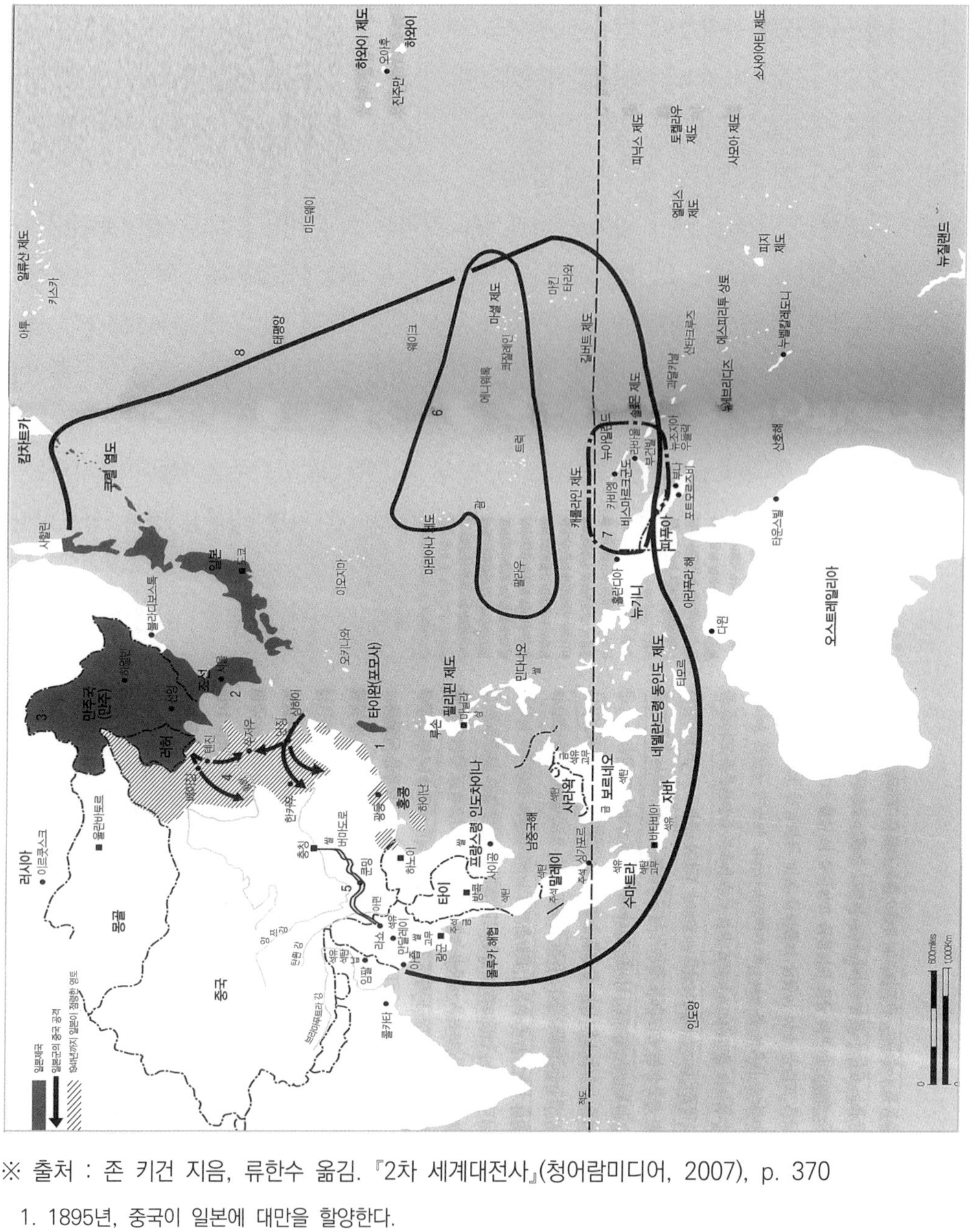

※ 출처 : 존 키건 지음, 류한수 옮김. 『2차 세계대전사』(청어람미디어, 2007), p. 370

1. 1895년, 중국이 일본에 대만을 할양한다.
2. 1910년, 일본이 조선을 병합한다.
3. 일본이 1931년 9월에 만주, 1934년에 러허(熱河)를 점령한다.
4. 1937년 7월, 일본이 중국을 침공한다.
5. 중일 분쟁에 대한 미국의 관심이 1940년 동안 커진다. 처음에는 버마 도로를 따라, 다음에는 비행기로 산맥을 넘어 보급품이 중국으로 들여 보내졌다.
6. 일본의 위임통치령.
7. 오스트레일리아의 위임통치령.
8. 계획 상의 대동아공영권 방어 경계선.

제 2 장
중일전쟁

제1절 만주사변

일본 육군은 관동군을 필두로 중국을 일본경제의 자원공급원으로 생각했으며, 무능한 중국을 무너뜨리고 일본을 위한 경제 대국을 중국에 세우겠다는 결의를 했다. 그러한 의도를 달성하기 위한 최초의 시도는 동북 삼성의 실질적인 통치자인 군벌 장쭤린(張作霖)을 폭사시키는 것이었다. 동북 삼성과 북경 일대를 통치하던 군벌 장쭤린은 1927년 장제스(蔣介石)의 북벌군에 패배하여 북경을 잃고 만주로 후퇴할 기미를 보이자, 만주의 지배를 꿈꾸며 장쭤린을 계속 지원하던 일본은 만주에서 장쭤린의 군대와 대척해야 하는 껄끄러움을 제거하는 한편, 그의 이용 가치가 더 이상 필요치 않다고 생각하여 1928년 6월 5일 장쭤린이 탄 열차가 봉천역에 도착하기 직전 폭파하여 살해했다.

아버지 장쭤린의 뒤를 이은 장쉐량(張學良)는 일본군의 만행을 알고 있으면서도 충돌을 피하려고 참으면서, 중국 지배체제의 흐름이 장제스를 중심으로 한 국민당 정부에 있음을 충분히 간파하고, 장제스에게 합류하여 동북 방면군 총사령관으로 임명됨으로써 일본이 획책했던 장쉐량의 포섭 작전은 물거품이 되었다. 이후로 관동군은 작전참모 이시하라 간지를 중심으로 중국 침략을 위한 위장 공작을 전개했다. 그것이 곧 류타우거우(柳條溝) 사건이었다.

1931년 9월 18일 만주 봉천 근처의 류타우거우에서 야간에 일본군의 관할 하에 있는 철도를 일본군이 스스로 폭파한 후에 이를 장쉐량 휘하의 동북군의 소행으로 몰아붙이고 장쉐량의 군대를 공격하여 만주에서 몰아냈다. 거짓 선전에 현혹된 일본의 국민은 중국의 행태에 분노하면서 과감한 일본군의 군사행동을 극찬했지만, 흔히 '만주사변'이라고 불리는 류타우거우 사건에 대해 일본의 민간정부는 전혀 모르는 사건이었기 때문에 당혹해하면서 군사행동을 반대하는 견해를 밝혔으나, 최고 통수권자인 천황이 이를 추인함으로써 합법화되었다.

일본군이 불법적으로 만주 전역을 점령했음에도 국제적으로 어떤 국가도 나서서 일본군을 제재하지 않았다. 주먹은 가깝고 법은 멀어 약자는 하소연할 곳이 없었다. 그 이듬해인

1932년 일본군은 괴뢰국인 만주국을 건설하고, 청나라의 마지막 황제인 푸이(溥儀)를 황제로 등극시킨 다음, 모든 것을 그의 배후에서 조종했다. 푸이는 청나라의 황제에서 쫓겨난 후 황제의 자리에 복귀하는 꿈을 가졌으나 실제는 아무것도 할 수 없는 일본군의 허수아비에 불과했다.

곧이어 일본군은 1933년 2월 7일 러허(熱河)를 점령하고, 1935년에는 내몽고 일부를 차지했다. 이로써 만주국은 인구 3,400만의 국가로 성장했고, 일본은 적극적인 이민정책을 추진하여 1939년 무렵에는 만주 지역에 거주하는 일본인이 무려 90만 명에 이르게 되었다. 이른바 '만주사변'을 시작으로 일본은 본격적으로 아시아 국가들을 침략하기 시작했으며, 이러한 일본의 행태를 미국이 맹비난한 것을 기화로 국제연맹은 일본의 행위를 조사한 다음 침략자로 낙인찍었다. 그러자 일본은 만주사변 여파에 따른 국제여론의 악화를 견디지 못해 1933년 3월 27일 드디어 국제연맹을 탈퇴하여 고립화의 길을 걷게 되었다.

제2절 군사 테러와 군부 정권

일본은 군대의 폭력적 팽창에 대해 민간정부는 속수무책으로 수수방관하다가 사건이 발생한 이후 추인하는 형식으로 국가가 운용되는 형편이었다. 정치인이 군부에 잘못 보이면 암살당하는 경우가 자주 발생했다. 1930년 11월, 하마구치 오사치 총리는 영국의 해군 군축회의에서 굴욕스러운 조건을 수락했다는 이유로 우파 청년 사고야 도메오로부터 총격을 받아 그 후유증으로 다음 해에 사망하였다. 또한 1932년 10월에는 늘어나는 전쟁 비용을 감당할 수 없어 군비축소 의사를 표명한 대장상 이노우에 준노스께가 암살되고, 3월에는 미쓰이 재벌의 지도자 다쿠마가 암살되었다.

이처럼 눈에 거슬리는 자는 암살로 해치우려는 테러는 마침내 군의 중견 장교들에 의해서 규모가 커지고 점차 정치를 무력화시켰다. 소위 '5·15사건'이라고 불리는 정변은 1932년 5월 15일 만주사변을 축소 조정하려는 의도를 가진 당시 수상 이누가이 쓰요시(犬養毅)를 암살한 사건으로, 일단의 장교들이 수상관저, 경시청, 은행 등을 습격하고 군부 정치체제를 수립하려고 한 사건이었다.

이후 해군 대장 출신 사이토 마코토(齋藤實) 총리가 취임하여 군·정간에 타협으로 사태는 수습되었으나, 정당에 의한 내각제는 종지부를 찍고 군부의 조종을 받는 내각이 들어서게 되었다. 그러다가 1936년 2월 26일에는 소위 '2·26사건'이라고 불리는 정변이 또 일어났는데, 일단의 육군 장교들이 약 1,400명의 부사관을 거느리고 수상관저와 경시청을 공격하여 내대신 사이토 마코토, 대장 대신 다카하시 고레키요(高橋是清), 교육 총감 와타나베를 암살하고 정치를 개편하려 했다. 천황은 초기에 육군에 호의적이었지만, 내각 요원을 암살한 데 대해 분노하고, 해군의 반대와 정치·경제계가 견제하게 되자, 반대 입장으로 돌아서서 이를 진압하였다.

이 사건을 계기로 군부대신에는 반드시 현역 장군이 임명되도록 하는 등 군부의 위상은 더욱 커져 정치를 좌지우지하게 되었다. 1937년에 군부대신은 정부에 산업, 노동, 언론을 통제하는 권한을 줄 것을 의회에 제출했는데, 반대했다가는 어떤 봉변을 당할지 몰라 두려운 의회는 법안을 통과시킬 수밖에 없었다.[1] 군부대신은 내각의 일원이면서도 천황에게 별도로 직접 보고할 수 있는 특권을 갖게 되었는데, 이는 마치 1차 대전 전에 독일 육군의 참모총장이 황제에게 내각의 통제 없이 직접 보고하던 체제와 똑같았다.

파시즘의 길로 질주하던 일본은 1936년 8월 히로타 고오키(廣田弘毅) 내각이 대규모 군비확장 예산을 무조건 책정하게 하고, 중국에 대한 진출과 함께 아시아 남방에 대한 진출 계획도 국책으로 채택하여 전국을 전시체제로 전환하였다.[2] 그리고 1936년 12월에는 반소, 반 코민테른을 목적으로 일·독 방공협정을 체결하여 점차 독일, 이탈리아, 일본의 파시즘 진영과 미, 영, 불 중심의 민주주의 진영의 대립 구도가 점차 명확해져 갔으며, 이는 당시 중국을 배후에서 후원하던 소련에 대한 직접적인 도전이기도 했다.

제3절 중·일 전쟁의 발발

군부 주도의 파시즘에 물들어 중국에서 급속히 영향력을 확대하려는 일본에 대항하여 중국에서 항일 기운도 역시 고조되어갔다. 한편, 1935년 8월 중국 공산당은 장제스의 공세에 쫓기는 대장정의 위험 속에서도 [구국 항일 선언]을 발표하여 대의명분을 뚜렷이 하였고, 1936년 2월 서안에서 장쉐량이 장제스를 억류함으로써 장제스의 석방을 조건으로 끌어낸 제2차 국공합작 결과 국민당과 공산당 간의 내전을 일시 중지하고 항일 전쟁에 협력한다는 방침을 확인했다. 그러나 일본의 지도자들은 중국의 이러한 조치와 변화의 의미를 정확히 인식하지 못했다.

1937년 7월 7일 밤에 베이징 교외의 루꺼우자오(盧溝橋) 부근에서 '훈련 중이던 일본군의 소부대가 중국군으로부터 총격을 받았다'라는 소위 '노구교 사건'이 발발했다. 일본은 특별한 피해가 없었음에도 불구하고 다음날 즉시 중국군에 대한 공격을 개시했다. 이 사

1) 폴 클리어 등 지음, 강민수 옮김, 『제2차 세계대전』(서울 : 플래닛미디어. 2009), p. 446.
2) 이사오 나오히로 지음, 계황 등 옮김, 『새로 쓴 일본사』(서울 : 창비. 2012), p. 517.

건은 이제까지 여러 번에 걸친 소규모의 국지도발에도 확전을 원치 않아 침묵하던 장제스에게 더 이상 일본의 도발을 용서할 수 없다는 각오를 다지게 하는 결과를 가져왔다. 역사학자들은 이때부터 1945년까지 전쟁을 이어갔다는 점에서 제2차 세계대전의 시발점으로 보기도 하며, 일본에서는 특별한 의미를 부여하여 노구교 사건을 '지나사변(支那事變)'이라고 부르고 있다.

코노에 후미마로(近衛文麿) 내각은 전쟁 확대를 자제하는 방침을 정했지만, 육군의 강경파는 천황에 의한 군의 통수권 독립제도를 이용하여 전선 확대를 기정사실로 함으로써 내각은 8월 15일에 이를 추인하고 말았다. 이에 대응하여 중국은 전 국민이 일치단결하여 일본의 침략에 대응하는 태세를 갖춤으로써 양국 간에는 선전포고도 없이 전면전이 전개되었다. 1937년 8월 14일에는 국민당군의 비행기들이 상하이에 정박해 있던 일본 군함을 공격하자 전쟁은 본격적으로 확대되었다.

중국 북부에 10개 사단, 상해에 5개 사단을 보유하고 있던 일본군은 파죽지세로 공격을 해나감으로써, 1개월 후에는 베이징과 톈진을 무너뜨리고, 11월 초에는 상하이 전선을 격파하여 국민당 정부의 수도 난징을 위협하였다. 이에 견디지 못한 장제스의 국민당 정부는 11월 20일 수도를 한꺼우(漢口)로 옮겼다가 다시 충칭(重京)으로 이전했다. 그리고 12월에 일본군은 난징을, 약 2개월에 걸쳐 아녀자와 어린애를 포함한 30만 명의 중국인을 학살 및 강간·약탈한 '남경대학살'을 자행했다. 광둥과 한꺼우를 점령한 1938년 10월까지 일본군은 파죽지세로 공세를 이어갔으나 이후 강력한 중국군의 저항으로 전선은 점차 교착상태로 빠져 들어가 8만 5천 명의 일본군은 발이 묶였다.

이로써 일본군은 중국의 동쪽 연안 벨트를 따라 길게 늘어선 도시 지역을 점령했지만, 광대한 내륙의 농촌지역은 능력상 손을 쓸 수가 없는 형편으로 어떻게 보면 무한한 영토와 잠재력을 가진 중국이라는 늪에 빠져 어쩔 수 없이 중국의 장기 항일 전쟁에 끌려들어갈 수밖에 없었다. 일본은 내심으로 중국과의 전쟁을 조속히 종결하고 소련과의 대적에 총력을 경주해야 한다고 생각했지만, 어떤 형태로든 단기전으로 종결될 수 없게 되어 밑 빠진 독처럼 자원과 재정을 소모하게 했다. 중국과의 전쟁에서 압도적인 승리를 끌어내 전쟁을 종결하려면 무엇보다도 먼저 유류를 비롯한 전쟁물자를 동남아에서 획득해야 했는데, 무리한 남방으로의 진출은 자칫하면 미국과의 전쟁을 일으킬 위험이 있다는 점을 일본은 잘 알고 있었지만, 해결책은 없었다. 이렇게 일본은 진짜 큰 전쟁으로 한발 한발 다가가고 있었다.

한편, 중일전쟁으로 인해 자신들의 이권을 침해당한 미국, 영국, 프랑스는 일본의 침략을 강력히 비판함으로써 일본은 이들 국가와의 대립이 심화하였고, 특히 미국의 루스벨트 대통령은 모든 책임이 일본에 있다고 규탄했다. 미국은 일본군의 난징 함락 당시, 난징으로부터 각국의 외교관들을 소개하던 미국의 포함 퍼내이(Panay) 호와 영국의 무당벌레(Ladybird) 호를 일본군의 항공기가 격침한 데 대해서는 강력하게 응징하지 않고 일본의 사과를 받는 선에서 마무리했지만, 점차 일본에 대한 불신과 잔학성에 대해 분개하여 중국을 도울 방법을 모색하기 시작했다.

일본의 후미마로 수상은 1938년 말에 이러한 시국을 타파하기 위한 정책으로 [대동아 공영권 건설]이라는 슬로건을 내걸었다. 소위 동아시아에서 유럽 및 미국 주도의 제국주의 세력과 소련의 공산주의 세력을 뿌리 뽑고, 일본의 주도로 아시아인에 의한 독자 세력권을 구축하여 공동번영 하겠다는 모토였다. 그러나 소위 대동아 공영권이라는 것도 당시의 지배 세력인 서구 열강을 일본이 대신하여 그들 국가로부터 자원의 공급을 받고 공산품 판매시장의 역할을 하게 하려는 제국주의적 계획에 불과했다.

한편, 소련이 중국을 지원하고 나섬에 따라 관동군과 소련군 간에 국경을 두고 여러 번 충돌이 일어났다. 대표적인 사례가 1937년 8월 몽골국경에서 일어난 '노몬한 사건'이다. 소련에서는 '할인 골 사건'이라고 불리는 전투에서 일본군은 소련의 주코프가 지휘하는 기계화부대에 대패하여 1만 8천 명이 넘는 전사자가 발생하는 피해를 입었다. 장차 독소전에서 소련의 최고 사령관으로 활약하는 주코프를 일약 명장으로 돋보이게 하는 전투이기도 했다. 이 전투의 결과로 일본은 더 이상 북진을 단념하게 되었으며, 독일이 소련과 불가침조약을 체결함에 따라 일본도 소련에 휴전을 제안하여 종결되었다. 노몬한 전투가 일본군에 끼친 영향으로 훗날 일본이 소련과의 전투를 피하고 동남아로 총부리를 돌린 것이 소련군과의 교전에서 패배했기 때문이라고 분석하는 역사학자도 있다.

제4절 동남아에 진출하는 일본

이때 일본은 중국의 전선이 교착된 데다가 소련이 중국을 지원함에 따라 향후 진로를 모색하는데 골몰하고 있었다. 그때 1939년 9월 1일 독일이 폴란드를 침공하자, 폴란드의 안보를 약속했던 영국, 프랑스가 독일에 선전포고한 데 이어, 1940년 5월, 독일이 프랑스를 침공하여 6주 만에 항복을 받아내자, 일본은 동남아에서 서구 열강들의 식민지에 대한 영향력을 행사하기가 수월해졌다. 우선 1940년 7월 미국의 중국으로 향하는 군사원조 주요 루트인 버마의 양곤에서 중국의 충칭에 이르는 육상 도로를 폐쇄해 달라고 영국에 요청하였는데, 영국은 이를 거부할 능력이 없어 수락했다. 이로써 미국의 중국에 대한 지원은 항공을 이용하거나 새로운 루트를 개척해야만 했다.

또 하나는 독일의 기갑부대에 패배하여 넋이 나갔지만, 동남아에서는 아직도 식민지를 가진 열강이었던 프랑스의 비시정부에 일본의 항공기가 북베트남에서 남중국을 공습하기 위한 항공기지의 사용권과 남부 베트남에서 육·해군기지 이용권을 요구하자 이 또한 거절할 수가 없었다. 네덜란드 역시 협박을 받고 동인도제도에서 생산되는 석유, 고무, 보크사이트를 만족하지는 않더라도 양해할 만한 양을 일본에 지속해서 공급한다는 데 동의했다. 이로써 일본은 중국과 싸우면서 동남아 일대에 진출해 있는 서구 열강, 즉 영국, 네덜란드, 미국, 오스트레일리아 등의 군사기지를 위협할 수 있게 되었고, 멀리 인도양의 제해권마저 강한 영향력을 행사할 수 있게 되었다.

곧이어 1940년 9월 27일 독일, 일본, 이탈리아는 3국 동맹을 맺어 은밀히 남방으로의 무력 침략방침을 결정하고, 1941년 4월에 '북수남진(北守南進)' 정책을 굳건히 하기 위해 소련과 불가침조약을 체결했다. 당시 일본은 욱일승천하는 것처럼 보이는 승전국 독일과 가까운 관계를 맺어 동남아 일대에서 자국의 이익을 도모하겠다는 생각에 골몰했다.

한편, 프랑스가 독일에 항복하면서 미국의 참전 여론은 높아져 갔다. 1940년 5월, 미국은 태평양함대를 하와이에 전진 배치하기로 했으며, 대서양과 태평양에서 동시에 작전 전개가 가능한 대규모 해군력 확장 계획을 시행해 나갔다. 이어서 9월에는 징병제 법안을 통과시켰으며, 동시에 중국의 국민당 정부에 1억 불의 차관을 제공하도록 의결했다. 영국은 뒤늦게 영국, 인도, 오스트레일리아, 뉴질랜드군을 통합하여 말레이반도와 싱가포르에 대한 방어를 강화했다. 그러나 이미 프랑스의 항복 이후에 본토의 방어와 대서양 전투에 전력을 다하는 영국의 처지에서 동남아지역의 방어는 우선순위에서 뒤로 쳐질 수밖에 없었다.

이때 일본은 모르고 있었지만, 미국은 1941년 이후로 매직(Magic)이라는 작업 명으로 일본의 외교 암호를 해독할 수 있었다. 이는 마치 영국이 최고(Ultra)라는 작업 명으로 독일 국방군의 암호를 해독한 것이나 마찬가지의 큰 성과였다. 일본이 7월의 어전회의에서 외교 공세와 군사행동을 병행한다는 방침을 정한 것을 암호 해독을 통해 알게 된 루스벨트 대통령은 경제제재를 강화하기 시작했다.

1941년 6월 독일이 소련을 침공하자 일본은 7월에 남부 인도차이나로 진출하였는데, 이에 반발한 미국, 영국, 네덜란드는 일본의 해외 자산에 대한 동결과 함께 일본에 대한 석유 수출을 전면 금지하자, 일본 석유 수입량의 90%가 끊기게 되면서, 급기야 미·일 관계는 극심하게 악화되었다. 아울러 루즈벨트 대통령은 미군에서 퇴역한 후에 필리핀군 사령관을 맡고 있던 맥아더 장군을 현역으로 원복시켜 동아시아지역 미군 사령관으로 임명하였다.

이들 국가와 중국을 포함한 소위 'ABCD 포위망'(미국, 영국, 중국, 네덜란드의 4국)에 대해 일본 내에서는 이들 국가의 위협이 과대하게 선전되어 강경론이 분출되었고, 9월 6일에 천황이 출석한 어전회의에서 미국과의 교섭이 실패하면 전쟁에 돌입한다는 중대한 방침이 결정되기에 이르렀다. 대미 교섭 과정에서 육군과 대립하여 자신감을 상실한 고노에 내각이 10월 17일 총사퇴하자, 현역 육군 대장이며 육군 장관이었던 도조 히데키(東條英機)가 총리 겸 국방부 장관에 입각하면서 명실공히 군부 정권이 수립되었다.

도조 수상은 단순한 반공주의자 및 국수주의자로서 다른 나라에 대한 인종적인 편견은 품지 않았다. 그의 구상은 대동아 공영권[3] 내에서 일본의 이익을 침해하는 어떤 세력에 대해서도 용납하지 않겠다는 생각이었다. 즉, 동남아에서 서방 국가와 중국을 쳐부수고 역내의 국가들을 일본의 주도 아래 통합하여 근대화의 길로 나가겠다는 구상을 가진 이상주의자였다. 11월 5일의 어전회의에서 "12월 초에 개전한다."라는 방침이 확정된 뒤, 11월 25일 해군이 진주만을 공격하기 위해 본국의 항구에서 출항하고, 인도차이나에 이미 진출한 육군은 영국 식민지 말레이시아, 버마, 네덜란드령 인도네시아를 침공할 목적으로 움직이기 시작했다.

무선 침묵으로 일본의 군사적 움직임을 명확히 포착하지 못한 미국이 뒤늦게 이를 알게 된 후에 미국 국무장관은 다음과 같은 미국의 최종적인 입장을 제시했다. 11월 26일 국무장관 코델 헐(Cordell Hull)은 일본 측에 서한을 보내 ❶ 일본군은 인도차이나와 중국에서 철수할 것, ❷ 일본은 장제스 정권의 정통성을 인정할 것, ❸ 일본은 독일 및 이탈리아와 맺은 3국 동맹을 탈퇴할 것 등 3개 조항을 요구했는데, 이는 일본을 충분히 경악하게 만드는 것이었다. 미국 측이 일본 측에 보낸 그 서한은 일본이 무릎을 꿇지 않으면 완전한 경제봉쇄를 하겠다는 의미이며, 합법적으로 정복했다고 생각하는 만주마저 포기하라는 요구였다. 미 국무장관 헐의 이와 같은 노트는 일본 수뇌부에게는 "일본은 전략적 역량이 부족하므로 미국 대통령의 요구를 수락해야만 한다."라는 치욕적인 내용으로 받아들여졌다. 실제로 헐 국무장관은 서한을 보낸 시점에서 미 육군 장관에게 전화를 걸어 "전쟁이 임박하였으므로 자신의 역할은 다했고, 다음은 당신의 책임이다."라고 전한 것으로 알려지고 있다.

일본은 12월 1일 개최된 어전회의에서 12월 8일 개전을 최종적으로 결정했는데, 만주

---

3) 1940년 8월 일본 외상 마쓰오카 요스케(松岡洋右)가 주장한 개념이다. 요지는 아시아 국가들이 서양의 식민지배를 벗어나 일본을 중심으로 대동아 공영권을 형성하여 공동번영을 하자는 것이다. 대동아 공영권의 범위는 조선, 중국, 만주, 프랑스령 인도차이나, 타이. 말레이, 버마, 인도, 네덜란드령 동인도제도를 포함한 광범위한 지역을 말하며, 정치적, 경제적 공존공영을 표방하였다. 많은 나라에서 일부 호응을 받았으나, 결과는 일본의 자원 조달과 제품의 판매시장의 역할을 했으며, 순수한 독립운동은 철저히 탄압했다.

사변부터 중일전쟁까지 모든 의사결정이 군부의 독주 때문에 끌려가던 모습과는 달리, 미국과의 개전은 정식으로 회의를 통해 결정되었다. 일본은 내심으로 아시아 태평양 지역에서 서구 열강 세력을 단기 결전으로 박살 내버리면 큰 충격을 받은 서구열강이 적절한 선에서 일본과 협상하고, 중국의 일본 지배를 용납할 것이라고 계산했다. 그러나 정작 "서구열강이 전쟁 의지를 거두어들이지 않는다면 어찌할 것인가?"에 대한 핵심적 문제에 대해서는 구체적인 해답을 얻지 못한 채 전쟁 개시에 관한 결정만 내려지고 말았다.

전쟁을 결정하는 과정에서 일부 지도자들은 전쟁의 승패를 두고 우려를 표명하기는 하였으나, 전쟁 결정 자체를 강경하게 반대하는 사람은 없었다. 다만 해군차관이었던 야마모토 이소로쿠(山本五十六) 만은 과거 하버드 대학에서 석사과정을 마쳤고, 이후 미국 주재 대사관 무관으로 근무한 경험을 바탕으로 미국을 잘 이해하고 있었기 때문에 일본의 전쟁 결정에 대해 줄곧 반대해 왔었다. 해군 내에서는 전쟁을 주장하는 강경파들의 암살위협으로부터 그를 보호하기 위해 1940년 9월에 연합함대 사령관으로 보직시켜 그가 정치로부터 자유롭도록 해주었다.

● 야마모토 이소로쿠

그는 전쟁 반대 논리로서, 산업 능력 면에서 일본은 미국과의 국력 격차가 워낙 커서 궁극적으로 패배할 수밖에 없다고 했는데, 그 예로 당시 전화가 불통되어 수리를 요구하면 일본은 1주일 걸리는 데 비해, 미국은 3일 만에 완료된다고 비유한 것으로 알려지고 있다. 그는 연합함대 사령관으로서, 고노에 총리에게 "제가 만약 결과와 관계없이 싸우라는 지시를 받는다면, 저는 여섯 달이나 1년 동안은 꽤 설칠 수 있겠지만, 둘째 해나 셋째 해는 자신이 없습니다. 삼국 협약이 체결되었고, 미국과의 전쟁이 논의되는 고비에서 총리께서 미국과의 전쟁을 피하도록 애써주시기를 바랍니다."라고 요청하였다.[4] 아울러 그는 "전쟁이 개시되면 태평양에서 일본의 이권을 지키기 위해 반드시 진주만에 있는 미 해군을 기습하여 제거해야만 한다."라고 강조했다. 그의 전쟁 반대 건의는 받아들여질 수 없었다. 그러나 오히려 패배할 것이 자명하다고 생각하는 적과의 전쟁에 그가 뛰어든 것은 국가를 파멸에 몰아넣었을 뿐만 아니라, 훗날 자신의 생명마저 잃게 만드는 결과를 초래하였다.

---

4) 존 키건 지음, 류한수 옮김, 앞의 책, p. 361.

일본은 헐 장관의 서한에 대한 답신 겸 선전포고 전문을 미국에 전달되기 위해 12월 7일(일본시간 12월 8일) 아침 워싱턴 주재 일본대사관에 타전했다. 그러나 전문이 길고 복잡하여 해독하는데 시간이 과다 지연되다 보니, 일본의 대미 선전 포고문은 도쿄에서 정한 시각보다 1시간 이상 지나 미 국무부에 제출되었는데, 바로 그 시각(미국 동부 시각 오후 14시경)은 평시 진주만 시각으로는 평화로운 일요일 아침인 08 : 00시에 해당하는 시각으로서, 그때는 이미 일본군의 맹렬한 공격을 받고 있을 때였다.

혹자들은 일본이 기습을 위해 선전 포고문을 일부러 늦게 미국에 통보한 것으로 말하고 있지만, 사실은 암호 해독 능력과 타자의 미숙으로 1시간 정도 늦어졌다는 것이 정설이라 할 수 있다. 하기야 기습하는 순간에 통보되는 것이나, 1시간 늦게 통보되는 것이나 결코 정정당당한 모습은 되지 못할 것이다. 진주만에 완전한 기습이 성공하여 일본은 당장에 승전의 기쁨을 맛보았지만, 미국은 두고두고 치욕으로 생각하며 "진주만을 기억하라(Remember The Pearl Harbor)"를 외치며 본격적인 전쟁에 나서게 되었다. 일본의 진주만 공격 소식을 접한 히틀러는 "우리에겐 3,000년 동안 한 번도 패한 적이 없는 동맹국이 생겼다."라고 기뻐했으며, 처칠은 "전쟁은 이제 우리가 이겼군."이라고 또한 기뻐하면서 잠자리에 들었다.

처칠은 진주만의 재앙과 필리핀의 미국 공군, 말레이반도에 있는 영연방 공군의 괴멸적인 타격에도 미국의 참전으로 인해 먼 훗날에 도래할 승리의 분홍빛을 보았다. 아울러 그는 이날 "히틀러의 모스크바 공격이 실패하고 주코프의 반격이 시작되었으며, 모스크바 기온이 영하 40도에 달했다."라는 소식에 고무되었다. 그는 "이날 밤 감정이 격앙되고, 가슴이 벅찬 가운데 잠자리에 들었고, 안도의 한숨과 감사의 기도를 드리며 잠이 들었다."라고 썼다.

처칠은 다음 날인 12월 8일, 3군 총장 회의에서 어떤 참석자가 미국과의 관계에서 미국이 참전하기 전과 같은 신중한 태도를 견지해야 한다고 말하자, 처칠은 독기를 뿜으며 "무슨 소리를 하는 게야. 자네 이야기는 우리가 그녀에게 구혼하고 있을 때의 이야기다. 그녀가 우리의 구혼을 받아주었으니, 이제는 말과 태도를 바꿔야 한다."라고 하면서 한껏 고무되었다.[5] 독일의 외무상 리벤트로프 또한 진주만 기습이 있은 지 4일 후인 12월 11일 베를린 주재 미국 대리 대사에게 선전 포고문을 낭독하여 전쟁을 선포했는데, 이는 개인적으로는 그가 미국의 실력을 잘 알고 있었기에 진정으로 피하고 싶은 것이었다.

---

5) 아서 브라이언트, 황규만 옮김, 『워 다이어리』(서울 : 플래닛미디어, 2010), p.336.

제 3 장
태평양 국가들의 군사 정세

제1절 일본

일본은 군사력과 산업력에서 연합국의 상대가 되지 못했다. 그럼에도 일본은 연합군에 비해 중요한 이점을 가지고 있었다. 우선 영국, 미국은 유럽과 중동에서 벌어진 전투에 우선을 두고 있어 태평양에서의 전력 배분을 늦출 수밖에 없으며, 거리상으로 먼 바다를 건너와서 교전해야 하는 불리한 점이 있고, 무엇보다도 전쟁 개시 시점에서 일본은 기습이 가능하다는 점이다. 실제로 일본의 진주만 기습과 동남아로의 진출이 손쉽게 달성되어 역내의 연합군은 괴멸된 후에야 본격적인 반격 태세를 갖추어 반응이 늦을 수밖에 없었다.

전쟁 잠재력에서는 양대 세력이 큰 차이를 보이지만 즉응전력에서는 우위에 있는 일본이 초기 전투에서 우세를 달성한 것은 당연한 결과였다. 1930년대부터 일본은 7,000만 명 이상의 인구를 가진 선진 열강이었다. 그러나 치명적인 약점은 식량, 석유, 철강 등 주요 자원을 해외에 의존해야 한다는 것이었다. 1941년 무렵 일본의 육군은 본토에 31개 사단과 관동군 13개 사단으로 구성되어 있었으며, 전차, 포병은 매우 열악했다. 따라서 '노몬한 전투'에서 소련군에 패한 것처럼 개활지에서 기계화부대와 교전한다면 참패할 수밖에 없지만, 태평양에서의 전투지역은 주로 정글이나 섬 위주였기에 중장비의 부족이 전투력에 미치는 영향이 적었다. 장병들은 이미 앞서 치렀던 3개의 전쟁, 즉 청일전쟁 및 노일전쟁과 중일전쟁을 통해 잘 훈련되어 있었다.

전쟁이 시작될 무렵에 일본 육군은 170개 보병사단, 13개 항공사단, 4개 기갑사단, 4개 고사포사단으로 무장한 총 230만 명으로 증강되었다. 일본군은 천황폐하에 무한 충성을 바치며, 생명을 소홀히 하고서도 전장에서 후퇴하지 않는 감투 정신이 투철했다. 전쟁 말기 가미카제 자살 특공대도 그러한 정신의 결과물이었다. 이러한 왜곡된 반인도주의적인 정신은 포로에 대한 잔혹한 대우에서도 잘 나타났다.

1941년 12월 당시 해군은 전함 10척과 항공모함 10척을 주축으로 총 391척을 보유했다. 해군력 중에서 특기할 사항은 전함 야마토(大和)와 무사시(武藏)이었다. 이 두 전함은 역사상 세계에서 가장 큰 전함으로 1940년 9월과 1941년 12월에 각각 진수되었으며, 기준배수량 6만 5천 톤, 만재 톤수 7만 2천 톤, 구경 46cm 주포 9문, 각종 대공포 172문을 장착하고 있었다. 함대 함 결전에서 최종 승리를 가져다줄 비장의 무기인 주포의 사거리는 최대 42km, 포탄의 무게는 1.36t, 발사속도는 분당 2발이었다. 당시까지 최대의 전함이었던 비스마르크 호가 5만 5천400t이었으며, 일본의 시도에 놀라 대응에 나선 미국이 건조했던 아이오와 전함이 5만 7천 톤임을 고려한다면 얼마나 큰 전함인지를 짐작할 수 있다.

미국의 전함에 장착된 주포의 포격을 받고도 견딜 수 있도록 전면 650mm, 함교 495mm, 선체 측면 410mm의 강철 장갑을 둘렀고, 최대속도 27노트(50km), 최대항속거리 1만 1,500km였다. 덩치가 워낙 크고, 엄청난 국부를 쏟아 부어 만든 전함이라 최대한 안전하게 보존해야 했으므로 항구에 정박해 있는 시간이 운항하는 시간보다 더 많아 수병들은 '야마토' 호텔이라고 불렀다. 전쟁 말기 심각한 유류 부족 상태에서 야마토의 출격은 더더욱 주저할 수밖에 없었다.

● 야마토 전함(구글 검색)

주포를 한 번 발사하면 엄청난 반동과 후폭풍으로 인해 주변의 병사들이 날아가는 피해가 발생하기도 했다. 전쟁 말기에 두 전함은 항공기의 엄호가 없는 가운데 출격하여 무사시는 1944년 10월 레이테 해전에서 미군 함재기의 벌떼 공격을 받고 침몰했으며, 야마토 역시 1945년 미군의 오키나와 상륙을 저지하기 위한 작전에 참여했다가 같은 운명을 맞았다. 소위 거함거포주의 최종 산물이었지만, 항공모함의 시대에 활약을 제대로 해보지 못하고 항공기에 의해 침몰한 가장 시대착오적인 우매한 군사력이었다.

일본의 항공모함은 영국의 도움을 받아 기술을 축적하여 1922년 자체 건조한 '호쇼(鳳翔)'를 최초로 진수시켰으며, 태평양전쟁 발발 시에 10척의 항공모함을 보유했다. 미국보다 10년 늦게 항공모함을 개발했지만, 운용 기술에서는 오히려 미국이나 영국을 앞질렀었다. 잠수함은 1890년대부터 건조 기술을 습득하기 위해 미국에 기술자를 파견하여 건조 과정에 참여시켰으나, 독자적 기술 습득은 여의치 못하였다.

1904년에 미국과의 계약 하에 홀랜드 급 잠수정 5척을 도입하여, 이를 바탕으로 1905년 10월에 제1잠수정대를 창설·전력화하였고, 미국 잠수함을 모방하여 자체 잠수함을 생산하기 시작했다. 독일이 U-보트를 1906년에 건조한 것을 미루어 볼 때, 그 의미를 새겨보면 일본은 잠수함의 전략적 가치를 일찍부터 인식했음을 알 수 있다. 진주만 공격 시점에서 일본은 63척의 잠수함을 보유하고 있었다.

부가적으로 일본은 전투기 3대를 적재할 수 있는 잠수함 항공모함을 전쟁 중에 개발했으나 종전으로 인해 작전에 투입해보지는 못했다. 특기할만한 점은 하늘에서는 가미카제 항공기처럼 수중에서는 '가이텐(回天)'이라는 명칭의 어뢰와 비슷한 2인승 잠수정을 700여 척 건조해 잠수함이나 수상함에 탑재했다가 미군의 주력함대를 은밀히 공격하기도 했다.[6] 그러나 항속거리가 짧고, 충전지를 재충전할 수 없어 모함에 복귀가 사실상 불가능해 실제로는 '자살 특공대'로 사용되었지만, 전과는 미미했다.

그러나 항공모함의 함재기 제로센(零戰)은 전쟁 초기에 속도, 전투행동반경, 상승고도, 선회속도 등에서 탁월하여 연합군의 공포의 대상이 되었다. 영어식으로 A6M ZERO 전투기이며 경량화, 기동성, 상승 속도, 긴 항속거리를 위해 조종석의 장갑판을 제거하고, 연료탱크의 봉합 장치도 생략함으로써 성능은 탁월했으나, 안전 면에서는 매우 취약하여 몇 발의 기총에 명중되어도 격추될 수 있었다. 전쟁 초기에는 대단히 위협적이었으나 점차 미국의 신형전투기인 F-6 F 헬켓, 코르세어, P-38 라이트닝이 출현하면서 그 위력을 잃게 되었다. 93식 산소어뢰는 장사정으로 여타 국가의 어뢰에 비해 성능이 탁월해 해전에서 타의 추종을 불허하는 명품이었다. 전쟁 초기 총 항공기 보유 대수는 1,750대였으며, 전쟁 기간 총 7만여 대를 생산했지만, 성능 면에서 개선이 이루어지지 않아 점차 연합군에 뒤떨어져 갔다.

전쟁 지휘체계는 명목상 통수권자인 천황의 지침을 받아 대본영이 지휘하는 것으로 되어 있으나 실제로는 육군과 해군이 거의 독자적으로 작전을 수행했다. 일본군은 소위 통수권이라는 개념 아래에 내각이 전쟁에 개입할 수 없었으며, 순수한 의미의 군국주의 체제에서 군이 내각의 우위에서 전쟁을 위해 국가를 이끌어 갔다. 부언한다면 정부는 군을 관리할 수 없지만, 군은 정부를 능히 관리할 수 있다는 것이다. 따라서 육군 대신, 해군 대신, 군부 대신은 모두 현역이 담당하게 되어 있었다. 통수권에 대해서도 당시 일본 육군대학 교재에는 아래와 같이 정의되어 있었다.

---

6) 월간조선. 2014년 5월호. p. 177.

"통수권의 본질은 역량이며 그 역할은 초법률적이다. 통수권의 행사 및 결과는 의회에 대한 책임을 지지 않는다. 의회는 군대의 통수 지휘 및 결과에 대해 질문을 제기하거나, 설명을 요구할 수 없으며 비평할 권리도 없다."7)

그들의 정의에 따른다면, 통수권은 엄청난 것이며 정부를 능가하는 초법적이라고 할 수 있겠다. 이러한 통수권의 개념이 소수의 급진적인 젊은 장교들에게 군권을 남용할 여지를 주어 중일전쟁을 비롯하여 태평양전쟁으로의 질주를 가능하게 했다고 할 수 있다. 육군은 중국 원정군, 남방 원정군, 관동군 등으로 각각 나뉘어, 그 예하에 방면군이 있어 지역별로 작전을 수행했다. 반면, 해군은 모두가 연합함대에 소속되어 있었고, 사령관은 야마모토 이소로쿠(山本五十六)였다.

일본군의 작전계획은 3개 단계로 구분했다. 제1단계는 연합함대가 진주만을 공격하여 미국의 태평양함대를 무력화시키고, 동시에 육·해군은 말레이반도, 인도네시아, 필리핀으로 진공하여 연합군을 격파하고 지역을 점령한 후에 서태평양 상에 촘촘히 박혀있는 섬의 전단을 요새화하여 방어선을 구축한다는 것이었다. 그리고 이 경우 일본군은 미국 본토와 오스트레일리아, 뉴질랜드로 왕래하는 연합군 세력을 차단하여 차후 반격의 여건을 제거한다는 복안이었다.

제2단계는 제1단계의 점령 범위를 좀 더 확장한 계획이라 할 수 있었다. 즉, 제2단계는 북쪽으로는 시베리아 앞바다의 쿠릴(Kuril) 열도에서 출발하여, 남쪽으로 미국령 웨이크(Wake)섬 및 남태평양의 마셜(Marshall)제도와 길버트(Gilbert)제도 및 비스마르크제도, 그리고 뉴기니 북부 및 인도네시아와 말레이반도를 연하는 광대한 해역을 통제하며, 외곽지역에 육군과 해군의 기지를 건설하여 방어선을 구축한다는 계획이었다.

그리고 제3단계는 외곽방어선을 침범하는 연합군 부대를 격파하여 소모전을 치르는 단계로서, 미국의 투쟁 의지가 소멸하도록 지연전을 전개하여 궁극적으로 협상의 테이블로 가고자 하는 단계였다. 여기에는 잠재적으로 버마를 지나 인도와 인도양에 진출하는 계획도 포함되어 있었다.

제2절 미국

개전 당시 미국의 인구는 1억 4천만 명으로 일본의 2배에 달했으며 산업력의 격차는 그보다 훨씬 컸다. 비근한 하나의 예로, 1937년 철강 생산량은 2,880만t인데 비해 일본은

7) 위텐런 지음, 박윤식 옮김, 『대본영의 참모들』(서울 : 나남. 2014), p. 27.

580만t에 불과했다. 미국의 세계 최첨단 기술력과 자원 및 노동력은 태평양전쟁뿐만 아니라 독일을 목표로 한 유럽지역에서까지 필요 충분한 양의 군수물자를 생산하는 데 부족함이 없었다. 1940년 초에 미국의 육군은 16만 명에 불과했지만, 1940년 9월 징병제가 시행되자 그해 12월에는 160만 명으로 불어났으며 1945년에는 810만 명이 되어 있었다. 이 수치는 육군항공대를 포함한 것인데, 항공대는 같은 기간 27만 명에서 180만 명으로 증가했다.

1945년 초를 기준으로 해외 파병 미군은 500만 명이었는데, 이 중 145만 명이 태평양지역에 투입되었다. 육군항공대는 16개 항공군 가운데 7개 항공대가 태평양지역에 배분되었다. 항공기의 대수는 1939년 당시 겨우 2,470대에 불과했으나, 가장 많은 항공기를 보유했던 1944년 7월에는 무려 7만 9,908대에 이르고 있었다. 미국의 항공기 생산능력은 상상을 초월하여 전쟁 기간 매년 30만 대 이상을 성능을 개량하면서 생산하여 자국이 사용하면서도 충분한 양을 영국과 소련에 지원했다.

당시에 미국은 아직도 공군이 창설되지 않아 육군에 예속되어 있었지만, 실제 운용은 이미 독립적인 운용이 이루어지고 있었다. 육군과 달리 해군은 주력이 대부분 태평양에 배치되었다. 해군의 전력 증강은 육군과 마찬가지로 엄청나게 확장되는 추세에 놓여 있었는데, 1940년 7월에 17만 명이었던 해군 병력은 1945년 8월 기준으로 450만 명으로 증강되었다. 진주만 기습 당시 태평양에서의 미국 해군력은 전함 9척, 항모 3척, 순양함 21척, 잠수함 27척을 진주만에 보유하고 있었고, 마닐라에는 순양함 3척, 잠수함 29척을 보유하여 일본군에 비해 매우 열세했으나, 전쟁 직전부터 이루어진 해군력 증강 프로그램으로 금방 역전되었다. 전쟁 기간에 미국은 상륙정 8만 8,000척과 잠수함 215척, 대, 소형 항공모함 147척, 기타 군함 952척을 건조했다. 미국 해군은 강력한 항공력 외에 6개 사단의 해병대를 보유하여 모두 태평양 전선에 투입되었다.

제3절 영국

1939년 전쟁이 발발한 이후 2년이 지난 시점에서 영국은 독일에 맞서 홀로 유럽과 중동에서 그야말로 사투를 벌이고 있었다. 독일군의 영국 본토에 대한 치열한 공습으로 힘겨운 방어전을 치르고 있었고, 대서양에서 독일의 잠수함과 물자의 수송을 놓고 엄청난 희생을 감수하면서 북아프리카와 중동지역의 전선을 지원해야 하는 어려움을 겪고 있었다. 유럽과 아프리카, 대서양에서의 전투로 영국은 동남아지역에 전력을 증원할 능력이 없었다. 말레이에 주둔하고 있는 영국군은 인도군 2개 사단과 오스트레일리아군 1개 사단(-)이

전부였다. 이들이 보유한 항공기는 일본군의 적수가 될 수 없었고, 해군도 별 볼일이 없는 수준의 전력이었다.

1943년 8월에 설치한 영국의 동남아 사령부에 편성된 100만 명의 병력 가운데 순수 영국인으로 편성된 영국군은 10만 명에 불과하였고, 70만 명은 인도인, 나머지는 아프리카의 각 식민지에서 차출한 병력으로 편성되어 있었기 때문에 사실상 강한 전력으로 기대하기가 어려웠다. 특히 가장 많은 병력 편성 비율을 보였던 인도군은 총 17개 사단이 제2차 세계대전 기간 중 인도 이외의 지역에서 싸웠는데, 이들 17개 사단 가운데 2개 사단은 말레이에서, 그리고 11개 사단은 버마에서 싸웠다.

제4절 오스트레일리아와 뉴질랜드

전쟁 이전 오스트레일리아의 육군은 지원병 8만 명으로 구성된 민병대 수준이었다. 공군도 고물 비행기 160대로 구성된 허약한 규모였으며, 해군도 순양함 6척, 구축함 5척으로 허약했으나, 그나마 육군에 비해 다소 나은 편이었다. 제2차 세계대전 이후 지원병으로 증강된 육군과 공군은 중동지역과 유럽에서 영국군의 일원으로 싸우다가, 태평양전쟁의 발발과 함께 맥아더 장군의 지휘하에 남서 태평양에서 싸우게 되었다. 1942년 당시 본토에 11개 사단을 보유하고 있던 오스트레일리아는 남서태평양에서 연합군 지상군의 주력으로 싸웠는데, 병력 규모가 가장 컸을 때는 50만 명에 이를 정도였다.

그 당시 오스트레일리아의 총인구가 700만 명이었음을 감안해 보았을 때 그러한 규모의 오스트레일리아군의 병력은 인구에 대비하여 과다할 정도로 높은 수준을 유지하고 있었다. 또한 50개 중대 이상으로 확대된 공군은 미국제나 영국에서 조립된 항공기를 이용하여 유럽과 태평양지역에서 큰 활약을 했다. 오스트레일리아는 영토를 제외하고는 여러 가지 면에서 국가의 규모가 작았음에도 불구하고, 제2차 세계대전의 승리에 기여한 바가 매우 컸다. 뉴질랜드는 병력을 유럽 전선에 투입하는 것을 선호했기 때문에 태평양지역에서의 기여도는 상대적으로 작았다. 1개 사단 규모의 전력이 솔로몬 군도에서 싸운 것이 유일했다.

이상에서 보는 바와 같이 주요 국가들은 태평양전투에 100만 명 이상의 병력을 전개했지만, 전장이 바다와 섬이라는 특성상 대규모 지상전을 치르지 않았다. 그러다 보니 해·공군력이 전쟁에서 더욱 중요한 요소로 작용했으며, 결국 산업력이 월등한 미국 측에 결정적으로 유리한 국면으로 전쟁은 전개되어 가게 되었다.

제 4 장
진주만 기습

1941년 12월 7일 아침 하와이의 진주만 기지에는 태평양함대가 평화롭게 정박해 있었다. 미국은 1940년 5월 독일군이 프랑스를 침공하자 캘리포니아 샌디에이고 있던 태평양함대를 하와이로 전진 배치하여 해상 감시체제를 강화했다. 태평양함대는 1940년 6월 이래 여러 차례의 비상대기와 대공, 대잠수함 훈련을 시행했으며, 1940년 10월 이후로는 항시 준비 태세를 유지하는 긴장 상태에 있었다.

그러나 경계 기간이 길어지면서 긴장 상태도 이완된 데다가, 당일은 일요일이어서 함대의 장교들은 육상에서 잠을 잤으며, 함상의 병사들도 늦게 일어나 아침 식사를 하려고 준비하거나 식사 중이었다. 일본군은 미군이 기습에 취약하다는 점을 간파하고 있었으며, 진주만의 기습에서 성공 가능성이 크다고 판단하고 있었다.

앞서 이미 언급한 바와 같이, 연합함대 사령관 야마모토 이소로쿠는 미국과의 전쟁은 피해야 하지만, 승패를 떠나 전쟁을 해야 한다면 먼저 진주만에 있는 미국의 해군력을 분쇄해야만 한다고 강조하여 대본영의 승인을 받아 계획을 발전시켰다. 야마모토는 삼국 협약에 반대하고 미국에 호의를 가지고 있어, 미국과의 전쟁에 반대하는 견해였지만, 전쟁을 수행하는 사령관으로서 승리를 위해서는 올바른 계획을 수립하는 것이 타당한 의무라고 여겼다. 그는 수상함 전문가였지만, 시대의 조류가 항공모함의 시대로 변화했다는 것을 깨닫고 해상의 항공작전에 관한 지식을 꾸준히 익혔다.

여러 차례의 자체 검토를 거쳐 수립된 진주만 공격에 대한 작전계획은 1941년 9월 해군본부에 제출되어 최종 검토를 받았는데, 진주만 공격 작전계획은 4개의 별개 작전을 동시에 수행하도록 수립된 계획으로서, 그 세부 작전계획은 다음과 같았다.

첫째, Z-데이(노일전쟁 당시 사령관 도고헤이하찌로 제독의 전투 개시 신호 깃발이 Z자였던 데서 이름을 딴 것임.)에 2개의 소규모 상륙부대가 미국의 전초기지인 웨이크섬과 괌섬을 점령하여 남방지역 방어선 내부에 있는 적의 거점들을 소탕한다.

둘째, 대만 및 오키나와와 팔라우 제도에 있는 일본기지로부터 집결한 다른 한 개의 상륙부대가 필리핀의 민다나오와 루손섬에 상륙한다.

셋째, 인도차이나 남부와 중국 남부에 주둔한 육·해·공군이 말레이반도와 동인도제도의 몰루카 군도로 진군한다.

넷째, 대형 항공모함 4척을 주축으로 한 연합함대가 진주만에 200마일 거리까지 은밀하게 접근하여 항구에 계류 중인 항공모함 3척, 전함 8척을 폭격하여 완전 무력화 시키고 귀환한다.

4개의 작전 중에 진주만 기습작전은 다른 모든 작전에 최우선으로 하는 계획으로서, 1940년 11월 영국 해군이 항공모함에 탑재한 항공기를 이용해 이탈리아의 타란토 항에 정박 중인 이탈리아 해군력을 무력화 시킨 것을 교훈으로 삼아 계획을 발전시킨 것이었다. 진주만 기습계획은 '니이타카야마(新高山) 1208'이란 명칭으로 12월 2일 개전 명령이 내려졌다. 그 뜻은 12월 8일 개전한다는 날짜와 최고봉인 니이타카야마를 의미한 것으로, 원래 일본의 최고봉은 3,776m인 후지산이었지만, 새롭게 영토로 포함된 대만의 최고봉인 위산(玉山)이 3,952m로 최고봉이 되었으므로 이를 의미하여 명칭을 붙인 것이었다.

진주만 공격계획을 실제로 발전시킨 요원은 겐다 미노루(源田實) 중령으로 그는 해군병학교를 졸업한 베테랑 조종사 출신이었다. 진주만을 공격하기 위해서는 꼭 필요한 두 가지 조건이 있었다. 하나는 머나먼 진주만까지의 항로를 사전에 노출되지 않고 어떻게 접근하는가 하는 문제였다. 야마모토는 이를 해결하기 위해 상선을 포함한 일반선박의 항해가 가장 적은 루트(항로)로서 북방의 폭풍우가 심한 쿠릴열도에서 출발하여 남동쪽으로 멀리 우회하여 하와이로 가는 항로를 택했다. 안전한 항로인지를 확인하기 위해 정기선 한 척으로 시험항해를 했던 결과, 운항 도중에 다른 선박이나 항공기를 접촉한 적이 없어 안심할 수 있었다.

다른 문제점의 하나는 진주만 안에 배들이 정박해 있는 포드(Ford) 섬 남동쪽의 수심이 낮아 일본군의 어뢰가 공격하기에 부적절하다는 점이었다. 이 일대의 수심은 12m로 항공기에서 어뢰를 투하하면 초기에 50~60m의 깊이로 처박혀 잠수했다가 떠올라 목표로 돌진하는데, 낮은 수심으로 인해 어뢰가 바닥에 충돌하여 고장 날 가능성이 컸다. 이러한 문제를 해결하기 위해 일본 해군은 많은 실험 결과 어뢰에 자이로 장치를 달아 투하함으로써 신속히 안정을 회복하고 깊이 잠기는 것을 방지하는 방식으로 문제를 해결했다. 흔히 어뢰 후미 날개에 합판을 달아 해결했다고 하는 것은 일부의 해결책으로 연구했으나, 합판을 다는 것만으로 완전한 해결책은 되지 않았다.

일본의 연합함대는 진주만의 항만시설을 그대로 본떠 만든 모형에서 수개월 동안 혹독한 예행연습을 했다. 미국 함정들의 위치를 모두 숙지하고, 항공기들이 어떤 표적을 공격할지를 꼼꼼히 할당받아 표적의 어떤 위치에 폭탄과 어뢰를 명중시킬 것인가를 연습했다. 이러한 예행연습을 철저하게 마친 후 11월 26일 드디어 타격을 위한 함대가 출항했다.

함대사령관 나구모쥬이치(南雲忠一) 중장은 항공모함 6척, 전함 2척, 잠수함 3척과 일단의 호위함, 그리고 장거리 항해를 지원할 유조선 함대를 거느렸다. 항공모함에 탑재된 항공기는 호위 전투기, 뇌격기, 급강하 폭격기를 포함해 모두 360대였다. 며칠 뒤에 후속부대가 별도의 함대를 구성해 뒤따랐다.

12월 7일 이른 아침 하와이 시각 07 : 00시가 막 지났을 무렵, 하와이 주둔 육군의 레이더병은 이제까지 본 적이 없는 대규모 비행 항적을 포착하고 경보를 발령했다. 그러나 일요일인데다가 오랜 경계 태세 유지에 느슨해져서 심각한 분위기를 전혀 감지하지 못한 해군 당직 장교는 이를 보고받고, 이러한 비행 행적이 그날 예정되어 있던 히컴(Hickam) 비행장에 증원되는 B-17 항공기 편대일 것으로 지레짐작하고, '걱정하지 말라(Never Mind)' 라고 무시해 버리고 말았다. 실제로 당시에 하와이 기지들에 많은 항공 전력의 증원이 이루어지고 있었다. 항공모함 렉싱턴(Lexington)호와 엔터프라이즈(Enterprise)호는 항공기를 싣고 웨이크제도와 미드웨이섬으로 가고 있었고, 사라토가(Saratoga) 호는 수리를 위해 미국의 본토로 항해하고 있어 미국 측으로서는 다행히 진주만에 핵심 전력인 항공모함이 한 척도 없었다.

진주만의 기습은 사실 07 : 49 항모에서 출발한 항공기의 폭격이 시작이 아니고, 12월 7일 새벽 01 : 00부터 시작된 잠함정의 공격으로부터 시작되었다. 이는 진주만의 수심이 얕은 것을 고려한 타격 전술로서, 잠수함이 근처까지 운반하여 발진시킨 소형 잠항정에 승조원 2명이 타고 어뢰 2발을 장착하여 지근거리에서 발사하는 전술이었다. 5척의 잠항정은 항만에 최대한 은밀히 접근하여 공격하는 방법을 택했는데 실제로 타격에 성공은 1척에 불과했고, 나머지는 10해리 정도 이격된 거리까지 접근하다가 발각되어 모두 격침되어 1명만 포로가 되어 살아남았다. 일본은 이때 잠수정에서 전사한 9명을 군신(軍神)으로까지 추대하였다.

일본이 선전포고 시간을 하와이 시각으로 08 : 00로 정하고 미국 정부에 알리도록 주미일본대사관에 훈령하였으나 암호 해독이 지연되어 미국 국무부에 통보된 시각은 이미 하와이에 공습이 이미 끝나가는 09 : 00시(워싱턴 시각으로 14 : 00시)가 넘어서였으며, 이때는 이미 루스벨트 대통령이 하와이가 일본의 공습을 받고 있다는 보고를 받은 후였다. 더욱 의미 있는 사실은 미국의 암호 해독반은 일본이 미국 주재 대사관에 보낸 선전포고 전문을 일본보다 먼저 해독하여 루스벨트 대통령과 헐 국무장관에게 오전 중에 보고했다는 점이며, 이를 보고 루스벨트는 "이건 전쟁하자는 소리군."이라고 했다.

아침 07 : 00시경에 레이더에 포착된 비행 항적은 오하우섬에서 200마일 떨어진 일본군의 항공모함에서 발진한 제1제파 비행대였다. 제1제파 비행대는 제로 전투기의 호위를 받는 뇌격기 및 급강하 폭격기로 구성된 183대로서, 진주만과 히컴 공군기지 및 기타 기지를 강타했다. 일본 제1제파 폭격기들의 공습이 이루어지는 동안, 미군의 방어는 아예 없었다. 정확히 07 : 49에 공습을 시작한지 23분만인 08 : 12에 태평양함대는 괴멸당하고 말았다. 전함 애리조나(Arizona)호가 폭발했고, 오클라호마(Oklahoma)호는 전복되었으며, 캘리포니아(Califonia)호도 격침되었다. 유타(Utah)호 또한 항공모함으로 오인되어 집중공격을 받음으로써 격침되고 말았다. 나머지 4척의 전함도 심한 피해를 입어 전력을 발휘할 수 없었다.

09 : 00시에 일본군의 제2제파 비행대 168대가 공격을 마무리했다. 웨스트버지니아(Westvirginia)호, 메릴랜드(Maryland)호, 테네시(Tennessee)호, 펜실베이니아(Pennsylvania)호가 극심한 피해를 입었고, 기타 함정 11척도 피해를 받았다. 네바다(Nevada)호는 침몰하면서 진주만의 입구를 막아버릴 위험에 처했으나 초급 장교의 기지로 해변으로 몰고 가 좌초시켜 항로를 보호했다. 육상에 있는 항공기 230대는 대부분 지상에서 파괴되었다. 이로써 미군은 총체적으로 전사 2,403명, 부상 1,178명의 피해를 입었는데 비해, 일본군은 항공기 29대, 잠수정 5척, 그리고 65명의 인명피해를 입은 것에 불과했다.

다행히 미국의 항공모함과 중순양함들은 피해를 면했고, 전함들도 3척을 제외하고는 수리를 통해 얼마 후에 현역에 복귀했으며, 450만 배럴이 저장되어있던 저유소는 폭파되지 않아 그대로 사용이 가능했다. 만약 일본군이 함정 파괴를 서두르지 않고 오히려 연료저장 시설을 파괴했더라면 미국의 태평양함대가 자기들의 팽창에 맞서 대응을 못 하게 하는데 훨씬 효과적이었을 것이다. 그랬다면 아마도 태평양함대는 본토의 서부 해안까지 4,000km는 후퇴해야 했을 것이다.

기습공격으로 인해 하와이 주둔 해군과 육군항공대의 전력은 완전히 일소되었다. 결과론이지만, 오히려 사령관 킴멜 제독이 사전 정보를 받고 일본군에 대적하기 위해 함대를 집결시켰더라면, 피해는 훨씬 더 커졌을 것이라는 분석이 있다. 임전 태세를 완벽하게 갖춘 데다가 우수한 무기체계로 장비한 일본군에게 아마도 미군이 맞서 싸우기에 역부족이었을 것이기 때문이었다. 공습의 성공을 알리는 암호 '도라! 도라! 도라!'[8])를 공습 공격대 지휘관 후치다 미쓰오(淵田美津雄) 중령이 타전했다. 완벽한 기습에 의한 성공에도 가장 중요한 표적인 항공모함을 찾지 못한 것이 일본군에게는 실망이고 걱정거리였다. 비행 대장 겐다 미노루 중령은 함대사령관 나구모에게 지상에 있는 유류 저장시설과 기계창을 파괴하기 위해 재차 출격을 요구했으나, 사령관은 동의하지 않고 작전을 종료했다. 아마도

8) '도라'는 일본어로 호랑이를 의미하기도 하지만, 여기서는 돌격의 일본식 발음인 도즈게키의 앞 글자와 어뢰 공격을 의미하는 뇌격의 발음 라이게키의 앞 글자를 따서 정한 암호였다.

나구모 입장에서는 미국의 항모가 불시에 어디선가 출현하여 공격해 올지 모른다고 우려를 했을 것이다.

일본군의 기습은 완전히 성공하여 이를 방지하지 못한 미군 지휘관들은 엄한 문책을 받았다. 미군의 태평양 함대사령관 킴멜(Husband Edward Kimmel) 대장은 그동안 쌓아온 공적을 한순간에 날려 버리고, 12월 중순 보직 해임된 데 이어, 이듬해 소장으로 강등된 후 전역했다. 루스벨트 대통령이 해군성 차관이던 시절에 그의 보좌관이었던 킴멜 제독은 잘못된 시기에 잘못된 장소에 있었다. 육군 사령관 쇼트(Walter Short) 중장도 해직되어 여러 차례의 조사에 시달렸다.

일본군의 기습은 빛나는 승리였지만 전략적 승리는 아니었다. 12월 18일 강직하고 원칙주의자이며 조용한 용사인 니미츠(Chester Nimitz) 제독이 해군성 항해 국장에서 2계급을 승진하여 대장으로서 태평양 함대사령관에 임명되었다. 그는 자기보다 1년 선임인 킴멜 제독 대신에 본인이 그 자리에 있었더라도 재앙을 면하기는 어려웠을 것이라는 점을 알고 있었다.

루스벨트는 해군 참모총장이나 해군 총사령관과 상의도 없이 평소 니미츠의 능력을 잘 알고 임명했기 때문에 주위에서는 그를 정치장교로 오해하기도 했지만, 그는 진정한 용사 중의 한 명이었다. 루스벨트는 해군성 장관에게 "니미츠에게 즉시 진주만으로 가서 승리할 때까지 돌아오지 말라고 전하시오."라고 말했다.[9]

이후 역사가들은 루스벨트가 일본을 자극하여 공격해 오도록 유도했으며, 공격하는 시점을 알고서도 미국이 참전할 구실을 마련하기 위해 모르는 체했다는 음모론을 주장하기도 했다. 마찬가지로 영국이 일본함대의 암호를 해독하여 사전에 알고 있었음에도 미국을 전쟁에 끌어들이려고 일부러 방치했다고 주장하기도 한다. 그러나 대부분 학자는 이러한 음모론에 동의하지 않았다. 미국이 일본의 외교 암호체계인 퍼플(Purple)을 풀어내기는 했어도, 외교 암호 채널로 군사작전의 세부 사항을 전송하지는 않는다는 점과 일본 해군의 암호 NJ-25b를 해독했지만, 일본 해군은 진주만 기습을 앞두고 수주 전부터 엄격한 무선 침묵을 지켜, 세부적인 작전계획을 알 수 없었다는 것이 정설이라 할 수 있겠다. 비록 전쟁이 임박하여 어딘가를 공격하리라고는 생각했지만, 그곳이 진주만이 되리라고 예측한 사람은 아무도 없었다.

일본의 진주만 공격은 전혀 의도되지 않은 의미심장한 두 가지 결과를 낳았다. 그 첫 번째 결과로, 일본군은 공습을 통해 미군의 전함을 파괴함으로써 이제까지 바다의 제왕이라고 불렸던 전함에 대한 환상을 일순간에 깨뜨리고 이제까지 의붓자식 취급했던 잠수함

---

9) 브레이턴 해리스 지음, 김홍래 옮김, 『니미츠』(서울 : 플래닛미디어. 2012), p. 184.

과 새로운 무기체계인 항공모함이 주력으로 떠올랐다는 점이다. 그리고 두 번째 결과로는, 진주만의 재앙으로 인해 미국의 여론이 강하게 결집함으로써 이제까지 유럽에서 일어난 전쟁에 개입하는 것을 꺼리던 거부감, 고립주의가 사라졌다는 점이다. '진주만을 기억하라.'라고 하는 구호는 미국인들 속에 잠재한 강한 국민 의식을 일깨웠다.

제 5 장
말레이반도와 싱가포르

진주만은 완전히 기습당해 미국에 수치를 안겨주었다. 그 외에 지역도 목적지는 알 수 없어도 어딘가를 공격하려 한다는 경고는 분명히 있었다. 진주만 공격 몇 시간 전에 벌써 일본함대가 말레이 북부 코타바루(KotaBahru)에 대한 폭격을 시작했으며, 그날 오전 코타바루를 필두로 태국과 말레이 해변에 육군이 상륙했다. 일본군은 필리핀 클라크 공군기지에 있는 미군의 B-17 폭격기 35대가 곧 반격에 나서리라고 생각하여 무력화시키려고 했으나, 짙은 안개 때문에 클라크 공군기지를 공격할 항공기를 발진시킬 수 없었다.

그러나 진주만 공격을 이미 통보받은 맥아더도 이렇다 할 조처를 하지 않아 오후에 들이닥친 일본군 항공기의 공습에 그대로 당하고 말았다. 항공기들은 대부분 지상에서 파괴되어 항공기 86대를 잃었다. 전쟁 개시 후 14시간도 안 되어 일본은 말레이, 하와이, 태국, 필리핀, 괌, 홍콩, 웨이크제도를 무차별 공격했다. 이제 연합군의 정보 및 전략가들은 일본이 어디를 공격하려 하는지, 의도가 무엇인지 고민할 필요가 없어졌다. 일본군은 그들의 역사 이래 가장 빛나는 군사작전을 전개해 나갔다.

영국은 태평양상의 소유 영토를 지키기 위해 강력한 해군을 파견해야만 했지만, 대서양과 지중해 일대에서 독일군과의 전투로 충분한 전력을 증원하기가 어려워 항공모함을 대동하지 못한 채, 최신 전함인 프린스 오브 웨일스(Prince of Wales)호와 오래된 순양전함 리펄스(Repulse)호를 일부 호위함과 함께 Z 함대로 편성하여, 12월 초에 싱가포르를 향해 출항시켰다. 싱가포르에 도착한 Z 함대는 타이 남부를 말레이반도와 이어주는 끄라 지협의 앞바다에 일본군이 상륙하고 있다는 소식을 듣고, 이를 공격하기 위해 12월 8일 구축함 4척을 대동하고 싱가포르에서 출발하여 북쪽으로 향했다.

그러나 Z 함대는 목표 해역에 도착했으나, 일본군은 이미 상륙을 완료하고 함정도 철수해 버린 상황을 맞아 귀환을 서두르게 되었다. 그 당시 Z 함대는 주변에 엄호해 줄 공군기지가 전혀 없는 데다 육상에 기지를 둔 일본 항공기의 공격을 받을 수 가능성이 있었음에도 불구하고, 자체 방공력으로 충분히 격퇴할 수 있을 것이라는 막연한 안일함에 젖어 항해하고 있었다.

일본군의 잠수함에 Z 함대가 포착된 것은 12월 9일 오후였으며, 12월 10일 11시 45분

마침내 일본군 항공대의 공격을 받았다. 프린스 오브 웨일스호는 3만 4천 톤의 최신예 전함으로 14인치 주포를 10문이나 장착하고 분당 1만 발의 각종 대공포를 발사하는 방공력을 갖고 있었으나, 일본 항공대의 폭격기와 뇌격기 84대의 공격을 받고 2시간 만에 격침되고 말았으며, '프린스 오브 웨일즈'호와 Z 함대에 편성되어 함께 출항했던 '리펄스'호도 '프린즈 오브 웨일즈'호의 운명과 똑같았다. 이제 해군에서 거함거포주의는 구시대의 유물로 사라지고 항공력을 겸비하지 않으면 생존할 수 없는 시대가 도래했다는 것을 확실히 보여준 해전이었다. 처칠 수상은 두 전함의 격침에 관한 보고를 받고, "모든 전쟁에서 나는 이보다 더 직접적인 충격을 받은 적이 없다."라고 술회할 정도였다. 나쁜 소식은 계속되었다.

일본이 상정한 해상 방어선의 범위 안에 들어 있는 미국령 웨이크도와 괌도가 12월 8일과 10일 일본군의 공격을 받게 되면서, 괌도는 곧바로 함락되었지만, 소규모 해병수비대가 격렬한 전투를 벌인 웨이크도는 일본군의 1차 공격을 격퇴한 뒤 12월 23일에야 무릎을 꿇었다. 그리고 12월 8일 공격을 받은 홍콩에서는 영국과 캐나다의 수비대 4,400명이 끈질긴 방어전을 펼쳤으나, 크리스마스 날에 결국 항복하고 말았다. 이와 함께 영국령 길버트 제도 역시 함락당하는 상황에 처했다.

다음은 말레이반도와 싱가포르를 점령할 차례였다. 12월 8일 말레이 북동부에 상륙한 야마시타 도모유키(山下奉文) 중장의 제25군은 6만 명의 병력으로 퍼시벌(Arthur Percival) 중장이 지휘하는 영연방군 8만 5천 명에 대한 공격을 시작했다. 항공 전력은 양적인 면과 질적인 면에서 일본군이 월등히 앞섰으며, 영연방군은 전차가 없었던 데 비해 일본군은 57대의 전차를 보유하고 있었다. 거기에 더하여, 양군의 전력을 논하기에 앞서 영연방군은 전투의지와 전략 면에서 매우 무력했고, 치욕스러울 정도였다. 일본군의 전투의지와 신속한 공격은 단지 장비의 우월함만으로 설명되지 않았다.

일본군의 전진은 마치 1940년 프랑스 전선에서 독일군이 보여준 전격전의 전법처럼 유연성과 역동성을 시현했다. 최초에 퍼시벌 장군은 타이와 말레이반도를 연결해주는 끄라지협 인근의 상륙장소가 될 만한 지형으로 전진하여 방어할 생각을 가졌으나, 마치 미국이 진주만에서 기습을 허용한 것과 유사하게 모호한 정보와 우유부단한 결심으로 공세적인 방어를 못 하고, 점차 지역을 포기하고 후방으로 움츠러들어 방어진지를 편성했다.

포기한 지역에는 3개의 사용 가능한 비행장이 있었는데 거부대책을 강구하지 않아 일본군에게 고스란히 활용되었고, 철수하면서 역시 거부대책이 미흡했던 차량을 비롯한 장비들은 일본군에게 좋은 기동 수단이 되었다. 일본군은 노획한 차량, 화물차로 도로와 철도를 이용하여 신속히 진군했고, 수많은 자전거를 동원한 은륜 부대까지 구성하여 마치 경주하듯 타고 내려왔다. 바다에서는 어선을 비롯한 각종 선박으로 영연방 군의 방어진지 후방에 상륙했다. 영연방 군은 일본군이 후방에 나타났다는 소식에 전투의지를 잃고 재빨리 후퇴하여 12월 14일이 되자 말레이반도 북부를 모두 잃었으며, 일본군은 1월 11일에 수도 쿠알라룸푸르에 무혈 입성했다.

일본군은 1월 말까지 1,000km를 진격하여 영연방 군을 싱가포르의 섬으로 몰아넣었다. 일본군의 강습에 쉽게 무너진 부대는 주로 인도군이었다. 이 부대들은 북아프리카 전선에서 이탈리아군이나 독일군과 교전하면서 전기를 연마한 부대가 아니라, 전쟁 직전에 편성되어 훈련이나 사기가 저조한데다가 이들을 지휘하는 영국군의 초급장교들은 지휘를 위한 인도어를 익히지 못해 명령이 제대로 행해지지도 못하는 형편이었다. 퇴각하라는 지시를 제멋대로 철수하라는 구실로 받아들이기도 하여 전투의지가 매우 약했다. 심지어는 어떤 인도군 부대들은 자신들이 무엇을 위해 이곳까지 와서 영국군을 위해 싸워야 하는지에 관한 의구심과 반감을 품고 전투에 임하다가 적절한 시간에 후퇴해 버리는 경우도 있었다. 실제로 일부의 인도군은 싱가포르가 함락된 후에 일본군에 협조하여 인도를 해방한다는 대의 아래 버마에서 영국군과 대적하기도 하였다.

정글에서의 전투였지만, 기갑부대의 위력은 대단했다. 영국군은 말레이반도의 도로가 종으로 3개 밖에 없고, 도로상의 교량도 20t 이상이 통과할 수 없어 전차가 필요 없다고 생각했다. 반면에 일본군은 중량이 불과 15.8t에 불과한 치하 전차를 장비했는데, 성능과 무장은 형편없었지만, 소총으로 관통할 수 없어 대전차 무기가 전혀 없는 순수 보병뿐인 영연방 군에게는 대단한 위력을 발휘했다. 가벼운 것과 속도가 빠른 장점 이외에는 허접한 일본군의 전차가 오히려 장점을 극대화하여 사격하며 돌진해 오자 모두가 혼란에 빠졌다. 대전차 화기가 전혀 없더라도 정예화 된 보병이라면 각종 장애물이나 몰로토프 칵테일을 이용해서라도 대책을 강구했겠지만, 전혀 그런 모습을 찾을 수 없었다.

특히, 각급 부대가 정글에서의 전술이나 훈련을 해본 적도 없어 군세기로 이름난 오스트레일리아군 8사단조차 후방에 적이 나타나자 스스로 무너졌다. 다만 영국군들은 사전에 도로를 차단할 수 있는 횡으로 연결된 진지에서의 방어 전술을 연마하여 많은 희생에도 불구하고 말레이반도 중부에서 훌륭한 성공을 거두었다. 각급 부대들이 이와 같은 전술을 연마하고 사용했더라면 적을 저지하거나 상당 기간 지연시킬 수 있었을 것이다.

싱가포르에서 퍼시벌 장군은 1월 25일에야 중동에서 증원되어 온 영국군 제18사단과 더불어 45개 대대를 거느리고 일본군 제25군 사령관 야마시타 도모유키 장군이 거느린 31개 대대와 대적했다. 모두가 예상하기는 오래전부터 구축된 강력한 방어시설과 준비 때문에 싱가포르는 최소한 몇 개월간은 저항할 수 있으리라고 믿었다. 지형상으로 말레이반도와 싱가포르를 갈라놓는 조호르(Johore) 해협은 1마일이 채 안 되었고, 반도를 마주 보는 방어 정면은 30마일이 넘어 전면을 바라보고 지역방어를 하기에는 너무 넓었다. 여기에 퍼시벌 장군은 1마일당 1개 대대 꼴로 부대를 분산배치 했다. 저 유명한 프레데릭 대왕의 경구 '모든 곳을 다 방어하려는 자는 아무 곳도 방어하지 못한다.'라는 엄연한 진리를 되새겨 본다면, 넓은 정면에 얇은 방어막은 그 기능을 발휘하기가 매우 어려울 수밖에 없었다.

"싱가포르의 방어시설이 바다 쪽에서 접근하는 함정이나 상륙부대를 타격하기 위해 남쪽으로 지향되어 있어, 북에서 접근하는 일본군을 물리치기 어려워 패배했다."라고 흔히 말하는 속설은 잘못된 것이었다. 실제로 거점들은 육지에서 접근하는 적을 거부하도록 잘 준비되어 있었지만, 포는 평사포였고, 탄약은 선박을 타격하기 위한 철갑탄 위주여서 보병을 격멸하기에 적합했던 고폭탄은 그 준비가 부족했다. 2월 8일 일본군은 오스트레일리아군 6개 대대가 방어하고 있는 싱가포르의 북서쪽 해안에 집중하여 조호르 해협을 건넜다. 440문의 포병과 항공력의 지원을 받는 일본군의 압도적인 공격을 받고 오스트레일리아군 제22여단과 제27여단이 급속히 무너졌다. 중앙예비대의 역습도 일본군을 다시 바다로 밀어내는 데 실패했다.

수일간의 전투를 통해 일본군은 섬의 한가운데 언덕에 있는 수원지 두 곳을 점령하여 식수의 공급을 차단했다. 피난민을 포함하여 100여만 명이 밀집한 섬에서 식수의 차단은 군인뿐 아니라 민간인의 생존을 위협하는 것으로 퍼시벌 장군은 저항을 포기하고 2월 15일 항복했다. 항복 석상에서 전 부대에 항복을 전파하기 위한 시간을 달라는 퍼시벌 장군에게 일본군 사령관 야마시다는 '예스까? 노까?'(항복할 것인가? 아닌가?)라고 탁상을 치며 윽박질러 일본에서 유명해졌다.

역사가 '바질 콜리어(Basil Collier)'에 의하면, 싱가포르의 함락은 "영국인의 역사에 최대의 군사적 재앙이었다."라고 평했다. 그 재앙에는 13만 명이 넘는 영국군과 오스트레일리아군 및 인도군, 그리고 현지 의용군까지 자신들의 절반에도 못 미치는 일본군에 항복했기 때문이었다. 사로잡힌 인도군의 대부분은 인도의 독립을 주장하는 민족주의자 '찬드라 보스(Subhas Chandra Bose)'의 호소에 마치 최면에라도 걸린 듯 곧바로 일본군에 동조하여 인도 국민군을 형성, 장차 버마에서 영연방 군과 싸우게 되었다.[10] 퍼시벌 장군은 영국인들에게는 철저한 기피인물이 되어버렸다. 그는 훗날 보복 차원에서 일본군이 항복문서에 조인하는 전함 미주리호의 함상에 참관인이 되어야 했으며, 모든 행사에서 배제되는 '말소된 인간'이 되었다. 그는 진주만의 기습을 허용하여 불명예를 뒤집어쓴 미 태평양함대의 킴멜 제독과 곧잘 비유되었다.

10) 존 키건 지음, 류한수 옮김, 『2차 세계대전 사』(서울 : 청어람 미디어. 2007), p. 390.

● 1942년 2월 15일의 싱가포르 항복. 영국 전쟁사상 단일사건으로는 가장 파국적인 패배였다. 13만 명이 넘는 부대원이 포로가 되었다.

한편, 맥아더 장군 후임으로 필리핀군 사령관으로서 바탄반도에서 끝까지 저항하다가 포로가 된 웨인라이트 장군은 전후에 대장으로 승진하고 제4군 사령관으로 임명되었으며, 명예훈장을 수여 받아 대조적이었다. 퍼시벌과 웨인라이트는 포로 생활을 함께하면서 한가롭게 낚시하는 장면이 일본군의 선전 매체에 게재되어 더욱 비난받기도 했다. 실제로 당시에 동남아 일대에서 노후 된 장비와 약한 전력으로 일본군에 맞서 직업군인으로서의 명예를 지키기는 어려웠다. 단지 네덜란드의 해군 사령관 카렐 도르만(Karel Doorman) 제독은 영웅으로 남았는데, 이는 일본 군함과 전투를 벌이다 격침되는 순양함의 선교에서 죽었기 때문이었다.

싱가포르를 함락한 일본군은 막대한 보급품을 노획하여, 풍요로운 한때를 만끽했다. 영국군의 연료로 항공기와 자동차를 운행하고, 노획한 많은 승용차는 장교들의 자가용으로 활용되었으며, 풍성한 식품은 장병들을 만족시켰다. 싱가포르에서의 경험은 일본군에게 여러 전역에서 보급품의 현지 조달이 가능할 것이라는 잘못된 교훈을 심어주었고, 영국군은 약하다는 인식으로 인해 일본군이 장차 인도로 무리하게 진격하게 되는 요인으로 작용함으로써 후에 일본군으로 하여금 엄청난 희생을 치르게 하는 계기가 되었다고 평가하기도 한다.

제 6 장
동인도제도와 버마 공략

일본군의 동인도제도 공략은 1941년 12월 16일 영국령 브루나이(Brunei)에서 시작되었다. 일본군이 최초부터 계획한 태평양에서의 방어선을 연결하는 지점들은 연달아 점령당할 처지에 놓여 있었다. 이를 방어하기 위해 미국, 영국, 네덜란드, 오스트레일리아의 4개국은 지역 내의 전력을 통합하기 위해 소위 ABDA(American-British-Dutch-Australian)라는 명칭의 사령부를 구성한 다음, 사령관에 영국군의 인도군 사령관 웨이블(Archibald Waibel) 장군을 지명하고, 그 사령부를 자바섬에 두었다.

웨이블 장군 휘하의 전력은 미국의 소규모 아시아 함대 및 오스트레일리아 본토 방어 육군부대와 영국의 잔여 동방함대, 그리고 동인도 해역의 네덜란드 해군과 육군으로 구성되었다. 수적으로 가장 많은 네덜란드의 육군은 대부분이 현지 주민을 그러모은 14만 명으로 규모는 컸으나, 장비와 훈련이 모두 미흡하여 전투력이 극히 낮았다. 소규모이지만 영국군은 전문적인 직업군으로 최정예부대였다. 해군은 지역 내의 각국 함정을 합쳐 순양함 11척과 구축함 27척, 잠수함 40척이 포함되어 있었다. 공군은 미국이 급히 보낸 현대식 항공기 100대 이외에는 볼품이 없었으며, 영국 공군은 말레이반도에서 소멸했고, 네덜란드 공군은 낙후 기종이었다.

일본군의 동인도제도 공격계획은 훌륭했다. 풍부한 전력을 바탕으로 1월에는 보르네오와 셀레베스, 2월에는 수마트라와 티모르, 3월에는 자바를 공략한다는 계획으로 2,000마일의 전역을 차례로 점령하겠다는 것이었다. 계획에 따라 일본군은 제14군이 혼마 마사하루(本間雅晴) 중장의 지휘 아래 차례로 지역을 점령해 나갔다. 1월 11일에는 보르네오 인근의 타라칸(Tarakan) 섬을 장악하고, 23일에는 뉴브리튼섬에 있는 라바울(Rabaul)의 오스트레일리아군 수비대를 물리쳤으며, 31일에는 암본(Ambon)에서 3일 만에 네덜란드와 오스트레일리아의 연합군을 모두 포로로 잡았다. 2월 14일에 일본군의 해군과 공수부대가 수마트라 공격을 개시했다. 일본군 상륙부대는 모든 지역에서 대부분 현지 지역민들로 구성된 연합군을 어렵지 않게 제압했다.

2월 19일에는 서티모르와 동티모르에 상륙한 침공군을 엄호하기 위해 진주만을 공격했던 항공모함 4척에서 발진한 항공기들이 오스트레일리아의 다윈(Darwin) 항을 공습했다.[11] ABDA가 유일하게 강력한 저항을 펼칠 수 있는 부대는 해군이었다. 일본군이 항공력을 제공하지 않는다면 적을 저지할 수 있는 전력을 보유했다. 네덜란드의 카렐 도어만(Karel Doorman) 제독의 지휘 아래 1월 24일에 미국의 구축함과 네덜란드의 잠수함이 보르네오 앞바다에서 일본군 수송선을 여러 척 격침하는 전과를 올렸고, 2월 19일에는 미국과 네덜란드의 구축함들이 상대방 구축함들에 맞서 대등한 전투를 벌였다.

그러나 자바로 다가오는 일본군을 저지하기 위해 함대를 전개한 2월 27일 시련을 겪었다. 도어만의 연합군은 중순양함 2척과 경순양함 3척, 구축함 9척을 주력으로 하고 있었다. 상대편은 다카기 다케오(高木武雄) 제독으로 중순양함 2척, 경순양함 2척, 구축함 14척을 거느렸다. 양편은 수적으로 비슷했고, 전투의지에서도 대등했지만, 무기체계에서 일본군은 월등한 점이 있었다. 당시 일본 해군은 연합군의 어뢰보다 훨씬 성능이 뛰어난 24인치 어뢰인 '장창(long lance)'을 보유하고 있었다. 장창은 미군에서 붙여준 이름으로 원래는 93식 어뢰라고 명명되었으며, 통상적인 압축공기를 이용하지 않고 산소를 연료로 사용하여 500kg의 폭탄을 장착하고 48knot 속도로는 20km, 36knot 속도로는 무려 40km까지 항속할 수 있는 가공할 무기였다.

태평양 전쟁 초기 최대의 해전이었던 이날의 전투에서 초기에는 함 대 함 포격전으로 시작되었지만, 점차 일본군의 어뢰가 위력을 발휘하여 전과를 올리자 도어만 제독은 사상자를 보호하기 위해 어둠을 이용해 회피했다. 대다수 구축함은 재급유를 위해 돌려보내야 했고, 피해를 당한 함정을 제외하고 나니 '도어만' 제독에게는 중순양함 1척, 경순양함 3척, 구축함 1척만 남아있었다. 강한 책임감으로 일본군의 상륙을 저지해야 한다는 생각에 다음 날 도어만은 일본군의 상륙 예상 지역으로 되돌아갔으며, 밝은 달밤을 이용하여 10시 30분경 양군은 조우하자마자 곧바로 접전에 들어갔다.

일본군의 어뢰는 대단한 위력을 다시 한번 발휘했다. 살아남았던 네덜란드 순양함 2척이 거의 동시에 어뢰를 맞고 침몰했으며, 도어만 제독도 자기의 애함과 운명을 같이했다. 미국의 휴스턴(Houston)호와 오스트레일리아의 퍼트(Perth)호는 당장에 침몰하지는 않았지만, 순다(Sunda)해협에서 또 다른 일본군 상륙함대와 영웅적인 전투 끝에 2척의 일본군함을 격침시키고 다음 날 저녁 침몰했다. 바다에서의 연합군의 패배는 이제 일본군의 앞을 가로막는 장애물이 모두 사라진 것을 의미했다.

3월 12일 웨이벌을 비롯한 지휘부의 고위직위자들이 피신한 후 무력화된 ABDA의 사령부는 항복함으로써 일본군을 위협하는 군사력은 사라졌다. 싱가포르를 점령했던 일본군의 제국 근위 사단이 마지막 남은 큰 섬인 수마트라에 상륙하여 동인도제도 전체를 점령

11) 폴 클리어 등 지음, 강민수 옮김, 『제2차 세계대전』(서울 : 플래닛미디어. 2009) pp. 478-479.

했다. 일본군은 동인도제도에서 원주민들로부터 무작정 배척당하지 않았다. 서양의 식민 지배를 종식하고 동양인에 의한 번영을 구가하자는 일본의 대동아공영권 이론은 곧잘 그들에게 받아들여져 호응을 받았으며, 열성적인 일본의 협조자가 되어갔다.

서양인의 식민 지배에 가장 배타적인 민족이 버마인이었다. 1886년에야 영국의 식민지가 된 버마는 독립운동가 아웅 산(Aung San) 장군의 지휘 아래 저항운동을 전개하고 있었다. 아웅 산은 1941년 초에 일본에서 훈련받고 돌아왔으며, 버마의 독립을 위해서는 일본과의 협력이 필수적이라고 생각했다. 자생적 사회주의자였던 아웅 산은 1945년이 되면서 일본군에 실망하여 적대세력으로 바뀌지만, 초기에는 일본군을 이용하여 버마의 독립을 쟁취하려는 순수한 생각을 가졌다.

기회는 예상외로 빨리 찾아왔다. 12월 8일에 일본군의 말레이 침공과 동시에 후방을 확보한다는 차원에서 이다 쇼지로(飯田祥二郎) 장군의 지휘 아래 제15군을 태국의 남부에 상륙시켰는데, 태국은 일본군에게 저항을 중지하고 협정을 맺은 다음, 영국과 미국에 전쟁을 선포하여 중요한 협력국이 되었으며, 그로 인해 전쟁의 피해는 최소화할 수는 있었지만, 너무나 간단히 주권을 포기하는 나약함을 보였다. 12월에 벌써 일본군은 신속하게 태국을 가로질러 버마로 진격하여 중요한 비행장을 점령했다. 버마에는 현지 주민이 주력인 1개 사단만이 방어하고 있다가 1월에 제17인도인사단이 증원되었었다. 이들은 일반 보병으로 훈련이 미흡한데다 사명감이 결여되어 있었으며, 항공기의 지원이 전무하여 전투력은 별 볼 일 없었다.

버마는 중국의 장제스 군에게는 충칭(重京)으로 연결되는 미국의 주요 군사원조 보급로로써 생명선과 같았기 때문에, 보급로 보호차원에서 미국인으로서 장제스의 참모장인 스틸웰(Joseph Warren Stilwell) 장군의 지휘 아래 2개 사단으로 구성된 제66군을 버마 국경에 급파했다. 버마에 진주한 일본의 제15군의 33 및 55보병사단은 겨우 2개 사단이었지만 정예군이었으며, 300대의 항공기 지원을 받고 있었다. 전황은 전력의 차이와 작전환경의 불리함으로 인해 처음부터 일본군이 압도했다.

적은 부대로 넓은 정면을 방어하던 제17인도인사단은 2월 14일 탄륀(Thanlwin) 강에 설치한 방어선을 잃고, 수도 랑군(Rangoon)을 방어하다가 견디지 못하고 후퇴를 거듭했다. 사태가 심각해지자 3월 5일 영국에서 파견된 알렉산더(Harold Alexander) 장군은 방어를 위한 최선의 방책이 모든 잔여 전력을 철수시켜 버마 중앙부에 있는 에야워디(Ayeyarwady)강을 방어선으로 해야 한다고 결정했다. 일본군은 제18사단에 제56사단을 증원하여 영국군을 추격했다. 영국군은 에야워디강의 진지를 고수하지 못하고 퇴각하다가, 증원된 중국군 1개 사단과 더불어 버마 제2의 도시 만달레이에서 적을 저지할 수 있기를 고대했으나 허사였다. 영국군은 병력과 보급품 부족으로 한계에 도달했으며 중국군도 일본군에게 밀려나 국경지대로 후퇴했다.

이 단계에서 포위되어 전멸을 면하기 위해서 알렉산더 장군에게 남아있는 대안은 아무런 기약도 없이 중국군을 따라 중국으로 가든지, 아니면 버마의 서북부를 통해 길도 없는 산악지대를 횡단하여 인도로 들어가는 방안 등 2개 방안이 있었는데, 어느 것이나 고난의 여정이 예정되어 있었다. 알렉산더는 후자를 선택했고, 중국군과 각자의 길로 가는 것을 합의한 다음, 수천 명의 피난민을 대동하고 영국군의 전쟁사에 가장 긴 퇴각을 시작했다. 9주 만에 600마일을 횡단하여 5월 19일 인도 국경에 도착한 알렉산더 군은 우기로 인해 더 이상 추격이 불가능해진 일본군의 위협이 없는 가운데, 지치고 탈진한 군대를 정비할 수 있었다.

철수를 시작한 영연방 군 3만 명 중에서 4,000명이 행군에서 탈락해 죽었다. 9,000여 명은 행방불명됐는데, 대다수가 버마인으로 구성된 부대였으며, 아마도 그들은 탈영하여 버마에 잔류했거나, 장차 아웅 산 장군의 휘하로 들어가 일본 편에 서서 연합군에 대항하여 싸웠을 것으로 추정된다. 버마인의 부대는 1개 대대만이 인도에 함께 도착했다.

엄격하기로 소문나 소령 때부터 부하들로부터 '초치는 조(Vinegar Joe)'라는 별명을 얻었던 스틸웰 장군은 패잔병을 수습하여 중국으로 돌아갔다가, 1943년에 다시 돌아와서 임팔, 코히마 등지를 수복하는 영국군과 공조하여 전공을 세우게 된다.

버마에서의 승리로 일본군은 제1단계 작전의 목표를 거의 달성했다. 그 결과는 전쟁을 지속하기 위한 물자의 획득은 물론, 대동아공영권의 모토 아래 대부분 지역에서 호응받아 세력을 크게 확장했다. 이제 일본군의 침공을 저지할 주요 전력은 모두 사라지고 오직 필리핀의 미군만 맥아더 장군 휘하에 남아있게 되었다.

제 7 장
필리핀 함락

1941년에 필리핀은 미국의 식민지가 아니면서도 완전한 독립 국가도 아니었다. 1898년 미국과 스페인 전쟁의 결과 미국의 식민지였다가, 1934년 임시 독립을 부여한다는 조건으로 필리핀군을 미군에 편입시켜 복무토록 하였다. 미국은 필리핀에 민주적 형태의 정부를 수립하고 이미 미군에서 전역한 노병 맥아더(Douglas McArthur)의 지휘를 받는 필리핀 군대를 양성하여 태평양함대의 보호를 받게 했다.

1941년 12월 필리핀에 주둔 중이었던 미군은 지상군에 1만 6,000명의 전투부대원을 편성하여 2개 연대의 편제만 유지하고 있었을 뿐이었다. 항공기는 150여 대, 수상함 16척, 잠수함 29척이 주요 전력으로 함께 장비되어 있었다. 1941년 7월에 창설되어 미군에 편입된 필리핀군은 10개 사단을 보유하고 있었지만, 훈련이나 장비 면에서 아직은 작전을 수행하기에 매우 미흡한 상태였다. 오로지 정찰사단 1만 2천 명만이 미국식 교육으로 정예화 되어 있었다.

맥아더는 전력을 수도 마닐라가 있는 루손섬에 집결해 두었는데, 일본군은 타이완에 있던 제14군을 필리핀에 투입하려고 계획했다. 제14군은 제16사단과 제48사단으로 구성된 정예부대였다. 중국과의 전투에서 단련된 제14군은 전함 2척 및 순양함 3척과 구축함 4척으로 구성된 제2함대, 순양함 4척과 구축함 14척이 포함된 제3함대, 그리고 항공모함 2척 및 순양함 5척과 구축함 13척으로 구성된 또 다른 해군부대의 지원을 받고 있었다. 또한 두 척의 항공모함 비행단은 제5비행사단과 육지에 기지를 군 제11항공군의 지원을 받았다.[12]

미군에게 닥친 첫 번째의 재앙은 하늘로부터 왔다. 하와이에서처럼 미군은 레이더 시설을 갖추고 있었지만, 경고에 따른 적절한 조치를 하지 못했다. 12월 8일 역시 하와이에서처럼 미 항공기들은 테러에 의한 파괴를 예방하기 위해 활주로에 날개를 맞대고 빽빽이 정렬해 있다가, 일본군의 기습적 공습에 마지막 한 대까지 모조리 파괴되고 말았다. 맥아더 장군이 남긴 “작전에 실패한 지휘관은 용서받을 수 있어도 경계에 실패한 지휘관은 용서받을 수 없다.”라는 경구가 자신에게는 과연 어떻게 적용되었을 지에 관해 매우 궁금증

12) 존 키건 지음, 류한수 옮김, 『2차 세계대전 사』(서울 : 청어람 미디어, 2007), p. 399.

을 자아낸 상황이라고 할 수 있었다. 일본의 공격을 언젠가는 예상했겠지만, 진주만 공격과 같은 날에 그렇게 경고 없이 닥칠 것을 예측하기는 어려웠을 것이다. 12월 12일 필리핀에서 아시아 함대를 지휘하던 하트(Thomas Hart) 제독은 항공 엄호가 사라졌으므로 안전한 곳을 찾아 함정을 동인도제도로 보낼 수밖에 없었다. 그곳에 갔던 함정들은 ABDA 예하로 들어갔다가 자바 해전에서 격파되는 운명을 맞이하였다.

12월 22일에는 일본군의 주력인 제14군이 혼마 마사하루(本間雅晴) 중장의 지휘 아래 수도 마닐라 인근의 루손섬 링가옌(Lingayen) 만에 상륙했다. 미군이나 필리핀군이 일본군의 적수가 되지 못한다는 점을 알고 있던 맥아더 장군은 마닐라를 비무장도시(Open City)로 선언한 다음, 바탄(Bataan)반도에 강력한 진지를 구축하여 장기 농성체제를 구축하고, 마닐라만에 있는 코레히도르(Corregidor)섬에 자신의 사령부를 설치했다. 반도는 길이가 30마일에 폭이 15마일쯤 되었고, 가운데 높은 산 2개가 솟아 양호한 시계를 제공해주어 방어에 양호한 지형이었다. 훌륭한 방어 전술을 구사한다면 지형상으로 보아 방어군은 외부의 보급이 차단되더라도 장기간 성공적인 방어를 할 수 있었을 것이나, 맥아더 군 역시 말레이의 영연방 군처럼 똑같은 실수를 범하였다. 산비탈을 따라 측면을 방호하기 위한 대비를 하지 않음으로써 일본군은 침투부대를 활용하여 재빨리 측면으로 우회했다.

필리핀군은 신속하게 제2 저지선으로 물러나 포위를 피했지만, 이제 방어 면적은 10제곱마일로 줄어들어 피난민을 포함한 11만 명이 생활하기에는 최소한의 공간도 부족하게 되었다. 피난민은 2만 6,000명으로 마닐라에서 피난한 민간인들이었다. 모든 인원이 정량의 절반만을 배급받았으며, 잠수함이 간헐적으로 보급품을 수송했으나 갈수록 배급은 줄어들었다. 맥아더 장군은 3월 12일 루스벨트 대통령의 명령을 받고 "나는 다시 돌아온다(I shall return.)"라는 말을 남기고 어뢰정을 타고 코레히도르섬을 떠나 민다나오섬으로 갔다가 항공기로 오스트레일리아로 떠났고, 지휘는 웨인라이트(Jonathan Wainwright) 장군에게 인계되었다.

바탄반도의 미군과 필리핀군은 4월 9일에 항복했다. 그들은 당시 평시 식사 기준 정량의 1/4로 지탱하고 있어서 모두가 비타민 결핍증과 각기병으로 시달리고 있었다. 일본군은 그때까지 살아남은 9,300명의 미군과 2만 5,000명의 필리핀군을 포로수용소까지 100km를 음식을 공급하지 않고 도보로 끌고 가다가, 뒤처지는 포로를 몽둥이와 총검으로 살해하여 미군 600여 명과 필리핀군 5,000~1만 명이 목숨을 잃었다. 역사가들은 이를 '죽음의 행진'이라고 불렀는데, 이들은 일본군의 이러한 미군 포로 학대 및 학살 상황을 독일군과 소련군이 전쟁하면서 상호 포로를 학대했던 상황과 비교한다.

● 일본군의 진격(1941년 12월~1942년 8월)

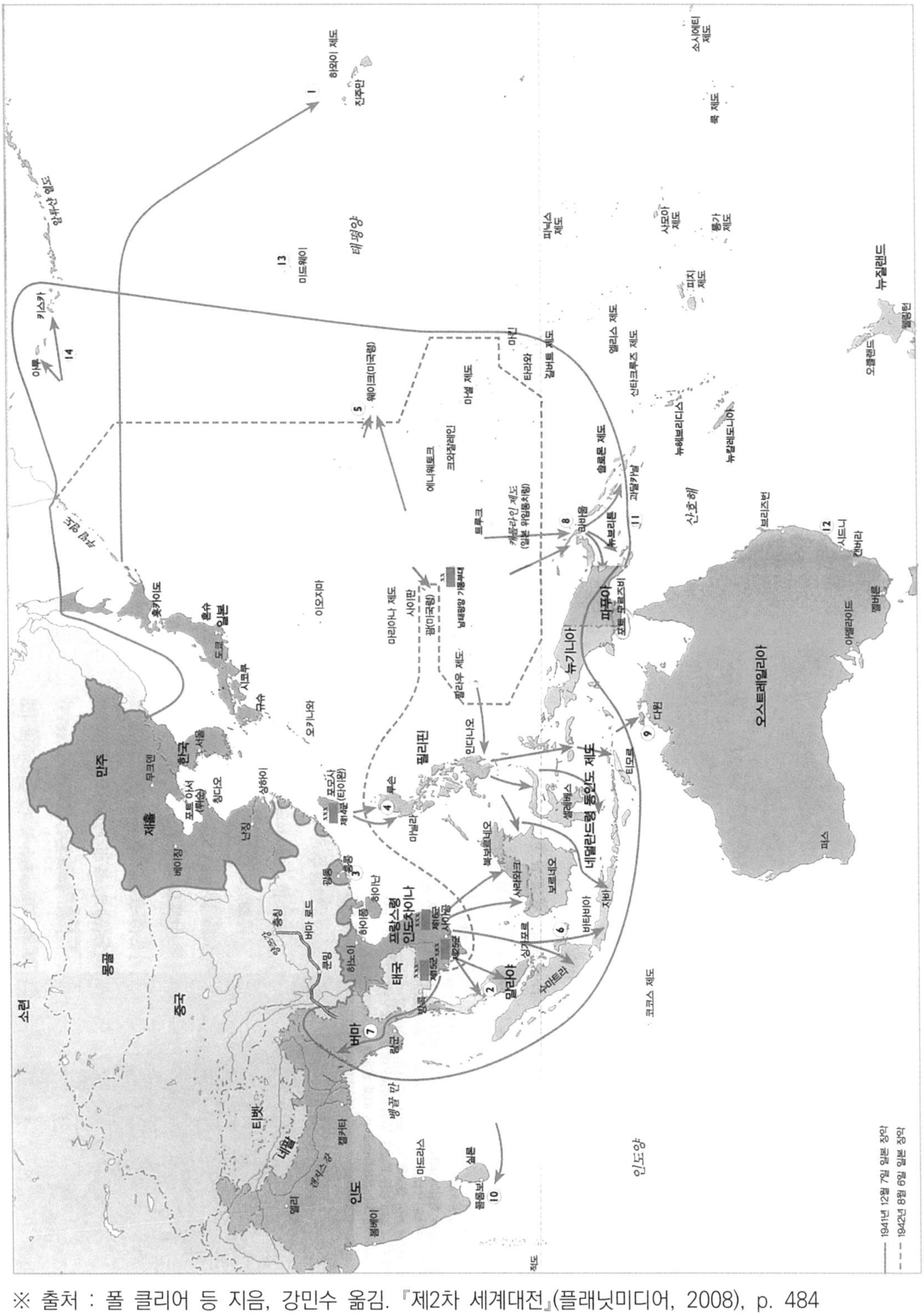

※ 출처 : 폴 클리어 등 지음, 강민수 옮김. 『제2차 세계대전』(플래닛미디어, 2008), p. 484

1. 1941년 12월 7일, 일본의 함재기들이 진주만을 공격
2. 1941년 12월 8일, 일본군의 말라야 침공 / 1942년 2월 15일, 싱가포르의 영국군이 항복
3. 1941년 12월 8일~25일, 홍콩 침공
4. 1941년 12월 10일, 필리핀 침공 / 1942년 5월 6일, 항복
5. 1941년 12월 24일, 웨이크 섬 장악
6. 1942년 1월 11일~1942년 3월 8일, 네덜란드령 동인도 제도 침공
7. 1942년 1월 19일~5월 15일, 버마 침공
8. 1942년 1월 23일~8월 6일, 일본군이 솔로몬 제도의 뉴브리튼, 뉴기니아 및 파푸아 일부 지역 침공
9. 1942년 2월 19일, 항모 및 육상 기지에서 발진한 일본군 항공기들이 다윈을 공격
10. 1942년 4월 5일, 일본 함재기들이 콜롬보를 공격
11. 1942년 5월 4일~8일, 산호해 해전
12. 1942년 5월 31일~6월 1일, 일본 잠수함들이 시드니 항 공격
13. 1942년 6월 3일~6일, 미드웨이 해전
14. 1942년 6월 6일~7일, 일본군 알류샨 열도에 상륙

코레히도르섬에서 끝까지 버티던 수비대는 4월 14일부터 5월 6일까지 엄청난 포격을 받고 항복했다. 기간 중 이곳에는 하루에 평균 1만 6천 발 이상의 포탄이 요새를 강타했다. 필리핀의 점령은 다른 역내 국가들과는 달랐다. 필리핀은 완전한 독립을 약속한 미국을 믿었기 때문에 일본의 점령을 반기지 않고 장차의 수탈을 예상하고 두려워했으며, 대동아공영권 논리에 순응하지 않고 저항했다.

이 시점에서의 일본의 전략적 지평선은 끝없이 넓어졌다. 1895년 이래 1931년까지 확보한 타이완, 조선, 만주국에 이어 1933년 이후에 중국의 광활한 지역이 보태졌다. 1941년 12월 8일부터 서태평양 전체를 휘돌아 모든 동남아시아국가를 점령했고, 동인도제도, 필리핀까지도 일본의 권역에 포함되었다. 적도 북쪽을 평정했고, 적도 남쪽으로도 야금야금 파고 들어갔다. 동시에 서태평양 전선을 확실히 안정시키기 위해 진주만과 다윈항을 공격했던 나구모 제독의 제1기동함대는 인도양의 세일론(Ceylon)에 있는 영국군 기지를 강타하여 4월 9일까지 영국군 순양함 2척과 항공모함 1척을 포함한 7척을 격파했다. 5월에 일본군의 잠수함 한 척이 마다가스카르 앞 바다에 출현하자, 놀란 영국군은 이에 대한 대비책으로 서둘러서 12월에 마다가스카르를 점령했다. 그러나 일본군의 능력으로 인도양이나 아프리카까지 진출하기에는 여력이 없었다.

이미 계획된 모든 목표를 달성한 시점에서 한 연합함대 참모는 그의 일기에 "이제부터는 어디로 가야 하나? 오스트레일리아 대륙으로? 하와이섬으로? 아니면 기회를 봐서 소련을 쳐야 할까?"라고 쓰고 있었다.[13] 이 문제를 놓고 일본의 대본영은 2개월간에 걸쳐 심각하게 고민했다. 해군은 오스트레일리아를 침공하자고 주장했으나, 그에 필요한 육군의 12개 사단 정도를 염출할 방법이 없었다. 중국이나 만주에서 빼내야 하지만 그럴 정

13) 폴 클리어 등 지음, 강민수 옮김, 『제2차 세계대전』(서울 : 플래닛미디어. 2009), p. 481.

도로 중국 전선의 전황이 한가하지 않았다. 그뿐만 아니라 오스트레일리아를 침공할 경우, 물자와 인력을 수송할 해군의 능력과 물자 조달이 현실적으로 불가능하다는 점이 발목을 잡았다.

한편, 육군은 독, 소 전에서 독일군이 소련군을 격파한다면 시베리아에 진출하는 가능성을 검토하기도 했다. 결국 대본영의 결론은 인도를 침공하는 안이었다. 인도 침공을 결정하게 된 하나의 계기는 말레이와 싱가포르에서 영연방 군과 대적해본 결과 영국군이 강하지 않다는 인상을 받았다는 점이다. 반면에 해군은 오스트레일리아 침공을 포기하는 대신 뉴기니의 포트 모레스비(Port Moresby)와 솔로몬 군도를 장악하고, 피지, 사모아, 뉴칼레도니아를 점령하여, 미국과 오스트레일리아 간의 보급로를 차단하려고 했다. 그럼으로써 궁극적으로 오스트레일리아를 고립시켜 미국이 오스트레일리아를 발판으로 반격에 나서지 못하도록 한다는 계획을 실현하여, 대동아공영권에 대한 방어를 확실히 하고자 한 것이다.

이제까지의 전투에서 일본군은 승승장구하였으며, 무엇보다도 전력의 손실을 거의 입지 않았다. 일본의 연합함대는 전함 11척, 항공모함 10척, 중순양함 18척, 경순양함 20척 가운데 한 척도 심각한 피해를 보지 않았다. 반면에 미국 해군은 진주만과 필리핀 일대에서 심각한 피해를 입었고, 영국, 네덜란드의 동남아 함대는 완전히 격파되었으며, 오스트레일리아 함대는 얼마 되지도 않았지만, 수세에 몰려 항구에 틀어박혀 있었다. 이제 연합군에게 남은 해상 전력은 하와이와 미드웨이 해군기지, 그리고 3척의 항공모함(대서양에 나가 있던 2척을 합하면 5척)과 일부 전함이 전부였다. 그리고 전력을 증강하기에는 많은 시간이 소요될 터였다. 일본 해군이 한 번만 더 결정적인 전투를 한다면, 야마모토 사령관이 희망했던 일정 기간 꽤 설칠 수 있을 것이라는 전망은 가능할 것으로 보였다.

제 8 장
둘리틀(Doolittle) 항공대의 일본 본토 공습

미국은 진주만의 치욕을 갚아줄 묘안을 찾기 시작했다. 게다가 1942년 2월 24일 일본의 잠수함이 미국 본토 캘리포니아의 샌타바버라에 있는 정유시설을 폭격하자 더욱 자극받아 신속히 움직이기 시작했다. 미국의 육·해군 참모총장을 비롯한 군의 수뇌부는 루스벨트 대통령과 논의했다. 토의된 결과는 전술적 성과와 관계없이 항공기로 일본의 본토를 공습하여 "일본사람들에게 전쟁의 실상을 확실히 인식하도록 해주겠다."라는 것이었다. 만일 성공한다면 국민과 군의 사기를 고양할 수 있고, 일본군에게 멋지게 한 방 먹일 수 있을 것이었다.

여러 가지의 계획안 중에 공습을 위한 발진 기지로써 적합한 대안을 검토한 결과, 중국본토는 귀환 시에 일본군의 반격을 받을 위험이 커 제외되었고, 소련기지의 이용은 소련이 일본과 불가침조약을 맺은 관계이므로 불가능했다. 결론적으로 항공모함을 이용, 최대한 일본에 접근하여 항공기를 이륙시켜 일본 본토를 폭격한 다음 장제스의 관할 하에 있는 중국지역에 착륙한다는 계획이 세워졌다.

덧붙여서 항공모함의 함재기는 항속거리가 짧아 불가능했으므로, 육상 폭격기로서 항속거리가 15,000km에 달하는 B-25를 이용한다는 것이었다. B-25는 활주로가 짧은 항공모함에서 이륙해야 했으므로, 중량을 줄이기 위해 Cal 50 기관총 8정 중에서 4정을 제거하고, 탄약도 절반만 적재하도록 했다. 이 계획은 매우 어려운 임무였다. 이들을 호송하는 항공모함은 일본 본토에 근접 항해해야만 했으므로 위험에 노출될 수밖에 없었고, 항공기 조종사들은 당연히 많은 위험을 감수해야 하며 그렇더라도 임무를 성공시킨다는 보장도 없었다.

이론상으로는 가능했지만, 현실성은 거의 없어 보이는 계획을 군의 수뇌부는 모든 희생을 무릅쓰고 감행하기로 결정했다. 구체적인 계획은 항공모함 호넷호에 B-25 16대를 싣고, 또 다른 항공모함 엔터프라이스와 순양함 3척, 구축함 3척의 호위 하에 일본 본토 1,000km까지 접근하여 항공기를 이륙시키고 함대는 귀환한다는 것이었다. 계획은 엄격히 보안을 유지했다. 둘리틀 중령의 지휘하에 조종사들도 정밀한 예행연습을 했지만, 임무와 목적지는 항공모함이 출항한 이후에야 알게 되었고, 중국의 장제스도 항공기가 올 것이라는 통보는 받았지만 언제, 어디로, 어떤 목적으로 오는지는 몰랐다.

4월 2일 호넷호는 샌프란시스코를 떠났다. 일본군은 통제 해역의 외곽을 경계하기 위해 많은 초계함을 운용하고 있었는데, 미군의 호넷호가 호위함대와 함께 알류샨(Aleutian) 열도를 연한 북쪽 경로를 이용해 접근하던 중, 4월 18일 일본 본토로부터 약 1,200km 떨어진 해상에서 어선으로 위장한 일본의 초계함 2척에 포착되었다. 미군 함대는 일본의 초계함 2척을 격침했지만, 미군 함대의 접근 사실은 이미 해군 군령부에 보고되었다.

그러나 일본의 군령부는 미군 함대의 속도나 위치로 보아 일본 본토를 위협하기에는 아직도 원거리에 있으므로, 시간상 여유가 있다고 생각하여 다음 날 요격할 계획으로 출동을 미루고 있다가 공습당한 다음에야 기습을 알게 되었다. 미국의 함대는 원래 계획상 4월 21일에 폭격기를 이륙시키려 했으나, 이미 기도가 노출되었으므로 항속거리가 더 멀어져 한계점에 있었지만, 함대의 안전을 위해 4월 18일 항공기를 출동시키고 함대는 안전하게 대피하여 무사히 귀환하였다. 16대의 편대 중에 8대는 도쿄에, 4대는 나가사키에, 2대는 나고야에, 2대는 히로시마에 나누어 폭격하도록 했다.

● 작전 준비 중인 호넷과 둘리틀 폭격대

폭격은 완전한 기습으로 항공대가 임무를 마치고 일본지역을 완전히 벗어날 때까지 일본군의 반격은 일절 없었다. 16대의 폭격기는 연료가 떨어져 12대가 장제스 관할 중국영토에 추락 또는 착륙했고, 3대는 일본군 관할 지역에 추락했으며, 1대는 소련의 블라디보스토크의 공항에 착륙했다. 일본군 관할 지역에 추락하여 포로가 된 조종사 8명은 포로로서 취급받지 못하고 전범재판에 회부되어 3명은 처형되었고, 5명은 전쟁이 종료될 때까지 수형생활을 해야만 했는데, 그중 1명은 옥중에서 사망했다. 결과적으로 비행 대원 80명 중에서 71명만이 미국으로 복귀할 수 있었다.

폭격의 결과 일본이 받은 물질적 피해는 미미했다. 사상자는 363명, 가옥 파괴 350동에 불과했다. 그러나 일본 역사상 13세기 여몽 연합군에 의해 본토를 침공당한 이후 처음으로 일본 본토를 습격당했다는 데 대해 자긍심에 심대한 상처를 입었고, 더욱이 도쿄시에 폭탄이 떨어져 그들의 살아있는 신(神)인 천황의 안위를 위협받았다는데 군부는 더욱 경악했다.

둘리틀 항공대의 공습은 일본의 취약점을 강타하여 전쟁 개시 이후 연속된 패배에 저하된 연합군의 사기를 고양하고, 일본군을 심하게 자극하는 실제 피해 이상의 강력한 효과를 가져왔다. 이는 마치 1941년 8월 24일 독일이 실수로 영국 런던의 민간 시설을 공습하자, 이를 히틀러의 의도적인 민간인 학살로 인식한 처칠이 다음 날 밤에 베를린을 공습하여 독일 국민을 경악하게 만들었던 충격보다 훨씬 더 큰 영향을 일본군에게 주게 되었다. 처칠의 베를린 공습은 그때까지 독일군의 공중공격이 항공기 생산 공장, 활주로, 전투비행단 등에 초점을 맞추어 항공력을 고갈시키려는 전략에서 도시를 공습하여 민간인을 살상시킴으로써 전쟁 의지를 약화시키려는 전략으로 전환함으로써, 오히려 영국이 항공 전력을 보존할 수 있게 되어 항공전에서 이기게 되는 분기점을 가져온 것과 유사한 결과를 미국과 일본에도 가져오게 된다.

일본군은 서둘러 황궁 주변의 방공망을 강화하는 한편, 향후 대책을 연합함대와 군령부 간에 심각하게 논의했다. 일본군은 1월에 이미 뉴브리튼섬에 있는 라바울(Rabaul)을 점령하여 육군과 해군의 강력한 거점으로 만들었다. 일본군은 당시까지 승리의 행복감에 도취하여 스스로 '승리 열병(Victory Disease)'라는 용어를 사용했다. 여기에 덧붙여서 솔로몬, 피지, 뉴칼레도니아. 파푸아뉴기니, 사모아를 싸안아 외곽을 형성하여 방어선으로 하고자 했다. 일본 해군은 최초부터 육군을 설득하여 제국의 한계를 북쪽의 알류샨 열도에서 중앙부의 미드웨이 환초까지 점령하여 현재 아시아 지역에서 연합군의 오직 하나의 발판인 오스트레일리아와 미국 간의 보급로를 차단하자고 했다.

연합함대 사령관 야마모토 역시 하와이에서 튀어나와 태평양상에서 유일하게 일본을 위협하는 미국령 미드웨이섬을 침공함으로써, 미 해군과의 대회전을 유도하여 아직도 남아있는 미국의 해군력을 완전히 섬멸시키는 것이 전략적 승리를 확보하는 지름길이라고 주장했다.[14] 일본군에게 살아있는 신인 천황의 안녕을 위협할 수 있는 미 해군 전력을 제거해야 한다는 논리에 반대할 수 있는 사람은 없었다. 결국 미드웨이를 공격하자는 야마모토의 제안이 받아들여지게 되었다. 1867년 이후 미국이 점령하고 있는 오직 하나의 태평양상의 발판인 미드웨이를 그대로 두면 둘리틀 비행대와 같은 시도가 또다시 없으리라고 보장할 수 없으므로, 일본군의 입장에서 미드웨이는 반드시 점령되어야 했다.

14) Max. Hastings, *INFERNO, THE WORLD AT WAR, 1939-1945*(Newyork : Vintage Books, 2011), p. 232.

제 9 장
산호해 해전

일본군은 미드웨이를 점령하기 전에 이미 계획되었던 작전으로 뉴기니를 침공하여 섬의 남쪽에 있는 항구인 포트 모레스비(Port Moresby)와 오스트레일리아의 북단에 있는 다윈(Darwin)항을 점령하여 오스트레일리아의 북부를 위협하는 작전을 수행하기로 했다. 일본군의 암호를 해독하는 미군의 비밀 조직인 '매직'이 제대로 능력을 발휘한 시점이 여기서부터 시작된다. 이제까지의 승리에 해이해져 보안 조치가 느슨해진 일본 해군의 통신 내용이 미군에게 해독되어 미 태평양함대는 일본군의 포트 모레스비 침공이 임박했다는 사전 정보를 받을 수 있었다.

미군은 이를 요격하기 위해 항공모함 렉싱턴과 요크타운을 출동시켰다. 항공모함 5척 중에서 사라토가는 수리 중이었고, 호넷과 엔터프라이스는 둘리틀 공습 작전에서 복귀 중이어서 가용한 항공모함은 렉싱턴과 요크타운밖에 없었다. 일본은 이노우에 시게요시 소장의 지휘하에 대형 항공모함인 쇼가쿠(翔鶴), 즈이가쿠(瑞鶴)에 덧붙여 소형 항공모함인 쇼호(祥鳳)를 보냈다. 일본의 상륙부대 일부는 솔로몬 군도의 과달카날에서 얼마 떨어지지 않은 툴라기섬에 5월 3일 특별한 저항 없이 상륙했다.

다음날 요크타운호는 연안에서 한 척의 구축함과 2척의 작은 배를 격침시켰다. 서로가 익숙하지 못한 항모 전투는 상호 함정식별에 많은 착오를 일으켜 아군의 함정을 공격하기도 하고, 적의 항모에 착함하려 하기도 하는 혼란 속에서 작전이 간헐적으로 이루어졌다. 플레처(Fletcher) 제독이 이끄는 미국 함대는 5월 7일 새벽 산호해에서 일본군의 항공모함 대신 수송 전단을 발견하고 공격하자, 수송 선단은 급히 도망쳤다. 그 과정에서 구축함 1척과 수척의 소형 함정을 격침시켰다. 렉싱턴에서 발진한 항공기들은 한 차례 교전한 결과 일본의 소형 항모 쇼호를 격침했다. 이노우에의 항공기들은 미군의 유조선을 격침시켰지만, 미군의 주력을 포착하는 데는 실패했다.

다음날인 5월 8일에는 비바람 속에서 적을 먼저 발견하려는 숨바꼭질 끝에 양측의 정찰기는 거의 동시에 상대를 발견했다. 거의 300km 이격된 상태에서 미·일 해군의 항공기들은 날아올라 미군의 함재기들은 쇼가쿠를 덮쳤다. 수발의 폭탄이 명중했지만, 치명적인 타격은 되지 못했고, 17,000ft 거리에서 발사된 어뢰는 시계 불량과 이뢰의 성능이 좋지 않아 역시 치명타를 가하지 못했다. 또 다른 항모 즈이가쿠는 경미한 손상만 받았다. 반면 요크타운호는 가벼운 피해를 입었지만, 렉싱턴은 폭격을 받아 송유관이 터져 불길에 휩싸이는 바람에 항모를 버려야만 했다.

일본군은 상대적으로 작은 승리를 얻었지만, 원래의 목적인 포트 모레스비 상륙작전 자체는 취소되어 일본군의 진출은 뉴기니 북부에서 멈췄다. 미국은 대형 항공모함을 잃었고, 일본은 소형 항공모함 1척을 잃고 대형 항공모함 한 척도 심각한 손상을 입어 수개월 동안 수리해야만 했다. 외형적으로는 일본의 승리처럼 보였지만, 본래의 목적이었던 포트 모레스비 상륙은 실패했으며, 함재기 대부분과 조종사들을 잃어 실제 승패는 가리기 어려웠다.

미군이 최초의 항공모함 해전을 통해 얻은 일본군과의 어느 정도의 전투 경험과 이를 통해 일본과 대등하게 싸울 수 있다는 자신감을 갖게 된 것은 미군에게는 매우 귀중한 교훈이라 할 수 있었다. 요크타운호는 90일간의 수리가 필요하다는 함장의 피해 평가에도 불구하고, 진주만에 도착한 지 불과 45시간 만에 수리를 완료하고 5월 30일 미드웨이 해상에 모습을 드러냈다. 미군은 이제 한 번도 항공모함 간의 전투를 경험하지 못한 호넷과 엔터프라이즈호를 선도하여 전투를 치르게 되었다.

미 태평양 함대 및 중부태평양지역 총사령관 체스터 니미츠(왼쪽) 대장의 모습. 진주만 공습 이후, 루스벨트는 니미츠에게 "당장 하와이로 가서 승리를 거둘 때까지 돌아오지 말라"고 명령했다. 니미츠는 성격이 원만하고 상냥한 사람이었지만, 필요할 때는 거칠고 위험을 무릅쓸 줄도 아는 뛰어난 전략가이기도 했다. (US National Archives)

제 10 장
미드웨이 해전

제1절 일본군의 작전계획

일본 해군의 야마모토 사령관은 1941년 12월 7일 진주만 기습을 성공시키고, "결과와 관계없이 싸우라고 한다면, 나는 처음 6개월이나 1년 동안은 내 마음껏 움직일 것입니다. 그러나 그 뒤는 전혀 장담할 수 없습니다."라고 공언한 바와 같이, 일본 해군을 마음대로 움직였다. 영국의 전함 '프린스 오브 웨일스'와 '리펄스'가 말레이반도에 도착하자마자 격침시켰고, 그의 함정들은 말레이, 버마, 인도네시아를 비롯한 남태평양까지 육군을 실어 날랐다. '동양의 지브롤터'라는 싱가포르는 겨우 일주일 동안 저항하다가 2월 13일 항복했다. 필리핀의 미군들은 상당히 완강하게 저항했지만, 결국 5월 5일 코레히도르섬에서 항복했다.

그러다가 작은 암초를 만나게 되는데, 첫째가 둘리틀 중령의 항공대가 일본 본토를 공습한 것이고, 둘째가 산호 해전에서 포트 모레스비를 점령하지 못하고 전진이 뉴기니 북부에서 제동이 걸린 실패가 그것이다. 이러한 암초를 완전히 제거하기 위해서 야마모토 제독은 미국 해군과 다시 한번 대회전을 벌여 나머지 미 해군 전력을 섬멸함으로써 태평양에서의 제해권을 당분간 확고히 하고자 했으며, 미 해군의 전력을 유인하기 위한 미끼로서 하와이에서 일본 쪽으로 툭 튀어나온 미드웨이섬을 점령하고자 했다.

그는 작전계획을 수립하는 데 양면작전을 사용하기로 했다. 야마모토는 이번 작전을 '미 MI 작전'이라고 명명하고 전 함대를 동원하되 주공과 조공 부대로 나누었다. 여기서 그는 "조공 부대는 알래스카의 더치 하버(Dutch Harbor)를 공습하고, 알류샨 열도의 애투, 키스카, 아닥섬을 점령함으로써 미 해군의 전력을 분산시키도록 유인한다. 만약 미 해군의 주력이 알류샨열도를 구하기 위해 출동한다면 타격부대가 격멸하며, 이를 위한 타격부대는 상륙부대의 200해리 후방에서 후속한다."라는 작전개념을 설정한 가운데, 주공부대는 진주만을 기습했던 나구모 제독의 제1기동함대가 주력으로 미드웨이섬을 점령하고, 적의 주력을 격멸하도록 임무를 부여하는 한편, 만약 알류샨 열도의 상륙을 저지하기 위해 출동했던 미군 전함들이 미드웨이섬으로 돌아오면 기다리고 있던 일본 잠수함들이 이들을 공격하고, 나구모의 함대의 항공기들이 이를 격멸하도록 하는 부대 운용 계획을 수립하였다.

작전 수행을 위한 전력은 항공모함 6척(총 8척 중에서 2척은 산호해 해전에서 피해를 받아 수리 중)과 전함 11척, 순양함 22척, 구축함 65척, 잠수함 21척, 항공기 700여 대, 그리고 병력 5,000명을 수송하는 수송선을 포함하여 200척 이상의 전력이었다. 부대는 총사령관에 야마모토 제독, 제1기동함대 사령관에 나구모 중장, 미드웨이 상륙부대장에 곤도 중장, 북부함대 사령관(알류샨)에 호소가와 소장, 잠수함 사령관에 고마쓰 소장, 그리고 육상항공 사령관에 쯔카하라 소장[15] 등으로 편성하고 부대별 지휘관을 임명하였다. 주공부대인 제1기동함대는 대형 항공모함 4척(아카기 赤城, 가가 加賀, 쇼류 蒼龍, 히류 飛龍)과 전함 2척, 순양함과 구축함 15척으로 구성되었으며, 항공모함을 2척씩 묶어 제1, 2기동전대로 분리 편성했다. 그리고 야마모토 사령관은 전함 야마토를 기함으로 하여 후방에서 주력부대를 지휘했다.

그러나 이러한 일본군의 계획은 몇 가지 문제점을 내포하고 있었다. 첫째는 계획이 지나치게 세밀했다는 점이었다. 미 해군을 분산시키기 위한 조공 부대의 운용은 사실상 불필요했는데, 왜냐하면 미군은 참여 전력이 제한되어 전략적 가치가 적은 알류샨 열도가 공격당하더라도 전력을 쪼개어 운용할 능력이 없었으며, 실제 작전에서도 당연한 결과로 미 해군을 유인해 내지 못했다. 두 번째는 미군의 능력을 과소평가했다는 점이다. 미군은 일본군의 암호를 해독하여 공격지점과 시간을 정확히 파악하고 철저히 대비하고 있었다.

나구모 제독은 미드웨이를 공격하기 전에 피아 상황을 다음과 같이 판단했다.

❶ 적 함대는 미드웨이 상륙작전이 시작될 때에야 비로소 진주만을 출발하여 교전하러 나올 것이다.

❷ 미드웨이에서 날아오는 항공정찰은 북쪽과 북서쪽보다는 서쪽과 남쪽에서 더 많이 이루어져 일본함대가 노출되는 시간을 늦출 것이다.

❸ 적 항공정찰의 범위는 500마일 이내가 될 것이다.

❹ 적은 아직 우리의 계획을 알지 못하고, 우리 기동부대를 아직 탐지하지 못했다.

❺ 우리 주변에 적의 기동부대가 있다는 증거는 없다.

❻ 그러므로 우리는 미드웨이를 공격하고 지상에 대기 중인 항공기를 파괴하면서 상륙작전을 지원할 수 있을 것이다. 그런 후에 우리는 되돌아서서 다가오는 적의 기동부대를 기다렸다가 공격할 수 있다.

❼ 우리의 요격기와 대공포는 지상에 기지를 둔 적 공군의 반격을 확실히 격퇴할 수 있다.

---

15) Thomas C. Hone(ed.), *THE BATTLE OF MIDWAY*(Annapolis : Naval Institute Press, 2013), p. 53.

그러나 지나치게 낙관적인 나구모의 가정은 너무 적을 경시한 판단으로 결과적으로 일본을 패전으로 이끌어가는 주요 요인이 되었다. 그는 자신의 예측을 마치 확인된 사실처럼 믿었기 때문에 아주 엉뚱하게 벌어지는 상황에 제대로 대응하지 못했다.[16] 나구모 제독은 미군이 수세적이며 항시 자신의 공세에 대하여 반응하는 작전으로 일관할 것으로 추정했다. 그러나 만약 미군이 공세를 취할 가능성이 있을 경우와 만약 미군 항공모함의 지휘관이 미드웨이섬의 항공부대와 협조하여 작전을 펼칠 경우에 대비한 대책은 강구하지 못했던 것이다. 적합한 계획은 반드시 적이 취할 가능성이 있는 방책을 철저히 평가한 다음에 수립되어야 함에도 나구모 제독은 이를 간과했다.[17]

야마모토의 조치에도 문제는 많았는데, 제1기동함대에 전력의 배치가 너무 적었다는 것이다. 그는 항공모함을 제외한 주 전력을 자신이 지휘하면서 타격부대로 500km 후방에 대기했었는데, 적을 유인하여 격멸하려는 목적으로 보이지만 전력의 집중이라는 원칙에는 맞지 않고, 미드웨이 침공의 목적이 섬의 점령인지 미 해군의 격멸인지, 우선순위는 어떤 것인지 명확하지 않았다. 그것은 아마도 미군이 일본군의 기도를 전혀 눈치채지 못하고 있어 진주만처럼 손쉽게 기습이 가능할 것으로 판단했기 때문으로 보인다.

제2절 암호해독 - 신호정보의 전쟁

● 로슈포르 중령의 실제 모습

미드웨이 해전에서 니미츠 제독은 일본 해군의 암호를 해독해 일본군의 공격 목표, 시기, 부대의 편성에 대해서 이미 상세히 알고, 이에 대비하여 할 수 있는 최선의 준비를 하고 있었다. 당시 미 해군은 암호 해독반인 '매직'을 운용하고 있었는데, 워싱턴 D.C에 있는 해군 통신실 소속 'Op-20-G'으로, 지국은 하나는 오스트레일리아의 멜버른에 있었으며, 가장 중요한 또 하나의 지국은 진주만에 있는 '하이포 지국(Station Hypo)'이었다.

'하이포 지국'은 태평양 함대 사령관의 직속 부하는 아니었지만, 직속 부하보다 더욱 긴밀하게 사령관을 직

---

16) 스티븐 앰브로스외 지음, 로버트 카울리 엮음, 이종인 옮김, 『만약에 1. What If?』(대전 : 세종연구원. 2004), p. 398-399.
17) Thomas C. Hone(ed.), *op.cit.*, p. 35.

접 지원했다. 지국장 로슈포르(Joseph Rochefort) 중령은 참으로 명민한 암호분석 장교였다. 창문이 없는 밀폐된 사무실에서 대부분 운동복을 입고 자유롭게 근무하고 있었지만, 임무는 철저하게 수행하고 있어 일본군의 무선통신은 그의 촉수를 벗어나지 못했다. 고래로부터 군사작전을 위한 암호는 필수적이었다. 가장 원시적인 형태가 글자를 다른 철자로 대체하는 것으로서, 예를 들어 'e'를 다른 알파벳인 'z'로 대체할 수 있을 것이다. 만약 원문이 'fleet'라면 'sdzzh'로 대체할 수 있는데, 이러한 단순한 방법은 고대 로마의 줄리어스 씨저가 애용하던 방법으로 알려져 있다.

일본 해군의 암호체계인 'JN-25'는 독일의 에니그마와 달리 기계식이 아닌, 현대에도 간첩들이 흔히 사용했던 난수표 형식이었다. 난수표 방식은 어떤 문자를 특정한 다섯 자리의 숫자로 표기한다. 특정하게 표기된 다섯 자리의 난수표는 몇 번의 변환을 거친 다음, 송신자와 수신자만 알 수 있는 공동 암호 키로써 난수표 책에서 시작하는 부분을 지시하여 암호화하고, 다시 해독하게 되므로 제삼자는 전혀 알 수 없도록 하는 것이다. 예를 들어, '함대'를 의미하는 암호 '00510'이 오늘은 '13012'로 전송되지만, 언제라도 송화자와 수화자만이 알 수 있는 암호 키의 약정에 따라 난수표의 위치를 지정하여 '27332'로 변화가 가능하다는 것이다. 따라서 단어를 수록하고 있는 난수표와 숫자를 수록한 난수표를 모두 확보하고 있다손 치더라도 운용을 위한 암호 키를 알지 못하면 암호문을 해독할 수 없게 되어 있는 체계이다.

만일 난수표도, 암호 키도 갖고 있지 않으면서 암호를 해독하려 든다면 이는 고도의 지능과 지루하지만 끈질긴 노력이 없이는 불가능하다.

그런데도 진주만의 하이포 지국은 점차 다가오는 거대한 작전의 징후를 포착하기 시작했다. 몇 주에 걸친 상상을 초월한 노력 끝에 암호 해독반은 일본군 부대의 편성을 구체적으로 파악했다. 그들이 어딘가를 침공하려는 것은 명백했지만 언제와 어디를 알아내야만 했다. 여기에 같은 문제로 고민하던 워싱턴 본부는 목표가 미국 본토의 서부 캘리포니아라고 생각했지만, 로슈포르 중령은 그렇게 생각하지 않았다. 우선 선박에 탑승하고 있는 병력이 5,000명으로 본토를 공격하기에는 너무 작은 규모라는 점과 자신들의 퇴로를 차단할 수 있는 능력을 갖춘 항공모함 세력과 본토의 육상기지 항공력을 합한 미군의 항공력을 제압하기에는 일본 해군으로서는 역부족이라는 점이었다.

일본이 침공하려는 지점에 대한 단서는 있었다. 그것은 AF라는 단어였다. 로슈포르 중령은 과거 진주만을 기습할 때 일본군이 사용한 목표를 지칭하던 암호가 AH를 하와이, AK를 진주만으로 지칭했던 점을 떠올리고, AF가 다음 목표지점이라고 확신했다. 다음의 단서는 일본군의 통신에서 '미군이 AF로부터 광범위한 정찰을 전개하고 있다.'라는 내용이 언급되는 것을 포착했다. 따라서 AF는 특정한 비행장이거나 수상기지일 가능성이 크다고 분석되었다. 그렇다면 하와이 서쪽 반경 수 천km 범위에서 전문과 일치하는 지역은 오직 한 군데, 미드웨이밖에 있을 수가 없었다.

시간이 흐르면서 암호 해독반에는 유용한 단서들이 쌓여 갔다. 일본군의 어떤 함정에서는 미드웨이 근처의 해도를 요청하는 통신을 했다. 다른 전문에서는 미드웨이 북쪽에서 활동 중인 일본 함정에 미드웨이 근처에서 임무 수행을 위한 3일간의 기상 제원을 요구하고 있었다. 그러나 일시에 관해서는 철저히 암호로 송수신하고 있었다. 또 다른 전문에는 AF 북서쪽 50해리 지점에서 항공기가 이륙할 것이라고 언급했다.

한편, 니미츠는 하와이에서 1,300해리 서쪽으로 떨어진 미드웨이의 취약점을 인식하고 5월 초에 시찰하여 방어준비태세를 점검한 뒤에 섬의 기지사령관과 2,000명 정도의 병력을 지휘하는 해병 지휘관을 각각 대령으로 승진시켜 사기를 진작시켰다. 그러면서 점차 미드웨이가 목표가 되고 있다는 사실이 확실시되자, 니미츠는 미드웨이에 급강하 폭격기, 정찰기, 전투기를 포함해 99대를 증원하고, 육군의 B-17 폭격기 19대와 B-26 폭격기 4대를 추가로 증원했다. 그렇지만 아직도 일본군의 목표가 미드웨이라고 단정하기에는 부족했다. 로슈포르 중령은 확신을 가질 수 있도록 함정을 팔 것을 니미츠 사령관에게 건의했다. 그것은 미드웨이 관련 평범한 사실을 평문으로 타전하여 일본군의 반응을 살펴보자는 것이었다. 사실 미드웨이와 하와이 사이에는 해저 케이블이 설치되어 무선통신을 할 필요가 없었지만, 일본군이 해저 케이블 설치 사실을 모르고 있었으므로 미끼를 던져보도록 한 것이다.

니미츠 사령관의 허락 하에 미드웨이에서 진주만의 군수 담당관에게 "미드웨이에 조수기(해수를 담수화하는 기계) 고장. 현재 보유한 식수는 2일분에 불과함. 즉시 식수를 공급해 주기 바람."이라는 전문이 발송되었다.

동 전문을 통해 미군은 적을 멋지게 유인했다. 5월 22일 암호 해독반의 멜버른 지국은 다음과 같은 내용, 즉 "AF 지역 식수 부족. 긴급히 식수를 요청하고 있다."라는 일본군의 통신을 감청했던 것이다. 그뿐만 아니라, 멜버른 지국은 미드웨이를 공격할 것으로 예상되는 일본 해군 지휘관은 침공부대에 해수를 담수화하는 장비를 추가할 것을 지시하는 통신도 감청했다.[18] 일본군은 암호와 평문을 혼용하여 손쉽게 통화함으로써, 통신보안의 가장 기초적인 수칙을 어겨 작전의 기도를 완전히 노출해버렸다. 추가적인 노력으로 하이포 지국은 공격 일자가 6월 4일이 될 것이라는 점도 유추해냈다.

로슈포르 중령의 공적은 지대한 것이었다. 그러나 워싱턴 본부와의 공로 다툼에서 잘못

---

18) 브레이턴 해리스 지음, 김홍래 옮김, 『니미츠』(서울 : 플래닛미디어. 2012), pp. 227-232.

보여 전투 후에 별 볼 일 없는 한직인 항구의 도크 관리인으로 좌천되었다. 그는 사관학교 출신이 아니었고, 성격이 까다로워 이상적인 팀 플레이어는 아니었다. 1986년에야 그는 미드웨이에서의 공로를 인정받아 훈장을 수여 받았으나, 이때는 그가 죽은 후 10년이나 지나서였다. 결론적으로 말하자면, 미드웨이에서 미군의 승리는 정보전의 승리이며, 특히 신호정보(Signal Intelligence)의 승리였다. 니미츠는 적의 기도를 알고서도 애써 흥분을 절제했다. 미드웨이 해전 승리 후에 니미츠 사령관은 로슈포르 중령에게 "당신은 이번에 제대로 밥값을 했어!"라고 소박했지만, 최고의 칭찬을 했다.

제3절 미군의 대응책

일본군의 기도를 간파한 니미츠는 몇 가지 추가적인 조치를 취했다.

첫째, 구축함들의 호위를 받는 수상기 모함 한 척을 미드웨이와 하와이의 중간지점에 배치하여 초계기들이 임무 수행을 위한 유류 공급기지로 활용함은 물론, 적의 초계비행을 거부하도록 조치했다.

둘째, 해군 예비역으로서 현역으로 징집된 존 포드(John Ford) 중령(훗날 아카데미상을 받은 영화감독)을 미드웨이에 보내 전쟁의 실상을 기록영화로 남기게 조치했다.

셋째, 기만 작전이었다. 오스트레일리아에 위치한 맥아더 사령부와 산호해 해역의 몇 척의 초계함은 항공모함이 작전하고 있는 것처럼 기만 통신을 수시로 주고받았다. 이에 현혹된 일본의 통신 분석가들은 야마모토 사령관에게 미군의 요크타운호가 산호해에서 작전 중이므로 미드웨이 작전에서 제외될 것이라고 정보를 제공했다. 야마모토 사령관이 위의 정보를 믿고 미군 전력을 낮게 평가했다는 증거는 없었으나, 미군이 그토록 철저하게 준비했으리라고는 생각지 못한 것은 확실하다.

● 니미츠(왼쪽)와 윌리엄 F. "황소" 핼시(오른쪽). (현재 미국국립문서보관소가 소장 중인 미 해군 공식 사진자료)

넷째, 적의 조공 부대를 견제하기 위해 알래스카에 순양함 5척과 구축함 4척을 파견하면서 북태평양 사령부를 설립하고, 시어 볼트 소장을 사령관으로 임명했다.

미군은 미드웨이에 항공모함 3척(엔터프라이즈, 호넷, 요크타운), 순양함 8척, 구축함 20척, 급유함 3척, 잠수함 19척, 보조함 5척을 집결시켰다. 요크타운호는 산호해에서 손상을 입어 함장이 90일간의 수리가 요구된다고 진단했으나, 니미츠 사령관의 독촉을 받고 불과 72시간 만에 수리를 마치고 작전에 투입되었다. 항공력은 함재기 225대와 육상기지에 130대를 합쳐 총 355대를 보유한 상태였다.

니미츠 사령관의 최대 고민은 전력의 열세였다. 보유하고 있는 전력은 항모 3척에 대형 전함은 한 척도 없고, 중순양함이 최대인 데 비해, 일본은 항모 8척에 전함은 세계 최대의 전함 야마토를 비롯해 11척을 보유함으로써 전력이 3 : 1로 열세하여 전통적인 함대함 전투가 벌어진다면 전멸할 수도 있었다. 따라서 취할 수 있는 최선의 방책은 아군의 기도가 적에게 노출되지 않도록 하면서 적을 먼저 발견하여 함재기로 기습하는 것밖에 없었다. 작전의 최종단계에서 작전을 총지휘해야 할 할제이(William F. Halsey) 중장이 대상포진에 걸려 입원하게 되어 제16기동함대는 엔터프라이즈와 호넷호를 거느리고 스프루언스(Raymond Spruance) 소장이 대신 지휘하고, 총지휘는 스프루언스 소장보다 선임인 제17기동함대의 플레처(Frank Jack Fletcher) 소장이 맡게 되었으며 방금 수리를 끝낸 요크타운호를 기함으로 했다.

제4절 미드웨이 해전의 경과

미드웨이를 공략하기 위해 출동하는 시간에 맞추어, 알류샨 열도를 공략하려는 일본의 제2항모 타격부대는 항모 준요와 류조를 중심으로 출동하여 미드웨이 전투보다 하루 앞선 6월 3일 알래스카의 '더치 하버'를 폭격하고, 이어서 며칠 후에는 '애투'와 '키스카'에 상륙을 준비했다. 그러나 '더치 하버'에는 큰 피해를 입히지 못했다. 특기할 사항은 '더치 하버'를 공격하던 일본의 제로 전투기 한 대가 인근에 불시착했는데, 조종사는 곧 사망했다. 미군은 제로 전투기의 기체를 노획하여 철저히 분석함으로써 장차 성능이 뛰어난 헬캣 전투기를 만드는 데 많은 참고가 되었다.

무엇보다도 가장 큰 문제는 일본 해군이 알류샨 열도를 공략함으로써 미 해군의 주력을 유인하려는 작전 의도는 전혀 성공하지 못했다는 점이었다. 왜냐하면, 미 해군은 이미 일본군의 주공격 목표가 미드웨이라는 점을 간파하고 있었으며, 설사 모르고 있었더라도 전략적 가치가 별무한 알류샨 열도까지 전력을 분산하면서 파견할 여력이 없었기 때문이다. 만일 미 해군력이 알류샨열도를 구출하기 위해 출동한다면 야마모토의 주력함대가 약 200해리 후방에서 대기하고 있다가 격멸하게 되어 있었기 때문에 큰 피해를 당할 수 있었다. 따라서 앞에서도 언급한 바와 같이, 일본 해군은 미드웨이를 공략하기 위한 작전계획을 너무나 세밀하게 작성하여 실효성이 없었을 뿐 아니라, 스스로 전력을 분산하는 과오를 범했다. 게다가 일본 해군은 작전의 목표를 미 해군의 격멸과 미드웨이 점령이라는 두 가지를 놓고 명확한 우선순위를 부여하지 않아 혼란을 겪고 있었다.

일본 해군은 미드웨이를 직접 공격할 나구모 중장이 이끄는 제1항모 타격부대는 엄격한 무선침묵 하에 미드웨이로 전진하고 있었다. 니미츠는 적의 접근을 조기에 포착하기 위해 항속거리가 긴 PBY 카탈리나 비행정 38대를 동원해 부챗살 모양으로 최대 1,100km 전방까지 탐색했다. 그러던 중, 6월 3일 아침 카탈리나 비행정은 수송선 12척과 이를 호송하는 순양함 6척으로 이루어진 함대를 발견했는데, 이는 주력함대의 일부로써 곤도 노부타케 중장이 이끄는 미드웨이 상륙전대였다. 저녁 무렵에 비행정들은 미드웨이 인근 해상에서 상륙전대에 어뢰 공격을 가하여 경미한 피해를 입혔다. 그러나 그때까지도 주력부대인 제1기동함대는 발견되지 않았다.

이때 육군항공대의 폭격기 B-17이 출격하여 일본의 상륙전대를 폭격했지만, 한 발도 명중시키지 못했다. B-17은 당시 세계에서 가장 정확한 조준기를 장착하여 적의 함대를 먼 거리에서 저지할 수 있으리라고 기대했었지만, 가장 정확한 조준기라야 사거리 공산오차가 30m로써 시속 50km로 기동하는 함정을 폭격하여 명중시킬 수는 없었다. 미국의 제16기동함대와 제17기동함대는 미드웨이 동북방 500km 지점에 숨죽이며 대기하고 있었다.

운명의 날인 6월 4일 새벽 03 : 00시경에 나구모의 제1기동함대는 미드웨이섬의 서북방 460km 지점에 도착하여 정찰기를 날려 보냈지만, 아무것도 발견하지 못했다. 나구모는 일말의 의구심을 배제하지는 않으면서도, 그때까지의 판단대로 미군이 미드웨이에 대한 일본군의 공격계획을 감지하지 못하고 있다고 생각했다. 04시 45분 드디어 나구모의 항모 4척에서 미드웨이섬에 대한 폭격을 위해 108대의 항공 공격대가 발진했다. 폭격기를 호위하기 위한 제로 전투기 36대, 뇌격기 36대, 급강하 폭격기 36대였다.[19] 나구모는 아직도 적의 동정을 확인하지 못했기 때문에 조심스럽게 비교적 작은 규모만 공격대로 편성한 것이다.

정확히 한 시간 뒤인 05시 45분에 미군의 카타리나 정찰기는 일본군의 공격대를 발견하여 보고했다. 물론 정찰기는 제로 전투기의 추격을 받았으나, 새벽의 어둠과 구름을 이용해 숨어버렸다. 바로 직후에 미드웨이의 지상 레이더 기지에서도 일본군 항공 공격대의

19) 뇌격기(torpedo plane)는 바다와 거의 수평으로 비행하면서 어뢰를 발사하는 항공기를 말하며, 급강하 폭격기(dive bomber)는 고공에서 급강하하면서 주로 철갑고폭탄으로 적의 함정을 공격하는 항공기를 지칭한다.

항적을 발견하고 전투명령을 발했다. 섬에 있던 모든 항공기는 일본 항공기들이 섬에 도착하기 전에 지상에서 떠올라 전투 태세에 들어갔고, 육군의 B-17 폭격기들은 제로 전투기가 추격할 수 없는 높은 고도로 대피했다. 이때 또 다른 정찰기가 미드웨이 서쪽 250km 해상에서 나구모의 항모 함대를 발견했다. 미군 항모 기동함대에서도 즉시 정찰기를 띄워 보냈다.

06시 15분경 미드웨이섬 인근에서 양군 항공기들의 접전이 벌어졌다. 초기에 기습을 가한 미군의 F2A 버펄로와 F4F 와일드캣으로 구성된 27기의 전투기가 일본군 폭격기 2대를 격추하고 다수에 피해를 입혔으나, 반격에 나선 일본의 제로 전투기에 의해 17대가 격추되고, 8대는 심하게 파손되어 폐기 처분해야 했으며, 2대만 생환하는 참패를 당했다. 고물 버펄로전투기의 성능과 조종사들의 훈련에서 현격한 차이가 있었던 것이다. 반면에 지상의 대공화력은 격렬하고 정확해서 일본의 1차 공격대의 1/3을 격추하는 성과를 거두었다.[20] 일본의 1차 공격대는 격납고, 발전소를 비롯한 다수의 지상 시설을 공격하고 귀환하면서 나구모 사령관에게 지상 시설에 대한 추가 공격이 필요하다고 보고했다.

07 : 00시에 양군 항공모함의 이격 거리는 280km 정도였다. 미군의 기동함대는 가장 먼저 출격 준비가 완료된 호넷호에서 디버스테이터 뇌격기 15대, 돈틀리스 급강하 폭격기 35대, 전투기 10대를 발진시켰고, 엔터프라이스호에서도 디버스테이터 뇌격기 14대, 돈틀리스 급강하 폭격기 35대, 전투기 10대를 포함하여 모두 119대의 항공기를 발진시켰다. 이 시각에 나구모는 아직도 미군 함대를 발견하지 못해 초조해하면서 혹시 모를 미군 함대의 출현에 대비하여 제2항공공격대에 함정 공격용 어뢰를 장착하도록 하였다.

그러나 이때 미드웨이 육상기지에서 출격한 B-26 폭격기와 디버스테이터 뇌격기가 일본 항공모함을 공격해 왔다. 이들은 대기 중이던 제로전투기에 쉽게 격추되고 격퇴되어 어뢰 한 발 쏘아보지 못했지만, 지상기지 출격 항공기에 위협을 느낀 나구모 제독은 제1차 공격대의 건의가 옳다고 판단하여, 이미 어뢰를 장착하고 출격을 대기 중이던 제2차 공격대에 함대를 공격하기 위한 어뢰를 제거하고, 지상공격용 고폭탄으로 교체하도록 명령했다. 그에 따라 항공모함의 갑판은 제2항공공격대의 고폭탄 교체작업으로 매우 혼란스러웠다. 무장을 교체하는데 30분 정도 소요될 터였다.

혼란의 와중에서 07시 30분경에 정찰기가 미군의 함대를 발견했다는 보고가 들어왔는데, 그야말로 신경질 나게 함대의 구성에 대해서는 구체적인 보고가 없어 나구모는 항공모함의 유무에 대해 재차 보고할 것을 요구했다. 07시 55분이 되자 다시 미드웨이 육상기지에서 발진한 항공기의 공격이 들이닥쳤다. 그것은 해병대 소속 헨더슨(Lofton R.

---

20) 윌리엄 위어 지음, 이덕열 옮김, 『세상을 바꾼 전쟁』(서울 : 시아출판사. 2005), p. 417.

Henderson) 소령이 돈틀리스 급강하 폭격기 16대를 이끌고 전투기의 호위도 없이 항모 히류에 돌진한 것이었다. 항공기들은 주변 함정의 대공포화와 제로전투기들의 반격에 10대가 격추되고 6대만 생환했다. 헨더슨 소령은 기체가 피격되자 항모 가가에 충돌하려고 하였으나 미치지 못하고 바다에 추락했다. 미드웨이에서 출격한 미군의 항공 공격은 마치 불빛으로 뛰어드는 나방들처럼 아무런 성과도 없이 희생되었지만, 그들의 투지와 충성심은 참으로 존경할 만했다. 미군 항공기들의 공격을 목도한 일본군은 죽음을 초월한 임무 수행 자세가 마치 일본의 사무라이 같았다고 술회했다.

08시 10분이 되자, 일본 정찰기는 순양함 5척과 구축함 5척으로 구성된 함대가 발견되었다고 보고하고, 그 후 얼마 지나지 않아 동 함대에 항모가 포함되어 있다고 보고하여 나구모를 더욱 조바심 나게 했다. 이 무렵 미군의 기동함대를 책임진 플레처 제독은 모든 항모에 공격을 하기 위해 적과의 거리를 좁히도록 명령했다. 시간이 얼마간 흐른 다음, 호넷호와 엔터프라이스호에서 항공기들이 발진했고, 요크타운호에서는 그보다 1시간 늦게 발진했다. 이 순간에 고도 20,000피트 상공에서 비행하던 미드웨이 육군항공대 소속 B-17 폭격기 편대 16기가 항모를 공격했지만, 한 발도 명중시키지 못했으며, 이어서 해병대 급강하 폭격기 11대가 엄습해 왔지만, 역시 아무런 소득이 없었다. 항공기 성능이 뒤떨어지고, 훈련이 미흡했지만, 어쨌거나 미국의 항공기 조종사들은 목숨을 아끼지 않는 진정한 용사들이었다.

08시 25분에 미국의 잠수함 노틸러스호가 일본함대에 접근하여 전함에 어뢰를 발사했으나, 어뢰의 속도가 느려 적의 함정이 회피해버리고 대신 폭뢰 공격을 가해오자 전장에서 쫓겨났다.

이때 미드웨이섬을 공격했던 1차 공격대가 귀환했다. 그들은 연료가 소진되어 급히 착함해야 했지만, 항모의 갑판은 어뢰를 고폭탄으로 치환하는 작업을 진행하고 있던 2차 공격대가 점령하고 있는데다가, 적의 함대가 발견되었다는 보고에 따라 다시 어뢰로 교체해야 할 것인가를 결심해야 하는 혼란의 순간에 놓여 있었다. 일부 예하 지휘관들은 육상공격용 고폭탄을 장착한 채로 함정을 공격하자는 의견도 있었으나, 나구모 제독은 2차 공격대를 격납고로 내려 보내 육상공격용 고폭탄 대신, 뇌격기에는 833kg의 어뢰로, 급강하 폭격기에는 역시 함정공격용 250kg의 철갑고폭탄을 장착하도록 결심한 가운데, 미군 함정을 공격할 준비를 하면서, 1차 공격대를 착함시키도록 조치했다. 실로 혼란의 도가니 속이었다.

08시 40분에 미국 항모에서 발진한 편대가 원래 일본 항모가 있으리라 짐작되는 지점에 도착했으나, 아무것도 발견할 수가 없었다. 이는 위험을 직감한 나구모가 항로를 북동쪽으로 변침했기 때문이었는데, 그 방향은 오히려 요크타운이 있는 쪽이었다. 호넷호에서 출격한 뇌격기 편대는 일본함대를 찾기 위해 남서쪽으로, 엔터프라이스호에서 출격한 뇌격기 편대는 북서쪽으로 향함으로써 일본함대가 지나간 후미 방향을 수색하는 결과가 되어 한동안 일본함대의 행방을 찾지 못했다. 당시에는 항공기에 레이더 장치가 없어 육안에 의지하여 표적을 탐지해야 했기 때문이었으며, 한편으로는 항모 간의 협조가 미흡한 결과이기도 했다.

09시 10분이 되어서야 호넷과 엔터프라이스에서 발진한 공격기들이 나구모 함대를 발견하자 공격을 가하기 시작했고, 곧이어 일본함대도 미군 공격기들을 발견하고 교전에 들어갔다. 09시 25분에 먼저 호넷호에서 출격한 디버스테이터 뇌격기 15대가 공격했으나 모두 격추되고, 오직 게이(George H. Gay) 소위만 바다로 추락해 살아났다. 09시 40분에 2차로 엔터프라이스에서 출격한 뇌격기 편대 역시 4대가 격추되어 동일한 운명을 맞았으며, 10시에 3차로 요크타운에서 발진한 뇌격기 편대도 1, 2차와 동일하게 한 발의 명중탄도 내지 못하고 12대 가운데 7대가 격추되었다.

● 1939년 4월 12일 함재기들과 함께 항해 중인 엔터프라이즈호를 찍은 항공 촬영 사진

이제 미군의 항공 세력 2/3가 파괴되었다. 나구모는 항공기의 성능과 수적 우세, 그리고 다소 운이 작용한 침로 변경 덕분에 적의 항공 공격을 모두 물리친 것처럼 보였다. 그들의 항공 세력은 대부분 온전했고, 함대는 한 척의 손상도 입지 않았다. 이제는 어딘가에 호위 전투기의 엄호도 없이 떠 있을 적의 항모를 쳐부술 일만 남은 것처럼 보였다. 그러나 미군 항공대의 투지와 희생은 커다란 승리를 가져오는 계기를 마련했다. 양측의 항공

세력이 바다 수면 가까운 곳에서 전투를 벌이는 동안 일본함대의 호위 전투기들 역시 모두가 해수면으로 내려와서 전투하게 됨으로써 함대의 상공을 무방비로 노출하는 결과를 가져왔다.

09시 45분에 엔터프라이스에서 멕클러스키(Wade McClusky) 소령이 지휘하여 출격한 급강하 폭격기 편대는 일본함대를 찾지 못하고 연료가 떨어져 귀환해야 할 상황에 처했는데, 매클러스키 소령은 비행거리와 일본 항모의 속도 등을 고려한 확신에 찬 영리한 육감에 따라 조금 더 비행하다가 일본 구축함 한 척을 발견했다. 그것은 미국의 잠수함 노틸러스호와 교전하다가 나구모 함대에 합류하기 위해 전속력으로 따라가던 아라시호였다. 매클러스키 소령은 구축함 아라시를 뒤따라가다가 나구모 함대를 발견하고 해수면 근처에서 미군 뇌격기의 공격을 물리치느라 여념이 없는 항모 아카기를 공격해 들어갔다. 급강하 폭격기들은 일본 호위항공대가 미군의 뇌격기들을 물리치느라 해면 근처로 내려가 있어 방해받지 않고 항모를 공격할 수 있었다.

1942년 6월 4일 10시 25분에 매클러스키 소령의 공격대는 해전사상 유래를 찾아볼 수 없는 결정타를 일본함대에 가했다. 4,419m의 상공에서 37대의 돈틀리스 급강하 폭격기들은 일본 항모를 향해 달려들게 되자, 맨 먼저 나구모의 기함인 아카기에 폭탄이 한 발 명중하게 되었는데, 이 폭탄은 갑판을 뚫고 어뢰 보관 창고를 직격하여 대폭발을 일으켰다. 불과 20분 만에 화재가 걷잡을 수 없이 번져 나가자 나구모는 기함을 구축함으로 옮길 수밖에 없었다. 나구모가 기함을 포기하자 일본 구축함이 아카기를 침몰시켜 버렸다.

가가 호에는 네발의 고폭탄이 명중하여 갑판에 널브러진 연료와 폭탄들을 동시에 폭발시킴으로써 연료 창고에 대화재가 발생하게 되어 부득불 신속하게 함정을 포기해야만 했다. 가가는 선체 전체가 불길에 휩싸여 바다 속으로 사라졌다. 쇼류호 역시 요크타운에서 출격한 레슬리 대위의 급강하 폭격기에 세 발을 얻어맞고 갑판 상에 있던 연료에 화재가 발생한데다가 엔진이 정지하자 뒤따르던 잠수함이 어뢰를 발사하여 격침시켰다. 정확히 5분 만에, 즉 10시 25분부터 10시 30분 사이에 태평양 전쟁의 향배가 갈려버렸다. 무적의 제1기동함대는 사라졌다. 웅장한 항공모함과 현대식 항공기, 우수한 조종사들이 함께 사라졌다.

당시의 상황을 항모 아카기에 승선해 있던 비행 대장 후치다 미쓰오 중령은 그의 회고록 '일본을 파멸로 이끈 전투(The Battle That Doomed Japan)'에서 "10시 20분 나구모 제독은 항공기들의 출격 준비가 완료되면 보고하도록 지시했다. 아카기의 비행갑판에 항공기들은 모두 정렬하여 엔진에 시동을 걸었으며, 항모는 바람 방향으로 회전하기 시작했다. 5분이면 모든 항공기는 이륙할 수 있었을 것이다. 5분! 누가, 이 짧은 시간에 전투의 흐름이 완전히 바뀔 것을 꿈이나 꿀 수 있었겠는가?"[21]라고 반문함으로써, 믿기지 않을 만큼 순간적으로 변모했던 그 당시의 놀라운 해전 상황을 생생하게 기술하였다. 또한 이 해전에 참가했다가 후에 소장이 된 아놀드(Murr Arnold)는 "가장 극적으로 운 좋은 협조 된 공격(The Most Good-Luckiest Coordinated Attack)"이라고 5분 동안의 공격을 극적으로 표현했다.

클라우제비츠가 '전장은 언제나 우연과 마찰이 지배한다.'라고 했던 명언이 꼭 들어맞는 상황이 이곳에서 발현되었다고 하더라도, 이는 결코 지나친 표현이 아닐 것이다.

제1기동함대의 괴멸을 보고받은 야마모토 사령관은 작전을 계속할 곳인가, 아니면 퇴각할 것인가를 놓고 깊이 고심했다. 제1기동함대를 500km 후방에서 후속하던 그의 주력함대에는 2척의 항모가 있었고, 알류샨 열도를 공격하던 함대에도 2척의 항모(류조, 준요)가 더 있었다. 야마모토는 작전을 계속하기로 하고, 알류샨 열도에서 작전 중인 2척의 항모를 소환했다. 그리고 아직도 활동 중인 항모 히류로 하여금 미군 항모를 공격하도록 했다. 피해를 입지 않은 나구모의 함대들은 항모 히류를 중심으로 모여들었고, 10시 40분에 급강하 폭격기 18대, 호위 전투기 6대로 미군의 항모를 공격하도록 했다. 일본의 항공 공격대는 요크타운호를 발견하고 공격해 들어갔다.

마침 요크타운호에는 전투를 마치고 귀환한 항공기들의 재급유로 혼란스러웠지만, 레이더를 통해 공격을 인지하고 함재기를 즉시 이륙시키는 한편, 인근의 호넷호와 엔터프라이스호에 지원을 요청했다. 호넷호와 엔터프라이스호에서 28대의 전투기가 지원에 나섰지만, 일본의 급강하 폭격기가 2발의 폭탄을 요크타운호에 명중시킴으로써 요크타운은 심각한 피해를 입게 되었다. 반면에 일본의 급강하 폭격기는 18대 가운데 13대가 격추되는 희생을 치렀다. 그러한 심각한 피해에도 불구하고, 요크타운호의 생명력은 끈질겼으며, 위기조치 능력 또한 매우 뛰어났다. 적 항공기의 도래를 경보 받자 갑판 상에 널브러진 폭탄들을 모두 바다에 밀어 넣었으며, 연료도관에는 이산화탄소를 가득 채워 화재가 나지 않도록 조치했다. 그리고 승조원 모두가 소방 요원 교육을 받았기 때문에 일본군과 달리 신속한 화재진압과 복구를 할 수 있었다.

요크타운호는 산호 해전에서 치명타를 받은 지 불과 며칠 만에 복귀하여 공을 세우고, 또다시 중대한 피해를 당하였지만, 신속한 화재진압과 수리로 18노트의 속력으로 계속 운항할 수 있었다. 그러나 불사신은 아니었다. 12시 45분에 일본 항모 히류에서 뇌격기 10대와 전투기 6대로 편성된 2차 공격대가 미군 항모를 찾아 공격했는데, 또다시 요크타운호를 공격하여 어뢰 2발을 명중시켰다. 일본의 공격대는 요크타운호가 1차 공격대에 의해 이미 무력화된 것으로 생각하여 2차 공격대가 어뢰를 명중시킨 항모는 호넷호이거나 엔터

21) Thomas C. Hone(ed.), *op.cit.*, p. 111.

프라이스호라고 생각했다. 어뢰를 맞아 기능을 상실하여 26도 기울어진 요크타운은 그 상태로도 침몰하지 않아 한 척의 항공모함도 아쉬운 니미츠 사령관은 진주만으로 예인을 명령했으나, 6월 7일 아침 일본군 잠수함에 의해 또다시 어뢰를 맞고 침몰하고 말았다.

요크타운이 일본 항공기의 공격을 받고 있던 시점에 미군의 정찰기는 일본의 마지막 남은 항모 히류를 발견했다. 17 : 00시 경에 일본의 히류호는 미군의 엔터프라이스호와 호넷호에서 출격한 36대의 급강하 폭격기들의 공격을 받고 고폭탄 4발이 명중되면서 화재에 휩싸였는데, 히류호 지휘부는 회생 가능성이 없다고 판단하자 20시 20분에 배를 버리고 자침시켰다. 야마모토의 뒤를 이을 인재라고 평판이 자자했던 전대장 야마구치 소장과 함장 카쿠 도메오는 히류 호에 남아 항모와 운명을 함께 하였다.

어느덧 밤이 되었다. 미군 제16기동함대 사령관 스프르언스 제독은 플레쳐 제독이 요크타운호에서 퇴함하자 지휘권을 인수하고, 일본함대로부터 가급적 멀리 퇴각할 것을 명령했다. 야간에는 항공기의 운항이 제한된 데다가 일본군이 항공력을 잃었지만 전함을 위주로 한 포격전을 시도할 가능성이 높으며, 전함에 의한 포격전이 개시되면 미 해군이 열세에 처할 것이라는 판단에 의한 것이었다. 전투 후에 스프루언스의 퇴각에 의문을 제기하는 여론도 있었으나, 실제로 야마모토의 추격이 있었던 점을 알고 현명한 조치로 인정받았다.

실제로 야마모토 사령관은 미군 함대를 추격하여 함대함 포격전을 명령했다. 그러나 나구모 제독이 철수를 건의하자 그 자리에서 나구모를 해임하고 그의 지위를 미드웨이 상륙전대장 곤도 중장에게 인계하도록 지시했다. 야마모토는 북방함대를 본대에 합류하도록 지시하고, 제1기동함대를 곤도 중장이 지휘하여 미군 함대를 추격하도록 했다. 아울러 잠수함 전대에도 미드웨이를 포격하고 추격에 동참하도록 지시했다. 미드웨이 해전 간 미·일 양국군이 입었던 피해는 아래와 같다.

● 〈표 1〉 : 미드웨이 해전 간 미·일 양국군 피해 현황

구 분	일본군	미 군	비 고
항공모함	4척	1척	• 일본군 : 아카기, 가가, 소류, 히류 • 미 군 : 요크타운
순양함	1척	-	• 미쿠마
구축함	-	1척	• 헤먼
병 력	• 조종사 100명을 포함 3,500명	• 조종사 200명을 포함한 307명	-
기 타	.	• 미드웨이 육상 기지 일부 피격	-

6월 5일 자정 무렵에 야마모토 사령관은 미군 함대에 대한 추격을 중지시켰는데, 이는 이미 미군 함대가 동쪽으로 퇴각하여 추격이 불가하다는 점을 알았기 때문이다. 이후로 일본군은 미드웨이 해전에서의 패전을 철저히 은폐하고, 전략적으로 중요하지 않은 알류샨 열도의 아투섬과 키스카섬을 6일과 7일에 걸쳐 점령한 사실을 대거 선전했다. 미드웨이에서 살아남은 일본군 조종사들은 연금되거나 최전방 전선으로 전출되었다. 진주만에서의 항공 공격 대장으로 명성을 떨쳤던 후치다 미쓰오 중령 역시 연금되었는데, 그는 "국민의 영웅에서 순식간에 죄인이 되었다."라고 회고했다.

일본은 태평양에서 승전하면 미국이 강화에 나서도록 할 수 있으리라고 희망을 품었으나, 그것은 잘못된 꿈이었다. 진주만의 기습에서 미국은 의기소침하기는 커녕 오히려 본격적으로 맛을 보여주겠다고 자세를 가다듬었던 것이다.

사실 일본은 임진왜란 당시 이순신 장군에게 쓰라린 패배를 당한 바 있지만, 메이지 유신 이래 본격적인 적수와 만나지는 않았다. 청일전쟁에서의 손쉬운 승리에 이어, 러·일 전쟁에서 발트 함대와의 전투도 쉽지는 않았지만 어렵지도 않았다. 물론 랴오둥반도의 요새 공격은 사무라이 정신을 발휘한 고전이었지만, 노쇠한 로마노프왕조의 무능함에 힘입어 승전할 수 있었다. 그러나 노몬한 전투에서 주코프의 기계화 부대에 본격적인 패배를 당한 데다가, 미드웨이 해전에서 제대로 쓴맛을 본 것이다. 이제야말로 넘을 수 없는 제대로 된 강적을 만난 셈이었다.

여기서 우리는 "모든 전쟁은 (계획대로 이루어지지 않고) 5분 후부터 일그러진다."라는 클라우제비츠가 말한 경구를 되새겨 볼 필요가 있다고 본다. 역시 그가 주장했던 전쟁에서의 우연과 마찰이라는 요소를 미드웨이 해전에서는 절감하게 된다. 미군이 적의 의도를 알고 있었던 것 외에는 모든 전력에서 우세했던 일본이 전투 현장에서도 우세를 보였지만, 단 5분간의 우연한 상황이 승패를 가르는 결정적인 역할을 했다는 점을 지적하고자 한다. 매클러스키 소령이 연료가 바닥난 상황에서도 행운이 깃든 예지력으로 좀 더 비행하다가 일본함대를 발견한 일이나, 항모를 보호해야 할 제로 전투기들이 뇌격기들을 무찌르기 위해 해수면 가까이에서만 임무를 수행함으로써 상공을 무방비 상태로 방치했던 점, 그리고 때에 맞추어 일본 항모의 갑판이 연료와 폭탄으로 매우 위험한 상태였다는 점 등은 미국이 승리하기 위한 우연에 가까운 조건들이었다. 물론 운도 실력의 일부이기는 하다.

군사학도들은 전쟁사를 연구할 때 참전 주체들의 피해 정도를 두고 승패를 가름하는 경우가 대부분이며, 특히 승리의 요인이 무엇인가에 대해 관심이 많다. 그러나 대부분 책자가 승리의 요인을 세세히 나열하지는 못하는데, 좀 더 깊은 연구는 군사학을 연구하는 학도들의 몫일 것이다. 미드웨이 해전에서의 결과는 흔히 "신은 세밀한 곳에 깃들어 있다(또는 악마는 디테일에 있다.)"라는 경구처럼, 우연처럼 보이는 세밀한 기회들이 참전자들의 노력 및 과감성과 결합하여 이루어진 것이라는 점을 인식할 필요가 있겠다.

이렇게 해서 진주만 공격이 성공하면 6개월에서 1년 동안은 꽤 설칠 수 있겠다던 야마모토의 공언은 정확히 6개월 만에 종언을 고했다. 미드웨이 해전의 결과는 태평양에서 함대급 항공모함의 전력이 대등해지는 데 그치지 않았으며, 야마모토가 언급한 것처럼 미국의 발달된 산업력은 해군력을 급속히 증강시켜 일본이 도저히 따라 올 수 없도록 만들어 갔다. 그리하여 1942~1944년 사이에 일본은 함대급 항공모함을 6척밖에 증강할 수 없었는데 반해, 미국은 함대급 항공모함 14척과 경항공모함 9척에, 호송용 소형 항공모함 66척을 진수시켜 일본이 도저히 대적할 수 없게 만들었다.

군사학자 시어도어 F. 쿡 주니어는 그의 논문 [1942년 미드웨이 해전]에서 다음과 같이 미드웨이 해전의 특별한 의미를 새기며, 분석하고 있다.

"만약에 미드웨이 해전에서 일본군이 승리하여 항모 4척을 온전히 유지하고 미군의 항모 3척을 격파했다면 당분간은 태평양상에서 전력의 균형을 맞추기는 쉽지 않았을 것이고, 대서양에서 운용 중인 항모를 모두 태평양으로 이전해야 했을 것이다.
그뿐만 아니라, 인구 700만의 오스트레일리아는 고립되어 위험에 처했을 것이며, 맥아더의 남서태평양 사령부는 재기는 커녕, 시작 단계에서 움츠러들 것이었다. 아울러서 인도와 스리랑카를 통한 인도양 항로가 위협을 당할 것이고, 더욱 두려운 것은 일본이 하와이와 미국의 본토를 위협했을 것이다."

군사학자 윌리엄 위어 또한 미드웨이 해전을 [세상을 바꾼 50대 전쟁]의 하나로 꼽았다. 아마도 우리에게도 일본이 승리했다면, 독도를 우리 땅이라고 주장하지 못할 상황도 초래되었을지 모른다.

제 11 장
솔로몬 군도와 뉴기니 전역

제1절 과달카날 전투

미드웨이 해전의 승리로 미국은 이제 공세로 전환할 자신감을 얻었다. 공세 전환의 최종목표는 일본 본토였지만, 일본 본토는 오스트레일리아나 하와이로부터 무려 3,000km 이상 떨어져 있고, 그사이에는 이미 요새화된 일본의 섬들이 촘촘히 깔려 있었다. 그 섬들을 고통스럽게 많은 대가를 치르면서 극복하지 않으면 목표에 도달할 수 없을 것이었다.

미군은 목표에 이르는 전략으로 북태평양의 작은 섬들을 징검다리 삼아 건너뛰면서 전진하는 것이 나은지, 아니면 오스트레일리아에서 출발하여 동인도제도의 커다란 섬들을 차례로 점령하면서 남서쪽에서 접근하는 것이 나은지를 두고 격렬한 토의가 이루어졌다. 특히 하와이에 사령부를 둔 니미츠의 태평양사령부와 오스트레일리아에 사령부를 둔 맥아더의 남서태평양사령부 간의 주도권 싸움, 즉 육군과 해군, 맥아더와 니미츠의 헤게모니 싸움이 팽팽했다.

북태평양에서 건너뛰기를 주공으로 선택하면 해군의 니미츠에게 힘이 실리고, 남서태평양에서 점진적인 진격을 주공으로 한다면 육군의 맥아더가 주도권을 잡을 것이었다. 그러나 상호 간에 약점이 있었다. 해군에게는 곧바로 섬을 건너뛰면서 일본 본토로 진격하기에는 아직 해군력이 충분하지 않은데다 상륙을 위한 지상군으로는 소규모의 해병대가 전부였고, 육군에게는 어차피 수송과 호위를 위한 해군력이 필수였으므로 상호 보완하지 않을 수가 없었다. 특히 맥아더는 뉴기니를 거쳐 필리핀에 상륙함으로써 "반드시 돌아온다."라고 공언한 약속을 지키고자 했다.

게다가 해군은 맥아더를 싫어했다. 그는 언제나 남보다 앞서려고 했고, 누구에게도 군림하려 했으며, 타협에 서툴러서 육군이 주도권을 잡으면 해군을 육군 밑에 두어 전략지휘권을 박탈하려 할 것이라는 우려가 있었다. 육군총장 마셜과 해군 총사령관 킹 제독은 현명하게 역할과 구역을 분담했다. 격렬한 협상 끝에 육군과 해군은 타협을 이루었는데, 해군은 북태평양에서 전진하고, 육군은 남서 태평양에서 동인도제도와 필리핀을 향해 병행 전진하도록 하며, 필요한 전력은 엄격히 통제하여 할당하도록 한다는 것으로서, 효율성은 다소 떨어지더라도 상호 피를 흘리지 않고 타협하는 방책을 선택했다.

1942년 7월 2일 미국의 합동참모본부는 적절히 임무를 분담했는데, 남태평양에서 가장 중요한 일본군의 거점인 뉴브리튼섬의 라바울을 탈취하는데 일차적인 목표를 두고 이를 달성하기 위해, 그 첫 번째 임무는 우선 해군이 담당하여 일본군이 비행장을 건설 중이라는 솔로몬군도의 과달카날섬에 대해 해병대 제1사단을 상륙부대로 해군 곰리(Robert Ghormley) 소장의 지휘하에 탈환하는 것이었다. 두 번째 임무는 곧이어 육군이 맥아더 장군의 지휘하에 라바울을 마주 보고 있는 파푸아의 북쪽 항구인 부나(Buna)를 점령하여 공군기지를 건설함으로써 라바울을 공략하기 위한 전초기지 역할을 하도록 할 계획이었다. 그리고 세 번째 임무는 라바울로 진격하는 것으로서, 역시 맥아더가 담당하도록 계획했다.

한편, 일본은 미드웨이 해전의 패배로 오스트레일리아의 동쪽에 있는 중요 섬들인 뉴칼레도니아, 피지, 사모아를 점령하려던 웅대한 꿈을 접고, 기존의 방어선을 확고히 하기 위해 파푸아 뉴기니섬의 남단에 있는 주요 항구인 '포트모르즈비'를 점령하려고 계획했다. 최우선 과제인 과달카날섬은 파푸아 뉴기니섬의 동쪽에 위치하여 부건빌, 뉴조지아, 말레이타 등의 섬으로 이루어진 솔로몬 군도의 남쪽에 있는 비교적 큰 섬으로서, 그 면적은 6,500km^{2}로 제주도 면적의 3.5배에 달하고, 길이가 140km, 너비 48km이며, 최고봉인 카라콤부두 산은 해발 2,447m에 달하는 험준한 산악과 열대 우림의 정글이 우거져 작전 환경이 매우 열악했다.

그러나 남태평양의 중심에 위치하고 있어 미국, 오스트레일리아, 뉴질랜드를 연하는 병참선과 해저 통신선의 축선 상에 자리 잡고 있는 중요한 길목이었다. 미국은 일본군이 이곳에 대규모 비행장을 건설 중이라는 첩보를 입수했는데, 이곳에 비행기지가 건설되면 미드웨이나 하와이까지, 그리고 오스트레일리아에 대한 장거리 정찰 또는 폭격이 가능할 것이므로 큰 위협 요소로 생각했다.

과달카날은 2열로 늘어선 주변 섬들로 인해 서쪽의 좁은 해역으로 접근해야 하는데, 그러다 보니 기습이 용이하고, 병참선을 유지하기 어려운 특성이 있었다. 이 좁은 통로를 '가느다란 구멍'이라는 뜻의 슬롯(slot)이라고 부르면서 양측의 해군이 이 좁은 통로를 이용하여 증원과 보급을 해나가야 했기 때문에 필연적으로 격전을 예고하고 있었다. 과달카날 전투는 결과적으로 반격을 가하려는 미국과 주도권을 뺏기지 않으려는 일본이 지형적 중요성을 넘어 사력을 다해 승리하려는 분기점으로서의 전역이라고 할 수 있어 상호 간에 엄청난 소모적 출혈을 강요당했다.

1. 해병 제1사단의 과달카날 상륙

일본의 대본영은 미국의 본격적인 반격을 1943년 후반기에나 시작될 것으로 판단했지만 예상을 훨씬 뛰어넘는 빠른 미군의 반격에 큰 혼란을 빚었다. 1942년 8월 7일, 미군은 작전명을 '감시탑 작전(Operation Watchtower)'이라고 명명하고 미 해병 제1사단(사단장 소장 밴디그리프트 : Alexander Archer Vandegrift)을 과달카날섬에 상륙시키자 일본은 극도로 당황했다. 일본은 작전이 전개되기 전에 미군의 대규모 이동을 알고 있었지만, 과달카날에 상륙하려는 것이 아니라, 오스트레일리아나 포트모르즈비에 미군을 증강하려는 것으로 예측했었다. 그렇게 판단한 이유는 미군이 작전의 전진기지로 뉴질랜드를 선정하고 피지와 사모아에 병력과 물자를 집적하고 있었기 때문이었다.

과달카날 일대의 섬 중에서 일본군은 툴라기(Tulagi)에 900명, 과달카날섬에 2,800명(비행장 건설 인력 2,200명은 대부분 한국의 징용자들이었음.)이 주둔하고 있었는데, 미군 정보부서에서는 툴라기와 과달카날에 각각 1,400명과 7,000명의 일본군이 있는 것으로 과도하게 추산하고 해병 제1사단 병력 19,000명을 두 개 부대로 나누어, 1개 부대는 사단장 밴디그리프트 소장이 11,000명을 이끌고 과달카날에 상륙하고, 다른 한 개의 부대는 부사단장 루퍼투스(William Rupertus) 준장이 6,100명을 지휘하여 툴라기에 상륙했으며, 나머지 1,900명은 예비대로 남겼다. 이때 상륙을 위해 수륙 양용 전차인 LVT(Landing Vehicle Tracked)가 역사상 처음 사용되었다.

과달카날에는 11,000명의 해병대원이 적의 경미한 저항을 제압하면서 상륙한 후 해안에서 1km 정도까지 진출하여 무난히 교두보를 확보했다. 일본군 수비대와 주로 조선인 노무자로 구성된 비행장 건설단은 미군의 함포사격, 바다를 가득 메운 함선을 보고 놀라 정글 속으로 달아났다. 그들은 식사 도중에 보급품도 챙기지 못하고 도주하여 금방 굶주림에 시달리게 되었으며, 상당수의 조선인 노무자들은 투항했다. 일본군은 무수한 총포와 탄약, 식량, 통조림, 포도주는 물론, 정종과 맥주까지 남기고 도망쳐, 장차 미군이 이를 유용하게 활용하게 되었다. 얼마 후에 미군은 일본군이 남기고 간 장비를 활용하여 비행장을 완공하고, 미드웨이 전투에서 가장 먼저 출격하여 전사한 해병의 급강하 폭격기 비행대장 헨더슨 소령의 이름을 상징하여 '헨더슨 비행장'으로 명명했다.

그러나 툴라기섬의 상황은 전혀 달랐다. 이곳의 일본군은 곳곳에 참호와 벙커를 준비해 놓고 완강히 저항했기 때문에 수류탄과 육박전으로 참호를 하나씩 파괴하면서 전진해야 했다. 궁지에 몰린 일본군은 8월 7일 밤에 전원이 '만세'(일본어로 반자이)를 연호하며 미군 진지에 돌격했으나, 화력과 연계한 강력한 방어에 막혀 실패했다. 다음 날 미군은 툴라기섬을 완전히 탈취했는데, 이때 사로잡힌 일본군 포로는 총 20여 명밖에 없었던 점을 감안해 볼 때, 이들 일본군은 거의 전사하거나 정글 속으로 숨어버린 것으로 추정되었다. 미군의 피해도 커서 전사 108명, 부상 140명이 발생했다.

한편, 8월 7일 아침에 툴라기로부터 라바울에 있는 제8함대사령관 미카와 군이치(三川軍一) 중장에게 긴급히 상황이 보고되자, 미카와 중장은 예하 전 함대에 비상령을 내리고 먼저 항공대에 출격을 명했다. 8월 7일 오전 27대의 폭격기와 이를 호위하기 위한 18대의 제로 전투기가 날아올랐다. 라바울에서 과달카날까지의 거리는 1,000km로서 편도로 3시간이 걸림으로써 실제로 과달카날에서의 임무 수행 가능 시간은 전투기의 경우 15분밖에 가용하지 않아 효율성이 적고 위험성이 높은 임무였다.

일본 항공대의 출격은 곧바로 미군에 감지되어 항모에서 발진한 항공기들이 과달카날 상공에서 대기했다가 오히려 일본 항공대를 덮쳤다. 이 시기에 미군은 미드웨이 해전 이후 어벤저 뇌격기를 개발하여 비행기 후미에 기관총을 장착, 후미에서 접근하는 일본 항공기를 사격하도록 대비했으므로, 전통적으로 항공기의 후미에서 공격하는 일본기에 치명타를 가할 수 있었다. '복수'라는 이름의 '어벤저'가 그 이름값을 톡톡히 하게 되어 이날 출격한 일본 항공기 45대 중에서 32대가 격추되고 나머지 13대만 귀환할 수 있었다. 역시 다음날인 8월 8일에도 45대의 일본 항공대가 공격해 왔는데, 미군 항공대가 대기하고 있던 항로가 아닌 다른 방향에서 미군 함정에 돌입하여 공격함으로써 미군의 상륙선 엘리엇호가 불붙고(2일 후에 침몰), 구축함 저어비스호가 심각한 손상을 입었다. 2일간의 전투에서 미군은 19대의 함재기를 잃었지만, 일본군은 36대를 상실했다.

2. 사보 해전

미군의 기동함대 사령관 플레처 제독은 항공모함의 연료 부족과 추가적인 피해를 우려해, 8월 8일 상관인 곰리 중장의 허가도 받지 않고 기동함대를 철수시켰다. 소극적인 성격의 곰리 중장도 사후에 플레처의 보고를 받고, 터너 제독이 지휘하는 상륙부대가 위험에 처할 수 있다는 점을 깊이 생각하지 않고 철수를 추인했다. 상륙부대 사령관 터너 제독은 항공기의 엄호를 받지 못하자, 8월 8일까지 최대한의 물자를 하역하고 8월 9일 아침에 철수하려고 했다. 그러나 그날 밤 물자의 하역에 몰두하고 있는 와중에 순양함 7척, 구축함 1척으로 이루어진 일본군 제8함대의 습격을 받고 미군 순양함 3척, 오스트레일리아 순양함 1척이 침몰했으며, 추가로 순양함 2척과 구축함 1척이 손상되는 참담한 피해를 입었다.

당시 미군과 일본군의 해전은 미군의 레이더와 일본군의 장사정 어뢰(Long Lance)의 싸움이기도 했다. 또한 주간과 야간의 싸움이기도 했다. 당시 일본군의 어뢰는 '93식 어뢰'라는 정식 명칭으로 500kg의 탄두에 속도 70km, 최대사거리 40km에 달하는 최고의 명품 어뢰였다. 당시 미군은 정찰기에 장착된 레이더를 통해 거의 150km 전방에 전개된 항공기나 함정의 활동을 경고할 수 있어, 접근하는 항공기나 함정을 기습을 허용하지 않고 요격할 수 있었고, 일본은 세계 최고의 정확성과 긴 사정거리를 가진 어뢰를 보유하여 주간에는 항공기의 보호를 받는 미군이 우세하고, 야간에는 일본 함정들이 우세를 보이는 상황이 전개되었다. 일본함대는 밤마다 좁은 수로를 통과하여 공격해와 헨더슨 비행장을 맹폭하고 일본군을 증원했으며, 새벽에는 철수하는 전법을 반복하여 미군들은 이를 '도쿄특급(Tokyo Express)'이라고 불렀다.

이날 밤의 해전을 미군은 '사보 해전(Battle of Savo)'이라고 부르고 일본군은 '제1차 솔로몬 해전'이라고 불렀다. 사보 해전은 미드웨이 해전에서 일본 해군의 허리를 꺾어놓았다고 생각한 미군들에게 아직도 일본 해군이 막강하다는 충격을 주었으며, 미 해군 역사상 가장 치욕적인 패배의 하나로 기록하고 있다. 미군에게는 불행 중 다행으로 일본 제8함대사령관 미카와 중장이 미군 항모의 철수 사실을 몰랐기 때문에, 날이 밝기 전에 미군 항공기의 사정거리를 벗어나기 위해 새벽 2시경에 전 함대를 라바울로 철수시킴으로써 추가적인 피해는 면할 수 있었다.

제8함대의 주요 임무는 과달카날과 툴라기에 병력과 물자를 하역하는 미군 수송단을 격멸하는 것이었는데, 기동함대 사령관 플레처 제독은 적의 호위 전력을 완전히 무력화시키고도 방어 능력이 전혀 없는 수송 선단을 방치한 데 대해 비난받아 마땅했다. 미카와 중장이 라바울에 도착하자 야마모토 사령관의 축하 전문이 도착해 있었으나, 한편으로 야마모토는 미카와의 후속 조치를 매우 못마땅하게 생각했다.[22] 만약 그가 무방비 상태의 미군 수송단을 계속 공격했더라면 피해는 걷잡을 수 없었을 것이며, 과달카날 전투의 향배는 물론, 태평양 전쟁의 진로에도 많은 변화가 있었을 것이다.

이러한 결정적인 순간에 확실한 승리를 가져오느냐, 그렇지 못하느냐에 따라 지휘관의 평가는 달라진다. 그 이유는, 결정적인 순간의 모호한 상황을 이겨내는 데는 이성도 중요하지만, 군인으로서의 위험을 감수할 수 있는 특유의 과감성과 결단력이 꼭 필요시 되기 때문이다. 그런 의미에서 미카와 중장은 그저 평범한 범주를 벗어나지 못하는 제독이었음이 틀림없다.

한편, 일본 해군의 예상치 못한 습격과 행운의 철수에도 불구하고, 상륙함대 사령관 터

---

22) 권주혁 지음, 『헨더슨 비행장』(서울 : 지식산업사. 2009), p. 222.

너 제독은 추가적인 공격을 두려워하여 아직 절반도 하역하지 못한 식료품과 무기, 그리고 나머지 병력을 싣고 언제 돌아온다는 보장도 없이 8월 9일 오후에 철수해 버리고 말았다. 그러자 과달카날에 상륙한 11,000명의 해병대원은 해상의 보급과 엄호가 사라진 고립무원의 상태가 되었다. 그러나 그들은 해병 특유의 감투 정신으로 부대를 정비하고 주변에 참호를 구축하여 방어 태세를 갖추었으며, 8월 18일부터는 헨더슨 비행장을 사용할 수 있도록 건설을 완료하여, 8월 20일부터 해병대와 육군의 항공기 31대가 임무를 수행하기 시작했다. 이들 비행단은 과달카날 전투를 필두로 제2차 세계대전 동안 영웅적인 기록을 세워 과달카날의 암호명인 '선인장 항공대(Cactus Airforce)'란 애칭으로 불리었다.

미군은 하역한 식량이 5일분 밖에 없어 하루 두 끼로 배급을 제한해야 했으며, 일부 부족한 것은 일본군이 버리고 간 식량으로 대치했다. 이때부터 이곳 해병대는 빈곤하다는 뜻인 '구두끈 해병(Shoe String)'이라는 별명을 얻었지만, 비행장이 운용되면서 보급도 나아지기 시작해 사기가 점차 올라갔다. 한편 도주한 일본군과 노무자들은 더욱 심한 보급난으로 정글 속에서 코코넛 등으로 연명해야 했다.

3. 이찌기 부대의 탈환 전투 : 일루강 전투

일본의 대본영은 8월 13일 과달카날의 상실을 보고 받고, 일본의 전체 방위선에 대한 연합군의 본격적인 침범으로 심각하게 생각하여 이를 분쇄하기로 작정했다. 일본군은 원래 미드웨이섬을 점령할 목적으로 준비했던 제28연대의 2,000명으로 하여금 과달카날을 탈환하도록 지시했다. 라바울에 위치한 제17군 사령관 하쿠타케 중장은 8월 18일 야간에 연대장 이찌기 기요나오(一木清直) 대좌를 필두로 선두 부대 900여 명을 미 해병대의 교두보로부터 동쪽으로 30km 이격된 타이부(Taivu) 해안에 상륙시켰다. 이찌기 대좌는 1937년 7월 중일전쟁의 시발이 된 노구교 전투에서 최초로 중국군과 교전을 벌였던 장본인으로서, 당시에는 소좌로서 대대장이었다.

일본군은 과달카날에 주둔한 미군의 규모를 2,000명 수준으로 지나치게 소규모로 판단한데다가 미군은 '겁쟁이'라고 인식하고 있어, 비록 수적으로는 불리하더라도 적극 공세를 펼치면 승리할 수 있다고 생각하여 소규모 부대를 상륙시킨 것이다. 이찌기 대좌는 미군의 전력을 얕잡아 보아, 5일 후에 도착할 제2진을 기다리지도 않고 공격을 감행했다. 구축함으로 수송되어 온 관계로 대포를 비롯한 중화기가 거의 없는 상황에도 개의치 않고, 일본군의 전통인 야간에 용맹한 총검 돌격으로 비행장을 탈환할 수 있다고 생각했다.

그러나 미군은 이미 정찰 활동을 통해 일본군의 동향을 파악하고 견고한 방어선을 구축하고 있어, 8월 21일 새벽에 일루강 하구로부터 헨더슨 비행장 방향으로 공격하는 일본군을 기관총과 M3 경전차, 그리고 포병 화력을 집중시켜 격멸하고, 후방 퇴로를 차단했다. 일본군은 916명 중에서 126명만 생환하고 나머지는 모두 전사했다. 연대장 이찌기 대좌는 부대기를 불사르고 자살했다. 일본군은 이찌기 대좌의 감투 정신을 높이 평가하여 소장으로 추서했다.

이날 밤의 전투는 일루강 하구에서 일본군이 강을 건너 미군을 공격하다가 궤멸 된 전투로 '일루강 전투'라고 불린다. 진주만 기습 이후 미군에게 미드웨이 해전이 바다에서의 첫 승리였다면 일루강 전투는 육상 전투에서 최초의 승리였다. '일루강 전투'는 비록 소규모 전투였지만, 양측에 주는 영향은 지대했다. 미군은 악착같은 사무라이 정신으로 무장한, 그래서 두려워하던 일본군에 승리함으로써 '일본군도 별거 아니다.'라는 자신감을 얻게 되었고, 반대로 일본군은 미 해병대의 용맹성에 대한 두려움을 갖게 되었다.

미군은 일본군에게서 앞으로의 전쟁 내내 군인으로서의 존경심과 인종적 증오심을 과달카날에서 배워갔다. 일루강 전투가 일어나기 하루 전인 8월 20일에 해병 비행대대 전투기 19대와 급강하 폭격기 12대가 헨더슨 비행장에 전개된 이래 미군의 항공력은 점차 증강되었는데, 육군 항공대와 항모에 편성된 함재기들을 합하여 4개 대대 규모로까지 확대되었다.

한편, 미군 해병대가 과달카날에 상륙한 이래 일본군의 항공대는 매일 라바울로부터 날아와 헨더슨 비행장을 폭격하고 돌아갔다. 사보 해전 이후 일루강 전투까지 10일 동안은 과달카날의 미군 해병을 엄호해주는 항공력이 전혀 없었으므로 일본 항공대는 마음 놓고 매일 활주로와 해병대를 폭격했으며, 야간에는 속칭 '도쿄 특급'이라고 불리는 속력이 빠른 구축함들이 습격해와 역시 비행장을 폭격하여 큰 구멍을 만들었지만, 해병대는 특유의 투지로 이를 보수하는 숨바꼭질이 계속되었다.

그러나 미군 해병대의 항공력이 전개된 이후에는 점차 항공력의 대결 양상으로 변해갔다. 아직도 성능 면에서 우세한 일본의 전투기가 위세를 떨쳤지만, 거리상으로 라바울에서 날아와야 하는 약점으로 전세는 역전되어 갔다. 일본의 항공대는 1,000km나 떨어진 라바울에서 세 시간이나 날아와야 했으며, 폭격기를 호위하는 전투기들은 연료 때문에 과달카날 상공에서 임무 수행 가능 시간이 겨우 15분밖에 없었으므로, 공중전에서 사소한 손상을 받아도 라바울까지 귀환할 수 없게 되어 바다에 추락하거나 섬에 불시착하여 포로가 되기 일쑤였다.

과달카날에서의 항공전은 점차 일본 항공대의 무덤이 되어갔다. 미드웨이 해전에서 숙련된 일급 조종사를 많이 잃어버린 일본군은 과달카날에서 완전히 철수한 1943년 2월까지 거의 매일 벌어진 공중전에서 각종 항공기를 합하여 약 600대를 잃었으며, 숙련된 조종사를 포함한 승무원 2,300여 명이 전사하여 차후 작전에 막대한 지장을 초래하게 되었다.[23] 비행장을 사수하고 있던 미군은 제공권을 이용해 낮에는 섬 주변의 해역까지 지배할 수 있었지만, 밤이 되어 공군의 활동이 제한되면 일본 해군이 주변을 통제하면서 섬을 탈환하기 위해 계속 증원부대를 투입했다.

4. 동부 솔로몬 해전

일본군은 과달카날을 탈환하기 위해 가와구찌 기요타케 소장의 지휘하에 제35여단 6,000명을 추가 투입하도록 계획하고, 이를 수송하고 엄호하기 위해 진주만과 미드웨이 해전의 주인공 나구모 주이치 중장이 지휘하는 제3항공함대를 편성하여 투입했다. 이를 저지하기 위해 미군은 플레쳐 소장의 제17기동함대가 투입되었는데, 항공모함 3척 중에 호넷호가 급유를 위해 이탈함에 따라 엔터프라이스와 사라토가 2척만으로 일본군과 대적하게 되었다.

일본군의 작전 방침은 경항모 류조와 중순양함 도네를 과달카날 동쪽 300km 해상까지 진출시켜 가와구찌 소장의 상륙부대를 엄호하고, 나구모 중장의 제3함대는 정규 항모 쇼가쿠와 즈이가쿠를 운용하여 미군 기동함대를 격멸한 다음, 과달카날의 상륙부대를 지원한다는 것이었다. 8월 24일 오후 1시, 경항모 류조에서 날아오른 항공기들은 '켁터스 항공대'의 방어망을 뚫고 헨더슨 비행장을 폭격하고 돌아갔는데, 그 사이에 류조는 미군 항모 사라토가에서 발진해 온 함재기들에 피폭되어 침몰해버림으로써 기착할 항모가 사라진 줄을 모르고 귀함 하던 항공기들은 어쩔 수 없이 바다에 착수할 수밖에 없어 피해가 가중되었다.

한편, 오후 4시 40분에 미군 항모 2척을 발견한 나구모 중장은 즉시 제로 전투기 10대와 폭격기 27대로 구성된 공격대를 발진시켰다. 공격대가 주로 엔터프라이스에 공격을 집중하자, 엔터프라이스는 3발의 직격탄을 맞고 2, 3층 갑판이 관통되어 폭발함으로써 화염에 휩싸였으나, 신속한 화재진압과 복구로 항공기의 이·착함이 가능해졌다. 우연히도 당시에 강한 소나기가 내려 일본 항공대의 공습이 불가능해져 엔터프라이스호는 다행히 생존할 수 있었다. 플레처 제독은 열세에 처했다고 기동함대를 철수했으나, '헨더슨 기지'에서 출격한 항공대의 노력으로 나구모의 항공함대도 지레 겁을 먹고 철수해버려 작전의 본래 목적인 병력을 과달카날에 상륙시키려는 시도는 실패했다.

23) 권주혁 지음, 앞의 책, p. 269.

이 해전에서 미군은 엔터프라이스가 대파되어 진주만으로 귀환해야 했으며, 항공기 20대를 잃었지만, 일본군은 경항모 류조의 침몰과 수상기 모함 지도세가 손상을 입었고, 항공기 59대를 잃었다. 그러나 일본군은 정규 항모인 쇼가쿠와 즈이가쿠가 건재하여 만일 나구모가 계속 공격을 가했다면, 일본군은 미군의 유일한 항모 사라토가를 최소한 무력화시킬 수 있었을 것이다. 야마모토 사령관은 나구모의 우유부단함으로 추가적인 공격을 시도하지 않고 함대를 퇴각시킨 데 대해 크게 분노했다. 이 해전을 미군은 '동부 솔로몬해전'이라고 부르고, 일본군은 '제2차 솔로몬 해전'이라고 불렀다.

5. 일본군 제35여단의 탈환 작전

원래 야마모토 사령관은 최초부터 여단급 대부대를 과달카날에 파견하여 섬을 탈환할 것을 원했으나, 대본영에서는 연대급인 이찌기 지대를, 그것도 분할 축차 투입하여 승리를 쟁취하지 못하고 소모적인 전력의 상실만 초래하는 우를 범했다. 이찌기 지대가 완전히 궤멸한 뒤에야 야마모토 사령관이 요청한 제35여단 6,000여 명을 투입하기로 했다. 그러나 이 또한 전력의 축차 투입으로 전력을 소모하는 결과만 가져오게 된다. 왜냐하면 이때 미 해병대의 전력은 그동안의 보충을 통해 17,000명에 이르렀으며, 대구경 포는 물론이고 헨더슨 비행장에도 충분한 항공기를 보유하고 있었기 때문이다.

일본군은 가와구치 소장의 제35여단에게 8월 28일에 과달카날에 도착하여 섬을 탈환하라는 공격 명령이 내려졌다. 그러나 수송을 담당하는 해군은 지난 동부 솔로몬 해전에서 미군의 항공력에 피해를 당한 것이 발목을 잡아, 방호력이 약한 수송선의 제공을 거부하여, 어쩔 수 없이 구축함 8척에 4,200명을 싣고, 나머지 2,000명은 목제 발동선 31척에 분승하는 원시적인 수송을 추진했다. 병력을 수송하는 구축함은 낮에는 섬 그늘에 숨었다가 야간에만 기동하는 어려움을 극복하고 대부분이 무사히 상륙했으나, 목선을 이용한 2,000명은 속도가 느린데다가 운항하는 동안 내내 계속되는 미군 항공기의 공습으로 26척이 침몰당하고 5척만 도착하여 400명만 살아서 상륙했다. 병력 1,600명을 상실하여 절대 부족한데다가 장비는 더욱더 열세였다.

가와구치 소장의 주 전력인 본대 3,300명은 헨더슨 비행장 동쪽 35km 타이부곶에 집결하여 미군의 주 방어선을 피해 남쪽에서 공격하고, 목선을 타고 상륙한 124연대장 오카대좌의 병력 550명은 섬의 서쪽 50km 이격된 에스페란스곶에 상륙하였으므로, 조공으로 동쪽을 향해 공격하는 양면작전을 계획했다. 과달카날섬은 길이 140km, 너비 48km로 면적은 제주도의 3.5배 정도의 큰 섬이어서 헨더슨 비행장 주변의 미군 점령지 인근을 제외하면 어디든지 상륙이 가능한 실정이었다. 양 개 부대는 85km나 이격되어 있었고 통신 마저 매우 곤란한 실정으로 협조 된 공격이 사실상 불가능했다. 이때 늦게나마 상륙에 성공한 이찌기 부대의 제2진 658명도 합세할 수 있어 일본군의 총병력은 8,000명 정도였다. 일본군은 아직도 과달카날에 주둔한 미군의 병력 규모를 5,000명 수준으로 과소평가하여, 가와구치 소장 부대가 무난히 과달카날을 점령할 수 있으리라고 생각했다.

미군은 상륙한 일본군의 규모를 파악하지 못했지만, 비행장을 중심으로 한 제한된 지역에서 강력한 방어선을 형성하고 있었다. 가와구치 소장은 울창한 정글, 무릎까지 빠지는 늪을 지나 나침반에만 의지하여 전진해 나갔다. 한편 서쪽의 오카 대좌 부대도 해안선을 따라 동진하고 있었다. 한편 9월 12일 오전에 과달카날을 방문한 터너 제독과 멕케인 제독은 밴더그리프트 사단장에게 남태평양 해군 사령관 곰리 중장이 과달카날을 포기한 상태라는 방침을 전해주었다. 해당 지역 작전사령관이면서도 한 번도 과달카날을 방문하지 않은 소극적인 곰리는 장병들의 보이지 않는 원성을 사고 있었다. 밴더그리프트 장군은 마음속으로 낙심하면서도 최선을 다해 끝까지 섬을 사수하겠다는 각오를 전했다.

현지 사정을 모르는 일본 제17군 사령부에서는 무리해서라도 9월 12일 이내에 비행장에 돌격하라는 지시를 내리고, 이를 지원하기 위해 라바울에서 항공기들이 출동하여 비행장을 폭격하고, 구축함 4척도 룽가곶에 포격을 가하여 육상부대의 공격을 지원할 태세를 보였다. 그러나 육상의 가와구치 부대에서는 아무런 연락이 없었는데, 예상보다 험악한 지형으로 인해 12일까지 공격 대기지점에 도착할 수 없었기 때문이었다.

천신만고 끝에 비행장의 남쪽에 도착하여 헨더슨 비행장을 눈앞에 둔 가와구치 부대는 9월 13일 밤을 기해 비행장을 감제하고 있는 언덕을 목표로 공격하기로 했다. 이 언덕에는 에드슨 중령의 제1습격대대와 밀러 소령의 제1강하 대대가 점령하여 방어 중이었다. 에드슨 중령은 일본군의 존재를 알고 있어 며칠 전에 그들이 상륙한 지점을 공격했으나 주력이 이미 떠나 버려 남아있는 보급품을 모두 불살라버리고 돌아왔다.

9월 13일 밤 21시에 붕대를 찢어 어깨에 십자로 메서 야간 표식을 한 일본군은 캄캄한 야음을 틈타 '만세(반자이)' 함성을 지르며 에드슨 중령의 진지로 돌진해왔다. 미군은 105mm와 75mm 포, 기관총을 모두 동원하여 방어했으나, 적군은 어느새 진지 내부로 침투해 들어왔다. 미군 해병들은 처음 듣는 괴성을 지르며 돌진하는 일본군과 어둠 속에서 백병전을 벌였다. 모든 탄약이 소진될 무렵 전차가 동원되었으며, 전차포와 기관총의 위력 앞에 극렬한 일본군의 기세는 점차 꺾여 아침이 되자 모두 물러가 버렸다. 일본군의 제3대대장 와타나베는 발목의 상처를 이유로 정글 속으로 일찍 숨었고, 선두에 서겠다던 가와구치 소장은 공격 명령을 내린 직후 행방을 감춰버렸다.[24] 부하들을 무자비한 탄막

속으로 몰아넣고 정작 지휘관들은 비겁한 모습을 보인 것이다.

에드슨 대대의 피해는 전사 40명, 부상 103명인데 반해 일본군은 전사 487명, 부상 296명이었다. 이때 섬의 서쪽에서 협공하도록 계획된 오카 연대장의 부대 500여 명은 계획된 공격개시시간에 도착하지 못해 가와구치 소장과의 협조 된 공격을 못 하고 전투가 끝나 버려 병력을 이끌고 가와구치 지대에 합류했다. 이날 밤 일본군의 거센 공격을 끝까지 버텨내고 승리를 가져온 비행장 수비대장 에드슨(Merit A. Edson) 중령은 명예훈장을 받았다. 미군은 이 능선을 '피의 능선' 또는 '에드슨 능선'이라고도 불렀다.

일본군은 잔존병력을 집결하여 정글 속으로 후퇴했지만, 그들에게는 이미 한 톨의 쌀도 남아있지 않았다. 이제는 전투보다도 굶주림과의 처절한 전투가 기다리고 있었다. 만일 이때 비행장을 탈취당했다면 과달카날 전투는 일본군의 승리로 돌아갔을지도 모른다. 당시 헨더슨 비행장에는 엔터프라이스를 비롯한 항모들이 손상을 입음에 따라 항모 탑재 항공기들이 몰려들어 56대의 항공기가 있었으며, 이들 '선인장 항공대'의 활약은 방어전에 매우 큰 공헌을 했다.

이로써 가와구치 소장의 제35여단은 병력의 70%를 상실하여 사실상 전멸했다. 특히 열대의 더위와 정글에서 발생하는 해충과 풍토병인 말라리아로 인해 희생자가 속출했고, 식량의 부족으로 기아를 면할 수 없었음에도 병력 대부분은 숲속에 진지를 구축하고 완강하게 저항했다. 미군의 상황도 별반 다르지 않았다. 상륙 후 1개월 동안 단 한 번도 추가 보급을 받지 못해 일본군으로부터 탈취한 식량에 의존하면서 하루 두 끼로 급식을 제한해야 했으며, 키니네가 부족하여 말라리아 환자가 속출했다. 여유가 있으리라던 탄약도 점차 바닥을 드러내기 시작했다.

게다가 이 무렵에는 제공권도 위협을 받고 있었다. 8월 31일, 항모 사라토가가 산호해에서 일본 잠수함의 공격으로 대파되었고, 9월 15일에는 와스프가 역시 잠수함에 의해 격침되었다. 이미 엔터프라이스가 2차 솔로몬 해전에서 대파되어 진주만으로 후송되었으므로 태평양지역에서 제대로 활동중인 항모는 이제 호넷 한 척뿐이었다. 만일 일본군이 100대 이상의 항공기를 운용한다면 호넷 한 척에 실린 항공기로는 대적할 수가 없을 터였다. 이렇듯 어려운 때에 9월 18일 증원부대인 제7해병연대가 증원되었다. 룽가 해안에 4,300명이 상륙한 것을 비롯하여 탄약, 식량, 차량, 유류가 보급되어 고전 중이던 해병들은 사기가 올랐으며, 하루 세 끼 식사를 할 수 있게 되었을 뿐 아니라 병력의 규모도 2만 3,000명 수준으로 늘어났다.

반면, 일본군은 이제 항공력의 뒷받침 없이는 승리를 얻을 수 없다는 점을 알면서도 해

24) 심은식 지음, 『한국인의 눈으로 본 태평양 전쟁2』(서울 : 가람기획, 2009), p. 22.

결책에는 소극적이었다. 근본적으로 일본군은 과달카날의 전략적 가치와 승리의 가능성을 심층 깊게 평가했어야만 했다. 어떠한 희생을 치르더라도 반드시 확보해야 할 가치가 있다면 당연히 피해를 감수하는 전략이 필요할 것이지만, 일본군은 그것을 떠나서 미군에 패배할 수 없다는 자존심만으로 전투에 임했다. 게다가 항공력의 열세가 작전의 향방을 가른다는 점을 잘 알면서도 적극적인 해결책 없이 오로지 의지만으로 승리할 수 있다는 생각에 전력을 축차 투입하여 일본군이 가장 꺼리는 소모전을 치르는 오류를 계속했다.

6. 일본군 제2사단의 탈환 작전과 에스페란스 해전 및 산타크루즈 해전

라바울의 제17군은 분위기를 일신했다. 작전의 확대를 반대하는 참모장 후다미 소장을 경질하고 후임에 미야자키 소장을 임명하였으며, 대본영에서 흔히 '작전의 귀신'으로 불리는 쓰지 중좌외 1명을 파견하여 필승의 의지를 다졌다. 후다미 소장은 매우 우회적인 표현으로 과달카날을 포기해야 한다고 대본영에 건의했는데, 대본영에서는 이치기 지대와 가와구치 지대의 패배를 메이지(明治) 건군 이래 일본 육군의 최대 치욕이라고 격노하면서, 패배를 인정하고 추가적인 희생을 막아야 한다고 주장하는 후다미 소장을 예편시켜 버렸다.

사실 대본영은 과달카날이 어디에 붙어있는지도 모를 정도로 현지 사정에 어두웠다. 육군 참모본부는 제17군에 제2사단과 제38사단을 편입시켜 일거에 실패를 만회하려고 했다. 제2사단은 러. 일 전쟁 당시 명성을 떨친 사단으로 중. 일 전쟁에도 투입하지 않고 아꼈다가 자바 공략에 투입하고서 휴식을 취하던 정예부대였다. 9월 29일 라바울에 도착한 제2사단장은 17군 사령관 하꾸다케로부터 "과달카날을 탈환하기 위해 10월 17일까지 비행장 공격을 준비하라."라는 명령을 받았다. 그러나 문제는 군단급 대병력을 과달카날에 수송하는 데에 있었다.

당시 일본 해군이 동원할 수 있는 구축함 수는 50척 정도인데 구축함 1척에 탑재 가능한 병력은 고작 200명 정도이므로 수송선이 아닌 구축함만으로 수송한다는 것은 불가능한 일이었다. 게다가 현재 과달카날에 남아있는 병력에 대한 보급도 계속해야 했다. 과달카날에 대한 보급의 어려움 때문에 당시 일본 해군에는 '생쥐 수송과 개미 수송'이란 말이 유행했다. 생쥐 수송이란 구축함이 낮에는 숨고 밤에만 운행하여 물자를 수송하는 방법이며, 개미 수송이란 작은 발동선들이 줄을 이어 섬을 연하여 수송하는 방법을 말하는 것이었다. 궁여지책의 이러한 수송도 수시 미군의 공습으로 좌절되거나 극히 소량만 성공하여 과달카날에 있는 병력은 굶주림을 면할 길이 없었다.

해군 측에서는 더 이상 전력의 소모를 감당할 수 없으므로 제2사단을 이런 방식으로 수송하자고 주장했다. 육군과의 극한 대립에도 불구하고, 해군은 주장을 꺾지 않아, 제17군 사령관은 호위함대 없이 육군이 보유한 수송선과 발동선만으로 과달카날로 향하겠다는 억지 주장까지 했다. 상급 사령부에서 해결해야 할 문제를 말단 실행부대끼리 싸우고 있는 형국으로 대본영의 협조 조정 능력은 미흡했다.

상황을 이해한 대본영의 파견 참모 쓰지 중좌[25]는 자신이 직접 야마모토 사령관에게 호소하기로 했다. 당시 일본군에게 쓰지 중좌는 가히 신적인 존재였다. 쓰지는 사관학교를 수석으로 졸업한 자로, 훗날 관동군 작전참모로 재직하면서 월권과 독단으로 참모본부의 확전 반대를 무시하고 '할인 골' 사건을 일으켜 패배를 초래했지만, 타인에게 책임을 떠넘기면서 오히려 자신의 명성은 높였다. 말레이 전선에서 영국군의 전차를 노획하여 적진에 선두로 돌진하는 기행으로 명성을 떨쳤으며, 싱가포르 함락 이후에는 6,000여 명의 화교를 위험 분자로 분류하여 처단하도록 명령을 내린 장본인으로 알려졌다.

말레이 전역에서 사령관 야마시타 도모유키는 그의 사악함을 간파하고 "고집이 세고 잔재주에 능하다. 국가의 대계를 이루기에는 소인배이므로 사용에 주의가 요구된다."라고 평했다. 필리핀 전역에서도 바탄반도를 점령한 후 미군 포로들을 고난의 행군으로 내몰아 다수를 사망에 이르게 한 장본인이기도 했다. 전쟁이 끝난 훗날 잠적하여 전범으로서의 처벌을 면한 그는 참의원으로 진출하여 1963년 라오스를 방문했다가 행방불명되었다. 일본인들은 '제3차 대전도 일으킬 남자'라고 위험시했다.

그러한 쓰지가 과달카날 전역에 참모본부를 대신하여 파견되어 현지 지도를 하게 되었다. 우선 그는 9월 24일 트럭섬에 정박하고 있는 기함 야마토를 방문하여 야마모토 사령관을 면접한 쓰지는 다음과 같이 말했다고 한다.

"1개월 이상이나 보급이 끊겨 그곳 장병들은 풀뿌리와 바위 이끼와 바닷물을 마시며 고전하고 있습니다. 모두 간디보다 더 말라버렸습니다. 제2사단으로 하여금 그러한 실패를 되풀이하지 않도록 하기 위해 꼭 선단 수송을 부탁드립니다."[26]

---

25) 쓰지 마사노부(辻政信)는 이시카와(石川) 현의 농촌 출신으로 유년사관학교를 거쳐 육군사관학교를 수석으로 졸업하였으며, 육군대학을 3등으로 수료하였다. 그는 관동군의 참모 시절 1939년 5월 노몬한(諾門罕) 사건을 일으켜 소련의 주코프 장군에게 대패하는 원인을 제공하였다. 싱가포르와 마닐라 점령 시에는 포로들을 수만 명씩 학살하도록 지시하였다. 그는 소위 '작전의 신'이라는 별칭을 획득한 오만하고, 방자하며, 독선적이고 냉혹하여 액운을 몰고 다니는 절대 악인이었다. 전쟁 중의 자기의 상관들은 대부분 죽거나 처형되었지만, 종전 후에 그는 중국 국민당 정부의 비호를 받아 잠적했다가, 전범에 대한 공소시효가 만료된 1950년 1월에 나타나 그 해의 선거에서 중의원에 당선되었고, 1959년에는 참의원에 당선되었다. 1961년 라오스를 여행 중에 실종되었는데, 중국의 정보요원에게 암살되었다는 설이 유력하다. 일본의 전쟁을 논할 때, 1931년 9월 18일 만주사변을 일으킨 이시하라 간지 (石原莞爾)와 쓰지 마사노부를 빼놓고는 말할 수 없을 정도로 거론된다. 천재적이고, 대담하며, 냉정한 이단아였던 이시하라와 달리 쓰지는 냉혹한 악한이었다.

일개 중좌의 웅변에 감동한 야마모토 사령관은 가능한 모든 지원을 하겠다고 약속했다. 당시에 태평양함대 사령관 니미츠 제독은 9월 30일 과달카날을 방문하여 고군분투하는 해병대를 격려하였으며, 악조건하에서 분투하는 밴더그리프트 소장의 군인다운 모습에 감명받았다. 반면에 과달카날 전역의 최고사령관 곰리가 전투가 발발한 지 두 달이 넘었는데도 한 번도 현지를 방문하지 않고, 자리에만 앉아 소극적인 자세로 일본군의 공세를 대처하는 자세를 지적하고 적극적으로 전투에 임하라고 주문했다.

일본 해군의 전폭적인 지원으로 10월 4일 마루야마 중장이 이끄는 제2사단은 이틀 후인 6일 밤에 단 한 명의 손실도 없이 과달카날의 서북부 타사파롱가에 상륙했다. 보급물자를 양륙하고 있을 때 이찌기 지대, 가와구치 지대의 패잔병들이 나타나 많은 양의 식량을 탈취해 가버려 제2사단은 도착하는 순간부터 식량난에 봉착하기 시작했다. 17군 사령관 하쿠다케 중장은 전투를 직접 지휘하기 위해 대본영의 참모 쓰지를 대동하고 10월 9일 밤에 타사파롱가 해안에 상륙하였다.

작전의 개시일은 이미 대본영에서 10월 20일로 지시되어 있었다. 이때 일본군의 병력은 2만 명 이상으로 증강되어 있었지만, 미군의 전력을 아직도 7,000명에서 8,000명 수준으로 낮게 평가하여 제2사단만으로도 과달카날을 탈취하고 미군의 항복을 받아낼 수 있다고 자신하고 있었으나, 미군의 병력이 실제로는 2만 3,000명 수준이었다. 하쿠다케 중장의 이와 같은 잘못된 판단에 따라 제38사단은 라바울에 잔류하게 되므로 또다시 일본군은 전력을 축차 투입하여 패배를 자초하게 된다.

일본군의 대규모 공세를 예상하던 미군은 과달카날의 전력을 증강하기 위해 육군 아메리칼 사단의 164연대 병력 3,000명을 10월 13일에 도착시키도록 계획했다. 이를 호위하기 위해 터너 제독은 유일하게 남아있는 항모 호넷을 비롯한 함대를 투입하였고, 특히 스콧(Norman Scott) 제독의 함대는 10월 11일에 상륙지점인 에스페란스(Cape Esperance) 앞 바다를 엄호했다. 동 시간대에 일본 해군은 병력과 물자를 수송하는 구축함과 바지선을 호위하는 한편, 헨더슨 비행장을 포격하기 위해 고토 아리도모(五藤存知) 소장이 이끄는 함대가 사보섬에서 과달카날섬 방향으로 남하하고 있었다. 레이더를 통해 일본함대의 접근을 알고 있던 스콧 제독은 미군의 존재를 모르고 종대로 접근하는 일본함대를 요격하기 위해 횡대로 대형을 갖추고 있다가 밤 11시에 교전에 들어갔다. 뜻밖의 기습을 받은 일본함대는 기함 아오바의 함교에 포탄이 명중되어 모든 통신이 마비되었으며, 사령관 고토 제독은 중상을 입고 다음 날 아침 전사했다. 34분간의 전투에서 일본군은 중순양함 후루다카와 구축함 후부키를 잃고 중순양함 아오바는 대파되었다.

---

26) 심은식 지음, 앞의 책, p. 27.

미군 측의 피해는 구축함 덩컨이 침몰했고, 중순양함 솔트레이크시티와 경순양함 보이스가 손상을 입어 후송되었다. 이를 미군들은 에스페란스 해전이라고 부르고, 일본군은 제2차 사보 해전이라고 불렀다. 미군은 제1차 사보 해전에서의 패배를 약간이나마 되갚아 주었다. 미군은 이날 밤에 일본 수송단이 중 포와 수송차량, 중화기를 상륙시키는 것을 저지하지 못했고, 일본군 역시 미군의 164연대 병력 3,000명의 상륙을 저지하지 못해 모두가 작전의 목표를 달성하지 못했다. 다음 날 아침 헨더슨 비행장에서 이륙한 항공기들은 전날 밤 수송 선단을 호위했던 구축함 2척을 찾아내 공격하여 격침시켰다. 이때쯤에는 '선인장 항공대'도 대폭 증강되어 어느덧 90대의 항공기를 보유하여 작전의 효율을 높이고 있었다. 한편, 미 해병 제1사단장 밴더그리프트 소장은 일본군이 대거 상륙하는 것을 알고 증강된 병력을 이용하여 방어를 재편하면서 서쪽 지역을 대폭으로 강화했다.

일본군은 이번의 전투에 총력을 기울여 육, 해군의 연합 하에 조직적으로 공습과 해군의 함포사격을 지속했는데 10월 13일에는 대규모 공습을 감행했고, 다음 날 밤에는 14인치 함포 8문씩을 장비한 전함 공고와 하루나를 주축으로 한 해군 기동부대가 14인치 포탄 918발을 발사하여 비행장의 끝에서 끝까지 빈틈없이 포격함으로써 비행장 전체가 연료와 탄약의 폭발로 밤새 주변을 환하게 밝혔다. 그러나 날이 새어 피해를 확인한 결과 기적 같은 일이 일어났다. 그렇게 치밀한 포격을 받고도 항공기 42대가 멀쩡하게 살아 있었다. 그 원인은 기존의 활주로 곁의 잔디밭에 둥근 구멍이 난 철판을 이어 붙여 급조된 활주로를 만들어 그곳에 주기를 하고 있었기 때문으로, 일본군은 기존의 활주로만 집중적으로 포격하였기 때문이었다. 과달카날에 상륙한 일본 육군의 150mm 중포도 수시로 집중 포격을 가해왔다. 일본군은 비행장을 완전히 파괴했다고 안심했으나 미군은 보조 활주로를 이용하여 끈질기게 저항했다.

10월 15일 밤에도 일본군의 순양함 묘코와 마야가 나타나 8인치 포탄 1,500발을 쏘아대자 미군의 사기는 떨어지고 과달카날섬에 위기가 감돌았다. 이에 니미츠 제독은 수리를 마친 엔터프라이스와 신형 전함 사우스다코다를 중심으로 구축함 아홉 척을 묶어 10월 16일 남태평양 사령부로 향하게 했다. 니미츠는 또 하나의 중요한 결정을 했는데, 패배주의적이고 소극적인 곰리 중장을 해임하고 맹장인 할제이(William Halsey) 제독을 남태평양 사령관으로 임명한 것이다. 할제이 제독은 미드웨이 해전을 앞두고 대상포진에 걸려 지휘권을 플레쳐 제독에게 인계했던 인물로, 별명이 '황소'로 불리는 적극적인 지휘관이었다. 10월 17일, 그의 취임 소식만으로도 모든 기지에서 사기가 올라가기 시작했다.

10월 18일 과달카날을 방문한 할제이는 해병 제1사단장 밴더그리프트 소장을 접견하면서 과달카날을 방어해 낼 수 있는지를 물었고, 가능하다는 긍정적인 답을 듣자, 가능한 모든 지원을 하겠다고 약속했다. 아울러서 사보 해전에서 석연찮은 이유로 철수하여 패배의 빌미를 제공했던 기동함대 사령관 플레쳐를 킹케이드(Thomas Kinkaid) 소장으로 교체하면서, 항모 호넷과 엔터프라이스를 이끌고 즉시 출동하라고 명했다.

"종전과 같이 과달카날의 남쪽에서 얼쩡거리지 말고, 일본함대가 있는 동북쪽으로 진출하라는 말일세."[27]

10월 16일 후에도 일본군의 작전 형태는 변함이 없었다. 항공기와 함대가 주야로 번갈아 비행장을 공격하는 동안 지상군에 대한 추가적인 보급과 증원이 이루어지는 방식이었다. 한편, 솔로몬군도 해역의 제해권을 장악하여 안심하고 작전 중인 일본군은 뜻밖의 공격을 받는다. 10월 17일 미군의 구축함 2척과 항모 호넷에서 날아온 항공기들이 해안에 쌓여있는 일본군의 보급품 더미를 공격하여 탄약과 식량, 유류를 불살라 버린 것이다. 특히 포탄을 80%나 상실하여 일본군의 작전계획을 근본적으로 뒤집어 놓았는데, 일본군은 이찌기 지대나 가와구치 지대의 실패를 교훈으로 삼아 충분한 병력과 탄약, 보급을 바탕으로 정규작전 형태의 공격을 계획하였으나 탄약이나 유류의 소실로 인해 어쩔 수 없이 병력에만 의존하는, 야간 공격을 되풀이할 수밖에 없게 되었다.

제17 군사령관 하쿠다케 중장은 평지를 통한 정공법으로 공격하기에는 포병 화력이 미군과 비교하면 너무나 열세이므로, 주력부대가 남쪽으로 우회하여 비행장을 남쪽에서 공격하는 계획을 발전시켰는데, 그 내용은 다음과 같았다.

❶ 스미요시 소장은 북서쪽의 평탄한 지역에서 전차와 포병, 그리고 보병 2,900명을 지휘하여 비행장에 포격을 가하고, 해안지대를 따라 조공으로 공격함으로써 미군의 주의를 분산시킨다.

❷ 제2사단장 마루야마 중장은 5,600명의 보병을 사단의 주력부대로 선정하여 이들 부대가 정글 속을 뚫고 남쪽으로 우회함으로써 비행장 남쪽의 '피의 능선' 지역에서 공격한다.

❸ 남쪽의 주력부대를 2개 부대로 나누어, 우익 부대는 가와구치 소장이 3개 대대를 지휘하고, 좌익부대는 보병29연대를 주력으로 나스 유미오 소장이 지휘하여 공격한다.

❹ 공격 개시일은 10월 21일 밤으로 한다.

하쿠다케 중장은 비행장 점령 후의 성공 신호를 '만세'로 정하고, 적이 항복할 때까지 사정없이 공격하도록 명령했다. 주력부대가 남쪽으로 우회하기 위한 기동로를 만들기 위해

27) 심은식 지음, 앞의 책, p. 35

공병대는 도끼, 정글도, 톱을 이용하여 정글에 작은 소로를 25km나 만들었다. 정글을 뚫고 행군하는 어려움은 (필자도 월남전에서 경험한 바 있어 잘 알고 있지만) 오른손에 정글도를 들고 작은 가지와 넝쿨을 잘라가면서 왼손에는 팔꿈치까지 올라오는 가죽 장갑을 끼고 수풀을 헤쳐 간신히 한 사람이 통과할 수 있는 통로를 개척하여 행군하는 것인데, 가시와 불개미, 때로는 전갈이나 뱀 같은 독충을 만날 수 있어 험난하기 이를 데 없어서 시간당 1km도 갈 수 없다.

제2사단의 주력부대는 12일분의 식량과 탄약, 포탄 한 발, 분해한 중화기의 부품까지 짊어지고 정글 속으로 행군해 나아갔다. 군기가 강하고 정신력이 뛰어난 일본군이지만 더위와 수렁, 늪, 독충을 견딜 수 없어, 포탄과 중화기의 부품을 대부분 정글에 버렸다. 10월 16일 시작한 행군은 사단 병력이 일 열로 가다 보니 오후가 되어도 후미는 출발도 하지 못하는 형편이었다. 그러다 보니 부대를 통제할 수가 없었고, 정글 속에서 밥을 지어 먹을 수도 없었다.

이미 이러한 악조건을 경험한 제35여단장 가와구치 소장은 이후에 하달된 항공사진을 통해 미군의 방어진지가 전보다 훨씬 강화된 것을 보고, 일본군이 공격하더라도 승리할 수 없다고 생각하여, 대본영에서 파견된 쓰지 중좌를 만나 공격을 연기하고 준비를 철저히 해야 함을 역설했으나, 쓰지 중좌나 사단장 마루야마 중장은 가와구치 소장을 패장이라고 멸시하고 있던 차에 공격을 연기해야 한다고 소극적인 자세를 보이자, 그를 해임하고 지휘권을 쇼지 도시나리(東海林俊成) 대좌에게 맡겼다. 원래의 공격 일자는 10월 21일이었는데 정글 안에서의 부대이동이 지연되어 10월 24일로 연기되었다.

한편, 통신의 두절로 연락을 받지 못한 조공 부대는 북서쪽에서 예정대로 10월 21일 마타니코강을 건너 공격했으나, 600명의 사상자와 전차 10대를 잃고 실패하고 말았다. 조공의 공격은 주공에 아무런 도움도 주지 못하고 좌절되었다. 마루야마 중장의 주공부대는 10월 24일 간신히 공격 대기지점에 도착하였으나, 야포나 박격포는 행군 도중 모두 버렸으므로 기관총만이 유일하게 화력지원 장비로 남았다.

10월 25일 밤 0시 30분 마루야마의 주력부대는 미군의 해병대와 육군이 방어하고 있는 피의 능선 일대로 착검한 소총과 수류탄만으로 함성을 외치며 돌격해 나갔다. 미군이 모든 화력을 동원하여 일본군을 격퇴하는 동안 일본군 29연대장 후루미야를 포함한 소수가 미군의 진지를 관통하여 후방의 정글 지대로 들어갔다. 후루미야가 미군 방어선을 뚫고 후방에 진입했다는 소식을 비행장을 점령했다는 뜻으로 판단한 일본군은 이를 17군사령부를 거쳐 대본영에까지 보고 하여 환성이 터졌으나 얼마 후에 잘못된 보고였음이 알려졌다.

미군의 방어선을 돌파했던 후루미야 연대장 이하 소부대는 날이 밝자 미군에 포위되어 모두 사살되었고, 연대장은 부대기를 소각하고 권총으로 자살했다. 제2사단은 26일 밤에도 똑같이 소부대 위주의 돌격 전술을 구사했으나 오히려 더욱 증강된 미군의 진지를 돌파하지 못하고, 아침이 되자 1,000여 구의 시체를 남겨두고 정글 속으로 후퇴했다. 그들이 경멸했던 가와구치의 공격 방법을 답습한 결과 똑같은 참패를 당하고 말았다.

10월 29일이 되자 일본군은 공격을 포기하고 물러갔다. 나스 소장이 부상으로 죽고 대대장급 이하 장교의 절반이 전사했으며 병사들도 3,100명이 전사했다. 지원을 위해 출동했던 항공기도 100대 이상을 손실하여 라바울에는 더 이상 지원할 항공기가 없게 되었다.

미군은 전사자가 100명 미만이었다. 제17군이 과달카날을 공격하는 동안 일본 해군은 곤도의 제2함대와 나구모의 제3함대가 미 해군의 접근을 견제하기 위해 과달카날의 남동쪽에 있는 산타크루즈섬 인근 해역에 있었다. 일본 해군은 항모 5척과 전함 4척을 포함한 28척으로 구성되어 있었다. 한편, 할제이 제독의 지시를 받은 킹케이드 제독의 미군 기동함대는 일본 해군의 과달카날 지원을 견제하기 위해 북상했는데, 전력은 방금 수리를 끝내고 합류한 항모 엔터프라이스와 호넷, 전함 1척, 순양함 6척을 포함한 23척으로 구성되어 있었다.

10월 26일 오전 양국의 해군은 동시에 적을 발견하여 항모에서 항공기를 발진시켜 교전한 결과 호넷이 폭탄 6발과 어뢰를 맞아 격침되었고, 구축함 1척도 격침되었으며 항모 엔터프라이스, 전함 사우스다코타, 경순양함 산후안이 손상을 입었다. 반면 일본 해군은 3척의 항모와 순양함 1척이 손상을 받았다. 함재기는 미군이 74기를 잃은 데 반해 일본군은 100기를 잃었다. 이 해전을 미군은 '산타크루즈 해전'이라고 부르고 일본은 남태평양 해전이라고 부른다. 피해는 미군이 많았으나, 생산능력을 고려한다면 일본에 불리한 결과라고 할 수 있겠다.

7. 일본군 제38사단의 탈환 작전과 과달카날 해전

제2사단이 헨더슨 비행장 탈환에 실패하자 야마모토 사령관은 과달카날을 포기하도록 조심스럽게 대본영에 건의했으나 대본영은 전략적 견해보다는 전술적 승리를 고집해 반드시 과달카날을 탈취하여 승리할 것을 다짐하였다. 이에 따라 제17군 사령관 하쿠다케 중장은 라바울에 있는 제38사단을 당장 과달카날로 투입할 것을 결심했다. 대본영으로부터 제38사단을 즉시 수송하라는 명령을 받은 연합함대 사령부는 이번에야말로 충분한 보급품을 적재하여 수송할 수 있도록 기존의 구축함이나 바지선이 아닌 수송선을 이용할 계획이었다. 그러나 수송선의 안전한 운항을 위해서는 함대의 호위는 물론 헨더슨 비행장을 무력화시켜 '선인장 항공대'의 위험을 제거해야 하는 것이 선결과제였는데, 이를 위해서는 함대가 비행장을 대규모로 포격해야만 했다.

한편, 미국은 루스벨트 대통령의 지령에 따라 과달카날 전역을 증강하기 위해 30척 이상의 수송선을 이 지역에 할당했고, 이로 인해 11월 말까지 '선인장 항공대'는 188대로 증강되었으며, 기종도 속력이 빠른 P38 전투기와 B17 중폭격기가 배치되었다. 포병도 11월 2일 155mm 곡사포가 보급되어 대포병 사격에서 일본군의 150mm 포를 제압하기 시작했으며, 얼마 후에는 완전히 침묵시킬 수 있게 되었다. 미 해군은 작전의 효율성을 높이기 위해 남태평양에서 2개의 기동함대를 편성했다. 터너 제독의 기동부대는 과달카날을 방어하면서 과달카날에 병력과 보급품을 안전하게 수송하는 임무를 담당하고, 킹케이드의 항모 함대는 터너의 함대를 보호하는 것이 임무였다. 이에 더하여 24척의 잠수함이 일본 해군의 투입을 저지하기 위해 투입되었다.

11월 12일 일본 해군은 제38사단의 수송을 앞두고 헨더슨 비행장을 포격하여 무력화시키기 위해 제11전대 사령관 아베 히로아키(阿部弘毅) 중장의 지휘 아래 전함 2척을 포함한 14척의 함대가 과달카날을 향해 남진하고 있었다. 미군의 정찰기가 이를 탐지하자 룽가 정박지에서 물자를 하역하고 있던 터너 제독은 수송선을 안전하게 후송시켰지만, 전투함들은 대피하지 않고 과달카날 북방으로 전진시켜 기습적인 공격을 펼치기로 했다. 터너 제독은 전투 경험이 많은 스콧 제독의 상관으로 캘러헌 제독을 임명했는데, 그는 전투 경험이 없고 능력에 문제가 있었다. 당시 레이더는 일본군에 없어 야간에 적을 발견하는 데 미군이 절대 유리한 입장인데도 캘러헌은 신형 레이더를 장착한 함정을 선두에 배치하지 않아 경고시간을 충분히 벌지 못했다.

11월 13일 새벽 1시 20분경 쌍방이 상대를 향해 전진하는 상황에서 미군의 구축함이 먼저 적을 발견하고 어뢰를 발사하기 위해 전진하자, 일본함대도 미군 함대를 발견하여 포격이 시작되었다. 야간에 양군은 서로 엉켜버려 식별이 되지 않아 혼란한 가운데 오인사격으로 자기 함대를 포격하는 예도 상호 발생하였다. 1시간 30분간의 전투로 인한 결과는 에스페란스곶 해전에서 승리했던 스콧 제독이 일본 순양함 포탄에 맞아 전사하고, 캘러헌 제독 역시 그의 기함인 중순양함 샌프란시스코 함상에서 전사했다. 일본군이 미군의 저지선을 뚫고 퇴각하면서 전투는 끝났다. 일본군은 구축함 2척이 침몰하고 네 척이 대파됐지만, 미군은 경순양함 2척, 구축함 4척이 침몰하고, 기타 5척이 대파되어 후송되었다.

아베 제독의 기함인 전함 히에이호는 만신창이가 되어 사보섬 인근에서 떠돌다가 날이 밝아오면서 추적에 나선 '선인장 항공대'에 발견되어 수차례의 폭탄과 어뢰를 맞았다. 야마모토는 아직도 침몰하지 않은 히에이를 트럭 섬으로 견인하도록 명령했으나, 아베 제독은 밑바닥을 뚫어 히에이를 격침시켰는데, 후일 이를 알게 된 야마모토 사령관은 격노하여 아베를 전역시켜 버렸다. 진주만 기습작전에 참여했던 전함 히에이가 격침되었다는 소식이 전해지면 국민들의 사기에 영향을 줄 수 있다고 생각한 일본군은 구조된 승조원들을 한동안 격리 조치했다.

일본 순양함 포탄에 맞아 전사한 스콧 제독의 시신은 흔적이 없었으나, 다행히 해군사관학교 졸업 반지를 낀 손가락이 붙은 팔을 발견되어, 미 해군은 이를 근거로 스콧 제독을 유해 처리했다. 경순양함 쥬노는 어뢰를 맞고 침몰했는데, 이 배에는 설리번이라는 이름의 다섯 형제가 타고 있다가 한꺼번에 전사했다.28) 이를 계기로 형제가 한꺼번에 전사하지 않도록 하는 제도가 생겼으며, 이러한 제도가 바로 우리에게 친숙한 영화 '라이언 일병 구하기'의 제작 배경이 되었을 것으로 보인다. 미군은 이 해전을 '과달카날 해전'이라고 부르고, 일본군은 '제3차 솔로몬 해전'이라고 부르고 있다. 기습당한 일본군이 오히려 전술적인 승리를 가져왔으나, 본래의 목적인 헨더슨 비행장을 무력화시키는 데는 실패했다. 따라서 일본군 제38사단의 수송 작전은 '선인장 항공대'의 위협을 피할 수 없게 되었다.

과달카날 해전이 벌어진 동일한 시각에 다나카 소장이 제38사단을 수송하기 위해 구축함 12척으로 수송선 11척을 호위하여 11월 12일 밤에 과달카날에 도착하도록 쇼틀랜드를 출발했으나, 도중에 과달카날 해전이 벌어져 헨더슨 비행장을 포격하지 못하고 퇴각하자, 다나카 소장도 도중에서 회항하였다. 아베 함대와는 별도로 일본군 제8함대의 일부가 제38사단이 도착하기 전에 헨더슨 비행장을 무력화시키기 위한 포격을 위해 11월 13일 미가와 중장의 지휘 아래 과달카날로 향했다. 중순양함 스즈야와 마야는 다음 날 새벽에 헨더슨 비행장에 8인치 포탄 1,000발을 한 시간 동안 퍼부어 항공기 17대를 파괴했으나, 근본적인 피해를 주지는 못했다.

미가와 중장의 함대는 새벽이 되어 돌아가다가 14일 오전에 헨더슨 비행장에서 날아온 항공기의 공격에 마야는 폭탄을 맞고 화재가 발생했으며, 근처에 있던 전함 기누가사는 어뢰 네발을 맞고 불에 휩싸여 기름을 흘리면서 북쪽으로 항진했다. 곧이어 엔터프라이스에서 발진한 항공기들이 폭격을 퍼부어 기누가사는 완전히 기관이 정지하면서 침몰하였고, 경순양함 이스즈는 대파되었다.

한편, 제38사단을 수송하기 위한 다나카 제독의 수송 선단은 11월 14일 과달카날에 도착할 예정으로 다시 쇼틀랜드를 출발하였다. 수송 선단은 제38사단 병력 1만여 명과 3만 명이 20일간 먹을 식량, 포탄, 장비를 싣고 구축함들의 호위를 받으며 남하하고 있었

28) 권주혁 지음, 『헨더슨 비행장』(서울 : 지식 산업사, 2009), p. 372.

다. 이 수송함대는 14일 아침에 미군의 정찰기에 포착되었으나, 심한 공격은 받지 않았는데, 그 이유는 마침 미군기들이 미가와 함대를 공격하느라 주의를 기울이지 않아서였을 것이다.

그러나 그것도 잠시, 오전 11시에 헨더슨 비행장에서 날아온 급강하 폭격기와 뇌격기들은 11척의 수송선을 공격하기 시작했다. 수송선 사도마루를 화염에 휩싸이게 한 것을 필두로 엔터프라이스의 함재기까지 합세하여 공격을 퍼부어 6척이 침몰하고 1척은 회항하였으며 4척만이 과달카날로 계속 항진했다. 이와 동시에 일본 해군 제2함대의 곤도 중장은 다나카 제독의 수송 선단이 안전하게 상륙하는 것을 호위하고, 룽가만에 정박한 미군 함정과 헨더슨 비행장을 포격하기 위해 전함 기리시마와 순양함 네 척, 구축함 아홉 척으로 구성된 함대를 이끌고 과달카날로 급히 남진하고 있었다.

용장 할제이 제독은 전임인 곰리 사령관과 달랐다. 적극적으로 적을 저지하려는 의지가 충만하여 전사한 캘러헌 제독의 후임으로 부임한 리 제독에게 전함 워싱턴과 사우스다코타를 위시한 함대로 맞아 싸우게 했다. 리 제독은 우세한 레이더 기능을 이용하여 밤 11시에 사보섬 주변에서 전투를 개시했다. 미군은 적을 먼저 발견하여 선제공격을 가했으나, 역시 일본 해군의 어뢰는 우수하여 미군 구축함 4척 중 3척이 침몰하고, 1척도 전투 불능에 빠졌다. 전함 사우스다코타는 적의 집중포화를 맞고 전장을 이탈하였다. 단지 전함 워싱턴이 적의 전함 기리시마에 16인치 포탄 아홉 발과 5인치 포탄 40발을 명중시켜 가라앉혔다. 구축함 아야나미도 가라앉았다. 의미 있는 것은 진주만 기습에 참여했던 3만 2,000t급의 전함 히에이와 기리시마를 미군은 이틀간의 전투에서 격침함으로써 통쾌한 복수를 했다는 점이다.

곤도 제독은 룽가 정박지와 헨더슨 비행장에 대한 포격을 포기하고 퇴각했다. 한편 4척밖에 남지 않은 수송 선단을 인솔한 다나카 제독은 11월 15일 새벽에 타사파룽가 해안에 도착했다. 이제 호위함들은 구축함 몇 척밖에 없었다. 다나카 제독은 고민에 빠졌는데, 수송물자를 하역하면 네 시간이 걸리는데 날이 밝아지면 비행장에서 날아오는 항공기에 의해 수송선과 구축함이 폭격당할 위험이 있고, 그렇다고 천신만고 끝에 도착시킨 병력과 장비, 물자를 하역하지 않을 수도 없는 형편이었다. 다나카 제독은 상관인 곤도 제독의 승인하에 구축함은 밤을 이용하여 돌려보내고 수송선은 해안에 돌진하여 좌초시키기로 하였다.

아침이 되자 예상대로 항공기들이 날아와 수송선 4척을 쉽게 공격했으며, 하역해 놓은 보급품을 모조리 불태워 버렸다.

수송선 11척에 탑승했던 병력 1만 명 중에 과달카날에 도착한 인원은 4,000명뿐이었으며, 1만 톤의 보급품은 겨우 5t 정도만이 피해 없이 양륙 되었다. 일본군은 물자도 없이 제38사단의 증원 병력 일부만 과달카날에 간신히 상륙시킨 데 반해, 미군은 해병 제2사단 제8연대 병력과 보급품을 적재한 수송선 4척이 도착하여, 11월 말에는 밴더그리프트 소장 휘하에 3만 9,000명이 넘는 병력이 가용하게 되었다. 11월 13일 새벽부터 15일 밤까지의 과달카날 해전의 결과는 일본군이 전함 2척, 중순양함 1척, 구축함 3척, 그리고 무엇보다 중요한 수송선 11척이 침몰한 데 비해, 미군은 경순양함 3척, 구축함 7척이 격침되어 양측은 모두 자신의 승리를 주장했으나, 일본 측의 피해가 더욱 극심했다고 보는 것이 옳겠다. 특히 수송선 11척을 잃어 과달카날에 병력과 보급을 수송하려던 계획이 무산된 일본군은 작전의 목적을 전혀 달성하지 못했다.

이제 과달카날 해전을 기점으로 제공권과 제해권이 확실히 미군에 넘어가게 되었다. 그러나 새로 증원된 제38사단의 4,000여 명을 포함하여 과달카날에 주둔한 일본군의 총병력은 2만 8,000명에 이르렀다. 일본군은 전투 병력을 총동원하여 11월 18일에 최후의 돌격을 감행했으나 1,000여 명이 도륙당한 끝에 주저앉고 말았다. 이후로는 소규모 국지적인 공격은 있었지만, 의미 있는 공격작전은 사라졌다. 이때부터 야마모토 사령관은 표면적으로는 과달카날을 탈환하겠다는 의사를 표명했으나 내심으로는 작전을 포기한 것으로 보인다. 일본군에 남은 것은 비참, 그것뿐이었다. 원래 섬에 남아있던 병력과 신규 병력을 합하여 모두가 당장 식량난에 봉착했다.

일본군은 궁여지책으로 식량을 드럼통에 넣고, 여러 개의 드럼통을 로프로 묶어 구축함에 적재하였다가 야간을 통해 섬 연안에 투척하면 해안에서 병사들이 이를 수거하는 '두더지 수송'을 했으나 대부분 유실되거나 폭격으로 파괴되고 20% 정도만 수거되었다. 드럼통 1개에 140kg의 쌀이 들어가고, 구축함 1척당 170개의 드럼통을 실을 수 있으므로 계산상으로는 1주일에 9척만 수송에 성공해도 식량은 해결된다. 그러나 제공권과 제해권이 미군에 있으므로 실제 수송되는 양은 계획량의 30%에 미달하여 병사들에게는 하루 한 끼도 충당하지 못했다. 잠수함을 이용하는 수송도 어렵기는 마찬가지여서 적재량도 적을 뿐 아니라 성공 가능성도 희박했다.

굶주림의 결과는 질병을 창궐하게 하여 전투보다도 질병과 기아가 더 무서운 적이 되었다. 굶주림에 닥친 병사들은 뱀을 비롯한 야생동물은 물론, 야자나무의 부드러운 속살을 비롯해 먹을 수 있는 모든 것을 먹었고, 일설에는 동료의 시체를 먹기도 했다고 한다. 그럼에도 하루에 40~50명의 병사가 굶주림과 열병으로 죽어갔다. 이때의 참상을 쓰지 중좌는 "길가에는 텅 빈 반합을 손에 쥔 채로 굶어 죽은 병사들이 무더기로 썩어가고 있다."[29] 고 대본영에 보고했다.

29) 심은식 지음, 앞의 책, p. 43.

이 무렵 미군 해병들도 지칠 대로 지쳐 있었다. 최초부터 전투를 계속해온 해병 제1사단은 11월 말부터 점차 교체되어 휴식을 위해 뉴질랜드와 오스트레일리아로 후송되었고, 12월 9일부로 육군 아메리칼 사단장 패치(Alexander Patch) 소장에게 작전 지휘권을 인계했다. 미군은 아메리칼 사단의 1개 연대가 증원되고, 해병 제2사단과 육군 제25보병사단이 증원되어 12월 말에는 5만 명이 넘는 대군이 되었다. 해병 제1사단은 빛나는 무공을 세웠지만, 681명의 전사자를 이름도 몰랐던 남태평양의 섬에 묻었다. 참고로 해병 제1사단은 우리에게는 6·25전쟁에서 장진호 전투로 잘 알려진 용맹한 부대이며, 과달카날에서의 사단장 밴더그리프트는 훗날 대장으로 승진하였고, 그의 아들 역시 해병 대령으로 한국전에 참가하였다.[30]

8. 타사파룽가 해전

한편, 일본군은 제2사단의 공격이 실패로 돌아가자 뉴기니 전선과 솔로몬군도 전선을 분리하여, 양 개 전선을 함께 담당하던 제17군이 솔로몬군도 전선을 전담하고, 제18군을 창설하여 뉴기니 전선을 담당하며, 양 개 군을 지휘할 제8방면군 사령부를 함께 창설하여 사령관에 이마무라 중장이 임명되었다. 제38사단의 지리멸렬한 전투 태세를 회복하기 위한 노력으로 일본군은 보급 작전에 최선을 다했다. 11월 29일 다나카 소장은 구축함 8척 가운데 2척만 정규 무장을 하고 나머지 6척에는 보급품을 실은 드럼통 200개씩을 적재하여 쇼틀랜드를 출발했다. 암호해독을 통해 일본함대의 이동을 감지한 미군 순양함 기동함대 사령관 라이트(Carleton Wright) 소장은 이를 저지하기 위해 11월 30일 밤에 중순양함 4척, 경순양함 1척, 구축함 6척을 동원하여 사보섬을 향해 북상했다.

일본함대가 보급품을 적재한 드럼통을 내려놓으려는 순간 양 함대는 격돌하였다. 레이더를 장착한 미군이 먼저 사격했으나 어뢰의 성능이 뛰어난 일본의 구축함에 오히려 큰 피해를 봤다. 일본의 93식 어뢰는 진정한 명품으로 미국 해군에게 공포의 대상이었다. 반면, 미군의 어뢰는 마치 제2차 대전 초기에 독일의 잠수함 부대에서 어뢰 성능에 문제가 있어 출동 거부사태가 있었던 것처럼 불량 어뢰가 문제가 되었다. 미군의 어뢰는 자기신관(磁氣信管)을 장착한 MK14였는데 불발이나 오발이 너무 심했다. 당시 태평양 잠수함대 사령관 록우드(Charles Andrews Lockwood) 제독은 "제대로 된 어뢰를 지급하지 못할 바에야 적함의 철판을 뜯어낼 갈고리 장대나 만들어 달라."고 항의했다.[31] 미군이 제대로

30) 권주혁 지음, 앞의 책, p. 390.
31) 이동훈 지음, 『전쟁 영화로 마스터 하는 제2차 세계대전』(서울 : 가람기획. 2010), p. 180.

어뢰를 개발하여 MK18이란 이름으로 보급하기 시작한 것은 1943년 9월부터였다.

교전을 통해 미군은 중순양함 1척이 격침되고 3척이 대파되었으나 일본군은 구축함 1척만 침몰하여 일방적인 승리를 거두었다. 그러나 작전의 목적인 보급품을 하역하지는 못했으며 야마모토 사령관은 보급품을 하역하지 못한 데 대해 실망을 표시했다. 보급을 위해 또다시 12월 3일에 다나카 제독은 구축함 11척에 드럼통 1,500개를 적재하고 쇼틀랜드를 출발하여 밤중에 과달카날에 도착했다. 그러나 툴라기섬에 기지를 둔 어뢰정들로부터 공격을 받은 데다 아침에는 항공기의 공습으로 겨우 300개 정도의 드럼통만 해안의 일본군에 전달되었다. 미군들은 여러 차례의 해전을 통해 함대함 전투보다는 소형의 어뢰정을 활용하는 것이 더욱더 효과적이라는 것을 깨닫고 빠른 속도로 접근하여 어뢰 공격을 퍼붓고 신속히 퇴각하는 전술을 사용하였다.

다나카 제독은 이러한 형태의 보급 전으로는 전세를 역전시킬 수 없다고 보고했으나 묵살되었으며, 대본영은 어떠한 희생을 치르더라도 과달카날을 탈환하겠다는 방침만 되풀이했다. 죽어나는 것은 말단의 굶주린 육군과 죽음을 무릅쓰고 감행하는 수송부대였다. 12월 7일에도 드럼통을 실은 함대를 보냈으나 주간에는 항공기의 공격을 쉴 새 없이 받았고, 밤이 되자 조명탄을 투하한 다음 어뢰정들이 나타나 어뢰와 기관총 공격을 퍼부어 대자 과달카날에 도착하지 못하고 회항하였다. 12월 11일에도 11척의 구축함을 이용하여 드럼통을 수송하다가 어뢰에 맞아 구축함 1척이 격침되었다. 구축함 수송이 어려워지자 대형 잠수함을 이용하기도 했으나 역시 어뢰정의 활약으로 잠수함 1척이 격침되었다.

그동안 일본군은 총 2만여 개의 드럼통을 수송하여 해면에 내려놓았으나, 그중의 30%도 안 되는 수량만 지상군에게 회수되었다. 12월 12일이 되자 야마모토 사령관은 작전용 유류 재고가 100만 톤 이하로 내려가고, 수송 작전 간에 발생한 극심한 함대의 피해를 견디지 못해 구축함을 이용한 수송은 더 이상하지 않겠다고 선언했다. 이제 섬에 남은 2만 5,000명의 지상군은 완전히 고립되었으며 기아와 질병만이 이들을 기다리고 있었다. 이때의 처절한 광경을 일본군 소위는 다음과 같이 일기에 남겼다.

"야윈 체형의 인간은 뼈만 남아있는 정도로 바짝 마르고, 뚱뚱한 체형의 인간은 푸석푸석 온몸이 부풀어 올라 생두부 같다. 이빨이 모두 흔들리는 것을 보면 잇몸이 부서지는 모양이다. 이 무렵 이상한 생명 판단학이 유행하기 시작했다. 한계점에 도달한 육체의 지탱 가능 일수를 다음과 같이 분류하는데 그대로 들어맞았다.
일어설 수 있으면 30일. 몸을 일으켜 앉을 수 있으면 3주일. 누운 채 일어설 수 없으면 1주일. 누운 채 소변을 보면 3일. 말을 할 수 없으면 2일. 눈을 깜박이지 못하면 1일."[32]

● 뉴기니아와 솔로몬 제도에서의 연합군 작전(1942년 8월~1944년 4월)

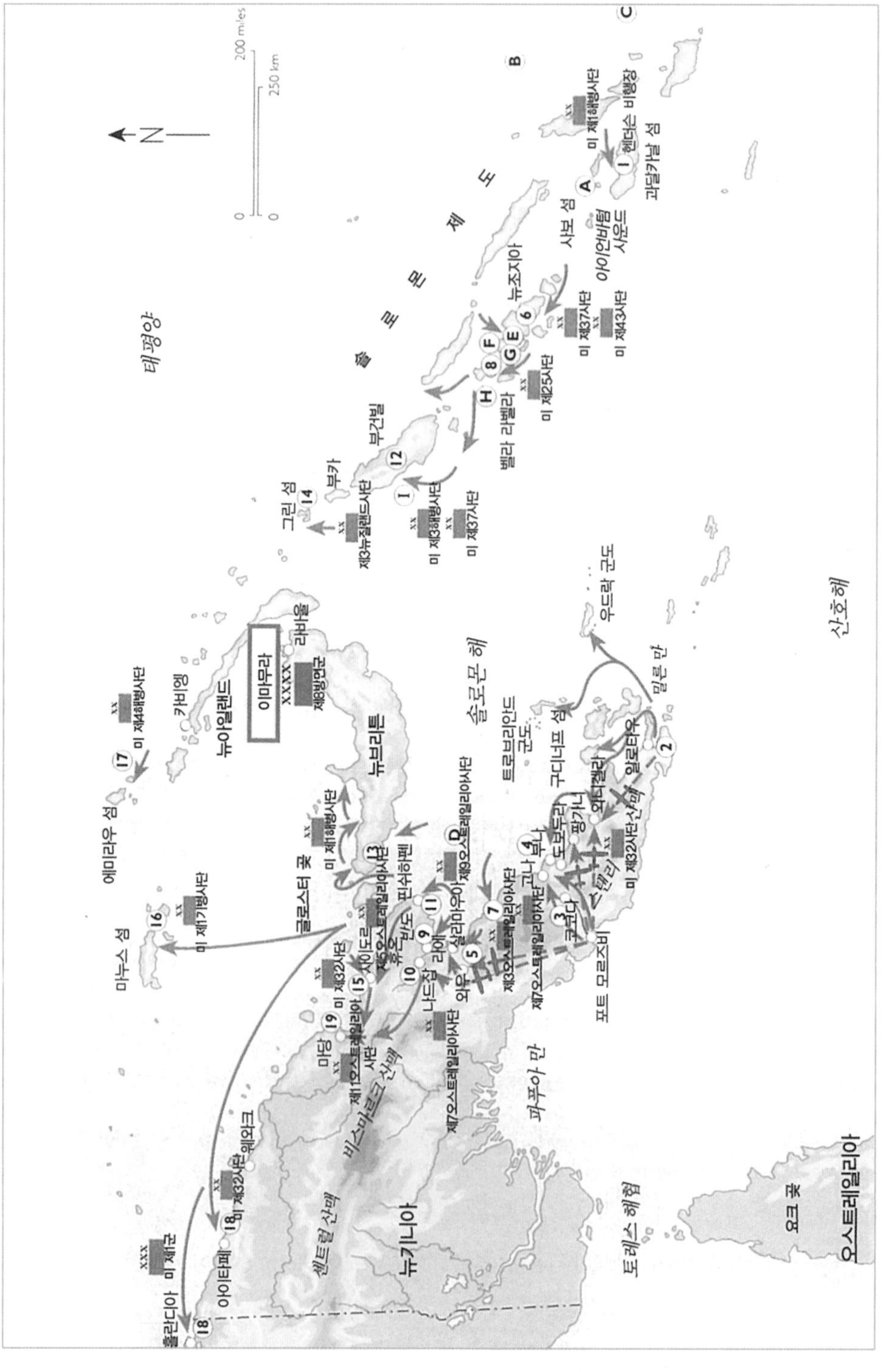

※ 출처 : 폴 클리어 지음, 강민수 옮김. 『제2차 세계대전』(플래닛미디어, 2008), p. 497

32) 심은식, 앞의 책, p. 45.

〈지상전〉

1. 1942년 8월 7일, 미군, 과달카날 섬에 상륙. 일본군, 1943년 2월 7일 철수
2. 1942년 8월 25일~9월 6일, 밀론 만에 상륙한 일본군, 오스트레일리아군에게 패퇴
3. 1942년 8월 26일~11월 2일, 일본군, 코코다 트레일을 따라 포트 모르즈비로부터 97마일(155킬로미터) 떨어진 곳까지 진격. 그러나 오스트레일리아군에게 밀려 후퇴
4. 1942년 11월 16일~1943년 1월 22일, 미군과 오스트레일리아군, 부나, 고나(Gona), 사나난다에서 일본군을 격파
5. 1943년 1월 28일~9월 11일, 일본군, 와우 공격. 그러나 오스트레일리아군의 반격으로 살라마우아까지 후퇴
6. 1943년 6월 30일, 미군, 뉴조지아에 상륙
7. 1943년 6월 30일, 미군, 나소(Nassau) 만에 상륙
8. 1943년 8월 15일, 미군, 벨라 라벨라에 상륙
9. 1943년 9월 4일, 오스트레일리군 라에에 상륙
10. 1943년 9월 5일, 나드잡에 상륙한 오스트레일리아군, 마크햄밸리(Markham Valley)까지 진격
11. 1943년 9월 22일, 오스트레일리아군, 핀쉬하펜에 상륙
12. 1943년 11월 1일, 미군, 부건빌에 상륙
13. 1943년 12월 15일과 26일, 미군, 뉴브리튼 섬에 상륙
14. 1944년 2월 15일, 뉴질랜드군, 그린(Green) 섬에 상륙
15. 1944년 1월 2일, 미군, 사이도르에 상륙
16. 1944년 2월 29일, 미군, 로스 네그로스에 상륙
17. 1944년 3월 20일, 미군, 에미라우(Emirau)에 상륙 18. 1944년 4월 22일, 미군, 홀란디아와 아이타페에 상륙 19. 1944년 4월 24일, 오스트레일리아군, 마당에 상륙

〈해전〉

A. 사보 섬 해전(1942년 8월 9일 에스페란스 곶(Cape Esperance) 해전(1942년 10월 11일) 과달카날 해전(1942년 11월 12일~15일) 타사프롱가(Tassafronga) 해전(1942년 11월 30일)
B. 솔로몬 해전(1942년 9월 24일)
C. 산타크루즈 해전(1942년 10월 26일)
D. 비스마르크 해전(1943년 3월 2일~4일)
E. 쿨라(Kula) 만 해전(1943년 7월 5일~6일)
F. 콜롬방가라(Kolombangara) 해전(1943년 7월 12일~13일)
G. 벨라(Vella) 만 해전(1943년 8월 6일~7일)
H. 벨라 라벨라 해전(1943년 10월 6일~7일)
I. 엠프레스 오거스타 만 해전(1943년 11월 2일)

이제는 일본군이 과달카날을 점령한다는 것은 불가능해졌다. 아직도 위협적인 것은 헨더슨 비행장을 서쪽에서 내려다보는 오스텐산을 일본군이 점령하고 있는 것이었다. 오스텐산에는 오카 대좌가 지휘하는 124연대와 228연대 잔여 병력 500여 명이 강력한 진지를 구축하고 있었다. 12월 17일 아메리칼 사단의 132연대는 항공기의 지원을 포함한 화력을 최대한 동원하면서 공격해 들어갔다. 일본군은 탄약과 식량의 부족과 질병으로 저항할 수 없는 상태인데도 참호에서 죽을 각오로 저항하였다.

해가 바뀌어 1943년 1월 초에 오카 대좌는 부하들에게 탈출하라는 지시를 내렸으나 중상을 입었거나 질병으로 퇴각할 수 없는 상황인 많은 병사가 싸우다 죽는 것을 택했다. 1월 23일에 미군이 오스텐산의 정상을 탈환함으로써 헨더슨 비행장은 완전히 일본군의 위

협을 벗어났다. 힘이 충만해진 미군은 북부 해안 쪽에서 동쪽으로는 제25사단이 공격하고, 일본군의 제17군 사령부가 위치한 서쪽의 코쿰보나 방향으로는 해병 제2사단이 공격해 나갔다. 1월 18일에는 코쿰보나에 1.5km 떨어진 곳까지 진출하여 일본군의 사령부를 공격 사정권에 두게 되었다. 이제 패치 소장은 전군에 공격 명령을 내렸다.

9. 일본군의 철수

한편, 1942년 12월 31일에 도쿄에서는 어전회의가 열려 과달카날 철수를 허락하는 천황의 재가를 받았다. 전쟁 개시 이후 일본 육군은 후퇴를 몰랐다가 이제는 과달카날에서 후퇴해야만 했는데, 후퇴, 퇴각, 철수라는 용어 대신에 '돌아서 나간다.'라는 뜻의 전진(轉進)이라는 용어를 써서 눈 가리고 아웅 하는 모습을 보였다. 철수 명령이 과달카날에 도착한 것은 1943년 1월 17일이었다. 일본군은 안전한 철수를 위한 양공 작전으로 1개 대대 600명을 투입하여 소부대지만 맹렬히 저항함으로써 미군의 전진을 저지했다.

한편, 미 해군은 전진하는 지상군에 보조를 맞추기 위해 제18기동부대가 기펜(Robert Giffen) 소장의 지휘하에 과달카날로 향했다. 함대는 소형 항모 2척, 중순양함 3척, 경순양함 3척, 그리고 구축함 8척으로 구성되어 있었다. 1월 29일 적의 항공대의 항적을 발견하고 즉각 전투기를 발진시켰으나 저녁때까지 적의 항공기를 발견하지 못하고 귀환하였다. 어두워지면 통상적으로 항공기에 의한 작전은 불가능함으로 기펜 소장은 경계심을 풀고 적 함대의 출현에만 신경을 쓰고 있었다.

그러나 일본 항공대는 은밀히 미군 함대의 위치를 추적했다가 렌넬섬 북방 80km 지점에서 31대의 육상공격기로 기습을 가했다. 야간에 조명탄을 터뜨리고 항공기로 어뢰 공격을 하는 작전 형태는 전에 없던 전술로 완전한 기습이었다. 중순양함 시카고가 격침되고 구축함 1척이 대파되었다. 일본군의 이러한 공격행동은 과달카날 지역에서 일시적이나마 제해권과 제공권을 확보하여 지상군을 안전하게 철수시키기 위한 양공 작전의 하나였다.

한편, 육군에 증원된 1개 대대는 미군과 조우전을 벌이면서 조금씩 후퇴하다가 1월 31일 철수부대가 집결하여 승선하기로 한 타사파롱가 해안 일대에서 방어진을 구축하여 미군의 추격은 주춤하게 했다. 미군 패치 소장이 점령한 지역의 정리를 안전하게 하려고 추격 속도를 늦췄기 때문으로 시간을 벌 수 있었는데, 만일 일본군의 철수 기미를 알고 공격을 퍼부었다면 일본군의 처지는 비참했을 것이다. 2월 1일 밤에 제38사단의 병력 4,935명이 구축함과 경순양함 1척에 승선하여 부겐빌에 무사히 도착했다. 2월 4일 밤에 제17군 사령관 하쿠다케 중장을 포함하여 제2사단 병력 3,921명이 과달카날을 떠났다.

이때 일본 항공기들은 헨더슨 비행장 상공에서 폭격을 가해 미군기들은 이륙할 수 없었다. 2월 7일 밤, 마지막 철수 역시 성공적으로 이루어져 1,796명이 생환하였다.

그러나 섬에는 질병과 중상으로 움직일 수 없어 참호에 그냥 남아있는 병사들이 다수 있었고, 일부는 작은 배를 타고 인근의 섬으로 탈출한 자들도 많았다. 미군은 일본의 대함대가 출동하는 것이 또 다른 공세를 위한 증원 전력으로 판단하여 적극적인 차단 작전을 주저하다가 일본군을 결정적인 패배로 몰아넣지 못했다. 2월 9일 아침에 패치 소장은 과달카날섬의 끝에 도달하여 일본군이 버리고 간 야포와 탄약 등의 유류품을 보고 지난 3번의 구축함 출동이 일본군의 철수를 위한 작전이었음을 알고 할제이 중장에게 보고했다.

"본인은 오늘 오후 4시 25분을 기해 과달카날에서 일본군의 완전한 패배를 보고합니다. 도쿄 급행은 이제 과달카날에 종착역이 없어졌기 때문입니다."[33]

과달카날 전투 기간 파견된 일본군 4만 4,000명 가운데, 4,300여 명이 수송 간 바다에서 목숨을 잃었고, 상륙한 병력 3만 8,000명 가운데 2만 8,000명이 전사하거나 병사했으며, 1,000명만이 포로가 되었다. 반면에 미군은 6만 명이 투입되어 전사 1,592명, 부상 4,245명이었다. 과달카날 전투 과정에서 치러진 7차례의 해전에서 양편은 우연히도 전투용 함정만 24척씩을 잃었다. 수송선이나 화물선 등을 포함하면 침몰 함선의 수는 훨씬 더 늘어난다. 미군의 함정 12만 6,000t이 가라앉았고, 일본군은 약간 더 많은 13만 4,800t이 가라앉았다. 과달카날 인근의 수역에서 너무나 많은 함정이 가라앉았기 때문에 이곳을 '철 바닥의 해협(Iron Bottom Sound)'이라고 불렀다.

미국 해군은 과달카날 전선에서 전사 5,041명, 부상 2,953명의 인원 손실을 보았으며, 일본군은 이보다 더 큰 손실을 보았다. 일본은 항공기 893대를 잃어 라바울을 중심으로 한 제8방면군은 항공력의 열세를 만회할 수 없었다.[34] 과달카날에서 살아남아 간신히 지옥을 탈출한 일본군의 잔여 병력은 대부분 인도와 버마 전선으로 보내져 '임팔의 비극'이라는 더 참혹한 전투에 투입되게 된다. 과달카날 일대에 투입되었던 한국인의 노무자나 징병자들은 수천 명 이상일 것으로 추산되나 어디에도 정확한 근거는 없다. 위안부들도 이곳까지 끌려와 희생을 치른 기록이 보인다.

일본과 미국 간 육상 전투의 시발인 과달카날 전투는 차후로 전개되는 모든 전투의 시범과 같은 양상을 보여주었다. 일본군은 적은 병력과 부족한 무기, 형편없는 병참 지원 속에서 정신력만으로 야간에 백병전을 통해 적을 공격하다가 참패하고, 식량부족으로 인한

---

33) 권주혁 지음, 앞의 책, p. 402.
34) 심은식 지음. 앞의 책, p. 54.

질병으로 무고한 희생을 자초하는 무모한 모습을 되풀이하여 끝없이 전력을 소모해 나가는 행태를 반복하였다. 과달카날 전투에서 미국 측이 승리함으로써 미드웨이 해전 이후로 연합군은 지상전에서의 분수령을 만들고 태평양 전쟁에서 최후의 승리를 향한 발판을 마련했다. 미군은 이 전투로 인해 앞으로의 전쟁이 얼마나 힘들 것인지를 확실히 깨달았으며, 일본군은 자신들이 전쟁 이전에 미국의 전쟁 의지와 희생을 감수할 용기에 대해 얼마나 잘못된 평가를 하고 있었는지를 분명히 인식할 수 있었다.

● 핸더슨 비행장

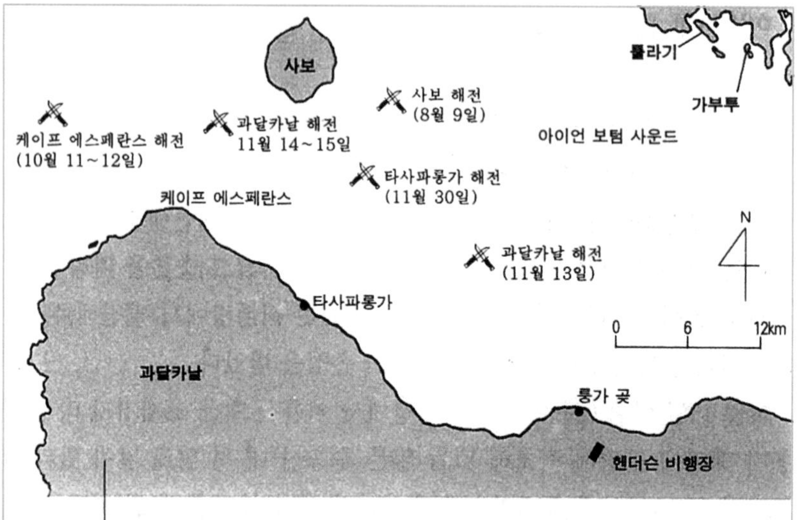

1942년 과달카날 앞 바다에서 벌어진 주요 해전의 위치

※ 출처 : 권주혁 지음, 『핸더슨 비행장』(지식산업사, 2001), p. 379

과달카날에서 일본군이 철수하기 일주일 전에는 스탈린그라드 전투에서 독일군 제6군 예하 20개 사단이 궤멸하였으며, 생존자 9만여 명은 포로가 되었다.

북아프리카 전선에서는 3개월 전 엘 알라메인 전투에서 영국 제8군사령관 몽고메리가 '사막의 여우' 롬멜을 패퇴시켜 바야흐로 전쟁은 연합국의 우세로 돌아섰다. 3개의 전역에서 연합군은 확실하게 우세를 확보했다. 과달카날도 그래서 전쟁 승리의 중요한 분기점으로서의 의미가 크다.

제2절 뉴기니 전선 – 일본제국 파국의 신호

일본군은 1941년 12월 7일 진주만 기습에 성공한 이후 1942년 초에 남태평양의 뉴기니와 솔로몬 군도로 진출하여 중심지를 뉴브리튼섬의 라바울에 두고 뉴기니를 포함한 주변 섬들을 통제하여 미국과 오스트레일리아를 통하는 병참선을 차단하고자 했다. 1942년 1월 23일 일본군 144연대가 라바울에 상륙하고, 이어서 3월 8일에는 뉴기니에서 두 번째로 큰 도시인 라에에 상륙하여 인근 비행장을 점령하였다. 그 뒤로 항공기, 함정, 병력이 속속 증원되어 라바울을 중심으로 약 10만 명의 일본군이 주둔하게 되었다.

1942년 5월이 되자 미국과 오스트레일리아 간의 병참선을 확실히 차단하고, 연합 함대 사령부가 위치한 트럭섬의 안전을 확보하기 위해 뉴기니 남쪽의 요충지인 포트모르즈비는 반드시 점령해야 하는 요충지로 판단했다. 트럭섬의 안전을 위해서는 대규모 육상과 항공 기지가 있는 라바울의 안전이 필수적이며, 과달카날을 중심으로 한 솔로몬군도가 역시 또 하나의 중요한 축이었다. 일본군은 먼저 파푸아의 포트모르즈비를 점령하기 위해 육상부대를 실은 기동함대를 파견하려 했다.

감청을 통해 이를 간파한 미 해군이 이를 저지하기 위해 플레쳐 소장의 기동함대가 출동하게 되자 일본군도 항모 쇼가쿠, 즈이가쿠를 중심으로 한 제4기동함대가 출동하여 5월 7~8일 산호해에서 격돌한 것이 산호 해전이다. 이 해전에서 미군은 항모 렉싱턴과 급유함 1척, 구축함 1척을 잃었고, 일본군은 소형항모 쇼호 1척만 격침되어 전술적으로는 일본군이 승리했으나 포트모르즈비에 상륙하려던 또 하나의 작전 목표는 달성하지 못하고 돌아갔다.

해군력을 통해 산호해를 빙 돌아서 포트모르즈비로 가려던 노력이 무산되자 일본군은 7월 22일 뉴기니의 동쪽 끝부분인 파푸아의 부나에 상륙하여 육로를 통해 남쪽에 있는 포트모르즈비를 점령하려 했다. 파푸아 북쪽에서 남쪽의 포트모르즈비로 가는 길은 최고봉이 4,000m 이상인 오언 스탠리 산맥(Owen Stanley Range)을 넘어 작은 소로가 나 있는 코코다 소로(Kokoda Trail)를 이용하는 것이었다. 코코다 소로는 길이가 220km에 이르고 차량 통행이 불가능하며, 고개의 최고 고지대는 2,000m를 넘는 험준한 길이었다.

1942년 7월 31일 일본군은 포트모르즈비를 점령하기 위한 남해지대 사령부를 편성하고 선발대인 요코야마 대좌가 지휘하는 공병대를 어두운 밤을 이용하여 부나 근처의 해안에 상륙시켰다. 요코야마 선발대는 터널 같은 밀림을 뚫고 7주의 강행군 끝에 코코다 마을에 도착했다. 이곳에서 그들은 소규모의 오스트레일리아군이 경비하고 있는 작은 비행장을 발견하고, 짧은 전투 끝에 탈취했다. 요코야마는 현지에서 노획한 지도를 포함한 상세한 정보를 본부에 보고했고, 이를 바탕으로 본대는 호리이 소장의 지휘하에 8월 18일 부나에 상륙하여 8월 27일 코코다 마을에 도착했다.

한편, 이와 동시에 일본군은 파푸아의 동남쪽 끝에 있는 천연적인 항구 밀른만에 야간에 야노 대좌가 지휘하는 특별 육전대 1,200명을 8월 25일 상륙시켜 점령을 기도했다. 밀른만은 수심이나 지형적인 면에서 라바울에 못지않은 양호한 항구였기 때문에 연합군은 산호 해전 이후에 비행장을 두 곳이나 건설해 놓고, 1만 5,000명의 병력으로 방어하고 있었다. 일본 육전대 1,200명은 상륙하자마자 템블 비행장을 목표로 공격했다. 이곳을 점령한 후에 육로로 포트모르즈비를 공격하려는 의도였다.

일본군의 의도는 첫날부터 무산되었다. 일본군은 점령은 커녕 일주일간의 전투 끝에 병력이 절반으로 줄어 절망 상태에 빠졌다. 일본군 제8함대는 1,000명을 추가 파견했으나, 그들 역시 완전히 패배하여 9월 5일 패잔병 1,000명을 구원하여 철수함으로써 밀른만의 전투는 연합군의 승리로 돌아갔다. 이제 포트모르즈비를 점령하기 위한 노력은 코코다 소로를 공격하는 호리이 소장의 육군에 달려있었다.

그러나 코코다 소로를 따라 겹겹이 중첩된 호주군의 방어선은 비록 소규모였지만, 매우 완강하여 돌파하기에 굉장한 어려움을 겪고 있었다. 게다가 휴대했던 12일분의 식량은 바닥이 났지만, 현지에서 획득할 묘안은 없었고, 해발 2,000m 고지는 열대에 걸맞지 않게 추워 병사들을 더욱 피로하게 만들었다. 처음부터 보급의 어려움을 예상한 호리이 소장은 본부에 지원을 호소했으나 상관인 제18군사령관 아다치(安達二十三) 중장은 오히려 현지 지휘관의 의지를 의심했다.

이제 굶주림에 지친 1만 명에 달하는 일본군의 전진을 위한 목적은 포트모르즈비 점령이 아니라 오로지 먹을 것을 구하기 위한 앞으로의 공격이었다. 언제나 일본군에게 가장 어려운 문제는 식량이었지만, 정신력만을 강조하면서 보급은 소홀히 한 결과, 장병들은 전투보다는 굶주림으로 인한 질병에 의해 더 큰 피해를 보았다. 9월 10일 일본군은 천신만고 끝에 포트모르즈비가 보이는 고지에 도달하여 환성을 질렀다. 이제 50km만 더 전진하면 포트모르즈비에 도착하여 배고픔을 해결할 수 있으리라 생각했다.

그러나 그날 밤, 제18군사령부는 호리이 소장에게 철수 명령을 내렸다. 그 이유는 우선순위가 높은 과달카날 전투에 긴급한 병력증원 요구를 충족시켜야 했으며, 또한 포트모르즈비를 점령하더라도 그에 대한 보급과 증원이 사실상 불가능하다고 판단했기 때문이다. 한편으로는, 무전기의 성능이 미흡하여 라바울의 사령부에서는 현지의 작전 진행 상황을 몰랐기 때문이기도 했다. 말할 수 없는 불만 속에 호리이 소장은 10월 25일 코코다로 돌아왔으나 그들을 기다리는 것은 달콤한 휴식이 아닌 연합군의 반격이었다.

일본군은 코코다 소로를 퇴각하여 최초의 상륙지점인 부나와 고나에 강력한 방어진지를 구축했다. 과달카날 전투가 막바지에 달해 모든 보급은 그쪽으로 돌려져 호리이 부대는 파푸아에 버려진 자식 신세가 되었다. 반격하는 호주군 제17사단에게도 코코다 소로는 장애물이었지만, 자국 영토의 회복이라는 대의에 의해 사기가 높았다. 어렵사리 고나와 부나의 외곽에 공격 진지를 확보한 연합군에게 12월 2일 부임한 신임사령관 아이켈버거(Robert Eichelberger)는 새로운 활력을 불어넣어 해안으로 병력을 증원하여 수륙 양면에서 일본군을 압박했다.

일본군에게 살길은 이제 해안을 따라 도망치는 수밖에 없었다. 병력은 지칠 대로 지쳤고, 식량은 떨어진 지 오래며 말라리아와 영양실조로 환자가 절반이나 되었다. 호리이 소장은 도망치다 물에 빠져 사망함에 따라 그의 후임으로 오다 소장이 임명되었다.[35] 오다는 증원된 1개 여단 병력을 통합하여 부나 일대를 방어하고 있었으나 전황은 이미 절망적이었다. 탄약은 물론 식량의 보급이 오래전에 끊겼고, 병으로 죽어가는 병사가 전사자보다 많았다.

1월 2일 부나의 수비대가 전멸했다. 오다 소장은 1월 20일 그의 부하들에게 동쪽으로 철수하라는 명령을 내린 후 그의 부관과 함께 자살했다. 이 전역에서 일본군은 2만 명을 투입하여 1만 2,000명이 희생되었으며 연합군은 2,850명을 잃었다. 일본군은 3,400여 명이 살아 돌아갔지만, 나머지는 포로가 되었는데, 항복 당시 그들은 모두 죽기 직전의 환자 상태로 자발적인 항복보다는 버려진 상태에서 포로가 되었다.

일본군은 이곳에서도 처참한 패배를 맛보았다. 일본군은 언제나 소부대 야간전투에는 뛰어난 능력을 발휘했지만, 문제는 고위 사령부의 전략 입안자들이었다. 그들은 연합군의 강력한 화력으로 보강된 방어망을 소수 병력에 의한 총검 돌격으로 점령하려는 전근대적인 사고방식을 탈피하지 못했으며, 더욱이 식량과 탄약을 부수적인 문제로 경시하여 말단 병사들은 운명적인 소모전과 악순환이 계속되어 죽어갔다. 한 마디로 일본군의 장군들은 소부대 전투에나 적합한 무능한 전투를 계속했다.

뉴기니 전선이 무너졌지만, 아직도 해안의 라에(Lae)와 살라모아(Salamoa)에는 일부 잔존병력이 남아 방어하고 있었다. 일본 육군의 수뇌부는 뉴기니가 과달카날과 같은 소모전이 되는 것에 우려하고 있었으나, 그보다는 연합군이 뉴기니의 동북쪽 해안을 따라 필리핀으로 진격하는 것을 더욱 두려워하여 어떻게든 뉴기니를 확보하려고 했다. 그를 위해 조선과 중국 파견군으로부터 3개 사단을 차출하여 투입하기로 결정했다. 이때 대본영에서는 남태평양에서의 전투가 이미 과달카날 전투의 패배로 철수하자, 이제 주전장의 관심은 뉴기니로 모아졌다.

1943년 2월에 일본군은 제20사단을 마당에, 제41사단을 웨와크에, 제51사단을 살라모아에 보내 지역을 수비하도록 준비했다.

---

35) 심은식 지음, 앞의 책, p. 71.

해군 측에서도 뉴기니의 확보는 라바울의 안전에 매우 중요했기 때문에 육군의 작전에 최대한 협조를 아끼지 않았다.

야마모토 사령관은 육군의 증원부대를 호송하기 위해 구축함 8척에 수송선 8척, 그리고 항공기 200대를 동원하였다. 육군부대는 3월 1일 제18군사령관 아다치 중장의 지휘하에 1차로 제51사단 병력 6,900명에 탄약과 식량 2,500t을 싣고 라바울을 떠났다. 미군은 이미 통신 감청을 통해 일본군의 증원계획을 간파하고 뉴기니의 라에 항에 도착이 3월 5일이 될 것으로 예측하였다. 일본군이 라바울을 떠나자 3월 2일 오전 8시 B-17 폭격기 8대가 수송 선단을 공격하여 수송선 1척이 격침되고 병력 700명이 전사하였으며 800명만 구조되어 라에에 상륙했다.

다음 날 아침 8시에 미군 항공기 120대가 다시 공습을 해와 수송선 7척과 구축함 4척을 격침시켰다. 그 결과 115연대 거의 전 병력과 보급품이 모두 비스마르크 해의 바닷속으로 사라졌다. 사령관 아다치 중장 이하 2,500명만 겨우 라바울로 생환하여 뉴기니 증원계획은 무산되었다. 이때 미군 제5공군사령관 케니(George Kenney) 중장은 함정에 대한 새로운 폭격 방법을 사용했는데 이는 '물수제비뜨기 폭격(Low Level Skip Bombing Strike)'이라는 명칭으로, 폭격기가 해면 60m의 저고도로 날면서 목표지점 100m 전방에서 고폭탄을 떨어뜨리면 폭탄은 마치 물수제비를 뜨는 것처럼 한 번 반동으로 튀어 오른 다음, 배의 옆구리에 명중하는 방법을 말한다.

뉴기니를 증원하기 위한 수송 작전에서 일본군은 수송선 8척 모두와 구축함 4척, 그리고 병력 3,500명이 바다에 빠져 숨졌으며, 항공기 20대도 추가로 손실을 보았다. 반면에 미군은 항공기 5대만을 상실하여 일방적인 승리를 거두었다. 이 전투를 미군은 '비스마르크 해전(Battle of Bismarck Sea)'이라고 부른다. 간신히 라에에 도착한 800명은 밑 빠진 독에 물 붓는 형상으로 녹아버렸다.

뉴기니에 대한 육군의 증원계획과 함께 야마모토는 전세를 역전시키기 위해 자신이 가지고 있는 전 항공력을 이용하여 솔로몬군도 방면과 뉴기니 방면의 미군에 대한 반격을 구상했다. 이미 과달카날과 뉴기니에서 연전연패하여 분위기가 가라앉아 있는데 이렇게 계속 밀리면 걷잡을 수 없는 붕괴 현상에 빠질 수 있으므로 분위기를 역전시켜야 한다는 생각이었다. 이 작전의 명칭을 "이 호 작전"이라고 명명하고 가능한 전 항공력인 350대를 동원하여 4월 5일부터 20일까지 실시했으나 공식적으로는 함선 6척 격침, 항공기 28대 격추라는 초라한 결과만 남았다. 이제 솔로몬 군도와 뉴기니에서의 공격행위는 종말을 고했고, 연합군의 공세만 남았다.

제3절 연합 함대사령관 야마모토의 최후

1943년 4월 14일 알래스카 일대의 미군 감청 반은 일본군의 통신을 감청하여 워싱턴 본부에 보고했는데, 해독한 결과 야마모토가 4월 18일 오전 8시에 "이호 작전"을 격려하기 위해 솔로몬 군도의 북부 지역인 부겐빌섬을 방문한다는 내용이었다. 워싱턴에서는 야마모토를 제거한다면 후임자로서는 그의 능력을 능가하는 해군의 장성이 없다는 분석을 통해 그의 항공기를 요격하여 제거하기로 결심했다. 야마모토의 제거 작전은 루스벨트 대통령에게까지 보고되어 최종 재가를 받았다. 사용되는 항공기는 P-38 라이트닝(Lightning) 전투기로 과달카날의 헨더슨 기지에서 출격하기로 했다. 헨더슨 기지에서 부겐빌까지는 512km이므로 항속거리를 연장하기 위해 보조연료탱크를 부착해야 했지만, 그래도 부겐빌 상공에서 임무를 수행하는데 여유 시간은 10분밖에 가용하지 않았다.

그러나 야마모토가 시간을 철저히 엄수하는 습성이 있어 계획된 시간에 나타날 것을 의심하지 않았다. 미군은 진주만과 미드웨이, 그리고 과달카날 전투에서 미군에게 너무나 많은 희생을 강요했던 야마모토를 제거하는 작전명을 '복수 작전(Operation Vengeance)'라고 명했다. 남태평양사령관 할제이 중장은 항공 사령관 미처(Marc Mischer) 소장에게 실행 명령을 하달했다. "공작은 예정된 시간에 따라 움직일 것으로 생각된다."라고. 요격 날짜는 공교롭게도 정확히 1년 전 둘리틀 중령의 폭격기 편대가 도쿄를 공습한 날과 일치했다.

● 야마모토가 탄 1식 육공기를 격추시킨 P-38

16대로 구성된 p-38 전투기 편대는 예정된 시간인 4월 18일 오전 8시에 목표지점에 도착하여 공격 준비를 마쳤다. 야마모토 일행은 수송기 두 대에 야마모토 사령관과 우가키 참모장이 각각 탑승하고 여섯 대의 전투기가 호위하였으나, 야마모토 사령관이 탑승한 항공기는 미군기의 요격에 불길을 뿜으며 정글 속으로 추락했다. 야마모토가 탑승한 항공기는 탑

● 야마모토 사령장관이 탑승했던 1식 육공기

승자 11명 모두가 사망했으며, 기체는 다음 날인 4월 19일 발견되었다. 야마모토가 전사한 사실은 그렇지 않아도 계속되는 패배에 사기가 떨어진 일본군에게 커다란 충격을 주었다. 대본영은 이를 고려하여 5월 21일에야 사실을 발표하고 원수로 추서했으며 도쿄에서 국장으로 장례를 치른 후 고향인 나가오카의 가족묘에 안장하였다.

그는 전쟁 개시를 앞두고 반대의견을 제시하여 열혈 청년 장교들의 암살 위협을 받았기 때문에 그를 아끼는 고위층들의 비호를 받아 연합 함대사령관으로 보직되어 미군을 곤경에 몰아넣었지만, 그의 예상대로 1년 이상 버티기는 어려웠다. 그의 전사는 일본의 최종 패배를 보지 않고 죽어 군인으로서 다행이었을 것이란 생각이 든다. 그의 후임에는 고가 미네이치(古賀峯一) 제독이 임명되었다. 한편, 암호해독으로 작전을 성공시킨 미군은 일본의 암호를 해독했다는 사실을 은폐하기 위해 모든 사실을 모르는 체했다. 일본군은 종전 시까지 미군의 암호해독 사실에 대해 의문을 가지긴 했으나 확신하지는 못했다.

제4절 알류샨 열도 작전 – 북태평양에서의 후퇴

1942년 5월 일본군이 미드웨이섬을 공격하면서 양공 작전으로 알류샨 열도를 점령했는데, 미드웨이 작전에 대한 미군의 이목을 흐리게 하기 위한 목적 외에 미·소간의 지리적 연결 차단과 일부일지라도 미국의 영토를 점령했다는 심리적 만족감으로 알류샨을 점령했지만, 전략적으로는 가치가 거의 없었다. 그러나 미국으로서는 비록 어부들만 거주하는 섬이라 할지라도 자국의 영토를 일본군 점령하에 놔둘 수 없다는 여론을 무시할 수 없어, 마셜 육군참모총장은 1943년 5월 7일을 기해 1개 사단으로 먼저 애투섬을 탈환하는 작전을 승인했다.

애투섬 탈환 작전에는 킹케이드 제독이 총지휘하고, 보병 제7사단장 브라운 소장이 육상 전투를 담당하기로 했다. 애투섬에는 약 2,500명의 일본군이 수비하고 있었는데, 5월 11일 킹케이드 제독의 제51기동함대의 함포사격을 시작으로 상륙작전이 시작되었다. 애투섬은 차가운 눈과 얼음으로 뒤덮인 늪지대와 700m의 산악이 이어져 있고, 안개가 자욱하여 공군 활동에 지장을 주었다. 캘리포니아의 따뜻한 기후에서 훈련받던 제7사단은 차가운 북방의 지형과 기상, 그리고 일본군의 강력한 저항에 압도당했다. 사단장은 동상과 전투로 늘어나는 피해를 견디지 못하고 증원을 요청하자, 킹케이드 제독은 1만 명 이상의 병력으로 3,000명도 되지 않는 일본군에 고전하는 사단장을 해임하고 유진 런드럼 소장으로 교체했다.

이때 일본군의 수뇌부는 가치도 없는 애투섬을 사수하기에는 과달카날처럼 전력의 소모만 가중시킬 것이라는 점을 깨닫고 포기하기로 작정하였다. 그러나 현지 수비대에게는 가능한 최대한 저항을 명하면서 한편으로는 철수를 고려하였으나 철수를 위한 해군수송력이 없어 사실상 방치되었다. 미군의 진격에 계속된 피해를 입고 고립무원의 상태에서 궁지에 몰린 일본군은 5월 29일 야간에 수비대장 야마자키 대좌의 인솔하에 잔여 인원 150명이 최후의 자살 돌격을 감행했다. 그는 육군본부에 최후의 무전을 쳤는데, 무전 송신내용은 아래와 같이 충격적이었다.

"부상 환자는 최후를 각오케 하고 각각 처치하고 있음. 비전투 요원에게는 돌격대의 뒤를 따르게 함으로써 살아남아 포로의 길을 걷는 치욕의 길을 받는 일이 없도록 하였음. 이밖에 다른 방책이 없는 것도 아니지만 영혼과 함께 돌격하고자 함."

야마자키 대좌의 돌격은 29일 밤부터 30일 오후까지 실시되어 29명의 포로를 제외한 전원이 사살되었다. 미군 측은 전사 400명, 부상 1,235명인데 반해 일본군은 전사 2,300명, 포로 29명이었다.[36] 애투섬의 수비대가 전멸했다는 소식은 이 섬보다 300km나 더 미국에 가까운 곳에 있는 키스카섬에 주둔 중인 일본군에게 절망감을 안겨 주었다. 키스카섬에는 5,600명의 수비대가 있었는데, 다행히 대본영에서는 키스카의 수비대를 완전히 철수시키기로 결정했다.

문제는 철수를 위한 수송 수단과 미군의 해상봉쇄망을 뚫는 일이었다. 5월 27일부터 가장 소극적인 방법으로 소형 잠수함을 이용하여 철수를 시작했다. 그러나 이 방법도 여의찮아 12회에 걸쳐 820명을 구출했으나, 도중에 3척의 잠수함이 격침됨으로써 중지할 수밖에 없었다. 미군이 제해권을 장악하고 있어 키스카의 수비대는 그야말로 고립무원의 상태에서 꼼짝없이 갇히게 된 것이다. 이때의 심정을 젊은 장교는 아래와 같이 표현했다.

● 안개 속을 항해 중인 기무라 소장의 경순양함. 파도로 밀려온 물이 강추위 탓에 얼어 있다.

"종일토록 자살 방법을 생각해 보았다. 되도록 안락하게 죽는 방법을 생각해 내려 하는 이 가엾은 신세여! 차라리 하루라도 빨리 미군이 상륙하여 옥쇄해 버렸으면 좋으련만."

---

36) 심은식 지음, 앞의 책, p. 82.

철수를 담당한 제5함대 사령관 가와세 중장은 바다를 뒤덮은 안개를 이용해 은밀하게 철수하는 방침을 세우고 기상을 면밀히 검토하다가, 7월 22일 미군에게 발각되어 희생을 치르더라도 작전을 강행하기로 결심했다. 키스카의 수비대는 함대의 무선침묵으로 인해 언제 구조선이 도착할지를 몰라 밤만 되면 은밀히 해안에 집결하여 대기했다가 새벽에 다시 방어진지로 돌아가는 일상을 되풀이했다. 구조 함정들이 항구에 돌입한 7월 29일은 짙은 안개가 바다를 뒤덮어 최적의 조건이 이루어졌으며, 5,600명의 수비대가 불과 55분 만에 전원 성공적으로 함정에 탑승하여 철수했다. 당시 미군 함정들은 급유를 위해 근해를 떠나있었다.

● 맹포격으로 불타오르는 키스카 기지. 미군은 대병력을 이끌고 상륙했지만 기지는 텅텅 빈 상태였다.

미군은 일본군이 떠난 줄을 모르고 2주 후인 8월 15일 1,300t에 달하는 항공 폭격과 함포사격을 퍼부은 후에 3만 4,000명을 상륙시켰으나, 일본군은 이미 흔적도 없이 사라진 후였다. 적에 관한 정보를 까맣게 몰라 노력을 낭비한 것이다. 이로써 일본군은 북태평양에서도 완전히 나가게 되었다.

제5절 수레바퀴 작전(Operation Cartwheel)

과달카날 전투가 종료되고 뉴기니에서도 동부 해안을 점령하게 되자 연합군은 다음 단계의 작전을 구상하게 되는데, 그것은 해군과 육군의 임무를 다시 조정하여 남태평양을 담당하는 할제이 제독이 과달카날에서 솔로몬 군도를 따라 라바울을 향해 북상하면서 뉴조지아-벨라 라벨라-부건빌을 점령하는 동안, 남서태평양의 맥아더는 뉴기니의 동북을 탈환하고 맞은편 라바울 기지가 있는 뉴브리튼섬의 서쪽을 점령하는 수레바퀴 작전을 수행하라는 작전지침이 하달되었다.

이에 맞서는 일본 육군의 제8방면군은 라바울에 사령부를 두고 이마무라 히토시(今村均) 중장의 지휘를 받아 방어에 임했다. 휘하의 제17군은 하쿠타케 중장의 지휘하에 3개 사단으로 솔로몬 군도와 뉴브리튼섬을 방어하고 있었고, 제18군은 아다치 하타조 중장의 지휘하에 3개 사단으로 뉴기니를 수비하고 있었다. 총병력은 8~9만 정도였고, 육군 항공대 320대를 보유하였다.

일본군이 과달카날에서 완전히 철수한 직후 할제이 제독은 지체없이 공세를 펼쳤다. 1943년 2월 17일 과달카날섬에서 북쪽으로 50km 이격된 러셀제도를 점령하여 두 개의 비행장을 건설하고, 보급품을 집적하여 북쪽에 있는 큰 섬으로 일본군이 강력히 방어하고 있는 뉴조지아섬을 공략하기 위한 준비를 4월 15일까지 완료하였다. 그사이에 작은 해전이 뉴조지아섬 인근에서 벌어져 일본군 구축함 2척이 격침되었다.

다음 작전은 뉴조지아섬을 점령하는 '발톱 작전'으로 터너 제독의 지휘하에 육군 제43사단과 일부 해병대로 뉴조지아섬의 문다 비행장 일대를 점령하며, 육군 제103연대가 주축이 되는 분견대가 뉴조지아섬의 중부지역인 세기곶(Segi Point) 일대를 점령하도록 하였다. 총 3만여 명의 미군이 이 작전에 투입되었다. 이에 대항하여 일본군은 1만 5,000명의 병력으로 각 지역의 요지를 점령하여 방어하고 있었다.

6월 30일 미군은 뉴조지아섬에 상륙하여 문다 비행장을 향해 진격했으나, 겹겹이 구축된 일본군의 진지를 돌파하는 것은 매우 어려운 일이었다. 그러나 점차 일본군의 방어 전술을 숙지하여 8월 5일에는 비행장을 완전히 탈취하여 작전의 목적을 달성하였다. 미 육군이 문다 비행장을 탈환하기 위해 분투하는 동안 문다 부근의 해상에서 두 차례의 해전이 벌어졌다. 즉 사사키 소장이 지휘하는 육군 수비대를 증원하기 위해 도쿄 특급이라고 불리는 구축함들이 출동하는 것을 알게 된 미군은 순양함 3척과 구축함 4척을 급파했다. 일본 해군은 지상 병력을 증원하기 위해 구축함 10척에 병력과 장비를 싣고 쿨라만 근처를 항해하다가 미군 함정과 격돌했다.

7월 6일 밤 1시 57분에 레이더를 통해 적을 먼저 발견한 미군 함정이 일본군의 구축함에 발포하면서 시작된 전투는 양측에 거의 대등한 피해를 입혔다. 역시 일본군이 자랑하는 93식 어뢰는 명품으로 미군 순양함 헬레나에 3발을 명중시켜 두 동강을 내버렸다. 사거리 40km에 속도가 빠르고 탄두 폭약의 양이 500kg에 달하는 93식 어뢰는 속도가 느리고 사거리가 13km에도 못 미치는 미군의 어뢰를 크게 능가했다. 반면, 일본군은 미군의 포격으로 구축함 2척이 격침되었다. 그러나 일본군은 작전의 목적인 육군의 증원에는 성공했다. 미군은 이 해전을 '쿨라만 해전'이라고 불렀다.

이런 형태의 해전이 며칠 후에 또다시 벌어졌다. 일본군이 경순양함 1척과 구축함 6척으로 콜롬방가라섬에 있는 육군을 증원하기 위해 쿨라만 인근을 항해하는 것을 미군이 경순양함 3척, 구축함 4척으로 저지하기 위해 기동하여 7월 12일 밤에 격돌하였다. 이 해전에서도 일본의 93식 어뢰는 능력을 십분 발휘하여 미군의 구축함 1척을 격침시키고, 경순양함 3척에 큰 피해를 입혔다. 반면 일본군은 경순양함 진쓰가 격침되었다. 하지만 역시 지상군에 대한 병력증원과 보급품의 양륙에 성공하였다. 미군은 이 해전을 '콜롬방가라 해전'이라고 불렀다.

한편, 문다 비행장을 장악한 미군은 활주로를 크게 확장하여 육군과 해병대의 항공기들이 대거 증강되어 맹위를 떨치게 되었다. 전쟁 초기에 미군기를 압도했던 일본의 제로 전투기는 미군의 새로운 전투기인 P-38 라이트닝, F4U 콜세어, F6F 헬켓 등 신예 전투기가 출현하면서 점차 성능 면에서 적수가 되지 못했다. 미군은 문다 비행장을 이용해 부겐빌과 쇼틀랜드에 있는 일본군의 중요 기지들에 대한 폭격을 강화할 수 있었으며, 때로는 전혀 예상치 못한 야간 공습까지 감행하여 일본군을 압도해 갔다.

과달카날을 떠나 공세를 강화한 미군은 줄지어 서 있는 솔로몬군도 중에서 큰 섬인 뉴조지아를 점령하고 다음은 벨라 라벨라섬에 대한 공격 기회를 놓치지 않았다. 중앙에 위치하고 있는 콜롬방가라섬은 점령하지 않고 건너뛰었는데, 일본군이 주둔한 섬을 점령하지 않고 주변 섬들을 점령함으로써 콜롬방가라에 있는 일본군을 외부와 차단하여 고립시킴으로써 말라비틀어지게 하는 작전이었다. 제해권과 제공권을 장악함으로써 미군은 여유 있게 '섬 건너뛰기 전법'을 사용할 수 있게 되었다.

'섬 건너뛰기 전법'은 흔히 '우회 전술(Bypass)'로 불리었는데, 이는 일본군이 점령한 강한 곳을 피하여 우회하되 제해권과 제공권을 이용하여 고립시킴으로서 보급을 차단하여 전투력을 무력화시키는 전술을 의미하였기 때문이다. 반면에 일본군은 광대한 태평양에 진출할 때 연합군이 강력히 점령하고 있던 주요 지역을 무력화시키면서 역시 건너뛰기를 했는데, 이를 일본군은 '와조전술(蛙跳戰術 ; Frog Jumping)'이라고 불렀다.

8월 15일 항공대의 지원을 받은 4,600명의 미군은 손쉽게 벨라 라벨라섬을 점령함으로써 보다 남쪽의 섬 콜롬방가라에 주둔하고 있는 1만여 명의 일본군은 전진하는 미군에게 큰 위협이 되지 못했다. 이 시점을 전후하여 역시 지상군을 증원하려는 일본 해군과 이를 저지하려는 미군 간의 해전이 두 차례 벌어졌다. 8월 6일 밤에 미군은 병력과 보급품을 적재한 일본 구축함 3척을 침몰시키고 1척에 손상을 입혀 도쿄 특급에 강타를 먹였다. 미군의 피해는 전혀 없었다. 미군은 이 해전을 '벨라만 해전'이라고 불렀다.

미군은 뉴조지아섬을 점령한 다음 주변에 산재한 산호초 섬들을 이용하여 4개의 어뢰정 중대를 편성하여 일본군 보급선의 운항을 방해하였다. 어뢰정은 시속 60km 이상의 쾌속으로 움직이며 무게 50t의 가벼운 선체에 어뢰발사관 4문과 기관총을 장착하여 수송선이나 발동선, 때로는 군함도 공격할 수 있어 제해권의 틈새를 보강해 주는 효과적인 역할을 했다. 이 지역에서 어뢰정의 정장으로 활동하던 케네디(John F.Kennedy) 중위(미국의 35

대 대통령)는 8월 2일 밤 일본군의 수송 선단을 저지하기 위한 작전 도중, 구축함에 부딪혀 그의 어뢰정 PT109호가 두 동강이가 나버렸으나 부상한 부하를 이끌고 수 km나 헤엄쳐 6일 후에 구조되었다.

9월이 되자 제8방면군 사령관 이마무라는 어쩔 수 없이 콜롬방가라에 있는 일본군을 철수시키기 시작했는데, 10월 초까지의 철수 과정에서 3,000~4,000명의 일본군이 희생되었지만, 9,400명은 솔로몬 군도를 철수하는 데 성공했다.

미군의 다음 목표는 부겐빌섬이었다. 이 섬에서 남태평양의 일본군 사령부가 위치한 라바울까지는 300km 정도로 부겐빌이 미군의 수중에 들어갈 경우, 라바울은 심각한 위협을 받게 되어 있었다.

11월 1일 과달카날에서 해병 제1사단을 지휘하여 성공한 밴더그리프트 장군은 일본군의 저항이 미약한 부겐빌섬의 서부 중앙지점인 토로키나에 해병 제3사단과 육군 제37사단을 상륙시켜 교두보를 확보하였다. 부겐빌을 방어하고 있던 일본군의 지휘관은 과달카날에서 밴더그리프트 장군에게 패배했던 제17군 사령관 하쿠다케 중장이었는데, 그는 미군의 상륙지점이 비행장이 건설된 섬의 남쪽이나 북쪽이 될 것이라고 예상하였으나, 미군은 예상을 뛰어넘어 저항이 미약한 중부지역에 상륙하여 급속히 늪지대를 메우며 비행장을 건설하기 시작했다. 하쿠다케는 자기 잘못을 깨닫고 미군의 상륙지점에 대한 공격을 추진했으나, 험난한 지형 탓에 부대가 이동할 수가 없어 곤경에 처했다.

한편, 미군이 토로키나 곶에 상륙했다는 보고를 받은 라바울에서는 일본군 제8함대 사령관 오모리 센타로(大森仙太郎) 소장에게 미군이 상륙한 당일 저녁에 미군의 상륙지점을 강타한 후에 역 상륙을 감행하도록 중순양함 2척, 경순양함 2척, 구축함 11척, 수송선 5척을 인솔하여 출발했다. 그러나 부겐빌로 가는 동안 함대가 미군의 정찰기에 발견되어 기도가 노출되자, 역 상륙을 감행하는 것은 불가능하다고 판단하여, 병력을 실은 수송 선단은 라바울로 회항하고 전투함들은 계획대로 토로키나의 외곽인 엠프레스 아구스타(Empress Augusta) 만에 도착하여 미군의 상륙을 지원하는 해상 세력을 격퇴하도록 지시했다.

일본함대의 기도를 간파한 미군은 메릴 소장 휘하의 제39기동함대를 출동시켜 일본함대를 축출하도록 하였다. 미군 함대의 구성은 경순양함 4척, 구축함 8척으로 일본함대에 비해 수와 크기에서 모두 열세였다. 11월 2일 새벽 2시 45분 조우한 양군은 거의 동시에 포문을 열고 어뢰를 발사했다. 그러나 일본군은 운이 조금 없어 두 번이나 자국의 함대끼리 부딪쳐 손상을 입었다. 이 전투에서 일본군은 경순양함 1척과 구축함 1척이 침몰했고, 모든 함정이 손상을 입었으나 미군은 경순양함 2척과 구축함 2척이 손상을 입은 외에 결정적인 피해는 없었다. 이 해전을 미군은 '엠프레스 아구스타 해전'이라고 부르고 일본군은 '부겐빌섬 해전'이라고 부른다.

부겐빌섬에 상륙한 미군은 늪지대인 해안선에 평행하게 비행장을 건설하여 39일 만인 12월 9일 임무를 개시함으로써 순식간에 라바울과 부겐빌섬의 일본군 기지를 위협하는 전투기지로 변모했다. 게다가 매일 매일 점령지역을 넓혀나가 추가로 비행장을 두 곳에 더 건설하여 12월 중순에는 이곳에서 발진한 항공기들이 라바울을 수시로 공격하게 되었다. 이제 일본군 방어 사령관 하쿠다케 중장은 소규모의 공격이나 항공력에 의한 미군의 축출은 불가능하다고 판단하여 전 병력을 동원하여 공격하기로 했다.

그러나 정글을 뚫고 중장비를 분해하여 휴대한 병력의 집결이 어려워 1944년 3월이 되어서야 공격 대기지점에 도달할 수 있었다. 일본군이 공격을 준비하는 동안 미군 역시 견고한 방어진지를 구축하고 적의 공격에 대비하고 있었으므로 17일간의 일본군 공격은 결국 수포로 돌아갔다. 여섯 달에 걸친 이 전투에서 일본군은 7,000명 이상을 잃었고, 미군도 1,000명의 전사자를 내었다. 하쿠다케 중장은 과달카날에 이어 이곳에서도 패배를 맛보았다.

제6절 라바울 무력화

미군의 지상 병력이 부겐빌에 상륙한 11월 1일에 맞추어 할제이 제독은 아예 라바울을 무력화시켜 '수레바퀴 작전'을 마무리하려고 했다. 할제이는 구리다 중장이 이끄는 강력한 함대가 11월 4일 라바울로 이동하여 항구에 정박해 있는 것을 알고, 이 함대가 부겐빌의 상륙부대에 위협을 주기 전에 격멸시켜버리기 위해 셔먼 소장의 제38기동함대가 출동하도록 하였다. 항모 사라토가와 프린스턴을 중심으로 함재기 100대 이상으로 급습하도록 한 것이다. 항모를 적의 기지 앞에 보내는 것은 위험하나 적의 함대를 그대로 두는 것은 더 위험하다고 판단하여 용단을 내린 것이다.

11월 5일 오전 11시 100대의 함재기들이 항구에 있는 구리다 함대를 덮쳤다. 라바울의 육상기지에 있는 제로 전투기 100여 대가 이를 요격하였으나, 이미 성능 면에서 앞선 F6F 헬캣 전투기가 제로 전투기를 무력화하여 25대를 격추시키는 동안 폭격기들은 중순양함 6척, 경순양함 2척, 구축함 2척을 대파했다. 5일 후인 11월 11일에는 항모 5척이 출동하여 함재기 185대가 다시 라바울 항구를 공습하여 함대를 대파하고 제로 전투기 68대를 격추시켰다. 귀환하는 미군 함대에 대해 육상기지의 일본 항공대 120대가 항모 함대를 공격했으나, 오히려 40대의 항공기를 잃고 미군에게 이렇다 할 피해는 주지 못했다. 더 이상 라바울 기지를 유지하기 힘들다는 평가를 한 일본군은 11월 12일 육상기지의 항공기들을 모두 트럭섬으로 이동시킴으로써 라바울은 북상하는 미군에게 위협을 줄 수 없게 되었다.

한편, 맥아더의 남서태평양사령부에서는 뉴기니 중부지역을 오스트레일리아 육군의 주력으로 악전고투 끝에 제압한 다음 12월 15일 라바울이 있는 뉴브리튼섬의 서부지역인 글로체스터곶(Cape Gloucester)에 상륙하여 라바울을 코앞에서 위협하게 되었다. 그러나 라바울과 글로체스터곶은 300km나 이격되어 육군이 정글을 뚫고 직접 라바울을 점령하는 것은 너무나 많은 난관이 도사리고 있어 미군은 라바울을 점령하기보다는 고립시켜 무력화하고 개구리 뛰기 전술로 다음 공격 목표를 필리핀으로 해야 한다고 정했다.

이제 라바울의 일본군은 맥아더 사령부와 할제이 사령부의 양쪽으로부터 수시로 항공폭격을 당해 실질적인 군사 활동은 거의 없이 지하 동굴에서 생활해야 했으므로 사실상 휴전 상태 비슷하게 되었다. 전쟁이 종료될 때까지 40척의 일본 함정이 침몰하여 항구에 가라앉았고, 3만t에 달하는 항공 폭격과 400t에 달하는 함포의 사격을 받아 5,000명이 전사했다. 라바울은 일본이 항복한 후인 1945년 9월 초에 뉴기니 전역에 있는 13만 9,000명의 일본군을 대표하여 제8방면군 사령관 이마무라 대장(1943년 대장 승진)이 뉴기니 방면 호주군 사령관 스터디(V.A.H Sturdee) 중장에게 항복했다. 이때가 수레바퀴 작전의 종료 시점이었다.

여기서 도서를 중심으로 한 연합군과 일본군의 전투방식을 비교해 보고자 한다. 미군을 중심으로 한 연합군은 초기에 정글전을 치르면서 비싼 수업료를 내야 했다. 특히 기상과 지형 조건을 극복하기가 극히 곤란하고, 멀리 떨어진 섬에 대한 보급지원은 생존의 원천이지만, 제해권과 제공권이 없으면 불가능하다는 점을 절감했다. 전투방식에서도 미군은 적에 대해서 우세한 포병과 함포, 항공 화력을 운용하여 적을 대부분 무력화 시킨 다음 지역을 점령하는 방식이어서 인명피해를 최소화했다. 그러나 그러한 전투방식은 대규모 군수지원이 필수적이며 미군은 그것이 가능했다.

또 하나의 특징으로 꼭 언급해야 할 점은 연합군이 현지 주민을 보조 전력으로 적절히 활용했다는 점이다. 특히 정글전이나 도서 지역에서 지역 주민은 적시적인 정보는 물론, 추락한 조종사나 격침당해 섬에 상륙한 해군 요원에 대한 구조 활동에 매우 효과적이었다. 그뿐만 아니라 지역 주민들은 침략자를 물리친다는 대의에 매우 헌신적이어서 전투에 기여한 바가 지대했다. 지역의 현지 협조자가 없었다면 케네디 중위(미국 36대 대통령)도 전사했을지도 모른다.

반면, 일본군은 초기에 말레이, 버마, 필리핀, 뉴기니 등지에서 연합군의 우둔한 대응을 잘 응징하여 멋진 기습으로 연전연승했다. 경량의 장비와 고난을 이겨내는 보병들의 노력은 험난한 정글을 재빠르게 이동하면서 연합군을 곧잘 곤경에 빠뜨렸다. 방어 면에서도 높은 전투의지와 소부대 전투 능력이 뛰어났으며, 잘 구축된 참호와 동굴 진지들을 이용하는 기술을 가지고 있었다. 그러나 장군들은 상상력이 부족하여 지나치게 상부의 지시에 순응하는 경향으로 현장에서의 독단적인 부대 운영에 융통성을 발휘하지 못하고, 극단적인 경직성을 보여 병력을 무리하게 희생시켰다. 연합군의 압도적인 군수지원 능력을 인식하지 못하고, 화력의 위력을 경시했다.

연합군이 제해권과 제공권을 장악하자 일본군은 섬에 고립되고 보급이 단절되자 끝까지 저항하다가 자살적인 공격을 하거나, 정글 속으로 흩어져 유병화한 다음 소멸했다. 일본군에게 항복이란 있을 수 없었기 때문이었다. 일본군은 인명을 경시하고, 천황에 대한 충성만을 강조하여 무고한 장병들의 목숨을 정글 속에 버렸다. 참고로 중일전쟁 이후 일본군은 230만 명의 전사자가 발생했는데, 이 중에 영양실조에 의한 아사자와 영양실조로 인한 질병으로 사망한 광의의 아사자를 포함하여 140만 명에 달해 아사자의 비율이 총전사자의 60%에 달했다고 한다.[37] 특히 뉴기니 전투에서 제18군은 10만 명이 전사했는데 9만 명이 아사했다고 한다.[38]

제7절 개구리 뜀뛰기 전술 : 라바울과 트럭섬의 고립

미 해군 총사령관 킹 제독은 미국의 해군력을 중부 태평양에서 일본군을 공격하는 데 사용의 우선순위를 두어야 한다고 늘 강조했다. 그러나 남서태평양 사령관 맥아더는 병력과 자원을 자신에게 집중시켜 뉴기니를 거쳐 필리핀으로 진격해야 한다고 주장했다. 처음부터 두 개의 축선으로 작전을 수행할 만큼 압도적인 전력을 보유했다면 전쟁은 더 빨리 종료되었을 터이지만, 미국이 충분한 능력을 갖추게 된 시점은 1943년 말부터였다. 진주만 기습 당시 미군은 태평양에 겨우 항모 3척을 비롯한 빈약한 전력밖에 없었지만, 1943년 말이 되면 중, 대형 항모 10척, 호위 항모 7척, 전함 12척을 보유하여 일본군을 압도하기 시작했으며 이는 주로 중부태평양 함대인 제5함대 소속이었다.

1943년 말에 미군은 막강한 전력으로 라바울을 뛰어넘어 개구리 뜀뛰기 작전으로 일본군이 점령한 섬들을 공략하기 시작했는데 1943년 11월 20일에는 길버트 제도의 타라와(Tarawa)와 마킨(Makin)섬에 상륙했다. 마킨섬은 11월 21일 쉽게 점령했지만, 타라와섬에서는 고전을 면치 못했다. 타라와에는 일본군 5,000명이 수비하고 있어 완강하게 저항

37) 요시다 유타카 지음, 최혜주 옮김, 『아시아 태평양 전쟁』(서울 : 어문학사. 2013), pp. 206-207.
38) 심은식 지음, 앞의 책, p. 155.

한 데다, 지형을 잘못 조사하여 상륙정들이 해안의 높은 언덕과 암초에 부딪혀 꼼짝 못하게 되어 1,000명이라는 많은 희생자가 발생했다. 11월 23일 전투가 끝났을 때 일본군은 모두 전사했으며, 마지막 남은 병력마저 야간 돌격을 감행하여 옥쇄했다.

타라와 전투는 일본군이 작은 섬을 지키는데도 얼마나 무시무시하게 희생을 강요하는가를 미군에게 가르쳐 주었다. 미군의 지휘관들은 부하들의 희생을 최소화하기 위해 상륙용 장갑차의 성능을 개량하고, 항공 폭격과 함대에 의한 포격을 정확히 조정 통제하는 방안을 모색했다. 아울러서 타라와의 일본군 방어시설의 모형을 그대로 만들어 상륙부대에 예행연습을 실시하여 피해를 최소화하도록 했다. 미군은 결사 항전하는 일본군의 의지에 감탄하면서도 외부의 지원이 전혀 없었던 점을 보아 일본군은 내버려 두어도 말라비틀어지는 것처럼 남겨질 뿐이라는 사실도 알았다.

연합군은 이제 다음으로 마셜 군도로 관심을 돌려 1944년 1월 31일 콰절린(Kwajalein) 섬에 상륙했으며, 2월 17일에는 에니웨톡(Eniwetok)에 계획보다 6주나 앞서 상륙하여 2월 21일 이를 함락시키게 되었다.[39)]

일본군은 이제 무력화되어 후방에 남겨진 라바울 점령에 대한 포기가 공식적으로 확정되었다. 라바울을 점령하기에는 너무나 많은 희생을 치러야 했으므로 라바울을 고립상태로 놔두는 것이 유리하다고 판단했기 때문이다. 라바울의 일본군은 종전 시까지 아무 임무 없이 시간을 보내다가 결국 항복했다.

마셜제도의 콰절린섬에서 서쪽으로 1,600km 떨어진 곳에 캐롤라인 제도가 있고, 그 중심에 트럭섬이 있는데, 트럭섬은 미군들이 '일본의 진주만', 또는 '동양의 지브롤터'라고 불릴 만큼 중시했으며, 일본 해군 연합 함대사령부가 위치한 전략적 요충지였다. 이곳은 솔로몬군도, 뉴기니, 뉴브리튼 지역에 대한 모든 해상 지원을 담당하는 거대한 해군기지였다. 그리고 그보다 서남쪽에 있는 라바울은 트럭섬의 연합 함대사령부를 호위하기 위해 존재하는 기지이며, 솔로몬 해전을 비롯한 일대의 전투 역시 트럭 섬을 방호하기 위한 것이었다. 미군으로서는 태평양전쟁을 승리로 이끌기 위해서는 트럭 섬의 일본 해군을 무력화 시키지 않고는 다음 작전을 진전시킬 수 없는 상황이었다.

그러나 한편 트럭 섬을 점령하기 위해 지상 병력을 투입하는 것은 지나친 전력의 손실과 시간을 낭비하게 될 것이기 때문에 라바울 기지에서처럼 무력화시키되 점령하지 않고 뛰뛰기를 하는 방법을 택하기로 했다. 미군 제5기동함대 사령관 스프루언스 제독은 1944년 2월 12일 항공모함 9척, 전함 6척, 순양함 10척을 주축으로 한 대함대를 이끌고 캐롤

---

39) 마틴 폴리 지음, 박일송·이진성 옮김, 『지도로 보는 세계전쟁사 2. 제2차 세계대전』(서울 : 생각의 나무. 2008), p. 171.

라인 제도로 향했다. 미군의 동향을 알아차린 일본 연합함대 사령관 고가 제독은 항공모함이 한 척도 없는 상태에서 공격당한다면 도저히 대적할 수 없음을 알고, 2월 10일 기함 무사시를 선두로 전함 나가노 및 후소, 순양함 아타고 및 조카이 등 주력부대를 일본의 요코스카로 철수시켜버렸다.

잔류하고 있던 트럭섬의 방위책임자인 제4함대사령관 고바야시 중장은 비상 경계 태세에 들어갔다가 2월 16일 해제하고 평시 경계 태세를 유지했다. 그러나 다음 날 새벽인 2월 17일 4시 55분 스프루언스 제독 휘하의 제58기동부대는 미처 중장의 지휘 하에 거의 무저항에 가까운 트럭 섬에 무려 9번에 걸친 공습을 통해 해군기지의 기능을 마비시켰다. 항공기 270대가 파괴되어 살아남은 항공기는 6대에 불과했다. 또한 군함 10척과 수송선 34척이 격침되었으며, 식량 20t과 유류 1만 3,000t이 저장된 연료탱크 3개가 모두 불타버렸다.

이외에도 트럭섬 외곽에서 제52사단 병력을 수송 중이던 수송선 2척이 침몰하여 1,200명 전원이 익사했다. 미군은 이 작전에서 항공기 25대를 잃고 항공모함 한 척에 경미한 손상을 입었을 뿐이었다. 미군의 공습은 트럭섬의 일본군 기지에 치명타를 가하여 동양의 지브롤터로 불리던 기지의 기능을 완전히 상실했다. 따라서 미군은 구태여 트럭 섬을 점령할 가치가 없음을 깨닫고, 5만 명이 잔류하고 있는 이 섬을 방치하고 앞으로 나아가기로 했다.

한편, 해군이 예상보다 빨리 전진해 나가자 호승심이 남달리 강한 맥아더는 1944년 2월 29일 어드미랄티(Admiralty) 군도의 로스 네그로스(Los Negros)섬에 대담한 기습적인 상륙을 성공시켰다. 맥아더는 지역의 일본군을 고립시키는 작전을 폈으며 4월 24일에 아이타페(Aitape)와 홀란디아(Hollandia)를, 5월 17일에는 와크데(Wakde)를, 5월 27일에는 비아크(Biak)를, 7월 2일에는 노엠푸르(Noemfoor)를, 7월 30일에는 산사포르(Sansapor)를 점령했다. 항공모함 한 척 없는 맥아더는 가는 곳마다 비행장을 건설하여 육군 항공대의 지원으로 상륙을 감행하여 3개월 동안에 1,400km 이상을 전진하는 기염을 토했다. 이제는 필리핀으로 향하는 관문이 훤히 열렸다.

제8절 마리아나 군도의 탈환 작전

1. 사이판의 혈전

이 무렵 중부태평양 작전은 마리아나 군도를 향하고 있었다. 미군의 전력은 스푸르언스 대장 지휘하에 항모 15척, 항공기 1,000대, 병력 13만 명, 각종 함정 535척을 동원하여

6월 15일 마리아나 군도의 사이판섬으로 향했다. 9일 전에 실시된 노르망디 상륙 작전보다 겨우 2만여 명 적은 병력이었다. 원래 마리아나 군도에 대한 공격은 카이로 회담의 결과에서 합의한 10월로 계획되어 있었으나, 4개월을 앞당긴 것은 트럭섬과 마셜제도, 마리아나 군도를 공습해 본 결과 적의 저항이 예상보다 미미하다고 평가되어 작전을 앞당긴 것이며, 또 하나의 요소는 B-29 장거리 전략 폭격기의 등장 때문이었다.

당시에 등장한 B-29 폭격기는 항속거리 9,000km, 상승고도 10,000m로 상승고도가 낮은 전투기나 대공포의 위협을 받지 않았으며, 30t가량의 폭탄을 탑재하는 전략폭격이 가능한 공포의 항공기였다. 만일 미군이 사이판을 점령한다면 일본 본토까지의 거리가 2,000km 정도 이격되어 있어 쉽게 본토에 대한 폭격이 가능한 항공기였으므로, 미군 측에서는 사이판이 일본 본토를 공습할 수 있는 양호한 기지로서 꼭 점령할 필요가 있었다.

1944년 6월 11일부터 스푸르언스 제독의 기동함대는 마리아나군도에 위치한 사이판, 티니안, 괌에 대한 공습을 감행했다. 상륙에 앞서 주력 전함들이 6월 13일 종일 함포를 퍼부었다. 다음날에는 경순양함대가 무려 3만 발의 함포를 퍼부었다. 불과 1주일 전 수비대 사령관으로 부임한 제34사단장 사이토 중장은 매우 당황했다. 총병력은 3만 명 정도이나 지형연구도 되어 있지 않은데다 진지구축도 부실했다.

6월 15일 해병대 스미스 중장을 지휘관으로 하는 제5상륙군단의 정예부대 2만 명이 상륙하기 시작했다. 제5상륙군단은 해병 제2사단과 제4사단, 그리고 육군 제27사단으로 구성되어 있었다. 약 2시간의 함포사격이 끝나고 연기가 걷히자, 사이토는 해안에 떠 있는 700척 이상의 각종 함정을 보고 자신을 잃었다. 그러나 일본군도 본토의 안전을 위해 사이판섬은 반드시 확보해야 한다는 각오로 임했다. 이때 사이판섬에는 일본군 중장이 3명이 있었다. 중부태평양 사령관 나구모 중장, 제6함대사령관 다카기 중장, 그리고 제34사단장 사이토 중장이었다. 원래는 사이토의 상관인 제31군 사령관 고바다 중장도 같이 있었으나, 이 무렵 괌에 출장하여 이 세 사람이 방어를 책임지게 되었다. 사이판섬은 남북 19km, 동서 3~10km인 작지 않은 섬이며, 섬 중앙에는 해발 474m의 타포차우산이 솟아 있었다. 섬에는 2만 5,000명의 민간인이 살고 있었는데 이들은 모두 일본군의 방어진지를 구축하는데 동원되었다.

6월 15일 오전 8시 30분, 제1진을 실은 144척의 수륙양용차가 해안을 향해 돌진했다. 사이토 중장은 상륙부대를 저지하기 위해 통상적으로 사용되는 해안선 방어를 위한 진지를 해안에 구축하지 않고 일정한 거리를 둔 후방에 진지를 구축한 다음, 화력으로 상륙부대를 집중하여 공격하였다. 해안에 상륙할 때까지 침묵하던 일본군의 반응에 의아해하던 미군은 상륙한 직후 치열한 집중 화력에 막대한 피해가 발생했다. 일본군은 적절한 상륙

지형에 정확한 화집점을 만들어 화력의 밀도를 더하여 제1진이 상륙을 완료한 시점인 오전 9시가 되자 이미 1,000명 이상의 사상자가 발생했다.

이어서 제2진을 실은 수륙양용차 600대가 한꺼번에 돌진해 들어가자, 일본군의 화력도 더욱 격렬해졌다. 미 해군은 해안에서 해병들이 도륙되는 모습을 보면서 함포사격을 가했지만, 엄폐 진지에 숨은 일본군에게 심각한 피해를 주지는 못했다. 미 해병들은 해안가의 모래밭에 철모로 땅을 파서 몸을 엄폐할 수 있도록 하는 것 외에는 일본군의 사격을 피할 길이 없었다. 저녁 7시가 되자 미군은 악전고투 끝에 2만 명이 상륙하여 교두보를 확보했으나, 해병 제2사단만도 이미 1,300명의 사상자를 내고 있었다.

어둠이 깔리자 미군은 일본군의 야습에 대비했다. 야습은 개전 이래 일본군의 전형적인 패턴이었기 때문이었다. 과연 새벽 3시에 느닷없는 나팔 소리와 함께 좌익의 해병 제2사단 6연대 정면으로 일본군이 돌진해 왔다. 약 1,000명으로 구성된 돌격대는 마치 미군은 안중에도 없다는 듯이 군도를 빼 들고 함성을 지르며 돌격해 왔다. 미군 해병 6연대 2대대장은 부상으로 후송되어 공석이었으나, 부대원들은 전력을 가다듬어 응전했으며, 곧이어 백병전이 벌어졌을 때 함대에서 조명탄을 쏘아 올려 대낮처럼 밝은 상태에서 일본군의 공격지점에 대한 화력을 집중하자 일본군은 물러갔다.

그러나 그것이 끝이 아니었다. 새벽 4시 30분에 제14연대 정면으로 새로운 야습이 있었는데, 보병들의 화력전에 이어 전차와 함포사격이 동원되자 일본군은 후퇴할 수밖에 없었다. 아침이 되자 일본군은 미군 진지 앞에 700여 구의 전사자를 남겼다. 날이 밝자 미군은 항공기와 함포, 그리고 전차를 동원하여 의심나는 지점을 포함하여 일본군의 진지를 초토화하는 포격을 가했다.

한편, 일본해군은 미군의 동향을 파악한 후 마리아나 군도에 대한 미군의 공격을 무산시키고, 미 해군과의 결전을 통해 제해권을 회복하기 위한 기회를 엿보고 있다가 사이판 전투를 계기로 각오를 다지고 총력을 동원하여 마지막 승부를 가리기 위해 출동했다. 일본군은 오자와(小澤治三郞) 중장의 제1기동함대에 대형 항모 3척, 소형 항모 6척, 그리고 항공기 450대를 동원하였으며, 미군은 미처 소장이 지휘하는 제58기동함대에 대형 항모 7척, 소형 항모 8척, 항공기 1,000대의 전력으로 맞서, 일찍이 본 적이 없는 대규모 항모전을 치르게 되었다.

사실 일본해군으로서는 이번 해전이 자신들의 운명을 건 일대 결전이었다. 지난 2월 수상이면서 육군총장을 겸임하고 있는 도조 히데키(東條英機)는 '아호 작전'을 계획했다. 이는 전세를 역전시키기 위해 미군 기동함대를 격멸한다는 것으로, 5월 하순에 마리아나-뉴기니 일대에서 대규모 해전을 벌이기 위해 전력을 비축해왔다. 일본군이 승리한다면 미군의 공세를 한동안 지연시키고, 시간을 벌어서 일본군의 전력을 회복시킬 수 있을 것이나, 만일 패배한다면 더 이상 저항할 전력조차 남지 않게 되는 도박과 같은 성격의 작전이었다.

사실 일본해군은 솔로몬 해전 이후 미군과의 전투가 두려워 남태평양 일대에 모습을 감추고 있었지만, 아직도 막강한 전력을 보유하고 있었다. 그러나 총체적 전력의 열세로 인한 위험을 무릅쓰고서 본토를 방위하는데 필수적인 사이판을 비롯한 마리아나 군도를 확보하기 위해 연합함대 사령관 도요타 소에무(豊田副武)는 6월 15일 제1기동함대 사령관 오자와 중장에게 출동을 명한 것이다. 결전의 날을 6월 19일로 예상되었다.

한편 미 해군 제58기동함대는 대·소 항모 17척을 포함하여 총 93척의 대함대로 사이판 일대에서 일본함대의 접근을 경계하고 있었다. 쌍방은 각자 약점이 있었다. 우선 미군 전투기들은 연료탱크를 비롯한 기체의 방탄 시설이 충실한 반면, 기체가 무거워 전투 행동 반경이 300km 이하여서 장거리 작전을 제한받았다. 이와 비교하여, 일본군의 항공기들은 공격 위주로 가볍게 설계되어 전투행동반경이 480km로 작전 범위를 확대할 수 있는 이점이 있었으나, 방호력이 약했다. 무엇보다도 일본군에게 최대의 약점은 조종사들의 기량이었다. 다시 말해 일본군은 진주만 기습 이후로 조종사들의 양성체계에 문제가 있었던 데다 계속되는 해전에서 숙련된 조종사를 대부분 상실하여 조종사의 능력이 매우 부실했다. 더구나 미군은 조종사들이 모두 장교인 데 반해, 일본군은 대부분 부사관이어서 사명감과 자질이 떨어졌다.

결전의 날인 6월 19일의 날씨는 구름이 조금 끼었으나 공중전을 하기에는 아주 적합했다. 일본군은 함대를 3개로 나눠 160km의 간격을 두고 기동함으로 상호 엄호하면서 새벽 4시 30분부터 정찰기를 띄워 미군 함대를 탐색했다. 일본군은 아침 6시 30분 정찰기가 괌도 인근 해상에서 자신의 전위부대로부터 450km 떨어진 곳에 항진 중인 미군 함대를 발견했다. 오자와 중장은 함대를 좀 더 근접시킨 후에 246대의 항공기를 발진시켜 공격에 들어갔다.

미군의 제58기동함대는 이때까지도 적의 함대를 발견하지 못하고, 우선 괌도에 있는 일본군의 육상기지를 먼저 공격하여 트럭섬에서 이전시켜 놓은 항공기 35대와 육상시설을 파괴하여 육상기지로부터의 위협을 제거해 버렸다. 오전 10시가 되자 레이더로 240km 전방에서 접근하는 일본군의 항공기 집단을 포착했다. 마침내 기다리던 결전의 순간이 온 것이다. 미군은 일본군보다 거의 200대나 많은 450대의 항공기를 발진시켜 맞받아 쳐나갔다. 마리아나 군도의 상공에서 쌍방의 항공기 700대가 뒤엉키는 장대한 공중전이 벌어졌지만, 결과는 싱거울 정도로 미군의 일방적인 승리로 돌아갔다.

일본군의 제1공격대 197대는 미군의 함대에 도달하기 전에 기다리고 있던 450대의 미군 항공기에 놀라 풋내기 조종사들이 전의를 잃고 흩어져 버렸다. 일부가 함대 상공에 도달했지만, 성능이 대폭 개선된 미군의 대공포에 박살이 났다. 공중전은 일방적인 살육전이 벌어져 추락하는 항공기는 모두가 붉은 히노마루가 그려진 일본기였다. 불과 30여 분의 공중전에서 제1공격대 항공기 197대 중에서 138대가 격추되었다. 오자와 중장은 지나치게 일방적인 결과에 망연자실했지만, 다시 제2공격대 82대를 발진시켰다. 그러나 역시 미숙한 조종사들은 항법에 미숙하여 적의 함대를 발견하지도 못하고 엉뚱한 곳을 헤매다가 섬에 불시착하기도 했고, 일부는 함대에 도달했지만, 대기 중이던 미군기들에 적기를 격추시켰다는 공로를 늘려주기만 했다.

전투는 해가 질 무렵에 끝이 났다. 이날 오자와 중장의 제1기동함대는 193대의 항공기를 잃었으며, 추가로 항공모함 쇼가쿠와 다이호가 침몰했다. 오자와 중장은 패배를 인정하고 서북쪽으로 퇴각해갔다. 제58기동함대는 일본군의 함대를 추격하여 오후 4시에 적을 발견하고 전투기, 급강하 폭격기, 뇌격기를 포함하여 216대가 공격에 나섰다. 오자와 함대는 미군의 공중공격을 요격하기 위해 남아있는 항공기 75대를 모두 발진시켜 공중에서 대기하도록 했다. 전투의 결과는 항모 히요가 격침되고, 나머지 4척의 항모에도 직격탄이 명중되어 심한 타격을 입었다. 미군의 항공기 20대를 격추시켰지만, 일본군도 항공기 40대를 잃어 남아있는 항공기는 이제 35대에 불과했다. 이틀간의 전투에서 일본군은 전체 항공기 373대 가운데 243대가 격추되었는데 반해, 미군은 29대의 항공기만 잃었다.

일본군은 이 해전을 '마리아나 해전'이라고 하고 미군은 '필리핀해 해전' 또는 '마리아나의 칠면조 사냥(Great Mariana Turkey Shooting)'이라고 불렀다. 이 해전에서 일본군의 항공모함 작전 병력이 절반으로 줄었으며 항공 세력은 2/3가 사라졌으나 미군은 거의 전력에 손상을 입지 않았다. 특히 일본군의 조종사 부족이 아마도 훨씬 뼈아픈 타격이 되었을 것이다. 미군 기동함대의 격멸을 목적으로 전개된 마리아나 해전은 일본군의 일방적인 패배로 막을 내렸고, 이후로 일본군이 항공력으로 미군에 도전하는 일은 없게 되었다.

한편, 사이판에서는 6월 17일 새벽 3시 반에 일본군의 전차를 대동한 야습이 있었다. 44대의 전차를 앞세우고 500명의 보병이 후속하는 형태의 야습에서 일본군은 해병 제6연대의 정면으로 돌입하여 주로 포병 진지를 무력화시키는 전법을 구사했으며, 전차가 진지를 유린하면 보병들이 군도를 휘두르며 난입해 백병전을 벌이는 형태였다. 그러나 일본군은 전투지역이 늪지대라는 점을 몰랐다. 전차 대부분이 늪지대에 빠져 허우적거릴 때 미군 화력이 집중되자 아침까지 전차 44대 모두가 파괴되어 버렸다.

이날 미 육군 제27사단은 일본군의 에스리트 비행장을 탈취해 버렸다. 일본군 사령관 사이토 중장은 야습부대가 번번이 실패하고, 후원해줄 수 있는 유일한 수단이었던 연합함대도 패배하여 물러 가버린 상황에서 취할 수 있는 방책은 오로지 방어라고 생각하고 섬의 중앙으로 물러나 강력한 방어진지를 구축했다. 민간인들에게도 세뇌 교육을 통해 미군의 지배에 들어가지 않도록 섬의 동굴 등을 이용하여 피난하도록 강요했다. 일본군은 민간인까지 방어에 동원하거나 피난을 강요함으로써 고질적인 식량난에 봉착했다. 더 이상 상부로부터의 보급은 기대할 수 없었다.

제5상륙군단장 스미스 중장은 섬의 남쪽에서 좌로부터 해병 제2사단-육군 제27사단-해병 제4사단을 전개하여 정면공격으로 일본군을 압박했다. 미군은 일본군의 진지를 하나하나를 격파해 가면서 전진했다. 문제는 좌우 해안을 담당하는 해병들의 전진은 순조로웠지만, 중앙의 제27사단은 강력한 적의 저항에 진출이 정지되어 전선이 U자 형태가 되어 버린 것이다. 제27사단은 중앙의 적이 강해서 어쩔 수 없다는 것이나, 군단장 스미스 중장은 전투의지가 부족한 육군, 특히 사단장이 '전의가 부족한 느림보 지휘관'이기 때문이라고 생각했다. 해병 스미스 중장이 육군 스미스 소장을 못마땅하게 생각한 것이다.

그러나 제27사단장 스미스 소장은 타라와 전투에서 악전고투 끝에 승리를 거둔 '타라와의 영웅'으로 칭송받는 지휘관이기도 했다.

분노를 참지 못한 군단장은 상관인 스프루언스 사령관에게 지휘관의 교체를 건의하여 6월 27일 사단장이 교체되었으나, 육군과 해병의 감정 문제로 비화함으로써 군 수뇌부에서도 진통을 겪게 되고 언론에서도 의견이 분분했다.

한편 6월 24일 일본 육군의 대본영은 중대한 결정을 내렸는데, 그것은 사이판을 포기한다는 것이었다. 이날의 회의록을 인용하면 다음과 같다.

> *"해군은 '아호 작전'에 관해 육군과 협의한 후에 그 중지를 결정했다. 이제 제국은 사이판섬을 포기하기로 결정했다. 내달 상순이면 사이판 수비대는 옥쇄할 것이다. 이미 희망을 걸 수 없는 전쟁지도는 수행할 수 없게 되었다. 남은 것은 오직 1억 옥쇄가 있을 뿐이다."*[40]

제공, 제해권을 상실하여 증원부대를 파견할 수 없으므로 사이판의 포기는 불가피하다는 결정이었다. 이 단계에서 일본은 이미 전쟁의 최종적인 승리를 내심으로 포기한 것처럼 보인다. 그러나 사이판에 있는 수비대 3만여 명과 2만 5,000명의 민간인은 대본영의 포기 결정을 모르고 구원부대의 출현을 목매어 기다렸다. 특히 어디에서나 공통적인 문제이지만 식량난은 비참했다. 나무껍질과 풀뿌리, 그리고 먹을 수 있는 것은 무엇이든지 생존을 위해 구해야만 했다.

---

40) 심은식 지음, 앞의 책, p. 118.

어쨌든 미 육군의 제27사단은 섬의 중앙에 위치한 타포차우산을 점령하여 해병과 일직선의 전선을 유지하게 되었다. 치열한 전투는 소강상태에 들어갔으나, 소탕 작전은 매우 느리고 신중하게 진행되었는데, 그 이유는 동굴 진지에 은거한 일본군이 소탕이 완료된 지역에서도 가끔 출몰하여 후방에서 미군을 공격함으로써 큰 피해를 유발했기 때문이다. 따라서 아무리 작은 동굴이나 웅덩이 및 숲의 그늘도 철저히 소탕해야 했기 때문에, 전진 속도는 하루에 1km를 넘지 못했다. 6월 30일이 되자 섬 면적의 2/3가 미군에게 탈환되고 이제까지의 전투에서 일본군 1만 8,000명이 전사했다. 북쪽의 작은 땅만이 일본군의 영역으로 남았다. 이때의 참상은 어떤 중사의 다음과 같은 수기에서 살펴볼 수 있다.

"큰 동굴에는 촛불 한 자루가 가물거리고 있다. 저 안에는 피투성이의 시체가 헤아릴 수 없을 만큼 쌓여있다. 매장도 하지 않은 채 버려진 시체였다."[41]

7월 3일 미군은 섬의 서북쪽에 있는 사이판 제1의 도시 가라판에 돌입하여 수비대의 마지막 숨통을 조였다. 7월 4일 사이판의 육군 사령관이자 제34사단장인 사이토 중장은 섬의 북쪽 가장자리의 동굴 속에 은신해 있었다. 사단장인 사이토 중장도 3일간 굶고 있었으니 여타 장병들은 말할 필요도 없었다. 미군이 전진해 오자 그는 최후가 다가왔음을 알고, 마지막 지휘관 회의를 개최하여 7월 6일 오전을 기해 미군의 지휘부가 있다고 생각되는 가라판을 향해 옥쇄 돌격을 감행하기로 결의했다. 사이토는 이러한 결정을 중부태평양 사령관 나구모 중장과 제6 함대사령관 고바다 중장에게도 통보했다. 함대사령관이지만 함정이 한 척도 없이 버려진 신세인 그들에게 남은 거라곤 자살하는 것밖에 없었다.

그들은 각각 해군본부에 육군과 함께 돌격하여 옥쇄하겠다는 전문을 타전했다. 이날 밤 나구모는 10여 명의 참모를 모아놓고 "사이판 수비 장병에게 고한다. 이제 우리는 멈춰있어도 죽음, 나아가도 죽음뿐이다. 이제 우리는 적에게 일격을 가하는 것으로 태평양의 방파제로서 사이판섬에 뼈를 묻고자 한다."[42] 라는 마지막 훈시를 했다. 그리고 얼마 후 권총으로 자기 머리를 쏘아 자살했다. 진주만 기습의 영웅이었던 나구모 중장은 명성에 걸맞지 않게 사이판의 이름 없는 동굴에서 생을 마감했다. 같은 시각 제34사단장 사이토 또한 참모들과 남겨놓은 술을 반합 뚜껑에 따라 한 잔씩 마시고 웃옷을 벗어 상체를 드러낸 다음 군도를 아랫배에 찔러 넣어 할복했다. 숨이 끊어지지 않고 신음하는 그를 기다리고 있던 부관이 권총을 발사하여 고통을 종식해주었다.

7일 새벽 4시 40분 일본군 돌격대 4,000여 명은 제27사단 지역으로 난입해 왔다. 그

41) 심은식 지음, 앞의 책, p. 120.
42) 심은식 지음, 앞의 책, p. 122.

러나 그들에게 전의가 별로 없었다. 굶주림과 자포자기로 비틀거리면서 살기를 내뿜으며 맹목적으로 달려들었다. 미군의 강력한 화망을 뚫고 죽음의 부대는 어느덧 전방 방어선을 돌파한 후에 포병 진지에 도달하여 백병전을 벌였다. 날이 밝아오면서 증원부대가 도착하자 만신창이가 된 돌격부대는 수많은 전사자를 남겨놓고 물러갔다. 다음 날에도 옥쇄 돌격대는 죽음의 돌격을 계속했으나, 최후의 조직적인 저항은 그것으로 종료되었다. 그들이 돌격해 온 해안가 일대는 발 디딜 틈이 없을 정도로 3,900명의 일본군 시체가 널려 있었다.

이제는 소수 인원으로 흩어져 동굴이나 숲속에 은신하여 저항하는 잔존 패잔병을 소탕하는 일만 남았다. 그러나 사이판 전투에서 중요한 인도적인 문제가 발생했는데, 바로 민간인 문제였다. 일본군은 민간인들에게 미군에 포로가 되면 온갖 수모를 당하게 되고, 특히 여자들은 욕을 당하고 갈가리 찢기어 죽을 것이라고 교육하여 옥쇄 돌격대에 동참시키거나 자살하도록 유도했다. 사이판에서의 조직적인 저항이 종료되었지만, 섬의 북쪽 끝에 있는 마피곶(일명 만세 절벽 ; Banzai Cliff)의 낭떠러지에서 수천 명의 민간인이 몸을 던져 자살했다. 이곳에 1만여 명의 민간인 중 5,000명 정도는 구조되었는데, 그중에 한국인 1,200명은 강제 징용된 노무자들이었다.

일본군은 더 이상 승리의 가능성이 없다고 생각되면 무모한 만세 돌격으로, 또는 자살로 옥쇄를 택했는데, 옥쇄(玉碎)라는 의미는 '옥처럼 아름답게 부서진다.'라는 뜻이나, 사실은 인명을 경시하고, 비인도적인 강요를 통해 이루어진 난사(難死), 즉 '아무 의미 없이 어지럽게 죽는다.'라는 의미 외에는 없다고 하겠다. 전쟁 말기에 '가미카제' 특공대에서도 보이지 않는 반발이 많았다.

사이판 전투에서 미군은 총 1만 4,111명의 사상자를 내었고, 반면에 일본군은 3만 1,629명이 죽고 1,000여 명만 포로로 살아남았다. 일부 동굴과 숲속에 은신했던 일본군은 종전 이후에야 항복했다.

이제 사이판의 비행장에서 이륙한 B-29가 일본의 본토를 직접 폭격할 수 있게 되었다.

2. 티니안(Tinian) 탈환

사이판의 함락으로 일본으로 가는 관문이 열렸지만, 인근의 섬인 티니안이나 괌 역시 전략적인 가치 면에서는 대등했다. 특히 티니안섬은 사이판섬의 남쪽 6km에 위치하여 사이판의 비행장을 사용하려면 반드시 탈환해야만 했다. 훗날 히로시마와 나가사키에 원폭을 투하한 B-29도 이곳 티니안에서 출격한 것을 보아도 중요성을 짐작할 수 있을 것이다.

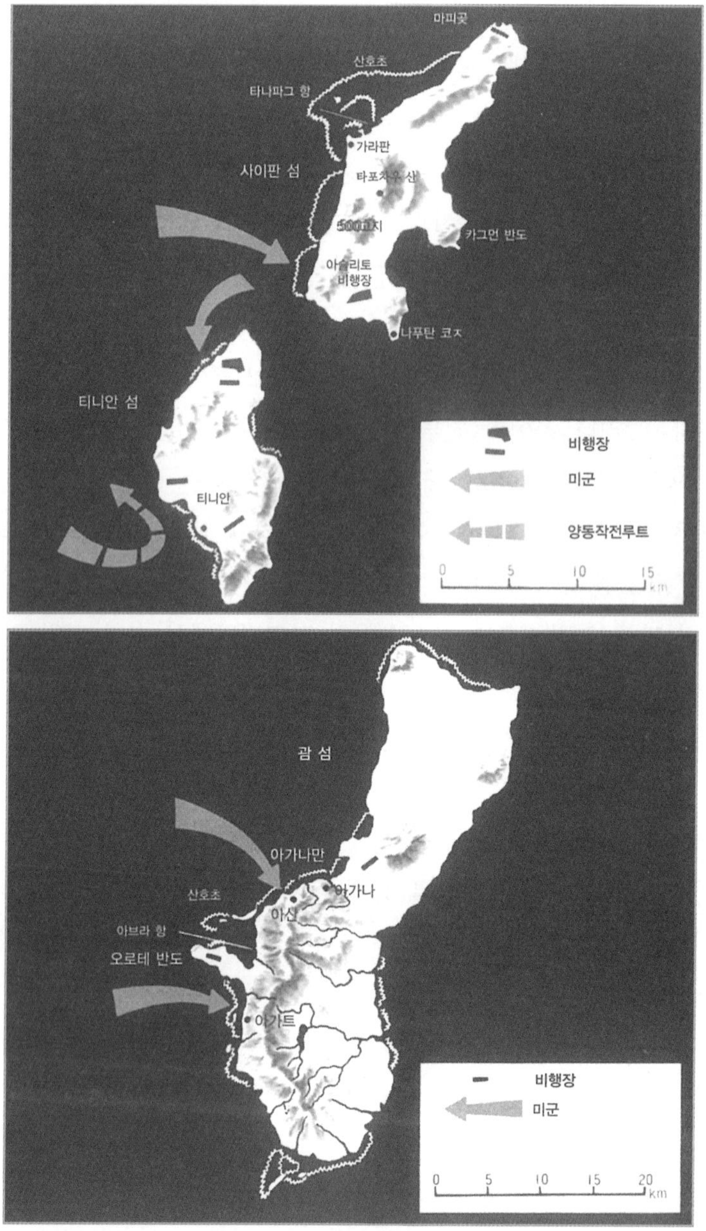

● 마리아나 제도의 사이판, 티니안, 괌 섬에 대한 상륙작전을 표시한 지도

티니안에는 일본 육군 제29사단 50연대를 주축으로 해군 경비대와 제1항공함대의 일부를 포함하여 약 1만여 명이 방어하고 있었다. 제1항공함대 사령관 쓰노다 중장은 명칭에는 어울리지 않게 휘하에 항공기가 한 대도 없는 버려진 사령관이었다. 수비대가 가진 주요 화포는 싱가포르를 점령할 때 영국군으로부터 노획한 6인치 포 3문이 유일했는데, 이마저도 14일 아침부터 시작된 함포사격에 전투 초기에 날아가 버렸다.

7월 24일 해병 제2, 4사단 약 4만 명이 티니안에 상륙했다. 그들은 첫날 교두보 확보에 진력하고 있었는데, 어김없이 그날 밤에 습격을 받았다. 25일 새벽 실시된 야습은 약 세 시간 동안 난투극을 벌였는데, 일본군은 교두보 주위에 500여 구의 시체를 남겨놓고 철수했다. 티니안은 섬의 면적도 사이판의 절반 정도인데다가, 산이 없는 평지여서 일본군은 제대로 된 방어진지를 갖추기도 힘들었다.

7월 29일 비행장이 미군의 수중에 넘어감으로써 일본 육군의 조직적인 저항도 막을 내리게 되었다. 8월 1일 함대 없는 항공함대 사령관 쓰노다 중장은 참모와 함께 자살하였고, 8월 2일에는 50연대장 오가다 대좌 역시 자살하였다. 골칫거리는 정글 속으로 숨어들어 간 잔존 패잔병들이었는데, 이들은 훗날의 작전에도 지장을 주었지만, 오히려 생존을 위해 미군의 쓰레기통을 뒤지는 일을 그치지 않았다. 이들 역시 완전히 항복하기에는 전쟁이 종료된 뒤라야 가능했다.

3. 괌 함락

마리아나 군도 중에서 마지막 남은 괌은 군도의 가장 남쪽에 위치하고 있으며, 군도에서 가장 큰 섬으로, 남북으로 길게 뻗은 길이가 48km에 달한다. 괌은 미국이 스페인과의 전쟁에서 승리하여 획득하였지만, 태평양전쟁 개전 이래 일본의 점령을 받아 원주민들도 많은 고통을 받고 있었다. 괌의 탈환 작전은 전략적인 가치 이외에도 원래의 영토를 수복한다는 국민감정에도 부합되는 작전이며, 사이판과 티니안을 활용하기 위해서는 양호한 항구와 비행장을 가진 괌의 탈환이 필수적이었다. 탈환을 위한 작전개시일은 7월 21일로 정했으며, 총지휘관은 해군 코널리 제독, 육상지휘관은 해병의 가이거 소장이 맡아 휘하에 해병 제3사단, 제1여단, 육군 제77사단이 참가했다.

반면, 일본군은 제31군 사령관 오바다 중장의 휘하에 제29보병사단을 주축으로 1만 9,000명의 병력으로 방어에 임했다. 상륙 2주 전부터 미군은 항공기와 함포사격을 통해 예상 일본군 진지와 비행장, 항만 등을 초토화했다. 그러나 일본군은 사전에 상륙이 예상되는 3개소에 강력한 방어진지를 구축하여 포격에도 심각한 타격을 받지 않았다. 21일 아침 780대의 항공기가 폭격을 퍼붓고, 400척의 함정이 포격을 가한 후에 180척의 상륙정이 상륙을 개시하자, 일본군은 전혀 상처를 입지 않은 것처럼 강력한 화력으로 상륙정 24척을 파괴하고, 상륙부대에 상당한 타격을 입혔다. 상륙군은 예상을 뛰어넘는 피해에 일단 상륙을 보류하고 철수한 후, 일본군의 저항으로 인해 노출된 진지를 포격으로 강타했다. 재차 실시된 상륙 시에는 일본군의 소총탄만 날아올 뿐 공용화기의 강력한 화력은 더 이상 없었다.

이날 밤 일본군은 전매특허인 야습을 두 차례 감행했으나, 역시 일본군의 전술을 간파하고 있던 미군에 의해 전멸되다시피 큰 피해만 입었다. 일본군은 돌격에 앞서 술을 만취할 만큼 마셨는데, 미군은 이를 '만세+주정뱅이 돌격'이라고 기록했다. 미군들이 교두보를 확보하고 대규모로 군수물자를 하역하며, 전차와 야포가 쌓이는 것을 본 일본군은 미군의 공격 준비가 완료되기 전에 전력을 기울여 승패를 가름하는 것이 낫다고 생각했다.

7월 24일 제31군 사령관 오바다 중장은 전 병력을 소집하고 반격을 명했다. 그러나 일본군의 움직임을 포착한 미군이 7월 25일 선제공격을 개시하여 집결해 있던 일본군과 격돌했는데, 일본군은 대부분 병력을 잃었으며, 제48 혼성여단장 시게마쓰 소장도 머리에 관통상을 입고 쓰러져 버렸다. 다음 날도 전투는 계속되었으나, 일본군은 더 이상 버텨낼 여력이 없었으며 오바다 사령관의 지휘소마저 포위당했다. 오바다는 대본영에 "이미 장병의 8할을 잃고 재기 불능 상태에 처했음. 나머지 병력을 혼다산에 집결시켜 최후의 돌격을 감행할 결심임."이라는 상투적인 전문을 보냈는데, 이는 또다시 옥쇄 돌격을 감행하겠다는 의사였다.

그런데 27일 오후에 어쩐 일인지 대본영에서 과거와 다른 지령, 즉 "괌은 중부 태평양 작전의 핵심이다. 모든 방책을 다하여 괌의 일각이라도 되도록 오래 확보하라. 멀지 않은 장래에 반드시 귀관의 기대에 부응할 수 있게 될 것을 확신한다."라는 지령이 내려왔다. 대본영의 지령은 과거와 달리, "자살행위는 하지 마라. 오래 버티면 구원부대를 파견할 수 있을지 모른다."라는 여운을 남기고 있었는데, 이는 승리하지는 못하더라도 전멸하지 않고 계속 저항하는 것이 작전에 조금이라도 도움이 될 것이라는 속셈이 있었을 것으로 보인다. 여기에 오바다 중장은 자살 공격을 중지하고 전원 북쪽의 숲으로 퇴각하라는 명령을 내렸다.

미군은 정식으로 섬을 점령했다고 선언한 날을 7월 29일로 발표했으나, 아직도 5,000명에 이르는 패잔병이 북쪽 정글 지대에 은거해 있었으므로 제77사단으로 하여금 소탕하도록 했다. 미군은 일본군이 은거한 지역에 항공유를 살포하고 정글에 불을 지르는 방법 등을 사용했으나, 종전될 때까지도 완전한 소탕은 이루어지지 않았다. 대부분 지휘관들은 사망하여 조직적인 저항은 끝났지만, 1,000여 명의 게릴라는 종전 때까지 남아있었으며, 심지어는 종전 15년 후인 1960년에 완전한 짐승과 같은 생활을 하던 2명의 일본군이 발견되기도 했다.

마리아나 전투는 미군의 압도적인 승리로 막을 내렸으며, 이를 바탕으로 미군은 마리아나 군도에 거대한 항공기지를 건설하였고, 최신예 B-29(Super fortress) 폭격기를 배치하여 일본 본토 전역을 폭격할 수 있게 되었다. 한편 마리아나 군도의 함락은 일본의 정국에도 큰 영향을 미쳤다. 도조 수상은 국방상, 육군상 겸 육군총장을 겸하고 있었으나, 반대파에 밀려 1944년 7월 18일 모든 직책을 사임했다. 해군상 겸 참모총장(일본에서는 군령부총장이라고 불렀음) 시마다 역시 사임했다. 도조의 후임은 고이소 구니아끼(小磯昭) 중장이 수상에 취임했다. 사이판섬의 함락을 분기점으로 일본의 국민감정은 앞날에 대한 불안과 두려움을 느끼고, 궁핍해지는 생활과 함께 패전의 분위기에 점차 젖어갔다.

제 12 장
동남아 전선

제1절 버마 전선 – 임팔 전투

1943~1944년에 미국과 오스트레일리아군이 남서 및 중부 태평양지역에서의 전투에 온통 노력을 집중하고 있는 사이에 일본 육군은 버마에서 치열한 전투를 계속하고 있었다. 1942년 5월까지 일본군은 버마 주둔 영국군을 인도로, 중국군은 북쪽의 국경 밖으로 축출했다. 이후 버마에서 물러난 영국군은 인도에서 새로운 부대의 재편성을 통해 증강되었으며 혹독한 훈련으로 거듭났다. 당시의 인도-영국군의 구성은 병사들은 대부분 인도 출신이고, 장교는 영국군이었으며, 여기에 버마인, 중국인, 구르카 용병,[43] 영국령 동서 아프리카에서 온 흑인까지 포함된 그야말로 다국적군이었다.

버마의 지형과 기상은 태평양 전투처럼 대부분 깊은 삼림의 정글과 몬순으로 우기에는 엄청난 비가 내리고, 기온이 높아 작전환경이 매우 열악했다. 빈약한 교통망은 대규모 전투를 위한 보급과 부대이동에 심한 제약 사항이었다. 버마의 전략적 가치는 충칭에 본부를 둔 중국의 장제스 군대에 육상 보급을 위한 보급로의 개통에 있었다. 장제스의 군대는 장비와 보급을 전적으로 미국에 의존하고 있었는데, 1942년 5월에 일본군이 버마로 진격하면서 육상보급로가 폐쇄되자, 항공기를 이용하여 거의 해발 4,000m가 넘는 히말라야산맥을 넘어 인도에서 중국의 쓰촨성을 지나 800km나 떨어진 윈난성 쿤밍(昆明)의 장제스군에 전달되는 험난한 보급을 이어 오고 있었다.

이 과정에서 미군의 항공대는 큰 피해를 겪고 있었다. 계절풍이 부는 기후에 험준한 히말라야산맥을 넘는 것은 아주 위험한 일로 1942년 이래 물자 65만 톤을 수송하면서 항공기 600대와 승무원 1,000명을 잃었다. 연합군은 1943년 10월 영국 해군의 마운트배튼(Louis Mountbatten) 경을 사령관으로 연합군 동남아 사령부(Allied South-East Asia Command)를 창설하여 본부를 스리랑카에 두었다. 마운트배튼의 임무는 버마의 일본군에 압박을 가해 태평양 전선의 일본군 세력을 버마로 분산시키며, 대 중국 공중보급로를

---

43) 구르카는 네팔의 고산지대에 살고 있는 강인한 민족으로, 영국이 인도를 지배하던 시절부터 현재까지 용병으로 활용하고 있음. 2차대전 시에는 일본군과의 전투에서 용맹을 떨쳤으며, 포클랜드, 이라크 전투에도 참전하여 맹위를 떨쳤고, 현재에도 영국군은 3,000명의 구르카 용병을 활용하고 있다.

유지하면서 버마 북부를 통과하는 육상보급로를 재개설하는 것이었다.

이러한 전략 목표를 달성하기 위해 예하의 제14군이 슬림(William Slim) 경을 사령관으로 버마를 탈환하기 위한 공세를 펼칠 예정이었다. 공격계획은 크리스티슨(Philip Christison) 중장이 군단장으로 있는 제15군단이 아라칸 공세, 즉 인도의 아삼(Assam)에서 출발하여 인도-버마 국경을 넘어 버마의 중앙부로 전진하고, 스쿤스(Geoffrey Scoones) 중장이 군단장으로 있는 제4군단은 임팔(Imphal)을 기점으로 해서 버마의 중부로 향하는 한편, 지나치게 까칠해서 평이 좋지 않은 미군 육군 중장 스틸웰(Joseph Warren Stilwell)이 지휘하는 북부 전구 사령부가 중국 남부에서 버마 북부로 진군해 중국으로 가는 보급로를 개설하는 작전에 동참하기로 했다. 당시 스틸웰은 특수한 신분으로 장제스의 참모장 역할을 하면서, 중국군에 대한 모든 군수지원을 담당하여 중국군 내에서 영향력이 막강했으며, 그의 휘하에는 중국군 2개 사단과 '메릴의 약탈자들(Merill's Marauders)'이라고 불리는 여단도 포함되어 있었고, 셰놀트 장군이 지휘하는 '비호 부대(Flying Tiger)'[44]라고 불리는 항공대도 그의 영향 아래 있었다.

이 무렵 일본군도 중국과 버마 일대에서 두 개의 작전을 준비하고 있었는데, 그 이유는 미 태평양 함대가 중부 태평양으로 급속히 전진해 오자 일본의 심장부가 위협을 받는 상황에 부닥쳤으며, 미군의 진군은 일본군의 사활이 걸린 남중국해-중국, 타이, 말레이반도, 동인도제도, 타이완과 필리핀의 해안을 연결하는 핵심지역에 대한 통제권을 위협하게 되었기 때문이다. 이 지역에 대한 통제권은 일본의 대동아공영권을 유지하는 데에 필수적이었으므로 어떻게 하든 확보해야 하는 지역이었다. 따라서 대본영은 지나 방면군 사령관 마쓰이 이와네(松井石根) 장군에게 '1호 작전'을 펼치도록 지시했다.

1944년 4월부터 개시된 '1호 작전'의 목적은 첫째, 경한(京漢), 오한(奥漢), 상계선(湘桂線)을 연하는 선에서 중국 대륙을 남북으로 연결하여 남방과의 육상교통로를 확보하는 것이며[45], 둘째, 일본 본토는 물론 일본 원정군을 괴롭히는 중국 내의 미군 항공기지를 소탕해 버리는 것이었다. 이때 셰놀트의 항공력은 340대에 이르러 도처에서 일본군의 활동을 제한했음은 물론, B-29의 활동은 일본 본토에 대한 폭격도 골칫거리였다. 참가 병력은 41만 명, 작전 범위는 2,000km에 이르는 광범위한 대작전이었다.

일본군은 기동장비의 부족, 중국군에 의한 도로와 철로의 철저한 파괴, 미 공군의 활발

---

44) 장제스가 항공력의 지원을 미국에 요청하자, 1941년 미군의 셰놀트(Claire Chennault) 장군의 주선으로 항공기 100대를 구매하고, 조종사 100명, 지상 근무 요원 200명을 모집하여 의용단의 형식으로 일본군과 중국 및 버마에서 용감하게 싸웠다. 비호 부대란 명칭은 그들이 사용한 비행기인 P-40B에 그려 붙인 장식용 호랑이의 모습을 보고 기자들이 붙인 별칭이었다.

45) 경한선(京漢線)은 베이징에서 한커우(漢口)를 연결하는 선, 오한선(奥漢線)은 우창(武昌)에서 광저우(廣州)를 연결하는 선, 상계선(湘桂線)은 후난성(湖南省)에서 광시장족(廣西壯族)을 연결하는 선을 말한다.

한 활동에 따라 주로 도보로 이동하면서 작전을 펼쳐야 했으며, 필연적으로 중국인 노무자를 무단으로 납치, 차출하여 식량과 장비를 운반시켰다. 형식상으로는 일본군의 작전은 성공하여 미 항공기지를 축출하고, 육로의 관통에도 성공했다. 그러나 일본 본토를 공격하기 위한 항공기지는 얼마 후에 마리아나 군도를 탈환함으로써 주력을 그곳으로 전환하였고, 중국에서 작전 중인 일본군을 공격하기 위한 항공기지는 내륙의 깊숙한 곳인 청뚜(成都)로 이전하여 활동에 지장이 없었다. 따라서 실질적인 면에서 '1호 작전'의 결과는 의미가 없는 작전이었다.

일본이 중국 본토에서 벌이는 '1호 작전'과 동시에 버마에서도 인도를 향한 공격이 진행되었다. 무다구치 렌야(牟田口廉也) 중장이 이끄는 제15군은 영국군의 버마 침공을 저지하고, 아울러 인도에서 일어나고 있는 반영 운동을 고양해 인도를 독립시킨 다음, 동맹군으로 활용할 목적이었다. 이 작전을 지원하기 위해 데라우치 히사이치(寺內壽一) 장군이 지휘하는 남방군에는 인도 국민군이라고 불리는 4만 명의 부대가 찬드라 보스의 지휘를 받아 인도의 독립을 위해 영국과 투쟁할 준비를 갖추고 있었다. 그들은 주로 말레이와 타이 지역에서 영국군의 일부로 싸우다 포로가 되었던 자들이었다. 전쟁이 끝난 후에 찬드라 보스는 전범으로 재판받았는데, 당시의 변호사는 친영주의자로 훗날 수상이 된 네루였다. 찬드라 보스에 대해서는 인도를 독립시키기 위한 투쟁이라는 명분을 주었고, 일부에서는 인도 독립에 간디보다도 더 큰 영향을 미쳤다는 평을 하기도 했다.

일본군 제15군에 의한 임팔 작전이 시작되기 전에 버마 지역에서 비교적 큰 규모의 전투가 이루어졌는데, 그 하나는 영국군이 1943년 11월 안개 자욱한 아라칸산맥을 넘어 버마로 침공하려는 의도를 보이자, 일본군 제55사단이 1944년 2월 이를 저지하기 위해 영국군의 진지를 선제공격하는 전투로서, 이 전투에서 일본군은 죽을 고생만 하고 퇴각했다. 또 다른 하나는 버마 북부에서 스틸웰 장군이 육상보급로를 개통하기 위해 중국군과 미군의 혼성부대로 진격해 오자 제18사단으로 하여금 저지하도록 하는 전투였다.

이처럼 버마의 방위가 위태롭게 되자 대본영은 무다구치 중장의 제15군으로 하여금 인도 국경 넘어 임팔을 공격하도록 재가했다. 일본군은 이 작전을 '우호 작전'이라고 칭했다. 그러나 이 작전은 입안 단계에서부터 많은 논란을 불러왔다. 논란의 초점은 무엇보다도 보급이었다. 임팔로 가는 접근로는 강폭이 1km가 넘는 친드윈(Chindwin)강을 건너야 하고, 곧이어 최고봉이 3,000m가 넘고, 폭이 70km가 넘는 아라칸산맥을 넘어야 했으며, 도로망과 교량이 극히 빈약했다. 기상은 열대 우림이어서 수시로 내리는 호우를 극복하기 어려웠으며, 말라리아, 독충을 비롯한 위생 저해 요소가 너무 많았지만, 대책은 없었다.

대부대의 1만 5,000t에 달하는 보급을 걱정하는 참모장을 무다구치 중장은 유약하다면서 보직 1개월 만에 해임해버렸다.

무다구치는 심지어 "일본인은 원래 초식 위주의 민족이었다. 주변에 풀이 이렇게 많은데 무엇이 걱정인가? 풀을 먹으며 전진하면 된다." 또는 "보급이란 원래 적으로부터 탈취하는 것이다."라고 하면서, 식량을 현지조달 내지는 영국군에게서 약탈할 생각을 하며 경시했다. 무다구치 중장은 항공력의 지원이 거의 전무한 상태인데도, "정글 전에서 비행기를 어디에 쓰나?"라고 하면서 무시했다. 영국군이 일본군과 대치하면서 항공기에 의한 보급을 받으며 굳건히 일본군을 물리친 것을 생각하면, 항공기의 능력에 대해 너무나 무지한 지휘관으로 인해 피해가 가중되었다는 점은 안타까울 정도다.

한편, 무다구치 중장과 직속상관인 버마 방면군 총사령관 가와베 마사카즈(河邊正三) 대장은 중일전쟁의 시발이 된 노구교사건을 일으킨 장본인들이었으며, 당시에도 직속 상하 관계였다. 모두가 무리한 작전이라고 반대했지만, 무다구치 장군의 무리한 간청에 모두가 넘어가 대본영의 재가를 받은 후에 작전이 전개되었다. 훗날 임팔 전투는 '보급을 경시한 엉터리 작전이며, 무모한 작전의 대명사로서 일본군 최고의 비참한 전투'라는 평을 받게 된다.

일본군의 작전계획은 우선 병사들이 지참하여 운반할 수 있는 보급품의 양을 40kg으로 고려하여 20일간으로 작전 기간을 설정하고, 우익의 제31사단은 코히마(Kohima)를 공격하여 탈취한 다음, 코히마로부터 임팔(Imphal)로 증원되는 영국군을 저지하도록 하며, 제15사단과 제33사단은 임팔을 탈취하는 것으로 했다. 너무나 무계획적인 작전에 대해 예하 사단장들도 반기를 들었지만, 영국군은 나약하므로 공격하면 승리할 수 있다는 낙관론으로 밀고 나갔다.

제15사단장 야마우치 마사후미 소장은 미국의 웨스트포인트 사관학교를 졸업하고 주미 대사관 무관을 지낸 합리적인 성격의 소유자로 막무가내인 무다구치와 잘 맞을 수가 없었다. 제33사단장 야나기타 겐조(柳田元三)는 처음부터 임팔 작전이 무리라며 반대해 오다가 참모장이 해임되는 것을 보고 입을 다물었지만, 무다구치 사령관과는 화합하기 힘들었다. 제31사단장 사토 고토쿠(佐藤幸德)는 무다구치와 유사한 저돌적인 성격이었지만, 일본 육군 내의 파벌이 서로 달라 맞지 않았다. 이처럼 상하가 서로 다른 생각을 가지고 아옹다옹하는 상태에서 '일본 육군 사상 최악의 졸전'을 치르게 되었다. 이렇듯 전쟁에 대한 세부 준비가 부실한데도, 일본군은 임팔 작전시행을 위해 3월 6일 계획대로 출병했다.

한편 영국군은 전술한 바와 같이, 무엇보다도 중국에 대한 육상보급로를 다시 개통하기 위해 버마를 탈환하려는 작전을 전개하려고 계획하고 있었다. 제14군 사령관 슬림 장군은 일본군의 공세에 대해 사전에 낌새를 알아채고, 임팔 지역에서 물러나지 않고 국경 전체를 방어하려는 노력을 포기하는 대신, 2개의 인도인 사단이 주요 요충지를 요새화하는 '어드민 박스(Admin Box)'[46]를 구축하여 일본군의 공세를 막아내고 장차 공세로 전환할 때 교두보의 역할을 하게 했다.

일본군은 중장비를 운반하기 위한 수송 수단으로 차량보다는 도로망의 불비로 인해 주로 우마에 의존했는데, 친드윈강을 건너면서 동물의 1/3을 잃었고, 아라칸산맥을 넘으면서 동물 대부분이 도망가거나 병사하여 야포를 비롯한 중장비의 운반은 사실상 불가능해졌다. 병사들도 무거운 장비를 몰래 버려 중화기의 부품이나 탄약이 유실되었으며, 그 결과 개인화기를 제외한 중화기는 매우 미약한 상황이 되어 버렸다. 그렇지만 일본군 특유의 감투 정신으로 3월 28일에 코히마와 임팔에 도착하여 4월 4일에 영국군을 포위했다.

일본군 제31사단이 코히마를 급습한 것은 4월 6일 새벽으로 영국군은 자신들의 판단보다 2주일이나 빨리 출현한 일본군에 기습을 허용하여 코히마를 포기하고 인근의 고지를 점령한 후에 방어에 임했다. 이때 기습을 성공시킨 일본군의 연대장은 자기 병사들의 화기를 전부 버리게 하고, 성능이 우수한 영국군의 장비로 교체했는데, 이는 이미 탄약이 거의 고갈된 일본군에게 매우 현명한 조치였다.

그 와중에 유명한 테니스 코트의 전투가 벌어졌다. 버려진 테니스 코트의 한 쪽씩을 차지한 일본군과 영국군은 짧은 거리에서 참호를 구축하고, 수류탄과 소총으로 치열한 전투를 벌였다. 영국군은 일본군이 생각한 것처럼 총을 몇 발 쏘면 도망가는 겁쟁이가 아니라, 세계에서 가장 끈질긴 강한 군대였다. 시간이 지나면서 일본군은 점차 압도적인 영국군의 화력에 밀려 소멸해갔다. 영국군 제14군 사령관 슬림 장군은 전력을 기울여 증원 병력을 수송하고, 항공력으로 보급을 이어갔지만, 일본군은 이미 식량과 탄약이 고갈되어 전투를 이어 갈 수 없었다. 이따금 영국군을 지원하기 위한 항공 보급이 일본군 지역에 떨어져 횡재하는 경우가 있었는데, 일본군은 이를 두고 '처칠의 급여'라고 불렀다.

5월이 되자 일본군의 보급은 완전히 중단되었다. 진퇴양난에 빠진 일선의 지휘관들은 옥쇄로 최후를 맞이한 과달카날이나 마리아나 군도의 지휘관들과 달랐다. 제31사단장 사토 중장은 제5비행사단장 다조 중장에게 보낸 전문에서 "탄약 한 발, 쌀 한 알도 없이 적의 식량을 탈취하여 전투를 계속 중임. 이제 최후의 기대를 공중 수송에 기대하고 있음." 이라고 호소하면서도, 옥쇄를 위한 돌격을 금했다. 이어서 제15사단장 시바다 중장은 상급 부대 참모에게 보낸 전문에서 "이제 본 사단은 호우와 진흙탕 속에서 굶주림과 질병으로 전투력을 상실해 가고 있음. 제1선 부대가 이런 지경에 빠지게 한 것은 실로 제15군과

46) 영국군이 구축한 요새진지를 말하며, 요충지에서 사주방어가 가능하며, 장기간 저항할 수 있도록 보급품을 저장해 놓은 시설이었다.

무다구치의 무능이 그 원인임."이라면서, 직속상관을 비난하고 나섰다.

한편 연합군은 점차 전황을 공세로 전환하고, 5월 11일 제14군으로 하여금 반격에 나서도록 명령했다. 혼란에 빠진 일본군은 절망에 빠져 아래와 같은 노래를 불러대기 시작했는데, 그 내용은 다음과 같았다.

"(1절) 낮에는 비행기, 밤에는 박격포, 비처럼 쏟아지는 포탄 아래로
오늘도 나가는가? 육탄 공격대, 나라 위한 일이지만 아아 코히마.
(2절) 비 내리는 아라칸을 한정도 없이, 어깨에 들것 메고 방황하지만
주린 창자 메워줄 보급은 없네. 오늘도 끼니 찾아 이동이라네.
(후렴) 이거 정말 고생이에요."

일본군은 남방군 사령부의 참모들과 대본영의 참모들이 현지를 시찰한 결과, 성공 가능성이 극히 희박하다고 보고했으나, 총리 도조 히데키는 작전의 중지를 명하지 않았다. 당시 도조 총리는 태평양에서 계속되는 패전으로 인해 정치적 입장이 매우 어려움에 직면하여 임팔에서의 승리에 목을 매는 형편이었기 때문이다. 뼈만 남은 부하들이 굶어 죽어가면서 비관하는 노래를 부르는 참상을 견디지 못한 제31사단장 사토 중장은 감정을 이기지 못하고, 제15군에 보급을 요청함과 동시에, 제15군의 잘못을 낱낱이 열거하면서 작전의 중지를 요구하는 전문을 보냈다. 그러나 제15군 사령부는 현 위치를 사수하라는 전문만을 보내왔는데, 이에 대해 사토 중장은 다음과 같은 전문을 보냈다.

"공격 명령은 접수했으나 명령만으로 병력을 움직일 수 있다고 생각하는 귀하의 사고방식이야말로 작전을 실패로 이끌어가는 중대한 요인이 되고 있음. 본 사단의 1만 장병은 아사 직전이며 탄약이 고갈되어 맨손의 군대로 전락했음. 더 이상 폐하의 적자들을 개죽음으로 이끄는 일을 되풀이하지 않도록 과감한 조치를 강구하기 바람."

제15군의 참모들이 사토 사단장을 달래기 위해 방문했지만, 우리의 적은 영국군이 아닌 제15군이라면서 호통을 쳐서 쫓아 보냈다. 5월 31일 연합군의 공격이 개시되어 코히마를 방어하던 부대가 최후를 알리는 전문을 보내오자, 사단장은 독단으로 철수를 단행하여 비교적 안전하게 병력을 보존하면서 철수했다. 사토 사단장의 독단에 의한 철수는 일본군 역사에 항명 1호 사건으로 기록된다. 일본군은 점차 무모한 전쟁에 대해 염증을 내고, 인명을 중시하는 사상을 갖게 된 것으로 보인다.

제31사단이 독단으로 철수를 시작한 5월 말에 임팔을 포위하고 있던 제15사단과 제33

사단 역시 공세 종말점에 달해 모든 힘을 소진해 이제는 철수하는 일만 남게 되었다. 버마 방면군이나 남방 방면군의 어디에서도 작전을 중지하라는 명령을 내리지 못하고 눈치만 보다가, 6월 말이 되어서야 무다구치는 작전 중지를 결정하고 7월 2일부로 정식으로 작전을 중지시켰다.

임팔 작전이 실패하자 버마의 방위선 붕괴는 확실시되었다. 영국군이 추격해 오자 일본군의 철수로에는 점점 더 많은 병사들과 아사자들이 쌓여갔다. 운이 좋은 건지 영국군은 전염병의 창궐을 우려하여 추격을 중지함으로써 추가적인 희생자는 감소했다. 일본군은 백골이 흩어진 철수로를 '백골 가도', 또는 '야스쿠니 가도(靖國 街道)'라고 불렀다. 전사자는 모두 야스쿠니 신사에 위패가 봉안되기 때문이었다.

이 과정에서 제31사단장은 독단으로 부대를 철수하였으므로 보직에서 해임되어 군법회의에 회부되었으나, 정신병자라는 명목으로 연금되었다. 제15사단장도 철수를 건의했다가 역시 보직해임이 되었으며, 얼마 후에 33사단장 역시 보직을 떠나야 했다. 결과적으로 인도 침공을 위해 투입되었던 8만 5,000명 가운데 무사히 귀환한 병력은 2만 명에 지나지 않았으며, 3만 명은 전사하고 나머지는 아사하거나 병사했다.

무다구치의 제15군이 임팔 전투에서 패하면서 이제는 버마 전선은 더 이상 대본영의 주 관심사가 아니었다. 중부 태평양에서 사이판과 티니안, 괌이 차례로 함락되었고, 남서태평양에서는 뉴기니의 함락과 필리핀의 민다나오섬과 뉴기니의 중간에 위치한 모로타이(Morotai)섬이 9월 15일 함락되어 이제 일본 본토로 가는 길목인 필리핀에 대한 침공이 눈앞에 다가오다 보니, 보다 급한 전선에 관심을 돌렸기 때문이었다.

버마에서 일본군의 전력이 약해지자 1945년 3월에 아웅 산 장군이 이끄는 버마 국방군이 일본군을 몰아내고 독립을 쟁취하는 길을 마련했다. 여담으로 한국의 광복군 9명이 연합군의 일원으로 임팔전투에 참가하여 일본군 포로의 심문, 통역, 일본어 번역, 심리전 선전물의 제작에 참여하여 커다란 호평을 받았다고 한다. 1944년 12월이 되면 견고한 성격에 부하들로부터 신망 받는 슬림 대장이 지휘하는 영국과 인도인 병사들로 구성된 제14군은 친드윈강을 건너 일본군을 몰아붙여 1945년 1월이 되면 버마의 중심부를 흐르는 에야워디(Ayeyarwady)강에 도달한다. 6개 사단 26만 명의 대부대를 보유한 슬림은 랑군을 향해 남쪽으로 전진을 계속했다.

일본군 대본영은 버마 지역이 최우선 전역은 아니더라도 버마가 함락되면 태국, 말레이, 싱가포르를 지나 베트남까지 연쇄적으로 붕괴할 가능성이 농후하다고 판단하고, 소위 말하는 대동아공영권이 뿌리째 무너지는 결과를 가져올 것을 두려워하여 최대한 버마를 확보하고자 했다. 일본군은 4개 사단으로 연합군의 공세를 막아보려 했지만, 이미 전투력이 바닥난 상태인 2만 명의 병력으로는 역부족이었다.

1945년 5월 3일에 연합군은 바다와 공중에서 동시에 돌입하여 랑군을 함락시키고 일본군을 완전히 분쇄하였다. 3년여에 걸친 싸움에서 일본군 19만 명이 죽었다. 아웅 산 장군이 이끄는 버마 국방군이 조국 해방의 한 축이 되어 자주독립의 기틀을 마련했으며, 영국군은 자존심을 회복했다. 그러나 전략적 관점에서 볼 때 버마 전선은 전쟁의 승패에 그다지 큰 영향을 미치지는 못했으므로, 일본군은 중요하지 않은 지역에서 전력을 낭비했다는 평가를 받을 수 있었다.

제2절 중국에서의 전투

중국 땅에서의 전투는 단지 일본군과 중국군 간의 싸움만이 아니었다. 연합국은 국민당 정부의 장제스를 중국 전역의 연합군 총사령관으로 인정했으나, 마오쩌둥의 중국 공산당은 대륙의 서북부에서 강력한 결속력을 과시하며 유격전을 포함한 다양한 전술로 광범위하고도 성공적인 항일전투를 이어가고 있었다. 지방의 군벌들은 형식상으로는 장제스의 통제를 받는 것처럼 되어 있었지만, 반은 자치권을 행사하여 공산당과의 투쟁을 위해 때로는 일본군과 협조를 하기도 했으나, 한편으로는 점령하고 있는 몇 개의 성에서 부패한 행정으로 주민들의 원성을 사는 존재이기도 했다.

1938년 이래 일본군은 난징에 수도를 둔 왕징웨이(王精衛) 괴뢰정부를 내세워 90만에 이르는 군대를 동원해 공산당이나 군벌의 군대에 대적하는 작전을 펼쳤다. 1942년까지 일본군은 중국의 북부와 중부에서 무자비한 응징 작전을 펼쳤으나, 국민당과 공산당의 압박이 강해지자 점차 유화정책으로 전환했는데, 이는 왕징웨이의 괴뢰정권이 중국에서 주도권을 잡게 하든지, 아니면 국민당 정부와 관계를 개선하여 타협하려는 의도에서였다.

1944년에 들어 세계대전의 정세가 연합국의 승리로 기울어가자, 장제스는 내심으로 항일전보다는 전후에 반드시 치러야 할 것으로 예상되는 공산당과의 내전을 위한 준비를 하고자 했으며, 이는 마오쩌둥에게도 더 큰 과제였다. 그러한 상황에서도 공산당군은 그 당시 중국 대중들에게는 항일전이라는 대의에 더욱 충실한 것처럼 보였으며, 부패한 국민당 정부보다 주민들을 착취하지 않아 국민의 신뢰를 받고 있었다.

장제스는 공산당을 축출하기 위해 한때 전직 독일군 참모총장 젝트(Hans von Seeckt)[47)]

47) 젝트는 1933년 히틀러의 집권 이후 상급 대장으로 참모총장에서 은퇴하고 장제스 국민당군의 군사고문이 되었다. 마오쩌둥의 공산당을 무찔러 공산당이 2만 리 장정으로 후퇴하게 하는 데 크게 이바지하지만, 중일 전쟁에서는 독일과 일본의 동맹 관계 때문에 그는 친소 및 친중 성향을 갖고 있었음에도 불구하고, 본국의

를 군사고문으로 활용하기도 했으며, 항일전에서는 미국으로부터 각종 무기와 장비를 지원받아 현대적인 군대를 건설하고자 노력했는데, 지속적인 지원을 받기 위해서는 일본군과 싸우는 모습을 보여줘야만 했다. 그는 특히 미군 지원자들로 구성된 '비호 부대(Flying Tiger)'의 활약에 감명 받아 공군력의 증강을 갈망했다. 여기에 중국군의 참모장 역할을 했던 스틸웰 장군은 적절한 훈련과 장비를 갖춘다면 중국군도 충분한 전투력을 가진 군대가 될 수 있다고 믿어, 중국군에 대해 많은 지원을 하려고 노력했다.

1944년 4월 일본군의 '이치고' 작전으로 중국군이 내륙으로 쫓겨나, 일본 본토를 폭격하던 B-29 슈퍼 포트리스 비행기들은 비행장을 잃고 인도로 철수해야 했으며, 7월이 지나서 태평양의 마리아나 군도가 탈환되자, 티니안섬과 사이판섬으로 기지를 옮겨 일본 본토를 폭격하기 위한 주력 비행장으로 활용하게 되었다. 내륙으로 밀려난 중국군에 대한 지원을 위해 버마를 통한 지상 보급로의 중요성이 더욱 부각되어 임팔 전투 후인 12월 2일에 영국군 제14군이 버마의 친드윈강을 건너 중부 평야 지대로 전진하여 공세를 강화하는 동안, 장제스의 군대도 미국의 도움을 받아 북동부에서 남쪽으로 전진을 계속했다.

● 1942년 4월, 버마의 메이모(Maymo)에서 함께 기념촬영을 하고 있는 중국 총통 장제스와 그의 아내 쑹메이링(宋美齡), 그리고 미군 참모장 '식초 조(Vinegar Joe)' 스틸웰 중장의 모습. 당시 버마 주둔 미군까지 지휘하고 있던 스틸웰은 장제스를 '땅콩'이라고 부르며 낮게 평가했다. (US National Archives)

성격이 까다로워 '초치는 조(Vinegar Joe)'라는 별명이 붙은 스틸웰 장군은 장제스 군대의 부정부패에 신물이 나서, 장제스와 사이가 틀어졌으며, 영국군과도, 끝에 가서는 루스벨트 대통령에게도 눈 밖에 나 면직되었다. 그의 후임에는 좀 더 원만한 성격의 웨드마이어(Albert Wedemeyer) 중장이 임명되었고, 버마에서의 미군 사령관은 설 턴(Daniel Sultan) 장군

명령으로 귀국해야만 했다. 그가 한 말 가운데 군인들에게 잘 인용되는 명언으로 다음과 같은 말이 있다. "나는 나의 장교들을 영리하고, 게으르고, 근면하고, 멍청한 네 부류로 나눈다. 대부분은 이 중 두 가지 특성을 갖고 있다. 영리하고 근면한 녀석들은 고급 참모 역할에 적합하고, 멍청하고 게으른 놈들은 전 세계 군대의 90%를 차지하는데, 이런 놈들은 정해진 일이나 시키면 된다. 영리하고 게으른 녀석들은 어떤 상황이든 대처할 수 있으므로 최고 지휘관으로 좋다. 하지만 멍청하고 부지런한 놈들은 위험하므로 신속하게 제거해야 한다." http://de.m.wikipedia.org/wiki/Kurt_von_Hammerstein-Equord's Menschenbild und Führungsstil.(검색일 : 2023년 3월 14일).

으로 '메릴의 약탈자'로 불리는 특수부대와 인도에서 훈련받은 중국군을 지휘했다. 버마의 일본군은 1944년 후반에는 태평양지역으로 병력을 빼 내줘야 했고, 1945년에는 시베리아에서 점증하는 소련군의 위협에 대응하여 만주로도 병력을 보내야 했으므로 방어력은 대폭 약화하였다.

1945년 1월 27일에 인도의 영, 미군 기지로부터 버마를 통해 충칭에 있는 중국군에게 연결되는 육상보급로가 드디어 개통되었다. 그렇지만 중국의 남부에서는 일본군이 여전히 강한 군사력을 유지하고 있어, 중국군이나 웨드마이어, 또는 설턴의 부대도 일본군을 단독으로 축출할 만한 능력은 없었다. 중일전쟁으로 중국인 수백만 명이 굶어 죽었으며, 130만에 달하는 중국 군인들이 목숨을 잃었지만, 이들의 희생은 100만에 달하는 일본군의 발을 중국 땅에 묶어 놓는 역할을 하여 대국적인 견지에서 태평양전쟁에 이바지한 바가 크다고 하겠다.

제 13 장
태평양에서의 잠수함 전

일본의 총리이면서 국방 방관과 육군참모총장을 겸임했던 도조는 전후에 미국이 태평양 전쟁에서 승리를 거둘 수 있었던 요인 세 가지를 들었는데, 첫째가 짧은 기간에 강력한 해군을 증강할 수 있었던 국력, 둘째는 태평양상에서 강력한 일본군의 거점을 우회해 나간 개구리 뜀뛰기 전법, 셋째로 미군의 잠수함에 의한 일본군 수송체계의 무력화를 들었다. 군사학도들은 흔히 태평양 전투에서의 잠수함 전투를 소홀히 취급하는 경향이 있는데, 이는 그 중요성이 저평가된 것은 잘못된 것으로, 잠수함 전이 전쟁의 승패에 지대한 영향을 미쳤다는 점을 잊어서는 안 된다.

전쟁 전에 영국, 미국에 이어 세계 3위의 해운 국가였던 일본은 해상운송을 통한 수출입에 크게 의존하고 있었다. 일본은 상선을 통해 동남아 일대의 원자재, 즉 원유, 고무, 광물자원, 쌀을 수입하고 생산품을 해외에 판매하는 무역구조였다. 따라서 일본은 수출보다는 수입을 하지 못하면 국가를 지탱할 수 없는 구조였다. 전쟁 이후에는 광대한 태평양상의 주요 군사기지에 병력과 장비, 식량을 운반해야만 했다. 대서양의 또 다른 해양 국가인 영국보다도 수송소요는 더욱 광대했다.

1941년 12월 7일 진주만을 기습당한 미국이 무제한 잠수함 전을 결의한 이후 진주만과 오스트레일리아의 프리맨틀(Freemanttle)에 기지를 둔 잠수함 50척으로 일본의 상선대를 공격하기 시작하자, 곧 눈에 띄는 성과가 나타나기 시작했다. 그러나 거의 2년간은 불량한 어뢰가 문제가 되어 생각보다는 부실한 성과를 거두었지만, 어뢰의 성능을 개량한 1943년 9월 이후부터는 완전히 달라졌다.

전쟁 초기 미군의 어뢰는 1930년대에 개발된 MK14였는데 이 어뢰는 금속의 목표물에서 나오는 자기장을 탐지, 격발되는 자기 신관 어뢰로서, 함정을 타격하기보다는 바로 아래에서 폭발하여 진공상태를 유발, 함정이 자체 무게에 의해 부러져 두 동강이 나도록 하는 어뢰였다. 그러나 MK14 어뢰는 입력한 심도보다 3.3m나 더 깊게 주행하거나 목표에 닿기도 전에 폭발하기도 하고, 목표에 충돌했는데도 폭발하지 않기도 했으며, 심지어는 어뢰가 선회하여 발사한 자기 잠수함에 손상을 입히기도 하는 등 성능이 매우 불량했다.

태평양 잠수함 사령관 록우드(Charles Andrews Lockwood) 제독은 “제대로 된 어뢰를 보급하지 못할 바에야 적함의 철판을 뜯어낼 갈고리 장대나 만들어 달라."고 상부에 강하게 항의했다.[48] 1942년에는 어뢰의 심도 조절 기능을 임시방편으로 높게 조정하여 사용하거나, 아예 자기 신관을 사용하지 않고 순발신관만을 사용토록 응급조치를 하기도 했다. 어뢰의 모든 문제가 해결되어 신형인 MK18이 보급되기 시작한 것은 전쟁 개시 이후 2년이 지난 1943년 9월부터였다.

미군의 잠수함은 대양 국가답게 당시로서는 세계 최대의 크기였다. 독일과 비교해 보면 독일의 주력잠수함인 V11형이 790t에 항속거리 1만 5,170km인데 비해, 미군의 주력잠수함인 GATO급은 1,525t에 항속거리는 지구 둘레의 절반이 넘는 2만 2,224km나 되었다.[49] 진주만 공습 당시에 미군은 총 111척의 잠수함을 보유하였지만, 태평양 전선에는 50척을 배치하였다가 점차 개량형인 발라오(Balao)급과 소수의 텐치(Tench)급을 포함하여 203척이 취항했다. 미군은 우수한 기술력에 힘입어 수상 경계용 레이더를 장착한 데다, 일본군의 암호를 해독하여 수송 선단들의 항로를 미리 파악할 수 있었기 때문에, 독일의 잠수함대가 즐겨 사용했던 '늑대 떼 전술'을 더욱 발전시켜 3척의 잠수함이 1개의 단위를 이루어 상호 긴밀히 협조함으로써 언제나 적의 선단에 대한 협조 된 공격이 가능하게 하였다.

1943년에는 150만 톤, 1944년에는 230만 톤의 일본 선박이 미군 잠수함에 의해 격침되었다. 1944년 초에 유조선을 제외하고도 410만 톤에 달했던 일본의 수송선 규모는 그 해 말이 되면 200만 톤 이하로 줄어들었다. 1944년 9월에만 70만 톤에 이르던 원유 반입량은 넉 달 후에는 20만 톤으로 급격히 줄어들었고, 1945년에 들어서는 사실상 제로가 되었다. 이로써 잠수함 전쟁은 1944년 말에 거의 종결된 상태였다.[50] 1944년 말이 되면 일본군은 수송 선단의 감소로 전쟁 수행은커녕 민생을 위한 최소한의 생필품 수송도 어려워졌다. 일본 수송 선단은 잠수함 공격이 심한 야간에는 운항을 가급적 피하고, 모든 호위함에 레이더를 설치했으나, 미군 잠수함의 위협을 피할 방법은 달리 별로 없었다. 그리하여 1945년 8월 종전 시까지 미군의 잠수함은 일본의 항모 8척과 군함 200척 이상을 포함하여, 총 1,392만 톤의 일본 선박을 격침하는 대전과를 올렸다.[51]

미군의 다른 어느 병과보다도 가장 뛰어난 격침 성과로서, 잠수함 본연의 임무를 훌륭하게 수행했다는 점을 보여준다. 미군의 잠수함은 일반적인 전투 임무 이외에도 조기경보, 정찰, 특수전, 상륙전, 인명구조 등 다양한 작전을 전개하여 잠수함의 잠재력을 최대한 발

48) 이동훈 지음, 『전쟁 영화로 마스터 하는 제2차 세계대전』(서울 : 가람기획. 2010), p. 180.
49) Alexander Lüdeke, *WEAPONS OF WORLD WAR II*(Bath : Parragon Books Ltd., 2012), p 278, p. 302.
50) 폴 클리어 등 지음, 강민수 옮김, 『제2차 세계대전』(서울 : 플래닛 미디어. 2009), p. 518.
51) 이동훈 지음. 『2차 세계대전 - 태평양 전선』(서울 : 가람기획. 2010), p. 184.

휘했다. 이러한 승리의 대가로 미군의 잠수함 사령부는 총 전력의 1/6에 해당하는 잠수함 52척과 3,506명의 승조원을 잃어 손실률 면에서 일본이나 독일의 잠수함대와 비교할 수는 없지만, 여타 미군의 어느 병종보다도 손실률이 높았다. 일본 잠수함대의 두드러진 작전은 인도양을 건너 마다가스카르섬의 영국군을 공격한 적이 있고, 1942년 9월에는 비행정을 탑재한 잠수항모[52]가 미국의 서부 해안에 접근하여 비행정을 발진시켜 오리건주를 폭격, 산불을 내기도 했으며, 오스트레일리아의 해안을 공격하기도 했으나 구체적인 성과는 매우 미미했다.

일본군의 잠수함대는 전쟁이 끝날 때까지 잠수함으로서는 상대하기 어려운 연합군의 군함을 주적으로 규정함으로써 적에게 큰 타격을 주기 어려웠다. 정작 잠수함으로 가장 손쉽게 성과를 낼 수 있는 상선단의 공격에는 별 관심을 기울이지 않았으며, 상선에 대해 2발 이상의 어뢰를 발사하는 것을 탄약의 낭비로 생각하는 우를 범했다. 당시 일본이 자랑하는 93식 산소 어뢰도 직주하는 방식에는 변함이 없어, 통상 900m를 넘는 표적에 대해서는 1발을 발사하여 명중시키기는 어려웠다.

이렇듯 시대착오적인 전술 탓에 종전 시까지 일본군의 상선대 격침은 90만 톤에 불과했으며, 군함 격침 전과 역시 항모 3척을 포함하여 10여 척에 그쳤다. 전쟁 말기에 궁지에 몰린 일본군은 93식 어뢰에 유인 조종실을 부착하여 적함에 돌진하는 가이텐(回天)[53]을 투입했으나, 단 3척의 미군 선박을 격침하는 미미한 전과만을 가져왔다. 그리고 이러한 전과를 올리기 위해 투입된 일본의 잠수함은 총 보유 187척 중에서 129척이 침몰하여 68%의 손실률을 기록했다. 역사가들은 2차 대전에서 잠수함의 활약에 대해 '해상의 전투에서 승리를 가져온 것은 항공모함이었지만, 전쟁의 승리를 가져온 것은 잠수함'이라는 평가를 내렸다. 니미츠 제독은 전후 1개월 후에 이루어진 기자회견에서 "과거 해군의 주력함은 전함이었고, 현대의 주력함은 항공모함이지만, 미래의 주력함은 잠수함이 될 것이다."라고 말하며 잠수함의 중요성을 강조했다.[54]

---

52) 일본은 잠수함에 항공기를 탑재하는 잠수항모를 개발했는데, 센토쿠(潛特型)라는 명칭의 5,600톤급의 잠수함에 세이란(晴嵐)이라는 항공기 3대를 탑재하는 잠수항모를 개발했지만, 실전에 투입하지 못하고 종전을 맞았다.

53) 가이텐(回天)은 사람이 어뢰를 타고 조종하여 표적에 충돌하는 자폭 병기였다. 모체는 일본군이 자랑하는 93식 산소 어뢰로 500kg의 탄두에 시속 70km의 속도로 40km까지의 사정거리를 가진 당시로서는 가공할 성능을 가졌다. 일본군은 태평양 전투에서 전세가 기울자 1944년 8월부터 어뢰의 중앙부에 한 사람이 들어갈 공간을 만들고 조종하는 형식으로 개발했다. 목표물에 충돌하여 자폭하기 때문에 승조원도 함께 전사하게 되어 있어 물속의 가미카제라고 할 수 있다. 전쟁이 끝날 때까지 330대를 생산하여 적함 격침 4척, 대파 2척, 소파 6척의 전과를 올렸지만 106기의 가이텐 대원들이 불귀의 객이 되었고, 총 145명이 죽어 가미카제의 효율보다도 떨어졌다. 이름부터 '하늘로 돌아간다.'라는 의미를 담고 있는 자살특공대의 비인간적인 무기이다.

54) 이동훈 지음, 『2차 세계대전-태평양 진선』(서울 : 가람기획, 2010), p. 185.

제 6 부

유럽 서부 작전(1943~1945)

제1장 각국의 전략

제2장 시칠리아 상륙전과 이탈리아 전투

제3장 노르망디 상륙작전

● 1944년 6월 6일. D-데이에 바닷물을 헤치고 뭍에 오르는 특공부대

제 1 장

각국의 전략

1941년 12월 7일 일본이 진주만을 공격했다는 소식에 처칠은 연합국이 히틀러를 이기고 일본에도 궁극적인 승리를 가져오리라는 점을 믿어 의심치 않았다. 그는 당시에 모스크바 전투에서 소련군이 독일군을 물리쳤으며, 진주만이 기습당했다는 소식을 듣고 눈 오는 밤에 안도와 함께 깊이 잠들 수 있었다. 처칠은 진주만 기습과 모스크바 방어전에서 승리했다는 소식을 듣고 다음과 같이 생각했다고 회고했다.

> *"그럼 결국 우리가 이겼군! 그래, 됭케르크 다음에, 프랑스 함락 다음에, 무시무시한 오랑 사건[1] 다음에, 공군과 해군을 별도로 치면 우리가 거의 무장을 하지 못했을 때 침공 위협을 받은 다음에, 잠수함 전의 격심한 싸움, 다시 말해 대서양 전투에서 아슬아슬하게 이긴 다음에, 열일곱 달 동안 외톨이로 싸우고 내가 열아홉 달 동안 지독한 스트레스를 받아 가며 책임을 떠맡은 다음에 말이야, 우리가 전쟁에 이겼어."[2]*

진주만 기습이 있기 전인 1941년 8월 9일부터 4일간 뉴펀들랜드에 있는 플러센셔만의 미군 군함에서 처칠과 루스벨트는 회담하고 대서양 헌장[3]을 발표했다. 이때 처칠과 루스벨트는 만일 미국이 전쟁에 참전한다면 민주 국가들의 연합전략은 '독일을 상대하는 것이 우선'이라고 합의하였다. 그리고 이를 토대로 미국은 9월부터 관대한 조건으로 무기를 영국과 소련에 제공하기 시작했다.

한편 스탈린이 진정 바라는 것은 서부 유럽에서 제2전선을 형성하여 동부 유럽에서의 독일의 위협을 감소시켜주는 것으로, 스탈린은 7월부터 향후 3년 내내 서부 유럽 측에 대한 이러한 요구의 강도를 높여갔다. 이 단계에서 영국과 미국이 할 수 있는 일은 무기의

---

1) 1940년 7월 프랑스령 알제리의 항구도시인 메르스-엘-케비르에 주둔한 프랑스 함대가 오랑으로 가서 영국군에게 항복하라는 영국의 권고를 받아들이지 않자, 프랑스의 함대가 독일군에 인수될 것을 우려한 영국 해군이 프랑스 함정을 포격하여 다수를 무력화 시켰다. 이로 인해 큰 피해가 발생했고, 프랑스 비시 정부는 반영감정을 깊게 품게 되었다.

2) 존 키건 지음, 류한수 옮김, 『제2차 세계대전사』(서울 : 청어람 미디어, 2007), p. 461.

3) 대서양 헌장은 제2차 세계대전 전후에 세계의 체제에 대한 원칙을 제시한 것으로 각국의 영토 불확대, 영토 변경 불가, 국민에 의한 정치체제의 선택 권리 존중, 경제협력, 나치즘의 타도, 항행의 자유, 그리고 집단안전 보장체제 구상 등을 담은 내용으로 처칠은 미국의 적극적인 전쟁 지원을 요구하였고, 미국은 전쟁에 참여할 것을 고려하면서 추축국을 견제하려는 의도가 담긴 선언이었다.

원조와 더불어 히틀러를 외곽에서 두드려 힘을 빼는 일이었다. 그런 작전이 북아프리카 전선에서 이루어져 롬멜의 군대를 무찔렀고, 이탈리아군을 항복시켰다. 그리스와 크레타에서는 큰 피해를 당하고 실패했지만, 다시 반격할 힘을 비축해 가고 있었다.

처칠의 또 다른 관심은 노르웨이였다. 때때로 노르웨이에 대한 상륙을 노리는 모션을 취함에 따라 히틀러는 방어 태세를 갖추지 않을 수 없어 큰 효과는 아니더라도 상당한 전력을 빼돌리는 역할을 했다. 진주만 기습 이후 1941년 12월에 미국과 영국은 워싱턴에서 암호명 '아카디아(Arcadia) 회담'을 갖고, 다음과 같은 몇 가지 중요한 합의를 도출했다.

첫째로 양국의 참모총장연합회를 구성하여 중요한 군사 문제를 다루는 회담을 갖게 하는 것이었다.

둘째는 태평양상에 강력한 연합국의 군대를 유지하는 것으로 ABDA(America, Britain, Dutch, Australia) 사령부를 설치하여 사령관으로 영국군의 웨이벌 장군을 임명한 것이다.

미·영 양국은 이 회담에서 많은 부분에서 합의를 이루었지만, 양국 간의 의견이 완전히 합의 상태를 이룬 것만은 아니었다. 미국은 소련이 희망하는 데로 1942년에 서유럽에서 제2전선을 형성하고자 했는데, 이는 이미 소련 측이 영국 측과 '독일 우선'이라고 합의한 데에 따른 것으로서, 미국 측은 소련 측의 이러한 합의에 대한 조속한 실행을 요구했다.

1942년 4월 이를 조율하기 위해 미국 육군참모총장 마셜이 영국을 방문했다. 처칠과 육군참모총장 알란 브룩은 북아프리카에서 롬멜이 대성공을 거두고 있고, 소련군이 볼가강과 크림반도에서 독일군에게 고전하고 있는 등 당시의 전황을 내세워, 프랑스로 침공한다는 '큰 망치(Sledgehammer) 작전'이 시기상조임을 확인하면서, 우선은 미군을 영국에 계속 증강하는 '볼레로(Bolero) 작전'을 시행한다는 것에 대해 서로 합의하였다. 추가로, 처칠은 영·미 연합군이 북아프리카 전선에 상륙하는 '횃불 작전(Torch Operation)'을 전개하자는 제안에 대해서는 냉철한 마셜의 동의를 받아내지 못했지만, 제2전선을 여는 '소몰이 작전(Roundup Operation)'을 1943년으로 연기하자는 합의를 유도해 내는 데에는 성공할 수 있었다.

처칠은 마치 전제군주처럼 장군이나 제독들, 정부 각료들까지 툭하면 해임했다. 영국의 역사가는 "1939년부터 1943년 사이에 주요한 해역사령부에서 처칠이 해임하려고 들지 않는 제독은 단 한 사람도 없으며 대여섯 차례 성공했다."라고 기록하고 있다. 1941년 6월에 중동 사령관 웨이벌을 해임했고, 14개월 뒤에는 그의 후임인 오친렉(Auchinleck)을 예고 없이 해임했으며, 북아프리카의 8군 사령관 세 사람, 즉 알란 커닝엄(Alan Cunningham), 올리버 리즈(Oliver Leese), 닐 리치(Neil Ritchie)를 해임했다.

처칠은 해임하지 않은 지휘관들에게도 성마르게 굴었으며 칭찬에 인색했다. 알란 브룩이나 몽고메리에게도 그랬다. 그가 유일하게 관대하게 대했던 장군은 알렉산더뿐이었다. 그는 기사도적인 예절과 용기 때문이었지만, 한편 장차 일어나는 이탈리아 전선의 지지부진함은 그에게 큰 책임이 있는 데도 비난하지 않았다. 그러나 고약한 처칠도 미국의 지휘관들에게는 함부로 하지 못하고 적당히 비위를 맞춰야만 했다. 대리석처럼 굳세고 냉철한 마셜은 물론이고, 해군총장 킹 제독도 어지간히 굳센 사람이어서 전쟁 기간 내내 처칠의 심기를 불편하게 했다. 특히 루스벨트와 마셜이 '독일 우선'이라는 방침을 영국과 협의했음에도 불구하고, 킹 제독이 해군력의 배분을 태평양에 우선권을 두었으므로 영국인들은 그를 '영국을 싫어하는 사람'으로 생각하기도 했다.

처칠은 미국이 강하게 희망하는 1942년에 제2전선을 형성하는 안에 대해 끈질기게 반대했다. 왜냐하면 제2전선을 형성하기 위해서는 독일군의 대서양 방벽을 완전히 으스러뜨릴 만큼의 함포나 항공 폭격은 물론이고, 압도적인 지상군이 필요하므로, 1942년까지에는 그러한 전력을 갖출 수 없다고 생각했기 때문이었다. 그는 미군들이 훈련도 부족하고 전투 경험도 없으면서 오히려 '전장에서 전투하는 방법'을 배우려 한다고 우려했다. 1942년 6월 처칠과 알란 브룩은 워싱턴을 방문하여 중동지역에 미군의 기갑부대를 파견하는 문제와 프랑스에 제2전선 형성을 위한 미군을 영국에 증원하는 문제를 합의했으며, 게다가 때맞추어 수치스럽게 투브루크가 함락되었으므로 미국이 300대의 셔먼 전차와 100문의 자주포, 그리고 다량의 보병용 대전차포를 영국에 지원하도록 만들었다.

그러면서도 오로지 미국이 걱정하는 것은 "소련이 독일의 공격을 견뎌내지 못하고 단독으로 강화를 해버리지 않을까?" 하는 것이었다. 따라서 제2전선을 형성하는 문제는 상호 견해차가 심했다. 영국의 지도자들이 제2전선 문제를 강력히 반대했기 때문에 마셜이나 킹은 화가 나서 태평양에서 싸우는 니미츠와 맥아더에게 전력을 힘껏 지원해줄까 하고 생각했다. 특히 킹은 진심으로 그렇게 생각하고 실제로 태평양 전투에 우선권을 두었다.

1942년 말의 정세는 연합군에게 매우 불리했다. 북아프리카에서 영국의 기갑부대는 대부분 격멸되어 투브루크에서 3만 3,000명이 항복했다. 6월 28일에도 영국군 제8군은 6,000명의 포로와 많은 군수물자를 상실하고 겨우 알라메인에서 재편성했는데, 이곳은 알렉산드리아에서 불과 96km 거리에 있었다. 지중해 함대는 알렉산드리아 항을 떠나 수에즈 운하 입구의 하이파(Haifa) 항과 포트사이드(Port said) 항으로 이동했다.

동부전선에서 독일군은 300개 사단을 집결하여 소련의 볼가강과 캅카스(북코커서스) 지역으로 돌파해 들어갔다. 독일군은 2개월 동안 640km나 진격해 들어가 돈강과 볼가강에 도달하는 것은 시간문제처럼 보였다. 영국과 미국은 대서양에서 7월 첫째 주에만 40만 톤의 선박을 상실했으며, 무르만스크로 향하던 수송 선단의 2/3가 격침되어 처칠은 스탈린에게 9월까지 지원물자 수송을 중단해야겠다고 통보해야 했다.

이러한 전황 가운데 1942년 7월 18일에 마셜과 킹을 비롯한 미군 고위층이 런던을 방문했는데, 이때의 가장 큰 의제가 제2전선 형성 문제로 미국은 1942년 이내에 프랑스의 셰르부르나 코탕탱반도에 교두보를 확보해야 한다고 주장했다. 그렇지 않다면 주 전력을 태평양 지역으로 전환해야 한다는 주장까지 했다. 특히 미 해군 총사령관 킹은 영국 육군 참모총장의 표현대로라면 회담 내내 스핑크스(Sphinx)처럼 우거지상을 한 채 입을 다물고 작전을 태평양으로 전환하는 일에만 골몰하고 있었다.[4]

그러나 처칠은 충분한 전력, 특히 해상 수송 능력이 확보되지 않는 한 프랑스 지역에 제2전선의 형성은 곤란하다는 점을 주지시키려고 노력하면서, 1942년에 오로지 가능한 작전은 북아프리카에 연합군을 상륙시키는 횃불 작전이라고 제시하여 끝내 미국의 동의를 받아냈다. 마셜이나 킹은 내키지 않았으나, 행동 개시일을 10월 30일로 정하고 연합군 사령관에는 아이젠하워가 지명되었다. 그러나 실제로 상륙 일은 11월 8일에 이루어졌다.

1942년 중반부터 전황은 연합군에 점차 유리하게 변화되어 갔다. 1942년 6월 4일 일본해군은 미드웨이에서 패했고, 독일의 U-보트들이 미국 동부 해안에서 누렸던 '즐거운 시간'도 끝났으며, 롬멜의 진격도 이집트 국경에서 막혔고, 독일 전역을 대상으로 한 연합군의 항공 폭격은 점점 강도를 더해가고 있었다. 결국, 8월이 되어 알라메인에서 몽고메리가 롬멜을 무찔러 전세를 뒤집은 가운데, 11월에는 영, 미 연합군이 북아프리카에 상륙하여 독일군을 압박해 들어갔다.

단지 소련 남부에서는 독일군이 계속 진격해 나갔지만, 가을이 되면서 스탈린그라드에서 파울루스의 제6군을 저지하여 포위로 이끌었다. 이제는 진정으로 미국이 주장하는 제2전선을 형성하기 위한 조건이 성숙한 것처럼 보였다. 이렇게 상황이 진전되고 있는 가운데 처칠은 8월 13일 모스크바를 방문했다. 처칠은 전쟁 전에 공산주의의 잔악함과 위험성을 간파하고 자본주의와의 대립 관계를 잘 이해하고 있어, 히틀러가 전쟁을 일으키기 전에는 히틀러를 지지하는 편이었다. 그러나 전쟁이 발발하자 '적의 적은 나의 친구'라는 격언처럼, 한시적이나마 소련을 연합국의 동지로서 함께 해야 했다.

스탈린은 현실주의자로 겉치레나 공치사를 의례적으로 늘어놓는 사람과는 거리가 멀었다. 처칠은 1942년에 제2전선을 전개할 수 없는 상황을 설명했지만, 스탈린은 "영국과 미국은 왜 그렇게 독일을 겁내느냐? 위험을 무릅쓰지 않으면 전쟁에 승리할 수 없다."라고 분노에 차서 말했다. 처칠 역시 책상을 치며 연합군의 공군이 독일 전역에 가하고 있는 전략폭격 작전을 설명했으며, 더 나아가 북아프리카에 상륙할 계획을 열정적으로 밝히자,

---

4) 아서 브라이언트 지음, 황규만 옮김, 『워 다이어리』(서울 : 플래닛미디어, 2010), p. 505.

분위기는 조금 누그러졌다. 전반적으로 소련은 연합군의 지원에만 관심을 표명하였고, 진정한 연합군으로서 정보교환은 거의 노출하지 않아 회담 전반에 걸쳐 음울하고 지루하게 이루어졌다. 단지 스탈린이 처칠과 마지막에 7시간의 단독회담 도중 겨울이 오면 반격을 가할 것이라는 귀띔을 해준 것이 중요한 정보제공일 수 있었다.

그 외에 처칠과 스탈린은 7시간 이상을 단독회담에서 그들은 전후 세계의 신질서에 대해 논의한 것으로 알려졌다. 폴란드, 헝가리, 불가리아, 그리스 등에 대한 영향력을 몇 퍼센트 정도로 할 것인가를 메모지에 직접 써가면서 논의했다. 영국의 수뇌부가 회담을 마치고 모스크바를 떠난 지 1주일 후에 스탈린그라드가 포위되었고, 8월 말에는 독일의 기갑부대가 저 멀리 카스피해 인근의 그로즈니(Grozny) 유전 일대에 도달했다.

한편, 워싱턴과 런던에서는 어느 순간에 소련이 붕괴할지 모른다는 우려를 하게 되었다. 10월 5일에 스탈린은 처칠에게 전황이 악화하여 매우 중대한 국면에 처했으며, 독일군은 서부지역의 공군력을 동부로 전환하여 공군의 전력비가 2대 1로 열세에 처했다고 전문을 보내는 한편, 루스벨트에게는 월간 500대의 전투기와 8,000대의 전차 및 막대한 탄약 지원을 요청했다. 그러나 당시의 상황에서 미국과 영국의 전력 보강 우선순위는 북아프리카 전선에 투입될 부대에 있었으며, 이를 수송할 선박이 대량으로 투입되어야 했기 때문에 여타지역은 모두가 보류되거나 감축되었다.

남태평양에서의 육·해군의 사투와 소련·중국·버마 등의 원거리 보급 작전은 모두 '토치 작전' 때문에 영향을 받게 되었다. 그럼에도 불구하고, 루스벨트와 처칠은 스탈린이 독일과 단독 강화를 해버릴까 봐 두려워하여 최선을 다해 군수지원을 하려고 노력했다. 다만 처칠은 지난 모스크바 방문 시에 스탈린이 귀띔해 준 반격 작전 의도를 들은 바 있어 덜 걱정했다. 1942년 가을에 추진된 수송 선단은 78척의 호위 함정에 의한 호송 임무를 수행했음에도 불구하고, 무르만스크로 가는 북해 항로에서 독일군의 잠수함과 항공 공격으로 인해 수송 선단의 1/3이 격침되고 말았다. 조바심이 난 처칠은 노르웨이에 상륙작전을 펼쳐 교두보를 확보함으로써 수송 선단을 보호하는 역할을 해줄 것을 군에 강력히 요구했으나, 토치 작전의 수요 때문에 이를 실행할 수 없었다.

10월 23일 북아프리카의 동부에서 몽고메리가 롬멜을 몰아붙여 후퇴하게 했고, 11월 8일에는 알제리의 오랑과 알제에 400척의 함대에 분승한 영·미 연합군이 큰 희생을 치르지 않고 무사히 상륙할 수 있었다. 상륙 과정에서 사전 공작으로 북아프리카에 주둔했던 비시 프랑스군은 연합군과 상당한 마찰이 있었으나, 결과적으로 적대 행위를 버리고 연합군에게 협조했다. 히틀러는 북아프리카에서 밀려나면 이탈리아가 위협받고 지중해에서의 통제력을 상실하게 될 것이며, 장차에는 남부 프랑스와 발칸반도에서 연합군의 반격으로 이어질 가능성을 염려하여 북아프리카 전선에 대규모 전력을 증원하였다. 그러나 영·미 연합군의 거센 공격을 막아내기에는 역부족이어서 괜히 전력을 낭비하는 결과를 초래하고 있었다.

이제는 북아프리카의 독일과 이탈리아군을 격멸한 다음의 전략이 거론되어야 했다. 영국과 미국은 미·영·소 3국이 다음 단계의 전략을 논의하기 위해 소련 측에 '미·영·소 정상회담'을 제의했는데, 소련 측에서 스탈린이 전쟁지도를 위해 모스크바를 떠날 수 없다고 회신해와 미국과 영국만이 얼마 전에 해방시킨 모로코의 카사블랑카에서 1943년 1월 15일쯤에 회담하기로 합의했다. 회담은 1943년 1월 14일부터 시작되었다. 미국은 진작부터 1943년에는 프랑스 해안에 연합군을 상륙시켜 제2전선을 형성하는 안을 주장해 왔고, 처칠도 지난 8월 모스크바 방문 시 스탈린과의 단독회담에서 1943년에 제2전선을 형성하겠다고 약속한 점을 강조하면서 육군참모총장 브룩을 비롯한 군사 지도자들을 독촉하고 있었다.

한편, 미국은 "지중해에는 지브롤터라는 좁은 목이 있어, 지중해에서의 작전이 마치 굴뚝에서 작전하는 것처럼 위험하다."라고 생각하는 경향이 있어 대규모 작전에 회의적이었다. 실제로 히틀러는 스페인의 프랑코에게 지브롤터를 점령하도록 여러 차례 부추겼는데, 만일 프랑코가 지브롤터를 노리게 된다면 지중해 내부의 전력은 독 안의 든 쥐가 될 수도 있었다. 또한 미국에는 영국의 전쟁 지도부와 같은 정교한 전쟁 지도부가 없었고, 육군과 해군의 갈등이 심해 충분한 협의가 부족했으며, 루스벨트는 전쟁의 세부 상황을 군사 지도자들에게 위임하는 기질이어서 처칠처럼 구체적으로 작전을 채근하지도 않았다.

게다가 미국 측 군 수뇌부는 독일 우선 전략보다는 태평양 우선 전략을 내심으로 바라고 있었으며, 그 외에도 중국에 대한 원조와 버마 전선에도 상당한 관심을 두고 있어 영국과는 지중해 작전에 관한 관심의 비중이 작았다. 그러나 브룩을 포함한 영국군 수뇌부는 제2전선을 형성하기 위한 자원, 특히 해상 수송 능력이 가용하지 않은 현실적인 문제를 들어 1943년에는 북아프리카를 징검다리 삼아 시칠리아를 거쳐 이탈리아에 상륙하여 이탈리아를 추축국에서 제거하고, 지중해 동부에서 터키를 참전시켜 발칸반도로 전진하게 하여 독일에 출혈을 강요함으로써 동부전선 소련군의 부담을 덜어주도록 하는 정교한 전략을 제시했다.

브룩은 대서양에서 U-보트의 위협으로 함정의 손실이 건조량보다 연간 100만 톤을 상회하고 있어, 선박 건조량을 늘리지 않으면, U-보트의 위협을 제거할 수 없을 뿐만 아니라, 제2전선을 형성하기 위한 병력 수송이 최대 21개 사단밖에 가용하지 않아 서부 방벽에 배치된 독일군에게 쉽게 격퇴·격멸될 것이라고 자세하게 제시함으로써, 미군과 루스벨트는 물론 처칠까지 설득하는 데 성공했다.

북아프리카 전선이 정리된 이후에 차후 작전으로 시칠리아에 상륙할 것인가, 아니면 사르데냐로 상륙할 것인가를 놓고도 격론이 벌어졌으나, 이탈리아로 쉽게 건너갈 수 있는 시칠리아가 차후 작전의 목표로 결정되었다. 덧붙여서 브룩은 1943년 말쯤에 이탈리아를 추축국 전열에서 떼어내게 될 경우 히틀러는 유럽 남부에 전력을 분산 배치하지 않을 수 없으며, 그렇게 되면 1944년에는 프랑스 해안에 제2전선을 형성하는데 결정적인 상황이 올 것이라고 설명했다. 1월 18일 회담은 영국의 안, 즉 브룩의 안대로 합의되었다. 거기에다가 루스벨트가 주장하여 독일과 이탈리아, 일본에 '무조건 항복'만이 전쟁 종결의 유일한 조건이라는 선언이 발표되었다. 세부적인 부수 합의 사항은 지휘체계였는데, 북아프리카 전선에서 서부의 제1군과 동부의 제8군이 적을 무찌르고 연결된다면 최고사령관은 아이젠하워, 부사령관에 알렉산더로 하여 연합군을 지휘하도록 하였다.

사실 아이젠하워는 1개 대대의 실병 지휘 경험도 없어, 전략 및 전술에는 서툴렀다. 그러나 온화한 성품으로 연합군의 사령관과 참모들을 화합하고 통솔했으므로, 아이젠하워는 '성층권'에 있으면서 알렉산더가 작전 실무를 지휘하게 하는 안은 매우 타당한 것이었다. 워싱턴의 군 실무자들은 카사블랑카 회담의 결과 영국의 주장대로 차후 전략이 채택된 것을 두고, "우리는 몽땅 다 잃어버렸다. 우리는 왔노라, 들었노라, 당했노라"라는 말로 표현했다.

이어서 카사블랑카에서의 합의 내용을 구체적으로 확정하기 위해 5월 12일 워싱턴에서 영미 간의 회담이 개최되었다. 그런데 회담 직전인 5월 7일 북아프리카의 독일군과 이탈리아군 25만 명이 항복하여 북아프리카 전역은 최종적으로 연합군의 승리로 종지부를 찍었다. 워싱턴 회담에서 미국은 역시 프랑스 해안에 제2전선을 형성하는 안을 구체화하기를 원했고, 해군 참모총장 킹은 태평양 전선에서 일본군을 먼저 처리하기를 원했다. 그러나 처칠 특유의 너스레와 때 마침의 북아프리카에서의 승리가 차후 작전의 방향을 시칠리아로 향하게 했다.

브룩은 시칠리아 상륙작전 이후의 전략으로 이탈리아 본토를 공략해야 한다는 논리를 전개했다. 이탈리아를 점령한다면 발칸반도에 주둔 중인 이탈리아군 26개 사단을 독일로부터 떼어내게 되고, 터키가 연합국과 함께 한다면 다다넬스 해협을 통해 소련에 보급을 원활하게 할 수 있다는 점을 강조했다. 미국 측은 이탈리아 본토를 공격하게 되면 1944년에 실시하게 될 제2전선 형성에 필요한 전력에 약화를 초래할 수 있다고 우려했으며, 중국을 계속 일본과 싸우게 하려면 버마를 통한 보급로를 확보해야 한다는 점을 강조했다. 덧붙여서 일본의 신장된 병참선을 공격하여 재편성할 여유를 주지 않아야 한다고 강조했다.

부연하자면, 미국인의 일본에 대한 증오심, 미 해군의 중요 전력을 태평양에 투입하겠다는 의지, 1944년의 이른 시기에 제2전선 형성을 영국으로부터 확답 받아야겠다는 의지가 담겨 있었다. 그러나 회담의 결론은 브룩이 주장하는 데로 시칠리아 다음은 이탈리아 본토를 침공하도록 계획되었으며, 확정하지는 않으나 미국이 내내 주장해 온 제2전선 형성을 위해 가능한 한 대규모 병력을 영국에 이전 배치하도록 하고 1944년의 초기에 제2전선을 형성하는 데 공동 노력한다고 합의했다. 이어서 7월에는 시칠리아 상륙작전이 시행되었다.

제 2 장
시칠리아 상륙전과 이탈리아 전투

제1절 시칠리아 상륙전 – 허스키 작전(Operation Husky)

영국과 미국의 군사 지도자들은 횃불 작전이 계획대로 진전되자, 다음 작전의 목표를 두고 협의에 들어갔다. 영국군은 내심 1943년에는 프랑스 해안으로의 진격은 현실적으로 어렵다고 판단하고, 대신에 이탈리아의 시칠리아나 사르데냐를 공격하는 안을 검토하고 있었다. 반면에 미국은 프랑스로의 직접적인 공격을 선호하고 있었다. 미국 측의 주장은 다분히 강대국의 위세를 믿고 강력하게 전장을 펼칠 것을 원하고 있었으나, 미국 측의 구체적인 전력 분석은 충분하지 못했다.

양국의 수뇌부는 1943년 1월 14일부터 북아프리카의 새로운 점령지 카사블랑카에서 회담했다. 루스벨트와 처칠을 비롯하여 양국의 3군 참모총장이 모두 참석한 가운데 10일간 협의했는데, 영국의 지도부는 오랜 기간 연구를 통해 충분한 검토 결과를 가지고 자신들의 주장을 펼쳤다. 영국의 육군참모총장 브룩은 1943년까지 프랑스의 서부 방벽에 주둔하고 있는 독일군 44개 사단을 압도할 전력을 연합군은 지상군이나 해군 공히 갖추지 못했음을 세밀하게 분석하여 반론을 제시했기 때문에 미군도 시칠리아 공격이 최선이라고 결론을 내렸다. 그 결과 다음의 목표는 시칠리아로 정하고, 작전의 명칭은 '허스키(Husky)'로 하며, 작전의 실행 시기는 7월 중에 달이 뜨는 적절한 시기라고 못 박았다.

결과적으로 영국의 주장대로 이루어진 것이다. 미국의 전략 기획관들은 훗날 '왔노라, 들었노라, 정복당했노라'라고 하며 영국의 설득에 넘어갔음을 인정했다.[5] 오래전부터 처칠은 마치 신앙처럼 이탈리아나 그리스로의 진격이 적에게 더 큰 타격을 줄 수 있다고 믿어왔고, 그것이 이번 회담에도 통했던 것이다. 처칠은 이탈리아나 그리스, 또는 발칸반도를 공격하는 것은 '부드러운 뱃살'을 치는 것처럼 위험은 덜하고 성과는 좋을 것이라는 주장을 내내 해왔다. 마치 1차 대전에서 해군 장관으로서 터키의 이스탄불 북부를 공격했던 갈리폴리 전투의 개념과 유사한 것이었다.

양국의 수뇌와 지휘관들에게 또 하나의 난제는 드골에 관한 것이었다. 아이젠하워는

5) 안토니 비버 지음, 김규태·박리라 옮김, 『제2차 세계대전』(서울 : 글항아리, 2017), p. 594.

연합군이 북아프리카를 평정하면 비시정부 군대의 지휘권을 앙리 지로 장군에게 위임하도록 하였으나, 정치적 영향력이 큰 드골의 협력이 필요한 상황이었다. 연합국의 신임을 못 받았던 비시정부의 국방장관 다를랑 제독이 암살당한 이후 비시정부는 북아프리카에서의 프랑스군 지휘관으로 가능한 인물인 지로 장군이나 드골에 대해서도 신뢰를 보내지 않았다.

비시정부의 장군들에게 드골이나 지로 장군은 똑같이 적국인 영국에 협조하는 반역자라고 생각했기 때문이었다. 그러나 현실적으로 대안이 없었기 때문에 북아프리카에서의 프랑스 사령관은 지로 장군이 맡게 되어 순조롭게 해결되었다. 그러나 드골이 이끄는 자유 프랑스 운동(Free French Movement)과 결합하는 것이 중요했으므로, 처칠은 드골이 카사블랑카에 와서 루스벨트 대통령과 만나고 지로 장군과도 협력하기를 희망하여 여러 번 권유했으나, 드골은 횃불 작전을 사전에 자신과 협의하지 않은 점을 내세우며 고집을 피워 거절했다. 드골은 프랑스에 관한 모든 정치·군사 활동은 자신과 협의 하에 이루어져야 한다고 주장했는데, 내심은 자유 프랑스 운동에서 실권을 지로에게 빼앗기지 않으려는 의도가 내재 되어있었다.

처칠은 외무부 장관 이든을 시켜 만일 그가 현지에 오지 않는다면 런던에서 드골이 수장으로 활동하는 프랑스 해방 위원회의 수장을 다른 사람으로 교체하겠다고 압력을 가했다. 마지못해 드골은 1월 22일 카사블랑카에 왔지만, 지로 장군을 만나려고도 하지 않았다. 심지어 처칠을 만나려고도 하지 않자, 계속 비협조적인 태도를 보인다면 결별할 수밖에 없다는 통보에 마지못해 처칠의 요구에 응했고, 지로 장군을 만났다. 그들의 면담 분위기는 좋았다.

이후 루스벨트 대통령과도 면담했는데 대통령은 드골의 '영혼의 눈빛'에 깊은 인상을 받았다. 그러나 두 사람 사이에 합의를 본 것은 아무것도 없었다. 루스벨트나 처칠 역시 드골의 오만한 태도에 진절머리를 냈고, 아울러서 프랑스의 미래를 결정할 대표로 드골을 인정할 수는 없었다. 그는 현실적으로 아무런 토대가 없는데도 거리낌 없이 모든 것에 반발했다. 그는 스스로를 잔 다르크의 살아있는 후예로 생각하고 행동했는데, 긍지와 야망과 권위로 가득 차서 위대한 프랑스를 재건하려는 사람처럼 행동했다. 그는 군인이 아니라 정치가로 행동했다. 드골은 뛰어난 정치력으로 나치에 저항하는 모든 프랑스 세력을 통합하여 1943년 6월 3일 알제에서 프랑스 국민해방위원회(CFLN : Commité Francais de Libération National)를 창립하여 실질적인 지도자가 되었다.

카사블랑카 회담 결과 발표된 중요한 의제는 독일과 일본의 무조건 항복(Unconditional Surrender)을 선포한 것이었다. 이탈리아를 발표문에서 제외한 데는 터키나 발칸

국가들의 향후 사기를 고려한 것이라고 했다. 카사블랑카 회담 결과를 통보받은 스탈린은 조속히 제2전선을 형성하지 않는다고 분통을 터트렸다. 그러나 이러한 스탈린과 달리, 미국과 영국의 장군들은 카사블랑카 회담을 통해 서로를 평가했다. 호탕한 패튼은 브룩을 '단지 사무원'이라고 평했고, 브룩은 패튼을 '위풍당당하고 야성적이며 돌격과 추진력이 요구되는 작전에는 능하지만, 기술과 판단이 요구되는 작전에는 약하다'라고 평했다. 아이젠하워는 횃불 작전에서 최고사령관으로서 커닝엄 해군 사령관, 테더 공군 사령관과 돈독했고, 지상군 사령관이 되는 알렉산더와도 원만했다. 패튼은 영국 신사풍의 알렉산더를 처음에는 좋아했지만, 그가 미군을 한 수 아래로 보는 것을 알고 나서 그에 대한 정나미가 떨어졌다.[6]고 밝혔다.

아프리카에서의 전투가 종결되는 시점인 1943년 5월 4일 처칠은 미국을 방문했다. 주요 의제는 시칠리아를 점령한 이후 영 미군의 운용에 관한 것이었다. 그는 카사블랑카 회담에서 1943년에는 프랑스 해안에 상륙할 수 없다고 결론을 내렸는데, 만일 시칠리아 점령이 조기에 종결된다면 영미 연합군의 대군을 1944년에 있을 프랑스 해안 상륙작전 전까지 대기만 하고 있을 수 없으므로 무언가 일을 해야만 했다. 그리하여 처칠은 그 점에 대해 토의하기 위해 3군의 참모총장과 필요한 대규모 수행원을 이끌고 워싱턴을 방문하였다. 루스벨트도 소련의 부담을 덜어주기 위해 독일과 교전해야 한다는 점에 동의하고 있었으므로, 차후 공격의 목표를 이탈리아 본토로 할 것인가, 아니면 사르데냐로 할 것인가가 토의의 쟁점이라고 생각하고 있었다.

1943년 5월의 워싱턴 미·영 회담에서 "이탈리아를 공격하면 무솔리니의 체제를 무너뜨려 히틀러로부터 이탈리아를 분리하는 효과를 가져올 수 있다."라고 분석도 토의되었고, "이탈리아가 이탈하면 터키를 연합국에 합류시키는 방책이 실현 가능하다."라는 점도 토의되었다. 미국의 고위 장교들은 카사블랑카 회담을 통해 시칠리아를 공격하게 된 결과를 두고 '미군이 영국군에 의해 지중해의 정원길로 이끌려갔다'라고 생각하고 있었기 때문에, 또다시 이탈리아를 공격하자는 영국의 제안에 다소 거부감을 가지고 있었다. 영국은 시칠리아 전투 이후에 이탈리아 남부에 상륙하는 안을 선호했고, 미국은 사르데냐에 상륙하는 안을 내심 염두에 두었다.

회담 결과, 차후 작전 방향에 관해서는 미국의 육군 참모총장 마셜이 처칠과 동행하여 현지 지휘관들을 만나보고 난 후에 결정하도록 서로 합의하였다. 처칠과 마셜은 알제로 돌아와 아이젠하워의 지휘소에서 회담했다. 각급 지휘관들의 견해는 전과를 확대하기 위해 시칠리아 전투 이후 이탈리아 남부에 상륙해야 한다는 안이 지배적이었으며, 여기에 대해

---

6) 안토니 비버 지음, 김규태·박리라 옮김, 앞의 책, p. 610.

서는 마셜도 반대하지는 않았다. 그러나 마지막까지 결정을 유보한 채, 시칠리아 전투가 쉽게 종결이 될 경우를 우선 전제한 다음, 시칠리아 전투 이후 프랑스 해협을 위협하기 위해 7개의 사단을 영국으로 돌려보내야 한다는 조건을 제시했다. 그러나 당시 쿠르스크 전투를 앞두고 있던 스탈린은 시칠리아 상륙전을 설명한 전문에 대해 많은 불쾌감을 표명했다. 지난 2월 처칠이 모스크바를 방문하여 8월에 프랑스에서 제2전선을 전개하겠다고 약속한 바 있었기 때문이었다.

시칠리아 침공 작전은 그 암호명을 '허스키 작전(Husky Operation)'이라고 명명하였다. 연합군은 독일군이 허스키 작전의 목표를 시칠리아가 아닌, 그리스로 착각하도록 기만작전을 펼쳤다. 명칭은 '다진 고기 작전(Operation Mincemeat)'이라고 명명하고 영국 해병 소령의 주검을 스페인 해변에 흘려보냈다. 소령의 소지품에서 1급 비밀의 작전문건이 발견되었는데, 문서에는 연합군이 그리스로 상륙하는 계획이 들어있었다. 위장 신분을 철저히 하기 위해 그의 소지품에는 가족과 왕래한 편지나 여자 친구의 사진까지 준비되어 있었으며, 마치 실수로 바다에 빠져 죽은 것처럼 생각하도록 위장했다. 연합군 측의 의도대로, 독일군은 기만작전에 속아 연합군의 목표가 그리스일 것으로 판단하고, 일부 기갑전력을 발칸반도로 향하게 했다.

한편, 무솔리니가 히틀러에게 연합군이 이탈리아를 침공할 것이라는 정보를 전달하자 히틀러는 깜짝 놀랐다. 히틀러는 실제로 연합군의 공격목표가 어디인지 제대로 판단하지 못하고 있었다. 사르데냐, 코르시카, 시칠리아 또는 그리스가 히틀러의 예상 속에 들어 있었는데, 그가 가장 두려워하는 곳은 그리스였다. 독일의 가장 중요한 전쟁 자원인 원유가 루마니아의 플로이에슈티에서, 구리나 크롬, 보크사이트가 발칸반도에서 생산되고 있는데, 그리스에서 모두 항공 공격이 가능한 거리에 위치하고 있기 때문이었다. 실제로 독일군은 연합군의 상륙이 임박해서도 상륙지점이 사르데냐나 그리스일 가능성이 크다고 판단하고 있었다.

여기에 히틀러는 독일의 가장 강력한 동맹국인 이탈리아의 장래를 걱정하며 이탈리아 지원 계획을 수립하였다. 히틀러는 무솔리니의 처지를 잘 이해하고 있었다. 무솔리니는 소위 말해 허장성세였다. 무솔리니는 군사적 업무에 자신감이 없어 무능한 장군이나 적대적인 군부에 의지하고 있었고, 왕실, 장교단, 성직자, 공무원층으로부터 신뢰받지 못해 사태가 불리하게 되면 제거될 위험성이 다분했다. 히틀러는 무솔리니를 지켜야 한다는 생각에 5개의 독일 사단을 제공하겠다고 무솔리니에게 제의했지만, 무솔리니는 외국 군대에 의지하겠다는 생각은 전혀 없었다.

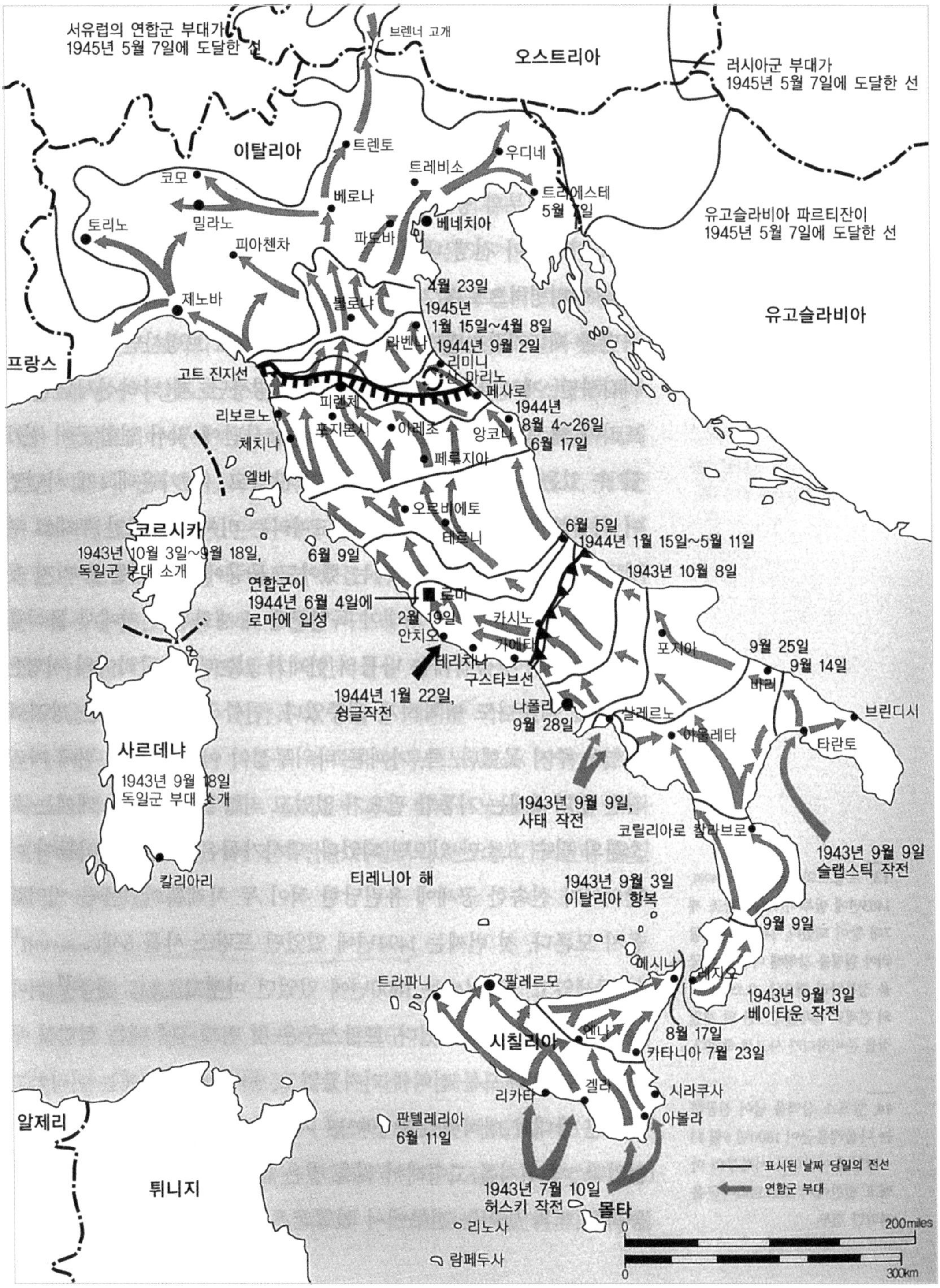

● **이탈리아 전역** : 이탈리아 전역은 이탈리아 반도 위로 느리게, 그리고 고통스럽게 어렵사리 올라가는 것이었다. 연합국은 1945년 4월 22일까지 포강에 도달하지 못했다.

※ 출처 : 존 키건 지음, 류한수 옮김. 『제2차 세계대전사』(청어람미디어, 2007), p. 532

그러나 히틀러는 유사시에 이탈리아를 무력으로 제압하겠다고 마음먹고, 고대 게르만족으로서 최초로 로마를 점령한 바 있는 장수의 이름을 딴 '알라릭(Alarich)' 작전을 준비하고 있었다. 독일군은 당시에 동부전선에서 쿠르스크 돌출부를 제거하려는 '성채 작전(Zitadelle)'을 목전에 두고 있었기 때문에 연합군의 이탈리아 상륙에 대비하는 데 총력을 경주하기가 사실상 어려운 상황이었다.

허스키 작전의 연합군 지휘구조는 총사령관 아이젠하워(미), 지상군 사령관 알렉산더(영), 해군 사령관 커닝엄(영), 공군 사령관 테더(영)로 편성되었고, 지상군은 알렉산더가 제15집단군 사령관이 되어 섬의 동남쪽에서 영국군 몽고메리의 제8군이 북으로 전진하여 메시나(Messina)를 점령하도록 하고, 서남쪽에서는 페튼의 제7군이 역시 북상하여 메시나로 전진하도록 기동계획을 수립했다. 지상부대는 총 10개 사단이었다. 이러한 지휘구조 속에서 영국군과 미군의 심리적 알력은 대단했다.

패튼은 중요도가 떨어지고 메시나까지 장거리 경로를 작전구역으로 할당받은 데 대해 몽고메리가 미군을 측면에서 방호하는 보조 전력으로 이용하고 승리의 열매는 자신이 독식하려 한다고 의심했다. 영국군으로 허스키 작전의 공군 사령관 겸 참모장인 테더 대장은 "몽고메리는 자신을 나폴레옹처럼 생각하지만, 실제로는 보통 수준의 사람"[7]이라고 말하면서 패튼의 견해에 심정적으로 동조했다.

이탈리아와 독일군은 이탈리아의 구초니(Alfredo Guzzoni) 장군을 총사령관으로 하여 12개 사단을 시칠리아에 전개했다. 이 가운데 6개 사단은 전투력이 미약하여 거의 무시해도 좋은 정도였고, 4개의 이탈리아 사단도 상당한 장비로 무장했지만, 연합군의 적수가 될 수는 없었다. 단지 독일군 제15기갑척탄병사단과 새로 편성된 헤르만 괴링 기갑사단만이 일급이었다.

연합군은 1943년 7월 10일 파세로(Passero) 곶의 동·서에서 상륙을 개시했다. 상륙전에 앞서 미군 제82공수사단과 영국군 제1공수사단이 공수작전을 전개했는데, 경험이 부족한 조종사가 공수 부대원들을 대부분 바다에 낙하하게 만들고 아군 항공기가 아군 지상군을 공격하자, 신경이 곤두선 아군 대공포가 아군 항공기를 격추시키는 상황까지 발생함으로써 연합군은 큰 피해를 자초하게 되었다.

그러나 해안에 직접 상륙하는 부대는 순조롭게 전진했으며, 일부 이탈리아군은 적의를 버리고 연합군의 상륙을 돕기도 했다. 연합군은 당일에 2,600척의 선박이 8개 사단에 16만 명의 병력과 차량 3,000대 및 전차 300대, 그리고 대포 900문을 상륙시켰다. 30만 명 수준의 추축군은 당황하여 우왕좌왕했다. 오로지 독일군 2개 사단만이 제대로 응전했

7) 안토니 비버 지음, 김규태·박리라 옮김, 앞의 책, p. 738.

다. 독일군 사령관 케셀링은 젤라에 상륙하여 교두보를 확보하려는 패튼의 제7군에 대해 헤르만 괴링 사단으로 반격하도록 했다. 패튼은 압도적인 함포와 때마침 상륙한 셔먼 전차, 그리고 155m 포를 동원하여 독일군을 패퇴시켰다.

다음 날 새벽에 제504낙하산 연대가 공수 낙하하여 제7군의 전방을 증원하도록 했는데, 지상군과 공군의 협조가 잘못되어 완전히 재앙을 불러일으켰다. 적과 아군의 항공기를 구분하지 못한 대공 포병들이 당황하여 아군의 C-47 수송기들을 향해 집중사격을 가해버렸던 것이다. 심지어 낙하하고 있거나 물에 떨어진 병사에게도 사격을 가했다. 결과는 23기의 항공기가 완전히 파괴되고 37기가 파손되었으며, 400명의 인명 손실이 발생했다.

최악의 오폭 사례가 발생하자 아이젠하워는 패튼을 심하게 질책했다. 패튼의 입장이 곤란해진 상황에서 추축군 사령관 구초니 장군이 패튼의 전방을 가로 막았던 헤르만 괴링 사단에게 동쪽에서 북상하는 몽고메리의 제8군을 저지하라고 지시하자, 패튼의 전방에는 그나마 저항이 감소하여 처지가 나아졌다. 동쪽의 제8군은 초기에 순조롭게 남쪽의 거점 도시인 시라쿠사를 점령했다. 연합군의 공격목표가 시칠리아인 것이 확실해지자, 독일군은 제1공수사단과 제29기갑척탄병사단을 증원하여 제14기갑군을 편성하고 사령관에 후베 장군을 임명했다. 구초니와 후베의 최우선 과제는 이탈리아 본토를 잇는 메세나 항구를 안전하게 확보하여 유사시에 추축군의 본토 철수를 안전하게 보호하는 것이었다.

● 미 제7군 사령관 조지 패튼 중장이 참모들과 함께 전선의 한 마을에서 작전 진행 상황을 바라보고 있다. '피칠갑을 한 고집불통 늙은이(Old blood and guts)'라는 별명을 가지고 있던 그는 미 육군에서 가장 많은 논란을 불러일으킨 가장 유능한 장군이었다. (Imperial War Museum MH10946)

7월 13일 영국군 제1공수사단이 이탈리아에서 가장 높은 고지인 에트나(Etna) 산의 남쪽 요충지인 프리모솔레(Primosole)의 교량을 작전 개시 이후 4일째에 확보한다는 계획하에 이루어진 공수 낙하 역시 아군 항공기에 대해 추축군 및 아군 대공포의 공격으로 인해 큰 피해가 발생했으며, 낙하 병력 2,000명 중에 겨우 300명만 목표에 집결했다. 그래도 이들은 독일군이 폭파를 위해 설치한 폭탄을 제거하고 독일군의 반격을 견뎌내며 다리를 지켜냈다. 주공인 제8군의 진격로에는 해발 3,350m의 에트나(Etna)산이 가로막고 있었고, 고지대에 진지를 구축한 독일군의 헤르만 괴링 사단과 공수사단은 영국군의 전진을 강력히 저지하고 있었다. 영국군이 메시나 해협 방향으로 전진하기 위해서는 에트나산을 좌측으로 우회하여야만 했다.

그러나 그 진격로는 제7군의 전투지역이었으므로 제8군이 도로를 사용하기 위해서는 패튼과 협의가 필요했으며, 실제로 그 진격로의 사용 우선권은 제2군단장인 브래들리(Omar Nelson Bradly)에게 있었다. 그럼에도 지상군 사령관 알렉산더는 몽고메리의 사용 건의를 받아들였다. 그러나 패튼이 화를 낼 것이 명백했기 때문에, 사전 협의 없이 제8군이 에트나산의 서쪽 통로를 사용하도록 허용한 것이었다. 7월 17일에 패튼과 브래들리는 영국군이 미군을 보조 역할만 하게 한다는 생각에 불같이 화를 냈다.

패튼이 튀니지에 머물고 있던 알렉산더를 찾아가 강력히 항의하자, 알렉산더는 패튼의 제7군으로 하여금 중부 산악지대를 관통하여 시칠리아 북부 해안에 있는 팔레르모로의 진격을 허락하여 갈등을 봉합했다. 때마침 브래들리 휘하의 제45보병사단에서 70명 이상의 포로를 학살해 버린 불명예스러운 사고가 발생하여 입장이 어려운 상황이어서, 패튼은 더 이상 강력한 요구가 곤란했으므로 그 정도의 선에서 양자는 양해가 되었다.

단거리이지만 강력한 적의 저항에 직면한 몽고메리와 장거리 접근로이지만 풍부한 기동장비와 비교적 경미한 적의 저항을 받는 패튼은 특유의 경쟁심과 명예욕으로 먼저 북부 도시 메시나에 도달하는 영예를 누리고자 했다. 그러한 상황에서 7월 22일이 되자 브래들리의 제2군단이 팔레르모를 휩쓸고 북부 해안에 도착했다. 패튼이 웅장한 팔레르모 궁전에서 승리를 자축하고 있을 때, 몽고메리는 에트나산의 양편에서 여전히 악전고투를 벌이고 있었다.

한편, 7월 19일에 히틀러와 무솔리니는 이탈리아의 북부 펠트레에서 만나 사후 대책을 논의했다. 무솔리니는 항상 자신만만한 태도가 사라지고 의기소침했지만, 히틀러는 마침 마약류를 복용한 탓인지 열이 나서 무솔리니와 이탈리아군에 대한 비판을 서슴지 않았다. 당시에 무솔리니는 육체적·정신적으로 위축되고 우유부단하게 변해버렸다. 주변 사람을 믿지 못하는 성격 탓에 무소불위의 권력을 행사해온 무솔리니에게 대다수의 이탈리아 사람들이 그를 미워하고 전쟁에 염증을 느끼고 있다는 사실을 감히 말하지 못했다.

무솔리니가 흔들리자 정부는 표류했고, 일부에서는 서방 연합국과 협상해야 한다는 분위기가 조성되고 있었다. 때마침 로마 외곽에 연합군의 폭격이 개시되었다는 소식에 무솔리니는 동요했고 시민들은 공황에 빠졌다. 히틀러는 이탈리아를 무력으로 점령할 부대 파견을 검토하면서, 이탈리아의 검은 셔츠단에 전차를 지원하여 쿠데타를 저지하도록 했다. 7월 24일 파시즘 대평의회가 로마에서 열렸는데 무솔리니에 대한 비판이 나오기 시작했지만, 정작 당사자인 무솔리니는 사태의 심각성을 정확히 인식하지 못하고 있었다.

밤샘 토론 끝에 대평의회는 입헌군주국 체제로 민주적 의회를 구성하는 안이 표결에 부쳐졌는데 19대 7로 가결되었다. 무솔리니는 무감각 상태에서 다음날 파시스트 정권 이전의 황제인 에마누엘레 3세의 부름을 받고 만나러 갔다. 작은 체구의 황제는 무솔리니의 말을 자세히 듣지도 않고 바돌리오 원수가 수상직을 인수할 것이라고 선언했다. 직후에 무솔리니는 경찰에 체포되어 어디론가 끌려가 구금되었는데, 최종 구금장소는 폰차섬이었다. 방송을 들은 시민들은 거리로 몰려나와 축복했다. 독일 전차로 무장한 검은 셔츠단도 무솔리니를 구출하려 하지 않았다.

한편, 몽고메리의 제8군은 독일군의 강력한 방어에 막혀 전혀 전진하지 못하고 있었기 때문에 메시나의 점령은 패튼의 제7군에게 영광이 돌아갔다. 작전적 측면에서 패튼의 메시나 점령은 영광이 될 수 있을지는 몰라도 군사 전반에서 평가한다면 씁쓸한 느낌을 지울 수 없다. 패튼은 몽고메리도 비슷하지만, 공로를 탐하기 위해 지나친 희생을 강요했다. 제2군단장 브래들리는 패튼에게 '자신의 명성을 위해 병사들을 지나치게 희생한다.'라고 항의했고, 패튼은 '급속한 승리가 희생을 최소화하는 것'이라고 합리화했다.

온화하고 소박한 성품의 브래들리 장군은 별명이 '졸병 브래들리'라고 불리었으며 시칠리아 상륙전에서는 패튼의 부하로 참전했으나, 노르망디 상륙전에서는 패튼보다 먼저 승진하여 집단군사령관으로서 제3군사령관인 패튼을 지휘하게 되고, 훗날 미 육군의 마지막 원수로 승진하는 영예를 누렸다. 패튼은 때로는 민간인들의 희생이나 부하들의 생명을 경시하는 면을 여러 번 노출했고, 포로들에게 가혹하게 복수한 예도 있었으며, 민간인 희생자들을 질병을 예방하기 위한다는 구실로 기름을 부어 소각하는 비인도적인 행위도 자행했다. 찌는 듯 한 더위와 말라리아, 뎅기열, 이질이 창궐하여 2만 명 이상의 병사가 전장을 떠나야 했다. 보병 제1사단장과 부사단장이 보직해임을 당했는데, 사단장은 때로는 공공연히 패튼의 지휘 태도를 못마땅해 했기 때문이었다.

8월 17일 패튼이 메시나를 점령했지만, 독일군은 거의 피해 없이 11만 명의 병력을 본토로 철수했기 때문에 폐허가 된 텅 빈 도시에서 개선 행사를 했다. 공격 과정에서 패튼의 군 경력에 치명적인 실수가 있었는데, 8월 3일 야전병원을 방문하는 과정에서 발생했다. 부상자들을 위로하다가 아무런 신체적 부상이 없는데도 입원해 있던 병사가 전쟁 공포증 환자라고 하자 장갑을 낀 손으로 뺨을 후려치고 밖으로 끌어내어 '겁쟁이'라고 비난했다. 또한 그는 일주일 후에도 다른 병원에서 똑같은 증상의 병사를 보고 권총을 겨누면서 위협하기도 했다. 이러한 사실이 종군 기자를 통해 미국에 알려져 병사들의 부모는 물론, 미국 전역에서 항의하는 여론이 많았으나, 아이젠하워는 그의 전장에서의 특출한 능력을 높게 평가하여 끝까지 옹호했다. 패튼은 두 병사에게는 물론, 의료진, 제1사단에 정식으로 사과하여 사건은 무마되었다.

시칠리아 전투는 연합군이 지중해를 완전히 장악하여 자유롭게 중동으로 향하는 병참선을 확보하는 데 이바지했고, 무솔리니의 몰락을 초래했으며, 연합군의 사기 고양과 전투력 향상을 가져왔다. 그러나 역시 동부지역에서의 독일 전력을 전환하도록 하는 목적을 달성하지는 못했으며, 처칠이 노렸던 터키가 연합군에 합류하도록 하는 효과도 없었다.

제2절 이탈리아 본토 작전

1. 히틀러의 대응 조치

무솔리니가 체포된 후 구성된 이탈리아의 내각은 독일의 군사적 개입을 두려워하여 히틀러 편에서 전쟁을 계속하겠다고 선언했지만, 물밑으로는 연합군과 직접 교섭에 들어갔다. 이탈리아의 신임 외무부 장관 구아릴리아(Raffaele Guariglia)는 8월 5일 독일 대사에게 이탈리아는 절대로 연합국과 협상을 하지 않을 것이라고 다짐했는데, 실제로는 하루 전에 시칠리아에서 대표가 연합군을 만나고 있었다.

때마침 캐나다의 퀘벡에서 열린 미·영 정상회담에서 이탈리아의 항복 제의에 대한 토의에서 현지 사령관이 강화조약을 받아들이도록 권한을 위임했다. 아울러서 처칠은 이탈리아 전선에서 총력전을 펼쳐 북쪽으로 진격한다면 독일 군사력이 노르망디 전선에서 이탈리아 전선으로 전환될 것이 확실하다면서 전력을 다해 이탈리아를 공격하자고 강력히 주장했다. 그러나 루스벨트와 마셜의 생각은 달랐다. 두 사람은 처칠의 주장이 이탈리아나 발칸반도를 주전장으로 하려 하는 것으로 의심하여 완전한 동의를 유보했다. 미국은 당분간 병력을 휴식시키더라도 로마를 넘어 북쪽으로 진격할 생각이 없었다. 따라서 이탈리아 전선은 다음 해에 예정된 노르망디 상륙전에 실시하는 제한된 전역으로 성격이 규정되어 열의가 약화되었다.

아이젠하워는 루스벨트와 처칠로부터 정전조약 체결에 관한 모든 권한을 인정받고 협상에 들어갔다. 항복 조건은 이탈리아가 예상한 것보다 훨씬 가혹했다. 이탈리아는 연합군이 신속히 이탈리아 전역에 진주하여 독일의 개입을 완전히 차단해 줄 것을 기대했지만, 협상의 조건 때문에 시간이 지연되자 처칠은 8월 31일까지 연합국이 제시한 조건을 받아들이든지, 아니면 독일의 점령을 감당하라는 최후통첩을 보냈다. 협정은 9월 3일 조인되었고, 5일 후에 아이젠하워는 확인 성명을 발표했다. 그의 부대가 나폴리 남쪽 살레르노(Salerno)에 상륙하기 불과 몇 시간 전이었다.

9월 8일 연합군은 살레르노(Salerno)에 상륙하는 '눈사태 작전(Operation Avalanche)'을 시작했다. 그러나 연합군의 최초 상륙은 9월 3일 몽고메리의 제8군이 이탈리아의 반도 끝자락인 칼라브리아의 레조(Reggio)와 해군기지가 있는 타란토에 상륙한 것이었다. 타란토 항에는 이미 이탈리아 함대들이 항복을 위해 몰타로 향하고 있었기 때문에 충돌은 없었다. 적의 저항도 없고 전략적으로 중요하지 않은 지역이며 소규모 상륙이라서 이목을 끌지는 못했으며, 몽고메리는 주요 전장이 아닌 곳에서의 부차적인 임무에 언짢아했다.

연합군의 타란토 상륙에는 반응이 없던 히틀러가 살레르노의 상륙에는 크게 동요하여 이탈리아 본토를 군사적으로 점령하는 '추축 작전(Opration Axis)'을 전개하여 16개 사단이 전광석화처럼 이탈리아로 진격했다. 전쟁이 끝났다고 축하 분위기에 젖어 있던 로마에 독일 공수부대가 진입하자 국왕과 바돌리오 원수는 때맞춰 탈출했고, 국왕과 바돌리오 원수를 비롯한 이탈리아의 지도자들은 이탈리아반도의 동남쪽 끝부분인 브린디시 항구에 반파시스트 정부를 설치했다.

독일군은 이탈리아군의 무장을 해제하고 저항하는 세력은 무자비하게 살해했다. 65만 명이 전쟁포로로 체포되었는데, 대부분이 강제노역을 위한 수용소로 보내졌으며, 로마 시내에서만 8,000명의 유대인이 검거되어 후송되었다. 이탈리아가 점령했던 유고슬라비아의 영토는 독일이 직접 통제하거나 독일의 꼭두각시 역할을 하는 크로아티아 출신 우스타샤의 통제로 들어갔다. 역시 이탈리아가 점령했던 프랑스 영토는 독일 통제로 들어갔다. 독일군은 방어하기가 어렵다고 생각한 사르데냐와 코르시카에서는 아무런 피해 없이 스스로 철수했다. 이탈리아의 통제 하에 있던 그리스 영토와 이오니아 제도 역시 독일의 통제로 들어갔다. 섬들에서 일부 이탈리아 주둔군이 독일군과 교전을 벌였는데, 독일군은 포로들을 모두 사살하는 야만적인 행위를 했다.

이오니아 제도에서의 이탈리아군과 독일군의 교전에 고무된 처칠은 도데카니소스 제도를 9월 12일에 점령했다. 처칠의 의도는 연합군이 에게해와 이오니아제도를 통제하면 터키를 연합국에 합류시키는데 도움이 될 것으로 판단했다. 여기에 미국은 국지적인 제공권을 장악한 독일을 제압하기 어렵다고 생각하여 강력히 만류했으나, 처칠은 이탈리아의 통제 하에 있던 도데카니소스제도를 9월 12일에 점령하고, 추가로 코스(Kos)섬과 사모스

(Samos)섬 및 레로스(Leros)섬을 차례로 점령했다. 그러나 독일은 10월 초부터 반격을 가해 11월 말까지 에게해 전역을 점령하고 영국군에게 또 한 번의 쓰라린 패배를 안겨주었다. 작전 과정에서 구축함 6척과 잠수함 2척이 공중폭격이나 기뢰에 맞아 침몰했고, 순양함 4척과 구축함 4척이 심하게 파손되었다.

독일군은 4만 명이 넘는 이탈리아군과 수천 명의 영국군을 포로로 잡고 터키가 연합국에 가입하려는 가능성을 아예 없애버렸다. 처칠은 과거부터 유난히도 발칸반도 일대에 대한 공격에 집착했다. 그것은 1차 대전 당시에도 처칠이 해군 장관으로서 갈리폴리 전투를 직접 지휘하며 강력히 추진했지만, 엄청난 피해를 당하고 실패했던 경험이 있었으며, 제2차 세계대전에서는 그리스 전투에서도 이집트에서 전력을 차출하여 참전했지만, 참담한 실패로 끝이 났었다. 그리스 전투에서의 패배는 크레타에서의 패배로 이어지고, 곧이어 북아프리카 전역에서 롬멜의 공세에 밀려 이집트 국경 안으로 밀려나는 패배의 빌미를 제공했다. 처칠은 1944년에 실시할 프랑스 해안 상륙작전까지는 시간적 여유가 있는데도 아이젠하워를 비롯한 미군 측의 지원이 소홀한 점을 매우 섭섭하게 생각했다.

반면, 미국은 처칠이 에게해의 섬들에 그토록 집착하는 것은 발칸반도를 공격하려는 비밀 계획의 일환이 아닌가 하고 의심하여 적극적인 지원을 필사적으로 거부했다. 영국의 육군 참모총장 브룩조차도 처칠이 로도스를 비롯한 에게해의 섬들을 공격하는데 지나치게 골몰한 나머지 건전한 판단력을 잃어버리지 않았는지 걱정하면서, "그는 로도스를 공격할 생각에 광적으로 흥분했고, 그 중요성을 과장하여 그 밖의 다른 문제들을 더 이상 보지 못하는 지경이며, 루스벨트 대통령 및 미군과의 관계, 그리고 이탈리아 전역 전체의 미래를 위험에 빠뜨리는 희생을 치르더라도 이 섬들을 점령하겠다는데 온 정신이 쏠려 있었다. 미군은 이미 수상을 크게 의심하고 있으며, 이로써 사태는 더욱 악화될 것이다."라고 기록하고 있다.[8] 처칠의 고집은 유난한 데가 있었다. 그 바람에 수많은 병사가 희생되었고, 항공기와 선박과 전투물자가 낭비되었다. '부드러운 뱃살'을 적은 전력으로 가격하여 기대 이상의 성과를 거두겠다는 처칠의 희망은 사실 언제나 실패했다는 점을 전사가들은 충분히 비판해야 한다.

한편, 독일군 무장 친위대 스코르체니(Otto Skorzeny)가 지휘하는 특수부대가 9월 16일 이탈리아 북부 산악에 감금되어 있던 무솔리니를 구해냈다. 무솔리니는 폰차섬에서 라마달레나로 이송되었다가 마지막에는 아펜니노산맥의 스키장이 있는 그란 사소(Gran Sasso)의 산장에 비밀리에 구금되어 있었다. 무솔리니는 히틀러의 도움을 받아 이탈리아 북부에 '이탈리아 사회공화국'이 건설되었다고 선포했고, 10월 9일이 되자 이집트 전투에

8) 안토니 비버 지음, 김규태·박리라 옮김, 앞의 책, p. 797.

서 웨이블과 싸웠던 로돌포 그라치아니 원수가 추종자들을 모아 무솔리니의 군대를 만들었다. 이들은 다시 독일군에 강력히 동조하는 위성 세력이 되어 자립을 원하는 이탈리아의 저항 세력과 내전에 돌입하게 되었다. 결과적으로 히틀러는 이탈리아를 무력으로 점령한 다음, 100만 명에 달하는 포로를 독일을 위한 노동력으로 활용할 수 있게 되었다.

연합군은 암호해독을 통해 연합군이 이탈리아 본토에 상륙하면 독일군은 이탈리아 북부로 철수할 것으로 판단했다. 실제로 롬멜 원수는 이탈리아 북부의 방어를 책임지면서 히틀러에게 이탈리아반도 전체의 방어에 너무 연연하지 말고 병력을 절약할 때라고 진언했고, 히틀러도 이를 타당하다고 생각했다. 그러나 케셀링 원수는 이탈리아 지형의 특성상 이탈리아 남부에서도 적은 전력으로도 충분히 방어할 수 있다는 주장을 펼쳤다. 히틀러는 이탈리아가 독일에게는 전략적 사활지역으로, 전략물자 생산지인 발칸반도의 측면을 보호하고 있으며, 정치적으로도 이탈리아의 상실이 히틀러 자신의 체면에 손실이 크다고 생각하여 케셀링의 주장을 받아들여 그에게 이탈리아 남부의 방어를 책임지게 했다.

지형적인 면에서 이탈리아는 우리나라와 유사하다. 반도의 중심을 해발 고도 2,000m 이상의 아펜니노산맥이 2,000km 정도 종주하여 등뼈를 형성하고 있으며, 등뼈의 좌우로 작은 산맥들이 바다 쪽으로 내 달리는 횡격실을 형성하여 방어에 매우 유리했다. 작은 산맥들의 사이로 강과 도로망이 형성되어 있고, 남북으로 뻗은 간선도로는 아펜니노산맥의 좌우 해안가로 제한될 수밖에 없었다. 험악한 지형은 당연히 수많은 높은 교량을 요구했는데, 이를 파괴할 경우 방어에 매우 유리하도록 되어 있었다. 고지대의 횡격실은 관측과 사계에도 매우 유리했다. 비록 공군이지만 본래 육군의 엘리트 장교 집단으로 일반참모 출신인 케셀링의 판단은 옳았다.

연합군의 중부 지중해지구 연합군(Allied Command Mediterranean Force) 사령부가 상륙지점으로 선정한 살레르노는 해안지대가 유난히 넓고 평탄하지만, 반면 주변의 고지대에서 완전히 감제되고 북쪽으로 가는 진격로를 베수비오(Vesuvio)산이 커다랗게 막아서고 있어 장차 작전에는 매우 불리한 지형이었다. 베수비오산은 고대 로마시대였던 AD 79년 8월에 대규모 화산폭발이 일어나 폼페이를 화산재로 덮어 많은 인명과 유산을 파괴한 것으로 유명한 산이었다.

케셀링에게 가용한 전력은 7개 사단뿐이었는데, 그중에서도 완편 사단은 제16기갑사단이 유일했다. 케셀링은 나폴리 북쪽에 방어선을 구축하는 시간을 벌기 위해 제16기갑사단을 상륙지점인 살레르노 북단에 투입했다. 클라크 장군이 지휘하는 미 제5군은 압도적인 항공 폭격과 함포사격의 도움으로 9월 9일 쉽게 상륙에 성공했지만, 곧이어 큰 재앙에 부딪힌다. 독일군은 케셀링의 예하에 제10군을 창설해 비팅호프(Heinrich Gottfried von

Vietinghoff gennant) 상급 대장이 지휘토록 하였다. 연합군의 제5군을 지휘하는 미군 클라크 장군 휘하에는 미 제6군단과 영국 제10군단이 편성되어 있었는데, 제6군단장 어니스트 돌리 장군은 상륙 후에 3일 동안 영국군과 연결할 노력을 하지 않고 사태를 관망하여 독일군에게 반격을 준비할 시간을 주었던 것이다.

그동안 독일군은 전력을 급격하게 증강했다. 헤르만 괴링 기갑사단, 제15기갑척탄병사단, 제29기갑척탄병사단이 증원되어 기존의 제16기갑사단을 포함하여 4개의 정예사단이 집결했고, 그들은 연합군의 상륙부대를 공격했다. 연합군은 과수원이나 담배밭에 엎드려 있거나 해안가의 모래 언덕에 몸을 숨겨야 했다. 독일군은 연합군을 분리하여 교두보에서 밀어낼 기세였다. 실제로 연합군은 상륙한 부대들을 철수를 위해 다시 함정에 태울 준비를 했다. 살레르노의 해군 사령관은 커닝엄 제독에게 연락하여 몰타에 있던 전함 2척을 급파해주도록 요청했다.

그러나 연합군은 함선으로 철수하는 대신 2개의 보병사단을 증원하여 독일군의 반격을 막아내는 한편, 제45사단 포병의 굳건하고 맹렬한 화력지원으로 독일군의 공세를 둔화시키고, 동시에 도착한 전함의 대형 함포와 폭격기의 공습이 독일군의 기갑전력을 분쇄했다. 9월 15일이 되자 영국군의 기갑부대와 미군의 공수부대가 증원되어 전세가 역전되기 시작했다. 독일군 사령관 케셀링은 예하 제10군 사령관 비팅호프 장군에게 지연전을 펼치면서 다음 방어진지로 퇴각할 것을 허락했다. 독일군은 퇴각하면서 접근로 상의 교각을 모두 파괴하여 추격하는 미 제5군의 진격을 더디게 만들었다. 한편 타란토에 상륙했던 몽고메리의 제8군은 9월 16일에 살레르노에 상륙한 부대와 연결했으며 10월 1일에 연합군은 나폴리에 입성했다.

2. 겨울 진지선 공방

케셀링은 나폴리와 로마 사이의 잘록한 위치에 '겨울 진지'를 점령하도록 했다. 이탈리아 지형의 특성이 반도 중앙부의 아펜니노산맥으로 인해 공격과 방어는 주로 해안을 따라 이루어질 수밖에 없었다. 케셀링은 서부 지중해 방면에는 제3기갑척탄병사단과 제15기갑척탄병사단으로 미 제5군을 대적하도록 하고, 동부지역 아드리아해를 면한 지역에는 2개의 보병사단과 제16기갑사단, 제26기갑사단, 제29기갑척탄병사단, 제1낙하산사단을 전개하여 영국 제8군을 상대하도록 했으며, 헤르만 괴링 사단을 예비로 보유했다. 총 9개 사단을 중앙부는 거의 공백 상태로 비워두고 좌우의 해안에 주로 배치했다. 독일군은 중앙 예비대에서 차출된 전투력이 강한 최정예부대들이었다.

10월 초순에 연합군은 나폴리 북쪽을 동쪽으로 연하는 선에서 전선을 형성했다. 전선 후방의 포지아(Foggia)에 있는 비행장을 완전히 장악하게 되자, 이곳에서 독일 남부와 발칸반도의 주요 전략 요충지에 대한 항공 폭격이 가능해졌다. 연합군의 전력도 독일군과 동일한 9개 사단 규모였다. 공중 우세를 장악하고 있었지만, 험악한 지형으로 인해 항공 폭격의 효과는 미미했다. 높은 고지대의 요새화된 방어선이 험준한 바위로 이뤄져 정확하게 폭격하기도 어렵고 폭발의 효과도 감소되었기 때문이었다. 이제 연합군은 로마로 가기 위해 케셀링의 '겨울 진지(Winterstellung)'를 통과해야 했다.

연합군은 아펜니노산맥의 험난한 지형을 이용하여 방어선을 구축한 독일군의 '겨울 진지'를 돌파하기 위해 극렬한 전투를 해야 했으며, 단위 병력에 비해 피해 지수가 가장 높았다. 연합군의 부대 구조는 다양했다. 살레르노에서 북상하는 부대의 미군은 텍사스주 방위군인 제36사단과 오클라호마주 방위군인 제45사단이었다. 영국군 제56사단과 제46사단은 런던과 잉글랜드 북쪽 출신들이었다. 2개의 인도인 사단은 상무 정신이 강한 소수민족 출신이었으며, 그리고 캐나다군 제1사단이 있었다.

동향 출신의 사단들은 전투의 참상을 더욱 처절하게 느꼈는데, 영연방군은 영국군이 인도나 캐나다군을 항상 총알받이로 이용한다는 의구심을 품고 있었다.

알렉산더 장군 휘하의 또 다른 집단인 뉴질랜드군 제2사단과 프랑스 모로코 군단, 폴란드 제2군단은 모두 용맹성을 떨쳤다. 특히 폴란드군은 1939년 9월에 독일군에 당한 아픔을 꼭 갚아 주겠다는 독한 결의에 차 있었다. 그러나 그들은 전투 과정에서 발생한 사상자를 보충할 예비 병력이 없었다.

'눈사태 작전'을 개시할 당시에 연합군은 곧 로마에 입성할 것이라고 낙관하고 있었다. 제5군 사령관 클라크 장군은 자신이 로마를 해방하는 정복자가 될 것이라는 꿈에 부풀어 있었고, 아이젠하워는 10월 말까지는 로마를 함락할 수 있을 것으로 생각했으며, 제15집단군사령관 알렉산더 역시 크리스마스 이전에 피렌체에 입성할 것을 선언하기도 했다. 이탈리아 전역을 가볍게 생각한 각급 제대 지휘관들은 나름대로 이미지 관리를 했다. 그러나 작전의 목표와 그 목표를 어떻게 달성할 것인가에 대한 전술이나 전략에는 생각이 부족했다.

알렉산더는 서부의 제5군 사령관 클라크와 동부의 제8군 사령관 몽고메리를 제대로 통제하지 못했다. 클라크는 위엄 있게 보이기 위해 큰 키와 옆얼굴이 부각 되도록 사진사에게 부탁하기도 했다. 휘하 장교 중에는 그를 마르쿠스 아우렐리우스라고 비꼬아 부르기도 했다. 몽고메리는 미리 신중하게 계획된 일이 아니면 아무것도 하지 않으려 했는데, 어떻게든 자신이 원하는 것만 하는 인물이라는 비판이 있었다.[9] 아이젠하워 역시 예하 사령관들을 느슨하게 통제하여 연합군이 이탈리아에서 무엇을 해야 하는지에 대한 명확한 목표를 제시하지 않았다. 게다가 지난 8월 퀘벡회담에서 합의한 데로 1944년에 계획된 프랑스 해안 상륙작전을 위해 이탈리아 전선에서 8개 사단을 영국 본토로 돌려보냈다.

이탈리아 전역은 미국과 영국의 전략 개념이 상이하고, 작전의 목표가 불명확한 데다 지휘관들의 협동심도 낮고, 전력도 부족한 상태에서 독일군의 완강한 저항과 이탈리아의 방어에 유리한 지형 등의 영향으로 지지부진하게 전개되었다. 독일군은 축차적인 지연 진지에서 완강하게 저항하며 연합군에게 심각한 출혈을 강요했으며, 연합군에 동조하는 이탈리아군에게는 특히 가혹한 보복을 자행했다.

연합군은 140km나 이어진 케셀링의 '겨울 진지' 선에 도착하여 그 완강함에 정신이 번쩍 들었다. 독일군은 도로를 따라 잘 위장된 진지를 구축하고 지뢰와 대전차포로 방호했다. 독일군의 철저한 위장으로 선두에서 전진하는 전차나 장갑차가 적의 대전차포에 공격을 받고 나서야 비로소 적을 만날 수 있었다. 한편, 이탈리아의 겨울 날씨는 지중해의 맑고 따뜻함과는 거리가 멀었다. 그해의 가을과 겨울에 비는 하염없이 내려 강을 격류로, 길은 진창으로 만들었다. 병사들의 전투복은 항상 젖어 있었고, 참호 속에서 발은 참호족에 걸렸다.

살레르노 상륙전에 성공한 연합군은 서부에서 케셀링의 '겨울 진지'인 가에타(Gaeta)와 페스카라(Pescara)를 연하는 선을 공격했다. '겨울 진지'의 서쪽 끝부분은 구스타프(Gustav) 선으로 이름 지어졌는데, 이곳의 중심부는 몬테카시노(Monte Casino) 수도원이었다. 수도원은 거대한 성채로 지어져 강력한 방어력을 제공하고 있었다. 수도원은 6세기 수도사 베네딕투스(Benedictus)에 의해 지어진 문화재적 가치가 매우 높은 성채였다. 연합군은 몬테카시노 수도원을 포함한 구스타프 선을 10월 12일부터 다음 해 1월 17일 사이에 5차례나 공격하면서 엄청난 피해를 입었다.

제5군은 조심스럽게 전진하여 몬테카시노 수도원이 자리 잡은 거대한 산악까지 접근했다. 11월 29일과 12월 21일 사이에 로마로 가는 통로를 개척하기 위해 산봉우리를 기어올라가며 격전을 치러야 했다. 1944년 1월 5일까지 눈보라가 몰아쳐 잠깐 휴지 기간을 가져야 했다. 1월 5일 미군과 프랑스군이 공격을 재개하여 카시노 고지를 공격하기 위해 반드시 통과해야 하는 라피도(Rapido)강까지 진격했다. 독일군은 견고한 몬테카시노 언덕에서 진격하는 연합군의 도로를 완전히 감제하면서 완강히 싸웠다.

제5군 사령관 클라크 장군은 1월 20일에 텍사스 출신 사단인 제36사단에 라피도강을 도하하여 공격하라는 명령을 하달하였다. 도하작전을 위해 부교를 설치하고 독일군이 설치

9) 안토니 비버 지음, 김규태·박리라 옮김, 앞의 책, p. 796.

한 지뢰를 제거하는 임무를 맡은 공병대장은 "적절한 진출입로가 없고, 도보로 도섭이 불가능한 강을 건너 공격하는 것은 체계화된 방어시설을 갖춘 독일군에게 아군의 운명을 맡기는 것이나 다름없다."라고 걱정했다. 그의 우려는 사실이 되었다. 그 후 3일 동안 제36사단은 도하를 위해 모든 노력을 다했지만, 겨우 도하에 성공한 병력마저 헤엄쳐 되돌아와야 했다. 초기에도 6,000명에 미달했던 병력은 1,000명이 죽어 5,000명 미만이 되었다.

11월 5일 제5군의 좌익에서 영국군 제10군단이 몬테카시노를 포위하려 공격했는데, 능선으로 연결된 거대한 산괴는 제15기갑사단에 의해 잘 방어되어 있었고, 일부 여단이 중간의 능선을 점령했지만, 바위투성이의 산은 깊은 참호를 파고 재편성하는 것을 허용하지 않았으며, 적의 포격은 암석의 파편을 날려 연합군에 큰 피해를 안겨 주었다. 며칠 후에 클라크는 죽음의 능선에서 병력을 철수시킬 수밖에 없었다. 그보다 우측 고지대에서는 미군 제34사단과 제45사단이 독일군을 후퇴시켜 일부 전선을 점령했다. 그러나 문제점은 미군이나 영국군 공히 산악 전투에는 서툴다는 점이었다. 최근 발발했던 아프가니스탄 전쟁에서 미군들이 산악을 공격할 때 주요 보급 수단으로 당나귀를 잘 이용하였듯이, 당시의 연합군도 당나귀와 그 지역의 농부를 보급품 운반에 활용해야만 했다.

● 1942년 5월, 카시노에서 독일군 포로 두 명을 데리고 캐슬힐(Castle Hill) 아래로 오는 영국군 병사. 카시노는 격렬한 전투를 한 차례 치른 뒤 폴란드 제2군단에 점령되었다.

12월 2일 영국군은 몬테카시노에 야포 900문을 동원하여 독일군이 은신하고 있는 지역을 폭격했다. 위대한 문화유산인 몬테카시노 수도원은 심대한 손상을 입었다. 1,400년 전 성 베네딕투스가 수도사들의 수련을 위해 난공불락의 피난처로 만든 수도원은 과거 전쟁에서 어지간한 포격에도 굳건히 견뎌냈고, 참혹한 전쟁의 소용돌이 속에서도 수도사들은 떠나지 않고 대부분 자리를 지켰었다. 방어를 담당한 독일의 최고 정예부대인 제1낙하산

사단은 왜 정예부대인지를 확실히 증명했다. 독일군 군단장은 베네딕투스 교단의 신자였기에 수도원 건물을 방어 장벽으로 사용하는 것을 금했지만, 수도원 인근의 산악과 진입로만으로도 독일군에게 강력한 방호력을 제공했다.

연합군은 2월 12일부터 5월 17일 사이에 네 차례 공격했으나, 모두 격퇴되었다. 1차로 카시노 요새를 공격한 미군 제34사단은 카시노의 성채가 추가적인 요새화 노력 없이도 무한히 강력한 방호력을 제공한다는 것을 뼈저리게 느꼈다. 제2차 공격은 크레타섬에서 사령관으로 싸웠던 프레이버그 소장의 뉴질랜드군 제2사단과 인도군 제4사단이 2월 15일과 18일 사이에 수도원을 포함한 일대의 소도시를 공격했다. 공격에 앞서 B-17 '하늘의 요새' 135대가 수도원을 무자비하게 폭격하여 파괴했다.

아이젠하워는 수도원의 문화재로서의 가치를 충분히 인식하여 폭격을 자제하려 했으나, 병사들의 생명보다는 우선할 수 없다고 생각했다. 그래도 독일군 제1낙하산사단을 몰아내지 못했다. 3월 15일과 23일 사이에 프레이버그의 사단들이 훨씬 강력한 항공 폭격의 지원을 받으며 공격했으나, 또 실패했다. 아니 더욱 공격하기가 힘들어졌다. 독일군은 부서진 건물의 돌 더미를 이용하여 그 속에 진지와 터널을 만들어 악착같이 방어했기 때문이었다. 텍사스 출신 제36사단의 공격이 실패하면서 지중해 쪽 연안의 6번 도로를 따라 신속히 공격하여 조기에 로마를 탈취하겠다는 클라크의 구상은 무산되었다.

이탈리아반도의 동쪽, 즉 아드리아해를 면한 전선에서 몽고메리의 제8군은 신속히 전진하여 내륙에서 클라크의 제10군과 연결해야 했지만, 빈약한 보급으로 인해 공격이 지지부진했다. 동부에서의 보급 우선순위는 둘리틀 소장의 제15육군항공대에 있었다. 포자 비행장에 사령부를 둔 제15항공대의 주 임무는 독일 남부와 오스트리아, 그리고 발칸반도에 있는 독일군 기지와 전략물자 생산기지를 폭격하는 것이었다. 몽고메리도 그 중요성을 충분히 인식하고 있었지만, 불만스러운 것은 어쩔 수 없었다.

산악지형을 이용한 독일군의 방어는 매우 강력했고 무자비했다. 포로로 잡힌 캐나다군 소대를 무자비하게 사살하고, 전장에서 발견된 이탈리아 민간인들을 학살하면서 방어를 위한 모든 수단을 강구했다. 연합군의 기갑전력은 독일군보다 월등했지만, 산악지형에서의 운용은 수적 우세를 무력화했다. 이탈리아의 겨울에 내리는 비는 공군의 지원을 제한했고, 계곡물이 불어 전차는 물론 병력의 기동도 불가능하게 만들었다. 산그로강에 어렵게 설치한 부교는 불어난 급류에 휩쓸려 내려갔다. 1943년 11월 27일에 내리는 비를 무릅쓰고 뉴질랜드 제2사단이 결국 강을 건너 고지를 점령하기 위한 쟁탈전이 전개되었다.

12월이 되자 몽고메리는 캐나다 제1사단을 해안을 따라 오르토나(Ortona) 방향으로 공격하도록 명령했다. 오르토나를 점령하면 반도 내륙을 지나 로마로 향하는 5번 도로가 시작되는 중요한 분기점을 장악할 수 있었다. 캐나다 군을 방어하는 독일군은 제90기갑척탄병사단이었는데, 지형의 영향으로 좁은 정면에서의 공격만이 가능했기 때문에 캐나다군은 대대 단위로 공격해야만 했다. 몽고메리의 독촉과 사단장의 조바심으로 병사들은 적의 지뢰지대와 화망에 직면하여 많은 사상자를 낼 수밖에 없었다. 이때 사단장 크리스토퍼 보크스 소장은 병사들로부터 도살자라는 별칭을 얻었다. 온갖 어려움을 무릅쓰고 캐나다군은 12월 21일 마침내 돌파에 성공했다.

독일군은 철수하면서 고대의 로마 도시들을 철저히 파괴했으며, 잔해에도 부비트랩을 설치하여 그 사용을 거부했다. 캐나다군 제1사단은 2,300명의 사상자를 냈는데, 전사가 500명이었다. 병사들은 전투의 피로로 인해 실어증에 걸리거나 무기력해졌다. 사단장은 심각한 피해에 분노하여 눈물을 감추지 못했다. 어렵게 독일군 진지를 돌파한 연합군은 전과확대를 해야 했지만, 또다시 후속 군수지원에 문제가 발생하여 공격이 중단되었다.

12월 2일 보급 기지이던 이탈리아 동남부의 바리(Bari) 항구를 독일 공군이 대규모로 폭격하여 선박 17척이 침몰했다. 그중에는 극비리에 겨자가스 1,350t을 적재한 7,000t급의 존 하비(John Harvey)호가 포함되어 있었다. 존 하비호는 물론, 5,000t의 탄약을 적재한 인근의 함정도 함께 폭발하면서 겨자가스는 공중과 바닷물에 대규모로 유입되어 1,000여 명의 군인과 민간인을 오염시켰다.

겨자탄은 독일군이 가스탄을 사용할 가능성이 있다는 정보에 의해 보복용으로 극비리에 보유하고 있다가 폭발한 것이었다. 바다에 빠진 장병들은 끈적한 기름 같은 물질에 전신이 적셔졌고, 지상에서는 미상 가스에 노출되었다. 이들은 우선 눈이 보이지 않았는데, 시간이 지나자 전신에 물집이 부풀어 올랐고 다수가 생명을 잃었다. 더 이상 비밀을 유지할 수 없자 연합군은 조사에 착수해서 진상을 밝혔다. 아이러니하게도 겨자가스의 오염 결과 조사를 담당한 군의관은 오염자들의 백혈구가 상당량 감소한 것에 착안하여 훗날 림프암의 치료제 개발이라는 과학적 성과를 얻어내기도 했다. 이렇듯 제8군의 공격이 지지부진하게 진행된 가운데, 몽고메리는 '대군주 작전(Over Lord Operation)'을 준비하기 위해 1월에 영국으로 돌아갔다.

3. 안치오(Anzio) 상륙작전

클라크는 현재의 접촉선에서 독일군을 물리치고 신속히 북상한다는 계획이 어긋나자, '겨울 진지' 후방에 부대를 상륙시켜 전방의 독일군을 무력화시킨다는 계획을 발전시켰다. 1943년 11월에 겨울 진지 후방 100km 지역인 안치오에 병력을 상륙시켜 독일군의 방어선을 무력화한다는 계획이었다. 그러나 한동안 실현 가능성이 낮다는 평가로 인해 무효화 되었었는데, 그 이유는 오버로드 작전 준비를 위해 상륙용 장비들이 모두 영국으로 집결 중이어서 상륙자산이 부족했고, 또 하나는 소규모의 상륙부대가 오히려 독일군의 덫에 걸려 전멸할 수 있는 위험성에 노출될 가능성이 있었기 때문이다. 실제로 아이젠하워와 몽고메리는 오버로드 작전을 준비하기 위해 영국으로 향하고 있었다. 필요한 선박은 전차 상륙함(LST : Landing Ship Tank)과 상륙용 주정 160척이 필요했는데, 1944년 1월에 모두 영국으로 집결해야만 했다.

처칠은 교착된 이탈리아 전선의 한심한 모습을 두고 볼 수 없었다. 그래서 이미 폐기된 안치오 상륙작전 계획을 열렬히 지지하고 나섰다. 처칠은 루스벨트에게 안치오 작전에 관해 설명하면서, 안치오 작전 때문에 오버 로드를 비롯한 다른 작전이 지연되는 일은 없을 것이라고 설득하여 한시적으로 함정의 지원을 받아냈다. 처칠은 지중해에서 실제적인 총사령관 역할을 하고 싶어 했다. 1944년 말에 원수로 승진한 육군참모총장 알란 브룩은 안치오계획을 지지했지만, 앞장서서 설치는 처칠에 대해서는 불안하게 생각했다. 이러한 상황과 관련하여, 냉철한 알란 브룩은 그의 일기에 "마라케시(Marrakech ; 북아프리카의 도시)에 앉아 있는 윈스턴이 이제 원기 왕성해져 그곳에서 전쟁을 이기려고 하고 있구나! 신께서 그를 고국으로 데려가 말렸으면 좋겠다."라고 썼다.[10)]

이때 처칠은 11월에 테헤란에서 루스벨트, 스탈린과 회담하고, 이어서 카이로에서 루스벨트, 터키 수상과 회담한 후 아이젠하워가 사령부를 차리고 있던 모로코의 마라케시에서 폐렴에 걸렸다가 회복되는 시기였다. 이탈리아 전역의 지휘권은 제15집단군 사령관인 알렉산더에게 있었고, 휘하에 클라크의 제5군, 그리고 아드리아를 면한 동해안의 몽고메리의 제8군이 있었다. 안치오 상륙작전은 구스타프 선을 후방에서 붕괴시키는 훌륭한 구상이였다. 그러나 성공 여부는 구상에만 있지 않았다. 성공의 도구와 방법, 적의 대응 능력에 따라 성과가 이루어질 것이었다. 안치오 작전은 장차 오버로드 작전과 병행하여 프랑스 남부 해안에서 행해질 또 다른 상륙작전인 '모루 작전(Anvil Operation)'의 선행처럼 여겨지기도 했다.

상륙작전의 날짜는 1944년 1월 22일로 정해지고 장소는 구스타프선 후방 100km 지점인 안치오가 선택되었다. 병력의 규모는 최초 2개 사단이었다. 그러나 작전의 계획에서 문제가 되었던 것은 첫째, 후속 군수지원을 너무 가볍게 생각했다는 점과 둘째, 연합군이 교두보를 강화하는 능력보다도 독일군이 상륙부대를 역습하는 능력에 대한 평가가 소홀했다는 점이었다. 아울러서 안치오 상륙 작전이 성공하기 위해서는 클라크의 제5군이 구스

10) 안토니 비버 지음, 김규태·박리라 옮김, 앞의 책, p. 806.

타프 선을 공격하여 몬테카시노 요새를 점령할 수 있을 것인가의 여부가 중요하게 고려되어야 했었다. 정면에서 독일군을 강하게 압박하면 할수록 상륙부대에 대한 압박은 그만큼 약화 될 것이기 때문이었다.

실제로 케셀링은 연합군이 후방지역에 상륙작전을 펼칠 것에 대비하여 2개 사단의 예비대, 즉 제29기갑척탄병사단과 제90기갑척탄병사단을 준비하고 있다가 구스타프 선이 심한 압력을 받자 전방으로 추진해 놓은 상태였다. 따라서 안치오 일대에 대한 독일군의 방어는 공백 상태가 되었다. 1월 20일 미국 제3보병사단과 영국 제1보병사단, 그리고 3개의 레인저 대대가 제6군단으로 편성되어 나폴리 항에서 승선했다. 승선은 군악대의 연주에 맞춰 시내를 행진한 후에 실시했는데, 모든 사람이 부대의 행선지를 알 정도로 보안이 취약했다. 군단장 루카스(John P. Lucas) 소장은 적극성과 과감성이 결여된 굼뜬 장군이었다. 보안이 전혀 유지되지 못한 작전이었음에도 불구하고, 상륙은 완전히 기습적이었고 독일군의 방첩대나 케셀링의 지휘부도 상륙의 낌새를 알아차리지 못했다.

루카스 장군이 독일군의 공백 상태를 이용하여 신속히 로마로 진격했다면 상당한 희생을 치르더라도 로마를 쉽게 점령할 수 있었을 것이라고 전사가들은 말한다. 물론 반대자들은 무모하게 로마로 진격했다면 전멸했을 수도 있었다고 주장한다. 문제는 상륙부대의 작전 목표가 불분명했다는 점이다. 제5군사령관 클라크는 루카스 군단장에게 상륙한 이후에 교두보를 확실히 지키고 군단을 위험에 빠뜨리지 않도록 지침을 주었다. 무난하게 상륙에 성공한 이후에 집단군 사령관 알렉산더와 제5군 사령관 클라크는 현지를 방문했지만, 로마를 향한 전진 의지가 없는 군단장에게 그들도 별다른 지침을 주지 않았다.

루카스는 병력과 장비를 육지에 내려놓고 작은 교두보를 방어하기 위한 진지 강화에만 주력하고 과감한 공세 행동은 전혀 하지 않음으로써 부대를 위험에 방치하는 가장 나쁜 모습을 보였다. 반면 독일군은 대경실색하여 긴급조치를 했다. 우선 예비대로 확보했다가 구스타프 선에 투입했던 2개 사단을 즉시 되돌리고, 북부 이탈리아를 방어하기 위해 확보한 마켄센(Everhart von Mackensen) 장군의 제14군을 남하시켰다. 마켄센 장군은 제1차 세계대전의 영웅 마켄센(August von Mackensen) 원수의 3남이었다.

케셀링은 로마로 통하는 길목의 능선에 포병을 배치하고 공군으로 바다에 정박 중인 함정을 공격하여 구축함 야누스호와 병원선을 격침하는 등 큰 피해를 주었다. 1월 24일 연합군이 교두보를 튀어나와 진격을 시작하자 독일군은 고지에서 집단 포격을 가했다. 루카스가 꾸물거리는 통에 좋은 기회를 날려버리고 참사로 이어질 판이었다.

상륙부대가 2개 사단의 소규모였기에 측방 방호나 공격의 타력을 유지하기는 어려웠다. 클라크가 1월 28일 상륙부대를 다시 방문했을 때는 이미 독일군도 상륙군의 규모에 버금

가는 6만 명으로 증원되어 공격이 어려워졌고, 추가로 계속 증원되고 있었다. 미군 제3사단이 공격을 주도했지만, 큰 피해를 입고 후퇴해야 했다. 연합군도 신속히 증원했지만, 마켄센의 10만 병력과 겨우 대등해질 수 있었으며, 교두보에 깊은 참호를 파고 맹렬한 역습을 견뎌내야 했다. 우세한 공군력만으로도 적을 약화시킬 수 있을 것이라는 생각은 환상에 지나지 않았다.

2월 4일에 마켄센은 영국군 요새의 돌출부를 공격하면서 우선 지뢰지대를 무력화하기 위해 양 떼를 대량으로 앞으로 몰아대면서 전차를 동반하여 전진해왔다. 제1보병사단은 900명의 전사자를 포함하여 1,500명을 잃고 후퇴해야 했으며, 연합군 함정들의 함포지원과 강력한 포병지원에 힘입어 바다에 들어가야 하는 위기는 면했다. 히틀러는 마켄센에게 파격적인 증원군을 보내면서 연합군을 바다로 몰아넣으라고 명령했다. 히틀러는 안치오 작전이 완전히 실패로 돌아간다면 장차 연합군이 프랑스 해안으로 상륙하는 작전도 좌절될 수 있다는 기대를 했다. 2월 16일 마켄센은 다시 대규모 공격을 개시했다. 연합군 증원부대인 미국 제45사단과 영국 제56사단의 전투지경선을 향해 공격해 온 것이다. 독일군의 대규모 공격이 개활지에 노출되자, 포병의 양호한 표적이 되어 연합군의 포격에 5,000명에 달하는 많은 희생을 불러왔다.

● 처칠은 안치오의 연합군을 "육지에 밀려 올라온 고래"로 묘사했다. 안치오 상륙을 통해 지지부진한 몬테 카시노 방면의 전황을 일거에 뒤집는다는 목표를 달성하는 데 실패한 연합군은 됭케르크 식의 대규모 철수작전으로 안치오의 병력을 탈출시키는 방안을 모색하기도 했다. (Imperial War Museum)

한편, 지휘 능력을 의심받아 온 루카스 군단장은 알렉산더에 의해 제3사단장인 트러스콧 장군으로 교체되었으며, 전세는 점차 연합군에게 유리하게 전개되어갔다. 처음부터 작전을 강력히 뒷받침했던 처칠은 안치오에서의 지지부진에 화를 내며 "우리는 독일 놈들의 창자를 갈기갈기 찢어버릴 들고양이를 풀어놓길 바랐습니다. 그런데 오히려 거대한 고래한 마리를 물가에 올려놓아 꼬리만 물속에서 흔들게 했던 것입니다."라고 지지부진한 작전에 불만을 표했다. 2월 29일 히틀러는 마켄센에게 또다시 대규모 공격을 가하도록 명령했다. 그러나 본격적으로 힘을 집중한 연합군에게 독일군은 한계를 느끼지 않을 수 없었다. 엄청난 포격과 항공지원이 그것이었다. 연합군은 10여km에 불과한 교두보의 정면에 6만 6,000발의 포탄을 쏘아대어 독일군의 공격을 저지했으며, 이에 따라 독일군 희생자 중 75%가 포격 때문에 발생했다.

케셀링은 이탈리아에서의 방어작전이 한계에 도달했다는 점과 전장이 새로운 국면을 맞았다는 점을 인정했다. 한편 구스타프 선에서의 전투 역시 한계점에 도달하고 있었다. 2월 15일 연합군은 몬테카시노 수도원에 대규모 공습할 예정임을 전단으로 알리고 대피하도록 경고한 다음, B-17 플라잉 포트리스를 비롯한 폭격기들이 대규모 공습으로 역사적인 문화재를 완전히 박살냈다. 수도원장은 연합군이 설마 그런 무도한 짓을 하리라고 믿지 않아 수도원에 남아 있었는데, 폭격은 무자비하게 실행되었다. 이후로 뉴질랜드군을 중심으로 군단장 프레이버그는 3월 15일까지 무모한 공격을 퍼부었지만, 독일군보다 2배나 큰 피해를 감수하고도 이렇다 할 성과를 내지 못했다. 독일군의 방어 의지는 아직도 굳건했다.

알렉산더 집단군 사령관은 프레이버그의 군단을 후퇴시키고 폴란드 제2군단 5만 6,000명을 대신 투입했다. 폴란드군은 복수심에 가득 차 있었다. 그들은 공공연히 포로를 잡을 생각이 없다고 하면서 독일군을 모두 사살하겠다고 했다. 이제 이탈리아 전선에 투입된 연합군은 50만 명에 달했는데, 5월 11일 영·미군을 위시하여 프랑스군, 폴란드군, 인도군, 뉴질랜드군, 북아프리카군을 모두 망라하고 있었다. 구스타프 선에서 좌로부터 클라크의 제5군 예하에 쥐엥(Alphonse Juin)의 프랑스군단, 폴란드군단의 공격과 함께 우측에서는 몽고메리의 후임인 리즈 중장의 제8군이 일제히 북쪽으로 공격하는 한편, 안치오의 교두보에서도 트러스콧의 제6군단이 동쪽으로 진격하여 독일군 예비대인 비팅호프(Heineich von Vietinghoff gennant)가 지휘하는 제10군의 퇴로를 차단하는 포위 작전을 동시에 전개했다. 영국군 제8군은 주요 전력을 동쪽의 아드리아해에 면한 전선에서 중부지역으로 이동하여 구스타프 선에 집중하고 있었다.

이 시점에서 독일군의 방어력은 점차 약화되고 있었는데, 중요한 원인은 군수지원이었다. 연합 공군은 독일군의 육상 병참선을 차단하여 고사시키려는 작전을 전개했다. 작전명은 '숨통 조르기(Strangle)'였다. 연합 공군의 항공기 대수는 1,000대였는데, 독일 공군은 700대로 열세했다. 연합 공군이 로마 북쪽에서 출발하는 모든 도로와 철로, 교량, 그리고 교통의 중심지를 집중적으로 타격하자 독일군의 군수지원에 엄청난 난관이 발생했다. 독일군은 이를 타개하기 위해 연안의 선박을 최대한 활용하고 야간에 차량을 이용했지만, 장기간의 격렬한 전투에서의 충분한 물량을 공급할 수 없었으므로 전력이 급속히 약화 되는 것은 자연스러운 결과였다.

5월 18일 공격을 개시한 연합군은 천신만고 끝에 폴란드군이 몬테카시노 성채를 함락하고 프랑스군이 구스타프 전선을 돌파하는 데 성공했다. 5월 25일이 되자 케셀링은 어쩔 수 없이 전방 병력을 철수하고 안치오에서 싸우고 있는 마켄센의 병력도 차후 진지를 점령하도록 했다. 연합군의 원래 계획은 안치오 교두보에 있던 트러스콧의 제6군단이 알렉산더의 계획대로 철수하는 독일군 비팅호프의 제10군을 포위하려 했다면 성공 가능성이 컸으나, 클라크는 알렉산더가 영국군에게 로마 입성의 영광을 주기 위해 미군을 로마의 남동쪽으로 공격하게 하려 한 것이 아닌가 하고 의심하여 제6군단장인 트러스콧에게 서북쪽의 로마로 진군하도록 명령했다. 독일군의 퇴로를 차단하여 포위할 절호의 군사적 기회를 포기한 것이다.

트러스콧은 알렉산더와 클라크의 갈등을 알면서도 직속상관의 명령을 따랐다. 클라크는 알렉산더를 불신하여 명령에 복종할 생각을 버리고 자신의 욕망에 따라 로마를 해방한 장군이라는 영광을 세상에 알리고 싶었다. 로마라는 엄청난 대중적 인지도가 그를 매혹해 전략적 승리보다는 자신의 영예를 먼저 생각하여 군인으로서 참으로 어리석은 행동을 했다. 클라크는 장차 한국전쟁에서 리지웨이 장군 후임으로 UN 군사령관으로 임명되어 휴전조약까지 조인하는 중요한 역할을 하게 된다.

독일군의 제10군은 클라크의 실책에 힘입어 온전한 전력을 안전하게 철수하여 피사-리미니를 연하여 설치한 '고트 진지선(Linea Gotica)'을 무난히 점령함으로써 차후 방어에 전념할 수 있게 되었다. 6월 4일 저녁 7시에 미군 제88사단의 선두가 로마의 심장부인 베네치아 광장에 도착했다. 클라크의 로마 입성은 그야말로 모양새가 나지 않았다. 이미 무저항 도시를 선포했기에 독일군의 저항은 없었지만, 시민들은 마지막 독일군의 만행을 겁내어 모두 문을 꼭 걸어 잠그고 밖으로 나오지 않아 시민들의 환영이 없는 텅 빈 거리에서 선전용 사진을 찍어야 했다. 처칠은 '미국 독수리'가 박수갈채를 받으며 도시를 한 바퀴 도는 기회를 잃었다라고 평했다. 그리고 6월 6일 노르망디 해안에 '대군주 작전(Overlord Operation)'이 로마 입성 직후에 전개되어 세상의 이목이 모두 그곳으로 쏠렸기 때문에 연합군의 로마 입성은 초라해졌다.

이탈리아 전선에서 연합군은 너무나 많은 시간과 노력을 소비했다. 원래 계획이라면 1944년 초에 이탈리아 전역을 끝내고 프랑스의 리비에라 정도에 또 다른 상륙작전을 펼쳐 1944년 6월에 전개할 오버로드 작전을 수행하는데 부담을 경감하는 조공으로써의 역할을 해야만 했었으나, 독일군의 완강한 방어에 발목이 잡혀 여유를 가질 수 없었다. 그러나 독일군 역시 20개 이상의 사단을 이탈리아에 투입하게 되어 결과적으로는 오버로드 작전에 크게 기여했다고 할 수 있었다. 특히 처칠은 이탈리아에 있던 독일의 사단들이 노르망디에 투입되었을 경우를 비교한다면 이탈리아 전선의 기여도는 높은 평가를 받아야 한다고 강조했다. 그렇더라도 이탈리아 전선에 대한 사가들의 평가는 성과에 비해 투입된 노력과 자원이 지나치게 높았다는 것이 대세였다.

로마를 탈환한 연합군은 최선을 다해 독일군을 추격했다. 독일군은 비테르보(Viterbo)와 트라시메네(Trasimene)에서 축차적인 지연 진지를 점령하면서 8월에 피사-리미니를 연결하는 고트 진지 선으로 안전하게 도착했다. 연합군은 최선을 다해 독일군을 추격했으나, 8월에 있을 모루 작전에 투입될 7개 사단, 즉 프랑스군 4개 사단과 미군 제3사단, 제36사단, 제45사단 등이 차출되어 추격의 타력을 잃고 독일군을 따라잡지 못했다. 이후 이탈리아 전역은 점차 프랑스 남부 해안의 상륙작전에 초점이 옮아가서 전황도 지지부진해졌다.

4. 무솔리니의 최후

무솔리니는 연합군이 본토에 상륙하자 국가 원수에서 해임되면서 체포되었다가 독일 특수부대에 구출되어 히틀러의 도움으로 밀라노에 이탈리아 사회공화국을 수립하고 수반이

● 1945년 4월 29일, 스위스로 탈출하려다 코모 호수 인근에서 이탈리아 빨치산들에게 사살된 파시스트 지도자들의 시신들이 밀라노 로레타 광장의 한 정비공장 지붕 골조에 거꾸로 매달려 있다. 가운데 옆선이 들어간 바지를 입은 인물이 무솔리니이고, 그 오른쪽에는 끝까지 무솔리니의 옆을 지켰던 정부 클라라 페타치의 모습이 보인다. (Australian War Memorial P01387.002)

되었다. 그러나 전황이 불리하게 전개되자 결국 국외 탈출을 시도했다. 그는 독일군 복장을 하고 오스트리아로 도망치다가 1945년 4월 28일 좌익 게릴라들에게 체포되었다. 무솔리니는 같이 체포된 수행원들과 함께 모두 총살되었고, 시신은 수많은 대중에 모욕당하다가 그의 정부와 함께 밀라노의 주유소에 오랫동안 매달렸다. 이후 유족들에게 인도되어 가문의 무덤에 안장되었다. 한편 히틀러는 무솔리니가 총살된 2일 후에 자살했는데, 측근들에게 자신의 시신을 화장해 달라고 한 것은 무솔리니가 그의 사후에 무참하게 모욕을 당하는 것을 보았기 때문일지도 모른다.

5. 안빌(모루) 작전(Anvil Operation)과 지중해 전투의 종료

1943년 11월 테헤란 회담에서 연합군은 노르망디 상륙작전과 그 이후 유럽에서의 최종 승리에 대해 구상했었다. 그러나 이탈리아 전선에서의 향후 작전에 대한 구체적인 계획은 모호했다. 연합군은 이탈리아 전선에서 로마를 점령함으로써 남부 독일을 폭격할 수 있는 비행장을 확보하고, 피사-리미니 선을 연하는 독일군의 방어선까지 전진함으로써 가능한 많은 독일군을 이탈리아에 묶어두자는 구상과 더불어 노르망디 상륙 작전인 '대 군주 작전(OverLord Operation)'의 성공을 위해 별도로 남프랑스에 상륙작전을 전개하는 계획이 있었다.

남프랑스에 상륙하는 작전의 목적은 북부 유럽에 상륙하는 '대 군주 작전'에서 연합군에 대항하는 독일군 일부를 남프랑스로 유인하는 양공 작전을 전개하는 것이었다. 작전의 목적을 달성하기 위해서는 후에 용기병 작전(Dragoon Operation)으로 명칭이 변경된 '모루 작전(Anvil Operation))'이 대 군주 작전(Over Lord Operation)의 개시 전에 실시되거나, 아니면 동시에 실시되어야 했을 것이나, 이탈리아 전선에서 로마의 탈환이 너무 늦어짐으로써 최초 작전의 목표인 독일군의 전력을 유인하는 데는 성공하지 못했다. 그러나 대 군주 작전에서 상륙한 연합군에게 필수적인 군수지원을 위해 툴롱이나 마르세유 같은 좋은 항구를 확보하는 데는 성공적이었다.

프랑스 남부를 방어하던 독일군은 G집단군 소속 제19군이었다. 제19군은 당초에는 12개 사단의 전력을 보유하고 있었으나, 노르망디에서 전개된 전투에 가장 강력한 4개 사단을 차출당해 전력이 약화되어 있었고, 남은 8개 사단도 니스와 마르세유의 넓은 지역에 분산되어 연합군의 상륙을 허용할 수밖에 없는 상황이었다. 이때 처칠은 좀 더 원대한 구상을 했다. 즉, 남프랑스에 상륙하는 것보다, 아드리아해를 건너 동쪽의 이스트리아반도에 상륙하여 류블랴나 협곡으로 진격하는 방안이었다. 이후에 오스트리아나 헝가리로 진격하여 전혀 다른 방향에서 독일의 심장부를 위협할 수 있다는 매혹적인 전망을 했다.

류블랴나 협곡으로 진격하는 방안은 다목적인 전략을 품고 있었다. 우선 독일의 전략물자 공급처인 발칸반도를 위협하고, 다음은 전후 세계질서에 있어서 발칸반도를 소련의 영향권에 둘 것인가, 아니면 자유 진영에 편입시킬 것인가에 대한 미래 세계질서를 염두에 둔 중대한 구상이 포함되어 있었다. 사실 처칠은 1944년 10월에 모스크바를 방문하여 스탈린과 회담할 때 전후 발칸반도에서의 영국과 소련의 세력 분할을 어떻게 할 것인가에 대해 단독 밀담을 주고받았다. 이때 합의한 메모를 스탈린은 없애버리지 말고 보존하자고 제의했는데, 그 내용은 소련의 영향력을 루마니아에서 90%, 헝가리와 유고슬라비아에서 50%, 불가리아에서 75%로 하고, 그리스는 100% 영국의 영향 아래 두기로 합의했었다.

제2차 세계대전 이후의 세계가 민주주의와 공산주의로 양분되어 냉전을 가져오고 많은 동구라파의 국가들이 공산주의 치하에서 신음했던 것을 생각한다면, 처칠의 구상은 참으로 미래를 내다보는 가치가 있는 것이었다고 보여진다. 그러나 루스벨트는 테헤란 회담에서 합의한 내용을 변경할 수 없다고 처칠의 제안을 반대했다. 처칠은 발칸반도에 대한 '부드러운 아랫배' 논리를 끝까지 추구했으나, 이를 사용할 수 있는 힘이 사실상 부족했던 것이다.

연합군은 용기병작전을 위해 8월 1일 코르시카에서 제6집단군을 창설하고, 초기 상륙부대로 알렉산더 패치가 지휘하는 제7군을 지명했다. 연합군은 8월 15일 패치 장군의 제7군이 칸(Cannes)과 툴롱(Toulon) 사이에 상륙했다. 항공 폭격과 함께 이루어진 함포의 지원사격에 이어, 선발대인 공수부대의 낙하가 이루어진 다음, 이에 뒤따라 상륙한 제7군은 마르세유와 툴롱 항구를 탈환하기 위해 치열한 전투를 벌이기는 했으나, 이렇다 할 큰 피해 없이 상륙에 성공할 수 있었다.

초기 상륙작전에 프랑스의 레지스탕스 활약이 두드러졌으며, 작전이 진행되어 감에 따라 레지스탕스의 규모와 활동이 급속히 확대되었다. 상륙부대는 아비뇽(Avignon)과 몽텔리마르(Montélimar)를 지나 리옹(Lyon)을 거쳐 디종(Dijon) 방면으로 독일군을 밀어붙였다. 독일군 B집단군 사령관 블라스코비츠는 약화된 전력으로 성공적인 방어가 불가능하다고 판단하여, 최소한의 희생을 감수하고 북쪽으로 안전하게 철수하는 방책을 택했다. 독일군 B집단군이 8월 하순에 총퇴각함에 따라 하나밖에 없는 예하 제19군도 신속히 퇴각하여 알자스 남부 보주산맥에 방어선을 형성했다. 독일군의 신속한 철수에도 불구하고, 철수 과정에서 무려 3만 명의 전·사상자가 발생했고, 13만 명이 포로가 되는 등 총 15만 명의 피해를 보았다.

9월 11일에 패치의 제7군은 노르망디에서 전진해 온 패튼의 제3군과 디종에서 만났다.

모루 작전은 공식적으로 9월 14일 종결되어 노르망디 상륙부대와 남프랑스의 부대가 연결됨에 따라 연합군의 지휘구조 개편과 보주산맥에 설치된 독일군의 강력한 방어진지에 대한 공격방법을 모색하려는 조치가 필요했다. 용기병작전의 결과, 연합군은 양호한 남프랑스의 항구를 사용할 수 있게 되었다. 차후의 전쟁 기간 연합군의 보급은 1/3이 남프랑스의 항구와 철도를 통해 이루어지게 된다. 이러한 용기병작전 개시 2일 후에 히틀러는 프랑스 비시정부를 해체하고, 페탱을 포함한 수뇌부를 동부지역의 벨포르로 이동시켜 프랑스 망명 정부를 세워 꼭두각시로 활동하게 했다.

용기병작전은 매우 성공적이었다는 평가와 함께, 몽고메리 장군을 비롯한 상당수의 전문가로부터는 많은 비판을 받았다. 그들의 그러한 비판 배경에는 용기병작전에 투입된 전력을 이탈리아 전역이나 노르망디 상륙작전에 투입했더라면 전력 운용 면에서 더 효과적인 결과가 나타났을 것이며, 그렇게 되었을 경우 연합군이 소련군보다 더욱 신속하게 베를린과 발칸반도에 진격하여 전쟁을 종식할 수 있었을 것이라는 점이 작용하고 있었다.

남프랑스의 상실은 전략적으로 히틀러를 놀라게 하지는 않았다. 왜냐하면, 우선 이탈리아 전선에서 케셀링이 고트 방어선을 확고히 장악하여, 연합 이탈리아 주둔군[11]의 발을 묶어 놓음으로써 알프스를 지나 독일로 가는 접근로와 발칸반도로 전진할 수 있는 통로를 통제하고 있었기 때문이었다. 이탈리아가 함락된다면, 연합 이탈리아 주둔군이 이탈리아 북부의 항구를 이용하여 유고슬라비아의 북부를 거쳐 헝가리로 이어지는 류블랴나 회랑으로 진격할 수도 있을 터였다. 처칠은 오래전부터 발칸반도의 매력과 유혹에 빠져 있었다. 그러나 대 군주 작전과 용기병작전으로 인해 가용한 전력이 고갈되었기 때문에 발칸반도에 진격할 여력이 없었다.

한편, 이탈리아 전역에서 연합군이 고트 진지 선에 도달했을 무렵 제5군과 제8군을 합한 전력은 21개 사단이었던 반면, 독일군은 제10군과 제14군을 합해 26개 사단으로 증강되어 있었다. 고트 진지 선은 로마 남쪽의 겨울 진지 선보다 80마일 정도 더 길었지만, 측방으로 발전된 도로망이 있어 부대이동이 훨씬 용이하여 방어에 유리한 조건이 되었다. 아드리아해 방면의 해안은 13개의 대소 하천이 발달하여 방어에 매우 유리한 천연장애물의 역할을 했다. 그리고 이렇게 방어에 유리한 지형에 계절적인 가을 우기가 시작되자, 고트 진지 선은 난공불락의 요새가 되었다.

알렉산더는 주공을 영국군 제8군이 담당하여 아드리아해 연안을 따라 8월 25일 공격을 개시하여 리미니의 10km 전방까지 전진했다가 저지당했다. 9월 12일에 공세를 재개했

11) 알렉산더 장군의 제15집단군이 1944년 1월에 연합 이탈리아 주둔군으로 명칭이 바뀌었다가 3월에 중부 지중해지구 연합군으로 바뀌고, 12월에 다시 제15집단군으로 돌아갔다.

지만, 비팅호프가 지휘하는 제14군의 저항은 격렬하여 큰 피해를 입은 제1기갑사단이 전열에서 완전히 이탈하여 재정비해야만 했다. 알렉산더는 제8군 정면의 저항을 줄이기 위해 서부의 피사 인근에서 클라크의 제10군이 9월 17일에 공격을 개시하라고 지시했다. 그곳의 지형은 카시노 지역을 연상케 할 만큼 고지대에서 감제 당하고 있었고, 기동로는 좁았다.

때마침 가을비가 내려 전역이 진창길로 변해 기동은 점점 더 어려워졌다. 불어난 물 때문에 하천을 도하하기 위한 부교를 설치할 수 없어 부대 전진은 지지부진했는데, 10월과 11월에 걸쳐 10여km 전진하면서 인명피해는 수천 명씩 발생하는 상황이었다. 그래도 아드리아 해안에서 캐나다군의 제2군단이 1944년 12월 5일에 라벤나(Ravenna)를 점령하고 1945년 1월 4일에 세니오(Senio)천에 이르렀다. 이 과정에서 제8군은 1만 4,000명의 인명을 잃었다. 중부지역에서는 제5군이 산맥을 통한 공격으로 1944년 10월 23일에 볼로냐 전방 10여km까지 전진했다. 가장 험준한 전장이라서 피해도 많이 발생하여 제5군에서도 1만 5,000명에 달하는 희생자가 발생했다.

수많은 사상자의 발생에도 불구하고 독일군의 완강한 방어와 지형과 기상이 가져오는 불리함을 고려할 때 연합군 사령부는 더 이상 이탈리아 전선에서 싸울 가치가 없다고 생각하여, 1944년 크리스마스를 기해 공세 작전을 중단한다고 결정했다. 물론 이 시점에서 프랑스를 거쳐 진군하는 노르망디 상륙 연합군이 이미 독일 국경을 공략하고 있어 이탈리아 전역은 전략적 가치를 상실하고 있었다. 서부전선에서 이탈리아처럼 높은 보병의 희생률을 기록한 전선은 없었다. 살레르노 상륙전, 안치오 상륙전, 겨울 진지 선, 고트 진지 선에서 벌어진 대소규모의 전투는 지형과 기후가 주는 불리함과 함께 유례없이 높은 희생을 초래한 작전이었다. 이탈리아의 높은 고지와 횡격실 지형은 방어에 유리하고 공격에 극히 불리하며, 특히 방자가 높은 고지에서 공자를 감제하며 실시하는 포격은 매우 효과적이었다.

전략적 관점에서 연합군은 이탈리아 전역에서 자신들이 전쟁 전체의 승리를 가져오는 핵심적인 전투를 하고 있다는 생각을 가질 수 없었기 때문에 높은 사기를 유지하기 어려웠으며, 많은 희생자가 발생할 때는 더욱 견디기 힘들었다. 여기서 프랑스에 상륙한 부대들이 처했던 상황과 매우 다른 상황에서도 이탈리아 전선에 투입되었던 연합군이 묵묵히 전진을 계속할 수 있었던 저력은 과연 어디에 있었는지에 관해 고찰할 필요가 있을 것이다. 성스러운 십자군 전쟁도 아니었고, 전략상으로 크게 가치 있는 전장도 아니었음에도 불구하고, 그들은 진지전을 구식의 전쟁행태로 계속했는데, 그것은 오직 군인이라는 사명감과 국가에 봉사한다는 명예심이 그들을 지탱하게 해주었을 것으로 보여진다.

제 3 장
노르망디 상륙작전

제1절 연합군의 전략

1941년 12월 진주만이 기습받자, 처칠은 "이제는 전쟁에 이겼다. 하느님께 감사한다." 라고 하면서, 모처럼 만에 기쁜 마음으로 잠자리에 들었다. 그러나 미국이 세계대전에 뛰어들었다고 해서 당장 승리가 다가오지는 않았다. 1942년에 소련은 여전히 독일군의 기갑부대에 밀려 허우적거리고 있었으며, 대서양에서는 U-보트가 영국으로 향하는 전쟁 물자를 심각하게 차단하여 영국은 민생분야까지 배급제를 시행해야만 했다. 북아프리카에서는 희대의 용장 롬멜에게 온갖 수모를 당해야 했으며, 동남아에서는 말레이시아나 싱가포르는 물론, 동인도제도와 인도에서까지 일본군에게 승리를 헌납해야 했다.

이때 동부전선에서 소련은 특유의 끈기와 용맹으로 독일군과 사투를 벌이면서, 영국과 미국에 서부에서 제2전선을 형성하여 소련으로 향하는 독일군의 압력을 줄여주기를 강력히 요구하고 있었다. 그러나 미국은 이제야 기지개를 켜고 전쟁 준비에 뛰어들어 모든 게 생소하고 미숙한 상태였으며, 영국은 자기 앞을 가리느라 정신이 없어 이른 시일에 제2전선의 형성은 역부족이었다. 그런데도 미국은 소련의 요구에 맞춰 조속한 시기에 제2전선을 형성하여 '묵직한 직격탄'으로 추축국을 타격하기를 바랐지만, 영국은 지중해 일대에서 '부드러운 뱃살'을 공략하여 소련으로 향하고 있는 추축군의 전력을 분산시키는 전략을 주장했다.

영국은 그 주장의 근거로서, 대규모 상륙을 위한 해상 수송자원의 부족을 들었으며, 해상 수송을 위한 자원의 우선순위가 유럽지역인데도 불구하고, 미 해군 총사령관인 킹 제독이 태평양지역을 우선시하여 자원을 할당하지 않기 때문이라고 직접적으로 말은 안 했지만 불만스럽게 생각했다. 처칠은 1942년은 물론, 1943년에도 충분한 상륙 능력을 갖추지 못했으므로 대신에 북아프리카에 상륙하여 추축국의 군대를 무찌르고 시칠리아를 거쳐 이탈리아 본토에 상륙하는 것으로 미국을 유도하여 자신의 의도를 관철했다. 영국군이 프랑스 해안에 대규모 상륙전을 머뭇거리는 배경에는 과거 1차대전 당시의 갈리폴리 전투[12]

12) 1915년 2월부터 1916년 1월까지 이스탄불의 북방 갈리폴리 반도에 대한 영국과 안작(오스트레일리아-뉴

와 파스샹달 전투(Battle of Paschendaele)[13], 그리고 제2차 세계대전의 디에프 전투(Dieppe)[14]에서의 실패가 어른거렸기 때문이기도 했을 것이다.

그러나 미국은 그동안 영국의 의도에 지나치게 끌려 들어갔다는 의식이 강해, 지속해서 지중해 쪽에 미련을 갖는 영국을 압박하여 1943년 8월 23일에 캐나다의 퀘벡에서 열린 회담을 통해 양국은 대통령과 수상을 포함한 연합참모 최고회의에서 제2전선의 형성에 관해 최종적인 합의를 도출했다. 합의 내용은 D-데이를 1944년 5월 1일로 하고, 작전명은 '오버로드(Over Lord ; 대군주 작전)'라고 명명했다. 그리고 상륙 지점으로서 서부 노르망디의 광활한 해변이 선정되었다.

● 1944년 1월, 북서유럽 전력을 담당할 연합군 고위 지휘관들이 최초로 한자리에 모였다. (윗줄) 왼쪽에서 오른쪽으로 오마 브래들리 대장, 버트람 램지 해군 대장, 트래포드 레이-말로이 공군 대장, 월터 베델-스미스(Walter Bedell-Smith) 대장, (아랫줄) 아서 커닝햄 공군 중장, 드와이트 아이젠하워 연합군 최고사령관, 버나드 몽고메리 대장. (ISI)

'오버로드' 작전은 1943년 11월에 테헤란에서 루스벨트-처칠-스탈린이 모여 회담한 자리에서 최종 확정되었다. 연합군 총사령관의 임명은 국제정치상의 이유로 미군이어야 한다고 전제되었다. 처칠은 1943년 1월에 열린 카사블랑카회담 무렵에 영국의 육군참모총장 브룩에게 총사령관직을 제의하여 브룩을 기쁘게 했으나, 1943년 8월 퀘벡회담에서 루스벨트에게 양보하여 물거품이 되었다. 루스벨트 역시 참모총장 마셜에게 총사령관을 제의하

질랜드 연합군) 군이 펼친 상륙작전. 당시 해군장관 처칠의 총지휘 하에 실시되었으나 30여만 명의 사상자를 내고 실패했다.

13) 제1차 세계대전 기간 중인 1917년 7월부터 11월까지 벨기에의 이프르 지역에서 영국군이 독일군을 공격하였으나, 약 30만 명의 사상자를 내고 실패한 전투였다.

14) 1942년 6월 프랑스 북서부 해안에서 이루어진 제한된 상륙작전. 위력수색에 가까운 상륙작전이었지만 참가한 캐나다 제2사단이 사실상 전멸한 실패한 전투- 저자 주

● 독일 서부전구 사령관 게르트 폰 룬트슈테트 원수는 명목상으로는 서유럽에 배치된 독일군 부대 전부에 대한 지휘권을 가지고 있었다. 그러나 실제로는 롬멜을 포함한 룬트슈테트 휘하의 지휘관 3명은 물론 서부전구 공군 및 해군 지휘관들도 상당한 권한을 가지고 있었기 때문에, 룬트슈테트는 자기 마음대로 지휘를 할 수 없었다. (AKG Berlin)

여 마셜을 들뜨게 했지만, 12월 5일에 테헤란 회담을 통해 마셜을 워싱턴에서 떠나보내서는 곤란하다는 점을 깨닫고 마셜을 설득했다. 스탈린은 최고사령관이 임명되지 않으면 작전이 확정된 것으로 보지 않는다며 최고사령관 임명을 재촉했다.

'오버로드 작전'에 관한 토론 중에 처칠은 지중해에서 펼쳐질 작전의 전망에 대해 영국의 생각을 이야기함으로써 스탈린을 분통 터지게 했다. 스탈린은 처칠에게 직설적으로 도대체 영국이 '오버로드' 작전이 필요하다고 생각하는 것인지, 아니면 단순히 소련을 달래기 위한 제스처인지에 관해 직설적으로 물었다. 처칠도 격앙하여 조건이 성숙한다면 반대할 이유가 없다고 말했다. 조건들이란 영국이 항상 주장했던 것처럼 상륙용 주정의 확보였다. 그러나 이러한 영국의 주장은 스탈린에게는 소극적이고 회피적인 것으로 들렸다. 루스벨트는 스탈린과 처칠의 격론을 지켜보면서도 어떻게든 스탈린의 환심을 사려는 의도를 숨기지 않았는데, 그 이유는 독일과의 전선이 종결을 본다면 소련이 대 일본전에 개입하도록 유도하기 위해서였다.

회담 결과 영국과 미국의 군 수뇌부는 다음과 같은 결론에 도달했다.

❶ 이탈리아 전선은 피사-리미니 선까지 전진하는 것으로 해야 한다. 상륙용 주정은 1944년 1월 중순까지는 지중해에 두고 그 이후에는 영국으로 전환한다.

❷ 오버로드 작전과 때를 같이하여 남프랑스에서도 상륙작전을 개시하여 조공의 역할을 하게 한다.

❸ 오버로드 작전은 1944년 5월 1일 실시한다.

스탈린의 재촉도 한몫을 담당하여 연합 원정군의 최고사령관 직위는 아이젠하워에게 돌아갔다. 그리고 이에 부가적으로 지상군이 상륙하여 독일군을 몰아내고 안전한 거점을 형성하기까지의 지상군 총사령관은 몽고메리로 지명되었다. 아이젠하워의 첫 임무는 몽고메리나 패튼 같은 기가 센 장군들을 조화롭게 통제하는 것이었는데, 결코 쉽지 않았다. 특히, 몽고메리는 아이젠하워보다 군의 선배였고 외골수여서 골칫거리였으며, 상륙작전 이후에는 유럽의 모든 지상군을 자신이 지휘해야 한다고 공공연히 주장했다.

상륙 지점의 선정은 연합군의 전투기 중에서 가장 숫자가 많은 스핏파이어의 전투 행동 반경을 고려하여 결정되었는데, 그 구역은 파드칼레에서 노르망디의 코탕탱(Cotentin)반도까지였다. 그 지역을 정밀 검토한 결과, 상륙에 적절한 지역은 모래 해변으로 경사가 완만한 파드칼레 해안과 센강 및 코탕탱반도 사이의 노르망디 해안뿐이었다.

파드칼레는 영국 해안과 내륙으로 진출하는데 가장 단거리 접근로라는 이점이 있었지만, 한편으로 오히려 그런 이유로 독일군의 방어 강도가 그만큼 강할 것으로 판단되었다. 게다가 파드칼레를 마주 보고 있는 영국의 켄트주에 있는 항구들은 규모가 작아 상륙함대를 모두 수용하기 불가능하였으므로 일부는 서쪽의 포츠머스(Portsmouth)항과 사우스햄프턴(Southampton)항을 사용해야 했는데, 이 경우 독일 해안포의 사정거리 내에서 160km를 횡으로 이동해야 하는 불리한 점이 있었다.

반면에 노르망디는 도버해협으로 튀어나온 코탕탱반도가 대서양의 강풍을 조금이나마 차단해주는 역할을 할 수 있고, 독일군의 조기 반격을 위한 반응시간이 파드칼레보다는 지연될 것이라는 점이 고려되어 최종 상륙 지점으로 선정되었다. 노르망디가 선정된 것은 최적의 지점이 아니었지만, 상대적으로 단점이 적어서였다. 반면에 노르망디 지역에는 상륙지역에 항구가 없었기 때문에 인공항만(Mulberry : 오디)을 건조하여 대비했다가 해안을 점령하면 끌고 가서 보급물자의 하역에 이용하도록 하였다.

한편, 연합군의 기만작전도 독일군이 혼란에 빠질 수 있도록 준비되었다. 연합군은 독일군으로 하여금 해협의 폭이 가장 좁은 파드칼레로 주 상륙 지점을 오인하도록 노력했는데, 기만작전을 위한 암호명을 '포티튜드(Fortitude)'로 하고, 가상부대로 미군 제1집단군을 만들어 포티튜드의 맞은편인 켄트와 서식스에 그 지휘소가 위치하고 있는 것으로 위장했으며, 사령관에는 독일군이 가장 두렵게 여기는 패튼을 임명했다. 위장된 가짜 항공기 및 탱크와 상륙용 주정이 배치되었고, 빈번한 무전 교신을 통해 11개 사단이 파드칼레로 상륙하는 것처럼 보이게 했다.

게다가 연합군의 항공기들이 실제 상륙지인 노르망디보다도 세배나 많은 폭탄을 파드칼레의 예상 진격로에 투하했다. 결과적으로 기만작전은 예상보다 더 큰 성공을 거두었다. 독일군은 노르망디로 연합군이 상륙한 이후에도 주력부대는 파드칼레를 통해 센강 북쪽으로 들어올 것이라고 굳게 믿어 기동 예비대를 그곳에 배치하고 노르망디로의 이동을 지연시켰다. 독일군은 실제로 노르망디 상륙작전이 개시되어 결정적인 전투가 벌어지고 있던 몇 주 동안 제2의 상륙작전이 파드칼레에서 이루어지리라는 우려 때문에 예비대를 노르망디로 전환하지 않고 있다가, 7월 말이 되어서야 파드칼레에서 나와 센강을 건너 노르망디로 들어가도 된다고 허락했다. 1945년 5월이 되자 미국, 영국, 캐나다, 오스트레일리아,

뉴질랜드, 프랑스, 폴란드, 벨기에, 네덜란드, 노르웨이, 체코슬로바키아 등지에서 모여든 3백만 명 이상의 병력이 영국에 모여 침공 명령을 기다리게 되었다.

제2절 독일군의 전략

히틀러는 1943년 말까지 연합군의 제2전선 형성 가능성을 그렇게 위협적으로 생각하지 않았다. 동부전선에서 독일군에게 시달리는 스탈린은 줄곧 영·미군이 서부에서 제2전선을 형성하여 독일군의 압력을 약화시켜 주도록 요구하고 기대했다. 전투 경험이 부족하고 미숙하기는 하지만, 자신감에 차 있는 미국은 서부지역에서 묵직한 큰 한 방으로 적에게 타격을 주기를 원했지만, 노련한 영국은 지중해 지역에서 외곽작전을 통해 적의 힘을 분산시키고자 하여 시간을 끌었다. 그러나 누구나 언젠가는 서부 유럽에서 대규모 상륙작전이 이루어질 것이라는 점을 명확하게 믿고 있었기 때문에, 히틀러 역시 연합군이 서부지역에서 간단히 제2전선을 형성하도록 방치하지는 않았다.

1942년 6월 독일군은 비록 1개 사단 이하의 소규모 전투였지만, 디에프 전투에서 영국군의 상륙을 단단히 혼내주어 자신감을 키웠으며, 영국군에 두려움을 주었다고 확신하고 있었다. 반면, 영국군은 독일군과의 전력이 대등한 전투에서 영국군이 독일군을 이긴 적이 거의 없다는 점을 고통스럽게 인식하고 있었다. 그러한 상황에서 1943년 11월까지는 영국군의 위협이 그렇게 현실적이지는 않았다. 그러나 가을이 되어가면서 독일군은 동부지역의 우크라이나 남부 곡창지대에서 밀려나기 시작했고, 미군은 북아프리카 튀니지 전선에서 한 때 롬멜에게 혼이 나기는 했지만, 그것을 교훈 삼아 급속히 단련되어 갔고, 영국군도 북아프리카에서 롬멜 군을 무찌르면서 자신감을 회복했다. 위협이 점차 현실화하자 히틀러는 1943년 11월 3일에 지령 51호를 하달했는데, 그 주요 내용은 다음과 같다.

"동방의 위험이 남아있지만, 더 큰 위험이 서방에서 나타난다. 앵글로 색슨족의 상륙이 그것이다. 동방에서는 공간이 넓어서 최악의 경우 우리가 대규모로 땅을 잃어도 독일의 중추신경에 치명적인 타격이 되지 않을 수 있다. 서방에서는 그렇지 않다. 여기에 만약 적군이 넓은 지역에서 우리의 방어를 돌파 한다면, 그 결과는 단기적으로 예측 불가능하다. 모든 것이 적군이 늦어도 봄에, 어쩌면 훨씬 더 이전에 서부전선에서 공세를 개시하리라는 것을 시사한다. 그러므로 본인은 타 지역을 위해 서방을 더 약화시키는 책임을 더는 질 수 없다."[15]

15) 존 키건 지음, 류한수 옮김, 『2차 세계대전사』(서울 : 청어람 미디어. 2007), pp. 554-555.

히틀러는 지령 51호에 걸맞은 조처를 했는데, 기갑부대의 증강과 함께 자신의 직접 명령 없이는 지역 내의 부대를 차출하지 않는다는 보장을 하였다. 당시의 독일 서방군은 룬트슈테트 원수의 지휘하에 벨기에로부터 프랑스 전역을 방어하는 책임을 지고 있었으며, 예하에 B집단군(롬멜)과 G집단군(블라스코비츠)으로 구성된 2개의 집단군을 보유하고 있었다. 독일군은 처음에는 총 46개 사단으로 편성되어 있었으나, 영도자 지령 이후 기갑사단과 기갑척탄병사단을 포함하여 총 60개 사단으로 증강되었다. 양 개 집단군의 전투지경선은 루아르강을 따라 남북으로 갈려져, 노르망디 지역은 롬멜 원수가 지휘하는 B집단군 책임 지역이었다.

● 1944년 6월 6일 서유럽에 배치된 독일군

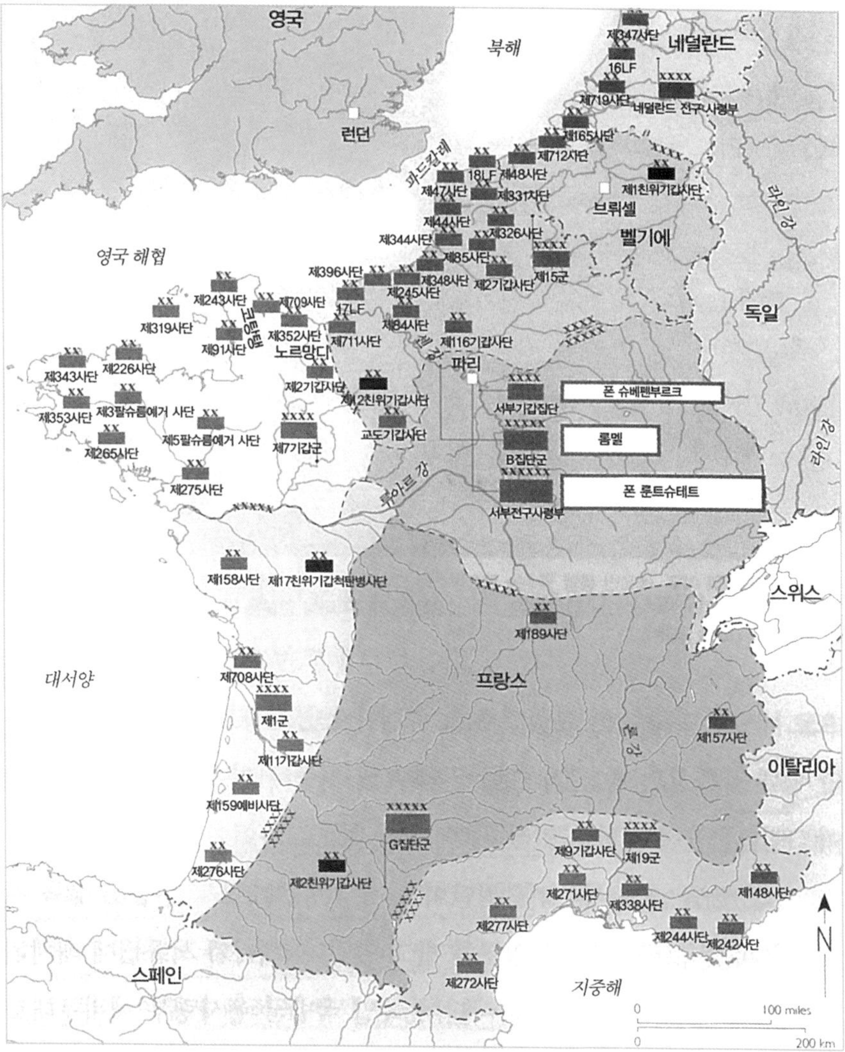

※ 출처 : 폴 클리어 등 지음, 강민수 옮김. 『제2차 세계대전』(플래닛미디어, 2008), p. 719

독일군은 전 해안을 철근 콘크리트로 요새화하기로 했다. 그래야만 연합군의 항공 폭격과 함포사격으로 보호받을 수 있었기 때문이었다. 해변에는 지뢰를 설치하고 철조망을 설치하며 장애물들을 다양하게 구축하도록 했다. 여기에 필요한 자재들은 마지노선과 벨기에의 요새지대에서 해체하여 실어왔다. 1944년 1월 프랑스와 벨기에 지역의 방위를 담당하는 B집단군의 사령관으로 부임한 롬멜은 특유의 추진력으로 해안 방어력을 증강해나갔다. 사실 1941년 12월에 동부전선에서 직위해제 되었다가, B집단군의 상급부대인 독일 서방군 사령관으로 부임한 룬트슈테트는 지난 2년간 느긋하게 잘 지냈다.

룬트슈테트는 뭔가를 바꾸고 잘하려고 애쓰는 사람이 아니었다. 그는 셍-제르맹에 있는 사령부에서 일상 업무 외에는 독서를 즐기며 귀족적인 생활을 영위했다. 서방군 사령관인 룬트슈테는 유일하게 전투가 벌어지지 않는 편안한 작전 구역에 배치 받아 아늑한 시간을 보냈다. 그러나 이러한 아늑하고 여유 있는 생활은 롬멜이 부임하면서 끝이 났다. 독일군의 지휘관 중에서 가장 역동적이고 카리스마 넘치는 롬멜은 마치 차디찬 북풍처럼 부하들에게 새로운 분위기로 임했다.

롬멜이 B집단군 사령관으로 부임한 지 몇 주 만에 지뢰 매설 속도가 한 달 평균 4만 개에서 100만 개로 높아졌다. 1941년 이래로 매설된 지뢰가 170만 개였으나, 1944년 5월 20일까지 추가로 400만 개가 매설되었고, 기타 장애물 40만 개가 해변에 설치되었다. 그는 5월 5일에 매월 200만 개의 지뢰를 추가 보급해 달라고 독일에 요청하면서, '보름만 더 시간이 허용한다면 방어에 자신 있다.'라고 말했다. 해안에는 지뢰가 장착된 강철 프레임과 철조망 장애물이 줄을 이어 형성되었고, 그 뒤에는 역시 목재나 콘크리트에 지뢰를 부착한 선이 있었다. 그리고 공간에 강철 기둥과 콘크리트로 이루어진 고슴도치에 지뢰를 부착하여 배치했다. 주방어진지는 철근 콘크리트로 이루어져 있었고, 전차의 진출을 방해하기 위한 도로 대화구와 엄폐된 포진지가 건설되었다. 주방어진지 후방의 공간에는 글라이더에 의한 착륙을 방해하기 위한 '아스파라거스'라는 롬멜의 구상물이 철조망과 기둥으로 구성되어 설치되었다.

그러나 방어는 해안에서만의 전투로 결정 나지는 않을 것이기 때문에 예비대의 운용은 필수적이었지만, 롬멜의 의도대로 되지는 않았다. 독일군이 특히 열세한 전력은 항공력으로서, 연합군이 총 1만 2,000대의 항공기를 동원할 수 있었는데 비해, 독일군은 1943년도 말을 기준으로 동원할 수 있는 항공기는 겨우 300대에 불과했다. 따라서 후방에 배치된 독일군의 지상 예비대가 상륙부대에 대응하여 해안으로 기동하기에는 거의 불가능할 것이라는 분석이 가능해진다. 이때 룬트슈테트와 그의 부하이지만, 거의 독립적인 지휘권을 가진 롬멜의 방어 개념은 완전히 상반되었다.

롬멜은 아프리카 전선에서 항공력의 열세 하에서 지상 병력의 기동이 얼마나 어려운지 체험했던 장본인으로서, 내륙에 기동예비대를 보유했다가 비상시에 전방으로 추진하는 것은 실제 전투 시에 연합군의 공군력에 제압되어 추진이 불확실하므로 평시부터 해안에 추진시켰다가 해안에서 즉시 적의 상륙을 거부해야 한다고 생각했다. 그는 비록 적의 상륙지역을 잘못 판단하여 배치가 불합리하게 되더라도, 기갑부대를 내륙에 배치했다가 연합군의 공군력 때문에 이동시키지 못하는 사태를 맞는 것보다는 낫다고 주장했다.

롬멜은 이집트와 튜니지에서 연합군의 공군력이 얼마나 굳센지 몸소 경험했으므로, 후방의 기갑부대에 의한 느긋한 역공은 적의 항공력에 의해 괴멸되어버릴 것이라고 확신하고 있었다. 반면에 그의 상관인 룬트슈테트와 기갑부대 총감인 구데리안은 적이 상륙한 후에 전황을 정확히 분석하여 예비대를 투입하는 것이 효과적이라고 주장했다. 사실 룬트슈테트나 구데리안은 공히 독일군의 공군력이 우세한 상황에서 전투를 수행했었기 때문에 제공권이 적에게 있었을 때의 전투는 경험한 적이 없었다. 경험을 바탕으로 한 롬멜의 주장에도 일리가 있었고, 전통적인 군사교리에 의하면 룬트슈테트나 구데리안의 논리도 타당했었다.

문제의 핵심은 룬트슈테트와 롬멜은 성격이 매우 달랐다는 데 있었다. 룬트슈테트는 프로이센 장교단의 원로였고, 일반참모 출신이었으며, 참모진들에게 권한을 최대한 위임하고 자화자찬을 질색하는 사람이었다. 또한 롬멜에 대해서는 동부전선에서 진정한 전투를 치른 경험이 없으며 사소한 쇼를 통해 명예를 얻었다고 생각했다. 그러나 롬멜의 작전지휘 능력과 용기만은 인정했다. 롬멜이 히틀러와 긴밀한 관계로 총통과 직접 전화를 한다는 것 자체를 경멸했다. 반면 롬멜은 원수 중에 유일하게 일반참모 출신이 아니었다. 따라서 프로이센 귀족 출신 군인들을 별로 좋아하지 않았던 히틀러는 룬트슈테트에 대해서도 전성기에는 훌륭했으나, 이제는 노쇠하여 안락하고 무기력하게 부대를 지휘하는 그의 행동양식을 혐오했다.

양자의 논쟁을 히틀러도 알게 되었다. 히틀러는 1944년 3월 19일 두 사람이 베르히테스가덴에 위치한 지휘소로 찾아왔을 때, 자기식의 해결책을 제시했다.

B집단군 소속 서방기갑군의 6개 사단 중에 3개 사단은 롬멜에게 주고, 나머지 3개 사단은 룬트슈테트에게 할당했다. 룬트슈테트에게 할당된 3개 기갑사단(제2, 21, 116기갑사단)은 국방군 최고사령부의 히틀러 예하 작전 참모진이 직접적인 허락을 하지 않는 한 전투에 투입할 수 없다는 전제를 달았다. 이는 롬멜이 우려를 했던 것보다 전투 투입이 더 극심하게 지연될 가능성이 큰 방안이었다. 특히 해안에 가장 가까이 전개되어있는 제21기갑사단이 히틀러의 통제 하에 들어감으로써 상륙 초기에 적을 제압하려고 했던 롬멜에게는 매우 큰 타격이었다.

결과적으로 연합군의 항공력에 대한 인식에서 롬멜의 견해가 옳았던 것으로 훗날 판명되었다. 그리고 그 전조는 이미 전장에서 증명되고 있었는데, 1944년 처음 몇 달 동안 독일 공군은 프랑스 상공이 아닌 독일 상공에서도 패퇴를 거듭하고 있었다. 주간에 독일 공습에 나선 미군 폭격기들은 항속거리가 길고 성능이 독일 전투기들보다 압도적으로 우수한 머스탱 전투기의 호위를 받았다.

1944년 1월에 독일군은 1,311대의 항공기를 잃었고, 2월에는 2,121대, 3월에는 2,115대를 잃었다. 조종사들은 숙련되기도 전에 더 빨리 전사했다. 그 결과 D-데이에도 319회의 출격만을 기록했다.16)

한편, 롬멜이 구상하고 있던 해안지역에서의 기동예비대 배치 가능성과 관련하여, 상륙군의 지상군 사령 몽고메리는 5월 15일 사전 대책 회의에서 아래와 같이 우려했다.

"롬멜은 우리를 '됭케르크 하기'(바다로 되돌려 넣기) 위해서 우리의 전차가 상륙하지 못하도록 최선을 다해 자신들의 전차를 활용하려 할 것이다. 우리는 그가 우리를 몰아내기에 충분한 전력을 가져오기 전에 바다에서 뭍으로 가는 길을 열어젖혀서 적절한 거점을 만들어야 한다. 우리가 이러한 일을 하는 동안 항공부대는 적의 증원부대가 전방으로 이동하지 못하도록 열차나 도로의 사용을 차단해야 할 것이다."17)

몽고메리가 이러한 평가를 할 시점에서 롬멜과 룬트슈테트, 그리고 히틀러의 논쟁을 사전에 알았더라면, D-데이에 성공 가능성에 대해 우려를 분명 덜 했을는지도 모른다. 이처럼 영국군은 상륙작전의 성공 가능성에 대해 매우 우려하는 편이었는데, 그것은 아마도 디에프 상륙전의 실패와 이탈리아 전선에서 살레르노 상륙전에서의 엄청난 고전이 영향을 미쳤기 때문으로 보인다. 또 하나 오버로드 작전에서 독일군이 중요한 실수를 저지른 것은 앞에서도 언급한 연합군의 기만작전에 현혹된 것이었다. 독일군은 단순히 파드칼레 지역의 기만작전에 놀아난 것만이 아니라, 처칠이 항상 노래하듯 강조했던 노르웨이 해안에 연합군의 상륙이 가해질 가능성 때문에 독일군 11개 사단이 1945년까지 그곳에 붙박여 무용 전력으로 놀고 있었다는 점이었다.

물론, 스웨덴의 철강을 수입하는 항구로서, 그리고 북극해를 통해 소련에 지원되는 연합군의 수송 선단을 위협하는 U-보트의 근거지로서의 가치를 갖고 있던 노르웨이는 전략적 중요성이 높아 반드시 확보할 필요는 있었다. 따라서 상륙을 실현할 능력도 없으면서, 노르웨이 급습을 외쳐대던 처칠의 목소리에 히틀러가 과민반응을 한 것이라는 점도 이해될

16) 필립 M.H. 벨 지음, 황의방 옮김, 『12 전환점으로 읽는 제2차 세계대전』(서울 : 까치. 2012), p. 249.
17) 존 키건 지음, 류한수 옮김, 앞의 책, p. 562.

수 있다. 히틀러는 노르웨이 해안의 방어시설을 최우선으로 구축하라고 지시했으며, 그에 따라 1943년 말이 되면 연합군에게는 관심 밖인 노르웨이 해안이 전 세계에서 가장 강력한 요새지대로 바뀌었다.

여기에 덧붙여서 히틀러가 기대하고 있는 새로운 무기체계가 속속 전장에 실전배치 되고 있었다. 우선 새로운 전차인 티거와 판터 전차가 전력화되어 기갑사단들에 배치되기 시작했고, 제트엔진을 장착하여 연합군의 어떤 항공기보다도 속도가 빠른 ME 262(제비)가 개발되어 1944년 7월부터 실전배치 되었다. 바다에서는 연합군의 항공력에 의해 위력을 잃었던 U-보트가 스노클을 장착하여 잠항 상태에서 항속거리를 대폭 증가시켜 새로운 도전을 준비하고 있었다. 게다가 실전 배치된 V-1과 거의 개발이 완료된 V-2 로켓에 큰 기대를 걸고 있었다.

혼란의 와중에도 히틀러는 연합군의 상륙 위협을 크게 인식하여 노르망디에 있는 부대를 비롯하여 저지 부대를 크게 보강하는 데 성공했다. 최정예부대인 기갑교도사단을 헝가리로부터 전환하여 해변으로부터 차량으로 1일 거리인 샤르트르(Chartres)에 주둔시켰고, 제21기갑사단을 브르타뉴에서 캉(Caen)에 갖다 놓았다. 그리고 이에 부가하여, 강력한 보병부대인 제352, 제92사단을 연안에 배치했다. 이때 배치된 제352보병사단은 D-데이에 미 제1사단에게 막대한 피해를 주게 된다. 이러한 재배치가 끝나자, 노르망디의 상륙지역에 독일군 3개 보병사단이 배치되었고, 1개 사단은 예비로 있었으며, 기갑사단도 3개 사단에서 4개 사단으로 증강된 데다, 1개 사단은 영국군 상륙 예정 지역의 직후방에 위치하게 되었다. 이러한 재배치는 선견지명은 아니었지만, 날카로운 판단의 결과로 핵심지역에 대한 독일군의 방어력을 한층 증가시켜 주는 결과를 가져왔었다.

제3절 연합군의 단계별 작전계획과 경과

작전을 개시하는 D-데이는 6월 4일과 7일 사이에 월광 상태가 가장 양호하고 조류의 상태가 상륙에 가장 알맞은 6월 4일로 결정되었다가, 당일 악천후로 하루 연기되었다. 그러나 6월 5일 03시 30분에도 태풍에 가까운 거센 바람과 폭우가 쏟아지자 아이젠하워는 기상 담당 장교 스태그 대령으로부터 기상 전망에 대해 6월 5일 오후 늦게부터 6월 6일 오전까지 기상이 호전될 것이라고 보고받고 또 하루를 연기한다. 만약 6월 6일을 넘겨 더 연기한다면, 기상 조건으로 보아 또 한 달을 연기해야 하고, 그러다 보면 기밀누설로 인한 기습의 효과가 없어질 뿐만 아니라, 곧 겨울이 닥쳐 작전에 지장을 초래할 수가 있다고 판단되어 6월 6일 작전을 강행하기로 최종 결심했다.

작전의 단계별 계획은 다음과 같았다. 제1단계는 예비단계로써 작전 실시 전에 독일군의 조직적인 저항 능력을 박탈하고 전쟁 수행 역량을 고갈시키기 위해 독일군의 병력과 보급품의 집결지, 철도와 도로에 의한 교통수단 파괴를 위한 전략폭격을 실시한다. 그에 따라 1944년 5월에만 900량 이상의 기관차와 16,000량 이상의 화차를 파괴했다.

제2단계는 준비 단계로써 상륙부대가 여러 항구에서 승선하고 있는 동안 항공 폭격으로 노르망디 상륙지역을 지원할 수 있는 독일군 예비대의 이동을 저지하기 위한 철도와 도로망을 파괴한다. 이에 맞춰 프랑스에서 활동 중인 레지스탕스의 활동을 촉진하기 위해 BBC방송을 통해 폴 베르네르의 '가을 시'에서 첫 번째와 두 번째 구절인 "가을날 비오롱의 한숨, 몸에 스며오니 오직 슬프다."를 방송한다.

제3단계는 상륙 단계로써 노르망디 상륙지역에 대해 항공과 함포사격을 통해 적을 무력화시키고, H-6 시간 전에 상륙지역의 후방에 3개 공수사단을 낙하시켜 적의 증원부대를 차단한다. 그리고 이에 후속하여 최초 상륙부대 7개 사단이 노르망디 해안에 상륙하며, 동시에 기만을 위해 파드칼레 지역에서 양동작전을 실시한다.

제4단계는 교두보 확장 단계로서 영국군은 쌩 로와 캉 선의 남쪽 및 캉의 동남부에 교두보를 확보한다. 미군은 셰르부르를 점령하고 영국군의 진격에 맞추어 남쪽 생. 로(St. Lo) 방면에 교두보를 확보한다.

제5단계는 거점 확보 단계로서 센강과 루아르강까지 전진하여 내륙으로 진격하기 위한 병참 물자 확보에 주력한다.

제5단계까지는 대략 D+90일이 될 것이다.[18] 연합군은 초기에 상륙한 7개 사단이 거점을 확보하게 되면, 노르망디 해안을 이용하여 100개 사단, 총병력 287만 명이 독일군을 돌파하고 브르타뉴로 치고 들어가 프랑스의 서부로 진격할 것이다. 그러나 상륙부대의 성공 여부는 상륙을 저지하기 위한 독일군 예비대의 투입을 최소화하는데도 달려있었다.

연합군의 참모부는 독일 해, 공군의 미미한 전력을 도외시하더라도 상륙지역에 있는 캉 부근의 독일군 예비 전력이 D-데이에 3개 사단, D+2일에 5개 사단, D+8일에 9개 사단을 넘지 않아야 한다는 것이 성공에 극히 중요하다는 데 동의했다. 다시 말하면, 상대방의 증원 능력이 성공을 가르는 중요한 요소가 될 것이었다. 독일군은 연합군의 증원을 막을 수 없을 것이지만, 연합군은 독일군의 증원을 항공력을 이용하여 철도와 도로와 교량을 파괴함으로써 반드시 차단해야만 했다. 부언한다면, 룬트슈테트 예하 60개 사단의 움직임을 고착시킬 수 있는 연합군 항공력이 결정적인 요소가 될 터였다.

---

18) 노병천 저, 『도해 세계전사』(서울 : 도서 출판 한원, 1989,) p. 395.

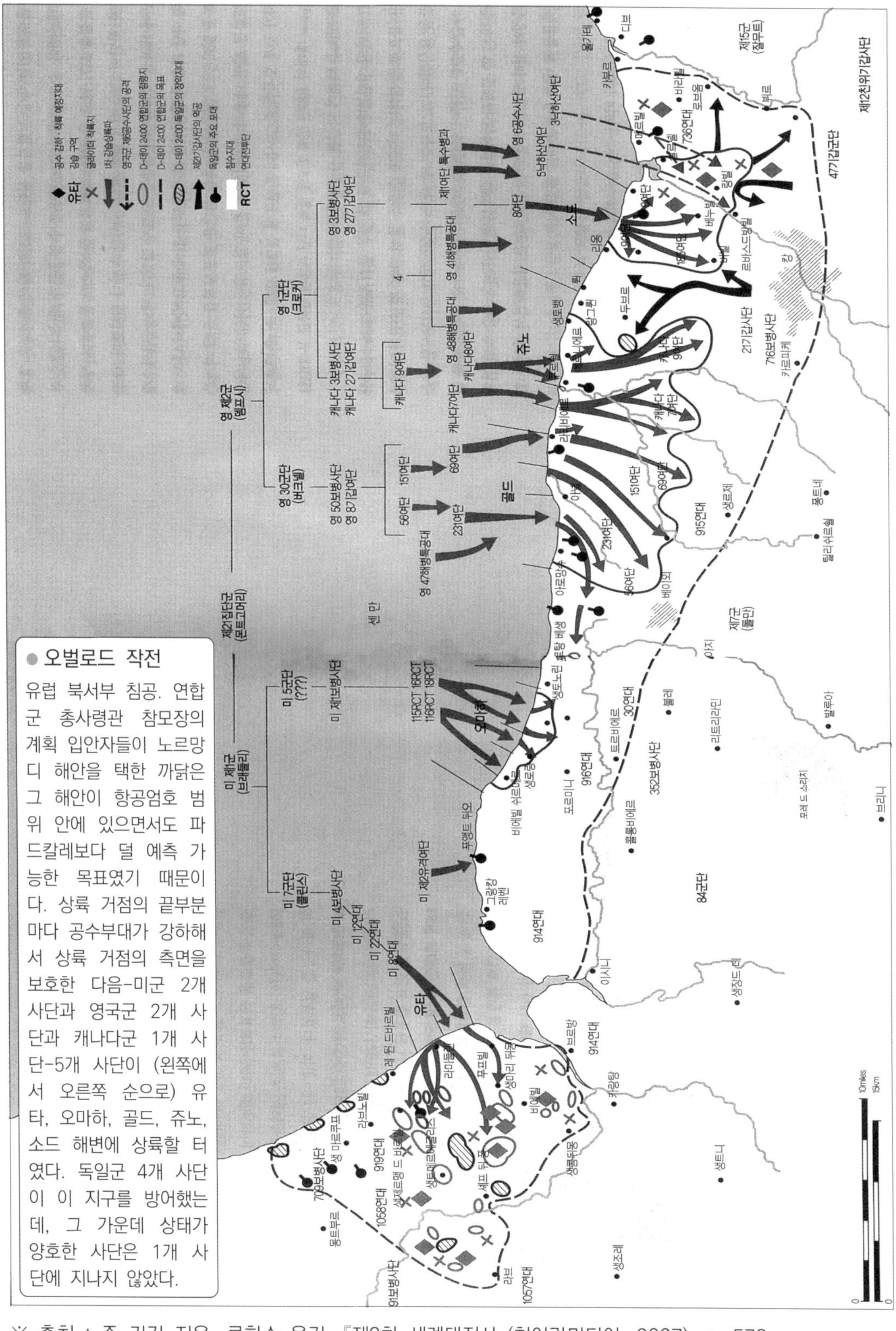

● 오벌로드 작전

유럽 북서부 침공. 연합군 총사령관 참모장의 계획 입안자들이 노르망디 해안을 택한 까닭은 그 해안이 항공엄호 범위 안에 있으면서도 파드칼레보다 덜 예측 가능한 목표였기 때문이다. 상륙 거점의 끝부분마다 공수부대가 강하해서 상륙 거점의 측면을 보호한 다음-미군 2개 사단과 영국군 2개 사단과 캐나다군 1개 사단-5개 사단이 (왼쪽에서 오른쪽 순으로) 유타, 오마하, 골드, 쥬노, 소드 해변에 상륙할 터였다. 독일군 4개 사단이 이 지구를 방어했는데, 그 가운데 상태가 양호한 사단은 1개 사단에 지나지 않았다.

※ 출처 : 존 키건 지음, 류한수 옮김. 『제2차 세계대전사』(청어람미디어, 2007), p. 578

상륙을 위한 연합군의 전투편성은 총사령관에 아이젠하워 대장, 상륙 단계에서 지상군 총사령관은 제21집단군 사령관 몽고메리이고, 그 예하의 미 제1군은 브레들리 휘하의 미 제7군단과 미 제5군단, 영국군은 제2군 뎀프시 휘하의 영국군 제30군단과 영국 제1군단으로 하였다. 상륙지점은 북쪽으로부터 영국군이 소드, 쥬노, 골드비치 지점으로 상륙하고, 미군은 남쪽의 오마하, 유타비치 지점으로 상륙하도록 하였다. 공격 개시 시각(H-아워)은 썰물과 밀물 시간을 고려하여 아침 06 : 00시부터 07시 30분 사이였다. 상륙부대는 승선 위치에 따라 D-데이 전날 승선하여 해상 집결지로 모여들었다. 적의 연안 포대를 파괴할 포격함정 140여 척과 병력 수송용 4,000척을 비롯하여 각종 함정 6,483척이 해상으로 전진해 갔다. 그리고 양륙 불도저 및 지뢰 제거 전차와 도로 부설을 위한 공병 장비를 적재한 함정들이 선발 상륙부대를 뒤따랐다.

3개의 공수사단은 전날 저녁 미리 강하하여 상륙부대를 엄호하도록 했다. 영국군 제6공수사단은 낙하지점에 정확히 낙하하여 목적지인 오른(Orne)강을 점령하고 디브(Dives)강의 교량을 파괴하여 상륙부대를 독일의 기갑부대가 측면에서 공격하지 못하도록 조치했다. 그러나 미군 제101공수사단과 제82공수사단은 운이 없었다.

미숙한 조종사들이 낙하지점을 놓치고 낙하 공수대원들을 사방에 흩트려 놓는가 하면, 바다에 떨어뜨리거나 불어난 강에도 떨어뜨림으로써 많은 희생자를 냈다. 특히 101공수사단의 낙하지역은 25km × 40km에 달하는 넓은 지역에 분포되어 3,000명만 집결하고, 나머지는 적진 속에서 항복하기를 거부하며 탄약과 식량이 떨어질 때까지 저항해야 했다. 그러나 예상치 않은 공수병들의 소산은 독일군에게도 큰 재앙이 되었다. 이른 새벽에 곳곳에서 출몰하는 공수병들로 인해 독일군은 혼란에 빠졌고, 제91사단장은 매복한 공수병들에 살해되기도 했다.

특기할만한 사항은 연합군이 공수부대를 낙하하기 직전에 병사 모양의 인형 모형을 대거 낙하시키면서 총소리를 내게 했다는 점이었다. 초기에 독일군들은 실제 공수병들이 낙하하는 것으로 오인하여 혼란에 빠지게 되었는데, 실제 공수병들이 낙하했을 때는 더욱 당황하는 상황에 직면하였다. 연합군은 상륙지역에 대한 전파방해를 통해 독일군의 레이더를 무용지물로 만들었기 때문에, 독일군은 연합군의 동정을 적시에 파악하는 데 어려움을 겪어야 했다. 단지 독일군을 속이기 위해 파드칼레 지역의 18개소의 레이더만 정상적으로 작동하도록 방치하여 독일군의 야간 정찰기의 투입을 유도했다. 독일군은 상륙함대가 새벽 두 시에 코탕탱반도의 20km 지점에 이르렀을 때야 소리를 듣고 비로소 인지하게 되었다.

6월 6일 새벽 일출 직후인 05시 50분에 가장 남쪽의 유타(Utah) 해안에 미 제7군단 예하 제4보병사단이 상륙을 개시했다. 제4보병사단은 사전에 침투한 공수부대의 엄호에 힘입어 불과 3시간 만에 교두보를 확보할 수 있었다. 영국군 상륙지역인 골드(Gold), 주노(Juno), 소드(Sword) 해안에서의 상륙작전은 1시간 정도 늦은 07시 20분경에 시작되어 경미한 저항을 받으며 계획된 지점까지 진출하였다.

그러나 진정한 위험은 상륙 후에 일어났다. 독일군은 연합군의 상륙을 전혀 감지하지 못해 완전한 기습을 허용했다. B집단군 사령관 롬멜은 D-데이를 전후한 악천후로 연합군의 상륙작전은 불가능하다고 생각하여 부인의 생일을 축하해주기 위해 울름(Ulm)의 고향에 가 있었다. 룬트슈테트는 생-제르맹의 지휘소에서 긴장감 없이 잠을 자고 있었으며, 히틀러는 베르히테스가덴에서 잠자리에 들려고 하고 있었다.

독일군은 최초 상륙부대가 해안에 도착한 후 6시간 정도 지난 정오 무렵에야 침공에 대해 확실한 판단을 하게 된다. 서방군 사령부의 참모장 블루멘트리 장군이 오전 4시에 베르히테스가덴에 있는 요들 장군에게 전화하여 기갑교도사단을 해안으로 이동할 수 있도록 허가해 달라고 요청했으나, 주간에 상황이 명확해질 때까지 기다려 달라고 거절당했다. 오전 6시 무렵 해변의 방어부대가 연합군의 함포사격에 강타당하고 있는데도, 이 지역의 방어를 담당하는 제84군단은 상급 부대인 제7군 사령관 돌만에게 "다른 지역의 공격을 은폐하기 위한 위장 포격인 것으로 보인다."라고 보고하여 전장 상황의 심각성을 제대로 인식하지 못하였다.

롬멜은 울름에서 상륙 현장으로 차를 미친 듯이 몰았지만, 저녁 10시 30분경에야 지휘소에 도착하여, 현장을 중시하는 그로서 즉각적인 상황 조치에 늦고 말았다. 이렇게 해서 상륙지역 방어를 담당한 독일군 3개 사단은 아무런 지원도 받지 못하고 연합군 8개 사단의 맹공을 받게 되었다. 제709사단과 제716사단은 본래 전투력이 뒤떨어지는 2급 사단인데다, 공격하는 부대는 최정예부대들이었기에 얼마 지나지 않아 절망 상태에 들어갔다.

유타 해변에서 연합군은 단지 197명의 사상자만 낸 상태에서 제709사단의 대부분을 항복시켰다. 영국군이 상륙한 지점을 담당한 제716사단도 상황은 비슷했다. 상륙부대인 제3사단은 강습 기갑부대까지 동원하여 전진한 결과, 당일 오후에야 제6공수사단과 연결할 수 있었다. 영국군과 나란히 상륙하던 제50사단은 파괴되지 않은 독일군 일부 방어진지로부터 혹심한 저항을 받았지만, 오전에 이를 극복하고 당일 부여되었던 전진 목표에 가장 먼저 도착했다.

그러나 한차례 심각한 위기가 있었다. 독일군 제21기갑 사단장도 지휘소를 떠나있었기 때문에 06시 30분에 상부의 허가를 받았음에도 불구하고, 영국군에 대한 역습은 2시간이나 지연되어 6월 6일 오후에야 영국군 제3사단과 캐나다군 제3사단 사이로 밀고 들어와 해안 근처에까지 진출할 수 있었다. 그러나 그곳에서 그들은 바다에 떠 있는 엄청난 함대에 놀란 나머지, 극도로 기가 죽었으며, 점차 증강되는 영국군의 셔먼 전차에 밀려 격퇴되었다. 때마침 하늘에 나타난 수많은 항공기와 글라이더에도 기겁하여 제21기갑 사단장은 퇴각 명령을 내렸다. 만일 제21기갑사단이 결기 있게 공격을 계속했다면, 영국군 상륙부대를 분리 격파할 수도 있었을 것이다. 그러나 날이 저물 무렵 제21기갑사단은 전체 127대의 전차 가운데 절반을 잃고 캉 방향으로 물러갔다.

문제는 오마하(Omaha) 해안의 상륙이었다. 이 지역은 사전 정찰을 통해 상륙이 가장 어려운 지역으로 평가되어 있었다. 해변의 장애물은 가장 조밀하고 튼튼했으며, 해변의 절벽과 언덕은 가파르고 높아 보병이 극복하기 어려울뿐더러, 요새화된 진지에서 해변을 감제할 수 있어 상륙부대는 집중포화에 노출될 수밖에 없었다. 그럼에도 불구하고 굳이 이 지역으로 상륙해야 하는 이유는 이 지역이 영국군이 담당한 골드 해안과 남쪽의 유타 해안의 사이에 있는 유일한 상륙 가능지역이었기 때문이었다. 따라서 많은 위험을 예상하면서도 선택의 여지가 없었다. 연합군의 함포사격은 강력하고 정확했지만, 독일군의 철근 콘크리트 요새를 모두 무력화시킬 수는 없었고, 항공 폭격은 점 표적을 정확히 명중시키지 못했다.

수륙양용으로 개발된 셔먼 탱크는 해변에서 6km 떨어진 바다에서 발진하여 해안에 도달하지 못하고 침몰하는 경우가 많아 보병들에게 엄폐를 제공하지 못했으며, 보병들은 해안에서 20km나 떨어진 곳에서 작은 상륙용 주정으로 갈아타고 해안까지 항해하는 데 3시간이나 걸리는 예도 있어 피해가 가중되었다. 영국군은 지뢰 제거용 전차를 사용하여 보병들을 보호했지만, 미군은 그러한 장비를 선호하지 않아 아무런 보호 없이 지뢰지대를 통과해야 했다.

게다가 최근에 증원된 독일군 제352보병사단의 2개 정예연대가 이 지역을 담당하고 있어 피해는 더욱 가중되었다. 미 제1군 사령관인 브레들리는 미군 부대들이 돌이킬 수 없는 재난을 당했다고 판단하여 후속부대를 유타 해안으로 전환하는 방안을 고려도 해보았지만, 거대한 전장에서의 계획 변경이 가져올 혼란을 우려하여 기존의 계획을 그대로 밀고 나갔다. 영화 '라이언 일병 구하기'에 등장하는 장면은 이곳의 상륙전을 묘사한 것이다.

미 제5군단 예하 제1사단은 3,000명의 사상자를 낸 다음에 전투 공병이 장애물을 폭파하고 철조망과 지뢰지대를 뚫고 진격로를 개척하여 악전고투 끝에 교두보를 확보하였다. 이제 독일군이 연합군의 상륙부대를 초장에 박살 낼 기회는 사라졌다. 다음의 위협은 무장 친위대(히틀러 유겐트) 제12기갑사단이 7일과 8일 역습을 개시하여 캉 서쪽의 교두보에 있던 캐나다 사단을 공격한 것으로써, 그들도 캐나다군에 큰 피해를 입혔지만, 해안까지는 도달하지 못했다. 상륙군은 6월 13일까지 인접 부대와 연결을 완료하여 단단한 거점을 형성했다. 교두보에 대한 증원 능력 면에서 연합군이 독일군에 비해 월등한 우위를 보였기 때문이었다.

연합군의 공군력은 프랑스 북부 내륙에서 움직이는 것은 모두 폭격하여 수송체계를 마비시켰다. 반면에 해상의 수송은 순조로웠으며, 처칠이 고안한 급조식 부두인 멀베리는 지대한 공헌을 했다. 게다가 독일군은 연합군의 기만작전에 철저히 속아 파드칼레 지역에 제2의 상륙작전이 있을 것이라고 굳게 믿고 지역 방어부대인 제15군의 이전을 7월 말까지 금하고 있었다.

훗날 연합군의 상륙작전이 성공한 것과 독일군의 즉각적인 대응이 늦었던 데 대한 논의에서 혹자들은 당일 아침 히틀러가 늦잠을 자는 습관으로 부관이 그를 깨울 수 없었기 때문이라는 견해를 말하기도 하지만, 근본 원인은 더 깊은 곳에 있었다고 보아야 할 것이다. 그것은 노르망디 상륙은 단지 양공 작전에 불과하고, 본격적인 상륙은 파드칼레에서 이루어질 것이라는 의구심이 가장 큰 원인이었으며, 그만큼 연합군의 기만작전이 성공적이었다고 할 수 있었다.

거기다가 독일군의 증원이 매우 지지부진했다는 점도 지적되어질 수 있다. 폴란드에 배치되어 있던 독일군 제9기갑사단 및 제10기갑사단은 독일을 지나는 데는 불과 4일이 소요되었지만, 프랑스 국경에서 노르망디까지는 무려 11일이나 걸렸다. 더욱이 보병부대의 행군은 더욱 어려웠다. 제275사단의 경우 브르타뉴에서 노르망디까지 50km를 이동하는데 3일이나 걸렸다. 이는 모두 연합군의 항공 폭격 때문이었다. 그러나 연합군의 진격도 지지부진했다.

영국군에게 중요한 곳은 캉이었다. 몽고메리는 6월 6일에 캉을 함락할 수 있기를 희망했지만, 6월 7일과 8일의 캐나다군의 공격은 무장 친위대 제12기갑사단에 의해 저지되었으며, 6월 13일 이루어진 캉 서쪽에서 이루어진 기갑부대의 공격은 독일군 최신예 전차인 티거 대대에 막혀 실패했다. 6월 26일부터 5일간 캉을 탈취하기 위해 실시된 엡솜(Epsom) 작전에서 제15스코틀랜드사단의 공세는 때마침 도착한 무장 친위대 제9기갑사단과 제10기갑사단에 막혀 무산되었다. 영국군은 여기에서 4,000명 이상의 병력 손실을 당하고 작전도 취소되는 상황에 직면하였다. 영국군 남쪽의 미군은 코탕탱반도를 방어하는 독일군 제77사단 및 제91사단, 그리고 제243 및 제709사단을 제압해 가고 있었다. 4개의 독일사단 중에 제77사단 및 제91사단은 정예부대였고, 나머지 2개 사단은 2급 사단이었다.

전진하는 미군 부대의 전진에 뜻하지 않은 장애물은 밭의 경계선을 위해 무려 2,000년 전부터 심어진 견고한 보카주[19] 지방의 관목 울타리였다. 폭이 3m나 되는 중첩된 울타리

---

19) 숲과 목초지가 뒤섞여 있고, 그 사이로 길이 나 있으며 양 길가에 높이 자란 관목이 줄지어 자라나 있는 풍경을 이르는 프랑스어로서, 보카주는 노르망디 지역에서 흔히 볼 수 있다.

들은 오래된 나무줄기와 뿌리가 흙과 엉켜 있어 보통의 수단으로는 제거하거나 통과할 수 없었기 때문에, 독일군에게 양호한 방어지대를 제공하는 반면, 공격자에게는 심각한 장애물이었다. 한참 후에 셔먼 전차에 불도저 삽날을 달아 제거해 나갔지만, 초기에는 많은 희생을 무릅쓰고 공수부대가 적의 후방을 차단하도록 하는 무리수를 써야만 했다. 코탕탱반도에서 양측에 중요한 지점은 병참 지원을 위해 필수적인 셰르부르 항구였다. 연합군은 상륙 초기에 급조된 부두 시설인 멀베리를 잘 활용했으나, 6월 19일부터 3일간에 걸쳐 40년 만에 찾아온 최악의 폭풍으로 멀베리가 모두 망가져 제대로 된 항구가 절실하게 필요하게 되었다. 이에 히틀러는 연합군이 주요 보급 항으로 사용하려는 셰르부르를 반드시 고수해야 한다고 강조했다.

히틀러는 이제까지 위험한 상황에서 해왔던 패턴대로 한 발자국도 물러서지 말고 대규모 반격을 펼치라고 명령하고 있었으나, 이러한 명령은 도저히 실행할 수 없는 주문이었다. 이 과정에서 상황의 심각성을 고려하여 룬트슈테트와 롬멜은 히틀러가 직접 현장을 볼 수 있기를 희망했다. 6월 16일에서 17일 어간의 2일간 히틀러는 프랑스에 와서 타고 온 열차를 수아송(Soissons) 근처의 터널에 대피시켜 놓고 두 원수를 만났다. 그의 방문이 상황을 호전시킬 묘책이 될 수는 없었다.

롬멜과 룬트슈테트는 자신들의 방식으로 싸울 수 있는 자유로운 작전권을 요구했으나, 히틀러는 6월 13일부터 영국으로 발사하기 시작한 V-1 로켓과 곧 실전배치 될 제트 항공기에 관한 이야기만 늘어놓았다. 마침 연합군 항공기의 공습경보가 울려 모두가 대피해야 했는데, 우연하게도 방향 탐지 기능이 고장 난 V-1 로켓 한 발이 근처에서 폭발하여 히틀러는 더 이상의 전방 시찰을 중단하고 독일로 돌아갔다. 이때 롬멜은 "상황이 돌이킬 수 없을 만큼 악화하기 전에 정치적 협상을 개시해야 한다."라고 건의했다.[20]

히틀러는 6월 21일 셰르부르 항구 방어사령관 슐리벤(Karl Wilhelm von Schlieben) 장군에게 "나는 귀관이 옛날 그나이제나우 장군이 콜베르크(Collberg) 방어전처럼 싸워주기를 기대한다."[21]라는 전문을 보냄으로써, 지역을 탈취당하더라도 굳건한 고수방어를 할 것을 지시했다. 그러나 대세를 잘 인식한 방어 사령관은 미군에게 항복할 수 있는 명분을 얻을 수 있도록 부대 정문에 대포를 쏘아달라고 미군에게 부탁하고, 5일 후인 6월 27일 사령관 이하 전원이 백기를 들고 항복했다. 여기에 히틀러는 책임자를 문책하기 위해 룬트슈테트에게 군법회의를 개최하여 방어책임자를 조사하라고 명령했는데, 당일에 셰르부르

20) 데니스 쇼월터 지음, 황규만 옮김, 『패튼과 롬멜』(서울 : 일조각. 2012), p. 457.
21) 1807년 그나이제나우 장군이 콜베르크를 나폴레옹 군에 맞서 훌륭하게 방어했던 전쟁을 말하며, 그 나이제나우는 워털루 전투에서 블루헤르 사령관의 부관으로 참전하여 명성을 얻었고, 훗날 참모총장이 되었으며 1831년 폴란드군과의 전쟁 중에 콜레라에 걸려 병사하였다.

항의 방어책임자인 제7군 사령관 돌만(Friedrich Dollman) 장군이 음독자살했다는 소식을 듣고 군법회의를 위한 조사를 철회하도록 조치했다.[22)]

6월 27일 히틀러는 룬트슈테트에게 셰르부르 항구 일대의 미군에 대한 역습을 지시하자, 룬트슈테트는 영국군과 전투가 한창 진행 중인 기갑부대를 빼서 이동시킬 수 없다고 항의하면서 다시 한번 자유로운 작전통제권을 요구하자, 룬트슈테트와 롬멜을 베르히테스가덴의 지휘소로 소환했다. 그들은 항공기나 기차를 이용하지 못하도록 통제했기 때문에 멀고도 험한 길을 달려 히틀러를 만났지만, 아무 지원도 얻지 못하고 돌아왔다. 히틀러는 이때도 경이적인 신무기가 전쟁의 흐름을 바꿔줄 것이라는 독백만 늘어놓았다. 두 사람의 원수에게는 상황은 점점 더 불리해져 가고 있어 우울해졌다.

이때도 롬멜은 회의 참석자들이 지켜보는 가운데, "독일 국민을 위해서라도 지금이야말로 서부전선에서 전개되는 상황을 직시해야 하며, 무엇보다도 정치적 상황을 파악해야 한다."라고 주장했다. 히틀러는 주먹으로 책상을 치면서 롬멜에게 "군사적 상황만을 이야기하라."라고 엄명했다.[23)] 그러나 연합군 역시 7월 초순까지 전혀 진전이 없어 거점은 확보했지만, 독일군의 방어선을 돌파하지 못하고 있었다. 히틀러는 이러한 정체 상황에 우선 안도했다 그러나 연합군은 계속해서 증강되어 거점에 40개 사단으로 불어났지만, 독일군은 14개 사단 이상 증강될 수 없었다. 특히 독일군이 동원한 8개의 기갑사단은 독일 서방군이 보유한 전체 기갑사단의 2/3로 증원 능력이 고갈된 상태에서 최선의 증원군을 파견한 상태였다.

룬트슈테트는 전망이 암울하다는 것을 깨닫고 7월 5일 히틀러에게 "동맹을 맺으시라."라고 건의했다가 해임되고, 그 후임에 클루게가 임명되었다.[24)] 클루게 원수는 현장에 도착하여 상황을 인식하고, 결과적으로 노르망디 전투에서 패배할 수밖에 없다는 비관적인 평가를 했다. 현장의 클루게에게 전달된 히틀러의 지령은 연합군이 파드칼레 지역에 상륙할 가능성에 유의하라는 것이었는데, 이는 연합군의 기만작전이 독일군의 지도부에 아직도 큰 효력을 발휘하고 있었다는 점을 의미했다.

한편 연합군의 수뇌부 내에는 히틀러의 지도력이 크고 오래 지속될수록 연합군에게는 이득이 된다는 견해가 존재하고 있었다. 그런데 이 견해는 대체로 사실이었다. 히틀러의 지나친 독단이 독일군이 가장 강점으로 여기는 현장 지휘관들의 임무형 지휘 기법을 심하게 제한하여 전장에서 융통성을 발휘할 수 없도록 했기 때문이다.

---

22) '신화로 남은 영웅 롬멜(찰스 메신저 지음, 한상석 옮김)'에 의하면, 롬멜은 심장마비로 사망했다고 되어 있으나 자살한 것으로 보는 것이 타당하다고 본다.
23) 데니스 쇼월터 지음, 황규만 옮김, 앞의 책, p. 457.
24) 존 키건 지음, 류한수 옮김, 앞의 책, p. 589.

이 무렵 독일군 장군들의 히틀러에 대한 충성심은 점차 사라져 가고 있었다. 순수한 군인이었던 룬트슈테트는 히틀러의 잘못된 상황 인식, 작전통제권의 제한 등으로 대놓고 항의했으며, 연합군과의 강화를 주장하기까지 하여 보직에서 해임되었다. 롬멜의 참모장 슈파이델을 비롯한 측근들은 계속해서 연합군과 직접 평화협상을 타진하고, 롬멜에게 국제적십자사를 통해 연합군과 소통할 방법을 찾으라고 설득했다. 또한 히틀러의 암살 음모자인 공군 대령 호파커 (Cǎsar von Hofacker)가 롬멜을 방문했으나, 그들이 대화를 나눴다는 사실은 어떤 기록에도 남아있지 않다. 당시에 롬멜은 직접행동에 나설 준비가 되어있지 않았고, 서부전선에서 다른 상급 지휘관의 지지가 필요하다고 생각했으나, 클루게 역시 지지할 준비는 되어있지 않았었다.

롬멜은 캉을 점령하려는 영국군에 대항하여 역습하기 위해 7월 17일 제1친위기갑 군단장 제프 디트리히를 방문하고 돌아오던 중 연합군의 전폭기에 폭격당해 차량이 나무에 부딪힌 뒤 도랑에 처박히면서 튕겨 나갔다. 그는 두개골이 골절되는 중상을 입고 공군병원에 입원했다. 그로부터 3일 후인 7월 20일 저 멀리 독일에서 히틀러를 암살하기 위한 폭탄이 터졌다. 롬멜이 부상으로 전열에서 이탈하자, B집단군 사령관직은 클루게가 겸임하게 되었다.

한편, 캉을 점령하지 못한 몽고메리는 캉을 노르망디의 '도가니'로 만들어 독일군에게 치명타를 가하겠다는 각오를 다졌다. 7월 7일 융단폭격으로 2,500t의 폭탄을 투하하여 캉을 초토화한 다음, 3개 사단으로 전진했다. 이제 캉의 외곽은 연합군에게 모두 탈취되었지만, 캉은 아직도 독일군의 수중에 있었다. 이제 한 방만 더 치면 캉을 통과하여 파리로 이어지는 통로가 열릴 것이라고 생각했다. 그는 '굿우드 작전(GoodWood Operation)'을 전개하여 3개 기갑사단을 투입했다. 7월 18일 공세에 앞서, 노르망디 상륙 작전 이래 가장 강력한 융단폭격이 이루어졌다.

독일군은 전차가 뒤집히고 병사들은 공황에 빠져 부들부들 떨었다. 영국군의 기갑부대가 목표지점으로 순조롭게 전진하면서 성공은 확실해 보였다. 그러나 독일군은 뛰어난 임기응변으로 강한 군대의 면모를 유감없이 발휘했다. 제21기갑사단의 연대장 한 명이 잔존 전차와 포병을 재편성하여 급편방어를 펼쳤고, 무장 친위대인 제1기갑사단과 제12기갑사단의 전차들이 산기슭에 방어선을 편성·구축하였다. 영국군 제11기갑사단이 독일군의 방어진지에 도달하여 교전을 펼친 시각은 대략 정오경이었다.

여기서 이들 독일 기갑사단 방어부대의 기습사격으로 인해 투입된 영국군 3개 기갑사단의 전차 가운데 거의 200여 대가 손상을 받는 참패를 당했다. 몽고메리의 변명과 항변에 처칠과 아이젠하워는 둘 다 꾹 참았지만, 인내심은 곧 바닥을 드러내고 있었다. 그러나 굿우드 작전은 독일군 13개 사단을 투입하도록 유도하여 남쪽에서 이루어질 미군의 '코브라 작전'에 유리한 환경을 조성하게 해주었다. 미군 정면에는 2개 기갑사단을 포함한 약화된 독일군 9개 사단만 방어에 임하고 있었다. 굿우드 작전이 실패로 종료된 날은 7월 20일로서 D+43일이었는데, 계획된 진출 선에 훨씬 못미처 D+17일에 계획된 선에도 미처 도달하지 못하고 있었다.

한편, 미군은 코탕탱반도의 남쪽 보카주에서 큰 희생을 치르며 악전고투하고 있었다. 굿우드 작전이 벌어지고 있던 동일한 시각에 '생로'를 차지하기 위해 벌어졌던 전투에서 미 제29사단과 제35사단은 약 5,000여 명의 사상자를 내고도 '생로'의 탈환에는 실패했지만, 독일군은 오히려 더 큰 희생을 치르고 있었다. 독일군 제352사단이 '생로 전투'를 치르고 나서 전열에서 사라졌던 것이다. 6월 6일 상륙 이후 독일군의 제7군은 11만 6,000명의 사상자를 냈으나, 보충은 겨우 1만 명에 그쳤다. 그 기간중에 파괴된 독일군의 전차는 무려 500대를 넘었다.

연합군의 거점은 이제 증원 전력으로 인해 팽창하여 어딘가로 분출되어야 했다. 영국군의 굿우드 작전과 병행하여, 미군은 브래들리의 제1군이 아브랑슈 방향으로 공격하고, 뒤를 이어 패튼의 제3군이 남쪽으로 방향을 선회하여 브르타뉴 방향으로 공격하는 코브라 작전을 전개하도록 했다. 7월 24일이 작전 개시일로 융단폭격을 시작으로 진격하려고 했는데, 짙은 구름으로 인해 공중에서 표적이 식별되지 않아 작전을 하루 연기하려고 했다. 그러나 연기 명령은 제대로 전달되지 않아 300대가 넘는 폭격기가 융단폭격을 시작했으며, 시정이 나빠 일부 폭탄은 아군인 미 제30사단의 일부에도 떨어져 심대한 자체 피해를 유발하기도 했다.

다음날 코브라 작전은 본격적으로 개시되었다. 거의 500대에 달하는 폭격기가 5,000t 정도의 폭탄을 투하하자 독일군 수비대는 박살이 났다. 독일군 2,000명이 죽거나 다쳤지만, 오폭으로 미군도 지상군 사령관 맥네어(Lesley J.McNair) 중장을 비롯하여 100여 명이 사망하고 500여 명이 부상을 당했다. 맹렬한 융단폭격 후에 2개 기갑사단과 4개의 보병사단이 '생로'의 서쪽을 강타했다. 이들을 막아선 독일군의 기갑교도사단은 70%가 사상당하거나, 정신을 잃고 공황 상태에 빠져 궤멸되었다. B집단군 사령관이면서 서방군 사령관 클루게는 티거 전차 60대를 증원해주겠다고 약속하면서 전선을 안정시켜야 한다고 강조했으나, 4대밖에 증원할 수 없었다. 독일군 최강의 기갑교도사단은 이제 14대의 전차밖에 없었으며, 유일하게 할 수 있는 일은 후퇴뿐이었다. 노르망디 지역의 독일군이 6주 동안 전투를 치른 후의 전투력 상태는 모든 사단이 기갑 교도사단의 그것과 거의 비슷한 형편이었다.

● 1944년 6월 6일~8월 20일 노르망디 전역

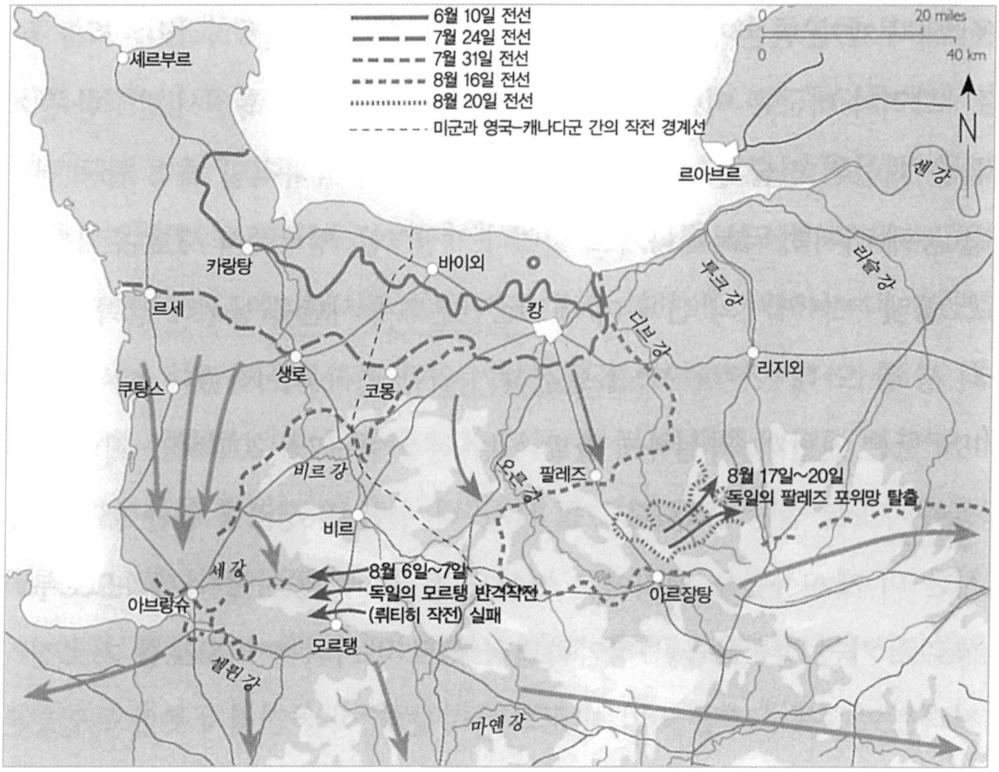

※ 출처 : 폴 클리어 등 지음, 강민수 옮김. 『제2차 세계대전사』(플래닛미디어, 2008), p. 748

제4절 히틀러 살해 음모

미군이 돌파 작전을 감행하려는 암호명 '코브라 작전(Cobra Operation)'이 시행되기 5일 전인 7월 20일 히틀러를 암살하려는 음모가 실행되었다. 상이군인인 애꾸눈 슈타우펜베르크(Klaus von Stauffenberg) 대령은 라스텐부르크의 회의용 탁자 아래 폭탄이 든 가방을 설치하고 빠져나갔다. 폭탄은 계획대로 폭발했으나, 튼튼한 회의용 탁자는 히틀러를 보호하여 그가 사망에 이르지 않도록 도와주었다. 그러나 슈타우펜베르크 대령은 히틀러의 죽음을 믿어 의심치 않고 먼저 자리를 떴다. 프랑스 주재 독일 총독 슈틸프나겔(Heinrich Graf von Stülpnagel) 장군은 즉시 그곳의 친위대원들을 체포한 뒤에 노르망디에서의 상황에 환멸을 느끼고 있던 클루게에게 지원을 요청했지만, 클루게는 미온적인 태도로 일관했다.

얼마 후에 히틀러가 살아있는 것이 확인되자, 상황은 역전되어 괴벨스를 비롯한 열렬한 나치 대원들은 음모에 가담한 자들을 체포하도록 명령했다. 슈타우펜베르크 대령을 비롯한 몇 사람은 당일로 체포되었고, 그날 저녁에 총살되었다. 당일로 쿠데타에 대한 위험은 가

셨고, 히틀러는 라스텐부르크의 요새에 당분간 격리되어 있었지만, 다시 한번 권력을 확고히 움켜쥐었다. 슈타우펜베르크 대령 등이 반 히틀러 음모를 꾸민 동기에는 "히틀러가 조국을 치명적인 패배의 구렁텅이로 끌고 들어갔으며, 전쟁 후에는 나치의 만행으로 인해 국가가 치욕과 함께 징벌당할 것이기 때문에 이를 구하기 위한 것이다."란 명분이 작용하고 있었다.

슈타우펜베르크 대령 등이 갖고 있던 히틀러 암살에 대한 명분은 다분히 윤리적이고 애국적인 생각이었다. 슈타우펜베르크 대령은 전통적인 프로이센 출신의 귀족이고, 기독교인이었으며 기병대 장교였다. 히틀러는 나치의 출발점에서부터 슈타우펜베르크가 속한 일종의 사회적 특권층이 군을 지배하고 있다고 믿고, 전통적인 귀족 출신의 프로이센 군벌에 대해 혐오감을 가지고 있었다. 게슈타포(Gestapo)는 대대적인 수사를 통해 수많은 고위 장교들의 명단을 확보했다. 연루된 장교들은 계급이 강등되고 재판을 받게 될 명예 법정이 별도로 마련되었으며, 심리를 받고 유죄판결이 나면 정육점에서 고기를 걸 때 사용하는 갈고리에 매달려 교도소에서 교수형에 처해졌다.[25]

관련자 중에 롬멜과 클루게도 확실한 증거는 없지만, 공모에 가담했다는 강한 의심이 가는 용의자였다. 히틀러 암살 사건이 있기 3일 전 롬멜은 7월 17일 연합군 전폭기의 폭격을 받고 차가 나무를 들이받은 뒤에 도랑에 처박히면서 튕겨 나가 머리가 깨지는 큰 부상으로 48km 떨어진 공군병원에 입원하고 있었다. 게슈타포의 수사망은 점점 확대되어 룬트슈테트가 재판장을 맡았다. 8월 8일 롬멜은 다시 업무에 복귀했으나, 주변 인물들이 모두 체포되자 점점 위축되었고, 클루게는 8월 중순에 베를린으로 소환되어 가는 동안 독약을 먹고 자살했다.

클루게는 어려서부터 명석하기로 이름을 떨쳤으며, 1941년 6월 바르바로사 작전 동안에는 모스크바로 향해 진격하던 구데리안이 지휘한 제2기갑군의 상급 부대인 제4군 사령관으로서, 양자는 서로를 불신하여 개인적인 결투까지 벌일 정도의 악감정을 가진 적도 있었지만, 명장으로 불려도 손색이 없었다. 암살 음모자 가운데는 클루게가 러시아 전선에 있을 때, 그의 휘하에 참모로 근무했던 장교 여러 명이 연루되어 있었고, 클루게는 그들이 음모를 획책하는 것도 알았으며, 그가 그들의 협조 요청을 받았을 때도 확실하게 거절하는 충성심을 과시하지도 않았었다. 7월 20일 폭탄 테러가 발생했을 때, 그가 내뱉은 말은 "그래 그 돼지가 만약 죽었다면…."이라는 적대적인 한 마디였다.

전장의 상황은 후방의 방어선으로 철수하여 전력을 보존해야 하는 상황인데도 공격을 지시하는 히틀러의 지시에 순응하는 모습을 보여야 했으므로, 8월 15일 적진 속에 고립되

---

25) 찰스 메신저 지음, 한상석 옮김, 『신화로 남은 영웅 롬멜』(서울 : 플래닛미디어, 2010), p. 287.

어가는 제5기갑군과 제7기갑군을 시찰하기 위해 나섰다가 연합군 항공기의 공습을 받고, 도랑으로 대피하여 거의 하루를 연락 두절 상태였다가 나타났다. 이것이 결정적으로 히틀러의 의심을 불러일으켰다. 클루게가 몰래 연합군에 항복하려 한다는 믿음을 히틀러가 굳히게 된 것이다.

그날 저녁 늦게 히틀러는 그를 직위 해제한 다음, 베를린으로 소환한 데 이어, 그의 후임에 모델 원수를 지명했다. 클루게는 베를린에 도착하자마자 게슈타포의 영접을 받을 것이라는 나름대로의 명석한 판단을 하고, 돌아가는 항공기 안에서 음독자살 하였다. 그는 마지막 순간에 히틀러에게 승리의 전망 없는 전쟁을 중단하고 연합군과 협상하라는 요지의 말을 전했다고 한다. 2개월 후인 10월 14일 롬멜은 집으로 찾아온 요원 2명이 롬멜에게 연루 의혹을 들이대며, 자살하면 국장으로 장례식을 치르고 가족의 안위를 보장한다는 제안을 받아들여 자동차를 타고 가는 중에 청산가리를 마시고 사망하였다. 그는 부상으로 인한 후유증과 심장마비로 사망했다고 공식 발표되었다. 이로써 독일 서방군의 뛰어난 원수 두 사람이 제거되었다.

제5절 독일군의 역습과 팔레즈(Falaise) 전차전

히틀러는 독일 서방군이 자신을 암살하기 위한 음모에 가담했다는 데 대해 분위기를 일신하는 전기를 마련하고자 했다. 그것은 보카주 지방과 해안 사이에 있는 '생로'에서 시작하여 브르타뉴 내륙으로 돌진하고 있는 미군의 측방을 대규모 기갑부대로 공격하여 측면에서 뿌리를 절단하고 포위하는 작전을 수행하라고 지시했다.

작전의 암호명은 '뤼티히 직전(Lűttich Operation)[26]으로 하고, 투입되는 전력은 히틀러가 지원하는 4개의 기갑사단, 즉 제2기갑사단 및 제116기갑사단과 무장 친위대의 제1기갑사단 및 제2기갑사단으로, 7월 27일 이미 클루게에게 약속했던 대로 프랑스 남쪽에 있던 제9기갑사단과 제11기갑사단을 추가했으며, 캉 지역에 있던 무장 친위대 제9기갑사단과 제10기갑사단을 더하여 총 10개 기갑사단이 동원되었다. 이들은 전차 1,400대를 전개하여 진격 중인 미군을 측면에서 커다랗게 역 포위하는 것이 작전의 주요 개념이었다. 만일 성공한다면 30년 전에 리에주에서 루덴도르프가 프랑스군의 후방으로 돌파해 들어간 작전과 맞먹는 것이 될 것이었다.

이즈음에 양군 수뇌부의 지휘관계에 큰 변화가 있었다. 미군은 제1군 사령관 브레들리

26) 리에주의 독일어 명칭을 일컫는다.

가 8월 1일부터 새롭게 편성된 제12집단군 사령관이 되었으며, 제1군 사령관은 호지스, 새롭게 편성된 제3군에는 패튼이 임명되어 바야흐로 코탕탱반도를 뛰쳐나오고 있었다. 독일군은 8월 16일 이후 클루게의 후임으로 모델 원수가 취임했으며, 롬멜의 B집단군은 후임자가 없어 그가 B집단군 사령관도 겸직하게 되었다. 히틀러는 미군이 노르망디에서 모르탱과 바다 사이의 좁은 구역에 밀집되어 결정적인 반격 기회가 왔다고 판단했다. 그는 8월 2일 독일 국방군 최고사령부 작전 회의에서 다음과 같이 말했다.

"우리는 번개처럼 쳐야 해. 우리가 바다에 이르면, 미군의 선봉 돌격부대는 차단될 걸세. 우리는 미군의 교두보 전체를 차단할 수 있을지 몰라. 그러나 돌파해서 뛰쳐나온 미군까지 차단하려고 애를 쓰면 안 되네. 그들 차례는 나중에 올 거야. 우리는 번개처럼 북쪽으로 선회하여 적군의 전선 전체를 후방에서 뒤엎어야 한단 말이야."[27)]

이 판단에 근거하여 제2기갑사단, 제116기갑사단과 무장친위대 소속 제1기갑사단, 제2기갑사단이 대서양에서 30km 떨어진 모르탱에서 미군의 뿌리를 끊어버리기 위해 해안을 향해 배치되었다. 그러나 히틀러가 인지하지 못한 중요한 점은 연합군의 암호해독반 울트라가 8월 5일 이후 독일군의 지령을 감청하여 기도를 파악하고 있었다는 것이다. 독일군의 작전계획을 간파한 연합군은 독일군이 목표로 하는 주요 길목을 차단하고 나섰다. 브레시(Brécey)와 몽티니(Montigny)가 몽고메리의 부대에 선제 점령되었고, 미군의 4개 사단, 즉 제3기갑사단과 제4기갑사단, 그리고 보병 제4사단과 제30사단이 독일군의 대서양으로 가는 진격로인 세(Sée)강 유역 일대를 차단하도록 했다.

뤼티히 작전의 주요 무대인 팔레즈 협곡의 전차전은 2차대전을 통해 가장 많은 기갑부대가 동원된 전투는 아니었다. 1943년 6월에 벌어졌던 쿠르스크 전투에서 독일군 12개 기갑사단이 동원되었던 데 비해 2개 사단이 적은 10개 사단이 동원되었다. 그러나 쿠르스크 전투가 전차보다도 주로 지뢰와 장애물과 대전차포가 동원된 전투였다면, 팔레즈 전투는 동등한 연합군의 기갑사단이 동원되어 20개의 기갑사단이 거대한 기동을 통해 맞붙은 진정한 의미의 전차전으로 사상 최대의 전차전이라고 불릴 만했다. 800제곱 마일의 공간에서 20개 기갑사단이 15일간 맹렬하게 엉켜 기동하면서 싸웠다.

기습을 달성하기 위해 공격준비사격도 없이 독일군의 전차 200여 대가 8월 6~7일 밤에 세강의 양안을 따라 두 줄로 미군 제30사단의 전초 기지를 향해 전진했다. 그러나 암호를 해독하여 사전 대비를 철저히 하고 있던 미군은 고지에 구축된 진지에서 침착하게 대전차포를 발사하여 선두 전차 14대를 파괴함으로써 독일군 기갑부대를 정지시키고, 날

27) 존 키건 지음, 류한수 옮김, 앞의 책, p. 605.

이 밝고 맑아지면서 전술 항공기가 심각한 타격을 입힐 수 있도록 기다렸다. 평범한 보병 사단이 천하무적의 무장친위대 제2기갑사단의 전진을 무력화시킨 것이다.

세강의 북안에서는 역시 영도자 히틀러에게 한 번도 실망을 준 적이 없는 무장친위대 제1기갑사단을 더욱 간단하게 돈좌시켰다. 곤경에 빠진 이들을 지원하라는 명령을 거부한 제116기갑사단장이 현지에서 보직 해임되었다. 날이 밝자 미군 제2기갑사단이 역습에 나섰다. 아울러 영국 공군의 타이푼(Typoon)항공기가 대전차 로켓으로 공격해 와서 무장친위대 기갑사단의 전차 대수를 30대로 줄여놓았다.

그날 타이푼 항공대는 294 소티를 기록하며 독일군을 괴롭혔다. 연합군의 암호해독 능력을 몰랐던 독일군에게 미군 제2기갑사단의 준비된 역습은 경악스러운 것이었다. 모르탱 지역의 전투에서 하루가 지나자 독일군은 패색이 역력했다. 더욱이 8월 7일에 북쪽의 몽고메리가 팔레즈를 겨누고 독일군의 방어선으로 공격해 들어간 것이 독일군을 더욱 어렵게 만들었다.

몽고메리는 캉을 점령하기 위해 7월 21일까지 실시된 굿우드 작전(Good-wood Operation)과 8월 2일에 실시된 캐나다군의 블루코트 작전(Bluecoat Operation)에서 실패했으며, 8월 7일 실시된 토탈라이즈 작전(Totalise Operation)은 훨씬 강력한 융단 폭격 이후에 진행되었지만, 역시 기대만큼의 성과를 거두지는 못했다. 선두의 캐나다 군이 무장친위대 제12히틀러유겐트 기갑사단에 막혔기 때문이었다. 그러나 후속하는 캐나다군 제4기갑사단과 폴란드군 제1기갑사단이 독일군의 방어선에 발을 들여놓아 제5기갑군으로 재편성된 독일군의 후방으로 그 진출로를 확보하였다.

이제 10개 사단에 이르는 독일군의 기갑부대들은 전투력이 심하게 저하되었다. 독일군 최강의 사단이었던 기갑교도사단은 자취만 남았으며, 4개의 무장친위대 기갑사단인 제1기갑사단과 제2기갑사단, 그리고 제9기갑사단 및 제10기갑사단은 전차 보유 대수가 편제의 절반 이하로 감소되었다. 제2기갑사단 및 제21기갑사단과 제116기갑사단 역시 모르탱 전투 막판에서 극심한 피해를 당했다. 원래 장비가 약했던 제17기갑척탄병사단은 만신창이가 되었다. 단지 늦게 전투에 투입된 제9기갑사단만이 손상을 입지 않았지만, 완전 편제 176대를 모두 갖추지는 못했다. 기갑부대를 보호하고 떠받치고 있는 보병사단들도 형편은 마찬가지였다. 클루게는 이들을 3개 집단으로 묶어 방어에 최선을 다했다.

5개 보병사단을 한 묶음으로 한 부대는 팔레즈(Falaise)로 전진하고 있는 영국군과 캐나다 군을 저지하고, 다른 5개 사단의 집단은 남쪽에서 독일군의 방어선을 돌파하고 브르타뉴로 전진하는 미군을 저지하고 있었으며, 나머지 19개 사단은 원래의 교두보를 저지하던 방어선에서 흩어져 곳곳에서 개별 전투를 이어가고 있었다.

패튼의 제3군은 특유의 저돌적인 공격으로 아브랑슈(Avranches)를 치고 나와 8월 8일에는 독일군 방어선의 후방인 르망(Le Mans)에 도착함으로써 연합군에게 결정적으로 유리한 국면을 조성했다. 거기에서 패튼은 내륙으로 진격하는 대신에 방향을 좌측으로 완전히 전환하여 팔레즈로 진격함으로써, 북쪽에서 남쪽으로 전진하는 영국-캐나다 군과의 연결을 통해 팔레즈 일대의 독일군을 포위하고자 했다. 히틀러가 노렸던 것은 새로 편성된 제5기갑군이 팔레즈에서 모르탱-아브랑슈 방향으로 공격하여 교두보를 뛰쳐 나온 미군에 대해 뿌리를 끊어놓는 것이었으나, 연합군의 반격에 막혀 오히려 팔레즈 일대에서 포위될 위험에 처한 것이다. 포위망이 닫히고 나면 이를 뚫고 철수한다는 것은 엄청난 대가를 치르지 않으면 불가능하다는 것을 그들은 잘 알고 있었다.

8월 15일 클루게 원수가 자살하고 후임으로 모델 원수가 8월 17일 부임했지만, 패색이 짙은 전황을 반전시킬 묘수는 없었다. B집단군이 파멸을 면하기 위해서는 무턱대고 후퇴하는 것 외에는 방법이 없었다. 팔레즈 지역에 독일군 30만 명이 덫에 걸려 몸부림치고 있었으며, 포위된 20개 사단 가운데 8개 사단이 해체되었고, 최강의 무장친위대 산하의 기갑사단인 제1기갑사단 및 제2기갑사단, 그리고 제9기갑사단 및 제116기갑사단들의 전차 보유 대수는 각각 30대, 25대, 15대, 12대로 감소되어 있었다. 그나마 잔존 부대들에게 다행이었던 점은 모델이 새로 부임하면서 팔레즈 일대의 병력을 철수시켜 센강을 따라 새로운 방어선을 구축하도록 한 점이었다.

그러나 독일군의 철수 의도는 패튼의 선봉 부대가 파리의 북서쪽에 위치한 망트(Mantes)에 이르러 철수로를 차단함에 따라 수정이 불가피해졌다. 이제는 철수를 파리 방향이 아닌 북쪽의 독일 국경으로 무조건 돌파해 나가야 했다. 연합군은 최종적으로 포위망을 닫아걸기 위해 영국군과 캐나다 군이 팔레즈로부터 아르장탕(Argentan)으로 무섭게 달려오고 있었고, 그 선봉에는 원한에 찬 폴란드의 제1기갑사단이 있었다.

그러나 이를 가로막은 것은 연합군과 동일하게 굳센 의지를 자랑하는 무장친위대의 히틀러 유겐트 제12기갑사단이었는데, 제12기갑사단은 사투를 벌여 8월 21일까지 빠져나갈 수 있는 포위망의 병마개를 열어 둘 수 있었다. 이제 센강은 독일군에게 방어에 유리한 조건을 제공하는 것이 아니라, 건너서 빠져나가는 데 걸림돌이 되는 커다란 장애물이 되어버리고 말았다. 그런 가운데서도 독일 공병대는 놀라운 힘을 발휘하여 끊임없이 이어지는 연합군의 항공 공격에도 불구하고 부교와 선착장을 건설함으로써, 19일과 29일 어간의 야음을 이용하여 병력 30만 명과 차량 2만 5,000대가 도하하여 포위망을 빠져나갈 수 있게 해주었다.

그러나 2일 후에 전장이 종료된 시점에서 독일군은 무려 5만 명의 사상자와 20만 명의 포로, 그리고 2개 군의 주요 장비를 상실했다. 노르망디 지역에서 독일군은 전차 1,300여 대를 대량으로 상실했으며, 이러한 전투 과정에서 15대 이상의 전차를 보존하면서 탈출한 어떤 사단도 찾아볼 수 없었다. 전장에는 불타는 전차와 대포 및 화물차가 즐비하여 지옥 같은 전투의 참상을 연상하게 했다. 센강 서쪽에서 전투에 투입되었던 56개 보병사단 중에 15개 사단은 완전히 사라졌다. 이러한 팔레즈 전투의 결과에 대해 아이젠하워는 다음과 같이 술회했다.

"팔레즈의 전장은 의심할 바 없이 전장에서 가장 큰 살육장 중의 하나였다. 도로와 야지는 파괴된 장비와 주검들로 완전히 막혀 통과하기가 매우 어려웠다. 포위 작전 종료 48시간 뒤에 걸어서 그곳을 통과할 때 오직 단테만이 묘사할 수 있는 장면과 마주쳤다. 나는 수백 야드를 오직 시신과 부패해 가는 살점을 밟고도 갈 수 있었다."[28]

팔레즈 전투에서 연합군은 절반의 성공에 만족해야 했으며, 그 책임의 상당 부분은 몽고메리와 브래들리의 우유부단한 지휘에 있었다. 그러나 뤼티히 작전의 실패로 노르망디에서 독일군의 활동은 종지부를 찍게 되었고, 이제 연합군은 파리를 향해 진격할 수 있게 되었다.

제6절 기갑 전술의 발전

1917년 캉브레(Cambrai) 전투에서 최초의 전차를 투입하는 전투를 계획했던 풀러(J.F.C Fuller) 소장은 "앞으로 전차라는 병기를 빼면 어떤 병기도 전장에서 차지할 자리가 없다."라고 단언했다. 1930년대에 간접 접근 전략 이론으로 명성을 떨친 리델 하트(Basil Lidell Hart)는 "전차는 단독으로는 전투에서 승리하지 못하며 미래에는 보병, 포병을 비롯한 제 병과가 기계화되어 크고 작은 기갑부대가 해상에서의 함선처럼 자유롭게 활동하는 부대가 생겨날 것이다."라고 주장했다. 리델 하트는 지나치게 먼 훗날을 내다보았다. 제2차 세계대전이 끝난 지 60년이 지난 시점에서도 어떤 최고의 강대국도 자국의 군대를 완전히 기계화할 경제력과 공업력을 갖추기 어렵기 때문이다. 그렇다고 해도 앞날을 올바로 내다 본 사람은 리델 하트였지 풀러는 아니었다. 1944년이 되면 '지상함대'가 맹아 형태로 나타났기 때문이다.[29]

---

28) Dwight David Eisenhower, *Crusade in Europe*(New York : Ishi Press, 2011), p. 279.
29) 존 키건 지음, 류한수 옮김, 앞의 책, pp. 598-599.

바로 지상함대 형태의 부대가 팔레즈 전투에서 나타났던 것이다. 독일군은 기갑부대와 기갑척탄병부대가 포병, 공병들과 한 덩어리로 싸웠으며, 연합군 역시 똑같은 형태의 부대로 독일의 B집단군을 포위해서 섬멸하려 했다. 연합군 전차는 적의 방어선을 뚫고 나가 포위하는 데 주도적인 역할을 했으나, 전차가 얻은 진지를 강화하고 유지한 것은 보병이 아니면 안 되었다. 또한 팔레즈 안쪽에 포위되어있는 적의 전차를 섬멸한 것은 포병과 항공기의 역할이었다. 센강에서 독일군 전차 부대의 진격을 저지한 것은 순수한 보병부대가 대전차무기를 장비하여 진지에서 완강히 저항했기 때문이었다.

1940년 여름에 구데리안이나 클라이스트의 기갑군단이 프랑스군을 상대했을 때처럼 후속하는 보병이 없더라도 적이 마비되어 스스로 무너져 버리는 일은 더 이상 없었다. 오히려 독단적으로 활동하는 전차 부대는 상대편의 좋은 표적이 될 뿐이었다. 제2차 세계대전 초기에 프랑스 총사령관 가믈랭은 무능하고 느렸지만, 기갑부대의 취약점은 파악하고 있었다. 그 취약점이란 전차라는 창끝과 이를 후속하는 창 자루에 해당하는 보병과의 연결부분이며, 이를 절단하는 것이 전격전을 극복하는 방법이라는 것을 간파했었다.

프랑스 전선에서 그와 같은 반격은 초기에 두 번 이루어졌는데, 5월 18일 '랑'에서 있었던 드골의 제4기갑사단의 반격, 그리고 5월 21일 '아라스에서'의 영국군의 반격이 그것이었다. 그러나 두 번 모두 조직적인 지원이 되지 않아 실패했지만, 독일군의 간담을 서늘하게 만들었다. 연합군 측이 가했던 이 두 번의 반격에서 전차만의 단독 전진이 얼마나 취약한가를 교훈으로 체득한 쪽은 사실 연합군 측이 아니라, 독일군 측이었다. 롬멜의 제7기갑사단은 아라스에서 자신들이 보유한 전차의 파괴력으로 영국군 전차를 파괴하지 못하자, 88밀리 대공포를 이용하여 파괴함으로써 위험에서 벗어날 수 있었다. 영국군의 전차는 보병 전차로 전차포의 화력과 장갑의 방호력은 양호했으나 기동력이 너무 느려 대공포의 좋은 표적이 되고 있었다. 이 전투에서의 교훈은 전차에 대한 가장 효과적인 방어는 전차와 대전차무기를 혼합하여 사용해야 한다는 점이었다.

1941년 4월에 벌어졌던 투브루크 전투에서 롬멜의 아프리카 군단은 많은 전차를 잃었는데, 이유는 오스트레일리아군의 외곽수비 벽을 전차가 돌파했으나, 보병으로 구성된 방어부대는 당황하지 않고 진지를 지키고 있다가 전차를 후속하는 보병을 차단한 후에 고립된 전차를 대전차 화기로 파괴했기 때문이었다. 역으로 1942년 6월의 가잘라 전투에서 롬멜은 88밀리 대공포를 매복해 놓고 영국군의 전차 부대를 매복지점으로 유인하여 완전히 무력화시켰다. 롬멜은 부족한 전차의 불리함을 장갑차와 자주포 및 대공포를 활용하여 극복했는데, 이때 전차와 기타 전투지원부대의 합동 운용이 그에게는 오히려 긍정적인 요소로 작용했다.

바르바로사 작전에서 초기에 독일군은 프랑스 전역에서보다도 오히려 더 발전된 전격전을 실시하여 엄청난 전과를 올렸으나, 곧이어 소련군은 적의 전술을 간파하고 대응해 나갔다. 레닌그라드 전투나 모스크바 전투에서부터는 참호, 장애물, 대전차 화기의 운용으로 더 이상 초기의 전투에서와 같은 집단 붕괴는 이루어지지 않았다. 전쟁이 장기화함에 따라 산업 능력의 차이로 독일군의 전차 대수가 어쩔 수 없이 열세에 처하자, 독일군은 전쟁 초기 기갑사단의 표준 전차 보유 대수를 400대에서 200대로 줄이면서, 그 공백을 기계화 보병과 자주포 및 대공포를 활용했는데, 이로써 전투효율은 오히려 증강되는 진정한 협동작전의 교리를 발전시켰다.

영국군과 미군도 점차 독일군의 조직 형태를 본받아 순수 전차로만 이루어진 기갑부대를 지양하고 기계화 보병과 자주포 부대 및 대전차포 부대를 혼합한 형태의 기갑부대를 운용하게 되었다. 그럼에도 불구하고, 독일군의 기갑부대는 전쟁 말기까지도 동일한 부대의 규모로 교전했을 때에는 항상 연합군보다 우세한 전투를 하였는데, 이는 부대 운용 능력에서 좀 더 숙달되어 있었기 때문으로 보이며, 이와 함께 전차의 성능도 교리에 못지않게 발전했다.

독일군의 전차는 동시대의 연합국 전차보다 대부분 성능이 우세했다. 영국군의 전차는 1차대전에서 세계 최초로 전차를 실용화했지만, 보병을 지원하는 보병 전차에 우선을 두어 기갑부대의 생명인 방호력, 화력, 기동력이란 3자의 균형을 갖추지 못했다. 아라스에서 롬멜과 맞섰던 보병 전차 1호는 우수한 방호력을 갖추어 롬멜의 전차포로는 격파되지 않았지만, 워낙 속도가 느려 88밀리 대공포의 표적이 되었으며, 그보다 강화된 화력과 방호력을 갖춘 처칠 전차 역시 속도가 느려 취약하기는 마찬가지였다. 1944년에 실전 배치된 크롬웰(Cromwell) 전차는 다른 전차의 취약점을 보완하여 생산되었는데도, 방호력과 기동력은 향상되었지만, 화력이 독일군 전차를 압도하지 못했다.

그 결과 영국군은 전차 대부분을 미제 셔먼 전차를 원조받아 사용했다. 셔먼 전차는 대량 생산이 가능한데다 기동력이 우수하고 고장이 잘 나지 않으며, 정비하기가 쉬웠지만, 화력이 약해 독일의 신형전차를 파괴하기 어려웠고, 특히 적으로부터 공격을 당했을 때 너무 쉽게 화재가 발생했다. 이후에 미국은 셔먼 전차에 17파운드 대전차포를 장착하여 1944년에서 1945년 사이에 독일의 중전차를 파괴할 수 있는 거의 유일한 전차로 발전시켰다.

1943년부터 1944년에 걸쳐 미국은 4만 7,000대의 전차를 만들어 냈는데, 대부분이 셔먼 전차였다. 동일한 기간에 독일은 전차와 돌격포를 포함하여 2만 9,600대를 생산했다. 영국은 동기간에 5,000대의 전차를 생산하는 데 그쳤다. 독일은 전차와 함께 값이 저렴한 돌격포를 다량 생산하여 부족한 전차 생산을 벌충했다. 독일과 유사한 성능의 전차를 생산한 연합국은 소련으로서, 1944년에 2만 9,000대를 생산했다. 주요 생산품은 경이적인 성능을 지닌 T-34 전차로, 총체적인 면에서 제2차 세계대전을 통틀어 종합적으로 평가했을 때 가장 우수한 전차라고 할 수 있었다. T-34 전차의 원형은 미국인 월터 크리스티가 설계했는데, 전쟁 전에 미국이 예산의 압박 때문에 채택하지 못하자, 소련이 설계도를 구매하여 일부를 개조해서 고성능의 전차로 만들어 낸 것이 바로 T-34 전차였다.

독일은 알베르트 슈페어 박사가 무기 공업을 총 책임지면서 1942년부터 노후화한 판처 4호 전차의 후속 모델로 T-34를 통째로 모방하려는 생각도 가졌으나 최종적으로 독일은 모든 기술을 종합하여 판처 5호 전차를 개발했으며, 최초로 쿠르스크 전투에 투입하였지만, 큰 성과를 거두지는 못했다. 근본적으로 전투의 실패는 판처 5호 전차의 성능 때문은 아니었다. 판처 5호 전차는 노르망디 전역에서도 무장친위대 기갑사단의 주력 장비로 채택되어 연합군에게 많은 타격을 입혔다.

한편, 보유 대수 면에서 독일의 주력전차는 역시 판처 4호였는데, 쉽게 성능을 개량할 수 있어 75㎜의 대구경에 장포신을 장착하자 T-34에 필적하는 전차로 거듭 태어났다. 한편 판처 4호 이전의 판처 3호는 대부분 돌격포로 개조했는데, 이는 회전탑을 이용한 포신의 방향 전환 기능을 생략하여 한 방향으로만 사격하는 단점이 있었으나, 비용이 저렴하고 은폐가 용이하여 구데리안이 기갑 총감이 된 1943년 2월 이후로 기갑부대의 주력으로 통합되었다. 이러한 이점은 노르망디 전역에서 무장친위대 기갑척탄병사단의 기동화력으로서 맹위를 떨쳤다. 구데리안은 전차 부대와 돌격포 부대를 거의 구분 없이 기갑부대에 통합하였다.

전쟁 후반기에 나타난 6호 전차 티거는 독일군의 여느 전차와 차원이 다른 탁월한 전차로 간주했던 무기였다. 88㎜ 주포와 100㎜ 장갑은 파괴력과 방호력을 극대화했으나, 60t에 이르는 무게로 인한 둔중함 때문에 회전포탑의 선회 속도가 너무 느렸고, 기동 속도 역시 매우 느렸다. 따라서 포위나 돌파를 위한 기동에는 적합하지 않았지만, 제한된 지역에서의 전투에는 어떤 전차보다 우수했다. 히틀러는 티거, 판처 4, 5호, 돌격포로 무장한 12개 기갑사단을 동원하여 팔레즈 골짜기에 밀어 넣어, 상륙지점을 뛰쳐나오는 미군의 기저부를 절단하려고 했으나 실패했다. 히틀러는 1940년 5월 프랑스와 1941년 여름의 소련 전역에서 성공했던 전격전의 유형을 이곳에서 재현하고 싶어 했지만 실패한 것이다.

그러나 전격전은 적의 기습으로 인한 방어부대의 마비 현상이 생겨날 때 성공할 수 있는 전술이었는데, 연합군은 울트라를 통해 독일군의 기습계획을 감지하여 대비하고 있었으므로, 결과적으로 실패할 수밖에 없었다. 전격전은 냉정하게 평가한다면, 공자의 의도에 방자가 거의 협조적인 전술을 펼칠 때 성공이 가능한 것이다. 1940년 5월의 프랑스 전역에서 연합군은 주력을 벨기에 방면에 전개했기 때문에 아르덴에서의 독일군 기습을 가능하게 했고, 대전차무기나 장애물, 역습부대가 미약하게 배치되어 있었으며, 쉽게 전투의지를 포기했기 때문에 독일군의 기갑부대에 쉽게 무너졌다.

소련군은 1941년 여름에 프랑스군보다도 더 처참한 패배를 당한 후에야 올바른 교훈을 배울 수 있었다. 쿠르스크 전투에서 소련군은 조밀한 지뢰밭과 장애물을 준비하여 독일군이 이에 빠져 허우적거릴 때 전차를 요절내어 승리했다. 어떤 때는 전차가 먼저 통과하게 놔두고 후속하는 보병을 저지한 다음, 고립된 전차를 대전차 화기로 파괴하는 전형적인 전차 사냥을 했다.

1944년이 되면서 연합군은 보병사단에도 수백 개의 대전차 로켓포와 60-100문의 대전차포를 장비하고 있었다. 대전차포는 적의 장갑의 두께에 따라 57㎜부터 90㎜까지 다양했다. 장갑은 장갑의 두께와 같은 구경의 포에 관통된다는 것이 경험을 통해 알게 되어 이에 맞춰 대전차포도 발전해갔다. 또한 모르탱 전투에서 볼 수 있듯이 준비된 보병은 적의 대규모 기갑부대의 공격을 무력화시킬 수 있다는 것을 실제로 증명했다. 이제는 더 이상 전쟁 초기와 같은 전격전이 가능하지 않게 된 이유다.

제7절 파리 해방

노르망디에서 패배한 독일군은 프랑스 지역에는 준비된 방어선이 없었기 때문에 신속히 동쪽으로 후퇴했다. 아이젠하워는 독일군을 압박하며 기세를 몰아 전진하도록 독려했다. 한편 히틀러는 독일군이 철수하면서도 몇몇 부대는 영국과의 맞은편 해협 쪽에 있는 항구에 들어가 고수방어를 하도록 명령했다. 이러한 히틀러의 조치는 때때로 천재성을 발휘하는 히틀러의 중요한 전략적 결정으로써 가히 칭찬할만했다.

그리하여 르아브르, 불로뉴, 칼레, 됭케르크 등 프랑스 지역 내 항구는 독일군의 끈질긴 저항으로 전쟁이 종료될 시점까지도 연합군이 점령하지 못했다. 이는 항구를 통해 군수지원을 해야 하는 연합군에게 막대한 지장을 초래하여 진격을 어렵게 했는데, 이처럼 항구를 장악하여 연합군의 작전 능력을 저하시킨 결과는 독일군이 서부 방벽에 안착하여 방위력을 발휘할 수 있는 시간을 벌게 해주었다.

한편, 8월 15일에 연합군은 프랑스 남부의 니스와 마르세유 인근에 상륙하는 '용기병 작전(Dragoon Operation)'을 전개했다. 1943년 테헤란 회담에서 '안빌 작전(Anvil Operation)'으로 승인받았었지만, 처칠은 또다시 발칸에 상륙하는 안을 루스벨트와 아이젠하워에게 요청했었다. 루스벨트는 선거를 앞두고 발칸반도에 상륙하는 것은 미국민들의 주목을 받지 못하는 방안이어서, 이를 꺼려하는 형편이었다. 테헤란 회담에서 결정된 대로 프랑스 남부에서의 상륙작전을 전개해야 했지만, 처칠은 미국의 반대로 인해 어쩔 수 없이 동의했으나, 작전명을 '드라군(Dragoon)'30)으로 해야 한다고 주장하여 작전명을 바꾸게 되었다.

처칠의 발칸반도에 관한 관심은 제1차 세계대전에서 갈리폴리를 공격하여 대참패를 당하고 해군 장관에서 해임당한 것을 필두로, 1941년 4월 그리스에 파병하여 많은 희생을 치렀으며, 연이어 크레타섬에서 역시 대규모 손실을 초래하여 일견 지나치게 무모해 보였다. 그러나 그가 전망하는 발칸반도에 대한 전략적 가치는 여타 정치가와 달랐다. 아마도 처칠은 전후의 새로운 세계질서에서 발칸반도가 소련의 영향권에 들어가 공산화하는 위험을 감지한 결과일 것이다. 1943년 여름 처칠은 소련을 방문하여 스탈린과 단독회담 시에 발칸반도의 국가들에 대한 전후 영향력을 퍼센티지로 논하고 그것을 메모 형태의 기록으로 보존했다는 점은 앞에서 언급한바 있다.

미군 3개 사단과 프랑스군 4개 사단으로 구성된 제7군은 프랑스 남부에 상륙한 후에 독일군 비제(Wiese) 장군의 제19군을 물리치고 론강을 따라 북상하여 8월 22일에는 그르노블에 도착했다. 이제 독일군은 서부 방벽이 알자스-로렌 지역을 통해 남부에서 위협받을 상황이 되자, 독일과 파리와의 연결선이 불안해졌으며, 그에 따라 파리를 고수하기는 불가능하게 되었다. 그러자 히틀러는 파리를 제2의 스탈린그라드로 만들겠다는 망상을 품고, 파리 방어 사령관 콜티츠(Dietrich Hugo von Choltitz) 장군에게 방어를 강화하도록 명령하고, 마지막 단계에서 파리를 수비하지 못하게 되면 불태워 파괴하도록 지시했다.

연합군의 진격으로 파리의 해방이 기정사실로 되자, 8월 13일 파리 경찰은 센강의 가운데 있는 시테섬의 경찰 청사에 봉기의 깃발을 올렸다. 많은 레지스탕스가 몰려들어 점점 기세를 올리자, 콜티츠 사령관은 히틀러의 의도를 받들어 파리를 불태워 문화유산을 훼손하는 것은 또 다른 범죄라는 점을 인식하여 레지스탕스와 협상한 후에 평화롭게 파리시를 반환하고 수비대 17,000명은 항복했다. 이 과정에서 히틀러는 수차례에 걸쳐 "파리는 불타고 있는가?"하고 독촉하고 확인했다. 훗날 콜티츠 장군은 파리의 명예시민이 되었다.

아이젠하워는 파리 시민들이 해방을 위해 스스로 투쟁하고 있음이 확실해지자, 프랑스군 제2기갑사단으로 하여금 파리로 전진하도록 허락했다. 8월 23일 르클레르 장군 휘하 제2기갑사단이 하루에 120km를 돌파해 나갔다. 다음날 독일군의 완강한 저항에 부딪혔지만, 전차 3대로 구성된 분견대를 우회 침투시켜 저녁 9시 30분에 파리 시청의 벽 앞에 세웠

---

30) 영어에서 dragoon은 '상대를 박해해서 뭔가를 하도록 강요하다.'라는 뜻이 있다.

다. 전차의 이름은 1814년 나폴레옹이 승전한 전투를 상징하는 몽미라유(Montmirail)호, 샹포베르(Champaubert)호, 그리고 로밀리(Romilly)호였다.

제2기갑사단 전체가 다음날 합류하고, 그 다음 날에는 드골이 파리에 입성하였다. 적에게 패배를 당했던 나라가 자국의 군대에 의해 해방되었다는 데에 대한 강한 자부심을 등에 업고 오랫동안 대독일 전선에서 투쟁해 온 드골은 프랑스의 지도자로 자연스럽게 부상했다. 8월 29일 연합군은 파리에 입성하여 샹젤리제 거리를 행진하며 자축했다.

● 1944년 8월 25일, 자유 프랑스군 사단을 선두로 독일 점령으로부터 해방된 파리 거리를 행진하는 연합군 병사들의 모습. 연합군의 파리 해방 직전, 독일군이 철수를 준비하자 은신처에서 모습을 드러낸 레지스탕스 전사들이 봉기를 시작했다. (AKG Berlin)

한편, 프랑스 남부의 독일군은 마르세유와 툴롱 항구를 제외하고 독일 국경선으로 철수해 갔다. 연합군은 8월 23일 마르세유 항구를 함락시키고 9월 3일에는 리옹에 진입했다. 연합군은 북부에서도 노르망디를 빠져나와 독일 국경으로 후퇴하는 독일군을 추격했다. 그러나 보급품의 추진이 여의찮아 연합군은 뫼즈강에서 마스트리흐트(Maastricht)까지, 남부에서는 아헨(Aachen)에서 스위스 국경에 이르는 전선에서 진격을 일시 중단했다.

제8절 라인강으로의 진격과 마켓가든 작전

상륙작전을 개시한 이래, 단 80일 만에 센강에 도착한 연합군은 파리를 수복했고, 후퇴하는 독일군을 추격하기 위해 대부분의 전력이 센강을 넘었다. 추격을 늦추면 독일군에게 방어 태세를 강화할 시간을 허용할 것이라는 우려 때문이었다. 연합군은 센강, 솜(Somme)강, 마른(Marne)강, 엔(Aisne)강, 뫼즈강을 따라 중첩된 장애물을 극복해 가며 전진했다.

그러나 연합군의 눈부신 진격은 예상되었던 어려움에 봉착했다. 점점 신장 되는 병참선을 유지하기 힘들어진 것이다. 노르망디로부터 끊임없이 이어지는 트럭 행렬은 전방 사단에 최소한의 보급은 가능했지만 충분하지 못했다. 그나마도 8월 말이 되자 패튼의 제3군을 필두로 연료가 부족하여 정지해야 했다. 보급을 더욱 어렵게 만든 것은 대부분 주요 항구들을 히틀러의 명령에 따라 잔존 독일군이 악착같이 방어하여 보급지원을 가능케 해주는 항구를 연합군이 사용치 못하게 했기 때문이었다.

히틀러는 항만 방어부대장들에게 항복하면 가족들의 안위를 보장할 수 없다고 협박하여 죽을 때까지 항거하도록 만들었다. 해안을 따라 북상하면서 벨기에로 진군한 영국군은 르아브르, 불로뉴, 칼레, 됭케르크를 지나 9월 3일에 벨기에의 브뤼셀에 입성했지만, 항구들은 점령하지 못하고 통과했었다. 르아브르 항구를 점령하는 데에도 5,000t 이상의 항공 폭격과 포격에 이어 격렬한 시가전을 치르고 9월 13일에야 가능했으며, 그 과정에서 항만 시설도 크게 파괴되어 복구하여 사용할 수 있게 하기까지는 또 몇 주가 소요되었다.

이때 연합군의 군수를 책임진 리(J.C.H Lee) 장군에 대한 원성이 높았다. 그는 연합군의 병참을 성공적으로 추진했던 '레드 볼 익스프레스 작전(Red Ball Express Operation'[31]을 포함하여 방만한 수송체계를 운용·감독해야 했다. 그 과정에서 파리를 포함한 290개 지역 이상에 현지 호텔에 호화스러운 사령부를 운용하기 위해 전방에 필요한 군수품을 유용했고, 부하들이 군무를 이탈해 암시장에서 부정한 사업을 벌이게 했다는 의혹을 받았다.[32] 그의 이름 J.C.H는 'Jesus Christ Himself'를 뜻한다고 사람들은 말하기까지 했다.

한편, 연합군의 지휘체계에 중요한 변화가 있었다. 노르망디를 돌파하여 독일로 진격하는데 본격적인 형세를 갖춘 연합군은 이제까지 몽고메리가 담당했던 지상군 사령관 직위를 아이젠하워가 담당하고, 그 예하에 몽고메리의 제21집단군과 브레들리의 제12집단군, 그리고 디버스의 제6집단군을 두는 체제로 변경한 것이다. 이에 대해 몽고메리는 아주 부정적인 견해를 표명했다. 그는 일부 기자들과 사학자들과의 대담에서 아래와 같이 말했다.

"아이크가 지휘를 맡겠다고 결정한 것은 재앙이다. 그는 경험도 조직도 없었다. 그는 정말로 한 번도 혼자서 전쟁을 지휘해 본 적이 없었다. 그는 지휘 방법도 몰랐고, 확실한 전술적 방침도 갖고 있지 않았다. 최고사령관은 강한 원칙과 분명한 계획을 갖고 있어야 하며, 이러한 것들을 바탕으로 명령을 내려야 한다. 그렇지 않으면 패튼과 같은 일부 완고한 지휘관들이 우왕좌왕하는 틈에 전투 계획을 완전히 망쳐놓고 말 것이다."[33]

---

31) 사전적 의미로는 '급행 화물 차량'이라는 뜻. 당시 보급을 원활하게 하려고 수송차량 전면에 붉은 공 모양의 스티커를 붙인 것에서 유래. 이 스티커는 긴급 수송차량으로 교통통제의 우선권을 보장하는 표시였음. '레드볼 익스프레스'는 연합군의 공중폭격으로 철도 체계가 완전히 파괴되어 사용할 수 없었기 때문에 차량을 이용한 도로 수송에 의존할 수밖에 없는 상황이었음.

32) 크리스 비숍·데이비드 조든 지음, 박수민 옮김, 『제3제국』(서울 : 플래닛미디어, 2012), p. 450.

9월 1일부로 연합군의 지상군 사령관 직위를 아이젠하워에게 넘겨준 몽고메리는 대담한 작전 전개를 주장했다. 7월 이후 확대된 전선으로 인한 보급상의 어려움을 해결하고, 느려진 진격 속도를 높일 수 있다는 아이디어를 주장한 것이었다. 그는 독일군이 혼란에 빠져 속수무책일 때에 좁은 정면에서 집중 공격으로 라인강 하구를 통해 루르 지방으로 신속하게 진군한다면 크리스마스 이전에 전쟁을 끝낼 수도 있다고 제안한 것이다. 전 전선에서의 소모적인 정면공격보다 돌파를 통한 신속한 전진을 주장한 것이다. 이러한 돌파 형태의 공격은 센강을 도하할 때 패튼이 주장한 것과 동일하나 당시에는 아이젠하워의 승인을 받지 못했다. 그러나 보급이 원활하지 못한 상황에서 계속 소모전이 예상되었기 때문에 라인강을 신속히 도하하는 돌파 작전을 주장하는 몽고메리의 제안을 받아들였다.

몽고메리의 성격은 매우 신중하여 항상 충분한 전투력을 갖춘 가운데 적을 착실하게 실수 없이 공격하는, 그래서 때로는 신속한 기동으로 적을 포위할 수 있는데도 답답하게 적을 몰아가는 형태를 보였다고 비난을 받은 적이 많았다. 북아프리카 전선에서는 거의 괴멸된 롬멜의 군대를 섬멸하지 않고 후퇴하도록 하여 전략가로서의 면모에는 부족하다는 평을 받기도 했다. 그러한 몽고메리가 신속한 돌파 공격을 주장한 것은 이례적이었다. 아이젠하워는 그의 대담한 작전 구상에 매료되었다.

몽고메리의 아이디어는 '마켓가든 작전(Market Garden Operation)'으로 발전했다. 마켓은 공수부대를, 가든은 지상부대를 의미하는 것으로서, 마켓 작전은 약 3만 명의 공수부대가 네덜란드의 베겔(Veghel), 아인트호벤(Eindhoven), 네이메겐(Nijmegen), 아른헴(Arnhem)에 있는 주요 접근로 상의 교량을 확보하는 작전이고, 가든 작전은 영국군 제30군단이 96km를 돌파하여 라인강을 건너 아른헴에서 공수부대와 연결하는 작전이었다. 이는 독일군이 주요 접근로 상의 교량을 폭파하기 전에 신속한 전진으로 라인강을 쉽게 도하함으로써 독일군의 주 방어선인 서부 방벽(지그프리트 선)의 측면을 공격할 수 있다는 구상이었다. 아이젠하워는 몽고메리가 원수로 승진한 날인 1944년 9월 10일 작전을 승인했고, 개시일은 9월 17일이었다.

그러나 마켓가든 작전의 실행에는 다음과 같은 심각한 오류가 있었다.

첫째, 적정에 대한 평가였다. 몽고메리는 독일군이 패퇴하여 공수 낙하지점에 적이 전혀 없으리라고 안일하게 판단했으며, 암호해독으로 얻은 정보와 정보요원들이 보내온 정보를 간과했다. 실제로는 라인강상에 위치한 아른헴의 다리 인근에는 비록 패퇴하여 전력이 약화되어 있었지만 제9, 제10친위기갑사단이 있었다.

33) 스탠리 P. 허쉬슨 지음, 전경화 옮김, 『제너럴 패튼』(서울 : 이룸. 2006), p. 269.

둘째, 기상과 지형에 대한 분석의 오류였다. 이 지역은 매년 이 시기에 우기로 인해 물에 잠기는 저지대이며, 도로는 오직 외길로 작은 저항에도 통행에 많은 제한을 받을 수 있는 상황이었다.[34)]

9월 17일 아침 공수병 2만 명과 장비를 실은 수송기와 글라이더가 어마어마하게 편대를 형성하여 날아갔다. 미군 제101공수사단은 비록 눈앞에서 교량 하나가 폭파되는 굴욕적인 장면을 보기는 했지만, 베젤과 에인트호벤의 교량 인근에 낙하하여 비교적 수월하게 임무를 수행했다. 공수부대의 강하를 직접 목격한 독일군 B집단군 사령관 모델 원수는 점심 식사를 중단하고 히틀러에게 보고하여, 제9친위기갑사단은 아른헴에, 제10친위기갑사단은 네이메겐에 즉시 투입하였다.

그러나 영국군 제1공수사단과 미군 제82공수사단 상황은 그렇지 않았다. 영국군 제1공수사단은 아른헴으로부터 상당히 이격된 지역에 낙하하였다. 크레타섬에서 독일군의 공수부대가 목표지점에 직접 낙하하다가 대량 피해를 입었던 사례를 교훈 삼아 교리를 발전시켜 목표로부터 이격된 지점에 낙하한 후에 집결하여 임무를 수행하도록 한 것이다. 낙하 중에 무전기를 비롯한 중요 장비가 유실되었다. 그 결과 1개 대대만이 정상적으로 아른헴에 도착하여 교량의 한쪽을 장악했으며, 2개의 교량 중에 1개는 폭파되었고, 1개는 건재하고 있음을 확인하였다.

한편, 지상군 연결부대인 제33군단의 전진은 지지부진했다. 에인트호벤 근처의 존(Zone) 다리가 파괴되어 많은 시간이 지체된 데다, 네이메겐에서는 적의 저항으로 이를 물리치고 통과하는 데에 또다시 많은 시간을 소비해야 했다. 9월 19일 오후까지 제33군단은 두 차례의 독일군 저항을 격퇴하고 네이메겐에 도착하여 발(Waal) 강을 건넜지만, 독일군의 저항으로 아른헴의 16km 전방에서 정지해야 했다. 영국군 제1공수사단은 1개 대대만이 교량의 북쪽을 점령하여 꿋꿋하게 버텼지만, 한계가 있었다. 사단장 어커트(Rot Urquhart) 소장이 본대에서 분리되어 낙하한 후에 독일군을 피하다가 36시간이 지난 후에야 지휘소에 지연 도착하여 지휘 공백이 야기됨으로써 사단 전체가 제대로 기능을 발휘할 수 없었기 때문에 전장 상황은 더욱 악화되었다.[35)]

9월 21일에는 독일군의 반격으로 제1공수사단이 점령하고 있던 교량을 다시 빼앗겼고, 제1공수사단은 점차 소멸되어 갔다. 9월 23일에야 제33군단은 라인강의 남안에 도착했으나, 도강에는 실패했다. 제1공수사단은 24일 밤에 철수 명령을 받아 폴란드군 일부를 포함한 잔존병력은 급조 도하 하거나 수영으로 강을 건너 아른헴을 탈출했다. 결국 제1공수

34) 마틴 폴리 지음, 박일송·이진성 옮김, 『제2차 세계대전』(서울 : 생각의 나무, 2008), p. 190.
35) 크리스 비숍·데이비드 조든 지음, 박수민 옮김, 『제3제국』(서울 : 플래닛미디어, 2012), p. 456.

사단은 1,000명이 전사하고, 6,000명이 포로가 되었으며, 2,000명은 탈출에 성공했지만 사실상 사단은 소멸되어버린 거나 다름이 없었다.

● 1944년 9월 17일~26일 마켓 가든 작전

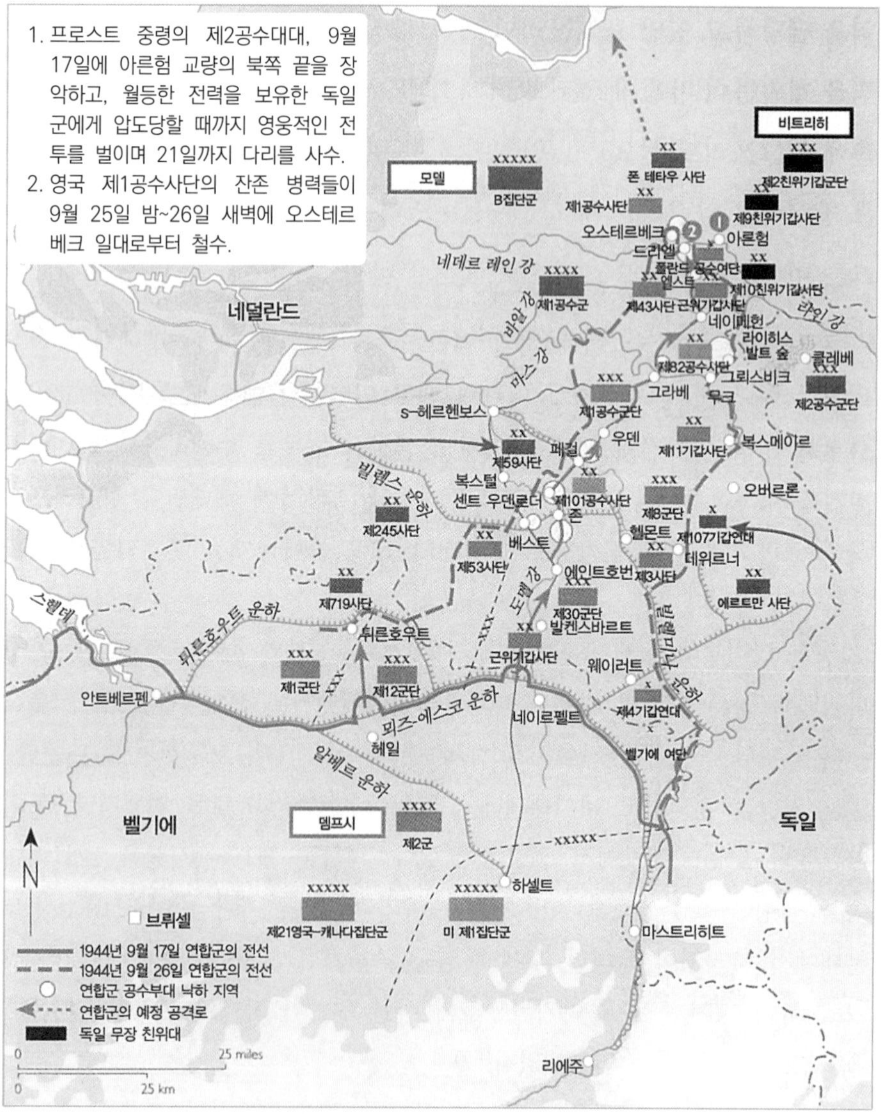

※ 출처 : 폴 클리어 등 지음, 강민수 옮김. 『제2차 세계대전사』(플래닛미디어, 2008), p. 765

마켓가든 작전은 몽고메리 장군의 경력에 큰 타격을 주었으며, 지금까지도 재앙으로 평가되고 있다. 몽고메리 본인은 그래도 작전은 90% 성공했다고 주장했다. 작전의 결과를 평가한다면, 단지 발강의 교량 점령만이 차후 작전에 유리하게 작용하였다고 할 수 있었다.

아른헴에서의 전투는 독일군이 노르망디에서 패퇴한 이후 최초의 승전으로 독일군의 사기를 높여주는 결과를 가져왔다. 연합군의 아른헴 장악 실패로 서부전선에서 독일군을 완전히 격퇴하려면 아직 갈 길이 멀다는 사실이 명백해졌다. 독일 국경까지 밀려난 독일군은 준비된 진지로 이동하여 강력한 방어 태세를 갖추어 갔다. 독일군의 병참선은 짧아졌고, 반대로 연합군의 병참선을 신장되었다. 병참선의 개선이 우선되지 않으면 전진할 수 없는 상황이 되었으므로 자연적으로 안트베르펜 항구가 주요 관심사가 되었다.

9월 4일에 연합군은 안트베르펜 항구를 장악했지만, 항만의 입구인 스헬데 강어귀를 독일군이 장악하고 있어 연합군은 항만의 사용이 불가능했다. 스헬데 강 입구의 독일군 요새를 점령하여 안트베르펜 항구를 정상화하는 것은 연합군의 진격을 지원하는 데 필수적이었는데, 9월 1일부로 연합군 지상군 사령관의 직위를 몽고메리로부터 인수한 아이젠하워는 영국군이 최대한 빨리 스헬데 강어귀를 탈환하도록 명령했다.

몽고메리는 때마침 마켓가든 작전의 실패로 의기소침해 있던 차에, 마음에 안 드는 임무를 부여받자 이에 반발했다. 그는 중요하지 않은 임무를 자신에게 맡겨 미군이 전투에서의 영광을 독차지하게 하려는 의도가 있을 것으로 의심했다. 성격상 참지 못한 몽고메리는 이의를 제기했고, 마켓가든 작전의 실패도 아이젠하워가 어설프게 작전을 지도한 탓이라고 비난했다.

이에 아이젠하워는 누가 유럽의 연합군 최고사령관인지를 확실하게 인지시킬 필요가 있겠다고 생각하여 자신의 통제를 따르지 않으면 중재를 위해 상부에 보고하겠다고 말했다. 몽고메리는 결국 자신의 처지를 루스벨트나 처칠에게 호소하여 정당성을 인정받기는 불가능하다고 판단하여 아이젠하워의 지시에 순응했다.[36]

사실 몽고메리를 비롯한 다양한 성격의 지휘관들로 인해 아이젠하워는 연합군사령관으로서 많은 인내와 통합을 위한 노력이 필요했고, 그래서 더욱 그의 능력이 빛을 발했다. 앞에서 서술한 내용도 그의 자서전인 [유럽의 십자군]에 한 줄도 언급되어있지 않은 것은 아이젠하워가 몽고메리를 옹호하면서 자신의 감정을 드러내지 않은 광폭의 지휘관이었기 때문일 것으로 추정된다.

영국의 참모총장 브룩은 그의 일기에서 "몬티에게 전쟁 전체를 보는 안목을 보도록 많은 교육을 시켜야겠다. 다루기 까다로운 복잡한 성격의 소유자로서 작전행동에 있어서는 훌륭한 지휘관이요, 또한 우수한 훈련자이기도 하지만, 다른 한편으로는 지혜가 부족하고 타인의 생각을 존중하지 않음으로써 과실을 범하기 쉽다. 미국인들이 그를 싫어하는데 매우 유감스러운 일이다. 미군과 협력하여 전투에 임할 때 말썽이 끊이지 않는 것 같다."라고 언급하고 있다.[37]

---

36) 크리스 비숍·데이비드 조든 지음, 박수민 옮김, 앞의 책, p. 459.

안트베르펜 항구의 전략적 중요성을 인식한 히틀러는 런던에 보다도 더 많은 V-2 로켓을 그곳에 쏘아댔다. 영국군과 캐나다군은 특공작전으로 독일군이 수비하고 있는 섬의 제방을 폭파하여 물에 잠기게 한 다음 11월 초에야 겨우 독일군을 제압하고, 11월 28일에 첫 번째 수송 선단이 안전하게 안트베르펜 항구에 들어오게 되었다. 안트베르펜 항구의 이용으로 몇 달간 수용 능력이 훨씬 작은 항구를 이용하다가 이제 충분한 보급 능력을 갖추게 되어 차후 작전이 쉬워졌다.

● 히틀러의 서부유럽 마지막 요새 거점인 서부 방벽의 상징적인 존재가 된 대전차 용치(龍齒) 장애물의 모습. 서부 방벽 때문에 일부 지역에서는 연합군의 진격이 막히고 막대한 사상자까지 발생하기도 했지만, 그렇다고 서부 방벽이 독일의 궁극적인 패배까지 막을 수는 없었다. 1945년 초반, 연합군은 서부 방벽 전체를 돌파하여 독일군을 라인 강으로 몰아붙였다. (Imperial War Museum EA37737)

영국군이 스헬데강의 독일군을 소탕하는 동안 호지스 장군의 미 제1군은 9월 12일 독일의 서쪽 국경도시 아헨을 공격했다. 최후의 한 사람까지 싸우라는 히틀러의 명령에 따라 독일군은 격렬히 저항했다. 6일간의 시가전 끝에 독일군은 도시 안에 고립되었다가, 12시간의 포격에 완전히 녹초가 되어 10월 22일 항복했다. 이제 아이젠하워는 제1군과 제9군의 병진 공격으로 한겨울이 오기 전에 라인강 변의 쾰른을 점령할 수 있을 것이라고 기대했다. 그러나 1939년 이후 버려졌다가 다시 복구된 서부 방벽(지그프리트 선)은 가공할 장애물로써 손색이 없었다. 미군은 11월 16일 공격을 개시하여 서부 방벽을 돌파하기는 했

37) 아서 브라이언트 지음, 황규만 옮김, 『워 다이어리』(서울 : 플래닛미디어, 2010), p. 761.

지만, 그 너머에는 더 곤란한 휘르트겐(Hürtgen) 숲이 기다리고 있었다. 아헨과 휘르트겐 숲의 전투에서 독일군은 3만 3,000명이 전 사상을 입었고, 미군도 이에 필적할 손실을 보았다. 1944년 12월 8일 미군은 마침내 쾰른을 눈앞에 둔 루어(Roer) 강변에 도착했다.

제1군이 휘르트겐 숲에서 분전하는 동안 남쪽의 제3군은 프랑스 동부 도시 메스(Mets)를 공격해 11월 21일에 장악했다. 패튼은 마켓가든 작전에 모든 전투력을 지원하여 우선권을 부여하고 자신이 건의한 동일한 형태의 돌파 작전은 지원해 주지 않은 아이젠하워에 아직도 골이 나 있었다. 12월 15일에 제3군은 서부 방벽을 마주 보는 위치에 도달했는데, 그 과정에서 5만 5,000명의 사상자가 발생했다.

제3군의 남부에서는 마르세유로 상륙한 디버스(Jacob Devers)의 제6집단군이 험악한 보주(Vosges)산맥을 통과하여 알자스에서 독일군을 축출하는 데 큰 성공을 거두었다. 제6집단군은 11월 23일에 스트라스부르에 진입했지만, 독일군 제19군이 콜마르를 장악하고 강력한 저항으로 라인강 상류와 그 일대의 서부 방벽을 고수하면서 큰 혹처럼 프랑스 쪽으로 튀어나와 프랑스 제1군에 저항하고 있었다.

제9절 벌지 전투와 연합군의 라인강 도하

1944년 6월 연합군의 노르망디 상륙작전 이후 독일군이 패배를 거듭하자 히틀러는 이를 반전시킬 대규모 반격 작전을 구상했다. 당시 독일군은 서부전선에서 상실한 병력을 보충하기 위해 본토의 후방부대는 물론 고령의 징집자원까지 참빗으로 훑듯이 긁어모았다. 그를 통해 21개의 국민 척탄병사단을 양성하여 서부 방어에 증원했다. 그리고 9월 2일부로 히틀러는 룬트슈테트를 소환하여 자살한 클루게의 후임으로 그를 다시 임명하고 서부전선의 방어를 담당하게 했다. 일시적으로 클루게의 후임이었던 모델 원수는 B집단군 사령관으로 남게 되었다.

그뿐만 아니라 극심한 연합군의 공습에도 불구하고, 군수 장관 슈페어의 효율적인 군수관리를 통해 9월의 군수공업 생산은 전쟁 기간의 어떤 달보다도 높았다. 1944년에 독일은 중(中)전차 및 돌격포 1만 1,000대와 대전차 자주포 1만 6,000대 및 중(重)전차 5,200대를 생산하여 노르망디와 백러시아에서의 끔찍한 손실을 벌충하고, 여분으로 13개 기갑사단을 장비할 수 있는 끈질긴 생명력을 보여 주었다.

히틀러는 8월 19일 팔레즈 전투가 한창일 무렵 요들과 카이텔, 그리고 암살 음모 이후 참모총장으로 임명된 구데리안을 호출하여 서부에서 11월에 대반격을 통해 서부 방어 능력을 복구할 계획을 세우라고 지시했다. 그 후 9월 16일 전투지휘소 '늑대 굴'에서 공세를 취하겠다는 공식 의사 표시와 함께 자신의 작전 개념에 대해 "나는 중대한 결정을 내렸습니다. 나는 안트베르펜을 목표로 해서 아르덴에서 나와 공세로 넘어가겠습니다."라고 설명했다.

히틀러가 안트베르펜을 목표로 설정했던 배경으로서는 다음과 같은 타당한 이유, 즉 첫째, 안트베르펜이 연합군의 보급을 담당하는 가장 중요 항구임으로 이를 점령한다면 독일로 향하는 연합군의 공세를 지연, 약화시킬 수 있다는 점, 둘째, 안트베르펜이 안전하게 확보된다면 안트베르펜의 바로 너머에 있는 V-2 로켓의 발사장에서 런던을 용이하게 타격할 수 있어 영국 시민들에게 정신적 타격을 줄 수 있다는 점, 그리고 셋째, 아르덴을 통과하여 160km 떨어진 안트베르펜으로 진격하면 영국군 제2군과 캐나다군 제1군을 남쪽의 미군과 분리하여 포위 섬멸할 수 있다는 점 등을 들 수 있었다.

● 독일 제5기갑군 하소 에카르트 폰 만토이펠 기갑대장

또한 시기적으로 겨울이 되면 구름이 많이 끼고 흐린 날이 많아 연합군의 항공기 출격이 심하게 제한을 받는다는 점도 유리한 여건이 될 수 있었다. 그렇게 된다면 서부전선에서 힘의 균형을 어느 정도 회복할 수 있어 전략적 주도권을 확보할 수 있다고 생각했다. 그런 다음 동부전선에서 전력을 기울여 소련군을 격파한다면 소위 내선의 이점으로 전쟁에 승리할 수 있다는 환상을 히틀러는 품고 있었다.

1940년 5월처럼 독일군은 아르덴의 숲이 제공하는 은폐의 효과를 이용하여 반격 부대를 공격 대기지점으로 집결할 수 있었다. 더욱이 연합군은 아르덴 지역을 소홀히 취급하여 거의 공백 상태로 방치하는 바람에 1940년 5월 프랑스군이 범했던 과오를 되풀이할 참이었다. 반격 작전에 투입될 부대는 젊은 장군들 가운데 유능하다고 자타가 인정하는 만토이펠(Hasso von Manteuffel) 장군의 제5기갑군과 히틀러의 신임이 두터운 디트리히가 지휘하는 제6기갑군으로서, 모두 합

● 곡엽 기사십자 철십자 훈장을 달고 있는 독일 제6기갑군 세프 디트리히 SS상급대장

쳐 11개의 기갑사단과 1개 기갑척탄병사단 및 2개공수사단을 주력으로 20만 병력이 동원되었다. 이 사단들은 노르망디 이래 전투를 지속해온 노련한 지휘관들이 부대를 지휘하고 있었고, 대부분 팔레즈 전투에서 대규모 손실을 보았으나 새롭게 재편성하여 전투력을 회복한 상황이었다. 그러나 실상은 아직도 전차의 수가 부족하고 장비가 부실하며, 병사들도 독일어를 모르는 폴란드나 체코 출신도 다수 포함되어 약점이 많았다.

가장 취약한 점은 연료 문제였다. 가용한 양은 최소 필요량의 1/4에 불과했으며 부족분은 공격해 나가면서 미군으로부터 탈취하도록 계획했다. 서방군 사령관 룬트슈테트와 B집단군 사령관 모델은 계획의 타당성이 결여되어 있다는데 뜻을 같이했다. 그들은 더 많은 병력이 필요하며 요들의 계획은 연합군이 저지르고 있는 것과 같이 전열을 너무 가늘게 신장하여 취약하다고 주장했다. 히틀러는 요들을 모델에게 보내 설득하려 했으며, 12월 2일에는 룬트슈테트와 모델을 새로운 지휘소인 베를린의 국가청사 지하실로 불러 직접 설득하면서, '라인강을 사수하라(Watch am Rein)'라는 작전명 대신에, 작전명을 '가을 안개'라고 명명했다. 그는 오히려 요들이 수립한 계획의 대담성을 칭찬하며, 과거 프리드리히(Fiedrich II) 대왕이 7년 전쟁에서 로스바흐(Rosbach)와 로이텐(Leuthen)에서 거두었던 위대한 승리까지 들먹였다.[38] 히틀러는 작전의 성공을 믿어 의심치 않았다. 12월 12일 서방군의 지휘소에서 주요 지휘관들을 소집한 가운데 히틀러는 아래와 같이 말했다.

"연합국 사이의 동맹은 서로 다른 목적을 가진 이질적인 요소들입니다. 한편은 극단적인 자본주의 국가들이고, 다른 한 편은 극단적인 마르크스주의 국가입니다. 영국은 죽어가는 제국이고 미국은 재산을 물려받는데 정신이 팔린 식민지입니다. 우리가 묵직하게 몇 방만 갈길 수 있다면 부자연스럽게 지탱되고 있는 이 공동전선은 어느 순간에 천둥처럼 큰 소리를 내며 별안간 무너질지도 모르지요."

요들의 계획이 성공하기 위해서는 세 가지 요소가 필요했다. 기습과 속도, 그리고 악천후였다. '가을 안개 작전'이 준비되는 동안 독일군의 보안 조치가 철저하여 연합군은 전혀 알아차리지 못했다. 오히려 자르강과 알자스에서의 작전에 온 신경을 집중하고 있었다. 연합군은 마켓가든 작전과 휘르트겐 숲에서의 전투, 그리고 스헬데강 어귀에서의 악전고투 끝에 전체가 피로에 젖어 전열을 재정비하고 있었으며, 독일군이 반격을 가하리라고는 전혀 생각지 못하고 다소 자만에 빠져 있었다.

---

38) 7년 전쟁(1756년-1763년)의 초기인 1757년, 프로이센의 계몽 군주였던 프리드리히 대왕이 병력의 열세에도 불구하고 11월 5일 로스바흐에서 오스트리아, 프랑스, 러시아, 스웨덴 4개국 연합군의 군대를 물리치고, 한 달 뒤인 12월 5일에 로이텐에서 오스트리아 대군을 격파한 전투-저자 주.

그러나 아르덴에 주둔하고 있던 제1군의 정보참모 딕슨은 반격에 동원될 독일군 22개 사단의 전투서열을 파악하고 있었으며, 언제 어디서나 그들이 선택한 시간과 장소에서 집중 공격이 가능하다는 보고서를 상부에 제출했다. 단지 어디를 공격할 것인가는 파악되지 않고 있었다. 막바지에 이르러 아르덴이 공격지점이 되리라 예측했기 때문에, 제1군 사령관 호지스(Hodges)는 집단군 사령관 브레들리에게 2개 사단의 증원을 요청했으나 거절당했다. 아르덴의 숲을 뒤덮은 안개는 독일군 반격 부대를 완벽히 은폐하여 주었고, 연합군의 항공력을 무력화 시켰다.

12월 16일 새벽, 95km의 정면에서 북쪽으로부터 디트리히의 제6기갑군이, 중앙에서는 만토이펠의 제5기갑군이, 남쪽에서는 브란덴베르거(Erich Brandenberger)의 야전군이 공격을 개시하여 완전한 기습을 달성한 가운데, 휴식 중이거나 최근에 도착하여 방심한 상태의 미군을 괴멸시키면서 전진했다. 뫼즈강 지역에서는 영어를 구사하는 독일군이 미군을 기만하여 적진을 돌파하는 데 유리하게 활용하기도 했다.

독일군은 여러 곳에서 미군에게 큰 타격을 입혀 혼비백산하도록 만들었으며, 연합군 사령부를 공황 상태로 몰고 가기도 했다. 독일군의 진격이 예상보다는 늦어졌지만, 진격의 초점은 점차 바스토뉴(Bastogne)로 모아졌다. 바스토뉴는 아르덴을 지나 안트베르펜과 벨기에로 가기 위해서는 반드시 통과해야 하는 요충지였다. 연합군이 바스토뉴의 중요성을 깨달았을 때는 독일군이 이미 그곳에서 18km 거리까지 진출해 크게 돌출부(Bulge)를 형성했다. 미군들은 이 돌출부를 의미하는 '벌지(Bulge)'를 전투의 이름으로 사용했다.

아이젠하워는 최정예부대인 제101공정사단으로 하여금 긴급히 출동하여 반드시 바스토뉴를 사수하도록 명령했다. 제101공정사단은 노르망디 상륙작전에 투입되어 격전을 벌였음은 물론, 마켓가든 작전에도 적진 속에 투입되어 임무를 수행하는 등 어려운 임무를 도맡아 처리하는 위대한 사단이었다. 공정사단으로 중장비를 갖추지 못해 방어 임무에 적절하지는 않았으나, 랭스에서 화물차를 이용하여 160km를 미친 듯이 달려와 신속하게 출동할 수 있었으며, 바스토뉴에 독일군보다 먼저 도착하여 방어진지를 구축할 수 있었다. 당시 제101공정사단은 사단장이 회의차 워싱턴에 가 있었고, 부사단장 역시 런던에 출장 중이었으므로 포병사령관 메컬리프(Anthony McAuliffe) 준장이 지휘를 맡고 있었다.

12월 19일 베르됭(Verdun)에 위치한 브래들리의 지휘소에서 아이젠하워의 주관으로 제12집단군 사령관 브래들리, 제6집단군 사령관 디버스, 제3군 사령관 패튼, 공군 사령관 테더 등이 모였다. 아이젠하워는 패튼에게 최소 6개 사단 정도의 전력으로 독일군의 반격 부대를 격퇴해주기를 바랐다. 시간이 관건이었다. 독일의 라인강을 향해 전진하는 부대를 90도 좌측으로 방향을 전환하여 재정비한 다음, 측면의 적을 향해 돌진해야 하는 부대 운용은 참으로 어려운 것이었다. 그러나 맹장 패튼은 지금 당장 부대를 이동시켜 160km 떨어진 룩셈부르크의 전장에 도착하여 3일 후인 12월 22일이면 적과 교전에 들어갈 수 있다고 큰소리쳤다.

● 바스토뉴 : 1944년 12월 19일~23일

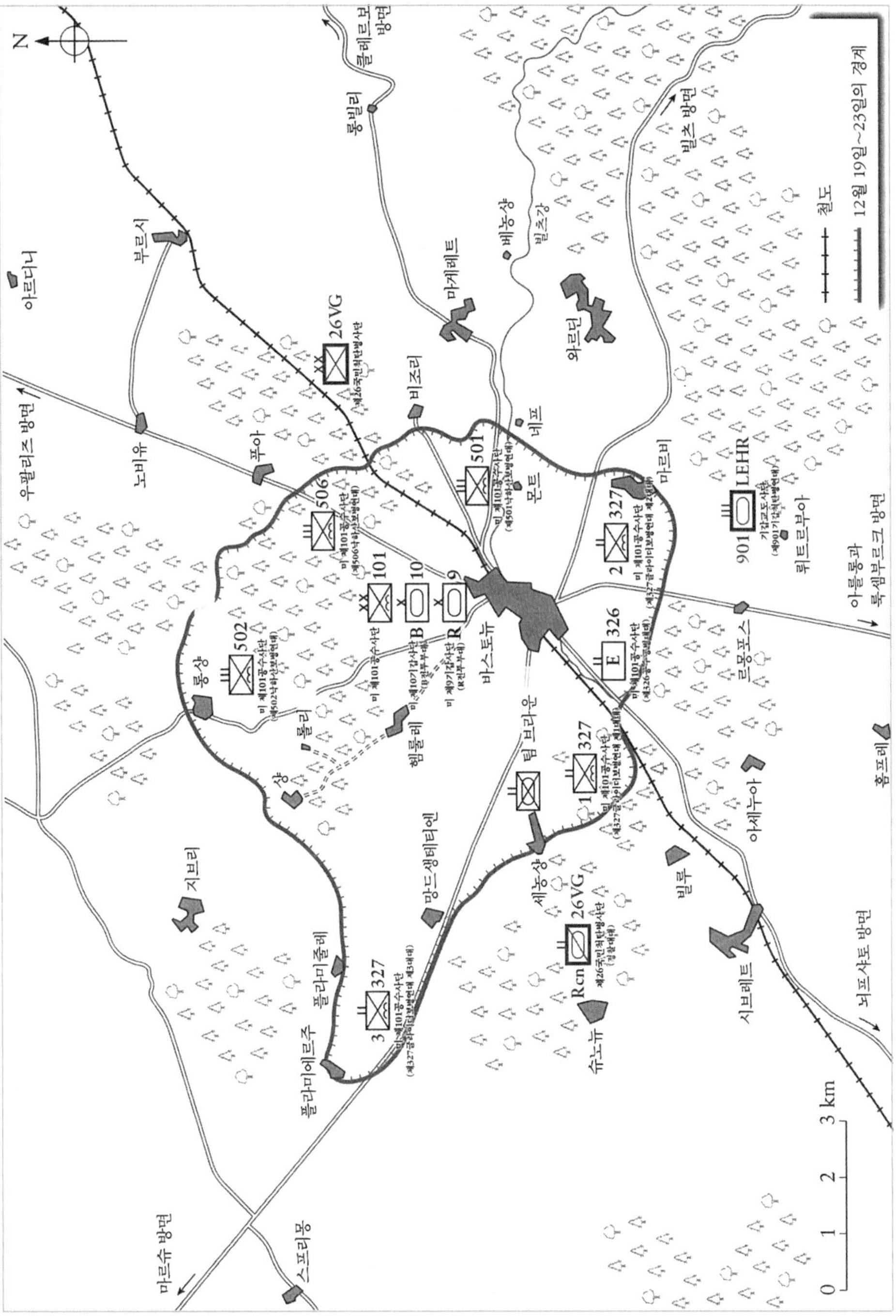

※ 출처 : 안토니 비버 지음, 이광준 옮김. 『아르덴의 대공세 1944』(글항아리, 2021), p. 211

아이젠하워는 자기보다 나이가 많고 항상 큰소리를 치는 패튼에게 '어리석게 굴지 마시오, 조지.'라고 말하자, 패튼은 "허튼소리가 아니고 이미 예비명령을 내려 부대가 이동할 준비를 마쳤다."라고 했다. 그렇더라도 눈과 얼음으로 뒤덮인 도로를 3일 동안에 한숨도 자지 않고 160km를 이동하여 전투에 돌입하는 것은 불가능한 것처럼 보였다. 그러나 그는 해내겠다고 장담하고 있었다. 패튼이야 말로 이러한 임무에 가장 적합한 인물이었다. 이날은 아이젠하워의 원수 승진에 대한 국회의 동의가 이루어졌다는 소식을 들은 날이었다. 이날 회의 중에 아이젠하워가 "재미있는 일은 내가 별을 하나 더 달 때마다 적의 공격을 받는단 말이에요."라고 말하자, 패튼은 "당신이 공격받을 때마다 내가 꼭 구해 주리다."라고 응수했다.[39]

인구 4,000명의 작은 마을인 바스토뉴를 1개 사단 정도면 충분히 점령하리라고 생각했던 만토이펠 제5기갑군 사령관은 당황했다. 그는 "바스토뉴는 정말로 중요했다. 그곳이 이미 적의 수중에 넘어감으로써 적은 아군의 보급체계에 타격을 가하고, 독일 군대의 발을 꽁꽁 묶어두게 되었다. 우리는 신속히 그곳을 점령해야만 했다."라고 말했다. 만토이펠은 미군 1만 7,000명으로 구성된 방어부대를 3개 사단, 4만 5,000명으로 완전히 포위했다.

12월 21일 되자 폭설이 내리고 기온이 급속히 영하로 떨어졌다. 갑자기 투입된 제101공정사단의 일부는 방한 장비조차도 갖추지 못해 눈이 녹은 참호 속에서 많은 인원이 참호족(塹壕足)에 걸렸다. 미군은 점차 식량, 의약품, 탄약이 고갈되어갔으며, 기상 관계로 항공지원을 받지 못했다. 만토이펠은 모든 것이 고갈된 미군이 곧 항복할 것으로 생각하여 급격한 공격을 자제하고 있었다. 12월 22일 만토이펠은 제101공정 사단장 대리 메컬리프 준장에게 "명예로운 항복으로 전멸의 위기에 처한 병사들의 생명을 구하라."는 문서를 보냈으나, 대답은 한마디로 "NUTS!"였다. 그 의미는 뒈져, 닥쳐, 꺼져, 라는 속어였다.

한편, 12월 22일 패튼은 약속대로 제4기갑사단을 선두로 출발했다. 그날 오후부터 밤사이에 폭설이 내려 기동을 어렵게 했으나, 이튿날은 화창하게 개이자 항공기들이 독일군을 강타하고 바스토뉴에 보급품을 투하했다. 12월 22일에 기동을 시작한 패튼은 지독한 안개와 눈을 멈춰달라고 하느님께 기도하도록 군종참모에게 부탁했다. 군종신부는 하느님은 미군에게나 독일군에게나 똑같은 축복을 내리신다고 변명하자, 미군의 군종장교라면 당연히 미군에 축복을 내려달라고 기도해야 한다고 강요했다. 그러자 군종신부 오닐(James H, Ó Neill) 대령은 다음과 같이 기도하였다.

"전능하고 관대하신 하느님 아버지. 부디 우리를 괴롭히고 있는 저 지독한 악천후를 멈추어 주시옵소서. 우리가 전투를 치르기에 알맞은 날씨를 허락해 주시옵소서. 우리 병사들

---

39) 토마스 J. 크로웰 지음, 김영진 옮김, 『2차대전의 숨은 영웅들』(서울 : 플래닛미디어. 2010), p. 238.

에게 당신의 힘을 주시어 그들로 하여금 승리를 거듭하여 적의 압박과 사악함을 물리치게 해주시옵소서."

● 1944년 12월 16일~25일 벌지 전투

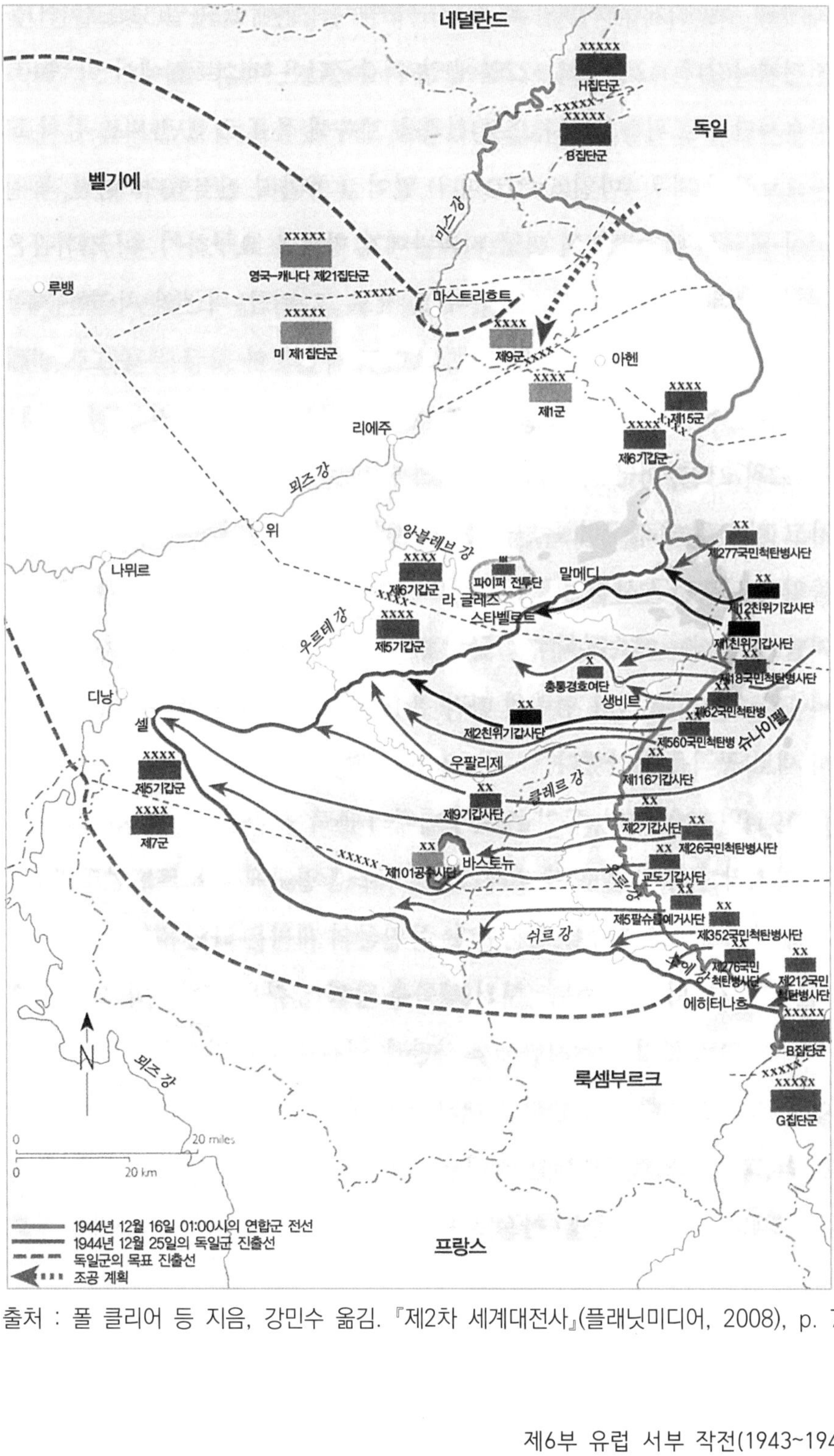

※ 출처 : 폴 클리어 등 지음, 강민수 옮김. 『제2차 세계대전사』(플래닛미디어, 2008), p. 779

다음날 날씨가 좋아지자, 기분이 좋아진 패튼은 "이런 젠장, 오늘이 진짜로 센 기도를 했나 봐! 훈장이라도 줘야 할 판이야."라고 말하고, 동성 훈장을 수여했다.[40] 패튼은 최대한의 속도를 내서 12월 26일 새벽에 바스토뉴 외곽에 당도하였으며, 제4기갑사단이 독일군의 배후에 도착하여 전선을 짓뭉개고 바스토뉴 마을로 진격했다. 제4기갑사단에 이어, 제26보병사단과 제80보병사단이 연이어 증강되었으며, 각종 보급품과 구호용 차량이 들이닥쳤다.

이렇게 하여 패튼의 제3군은 위업을 달성하게 되었다. 거의 10만에 가까운 대병력과 함께, 수만 대에 이르는 차량, 전차, 포병을 이끌고 눈과 진흙으로 미끄러운 길을 운전병들이 밤새워 교대하며 진격하여, 4일 만에 160km를 돌파해 낸 것이다. 그들은 기동을 우선시하여 등화관제를 무시하고 속도를 늦추지도 않았으며, 각 부대가 먼저 가려고 혼잡한 상황에서 서로 다투는 등 엉망이었다고 한다. 패튼은 지프차에서 내려 때로는 직접 교통통제를 하면서 부대를 기동시켜 나갔던 것이다.

● 미군 전선 후방에 침투한 오토 슈코르체니의 위장 특공대 때문에 경계가 강화된 가운데 마르슈앙파멘 인근에서 미군 헌병들이 벨기에 피란민의 신분증을 검사하고 있다.

한편, 아이젠하워는 돌출부의 북쪽에서 디트리히의 제6기갑군을 저지하는 임무를 12월 20일 몽고메리에게 맡기면서 브래들리 휘하의 미군 제1군의 지휘를 몽고메리에게 배속하였다. 몽고메리는 디트리히가 전진을 위해 필수적으로 통과해야 하는 뫼즈강의 다리를 고수했다. 12월 26일이 되자 연합군은 독일군의 '가을 안개 작전'이 활기를 잃었다는 증거들을 간파했다. 남쪽에서는 바스토뉴에서 패튼이 적의 전진을 정지시켰고, 북쪽에서는 미군 제1군의 제2기갑사단이 디낭 근처의 뫼즈강에서 5km 떨어진 셀(Celles)에서 연료가

40) 토마스 J. 크로웰 지음, 김영진 옮김, 앞의 책, p. 243.

떨어져 움직이지 못하는 독일군 제2기갑사단을 발견하여 쳐부쉈다. 독일군 제2기갑사단은 전차 88대와 돌격포 28문을 거의 다 잃었다. 12월 28일이 되자, 독일군은 산발적인 추가 공격을 지속했지만, 독일군의 '가을 안개 작전'은 실패가 확실해졌다.

1945년 1월 3일에 돌출부(Bulge)의 북쪽과 남쪽에서 연합군의 공세가 강화되자, 히틀러는 1월 8일 철수 명령을 내리지 않을 수 없었다. 1월 13일에 남쪽에서 올라온 미 제101공정사단과 북쪽에서 내려온 미 제82공정사단의 연결 작전이 완료되자 전선은 원상복구 되고 벌지 전투는 종료되었다. 벌지 전투 초기에 독일군은 미 제12집단군에 치명적 피해를 입혔는데, 1만 9,000명이 살상되었고, 1만 5,000명이 포로가 되었다. 반면에 독일군은 전 사상, 포로를 합하여 10만을 상실했으며, 전차 800대와 항공기 1,000대를 상실했다. 독일은 이러한 상실을 더는 보충할 수 없었지만, 미군은 이 동안에 3개 기갑사단을 포함한 완전 편제 7개 사단을 증편하여 전장에 상륙시켰다.

히틀러의 억지 주장으로 동부전선에서 소련군의 전진을 저지해야 할 부대들을 차출하여 '가을 안개 작전'에 투입함으로써 붉은 군대의 진격이 쉬워졌다. 그것을 감내하고서도 추진했던 '가을 안개 작전'의 효과는 서부 연합군이 독일로 진격하는 것을 1개월 정도 지연시킨 것밖에 없었다. '가을 안개 작전'의 충격을 연합군은 금세 회복하고 3월 초가 되면 라인강을 마주 보고 도하할 태세를 갖추었다.

제10절 서방 연합군의 항공작전

영국 공군의 폭격기사령부의 사령관 헤리스(Artur Harris) 중장은 1944년 초에 다음과 같은 글을 썼다.

"폭격기 사령부가 오버로드 작전에 해줄 수 있는 최선의, 그리고 사실상 유일한 효과적인 지원은 기회가 있을 때, 그리고 기회가 있으니까 독일의 공업 목표물에 공격을 가하는 것이다. 우리가 이 과정을 적의 포상, 탄약 집적소, 교량, 해안 방어시설, 교통 통신시설로 바꾸려 한다면, 우리가 보유한 가장 훌륭한 병기를 가지고 훈련한 군사적 기능이 아니라, 그 병기가 제대로 해낼 수 없는 과업에 사용하는 돌이킬 수 없는 잘못을 저지르는 셈이 되는 것이다. 이것은 비록 육군을 지원한다는 겉치레를 두를지는 몰라도, 실제로는 우리가 육군에 끼칠 수 있는 가장 큰 폐해가 될 것이다."[41]

---

41) 존 키건 지음, 류한수 옮김, 앞의 책, p. 622.

그의 견해로는, 독일에 대한 지역폭격을 프랑스 지역에 대한 정밀폭격으로 전환하는 것은 매우 잘못된 것이라는 것인데 이는 매우 잘못된 생각이었다. 우선 그의 부하들은 작은 점표적을 정확히 명중시키고, 적의 강력한 방공망을 뚫고 폭격을 지속할 수 있는 능력을 갖추고 있었다는 점이다. 해리스와 유사한 생각을 하고 있던 미군 제8항공군 사령관 스패츠(Carl Spartz) 장군과 해리스 장군의 부대는 아이젠하워의 부사령관이면서 공군전략을 담당하는 테더(Athur Tedder) 대장의 통제 하에 들어가 그들의 의도와는 달리 지역표적 위주의 전략폭격에서 특정 목표를 타격하는 전술폭격으로 전환하게 된다.

제 7 부

동부유럽 전선 - 소련군의 반격 작전

제1장 1943년 소련의 전투준비 상황과 미국의 원조

제2장 1943년 초의 전투

제3장 쿠르스크 전투-성채 작전 : 1943년 7월

제4장 소련군의 반격 : 1943년 7월~12월

제5장 히틀러, 후퇴 명령을 내리다(1944년 1월)

제6장 바그라티온 작전(Operation Bagration)

제7장 폴란드 국내군의 봉기와 실패

제8장 지하 무장 투쟁의 성과 평가

제9장 비수아강과 도나우강, 그리고 발칸반도

제10장 베를린으로 가는 길

● 1943년 12월에 키예프 돌출부에서 벌어진 싸움에서 한 독일군 보병의 얼굴에 지쳐서 생긴 주름살이 패어 있다.

제 1 장

1943년 소련의 전투준비 상황과 미국의 원조

소련군은 1942년 여름의 치명적인 위기를 극복하고 끝까지 버티는 데 성공했으며, 그 해 겨울에는 스탈린그라드에서 전세를 역전시키는 경이적인 승리를 이루어냈다. 전투를 통해 주코프, 코네프, 로코소프스키, 추이코프 등의 젊고 유능한 지휘관들이 나타났으며, 군대의 질도 점차 독일군에 필적할 만큼 향상되어 갔다. 장비 면에서도 T-34 전차의 출현은 전투력을 배가시켰으며, 미국으로부터 지프차와 수송용 트럭, 화물차가 대량으로 지원되면서 기동력이 독일군을 능가하기 시작했다.

붉은 군대는 1942년 이후 전쟁이 종료될 때까지 43개의 탱크군단과 22개의 기계화군단을 증편했다. 해가 갈수록 장비의 질과 숫자는 늘어갔다. 1941년에 전투 정면 1km당 전차의 밀도가 3대였던데 비해 1943년이 되면 전차의 밀도는 70~80대가 되었고, 대포 250문을 집중할 수 있게 되었다. 보병사단의 화력도 4배로 증가하여 일제 포격 1회당 900파운드 이상의 포탄 사격을 달성했다.

참고로 소련이 1943년도에 생산된 전차의 대수는 2만 4,000대였으며, 독일은 1만 7,000대였다.

1944년이 되면 가장 거대한 포를 탑재한 '요씨프 스탈린' 탱크인 IS -1과 IS -2가 생산되어 무시무시한 원시적인 힘을 발휘했다. 대전차포 역시 괄목할 발전을 가져왔는데 초대형 대전차포인 SU-152는 최신형 독일 전차 판터(Panther)와 티거(Tiger)의 장갑을 정면에서 관통하는 성능 때문에 '맹수 사냥꾼'이라는 별명으로 불리었다. 초급 지휘관들은 현대 기갑 전술에 더욱 숙달되어 갔으며, 통신 운용의 개선과 병참의 원활함이 전력 지수를 독일군과 거의 대등한 수준으로 향상했다. 예를 들어, 1941년에 독일군 탱크 1대를 파괴하는데 소련군 탱크 예닐곱 대를 잃었었지만, 1944년 무렵에는 1대 1이 되었다.[1)]

최고 지도자인 스탈린도 최고사령관 주코프나 참모총장 바실리에프스키와 격렬하게 논쟁을 벌이기도 했지만, 자신과 다른 견해도 받아들이기 시작하여 중요한 임무도 부하들을

1) 리처드 오버리 지음. 류한수 옮김. [스탈린과 히틀러의 전쟁]. (지식의 풍경. 2007, 3, 15) p263

신뢰하고 위임하는 훌륭한 지도자로서의 풍도를 갖췄다. 그는 아무리 입맛에 맞지 않는 것일지라도 진실을 알기를 원했으며, 조언을 받아들이고 다른 사람의 판단에 고개를 숙이는 지도자로 변모했다.

여기서 반드시 언급해야 할 내용은 미국의 무기 대여법에 따른 대소련 원조 내용이다. 1941년 10월 워싱턴에서 최초의 대소 원조 계획이 확정되자, 당시 워싱턴 주재 소련 대사이던 리트비노프는 "우리는 이제 전쟁에서 이긴다."라고 외쳤다. 비록 소련은 연합국의 원조가 전쟁에 기여한 가치를 계속 평가절하하고 공개 논의를 꺼렸지만, 진심은 그 중요성을 인정했다. 1963년이 되어서야 주코프는 "원조가 없었다면 전쟁을 계속할 수 없었을 것이다."라고 술회했으며, 스탈린도 "우리 공업의 대부분을 잃었기 때문에 만약 우리가 독일과 1대 1로 대결했다면 감당할 수 없었을 것이다"라면서 원조의 중요성을 측근들에게 토로했다.[2]

원조 물량은 소련 전체 군수품의 대략 5%로 약소했지만, 원조 물품의 내용은 훨씬 중요했다. 원조 물품의 첫 번째는 통신장비로서, 3만 5,000개의 무선 통신소와 야전전화기 38만 대 및 전화선 95만 6,000마일을 받음으로써, 독일의 유무선 감청을 피하고 지상군과 공군의 합동작전을 원활하게 할 수 있는 기반을 제공했다. 두 번째 원조물자는 수송장비였다. 50만 대가 넘는 차량, 즉 지프 7만 7,900대와 경 화물차 15만 1,000대, 그리고 20만 대가 넘는 스투드베이커(Studebaker)란 명칭의 화물차량을 공급했다. 스투드베이커 차량의 옆에 적힌 USA라는 글자는 "Ubit syna sukina Adoífa(우비트 시나 수키나 아돌파)!", 즉 "아돌프 개새끼 죽이기!"라고 번역되었다. 덧붙여서 전쟁 기간 사용된 모든 레일의 56.6%와 기관차 1,900대 및 객차 1만 1,075대가 지원되었다. 물량으로 소련 전체 차량의 1/3이 원조품이었다.

전투 장비는 전투기와 폭격기를 포함하여 항공기 1만 4,203대, 탱크 6,196대, 폭약 32만 5,784t이 제공되었다. 원자재로서는 구리 33만 9,599t 및 알루미늄 26만 1,311t과 고무 타이어 등이었다. 항공연료 요구량의 57.8%, 폭발물의 53%, 구리 및 알루미늄과 고무 타이어는 거의 50%에 달하는 물량이었다. 그 외에 어떤 관점에서는 가장 중요하다고 할 수 있는 식량으로서, 전쟁 기간 소련의 전 병사에게 매일 한 개씩 보급된 0.5파운드짜리 햄(Spam)은 끈적이는 분홍색 농축 고기로 소련 병사들에게 가장 사랑받는 품목이었으며, '제2 전선'이라는 애칭을 얻었다.

게다가 병사들이 동계에 동상에 걸리지 않도록 털이 내장된 전투화 1,479만 3,000켤레가 제공되어 전투력 보존에 큰 역할을 했다. 미국은 소련의 전시 생산을 증가시키기 위한

---

2) 앞의 책 p. 268

일환으로, 전쟁 동안 소련의 과학자와 관리 1만 5,000명을 초대하여 미국의 공장과 군사 시설을 시찰하게 하여 체계적인 진보를 도왔다. 전쟁 물자의 제공은 블라디보스토크를 경유하여 내륙으로 운송되거나, 페르시아만에서 이란을 거쳐 육로로, 아니면 영국의 항구에서 무르만스크나 아르한겔스크로 가는 혹독한 기후와 독일 U-보트의 위험을 뚫는 경로가 이용되었다. 1943년에 붉은 군대는 이제 모든 면에서 대등한 조건으로 독일군과 맞서게 되었다.

제 2 장
1943년 초의 전투

스탈린그라드에서 독일군 제6군을 섬멸한 소련군은 전과확대를 위한 진격을 계속해 갔다. 제6군이 항복하기도 전에 포위망 외곽의 붉은 군대는 1942년 여름에 상실한 영토를 회복하려고 서쪽으로 반격을 개시했다. 남부의 로스토프로부터 북쪽은 오룔까지의 사이의 전선 네 곳에서 공격을 개시했으며, 북쪽에서 보로네즈전선군이 2월 8일 쿠르스크를 탈환했고, 2월 16일에는 우크라이나의 중심도시 하르코프를 되찾았다. 소련군의 선봉은 4개 전차 군단으로 이루어진 포포프(Mikhail M. Popov) 장군의 전선 기동집단이었다.

남쪽에서는 남부전선군이 보로네즈전선군과 보조를 맞추어 흑해 연안의 로스토프와 타간록으로 진군해 갔다. 만약 로스토프가 함락된다면 캅카스에 진주해 있는 독일군의 철수로가 완전히 차단될 터였다. 이때 독일군 남부집단군 사령관(2월 12일부터 '돈집단군'에서 개칭)인 만슈타인은 깊은 고민에 빠지게 되었다. 전력에 비해 자신이 담당하고 있는 전선의 길이가 너무 길어 통제 능력을 벗어나기 때문에 서둘러 전선을 축소하여 전력을 집중해야 한다는 것을 알고 있었다. 설상가상으로 바투틴의 남서전선군이 스탈린그라드 북쪽에 위치한 보로네즈를 공격하여 헝가리군을 격파함으로써 클루게의 중부집단군(2월 12일부로 'B집단군'에서 개칭)과의 간격이 300km나 벌어졌다.

이 시점에서 붉은 군대는 두 가지 점에서 오류를 범했다. 첫째는 자신들의 능력을 과대평가했다는 점이다. 반격을 주도했던 보로네즈전선군과 남서전선군은 장거리 공격으로 병참이 바닥나고, 부대는 모두 피로에 쌓였으며, 포포프의 선봉 돌격부대의 전차 보유 대수는 최초 137대에서 2월 중순이 되면 53대로 감소되어 전력이 극도로 약화하였다. 따라서 독일군이 줄줄이 후퇴하는 상황이라도, 붉은 군대가 급속히 추격하여 전과확대를 하기 위한 전력 역시 매우 부실해져 있었다는 점이다.

둘째는 당시에 작전술 차원의 전쟁에서 타의 추종을 불허하는 명장으로 소문난 만슈타인의 능력을 과소평가했다는 점이다. 그는 많은 논의 끝에 히틀러를 설득하여 로스토프 주변 돌출부와 돈바스(Donbas) 지역으로부터 후퇴하여 방어가 용이한 미우스강으로 철수했다. 만슈타인은 철수하여 방어만 하는 것으로는 난국을 해결할 수 없다는 것을 알고 있었기 때문에 위험을 무릅쓰고 가장 과감한 조처를 했다. 돌진하는 소련군으로부터 병참선을 보호하기 위한 소극적인 방어 대신에 반격을 택한 것이다.

2월 20일 만슈타인의 2개 기갑군이 10km가 채 안 되는 드네프르강의 도하 시설을 향해 아직도 진격하고 있는 포포프의 기동 집단에 대해 측면에서 강력한 차단 공격을 개시했다. 소련군은 초기에 독일군의 반격을 인지하지 못하고 오히려 진격을 독려하고 있었으나, 실제로는 포포프의 기동 집단이 포위당할 위기에 처했고, 게다가 연료의 부족으로 그 자리에 멈춰버렸다. 독일군의 기갑부대가 도네츠강 강가에 도착한 2월 28일이 되면 바투틴 예하 남서전선군과 포포프의 전선기동집단은 완전히 포위되었는데, 탈출한 일부부대는 단지 요행으로 강이 얼어 후퇴할 수 있었다. 만슈타인은 소련군의 돌출부에 단호한 반격을 개시한 지 일주일 후에 소련군을 격멸·후퇴시키고 캅카스(코카서스)에 진주해 있던 독일군이 후퇴할 수 있는 통로를 열었다.

그러나 소련군에 의해 2월 말에 다시 봉쇄되면서, 철수를 위한 통로는 제1기갑군만 로스토프를 탈출했고, 클라이스트의 A집단군은 크림반도의 동쪽인 타만(Taman) 반도에서 포위망에 걸렸다. 그 과정에서 소련의 제3전차군을 포위 섬멸한 만슈타인은 보로네즈전선군 전체를 타격하기 위해 3월 3일에 4개의 기갑군단을 집결시켜 강력한 반격을 펼쳐 3월 12일에는 하르코프를 치열한 시가전 끝에 재탈환했으며, 18일에는 북쪽에 위치한 벨고그라드 역시 재탈환할 수 있게 되었다.

붉은 군대는 도네츠강 동안으로 밀려났으며, 얼음이 풀려 라스푸티차 기간이 되자 양측 군대는 전투를 중지하고 정비에 들어갔다. 만슈타인의 탁월한 전략에 의한 역공은 붉은 군대에 많은 희생을 강요했으며, 캅카스에서 함정에 빠져 괴

● 유럽 동부전선에서 수행된 봄 전역과 가을 전역의 세 가지 상수인 진흙과 기갑부대와 끝없는 공간. 독일군 슈투크(Stug) 3호 자주포가 진창을 헤치고 나아가고 있다.

멸할 뻔했던 독일군의 주력을 구해냈다. 그리고 소련군은 이 작전을 통해 독일군이 철수 과정에 놓여 있기는 하나, 아직도 그들 전투력을 얕보면 어떤 위험에 직면할 수 있는지에 관한 경고와 함께 큰 교훈을 얻을 수 있는 기회를 갖게 되었다.

1943년 3월 말부터 해빙기를 맞아 양국군은 정비에 들어갔다. 독일군은 만슈타인의 눈부신 반격으로 소련군을 후퇴시켰지만, 1942년 11월 이후 3개 야전군을 상실하여, 4월쯤에는 소련군에 비해 열세를 면치 못하게 되었다. 1942년 말부터의 전투에서 독일군은 이탈리아군 18만 5,000명, 헝가리군 14만 명, 루마니아군 25만 명, 그리고 독일 국방군 50만 명의 엄청난 사상자가 발생했으나, 이를 보충할 여력마저 이미 바닥이 나고 있었다. 반면, 소련군은 타격이 컸지만, 상실한 전력을 보충할 예비 전력이 남아있었다. 항상 예비 전력을 준비하는 것은 스탈린의 큰 장점이었다.

제 3 장

쿠르스크 전투 - 성채 작전(1943년 7월)

1942년 이래 히틀러는 육군 최고사령관을 겸임하면서 마음에 안 들거나 임무를 제대로 수행하지 못하는 지휘관들을 무자비하게 해임했으며, 전장에서 정치가가 해서는 안 될 가장 금기사항인 세부적인 작전에 대한 개입을 시작했다. 히틀러의 이러한 작전 개입의 대부분은 절체절명의 전장 환경하에서도 절대 후퇴하지 못하도록 명령했던 것으로, 예컨대 모스크바 전투나 스탈린그라드 전투에서처럼 무고한 희생을 강요하여 전력을 약화시키는 결과를 초래한 엄청난 과오에 해당되었다.

그뿐만 아니라, 히틀러는 캅카스(코카서스) 지역의 석유 자원에 지나치게 집착한 결과 전선이 과도하게 확장되어 수십 개 사단이 낭비되거나 괴멸되는 상황을 초래했다. 그 예로 1943년 봄에는 북아프리카 전선에서 롬멜이 "부대를 철수해서 전력을 보존해야 한다."라는 간곡한 건의에도 불구하고, 히틀러는 귀중한 기갑부대를 적의 수중에 떨어뜨려 5월 13일에 27만 5,000명이 항복하게 함으로써 피와 같이 귀중한 전력을 낭비했었다. 오히려 롬멜에 대해 '전략적인 역량이 부족한 패배주의자'라고 폄하하여, 그 이후 중요한 직책을 부여하지 않았다.

북아프리카 전선에서의 패배는 곧이어 이탈리아반도에서의 방어전에 필요한 전력을 요구받았고, 연이어 영·미 연합군에 의한 서부전선에서의 제2 전선 형성에 대비해야 하는 난제를 낳게 되었다. 이 무렵에 이르러서 주요 군 지휘관들은 전쟁에서 승리할 수 없다는 것을 인지했지만, 히틀러에게 거역하지 못하고 관성에 의해 끌려갔다. 히틀러는 스탈린그라드 전투 이후 몸도 의지도 현저하게 약해졌다. 히틀러의 이러한 건강 상태와 관련하여, 1943년 2월 기갑 총감으로 임명된 구데리안은 우크라이나의 지휘소에서 히틀러를 만나보고 다음과 같이 술회했다.

"그의 왼손은 떨렸고 등은 구부정했으며 빤히 바라보는 눈은 튀어 나왔지만, 예전의 광채가 없었으며, 볼에는 붉은 반점이 있었다. 그는 더 쉽게 흥분하고 마음의 평정을 잃었으며, 툭하면 울화통을 터뜨리고 신중하지 못한 결정을 내리곤 했다."[3)]

3) 존 키건 지음. 류한수 옮김. [2차 세계대전사]. (청어람 미디어. 2007, 8, 7) p. 683

하르코프에서 만슈타인의 반격이 종료된 시점에 전선은 남부에서 쿠르스크 지역이 독일군 쪽으로 튀어나와 있었고, 그 북쪽의 오룔과 스몰렌스크 지역은 소련군 쪽으로 튀어 들어가 있었다. 이런 상황을 또 한 번 낙관적인 시각으로 본 히틀러는 쿠르스크 일대에 배치된 소련군의 보로네즈전선군과 중부전선군을 섬멸할 절호의 기회라고 판단했다. 아울러 정면이 250km, 종심이 120km인 쿠르스크를 탈환하면 전선이 일직선으로 조정되어 방어정면을 40km나 단축하는 효과를 가져와 전력의 절감 효과를 볼 수 있다고 주장했다. 이는 소련군이 스탈린그라드 전투를 포함한 이후의 전투에서 입은 손실을 대부분 회복했다는 점을 감안하지 않은 판단이었으나, 히틀러는 자신의 주장대로 하면 적에게 결정타를 날릴 수 있다고 고집을 부림으로써 또 한 번 파멸을 향해 나아가게 되었다.

히틀러는 스탈린그라드 전투 이후 독일군이 열세에 처하게 된 근본 원인이 소련군의 T-34 전차를 능가하는 전차가 부족했기 때문이라고 확신하고, 새로운 전차를 개발하도록 독려했다. 그 결과 독일군은 새로운 두 종류의 전차를 개발했다. 중량 50t에 구경 75㎜의 주포를 장착한 판터(Panther) 5호와 중량 60t에 구경 88㎜의 주포를 장착한 티거(Tiger) 전차가 바로 그것이었다. 히틀러는 이 전차들이 공세의 핵을 이루게 되면 장차 전쟁에서 승리할 수 있다고 확신하였다. 그리고 이러한 신형 전차와 함께 보병의 진격을 보장해줄 자주포도 승리를 담보해줄 수 있는 필수 요소라고 보았다. 그러나 이러한 무기의 생산에는 시간이 필요했고, 공격의 지연은 상대방인 소련군에게 겨울 전투에서의 피해를 복구하고 전력을 증강할 여유를 준다는 점과 히틀러가 공격하고자 하는 지점에 강력한 장애물 지대를 구축할 시간을 준다는 점에서 위험을 초래할 것이었다.

전투가 개시될 시점까지도 티거와 판터는 초도 생산을 겨우 시작하여 성능면에서도 미흡한 점이 많았는데, 엔진과 변속기가 자주 고장 나게 되어 막상 실전에 투입되었을 때는 자주 정지함으로써 유기되는 경우가 빈번했다. 수량에서도 충분하지 못해 구형인 제3호나 제4호 전차가 여전히 전장의 주력이었으며, 시제품인 페르디난트 대전차포를 대용으로 투입해야만 했다. 히틀러는 공격 개시를 1943년 5월로 제시했지만, 장군들은 당연히 그 같은 모험적인 작전에 필요한 자원이 준비되었는지를 물었고, 그로 인해 작전의 개시 시기는 신형전차를 완비할 때까지 연기한다고 결정했다.

독일군 장군들은 독일군이 전력을 증강하는 동안 소련군 역시 그에 대비하여 방어 태세를 튼튼히 할 것이라는 우려를 표명했지만, 히틀러는 이제까지 해왔던 것처럼 군 수뇌부의 의견을 무시했다. 특히, 기갑 총감 구데리안은 쿠르스크를 포함한 어떤 지역에서의 공세에 대해서도 반대하는 입장을 취하였다. 그는 당시에 북아프리카에서의 독일군과 이탈리아군이 무너지기 직전이며, 그들이 연합군의 포로가 되는 것을 피하기 어렵다는 것을 알고 있었다. 북아프리카 전선이 붕괴하면 연합군은 서부 유럽에서 제2 전선을 형성하려 할 것이며, 그러면 그에 대응할 전력을 갖추지 못할 것을 우려한 것이다.

게다가 일시적으로 연합군에게 큰 피해를 주더라도 당장 예비 전력을 투입할 여력을 가진 연합군과의 전투는 전혀 달갑지 않으며, 그런 전략적 상황에서 소련에 대한 공세는 터무니없다는 의견을 제시했다. 그리고 이에 부가하여 구데리안은 새로운 전차는 서부 유럽에서의 연합군 제2 전선에 대비하여 비축하는 것이 옳으며, 동부전선에서 소모적인 소련과의 전투를 피하고 방어 태세를 굳건히 하는 것이 타당하다는 합리적인 건의를 했다. 그러나 히틀러는 구데리안을 비롯한 장군들의 건의를 무시하고, 다시 한번 대규모 소모전으로 군대를 밀어 넣었다.

히틀러는 무기의 성능이 승리를 보장해 줄 것이라는 믿음이 강했다. 예컨대, 이길 가능성이 전혀 없는 전투에서 몇 개 대대의 신형전차나 자주포를 지원하면 역전할 수 있다는 생각을 버리지 않았다. 이렇듯 신형전차의 전선 배치에 맞추다 보니, 작전의 개시는 원래의 5월 초에서 7월 5일로 최종 결정되었다. 작전의 연기는 소련군에게 작전 기도를 완전히 노출하는 결과를 가져와 기습의 효과가 사라지게 되었다.

한편, 소련 역시 라스푸티차가 제공하는 휴지기 동안 전력의 보충은 물론, 독일군의 차기 작전에 대응할 방안을 마련하는데 골몰했다. 전쟁 개시 이후 세 번째의 여름에는 독일군에게 승리를 안겨줄 수 없다는 각오 하에 스탈린은 독일군의 공세가 모스크바 맞은편 지역에서 있을 것이라고 믿어, 가용한 예비 전력으로 파쇄공격을 하자고 주장했다. 그러나 주코프를 비롯한 경험이 풍부한 장군 집단은 독일군의 공격이 쿠르스크 일대에서 가해질 것이 확실하므로, 소련군이 취할 방책은 종심 깊은 방어선을 구축하여 독일 기갑부대의 공세를 저지 격멸하는 것이며, 예비대를 절약하여 작전의 결과에 따라 필요시 반격을 위한 역량으로 비축해야 한다는 것이었다.

주코프는 "저는 가까운 앞날에 우리 군대가 기선을 잡을 목적으로 적군에 공세를 펼치는 것은 쓸데없는 일이라고 생각합니다. 우리 방어진지에서 적군을 괴롭혀 힘을 빼고 적군의 전차 부대를 분쇄한 다음, 팔팔한 예비 전력을 투입하면서 총공격으로 전환하여 적의 주요 병력 집결체를 단번에 박살을 내는 것이 더 나을 겁니다."라고 건의하여 스탈린의 승인을 받아냈다.[4]

독일군의 전차를 비롯한 신무기 개발에 대응한 소련의 무기 개발은 탁월한 공업력을 바탕으로 독일보다 두 배의 비율로 전차를 비롯한 무기를 생산해 냈다. 걸작품인 T-34에 이어, 85㎜ 구경의 주포에 무게 57t이 나가는 KV-85 전차를 생산했다. 거기에 76㎜의

---

4) 존 키건 지음. 류한수 옮김. 『2차 세계대전사』. (청어람 미디어. 2007, 8, 7) p. 693

대전차포를 주 무기로 한 연대를 200개나 편성하였으며, 그보다 구경이 작은 대전차포 2만 1,000문이 각급 보병부대에 지급되었다.

붉은 군대는 전차뿐만 아니라 포병 화력의 증강에도 힘을 쏟았다. 공산권 국가 군대의 특징이 강력한 포병을 갖추고 있다는 점인데, 스탈린은 “대포는 전쟁의 신”이라면서 순수한 포병사단을 다수 편성하였고, 장비도 신형 포인 구경 152㎜와 203㎜의 대구경으로 장비하였다. 이들 부대 가운데는 일명 ‘카투사’로 불리는 다련장 로켓포 사단이 4개나 포함되어 있었다. 카투사 포는 동부전선에서 독일군의 얼을 빼놓을 정도로 최고의 공포 대상이었다. 1943년 4월 이후 쿠르스크 지역이 독일군의 공격 목표로 확실시됨에 따라 전차 및 야포와 카투사 포 등 1만여 점이 쿠르스크 돌출부에 투입되었다.

● 독일군의 치타델레 작전 계획

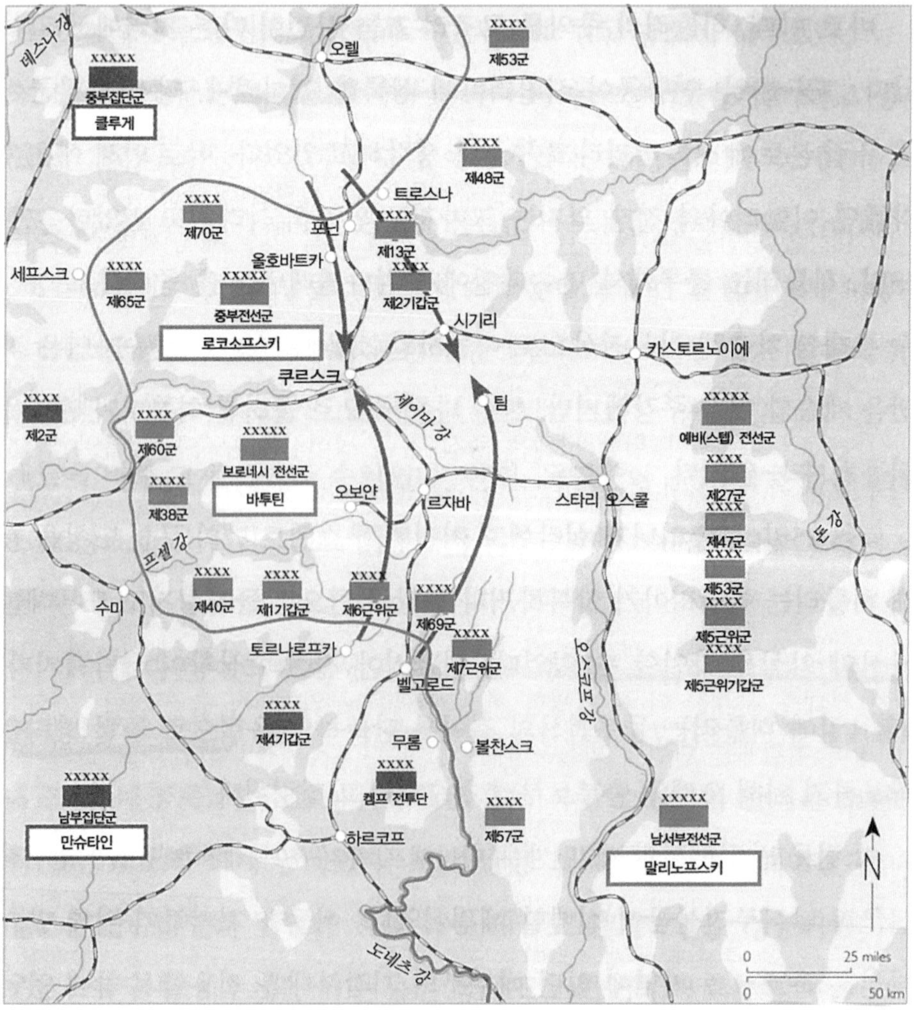

※ 출처 : 폴 클리어 등 지음, 강민수 옮김. 『제2차 세계대전』(플래닛미디어, 2008), p. 635

소련군은 종심방어 개념에 따라 방어지대를 제3지대로 구축하였다. 제1지대는 지뢰지대와 철조망 및 대전차포로 방어하고, 제2지대는 참호선 및 대전차 자주포와 포병으로 편성하였으며, 제3지대는 엄폐호를 구축하여 전차를 배치하는 방어선 형태로 준비했다. 지뢰지대는 1km^2 당 3,200발의 밀도로 매설하고, 전차가 통과 가능한 통로는 화력 집중점으로 만들어 적을 유인 격멸할 수 있도록 하였다. 그리하여 민간인 30만 명이 동원되어 마침내 150km의 종심을 가진 여덟 겹의 방어선이 만들어졌다. 방어선을 담당하는 부대는 로코소프스키의 중앙전선군과 바투틴의 보로네즈전선군이었다. 이들은 쿠르스크 돌출부 안에 7개 군을 쑤셔 넣어 강력한 방어진지를 구축했다.

전쟁 역사에서 이렇듯 강력한 방어진지는 찾아볼 수 없었으며, 참호전의 시기인 제1차 대전에서도 마찬가지였다. 붉은 군대는 전체 병력의 40%와 기갑전력의 75%를 투입하였기 때문에, 만약 이 작전에서 패배한다면 소련에게는 그야말로 치명적인 결과를 가져올 것임이 분명하였다. 쿠르스크 돌출부에 직접 투입된 2개의 전선군 외에 북쪽에는 브랸스크전선군과 서부전선군이, 남쪽에는 남서전선군과 남부전선군이, 그리고 후방에는 스텝전선군이 대기하고 있다가, 독일군의 공세가 무뎌지면 곧바로 반격에 나설 준비를 갖추었다. 양측의 투입된 전력은 아래 〈표-2〉에서 보는 바와 같았는데, 소련군의 전력은 쿠르스크 돌출부 후방에 위치한 스텝전선군(코네프)의 전력을 포함한 것으로, 독일군에 대비하여 병력은 3 : 1, 장비는 1.5 : 1의 우위를 확보했다. 이제 역사상 가장 많은 전차가 투입된 전투가 시작되었다.

● 〈표-2〉 : 쿠르스크 전투에 투입된 양측의 전력[5)]

구분	독일	소련	비고
병력	435,000명	1,536,633명	후방 지원부대 제외
전차	2,700대	4,781대	대전차 자주포 포함
포병	9,966문	19,549문	소련 : 박격포 포함
항공기	2,500대	2,650대	공격기 포함

독일군의 작전 개념은 비교적 단순했다. 쿠르스크 돌출부의 기저부를 북쪽 측면에서 모델의 제9군이 7개 보병사단, 8개 기갑사단 및 기갑척탄병 사단으로 돌파하여 내려오고, 남쪽에서 호트의 제4기갑군이 7개의 보병사단, 11개의 기갑사단, 1개의 기갑척탄병사단으

5) "독소전의 전환점 쿠르스크 전투의 교훈,"『군사 평론』, 제413호(대전 : 육군대학, 2011), p. 73.

로 북쪽으로 치고 올라와 연결한 후 로코소프스키와 바투틴의 60개 사단을 포위 섬멸하는 것이었다. 모델과 호트의 후방에는 각각 북쪽의 중부집단군(클루게)과 남부집단군(만슈타인)이 소련군의 반격에 대비하고 있었다.

독일군은 전투를 준비하면서 소련군의 방어 태세를 세밀하게 파악하면서 심각하게 우려하기 시작했으며, 심지어 히틀러조차도 공격계획을 여러 번 지연시키면서 숙고했지만, 특히 참모총장 자이츨러의 강경한 주장에 힘입어 최종적으로 공격을 결심했다. 히틀러의 머뭇거림에는 타당한 이유가 있었다. 5월 12일에 튀니지에서 독일-이탈리아군이 연합군에 항복했으며, 이어서 무솔리니의 지위가 위태로워졌고, 지중해 지역에서 연합군이 어디로 진격해 올지 우려되는 상황이었다. 거기에 추가하여 영, 미군의 공군력이 독일 본토까지 폭격을 강화하여 심각한 위기가 조성되고 있었다. 그뿐만 아니라 독일 동방군의 전력은 점점 약화하고 있었던데 반해, 소련군은 끊임없이 증강되어 전쟁 초기에 비해 훨씬 강력한 모습으로 변모하여 승리를 장담할 수 없었기 때문이었다.

소련군은 작전의 개시 시간을 정확히 알고 있었는데, 그것은 영국에 투입된 간첩으로부터의 보고를 통해서였다. 영국인이면서 소련의 간첩이었던 케언크로스(John Cairncross)는 블레츨리 파크에 위치한 최고(Ultra) 암호 해독반에 일자리를 구하는 데 성공했다. 그는 비번 날에 런던에서 소련 내무인민위원회(NKVD) 요원을 만나 독일군의 공격 개시 일자와 공격 대기지점 일대의 비행장에 대한 정보를 보고했다. 이후 그는 끊임없는 긴장을 견뎌내지 못하고 간첩 임무를 포기했다. 그러나 그의 정보에 의해 소련군은 독일 비행장에 세 차례의 사전 기습적인 공습을 가해 쿠르스크 전투를 지원하기 위해 대기 중인 항공기 500대를 파괴했다.6)

전투는 7월 5일 새벽 4시 40분에 시작되었다. 그러나 실제는 독일군의 공격개시시간을 사전에 감지한 소련군이 그보다 30분 전에 공격 준비 파괴사격을 실시하여 독일군을 교란함으로써 초장부터 김이 빠지기 시작했다. 독·소 양군은 역사상 최대의 기갑력을 동원하여 벌겋게 불타는 지옥 속으로 뛰어들었다. 거의 4,000대에 달하는 소련군 전차와 3,000대에 달하는 독일군의 전차가 제대를 이루어 이 지역으로 꾸역꾸역 몰려 들어갔다. 독일군은 바르바로사 작전 개시 이후 그렇게 많은 소련 항공기를 본 적이 없었고, 소련군 역시 얼룩덜룩한 위장무늬를 한 독일 항공기를 그처럼 많이 한꺼번에 본 적이 없었다.

독일군은 제1진으로 티거 전차와 페르디난트 돌격포를 앞세웠으며, 제2진으로 중형전차, 제3진이 기갑부대와 함께하는 보병으로 100~200대의 전차가 한 무리가 되어 전진했다. 포와 공중폭격의 굉음과 자욱한 연무로 인해, 듣고 보는 것이 극히 제한되었다. 북쪽에서

---

6) 리처드 오버리 지음. 류한수 옮김. [스탈린과 히틀러의 전쟁]. (지식의 풍경. 2007, 3, 15) p277

진군한 모델의 제9군은 초기에 순조로운 출발을 보였다. 중부전선군의 로코소프스키는 스탈린으로부터 예비대인 제27군의 전방 투입을 허가받았지만, 남부지역의 보로네즈전선군의 상황이 더 위급해지자, 스탈린은 계획을 수정하여 제27군을 보로네즈전선군으로 보냈다.

7월 6일 로코소프스키는 전날 상실한 지역에 대해 역습을 가했지만, 독일군에 의해 다시 밀려났다. 7월 7일 독일군이 출발선에서 거의 50km 떨어진 올호바트카(Olkhovatka)에 있는 고지를 목표로 다가왔다. 만일 이 고지를 탈환한다면, 독일군은 쿠르스크를 북쪽에서 내려다보면서 소련군의 병참선을 통제할 수 있을 것이었다. 그러나 로코소프스키가 신속하게 고지 주변에 전력을 증가시키고, 독일군에 대한 역공격을 시도하자 진격은 느려졌고, 양측 모두 극심한 피해가 발생했으며, 독일군은 겨우 20km 정도를 진격하고 저지되었다. 전차가 기동할 수 있는 좁은 접근로에는 소련 폭격기의 공습과 전차 및 대전차포와 중포의 십자포화가 독일군의 접근을 기다렸다가 작렬했다. 7월 10일에 독일군은 5일간의 전투 끝에 재편성에 들어갔다.

남부지역에서 공격을 개시한 호트의 제4기갑군은 북부에서의 전황보다는 양호했다. 제4기갑군 예하 제48기갑군단과 무장친위대 제2기갑군단은 티거 전차와 돌격포를 외곽과 전면에 배치하고, 중앙에 제3호 및 제4호 전차부대를 배치하여 상호 보완하도록 진용을 갖추고 전진했다. 제2무장친위대기갑군단에는 독일군에서 가장 막강한 기갑사단인 '해골사단', '제국(Reich)사단', '히틀러 근위 사단' 등이 있었다.

독일공군의 폭격을 시작으로 이미 개척해 놓은 지뢰지대를 통과해 초기에는 신속한 전진이 가능했다. 그러나 중첩된 장애물과 대전차포, 그리고 엄폐된 진지에서 퍼붓는 적 전차의 화력에 독일군의 전력은 급속히 타력을 잃어갔다. 새롭게 투입된 판터는 쉽게 고장이나 유기되거나 파기되어 7월 9일에는 200대의 판터 전차 중에 가동이 가능한 것은 20대에 불과했다고 기록은 전한다. 그럼에도 제48기갑군단은 7월 9일까지 소련군 제6근위군과 제1기갑군 및 제3기계화군단을 격파하는 전과를 올리고 쿠르스크를 향해 진격했다. 바투틴은 역습을 가할까 고심했지만, 독일군의 왕성한 공격력을 고려하여 방어를 유지하기로 했다.

7월 9일에는 호트의 선봉부대가 쿠르스크 남쪽의 방어거점인 오보얀(Oboian)에서 20km 떨어진 지점까지 타격하고 들어갔다. '성채 작전'의 목표인 남북의 돌파 부대가 연결될 가능성이 작게나마 엿보였다. 그러나 소련군의 정밀한 방어진지를 돌파하는 데는 큰 대가를 치러야 한다는 것이 입증되었다. 전차가 기동할 수 있는 통로는 어김없이 살상지대가 마련되어 집중포화를 당해 기계화부대는 하차하여 보병 전투를 벌여야 했으므로 전차의 소모가 극심해졌다.

7월 10일에 호트는 궁여지책으로 예비 전력인 제10기갑사단과 무장친위대 비킹사단

(Division Wiking)을 투입하여 공격의 타력을 유지하려 했으나, 전진 속도는 떨어지기 시작했다. 7월 11일 스탈린과 스탑카로부터 작전통제권을 위임받은 주코프와 바실레프스키 참모총장은 그동안 준비해둔 예비 전력을 투입하도록 했다. 전투지역 북쪽에서 포포프의 브랸스크전선군이 로코소프스키의 중부전선군을 공격하고 있는 모델의 제9군의 측방을 공격하도록 했으며, 남쪽에서는 코네프의 스텝전선군이 바투틴의 보로네즈전선군을 공격하고 있는 호트의 제4기갑군을 공격하도록 했다. 이 과정에서 제2차 세계대전에서 가장 치열하고 규모가 큰 전차전이 벌어졌다.

제4기갑군은 쿠르스크로 진격하기 위해서는 중간 지점인 프로호로프카(Prokhorovka)를 통과해야 했으므로, 이를 반격하기 위한 코네프의 스텝전선군과 이곳에서 격돌하게 되었다. 독일군의 전차 600여 대와 스텝 전선군 예하 로트미스트로프(Pavel Rotmistrov) 장군이 지휘하는 제5근위전차군의 전차 900여 대가 이 지역에서 7월 11일 새벽부터 해 질 무렵까지 팽팽히 맞섰다. 제5전차근위군의 공격은 시의 적절했지만, 독일군도 필사적으로 반격했다.

아침 6시 30분에 독일 폭격기가 외계의 곤충처럼 몰려들어 굉음을 내며 숲과 마을에 폭탄을 투하했다. 독일군의 폭격이 끝나기도 전에 소련의 전투기가 나타나 독일 폭격기들을 요격하여 양측의 항공기들이 격추되며 땅에 떨어지기 시작했다. 이어서 물결처럼 소련의 폭격기들이 나타나 독일군이 은폐한 지역에 대해 비처럼 폭탄을 퍼부었다. 로트미스트로프가 러시아어로 '스탈린'인 암호 '강철, 강철'을 외치자, T-34 전차들이 은폐 진지에서 나와 들판을 가로질러 전진하였고, 이에 기다리고 있었던 독일군의 전차와 돌격포도 숲 근처에서 기어 나와 격돌했다. 5평방km 정도의 좁은 지역에서 1,000대에 가까운 전차가 서로 부딪치고 있었다. 양측 모두 정면충돌을 원하지 않았으나 피할 수가 없었다. 마치 공룡시대의 공룡들처럼 서로를 향해 전진해갔다.

곧이어 흙먼지와 포연으로 전장이 가려졌다. 기가 막힌 드라마에 자연도 한 몫 하느라고 낮 동안에 세찬 폭우와 뇌성이 전장에 퍼졌다. 탱크들이 뒤엉켜 격돌하면서 포병과 항공기들은 지원사격을 할 수 없게 되었다. 소련군의 T-34 전차는 화력 면에서는 독일군의 티거나 판터에 비해 열세였지만, 기동성은 뛰어나 대등한 전투를 전개할 수 있었다. 포탄을 다 소모해 버리고 나면, 적 탱크를 들이받았으며, 기동 불능 상태가 되면 전차를 안에서 걸어 잠갔다. 그런 전차에는 보병들이 접근하여 화염병을 투척하여 화재를 발생시켰다. 양측 모두 궤멸적인 타격을 입었다. 해가 질 무렵 전장에는 700대가 넘는 전차들이 동체에 구멍이 뚫리고 포신이 휘어지고 궤도가 이탈했거나, 포탑이 날아간 기괴한 모습으로 누워있었다. 시체 수천구가 전장에 뒹굴고 있었다. 여덟 시간이 지나 전투는 중지되었다.

● 쿠르스크 전투에서 붉은 군대와 맞붙기 위해 이동하는 독일군 기갑 부대

● 쿠르스크 전투가 끝난 뒤 싸움터의 광경

온종일 물고 물리는 전투에서 양측은 막대한 피해를 입었다. 독일 측은 티거 전차 70대를 포함하여 300대의 손실을 입었으며, 소련 측의 제5근위전차군은 전차의 절반인 500대 정도를 잃었다. 최근의 연구 결과는 양측의 전차 1,000여 대가 일시에 투입되어 전투를 벌인 것은 아니고, 연대 단위나 더 소규모의 단위로 투입되어 지속적이고 산발적인 전투가 이루어진 것으로 파악되었으나, 어쨌든 하루 종일 대규모 전차전이 벌어진 것은 명확했다. 독일군은 3일간 추가적인 공격을 퍼부었지만, 결국 프로호로프카를 돌파하거나 우회할 수 없다는 것이 명확해지게 되었다.

여기서 전투의 결과에 나타난 피해만을 논한다면 독일군의 승리라고 할 수 있었다. 그러나 문제는 전쟁 지속능력에서 소련은 아직도 예비 전력을 보유하여 반격할 능력이 있었지만, 독일은 전혀 없었다는 점이다. 이러한 상황을 파악한 히틀러는 7월 13일이 되자 과거와 달리, 선뜻 작전의 실패를 인정하고 공격을 시작했던 지점으로 철수를 명했다. 반면에 만슈타인은 동부지역에 있는 기갑부대를 자신의 통제하에 위임한다면 쿠르스크 돌출부를 아직도 제거할 수 있다고 히틀러에게 주장했다. 히틀러에게는 허락하고픈 마음이 전혀 없었다. 그 이유는 전차 공급의 고갈에 있었다. 기갑 총감 구데리안과 군수 장관 슈페어가 아무리 노력해도, 1943년에 월 전차 생산 목표인 1,000대를 달성할 수 없었고, 고작 330대가 평균이었다. 과거처럼 전투에서 파괴되면 바로 보충되질 않았다. 반면 소련군은 월평균 2,500대의 전차를 생산하여 손실보다는 보충이 더 많아 더 많은 부대를 무장 시킬 수 있었던 것이다.

제 4 장

소련군의 반격(1943년 7월~12월)

영·미 연합군은 7월 10일 시칠리아에 상륙하여 이탈리아 본토에 상륙할 태세를 갖추었다. 연합군이 이탈리아반도를 침공하게 되면 이탈리아가 곧바로 항복할 기미를 보이자, 히틀러는 서둘러 성채 작전을 중지하고 일부 전력을 서부전선으로 전환하기 시작했다. 그러나 문제는 독일군의 소련군에 대한 평가에 큰 착오가 있었다는 점이었다. 독일군은 소련군이 독일군의 진격을 저지하는 것 외에 추가적인 계획이 있다는 점을 간과하였는데, 소련군 역시 막대한 손실을 보았기 때문에 반격할 능력이 있다고 생각하지 않았다. 그러나 주코프와 바실레프스키는 쿠르스크 전투 이전에 예비대를 확보하여 역습을 준비하고 있었다. 전 전선에 걸쳐 축차적인 정면공격을 개시한 것이다. 이제 전 전선에서 소련군이 완전히 주도권을 잡게 되었다.

맨 먼저 7월 12일에 쿠르스크 돌출부의 북쪽에서 소콜로프스키(Sokolovsky)의 서부전선군이 모델의 배후 엄호부대였던 제2기갑군에 대해 기습 공격하는 '쿠투조프[7] 작전'을 전개한 것이다. 쿠르스크 전투를 지원하느라 어수선했던 독일군은 쉽게 적의 기습을 허용하여, 모델 예하의 제6군 후방 병참선이 위협을 받았다. 독일군은 전선을 재조정하여 간신히 소련군의 진군을 저지했다. 하지만 이것은 시작에 불과했다. 쿠투조프 작전이 종료되자마자, 전역의 바로 남부지역에서 포포프의 브랸스크전선군이 오룔을 공격해 왔다. 오룔은 도로와 철도의 교차점으로 병참 지원을 하기 위한 중요한 요충지였다. 1주일간의 전투 후에 소련군은 오룔을 탈취했고, 독일군은 8월 중순까지 120km를 후퇴하고서야 비로소 방어 태세를 갖출 수 있었다.

쿠르스크 돌출부 남쪽의 상황도 비슷했다. 8월 3일 코네프의 스텝전선군과 바투틴의 보로네즈전선군이 하르코프와 벨고로트(Belgorod)를 점령하기 위한 '루만체프 작전(Rumyantsev Operation)'을 전개한 것이다. 독일군은 다시 한번 기습을 허용했다. 쿠르스크 전투에서 소련군 또한 심대한 손실을 입어 반격 능력이 없을 것으로 판단한 것은 옳았으

7) 1812년 6월 나폴레옹이 러시아를 침공할 때, 러시아군의 총사령관으로서, 광활한 대지를 이용하여 초토화 작전을 펼쳐 모스크바를 비워주기까지 하면서 지연작전을 펼쳤다. 궁극적으로 프랑스군이 병참의 고갈과 추위로 인해 철수할 때, 집요한 추격전을 전개하여 프랑스 대 육군을 완전히 격멸한 명장이었다.

나, 예비 전력을 투입할 수 있는 소련군의 능력을 간과했던 것이다. 소련군은 작전 개시 2일 만에 벨고로드를 탈환했고, 8월 21일에는 전쟁 중에 네 번이나 주인이 바뀐 하르코프를 최종적으로 되찾았다.

이와 더불어 더 남쪽에서는 남서부전선군과 남부전선군이 독일군 남부집단군을 공격했다. 이때 만슈타인은 히틀러에게 20개 사단의 증원이 없다면 전쟁물자의 보고인 돈바스 일대를 적에게 내줄 수밖에 없다고 보고했다. 히틀러는 전력을 증강시켜 주기는 고사하고, 오히려 이탈리아의 위기를 타개하기 위해 일부 정예사단들을 동부전선에서 이탈리아로 전환했다. 반면에 가중되는 위기를 모면하기 위해 서부에서 라인강을 따라 구축된 '서부 방벽'을 모방한 '동부 방벽(Ostwal)'을 구축하도록 지시함으로써 1942년에 장악한 영토를 고수할 수 있도록 하는 방안을 지시했다.

동부 방벽은 남쪽의 아조프(Azov)해 연안에서 시작하여 북쪽으로 남부집단군 사령부가 위치한 자포로지예(Zaporozĥe)로 이어진 다음, 드네프르강을 따라 북상하여 키예프와 체르니코프(Chernigov)를 거쳐 비테프스크를 지나 프스코프(Pskov)에서 페이푸스(Peipus) 호수를 통과하여 발트해에 이르는 선에 방어벽을 구축하는 것이었다. 히틀러는 동부 방벽을 당장 만들라고 지시했다. 그러나 독일 동부군에는 방어벽을 만들 인력이나 자재가 없을뿐더러 소련군이 가만히 보고 있지도 않았다.

붉은 군대는 특히 남부 전선에서 강공을 가해 8월 21일 전략적 요충인 하르코프를 탈환한 후 계속 공격하여, 도네츠강과 이 강의 지류인 미우스강을 건넜다. 붉은 군대의 강공으로 크림반도 너머의 교두보에서 아직도 버티고 있던 클라이스트의 A집단군이 포위될 위험에 빠졌고, 만슈타인의 남부집단군 중에서 가장 남쪽에 있는 제6군의 퇴로가 차단될 위험에 처했다. 히틀러는 남쪽에 있는 독일군의 철수를 8월 31일부로 허가했다. 그러자 이제는 클루게의 중부집단군이 공격을 받아 방어진지의 세 군데가 돌파당해 독일 동방군의 남쪽이 소련군의 힘에 짓눌려 모두 무너지고 있었다.

9월 8일이 되면 소련군의 전위부대가 드네프르강에서 50km 이내에 접근했고, 9월 18일에는 남부의 최대 도시인 키예프를 위협했다. 중부집단군은 히틀러가 저지선으로 지정한 동부 방벽을 지탱할 수가 없었다. 같은 시점에 중부집단군의 북쪽에서는 소콜로프스키의 서부전선군이 스몰렌스크를 공격하기 시작했다. 스몰렌스크는 1941년 6월에 소련을 공격할 때 독일군이 대규모 포위를 성공시켜 붉은 군대를 곤경에 빠뜨렸던 경험이 있는 요충지였다.

히틀러는 9월 15일에야 드네프르강과 소즈(Sozh)강과 프로냐(Pronia)강 후방으로 후퇴해도 좋다고 허락했다. 철수 허가가 너무 늦는 바람에 독일군과 소련군은 서로 경주하듯이 강을 향해 달렸고, 그로 인해 강의 차안 쪽 언덕에 설치한 진지를 상실하는 결과를 가져왔다. 9월 말까지 소련군은 드네프르강을 건너 프리펫트 습지대의 남쪽에 커다란 거점을 비롯한 다섯 개의 교두보를 마련했다.

1943년 여름 전투는 결과적으로 독일 동방군에게 파국적인 결과를 가져왔다. 드네프르강의 서안은 단애 지역으로 형성된 강력한 천연장애물이었으나, 많은 부분이 돌파되어 동부 방벽의 역할을 크게 상실했기 때문이었다. 지난 5주간의 전투에서 독일군은 1,000km 정면의 전선에서 대략 200km를 후퇴했다. 이와는 대조적으로 붉은 군대는 대약진을 가져왔다. 쿠르스크 전투 이후 붉은 군대는 사전에 계획된 목표지역을 모두 탈환했으며, 대량 손실에도 불구하고 공격역량은 대폭 확충되었다.

10월이 되면서 붉은 군대는 126개 소총군단을 비롯하여 24개 전차 군단 및 13개 기계화군단과 6개 포병군단 등이 증편되었다. 또한 부대의 명칭도 10월에 접어들면서 개칭되었는데, 기존의 보로네즈전선군, 스텝전선군, 남서부전선군, 남부전선군이 각각 제1, 제2, 제3, 제4우크라이나전선군이 되었다. 북쪽의 부대들도 얼마 후에 제1, 제2벨라루스전선군, 제1, 제2발트해전선군으로 개칭되어 훨씬 구분하기 편리하게 되었다.

닥쳐온 겨울은 붉은 군대에 전투하기에 유리한 계절이었다. 소련군은 미국이 보내준 1,500만 켤레의 털 장화를 신어 동상에 걸리지 않았으며, 장비의 동파를 방지하기 위해 윤활유에 적당량의 석유를 섞어 쓰는 요령을 알았다. 말의 콧구멍에서 성애가 고드름으로 변하면 어떻게 관리해야 하는 것도 알았다. 반면에 독일군은 이러한 비결들을 많은 희생을 치르고서 터득했으며, 월동 장비도 전쟁 3년 차인 1943년 겨울이 되어서야 제대로 지급받게 되었다.

겨울의 첫서리가 내릴 무렵 우크라이나전선군으로 이름이 바뀐 소련군 부대들이 크림반도의 허리 부분을 공격해 왔다. 크림으로 가는 길목에 있는 독일군 제17군을 격멸하여 크림에 주둔한 부대의 퇴로를 차단하려는 것이었다. 히틀러의 크림에 대한 집착은 대단했다. 그 이유는 1942년 여름에 몹시 어렵게 점령한 지역이라는 점과 캅카스로 가면 풍부한 유전이 있다는 점, 그리고 탈취당한다면 루마니아에 있는 플로이에슈티 유전을 공습하기 위한 좋은 발판을 제공하는 지역이라는 점에 있었다.

10월 27일 제4우크라이나전선군이 크림의 A집단군을 공격했을 때, 히틀러는 루마니아에 증원 요청을 했으나, 루마니아의 안토네스쿠 장군은 전쟁의 승패를 어느 정도 예측하고 독일군에 협조하기를 거부했다. 루마니아는 다음 해 8월에 연합군에 항복하고, 기꺼이 독일군을 향해 총부리를 겨누게 된다. 외부 증원이 불가능해지자, 히틀러는 붉은 군대의 공격을 격퇴하고 현 지역을 사수하라는 명령을 내릴 뿐이었다. 제17군과 인접 부대인 제6

군에 또 다른 공격이 가해져 크림과 러시아 본토를 연결해 주는 잘록한 땅을 소련군이 점령하자, 11월 30일에 크림에 주둔한 독일군 21만 명이 고립될 위기에 처했다. 조속히 철수하지 않으면 제2의 스탈린그라드의 비극을 되풀이하게 될 수도 있었지만, 히틀러는 철수를 허락하지 않았다.

한편, 다른 3개의 우크라이나전선군들은 드네프르강을 향해 파상공세를 이어갔다. 독일군이 축차적인 철수를 하면서 지역을 초토화했기 때문에, 제1우크라이나전선군 사령관 바투틴은 "적이 우리의 빵을 불사르고 있다. 우리는 계속 공격해야 한다."라고 다그쳤다.[8] 9월 하순부터 10월 중순에 이르도록 양군은 드네프르강을 두고 일진일퇴를 거듭하고 있었다. 독일군도 소련군이 접근해 올 수 있는 중요지형에 대한 방어를 엄중히 하고 있었지만, 키예프 북쪽의 류테시(Lyuteze) 마을 인근의 습지대는 접근이 어려운 지역으로 간주하여 독일군이 방어 태세를 느슨하게 유지했기 때문에, 바투틴 예하의 1개 보병사단이 습지를 지나 작은 교두보를 확보할 수 있었다.

바투틴은 이곳을 이용하여 돌파구를 확장하기로 작정했다. 많은 차량과 전차들이 습지대에 투입되었으며, 그 과정에서 다수의 장비가 물속으로 사라져버리는 많은 희생을 치렀지만, 바투틴은 제3전차군을 이곳에 투입한 후에 기습적으로 키예프를 향해 발진해 나감으로써 11월 6일에는 우크라이나 수도 키예프를 3일 만에 탈환할 수 있었다. 그리고 그의 전선군은 드네프르에서 우크라이나 평원으로 밀고 나갈 전략적 발판을 마련할 수 있었는데, 바투틴은 속도를 높여 지토미르(Zhitomir)를 향해 진격했다.

만슈타인은 1942년 2월 하르코프 남쪽에서 3개의 소련 야전군을 격파했던 것과 같은 기적적인 승리를 기대하며 반격을 개시했다. 그는 예하의 제48기갑군단과 제24기갑군단을 동원하여 소련군의 선봉을 격파하고, 소련군을 드네프르강으로 되돌려 보낼 생각이었다. 그러나 상황은 그때와 많이 달라져 있었다. 그러나 무엇보다도 소련군의 대전차 방어 능력이 대단히 향상되어 보병과 기갑의 합동작전을 통해 공격하는 독일군에게 심각한 피해를 줬다.

그럼에도 불구하고, 독일군 제48기갑군단은 선도하는 소련군의 전차여단을 격멸하고 제3근위전차군을 파스토프(Fastov) 일대에서 저지했지만, 파스토프를 탈환하지는 못했다. 실망한 만슈타인은 제48군단을 바투틴의 우익으로 전환하여 위협했지만, 초기에 성공을 거두었다가 결국은 실패했다. 11월 말과 12월 초에 이르는 기간 중 만슈타인은 두 번에 걸쳐 바투틴의 우익을 위협했으나, 모두 초기의 성공을 이어가지 못하고 실패했다. 12월 말

---

8) 데이비드 M. 글랜츠·조너선 M. 하우스 지음, 권도승·남창우·윤시원 옮김, 『독소 전쟁사』(서울 : 열린 책들. 2009), p. 225.

까지 소련군의 교두보를 제거하기 위한 만슈타인의 역습은 실패로 돌아가고 독일군의 방어선에 커다란 돌파구가 형성되고 말았다. 이제 소련군의 동계공세를 감당할 준비에 골몰해야 할 시기가 닥친 것이다.

한편, 그보다 남쪽에서는 코네프의 제2우크라이나전선군이 제5근위전차군을 선봉으로 크리보이 로크(Krivoi Rog) 일대에서 계속하여 교두보를 넓혀가고 있었다. 독일군의 기갑사단들이 교두보를 제거하기 위해 역습을 했고, 소련군도 이에 대응하여 수많은 격전을 펼쳤으나, 상호 결정적인 결과를 가져오지는 못했다. 남부 드네프르 일대에서의 공방전에 이어, 소련군의 공격은 독일의 중부집단군을 상대로 북쪽에서도 치열하게 전개되었다.

9월에 스몰렌스크를 함락한 데 이어, 10월 초에 예레멘코의 제1발트해전선군이 공격을 개시해 독일의 중부집단군과 북부집단군 사이에 간격을 넓히면서 진격하여 북쪽의 비테프스크를 위협했다. 예레멘코의 남쪽에서는 소콜로프스키의 서부전선군이 모길료프 일대의 독일군 방어선을 지속해서 강타하고 있었으며, 그보다 남쪽에서 로코소프스키의 벨라루스전선군이 고멜(Gomel) 지역에서 공세를 강화했다. 소련군은 1941년 여름 독일군이 진군해왔던 길을 그대로 되짚어 나갔다.

제 5 장
히틀러, 후퇴 명령을 내리다(1944년 1월)

다방면에서의 야심 찬 소련군의 공세는 11월 중순이 되면서 정교한 독일군의 방어작전에 막히고, 동계의 악천후로 인해 소강상태로 들어가는 듯했다. 벨라루스의 상황이 안정되고 남부의 드네프르 지역에서 소련군이 교두보 내에 머무르는 것처럼 보여 독일군은 잠깐이나마 안정을 찾았다고 확신했으나, 소련군은 독일군의 생각대로 움직이지 않았다. 매년 가을에 시작되는 라스푸티차는 이해에 매우 가볍게 지나가 기상으로 인한 휴지 기간이 거의 없었다.

이 무렵 히틀러는 11월 3일 자로 영도자 지령 51호를 발표했다. 히틀러는 지령에서

"자신은 서방에서 영국군과 미군의 침공이 머지않았다고 판단하고 있으며, 다른 전역을 위해 서방의 방위 태세를 더 이상 약화시키는 책임을 질 수 없다."라고 선언하고, 실제로 그는 "그러므로 서방의 방위 능력을 증강하기로 결정했다."

라고 선포했다. 이는 곧 독일의 동방군이 더 이상 본국으로부터 증원군을 기대할 수 없으며, 자체에서 현재 보유 전력과 현지의 보충 병력으로 전투를 해나가야 한다는 것을 의미했다.

히틀러는 또한 지령에서 "동방은 공간이 넓어서 최악의 경우, 우리가 방대한 땅을 상실하더라도 독일의 중추신경에 치명타가 되지 않을 수 있다."라고 평가했다. 이러한 평가는 그가 붉은 군대와 가장 잘 싸우는 길은 영토에서 물러났다가 공격하는 전략을 구사하는 것이라는 동부전선 지휘관들의 견해를 받아들일 자세를 갖춘 것처럼 보였다.[9] 사실상 그러한 견해를 가장 강력하게 주창한 사람은 만슈타인이었다.

앞에서도 언급한 바와 같이, 10월 말에 크림반도 일대에서는 톨부힌의 제4우크라이나전선군이 공격해 오자, 히틀러는 제17군으로 하여금 그곳을 굳건히 방어하도록 지시했다. 그러나 그로 인해 A집단군 21만 명이 거의 포위된 상태에 빠지게 되었으며, 케르치 반도에 소련군이 상륙하면서 제17군의 생존마저 위협을 받게 되었다. 이때는 이미 만슈타인의

9) 존 키건 지음, 류한수 옮김, 『2차 세계대전사』(서울 : 청어람 미디어, 2007), p. 710.

남부집단군이 키예프를 빼앗기고 드네프르강의 서쪽에 커다란 교두보가 형성되어 점차 퇴로가 위협받기 시작하는 시점이었다.

1944년 1월이 되자, 소련군은 만슈타인의 남부집단군과 클라이스트의 A집단군을 향해 또 다른 공격을 감행했다. 히틀러가 루마니아의 유전지대의 안전을 위해 그토록 확보하려 했던 크림에서 이제는 어쩔 수 없이 철수할 때가 온 것이다. 만슈타인은 자신의 지휘소를 한 때 히틀러가 전방지휘소로 사용하던 빈니차로 옮겨놓고, 1월에만도 두 차례나 라스텐부르크의 히틀러를 찾아가 후퇴해야 할 상황이라고 건의했으나, 번번히 퇴짜를 맞았다. 그러나 크림에서 소련군에 포위될 위기에 처한 A집단군이 더 이상 후퇴를 피할 수 없는 상황이 되자, 히틀러는 드네프르강의 서쪽으로 한참 들어와 있는 니코폴(Nikopol)과 크리보이로크의 탄광 지대를 포기해도 좋다고 허락했다. 클라이스트는 대포를 포함한 중장비를 대부분 포기하고 탈출했다.

이어서 2월 중순이 되면서 남부집단군 예하의 2개 군단이 드네프르강과 빈니차 사이에서 포위되었다. 만슈타인은 2월 17일 가용한 기갑부대를 총동원하여 포위망을 뚫고 그들을 구조했다. 이 작전으로 만슈타인의 제1기갑군과 제4기갑군이 코네프의 제2우크라이나전선군과 대치하는 바람에, 북쪽의 바투틴의 제1우크라이나전선군이 진격하여 3월 1일 과거의 폴란드 국경을 돌파하고 르부프를 위협했다. 이곳은 카르파티아산맥에서 200km도 안 되는 지점이었다.

독일군의 방어벽은 사방에서 둑이 터졌다. 한 곳을 수리하면 금방 새로운 둑이 터져나가는 상황이 되어 그저 긴급으로 처방해나가는 방법 이외에는, 뾰족한 다른 방법이 없었다. 북쪽 전선에도 위기가 닥쳤다. 레닌그라드를 포위하고 있던 퀴흘러(Georg von Küchler) 장군 예하의 북부집단군이 1월 15일 공격받았다. 메레츠코프의 볼호프전선군과 고보로프의 레닌그라드전선군 및 포포프의 제2발트해전선군이 일시에 독일군을 신속하게 강타했고, 1월 19일에는 세 군데서 포위망을 돌파하여 1,000일 동안 갇혀있던 레닌그라드를 해방시켰다. 1월 26일에 시민 100만 명이 굶어 죽었던 레닌그라드가 해방되었다는 공식 선언과 함께 24발의 예포가 울려 퍼졌다.

히틀러는 크림에서와 같이 북부집단군의 철수를 용인하지 않다가, 적의 압력을 도저히 버텨낼 수 없다는 것이 명확해지자, 퀴흘러를 해임하고 제9군사령관 모델을 후임으로 임명하면서, 후퇴하여 준비된 동부 방벽으로 들어가도 좋다고 허락했다. 2월 13일에 모델의 북부집단군은 페이푸스 호수와 프스코프 호수를 연하는 선에 마련된 별칭 '표범(Panther)'이라고 불리는 동부 방벽으로 들어가 전선을 안정시켰다.

북부지역에서 히틀러의 또 다른 정치적인 고민은 전선이 남하함에 따라 핀란드가 동맹을 파기하고 소련과 단독으로 강화하리라는 것이었다. 그의 우려는 점차 현실화되어 핀란드는 전선을 이탈했고, 얼마 후인 7월에는 소련과 휴전 협정을 맺어버렸다. 한편 참모총장 자이츨러는 2월 하순에 징집 적령기의 소련인 1,800만 명이 전쟁 개시 이후 소모되어 차후 가용한 예비 인력은 200만 명에 불과하다는 밝은 전망을 히틀러에게 자신 있게 보고하여 잠시나마 기분을 좋게 했다. 그러나 소련을 대상으로 한 정보기관장 겔렌 대령[10]은 1943년 10월에 이미 "소련군이 장비, 인력, 정치선전에서 독일군을 능가했다."라고 보고했다. 자이츨러가 틀렸고, 겔렌이 맞았다.

소련군은 2월 말까지 예비 전력을 집결하여 전차군 6개를 독일군 남부집단군 정면에 대기시켰다. 스탈린은 3월 초에 공세를 시작하라고 명령했다. 3월 4일에 제1우크라이나전선군이 공격을 시작할 계획이었으나, 2월 29일 사령관 바투틴이 프리펫트 늪지대에서 우크라이나 분리 독립주의 파르티잔의 매복에 걸려 사망함으로써 잠시 유예되었다. 유능한 장군의 한 사람을 잃었지만, 스탈린은 후임으로 주코프를 임명하고 공세를 계속하도록 했다.

이제는 사회주의 군대의 특성이 된 강력한 포병을 앞세워 엄청난 공격준비 사격으로 독일군의 진지를 초토화한 다음, 기동부대가 앞으로 튀어 나갔다. 주코프의 부대가 독일군 제1기갑군과 제4기갑군의 전투지경선에 작은 돌파구를 형성한 뒤 진격하여 전선 후방에 남겨진 독일군의 부대를 차단했다. 이때 독일군 제1기갑군의 일부도 포위되었다가 겨우 탈출할 수 있었다.

제1우크라이나전선군의 남쪽에서는 제2우크라니아전선군과 제3우크라이나전선군이 독일군 중부집단군보다 더 약화된 독일군 A집단군을 공격하여 4월 15일까지 오데사를 탈환하고, 크림반도에 주둔하고 있던 독일군 제17군을 고립시켰다. 그러자 톨부힌의 제4우크라이나전선군이 케르치 반도를 건너와 세바스토폴 항구 근처의 고립지대에 있는 제17군의 잔존부대를 포위했다. 이는 1854년 크리미아 전쟁에서 영국군과 프랑스군이 러시아군에, 그리고 1941년 여름에 룬트슈테트의 남부집단군이 소련군에 했던 것과 똑같은 전투방식이었다. 1941년 당시 소련군은 세바스토폴에서 1942년 7월까지 포위를 견디고 영웅적으로 저항하다가, 엄청난 포격을 당해 얼이 빠져 만슈타인의 제17군에 잔존부대가 항복했던 경험이 있던 지역이었다.

---

10) 제2차 세계대전 당시 소련 관련 방첩 첩보 전문가로 근무했다. 전쟁 말기에 미군에 투항했으며, 전후에 미국의 도움으로 [겔렌 기관]이라는 이름으로 소련과 동구라파에 대한 첩보 수집 활동을 했다. 1955년 서독의 정보책임자가 되었으나, 1968년 부하 두 사람이 소련의 간첩인 것이 밝혀져 사임했다.

● 1943년 11월~1944년 8월 소련군 점령 지역

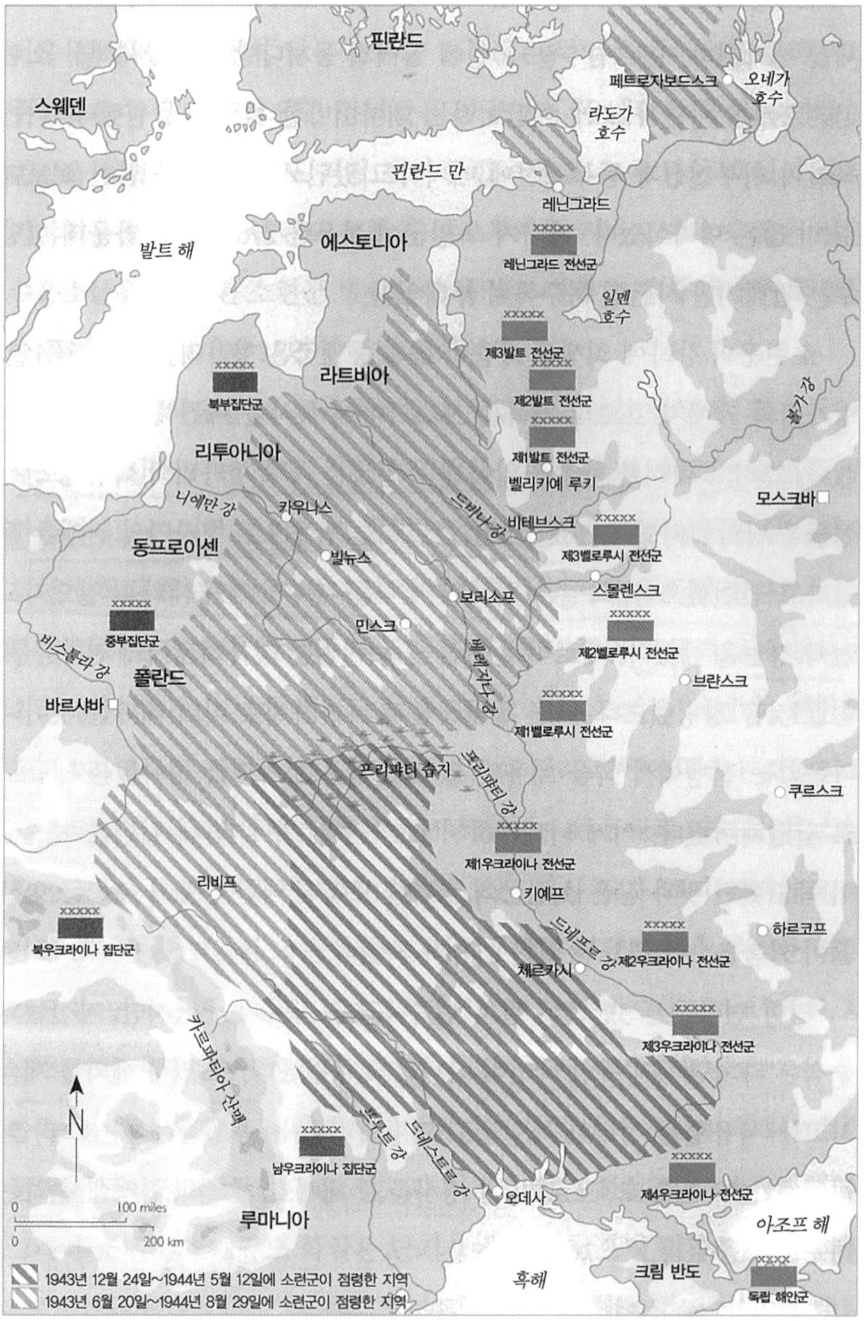

※ 출처 : 폴 클리어 지음, 강민수 옮김. 『제2차 세계대전』(플래닛미디어, 2008), p. 663

1943년 8월~12월에 드네프르 강을 향한 공세를 벌인 소련군은 뒤이어 레닌그라드의 포위를 풀고(1944년 1월) 벨로루시에서 바그라티온 작전을 개시(1944년 6월~8월)하는 한편, 그와 동시에 핀란드, 카르파티아, 남부전선 일대에서 동시다발적으로 공세를 가했다. 8월 말이 되자 독일군은 거의 모든 소련 영토에서 축출되었으며, 붉은 군대는 루마니아와 폴란드, 동프로이센으로 진입하기 시작했다.

1944년 5월 초순이 되자, 히틀러도 더 이상 세바스토폴 방어를 지탱할 수 없다는 것을 인정하고 후퇴를 허락하여, 제17군은 5월 4일부터 4일간 야간을 이용해 해상으로 소개했다. 제17군의 15만 병력은 4만 명이 철수하고, 3만 명이 포로가 되었으며 나머지는 희생되었다. 루마니아의 안토네스쿠 원수는 3월에 베를린으로 히틀러를 방문하여 세바스토폴에 있는 루마니아군의 철수를 요구했으나 받아들여지지 않자, 서방과의 강화를 모색하려 했다. 우크라이나 전선에서의 독일군의 패배는 루마니아가 단독으로 서방 연합군에 강화를 모색하도록 재촉하는 결과를 가져왔다.

우크라이나 남부에서의 패배에 자극받은 히틀러는 3월 30일에 만슈타인과 클라이스트를 라스텐부르크로 호출하여, “남쪽 전선에 필요한 것은 새 이름과 새 구호와 방어전략 전문 사령관임.”을 밝혔다. 그리고 이 자리에서 만슈타인은 레닌그라드 전선을 ‘표범(Panther)’ 선에서 안정시킨 모델로 교체되고, 클라이스트의 후임은 광신적인 히틀러 추종자인 쇠르너(Ferdinand Schörner)로 교체되었다. 위대한 기갑 작전의 전문가인 두 사람이 갑자기 제거되었고, 광신적이고 부하들의 굴종만 강요하는데 능력이 뛰어난 지휘관들이 임명되었다.

히틀러에게는 이제 유능하지만, 직언을 삼가지 않는 사령관은 필요하지 않았고, 능력은 없더라도 지시 사항에 순응하는 사령관이 오히려 편했다. 참모총장 자이츨러는 두 사람의 면직 소식을 듣고 사표를 제출했으나, 히틀러는 “장군은 사임할 수 없다.”라면서 사표를 반려했다. 그러나 자이츨러는 병가를 내고 업무를 방기하면서 항의했으며, 얼마 후에 구데리안으로 교체되었다. 며칠 후에 남부집단군은 북우크라이나집단군으로, A집단군은 남우크라이나집단군으로 개칭되었다. 전면적으로 곤경에 처한 상황은 부대 명칭을 바꾼다거나 새로운 지휘관을 임명한다고 해서 결코 개선될 수 없었다. 이제 전쟁 국면은 공세로 전환하기는커녕, 방어를 지탱하기 위한 예비 전력도 찾아볼 수 없는, 그야말로 곤경에 빠진 상황에 직면하게 되었다.

제 6 장
바그라티온 작전(Operation Bagration)

1944년 봄이 되어 잠시 전장이 소강상태에 이르자, 스탈린은 전략을 전면 점검했다. 서부에서는 영·미 연합군이 이탈리아에서의 전투에 열을 올리는 것은 물론, 도버해협을 통한 상륙작전의 기미가 완연했다. 독일군이 소련 전선에서 주도권을 완전히 상실하자, 스탈린은 독일 동방군을 소련 땅에서 영원히 축출해버릴 계획을 수립하려 한 것이다. 그는 우선 총참모부작전부장인 시테멘코(S.M. Shtemenko)와 스타브카를 대표하는 티모셴코로 하여금 발트해에서 흑해까지 3,000km 길이의 전선을 시찰하게 한 다음, 앞으로의 방책을 보고하도록 했다. 그들의 보고내용은 다음과 같았다.

첫째, 남부지역에서 카르파티아산맥을 건너 루마니아, 불가리아, 헝가리를 거쳐 유고슬라비아를 공격하는 것은 위성국들을 조기에 독일로부터 이탈시키는 정치적 이점이 있지만, 독일군의 중부집단군에게 소련군의 넓은 측면을 드러낸다는 단점이 있다.

둘째, 레닌그라드에서 발트해를 따라 남하하는 공세작전은 독일 군부의 마음의 고향인 동프로이센을 위협하겠지만, 독일의 심장부를 겨냥하는 것도 아닌데다가 역시 측면을 적의 중부집단군에게 노출하는 위험이 있다.

셋째, 마지막 방책으로 역사적, 정치적으로 소련의 가장 중요한 요지를 점령하고 있는 중부집단군을 공격하는 것은 폴란드를 거쳐 적의 심장부를 직격하는 것이므로 적의 주력을 격멸하고 전쟁의 목적을 달성하는 데 가장 유리하다.

그러나 셋째 방안을 선택하기 위해서는 중부집단군을 상대해야 할 벨라루스전선군과 발트해전선군의 전력 증강이 요구된다는 것이었다. 이 시점에서 전력 증강을 위한 전력의 신속한 재배치는 그리 어려운 일이 아니었다.

4월이 되자, 벨라루스전선군과 발트해전선군이 증편되어 원래 두 개씩이었던 전선군이 세 개씩이 되었고, 각 전선군의 상급사령관에 바씰렙스키와 주코프가 임명되었는데, 모든 전력이 벨라루스전선군에 증원되었다. 그 결과 독일군 중부집단군을 상대로 19개의 혼성군과 2개 전차군으로 편성된 140만 명의 병력과 5,200대의 전차 및 돌격포, 그리고 31,000문의 야포 및 박격포와 7,000대의 항공기가 투입되었다. 벨라루스전선군의 이러한 전력 증강에 힘입어, 독일의 중부집단군은 소련군에 비해 병력 면에서 120만 명으로 큰 차이가 없었으나, 전차 및 돌격포 900대와 야포 및 박격포가 9,500문으로서, 장비 면에서 소련군에 비해 매우 열세한 상태를 보이게 되었다.

작전의 개념은 다음과 같았다. 먼저 가장 북쪽 전선에서 양동작전을 펼치면서, 핀란드를 전장에서 이탈하도록 제한된 공격을 가하며, 그 이후 프리펫 늪지대를 북쪽에서 빙 둘러 우회 기동하여 독일군 북부집단군의 측방을 공격하고, 중부집단군에 치명타를 가할 부대로 노련한 코네프의 제1우크라이나전선군이 프리펫 남쪽에서 공격하도록 하는 것이었다. 그리하여 민스크-비텝스크(Bitebsk)-라하초프(Rahachow)를 잇는 삼각지대의 적을 포위 섬멸하는 것이었다. 작전의 성공을 위해서 보안과 기만이 매우 중요했다. 전체적인 작전계획은 주코프와 바실레프스키를 비롯한 5명만이 처리했고, 서신 및 전화와 전신 교환이 일절 금지되었다.

한편, 서방 연합군이 노르망디 상륙작전 당시 기만작전을 전개하기 위해 파드칼레 맞은편에 세웠던 영국의 위장 지휘소처럼, 유령부대가 남쪽에 세워져 남쪽에서 공세를 개시할 것이라는 방책이 시행되었다. 기만 및 위장과 보안 대책은 영·미 연합군이 노르망디에서 성공한 것처럼 동부전선에서도 매우 효과적인 성공을 거두게 되었다. 공격 초기의 주력부대에는 전선군 사령관들을 조율하기 위해 하나의 상급 부대를 만들었다. 참모총장인 바실렙스키 원수는 북쪽의 제1발트해전선군(바그랴만)과 제3벨라루스전선군(체르냐홉스키)을 통제하고, 소련군의 부사령관 주코프는 제1벨라루스전선군(로코소프스키)군과 제2벨라루스전선군(자하로프)의 지휘를 맡았다.

5월 20일 계획을 보고받은 스탈린은 1812년 나폴레옹의 침공 시 보로디노(Borodino) 전투에서 치명상을 입고 전사한 바그라티온 장군을 기념하여, 작전명을 바그라티온 작전으로 명명하도록 했다. 사실 독일군에 대한 소련군의 총공세작전은 1943년 11월 테헤란 회담에서 스탈린이 루스벨트와 처칠에게 서부에서 영·미 연합군이 시행하는 노르망디 상륙작전과 동시에 이루어지도록 시간을 맞추겠다고 약속한 바 있었다. 바그라티온 작전의 개시일은 1812년 나폴레옹과 1941년 히틀러가 러시아를 침공해 왔던 날인 6월 22일로 잡았다.

소련의 총공세에 대응하는 독일군은 소련의 하계공세가 어디에서 이루어질 것인가를 놓고 매우 잘못된 판단을 했다. 동부지역 정보담당관 겔렌 대령은 소련군이 남부에서 공격을 개시한 후 카르파티아산맥을 따라 북상하여 발트해까지 전진함으로써, 중부집단군의 허리를 완전히 차단 및 포위·섬멸하려 한다는 정보 분석을 내놓았다. 또한 남부집단군 사령관 만슈타인은 해임되기 전까지 남부에 전력을 증강해야 한다고 매번 강조했었다. 독일군의 겔렌 정보부서는 소련의 제2전차군 및 제5근위전차군과 제5근위군 및 제8근위군이 남우크라이나집단군과 대치하고 있는 것으로만 알고 있었다. 독일군은 결과적으로 겔렌의 판단을 믿어 중부집단군의 제56기계화군단의 통제권을 전선 남쪽의 북우크라이나집단군에 넘겨 중부집단군의 전력을 현저하게 약화시켰다.

한편, 1944년 6월 6일 서방 연합군이 노르망디에 상륙하자, 이제껏 연합군의 작전 개시를 끝까지 반신반의하던 소련은 축배를 들었지만, 독일군이 동부지역에서 대폭으로 감소하지는 않는 것을 보고 다소 불만족스러워했다. 그러나 작전 개시일이 임박한 6월 17일에 독일군은 공중 정찰을 통해 4,500대 이상의 항공 전력이 중부집단군 전면에 집결하고 있는 것을 발견하고, 독일 정보부서의 정보판단이 잘못된 것을 우려하면서 우발계획을 세워 대비하도록 했으나, 지상군을 동원하는 것은 이미 시간상으로 불가능했다. 히틀러는 깜짝 놀라 동부전선에 마지막 남은 항공 타격부대인 제4항공군단으로 하여금 파쇄공격을 실시하도록 했으나, 공격의 효과를 보기에는 소련군의 전력 규모가 너무 커 적에게 큰 타격을 주는 데에는 실패했다.

중부집단군의 후방에서는 소련의 파르티잔 부대들이 밤마다 독일군의 병참 선상의 철도 및 교량과 주요 교차점들에 대해 폭파작업으로 분주했다. 그들은 6월 19일부터 작전 개시일인 22일까지 대략 4만 개의 폭파작업을 수행했다. 파르티잔의 활동으로 수천 개소의 교통 거점들이 파괴되어 보급은 물론, 추후 퇴각과 부대의 이동에도 지대한 영향을 미쳤다. 그럼에도 불구하고, 독일군은 소련군의 총공세 의도를 주의 깊게 인식하지 못했다. 오히려 겔렌은 파르티잔의 움직임이 북우크라이나집단군을 공격하기 위한 일종의 기만작전이라고 판단했다.

최전선의 독일군 장병들은 소련의 공격이 임박한 것과 그 공격이 얼마나 위협적일 것인가를 감지하고 있었지만, 상부에서는 감각이 무디었다. 서양의 속담에 "신이 누군가를 멸하려 하실 때는 먼저 그를 눈멀게 하신다."라고 했다는데, 당시의 상황에 꼭 들어맞는 경구였다. 전방사단들의 방어력은 약화되어 있었으며, 역습을 위한 예비부대는 전혀 없다시피 했다. 또한 히틀러의 지시로 후퇴를 절대 금지함에 따라 독일군의 최대 장점으로 꼽는 지휘관들의 임무형 지휘 기법은 그 운용에 제한을 받았다. 독일군의 방어 전투에서 전통적인 방식인 국지적 퇴각을 용인했다가 강력한 반격을 통해 승리하는 개념을 활용할 수가 없게 된 것이다.

한편, 바그라티온 작전 개시 직전인 6월 9일 레닌그라드 북부에서 메레츠코프의 제7독립야전군과 고보로프의 레닌그라드전선군이 중부 카렐리야에서 스비르강을 따라 핀란드군을 공격했다. 라도가호의 남쪽과 북쪽에서 소련군이 합동 공격을 펼치자, 핀란드군은 저항할 수 없었다. 핀란드 대통령은 사임하면서 국가의 원수 직위를 군의 지도자인 만네르하임 원수에게 인계하고, 소련에 협상할 시간을 달라고 요청하여 전투가 중단되었고, 9월이 되면 강화조약을 체결하게 된다.

작전 개시 시간은 지역별로 조금씩 차이가 있었지만, 6월 22일 새벽, 네 시에 짧은 공격 준비 사격을 시작으로 거대한 공격을 개시했다. 공격 준비 사격에 이어, 보병의 주공부대가 전진하면서 강력한 항공기의 지원을 받아 진로를 개척해 나갔으며, 개척된 통로를 이용하여 기갑부대가 후속했다. 전차 2,700대와 돌격포 1,300대의 지원을 받는 166개 사단이 1,200km 정면에서 독일의 중부집단군을 압박해 나갔다.

제일 먼저 타격을 받은 부대는 중부집단군의 최남단 방어부대인 제9군이었다. 제9군은 공세 둘째 날에 로코소프스키의 제1벨라루스전선군과 자하로프의 제2벨라루스전선군에게 포위될 위기에 처했는데 6월 26일 히틀러가 민스크 동쪽으로 물러나 베레지나(Berezina) 강까지 후퇴해도 좋다고 허락했을 때는 이미 너무 늦었다. 다음은 제4군이었다. 제4군 역시 제1벨라루스전선군과 제3벨라루스전선군의 더 큰 포위망에 걸려 6월 29일에 괴멸되었다.

바그라티온 작전 개시 일주일 만에 공격축선에 있던 독일의 3개 군이 큰 타격을 입고 병력 20만 명과 전차 900대를 잃게 되었다. 제9군과 제3기갑군은 작전 수행이 가능한 사단이 각각 서너 개만 남은 허깨비가 되어버렸고, 제4군도 큰 타격을 받고 총퇴각 중이었다. 모든 부대가 제때 후퇴했다면 대부분의 전력을 보존했다가 활용할 수 있었을 것이나, 히틀러는 한결같이 알 수 없는 이유로 현진지를 절대 고수하도록, 그래서 부대가 괴멸되더라도 그것이 낫다는 믿음을 견지했다. 스탈린그라드에서, 북아프리카 전선에서, 노르망디에서의 대규모 재앙도 그렇게 유발되었다.

전쟁이 점차 막바지에 이르자 일부 야전 지휘관들은 히틀러의 진지 고수 명령을 교묘히 조작하는 경향이 나타났다. 제4군사령관 티펠스키르히(Tippelskirch) 장군은 소련군의 돌파·공격으로 오르샤가 포위를 당해 괴멸되기 직전 상태에 이르게 되자, "죽을 때까지 싸우라."는 히틀러의 지시가 터무니없다고 생각하여 철수를 단행함으로써, 그나마 일부 전력이라도 보존할 수 있었다. 그는 상부의 엄격한 조사가 있더라도 자기 행동이 정당했다는 것을 입증하기 위해 상부에 보고하는 문서를 조심스럽게 조작했다. 독일군 내에서 이런 경향은 점차 유행처럼 번져 나갔다. 그런데 이러한 조치로도 제4군은 베레지나 강을 건너지 못하고 동쪽에서 대부분 포로가 되거나 죽었다.

중부집단군은 총퇴각하지 않으면 전멸할 가능성이 커졌다. 사령관 부시(Ernst von Busch)가 아닌, 누구라도 해결할 능력이 없었음에도 불구하고, 히틀러는 그를 해임하고, 그 후임을 '소방수'로 떠오른 모델 원수로 교체하면서 예비 병력의 공급처인 북우크라이나집단군

사령관도 겸직하도록 조치하였다. 7월 2일이 되자 모델은 제4군을 민스크에서 안전하게 철수할 수 없다는 결론을 내렸다. 왜냐하면, 제2벨라루스전선군이 이미 베레지나강을 건너 포위를 완성했기 때문이었다. 베레지나강은 1812년 겨울에 나폴레옹의 군대를 집어삼켰듯이, 파죽지세로 독일군 중부집단군을 집어삼켰다.

7월 3일에는 민스크가 함락되었으며, 급기야 민스크 동쪽에서 포위된 독일군 제4군의 잔존부대 생존자들이 항복하기 시작했다. 독일군 제12군단장이 7월 8일 정식으로 항복했고, 11일 이후로 접어들면서 고립지대에서는 더 이상 독일군의 저항이 없어지게 되었다. 7월 17일에 모스크바에서 열린 축하 행사에 독일군 포로 5만 7,000명은 수치스럽게 군중의 한가운데를 지나 포로수용소까지 걸어가서 수용되는 상황을 맞게 되었다. 민스크를 점령한 소련군은 리투아니아의 수도 빌뉴스(Vilnius)를 향해 진격하여 7월 8일에 도착했고, 닷새 만에 빌뉴스를 점령했다. 독일군 수비대 절반 정도만이 탈출에 성공했다. 빌뉴스를 점령한 제3벨라루스전선군이 독일 국경을 넘자, 독일 제국의 심장부가 이제 위협을 받는 상황에 봉착했다.

한편, 프리펫트 습지의 남쪽에서 바그라티온 작전의 진정한 주공부대라고 할 수 있는 코네프의 제1우크라이나전선군이 7월 13일에 전차 1,000대와 야포 3,000문을 대동하고 옛날 오스트리아-헝가리 제국의 국경 요충지였던 르부프를 공격해 나갔다. 코네프의 북쪽에 위치한 로코소프스키의 제1벨라루스전선군 역시 프리펫트 늪지대를 남쪽에서 우회하여 르부프 방향으로 전진해 나갔다. 이 두 개의 전선군은 8월 첫 주에 비수아(Wisła)강과 그 지류인 바르샤바 남쪽의 산(San)강에 이르렀다. 바르샤바의 북쪽에서는 제1발트해전선군과 제2벨라루스전선군 및 제3벨라루스전선군이 니에멘(Niemen)강과 비수아강의 북쪽 지류인 부그(Bug)강을 건너 바르샤바를 위협했다.

소련군이 중부집단군을 쳐부수었다는 사실은 전쟁 초반 2년간 작전술에서의 숱한 패배를 통해 독일군으로부터 잘 배웠다는 것을 증명하는 것이었으며, 한편으로는 1930년대 초에 투하쳅스키가 주장했던 '종심전투 이론'의 교리가 그 바탕에 살아 있었기 때문이라고 해석된다.

이 무렵인 1944년 7월 20일 동프로이센 지역의 라슈텐부르크에 위치한 히틀러의 전쟁 지휘소인 '늑대 굴(Wolfschanze)'에서 슈타우펜베르크(Stauffenberg) 대령이 회의용 탁자 밑에 폭탄을 설치하여 히틀러를 암살하려 했으나, 가벼운 상처만 입고 살아남는 사태가 발생했다. 히틀러는 총참모본부 요원을 비롯하여 조금이라도 의심스러운 자에 대해서 숙청의 칼날을 들이댔다. 참모총장 자이츨러는 사고 발생 2일 전에 히틀러와 언쟁을 벌이고 사임했으나, 히틀러가 불허하자 병가를 내고 직을 떠나 버렸다. 히틀러는 더 이상 그를 신퇴하지 않고 예비역으로 전역시킨 후에 구데리안을 후임 총장으로 임명했다.

당시의 전황을 살펴보면 서부 연합군은 노르망디에서 교두보를 확보한 후 독일군의 방어선를 돌파할 기세였고, 이탈리아 전선은 독일군이 최소한의 전력으로 나름대로 지연전을 성공적으로 수행하고 있었으며, 발칸반도는 소련군의 접근에 따라 동맹국들이 점차 이탈해 가는 위급한 상황이었다. 히틀러는 서방에 대해 이때부터 벌지 전투를 계획하면서 극도의 보안을 유지하고 있었다.

8월이 되자 동부전선에서 소련군은 공세를 강화하면서 독일의 국경선에 접근하고 있었다. 독일군은 이에 대해 필사적으로 저항했다. 히틀러는 헤르만괴링사단과 친위대 바이킹사단을 포함하여 강화된 기갑부대를 동원하여 소련군의 진격을 저지했으며, 선두의 제2탱크군에 타격을 주어 퇴각하게 만들었다. 바그라티온 작전은 바르샤바를 눈앞에 두고 공세 종말점에 도달하여 한계에 도달했다. 독일과 소련의 양군이 주력 전투가 발트해로부터 폴란드에 이르는 북쪽에서 이루어지는 동안, 전력을 차출당한 독일군 남쪽의 방어력이 약화되자 공격 가능한 취약 지역으로 부각되었다.

8월 25일에 말리노프스키의 제2우크라이나전선군과 톨부힌의 제3우크라이나전선군이 독일군의 남부우크라이나집단군을 공격하여 다뉴브강 서쪽으로 격퇴하고, 일부는 강을 건너 교두보를 확보했다. 독일군의 패배가 확실해지자 이에 발맞춰 남부 우크라이나집단군 소속 루마니아군 2개 야전군이 추축국에서 탈퇴했으며, 8월 23일에는 미하이(Mihai) 왕이 친 독일파인 안토네스쿠를 축출하고 공산주의자를 포함한 민족정부를 수립했다. 8월 29일이 되자 바그라티온 작전은 개시된 지 68일 만에 끝이 났다. 약 1,130km의 정면에서 550~600km를 전진하였으며, 전선은 발트 3국을 지나 동프로이센 국경과 바르샤바 인근에 이르렀다. 소련군은 작전을 통해 중부집단군에 재기불능의 타격을 입혔으며, 차후 작전에 유리한 지형을 확보했다.

제 7 장

폴란드 국내군의 봉기와 실패

1944년 8월 1일이 되자 폴란드의 저항 세력인 폴란드 국내군(Aria Krajowa)에 의해 붉은 군대가 도착하기 전에 자력으로 바르샤바를 해방하려는 봉기가 일어났다. 봉기는 코모로스키(Tadeusz Bór-Komorowski) 장군과 빈약하게 무장한 애국자 20,000명이 주축이었다. 8월 1일 오후 5시에 국내군의 전사들은 독일군을 축출하기 위해 일제히 봉기했다. 바르샤바 시내의 독일군은 현관, 창문, 발코니에서 쏘아대는 우박 같은 총알 세례를 받았으며, 사제폭탄과 지뢰가 도심에서 터졌다. 봉기군은 일부 독일군 부대를 제압하고 바르샤바 중심의 상당 부분을 차지했지만, 정작 중요지형인 철도역이나 비수아강의 다리 하나도 점령하지 못했다.

이들이 봉기하기 직전인 7월 29일 모스크바에 위치한 폴란드어 방송국인 코시치우슈코(Kościuszko) 라디오는 소련의 도움이 멀지 않았으니, 봉기하라고 폴란드 국민을 대상으로 호소했다. 한편 처칠은 1940년 7월부터 특수작전 집행처(SOE : Special Operation Executive)를 구성하고 "유럽을 활활 불타오르게 하라."면서 독일이 통치하는 피 점령 유럽지역에서의 저항운동을 불러일으키는 활동을 독려해 왔다.

이와 같은 상황에서 런던에 있는 폴란드 망명정부 총리인 미코우아이칙(Stanislaw Mikołajczyk)이 8월 3일 스탈린을 방문했을 때, 스탈린은 먼저 봉기에 대해 잘 모른다고 말하면서, 영국에 기지를 둔 채 봉기군에 무기를 제공하기 위한 항공기들의 전진기지를 소련에서 제공하는 것을 시종일관 거부했다. 그뿐만 아니라, 스탈린은 친소련 폴란드 임시정부를 주장하는 '루블린 위원회'와의 관계 때문에 런던의 폴란드 정부를 전면적으로 지원하기는 어렵다고 말했다. 그러면서 제1벨라루스전선군이 바르샤바 전면에서 독일군의 역공을 받아 전진이 중단되었다고 애석해하면서, "우리는 모든 가능한 수단을 다해 돕겠다."고 미코우아이칙에게 약속했다.

그러나 이때는 너무 늦었다. B집단군 사령관 모델은 그동안 비축했던 기갑부대를 동원하여 로코소프스키의 제2벨라루스전선군을 견제 공격하여 돈좌시켰기 때문에 봉기군을 외부에서 도와줄 방법이 없어진 것이다. 오로지 8월 4일에 항공기 2대, 8월 8일에 항공기 4대가 영국에서 출발하여 간신히 바르샤바에 도착했으나, 극히 적은 양의 보급품만을 투하했으며, 그나마 이 보급품들이 봉기군에 정확히 투하되지 못하고 보급품의 대부분이 독일군의 수중에 들어가 버렸다. 히틀러는 봉기군을 진압할 작전권을 친위대장 히믈러에게 부여했는데, 히믈러는 독일인 범죄자로 이루어진 디를레 방어여단과 변절한 러시아인들로 구성된 카민스키(Kaminskii)[11] 여단을 진압부대로 동원했다.

폴란드 봉기군을 진압했던 두 개 부대 공히 잔인함의 극치를 보였다. 이들은 투입되자마자, 바르샤바에서 전투원이건 아니건 상관없이 무자비한 학살을 자행했다. 심지어 병원에 환자를 가두어 놓고 불을 질렀으며, 하수도로 도망치는 사람들을 몰아내기 위해 독가스를 사용했다. 그들은 여자와 어린이를 막론하고 살해했다. 폴란드 봉기군은 소화기에 탄약도 제대로 갖추지 못하고 2개월간 독일군의 탱크와 대포에 악전고투하다가, 도시가 더 이상의 고통을 겪지 않게 하려고 코모로스키는 10월 2일 결국 항복했다. 대학살과 지역포격으로 22만 5,000명의 시민이 사망해 단일 잔악 행위로는 역사상 최대의 희생을 기록했다. 유서 깊은 도시인 바르샤바는 모든 거리는 물론, 심지어 돌 하나까지 파괴되는 비참한 상황을 맞게 되었다.

그동안 전쟁사학자들은 폴란드 봉기군에 대한 참사의 책임을 상당한 부분 스탈린과 붉은 군대의 책임으로 생각해왔다. 폴란드 봉기군은 진주하는 소련군에 앞서 자력으로 폴란드를 해방해 전후 처리 과정에서 독립적인 위치를 차지하기를 희망하였으나, 붉은 군대는 오히려 껄끄러운 폴란드 봉기군이 독일군에 의해 완전히 소멸할 때까지 진격을 중지하고 수수방관했다는 것이다. 이와 관련하여 처칠은 "스탈린이 명예심, 인류애, 적절한 상식적인 신의를 갖추지 못했다."라고 비판하면서, 스탈린이 직접 폴란드 민족주의자들을 제거하는 대신, 독일군이 그들을 없애버리도록 방치했다고 비난했다.[12]

그러나 진실은 다소 복잡했다. 사실 폴란드의 전후 처리에 관해서는 1943년 11월에 열린 테헤란 회담에서 그 윤곽이 개략적으로 나타났었는데, "독일과 소련이 1939년 8월에 맺은 비밀 협정에 따라 소련이 점령한 폴란드 영토의 소련 몫(폴란드 동부지역)을 유지해야 한다."라는 스탈린의 주장을 루스벨트와 처칠이 마지못해 묵인했었다는 점이 사실로 드러나게 되었다. 사실 제2차 세계대전 전의 폴란드와 소련의 국경은 1920년 소련이 내전으로 혼란을 겪고 있는 와중에 폴란드가 과거 소련 영토를 상당 부분 무력으로 차지한 상태에 있었다.

루스벨트는 소련을 대일본전에 끌어들이기 위해 소련이 점령하고 있던 폴란드의 영토를

---

11) 1942년 가을에 소련에서 카민스키를 우두머리로 하여 변절한 소련인들로 구성된 1만 명 규모의 부대로서, 스스로를 '러시아 해방군'이라고 불렀다. 주로 독일군 후방에서 파르티잔을 소탕하는 임무를 맡아온 것으로 알려지고 있다.

12) 리처드 오버리 지음, 류한수 옮김, 『스탈린과 히틀러의 전쟁』(서울 : 지식의 풍경, 2007), p. 333.

넉넉하게 소련에 팔아넘기고, 대신에 독일의 영토 일부를 폴란드에 떼어 줄 생각으로 얄타회담에서 처칠과 함께 스탈린의 주장을 받아들였던 것이다. 이때는 원자폭탄의 성공 여부가 확정되지 않아 소련의 지원이 절실한 시점이기는 했지만, 폴란드의 미래는 이것으로 결정 났다고 볼 수 있었다. 소련의 대일본전 참전은 스탈린의 입장에서는 1904~1905년에 걸친 러일전쟁에서의 패배를 앙갚음할 수 있는 절호의 기회이기도 했으며, 루스벨트 입장에서는 사할린 일대의 영토를 소련에 양도하게 되지만, 자국 병사들의 희생을 최소화할 수 있어서 값싸게 치를 대가라고 생각했다.

폴란드에서 민중 봉기가 일어나기 전에 이미 스탈린의 후원을 받는 '폴란드 민족해방위원회'가 1944년 7월 22일 임시 정부로 인정되어 소련과 우호조약을 체결하였다. 따라서 자유 진영의 폴란드 민족주의자들과 서구 진영에서는 독일의 패망으로 탄생할 폴란드는 틀림없이 소련의 영향 아래 들어갈 것으로 판단하였기 때문에, 소련군의 바르샤바 진격 이전에 자유 진영의 조종하에 선제적으로 바르샤바를 해방하고자 하여 봉기를 일으킨 것이었다. 진실은 비록 스탈린이 자유 진영에 의한 폴란드의 해방을 희망하지는 않았지만, 실제로 원조하고자 해도 불가능했다는 것이 사실이었다. 앞에서 기술한 바와 같이 B집단군의 반격에 로코소프스키의 제2벨라루스전선군이 전진을 계속할 수가 없었던 것도 사실이었다.

한편, 북쪽에서 바르샤바로 가는 다른 하나의 접근로가 될 수 있는 부그강과 나레프(Narew)의 교차점을 놓고 양군은 필사적으로 싸웠다. 이는 소련군이 폴란드 봉기군에 실질적인 도움을 전혀 주지 못했지만, 수수방관하지는 않았다는 간접증거였다. 9월 중순이 되어 폴란드 봉기군이 대부분 분쇄되어버린 상황에서 스탈린은 소련군에 편입되어 싸우는 폴란드 제1군을 투입하여 바르샤바 외곽까지 진출했으나, 9월 말에 막대한 손실을 보고 격퇴되었다. 이제 폴란드는 독일군을 밀어내고 자립 정부를 수립하는 것이 불가능하여 전진해 오는 소련의 영향을 피할 수 없게 되었다. 실제로 폴란드에 진주한 붉은 군대를 따라 들어온 비밀경찰은 반공산주의 세력을 철저히 색출하여 탄압했다.

붉은 군대가 폴란드와 발칸으로 급속히 진군해 오자, 처칠은 전후의 처리 과정에서 발칸과 폴란드의 영향력에 대한 깊은 우려를 해결해 보고자 1944년 10월 미코우아이칙을 대동하고 모스크바를 방문했다. 미코우아이칙의 런던 주재 폴란드 망명정부와 스탈린의 관계를 완화해 전후에 합법적인 폴란드의 집권 세력이 될 수 있도록 하기 위해서였다. 그러나 미코우아이칙은 스탈린이 1939년에 소련이 점령한 폴란드 영토를 절대 포기할 수 없다고 주장하자, 회담은 아무런 성과가 없이 끝나고 말았다. 결국 미코우아이칙은 압력을 받고 소련의 주장대로 국경선을 이동시키는 것에 동의하였는데, 런던으로 돌아오자 동지들의 압력으로 사퇴할 수밖에 없었다.

처칠과 스탈린은 비밀회담에서 전후 발칸반도에서 상호 영향력의 범위를 두고 협상했다. 그 결과 루마니아는 소련이 90%, 그리스는 영국이 90%, 불가리아는 소련이 80%, 헝가리와 유고슬라비아는 50대 50으로 하자고 상의했다.13) 그리고서 메모지를 찢어버리려 하자, 스탈린은 처칠에게 그대로 보존하도록 요청했다.

13) 마틴 폴리 지음, 박일송·이진성 옮김, 『제2차 세계대전』(서울 : 생각의 나무, 2008), p. 216.

제 8 장
지하 무장 투쟁의 성과 평가

처칠은 성격적으로 첩보활동에 관심이 많은 지도자였다. 1차 대전 당시 해군성, 공군성 장관을 지내면서도 첩보활동에 관심을 가졌던 일들이 많았다. 2차 대전에서 총리 겸 국방장관으로서 그는 과거의 경험을 바탕으로 1940년 7월에 특수작전 집행처(Special Operation Executive)를 창설하고 지침으로 "이제 유럽이 활활 불타오르게 하라!"고 했다. 히틀러 통치하의 피 점령지역에서 첩보활동, 지하조직, 무장 게릴라 활동을 지원, 육성하여 군사작전에 이바지하도록 하라는 것이었다.

1944년 8월의 바르샤바 봉기만큼 처칠의 의도에 부합하는 사건은 없었다. 그로 인해 봉기했던 투사 1만여 명과 무고한 시민 20여만 명이 희생되었지만, 히틀러에게도 심한 충격을 주었다. 바르샤바의 봉기는 '다른 나라들에 동일한 형태의 무장 투쟁을 적극적으로 전개하라'라는 신호를 던졌기 때문이다. 또한 지난 4년간 전쟁을 치르는 동안, 영국과 미국의 특수기관들이 유럽의 피점령지에 대해 지원한 첩보활동이 성과를 거둔 증거이기도 했다. 따라서 바르샤바의 봉기도 순수한 자발적인 봉기는 아니었다고 인정해야 한다.

폴란드는 붉은 군대가 폴란드를 점령하여 스탈린의 조종을 받는 공산정권이 들어서기 전에 망명 폴란드 정부의 정통성을 갖춘 국가를 수립할 절호의 기회로 생각하여 봉기를 일으킨 것이다. 그러나 진격을 계속할 것으로 기대한 붉은 군대는 비수아강에서 멈춰 섰고, 독일군은 전선의 군대를 동원하지도 않고도 봉기군을 섬멸하면서 무고한 대량의 시민까지 학살하여 여타 국가들에 확실한 경종을 울렸다. 바르샤바의 봉기는 히틀러에게 치명적인 타격을 주기보다는, 섣부른 봉기가 전쟁의 종말단계에서도 얼마나 위험한지를 독일 지배지역에 알리는 무시무시한 경고가 된 것이다.

이러한 사례는 바르샤바의 봉기가 아니더라도 1944년 6월의 프랑스 마키단과 7월의 슬로바키아인들 봉기에서도 같았다. 프랑스의 마키단은 6월 6일 노르망디 상륙 날자에 맞추어 베르코르(Vercors) 고원에서 봉기의 기치를 쳐들었고, 고원을 출발해 론(Rhone)강 유역을 따라 독일군 부대를 습격하기 시작했다. 마키단은 수천 명에 이르렀고, 구성원은 대부분 강제노역으로 동원되는 것을 피하여 도망친 사람들이었다.

해당 지역의 독일군 G집단군은 성가신 마키단의 공격에 골머리를 앓다가 이들을 완전히 뿌리뽑기로 하고, 고지 일대를 포위한 다음 고원의 정상에 무장 친위대를 공중 투하하여 7월 18일과 23일 사이에 무자비하게 저항 세력을 쓸어버렸다. 마키단은 7월 14일에 미 육군의 항공대로부터 무기와 탄약 1,000상자를 보급 지원받고 프랑스 정규군 장교의 지휘를 받았지만, 독일군 특수부대의 전투력을 감당할 만큼은 될 수 없었다.

동 시기에 슬로바키아에서도 붉은 군대의 진격이 멀지 않았다는 기대를 품고, 정규군부대가 독일군에 맞서 봉기했지만, 무자비하게 대량 도륙당하는 결과를 가져왔다. 그 외에 파리 함락에 맞춰 신중하게 봉기한 파리 봉기를 제외하고는 무장봉기가 긍정적으로 작용한 경우는 없었다고 보아야 할 것이다. 단 독일군의 후방에서 활동했던 소련에서의 파르티잔 활동과 유고슬라비아에서의 게릴라 활동은 논외로 한다.

바르샤바와 마키단, 그리고 슬로바키아에서의 무장봉기는 2차 대전 기간에 일어난 역사적인 중요 사건이었으나, 냉철하게 득실을 따져보는 것도 큰 의미가 있다고 하겠다. 이상과 같은 세 가지 봉기가 루스벨트나 처칠의 지침을 받아 일어난 사보타주 및 정권 전복과 무장 저항의 전형이었다고 한다면, 그것은 잘못 지도되어 큰 희생을 치른 실패작이라고 해야 할 것이다. 이외에도 자잘한 무장봉기가 있었으나, 전략적으로 영향을 미친 경우가 거의 없어 대부분 무의미한 허장성세에 그쳤다.

파르티잔이나 게릴라 활동을 위해서는 무엇보다도 지형과 기상이 적합해야 한다. 지나친 혹한은 야지에서 생활해야 하는 게릴라의 생존을 위협하여 활동이 불가하며, 교통이 발달한 지역은 토벌대의 접근이 용이하여 손쉽게 격멸될 수 있다. 그리고 식량의 자급과 적에 관한 정보를 얻을 수 있도록 민가와 근접해야 한다. 그러나 무기와 탄약 등은 현지 획득이 불가함으로 외부의 지원을 받을 수 있는 여건이라면 양호할 것이다.

비정규전 활동을 위한 여러 가지 여건을 고려한다면, 독일이 점령한 유럽지역은 대부분 비정규군 부대가 활동하기에 적합하지 않았다. 오직 동부 유럽에서 폴란드의 카르파티아산맥 일대, 체코슬로바키아의 보헤미아 산맥 지역과 남동부 유럽의 유고슬라비아 전 지역, 그리고 그리스의 산악지대와 산재한 섬들이 비정규군부대들이 활동할 수 있는 여건을 지녔고, 이탈리아에서는 아펜니노(Apennino)산맥과 알프스산맥 일대가 가능 지역이었다. 그러나 이탈리아에서는 1943년 7월에 무솔리니가 무너질 때까지 기다려야 했다.

한편, 체코의 첩보 조직은 1942년 5월에 독일 친위대의 보헤미아-모라비아 섭정 대리인인 하이드리히(Reinhard Hydrich)를 암살했다. 그는 독일의 비밀경찰 게슈타포의 수장으로 '피에 젖은 사형집행인,' '프라하의 도살자'라는 별명이 붙을 정도로 잔학한 자였다. 그는 아침 출근길에 영국에서 훈련받은 2명의 첩보요원에 의해 암살되었는데, 독일군은 그 보복으로 유대인 152명을 처형하고, 작은 마을 레디체를 완전히 없애버렸다. 그 과정에서 마을의 남자 172명을 학살하고 어린애와 여자들은 수용소로 보내졌다. 워낙 끔찍한 보복으로 다시는 그러한 시도를 할 수 없게 되었다.

노르웨이의 경우 스코틀랜드에서 조직된 노르웨이인 무장 투사들은 1943년 2월에 베르모크(Vermork)에 위치한 중수(重水)공장을 파괴하여 독일의 원자무기 개발계획을 수포화시키는 활동 등으로, 전쟁 기간 내내 필요 이상으로 많은 독일군이 노르웨이에 주둔하도록 하는 긍정적인 성과를 내기도 했다. 크레타섬에서는 독일군 제2사단장을 납치하기도 했다.

한편, 소련은 유럽의 모든 공산당원에게 정권 전복을 주도하도록 지령을 내렸다. 공산당원들은 비공산주의자들보다도 더욱 철저한 보안 의식과 투철한 투쟁 정신을 보유했으며, 때로는 비공산주의자들과도 협력하여 활동하기도 했다. 프랑스에서도 좌익과 우익이 서로 경쟁했는데, 드골은 좌익이 우익을 흡수해버릴 가능성에 놀라 자신의 권위 아래 있는 레지스탕스 국민회의(Conseil National de la Résistance)의 지도를 받는 통합 레지스탕스 '비밀군(Armée Secréte)'을 창설했다.

흔히 첩보활동과 비정규전 활동은 훗날 강하게 미화되는 경향이 있으나, 객관적으로 성과를 엄격히 평가한다면, 히틀러가 전성기 시절에는 물질적인 것보다는 심리적인 것에 더 비중을 두고 있었음을 인정해야 할 것이다. 때때로 사보타주를 하고, 가끔 암살하는 지하활동과 신문을 발간하는 활동 등은 피 점령 기간 나라의 자긍심을 고양하는 데는 상당한 공헌을 했지만, 그 활동 가운데 어느 것도 아주 효율적이었던 독일의 통치체제를 뒤흔들지는 못했다. 유럽에서의 레지스탕스 요원은 11만 6,000명을 넘지 않았는데, 이러한 수치도 연합군이 노르망디에 상륙한 이후에 갑자기 불어난 숫자였다.[14] 따라서 일부 작가들의 작품에서 서술한 '활활 불타오르는 서유럽'이라는 통념은 낭만적인 신화로 인식되어야 할 것이다.

히틀러가 전쟁 기간을 통해 자신의 전방 전력을 투입하여 진압 작전을 폈던 두 대상은 소련지역에서의 파르티잔 부대와 유고슬라비아에서의 티토 게릴라들이었다. 소련의 파르티잔은 1941년 여름, 독일군이 급속히 전진함에 따라 전선 후방에 남겨진 패잔 부대들이 주축이 되어, 독일군의 접근이 어려운 프리펫트 늪지대를 중심으로 활동했다. 이들은 정규군 시절의 무기를 일부 소지한 소부대가 파르티잔이 되어 편성된 조직으로서, 독일군과 싸울 의지가 충만했으며, 지속적으로 우크라이나와 벨라루스 지역에서 민간 지원자들을 보충받았다. 스탈린은 처음에는 그들의 충성도를 의심했으나, 점차 효용성을 인정하여 정규군의 지휘를 받도록 물질적 지원과 동시에 배합전 조직으로 강화했다. 우크라이나의 파르

14) 존 키건 지음. 류한수 옮김. [2차 세계대전사]. (청어람 미디어. 2007, 8, 7) p. 734

티잔 부대는 1943년에 1만 7,000명 정도였으나, 정규군의 지도를 받기 시작한 1944년 1월에는 13개 여단에 병력 3만 5,000명을 헤아렸다. 1944년 6월의 바그라티온 작전에서는 4만 건의 철도 및 도로 파괴 활동을 수행하여 정규작전에 이바지했으며, 그때를 기점으로 병력이 급속히 증가하여 14만 명에 이르렀다. 그들은 히틀러의 혹독한 진압과 보복에도 불구하고, 정규군의 지원을 받아 성장했다. 파르티잔에 의한 작전의 성과는 소련과 독일 측의 주장에 많은 차이가 난다. 소련 측은 파르티잔의 손에 살상된 독일군이 14만 7,835명이라고 주장하나, 훗날의 사학자들은 3만 5,000 정도라고 반박하기도 했다.[15)]

유고슬라비아의 파르티잔 활동은 진정으로 독일군의 패망에 상당한 기여를 했다. 유고슬라비아는 전통적으로 튀르크에 대해 오랜 저항활동을 전개해왔으며, 제1차 세계대전 당시에는 침공한 오스트리아군을 상대로 오랫동안 투쟁을 해온 역사적 배경이 있었다. 지형은 높은 산악으로 이루어진 내륙이 게릴라 활동에 매우 적합했으며, 해안선은 영국의 특수작전 원조를 쉽게 받아들일 수 있었고, 거리상으로도 지중해에서 항공지원을 하는 데 문제가 없었다.

1941년 4월에 침공한 독일군을 대상으로 맨 먼저 저항의 기치를 든 세력은 세르비아의 정규군 장교 출신인 미하일로비치(Draža Mihailović)의 지휘를 받는 세르비아 왕정주의자들이었다. 그가 거느린' 체트닉'이라는 군사 조직은 '튀르크의 통치에 반대하는 사람들'이라는 뜻을 가진 세르비아 말이었다. 체트닉은 지역적 특성으로 슬로베니아와 크로아티아에서 이탈리아 점령군과 야합한 다른 군사 조직 '우스타샤'와 갈등을 빚었으며, 유고슬라비아 왕국의 일부를 차지한 헝가리와 불가리아 및 알바니아에 저항했다. 그러나 그들의 주적은 세르비아 곳곳에 괴뢰정부를 세우고 통치하는 독일 점령군이었다.

영국의 특수작전 집행처는 유고슬라비아에서의 저항 세력을 육성 지원하기 위해 현지 상황을 판단할 수 있도록 특수요원인 허드슨(D.T. Hudson) 대위를 파견하여 미하일로비치에게 무기와 돈을 제공하는 한편, 왕정에 반대하는 세력도 만나보았다. 왕정 반대 세력의 대표자는 '티토'라는 가명을 쓰는 요시프 브로즈(Josip Broz)라는 공산주의자였다. 허드슨 대위는 티토가 미하일로비치보다 더 진지하게 독일군에 맞서 싸우는 사람이라는 인상을 받았다. 허드슨 대위는 미하일로비치가 독일군에 저항하여 투쟁하기보다는, 폴란드의 국민군을 본받아 체트닉을 결정적인 시기까지 잘 보존했다가 전후에 정통 정부를 수립하려 한다고 생각했다. 이는 잘못된 평가였다. 미하일로비치는 1942년 이후로 진지하게 독일군에 저항하여 골치 아픈 적으로 남아 있었기 때문이었다.

그러나 다민족국가였던 유고슬라비아에서 미하일로비치가 지나친 세르비아 민족 우선주

---

15) 앞의 책 p. 736

의자라는 점, 티토가 연합전선을 구축하여 거국적인 공동투쟁하자는 제의를 했을 때 반대한 점, 1941년 이래 세르비아 내부의 주도권 쟁탈을 위해 티토의 파르티잔과 싸우기 시작했다는 점, 그리고 티토와의 내전을 위하여 이탈리아군의 묵계 속에서 이탈리아와 국지적 휴전을 하고 무기를 지원받았다는 점은 영국 측에 확실히 부정적 사실로 작용하였다. 미하일로비치의 투쟁에서의 주요 고려사항은 점령군에 의해 주민들의 지나친 희생을 방지하는 것이었다. 이는 전쟁하는 동안 전체 인구의 1/10인 140만 명이 희생된 것을 고려하면 매우 합당한 고려라고 할 수 있었다. 반면에 티토는 고전적인 투쟁 방식을 고수하여 점령군에게 끝장을 보는 투쟁노선을 적극적으로 펼쳤다.

1943년이 되면 영국의 특수작전 집행처는 티토를 공산주의자 임에도 불구하고, 유고슬라비아에서의 중심 투쟁 인물로 간주하였다. 따라서 1944년이 되면 모든 지원을 미하일로비치에서 거두어들이고 티토에게로 집중했다. 버림받은 미하일로비치는 궁지에 몰리자, 1943년 11월에 독일군과 제휴하여 국지적 휴전에 합의하고 티토와의 내전에 몰두하였다. 마치 중국에서 장제스와 마오쩌둥이 항일투쟁보다도 내부에서의 주도권 다툼에 관심을 집중한 것과 흡사했다.

한편, 티토는 점점 더 강한 공격을 독일군에게 가했다. 히틀러는 티토의 압력이 그리스와의 병참선을 위협하고, 이 지역에서 생산되는 필수 광물자원의 확보를 어렵게 하자 대대적인 소탕 작전을 계획했다. 1943년 9월에 이탈리아가 무너지기 전까지 이탈리아군 20개 사단과 독일군 6개 사단을 동원하여 유고슬라비아와 알바니아에 장기 주둔하였다. 이탈리아가 전열에서 이탈한 후에 히틀러는 불가리아에서 전용한 사단을 포함하여 13개 사단을 유지했다.

1943년 2월에 티토는 보스니아의 네레트바(Neretva)강에서 공세를 펼쳐 비록 실패했지만, 추축국에 상당한 희생을 강요했다. 이에 자극받은 독일군은 5월에 흑색(Schwarz) 작전을 개시하여 10만 명이 넘는 병력을 동원하여 파르티잔에 대대적인 압력을 가했다. 계속된 공세로 티토는 몬테네그로로 밀려났으며, 보스니아에서도 물러났다. 1944년 5월에는 보스니아 남부에서도 버티지 못하고 영국의 도움을 받아 항공기로 이탈리아로 탈출했다. 1944년 9월에 남부 이탈리아가 연합국에 의해 평정되자, 티토는 대량의 무기를 양도받아 무장 전력을 12만 명으로 늘릴 수 있었다. 상황이 호전되자 영국은 티토를 재빨리 돌려보냈으며, 막대한 양의 무기와 보급품을 유고슬라비아의 내륙지역에 산재한 파르티잔 부대들에 공수했다.

반면에 스탈린은 1944년 2월까지 티토의 지원에 미온적이었다. 티토는 1944년 8월에 모스크바를 방문하여 독일군을 격멸하기 위한 목적이라면 소련군이 유고슬라비아를 통과

해도 좋다는 허가를 내주었고, 그에 따라 소련군은 1944년 9월 6일에 루마니아를 통해 유고슬라비아에 진주했다. 10월이 되자 그리스 주둔 독일군 F집단군은 아드리아해에서는 서방 연합군에, 발칸반도에서는 소련군에 측면이 포위될 위험에 처하자, 티토의 파르티잔이 들끓는 유고슬라비아의 내륙으로 많은 희생을 치르면서 황급히 철수했다. 10월 20일에 수도 베오그라드가 파르티잔과 붉은 군대에 의해 해방되었다. 지난 8월 티토가 모스크바를 방문했을 때, 티토는 회담을 통해 붉은 군대가 유고슬라비아에 주둔할 군사적 필요성이 소멸하면 즉시 철수하겠다고 확약을 받은바 있었는데, 1945년 5월 독일이 항복했을 때 스탈린은 그 약속을 지켰다.

미하일로비치는 비극적인 종말을 맞았다. 내전에서 티토보다 열세에 처하자 더욱 독일군과 밀착했으며, 종전을 맞아 세력을 잃고 1년 이상 산속에 은신했다가 붙잡혀 총살당했다. 그러나 전쟁의 와중에서 국민의 희생을 최소화하겠다는 그의 대의는 훗날 긍정적인 평가를 받았다. 그러나 티토의 위업은 서방의 역사가들에게는 상당히 저평가되었었다. 비록 소련군의 진군으로 독일군이 철수함으로써 국토를 완전히 수복할 수 있었지만, 그래도 오직 티토만이 강력한 게릴라전을 수행하여 자국을 해방시킨 유일한 지도자였다. 그러한 위업을 바탕으로 전후에 발칸반도에서 공산주의 국가이면서도 소련의 영향력을 최소화하면서 진정한 독립을 성취해 냈다. 마치 핀란드가 전쟁 초기 소련군을 뜨겁게 혼냈기 때문에 전후에도 소련으로부터 압력을 최소화하고 독립을 이룬 것과 유사하다.

한편, 스탈린이 티토에게 약속한 대로 전후에 유고슬라비아로부터 소련군을 철수시켰기 때문에 소련의 완전한 동유럽 통제에 균열이 발생한 것은 사실이다. 그러나 총체적으로 볼 때, 연합국이 히틀러에게 대항하기 위해 지원 육성한 파르티잔과 사보타주, 테러 등의 간접 공세는 히틀러의 패망에는 그다지 큰 기여를 했다고 보기는 어렵다. 이는 1944년 6월을 기점으로 볼 때, 히틀러의 군대 300개 사단 가운데 후방 치안 임무에 투입된 전력은 20개 사단을 밑돌았다는 점에서도 잘 알 수 있다. 처칠 및 루스벨트와 여러 망명정부가 피점령지 주민들에게 그토록 유혹적으로 제시한 '해방의 새벽'을 알리려는 신호는 오로지 독일군과의 전투에서 작열하는 포화가 가장 확실한 것이었다.

제 9장
비수아강과 도나우강, 그리고 발칸반도

독일은 중부집단군이 무너지면서 동부전선에서의 전략적 상황은 매우 어려워졌다. 중부집단군의 나머지 부대들은 1945년 초에 베를린으로부터 불과 600km밖에 안 떨어진 비수아강 근처에 있었다. 비수아강을 건너면 폴란드의 대평원이 있고, 대평원과 베를린 사이에는 오데르강 이외에는 방어에 도움이 되는 장애물이 별로 없었다. 소련군의 발트해전선군들이 발트해 연안을 따라 공격해 와서 리가를 돌파하자, 쇠르너의 북부집단군은 라트비아 북부와 에스토니아의 쿠를란트에서 고립되어 포위 격멸될 위험에 처하게 되었다. 북부집단군의 상황은 그 보급을 잠수함에만 완전히 의지할 정도로 악화되었는데도, 히틀러는 U-보트의 훈련을 위해서는 발트해를 자유롭게 이용하도록 해야 한다면서 쿠를란트 일대에서 북부집단군의 철수를 허락하지 않았다.

1944년 여름 전투가 벌어진 6월과 9월 사이에 독일군이 입은 손실은 동부전선에서만 21만 5,000명의 전사자와 62만 7,000명의 행방불명자가 발생했으며, 여기에 서부전선에서의 희생자와 부상자를 더할 경우 거의 2백만 명에 가까운 병력이 희생되었다. 이는 1939년 개전 이후 1943년 2월의 스탈린그라드 전투가 종료된 시점까지의 전체 희생자와 같은 수치였다. 이렇게 희생·손실된 전력의 보충 소요를 굳이 사단의 수로 따진다면 무려 106개 사단인 셈이었다. 완전히 괴멸된 사단들을 재건하는 데는 국민척탄병(Volksgranadier) 사단이라는 명칭을 붙였으며, 원래의 사단 정원이 1만 6,000명 정도인 데 비해, 새롭게 편성된 사단은 1만 명 정도를 유지했다. 장비는 군수 장관 슈페어가 1944년도의 생산량을 전례 없이 늘렸는데도 대전차포가 매우 부족했고, 수색대는 자전거를 타고 활동해야 하는 처지가 되었다.

7월에 일어났던 히틀러 암살 음모 이후, 히틀러는 신병을 양성하는 보충대의 권한을 친위대장 히믈러에게 위임했다. 그 뒤로 군대에서는 나치당 요원이 아니어도 경례하는 방식이 오른손을 똑바로 뻗으면서 '하일 히틀러 (Heil Hitler)'16)라고 외치도록 했다. 7월 20일 자로 새로운 참모총장으로 부임한 구데리안은 새로운 경례법을 수용함과 동시에, '군사

16) '히틀러 만세'라는 뜻으로서, 1924년 히틀러가 감옥에서 나올 때 나치 요원들이 외쳤던 구호에서 비롯되었다고 하는데, 그 이후 나치 당원들의 열병 행사에서 사용되어 상용화되었다.

명예 법정' 제도를 수용했다. 장교단에서 발생한 범죄는 국민 법정에서 재판하기 전에 군사 명예 법정에서 처형이 가능한 제도였다.

8월 말에 종료된 바그라티온 작전의 결과는 눈부신 성과를 달성하여 발칸반도에서도 심대한 영향을 가져왔다. 앞에서도 서술한 바와 같이, 8월 20일이 되자 남부에서 소련의 제2우크라이나전선군(말리노프스키)과 제3우크라이나전선군(톨부힌)이 독일군의 남우크라이나집단군(프리에스너)을 몰아붙이자, 독일군 남우크라이나집단군은 도나우강을 건넜다. 그리고 이 공격의 압력이 루마니아의 제3군과 제4군에 가해지게 되자, 루마니아는 변절하여 독일군에게 총부리를 돌려 겨누게 되었다. 즉, 루마니아의 미하이 왕이 궁정 쿠데타를 일으켜 히틀러의 동조자인 이온 안토네스쿠 원수를 체포하고, 공산주의자들이 포함된 국민통합 정부로 교체했다.

이에 반응하여 히틀러가 수도인 부쿠레슈티를 폭격하자, 미하이 왕은 독일에 선전포고하고, 그동안의 압박에 대한 원수 갚음을 하듯 아직도 히틀러의 동조 세력으로 남아 있는 헝가리를 공격하여 헝가리에게 빼앗겼던 트란실바니아 지방을 되찾았다. 붉은 군대는 루마니아로 진격하여 8월 28일 히틀러에게 가장 중요한 전략적 자원이었던 플로이에슈티 유전을 탈환하고 루마니아를 점령했다. 9월 12일이 되어서야 소련은 루마니아의 강화를 받아들이고 트란실바니아의 영유를 허용했지만, 대신 과거 소련이 한때 지배하다가 루마니아에 다시 반환·복속되었던 부코비나와 베사라비아 지방을 1939년 8월에 몰로토프와 리벤트로프가 맺었던 협정에 따라 다시 빼앗아 갔다.

루마니아 남부에 있는 불가리아에 대한 전후 처리는 더욱 간단했다. 전통적으로 러시아와 친밀했던 불가리아는 히틀러의 참전 권유에도 소련과의 전쟁에 휘말려 들지 않았다. 독일군에게는 기지를 사용하도록 허용하고, 독일군에 협력하여 그리스에 점령군을 보내면서 반대급부로 유고슬라비아의 일부 지방을 차지했지만, 소련군과 싸우는 불가리아군은 찾아볼 수 없었다. 더욱이 1943년 이래 비록 소규모이지만 반 독일 파르티잔 세력인 '조국전선'이 있어 편을 바꾸기가 쉬웠다.

게다가 친 독일 세력의 핵심이었던 보리스(Boris) 왕이 1943년 8월 사망하자 불가리아에 히틀러의 지지자는 사라지게 되었다. 불가리아는 먼저 서구 연합국에 접근했다가 퇴짜를 맞았으나, 먼저 독일과의 동맹관계를 탈퇴해야 한다는 점은 잘 알고 있었다. 붉은 군대가 전진해 오자 9월 5일에 소련군에 정전을 요구했고, 파르티잔 부대인 '조국 전선'이 9월 9일 봉기를 일으켜 정권을 장악했다. 10월 18일에 소련군이 소피아에 진주했고, 15만 명 규모의 불가리아군은 소련군과 합류했다.

문제는 헝가리였다. 붉은 군대가 불가리아 및 루마니아를 평정하고 헝가리에 접근하자,

헝가리군은 독일군의 외곽 방어선 역할에 최선을 다했다. 독일의 대 소련전에도 대규모 전력을 파견하여 공동으로 소련을 침공한 잘못을 저질렀다.

루마니아가 변절하고, 남부집단군이 붕괴하자, 헝가리군은 독자적으로 소련군으로부터 자신을 방호할 능력이 없었다. 집권자 호르티는 서방 연합군이 이탈리아로부터 유고슬라비아로 전진해 들어오면 헝가리가 독일과 소련, 둘 중의 하나를 골라잡아 운명을 맡겨야 하는 상황에서 벗어날 것이라는 희망을 품었으나 연합군은 그렇게 전진해 오지 않았다.

스위스 주재 헝가리 대사가 미국 대사를 만나 서방 연합국의 보호를 요청했지만, 미국 측은 소련과 사전 협의해야 한다는 미지근한 반응만 보였다. 과거 루마니아의 영토였던 트란실바니아 지방을 루마니아가 공격해 오자, 호르티는 이제 소련과 강화를 요청하는 것 외에는 방법이 없다는 결론을 내렸다. 1944년 9월에 헝가리 대표단이 모스크바를 방문해 강화협상을 추진했다. 그러나 그해 3월에 호르티는 독일의 압력에 의해 독일군이 헝가리에 주둔하도록 허용함으로써 소련과의 일방적인 강화를 어렵게 만들었다.

10월 6일에 소련군이 카르파티아산맥을 넘어 중심부의 데브레첸(Debrecen)을 공격해 들어가 헝가리에 강화를 재촉할 때, 헝가리 주둔 독일군이 반격을 가해 진격을 저지했다. 한편, 히틀러는 호르티가 남부집단군과 함께 싸우고 있는 헝가리군 제12군과 제2군에게 일방적으로 철수하도록 명령한 것을 알고 곧 배반할 것임을 알아차렸다. 히틀러는 헝가리의 배반을 방지하기 위해 특수임무부대 사령관 스코르체니를 시켜 호르티의 아들을 납치한 다음, 정권을 친 독일 정권에 이양하도록 압력을 넣었다. 그러자 호르티는 압력에 굴복하여 10월 16일 사임하였으며, 이에 따라 독일군이 부다페스트를 장악하게 되었다. 이 시점에서 제2우크라이나전선군이 부다페스트에서 100km 이내에 진군했지만, 헝가리는 향후 4~5개월 동안 여전히 독일군의 수중에 남아 있게 되었다.

발칸반도의 가장 남쪽 그리스에서는 1943년 9월에 이탈리아군이 연합군에 항복해버린 이후 남겨진 무기 1만 2,000점을 무장 저항 세력이 손에 넣고 끈질긴 투쟁을 전개하자, 독일군의 통제는 점차 허물어져 갔다. 그리스의 파르티잔은 과거 1800년대에 그들의 조상이 튀르크로부터 독립을 위해 투쟁했던 것처럼 용감하게 싸워왔다. 영국의 특수 작전처에서는 그리스의 산재한 섬들과 본토에 특수부대 요원들을 침투시켜 그리스의 파르티잔을 지원했다. 그러나 체코에서 SS 친위대 보안대장 하이드리히를 암살한 데 대한 보복으로 특정 마을을 제거해 버린 것처럼, 독일군은 그리스에서도 파르티잔과 관련 있는 마을에 대해 혹독하게 보복했다. 따라서 영국에서 파견된 특수부대 요원들의 활동은 파르티잔들의 활동을 독려하기보다는 주민 보호를 위해 오히려 억제하는 데 노력을 기울여야 했다.

그리스의 파르티잔 세력은 크게 두 개의 집단으로 분열되어 있었는데, 그리스 공산당이 주축이 된 '전국 인민해방군(Ethnikós Laikós Apeleftherotikós Stratos : ELAS)'과 카이로에 있는 그리스 망명정부의 통제를 받는 보수 세력인 '그리스 민주 국민동맹(Ellinikos Dimokratikos Ethnikós Syndesmos : EDES)'으로 좌우 진영으로 분열되어 상호 극렬하게 투쟁했다. 독일군은 포로로 잡은 이탈리아군을 그리스의 파르티잔과 대등하게 잔혹하게 다루면서 그리스에서의 질서를 유지하려 했지만, 발칸반도 전체가 무너지기 시작하자 9월 12일부터 섬들로부터 철수를 시작하여 10월 12일에는 본토에서도 전면 철수를 시작했다. 독일군이 철수하자 영국군이 진주했으나, 그리스 국내에서는 좌우익 간의 투쟁이 더욱 극렬해졌으며, 영국군이 보수 세력인 그리스 민주 국민동맹 편에 서서 적극적으로 개입하면서 많은 희생을 감수하고 반대편을 진압했다.

그리스와 알바니아에 주둔하고 있던 독일군 E집단군의 퇴각은 험난했으나, 하나의 희망은 발칸반도의 서부지역을 통해 유고슬라비아에 주둔 중인 F집단군과 합류하는 것이었다. 톨부힌이 지휘하는 소련군의 제3우크라이나전선군은 9월 6일 유고슬라비아 국경을 넘어 갑자기 측면으로 진격해 갔다. 이에 대해 E집단군은 필사적으로 싸우면서 철수할 수밖에 없었다. 소련군의 제3우크라이나전선군이 수도 베오그라드로 진격해 오자, 유고슬라비아에 주둔 중이었던 F집단군은 서쪽의 알바니아 방향으로 물러나면서 지연전을 전개했다.

이때 앞에서도 언급한 바와 같이, 티토는 아드리아해의 비스섬에 있는 영국군 비행장에서 모스크바로 날아가 소련군의 유고슬라비아에서의 지위에 대해 담판을 벌였다. 약자의 어려운 처지였음에도 불구하고, 티토는 스탈린을 설득했는데, 베오그라드를 함락하기 위해 소련군과 파르티잔이 합동작전을 펼치되, 작전이 완료되면 티토의 손에 정권을 넘겨주기로 약속을 받은 것이다. 베오그라드 탈환 작전은 10월 14일에 개시되어 10월 20일에 종료되었다. 여기서 독일군 1만 5,000명이 전사했고, 9,000명이 포로가 되었다.

10월 22일 티토는 승리자로서 동료 파르티잔들과 함께 시내를 행진했다. 그와 함께 최초로 투쟁을 시작했던 대대원 중에 살아남은 자는 단 두 명에 불과했다. 티토는 끈질긴 투쟁 경력을 바탕으로 문화·인종·종교가 다양한 이질적인 지역을 통합하여 유고슬라비아 공화국을 건설하게 된다. 이제 독일군은 E집단군이 F집단군을 흡수하여 유고슬라비아의 서방 지역과 알바니아 일대를 방어하게 되었지만, 전력상으로 소련군을 저지하기는 어려웠다. 그러나 스탈린은 처칠과 발칸반도의 세력 지분을 놓고 협상하는 과정에서 유고슬라비아에 대해서는 50 : 50으로 합의한 바 있었기 때문에, 더 이상 진격하지 않고 관망하는 자세를 취했다. 유고슬라비아의 서쪽 나머지 부분은 티토의 저항군에 맡겨졌다. 그러나 한편 달리 생각하면, 스탈린에게는 전략적으로 유고슬라비아를 점령하는 것보다는 헝가리의 독일군을 격퇴하고 신속히 베를린으로 진격하는 것이 급선무이기도 했다.

티토가 소련군의 공백에도 불구하고, 한동안 독일군을 대적할 수 있었던 것은 유고슬라비아에 남아 있던 독일군이 대부분 2, 3급의 열등한 사단들이었으며, 독일군은 티토 군을 섬멸하는 데 관심을 두기보다는, 그리스로의 병참선 확보와 지역 내에서 생산되는 전략물자의 수송에 더 큰 관심을 쏟았기 때문이었다. 히틀러는 그러한 목적을 달성하기 위하여 세르비아인과 크로아티아인들을 분열시켜 싸우게 하고, 공산주의자들과 왕정주의자들의 투쟁을 부추기는 책략을 구사하여 스스로 상처를 입도록 했다. 따라서 독일군이 티토에게 당한 희생은 비교적 가벼운 것이었다.

한편, 슬로바키아에서의 봉기군들도 바르샤바 봉기군과 비슷한 운명을 맞았다. 스탈린은 10월 18일에 제3우크라이나전선군(톨부힌)에게 베오그라드 서쪽으로의 진격을 중지하고 도나우강을 따라 북상하여 헝가리 전투에 참여하라고 지시했다. 그러나 이때의 헝가리 주둔 독일군은 증강된 상태였으며, 독일의 강요 때문에 헝가리 제1, 제2군도 독일군과 연합하여 저항했다. 카르파티아산맥을 넘어온 말리노프스키의 제2우크라이나전선군이 "가능한 한 빨리 부다페스트를 점령하라."라는 스탈린의 지령을 받고 10월 29일에 공격을 개시했을 때, 독일의 남부집단군은 12개 사단으로 증강되어 오히려 소련군에 대해 역공격을 해왔다.

11월 4일에 소련군의 진격은 부다페스트의 동쪽 근교에 이르러 정지되었다가, 11월 11일 공격이 재개되어 16일 동안 격전이 계속되었지만, 부다페스트를 장악할 수는 없었다. 독일군은 10월 중순 이후 150km를 후퇴했지만, 지역 내의 천연장애물인 동쪽의 카르파티아산맥 일부와 서쪽의 발라톤(Balaton) 호수 및 드라바강을 잘 이용하여 여전히 부다페스트를 비롯한 헝가리의 상당 부분을 장악하고 있었다. 스탈린이 노리고 있는 전리품의 하나인 빈은 서쪽으로 200km나 떨어져 있어 헝가리를 통과해야만 점령할 수 있었다. 말리노프스키의 제2우크라이나전선군이 북동쪽에서 부다페스트를 공격하는 동안 톨부힌의 제3우크라이나전선군은 남쪽에서 발라톤 호수와 도나우강 사이를 지나 공격하여, 소련군은 1945년 1월 31일에는 부다페스트 도심으로 진격할 수 있었다.

이러한 상황 속에서 헝가리의 특사가 파견되어 항복 조건을 제시했다. 도시는 포위된 상태에서 완전히 파괴되어 폐허가 되었고, 시민들의 고통은 극에 달했으며, 방어하는 독일군과 헝가리군의 희망은 거의 없어 보였다. 그런데도 히틀러는 부다페스트를 포기하지 않았다. 오히려 붉은 군대를 격멸하기 위해 중부집단군에서 무장친위대 제4기갑군을 배속 전환하여 증강하고, 지역의 전선 지휘관을 또 다른 '꿋꿋한' 지휘관인 헤르만 발크(Herman Balck)로 교체했다. 지역 내의 기존 제3기갑군과 증원된 무장친위대 제4기갑군은 1945년 1월 18일에 역습을 개시했다. 독일군의 역습은 제2, 제3크리미아전선군에 독일군 기갑부대의 위력을 유감없이 보여주었다. 무장친위대 제4기갑군은 소련군의 포위망을 뚫고 부다페스트 독일군 방어선의 20km 이내까지 접근해 왔다. 이제 포위된 독일군이 철수하려고 한다면 가능한 조건이 조성된 것이다.

그러나 히틀러의 생각은 달랐다. 그의 의도는 부다페스트를 계속 장악하는 것이었지, 포위된 부대의 전투력을 철수시켜 생존하는 것이 아니었다. 마치 스탈린그라드 전투에서 만슈타인이 역습해 나갔을 때 포위된 독일군 제6군이 철수할 수 있었지만, 히틀러의 허락을 받지 못해 결국 전원 포로가 된 것과 유사한 상황이었다. 제4기갑군이 3주 동안의 필사적인 전투 끝에 공격력이 종말점에 도달하게 되자, 철수 또한 물거품이 되었다.

이제 소련군은 152mm와 203mm의 대구경 곡사포를 대량 동원하여 부다페스트의 절반인 도나우강 북쪽 페스트를 구간별로 하나씩 소탕해 나갔다. 1월 15일부터 페스트의 수비병들은 대거 항복하기 시작했다. 강 남쪽의 부다에는 말리노프스키가 강습을 가했으나, 수비군은 하수도를 이용하면서까지 끈질긴 저항을 이어가다가, 2월 13일이 되자 더 이상 움직일 공간을 잃고 제압되었다. 이때 소련은 독일군과 헝가리군 5만 명이 죽고 13만 8,000명을 포로로 잡았다고 발표하면서 자신들의 피해는 언급하지 않았다. 소련군의 피해도 적군에 필적했을지도 모른다.

소련군이 부다페스트를 장악했으나, 헝가리에서의 전투는 그것으로 끝이 아니었다. 히틀러에게 생명줄과 같은 석유를 대신하여 합성유를 생산하는 공장이 발라톤 호수 인근에 있었는데, 2월 15일에 이 지역을 점령하기 위한 공격이 시작되었다. 히틀러는 이곳에 마지막 남아 있던 무장친위대 제6기갑군의 전차 600대를 동원하여 2월 17일 역공격을 가했지만, 철통같은 소련의 방어선에 막혀 성과를 낼 수가 없었다. 유고슬라비아 서쪽에 남아 있던 E집단군은 아직도 독일을 지지하는 크로아티아를 보루로 하여 전선을 뒤쪽으로 좁혀가면서 유지했다. 남부집단군의 잔존부대는 모든 병력을 총집결한 후 재편성하여 빈으로 가는 길목을 차단하고 있었다.

제 10 장
베를린으로 가는 길

소련군이 카르파티아산맥의 북쪽에서 실시한 공세는 1944년 9월부터 레닌그라드전선군과 3개의 발트해전선군에 의해 독일의 북부집단군을 상대로 펼쳐졌다. 이 공세의 전략목표는 발트해 연안국가에 주둔한 쇠르너의 북부집단군과 그 남쪽 중부집단군과의 연결을 차단하고, 독일 본토로부터 동프로이센을 통해 북부집단군과 연결되는 병참선을 차단하는 것이었다. 쇠르너는 30여 개 사단으로 요새화된 진지를 이용하여 잘 방어했지만, 역습을 통해 적을 격멸할 예비대는 보유하고 있지 않았다. 따라서 그의 부대는 적의 진격을 지연시킬 수는 있었지만, 완전히 저지할 수는 없었다. 그 결과 8일간의 전투 끝에 10월 13일 주요 도시 리가가 제1발트해전선군에 함락되었다.

철수를 명령받지 못한 북부집단군은 해안지대인 쿠를란트 지역에 고립되어 쿠를란트집단군이란 이름으로 바뀌어 종전까지 버티게 된다. 쇠르너는 9월에 핀란드가 소련과 강화조약을 맺어 변절하자, 에스토니아를 포기하여 방어선을 좁게 조정함으로써 다소 상황을 개선했다. 이 지역을 소련군은 6차례나 공격했지만, 종전 때까지 함락시키지 못했다. 이와 비슷하게 쿠를란트 남쪽의 메멜 항구에서도 4개 사단이 고립방어를 시도하여 1945년 1월까지 버티었다. 그러나 해안에 치우쳐 고립된 방어부대가 소련군의 독일로 향하는 전진을 방해하지는 못했다. 스타브카는 베를린으로 가는 대공세 계획을 11월에 수립했는데, 가장 근거리 접근로에 있는 주코프의 제1벨라루스전선군과 코네프의 제1우크라이나전선군이 그 임무를 맡았다.

스탈린은 전쟁 기간의 공적을 인정하여 주코프에게 제1벨라루스전선군의 지휘권을 맡기면서 사실상 베를린 함락 임무의 영예를 부여했으나, 차후 전황의 향배에 따라 오락가락하게 된다. 그러나 최종적인 영광은 어디까지나 스탈린에게 귀착되도록 전선사령관들은 주의해야만 했다. 주력인 두 개의 전선군은 총 전력으로 163개 보병사단과 대포 3만 2,000문 및 전차 6,500대, 그리고 항공기 4,700대를 보유하고 있었는데, 이는 소련군 전체 보병 병력의 1/3과 전차의 1/2에 해당하는 막강한 전력이었다.

이를 방어하는 독일군은 중부집단군과 A집단군으로 편성되어 있었는데, 전력 비교에서 소련군이 보병 병력에서 4배, 전차 4배, 포병 7배, 그리고 항공력은 6배의 우세를 보였다. 독일군은 중부집단군과 A집단군을 모두 통틀어도 71개 사단에 전차 1,800대, 항공기 800대밖에 가용하지 않아 방어력은 오래전부터 구축되어있던 지역 내의 요새에 의존해야 했다. 준비된 요새는 쾨니히스베르크(Königsberg), 인스터부르크(Insterburg), 폴부르크(Folburg), 슈테틴(Stettin), 퀴스트린(Küstrin), 브레슬라우(Breslau) 등지의 프로이센과 슐레지엔의 도시들이었다.

쥬코프가 바르샤바-베를린 축선을 따라 진격하는 동안 코네프는 그보다 남쪽의 브레슬라우로 향하게 한다는 것이 스타브카의 계획이었다. 전반적인 전쟁의 양상은 소련군이 압도적인 군사력을, 전 정면에서 독일군을 압박해가는 힘 위주의 거칠고 무시무시한 공격이었다. 특히, 이즈음의 붉은 군대는 강력한 포병 화력을 적에게 집중하여 요새지대를 완전히 무력화시킨 다음, 전진하는 모습을 보여주고 있었는데, 흔히 말해 도로를 건설할 때 노면을 다지듯이 화력 위주의 전투를 펼쳤다. 이를 위해 주코프의 전선에서는 탄약과 연료를 중심으로 며칠 동안에 100만 톤이 넘는 군수품이 지급되었다. 각 전선군의 일일 보급량은 탄약과 유류를 제외하고도 2만 5,000t이 넘었다.

코네프의 제1우크라이나전선군은 1km당 300문의 포를 배치하여 엄청난 포병사격으로 적진을 무력화 한 다음 1월 12일 공격을 개시했다. 코네프의 기갑부대가 독일군 제4기갑군의 정면을 공격하여 첫날에 30km의 돌파구를 형성해 들어갔다. 소련군의 공격 준비 사격이 끝나면 독일군은 참호에서 기어 나와 사격진지를 점령했지만, 공격 준비 사격은 다시 기습적으로 15분간 이어져 배치된 독일군을 박살냈다. 안개가 걷히자, 본격적인 공중지원을 받으며 소련군은 정교하게 공격해 나갔다.

독일군 제4기갑군 예하 제24기갑군단의 제16기갑사단과 제17기갑사단은 반격을 계획했으나, 역습명령을 받기도 전에 압도당해 키엘체(Kielce) 부근에서 사투를 벌여야 했다. 그리고 독일군 제48기갑군단은 이름만 기갑군단이지 실제는 보병군단이었는데, 3개의 보병사단이 전방에 배치되어 방어하다가, 초반의 소련군 공격으로 실제로 증발하여 없어졌다. 독일군 제24기갑군단 및 제42군단과 제48기갑군단들은 모두가 각개 격파되거나 포위되어 잔존병력이 몸부림치며 후퇴해 갔다.

1월 18일이 되자 코네프는 계획보다 5일이나 먼저 목표를 달성했다. 폴란드 남쪽의 요충지 쳉스토호바(Czéstochowa)와 크라쿠프를 탈환했다. 이 지역은 1차 대전 시인 1915년 5월에 소련군이 독일과 오스트리아 연합군에 대패했던 고를리체-타르노프(Gorlice-Tarnow)지역이었는데, 돌파구의 방향이 정반대가 되었다. 이제 폴란드의 거대 수도원 도시인 크라쿠프(Kraków)가 요새로 변해 버티고 있었으며, 그 너머에는 브레슬라우와 슐레지엔의 공업지대로 가는 길이 열려 있었다. 이 공업지대는 독일이 영국과 미국의 장거리 폭격기의 항속거리를 고려하여 공습을 피하고자 소개시켜 놓은 군수 공장들이 있었다.

코네프의 공세가 개시된 이틀 뒤인 1월 14일 주코프의 제1벨라루스전선군이 바르샤바 남쪽의 비수아강에 교두보를 확보하기 위한 공격을 개시했다. 이때 소련군은 독특한 전법을 구사했다. 대대나 중대급의 소규모 수색부대를 편성하여 짧은 공격준비포격 후에 사전 정찰로 잘 파악된 적의 거점들을 제거한 다음, 주력부대가 전진하는 전법이었다. 주코프는 100km 전선 정면에 50개 정도의 수색대를 25분간의 짧은 포격 이후에 운용하여 오전 10시경까지 독일군 방어선의 주요 거점들을 대부분 제거해 버렸다. 공격 개시 첫날 제5충격군 예하의 소총병 군단이 필리차(Pilica)강에 설치되어 있는 중장비 통과 가능 교량을 확보함으로써 기갑부대의 신속한 전진을 도와주어 22km를 전진할 수 있었다.

1월 15일에는 소련군이 밀고 나오는 교두보를 향해 독일군 제40기갑군단이 필사의 반격을 감행했으나, 소련의 항공력과 대전차 부대들이 이들 공격부대들을 신속하게 막아냈다. 주력부대의 공격을 초월하여 제1근위전차군이 교두보 북서쪽 130km 지점에 있는 우치(Łódź)를 향해 진격해 나갔다. 바르샤바는 폴란드 제1군과 제47군이 비수아강을 건너 포위했다. 바르샤바가 이렇게 포위되자, 히틀러는 도시를 요새 지대화 하여 끝까지 저항하도록 지령을 내렸으나, 요새 방어를 지원하기 위한 증원 병력이 도착하기도 전인 1월 17일에 결국 함락되고 말았다. 이로써 폴란드 제1군은 자국의 군대를 이용하여 자국의 수도를 탈환하는 영예를 안게 되었다.

상황이 이렇게 급진전되면서, 주코프와 코네프의 전선군들은 독일군 주 방어선을 돌파하고 오데르강을 향해 질주하기 시작했다. 오데르강의 방어선도 비수아강의 상황과 흡사했다. 헤르만 괴링 공수사단과 브란덴부르크 기갑척탄병사단을 비롯한 수많은 독일 증원군이 투입되어 퇴각하는 독일군을 구원하고 오데르강 방어선을 유지하려고 노력했으나, 방어선은 이미 여러 군데에서 돌파되었고, 심지어 주코프의 기갑부대들은 이미 방어부대의 100km 후방에서 움직이고 있었다.

이 무렵 독일군은 전투력 할당의 우선순위를 두고 갈등에 빠져 있었다. 구데리안을 비롯한 전통적인 국방군 장교들은 아르덴느의 공세를 두고도 참으로 귀중한 최종 예비대를 무익한 곳에 소모해 버렸다고 히틀러를 비난했다. 참모총장 구데리안은 동부전선을 안정시키기 위해 서방군 사령관 룬트슈테트에게 사정하다시피 요청하여 4개 사단을 차출했는데, 히틀러는 이를 동부전선에 투입하지 않고 부다페스트로 보내버렸다. 늦었지만 히틀러는 쿠를란트의 고립방어 지역에서 전력을 철수시켜 북부지역 방어에 투입했으나, 한강에 돌 던지기나 마찬가지였다. 이제는 수십 개 사단이 증원되어도 전세를 역전시킬 수 없는 상황이 되어버렸다.

독일군의 수뇌부는 바르샤바를 사수하는 것이 자살행위라는 점을 분명하게 인식하고, 제46기갑군단에 철수 명령을 내렸다. 이 명령은 히틀러의 허락을 받지 않은 것이었는데, 사후에 이를 알게 된 히틀러는 위급한 상황에 대처하기보다는, 장군들을 축출하고 말을 잘 듣는 장군들로 보직시켜 엄격한 지휘체계를 확립하는 데 주력했다. 그 대표적인 사례로서, 히틀러는 A집단군 사령관 하르페(Joseph Harpe) 상급대장을 해임하고, 쿠를란트 고립지대 방어 사령관이자 가장 신임했던 쇠르너를 임명했다. 동시에 평소에 미심쩍었던 참모부의 작전부장과 과장을 체포했다. 구데리안과 함께 바르샤바 철수를 승인했다는 이유였다. 아울러 그는 사단급 이상 부대의 이동 시에는 반드시 사전에 허가받도록 했으며, 만약 이를 위반하면 처벌하겠다고 엄명했다. 이러한 지시는 지휘관들이 전투상황에 시의적절하게 대처해야 하는 융통성을 원천적으로 봉쇄하는 결과를 초래하였다.

● 1945년 1월 비스툴라-오데르 공세

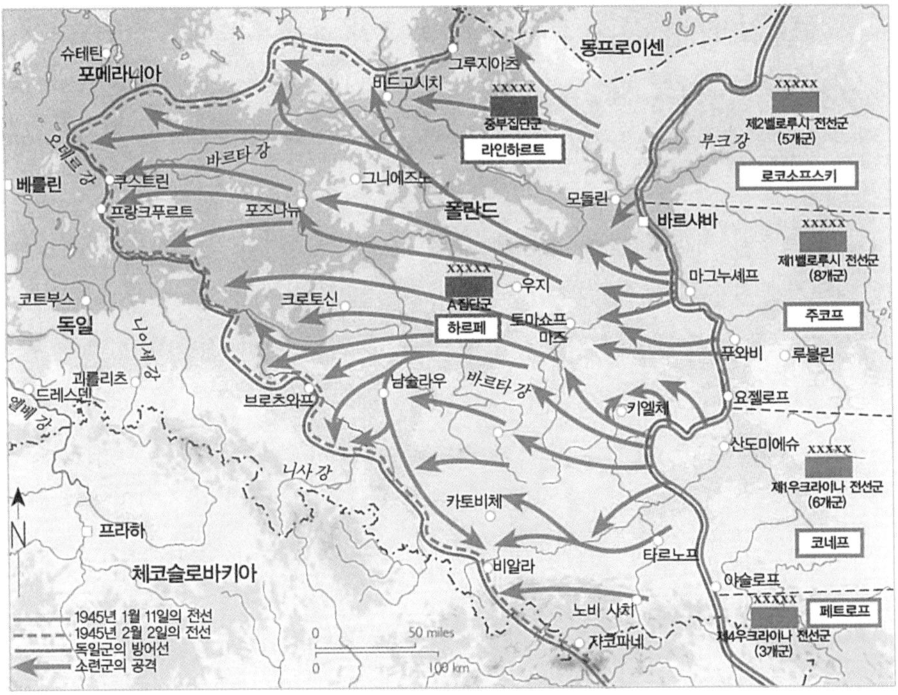

비스툴라 강에서 오데르 강으로 진격하는 것을 목표로 한 소련군의 공세는 겨우 22일 동안(1945년 1월 12일~2월 2일) 지속되었지만, 공세가 끝난 후 소련군은 베를린으로부터 겨우 60마일(100킬로미터)밖에 떨어지지 않은 오데르 강의 서쪽 제방에 교두보를 확보하게 되었다.

※ 출처 : 폴 클리어 지음, 강민수 옮김. 『제2차 세계대전』(플래닛미디어, 2008), p. 671

한편, 히틀러는 1월 20일에 서부전선의 아르덴느 공세에 실패한 후 철수한 무장친위대 제6기갑군을 동부전선으로 이전시키면서, "나는 소련군이 예상치 못하는 곳에서 소련군을 공격할 것이다. 무장친위대 제6기갑군은 부다페스트로 떠난다. 우리가 그곳에서 공세를 취하면, 소련군도 그곳으로 가지 않으면 안 될 것이다."라고 말했다.[17] 독일군에게는 마지막으로 남은 유일한 예비대를 보조 전장으로 보내어 소모하게 할 생각이었다. 구데리안은 여러 가지 전술적 상황에 맞지 않는 히틀러의 조치에 실망하여 자제력을 잃고 참모들에게 "히틀러가 혐오스럽다."까지 했다.[18]

바르샤바를 통해 베를린으로 접근하는 통로를 방어하기 위해 노심초사하는 구데리안의 구상과는 완전히 동떨어진 히틀러의 조치에 구데리안의 입지는 점점 좁아졌으며, 때로는 격렬한 언쟁을 벌이고, 거의 폭발 일보직전까지 간 적도 있었다. 히틀러는 구데리안에게 어떠한 희생을 치르더라도 폴란드 방어선을 사수하도록 지시하였다. 그러나 방어 수단이 없는 현지 지휘관들에게 히틀러의 지시는 공허한 메아리가 되었으며, 히틀러의 지령을 수행할 수 없게 되고, 결과적으로 명령을 위반하는 결과를 가져오자, 그들을 엄중히 심문하도록 구데리안에게 명령했다. 실망한 구데리안은 이 상태로는 독일군의 완전 붕괴가 눈앞에 닥쳐올 것이므로, 당장 평화협상의 길을 택하는 것이 최선이라고 생각했다. 구데리안은 참다못해 1월 25일 외무상 리벤트로프에게 서부전선에서 연합군과 휴전하도록 히틀러를 설득해 달라고 부탁했으며, 그 보고를 받은 히틀러는 그날 저녁 곧바로 구데리안을 반역죄로 체포했다.

일찍이 기갑부대의 혁명적 운용을 통해 독일군에게 신화적인 영광을 안겨준 구데리안이 체포되었다는 사실은, 롬멜이 암살 음모의 배후로 지목되어 독배를 든 것과는 달리, 또 다른 의미에서 전군에 충격을 가져다주었다. 독일군 장병들은 이 전쟁이 무엇을 위해, 그리고 누구를 위해 하는 전쟁인가를 묻지 않을 수 없게 되었다. 며칠 후 구데리안의 중요성을 진언하는 측근들의 의견을 받아들여 히틀러는 구데리안을 석방하고 참모총장의 직위도 유지하게 했으나, 관계는 이미 돌아올 수 없는 강을 건넌 것이나 마찬가지였다.

결국 그는 1945년 3월 말에 해임되고 말았다. 그리고 그의 후임은 한스 크렙스가 맡게 되었다.[19] 주코프의 제1벨라루스전선군은 독창적인 전법을 구사하면서 거침없이 전진했다. 스탈린그라드 전투에서 제62군을 지휘하여 끝까지 도시를 사수하여 승리함으로써 명성을 떨친 추이코프가 제8근위군 사령관으로서 1월 19일에 우치를 점령했다. 그리고 1월 20일에는 그곳에서 120km를 더 전진하여 포즈난(Poznań)을 포위 끝에 점령함으로써 무려 60,000명에 이르는 독일군 포로를 붙잡았다. 같은 날 제3근위전차군과 제52군이 슐레

17) 존 키건 지음, 류한수 옮김, 『2차 세계대전사』(서울 : 청어람 미디어, 2007), p. 770.
18) 베빈 알렉산더 지음, 함규진 옮김, 『히틀러는 왜 세계 정복에 실패했는가?』(서울 : 홍익출판사, 2004), p. 316.
19) 제프리 메가기 지음, 김홍래 옮김, 『히틀러 최고사령부, 1933-1945』(서울 : 플래닛미디어, 2009), pp. 455-456.

지엔 일대에서 드디어 독일 국경을 넘었다.

1월 31일에는 제2근위전차군의 선봉 부대가 퀴스트린(Küstrin) 근처의 오데르강에 도착했는데, 이는 2주 만에 약 400km를 전진한 셈이었다. 다음 날 제1근위전차군이 오데르강에 도착한데 이어, 주력부대들이 속속 합류하여 교두보를 확보하기 위한 작전에 돌입했다. 이곳에서 베를린까지는 불과 60km밖에 되지 않았다. 이제야말로 소련군이 독일군의 목줄을 깊게 물었다.

1945년, 어린 병사들이 판처파우스트 대전차로켓 조작법을 배우고 있다. (AKG Berlin)

그러나 계속된 공격으로 선두 부대들의 보급이 어려워져 전투력이 약화되었고, 주코프의 부대 우측방을 엄호해주어야 할 로코소프스키의 제2벨라루스전선군이 독일군의 악착같은 방어에 전진이 지연됨으로써 주코프 부대들의 우측면이 독일군에게 노출되게 되었다. 특히 포메른(Pommern) 지역에서 새로 편성된 독일군 바익셀집단군의 반격에 놓이게 되었다. 바익셀집단군은 히틀러의 특명으로 SS 친위대장 히믈러가 나이가 어린 소년들과 노쇠한 장년층을 긁어모아 구성한 국민방위대(Volkssturm)에 제11무장친위대기갑군을 편성하여 구성된 부대로서, 전투력은 떨어져도 매우 악착같은 투지를 보여주었다.

2월 초에 포메른에서 실시된 히믈러의 반격은 쉽게 좌절되었다. 하지만 로코소프스키의 제2벨라루스전선군은 동프로이센의 곳곳에 잔류하며 고립방어 하는 독일군에 발이 묶여 주코프의 우측면을 온전히 보호하지 못해 진격에 지장을 주었다. 주코프와 코네프의 주공부대들이 베를린으로 진격하는 동안, 북부의 동프로이센에 대한 작전은 로코소프스키의 제2벨라루스전선군과 체르냐호프스키의 제3벨라루스전선군이 역내의 독일군을 협공함으로써 폴란드 지역의 독일군과 분리시켜, 이들 독일군들을 발트해 연안으로 내몰아 행동의 자유를 박탈한 다음, 후속 작전으로 바그라만에 위치한 제1발트전선군과 체르냐호프스키의 제3벨라루스전선군이 잔적을 소탕하도록 하는 것이었다.

공격부대들은 독일군에 비해 엄청난 수적 우위를 보였지만, 독일군도 잘 준비된 요새를 이용하였기 때문에 강한 저항력을 발휘했다. 1월 13일 체르냐코호프스키의 제3벨라루스전선군이 쾨니히스베르크(Königsberg) 쪽으로 공격을 개시했으나, 한동안 지루한 진지 쟁탈전이 벌어져 진격이 지지부진했다. 그러나 독일군이 지역의 유일한 예비대였던 헤르만 괴링 공수기갑사단을 중부 폴란드 지역으로 이전시키는 바람에 방어력은 약해질 수밖에 없었다. 체르냐호프스키가 독일군의 취약한 좌측면에 제11근위군과 제1전차군단을 투입하자, 독일군은 방어선이 무너지면서 서서히 쾨니히스베르크 요새의 외곽진지와 하일스베르크(Heilsberg) 요새 지역으로 철수하여 도시를 중심으로 고수방어에 들어갔다.

2월 2일이 되어 체르냐호프스키의 제3벨라루스전선군은 독일군 제3기갑군을 쾨니히스베르크 일대에 가둬둘 수 있었고, 아울러 서쪽으로 탈출하려는 제4군을 하일스베르크 요새 일대에 고착시켰다. 1월 26일 독일군은 포위된 부대들을 묶어 북부집단군으로 편성했는데, 이러한 북부집단군에 메멜시에서 퇴각하여 합류한 1개 군단을 증강시키기는 했으나, 사실상 기동력을 상실한 상태였으며 전투력도 별로였다.

약화되었지만, 굳건하게 지역을 고수하는 이들의 존재가 베를린으로 가는 소련군 전체 계획을 어렵게 만들었다. 쾨니히스베르크에 주둔한 독일군 지휘관 오토 라슈(Otto Lasch) 장군은 도시 내에서 방어선을 구축하는데 사활을 걸었다. 외곽 방어선은 1874~1882년 사이에 건설된 12개의 거대한 요새를 기반으로 하였고, 내부 방어선도 비슷한 시기에 건설된 요새에 기반을 두었다. 요새는 튼튼했으나 워낙 무지막지한 소련군의 포격은 견딜 수가 없었다. 2월 중순에 독일군 제5기갑사단과 제1보병사단이 증원되어 일시적으로 포위망이 풀렸다. 이를 이용해 많은 민간인이 탈출했다.

당분간 전투는 소강상태에 들어갔는데, 전선군 사령관 체르냐호프스키가 중상을 입고 죽었기 때문이었다. 체르냐호프스키 전선군의 남쪽에서 로코소프스키 전선군은 1월 14일 공세를 개시하여 초기에 눈부신 진격을 보였다. 독일군의 유일한 사단 규모 예비대였던 제7기갑사단을 쉽게 제압하자, 독일군은 전체 방어선이 무너지면서 신속히 퇴각해갔다. 그리하여 독일군 제23군단과 제27군단은 서쪽으로 내몰렸고, 제2군과 제4군은 동프로이센 남부로 퇴각했다.

로코소프스키는 마리엔부르크와 알렌슈타인까지는 손쉽게 진격했다. 이 지역은 1차 대전 초기에 독일군 제8군 사령관 힌덴부르크에 의해 삼소노프가 지휘한 제2군이 포위 섬멸되어 사령관이 자살했던 원한이 서린 땅이었지만, 이제는 역으로 독일군을 몰아내고 승리를 구가하는 곳이 되었다. 그러나 독일군의 방어 강도는 점차 강해져서 로코소프스키는 비수아강과 포메른 사이에서 주코프의 우측면을 방호해주지 못했다.

2월 초가 되자 베를린으로 당장 진격하는 것을 방해하는 일들이 축차적으로 벌어졌다. 우선 독일군의 저항이 주코프 부대의 양측 면에서 거세어졌다. 북쪽에서는 우회해버렸던 독일군의 고립된 부대들이 곳곳에 버티고 있었고, 바익셀집단군의 제11무장친위대기갑군이 포메른에 집결 중이었다. 이 부대는 제3기갑군의 잔존병력과 제4기갑사단을 비롯한 몇 개의 사단으로 구성되어 쿠를란트와 포메른 일대에 부대를 배치하고 있었다. 주코프의 우익을 방호해야 할 로코소프스키의 제2벨라루스전선군은 동프로이센 전투 때문에 북쪽의 발트해 방향으로 선회했기 때문에, 주코프의 부대와 멀리 이격되어 버림으로써 쥬코의 측면을 방호할 수 없는 형편이었다.

주코프의 부대에도 문제가 없는 것이 아니었다. 2개 군단이 전진 축선 상의 요충지인 포즈난의 독일군에 매달려 있었고, 독일군의 항공 활동이 국지적으로 활발해지면서 소련 공군에 큰 피해를 야기하고 있었다. 게다가 독일군 제5무장친위대 산악군단이 증원되어 오데르강 방어선을 강화하자, 베를린으로 진격하는데 핵심 전력이라 할 수 있는 제2근위전차군은 우익을 위협하는 독일군을 물리치는 데 모든 노력을 경주해야만 했다.

주코프의 좌익도 안전하지는 않았다. 주코프의 좌익을 방호해주어야 할 코네프의 제1우크라이나전선군은 넓은 정면에서 오데르강에 도달했다. 그는 브레슬라우 남쪽에 교두보를 확보했지만, 헝가리에서 증원된 전력으로 인해 독일군의 저항이 막강해졌고, 브레슬라우 요새가 버티고 있어 더 이상의 진격이 당분간 불가능하게 되었다. 주코프가 베를린으로 진격하도록 돕기 위해서는 브레슬라우를 점령하고 교두보를 확대해야만 가능한 것이었다.

어려움에 직면한 소련군 스타브카는 베를린으로의 진격 가능성을 열어둔 채 양 측면의 문제를 우선 해결하기로 했다. 이를 위해 2월 2일부로 일단 베를린으로의 진격 작전을 중지시키기로 하였다. 그러다가 주공부대인 주코프의 제1벨라루스전선군 측면을 방호하기 위한 작전이 2월 8일 다시 시작되었다. 그러나 남쪽에서 코네프의 브레슬라우 포위 작전은 지지부진했고, 북쪽지역의 포메른 일대에서는 독일군의 역습징후가 나타나고 있었다. 2월 10일, 로코소프스키가 포메른을 향해 공격했지만, 독일군의 저항으로 진격은 매우 느리게 진행되었으며, 일부에서는 독일군의 반격을 받기도 했다. 베를린으로 진격하기 위해서는 주변의 위험 요소를 제거해야 했기 때문에, 스타브카는 전진을 일시 중지하도록 조치했다.

여기서 스타브카는 2가지 측면에서 측방의 위협을 제거할 방책을 결정했다. 우선 주코프가 전진하는 축선의 북쪽에서 포메른과 슐레지엔의 독일군을 축출하는 것이었고, 또 다른 하나는 주코프 전진축의 남쪽에서 코네프가 브레슬라우 일대의 독일군을 분쇄하는 것이었다. 양 측면에서의 작전은 2월 8일에 동시에 이루어졌다. 남쪽 지역의 코네프는 브레슬라우의 남과 북에서 공세를 강화하여 독일군 수비대를 포위·격멸한 다음, 2월 25일 나이세(Neiße)강에 도달했고, 오데르강과 나이세강의 교차점에서 주코프의 부대와 연결되었다.

그러나 브레슬라우시의 핵심 방어 요새는 종전 하루 전에야 백기를 들었다. 주코프 전진축선의 북쪽에서는 로코소프스키의 제2벨라루스전선군이 그루지옹츠에서 포메른 방향으로 공격을 가했다. 6일 후에 엉성한 무장을 갖춘 제11무장친위대 기갑군이 주코프의 기갑부대를 공격했으나, 어렵지 않게 무산시킬 수 있었으며, 포메른에 대한 공세는 정작 2월 24일에야 시작되었는데, 3월 4일에야 북쪽의 로코소프스키의 전선군과 연결이 가능해 측면의 위협을 제거했다.

로코소프스키는 공격 방향을 북쪽으로 전환하여 단치히에서 고수방어 중인 독일군을 소탕하기 시작하여 작은 고립지대로 몰아넣었으며, 무자비한 공격으로 3월 18일에 콜베르크(Kolberg)를, 30일에는 단치히를 차례로 장악했다. 이제 독일 북부집단군(1월 말 중부집단군에서 명칭을 바꿈)은 대부분 동프로이센의 해안가에 고립되어 고수방어를 실시하고 있었는데, 전사한 체르냐호프스키의 후임으로 전직 총장 바실레프스키(Vasilevsky)가 부임한 후에 제3벨라루스전선군을 인수하여 쾨니히스베르크 일대에 공세를 강화하고 있었다. 4월 6일 선봉에 나선 제11근위군이 독일 진영을 돌파했다. 이로써 쾨니히스베르크가 4월 9일에, 잠란드반도가 4월 25일에 각각 함락되었다. 쾨니히스베르크 전투에서 독일군 42,000명이 전사했고, 92,000명이 포로가 되었다.[20]

독일군은 "전장에서 철수하지 말고 싸우다 죽으라."라는 히틀러의 지령에 따라 끝까지 저항했다. 더욱이 독일군은 과거에 자신들이 소련군과 소련인들에게 행했던 잔혹 행위를 잘 알고 있었고, 그에 대한 보복행위를 소련군으로부터 당하고 있었기 때문에 항복할 생각이 없었다. 독일군은 지역 내의 동포들이 소련군으로부터 당할 박해를 면하고 서방 쪽으로 탈출하는 시간을 벌어주기 위해 사력을 다했다.

동프로이센 전투에서 소련군도 피해가 덩달아 커져 1944년 10월부터 1945년 4월까지 희생자는 무려 584,000명에 이르렀다. 동프로이센에서의 전투는 또 하나의 사건은 극한 전투상황에서 가장 젊은 전선군 사령관이었던 제3벨라루스전선군의 체르냐호프스키가 치명상을 입고 2월 19일 사망하자, 참모총장을 사퇴하고 한동안 실직 상태에 있던 바실레프스키를 다시 등장시켰다. 스탈린이 바실레프스키를 재등장시킨 것은 은근히 주코프의 위세를 제한하려는 의도가 있었으며 그런 의미에서 코네프에게도 보이지 않는 호의를 베풀었다.

주공 방향의 측면에 대한 위협이 제거되자 스타브카는 추후 작전을 계획했는데, 좀 더 넓은 측방에서 독일군을 공격함으로써 주공 방향에 대한 독일군의 증원 전력을 제거하려고 했다. 우연이었지만, 히틀러도 전역의 초점을 헝가리로 집중하여 소련군의 주공 방향에 저항이 약화되었다. 3월이 되자 소련군은 2개 지역의 작전에 주안을 두고 공격을 명했다.

---

20) 데이비드 M. 글랜츠 등 지음, 권도순·윤시원·남창우 옮김, 『독소 전쟁사. 1941-1945』(서울 : 열린 책들, 2009), p. 320.

하나는 코네프의 제1우크라이나전선군이 상슐레지엔의 오데르 강변 오펠른(Oppeln) 주변의 독일군을 격멸하는 것이고, 다른 하나는 말리노프스키의 제2우크라이나전선군과 톨부힌의 제3우크라이나전선군이 부다페스트의 서쪽과 남서쪽에서 공격을 개시하여 헝가리를 완전히 점령한 다음, 오스트리아 빈을 공략한다는 것이었다.

이 작전의 목적은 독일군을 이곳에서 발을 빼지 못하게 하여 오데르강 방어선을 강화하지 못하게 함으로써 주코프의 차후 작전을 돕고, 베를린을 제외하고는 가장 큰 전역이 될 것으로 보이는 체코슬로바키아에서의 작전에 도움이 되도록 하는 것이었다. 이 작전은 3월 15일에 계획대로 실행되었다. 코네프의 부대들은 오펠른 방향으로 진격하여 독일 제17군의 일부를 포위하고, 격전 끝에 이를 제거한 다음, 3월 31일에 슬로바키아에 도달했다. 이로써 소련군은 드레스덴(Dresden)과 프라하(Prague)를 향한 공세를 취할 수 있는 유리한 지형을 점했다.

코네프의 공세와 동시에 남부에서도 공세를 시작하기로 했다. 말리노프스키의 제2우크라이나전선군은 도나우강의 북쪽과 남쪽에서 공세를 취하고 제1근위기병 기계화집단이 브라티슬라바(Bratislava)로 진격하기로 했다. 그보다 남쪽에서 톨부힌의 제3우크라이나전선군은 그 예하 제57군과 불가리아 제1군으로 하여금 독일 제2기갑군의 방어진지를 발라톤 호수의 남쪽에서 돌파케 하여 오스트리아로 전진할 계획이었다.

이처럼 공세를 준비하고 있는 동안 소련군은 독일군의 역공격 계획을 입수했다. 앞에서 언급한 바와 같이, 독일군은 마지막 남은 전략 예비대로써 서방의 벌지 전투에서 철수한 제6무장친위대기갑군을 이곳으로 이전하여 발라톤 호수 일대에서 역습을 가해 소련군의 예비 전력을 소모시킴으로써 전체적인 전선에서 소련군의 공세를 완화시켜 보겠다는 계획을 수립하고 있었던 것이다. 그리하여 독일군은 제6군과 제6무장친위대기갑군을 주축으로 10개의 기갑사단과 5개의 보병사단을 투입했다.

3월 6일 신형전차로 무장한 독일군은 발라톤 호수의 남쪽과 북쪽에서 톨부힌의 제3우크라이나전선군에 대한 협격을 실시했다. 독일군의 입장에서 이들 부대들이 소련군 제3우크라이나전선군을 두 동강 낸 다음, 발라톤 호수의 남쪽에서 공격하는 제2기갑군과 연결하는 것이 최상의 작전목표였다. 스타브카는 이러한 독일군의 작전계획과 전투서열을 정확히 파악하고 있었지만, 톨부힌에게 추가적인 전투력을 할당하지 않고, 기존의 전투력으로 독일군의 공격을 지탱해야 하며, 오스트리아로의 공격을 위한 예비 전력은 반드시 확보하도록 명령했다.

호수 북쪽에서의 독일군 공격은 매우 거세어 톨부힌의 방어진지는 군데군데에서 쐐기가 박힌 것처럼 돌파구가 형성되었다. 그러나 독일군의 공세는 오래가지 못했다. 지형이 운하가 많고 진흙투성이인 데다 계절적으로 우기였으며, 톨부힌이 창의적으로 설치한 지뢰, 철조망, 참호, 대전차 무기 등을 이용한 대전차 격멸지대와 효과적인 사격 통제로 인해 독일군의 공세는 둔화되었다. 그런데도 동요된 톨부힌은 공세를 위해 준비된 예비대를 사용할 수 있도록 요청했으나, 이러한 톨부힌의 요청은 스타브카로부터 거부당했다.

3월 15일이 되자 독일군과 소련군 양측은 공히 심대한 타격을 입었지만, 독일군의 진격은 저지되었다. 소련군은 차후 작전을 위한 예비대를 전혀 손상당하지 않고 온전히 전력을 보존할 수 있었다. 3월 14일~3월 16일 어간에 발라톤 호수 동쪽에서 격전이 벌어지는 동안 부다페스트 서쪽에서는 공격 중인 독일군의 좌익과 후방을 겨냥하여 소련군 4개 야전군이 배치되었다. 3월 16일 소련군 제46군과 제4근위군 및 제9근위군이 독일군 방어선에 기습적으로 밀어닥쳤고, 제6근위전차군이 3월 19일 증원 투입되었다. 며칠 후에 제2우크라이나전선군과 제3우크라이나전선군이 공세에 가담하자, 독일군의 방어체계는 붕괴되고 말았다.

독일군은 발라톤 호수의 안쪽으로 내몰려 포위될 위기에 처했다가 겨우 빠져나왔는데, 이는 지형과 기상이 양측에 공히 어려움을 주었기 때문이기도 했다. 소련군 크랍첸코의 제6근위전차군은 혼란을 틈타 적진을 뚫고 맹렬히 전진했다. 독일군이 점차 약화되면서, 소련군 제6근위전차군은 제4근위군 및 제6근위군과 협동으로 전진을 거듭하여 1945년 4월 13일에 드디어 대망의 목표인 빈에 입성할 수 있었다. 이제 베를린으로 진군하는 주공부대인 주코프의 전진에 위협을 주는 측방의 독일군 전력은 대부분 제거되었다고 볼 수 있었다. 주코프가 베를린을 점령할 사령관으로 선택되었지만, 최종적인 승리자는 스탈린이어야만 했다. 아무리 유능한 지휘관이라도 스탈린에게 거슬리면 언제라도 숙청될 수 있었다.

소련군이 베를린으로 근접해 갈수록 스탈린의 조바심은 커졌는데, 그가 우려했던 점은 두 가지로서, 첫째, 독일이 공산주의에 맞선 전쟁에 전력을 투입하기 위해 소련을 제쳐 놓고 서방 연합에 항복하지 않을까 하는 점이었고, 둘째, 얄타회담에서 합의한 베를린의 점령 권한을 소련군에 주지 않기 위해 서방 연합군이 돌진해 오지 않을까 하는 점이었다. 우선 스탈린이 지니고 있었던 첫 번째 우려는 일부 사실인 것으로 밝혀졌다. 비록 거절당하기는 하였지만, 독일군은 서방 연합군과 강화를 암암리에 모색했던 것이다. 그러나 스탈린의 두 번째의 우려는 잘못된 것이었다. 서방 연합군은 얄타협정을 준수하여 엘베강 선의 인근에서 전진을 멈추고, 소련군이 독일의 수도를 점령하는 영광을 곱게 양도해 주었다. 실제로 1944년 말에는 서부 연합군이 소련군보다 베를린으로 진격하는 데 더 유리한 상황에 놓여 있었다.

소련군이 승리자로서 유럽대륙의 중심부로 진출한 것은 1813년 나폴레옹의 몰락을 경험한 이후 처음이었다. 그동안 소련은 1920년에 바르샤바로 가는 길목에서 폴란드의 피우스트키(Piłsudski) 원수에게 저지당하는 치욕을 맛보았으며, 1914년 8월에는 힌덴부르크와 루덴도르프의 제8군에 의해 탄넨베르크에서 러시아군 제2군이 완전히 섬멸당하는 참패를 당했는데, 이처럼 원한 서린 지역을 통과하여 지난 4년간 그토록 괴롭혀온 독일의 심장부를 점령한다는 데는 남다른 감회가 있을 수 있었다.

● 유럽 동부전선의 독일군이 '스탈린의 오르간'이라는 별명을 붙인 붉은부대의 카튜샤 로켓 발사대가 쏘는 공포의 일제포화

베를린으로 진입하는 과정에서 대략 소련군 6백만 명과 독일군 2백만 명이 마지막으로 대치했다. 이때 독일군의 저항은 필사적이었으며 마치 자살행위와도 같았다. 그들은 지난날 소련군에 가했던 비인도적인 행위를 가슴속 깊은 곳에 인식하고 있었으며, 항복한다면 비슷한 처분을 당하리라는 점을 잘 알고 있었기 때문에, 포로가 되느니 차라리 싸우다 죽는 길을 택하겠다는 정신을 강하게 견지하고 있었다. 소련군이 점령해 오는 길목인 동프로이센 지역에서의 소련군의 민간인에 대한 야만 행위는 막을 길이 없었다. 1944년 10월 소련군이 이 지역에 진입한 이래, 소련군 병사들은 노소 여부를 떠나 여자들을 강간하고 고문하며 살육했으며, 피난민들은 포격을 당하고 진격하는 전차에 깔렸다.

스탈린도 병사들의 만행을 알고 있었지만, 적극적으로 만류하지는 않았다. 유고슬라비아의 공산주의자 대표 중의 한 사람인 밀로반 질라스가 스탈린의 면전에서 붉은 군대 병사가 유고슬라비아 여자를 강간하고 있다고 불평하자, 그는 아래와 같이 말했다.

"당신은 당연히 도스토옙스키의 소설을 읽었겠지요? 그렇다면 인간의 정신, 인간의 심리가 얼마나 복잡한 것인가를 알겠지요? 그렇다면 스탈린그라드에서 베오그라드(Belgrad)까지 전우와 가장 소중한 사람들의 주검을 넘어서, 쑥대밭이 된 자기의 나라 땅 수천 킬로미터를 지나며 싸워온 남자를 상상해 보았습니까? 그런 남자가 어떻게 정상적인 반응을 보일 수 있겠습니까? 그리고 그런 참상 뒤에 그가 여자하고 재미를 보는 것이 무에 그리

대단한 일인가요? 당신은 붉은 군대를 이상적이라고 상상해 왔습니다. 붉은 군대는 이상적이지도 않고 그럴 수도 없습니다. 중요한 것은 붉은 군대가 독일과 싸운다는 것입니다."[21)]

한마디로, 스탈린은 사로잡힌 여자를 윤간하고 살해하는 것을 대수롭지 않게 여겼고, 약탈하는 것은 '사소한 물건을 조금 가져가는 것'이라고 생각했다. 1945년 초 동프로이센 전투에서 포병장교로 참전한 알렉산드르 솔제니친은 당시의 상황을 다음과 같이 회상하였다.

"우리 모두는 그 아가씨들이 독일 여자로 판명되면 강간한 뒤 곧바로 사살할 수 있었으며, 그것은 거의 전투의 공로로 생각되었다. 아가씨들이 폴란드 여자이거나 소련인일 경우에도 발가벗겨 모욕을 주었다."

붉은 군대가 독일 땅으로 들어오자 대규모 피난민이 안전한 곳으로 가는 출구를 향해 몰려갔다. 그들은 독일군이 동쪽에서 무슨 짓을 했었는지 잘 알고 있었으며, 잡히면 어떠한 보복을 당하리라는 것을 충분히 예상하고 있어서 공포와 절박함에 사로잡혀 폭설을 무릅쓰고 피난길에 나선 것이었다. 동프로이센 주민 2백만 명이 살던 곳을 떠나 해안이나 독일 내륙을 향해 발길을 재촉했다. 그로 인해 지난 800년 전부터 이루어진 게르만 인들의 동부지역 정착이 순식간에 무너졌다. 4월까지도 고립방어를 유지했던 단치히나 콜베르크 등지 해안을 통해 수백만 명의 독일인들이 내륙으로 무작정 피난해 갔다. 이 당시의 참상을 역사학자 존 에릭슨 교수는 다음과 같이 서술했다.

"속도와 격분과 야만성이 그 전진의 특성이었다. 마을과 도시가 불타는 동안, 소련 군인들이 마음대로 약탈하고, 나치즘의 기장이나 상징 가운데, 그 어떤 것이든가 이런 것들이 장식된 집은 지난날 당한 분풀이의 대상이 되었다. 장식이 들어있는 나치당의 초상사진은 탁자, 의자, 세간살이는 물론, 그 집안 식구들조차 죄다 싹 쓸어버리라는 상징으로 받아들여지고 있었다. 수용소에서 풀려난 포로들과 공장 및 농장에서 풀려난 노예 노동자들이 터벅터벅 걷거나 수레를 타고 지나갔다. 그들의 일부는 질주하는 붉은 군대의 대열에 내몰려 깔리거나 으깨져 핏덩이가 되었다. 강간당한 여자의 손이 가족들이 탄 수레에 못으로 박혀 있었다. 금방이라도 눈이 내릴 듯한 1월의 추운 겨울밤의 어두움 속에서 피난민들이 길가의 도로변이나 도랑에 웅크리고 앉아 있었고, 아버지는 고통을 덜어주기 위해 자식을 총으로 쏘아 죽이려고 마음먹거나 울면서 하느님의 진노가 지나가기를 기다렸다. 마침내 소련의 전선군사령부가 개입하면서 군 기강을 다시 세우고 적국 주민을 '행동 규

---

21) 리처드 오버리 지음, 류한수, 『스탈린과 히틀러의 전쟁』(서울 : 지식의 풍경, 2007), p. 351.

범'대로 대하라는 명령이 내려졌다. 그러나 고삐 풀린 행위들은 '앞에 있는 짱이 짐승 같은 파시스트들의 소굴'이라는 격한 구호들로 인해 촉발된 것이었으며, 포로에서 풀려나거나 노동 노예에서 풀려나 소련군에 합류한 징집병들을 끊임없이 부추겼다. 병사들은 누구에게도 연민을 보이지 않았다."[22]

얄타회담이 열린 2월 초가 되자 주코프와 코네프의 전선군은 베를린으로 향한 전진을 위해 오데르강에 집결하여 모든 준비를 마치고 있었다. 그 맞은편에는 히틀러에게 맹목적인 충성을 바쳐온 쇠르너의 중부집단군과 히믈러의 바익셀집단군이 있었으나, 이제는 지쳐 시들은 허깨비의 모습이었다. 동프로이센에서는 아직도 제3기갑군이 활동 중이었고, 앞에서 기술했지만 제6기갑군은 헝가리의 발라톤 호수 인근에서 역공격을 펼쳤지만 실패했다. 이제 독일 국방군의 최후가 빠르게 다가오고 있었다.

이러한 와중에서 발생한 또 하나의 비극은 드레스덴에 대한 폭격이었다. 드레스덴은 폐허가 되지 않은 유일한 도시로 동부지역에서 몰려든 피난민들로 가득 차 있었다. 영국군과 미군은 2월 13일부터 4일간에 걸쳐 양국 공군이 각각 722대와 527대의 중폭격기를 동원하여 드레스덴에 3,900t가량의 고폭탄과 소이탄을 쏟아 부었다. 도심은 섭씨 1,500도에 도달하여 문화의 도시는 완전히 불에 타버리고 말았다. 나치가 주장하는 것처럼, 30만 명은 아니더라도, 적어도 3만 명 이상의 사망자가 발생했다. 전후에도 폭격의 정당성에 대한 논란이 있었으나, 결국 지역 내에 100개 이상의 군수 공장이 산재해 있었기 때문에 이러한 폭격은 정당하다는 결론이 내려졌지만, 이러한 결론도 폭격으로 인해 지나친 민간인 피해가 발생했다는 점에 대해서는 결코 설득력을 갖지 못했다. 이제 주코프와 코네프의 전선군들은 베를린으로 불과 60km를 남겨놓고 내달릴 준비를 마친 상태였다.

22) 존 키건 지음, 류한수 옮김, 앞의 책, p. 772.

● 아이젠하워는 대규모 작전 경력이 부족함에도 불구하고 특유의 열정적인 자세와 친화력은 그를 타고난 지휘관으로 만들었다.

● 쿡스하펜(Cuxhaven)의 발사대에 올려져 있는 V-2로켓.

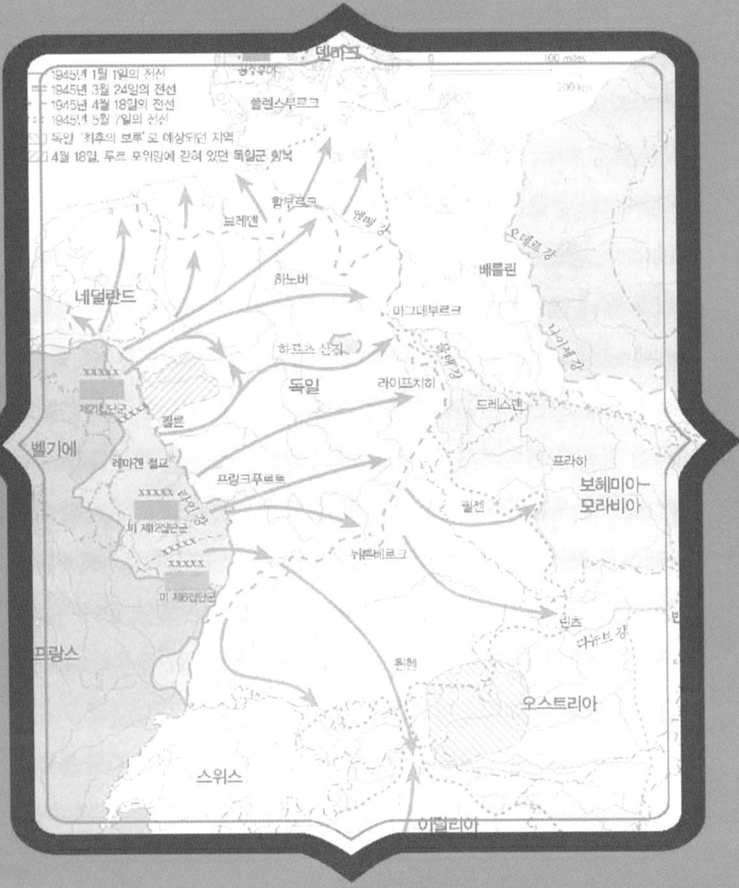

제 8 부

서방 연합군의 전진

제1장 라인강 도하

제2장 라인강에서 엘베강으로

● 켈슈타인(kehlstein) 산에 있는 독수리 요새(히틀러의 근거지)

● 독수리 요새 입구로 들어가는 터널

● 히틀러가 괴벨스(Goebbels) 박사 부부와 그들의
세 자녀와 함께 베르크호프에서 찍은 사진

제 1 장
라인강 도하

독일군이 1944년 12월에 서방 연합군을 향해 야심에 찬 '가을 안개 작전', 즉 벌지 전투를 벌였지만, 이 전투를 통해 독일군이 이루어 낸 것이라고는 서방 연합군의 독일 진입을 잠시 늦춘 것이 전부였을 뿐, 동부전선에서 소련군이 폴란드 남부와 발트해 연안으로 전진해 들어가는 것을 막는데 필요한 전력을 차출하여 이 전투에 소모해 버린 전략적 실수를 범하였다고 할 수 있었다. 1944년 11월과 12월에 독일군은 서부전선에 2,299대의 돌격포와 18개 신규사단을 증원한 데 반해, 동부전선에는 전차 921대와 5개 사단만을 증원하는 데 그쳤던 것이다.

'히틀러의 마지막 도박'이라고 불리었던 벌지 전투에서 독일군은 큰 대가를 치르고도 몽고메리의 군대를 쳐부순다는 목적을 온전히 달성하지 못했고, 나아가 지역을 점령하지도 못했으며, 시간을 약간 벌었을 뿐이었다. 동계 기간의 기상이 연합군의 항공작전을 제한하여 전반적으로 독일군에 유리한 상황이 전개 되었음에도 불구하고, 독일군은 연합군보다 더 큰 피해를 당했는데, 연합군은 조기에 상처를 회복할 수 있었지만, 독일군은 그 상처를 회복할 수 없었다.

아르덴의 공세로 인한 충격이 가라앉기 시작하자, 연합군은 라인강을 건너 독일 영토로의 진격을 모색하기 시작했다. 라인강이야말로 독일군이 가장 믿는 천혜의 장벽이었고, 라인강의 전면에는 오래전부터 지그프리트 선이라는 이름의 서부 방벽이 이를 보완하고 있었다. 연합군이 지그프리트 방어선을 극복하는 데는 큰 노력이 필요했는데, 더욱이 1945년 초는 기상이 특히 끔찍하여 라인강 주변의 저지대가 모두 물에 잠겨 연합군 기동부대가 도저히 진격할 수 없는 상황이었다. 그러나 연합군은 오히려 이러한 상황을 이용하여, 부대를 재정비하고 세밀한 공격계획을 수립할 수 있는 여건을 마련할 수 있었다.

3월 초가 되자, 독일군의 서부 방벽을 극복하기 위해 연합군의 8개 군은 북에서 남으로 전열을 가다듬으면서 대기했다. 북으로부터 몽고메리의 제21집단군 예하의 캐나다 제1군, 연합 제1공수군, 영국군 제2군, 미군 제9군, 그리고 브래들리의 제12집단군 예하의 제1군, 제3군, 제7군, 프랑스군 제1군이 라인강을 향해 정렬했다. 패튼의 제3군과 패치의 제7군은 아이펠의 험준한 지형을 극복하고 3월 10일이면 라인강에 도착할 수 있었다.

아이젠하워는 라인강 도하작전을 2개의 광정면에서 강습을 통해 실시하기로 했다. 제21집단군의 몽고메리는 북쪽에서 첫 번째 단계로 '베리터블 작전(Operation Veritable)'을 전개하여 라인강 넘어 베젤(Wesel)로 가는 접근로 상의 독일군을 소탕하는 임무를 맡았다. 이를 위해 제30군단이 네이메겐에 있는 집결지를 출발하여 라이히스발트(Reichswald) 숲으로 진격할 예정이었다. 두 번째 단계는 심슨(William L. Simpson) 중장의 제9군이 묀헨글라드바흐(Mönchengladbach)를 돌파해서 제21집단군 본대와 합류하는 '그리네이드 작전(Operation Grenade)'을 실시하는 것이었다.

2단계 작전을 성공적으로 수행하면, 몽고메리는 라인강 건너의 루르 지방을 북쪽에서 포위하기 위해 라인강을 도하 할 예정이었다. 라인강을 도하 한다면 기갑부대의 활동이 용이한 북부 독일 평원을 질주하여 베를린으로 진격한다는 계획까지 구상하고 있었다. 몽고메리의 남쪽에서 브래들리의 제12집단군은 쾰른과 코블렌츠(Koblenz) 사이의 라인강 진입로를 방어하는 독일군을 소탕하기 위한 '럼버잭 작전(Operation Lumberjack)'을 실시할 예정이었다. 페튼의 제3군은 프랑스 남부에서 진격하고 있는 데버스의 제6집단군과 연결하기 위해 마인츠(Mainz)와 만하임(Mannheim)으로 전진할 계획을 세웠다.

이 모든 것이 계획대로 완료되면, 서방 연합군은 라인강에 교두보를 구축할 수 있을 터였다. 그리고 성공적으로 교두보를 구축한 다음에는 몽고메리를 주공으로 하여 진격하려 했는데, 이에 대해 제12집단군의 브래들리와 제3군의 패튼은 강력히 이의를 제기했다. 그들은 미군이 무엇인가 더 중요한 역할을 맡아야 한다고 아이젠하워를 설득했다. 추측컨대 이는 아마도 1942년 이래 몽고메리가 지속적으로 미군들을 짜증이 나게 했기 때문에 그러했을 것으로 보인다. 만약 몽고메리가 그렇게 하지 않았다면, 미군들이 그러한 불만을 강하게 표출하지 않는 상황이 전개될 수도 있었겠으나, 이번만은 그렇지 않았던 것이다. 지혜로운 아이젠하워는 이 문제에 대한 즉답을 회피하고, 라인강을 도하한 후에 주공 결정 문제를 다시 검토하기로 하고 일단 넘어갔다.

이 모든 계획은 전적으로 연합군이 독일군의 지그프리트 선으로 잘 알려진 서부 방벽을 성공적으로 돌파할 수 있을지 여부와 독일군이 자국의 영토 훼손까지 무릅쓰면서 마음먹고 댐을 열어 루르강 일대의 저지를 범람시킬 경우, 위험지대를 과연 성공적으로 통과할 수 있을지 여부에 달려 있었다. 독일군의 수공으로 연합군의 전진이 저지된다면 모든 작전은 난관에 부닥칠 형편이었다.

2월 8일 새벽 5시, 베리터블 작전을 위해 캐나다 제1군이 2시간 30분간 공격 준비 사격을 퍼부었다. 연합군은 병력 규모는 작지만, 고지에 잘 구축된 독일군을 공격해야만 했으며, 작전 지역 대부분이 침수되어 라이히스발트로 이어지는 좁은 도로를 이용해야 했기 때문에 진격이 생각했던 것보다 매우 어려웠다.

연합군은 원래 라인강 도하작전의 작전 소요 기간을 3~4일 정도로 잡았지만, 계획보다 훨씬 지연되어 2월 말이 되어서야 작전의 목표를 모두 달성할 수 있었다. 독일군은 이 기간을 이용하여 라인강 상의 모든 교량을 파괴하고, 루르 댐의 수문을 열어 연합군의 전진을 지연시켰다. 그러나 연합군은 작전은 지연되었지만, 저항하는 독일군의 규모가 약하다는 것을 간파하고 돌파해 나간 끝에, 3월 3일에는 드디어 영국군과 캐나다군이 겔도른(Geldorn)에서 합류하여 네이메겐과 뒤셀도르프(Düseldorf)에서 라인강을 연하는 지역의 독일군을 소탕할 수 있었다.

몽고메리는 3월 23~24일을 라인강 도하 예정일로 계획하고 준비에 박차를 가했다. 몽고메리의 남부에서 미군은 몽고메리보다는 쉽게 라인강에 도달할 수 있었다. 3월 6일에 호지스의 제1군이 쾰른을 점령했고, 일부는 본으로 향했다. 제1군 예하 제9기갑사단은 메켄하임(Meckenheim)에 도착한 다음, 아르(Ahr) 강 계곡으로 내려가면서 사단의 안전을 위해 레마겐 일대에서 라인강을 봉쇄하라는 명령을 받았다. 레마겐에 도착한 미군은 라인강에 멀쩡한 철교가 남아 있는 것을 보고 깜짝 놀랐다.

라인강의 교량은 연합군이 노르망디에 상륙할 때는 연합군 측에서 독일군의 병참선 차단을 위해 항공 폭격을 통해 적극적으로 파괴하려 했던 반면, 연합군이 내륙으로 진격하면서부터는 독일군이 파괴하려고 노력했던 군사적 전략목표 가운데 하나였다. 그러나 레마겐 철교는 파괴되지 않고 철교 골조가 그런대로 잘 보존되어 있었는데, 그 이유는 파괴를 담당한 병사가 폴란드 출신으로서 일부러 전선을 절단해 놓아 폭발이 이루어지지 않았기 때문으로 밝혀졌다. 후에 독일군 장교가 이 철교를 폭파하려 했으나, 그때는 이미 시간이 너무 촉박하여 파괴용 TNT 충진 작업이 제대로 이루어지지 못해 일부만 폭파되고, 철교의 주요 골조 형태가 그대로 남아 있게 된 것이다.

3월 7일 연합군 제9기갑사단의 B전투단은 강습으로 철교를 탈취했다. 교량의 원래 명칭은 제1차 세계대전의 영웅 루덴도르프의 이름을 딴 루덴도르프교였다. 철교를 이용한 라인강의 도하는 연합군에게 많은 이점을 가져다 주었다. 점령 당일에 제9기갑사단과 보병 제78사단, 그리고 제99보병사단의 병력 8,000명이 라인강을 건넜으며, 그 후 10일 동안 많은 부대가 도강에 성공했다. 아이젠하워는 "레마겐의 다리는 동일한 무게의 금과도 같은 가치가 있다."라고 평가했다. 히틀러는 레마겐의 교량 폭파를 실패한 데 분노하여, 관계자 20여 명을 처형하고, 서부 방어 사령관 룬트슈테트를 마지막으로 해임한 후에, 그 후임으로 이탈리아 전선에서 방어에 탁월한 능력을 발휘한 케셀링(Albert Kesseling) 원수를 임명했다. 그리고 히틀러는 그와 동시에 V-2 로켓을 이용하여 교량을 파괴하도록 지시하였는데, 집중 포격으로 10일 후에 레마겐의 철교를 기어코 주저앉히고 말았다. 직격탄은 없었으나, 지근거리에서의 폭발로 레마겐 철교는 피로를 이기지 못해 파괴된 것이다.

이와 아울러 3월 19일 히틀러는 전 독일의 산업-경제 플랜트, 전력 발전소, 상수도, 취수시설, 항구, 기관차 등을 모두 파괴하도록 지시했다. 이는 적에 의해 파괴되는 것을 맥없이 지켜보느니, 차라리 내 손으로 파괴해 버리겠다는 절망에 찬 광기어린 지시였다. 그러나 군수 담당 슈페어는 "지금 단계에서 무고한 국민의 생명을 위협하는 파괴는 있을 수 없다."라고 반대하면서, 많은 지휘관과 함께 히틀러의 지시를 무조건 수행하려 하는 SS 대원들을 만류했다.[1)]

한편, 패튼은 럼버잭 작전 전개를 통해 코블렌츠를 장악하여 임무를 달성한 상태였지만, 제1군의 레마겐 철교를 이용한 도강에 안달이 난 나머지, 3월 22일 예하 부대에 보트를 이용하여 도하하도록 지시였는데, 다행히 그 지역에서 독일군의 저항이 경미했던 탓에 끝내 도강에 성공할 수 있었다. 몽고메리의 제21집단군 또한 3월 23일 밤에 라인강 도하 계획인 '플런더 작전'을 전개했다. 패튼이 항공 폭격이나 공격준비사격 없이 기습 도하를 실시했던 것과는 달리, 신중한 몽고메리는 세밀한 계획을 준비했다.

몽고메리는 대대적인 항공 폭격과 포격, 그리고 대규모 공수부대를 투입해 베젤로 향했다. 5,000발이 넘는 포탄을 적진에 쏟아 부은 다음, 각종 상륙용 주정과 수륙양용 장갑차 및 수륙양용 전차가 도하작전에 합류했다. 도하를 위해 해군에서 운용하는 각종 상륙용 주정들이 길이 15m, 폭 5m 규모로 특수 제작된 트레일러에 운반되어 사용되었다. 밤 10시가 넘어 특수부대가 선두에서 베젤을 장악했다. 그리하여 3월 24일 새벽이 되면서, 도하작전은 5개의 교두보를 확보함으로써 큰 성공을 거두었다. 라인강의 동쪽에 병력이 도달하면 강한 독일군의 저항에 직면할 것이라고 예상했으나, 독일군의 큰 저항은 별로 없었다. 몽고메리의 우익을 담당한 미군 제9군에서 선두로 도하한 제30사단과 제79사단의 희생은 31명에 불과했다.

이어서 교두보를 확장하기 위해 포병의 지원 거리 내에 미군 제17공수사단과 영국군 제6공수사단이 대규모 공수작전을 실시했다. 통상적으로 공정작전은 적의 후방에 기습적으로 공중 투입하여 적을 혼란에 빠뜨리고 주요 지역을 사전 확보하여 주력부대의 전진을 돕는 데 그 목적을 두고 있으나, 이번 작전에서의 공정작전은 대낮에 아군 포병지원 거리 내이면서도 적의 최전선 후방에 투하되는 이색적인 작전을 전개했다. 3월 24일 10시에 공중우세를 이용하여 2개의 공수사단이 동시에 공수작전을 펼쳤는데, 투입된 항공 전력은 1,572대의 수송기와 1,326대의 글라이더, 그리고 889대의 전투기가 엄호를 제공하였으

1) 베빈 알렉산더 지음, 함규진 옮김, 『히틀러는 왜 세계 정복에 실패했는가』(서울 : 홍익출판사, 2004), p. 370.

며, 추가로 목표지역 전방에 2,153대의 전투기들이 엄호를 위한 차단활동을 했다. 무려 100대가 넘는 글라이더가 독일군 지역에 투하되어 큰 피해를 당하는 실책도 있었지만, 주어진 목표를 장악함으로써 제21집단군은 라인강의 동쪽에 커다란 교두보를 확보하여 차후 작전의 바탕을 단단히 했다. 전선을 시찰한 처칠은 주정을 타고 라인강의 동쪽 둑을 밟고서 대단히 만족해했다.[2)]

독일이 제트 항공기를 운용할 가능성이 있었기 때문에, 3월 21일부터 24일 사이에 8,000 소티의 공습이 주로 비행장을 폭격했는데, 이 폭격을 통해 연합군은 독일군의 항공기와 비행장을 철저하게 사용 불가능한 상태로 만들었다. 부가적으로, 루르 공업지대 주변의 철도 체계와 연료 저장소가 폭격의 주요 목표가 되었다. 아이젠하워는 3월 24일의 도하작전 성공으로 독일의 운명은 결정되었다고 쓰고 있다. 이로써 서방 연합군은 베를린으로 진격할 태세를 완전히 굳혔다. 이제 연합군은 85개 사단에 400만 명에 이르는 전력을 헤아리게 되었지만, 독일군은 26개 사단에 불과했다.

---

2) Dwight D. Eisenhower. *Crusade in Europe*(NewYork : Ishi Press International, 2011), p. 390.

제 2 장
라인강에서 엘베강으로

라인강을 건넌 시점에서 아이젠하워는 전략을 일부 수정했다. 우선 연합군의 주공을 몽고메리의 제21집단군이 맡지 않는 것으로 결정되었는데, 이는 브래들리와 패튼이 몽고메리 제21집단군의 주공 역할을 반대했던 점이 부분적으로 작용하기도 했지만, 그보다는 2월에 열린 얄타회담에서 베를린을 점령하는 주체를 소련군으로 하자는 데 대해 협의가 끝났기 때문에, 북부를 향하는 몽고메리의 역할이 자연 축소될 수밖에 없게 된 데서 연유된 것이기도 했다. 따라서 엘베강과 물데(Mulde)강 주변을 소탕하기 위해서는 브래들리의 제12집단군이 서방 연합군의 주공이 될 수밖에 없었던 것이다.

호승심에 불타는 몽고메리는 원래 소련군보다 베를린에 먼저 도착하기 위해 네덜란드를 통과하여 덴마크를 차단한 다음, 발트해로 진출할 생각으로 전진을 서둘렀다. 그러나 아이젠하워의 생각은 달랐다. 이미 얄타회담에서 서방 연합군과 동부 소련군의 진출에 대한 합의가 이루어져 베를린 점령의 몫은 소련군에게 돌아갔기 때문이었다. 아이젠하워도 베를린이 정치적·심리적으로 중요한 목표이며 상징성이 지대하다는 점을 잘 알고 있었다. 그러나 그는 베를린으로의 진격이 군수지원 면에서 큰 무리가 따르며, 군사적인 관점에서도 그 가치가 크지 않다는 것을 매우 잘 알고 있었다.

서방 연합군이 라인강을 도하한 시점에 소련군은 베를린에서 50km밖에 떨어지지 않은 오데르강에 교두보를 확보하고 있었다. 그리고 서방 연합군은 공수에 의존한 군수지원 능력이 매일 2,000t 정도로서 최전방 부대가 전진을 계속하는 데 빠듯할 정도였다. 따라서 서방 연합군이 베를린으로 진격하는 것에 전력을 쏟아 붓더라도, 이미 소련군이 먼저 베를린을 점령하거나 포위하고 있을 수 있으며, 최전방 지역의 공격부대에 대한 군수지원이 난관에 부닥칠 가능성이 컸다. 라인강을 성공적으로 건넌 연합군은 광정면에서 동부를 향해 전진해 갔다. 영국군 제2군과 캐나다군 제1군이 함부르크를 목표로 독일의 북부로 밀고 들어갔고, 브래들리의 제12집단군은 남쪽에서 루르 지방을 포위하려 했다. 그보다 남쪽에서는 디버스의 제6집단군이 오스트리아로 진격하여 남아 있는 독일군을 소탕할 계획이었다. 영국군 제2군은 3월 28일 교두보에서 나와 베저(Weser)강을 건넜고, 하노버(Hannover) 주변에서 강력한 저항을 받았지만, 3주 만에 무려 320km를 전진했다.

● 1945년 연합군의 진격

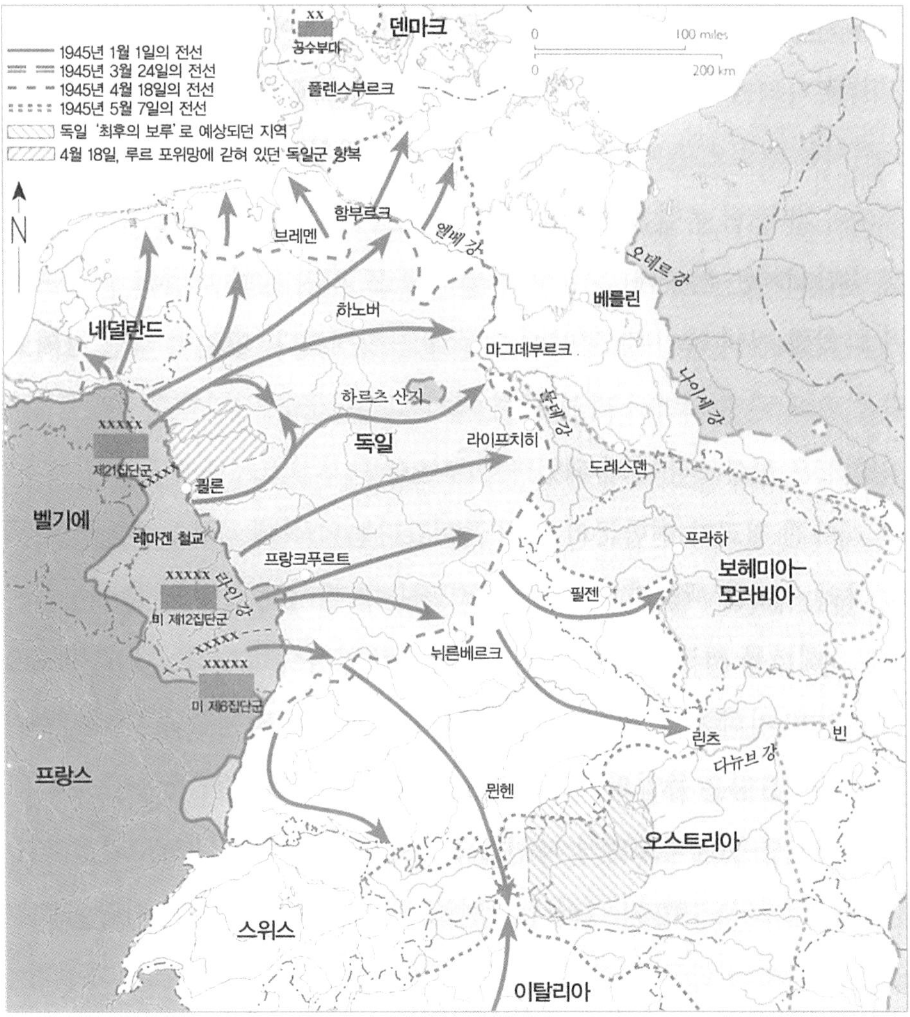

※ 출처 : 폴 클리어 등 지음, 강민수 옮김. 『제2차 세계대전』(플래닛미디어, 2008), p. 787

브래들리의 제12집단군 역시 루르 공업지대를 포위했다. 몽고메리의 지휘하에 있는 미 제9군과 브래들리 예하의 제1군은 계획상 연결지점인 카셀(Kassel)을 지나 루르 지방의 후방인 브레멘의 남쪽 160km에 있는 립슈타트(Lippstadt)에서 4월 1일 접촉하여 루르 지방에 대한 포위의 집게발을 닫아걸었다. 모델 원수는 북쪽과 남쪽으로의 역공격으로 탈출을 시도했으나, 모두 무산되었다. 4월 18일에는 루르 공업지대에 위치하고 있던 독일군이 마지막으로 항복했다. 여기서 연합군은 30명의 장성급 장교를 포함하여 독일군 32만 5,000명의 항복을 받았으며, B집단군 사령관 모델은 자살했다.[3] 아무리 룬트슈테트 후임

3) Dwight D. Eisenhower, *op.cit.*, p. 406.

으로 서부 방어사령관에 케셀링이 부임했다고 하더라도, 기울어진 전세를 역전시킬 수는 없었다. 독일군의 조직적 저항은 완전히 붕괴되었고, 헤아릴 수 없이 많은 독일군들이 항복해와 연합군은 오히려 포로 관리에 어려움이 뒤따를 정도였다.

4월 18일에 몽고메리는 순조롭게 브레멘과 함부르크를 거쳐 뤼네부르크(Lüneburg)를 점령해 엘베강에 도달했다. 이후에 몽고메리의 제21집단군은 진격 방향을 북쪽으로 전환하여 네덜란드와 발트해 방향으로 향했으나, 독일군의 강력한 조직적 저항은 없었다. 이 과정에서 아이젠하워는 처칠의 강력한 항의를 받게 되었다. 아이젠하워가 서방 연합군의 최고회의를 통해 허락받은 기동계획을 2월에 소련 측에 통보하고 베를린에 진격하는 상황을 상호 협조하도록 했는데, 처칠은 이를 군사적 행동의 범위를 넘어서는 정치 행위이므로 아이젠하워의 이와 같은 조치는 월권에 해당된다고 이의를 제기한 것이었다. 처칠이 이렇게 이의를 제기하게 된 의도의 저변에는 영국군이 엘베강을 건너 베를린으로 진격하고자 하는 욕망과 영국군이 좀 더 의미 있는 주공 역할을 해야 하는데도 불구하고, 공격 방향이 북쪽의 네덜란드와 발트해 쪽으로 전환된 데 대한 항의가 동시에 곁들여 있다고 보아야 할 것이다. 그러나 아이젠하워는 마셜과 협의를 통해 군사상 필요한 지휘권을 확인하여 원만한 타결을 볼 수 있었다.

몽고메리의 제21집단군은 북쪽으로 진군함으로써 발트해 연안의 독일군 U-보트 기지를 점령하고, 스웨덴의 항구를 보급기지로 활용할 여건을 마련할 수 있으며, 수만 명의 네덜란드 국민을 기아에서 구출함은 물론, 덴마크와 노르웨이를 해방하는 중요한 정치적 목적을 달성할 수 있다는 것을 확인시켜주었다. 남쪽에서는 디버스의 제6 집단군이 전진한 가운데, 미 제7군이 뷔르츠부르크(Würzburg)에서, 그리고 프랑스 제1군이 칼수루헤(Karlsruhe)에서 각각 독일군의 강력한 저항에 부딪혔으나, 진격에 큰 지장을 받지는 않았다.

브래들리의 제12집단군은 루르 지방의 독일군이 항복할 시점에 이미 엘베강에 도달했다. 남쪽에서 패튼의 제3군은 4월 13일 체코의 북쪽 도시인 쳄니츠(Chemnitz)에 도착했으며, 4월 14일에는 엘베강에 도착했는데, 그곳에서 패튼의 예하 부대가 나치의 보물을 저장한 소금 광산을 발견하게 되었다. 패튼의 부대가 나치의 보물이 저장된 소금 광산을 발견하게 된 경위는 대략 다음과 같았다. 패튼은 점령지역에 대한 통행금지를 선포했는데, 그날 밤 아이를 출산하는 집이 있어 산파가 통행금지를 무릅쓰고 이동하는 것을 병사가 검문·확인한 후, 차량을 이용해 이들을 도와주게 되자, 이들이 광산에 보물이 보관되어 있다는 내용을 자발적으로 털어놓은 데서 보물 발견의 발단이 되었다. 이를 보고받은 아이젠하워와 패튼은 직접 광산을 방문하여 현장을 확인했다. 엄청난 독일의 지폐 더미와 수많은 예술품, 어림잡아 2억 5,000만 달러어치의 금괴 및 수백만 달러어치의 미국 금화를 비롯한 엄청난 유럽의 금화들, 그리고 금 은박의 장식품들이 지하 1km 동굴 속에 포장되거나 용기에 담겨 있었는데, 이러한 보물들은 대부분이 약탈한 것으로 보였다.

한편, 미 제9군은 4월 11일 마그데부르크 일대에서 엘베강에 도달했고, 예하의 제2기갑사단이 엘베강을 건너 교두보를 확보했으며, 그다음 날에는 보병 제83사단이 바르비(Barby)에 또 다른 교두보를 확보할 수 있게 되었다. 이러한 급속한 상황 변화로 이제 베를린까지는 불과 90km밖에 이격되어 있지 않았기 때문에 이들 미 연합군 부대는 자신들이 틀림없이 베를린으로 갈 것이라는 큰 기대를 갖고 있었으나, 아이젠하워는 1945년 2월 얄타협정에서 미·영·소 3개국 간에 합의한 연합국 간의 합의, 즉 소련군의 베를린 입성과 점령에 관련된 합의사항을 준수하지 않으면 안 되었다. 또한 남부지역에서는 미 제7군이 미확인된 첩보에 따라 1944년 이후 히틀러가 마지막 거점으로 베르히테스가든 일대에 요새를 만들고 있다는 지점으로 진격했으나, 요새는 존재하지 않았다. 4월 18일이면 서방 연합군은 소련군과 사전 협의한 전진 한계선인 엘베강 일대에 도착하여 소련군의 베를린 점령을 바라보게 되었다.

그러나 4월 12일에 루스벨트 대통령이 사망하자, 히틀러는 한 때 자신에게 기적이 일어났다는 착각 속에서 잠자는 야망을 꿈꿨다. 이는 마치 프레데릭 대왕이 7년 전쟁의 막바지에서 궁지에 몰렸을 때 러시아 황제가 사망하여 철수함으로써 기적적인 승리를 이루어낸 것과 같은 행운이 히틀러 자신에게도 올 수 있다고 믿고 한껏 고양된 것과 다름없었다. 그는 엘베강에 있는 미군 교두보에 단 한 번의 심각한 타격을 가한다면 무조건 항복을 요구하는 연합국의 요구를 유리하게 바꿀 수 있다고 생각했다. 그러나 이 모든 것은 허황한 꿈이었다. 루스벨트의 사망은 오래전부터 예견된 것이었고, 대통령직을 수행할 부통령이 연합국의 기존정책에 반대할 이유가 전혀 없었기 때문이었다. 한편 스탈린은 루스벨트의 죽음에 애도를 표하면서도, 루스벨트와 쌓은 협력적 관계가 전쟁의 마지막 단계에서 반소 감정을 지닌 것으로 알려진 트루먼(Harry S. Truman)으로 바뀌게 된 데 대해 아쉬운 감정을 감추지 못했다.

● 세실리엔호프 궁전을 나서는 트루먼과 스탈린. 그 뒤로 스탈린의 경호원이자 나중에 포츠담에서 암거래 혐의를 추궁받는 니콜라이 블라식이 보인다.

제 9 부

베를린 함락과 독일의 항복

● 에어쇼를 관람하는 아이젠하워와 주코프. 1945년 6월 10일 주코프가 독일 프랑크푸르트 연합군 사령부를 방문했을 때의 모습이다.

제 1 장
베를린 함락

소련군은 4월 초에 베를린 공략을 위해 완전한 준비를 마친 상태였다. 4월 중순이면 소련군은 250만 명의 병력과 전차 및 장갑차 6,000대, 그리고 각종 포 4만 5,000문을 비롯하여 전투에 필요한 모든 준비를 마친 상태였다. 반면 독일군이 처한 현실은 명백했다. 우선 탄약이 부족하여 포병의 운용이 제한되었고, 전통적인 핵심 전력인 기갑부대는 전차가 있어도 연료가 부족하여 멈춰 선 상태였다. 항공기는 숫자도 부족했지만, 역시 연료의 부족으로 무력화되었다. 차량의 부족은 보급품의 수송을 제한했다. 단지 100만 명에 달하는 베를린 수비대는 방어에 최선을 다하고 있어 다소 위안이 되었지만, 병력의 구성이 나이 어린 소년병이거나 중년 이상의 병역 부적격자들이 대부분이었다.

그들의 대부분은 기초 훈련만 수료한 초년병들로 전투력은 높지 않았지만, 소련군이 독일군과 주민들을 어떻게 취급하는지 알고 있어, 결연한 전투의지를 가지고 있었다. 4월 16일 베를린 동쪽에서 주코프의 제1벨라루스전선군이, 남쪽에서는 코네프의 제1우크라이나전선군이 동시에 오데르강을 건넜다. 그러나 어디까지나 베를린의 중심부를 점령하는 것은 주코프의 영예로, 그리고 최종적으로는 스탈린의 영예로 돌아가야 할 터였다. 주코프의 선봉 부대는 스탈린그라드의 영웅이었던 추이코프의 제8근위군이었다. 그러나 제8근위군 전면을 방어하는 독일군 수비대의 저항은 유난히 거셌다.

4월 16일 아침 다섯 시에 시작된 소련군의 포격은 과도할 정도였지만, 크게 효과를 보지는 못했다. 그 이유는 독일군이 제1 방어선을 비워놓고 제2 방어선으로 후퇴했기 때문에 피해를 줄 수 없었고, 심한 포격으로 자욱한 안개가 피어올라 143개의 탐조등으로 적진을 비추었는데도, 빛이 먼지와 안개를 관통하지 못해 오히려 혼란만 가중시켰다. 주코프는 초기부터 보병과 기갑전력을 함께 대량으로 투입하였는데, 지나친 교통체증을 일으켜 전차를 비롯한 차량의 기동이 불가능하게 되었다. 독일군은 요새지대에서 도처에 숨겨진 대전차포를 이용하여 움직임이 둔화된 전차를 근거리에서 저격했다. 늦은 아침이 되자, 제8근위군의 움직임은 완전히 멈춰버렸다.

반면에 남쪽에서의 코네프의 부대들은 좀 더 수월하게 전진하여 4월 17일이면 벌써 베를린 외곽을 흐르는 슈프레(Spree) 하천에 도달했고, 스탈린에게 자신의 부대가 적에게 강타를 가하기에 매우 양호한 위치에 있다고 보고하면서 은근히 베를린 점령의 영광을 자신이 갖기를 희망했다. 주코프는 4월 16일부터 가장 강력한 저항 거점인 젤로(Seelow) 고지를 장악하기 위해 100만 발의 포탄으로 젤로 고지를 초토화시키면서 항공 폭격을 집중했으나, 독일군의 저항은 멈추지 않았다.

대다수의 독일군들은 민간인들을 무자비하게 대하는 소련군으로부터 가족들을 지키기 위해 악착같이 싸웠다. 스탈린은 주코프에게 젤로우 고지를 조기에 점령하지 못하면 베를린 점령의 영광이 코네프에게 돌아갈지 모른다고 말했다. 주코프는 흥분하여, 예하 지휘관들에게 지휘관들이 선두에서 요새진지를 직접 공격하라고 독촉하면서 결의가 부족한 장교들은 그 자리에서 해임하겠다고 지시했다. 무자비한 독려에 부응하여 주코프의 부대들은 4월 19일이 되면서 오데르강과 베를린 사이에 있던 3겹의 방어선을 모두 극복하고, 베를린시를 직접 타격할 준비를 완비했다. 주코프의 북쪽에서는 로코소프스키의 제2벨라루스 전선군이 오데르강 하류의 독일군을 격파하여 주코프의 전진을 측면에서 지원했다.

코네프는 베를린 함락의 영광이 결국 스탈린이 지명한 지휘관에 의해 이루어질 것이 명백했고, 자신에게는 그러한 기회가 주어지지 않을 것이라는 사실에 내심 격분하면서, 한편으로는 공격 속도를 강하게 독려하였다. 코네프의 이러한 공격 속도 강화 독려에 힘입어, 코네프의 부대들이 독일 육군의 최고사령부가 위치한 초센(Zossen)까지 진격하게 되자, 이러한 소식을 접한 주코프는 더욱 안달이 나게 되었다.

코네프가 자신의 선봉 부대들에게 "오늘 밤에 기필코 베를린으로 돌파해 들어가라."라고 명령한 4월 20일 저녁에 주코프는 제3제국의 수도인 베를린의 시가지를 포격하기 시작했다. 마구 뒤엉킨 부대들을 수습하여 소규모 공격집단이 한 구역, 한 구역 시가전을 벌이며 밀어붙이기 시작했다. 이렇듯 주코프의 전선군이 기세를 회복하기 시작하자, 독일군은 급속하게 위축된 나머지, 불굴의 용기에도 불구하고 정상적인 지휘계통이 무너져 전투력이 미약한 소부대로 분열되어 갔다.

한편, 히틀러는 4월 11일에 연합군의 진격으로 자신의 제국이 조각조각 분할되어 버릴 수 있다고 생각하여, 자신이 직접 지휘권을 행사할 수 없는 지역에 대해 최후의 방어전을 수행할 대리 지휘관들을 임명하기 시작했다. 히틀러는 남부지역에서는 케셀링 원수가 베르히테스가든에서, 북부지역에서는 되니츠 제독이 뮈르비크(Mürwik)에서 지휘권을 행사하도록 지시하고, 수도 베를린에는 히틀러의 직할 사령부를 설치·운용하였다.

4월 20일 집무실이 있는 건물의 지하 벙커에서 56세의 생일을 엄숙한 분위기속에서 보낸 히틀러는 벙커를 잠시 떠나 인근의 무장 친위대 부대를 시찰했고, 히틀러유겐트 청소년 부대를 격려했는데, 이것이 공식 석상에 나타난 히틀러의 최후 모습이었다. 독일 영토는 연합국에 대부분 점령되었지만, 명령이 미치는 범위 내에서는 아직도 절대적인 통치력을 유지하고 있었다. 그리고 모든 작전은 히틀러가 최고사령관으로 있는 국방군 최고사령부(OKW : Oberkommando Der Wermacht)의 승인을 받아 하달되었다.

히틀러는 자신의 생일을 축하하기 위해 찾아온 공군 총사령관 괴링과 친위대장 히믈러를 해임했다. 그 이유는 괴링이 자신의 유고 시 자신의 자리를 노리고 있다고 생각했기 때문이며, 히믈러는 자기에게 보고하지 않고 서방 연합군과 강화협상을 추진했기 때문이었다. 4월 22일에는 독일군 서부 방어사령관 케셀링과 국방군 최고사령부 참모부장 요들이 베를린의 북쪽 50km 지점에 있는 퓌르스텐베르크(Fürstenberg)의 예비지휘소로 이전했다.

북부지역의 지휘관으로 임명된 되니츠 제독은 4월 21일 히틀러를 마지막으로 접견하고 킬 군항 인근의 플뢴(Plön)으로 갔다. 그는 3월에 해군사령부를 이곳으로 옮겨 놓았다. 히틀러는 "가고 싶은 사람은 누구라도 가도 좋다. 나는 이곳에 남는다."라며 떠나기를 거부했다. 그 사이에 새로이 공군사령관으로 임명된 그라임(Robertt Ritter von Greim) 장군이 방문했다가 떠났다.

4월 21일에 주코프 예하의 제3충격군과 제5충격군이 베를린 외곽에 진입한 후 도심으로 향했다. 4월 22일 늦게 베를린 남부의 텔토(Telto) 운하에 도착한 코네프의 부대가 주코프의 부대 방향으로 전진하기 시작했다. 리발코의 제3근위군이 초센(Zossen)에 있는 독일군 총사령부를 점령하여 독일군에 남아 있던 작전지휘 기능을 박탈했고, 렐류센코의 제4전차근위군이 포츠담(Potsdam)의 남쪽에 도달했다. 그때 베를린을 구하기 위해 서부전선에서 달려온 독일군의 중부집단군 예하 제12군과 코네프 예하의 폴란드 제2군 및 제52군이 격돌했지만, 독일군의 공세는 무산되었다. 동일한 시각에 주코프의 제8근위군 부대들이 슈프레강에 도달해 독일군 수비대가 대응하기 전에 교두보를 확보했다. 4월 24일이 되자, 주코프의 부대와 코네프의 부대가 베를린 남동부에서 연결하여 베를린을 완전히 포위했다.

한편, 서방 연합군은 브래들리의 제12집단군이 4월 19일 할레(Halle)와 라이프치히(Leipzig)를, 3일 후에는 데사우(Desau)를 점령했다. 4월 24일에 제1군이 정지선인 몰데강의 정지선에 도달했고, 동쪽에서 진군해 온 소련군과 엘베강에서 처음으로 만났다. 그리고 몽고메리의 제21집단군은 4월 27일 브레멘을, 5월 2일에는 함부르크와 그 북동쪽에 있는 뤼벡(Lübeck)을 장악했다. 같은 날 남쪽에서는 패튼의 제3군이 다뉴브(Danube)강을 건너 레겐스부르크(Regensburg)를 평정한 다음, 오스트리아로 진격하여 5월 5일 린츠(Linz)를 점령했다. 그보다 남쪽에서 디버스의 제6집단군 예하의 제7군은 5일간의 전투 끝에 뉘른베르크를 점령했다. 제7군은 프랑스 제1군과 함께 다뉴브강을 건너 독일군 G집단군을 격파하고 스위스로 가는 통로를 열었다.

이제 히틀러도 전쟁이 더 이상 갈 곳이 없는 마지막 절벽에 왔다는 것을 깨달았다. 그래도 그는 일부 잔존부대를 유지하고 있는 남동쪽의 제9군, 서쪽의 제12군, 그리고 북쪽의 슈타이너 집단군에 베를린의 포위망을 격파하기 위한 공격을 개시하라는 헛된 명령을 계속했다. 그러나 포위망을 뚫을 만한 부대는 모두 없어졌거나, 진격하는 소련군을 피해 서방 연합군 쪽으로 모두 도망치고 있는 형편이었다. 지휘계통이 사라진 독일군은 지역별로 고립되었지만, 저항을 멈추지 않았다.

● 1945년 4월 25일, 토르가우 부근의 슈트렐라에서 미군과 소련군이 접촉하면서 독일 지배 지역은 남북으로 두 동강이 나버렸고, 제3제국의 최종 붕괴는 시간문제였다. 그러나 이미 이런 상황이 발생할 것을 예상하고 있던 독일군은 이미 남북 총사령부를 따로 마련해놓았다. (AKG Berlin)

4월 25일 아침 주코프의 부대가 쇠네펠트(Schönefeld) 비행장에 접근했을 때, 이미 비행장을 점령한 부대가 있음을 발견했다. 코네프 예하의 제3탱크군이었다. 주코프는 코네프의 부대가 그토록 신속히 전진한 것을 몰랐다. 국회의사당에서 겨우 300m 떨어진 지역에서 주코프가 제3탱크군 사령관 르이발코를 만나자, 주코프는 "이곳엔 왜 나타났나?"하고 질책했다. 코네프는 르이발코에게 서쪽으로 방향을 돌려 서쪽 외곽지역을 평정하도록 명령했다. 코네프나 르이발코는 크게 실망했지만 내색하지는 않았다. 주코프는 부대를 소부대의 보병 및 공병과 전차를 하나로 묶어 구역 하나하나를 소탕해 나갔다. 전투는 지하철 및 지하의 교통시설과 사령부 등에서 특히 격심했다. 주코프의 예하 부대들은 시가지 전투의 전형을 베를린에서 전개하여 폭파 장치를 설치하여 방어시설을 통째로 날려버리거나, 중포와 방사포를 발사하여 정지작업을 한 후에 보병들이 구역을 소탕해 나갔다.

4월 25일이 되면 주코프와 코네프의 부대들이 북쪽과 남쪽에서 베를린 시를 완전히 포위했고, 도시를 점령하기 위한 대군을 집결시켜 놓고 있었다. 코네프는 말 그대로 포가와 포가의 다리가 맞닿을 만큼 조밀하게 배치하여 1km의 정면에 무려 650문의 대포를 방열했다. 소련군의 공군은 베를린 시내에 있는 유일한 공항인 템펠호프(Tempelhof) 비행장을 완전히 무력화시켜, 독일군이 사용하지 못하도록 거부작전을 실시했다. 대포 1만 2,700문과 방사포 2만 1,000문, 그리고 전차 1,500대가 병력 46만 4,000명과 함께 포위전의 마지막 강습을 위해 준비를 마친 상태였다.

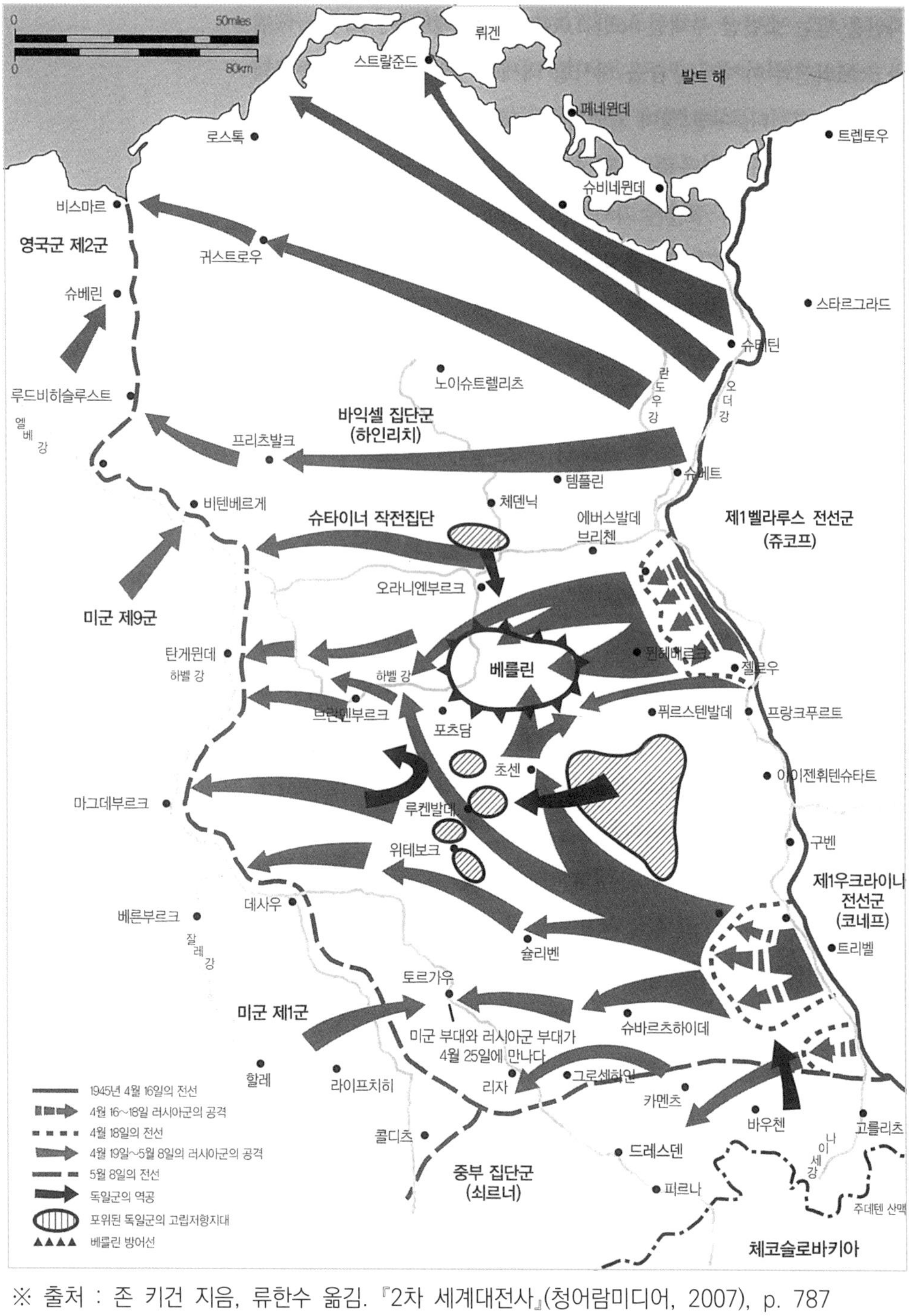

※ 출처 : 존 키건 지음, 류한수 옮김. 『2차 세계대전사』(청어람미디어, 2007), p. 787

당시 시민들의 상황은 끔찍했다. 무차별적으로 쏟아지는 포탄을 피하려고 시민 수만 명이 도심에 높게 건설된 '고사포 탑'으로 몰려들었다. 고사포 탑은 거대한 철근 콘크리트 건조물로 어지간한 포격에도 끄떡없었기 때문이다. 나머지 주민들은 예외 없이 지하실로 대피했다. 수도와 전기가 끊기고 식량이 동이 나자, 환경은 불결하고, 죽음의 공포가 맴돌았다. 게다가 최전선 부대의 후방에는 독일군에 붙잡힌 포로의 신분에서 풀려난 제2의 후속 부대들이 배치되어 있었는데, 이들은 주로 소련인들과 폴란드인들로서, 독일군으로부터 혹독한 대우를 받은 경험이 있어 독일인들에게 매우 잔혹했던 까닭에 살인과 약탈 및 방화는 물론, 강간으로 그 한을 풀고 다녔다.

4월 29일 주코프 예하 제3충격군 부대들이 격렬한 저항을 뚫고 국회의사당으로 진입했지만, 지붕까지 도달하는 데는 여덟 시간이나 더 소요되었다. 주코프의 부대는 다음 날 국회의사당 건물 옥상에 소련의 국기를 게양했지만, 국회의사당 지하에서는 5월 1일까지 전투가 지속되었다. 소련이 나치 제국의 상징적 심장부로 생각한 것은 히틀러의 정부청사가 아니라 국회의사당이었다.

한편, 히틀러는 4월 20일 베를린에서 마지막으로 탈출하는 비서들과 만나 악수하며, "이제 다 끝났다네."라면서 작별을 고했다. 비서 보르만(Martin Bormann)이 정성껏 기록한 히틀러의 긴 독백에서 히틀러는 과거 젊은 시절의 들뜬 행적에서부터 현재까지의 아마겟돈적인 긴 여정을 회고했다. 그는 여전히 유대인을 비난했고, 이번에는 독일 민족에 대해서도 자신이 그들에게 바쳤던 신뢰를 받을 가치가 없다고 역시 비난했다. 반면 평소 그토록 경멸했던 슬라브 민족에 대해서는 베를린의 코앞에까지 전진해 온 능력과 전투력을 보유한 새로운 지배 세력이라고 추켜세웠다.

히틀러가 "나는 여기 남는다."라고 선언한 4월 22일부터 자살한 4월 30일까지 소련군이 베를린 수비대의 방어력을 야금야금 소진시키면서 전진하는 동안 위험을 뚫고 몇 사람의 요인이 마지막으로 히틀러를 만나러 왔다. 4월 23일 군수공업의 수장인 슈페를레와 외무상인 리벤트로프가 방문했고, 괴링의 후임 공군 사령관에 임명된 그라임(Robert Ritter von Greim) 장군이 히틀러를 면담했다.

4월 29일 히틀러가 은신하고 있는 국가청사로부터 400m도 채 떨어지지 않은 곳에서 치열한 전투가 벌어지고 있었는데, 이와 함께 국가청사에도 소련군의 포격이 가해지고 있었다. 히틀러는 모든 희망이 사라지자, 마지막 유언을 남기기 위해 타자수를 불러 구술한 사항을 기록으로 남기도록 했다. 그는 독일 해군의 수장인 되니츠(Karl Dönitz) 제독을 국가수반인 자신의 후계자로 임명하고, 쇠르너 원수를 역시 자신의 후임 육군총사령관에 임명한다고 구술했으며, 이 문서를 되니츠와 쇠르너, 그리고 육군 총사령부에 전달하도록 지시했다.

그렇게 해서 플뢴에 있는 되니츠의 지휘소가 독일 정부의 본부가 되었으며, 5월 2일에는 뮈르빅(Mürwik)에 있는 사관학교 자리로 독일 정부 본부가 옮겨갔다. 괴링과 히믈러는 이미 히틀러가 해고해 버린 상태였다. 그리고는 히틀러는 오랜 연인 관계였던 에바브라운(Eva Braun)과 4월 29일 밤에 결혼식을 올렸다. 이튿날 점심때 히틀러는 지난 몇 주 동안 자신을 시중들어온 요리사와 비서, 그리고 간호사 등과 함께 점심 식사를 하였다. 이어서 그는 벙커에 있던 당 기관원 및 부관 등의 관리들과 작별 인사를 한 다음, 국가청사 방어 사령관으로부터 건물 주위에서 벌어지는 전황을 보고받고 여비서와 점심을 같이 했다. 오후에는 그동안 키워왔던 애완견 네 마리에 독약을 먹여 죽게 하여 자신이 사용할 독약의 효능을 확인했다.

그리고 오후 3시가 되자, 마지막으로 괴벨스를 비롯한 측근들과 작별 인사를 한 다음, 숙소로 들어갔다. 바깥에서 측근들이 기다리고 있는 동안 에바 브라운은 청산가리를 먹고 자살하였으며, 히틀러 본인은 권총으로 자신의 머리를 쏘아 자살하였다. 어찌 보면, 히틀러는 자신의 마지막 순간들을 준비하는 냉철한 모습을 보였다고 할 수 있을 것이다.

이날 주코프의 예하 제3충격군이 국회의사당 건물을 점령하고, 저녁 10시에는 의사당의 둥근 지붕에 드디어 승리의 붉은 기를 꽂았다. 이 무렵의 시간이면 히틀러의 주검을 영현처리반이 국가청사의 정원에 형성된 포탄 구덩이에 넣고 석유를 부어 불태운 다음, 나머지 시신을 땅에 묻는 시간이었다. 참고로 이 시신은 5월 5일 소련군이 다시 파내었다.

4월 30일 저녁에 독일군 수비대가 협상을 벌이기 위해 백기를 들고 소련군에게 파견되었다. 되니츠가 국가수반에 지명될 당시, 역시 제국의 총리에 지명된 괴벨스는 휴전을 위한 강화협상이 중요하다고 생각하여 특사를 파견한 것이다.

5월 1일 아침 참모총장 크렙스는 스탈린그라드의 영웅이었고, 그 당시에는 제8근위군 사령관이었던 추이코프를 만났다.

그들의 대화는 바로 주코프에게 보고되었고, 주코프는 이를 모스크바의 스탈린에게 보고하였다. 추이코프는 "추이코프가 보고합니다. 크렙스 보병대장이 여기에 있습니다. 그는 독일 당국으로부터 우리와 협상할 수 있는 권한을 부여받았습니다. 그는 히틀러가 자살로 삶을 마감했다고 말합니다. 그는 이제 독일의 권력이 되니츠와 괴벨스에게 있다고 말합니다. 크렙스는 군사작전을 즉시 중지하자고 제안합니다."라고 주코프에게 보고하였고, 그 보고는 그대로 스탈린에게 상달되었다.[1] 스탈린은 히틀러가 자살했다는 보고를 받고 "끝장나버렸구나. 후레자식! 그놈을 사로잡지 못해 유감인데……"라고 반응했다.

크렙스는 마치 독일의 정부를 대신하여 전권을 가지고 협상에 임하는 것처럼 행동했다.

1) 존 키건 지음, 류한수 옮김, 『2차 세계대전 사』(서울 : 청어람 미디어, 2007), pp. 792-793.

스탈린은 대화에 금방 짜증을 내고, 유일한 조건은 무조건 항복이라고 말하고 잠자리에 들어갔다. 주코프는 대화를 더 길게 이어가면서, 자신의 대리인으로 소콜롭스키를 보내 오랜 시간동안 교섭을 했다. 크렙스는 자신이 독일의 대표라는 신임장을 입증하는 데 실패하자, 추이코프는 더 이상 참지 못하고, 협상은 미국, 영국, 소련의 연합국에 완전히 항복하는 것 외에는 없다고 단정한 다음, 두 사람 간의 대화를 끝냈다. 그리고 "협상은 더 이상 없다. 포탄을 퍼부어라."라는 명령을 내렸다.

5월 1일 한 때 정적처럼 포성이 멎었다가, 오후 6시 30분에 다시 미평정 지역에 포화가 쏟아졌다. 포성은 곧 벙커에 남아있는 괴벨스를 비롯한 잔존 인물들에게 자신들의 손으로 협상을 마무리할 수 있으리라는 희망이 몽상이었음을 깨닫게 해주었다. 그로부터 두 시간 뒤에 괴벨스는 여섯 명의 자녀에게 독약을 먹여 죽이고, 자신과 그의 부인은 히틀러가 묻힌 지점에서 독약을 먹고 죽었다. 이들의 주검은 아무렇게나 태워져 근처에 묻혔다. 마지막으로 벙커에 남아 있던 사람들은 스스로 탈출반을 조직하여 안전하리라고 생각되는 곳으로 흩어졌다.

독일군의 수비대는 점차 작은 지대에 고립되어갔다. 5월 1일 밤 1시 30분, 수비대 사령관 바이틀링은 "더 이상의 떼죽음이 발생하지 않도록 독일군은 항복하겠다."는 연락을 보냈다. 5월 2일 아침 여섯 시에 독일 수비대원들은 무기를 내려놓고 항복했다. 한낮이 될 무렵 전투는 끝이 나게 되었다. 독일 측의 이러한 항복 통보에도 불구하고, 가끔 울리는 총성은 무전 연락을 받지 못한 독일군에서 나는 것들이었다. 추이코프가 거리에 나섰을 때는 엄청난 전투의 소음 끝에 갑자기 찾아온 정적이 자신의 가슴을 엄습하고 있음을 느낄 수 있었다. 그는 갑자기 찾아온 평화에 대한 이와 같은 흥분과 관련하여, "세계대전의 불길은 시작한 그곳에서 꺼졌다."고 훗날 회고록에 적고 있었다.[2)]

소련군은 승리의 환호성을 지르며 열광하며 아무나 끌어안았다. 베를린 포위전에서 시민 12만 5,000명이 사망하였다. 이들은 무차별 포화에 죽었으며, 일부는 살해되었고, 다수가 자살했다. 동프로이센 지역 주민 800만 명이 동부를 떠나 서방 연합군 지역으로 대이동을 했으며, 그 와중에서 수많은 희생자가 발생했다. 베를린 포위전이 붉은 군대에 가한 대가도 끔찍했다. 주코프와 코네프, 그리고 로코소프스키의 전선군에서 4월 중순 이래 30만 5,000명이 희생되었다.

그러나 베를린이 함락되었다고 전 지역에 평화가 찾아온 것은 아니었다. 4월 25일에 소련군과 서방 연합군이 엘베강에서 만난 후에 대부분 지역이 소탕되었으나, 브레슬라우는 5월 6일까지 완강하게 항복을 거부하여 소련군에게 6만 명의 추가적 희생을 강요했다. 그

---

2) 리처드 오버리 지음, 류한수 옮김, 『스탈린과 히틀러의 전쟁』(서울 : 지식의 풍경, 2007), p. 369.

보다 더 남쪽에서는 독일군 60만 명이 체코로 들어가 헛된 저항을 계속했다. 수도 프라하에서는 체코 인민군 저항집단이 봉기했고, 이 봉기에 독일군의 꼭두각시로서 소련군에 대항해 온 블라소프 군이 도시를 서방 연합군에 인계하겠다는 희망을 품고 독일군 무장친위대와 교전했으나 끔찍한 희생을 치러야만 했었다. 5월 9일 소련군이 이곳에 진주했을 때, 그들은 와해 직전이었으며, 소련군의 배반자로서 체포되어야만 했었다.3)

● 독일 국회의사당 위에 휘날리는 붉은 기. 붉은군대는 베를린 전투에서 30만 명이 넘는 군인을 잃었다.

총성은 5월 8일 전쟁이 종식된 이후, 3일째인 5월 11일에야 완전히 멎었지만, 독일군의 항복은 지역별로 곳곳에서 이루어졌다. 이탈리아에서는 4월 29일 가장 먼저 국지적 휴전이 이루어졌다. 5월 3일에 되니츠 제독의 후임으로 잠수함 사령관이 되었던 프리데부르크(Hans von Freideburg) 제독이 북독일과 덴마크 및 네덜란드에 배치되어 있는 독일군 부대를 몽고메리 원수에게 양도하였다.

3) 블라소프 장군은 1941년 말, 모스크바 방어 전투에서 혁혁한 공로를 세우고, 이어서 실행된 소련군의 반격작전에서 볼호프 전선군 부사령관으로 레닌그라드 전방의 전투에 투입되었으나, 독일군에 포위되어 수 개월간 투쟁하다가, 항공기로 탈출을 권유받았음에도 잔류하여 부하들과 함께 포로가 되었다. 그가 탈출하지 않은 이유는 패배하였으므로 처형당할 위험이 있었고, 대지주 출신으로서 스탈린 체제의 핍박에 대한 반감도 있었던 것으로 알려지고 있다. 그는 독일에 협조하여 스탈린 체제를 분쇄하고 러시아를 해방하겠다는 명목으로 소련군 포로들을 규합하여 [자유 해방군]을 조직하였으나, 독일군은 그들을 완전히 신뢰하지는 않아 최전선 전투에는 투입하지 않았었다. 전쟁이 막바지에 달하자, 1945년 1월부터 자유 해방군도 소련군과 교전하기 시작했는데, 체코에서 그는 체코의 인민 해방군에 동조하여 독일군을 물리치고 체코를 서방 연합군에 인계하기 위해 싸웠으나 많은 희생을 치렀다. 1945년 5월에 그들은 미군에 항복했으나, 미군은 소련군과의 협정에 따라 소련군이 블라소프를 필두로 한 자유 해방군을 체포하는 것을 방조하였는데, 1947년 블라소프를 비롯한 자유 해방군 수뇌들은 군인으로서의 대우를 받지 못하고 교수형에 처해졌다.

제 2 장
독일의 항복 및 종전과 전쟁 결과

히틀러로부터 독일 국가수반 직을 물려받은 되니츠로 제독으로부터 5월 5일 항복 의사를 전달받은 아이젠하워는 모든 U-보트들이 기지로 귀환하였다는 보고를 받고 있었기 때문에 그들의 진실성을 신뢰했으며, 즉시 예하 부대에 정보를 전파하고, 소련군의 수뇌부에도 서명식에 대표를 보내주도록 연락했다. 소련군은 대표로 수슬라파로프(Ivan Suslaparov) 소장을 파견했다.

5월 7일에는 되니츠가 임시 정부가 있는 플렌스부르크에서 프랑스의 랭스(Reims)에 있는 아이젠하워의 사령부에 요들을 파견하여 항복문서에 서명케 했다. 아이젠하워는 워싱턴과 런던에 즉시 알렸다. "1945년 5월 7일 현지 시각 2시 41분, 연합군은 임무를 달성했습니다. 아이젠하워." 그리고 이에 따라 처칠과 트루먼은 5월 8일을 '유럽 승리의 날'로 선포하였다. 이 항복문서는 5월 10일 베를린에서 열린 연합국 간의 회의에서 확인받았다.

그러나 스탈린은 여전히 전후처리 문제에 관해 의심을 거두지 않았고, 베를린에서 또 다른 항복 협정에 서명할 것을 요구했다. 스탈린에게 랭스에서의 항복 조인식은 짜증나는 일이었다. 그는 소련의 전쟁 수행 노력이 가장 컸으며, 항복의 조인식은 승자의 영토가 아니라, 파시스트의 전쟁이 발생한 곳, 즉 베를린에서 이루어져야 한다고 강력히 주장했다. 그의 주장은 받아들여져 5월 8일의 자정이 되어 주코프를 비롯하여 서방 연합군 부사령관 테더(Arthur Tedder) 영국 공군 대장 등의 연합국 대표들이 들어왔으며, 이어서 독일 국방군 사령관 카이텔과 그의 참모들이 들어와 서명했다. 그렇게 해서 소련의 승전기념일은 5월 9일이 되었다.

전쟁은 끝났지만, 가족이나 집과 고향을 잃은 사람들에게는 아무런 평안을 가져다주지 못했다. 그들은 승리한 군대의 주변을 맴돌았다. 독일 국방군이 보유했던 포로 1,000만 명, 독일 피난민 200만 명, 발칸반도의 피난민 300만 명, 소련군 전쟁 포로 200만 명, 그 외에도 노예 노동자와 강제 노동자 수백만 명이 전쟁터 주위를 떠돌았다. 승리한 영국, 미국, 소련군이 승리를 구가하고 있는 동안, 패자와 희생자들은 먹을 것과 비바람을 피할 곳을 구하기 위해 발버둥을 쳤다.

제2차 세계대전은 인류 역사상 가장 큰 인명 피해를 가져온 파괴적인 전쟁이었다. 5년에 걸친 전쟁에서 56개국 이상이 참전했고 5,500만 명이 목숨을 잃었다. 참전국 가운데 가장 큰 인명 피해를 본 나라는 소련으로서, 전사자 630만 명과 민간인 사망자 1,700만 명을 포함하여 거의 2,400만 명의 사망자를 낸 것으로 추산된다. 독일은 군인 280만 명과 민간인 200만 명이 희생된 것으로 추산되었으며, 민간인 사망자 가운데 55만 명은 연합군의 전략 폭격에 의해 사망한 것으로 추정되었다.

참혹한 전쟁은 유럽에서 시작되었지만, 곧바로 전 세계로 확산되었다. 그나마 아메리카 대륙은 참화에서 물러나 있었지만, 완전히 피하지는 못했다. 미국의 진주만이 공격당했고 일본의 풍선 폭탄에 의해 미국의 서부지역에서 산불이 발생하기도 했다. 그러나 남미지역에서는 우루과이의 플라테 강어귀에서 독일의 군함인 '그라프 슈페'가 영국 해군의 압박으로 자침한 것 외에는 큰 전투가 없었다.

아시아 태평양에서 일본은 일찍이 중국을 침략했고, 이어서 동남아 일대의 영국과 프랑스 및 네덜란드의 식민지를 집어삼켰으며, 미국의 점령지였던 필리핀까지도 침략하여 점령하였다. 독일은 내선의 이점을 가지고 있었지만, 제1차 세계대전과 마찬가지로 동서 양면 전쟁에서 필연적인 자원 부족으로 인해 패배할 수밖에 없었다.

반면에 연합군은 보급 창고인 미국에서 주전장인 유럽과 태평양지역에 전쟁물자를 잘 지원할 수 있을 지 여부에 따라 승패가 달려 있었다. 특히 대서양과 지중해의 제해권은 사활적인 요소였다. 연합군이 제해권을 장악하지 못했다면 무기 대여법에 따른 원조를 받을 수 없었을 것이고, 노르망디 상륙작전도 불가능했을 것이다. 제해권 장악을 위한 희생은 생각보다 매우 컸다. 영국 해군은 5만 860명이 전사하고 1만 4,685명이 부상했으며, 7,401명이 포로가 됐다. 영국의 상선 2,714척이 격침당하고 선원 3만 248명이 사망했다. 연합 해군 항공대는 1,515대의 항공기를 잃었고, 8,874명이 전사하고 2,601명이 부상했다.

인접 국가인 노르웨이 역시 큰 피해를 입었는데, 1940년 당시 노르웨이는 세계 4위의 상선단 보유국으로 480만t의 선복량으로 세계 유조선의 1/5을 차지하고 있었다. 독일의 침공을 받자 85%에 해당하는 1,000여 척의 노르웨이 선박이 노르웨이를 탈출하여 연합군의 보급에 가담함으로써 500척의 선박과 선원 3,000명을 잃었다. 네덜란드 역시 상선단 640척의 50%가 격침당했고, 3,000명의 선원이 희생되었으며, 덴마크의 상황도 네델란드와 비슷한 희생을 치렀다.

연합국은 대전 중에 상선 5,100여 척에 2,200만t의 선복량을 잃었지만, 결과적으로 제해권을 장악하고 승리를 가져올 수 있었다. 반면 독일은 해군에서 전사자 4만 8,904명과 실종자 10만 256명을 내면서 사실상 전멸했다. 특히 U-보트 1,160척 가운데 784척이 격침되거나 연합군에 항복했으며, 승조원 2만 7,491명이 전사하고 5,000명이 포로가 되었는데, 잠수함 승조원들의 희생률은 85%에 달했다. 그러나 극심한 희생을 바탕으로 독일 해군은 연합군의 수송선 2,828척, 1,468만 7,231t을 격침하고, 영국 군함 158척, 미국 군함 29척을 격침하여 엄청난 전과를 올렸지만, 전쟁의 승리를 가져오지는 못했다. 이탈리아의 해군 역시 1만 5,000명의 해군을 잃고 80만t의 선박을 잃었다. 그리고 일본 해군은 2,728척이 격침되고 전사자는 40만 명에 달했다.

제 10 부

태평양전쟁의 종말 :
최종 상황판단과 작전계획

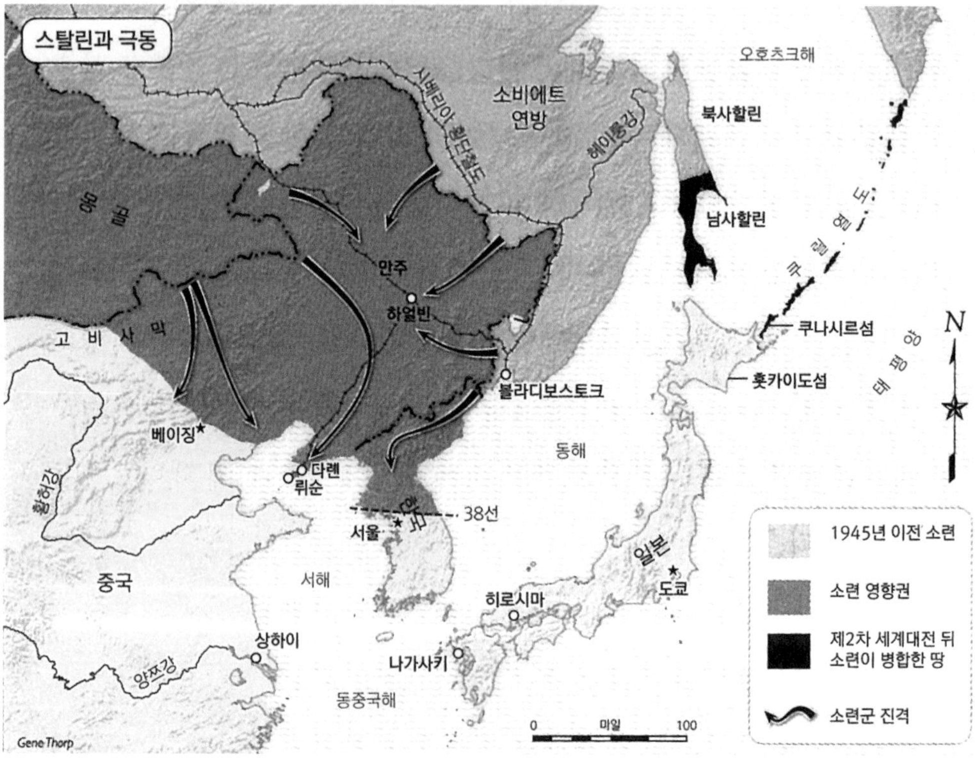
스탈린과 극동
오호츠크해
소비에트 연방
시베리아 횡단철도
헤이룽강
북사할린
남사할린
쿠릴 열도
몽골
만주
하얼빈
고 비 사 막
쿠나시르섬
홋카이도섬
태평양
N
블라디보스토크
베이징
동해
다롄
뤼순
황허강
38선
서울
중국
서해
일본
도쿄
히로시마
상하이
나가사키
양쯔강
동중국해
0 마일 100
1945년 이전 소련
소련 영향권
제2차 세계대전 뒤 소련이 병합한 땅
소련군 진격
Gene Thorp

제 1 장
차후 작전을 위한 전략

태평양지역에서 1944년 9월까지도 일본은 대동아공영권을 여전히 유지하고 있었다. 전쟁이 발발한 지 3년이 지났고, 태평양상의 중요 전투에서 일본은 계속 패배하고 있었지만, 연합군은 아직도 버마를 통과하여 중국으로 향하는 육상보급로를 확보하지 못했고, 남쪽으로는 네덜란드령 동인도제도와 필리핀, 말레이, 그리고 인도차이나반도가 여전히 일본의 통제하에 있었다. 전략 폭격을 위한 B-29 슈퍼 포트리스의 발진 기지를 마리아나 군도에 서둘러 건설하고 있었지만, 1942년 4월 둘리틀의 편대가 일본 본토를 지나간 이후에 미국의 항공기가 도쿄 상공에 모습을 나타낸 적은 한 번도 없었다. 단지 중국의 청뚜에 기지를 두고 있는 항공기들은 전투 행동 반경의 제한으로 일본의 서남 지역을 폭격할 수 있었을 뿐이었다.

아직은 일본 제국의 영역은 그런대로 유지되고 있었지만, 사실은 굉장한 위기에 직면하고 있었다. 우선 일본이 태평양상에서 소위 절대 국방권, 또는 최소방어 구역으로 간주하는 구역, 즉 서쪽의 버마로부터 말레이반도-보르네오-네덜란드령 동인도제도-뉴기니 북부-마리아나 군도-쿠릴열도를 연하는 선이 전면적으로 붕괴하거나 붕괴위험에 직면하고 있었다. 마리아나 군도의 함락은 B-29 전략 폭격기의 기지를 미국에 제공해주는 결과를 초래하여 일본 본토 전역이 폭격권에 들어가는 것을 의미하였으며, 기지의 완공은 시간문제였다.

마리아나 군도의 함락과 함께 최후결전을 시도했던 일본의 해군력은 다시는 회복할 수 없을 만큼 심대한 타격을 입었고, 이와 함께 쉽게 양성하거나 대체할 수 있는 자원이 고갈됨으로써 일본 공군은 유능한 조종사들과 항공기를 대량으로 상실하는 결과를 안게 되었다. 버마에서는 퇴각 중이었고, 남서 태평양에서는 맥아더의 진군을 막을 힘이 없었으며, 중부 태평양에서도 니미츠의 돌진에 속수무책이었다. 또한 일본의 수송 선단은 미국의 잠수함에 엄청난 손실을 받아 전쟁 지원을 위한 물자 운송은 물론, 민생을 위한 수송도 극히 어렵게 되었다. 이렇듯 상황이 매우 비관적이라는 판단을 한 일본군의 정책결정자들은 승리를 추구할 수는 없지만, 그렇다고 현 단계에서 항복은 더욱 생각할 수 없는 문제였다. 오로지 어떻게 해서든지 버텨서 연합국으로부터 강화 제의를 받아내는 것이 유일한 희망이요, 목표가 되었다. 그러나 연합국 또한 강화나 협상은 안중에도 없었다.

태평양전쟁이 막바지에 이르게 되면서, 1944년 9월과 10월에 퀘벡과 워싱턴에서 각각 개최된 연합국 회담에서 태평양전쟁을 마무리하기 위한 연합군의 주요 전략이 결정되었다. 처칠과 루스벨트는 영국군 대장 마운트배튼 경의 동남아시아 사령부를 활용하여 버마를 탈환하고, 이어서 말레이로 진격하여 싱가포르까지 탈환하도록 하며, 일본 본토에 대한 전략 폭격과 필리핀에 대한 상륙작전을 포함한 태평양상에서의 전투는 미군이 단독으로 수행하는 것으로 결정했다.

또 최종적으로 유럽에서의 전쟁이 조기에 종결될 경우, 만주에 주둔한 일본군이 본토에 전용되지 못하도록 소련군이 만주에 진군하여 일본군을 격멸하도록 하는 방안까지 합의를 끝냈다. 소련군의 만주 개입은 1945년 2월 얄타회담에서 구체적으로 논의되었는데, 이는 1944년 말에도 의견의 일치를 보아왔던 안이었다. 이제 문제는 태평양에서 일본의 본토에 이르는 진격로를 두고 맥아더와 니미츠, 그리고 육군 및 해군과 합동참모본부가 서로의 의견을 조정하는 일이었다.

전략적으로만 판단한다면, 마리아나 군도에서 이오시마와 오키나와를 거쳐 일본 본토로 직행하는 것이 가장 경제적인 방안이었겠지만, 결국 필리핀을 경유하는 것으로 결론이 나게 되었다. 전쟁 사가들은 일본 본토로 직행하지 않은 데 대해 비판적인 견해를 밝히기도 하는데, 한 편으로는 필리핀의 전략적 가치도 무시할 수는 없었으며, 무엇보다도 유명세만큼이나 논란의 대상이 된 야망에 불타는 장군, 더글러스 맥아더 원수의 숙원이기도 했기 때문이다. 그러나 니미츠는 오히려 필리핀보다는 대만을 탈환하는 안을 선호했다.

맥아더와 니미츠의 주장을 조정하고 결정하기 위해 루스벨트 대통령은 1944년 7월 26일 진주만을 방문했다. 니미츠는 원래 루스벨트와 친밀한 관계인데다 성격이 온화하고 상관에 대한 존경심이 남달라, 자신의 사령부에서 루스벨트 대통령을 정중하게 접대했다. 그러나 맥아더는 불과 얼마 전에 민주당의 대통령 후보 지명을 위해 곁눈질을 했던 터라, 경쟁자이기도 한 루스벨트와 사이가 좋지 않았는데, 하얀 해군의 정복을 차려입은 니미츠와 달리, 카키색 근무복에 가죽 재킷을 착용하고 미국의 육군 대장임에도 필리핀 대통령이 수여한 원수 계급장을 착용하고 대통령보다 늦게 현장에 나타남으로써 대통령을 은근히 경시하는 태도를 나타냈다.[1)]

맥아더 입장에서도 대통령이 최고사령관으로서 태평양에서의 전쟁 수행을 격려하려는 인상을 주면서, 한편으로는 선거운동에 자신들을 동원했다고 생각하여 불편한 심정을 가졌다. 그러나 차기 공격 목표를 어디로 할 것인가를 두고 이루어진 회의는 매우 진지하고

1) 브레이턴 해리스 지음, 김홍래 옮김, 『니미츠』(서울 : 플래닛미디어. 2012), pp. 333-334.

● 1944년 더글러스 맥아더 장군(왼쪽)과 프랭클린 D. 루스벨트 대통령(가운데), 니미츠(오른쪽)의 모습. 맥아더가 대통령을 무시하고 규정에 위반되는 복장으로 나타난 반면, 니미츠와 함대의 모든 승조원은 대통령에 대한 예의를 지키기 위해 흰색 정복을 입었다. (니미츠 가문이 기증한 해군 공식 사진자료)

화기애애했다. 루스벨트 대통령과 맥아더 및 니미츠 간에 이루어진 회의에서 필리핀이 전략적으로 얼마나 중요하며, 필리핀을 고립시켜 우회하고 타이완으로 가면 어떠한지, 그리고 필리핀을 공격했을 때 발생할 수 있는 미군의 희생자는 어느 정도가 될 것인지 등에 관한 논의가 매우 진지하게 오갔다. 이 자리에서 맥아더는 연합군이 필리핀을 공격해야 하는 이유를 다음과 같이 열심히 설명하면서 열변을 토했고,[2] "만약 필리핀을 우회하여 타이완으로 향한다면, 타이완은 이미 반세기 동안 일본의 통치를 받고 있어 일본을 등지고 연합군에 가세하지는 않을 것이다."라는 점도 덧붙였다.

"필리핀에는 우리 조국에 충성을 바치고 있는 미군 장병과 미국 시민, 그리고 많은 필리핀시민들이 일본군의 포로가 되어있습니다. 만약 미국이 그들을 저버리고 희생을 외면한다면, 반드시 격렬한 반응을 일으킬 것입니다. 더구나 우리에게는 1,700만의 필리핀 시민을 구출해야 하는 도의적 책임이 있습니다. 만일 미국이 그 책임을 이행하지 않는다면, 동아시아 지역에서의 각국 국민에 대한 미국의 위신은 땅에 떨어질 것입니다."

루스벨트는 납득한 것처럼 보였고, 합참은 이를 긍정적으로 검토했다. 무려 세 시간 동안 맥아더는 열변을 토했으며, 건강에 이상이 있었던 루스벨트는 녹초가 되었다. 그날 저녁 파티 석상에서 루스벨트는 맥아더와 단둘이 대화하는 가운데, "우리는 필리핀을 우회하지 않을 것이오. 당신의 현 계획을 추진하시오. 신이 당신을 도울 것입니다."라고 하여 맥

---

2) 심은식 지음. 『한국인의 눈으로 본 태평양전쟁 2』(가람기획. 2009, 6, 12) p. 168

아더의 염원을 지원하겠다고 확인시켜 주었다.[3] 해군이 주장하는 목표인 타이완은 하와이보다 두 배의 크기이며, 세계에서 가장 높은 해안 절벽으로 방호 되고 있어, 침공하려면 너무 많은 부대가 필요하여 유럽에서의 전쟁이 종결된 후에 부대를 증강해야만 가능하다는 결론이 나와 포기되었다.

한편, 제3함대 사령관 할제이는 필리핀의 가장 남쪽에 있는 큰 섬인 민다나오와 그 일대에 대한 정찰 및 포격에서 일본군의 저항이 미약하다는 사실을 파악하고, 맥아더와 니미츠에게 필리핀을 공격하는 데 있어서 민다나오를 공격하기 위한 계획을 포기하고, 필리핀의 중심부로 민다나오보다 북쪽에 있는 레이테섬에 먼저 상륙하는 것이 효과적이라고 제안했다. 할제이는 항공모함 호넷에서 출격한 조종사가 격추되어 레이테섬의 서남부에 추락했다가 현지 주민들로부터 일본군의 방어 상태를 자세히 듣고 구출되어 돌아와 보고한 내용을 듣고 반신반의했지만, 현지 주민 협조자들의 제보 내용이므로 믿는 방향으로 결심하고 상관들에게 보고한 것이다.

맥아더도 이 제안에 찬성했다. 대통령과 합참, 그리고 태평양에서 사령관들 간에 논의되었던 쟁점은 결국 10월 22일에 레이테섬에 상륙하는 안이 결정되어 9월 15일 자로 맥아더에게 지휘권이 위임되었다. 일본군은 미군의 필리핀 상륙에 대항할 준비가 미흡했다. 일본군은 초기에 너무 과대한 전과를 획득하여 자기 능력으로 방어할 수 있는 범위를 초과하는 지역을 점령하였기 때문에, 그 대가를 이제는 톡톡히 치러야 할 때가 온 것이다.

미국은 유럽에서의 전쟁을 지원해야 하는 이중 부담에도 불구하고, 해군과 항공 분야에서 압도적인 전력을 증강하여 일본군이 격차를 도저히 따라 올 수 없도록 벌려 놓았다. 1941년 이후로 당시로서는 가장 큰 항공모함인 에식스 급 21척을 이미 실전배치 했거나, 조만간 배치할 예정이었으며, 함재기는 3,000대를 넘어 일본군의 함재기를 최대치로 평가하더라도 3배를 능가하는 수를 확보했다. 반면에 일본의 군수 지원 능력은 정점을 지나, 한계에 부딪히고 말았다. 1937년 이래 일본의 육군은 총동원 상태에서 50개 사단 규모를 넘지 못했으며, 해군은 1941년 이래 계속되어온 전투손실이 막심하여 조선소의 능력을 총동원해도 손실을 메울 수 없었다. 그 예로, 1941년 이후 진수된 대형 항공모함은 겨우 다섯 척에 불과했다.

일본의 해상 수송을 전담해야 하는 상선대의 손실은 더 커서 광대한 태평양지역에서의 군사작전을 뒷받침하기에는 이미 불가능해졌고, 일본 내의 민간부문 경제활동도 극심한 제한을 받았다. 1942년 한 해 동안 미군 잠수함에 의한 일본 수송선의 손실은 180척에 72만 5,000t이었는데 63만 5,000t만 신규 건조 물량으로 대체할 수 있었다. 그런데도 가장

3) 윌리엄, 맨체스터 지음. 육사 인문 사회과학처 역. [미국의 카에자르 맥아더]. (병학사. 1984, 8, 30) p. 495

중요한 유조선의 수송 능력은 사실상 늘어났다.

그러나 점차 전장이 일본에 근접해 가면서 미 해군의 작전기지도 점차 전방으로 추진됨에 따라, 1944년도에는 격침된 함정은 600척에 270만 톤으로 늘어나, 1942년과 1943년의 격침량을 합한 것보다 더 많았다. 그리하여 1944년 말이 되면 일본의 수송선은 1/2로 축소되었고, 유조선은 1/3로 감축되어 일본 본토로 수입되는 양도 40% 정도로 감축되었다. 수송선이 파괴되자, 그 기능의 일부를 구축함이 대신하여 병력과 물자를 수송해야 했으므로 물동량은 급격히 감소하고, 해상 방어체계는 약화하였다.

일본군은 미군의 다음 공격 대상이 필리핀의 민다나오를 거쳐 개구리 뛰기 전법으로 마닐라가 있는 루손섬을 곧바로 침공할 것으로 예측하고 방어를 강화하고 있었는데, 민다나오를 건너뛰고 레이테섬으로 가리라고는 예상치 못해, 레이테의 방어 강도는 민다나오보다 약했다. 그런 의미에서 맥아더나 할제이의 판단은 매우 적절했다고 하겠다. 맥아더가 필리핀에 상륙한 이후, 미국의 합참은 니미츠의 중부 태평양 사령부도 이오시마와 오키나와 방면으로 공격을 계속하는 것으로 결정했다.

한편, 일본은 기존의 전략을 대거 수정하는 변화를 추구했다. 1944년 8월 19일 일왕 히로히토가 참석하는 어전회의, 즉 최고 전략회의가 열렸는데, 이 회의에는 당시까지 군통수 회의에 참석하는 것이 제한되었던 총리 고이소도 함께 참석했다. 이날 회의에서 세계정세를 분석하는 과정에서 독일의 패망이 불가피하다는 것을 공개하고, 일본은 이제까지 태평양상에서 연합군의 군사력을 과소평가하여 오류를 저질렀음도 시인했다. 차후의 대응책으로는 태평양상에 70%의 전력을 배비하여 방위체제를 공고히 하며, 소련과 중국에는 평화교섭을 벌여야 한다고 주장했다.

평화교섭은 곧 굴복을 의미한다던 기존의 태도에서 전환된 것은 그만큼 상황이 악화하였다는 것을 의미하며, 일본도 이런 상황을 충분히 인식하고 있다는 증거였다. 그러나 중국의 장제스와 협상을 벌여야 할 허수아비 정부의 수반 왕조명이 사망하여 협상은 시작도 할 수 없었고, 소련은 일본 측의 특사 파견을 정식으로 거부하여 물거품이 되어버렸다.

도서 방어 전투에서 연전연패한 육군은 미군의 전술에 상응한 전술을 연구하여 기존의 전술을 변화시켰다. 미군은 도서에 대한 상륙작전에서 인명 피해가 많은 지상 전투를 가급적 회피하기 위해 항공 폭격과 함포사격으로 해안에 배치된 일본군의 방어진지를 분쇄한 뒤 수륙양용장갑차를 이용하여 병력을 상륙시키는 물량 위주의 작전을 사용해 왔다. 이제까지의 일본군 전술은 해안에 방어진지를 구축하여 미군의 상륙을 저지하려 했으므로, 초기에 미군의 막대한 함포사격과 항공 폭격에 심대한 피해를 입게 됨으로써 막상 미군이 상륙한 다음에는 기력이 소진되어 결전을 벌일 기회가 없어지는 결과를 가져왔었다.

이러한 해안 방어 전투에 대한 분석을 기초로, 일본군은 차후 전술을 발전시킴에 있어서 초기에 전력을 소모하는 것을 피하기 위해 일단 내륙의 요충지에 방어진지를 구축한 다음, 상륙한 적을 깊숙이 끌어들여 적에게 최대한으로 출혈을 강요하는 방향으로 작전을 변화시켰다. 이와 함께 방어를 주요 거점 위주로 집중하도록 하였는데, 필리핀은 주요 결전을 루손섬에서 결행하되, 다른 섬들은 함대와 항공력에 주로 의존하도록 했다. 또 해상전투에서도 공격 대상을 항공모함과 전투함 위주로 결행하되, 종전과 같이 무작정 항공모함만 노릴 것이 아니라, 차라리 방어가 취약한 수송 선단에 대한 공격을 강화하도록 변경하였다.

이에 따라 육군은 필리핀에 주둔한 기존의 제14군을 확대 개편하여 제15방면군으로 승격시키고, 새롭게 제35군을 편성, 민다나오, 레이테, 네그로스섬을 방어토록 했다. 일본해군도 제2함대는 수마트라의 링가옌항에, 제3함대와 5함대는 본토에 대기시키는 한편, 제1항공함대는 필리핀에 진출시켜 대비했다. 일본군의 이러한 방어준비태세에도 불구하고, 전황은 점점 더 악화하고 있어 필리핀 전 지역에 미군의 공습이 이어지고, 수송선들이 미군의 잠수함에 의해 격침되어갔다.

제 2 장
레이테만 상륙과 레이테 해전

미군은 레이테섬에 상륙하기 전에 주변 배후의 일본 항공 세력을 무력화하여 연합군의 측·후방의 안전을 확보하기 위해 9월 20일 이후 플레처의 함대가 마닐라 주변을 공격했다. 일본 대본영은 정세 판단 결과 미군의 필리핀 상륙이 10월 하순일 것으로 판단하고, 필리핀에서의 결전의 기회를 노리며 준비명령을 내렸다. 앞에서의 경우처럼 일본군은 미군의 작전개시일보다 항시 늦게 대응 시기를 판단하여 준비에 미흡함을 드러냈는데, 레이테에서도 똑같은 과오를 저질렀다. 필리핀 상륙에 관한 판단도 10여 일의 차이를 보였는데, 제15방면군 사령관에 싱가포르 전투의 영웅 야마시타 도모유키(山下奉文)를 10월 5일에 임명한 것으로 보아도 그렇다.

레이테만 상륙에 앞서 미·일 양군은 10월 12일부터 10월 15일까지 대만 앞바다에서 대규모의 공중전을 전개했다. 4일간의 공중전에서 일본군은 해군기 648대, 육군기 257대를 동원했다. 미군 제3함대 사령관 할제이 제독은 11일 루손섬 남부의 애퍼리 비행장을 공격하여 좌익의 안전을 확보한 다음, 이튿날부터 대만 남부를 공격하기 시작했다. 물론 이것은 레이테섬의 상륙을 위한 사전 안전조치였다. 전투의 결과, 연합군이 89대의 항공기를 상실한 데 비해, 일본군은 육군기 200대, 해군기 230대를 잃었으며, 그 결과 필리핀에는 겨우 35대만 남아있을 뿐이었다. 항공 전투의 마지막 날인 10월 15일 제26항공전대 사령관 아리바 소장은 괴멸되는 자기 부대의 항공 세력을 보고 미군 항공모함에 자살 공격을 감행했다. 가미카제 공격을 감행한 것이다.

가미카제 공격은 마리아나 군도에서의 항공전에서 실행되기 시작했는데, 소위 '칠면조 사냥'이라는 별칭처럼 일방적인 전투에서 일본의 항공대는 어차피 추락하여 죽을 것이기 때문에 적함에 충돌하는 자살적인 공격을 감행한 것이다. 일본의 대본영은 이에 대해 "지시하지는 않겠지만, 자유의사라면 막지는 않겠다."라고 하면서, 은근히 조장하는 태도를 보였다. 그러다가 일본 대본영은 점차 가미카제 특공대를 육성하는 방향으로 바뀌어 갔다. 그런데 이 전투 결과를 보도하는 대본영의 태도는 희극에 가까웠다. "항공모함 11척 격침, 8척 대파"라는 허위적인 대과에 일왕의 칙서가 내려지고, 축하 행사가 벌어졌으며, 히틀러와 무솔리니가 열렬한 축하 전문을 보냈다고 보도되었다.[4)]

그러나 미군의 실제 피해는 항공모함 1척의 소파와 순양함 2척을 대파한 것으로 당시 미군의 전력상 의미 있는 피해라고 하기에도 미미했다. 이에 대해 할제이 제독은 "일본 방송이 전멸했다고 발표한 제3함대는 모두 바다 밑에서 인양되어 목하 적을 향해 후퇴 중에 있다는 보고를 받았음을 기꺼이 전 세계에 알렸다."라고 니미츠에게 익살스럽게 보고했다. 실상이 이런데도 일본군이 전과를 과대하게 계산한 것은 기량이 미숙한 조종사들이 바다에 떨어진 폭탄에서 나는 연기가 미군 함정의 화재 발생으로 착각하여 무조건 격침, 또는 격파로 보고했기 때문이며, 항상 사이가 좋지 않았던 육군과 해군이 이 작전을 공동으로 진행한 탓에 공명심에 눈이 먼 각 군의 항공대가 전과를 부풀렸기 때문이었다.

일본군은 비록 육군이 미군의 상륙을 저지하지는 못했지만, 해군은 상당한 대비가 되어 있었다. 일본 연합함대 사령관 도요타 대장은 대만 일대에서 벌어졌던 항공전의 전과를 철석같이 믿고 있었기 때문에, 치명적인 타격을 받은 연합군의 기동함대를 공격한다면 레이테 상륙을 지원하는 함대를 격멸할 수 있다고 생각하여 '쇼이치고(捷一號) 작전'의 실행을 명했다. 작전을 수행해야 할 구리다 중장의 제2함대는 7만 톤급의 역사상 가장 큰 전함인 야마도와 무사시를 비롯한 전함 9척을 중심으로 원유 수송로인 싱가포르 일대에서 온전히 전투력을 유지하고 있었고, 본토에 있는 오자와 중장의 제3기동함대는 타이완과 싱가포르 일대에서 전개된 항공전에서 많은 타격을 받았지만, 기존의 항공모함은 한 척도 잃지 않고 보존하고 있었다. 일본 연합함대의 '쇼이치고 작전의 개요는 다음과 같았다.[5]

"주력부대는 링가옌만에 정박 중인 구리다 중장이 이끄는 제2함대를 제1유격대로 하여 브루나이 방면으로 출격한 후에, 25일 여명을 기해 레이테만에 돌입하여 적의 해상 세력을 격멸하도록 하고, 이와 동시에 본토에 대기하고 있는 오자와 중장의 제3기동함대는 구리다의 제1유격대의 기동에 호응하여 루손섬의 동쪽 해상으로 기동하여 미군의 기동부대를 북쪽으로 유인함으로써, 구리다의 제1유격대에 대한 미 해군의 압력을 해소하도록 하며 상황에 따라 적을 공격한다. 이와 함께 타이완에 있는 시마 중장 휘하의 제5함대는 제2유격부대로 제1유격부대와 함께 레이테만에 돌입한다.
한편, 남서방면함대 사령관 미카와 중장은 제1유격대의 돌입을 지원하기 위해 모든 항공세력을 규합하여 항공모함을 포함한 적의 함정을 공격한다."

이 작전의 핵심은 오자와의 제3기동함대를 미끼로 미군의 강력한 항공모함 세력인 할제이의 제3함대를 유인하여 레이테만으로부터 떼어 놓아 제1유격부대인 구리다의 작전을 용

4) 브레이턴 해리스 지음, 김홍래 옮김, 『니미츠』(서울 : 플래닛미디어, 2012), pp. 355-356.
5) 박재석·남창훈 지음, 『연합함대, 그 출범에서 침몰까지』(서울 : 가람기획, 2007), p. 284.

이하게 하는 데 있었는데, 잘못하면 적진 속으로 돌입하는 구리다의 제1유격부대는 전멸을 각오해야 하는 작전계획이었다. 이러한 작전을 수행하게 된 이유는 오자와의 기동함대에는 훈련도 제대로 받지 못한 미숙한 조종사들과 116기에 불과한 함재기밖에 없어 너무나 열세한 전력으로 할제이의 제3함대와 정면 대결을 할 수 없었기 때문이었다. 이 작전은 이제까지 일본이 펼쳐온 대형 공세와 같이 본질적으로 다양한 기동을 전제로 한 양동작전이었다.

'쇼 이치고 작전'은 다양한 작전계획이었으나, 일본군의 고질적인 약점인 적극성 및 과감성과 끈기의 부족, 그리고 근본적인 전력의 열세로 인해 미 해군의 혼란한 부대운용에도 불구하고 결과적으로 대패하게 된다. 도요타 대장의 작전지침을 받은 구리다 중장은 자신의 작전계획을 발전시켰는데, "자신의 부대인 제1유격대를 두 개의 부대로 나누어, 주력은 자신의 직접 지휘하에 레이테섬의 북쪽 접근로인 루손섬과 레이테섬의 중간지대인 산베르나르디노 해협을 거쳐 레이테만으로 가고, 자기 부대의 지대인 C부대를 니시무라 쇼지(四村祥治) 중장의 지휘하에 제2유격대인 시마 기요히데(志摩淸英) 중장 휘하의 제5함대와 함께 민다나오섬과 레이테섬의 사이인 수리가오 해협을 통해 남쪽에서 레이테만에 접근하여 10월 25일 오전 00 : 00시를 기해 전함과 순양함들이 미군의 상륙 지원 세력을 격멸하도록 한다."라는 것이었다.

흔히 '레이테 해전'이라고 불리는 이 해전은 유틀란트 해전보다 더 많은 전력이 동원된 사상 최대의 해전들 가운데 하나이지만, 유틀란트 해전처럼 오해와 오보로 인한 뒤죽박죽의 해전이었다. 10월 20일 본토의 세도나이카이에 대기 중이던 오자와의 제3함대는 항공모함 4척, 항공 전함 2척, 경순양함 3척, 그리고 구축함 8척을 이끌고 남하하기 시작하였다. 겉으로 보기에는 상당한 전력처럼 보였으나, 실제로는 함재기가 매우 빈약한 껍데기뿐인 부대였다. 10월 22일에는 브루나이에서 연료 보급을 완료한 구리다의 주력부대는 야마토를 위시한 전함 6척, 중순양함 1척, 경순양함 2척, 그리고 구축함 19척으로 구성되어 저녁 11시에 레이테만으로 가는 입구인 팔라완 수로에 도달했다.

제2유격부대인 시마의 제5함대도 10월 21일 순양함 5척과 구축함 4척을 이끌고 마카오를 떠나 남하를 시작했다. 이때 구리다 중장은 자신의 부대를 나누어 만든 "C"부대의 니시무라 중장에게도 전함 2척과 순양함 2척 및 구축함 4척을 이끌고 제2유격대인 시마 중장의 부대와 같이 수리가오 해협을 통해 레이테로 가도록 했다. 그리고 10월 23일 새벽 1시 16분에 구리다의 제1유격대는 레이테로 가기 위해 통과해야 하는 팔라완 수로에 도달했는데, 이곳에는 2척의 미 잠수함이 경계를 펴고 있었다. 일본함대의 접근을 레이더로 감지한 미 잠수함 '더터'는 동료 잠수함 '데이스(Dace)'와 연락하여 상부에 보고하고, 협동으로 일본함대를 공격하기로 했다. 팔라완 수로가 잠수함 매복의 최적 지점인 것을 이미 알고 있던 구리다 함대는 경계를 강화하고 전진하다가 적의 통신을 감청하고 한층 긴장했다. 이때 쌍방 간의 거리는 16km였다.

오전 5시 30분 1번 함이 1,000m에 근접하자, 잠수함 '더터'는 6발의 어뢰를 발사하고, 2번 함에도 7발째 어뢰를 발사했다. 그들이 4발을 명중시킨 함정은 구리다 함대의 기함인 '아타고'로 23분 만에 침몰하였고, 제2번 함인 '다카오'에도 2발이 명중하여 스크루와 키가 손상되어 전장을 이탈했다. 이에 구리다는 기함을 야마토로 변경했다. 다른 잠수함 '데이스' 또한 중순양함 '마야'에 4발을 명중시켜 8분 만에 격침시켰다. 그리하여 구리다의 부대는 브루나이를 출발한 지 24시간도 지나지 않아 중순양함 2척이 격침되고 1척이 대파되는 손실을 입고 혼란에 빠졌지만, 항해를 계속했다.

제3함대 사령관 할제이 대장은 다음 날인 10월 24일 아침부터 구리다의 함대를 공격했다. 오전 10시 30분경에 정규 항모 인트레피트와 경항모 케벗에서 발진한 45기의 함재기가 1차로 구리다의 함대를 발견하고 전함 야마토, 무사시, 나가토, 중순양함 묘코를 집중 공격했다. 방호해 줄 항공 세력이 전무한 구리다의 함대는 방어에 한계가 있을 수밖에 없었다. 그런데 특이한 것은 구리다의 모든 함정의 색깔은 옅은 회색인 데 반해, 유독 무사시만 짙은 쥐색이었다. 이는 항공 세력이 전혀 없는 구리다 부대에 미군의 항공 세력을 무사시가 몸으로 견디도록 눈에 잘 띄는 색깔로 도색하여 다른 함정들과 달리했기 때문이다. 극단적으로 말해, 무사시가 총알받이가 되어 다른 함정을 보호하도록 조치한 것이었다.

구리다는 함대를 2개의 원형 진으로 만들어 전진하였는데, 이는 집단 화망을 구성하여 미군 항공대에 저항하기 위해서였다. 미군의 항공 공격에 대항하여 모든 함정에서 엄청난 대공사격이 가해졌지만, 피해는 일본 함정이 받게 되었다. 미군의 제1차 항공 공격으로 무사시에 1발의 어뢰가 명중했지만, 워낙 큰 덩치 덕에 별다른 피해는 없었다. 단지 묘코는 1발의 어뢰를 맞고 속도가 12노트로 떨어져 전선을 이탈했다. 그러나 이어서 35대로 구성된 연합군 측 2차 공중공격이 11시 3분에 무사시에 집중되었다. 노련한 함장 이구치는 전속력으로 회피기동을 했지만, 결국 어뢰 3발을 얻어맞아 함수가 대파되었고, 급강하 폭격기에 의해 폭탄 2발이 명중되어 속도가 25노트로 줄어들게 되어 원형 대열에서 이탈하기 시작했다.

미 연합군의 제3차 공격은 오후 1시 반부터 20분간 이루어졌다. 항공모함 엔터프라이스와 프랭클린에서 출격한 65대였다. 제4차 공격대도 연이어 출격하였다. 속도가 줄고, 방어를 위한 포대가 날아가 버린 무사시는 또다시 어뢰 5발과 5발의 폭탄에 명중되었다. 침수로 인해 함수를 처박듯이 하며 회피기동을 했지만, 속도는 이미 16노트 정도로 떨어져 본대에서 완전히 이탈하게 되었다. 그리고 폭탄 1발이 갑판에 명중하자 방어를 위한 대공사격은 완전히 멈추었고, 속도는 6노트로 떨어졌으며 함수는 완전히 물속에 잠겼다.

● 필리핀 전투(1944년 10월 20일~1945년 7월)

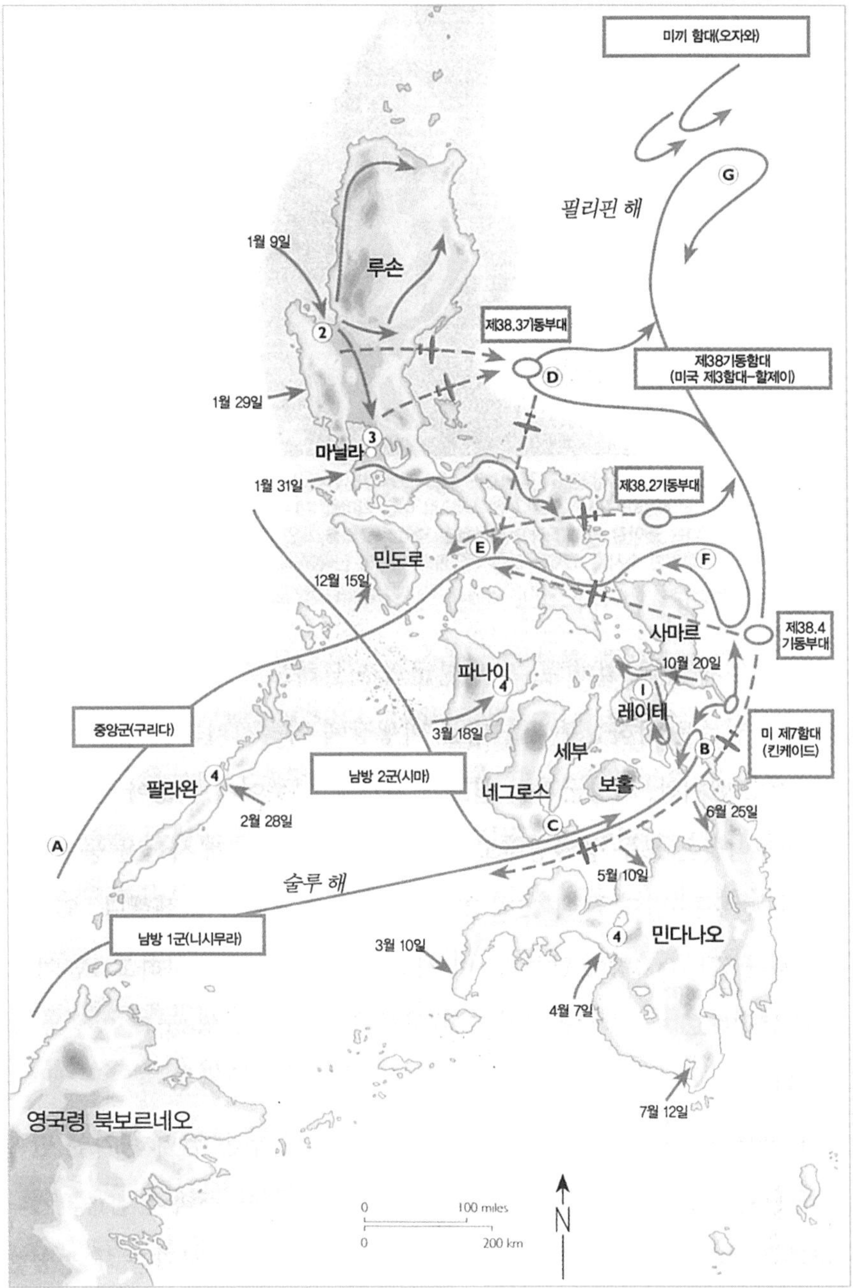

※ 출처 : 폴 클리어 등 지음, 강민수 옮김. 『제2차 세계대전』(플래닛미디어, 2008), p. 534

[상륙 및 지상 작전]

1. 1944년 10월 20일, 제6군(크뤼거) 4개 사단 레이테만에 상륙. 3개 사단이 추가로 투입되어 12월에 이 섬을 확보
2. 1945년 1월 9일, 제6군 4개 사단 링가옌만에 상륙. 6개 사단이 추가로 상륙하여 루손 탈환전에 투입됨. 6월에 주요 전투는 끝났으나 고립된 일본군 거점들은 계속 저항
3. 1945년 2월 4일~3월 3일, 마닐라 탈환전

4. 1945년 2월~7월, 미 제8군(아이첼버거)의 5개 사단, 필리핀 남부에서 소탕전 실시. 상륙전만 50회 실시. 그중 14회는 중규모 내지 대규모 작전

[레이테만 전투]

A. 1944년 10월 23일, 미군 잠수함들 일본 순양함 2척을 격침시키고 1척에 손상을 입힘.
B. 1944년 10월 24일, 일본의 제1유격부대(니시무라)가 수리가오 해협(Surigao Straight)에 진입했다가 미군 제7함대(킨케이드)와 조우. 일본군 함정은 1척만 살아남음.
C. 1944년 10월 24일, 일본의 제2유격부대가(시마) 수리가오 해협에 들어오지 않고 철수
D. 1944년 10월 24일, 미 해군 항모 프린스턴호가 지상기지에서 발진한 일본 항공기에 격침당함
E. 1944년 10월 24일, 미군, 공중 공격으로 일본 전함 1척 격침하고 순양함 1척 손상 입힘.
F. 1944년 10월 25일, 일본 주력 함대(구리다) 순양함 2척을 잃은 후 산 베르나디노 해협을 통해 퇴각. 미국은 호위 항모 2척, 구축함 2척, 구축함 호위함 1척을 잃음.
G. 1944년 10월 25일, 할제이의 제3함대, 오자와의 미끼 함대와 조우한 후 남쪽의 위협에 대응하기 위해 철수

오후 3시에 구리다 사령관은 호위 구축함 2척을 붙여 무사시를 코오롱만으로 후송하도록 했지만, 곧이어 날아온 제5제파 80대가 상황을 끝냈다. 만신창이가 되어 버린 무사시에 항공기들은 연습하듯 마음껏 폭탄을 퍼부었다. 어뢰 12발과 폭탄 10발이 추가로 무사시에 명중했다. 구경 460mm로 세계에서 가장 큰 함포를 제대로 한 번 쏘아보지도 못하고 무사시는 죽어갔다. 이구치 함장은 유서를 작성하여 부하들에게 전달하고 할복했는데, 그 시간 오후 6시 35분에 무사시는 측면으로 기울면서 침몰하게 되었다. 무사시의 침몰은 마치 거함거포주의의 종말을 고하는 듯했다.

구리다 함대는 무사시를 잃은 외에도, 순양함 1척과 구축함 2척이 파손된 데다가, 야마토 이하의 모든 함정이 크고 작은 손상을 입어 항공 공격이 어려운 야음에 공격하기로 하고, 제5제파의 공격을 받은 후에 함대를 후퇴시켰다. 그리고 이 보고가 요코하마에 있는 연합함대 사령관 도요타 대장에게 보고되자, 도요타는 즉시 아래와 같이 명령, 즉 "천우를 확신하고 전군 돌격하라."는 명령을 하달하였는데, 이는 그 정도의 타격에 작전을 중지시키지 말고 공격을 계속하라는 지시였다.

구리다는 다시 함대를 반전시켜 레이테만으로 향했다. 한편, 타이완에 있던 시마 중장 휘하의 제2유격대와 구리다의 분견대인 "C"부대는 레이테만 남서쪽의 수리가오 해협을 향해 항진했다. 그러나 남쪽의 수리가오 해협으로 가는 길목에는 올덴도르프(Oldendorf) 중장의 제7함대가 대기하고 있었다. 부대의 주력은 6척의 전함이었으며, 모두가 과거에서 불려 나온 유령들이었다. 이 6척의 전함들은 모두가 제2차 세계대전 전에 건조되었으며, 그중에 5척은 진주만 기습 당시 침몰당한 것을 끌어올려 레이더를 비롯한 신형장비를 장착하여 전력화한 것이었다.6)

10월 24일 밤 11시에 올덴도르프의 함대는 니시무라의 "C"부대의 접근을 포착하고,

---

6) 존 키건 지음, 류한수 옮김, 『2차 세계대전 사』(서울 : 청어람 미디어, 2007)), p. 833.

'어뢰정-구축함-전함 순'으로 함대를 종심 깊게 배치하였다. 올덴도르프 중장은 1열 종대로 접근하는 일본함대에 최대한의 화력을 집중할 수 있도록 횡대 대형을 취해 고전적인 T자 전법을 구사하여 기습공격을 퍼부었다. 한밤중에 미군의 기습적인 사격으로 포화가 엇갈리게 되자, 먼저 접근하였던 "C"부대 니시무라 함대는 사실상 전멸상태로 내몰리게 되었다. 날이 새기 전에 니시무라 함대의 전함 2척과 중순양함 2척이 격침되었고, 니시무라 중장도 미군의 함포에 바다의 고혼이 되었다. 날이 밝자 니시무라 함대는 오직 1척만 미군 함대를 향해 포를 발사할 수 있는 어려운 형편이 되어버렸다. 그러나 미군의 피해는 구축함 1척만 경미한 손상을 입었을 뿐이었다.

2시간 정도 늦게 제2유격대인 시마 함대가 수리가오 해협에 진입했다. 시마 함대는 원래 구리다의 예하 부대가 아니었지만, 그의 통제를 받아 레이테만에 돌입하라는 지시를 받았는데, 직속부대가 아닌 관계로 전체 작전의 상황을 제대로 인지하지 못하고 있었다. 시마의 제2유격대는 수리가오 해협에 돌입하자마자 갑자기 어뢰 공격을 받아 순양함 아부쿠마가 손상을 입었다. 주변에는 불타고 있는 니시무라 부대의 함정들이 보이고 있었다. 시마는 전황을 확실히 파악할 때까지 일단 전선을 회피하기로 하고 함대를 반전시켜 수리가오 해협을 탈출했다.

10월 25일 아침이 밝아오자, 미군의 함재기들이 날아들어 니시무라의 잔존 함정을 공격하여 순양함 모가미가 피격되어 낙오했으며, 곧이어 시마의 제2유격대에 공격의 화살을 전환하려 하고 있었다. 이때 시마의 기함인 나치에 근무하고 있던 통신장교가 미군의 통화를 감청하고 있다가, 미군 통신망에 침입하여 "미군의 모함이 공격받고 있으니, 즉시 귀함하라."라는 위장 명령을 내려 미 항공기들의 공격을 회피할 수 있었다. 니치 기함의 통신장교가 발휘한 기지로 시마 함대는 다행히 항공 폭격의 위험을 벗어나게 되었는데, 통신장교의 기지에 찬 허위 통신은 멋지게 성공했다.[7)]

한편, 할제이의 제3기동함대를 유인하는 미끼가 되어 구리다의 제1유격대가 레이테만을 공격하는 데 도움을 주는 것이 임무였던 오자와의 제3기동함대는 10월 19일 본토의 세도나이카이(瀨戶內海)를 출항하여 필리핀 북동쪽 해상으로 향했다. 제3기동함대의 주 임무는 적의 항공모함 세력을 유인하는 것이었지만, 상황을 보아 필요하다면 보유한 함재기 119대를 이용하여 공격하도록 하는 것이었다.

10월 24일 아침 루손섬의 동쪽 해상에 도착한 오자와 부대는 적의 함대를 수색하도록 했으며, 150해리 남쪽으로 이격된 지점에 적의 항모부대를 발견하고 11시 45분에 공격대 57기를 발진시켰다. 원래 76기를 발진시켜야 했지만, 항공기의 고장 등으로 대폭 숫자가

7) 심은식 지음, 『한국인의 눈으로 본 태평양전쟁 2』(서울 : 가람기획, 2009), p. 179-180.

줄어든 것이었다. 57기의 공격기들은 중도에 미군 전투기들의 요격을 받고 대부분 격추되었으며, 일부가 저지선을 뚫고 미 함대에 돌입했지만 별다른 피해를 주지 못했다. 살아남은 공격기들은 타이완과 필리핀의 육상기지에 착륙하도록 하여 남은 전력을 보존하였다.

할제이 대장의 제3함대는 오자와 함대의 공격을 받자 일본 해군이 유인하는 미끼를 단단히 물었다. 지난 6월 필리핀 해전에서 적을 너무 쉽게 놓쳤다는 비난 어린 쑥덕공론에 마음이 상한 적이 있던 할제이는 오자와의 함대를 이번에는 꼭 박살내겠다는 각오를 다졌다. 그는 레이테만의 상륙부대를 엄호할 부대를 제34임무부대라고 명명하여 뒤에 남겨놓고, 자신은 주력부대를 이끌고 오자와 부대를 향해 북상해갔다.

이때 중요한 전투의 분기점이 엇갈렸다. 구리다의 제1유격대는 승리할 기회를 두고 결단력이 부족하다는 연합함대의 다그침에 수치심을 느끼고, 함대를 반전시켜, 10월 25일 새벽에 산베르나르디노 해협을 거쳐 레이테만으로 향한 것이 그 하나였다. 두 번째는 할제이 대장이 오자와의 부대가 항공모함을 포함한 주력부대라고 굳게 믿고, 일본함대의 격멸이 가장 중요한 임무라는 생각에 흥분하여 레이테만의 상륙작전을 지원하는 부대를 엄호하도록 지정한 제34임무부대까지 동원하여 오자와의 제3기동함대를 추격하기 시작했다는 점이다. 할제이는 이때 구리다 함대는 큰 피해를 입고 퇴각한 것으로 생각하여 심각한 위협은 되지 않는다고 간주했는데, 이것이야말로 일본군이 바라던 바였다. 어쨌든 간에 일본군이 처음부터 획책했던 '쇼이치고 작전'이 성공을 거둘 수 있는 여건이 조성되었다.

할제이가 일본의 항공모함을 격멸하겠다고 북쪽으로 가는 동안, 그는 모르고 있었지만, 레이테만의 상륙부대들은 재앙을 맞을 위험에 처해 있었다. 10월 25일 아침 루손섬의 동북쪽에 있는 엔가노곶에 도착한 오자와 부대는 남은 함재기 대부분을 육상기지로 이전시키고, 호위 전투기 19기만 남겨두었다. 그렇게 한 이유는 자신의 함대를 희생시켜 가능한 한 많은 적의 공격을 흡수해 구리다 부대가 레이테만에 돌입할 수 있게 하기 위해서였다. 할제이 대장은 10월 25일 오전 7시 30분경에 그러한 계략을 도모하고 있는 오자와 부대를 발견하여 전투기 60대와 급강하 폭격기 65대 및 뇌격기 55대로 하여금 즉각 공격하도록 지시하였다.

아침 8시 15분부터 시작된 공격에서 오자와의 호위 전투기 19대는 너무나 큰 수적 열세로 인해 저지에 실패했고, 방어선을 돌파한 공격기들은 노도처럼 오자와의 함대로 들이닥쳤다. 첫 번째 공격으로 기함인 항모 즈이가쿠는 폭탄 수발과 어뢰 1발을 맞아 통신이 두절되고 속도가 23노트로 떨어졌다. 오자와는 기함을 경순양함 요도로 옮겼다. 이외에 경항모 지도세(千歲)가 폭탄 7발을 맞고 격침되었으며, 경순양함 마야는 어뢰 1발을 맞고 대열에서 이탈했다. 경항모 즈이호(瑞鳳)는 폭탄 1발이 후미 갑판에 명중당해 소파되었고,

구축함 아키쓰는 폭탄에 명중되어 대폭발을 일으켜 두 조각으로 갈라져 침몰하고 말았다.

제2차 공격대는 오전 10시쯤에 이루어졌다. 전투기 14대 및 급강하 폭격기 6대와 뇌격기 16대가 동원된 공격에서 경항모 지요다(千代田)는 폭탄 1발을 맞고 대파되어 항해 불능이 되었으며, 경순양함 다마도 대파되었다. 미군 함재기의 공격이 한창 치열할 때 오자와 중장은 “미 기동부대가 목하 전력을 다해 본 함대를 공격 중이다.”라는 지급 전보를 구리다의 함대에 타전했다. 사실상 미군 측이 오자와의 유인작전에 말려들었으니, 그사이에 구리다 함대가 레이테만에 돌입하여 상륙작전 부대를 섬멸하라는 뜻이었으나, 어찌 된 일인지 이 전문은 구리다 함대에 전달되지 않았다.

다시 제3차 공격대가 날아와 오후 1시부터 2시간 동안 쉴 새 없이 공격을 가해 왔다. 오자와의 함대는 저항할 수단을 잃고 안간힘을 다해 회피기동을 하면서 북상했다. 그 과정에서 기함이었던 즈이가쿠와 즈이호가 침몰했고, 지요다도 침몰 직전이었다. 이 전투가 막을 내린 것은 오후 5시가 되어서 할제이 대장이 레이테만에 구리다의 함대가 나타났다는 보고를 받고 전 함대를 그쪽으로 전환했기 때문이었다. 날이 저물자 오자와는 야간전투를 벌여볼 생각으로 전력을 수습하고 인근 해상에 대기했으나, 이미 미군의 기동부대는 그림자도 보이지 않았다. 오자와가 상처투성이인 함대를 이끌고 북쪽으로 철수한 것은 밤 11시 45분이었다.

한편, 구리다의 제1유격대는 오자와 부대가 할제이의 기동함대를 유인하여 공습이 멈춘 틈에 다시 진격을 계속하여 산 베르나르디노 해협을 돌파하는 데 성공했다. 이제야말로 ‘쇼이치고’ 작전이 성공할 수 있는 것처럼 보였다. 마치 오리 우리 속에 여우가 나타난 격이었다. 10월 25일 오전 6시 43분 전함 야마토가 전방 35km 지점에 미군 함대를 발견하자, 구리다는 전속력으로 미군에 접근해 갔다. 32km 거리에 도달하자 야마토를 비롯한 전함 4척이 포격을 개시했다. 구리다는 미군의 함대가 할제이의 항공모함 부대라고 믿어 의심치 않았으나, 실제는 이 함대는 레이테 상륙부대를 지원하고 있는 킨케이드 휘하의 호위 항모함대 3개 중의 하나로서, 스프레이그(Clifton Sprague) 소장이 지휘하는 부대였다.

호위 항모 5척과 구축함 7척으로 구성된 스프레이그의 함대는 구리다 함대의 급습을 받고 함재기를 발진시키지도 못하고, 때마침 내린 스콜 속으로 도망갔다. 이 호위 항모들은 속도가 18노트밖에 안 되는 느린 상선을 개조하여 만들었으며, 탑재하고 있는 항공기들은 적의 함정을 공격하는 어뢰를 탑재한 것이 아니고, 잠수함 방어용 폭탄을 탑재한 것이 대부분인 보잘것없는 것들이었다. 그러나 그들은 최선을 다해 강력하게 적을 저지했다. 이때 적의 추격을 저지하기 위해 구축함 존스턴이 어뢰를 발사해 1발이 중순양함 구마노에 명중하여 함수를 박살내고 구마노의 속도를 14노트 이하로 떨어뜨렸다. 그러나 계속하여 연막을 치며 본대를 보호하던 존스턴호는 6발의 명중탄을 맞은 후에 경순양함 야하기의 공격으로 격침되고 말았다.

위급한 상황에 부닥친 스프레이그 제독은 긴급구조를 요청했지만, 할제이의 부대는 오자와를 추격하여 북상한 상태였고, 킨케이드의 주력함대는 수리가오 해협에서 니시무라 부대와 싸우고 있어서 스프레이그의 함대를 즉시 구원할 수가 없었다. 그러나 스프레이그의 소형 항모들은 나름대로 최선을 다해 지극히 침착하게 대처했다. 스프레이그가 가능한 최대속도로 후퇴하면서 적의 포격을 피하는 동안, 항모는 가까스로 항공기를 띄워 올려 적의 함정에 대잠용 폭탄을 투하하면서 저항했다. 구리다의 전함들은 스프레이그 함대를 추격하며 포격을 가했지만, 계속되는 연막과 스콜로 조준할 수가 없어 애로를 느꼈다.

그 와중에서도 구리다의 함대는 미군의 호위 항모들에 상당한 명중탄을 발사할 수 있었지만, 스프레이그 함대 내에서 침몰한 항모는 없었는데, 호위 항모들에는 장갑이 거의 없었기 때문에 오히려 결정적인 피해를 면할 수 있었던 것이었다. 원래 함정 대부분에는 갑판이 철갑으로 보호되어 있어 함대의 포탄은 장갑을 뚫고 들어가 내부에서 폭발하도록 철갑탄에 지연신관을 사용하는데, 호위 항모는 장갑이 없어 철갑탄이 그대로 관통해버려 내부 폭발이 없었기 때문이었다. 그러나 스프레이그의 호위 항모들은 관통해 버린 구멍으로 바닷물이 밀어닥쳐 바닷물을 극복하기 위해 안간힘을 다해야 했다.[8)]

10월 25일 오전 7시 50분 스콜이 걷히자, 미군 항공 공격대의 공습이 시작되었다. 야마토, 공고, 나가토, 하루나 등의 전함에 어뢰 공격이 집중되었지만, 회피기동을 통해 큰 피해를 당하지는 않았다. 다만 회피 과정에서 대열이 완전히 분산되었기 때문에 정리하는데 다소 시간이 걸렸지만, 구리다는 기회를 놓치지 않고 계속 공격하여 구축함 호엘, 새뮤얼 로버츠를 격침시키고, 호위 항모 갬비어 배이도 격침시켰다. 스프레이그 부대는 이외에도 호위 항모 4척, 구축함 1척이 크게 파괴되는 피해를 입게 되었다. 가미카제 특공대에 의해 호위 항모 세인트로가 침몰한 것도 바로 이때였다.[9)]

스프레이그 제독은 할제이 제독이 상륙부대를 호위하기 위한 제34기동부대까지 동원하여 오자와 부대를 추적하고 있는 정황을 모르고, 제34기동부대를 계속 호출하면서 지원을 요청했다. 태평양함대 사령관 니미츠 대장도 스프레이그 함대의 전황을 감청하여 위급한 상황을 알았기 때문에, 당황하여 오자와의 부대를 쫓아 달리는 할제이에게 부대가 어디에 있는지를 추적하며, "34임무부대는 어디 있는가? (반복) 어디 있는가? 전 세계가 궁금해 한다."[10)]라는 전문을 보냈다. 끝에 붙은 '전 세계가 궁금해 한다.'라는 네 단어는

8) 박재석, 남창훈 지음. 『연합함대. 그 출범에서 침몰까지』. (가람기획. 2007, 4, 18) p. 302
9) 심은식 지음. 『한국인의 눈으로 본 태평양전쟁 2』. (가람기획. 2009, 6, 12) p. 192

적이 몰라보게 하기 위한 보안용 암호 단어였지만, 할제이에게는 마치 기본 임무를 소홀히 하고 적의 유인에 빠져 헤매고 다닌다는 모욕적인 뜻으로 인식되어, 자꾸 신경을 거스르게 했다.

할제이는 오후 5시쯤에 함대를 돌려 레이테만으로 향했지만, 구리다 함대를 응징하기에는 이미 시간이 늦어버렸다. 그러나 다른 항모에서 지원 나온 80대의 항공기가 구리다의 함대를 공격하기 시작했다. 이 공격으로 중순양함 조카이가 폭탄 1발에 명중되어 항해 불능이 되었다가 자침했으며, 중순양함 지쿠마는 어뢰 1발을 함미에 맞고 격침되었고, 중순양함 스즈야는 지근탄에 의한 피해로 항해 불능 상태에서 다시 명중탄을 맞아 탑재된 어뢰가 유폭되어 두 조각으로 갈라지면서 침몰했다. 다행히 하구로와 도네는 큰 피해가 없어 폭격을 피해가면서 계속하여 호위 항모함대를 추격했다.

오전 9시 10분이 되자 구리다 중장은 흐트러진 전열을 정비하고 11시에 재차 레이테만으로의 돌입을 명령했다. 이때의 전력은 전함 4척, 중순양함 2척, 구축함 8척뿐이었다. 구리다는 오자와 함대가 보낸 전문 즉, '할제이가 자신의 함대를 따라 유인되어 북쪽으로 향하고 있다.'라는 내용을 받지 못해 전체적인 전황을 파악하지 못하고 오자와 함대의 지원을 기다리는 형편이었으며, 맞아 싸우고 있는 부대가 할제이의 항공함대인 것으로 착각하고 있어 정신적으로 위축되어 있었다.

12시가 되자 또다시 항공기들의 공격을 받았다. 큰 피해는 아닐지라도 나가토와 도네에 폭탄이 명중되었다. 구리다 부대의 지휘관들은 그들의 적이 막강한 할제이의 주력 항모세력으로 착각하여 열세한 상황으로 지레짐작한 데다, 레이테섬의 남쪽에서 공격했던 시마 부대와 니시무라 부대의 실패를 알고 의기소침했으며, 오자와 부대의 상황도 오리무중이었으므로 지원받을 가능성 유무를 알 길이 없었다. 게다가 그동안의 피해가 막심하고, 계속되는 3일간의 전투로 피로가 누적되어 레이테만에 들어가더라도 승리할 가능성이 희박하다고 생각했다. 모든 상황을 종합한 구리다 사령관은 전장을 이탈하기로 결심하고, 레이테만을 64km 앞에 두고 함대의 침로를 북으로 돌려 도주하기 시작했다. 훗날 미군 수뇌부는 당시의 위급한 상황을 아래와 같이 판단했지만, 가정일 뿐이었다.

"만일 그때 구리다 함대가 레이테만에 돌입하여 세계적인 거함 야마토의 거포로 만행을 부렸다면, 킨케이드 제독 휘하의 구식 전함과 그 밖의 제7함대는 물론, 80척에 달하는 육군 수송 선단, 그리고 수송 선단에 타고 있던 맥아더 사령관 부처의 운명도 어떻게 되었을지 의문이다. 1944년 10월 25일은 미군에게 있어서 태평양전쟁 중 최대의 위기였다."

---

10) Where is Task Force 34? The Whole World Wonders라는 전문이었음. – 저자 주.

어쨌든 구리다 함대의 철수로 레이테 해전은 막을 내렸다.

한편, 오전 10시 40분 루손섬의 육상기지에서 발진한 5대의 가마가제 자살기가 스프레이그 부대를 공격했을 때, 미군들은 구리다가 이에 호응하여 추가적인 공격을 해 올 것으로 예상했었다. 그러나 구리다 부대는 우왕좌왕하는 모습을 보였다. 전진하는가 하면 물러나고, 물러나는 듯하다가 전진해 오는 모습이었다. 구리다가 레이테를 이탈했다는 보고를 받은 대본영은 “오늘 밤 기회를 보아 잔적을 격멸하라. 그것이 불가능하다면 예정된 보급기지로 향하라.”는 명령을 내렸으나, 구리다는 “야전 실행의 전망이 보이지 않음.”이라고 응답하고, 그대로 코오롱만으로 회항하고 말았다.

구리다 함대의 회항으로 레이테만에 돌입할 수 있는 마지막 기회는 사라졌다.

이로써 일본 연합함대 최후의 결전은 완전히 실패로 돌아갔다. 결국 일본의 육·해군이 사력을 다해 전개한 ‘쇼호 1호 작전’은 이렇게 끝을 맺었다. 움직일 수 있는 모든 전력을 쏟아 부었지만, 원래 작전의 목표였던 레이테만의 상륙부대에는 손 하나 대지 못했다. 전함 내슈빌에 승선하여 국부적인 해전을 관전한 맥아더 대장은 피격의 위험에도 불구하고 매우 만족해했다. 일본 측은 이상의 전투를 한데 묶어 ‘필리핀 해전’이라고 호칭하지만, 미군은 각각 호칭을 붙여 ‘엔가노 해전’, ‘레이테 해전’, ‘수리가오 해전’으로 불렀다. 작전 결과, 일본함대의 피해는 극심했는데, 일본 해군은 이 전투로 인해 4척의 항모와 3척의 전함 및 6척의 중순양함, 그리고 4척의 경순양함과 12척의 구축함을 모두 잃게 되었다.

필리핀 상륙을 앞두고 미 해군은 일본군의 함재기와 육상기지 항공기 500여 대를 파괴하여 일본군 항공 전력을 사실상 괴멸시켰었다. 일본 해군은 필리핀 해전에서 입은 피해를 종전할 때까지 다시는 복구하지 못했다. 반면에, 미군은 경항공모함 1척, 호위 항공모함 2척, 구축함 2척, 호위 구축함 1척을 잃었을 뿐이다. 수적으로나 화력에서 열세인 일본 해군은 할제이의 표현대로 “실컷 얻어맞고 쫓겨난 뒤 궤멸했다.”라는 말이 적합했다.[11] 생존한 나머지 함정들도 큰 피해를 보아 더 이상 싸울 수 있는 함정은 얼마 되지 않았다. 클라크 필드에 주둔한 제1, 제2항공함대의 항공기들도 대부분 손실되었으며, 더욱이 조종사들의 손실은 뼈저린 것이었다. 일본 해군은 이제 더 이상 함대 결전은 불가능하게 되었으며, 연합군의 함대를 피해 필리핀을 비롯한 기지에 수송을 호위하는 임무로 제한할 수밖에 없게 되었다.

---

11) 브레이턴 해리스 지음, 김홍래 옮김, 『니미츠』(서울 : 플래닛미디어, 2012), p. 357.

제 3 장
가미카제 특공대

필리핀 해전에서 처음 등장한 가미카제 특공대는 1274년과 1281년의 2회에 걸친 여, 몽 연합군이 일본을 침공했을 때, 때마침 불어온 태풍에 의해 함선들이 대거 침몰하여 적을 물리쳤으므로, 신의 가호로 적을 무찌른 바람이라는 뜻의 '가미카제' 신풍(神風)이라고 불렀던 데서 유래했다. 절망적인 상황에 몰린 일본군이 최후의 발악적인 전술로 등장시킨 것이 바로 가미카제 특공대이며, 필리핀 해전에서 미군의 호위 항공모함 세인트로를 침몰시킨 것은 앞에서 언급한 바와 같다.

가미카제 특공대의 전술을 최초로 발전시킨 사람은 오오니시 다까지로(大西瀧治郎) 육군 중장이었는데, 그는 일찍부터 해군의 전력을 항공력 위주로 발전시켜야 한다고 주장한 해군 항공력의 선각자였다. 필리핀 해전을 앞두고 일본의 대본영은 레이테만으로 진격하는 제1유격대인 구리다 함대를 지원하기 위해 오오니시 중장을 제1항공함대 사령관으로 임명하여 미군의 항공 세력을 무력화하도록 했었다. 그가 마닐라에 도착하여 전력을 확인한 결과, 가용항공기는 100대를 넘지 못했고, 전황은 이미 절망적인 상황이었다. 조종사들의 기량은 형편없어 망망대해에서 적의 함정을 찾아 급강하 폭격이나 어뢰 공격을 하고 귀환할 능력이 의심스러웠다. 그러한 상황에서 잔인한 자살특공대를 오오니시 중장은 고안한 것이다. 그리하여 10월 19일 그는 루손섬의 비행장에서 예하 지휘관과 참모들에게 지침을 하달했다.

"우리의 임무는 구리다 함대가 레이테만에 돌입하도록 적의 항공모함에 타격을 주어 적어도 일주일간은 비행갑판을 사용하지 못하도록 해야 한다. 내 생각에 소수의 전력으로 최대의 효과를 올리는 방법은 오직 한가지 밖에 없다고 생각한다. 그것은 제로 전투기에 250kg의 폭탄을 적재하고 적의 항공모함에 부딪히게 하는 것이다. 다이아 다리(육탄공격)의 방법밖에 없다는 것이다."

그는 살아 돌아올 가망성이 전혀 없는 죽음의 길을 제시한 것이다. 그동안 제1항공함대의 항공기는 30대로 줄어들어 전술적 가치를 상실했다. 그의 부하들은 오오니시의 지침을 실행할 방법을 찾아 4개의 자살특공대를 편성했다. 10월 25일 아침 7시 25분 세키 대위가 인솔하는 첫 가미카제 특공대 9대가 루손섬을 이륙했다. 5대는 공격기였고, 4대는 이를 호위하는 전투기였다. 오전 10시 45분 세키 대위는 레이테만 입구에서 미군 함대를 발견했다. 미군 함대는 마침 구리다 함대와의 격전을 치른 뒤, 구리다 함대가 의외로 후퇴하자 잠시 전열을 정비하던 중이었다.

세키의 비행편대 가운데, 1대가 호위 항모 세인트로의 비행갑판에 그대로 처박혔다. 폭발과 함께 갑판에 있던 연료에 불이 붙어 항모는 불길에 휩싸였으며, 2분 후에 대폭발을 일으킨 후 11시쯤에 침몰해 버렸다. 이와 동시에 호위 항모 키티건 베이, 칼리닌 베이, 화이트 프레인스의 갑판에도 큰 구멍이 뚫렸다. 5대의 가미카제 특공대의 자살 공격으로 호위 항모 1척이 침몰되었고, 3척에 크게 손상을 입히는 대성과를 거두게 되었다. 이러한 성과에 고무된 오오니시는 10월 26, 27, 29일에도 계속 자살특공대를 날려 보냈다.

필리핀 전역 기간에 일본 항공기 55대가 미군 함정 47척에 돌진하여 호위 항공모함 2척과 소형함정 5척을 격침하고 다수의 함정에 심각한 피해를 줬다.

잔인하고 무자비한 가미카제 특공대는 얼마 후에 육군에서도 채택되어 실행되었으며, 해군은 어뢰에 한 사람이 타고 적의 함정에 직접 부딪히는 가이텐(回天)을 발전시키기도 했다. 대본영은 가미카제를 '권유하지는 않겠지만 말리지도 않겠다.'라고 하면서 사실상 장려했다. 일본군은 종전시까지 가미카제 특공대를 총 2,664회 출격했고, 항공기는 2,275대, 희생된 조종사는 6,000여 명에 이르렀다.

이러한 가미카제 특공 전술은 미군 측에 심대한 충격을 주었다. 미 해군은 전혀 상상하지 못했던 유인 폭탄에 경각심을 새롭게 하여 대응책을 강구하기 시작했다. 가미카제가 주공격 대상으로 생각하는 것은 미군의 항공모함이었으며 목표는 1기 1함(一機一艦)이었다. 미군은 이를 방호하기 위해 외곽에 전투기와 호위함으로 항공모함을 보호하도록 했으나, 큰 피해를 감수해야 했다. 그나마 이미 개발된 대공포의 VT 신관으로 인해 적의 항공기 접근을 효율적으로 차단하는데 도움이 되었지만, 완전한 대책은 되지 못했다. 일본은 전쟁 말기에 출격하는 항공기가 돌아올 수 없도록 편도의 연료만으로 공격케 하는 비인도적인 작전을 구사했는데, 이는 연료의 부족이 하나의 원인이기도 했다.

가미카제는 일본인 특유의 사무라이 정신의 발현이라고 미화하는 견해도 있었으며, 군국주의로 무장된 굳어진 정신에 의해 자발적으로 참여한 젊은이들이 태반이었지만, 건전한 일부에서는 반대하는 사람들도 많았다. 가미카제를 처음으로 시행한 오오니시 중장은 일본이 항복하는 날 할복했다. 가미카제 작전을 실행하는 동안 가미카제 특공대원들은 많은 편지와 기록을 남겼는데, 여기에 한편의 단가를 소개하고자 한다.

"3일 전에 깨달은 삶의 미련
비가 내려, 오늘 하루 더 사는구나.
내일 밤 귀신 되어 나오리라
가엾구나. 나도 너도 죽나니
미국과 싸우는 놈이 재즈를 듣고
성인이 되자마자 특공대로다

특공대, 신이다, 신이다. 추켜세워줘
특공의 서툰 유서, 언론은 칭찬
군신이 똥을 눈다. 코도 푸는군
만세 소리가 이승의 마지막 목소리인가?
필승론, 필패론이 손을 맞잡아
승패는 우리가 알 바 아니지
부모 그리워, 그녀가 그립다고 구름에 고한다."[12]

이 짤막한 글귀 속에는 자살특공대를 우회적으로 비꼬는 사상이 역력히 드러나 있다고 생각된다. 자살 테러로 그들은 모두 비참하게 죽어갔다.

● 출격을 앞두고 묵념을 하는 육군 가미카제 대원들

12) 심은식 지음, 『한국인의 눈으로 본 태평양 전쟁2』(서울 : 가람기획, 2009), p. 199-200.

제 4 장
레이테섬 탈환

일본군은 바다에서의 참패 이후 필리핀을 미군에게 내어준다면 얼마나 위험한 상황이 되는지 잘 알고 있었기 때문에, 레이테섬에 대한 방어에 사력을 다했다. 원래 레이테섬에는 일본군 제16사단만이 방어에 임하여, 일본군은 미군의 상륙을 저지할 능력이 없었다.

1944년 10월 17일부터 레이테만 일대에는 때마침 태풍이 몰아치고 있었다. 필리핀에 주둔하고 있던 연합군에게 1942년 3월 "I Shall Return"이라는 말을 남기고 탈출했던 맥아더에게 필리핀은 반드시 탈환해야 할 목표였다. 그는 필리핀 탈환 작전을 "총사대 작전(Operation Musketeer)"이라고 명명하고 740척으로 이루어진 대선단을 이끌고 10월 11일부터 뉴기니의 집결지를 출발했다. 상륙부대는 월터 크루거(Walter Krueger) 중장의 제6군 20만의 병력이었고, 이를 지원하는 해군은 킨케이드(Thomas Cassin Kinkaid) 중장 휘하의 제7함대였으며, 상륙부대를 호위하고 지원할 해군은 할제이의 제3함대로 16척의 항모를 거느리고 있었다.

1944년 10월 20일 오전 10시 초속 30m의 폭풍우에도 불구하고 맥아더의 상륙부대는 레이테만에 진입했다. 제10군단은 레이테의 타크바론에 상륙했고, 제24군단은 그 남쪽의 우라그에 상륙했다. 필리핀의 일본군은 총 27만 명에 달했지만, 레이테섬을 수비하는 일본군은 제16사단의 1만 6,000명에 지나지 않았으므로 크루거 장군이 지휘하는 4개 사단에 맞설 수 없었다. 미군은 날이 저물 때까지 6만 명의 병력과 1만 톤 이상의 물자를 양륙하고 2개 지점의 교두보를 확보했으며, 타크론 비행장마저 점령할 수 있었다. 미군의 상륙 과정에서 일본군의 저항은 거의 없었는데, 이는 연안 방어 전술을 포기하고 내륙에 거점을 마련하여 장기전을 노렸기 때문이었다. 맥아더는 해안에 근접한 순양함 내슈빌의 마이크로 전 필리핀 국민에게 역사적인 메시지를 방송했다.

"여기는 자유의 소리 방송입니다. 여러분! 맥아더 대장입니다. 필리핀 국민이여! 나는 돌아왔습니다. 하나님의 은총으로 우리 군대는 다시 필리핀 땅을 밟게 되었습니다. 우리 양 국민의 피로 정화된 이 국토 위에."

● 레이테 섬 진공 작전 지도

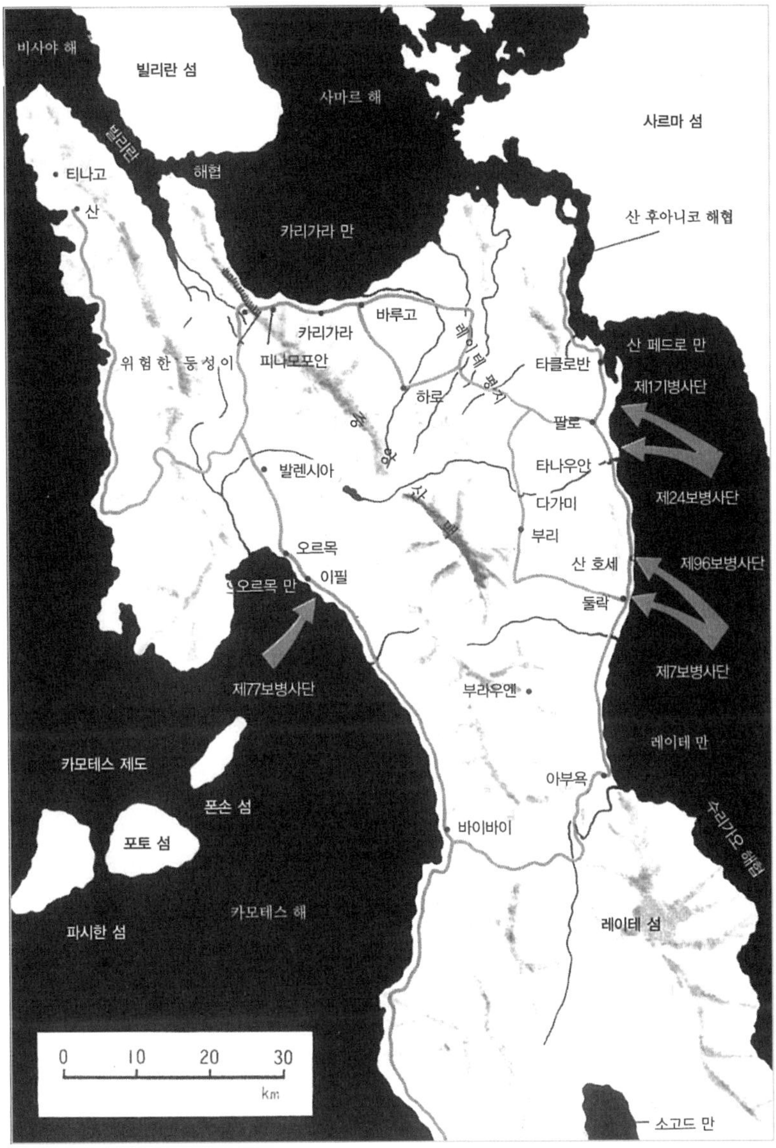

※ 출처 : 심은식 지음, 『한국인의 눈으로 본 태평양전쟁 2』(가람기획, 2006), p. 171

상륙은 순조롭게 이루어졌으나 레이테섬을 점령하기 위한 전투는 2개월 동안 처절한 혈투로 이어졌다. 일본군은 필리핀의 확보 여부가 레이테섬에 달렸다는 것을 깨닫고, 구축함을 통해 제8사단 및 제26사단과 제30사단 및 제102사단 등 4개 사단 증원에 부가하여, 중국 본토에서 정예 제1사단을 차출하여 증원군으로 보냈다. 미군도 최초 상륙한 4개 사단에 더해, 11월까지 제1기병사단, 제7공수사단, 제11공수사단, 제24사단, 제32사단, 제77사단, 제96사단 등 7개 사단을 증원하였다.

제15방면군 사령관 야마시다 대장은 미군 항공모함들이 다른 임무를 위해 이동해버리고, 레이테섬의 비행장들이 형편없이 파괴되어 단기적으로 항공 우세가 약화한 틈을 이용하여, 12월 6일 증원부대를 올모크 항구를 통해 레이테섬에 역 상륙시켜 필사적인 방어전을 펼쳤다. 그러나 12월 16일 올모크항을 통한 역공격이 실패하고, 이곳이 오히려 미군에 의해 점령되자, 레이테섬에서 일본군의 조직적 저항은 종말을 고하기 시작했다. 일본군의 잔존세력이 각지에서 산발적으로 저항하고 있었지만, 본국으로부터 보급지원이 중단된 데다가, 적개심에 불타는 원주민들이 정글 속에서 이들을 노려보고 있어, 일본군은 점점 쇠퇴해가고 있었으며, 미군의 화력에 의한 공격도 그칠 줄을 몰랐다.

결과적으로, 레이테 전투에서 일본군은 사상자가 5만 8,000명에 이르렀으며, 미군은 3,000여 명이 전사하고 1만여 명이 부상했다. 피로한 제6군의 임무는 아이켈버거의 제8군과 교대되었다. 맥아더는 12월 중순 육군총장 마셜, 구주군사령관 아이젠하우어, 육군항공사령관 아놀드(훗날 공군총장), 태평양함대사령관 니미츠, 해군총장 킹, 총참모장 리히(훗날 합참의장), 제3함대사령관 할제이 등 8명과 함께 원수로 승진하였다.

제 5 장
루손섬 함락

레이테섬의 공략이 막바지에 이르렀을 때인 12월 15일, 맥아더는 수도 마닐라가 있는 루손섬의 서남쪽에 있는 민도로섬에 무혈 상륙했다. 상륙 후에 먼저 중요한 비행장을 탈취하여 루손섬을 향한 진격에 대비했다. 그곳으로부터 마닐라까지는 240km에 불과했다. 1945년 1월 9일 크루거의 제6군은 필리핀에서 가장 큰 섬인 루손섬의 링가옌만에 상륙했다. 상륙 당일 미군은 6만 8,000명을 상륙시켰고, 길이 24km, 폭 5km에 달하는 교두보를 확보했다. 그러나 상륙 과정에서 가미카제의 공격으로 25척의 군함이 침몰하거나 손상을 입었다.

한편, 할제이의 제3함대는 11월 내내 맥아더의 다음 목표이자, 필리핀의 가장 중요한 섬인 루손을 일곱 차례나 공격하여 일본 항공기 800대와 구축함 3척, 그리고 수송선 5척을 파괴하고, 일본군 1만여 명을 살상했다.[13] 할제이는 맥아더를 지원하는 기간이었던 12월 15일 태풍에 휘말렸다. 항공 기상 관측사들의 애매한 기상 예보로 인해 그는 함대를 이끌고 태풍의 한 가운데로 들어가 버렸던 것이다. 일부 함정들은 태풍과 맞서 싸울 수 있는 상태가 아니었고, 가장 취약한 함정들과 작은 구축함들은 악천후로 인해 충분한 급유를 받지 못해 연료가 줄어들어 균형을 잡기 어려워졌다. 게다가 일부 함장들은 배의 균형을 유지하기 위해 평형수를 채워야 하는 등의 경험이 부족하여 밸러스트도 제대로 유지하지 못했다.

할제이는 태풍에서 벗어나기 위해 서너 차례 침로를 변경했으나, 그때마다 더욱 위험한 진로를 선택했다. 일부 함장들은 위험을 피하려고 진형을 이탈했으나 대부분은 사령관의 지시를 따라야 한다는 의무감을 떨치지 못했다. 결과는 구축함 3척이 침몰하고, 기타 함정 9척이 파손되었으며, 100대 이상의 항공기가 파도에 쓸려 바닷 속으로 사라졌다. 결국 790명의 인원이 사망하는 피해가 발생했다. 후에 태풍 사고와 관련된 청문회가 개최되어 할제이의 과오가 인정되기는 하였지만, 처벌을 권고하지는 않았다. 사고 발생의 원인이 전쟁의 목적을 충족하기 위한 의무감에서 비롯되었고, 불충분한 기상 예보로 인한 것이었기 때문에, 경고 조치로 끝나게 되었다. 다만 대오를 이탈한 함장들에 대해서는 현명한 조치로서 상급 지휘관이 함대를 보존하려는 근본적인 의도를 충족시켰다고 칭찬했다.

---

13) 브레이턴 해리스 지음, 김홍래 옮김, 『니미츠』(서울 : 플래닛미디어, 2012), p. 362.

그러나 6개월 후 할제이는 다시 한번 함대를 태풍 속으로 끌고 들어갔다. 침몰한 배는 없었지만, 항공기 75대가 파괴되고 70대가 손상을 입었으며 6명이 사망했다. 또다시 청문회가 열려 보직을 경질해야 한다는 권고를 받았지만, 그동안의 공로를 고려하여 그대로 유임되었다. 할제이는 레이테 해전에서도 일본의 오자와 함대에 유인되어 레이테 상륙작전을 그르칠 수 있는 여건을 제공하는 과오를 범했으나, 그의 저돌적인 공격 정신은 모든 것을 상쇄하고 남음이 있었다. 니미츠 제독이 부하 제독들 가운데 신중하고 빈틈없는 스프루언스 제독을 내심 신임하고 있었으나, 정작 원수에 승진한 것은 할제이였다.

루손섬에는 26만 명에 달하는 일본군이 방어하고 있었다. 이를 물리치기 위한 미군은 28만 명으로서, 규모 면에서 유럽 원정군이 북서 유럽에서 독일군과 벌였던 지상전 다음으로 큰 지상전이 이곳에서 치러졌다. 주력부대인 제6군은 상륙전, 기갑전, 게릴라전, 공수작전 등 모든 형태의 작전을 치러야만 했다. 일본군은 미군이 상륙작전을 전개하는 지역에 전차부대를 투입하여 상륙을 저지 및 지연시키기면서 거점을 구축하려 했다.

그러나 일본군의 전차는 미군의 M4 전차에 비해 너무 열세하여 주포가 M4 전차의 장갑을 관통할 수 없었기에 기갑전에서 완패하고 말았다. 보병들이 수류탄과 화염병을 안고 전차 밑으로 들어가 파괴를 시도하였으나, 한계에 부딪히게 되었다. 이러한 시도는 이미 다른 섬의 수비대가 시도했던 무모한 방법과 크게 다를 바가 없었다. 전차를 타고 돌격하던 부대장 시게미 소장도 미군의 전차포에 맞아 전사하고 말았다. 상륙지역에서의 일본군은 더 이상 조직적인 저항이 종식되었고, 거점 위주로 산발적인 저항만 계속되었다.

맥아더는 주력인 제6군이 평원을 건너 마닐라로 향하는 동안 수 개의 연대를 바탄반도 서부 수비크만 일대에 상륙시켜 바탄반도를 고립시킨 다음, 7일 후에 이를 점령했다. 맥아더가 1942년 철수했던 코레히도르 요새는 이제 일본군 5,000여 명이 수비하고 있었는데, 10일간의 전투에서 1,500명의 전사자를 내고 수비대장은 폭약으로 자결했다.

이제는 마닐라로의 진격만이 남아있었다. 2월 3일 오후 정찰병들이 마닐라의 외곽에 도달했다. 마닐라 시내에는 대부분 신병으로 구성된 일본군 수비대가 시가지 전투를 준비하고 있었다. 화력도 빈약하고 훈련도 미흡했지만, 목숨을 걸고 방어하겠다는 말기적 증상을 드러내며 방어에 임하고 있었다. 미군들은 전차를 전면에 앞세워 시내를 소탕해 갔다. 그 와중에 마닐라시는 완전히 파괴되었고, 100,000명에 달하는 시민들이 일본군에 의해 희생되었다. 남자들의 시체는 절단되어 있었으며, 여자들은 죽이기 전에 강간당했다. 병원의 환자들은 병상에 묶인 채 불태워졌다. 아이들마저 처참하게 살해되었다. 공공시설의 70%, 공장의 75%, 주택의 80%가 파괴되었다. 마닐라시는 제2차 세계대전 중에 폴란드의 수도 바르샤바 보다 더 심한 참화를 겪었다고 할 수 있었다.[14)]

2월 21일이 되어서야 마닐라는 탈환되었지만, 맥아더는 조급함을 참지 못하고 2월 6일에 마닐라에서 적을 완전히 몰아냈다고 발표하여, 루스벨트 및 처칠과 장제스로부터 축하 전문을 받았다. 시는 탈환되었지만, 너무나 처참하게 파괴되어 축하 행진을 벌일 수도 없었다. 마닐라를 탈환하자 미군은 다시 바기오로 향했다. 바기오는 1,500m의 높은 지대로서, 전쟁 전에 필리핀 대통령의 하계관저가 있었는데, 당시에는 괴뢰정부의 요인들이 옮겨와 사용하고 있었고, 일본군의 사령부도 자리 잡고 있었다. 미군이 상륙한 이후 바기오에 대한 공습이 매일 지속되었고, 마닐라가 함락된 2월 23일에는 일본군 사령부도 폭격에 날아가 버려 지하 동굴로 대피할 수밖에 없었다.

● 마닐라 시내에서 완강히 저항하는 일본군과 시가전을 벌이고 있는 미군들

2월 중순 이후 미군은 바기오에 대한 본격적인 공격을 개시하여 피나는 격전을 벌였다. 전투력에서 워낙 큰 차이를 보이는 전투에서 일본군은 4월 중순에 바기오를 포기함과 동시에, 정규전에 의한 조직적인 저항을 포기하고 게릴라전으로 전환하였다. 루손섬에 대한 공략과 더불어 미군은 4월부터 민다나오에 상륙하기 시작하여 5월 4일에는 주요 지점을 모두 탈환할 수 있었다. 이제 일본군은 본국과의 연락이 두절된 체 정글 속에 고립된 게릴라들에 불과했다. 맥아더 원수는 1945년 7월 5일 성명을 통해 "필리핀 전투에서 일본군 32개 사단이 미군 17개 사단과 필리핀의 저항 게릴라부대에 의해 섬멸되었다."라고 발표했다. 일본군은 필리핀 전투에서 40만 명의 희생자를 내었고, 미군은 이제 일본 본토를 향한 발판을 얻어 힘차게 전진하게 되었다.15)

---

14) 윌리엄 맨체스터 저, 육사 인문 사회학과 역, 『미국의 카에자르 맥아더 원수』(서울 : 병학사, 1984), pp. 555-556.

제 6 장
이오시마(유황도 : 硫黃島) 전투

일본군은 필리핀을 점령한 미군이 일본 본토로 진격하기 전에 오가사와라 제도나 타이완 또는 남서 제도에 상륙할 것이며, 시기는 2월 중일 것으로 판단하고 있었다. 이오시마(유황도 : 硫黃島)섬은 명칭 그대로 섬 전체가 화산대에 위치하여 유황을 뿜어내는 화산섬으로 이어져 있기 때문에, 뜨거운 지열로 인해 그 당시 일본군이 참호를 구축한 지하의 실내 온도가 무려 48℃에 달할 정도로 열기가 가득 차 있었다.

이오시마는 미군의 B-29 폭격기 기지가 있는 사이판과 도쿄의 중간 지점에 있는 32㎢의 크기를 가진 섬으로서, 울릉도나 돌산도의 절반에도 미치지 못하는 작은 섬이다. 미군은 B-29 폭격기가 목표지점을 왕래하는 동안 안전한 경로를 확보하기 위해서 이오시마를 반드시 무력화해야 했다. 만약 연합군이 이를 점령했을 경우 이미 건설되어있는 비행장을 이용해 일본 본토를 공격하는 B-29 폭격기에 전투기의 엄호를 제공할 수 있고, B-29기가 위급한 상황에 부딪혔을 때 비상착륙 기지로 활용할 수 있는 이점이 매우 많은 섬이 바로 이오시마였다. 또한 이오시마는 오가사와라 제도에서 유일하게 3개의 비행장이 건설되어 있어 전략적으로도 매우 중요했다.

이오시마의 일본군을 무력화시키기 위한 연합군의 노력은 1944년 8월부터 시작되어 6개월 동안 2,800소티의 폭격이 가해졌다. 할제이 제독과 교대하여 함대를 지휘하게 된 스프루언스 제독의 항모부대는 1945년 2월 19일로 예정된 상륙작전 개시 이틀 전에 항공기 1,200대를 동원하여 상륙작전을 방해할 가능성이 있는 일본 본토의 비행장을 폭격하여 300대를 격추하고 200대 이상을 파괴했다. 이것은 1942년 4월 둘리틀 중령의 폭격기가 항모 호넷을 출발하여 일본 본토에 가했던 폭격 이래, 항공모함에 의해 이루어졌던 최초의 폭격이었다. 태평양 전선에서 필리핀 상륙전 이후 태평양상의 지휘권을 다시 잡은 니미츠 태평양 사령관은 평소 신중한 성격과 달리, 적극적인 자세로 상륙작전을 지휘했다.

이오시마에는 구리바야시 타다미치(栗林忠道) 중장이 지휘하는 1만 2,500명의 육군과 이치마루 소장이 지휘하는 제27항공전대의 기지 병력 7,500명이 수비하고 있었다. 구리바야시 중장은 사관학교와 육군대학을 우수하게 졸업한 후 하버드 대학 유학 경력도 있는

15) 심은식 지음, 『한국인의 눈으로 본 태평양 전쟁2』(서울 : 가람기획, 2009,) p. 205.

엘리트로서, '근성'만을 강조하는 대부분의 일본군 지휘관들과는 달리, 미국을 제대로 이해하는 몇 안 되는 지장이었다. 그는 천황의 근위 사단장 출신으로 1944년 여름에 이오시마에 도착하자마자 강력한 방어진지를 구축하기 시작했다. 수비대는 뜨거운 지열에도 불구하고, 섬의 북동쪽 고지대를 중심으로 30km에 달하는 갱도 진지를 준비하여 지하에 막사 및 병원과 탄약고들을 완비하였으며, 모든 방어진지와 갱도가 원활히 유통할 수 있도록 통로를 개설했다.

미군의 상륙부대는 해병대의 명장 스미스(Holland Smith) 중장이 정예부대인 제3해병사단과 제4해병사단 및 제5해병사단 예하의 7만 명을 지휘했다. 일본군의 강력한 수비 태세를 감지한 스미스 장군은 10일간의 함포사격을 해주도록 요청했으나, 탄약의 부족으로 3일간의 지원사격으로 만족해야 했다. 2월 19일 새벽 두 시, 함포사격을 시작으로 상륙작전의 막이 올랐다. 아침 여덟 시에 선발대 3만 명이 섬의 남부에 상륙을 개시했다. 극렬한 함포사격에도 일본군은 완전한 침묵을 지키고 있어, 마치 일본군이 완전히 괴멸되었다는 착각이 들 정도였다.

이오지마 섬에 상륙한 미 해병들이 이 이오지마 해안의 화산모래 위에서 적의 공격을 피해 몸을 숨기고 있다. 해안이 화산모래로 이루어져 있어 발을 디디고 설 수가 없었다.

그러나 미군의 상륙부대가 해안을 가득 메운 10시 15분경 일본군은 침묵을 깨고 기습적으로 모든 화기를 총동원하여 엄폐 진지에서 엄청난 화력을 뿜어냈다. 기관총과 박격포는 물론이고, 섬의 가장 높은 산인 스리바치산으로부터 야포의 사격도 가해졌다. 마침 이오시마 해안의 토질이 화산재였기 때문에 푸석푸석하여 상륙용 장갑차 대부분이 해안에 처박혀 바퀴가 헛돌며 허우적거릴 때 집중 사격을 당하자 대량 파괴되었으며, 상륙한 보병들이 총포탄을 피하려고 긴급히 구축한 참호는 금방 무너져 내려 우왕좌왕할 때 집단 학살 당했다. 상륙 첫날에 566명이 전사하고 1,854명이 부상했다. 이는 전사자만 따질 때, 과달카날 전투에서 반년에 걸쳐 발생한 전사자의 1/3에 해당하는 막대한 손실이었다. 종군기자 로버트 셰로드는 이오시마 전투가 자기가 본 가장 최악의 전투라고 술회하며 병사들의 죽음이 "있을 수 있는 가장 고통스러운 비명횡사였다."라고 말했다.

그러나 큰 손실에도 불구하고, 미 해병대의 투혼을 잠재울 수는 없었다. 당일 오전 10시 35분경에 제5해병사단의 1개 중대가 섬을 가로질러 서쪽 해안에 도달한 것을 필두로 일본군을 서서히 압박해 들어갔고, 상륙 당일에 제1비행장을 탈취했다. 그리고 4일 후에는 166m 높이의 스리바치산을 정복했다. 1945년 2월 23일 10시 20분에 일본 영토의 일부인 이오시마의 가장 높은 고지에 미군 정찰부대는 가지고 온 성조기를 게양했다. 섬 전체에서는 물론이고, 바다의 함정에서도 역사적인 모습은 잘 보였다. 마침 함대에 동행했던 해군장관 포레스탈(James Vincent Forrestal)은 크게 감동하여 게양된 성조기를 갖고 싶어 했으나, 해당 부대의 대대장은 장병들의 노고를 기념하기 위해 그 성조기를 대대 금고에 보관하고, 대신에 진주만 공습에서 격침당한 함정에서 건져냈던 더 큰 성조기를 스리바치산에 게양했다가 선물했다.

● 1945년 2월 23일, 미 해병대 병사들이 이오지마 정상을 점령하고 수리바치산에 성조기를 꽂는 역사적 현장을 AP통신의 사진기자 조 로젠탈이 찍었다. 그는 이 사진으로 퓰리처상을 받았다.

마침 성조기를 게양하는 장면을 촬영한 AP통신의 '로젠탈' 기자는 훗날 퓰리처상을 받았으며, 성조기를 세웠던 6명의 병사 가운데는 흑인도 포함되어 있어 인종차별이 없는 상징으로 미국인들의 애국심을 고취하는 중요한 역할을 했다. 지금도 워싱턴의 포토맥강 인근의 해병대 기념탑에는 스리바치산에 성조기를 세우는 기념 동상이 장엄하게 서 있어 애국심을 일깨우고 있다. 스리바치산을 점령한 이후에도 치열한 전투는 계속 이어져 대규모 교전은 35일간이나 계속되었으며, 소규모 전투는 최종적으로 6월에 가서야 겨우 잠잠해졌다.

이 과정에서 동굴 속에서 저항하는 일본군을 제압하기 위해 화염방사기와 수류탄 및 가방 폭탄 등이 사용되었으며, 때로는 터널을 폭파하여 봉쇄함으로써 일본군을 생매장하는 일도 있었다.

미군은 동굴에 은신한 일본군을 제압하기 위해 독가스의 살포를 제안하기도 했지만, 인도적인 견지에서 니미츠는 사용을 거부했다. 당시에는 미국과 일본이 화학무기 금지 협정에 모두 가입하지 않았기 때문에 국제적으로 불법은 아니었고, 한편에서는 화염방사기보다도 인도적이라는 주장도 있었지만, 기독교 정신에 입각한 루스벨트 대통령도 반대하여 사용되지 않았다. 일부에서는 화학탄을 사용치 않아 더 많은 장병이 희생되었다고 비난했으며, 훗날 니미츠도 사적인 자리에서 '독가스를 사용하지 않아 훌륭한 해병을 많이 잃었다.'라고 술회했다.[16] 기독교인이든 아니든 간에 화학무기나 핵무기의 사용에 대한 가치는 애매하고 난해한 문제라 할 수 있겠다.

이오시마 전투가 한창 격렬하게 진행되는 와중에서 3월 9일과 3월 10일 양일간에 있었던 두 차례에 걸친 미군 B-29기의 공습으로 인해 도쿄를 중심으로 25만 채의 주택이 파괴되고, 8만 명 이상의 사망자와 100만 명의 이재민이 발생했는데, 이는 화학무기보다 더 큰 희생자를 내었던 것으로 추정되었다. 나아가 이오시마 전투가 발발하고 나서 몇 개월이 지나고 난 후의 일이지만, 만약 히로시마와 나가사키에 핵무기가 투하되지 않았더라면, 미군과 일본군을 포함한 얼마나 더 많은 인명이 전쟁의 희생자로 사라졌을지 가히 상상하기조차 어렵다고 할 것이다. 차라리 '핵무기의 투하가 결과적으로 더 많은 인명을 구한 것은 아닐까'하는 역설적인 생각과 함께, 핵무기 사용 등과 같은 특정한 사안에 대한 가치는 상황과 여론에 따라 변하기도 하겠지만, 아무튼 간단히 결론을 내리는 것은 결코 쉽지 않을 것으로 보인다.

일본군의 수비 사령관 구리바야시 중장은 3월 17일 조직적인 저항을 더 이상 할 수 없다고 판단하고 이오시마가 적에게 함락되었음을 대본영에 타전한 뒤, 부하들과 함께 돌격을 감행하다가 전사했다. 이오시마 전투에서 일본군은 1만 9,900명이 전사하고 부상자

---

16) 브레이턴 해리스 지음, 김홍래 옮김, 『니미츠』(서울 : 플래닛미디어, 2012), p. 373.

1,030명만 살아남았다. 반면, 미군은 6,800명이 전사하고 2만 800명이 부상했다. 사상자는 상륙 병력의 1/3을 넘었다. 상륙전에 참가한 미군 대대장 24명 가운데, 무려 19명이 죽거나 부상했다. 미국의 일부 여론은 작은 전투에서 너무나 많은 희생자가 발생한 데 대해 맥아더가 적의 강점을 우회하고 약점을 찔러 일본군을 패배시켰다고 칭찬하며, 니미츠를 비난하기도 했다.

한편, 일본의 해군은 항모부대의 부재로 인해 미군 해군을 제대로 견제할 수 없게 되자, 가장 손쉬운 가미카제 특공대를 사용하기로 했다. 관동지방에 있는 제3항공함대에 그 임무가 주어지자, 3월 21일 아침에 수이세이 함상 폭격기 12기와 덴잔 함상 공격기 8기 및 레이센 전투기 12기로 구성된 특공대가 이오시마 동쪽에서 미군의 함정에 돌격했다. 이 공격으로 항모 사라토가에 2발의 폭탄과 3기의 특공기가 충돌했으며, 그 결과 사라토가는 침몰은 면했지만, 향후 3개월간 임무 수행이 불가능해졌다. 그 외에 호위 항모 비스마르크시에 특공기 1대가 격돌하여 침몰시켰고, 수송선 3척도 큰 피해를 입었다.

이오시마의 함락은 고장이 나거나 연료가 떨어져 불시착해야 하는 항공기들의 피난처로써의 역할을 충분히 입증했다. 종전 시까지 2,400대의 B-29기가 이오시마에 착륙했는데, 이 가운데 36대는 긴급 비상착륙이었다.

제 7 장
오키나와(충승현 : 沖繩縣) 상륙전과 최후의 해전

1945년 1월 필리핀에 이어 3월에 이오시마를 공략한 연합군은 3월 23일부터 오키나와를 공략하기 시작했다. 미처 중장이 지휘하는 제58기동부대는 오키나와 상륙전을 앞두고 후원 세력을 제거하기 위해 3월 18일~3월 19일 어간에 세도나이카이[17]를 습격했는데, 이때 최후의 일본 정예 항공대를 만나 심한 피해를 당했다.

진주만 기습과 미드웨이 해전에서 일본 함대의 항공 참모를 역임한 겐다 미노루 대좌의 제안으로 만들어진 제343부대는 별칭이 '쓰루기(劍 : 검)' 부대로 불렸다. 이 부대는 당시 개발된 최신예 전투기 '시덴카이(紫電改)'를 운용하면서 그때까지 살아남은 최정예 조종사를 끌어모아 전력을 집중하기 위해 만들어졌다. '쓰루기' 부대는 3개의 전투 비행대대와 1개 정찰 비행대대로 구성되어 있었다. 이들은 3월 19일 미처의 기동부대가 세도나이카이에 출현한 것을 발견하고 시덴카이 62기를 출격시켰다. 양군의 항공전에서 미군은 근자에 드문 참패를 기록했다. 미군은 전투기와 폭격기를 포함하여 모두 57기가 격추당한 데 반해, 일본군은 16기만을 상실했다.

이날 미군은 "개전 초 이래 오랫동안 보지 못하다가 출현한 일본 신형 전투기와 항모 전투기 공격으로 인해 대규모 피해를 당했다."라는 뉴스와 함께, "일본군이 개전 초 이래 들어보지 못한 국지적인 제공권을 확보하였다."라는 뉴스를 듣게 되었다. 이 전투는 국지적이고 단기적이지만, 일본 공군의 우수한 전투기와 조종사가 이루어 낸 당연한 결과라고 할 수 있었다. 물론 미군은 심기일전하여 지상기지에 대한 대규모 폭격과 추가적인 항공 공격으로 일본군의 제343비행대를 무력화시킬 수 있었으나, 제343항공대는 종전까지 약 반년간의 전투에서 무려 170기의 미군 항공기를 격추했으며, 이 과정에서 74명의 미군 조종사가 전사했다. 하늘에서 이루어진 일본 최후의 반격은 이렇게 끝이 나게 되었다.[18]

1945년 초에 일본군 대본영은 중국과 인도차이나 사이의 하이난섬, 중국 본토 해안, 타

---

17) 세도나이카이는 일본 본토와 시코쿠섬, 규슈섬 사이의 좁은 바다를 말한다.
18) 박재석·남창훈 지음, 『연합함대, 그 출범에서 침몰까지』(서울 : 가람기획, 2007), p. 320.

이완, 그리고 마지막으로 오키나와를 연하는 방어선에서 가장 취약한 지점을 방어하기 위해 위장 명칭을 '텐고(天號 : 천호)'라고 하는 작전을 전개하고, 그 하위 작전으로 오키나와에 대한 방어 작전을 '텐이치고(天一號 : 천일호)' 작전으로 명명하였다. 일본 대본영은 이 작전을 수행하기 위하여 타이완과 일본 본토에서 가용한 항공기 4,800대 전량이 할당되었는데, 연료 부족과 훈련 부족으로 인해 취할 수 있는 작전은 곧, 가미카제 공격이었다. 가미카제 공격은 이미 필리핀 전투에서부터 시작되어 이오시마에서 점차 심화했으며, 이제는 나머지 항공력을 전적으로 가미카제로 운용할 생각이었다.

일본군은 오키나와를 방어하기 위해 제24사단, 제62사단과 제44혼성여단, 그리고 전차부대와 해군 육전대를 포함한 전체 병력 12만 명으로 제32군을 편성하여 막강한 전투력을 보유하고 있었다. 지휘관은 우지시마 미츠루(牛島滿) 중장으로 육군 유년학교와 육군사관학교를 졸업하고 육군사관학교 교장을 역임했으며, 중국과 버마에서 실전을 다수 경험한 우수한 장군이었다. 그의 휘하에는 참모장 조 이사무(長勇) 중장과 작전참모 야하라 히로미치(八原博通) 대령이 있었는데, 남경에서 중국인에 대한 가혹행위를 진두지휘할 정도의 '잔악한 제국주의 장교'인 이사무와 미국 유학을 다녀온 '온건 합리주의자'였던 야하라 대령은 작전 기간 내내 삐걱거리며 잡음을 빚어냈다.

오키나와의 본 섬은 일본 본토로부터 560km 떨어져 있으며, 제주도의 2/3 정도 되는 면적으로 1879년에야 일본의 영토가 되었으므로, 일본인들은 아직도 오키나와인들을 덜 신뢰하고 있었으며, 오키나와인들은 이번 전쟁에 이바지함으로써 차후에 정부로부터 더 많은 몫을 기대할 수 있다고 생각하여 군사작전에 적극적으로 참여했다.

현지 주민 중에 17세~49세 사이의 남성 2만 명을 징집하여 방어 부대에 편입시키면서, 여학생들은 간호부대에, 그리고 남학생들은 통신부대에 배속시켰다. 우지시마 사령관은 최종적인 승리를 바라볼 수 있는 형편이 아님을 잘 알고 있어, 일본군의 배치를 미군의 무지막지한 함포와 항공 폭격으로부터 보호하기 위해 섬의 내륙에 난공불락의 요새와 지하 동굴 진지를 구축한 다음, 전진하는 미군을 요새로 유인하여 최대한의 피해를 강요하는 작전을 수행하기 위한 방어를 준비했다. 이때 천연동굴이 많은 오키나와의 지형은 지하 요새를 구축하는 데 많은 도움이 되었다. 일본군은 해안전투를 지양하고 내륙에 구축된 난공불락의 요새로 상륙한 미군을 유인하여 소모전을 수행하면서, 함대에 대해서는 가미카제 특공대를 활용하여 미군 해군을 쫓아버린 다음, 상륙군을 차근차근 섬멸해 버린다는 희망찬 의도를 가지고 있었다.

연합군의 상륙부대는 제5함대 사령관 스프루언스 대장을 총사령관으로 하고, 미처 중장의 제58기동부대와 롤링스 중장이 지휘하는 영국 해군 항모기동부대를 포함한 1,300척의 함선과 1,700대의 항공기, 그리고 지상군 병력을 포함한 총병력 45만 2,000명의 대군으로 오키나와 공략에 나섰다. 상륙전에서 미 해군의 주요 전력은 항공모함 40척에 전함 18척으로 구성되었으며, 지상 병력은 막바지 전쟁단계에 이른 유럽전쟁에서의 여유 병력을 전용하여 미국, 영국, 오스트레일리아, 뉴질랜드의 병력을 포함하여 거의 50만 명에 육박했는데, 해병 3개 사단과 육군 4개 사단으로 편성된 주력부대는 버크너(Simon Bolivar Buckner Jr.) 육군 중장이 지휘하였다.

● 오키나와 상륙전 작전 지도

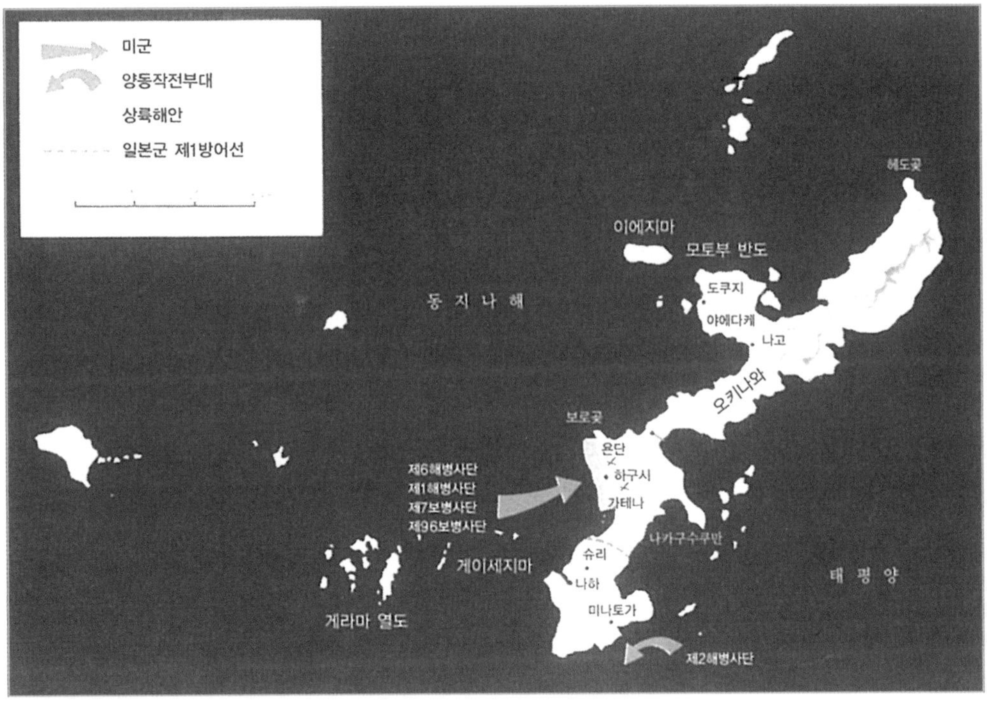

※ 출처 : 심은식 지음, 『한국인의 눈으로 본 태평양전쟁 2』(가람기획, 2006), p. 208

이오시마에서 첫날 발생했던 피해를 기억하고 그 같은 사태를 방지하기 위해 상륙하기 전 일주일간 3만 발 이상의 대구경 포탄이 상륙 예상 지역에 집중 투발되었다. 그리고 상륙 개시일인 4월 1일 아침 한 시간 반 동안 오키나와 서해안의 폭 3km에 대해 무지막지한 함포 사격이 퍼부어졌다. 상륙부대의 안전을 위한 포격이었지만, 일본군은 해안에 실제로 배치되어있지 않아 효과는 전혀 없었다. 이러한 포격에 대해 일본군 제32군의 작전참모 야하라 대좌는 "미군은 우리들이 병력을 배치하지 않은 무인 지대에 전 함대, 전 공군의 화력을 폭포처럼 쏟아 놓고 있다. 우리의 침묵 전술이 주효하여 미군은 우리의 배치를 전혀 모르고 상륙하려고 시도하고 있다."라고 술회했다.[19]

오전 08시 30분 상륙부대가 요미탄 비행장과 가데나 비행장이 있는 해안 일대로 해병 제1, 6, 7사단과 육군 제7, 96사단이 상륙했다. 일본군은 전과 달리, 해안에 병력을 배치하지 않고 내륙에 동굴 진지를 준비하고 있었기 때문에 상륙 과정에서 양군의 피해는 거의 없었다. 연합군은 상륙 첫날 5만 명의 병력을 무사히 상륙시켰다. 그리고 그로부터 48시간 후에는 제96사단이 섬의 허리에 해당하는 부분을 횡단하여 동해안에 도달했다. 해병 제6사단이 일본군이 거의 배치되어있지 않은 북부지역을 소탕하는 사이에 산이 많은 남부지역에서는 나머지 부대가 일본군과 본격적인 대치를 이루고 있었다.

4월 6일이 되어 연합군 육군과 해병대는 일본군이 주저항선의 하나로 생각하는 '마치나토 선'에 도달했는데, 이 선은 남쪽의 슈리(首里)시와 나하(那覇)시를 엄호하기 위해 설정한 선이었다. 연합군이 이선에 이르자, 일본군은 그동안 준비한 육군과 해군, 그리고 육·해군 항공 전력을 총동원하여 오키나와를 방어하기 위한 작전, 즉 '기꾸수이 작전'을 실행하도록 명령했다. 연합함대 사령관 도요타 대장은 4월 7일 '기꾸수이 작전'의 일환으로, 해군 수상함대를 오키나와에 보내 연합군의 함대를 공격하게 했다.

이 작전이 과연 성공 가능한지는 논외였다. 우선 세도나이카이에 정박 중인 수상 함정은 지상 최대의 전함인 야마토를 포함하여 10척도 되지 않았다. 게다가 해군이 보유한 연료는 총 3,000t밖에 되지 않아 이것으로는 함대의 편도 분량에도 부족한 실정이었다. 그러나 예하 부대를 모두 징발하여 연료 1만 톤을 찾아내 출동하게 되었다. 함대의 구성은 전함 야마토와 경순양함 야하기, 구축함 후유쓰키 등 10척이었다. 이들을 제1유격대라 칭하고 제2함대 사령관 이토 중장의 지휘하에 두었다.

도요타 대장은 이를 해상 특공대라 명명하고, 4월 6일 도쿠야마만을 출발하여 4월 8일에 오키나와에 도착하도록 하였다. 주변에서는 연합군의 대함대에 계란으로 바위 치기 하는 식인 소규모 함대의 출전을 두고 말이 많았지만, 그저 천황이 "우리에겐 배가 없는가?"라는 질의에 "우리도 이렇게 희생을 치러가며 싸우고 있습니다."라고 보여주기 위해 대본영이 갑자기 계획한 작전이었다. 이 작전이 성공하여 오키나와 해안에서 적을 타격할 수 있다고 믿는 사람은 아무도 없었다.

해상 특공대는 4월 6일 오후 6시에 출발했는데, 불과 얼마 후인 8시 20분경에 미군 잠수함에 의해 발견되었다. 이를 보고받은 스프루언스 대장은 전함으로 적의 수상함을 공격하려고 뒤쫓기 시작했다. 해상 특공대는 밤사이에 규슈를 빠져나와 오키나와 북서쪽으로 침로를 변경했다. 4월 7일 아침 8시 15분 일본 함대를 다시 발견한 미군 정찰기의 보고를 받고, 스프루언스 제독은 야마토가 오키나와로 오지 않고 회항하여 사세보항으로 들어

---

19) 심은식 지음, 『한국인의 눈으로 본 태평양 전쟁2』(서울 : 가람기획, 2009), p. 211.

갈 것으로 판단하고 항공 공격으로 일본 함대를 격침하기로 결심했다.

오전 10시 제58기동함대의 미처 중장은 제1차 공격대로 200대의 항공기를 발진시켰다. 12시 30분경 야마토에 폭탄 1발과 어뢰 1발이 명중하여 속도가 22노트로 감속되었다. 구축함 하미카제는 선체가 두 동강 나면서 침몰했다. 스즈키, 아시시모, 가스미가 격침되거나 손상을 크게 입었다. 경순양함 야하기도 항해 불능 상태가 되었다. 오후 1시 20분에는 제58기동함대에서 발진한 제2차 공격대의 공격으로 야마토는 5발의 어뢰를 더 맞고 15도 기울었으며, 속도는 18노트로 떨어졌다. 계속되는 항공 공격으로 야마토는 집중타를 맞고 대폭발과 함께 2시 20분경에 침몰했다. 사령관 이토 중장과 승무원 대부분이 야마토와 운명을 같이했다. 3,000명의 승무원 가운데 구조된 인원은 269명뿐이었다. 피해를 당했지만, 생환한 함정은 4척이었다.

이로써 일본해군의 전통과 명예를 위한다고 작전의 기본을 무시한 수상특공대 작전은 완전히 실패하고, 이토 중장을 비롯한 3,721명의 승조원과 6척의 함정을 잃게 되었다. 그야말로 장병들의 목숨을 도구처럼 사용한 옥쇄였다. 합리적인 명장이라는 명성을 얻었던 오자와 중장은 "적극적인 것은 좋지만, 이것을 작전이라고 할 수 있는가?"라고 한탄했으며, 주변 모두가 오자와 중장의 말에 동감을 표시했다 한다. 특히 수상특공대의 사령관 이토 중장은 "이 작전이 연합함대와 군령부 모두 동의한 작전입니까?"라고 문의 후에 "그렇다."라고 하자 "그렇다면 가겠습니다."라고 하면서 출정했다고 한다. 멍청한 작전에 대한 무거운 항의였다.[20]

수상함에 의한 특수작전이 수행된 것과 동시에 육·해군의 항공부대에 의한 '기꾸수이 작전'이 실행되었다. 4월 6일부터 2일간 실시된 '기꾸수이 1호 작전'에 총출격한 항공기는 700기였으며, 그중에서 가미카제 특공기가 450대를 차지하고 있었다. 가미카제 특공대의 첫날 공격으로 일본군은 연합군에게 구축함과 수송선 6척을 침몰시키고 23척에 큰 피해를 줬으며, 이틀째에는 신형 에식스급 항모 핸콕(Hancock)과 벙커힐(Bunker Hill)을 포함하여 5척에 큰 피해를 줬다.

이러한 일본군 가미카제 특공대에 대한 미군의 대응은 일차적으로 레이다 초계 구축함을 전방에 보내 조기 경보를 하는 것이었다. 그러나 전방으로 추진된 초계 구축함들은 본대의 안전을 경고해줄 수 있었지만, 적에게 먼저 노출되어 표적이 되었다. 그들은 오키나와가 함락되는 날까지는 적의 공격을 맨 먼저 받으면서 피해를 감수해야만 했다. '기꾸수이 1호 작전'으로 일본군은 첫날에만 108기의 항공기를 잃었지만, 미군도 구축함 3척과 탄약 운반선 2척 및 전차 양륙선 1척을 잃었다.

---

20) 박재석·남창훈 지음, 『연합함대 – 그 출범에서 침몰까지』(서울 : 가람기획, 2007), p. 328.

'기꾸슈이 2호 작전'은 4월 12일과 13일 양일간에 걸쳐 실시되었다. 이 작전에 총 392대의 항공기가 출격했으며, 그 가운데 200기가 가미카제 공격을 감행하여 미 해군 전함 1척과 항공모함 1척, 그리고 구축함 2척에 격돌하였다. 특기할 사항은 출격한 8대의 '오우카'[21] 가운데 1대가 구축함에 명중함으로써 미 구축함의 선체를 동강나게 했다. 그날 이후에도 일본군의 특공작전은 계속되었는데, 4월 16일에는 에식스급 항모 인트레피트에 큰 피해를 주었다.

● 오키나와 전투가 벌어지는 1945년 5월 11일에 가미카제 비행기 두 대에게 1분 이내에 직격타를 맞은 미 항공모함 벙커힐 호의 비행갑판. 미 함대가 오키나와 앞바다에 떠 있는 두 달 동안 일본군은 가미카제 임무비행을 1,900차례 날려 보내, 대다수가 소형인 군함 38척, 대형 군함 열두어 척을 격침했다. 일본군은 전함 야마토 호도 희생했다. 야마토 호는 자살임무를 띠고 편도행 연료만을 가진 채로 파견되어 4월 7일에 미군 항공기 300대의 공격을 받고 오키나와 인근 해저에 가라앉았다.

일본군의 가미카제 공격에 진절머리가 난 미 해군은 특단의 대책을 세우게 되는데, 그것은 육군 항공대의 폭격기들이 가미카제가 출격하는 비행장을 두들겨 파괴하는 것이었다. 스프루언스 제독은 태평양 육군 항공사령관 르메이에게 지속해서 요청했지만, 르메이는 자신의 B-29기들이 도쿄에 소이탄 공격을 퍼붓는 것이 최종적인 전쟁의 승리에 이르는 첩경이라고 생각한 나머지, 흡족하게 지원하지 않았다. 결국은 니미츠 사령관이 참모총장 킹

21) 1945년 1월 개발된 특공 병기로서, 1,200kg의 탄두에 로켓을 장착하고 1인이 직접 조종하여 적함에 돌입하는 방식의 폭탄으로 총 250기가 생산되었으며, 목표에 접근한 항공기에서 발사하였다. 전과는 그렇게 크지 않았다. 유사한 병기로서는 어뢰를 조종하여 적함에 충돌하는 '가이텐(回天)'이 있었다.

을 통해 육군 항공 사령관 아놀드 원수에게 협조하여 우선적으로 적의 항공기지를 초토화하도록 조치했다.

니미츠는 아놀드에게 만약 육군항공대가 해군을 지원하지 않는다면 해군은 오키나와에서 철수해야 할지 모르며, 그러면 오키나와에서는 육군이 혼자 싸워야 할 것이라고 겁을 주었다. 그것으로 논쟁은 종지부를 찍었다. 태평양 육군 항공 사령관 르메이는 니미츠를 지원할 책임이 있었기 때문에, 자신의 계획을 연기하고 비행장과 항공기 생산 공장을 계속 폭격하여 가미카제 특공대의 활동 원천을 고갈시켜갔다. 그러나 6월까지도 일본군의 가미카제는 계속되어 역전의 노장인 항모 엔터프라이즈와 신형 항모인 핸콕과 벙커힐(Bunker Hill)이 모두 가미카제의 제물이 되었고, 스프루언스의 기함인 벙커힐호의 승무원 396명이 목숨을 잃은 사태가 발생하였다.

오키나와에서의 가미카제 작전의 결과로 미 해군은 전체 태평양전투를 통틀어 가장 큰 피해를 보아 5,000명이 넘는 해군 장병이 목숨을 잃었다. 가미카제 공격은 근본적으로 항공기의 고갈 및 유류 부족 현상을 유발하였음은 물론, 미 공군 폭격으로 인한 가미카제 기지 비행장의 파괴를 가져옴으로써 가미카제 작전은 점차 강도가 약해지게 되었는데, 6월로 접어들면서 가미카제의 위협은 거의 무시할 만한 수준으로 저하되었다.

가미카제 특공대가 자발적인 의지에서 발현된 것이라면 군인으로서 칭찬받을 만한 것일지도 모른다. 그러나 조직에 의해서 작전으로 계획되어 지시된 것이라면 그것은 강요된 살인일 뿐이다. 일본인들은 이미 이 시점에서 연합군에 대항할 수단이 특공대 말고는, 달리 대항할 수 있는 수단이 없었다고 말하기도 한다. 그렇다고 해서 인명을 경시한 특공대 활동이 면책될 수는 없다고 본다. 물론, 미국이나 영국, 독일도 특공 병기를 사용한 적이 있지만, 그래도 동물을 활용하거나 귀환 또는 탈출 수단을 확보하고서 실행했던데 반해, 일본은 참여한 모든 장병의 죽음을 전제로 특공대를 운용하였기 때문에, 마치 자살 병기를 운용한 것과 같았다고 볼 수 있을 것이다.

일본군의 지상 전투는 그야말로 악전고투였다. 오키나와 주둔 육군 역시 '기꾸수이 작전'의 일환으로 동굴 진지에서 기어 나와 미 지상군을 공격하라는 독촉을 받았다. 우선 일본해군 연합함대는 미군이 점령하고 있는 2개의 비행장을 이용하여 그곳에서 공격기들을 발진시킬 경우, 그나마 얼마 안 되는 전력을 보유하고 있는 일본해군이 결정적인 손실을 입게 되어 연합군에게 도저히 저항하기 힘든 심각한 전력 저하 상황의 초래 가능성을 우려하고 있었다. 이러한 상황을 전혀 인식하지 못한 채, 동굴 속에 갇혀 좀이 쑤셔 견딜 수 없었던 농성군 참모진의 대부분은 일제 공격을 주장하고 나섰고, 진지 밖에서 불안에 떨던 민간인들 또한 한시바삐 공세로 전환하기를 바라고 있었다. 그러나 피아의 실력을 잘 파악하고 있던 작전참모 야하라 대좌는 이들의 요구를 단호히 거부하면서, 농성 작전을 계속해야 한다고 확고하게 주장하였다.

그러다가 오키나와 주둔 일본 육군은 4월 5일 대본영으로부터 "4월 8일부로 양 개 비행장을 목표로 공격하라."라는 명령을 받게 되었다. 우지시마 사령관도 공격을 준비하던 중에 미군의 선단이 근해로 더욱 접근 중이라는 보고를 받고, 양면으로 협공받게 될 것을 두려워하여 총공격을 보류하고 산발적인 국지 기습작전을 전개했다. 기습작전이었지만, 일본군은 전례 없이 강력한 화력을 지원했으며, 그만큼 미군의 희생은 늘어갔다. 4월 중순이 되면서, 그나마 미 해병대의 일부는 비교적 저항이 미약한 지역을 통과하여 자신들의 목표를 대부분 점령할 수 있었지만, 나머지 해병과 육군 대부분은 하루에 평균 300m를 전진하는 등 그 공격 실적이 매우 지지부진했다. 미군의 공격이 이렇게 지지부진한 상태에 놓여 있던 기간 중 미군은 일본군의 가미카제 공격으로 매일 1척에서 5척 정도의 함정을 잃고 있었다.

일부 언론들은 높은 희생과 지지부진한 전황에 대해 "오키나와 전투가 진주만보다 무능한 군사적 사례"라고 혹평하기까지 하였다. 그리고 한편에서는, 용감한 해병과 무능한 육군이라고 평하면서 "육군과 해군의 불화"를 언급하기도 했다. 근본적으로 정면의 적의 강도에 따라 전진 속도가 영향을 받는데도 육군은 질책을 받았던 것이다. 4월 23일에는 니미츠 제독이 현지를 방문하여 지상군 사령관 버크너(Simon Bolivar Buckner) 중장에게 "만약 닷새 내에 이 전선이 이동하지 않을 경우, 이 멍청한 가미카제의 공격에서 벗어나도록 나는 다른 사람을 보내겠다."라고 경고하였다.[22)]

닷새 동안에 큰 변화를 가져오지는 못했지만, 니미츠가 할 수 있는 일은 별로 없었다. 4월 중순에 미군은 불도저와 전차를 앞세우고 일본군의 동굴 진지에 화염방사기를 동원하여 한발 한발 전진하였다. 일본군이 주로 야간에 자살돌격대를 동원하여 미군 진지에 돌입하게 되자, 양측 간에는 치열한 살육전이 전개되었다. 4월 19일에 이르러 제24군단장 하지 중장은 예하 부대에 총공격을 명했다. 그리고 육군이 전진하기 전에 650기의 함재기와 함포사격으로 일본군의 진지를 초토화시켰다. 이때 일본군은 슈리에 구축한 방어선 상의 야포 380문 가운데 그 1/3을 잃고 말았다.

양측은 모두 왕성한 전의로 맞서 싸웠다. 4월 하순이 되자, 미군은 일본군이 구축해 놓은 산 위의 진지를 향해 한발씩 전진해야 했으며, 그럴 때마다 양 측면으로부터 극심한 기관총 세례를 감수해야만 했다. 연합군은 밤이 되면 일본군의 야습에 의해 낮에 점령한 지역에서 밀려나곤 했다. 해병 제6사단이 담당한 슈리 서북쪽의 고지(해병들은 이를 슈가로프라고 불렀다.)에서는 4월 18일 하루 동안에 무려 네 번이나 주인이 바뀌는 격전이 이

---

22) 브레이턴 해리스 지음. 김홍래 옮김. 『니미츠』(플래닛미디어. 2012, 6, 12) p. 386

루어지기도 하였다. 농어민의 조용한 섬이었던 오키나와는 화약과 시체 썩는 냄새가 진동하는 섬으로 바뀌었다. 계속 쏟아지는 비 때문에 일본군이 숨어 있는 땅굴은 허리까지 물이 차고, 군화와 양말은 모두 썩었으며 발을 비롯하여 온몸에 궤양이 생겼다.

4월 한 달 동안 일본군의 전력은 급속히 소진되어 갔으며, 연합군도 전쟁 공포증과 혐오증이 생겨나고 있었다. 일본군은 가미카제 공격으로 약 1,000대의 항공기를 잃었지만, 미군 측도 100척 이상의 함정이 침몰 또는 파손되었다. 패배가 확실해지자, 우지시마 중장은 5월 4일 최후의 공격을 결심하고 새벽부터 잔존화력을 총동원하여 일제사격을 가한 후 돌격을 개시했다. 피아가 혼란에 빠져 곳곳에서 백병전이 전개되었다. 닷새 동안의 전투는 일본군이 모든 전력을 다 쏟아 부은 최후의 공격이었으므로, 이러한 전투에서 패배한 일본군은 이후 다시 재기할 수 없는 패잔병의 무리로 전락하게 되었다. 우지시마 중장은 패잔병들 무리에게 동굴 진지로 후퇴하도록 명령하고, 자신도 슈리산의 진지로 돌아갔다.

5월 8일 유럽 전선에서 독일이 무조건 항복했으며, 이날부터 연합군은 전쟁의 주도권을 확실히 장악했다. 5월 하순부터 6월 초순에 걸쳐 미군이 슈리산 방향으로 점차 남하하자, 일본군은 전투가 아닌 일방적으로 학살당하는 처지에 놓였다. 미군은 일본군의 남은 세력이 뭉쳐서 재편성할 기회를 주지 않고 밀어붙였다. 마침내 5월 31일 일본군의 최후 거점이었던 슈리산이 함락되자, 오키나와 전투는 사실상 끝이 났다. 그로부터 3주 동안 잔존 일본군의 진지 주변으로 수백만 장의 항복을 권유하는 전단이 살포되었다. 과거와 달리, 이번에는 집단 자수자가 대량으로 발생했다. 다수의 자살자가 있었음에도 불구하고, 일본군 총투항자 수는 7,000명 이상에 이르고 있었다.

마지막까지 남아있던 우지시마 사령관에게도 투항 권고 전단은 전달되었다. 이 시점에서의 일본군은 질서를 유지하기는커녕, 마치 식량과 탄약이 소진된 부랑자 집단과도 같았다. 그러나 6월 18일 그러한 혼란 와중에 동굴 진지를 소탕하는 광경을 바라보던 미군 지상군 사령관 버크너 중장 인근에 포탄이 터지면서, 그가 파편에 맞아 전사하였는데, 2차 대전을 통틀어 전사한 미군의 최고급 장교였다. 그는 아쉽게도 승리를 목전에 두고 목숨을 잃은 것이다.

그로부터 3일 후인 6월 21일 밤, 일본군 사령관 우지시마는 측근들과 식사를 마쳤다. 동굴 밖은 이미 미군이 점령하였고, 전차포가 그들의 동굴을 향해 포탄을 발사하고 있었다. 그는 참모들과 마지막 술잔을 나누고 동굴 밖으로 나가 낭떠러지에 흰 천을 깔아놓고 할복하자 부하가 그의 목을 쳐서 고통을 줄여 주었다. 참모장도 그의 뒤를 따랐으며 상급 장교들은 그런 의식을 모두 따랐다. 이렇게 태평양전쟁 최후의 격전지인 오키나와 전투는 막을 내렸다.

● 연합군의 반격(1944년 9월 16일~1945년 8월 22일)

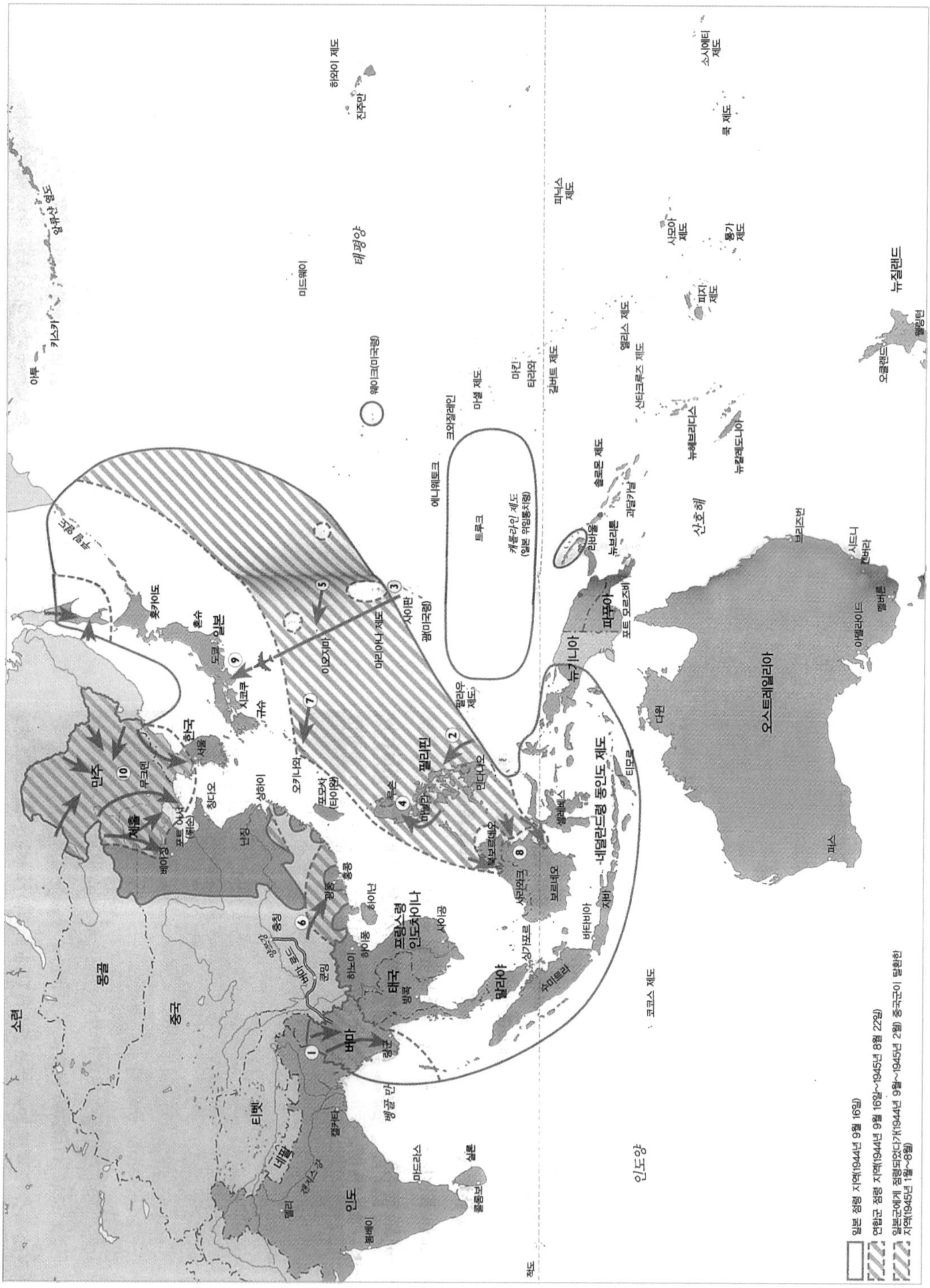

※ 출처 : 폴 클리어 등 지음, 강민수 옮김. 『제2차 세계대전』(플래닛미디어, 2008), p. 532

1. 1944년 12월, 영국-인도군 버마 진공 개시
2. 1944년 10월 20일, 미군, 레이테만에 상륙
3. 1944년 11월 24일, 미군, B-29기 마리아나를 기지로 일본 공격 시작
4. 1945년 1월 9일, 미군, 루손에 상륙
5. 1945년 2월 19일, 미군, 이오지마에 상륙
6. 1944년 9월~1945년 2월, 일본, 남중국으로 진출. 1945년 1월~8월에 중국, 반격 시작
7. 1945년 4월 1일, 미군, 오키나와에 상륙
8. 1945년 5월 1일, 6월 10일, 7월 1일, 오스트레일리아군, 타라칸, 브루나이만, 발릭파판에 상륙
9. 1945년 8월 7일~9일, 히로시마와 나가사키에 원자폭탄이 투하됨.
10. 1945년 8월 9일~22일, 소련군, 만주와 한국 북부를 침공

결국 12만 5,000명의 일본 육군, 해군 민병대가 목숨을 잃었고, 14만 명의 민간인이 사망했다. 또한 함정 16척과 믿기지 않게 항공기 7,800대가 파괴되었는데, 이 가운데 가미카제 특공대로 나선 항공기는 1,000대 이상이었다. 미군은 1만 2,513명이 전사하고 약 4만 명이 부상했다. 미군 사상자 중에 1/3은 가미카제 특공대에 의한 피해였다. 가미카제 특공대의 공격으로 미군 함정 20척이 침몰하고 200척 이상이 손상을 입게 되었는데, 그 중 20척은 수리 불능이었다. 항공기도 763대가 파괴되는 피해를 입었다.

오키나와 전투는 공식적으로 1945년 7월 2일 종료되었다. 전후에 오키나와는 미군에게 주둔을 허용하였다가, 1972년에야 일본에 반환되었다. 당시에 만약 미국이 영토에 욕심을 부려 사할린 열도를 러시아가 점령한 것처럼 미군이 점령하였다면, 지금과 같은 미군기지 반환 운동은 일어나지 않았을 수도 있었을는지 모른다. 이는 곧 역사의 아이러니라고 할 수 있겠다. 미군의 정책결정자들은 이오시마 전투와 오키나와 전투를 치르면서, 얼마나 더 많은 희생을 치러야 일본을 항복시킬 수 있는지에 관해 우려하며, 장차 규슈나 혼슈 전투에서 치러야 할 희생을 생각하며 치를 떨어야 했다.

제 8 장
일본의 항복

제1절 연합국의 딜레마

오키나와 전투가 종결되기 전인 1945년 6월 18일 트루먼 대통령이 참석한 가운데 일본 본토 상륙작전에 대한 논의가 있었다. 이 자리에서 본토 상륙작전명을 '다운폴 Downfall (파멸)'이라고 칭하고 1단계로 규슈 상륙전을 '올림픽(Olympic) 작전'이라는 명칭으로 1945년 11월 1일에, 혼슈 상륙작전은 '코로넷(Coronet ; 왕관)'이라는 명칭으로 1946년 3월 1일에 실시하는 것으로 예정을 잡았다. 이때의 투입 인원은 노르망디나 오키나와 상륙작전의 규모를 훨씬 능가하는 수준이었다. 대략적으로, 올림픽 작전에서는 제1제파가 34만 명, 코로넷 작전에서는 57만 명이 제1제파로 각각 상륙하도록 계획되었다.

일본 본토를 점령하는데 발생할 수 있는 예상 희생자는 미 합동참모본부 추정으로는 120만 명이었고, 미 육군의 추정은 170만 명~400만 명이었다. 일본군의 경우 사상자만 500만 명~1,000만 명이 발생할 것으로 추산했다. 제2차 세계대전이 종전되었을 때 미군의 총전사자 수가 40만 명 수준이었던 것을 감안해 보면, 일본 본토의 점령은 쌍방 간에 너무나 큰 희생을 강요하는 파멸적인 것으로 예상되었다. 본토 상륙작전 시행 이전까지의 일본의 태도로 보아, 본토에서의 결전은 인류 역사상 가장 처절하고 무자비한 전투가 되리라는 것은 의심할 여지가 없었다. 따라서 일본 본토를 완전히 점령하게 될 시기는 빨라도 1946년 11월 15일 정도가 될 것으로 추정되었다.

트루먼의 지침은 "일본의 한쪽 끝에서 다른 쪽 끝까지 오키나와와 같은 형태의 전투가 다시 일어나지 않도록 예방할 수 있기를 바란다."라는 것이었다. 그러나 태평양전쟁은 공간 면에서는 너무나 광대했지만, 투입된 병력 면에서는 유럽에서의 전쟁에 비할 바가 아니었다. 소련은 독일군 1,000만 명을 상대로 1,200만 명을 동원했으며, 500만 명에 이르는 영국군의 대부분과 1,200만 명의 미군 가운데, 그 1/4이 유럽 전역에서 싸웠다. 비록 일본군은 600만 명이 동원되었으나, 그 5/6가 중국에서 전투 중이었다. 태평양전쟁에 동원된 미군의 수는 125만 명이었지만, 실제 지상 전투에 참여한 병력은 45만 명뿐이었고, 그것도 지속적인 전투에 개입된 것은 육군 6개 사단과 해병 4개 사단뿐이었다. 전투의 극렬함을 제외한다면, 태평양에서의 지상전은 그 규모가 작았다.

그러나 1945년 5월 8일 독일이 항복함으로써 미군 90개 사단과 영국군 60개 사단, 그리고 1943년 11월 테헤란 회담에서 합의한대로, 소련군의 대병력이 일본 침공에 할당될 수 있었다. 오키나와에서의 전투 경험을 되새긴다면, 압도적인 병력의 우세에도 불구하고, 큰 희생을 치르지 않고서는 일본 본토를 신속히 점령하여 승리를 거둘 수 있다는 보장이 없었다. 일본의 지형은 첩첩한 산맥과 울창한 삼림이 방어에 절대 유리한 지형을 제공하고 있어 침공군을 저지하는 데 도움이 될 것임이 분명했다. 따라서 어떻게 하든 적은 희생으로 일본을 굴복시킬 방법이 필요했고, 그 방책의 하나가 전략폭격이었다.

일찍이 항공 전략가 미첼이 주장한 것처럼, 적의 인구가 밀집한 주요 도시나 군수공장 밀집 지역을 폭격함으로써 적의 전쟁 의지를 꺾어 지상군의 투입 없이도 최종적인 승리를 거둘 수 있다는 이론을 실험해 볼 가치가 있었다. 유럽에서 영국의 폭격기 사령관 해리스(Arthur Travers Harris) 대장이 독일의 함부르크와 베를린 등의 도시에 대한 폭격을 통해 얻은 경험을 일본에 재현하고자 하였다.

태평양 전구의 육군 항공 사령관 르메이(Curtis LeMay) 장군은 2월 25일 B-29 폭격기 150대를 동원하여 주간에 도쿄 중심부를 완전히 불태워 버렸다. 그 이후 르메이 장군은 저고도 야간 공습으로 전환하여 폭격의 강도를 점차 늘려갔다. 일본은 이때까지 레이더나 전투기에 의한 야간 방공 시스템이 개발되지 않아 미군 폭격기의 손실 위험이 상대적으로 덜했다. 1945년 3월 9일 밤에 325대의 폭격기에 소이탄을 장착하고 낮은 고도로 도쿄를 공습했다. 결과는 매우 참혹했다.

대부분이 목조건물이었던 당시 도쿄의 건물들은 폭격을 받게 되자마자, 도시의 1/4이 불길에 휩싸여 무려 일주일 동안이나 도시가 불타는 참상이 일어났다. 화재 중심부의 온도는 도쿄의 중심부 운하의 물이 부글부글 끓게 할 만큼 뜨거웠는데, 16제곱마일이 불타올라 가옥 26만 7,000채가 잿더미가 되었고, 사망자만 8만 9,000명에 달했다. 오키나와 상륙작전을 지원하느라 잠시 휴지기에 들어갔던 항공 폭격은 5월에 재개되었는데, 이제부터는 이오시마에서 출격한 전투기들의 호위를 받아 B-29들은 자유롭게 일본 본토의 상공을 비행할 수 있었다.

르메이의 폭격기 사령부는 6월 중순까지 나고야(名古屋), 고베(神戶), 요코하마(橫濱), 가와사키(川崎)의 공업지대를 폭격하여, 26만 명이 죽고 건물 200만 채가 파괴되어 1,300만 명이 집을 잃게 되었다. 7월까지 60개 도시의 60%가 불에 탔는데, 원자탄에 의한 피해보다도 훨씬 큰 피해가 계속되었다. 그래도 일본은 전쟁을 포기하겠다는 의사가 전혀 없었다. 일본 전쟁지도부는 이로써 "전략폭격으로는 적의 전쟁 의지를 말살시킬 수 있다."는 일부 군사 사상가들의 이론이 옳지 않다는 것을 입증하려고 애쓰는 듯했다.

일본의 경제는 완전히 붕괴되어 국민이 목숨을 부지할 수 있는 최소한의 식량 배급도 부족했고, 유류의 고갈을 모면하기 위해 많은 국민이 피마자기름을 짜고 소나무의 관솔을 채취하러 다녔다. 내각은 "철강공업과 화학공업이 붕괴 직전이고, 격침되지 않고 남아있는 선박이 100만 톤밖에 되지 않아 도서를 연결하는 교통마저 불충분하며, 철도의 운행중단도 멀지 않았다."라고 보고했지만, 아무도 강화를 입에 올리지 못했다.

미국은 일본 본토를 공격하는 데 따른 엄청난 피해를 예상했기 때문에 어떤 값비싼 대가를 치르더라도 소련을 대일본 전쟁에 끌어들이려고 진작부터 큰 노력을 기울이고 있었다.

1943년 11월 28일에 열렸던 테헤란 회담에서 스탈린은 루스벨트에게 독일과의 전쟁이 끝나면 일본과의 전쟁에 돌입하겠다고 언급했으며, 1945년 2월 4일부터 열린 얄타회담에서도 소련의 대일본 전쟁 참여는 재확인되었다. 그러나 소련의 이와 같은 참전 약속 대신에, 루즈벨트는 일본 영토인 남사할린과 쿠릴열도를 소련에 할양하고, 외몽고에 대한 소련의 통제권을 인정하며, 폴란드의 국경을 소련에 유리하게 조정하는 한편, 발트 삼국을 소련에 병합시키겠다는 소련의 요구조차도 양해 사항으로 인정하고 말았다.

1945년에 일본에서는 "협상에 찬성한다."라는 말을 했다는 죄목으로 체포된 사람만 무려 400명이 넘었다. 미국은 일본의 이러한 비타협적인 행동에 진절머리를 내면서, 결정적인 방식으로 전쟁을 종결해야겠다는 유혹에 빠져들기 시작했다. 반면, 일본으로서는 연합군이 주장하는 '무조건 항복'이 천황제를 폐지할 수도 있다는 위협으로 인식되어, 강화 방안에 대해 언급하는 것이 더욱 어려워지게 되었다.

그러나 1945년 7월 26일 발표된 포츠담선언에서는 "무조건 항복이 천황제의 폐지를 전제로 하지는 않는다."라는 내용이 선포됨과 동시에, "무조건 항복하지 않으면, 일본 본토를 완전히 파괴하겠다."라는 위협도 함께 선포되었다. 이때 이미 미 트루먼 대통령은 미국이 7월 16일부로 원자탄의 실험에 성공했음을 알고 있었으며, 7월 21일에는 처칠에게 그 사실을 알려 원자탄의 사용에 대한 동의를 받았고, 7월 25일에는 스탈린에게도 신무기에 대해 귀띔해 주었다.

제2절 원자탄의 개발과 사용

1938년 가을, 독일의 물리학자 오토 한(Otto Hahn)과 프리츠 슈트라스만(Fritz Strassmann)은 밀폐된 용기 내의 우라늄 조각에 중성자로 충격을 가하는 실험을 했는데, 그 결과 우라늄은 어마어마한 에너지를 내면서 쪼개졌으며, 실험 후에 질량이 감소한 것을 발견했다.[23] 두 과학자는 질량 불변의 법칙으로 보아 실험이 잘못된 것으로 생각했으나, 사실은 이미 아인슈타인이 가설을 세웠던 질량과 에너지에 관한 공식을 만족시킨 것이었다. 당시 나치 체제하에서 억압받고 쫓겨난 유대계 학자들을 중심으로 이 실험 결과에 관해 논의하는 과정에서 이 실험의 정치적·군사적 의미를 찾게 되었는데, 이들은 이 실험이 마치 '프로메테우스의 불'처럼 무기화 되어 히틀러의 손에 들어갈 경우, 이는 틀림없이 인류의 재앙이 될 것이라고 생각했었다.

한편, 실험의 결과가 발표되자, 영국과 소련의 정보기관은 긴장했고, 결론은 히틀러보다 먼저 핵무기를 개발해야 한다는 것이었다. 헝가리 출신이면서 베를린 대학과 괴팅겐 대학에서 아인슈타인과 함께 연구했던 실라드(Leo Sillad)는 히틀러가 총통으로 집권한 1933년에 영국으로 망명한 바 있었는데, 그는 미국에서 이미 거의 성인 수준으로 추앙받는 아인슈타인을 뉴욕으로 찾아갔다. 그는 "핵무기가 아마도 실현 가능하며, 제2차 세계대전은 불가피할 것이고, 히틀러보다 자유 진영이 핵무기를 먼저 개발해야 한다."라는 내용의 편지 초안을 작성하여 아인슈타인에게 내민 다음, 그로 하여금 이 편지를 루스벨트 대통령에게 보내게 하여 대통령의 결단을 촉구하게 만들었다.

그는 루스벨트의 반응을 확실히 하기 위해 1년 후에 두 번째 편지를 발송하였고, 마침내 루스벨트는 핵무기를 개발하기 위한 '맨해튼 프로젝트(Manhattan Project)'를 추진하도록 명령했다. 실라드의 권유에 공감하여 루스벨트에게 편지를 보낸 아인슈타인은 그가 연구한 질량과 에너지 불변 공식이 대량파괴무기의 기본 원리인데다가, 폭탄을 제조하도록 권유했다는 이유 때문에 훗날 많은 비난의 표적이 되어 오랜 세월 동안 큰 고통을 감수해야 했다. 그러나 그는 1955년 그가 죽을 때까지 '원자폭탄의 아버지'라는 일본인들의 비난 편지에 충분한 해명을 포함한 성의 있는 답장을 보내는 수고를 마다하지 않았다. 핵무기 개발은 버클리 대학의 교수였던 오펜하이머(J. Robert Oppenheimer) 박사가 주관하였는데, 그는 1942년 6월 18일 뉴멕시코주의 황야지역인 '로스 알라모'에 연구소를 건립했다.

폭탄의 제조가 거의 성공단계에 이르렀을 때 독일이 항복하자, 과학자들은 더 이상 폭탄을 제조할 명분을 잃었다고 생각했지만, 국방성은 아직도 일본과 전쟁 중이었으므로 핵폭탄을 사용한다면 무수한 생명을 구할 수 있을 것이라고 달랬다. 드디어 1945년 7월 16일 1,000여 명의 관계자들이 지켜보는 가운데 '트리니티(Trinity : 삼위일체)'라는 암호명으로 불린 핵폭발이 뉴멕시코의 사막 한가운데서 작열했다. 실험에 나타난 폭탄의 위력은 10kt였다.

---

23) 어니스트 볼크먼 지음, 석기용 옮김, 『전쟁과 과학, 그 야합의 역사』(서울 : 이마고. 2004), p. 350.

● 우라늄이 적재된 '꼬마'와 플라토늄 폭탄인 '뚱보'

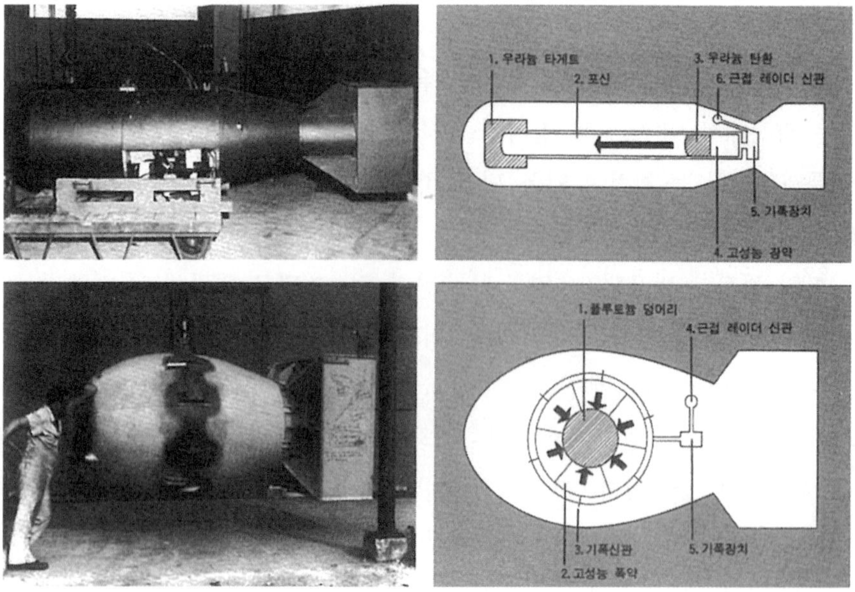

핵무기 개발은 성공했지만, 그로 인한 재앙을 생각하면서 과학자들은 자괴감에 빠졌다. 오펜하이머 박사는 핵폭발이 성공한 후에 "나는 죽음의 신이요, 세상의 파괴자다."라고 자조했다. 훗날 그는 수소폭탄 개발을 저지하기 위한 활동을 벌이고 다녀 '안보상 위험인물'로 군사 당국으로부터 따돌림을 당했다. 실제로 그의 부인은 공산당의 당원이었고, 소련의 지령을 받은 처남이 그를 포섭하려 했는데, 당국에 신고하지 않고 얼버무렸다. 핵무기에 대한 비밀은 맨해튼계획에 참여했던 독일계 학자에 의해 금방 소련에 누설되었다.[24] 스탈린은 미국의 핵무기 개발에 대해 정보기관을 통해 사전에 알고 있었기 때문에, 포츠담 회담에서 트루먼으로부터 귀띔 받고도 놀라지 않았다.

미 전략공군 사령관 칼 스파츠 장군은 "8월 3일 이후 육안 폭격이 가능한 날씨가 되면, 히로시마(廣島), 고쿠라(小倉), 니가타(新瀉), 나가사키(長崎) 등의 목표 가운데 한 곳에 특수폭탄을 투하하라."라는 명령을 받았다. 1945년 8월 6일 08시 15분 티니안섬의 미군 비행장에서 출격한 에놀라 게이(Enola Gay)[25]라는 애칭으로 불린 B-29 폭격기 1대가 '리틀 보이(Little Boy)'라는 U-235로 만든 원자탄 1개를 히로시마에 투하했다. '리틀 보이'는 고도 9,470m 상공에서 투하되어 고도 580m에서 폭발했다. 아침에 분주하게 일터를 향해 움직이는 사람들이 대부분 희생되어 몇 시간 뒤 7만 8,000명이 즉사하거나 죽어가

24) 독일 출신의 물리학자 푹스(Klaus Fuchs)는 1943년 미국으로 건너와 맨해튼계획에 참여했다. 원래 공산당원이었던 그는 원자탄과 수소폭탄에 대한 정보를 소련에 넘기다가 1950년 체포되어 처벌받았다.

25) 에놀라 게이는 폭탄을 투하한 B-29의 기장 티페트(Paul Tippets) 대령의 어머니 이름이었다.

는 동안, 백악관은 일본의 항복을 종용하면서 항복하지 않으면 원자탄을 또 투하하겠다고 위협했다.

일본은 소련이 미국과의 강화를 주선해주기를 바랐지만, 일본의 희망과는 달리, 소련은 일본과의 중립 협약을 깨뜨리고 8월 8일 선전포고로 응답했다. '무조건 항복'이라는 미국의 희망에 응답이 없자, 미군은 8월 9일 티니안섬에서 또 다른 B-29 1대를 출격시켜 나가사키에 'Fat Man(뚱보)'이라는 이름의 플루토늄으로 만든 원자폭탄을 투하하였고, 3만 5,000명이 바로 사망했다. 히로시마와 나가사키에서 원자탄 투하로 사망한 인원은 후유증으로 죽은 사람까지를 포함하여 대략 16만 명에 이른 것으로 알려지고 있다.

● 1945년 8월 6일, 원자폭탄이 떨어진 후의 히로시마. 원자폭탄 투하로 약 7만 8,000명의 주민이 사망했다. 이 수는 앞서 도쿄에 가한 소이탄 공격의 희생자 수보다도 약간 적다. 그러나 방사능으로 인해 추가 희생자가 발생하여 1946년 8월에는 희생자 수가 12만 명에 이르게 되었다. (AKG Berlin)

한편, 소련군의 극동 진출 및 개입과 관련하여, 미 육군참모총장 마셜은 "극동 지역에서 소련군의 개입은 필요치 않으며, 개입할 경우 미국이 반드시 후회하게 될 것이다."라고 경고했다. 그러나 그 단계에서 소련의 만주 지역 진입을 막을 방도는 이미 없었다.

제3절 소련의 대일 참전

앞서 이미 언급한 바와 같이, 소련의 대일 참전이 논의된 것은 1943년 11월 28일부터

4일간 테헤란에서 열린 미국, 영국, 소련의 영수 회담에서였다고 할 수 있다. 테헤란 회담에서의 주요 의제는 미국군과 영국군에 의한 유럽에서의 제2전선 형성 문제로써, 이는 곧 동부지역에서 독일과 싸우는 소련의 압력을 완화해주기 위해 조속한 시일 내에 프랑스 일대에서 연합군에 의한 상륙작전이 이루어져야 한다는 것을 의미하였다. 그 외에도 전후의 영토 문제와 국제 연합의 창설 및 식민지국들의 자결권 존중 등에 관한 의제들이 폭넓게 논의되었으며, 그 외에도 유럽 전선이 종결되면 소련의 대일본 전쟁 참여가 이루어져야 한다는 점이 거론되었는데, 소련의 대일본 전쟁 참여 문제는 구체적인 계획보다는 원론적인 선에서 논의되었다고 볼 수 있다.

소련의 대일 참전이 확정된 것은 1945년 2월 얄타에서 열린 3거두의 회담에서였다. 얄타는 흑해 연안의 전통적인 휴양지였지만, 소련의 영토인데다, 특히 병약한 루스벨트에게는 너무나 장거리 여행이 필요한 지역이었다. 실제로 당시의 루스벨트는 여위고 뺨이 홀쭉 들어갔으며 안색이 초콜릿색으로 변해, 누가 봐도 병색이 완연하여 여생이 얼마 남지 않았다고 느낄만 했다. 비행기 여행을 할 수 없다는 스탈린의 고집 때문에 회담 장소가 얄타로 결정되자, 루스벨트는 전함을 타고 몰타까지 가서 그곳에서 새벽 3시 30분에 항공기로 크림의 사키 비행장까지 6시간 비행한 다음, 다시 130km나 이격된 눈 덮인 산을 육로로 넘어가야 했다. 중병에 걸린 노인에게는 너무 힘든 여행이었다.

● 전후 동유럽과 중유럽의 모습이 결정된 1945년 2월 얄타의 세 거두

스탈린이 항공기 여행을 싫어해 장소가 얄타로 결정된 것으로 보이나, 루스벨트나 처칠에게는 지나친 양보였다. 게다가 이미 루스벨트와 처칠의 사이는 악화되어 루스벨트와 스

탈린의 밀월 회담에 처칠은 외톨이가 되어야 했다. 미국은 소련이 대일전에 참전해야 미국 국민의 희생을 최소화할 수 있고, 또 전후의 국제질서, 즉 국제연합과 국제통화기금(IMF) 및 관세 무역 일반협정(GATT) 체제 구축에 소련의 협조를 이끌어 내야만 했다. 이때까지만 해도 원자탄의 개발이 성공할 수 있을지 미지수였기 때문에, 루스벨트로서는 스탈린의 협조가 절실했었다고 볼 수 있다.

스탈린의 협조를 이끌어 내기 위해 폴란드와 독일 간의 국경 문제에 결부된 소련 영토의 확장과 발트 3국의 합병 양해, 그리고 독일의 전쟁배상 문제가 스탈린의 의도대로 대부분 양보 되었다. 게다가 소련은 대일전 참여를 조건으로 남사할린 섬을 소련 영토로 반환하고, 쿠릴열도를 소련에 할양하며, 만주의 뤼순항과 다롄항을 조차하여 소련의 부동항으로 사용할 수 있게 해달라고 요구했다. 이에 대해 루스벨트는 장제스의 동의를 얻어 주겠다고까지 약속했다. 그 결과 스탈린은 독일과의 전쟁이 종료되고 나면, 2개월 내지 3개월 이내에 일본과의 전투에 돌입하겠다고 약속했다. 루스벨트는 소련의 참전이 그만한 가치가 있다고 믿었으며, 그 대가는 어차피 남의 나라 영토로 치르게 되어 있어, 스탈린의 그러한 요구가 크게 개의할 일이 아니라고 판단하는듯했다. 그리고 이러한 소련의 요구에 대해 직접 당사자가 아닌, 처칠도 합의문에 서명했다.

루스벨트는 회담 후 2개월 만에 사망했다. 만일 그가 건강한 상태에서 회담에 임했다면, 소련의 대일 전 참전에 관해 좀 더 장기적인 관점으로 결정할 수 있었지 않았을까 하는 여지도 있을 수 있는데, 만약 그가 그렇게 했다면 한반도의 분단 상황도 야기되지 않았을 개연성(Probability)도 있었을지 모른다.

사실상 일본과 소련은 1941년 3월에 '중립 조약'을 체결하여 상호불가침을 선언했었다. 그러나 1945년 8월 2일 포츠담 회담에서 발표된 무조건 항복 요구에 대한 일본의 답변이 없자, 미국은 원자탄 투하를 결심한 것이다. 일본은 첫 번째 원자탄이 투하되기 전인 8월 6일 스탈린과 몰로토프가 포츠담에서 모스크바로 돌아오자마자, 화평교섭을 중재해 달라고 요청하려 했으나, 교섭안을 전달하기 전에 원자탄이 투하되었고, 다음 날 돌아온 것은 선전포고문이었던 것이다.

8월 9일 주일 소련대사가 정식으로 선전포고문을 일본 외무성에 전달했다. 그리고 두 번째의 원자탄 투하에 대한 뉴스가 나가는 시점에 소련군은 이미 만주 국경으로 돌파해 내려와 그들의 이익을 챙기는데 빈틈이 없었다. 원자탄을 투하한 마당에 미국에서 소련의 참전은 큰 의미가 없어져 버렸다. 그러나 역사적으로는 그로 인해 한반도는 분할되었고, 쿠릴열도와 사할린은 소련의 영토가 되었다.

당시 만주에 주둔한 일본군은 79개 사단, 78만 명 정도에, 항공기 230대를 보유하고 있었다. 중요 정예부대는 태평양 전선에 투입되어 부대의 전투력 수준은 껍데기에 불과했으며, 소련군에 비해 소수이면서도 장비와 훈련 면에서도 매우 열세했다. 소련군은 유럽에서 30개 사단 75만 명의 병력을 극동으로 전환하여, 총병력 150만 명과 80개 사단, 그리고 기갑차량 5,500대 및 항공기 5,000대로 극동사령부를 창설하였으며, 사령관은 알렉산드르 바실레프스키(Alexandr Vasilevsky) 원수를 임명했다.

소련군은 노련하게 기동전을 펼치면서 순식간에 만주를 석권해 갔다. 만주 지역에서 일본군의 관동군 사령관 야마다 대장은 전면전 개전을 명하고, 용감히 항전했으나 곳곳에서 격파되었다. 8월 9일에 소련군은 이미 두만강을 건너 한반도 북부에 진출하여, 나진-웅기 방면으로 공격을 시작했으며, 8월 11일 저녁에는 소련 군함 2척이 원산 항구에 접안하고 육전대를 상륙시켰다.

일본군은 한반도 방어전을 고려하여 한반도 북부지역에서의 소련과의 전투에 대한 대비와 한반도 남부지역에서의 미국과의 전투에 대한 대비를 동시에 준비해 왔다. 특히 미군이 오키나와 전투 이후 공격할 예상 지역을 제주도라고 생각하여, 1945년 4월에 제58군을 배치하고 3개 사단에 약 5만 명의 병력을 주둔시켰다. 해안선에 동굴 진지를 구축함은 물론, 한라산 중턱에 토치카를 구축하고 비행장을 건설했다. 그러나 소련군이 북부에 진출하자, 일본 관동군은 한반도 남부지역 방어 전력을 한반도 북부지역으로 급히 전환함과 동시에, 긴급징집을 통해 새로운 부대를 구성했는데, 이들의 60%가 한국인이었다.

제4절 일본의 항복

일본은 두 번의 원자탄 공격을 받은 후에 천황의 특권을 손상하지 않는다면 연합국의 조건을 받아들이겠다고 발표했다. 이에 대해 미국은 천황도 연합사령관의 권위에 복종해야 한다는 반응을 보이긴 하였지만, 이를 강력하게 요구하지는 않았다. 8월 14일 늦게 일본은 연합국에 조건을 수락한다는 통지를 했고, 8월 15일 정오에 적대 행위를 중지하라는 천황의 칙어를 방송했다. 천황은 방송을 통해 항복이란 용어를 사용하지 않은 대신, "세계 대세와 전국이 일본에 유리하지만은 않게 전개되었으며, 적이 극도로 잔인한 새로운 무기를 사용하기 때문에 참을 수 없는 어려움을 참고, 견딜 수 없는 고통을 견디며, 다가올 모든 세대를 위해 원대한 평화의 길을 닦기로 결심했다."라고 표현하였다.

그때까지도 연합군에게 점령되지 않은 전 지역에서의 적대 행위는 중지되었다. 그러나 만주에서는 전쟁이 당분간 지속되었다. 8월 18일에는 하얼빈이, 8월 22일에는 뤼순이 소련군에게 함락되었다. 일본군이 항복하라는 명령을 듣지 못한 일도 있었지만, 소련군은 일본군이 항복하든, 저항하든 상관없이 더 많은 지역을 확보하기에 혈안이 되어 있었다. 심지어 8월 말에는 홋카이도에 상륙할 계획도 가지고 있었다. 스탈린은 홋카이도에서 일본군의 항복을 받겠다는 자신의 계획을 트루먼이 강력하게 반대하자, 겨우 물러섰다. 만약 원자폭탄의 투하로 일본이 항복하지 않았다면, 소련군은 홋카이도에 상륙했을 것이고, 그랬다면 일본도 독일이나 한반도처럼 분단국가가 되었을 것이다.

소련과의 전투 결과 60만 명의 일본인과 한국인이 포로가 되어 시베리아로 끌려가 강제노동에 시달렸으며, 이 중 22만 4,000명만이 살아남아 1949년에 귀환하였다. 일본군은 무려 2만 1,000명이 전사한 것에 비해, 소련군은 전사 8,000명의 전사자와 2만 2,000명의 부상자에 그쳤다. 원자탄의 투하에 대한 논란은 많았다. "일본이 1945년에 이미 저항할 힘을 잃었다는 것을 알고 있으면서 군이 원자탄을 사용해야 했는가?"라는 문제 제기 및 논의와 그토록 대량 살상이 가능한 무기 사용의 도덕성에 대한 비난이 크게 뒤따랐던 것이다. 그러나 두 차례의 원폭 투하 후에도 일본의 내각이 전쟁 지속 여부를 논의할 때 찬반 의견이 반반이었음을 고려한다면, 원자탄의 투하는 오히려 수많은 무고한 시민들의 생명을 살린 고마운 행동이었다고도 할 수 있었다.

실제로 항복에 반대하는 과격분자들이 14일 밤에 궁성을 습격하여 근위 사단장을 암살하고 스즈키 총리의 관저와 사저를 습격하여 사저에 불을 질렀으며, 히라누마 추밀원 의장의 집에도 불을 질렀다. 그들은 다행히 사전에 대피하여 목숨을 건졌다.[26] 그들이 찾는 것은 히로히토 천황이 녹음해 놓은 항복 방송 녹음판이었는데, 녹음판을 찾지 못하여 8월 15일 정오에야 방송이 나갈 수 있었다. 그러나 일본인들에게는 여전히 패전을 인정하지 않는 분위기가 뼛속 깊이 남아있었다. 일본은 본토를 침공당하지 않았지만, 패배했다.

트루먼 대통령은 맥아더를 연합군 사령관에 임명하고, 공식 항복문서 조인식을 준비하게 했다. 맥아더는 니미츠보다 하루 먼저 원수로 승진한 선임 원수였고, 군의 대선배였다. 그러나 니미츠를 비롯한 해군과 해병대들은 이를 못마땅하게 생각했다. 그들은 태평양전투에서 가장 힘들고 어려운 전투를 그들이 수행했음에도 불구하고 영광된 자리를 육군에 넘기는 것에 대한 불만이 매우 컸다. 맥아더 장군은 이를 의식하여, 항복문서 조인식을 미 해군 전투함의 함상에서 실시하고, 니미츠가 미군을 대표하도록 했다. 조인식을 진행할 함정은 트루먼 대통령 딸의 출신 주의 이름을 따서 명명한 '미주리'호로 지명했다.

항복 조인식은 9월 2일로 결정되었다. 미주리호는 도쿄만의 요코스카 진수부 앞에 1854년 페리(Matthew Calbraith Perry) 제독이 일본을 개항시키기 위해 흑선을 정박했던 위치에 정박했고, 페리 제독이 사용했던 깃발을 벽에 걸었다. 항복문서 조인식은 9월

---

26) 심은식 지음, 『한국인의 눈으로 본 태평양전쟁』(서울 : 가람기획, 2009), p. 271.

2일 9시에 거행되었다. 연합사령관 맥아더가 앞에 서고 그 뒤에는 바탄반도에서 포로가 되었던 웨인라이트 장군과 싱가포르에서 포로가 된 영국군 퍼시벌 장군이 뒤에 섰으며, 그 뒤로 니미츠를 비롯한 연합국 대표들이 자리했다. 일본 측의 외무장관과 육·해군 참모총장의 서명이 끝나자, 미국을 대표하여 니미츠가 서명하고, 이어서 영국, 중국, 소련, 캐나다 등의 순으로 서명했다. 23분간 지속된 항복문서 조인식이 끝나자, 맥아더는 "이제 이 세상에 다시 평화가 회복되고, 그 평화를 신께서 항상 지켜주시기를 기도합시다."라고 말했다. 이것으로 전쟁은 공식적으로 종결되었다. 항복 조인식이 끝나고 난 직후, 이나미 육군 상을 비롯한 일부 일본의 강경론자들은 할복하고 자살했다.

● 1945년 9월 2일, 도쿄만에서 일본의 항복을 지켜보는 맥아더

제 11 부

새로운 세계질서 : 얄타에서 포츠담, 그 이후

제1장 종전을 위한 연합국의 노력과 전후 세계질서

제2장 아시아 태평양 지역의 새로운 질서

● 트루먼은 포츠담회담 뒤인 8월 6일 12시경 순양함 USS 오거스타를 타고 귀국하던 중 히로시마 원폭 투하가 성공했다는 소식을 알게 된다. 사진은 원폭 투하 보고를 받기 얼마 전 승조원들과 점심을 먹는 모습이다.

제 1 장
종전을 위한 연합국의 노력과 전후 세계질서

1945년 2월 4일부터 11일까지 크림반도의 얄타에서 열린 3거두의 회담에 대해서는 지금까지도 커다란 논쟁이 되고 있다. 우선 장소 선정에서 서방측은 스코틀랜드나 몰타, 아테네를 추천했으나 스탈린이 건강상의 이유로 크림반도의 휴양지인 얄타로 우기는 바람에, 건강이 좋지 않은 루스벨트는 순양함 퀸시를 타고 몰타까지 8,000km를 항해하고, 다시 몰타에서 C-54 스카이마스터 수송기를 타고 크림반도의 샤키 비행장까지 2,000km 이상을 비행한 다음, 다시 포장이 안 된 험한 길을 다섯 시간 달려서 크림 산맥을 넘어 옛날 로마노프 시대 황제의 휴양소였던 얄타에 도착했다. 숙소 역시 옛 왕조시대의 건물로서 소련 측에서 제공한 곳으로 아마도 많은 도청 장치가 설치되어 있었을 것으로 추측되었다. 이는 마치 체코슬로바키아를 침공하려는 히틀러를 만류하기 위해 체임벌린이 생전 처음으로 비행기를 타고 뮌헨 공항에 내려서 다시 베르히테스가든의 히틀러 집무실로 달려갔던 저자세 외교의 표본과 같은 것이었다. 꼭 그것 때문은 아니었다고 해도 루스벨트는 두 달 뒤인 4월 12일에 사망했다.

얄타회담의 결과는 소위 냉전의 시작이라고들 말한다. 비록 일본과의 전쟁에서 소련의 도움이 절실하게 필요한 시점이었지만, 루스벨트는 스탈린에게 너무 많은 양보를 했다. 폴란드는 서방 연합군 가운데 영국 다음으로 많은 병력이 참전했지만, 루스벨트는 소련이 폴란드 영토와 관련하여 제2차 세계대전 발발 시 독일과 체결했던 비밀 협정을 내세우며 영토 이양의 당위성을 주장하자, 소련이 점령한 동부지방을 영구히 소련에 양허해버렸고, 나아가 그 공산화까지 허용해 버렸다. 대신 폴란드가 잃어야 했던 영토는 독일의 영토에서 그만큼 잘라내 보충해 주어야 했다. 그뿐만 아니라, 루즈벨트는 만주에서의 소련의 이익을 중국의 허락 없이 조차하도록 했고, 외몽골의 통제권도 승인했다. 일본과의 전쟁 후에는 노일전쟁 패전으로 제정 러시아가 일본에게 빼앗겼던 사할린과 쿠릴열도를 러시아에 할양하는데 동의했고, 한반도는 상호 합의에 따라 신탁통치를 실시한다는 것으로 잠정 합의했다.

오스트리아는 독립을 보장받았지만, 독일은 분할 통치하게 되었다. 발칸반도의 국가들은 자유로운 선거를 통해 민주 정부를 수립하는 것을 지원하도록 했으나, 현실은 그렇지 않았다. 원래 처칠과 스탈린은 발칸반도의 국가들에 대한 영향력을 수치로 표시하여 비밀리에 합의 한 바 있었으나, 그리스를 제외하고는 휴지 조각이 되어 모두 공산화되었다. 루마니아는 소련의 압력으로 미하이 왕이 물러나고 공산정부가 들어섰으며, 불가리아에서도 공산주의자들이 정권을 장악하는 것을 서방 연합국은 지켜봐야만 했다.

전쟁이 막바지에 이르러 스탈린이 마치 연합국의 견해를 고려할 필요가 없다는 것처럼 행동하자, 처칠은 루스벨트에게 영·미 연합군이 베를린과 프라하 및 빈 등의 주요 도시를 점령하도록 영·미연합군을 전방으로 추진시켜 소련을 압박해야 한다고 설득하려 했다. 또한 베를린의 점령을 놓고 아이젠하워가 소련군과 합의하여 양보한 것을 두고 매우 분개하면서 항의했지만, 미국은 단호하게 군사적 효용성이 무엇보다 우선한다는 것을 설명하려 했다. 루스벨트는 물론이고, 후임자인 트루먼도 일본과의 전쟁 참여를 고려하여 소련의 심기를 거스르기를 꺼렸다. 그러나 4월 12일 루스벨트의 사망 후 그의 뒤를 이어 대통령에 취임한 트루먼은 주변으로부터 소련에 대한 태도를 보다 강경하게 취하라는 충고를 받았다.

한편, 소련은 전쟁 막바지에서 서방 연합국이 혹여 독일과 비밀 협정을 맺지 않을지에 관해 의심했다. 그 일례로, 이탈리아 주둔 독일군 사령관 볼프(Karl Wolf) 장군과 CIA의 전신인 전략사무국(OSS)의 덜레스(Allen Dulles)가 스위스의 베른에서 접촉한 사실을 맹비난한데서 이러한 소련의 서방 연합국에 대한 의심을 읽을 수 있다. 전쟁이 끝나감에 따라 전후 문제를 논의하기 위해 회담을 개최하는 데는 동의했으나, 트루먼은 핵무기의 실험 결과를 알 때까지 회담을 연기했다.

핵실험이 성공한 후 포츠담에서 회담이 열렸을 때, 트루먼은 스탈린에게 그 사실을 귀띔했는데, 스탈린은 벌써 알고 일본에서 그것이 사용될 수 있기를 희망한다고 말했다.[1] 포츠담 회담에서 종전의 결과로 새로운 세계질서가 확정되었는데, 지역별로 이를 정리해 볼 필요가 있다고 보여 진다. 강대국에 의해 강요된 신질서는 패전국은 물론이고, 어쩔 수 없이 전쟁에 끌려 들어간 많은 국가들에게 새로운 갈등과 분쟁을 안겨주었다. 따라서 전쟁은 군사와 정치뿐 아니라, 모든 나라의 사회에도 엄청난 영향을 가져왔다.

전후 새로운 세계질서에서 얄타회담이나 포츠담회담보다 어떤 면에서 더욱 중요했던 것은 대서양 헌장이라고 할 수 있었다. 1941년 8월에 루스벨트와 처칠이 합동으로 발표한 대서양 헌장은 무엇보다도 "영·미 양국이 전후 영토나 어떤 세력 확장도 추구하지 않으며, 모든 국민은 자신이 속한 정부 체재를 선택할 권리를 갖는다."라는 내용을 포함하고 있다.

1) 마틴 폴리 지음, 박일송·이진성 옮김, 『제2차 세계대전』(서울 : 생각의 나무. 2008), p. 228.

이는 주권이 강탈된 모든 식민지 국가들에 희망을 주었고, 유엔의 이념적 기반이 되었다. 처칠은 미국의 도움이 절실한 상황에서 루스벨트의 제안에 동의했으나, 식민지 개념과 관련해서는 "독일의 식민지에만 해당된다,"라고 주장했지만, 결과적으로는 전 세계의 모든 식민지에 적용되었다. 따라서 시간상의 격차는 있었지만, 제국주의 시대의 식민지는 소멸하는 결과를 가져왔으며 이미 독립했던 캐나다나 오스트레일리아 등을 제외하고도, 인도를 비롯한 전 세계의 영국 식민지가 독립하게 되었고, 그 외에 서구 선진국의 식민지들도 점차 독립하게 되었다. 국가별, 지역별 전후 세계질서를 정리하면 다음과 같다.

제1절 독일과 동구라파

독일이 항복한 지 15일이 지난 1945년 5월 23일, 연합군은 되니츠가 수반이던 독일 정부를 해산했다. 대신, 서방 연합군인 미국, 영국, 프랑스와 소련이 점령지를 나누어 군정으로 다스렸다. 이후 7월에 4개국은 포츠담회담의 결과 독일 영토를 오데르-나이세강의 서쪽으로 축소하고, 그 동쪽과 동프로이센 남부를 폴란드에 할양하며, 폴란드는 1939년 8월 독일과 소련이 비밀 협정을 맺어 소련 측에 분할하기로 되어 있던 폴란드 영토는 소련에 양도하게 되었다. 이렇게 하여 제2차 세계대전 전의 468,787㎢던 독일 영토가 전후에는 357,168㎢로 축소되었고, 동부 국경도 기존의 동쪽 국경 경계 기준선에서 서쪽으로 150km 정도 이동하게 되었다.

또한 독일이 합병했던 체코슬로바키아와 오스트리아는 합병 이전의 영토로 원상회복되어 독립국의 지위를 유지하게 되었다. 소련 점령지 내에 있는 베를린은 비슷한 방법으로 분할하여 서방 연합과 소련이 공동 통치하게 되었다. 독일뿐만 아니라, 전쟁에 참여한 유럽 모든 국가의 공업 생산이 1938년에 비해 1945년은 1/3수준으로 급감하였는데, 독일은 이들 국가들보다 더욱 줄어 15%에 불과하여 매우 비참한 수준을 보이게 되었다.

전쟁 기간 독일은 1,800만 명을 동원하여 300만 명이 사망했다. 독일은 전쟁 막바지에 동부에서 소련군을 피해 700만 명이 서방 연합군 점령지역으로 몰려들었고, 항복한 후에도 추가로 300만 명이 소련 점령지에서 서부 독일로 피난하였다. 또한 독일에 포로가 되었거나 노예 노동력으로 독일에 끌려왔다가 해방된 외국인 900만 명이 풀려나 거리를 헤매었으므로, 이들을 먹이고 고향으로 돌려보내는 과업은 엄청난 것이었다. 전쟁이 종료된 직후부터 동서 양 진영은 냉전이 시작되어, 처칠은 일찍이 소련 공산 체제의 통제에 들어간 동유럽에 '철의 장막'이 드리워지고 있다고 경고했다.

미국은 공산주의의 팽창을 억제하기 위해 독일을 비롯한 서방 국가들에 대해 1947년부터 트루먼 독트린의 일환으로 마셜 플랜이란 이름의 대규모 경제 원조를 하면서 기아와 질병으로부터 해방되기 시작했다. 1948년 소련이 서방 국가들의 베를린 접근을 차단함으로써 발생한 베를린 봉쇄사건은 동서 양 진영의 협력 가능성을 완전히 없애버렸다. 독일은 이제 공산주의 동독과 민주주의 서독으로 분단되어 체제 경쟁의 첨단이 되었다.

소련 점령지의 독일인들은 비참했다. 소련은 전쟁을 통해 자신들이 잃은 것을 동부 독일에서 당연히 뽑아내야 한다고 생각하여 배상금 공출 정책을 시행했다. 생산시설을 뜯어가고 노동력을 착취했으며, 백만여 명의 독일 전쟁 포로들은 소련식 표준 형기에 입각하여 수용소 군도에서 10여 년간 강제 노동에 시달리다가, 1950년대 중반에 60%만 살아서 돌아올 수 있었다.

제2절 소련

독일이 항복하자, 소련은 즉시 대일본전에 뛰어들 준비를 했다. 얄타회담과 포츠담회담 초기에도 미국은 소련이 대일본전에 합류하여 미국의 막대한 부담을 덜어주기를 바랐으나, 8월 6일 핵무기를 투하하고 나서는 소련의 참전을 부담스럽게 생각했다. 얄타회담에서 합의한 데로, 소련은 대일본전에 참가하는 대가로 만주 일대의 통제권과 쿠릴열도 4개 섬에 대한 영유권을 갖게 되었다. 소련이 1945년 8월 9일 일본 관동군과 교전을 시작하면서 동시에 8월 11일 밤에 한·소 국경을 넘어 한반도에 진입했다. 한반도 전체의 공산화를 우려한 미 육군은 한반도의 중앙을 가로지르는 북위 38도 선을 경계로 미국과 소련이 일본군의 항복을 받기로 합의했다.

전쟁이 끝나자, 소련에서 전쟁을 승리로 이끈 장군들은 쓸모가 없어졌으며, 모든 전쟁 승리의 공은 신격화된 스탈린에게로 돌아가야 했다. 스탈린은 1800년대 이후 없어진 대원수의 직위를 부활시켜 대일전이 시작되기 전에 스스로 그 직위에 올랐다. 용도가 폐기된 주코프 원수는 수도에서 멀리 떨어진 관구의 사령관으로 임명되었고, 그가 집필한 회고록은 아예 발간되지도 못했다. 비록 주코프를 체포하지는 않았지만, 하위 장교들을 고문하여 이들이 주코프를 중심으로 쿠데타를 획책했다는 허위 사실을 실토하게 만듦으로써 주코프가 자신을 내세우는 어떠한 행동도 하지 못하도록 그물망을 쳤다.

로코소프스키와 코네프는 폴란드와 헝가리 주둔군 사령관으로 임명하여 멀리 떼어놓아 내부의 군사적 위협을 제거했다. 공군 총사령관 노비코프는 항공기 생산을 의도적으로 방해했다는 혐의로 투옥했다. 또한 해군 총사령관 쿠즈네초프는 해임된 후 강등되었고, 또 다른 해군 대장 3명은 소련의 항만 지도를 영국에 제공했다는 혐의로 투옥되었다. 소련은 전쟁 기간 중 인구 1억 9,400만 명 가운데 3,000만 명을 동원하여 800만 명이 사망하는 피해를 입게 되었다.

한편, 전쟁 전에 과소평가 되었던 소련의 군사력은 종전 후에는 과대평가 되는 경향이 있었다. 전후에 서방 진영은 즉시 동원 태세를 해제했으나, 소련은 한동안 동원 태세를 유지했기 때문이다. 이는 서유럽 국가들로 하여금 소련이 세계를 공산화하려 한다는 우려를 자아내어 동서 간의 냉전체제를 출현하게 만들었으며, 그에 따라 각 진영 간에는 군사동맹 기구로서 북대서양조약기구(NATO)와 바르샤바조약기구(WARSAW Pact)가 결성되었다. 이러한 냉전체제의 형성에도 불구하고, 종전 직후 1,136만 5,000명이었던 소련의 실제 병력은 1948년경에 300만 명 수준으로 감축되었다. 소련도 망가진 경제체제, 특히 농업 부문을 정상화하기 위해서는 동원된 군인을 직장으로 돌려보내야 했다.

한편, 소련은 자신들이 해방시킨 동유럽국가들, 즉 폴란드, 헝가리 체코슬로바키아, 루마니아, 불가리아 등지를 위성 국가화 하기 시작했다. 폴란드의 경우는 특히 처칠이 소련의 영향을 배제하려고 무진 노력했으나, 약화한 국력에 따른 힘이 소련의 영향력을 물리치기에는 한계가 있었다. 서방 연합군에서 폴란드는 영국에 망명정부를 두고, 미국, 영국에 이어 가장 많은 병력을 투입하여 서방 연합군의 일원으로 용감히 싸웠기 때문에 처칠로서는 마음의 빚이 컸으나, 루스벨트나 트루먼도 폴란드에 대해 처칠만큼 관심을 보여주지는 않았다. 그와 함께 소련은 전 세계를 공산화하기 위해 아시아와 남미, 그리고 아프리카 지역에서도 분쟁을 조성해 나갔다. 대표적인 예가 한반도에서의 북한의 남침이었는데, 서방 민주국가가 UN의 이름 아래 단호하게 응징에 나서게 되자, 세계 공산화 정책은 전면전 양상에서 게릴라전의 형태로 바뀌어 가게 되었다.

제3절 이탈리아

이탈리아는 독재자 무솔리니가 고대 로마의 영광을 재현한다는 야망으로 국력이 감당하지 못하는 상황에서 1935년 에티오피아를 침공하여 합병하고, 이어서 1939년 4월에 발칸반도의 알바니아를 합병하는 등 팽창정책을 강행했다. 히틀러와 무솔리니는 양국 간에 '강철조약'을 맺고, 제2차 세계대전으로 돌입하게 되었다. 1940년 6월에 독일의 프랑스 공격에 맞추어 프랑스 남부를 공격하였지만, 국제적인 비난을 받게 되었다. 이탈리아는 이어서 북아프리카와 동아프리카에서 영국 연방군에 밀려 리비아로 철수해야 했으며, 장차는 독일과의 연합작전에도 불구하고, 아프리카에서 완전히 축출되었다.

아프리카 전투에서 이탈리아 해군은 육상전의 무능함과는 달리, 영국 해군과 치열한 전투를 전개하여 출혈을 강요했다. 이탈리아 해군은 막강한 영국 해군의 공세 속에서도 북아프리카와 발칸반도로 향하는 보급 항로를 유지했으며, 자신들이 잃은 만큼에 버금가는 희생을 영국 해군에 강요했다. 이탈리아는 총 1,278척, 227만 2,607t의 수송선과 순양함 11척, 구축함 34척, 잠수함 65척을 포함해 총 339척, 31만 4,298t에 달하는 해군 함정을 잃었다.

반면, 영국은 이탈리아 해군에 의해 전함 1척, 항공모함 2척, 순양함 13척, 모니터함 1척, 구축함 56척, 잠수함 41척을 포함해 총 238척, 41만 1,935t에 달하는 군함을 잃었다.[2] 1943년 이탈리아가 연합군에 항복하면서 남은 모든 해군 함정은 몰타섬의 연합군에게 인계되었다.

전쟁 전에 분수에 맞지 않게 큰 식민지를 유지하느라 크지 않는 국력을 쏟아 부어야 했던 이탈리아는 식민지를 잃어버리면서 오히려 국내 경제를 효과적으로 성장시킬 수 있게 되었다.

제4절 북동부 아프리카 제국

우선 리비아는 1949년까지 영국, 프랑스, 이탈리아의 통제 하에 있다가, 유엔의 결의안을 통해 연방군주제 정부의 수립을 승인하여 1951년 12월 24일 독립된 연합 왕국의 수립을 선포했다. 에티오피아는 1942년 영국이 이탈리아를 축출하고 난 다음, 실질적으로 영국의 통치를 받았으나, 하일레 셀라시에 황제가 내정을 담당했다가 1950년 확고하게 독립했다. 그 후 미국의 경제 및 군사원조에 의존했으며, 이후로 부패와 기근으로 혼란에 휩싸였다가, 1974년 군사 쿠데타로 셀라시에 황제는 투옥되었다.

에리트레아는 1941년부터 영국의 통치를 받아오다가, 1952년 9월부터 독자적인 의회의 구성과 헌법을 제정하여 통치체제를 갖추었다. 그러나 유엔은 결의안을 통해 에리트레아가 느슨한 연방제 형태로 에티오피아 일부가 되지만, 내부적으로 자치 정부를 갖는다고 선포했다. 그러나 연방제가 선포된 직후부터 에티오피아는 연방제하에서 보장된 에리트레아의 지위를 무시했다. 1962년 11월 엄청난 뇌물이 거래되었다는 의혹이 무성한 가운데 실시된 투표 결과, 에리트레아는 만장일치로 에티오피아의 일부로 편입되었다. 그 결과 저항 세력이 구성되어 1966년부터 게릴라전 형태의 살육전이 전개되었다. 에티오피아와의 영토분쟁은 2000년대에 들어서도 계속 중이나 현재 소강상태다.

---

2) 폴 클리어 외 지음, 강만수 옮김, 『제2차 세계대전』(서울 : 플래닛미디어, 2009), p. 858.

제5절 프랑스 제국과 북서 아프리카

1943년 독일의 침공으로 북아프리카 지역에 대한 비시 정권 체제하의 프랑스의 지배력이 무실화 되자, 북아프리카에서 이슬람을 신봉하는 알제리인과 프랑스 지배층 사이에 긴장이 고조되기 시작했다. 1945년 5월 8일 독일이 항복하자, 알제리에서 독립을 갈구하는 대규모 폭력 시위가 일어나 103명의 유럽인이 살해당하는 사태가 발생했다. 1954년 11월이 되자, 독립 세력이 대규모 게릴라 공격을 가하면서 무장 독립전쟁이 시작되었지만, 프랑스는 알제리가 프랑스 공화국의 일부로서 어떠한 분리 독립도 없다고 선포했다. 게릴라전은 알제리를 혼란 상태로 빠뜨렸고, 진압과정에서 프랑스는 무자비한 폭력을 사용하여 국제적인 비난을 자초했다. 프랑스는 민주주의의 기수로 자처했지만, 나치를 방불케 하는 전체주의 식민지 정책을 유지함으로써 곤경에서 헤어나지 못했다.

국내에서도 정치가 불안정해지자 여론이 1946년 이후 은둔하고 있던 드골을 주목하게 되었고, 드골이야말로 국내 정치를 안정시키고 알제리를 보존할 유일한 인물이라고 생각했다. 1958년 육군의 쿠데타 결과로 집권한 드골은 국내의 반대를 무릅쓰고 알제리에서 민족자결을 위한 투표를 시행하여, 1962년 9월 알제리 민주공화국이 설립되었다. 무려 100만 명 이상의 희생 끝에 신생 독립국이 탄생한 것이다. 튀니지에서도 프랑스는 견디지 못하고 1963년 완전히 철수하여 튀니지 공화국이 탄생했다. 모로코에서는 알제리나 튀니지 같은 폭력 사태는 없었으나, 모로코는 결국 1956년 독립을 쟁취했다.

제6절 시리아와 레바논

1941년 영국과 자유 프랑스는 시리아와 레바논을 점령하면서 전후에 이들의 독립을 보장해주겠다고 약속하여, 어떤 형태로든 이 지역을 계속 지배할 수 없었다. 두 나라에서 1943년 선거를 통해 독립 정부가 수립되자, 미국과 소련은 1944년 아무 조건 없이 독립 정부를 인정했고, 다음 해에 영국도 승인했다. 프랑스만은 미국과 영국의 압력에 못 이겨 독립 정부에 권력을 이양하기는 했지만, 마지막까지 이 지역에서의 특권을 유지하려고 노력했다.

프랑스의 그러한 행태에 대해 반감을 품은 시리아와 레바논의 독립 세력이 1945년 5월 대규모 시위를 벌이게 되자, 프랑스는 무력을 행사했으며, 처칠은 영국군을 파견하여 상황을 타개하겠다고 위협을 가했다. 1946년 2월 프랑스군의 철수를 요구하는 유엔 결의안이 가결되면서, 프랑스는 이 지역에서의 모든 권한을 포기하고 철수했다. 한편, 레바논은 1943년 이후 모든 다원성을 포용하는 모범적인 국가였다. 한동안 안정적인 정치와 지역적인 입지 때문에 무역과 금융이 발전했으나, 종교적인 갈등과 아랍-이스라엘의 갈등으로 혼란으로 빠져들었다.

제7절 대영제국

1. 이란과 이라크

전쟁이 종료되면서 영국이 이란과 이라크를 계속 통치할 이유도 사라지게 되었다. 영국은 1942년 1월에 전쟁이 종료되면 이란의 독립을 존중하여 6개월 이내 이란으로부터 철수한다는 조약을 소련과 맺어놓고 있었기 때문에, 전쟁 종료 후에 약속대로 6개월 이내에 군을 철수시켰다.

반대로 소련은 아제르바이잔 자치주와 쿠르드 공화국을 지지하면서, 이란으로부터 석유 자원에 관한 양보를 얻어내기 위해 군을 이란에 잔류시켰다. 그러나 미국과 영국, 그리고 유엔의 강력한 압력을 받고 철수할 수밖에 없었다. 반면, 미국과 영국은 이란과 이라크의 지도자인 왕가와 군사 및 경제 원조를 제공한다는 협정을 맺어 친서방 세력으로의 영향력을 유지하였다.

2. 이집트와 수단

이집트는 1936년에 수에즈 운하의 통제권을 영국에 부여한다는 조약을 맺은 이후 영국은 조건 없이 이집트에 대한 통제를 해왔으며, 전쟁 기간에 이집트를 거대한 군사 기지화하여 지중해 전투에서 승리할 수 있었다. 그러나 전쟁 기간에도 영국에 대한 거부감이 고조되어 1942년 2월에는 독일 사령관 롬멜을 지지하는 대규모 시위가 계속되어 친영 이집트 내각이 사임했다. 이에 대해 영국은 친영 세력인 무스타파 알 나하스(Mustafa al-Nahhas)를 총리로 임명하라고 압력을 가했다. 국왕이 이를 거절하자 영국은 왕궁을 포위하고 압력을 가하자 국왕은 영국의 의도를 따를 수밖에 없었다. 이에 반발한 육군의 나세르와 사다트 등이 비밀리에 독일과 내통했으나 발각되어 체포되었다. 추축군이 북아프리카에서 패퇴하자 이집트는 영국군의 철수를 요구했지만, 받아들여지지 않자 민중은 대규모 시위와 파업을 일으켰다. 이에 굴복한 영국은 1947년 군을 철수하고 중동사령부를 키프로스로 이전했다. 1952년 수에즈 운하 통제권을 이집트가 회수하자 국왕이 군대를 동원하여 영국의 편에 섰지만, 군 장교들이 나세르를 중심으로 쿠데타를 일으켜 국왕을 퇴위시키고 1953년 이집트 공화국의 수립을 선포했다.

이집트 독립 이후에도 영국은 수단에 대해서 계속 통치권을 행사하려 했으나 이집트는 영국군이 수단에서 철수하도록 집요하게 요구했고, 1953년 양국은 3년간의 과도기간을 두고 수단의 완전한 독립을 승인하기로 합의했다. 1953년에 총선이 실시되었고, 1954년에 수단 공화국이 탄생했다.

3. 팔레스타인

영국은 1939년 5월 이래 팔레스타인 지역에서 아랍인에 대한 유화정책을 펼쳤으며, 1941년에는 프랑스의 제국주의적 지배력을 행사하려는 프랑스를 저지하고 아랍을 자기의 영향 아래 두려는 독일의 기도를 무산시킴으로써 중동에서의 위상을 확고히 했다. 그러나 전쟁 이후까지 그 위상을 유지하기는 어려웠다. 이 지역에서 영국은 전쟁 수행에 상당한 협력을 제공한 유대인 협회(Jewish Agency)와도 협력하고 있었다. 유대인들은 팔레스타인 지역에 유대인 독립 국가 건설을 희망하면서도 전쟁 중에는 신중한 태도를 보였지만, 전쟁이 끝나자 시온주의자(Zionist)들이 폭력을 동원하여 자신들의 목표를 추구하기 시작했다.

더욱이 유대인들은 1917년 영국 외상 밸푸어(Arthur James Balfour)가 발표한 '밸푸어 선언'[3]을 상기시키며 영국을 압박했다. 유엔의 위임을 받아 팔레스타인을 통치하고 있던 영국은 아랍인들의 반발을 우려하여 유대인의 독립활동을 억제했다. 이에 대해 시온주의자들은 준군사조직인 하가나(Hagana)와 이르군(Irgun), 스턴 갱(Stern Gang) 등 테러 단체들과 연합하여, 1945년 10월부터 영국군을 상대로 게릴라전을 시작했다.

영국군은 팔레스타인에 8만 명을 주둔시키면서 평화 유지에 힘썼으나, 상황은 전면전의 위기로 치닫고 있었다. 전후 평화를 갈구하는 국민들의 여론과 아랍인들의 반발 사이에서 영국은 팔레스타인 문제를 유엔에 떠넘기고 무책임하게 물러나 버렸다. 그리하여 팔레스타인 지역에서는 영국군이 철수한 직후부터 유대인과 아랍인들의 무력투쟁이 시작되었는데, 압도적인 전력의 우세에도 불구하고, 아랍인들은 통합된 힘을 발휘하지 못하고 우세를 확보하지 못했다. 폭력과 협박으로 아랍인을 팔레스타인에서 몰아낸 유대인들은 1948년 5월 14일 이스라엘 건국을 선포했다. 유대인 탄압과 유대인 학살이라는 호된 시련을 겪으며 단련된 시오니즘 운동은 독립 국가 건립을 위한 목적 달성을 위해서는 물불을 가리지 않는 무자비한 운동으로 발전했다.

---

3) 영국 외상이었던 밸푸어는 1917년 11월, "유대인들이 영국의 전쟁 수행을 지원한다면, 전후에 팔레스타인에 유대인 국가를 건립하는 데 최선을 다해 돕겠다."라고 선언했던 사건을 뜻한다.

제 2 장
아시아 태평양 지역의 새로운 질서

제1절 동아시아

1. 일본

일본은 전쟁 기간 600만 명을 동원하여, 육군 140만 명과 해군 40만 명 등 총 180만 명의 군인들이 목숨을 잃는 불행을 겪게 되었다. 육군 병력의 5/6는 중국 전선에 투입되었고, 태평양 전역에 투입된 병력은 매우 제한적이었다. 동원 인력에 비해 전사자가 많은 것은 대규모 전투 때문이 아니라, 연합군의 압도적인 화력 앞에서 소총에 대검을 장착하고 야간에 천왕 폐하를 외치며 돌격하는 전투방식과 빈약한 군수지원으로 아사한 경우가 많았기 때문이었다.

일본 해군도 인명피해가 크기는 마찬가지였다. 미 해군의 전사자가 3만 7,000명 규모인데 비해, 일본 해군은 40만 명에 달했다. 일본은 개전 초기 제해권의 우세를 장악했다가, 미드웨이 해전을 기점으로 역전되어 군수지원에서 압도적인 우세를 확보한 미군이 일본군을 압박하자, 전쟁이 끝날 때까지 일방적인 피해를 감수해야 했다. 태평양 전쟁에서 가장 결정적인 요소는 항공력이었는데, 미군은 항공모함뿐만 아니라, 육상 기지를 활용한 항공력으로 일본군을 제압해 나갔던 것이다. 통계에 따르면 대전 중에 격침된 일본군 함정 2,728척 중에서 1,314척은 잠수함에, 123척은 수상함에, 1,232척은 항공기에, 46척은 함재기와 수상함의 합동 공격에 의한 것으로 알려졌다.

핵무기의 사용은 훗날까지 많은 논란을 야기했지만, 전쟁을 종식하는데 가장 경제적일 수 있다는 데도 주목할 필요가 있다. 당시 미국 합참은 핵무기를 사용하지 않고 전쟁에 승리하려면, 일본군을 포함한 민간인까지 600만 명이 희생될 것이며, 미군도 120만 명의 사상자가 발생할 것으로 추산했다. 그러느니 핵무기를 사용하여 엄청난 일시적 피해가 발생하는 강한 충격을 주어 조기에 전쟁 종식을 유도하는 편이 최선의 방책이라고 판단했다.

전후에 연합군은 일본이 다시는 전쟁을 일으키지 못하도록 억제할 필요가 있었다. 맥아더는 점령군 사령관으로서 1947년 5월에 서구 민주주의를 바탕으로 하는 정부를 수립하였고, 천황을 유지하는 입헌 군주국을 일본의 요구대로 인정했다. 헌법에는 주권국가로서의 전쟁을 선포할 권리와 군대를 보유하는 권리를 포기하도록 하는 조항이 포함되었다.

한편, 미국은 훗날 일본이 군대를 육성하여 침공할 것을 우려하는 뉴질랜드와 오스트리아 등 연합국의 우려를 불식시키기 위해 1951년 안보 협정(Anzus Treaty)을 체결했으며, 1년 후에는 일본과도 안보 동맹을 맺었다. 이후 일본은 미국이 제공하는 안보 우산 아래 경제발전에 전념하여 세계적인 경제 대국으로 발전하였으며, 주변 국가들에 도움을 주게 되었다.

2. 중국

아시아 지역의 판도에 가장 큰 사건은 장제스의 국민당 정부와 마오쩌둥의 공산당 사이에 일어난 국공 내전이었다. 국민당이나 특히 공산당은 대일 항전에서 겉으로는 협조하는 것처럼 보였지만, 내심은 일본이 패퇴하면 중국 내에서 주도권을 확보하기 위한 힘을 비축하기 위해 진력했으며, 일본군이 물러나자, 즉시 내전에 돌입했다. 국민당은 미국이 제공한 무기로 무장하여 점령한 면적과 병력면에서 우세했으나, 지휘체계가 문란하고 부패가 심했다.

반면, 공산당은 만주를 점령한 소련으로부터 양도받은 무기와 물러난 일본제 무기로 무장하였으며 일사불란한 지휘체계는 물론, 공산주의 사상으로 굳게 무장되어 있었다. 1949년까지 계속된 국공내전에서 결국 공산당이 최종 승리함으로써 마오쩌둥의 공산당이 중국 본토를 차지하고 장제스의 국민당 정부는 타이완으로 철수할 수밖에 없었다.

3. 한국

일본과의 전쟁에 투입된 소련군이 1945년 8월 11일에 북한 지역에 진주했을 때, 미군은 오키나와에 있어 물리적으로 한반도에 진주할 수 없었다. 소련군의 진격을 방치하면 한반도가 완전히 소련의 영향권에 들어갈 것을 우려한 미국 합참은 한반도의 중앙지점으로 생각되는 38도선을 경계선으로 제시하여 소련군의 남하를 제지했다. 미군은 9월 말이 되어서야 한반도에 진주하게 된다. 38도선을 경계로 북쪽에는 김일성의 공산당 정부가, 남쪽에는 이승만의 대한민국 정부가 수립되었다.

한반도가 일본의 식민지 압제로부터 해방되어 남북한에 각각 정부가 수립된 지 얼마 되지 않은 1950년 6월, 북한의 남침으로 한반도는 3년간의 전쟁에 돌입하게 되었다. 소련과 중국의 노골적인 군사 지원을 받은 북한의 무력 침공으로 시작된 한반도에서의 전쟁은 5년 전에 종료된 제2차 세계대전과는 매우 대조가 되는 지역적인 국지 전쟁이었으나, “한국전쟁은 북한의 무력 남침이다.”라고 규정한 유엔의 결의 하에 남한에는 20개국의 유엔군이 지원되고 북한 측에는 중국과 소련이 지원하는 국제 전쟁의 성격을 띠고 있었다.

그러나 한편으로는 한국전쟁은 제2차 세계대전 이후 야기된 미소 간의 대립에 의한 이념전쟁의 전형으로서, 민주주의 진영과 공산주의 진영 간 대립에서 야기된 냉전이 폭발한 열전 형태의 전쟁이었다. 1953년 7월 휴전으로 남북한 간의 경계선에 큰 변화 없이 전쟁은 종결된 가운데, 한반도에 만 70여 년간 냉전이 지속된 상태에서 남한은 전쟁 이후에 민주주의와 경제의 발전을 구가해 왔지만, 북한은 김일성 왕조 형태의 전체주의적 통치 체제하에서 전 세계에서 가장 낙후한 국가로 남아있는 상황이다.

제2절 동남아시아

1. 베트남

동남아 지역에서는 일본이 물러나자 전쟁 기간 세력을 확보했던 민족주의 세력들이 외세의 공백을 틈타 모두가 독립을 쟁취하려고 노력했다. 베트남에서는 1945년 8월 민족주의 성향의 공산주의자 호치민이 독립 정부를 세웠다. 그러나 과거 식민지를 운영했던 서구 열강이 다시 진주해 왔는데, 프랑스가 베트남을 다시 점령하려 하자, 호치민이 영도하는 무장 조직인 베트민(Viet Min)이 강력히 저항하여 전쟁으로 발전했다.

프랑스는 1954년 5월 하노이 서방 300km 지점의 분지 디엔비엔푸에서 2만 명에 달하는 정예군이 패배함으로써 베트남에서 완전히 철수했다. 이후 공산주의의 팽창을 우려한 미국이 베트남을 유지하려 했으나, 호치민을 중심으로 단결된 북부 월맹군의 의지를 꺾을 수 없어, 1973년 2월 완전히 철수하게 되고, 이어서 베트남은 완전한 독립을 쟁취하게 되었다.

2. 인도네시아

인도네시아에서는 태평양 전쟁이 종식된 직후 수카르노가 독립된 공화국을 선포했지만, 식민지 체제에 미련을 가진 영국군이 다시 진주하여 인도네시아 독립군과 대치하게 된다. 얼마 후에 원래 인도네시아를 지배했던 네덜란드군이 도착하자 영국군은 철수하게 되었다.

네덜란드는 인도네시아의 지배권을 위해 3년간 치열한 전투를 전개했으나, 인도네시아군을 이길 수 없었던 네덜란드군은 1949년 12월 결국 인도네시아의 독립을 승인해야 했다.

3. 필리핀

베트남에서의 프랑스와 인도네시아에서의 네덜란드와 달리, 필리핀에서의 미국은 원래부터 필리핀을 지배할 의도가 없었기 때문에 필리핀은 순조롭게 1946년 7월에 필리핀 공화국으로 정식 출범했다. 제2차 세계대전의 태평양 전쟁 동안 일본군에 맞서 싸웠던 게릴라 조직 중 후크(Huks)단이라고 불리던 공산당 계열의 군사 조직은 농민들로부터 폭넓은 지지를 받고 있었는데, 새로운 정부 수립과정에서 소외되었다고 생각하여 내전을 일으켰고, 이 내전은 1950년대 중반까지 계속되었다.

4. 인도

인도는 1857년부터 1947년까지 영국의 지배를 받았다. 1947년 인도 독립법이 제정되어 1947년 8월 15일 정식으로 독립 국가가 되었다. 이 과정에서 파키스탄이 분리되었고, 1971년에는 파키스탄과 국경 분쟁의 결과로 동파키스탄이 방글라데시로 독립되었다. 힌두교가 주류인 인도와 이슬람교가 주류인 파키스탄과의 분리 과정에서 대규모 유혈 분쟁은 피할 수가 없었다. 1914년 1차 대전에서 영국은 독립을 조건으로 인도인을 영연방 군에 포함하여 참전하였으나, 약속은 지켜지지 않았다. 간디의 비폭력 무저항 운동이 폭넓은 지지를 받자 영국은 인도의 독립을 지지하지 않을 수 없었다.

5. 버마(미얀마)

1820년대 버마는 인도와의 국경 근처에서 반란군 진압 작전을 전개했는데, 반란군의 일부가 인도로 탈출하게 되자, 이를 빌미로 영국군이 반대로 버마로 진출하여 1800년대 말경에는 버마를 인도에 병합하고 인도의 한 주로 편입하게 되었다. 1937년이 되자, 영국은 버마를 인도에서 분리하여 직접 통치하였으며, 인도인들을 대거 유입시켜 지배층을 구성하게 구성했다. 1930년대에 들어 버마 독립운동의 불길이 퍼졌는데, 이들의 중심은 모두 버마족이었다.

버마족들은 불교와 사회주의 및 반외세주의 등 3개의 사상으로 무장한 독특한 구조를 만들어 냈다. 이들의 중심에는 일본에서 군사 훈련받은 아웅 산과 우누, 그리고 네윈이라는 3인방이 있었다. 태평양 전쟁으로 1941년 영국은 버마를 일본에 빼앗겼다가, 1945년 5월 일본군이 철수하게 되자 버마에 재진출하여 버마를 다시 지배하려고 하였다. 이에 버마의 독립투쟁 단체인 반파시스트 인민 민주주의 동맹과 미얀마 공산당 및 소수민족 연합이 주축이 되어 독립투쟁을 벌였다. 그리고 이러한 독립투쟁의 과정에서 이들은 주도권을 확보하기 위해 많은 피를 흘려야 했다. 결과는 아웅 산이 영국을 찾아가 영국 정부와 협상을 통해 독립 승인을 받아냄으로써 1948년 1월 마침내 버마 연방으로 태어났다.

제3절 여타 아시아 태평양지역 국가

태평양 전쟁이 끝난 후 아시아-태평양지역은 30년간에 걸쳐 수많은 전쟁을 겪게 된다. 이 전쟁들은 태평양 전쟁에 비할 바는 아니지만, 그래도 대규모 희생을 불러왔다. 전쟁의 주요 원인은 공산주의와 민족주의 독립운동의 결과였는데, 이는 태평양 전쟁을 통해 양성된 군사력이 뒷받침되었기 때문이었다. 1937년 당시 이 지역에서 독립된 국가는 일본, 중국, 태국뿐이었다. 나머지 지역은 영국, 네덜란드, 프랑스, 미국, 오스트레일리아가 지배하고 있었다.

전쟁 종식 30년 후인 1975년이 되면 중국은 강력한 공산주의 국가가 되고 타이완과 남한은 세계적인 경제 강국이 되었다. 여타 동남아시아의 베트남, 캄보디아, 라오스, 필리핀, 브루나이, 말레이시아, 싱가포르, 인도네시아, 파푸아 뉴기니, 버마, 방글라데시, 인도, 파키스탄이 독립 국가로 자리 잡게 되었다. 제2차 세계대전 기간 중 미국의 동맹국이었던 소련(현재 러시아)과 중국은 제2차 세계대전 이후 체제의 상이함으로 인해 우방이라기보다는, 적과 같은 관계로 변화되었다. 결과적으로 분쟁을 통한 이들 제반 국가들의 독립 배경을 크게 보자면, 제2차 세계대전 전에 강대국의 식민지 지배하에 있던 이들 국가가 제2차 세계대전의 결과 및 영향으로 독립하게 되었다고 보는 것이 타당하다 할 것이다.

부 록

제1부 유대인 학살(Holocaust)

제2부 페이퍼클립 작전(Paper Clip Operation)

제3부 모뉴먼츠 맨(Monument Man)

● 1940년 6월 23일 하루, 파리의 '개선' 방문한 히틀러. 그의 오른쪽에는 알베르트 슈페어가 있고 옆 얼굴이 보이는 마르틴 보르만이 그의 왼쪽에 있다.

제 1 부
유대인 학살(Holocaust)

제1장 들어가기

"일찍이 기독교 선교사들은 이렇게 말했다. "유대인인 당신들에게는 우리와 함께 살아갈 권리가 없다." 그리고 이들의 뒤를 이은 세속의 지배자들은 이렇게 선언했다. "당신들에게는 우리와 함께 살아갈 권리가 없다." 독일의 나치는 결국 이런 법령을 만들어 냈다. "당신들에게는 살아갈 권리가 아예 없다."

- 라울 힐버그, 『유럽 유대인의 전멸(The Destruction of European Jews)』, 1961.-

홀로코스트는 인류 역사에 찾아볼 수 없는 반인륜 학살행위로서, 유대인은 성별과 나이를 막론하고 한 사람도 남김없이 전멸시키겠다는 것이었다. 이는 나치 제국이 국가정책으로 확정하여 치밀하게 실행한 행위였다고 볼 수 있다. 유대인은 정치·경제·군사적으로 독일에 크게 위협을 가한 적이 없었다. 그런데도 그들이 죽어야 했던 이유는 단지 유대인이었기 때문이었다. 유대인들은 나치의 친위대(Schutztaffel)나 치안유지군(Einsatzgruppe) 또는 치안경찰(Ordnungspolizei)에 의해 도저히 상상할 수 없는 잔인한 방법으로 살해되었다. 강제수용소에서 가스실에 의한 학살은 물론이고, 총살되거나 굶주려 죽게 방치되어 학살되기도 하였다.

사실상 나치의 이러한 유대인 학살 문제는 여러 가지 측면에서 고찰될 수 있겠으나, "나치가 과연 왜 그랬을까?"라는 문제에서 출발하여 이 문제를 근본적으로 접근해 볼 수 있겠는데, 나치의 이러한 학살행위가 과연 히틀러가 어느 날 갑자기 단순하게 생각해 낸 학살행위였는가라는 점이다. 불행하게도 홀로코스트는 나치의 결정적인 학살행위 자행으로 야기되었지만, 역사적으로는 고대 로마 시대 이전부터 이어져 내려온 유대인에 대한 뿌리 깊은 적대 감정이 작용한 결과일 수도 있다는 점이다. 그리고 유대인에 대한 이러한 적대 감정은 종교가 점차 분파되면서 같은 뿌리를 가진 유대교, 기독교, 이슬람교의 커다란 갈등에서도 그 원인을 찾아볼 수 있다고 보인다.

현재에도 전 세계적으로 3천만 명밖에 안 되는 유대인들이 노벨상의 25% 정도를 차지하며, 금융계와 언론·정치·학계를 비롯한 모든 분야에서 매우 큰 영향력을 구사하고 있는

데도, 우수한 유대인이 왜 이처럼 배척의 대상이 되고 있는가에 대해 많은 의문이 생긴다. 한 마디로, 수천 년에 걸친 유대인에 대한 박해 문제는 어쩌면 인류 최대의 어려운 문제일 수 있으며, 현재에도 완전히 해결된 문제는 아니기 때문에, 이에 대한 정리가 요구된다고 하겠다. 따라서 이를 위해 제2차 세계대전 이전의 유대인에 대한 박해 행위를 개관한 다음, 나치의 홀로코스트를 보다 세부적으로 살펴볼 필요가 있을 것이다.

제2장 역사 속에서 만나는 유대인 박해

제1절 출 이집트기와 바빌론 유수

구약성경에 의하면 이스라엘 민족의 시조인 아브라함의 손자 요셉이 이집트에 팔려 가서 크게 성공하자, 가족들을 이집트로 불러들여 정착한 이후, 기원전 1500년경에는 인구가 200만 명에 이르게 된다. 이에 이집트는 정권 차원에서 위협을 느끼게 되고, 마침내 정권을 위협하는 유대인에 대한 말살 정책을 펼치게 된다. 그 비근한 사례가 유대인 신생아는 모두 강물에 던져버리라는 명령이었다.

이러한 핍박 후에 이스라엘 민족은 이집트의 유대인 말살 정책을 피하려고 강물에 내던져졌다가 행운을 얻어 왕족으로 성장한 지도자 모세의 인도하에 람세스 2세의 통치 기간인 기원전 1220년대에 홍해를 건너 시나이반도로 탈출했다. 이때부터 유대인은 다른 민족과 다른 종교로부터 배척받고 핍박받게 되었는데, 특히 이스라엘 민족이 젖과 꿀이 흐르는 가나안 땅으로 이주하면서 원래의 지역 정착민인 팔레스타인인들과 영토를 놓고 충돌하게 되고, 그러한 충돌은 지금까지도 계속되고 있다.

유대인들이 자기 영토에 살지 못하고 타향으로 쫓겨나게 된 것은 바빌론 유수가 그 시작이었다. 기원전 601년 바빌로니아의 속국이 되었다가 2차에 걸친 유대인들의 반란에 바빌로니아의 네부카드네자르 왕은 기원전 586년 예루살렘을 철저히 파괴하고 수많은 유대인을 바빌론으로 끌고 갔다. 그리고 기원전 582년에 유대인들이 3차 반란을 일으키자, 바빌로니아는 철저히 이스라엘을 박해하고 파괴해 버렸다. 이때 유대인들 4만 5천 명 정도가 다시 바빌론으로 끌려가게 되고, 나머지는 대부분 이집트나 지중해 권역으로 피난하여 흩어져 살게 되었다. 그것이 '1차 이산(Diaspora)'이었으며, 1948년 현대 이스라엘이 건국될 때까지 약 2천 5백 년간에 걸쳐 유대인들이 겪어야만 했던 '방랑 시대'의 시작이었다.

유대인들에게서 찾아볼 수 있는 경이로움은 무수한 역경 속에서도 그들의 정체성을 굳건히 간직하면서, 하나님이 선택한 민족이라는 자부심을 잃지 않고 종교를 중심으로 굳게 단결한다는 점이다. 그들은 엄청난 시련을 자신들이 하나님을 제대로 섬기지 못한 데서 오는 당연한 벌로 인정하고, 이를 극복해 내었던 것이다.

제2절 로마 시대의 유대인 박해

알렉산더 대왕의 사망 이후에 후세가 헬레니즘 시대라고 부르는 300년 동안 유대를 지배한 것은 그리스였다. 이후에 등장한 로마는 그리스인과 유대인을 동등하게 대했다. 지역의 그리스인이나 유대인 모두 우수한 민족이었기 때문에 빈번한 적대관계로 긴장이 조성되었는데, 로마는 어느 한 편을 들지 않고 조정자 역할만 충실히 수행했다. 그것은 로마가 유일신을 믿는 유대의 특성을 잘 이해하고 온건 정책을 펼쳤기 때문이었다.

구체적으로 로마는 유대인에게 ❶ 종교의 자유를 허용했고, ❷ 유대인의 종교적 의무인 1년에 2드라크마의 봉납금을 예루살렘 신전에 보내는 것을 허용하였으며, ❸ 유대인 공동체 안에서 사형 이외의 법 집행을 할 수 있도록 사법적 자치를 허용하는 한편, ❹ 병역을 비롯한 국가의 공직을 면제하되, 단 원할 경우에 이를 허용하였고, ❺ 토요일마다 유대인들이 치르는 안식일을 허용하였다. 그러나 유대인이 진정으로 원하는 신권정치(Theocracy)는 절대 허용하지 않았으며, 그 대신 유대의 땅을 유대인 왕이 통치하도록 하는 제도를 유지했다. 이러한 정책은 카이사르 이후 네로황제 시대까지 잘 유지되어오다가, 말년에 반란이 일어나 기존의 방침이 완전히 무너지게 되었다.

역사가 타키투스는 "유대인이 우리에게 견디기 어려운 존재인 까닭은 유대인이 제국의 다른 민족과 다르다는 그들의 집요한 주장 때문이다."라고 기술하였다. 또한 정복자 로마는 피정복자들을 동화시켜 로마제국이라는 공동운명체로 만들려고 노력했다. 그리스인도, 에스파냐인도, 갈리아인도, 그리고 북아프리카인도 모두 로마의 정책에 동참하였지만, 오직 유대인들만은 유대교라는 일신교를 이유로 동화를 거부하고 신권정치를 끝까지 주장하며 반발했다. 이러한 유대인들의 상황과 관련하여, 타키투스는 다음과 같이 기술하였는데,[1] 그는 타 종교를 믿는 자와 결혼을 금지하는 것도 유대인의 폐쇄성을 드러낸다고 생각했다.

"유대인의 할례는 타민족과 차별을 위한 의식이고, 일신교는 다른 신들에 대한 경멸감에서 생겨난 신앙이며, 병역이나 공직을 거부하는 것은 제국에 대한 애국심이 없음을 나타내는 것이고, 인구를 늘리는데 열심인 것은 타민족을 앞지르려는 생각에서 나왔고, 인간

1) 시오노 나나미 지음, 김석희 옮김, 『로마인 이야기 제8권』(서울 : 한길사, 2004), p. 205

의 형상을 본뜬 신상을 숭배하는 것을 우상숭배라고 거부하는 것은 다름 아닌 인간에 대한 경멸이고, 운동 경기도 없는 유대의 종교의식은 음침하고 음울해서 인생을 절망하게 한다."

1. 유대인들의 제1차 반란

로마에 대한 유대인들의 대규모 반란은 첫 번째가 AD 66년 6월에 봉기했다. 도화선이 된 것은 로마군이 체납된 속주세를 압수하기 위해 예루살렘의 성전에 침입하여 17 탤런트를 몰수했기 때문이었다. 예루살렘의 신전은 신성한 곳이어서 유대인의 분노가 폭발했다. 이미 로마의 통치에 반발하여 이스라엘 각지에서 국지적인 반란이 계속되어 온 상태에서 불에 기름을 부어버린 격이어서 반란은 순식간에 불타올랐다.

폭도가 두려워 왕궁으로 도망친 로마 군단병들은 '항복하면 생명을 보장하겠다'라는 말을 듣고 투항했지만 모두 살해당했다. 네로 황제는 대군을 파견하여 본격적으로 반란을 진압하려 했지만, 도중에 네로황제가 자살하고 몇 사람의 황제가 권력 다툼으로 인해 내전이 일어나 시일이 지체되었다가 베스파시아누스 황제가 집권한 다음 본격적인 진압 작전이 전개되었다. 6만 명이 동원된 토벌군은 우세한 전력으로 마치 멍석말이하듯이 전 지역을 느리지만 확실하게 진압 작전을 수행했다. 4년을 넘겨 70년 9월에 예루살렘의 대신전이 불에 타면서 저항은 끝이 났다.

역사가 타키투스는 사망자와 포로를 합쳐 60만 명이 희생되었다고 말하고, 유대의 역사가는 희생자가 110만 명이라고 한다. 이후로도 마사다 요새를 함락하는 데 3년이 소요되었다. 물론 급할 것 없이 차분하게 공격하는 로마군에 대해 농성군이 대부분 자살함으로써 반란은 완전히 종식되었다. 저항했던 유대인들은 모두 처형되거나 노예로 팔려 갔으며 다수의 포로는 로마에서 콜로세움의 건설에 동원되었다. 그래도 로마는 저항하지 않은 유대인을 이스라엘에서 추방하지는 않았다. 이후 반세기 동안 유대에서 반로마 활동은 일어나지 않았다.

2. 유대인들의 제2차 반란

로마 통치에 저항하여 일어난 유대인들의 두 번째의 대규모 반란은 서기 131년 하드리아누스 황제 시절이었다. 오현제 시대의 세 번째 황제인 하드리아누스는 깊은 통찰력을 가진 인물이었다. 그는 로마가 유대를 통치해온 전통적인 방식인 종교의 자유를 비롯한 관용 정책을 유지해왔으나, 내심으로는 특수성을 고집하는 유대인들을 경원시했다. 유대 지역은 화약고처럼 크고 작은 반란이 끊이지 않았고, 언제나 반란이 일어날 위험성이 잠재해 있었다. 그래서 이집트처럼 넓은 속주에 로마군 1개 군단이 상주하고도 안정이 유지되고 있었지만, 자그마한 유대 지역에는 2개 군단이 상주해야 했다.

하드리아누스 황제는 2개 군단 중의 하나인 제10군단의 기지를 예루살렘에서 엎어지면 코 닿을 정도로 매우 가까운 거리에 건설했다. 기지를 중심으로 한 도시 이름을 '아일리아 카피톨리나'라고 했는데, 아일리아는 하드리아누스의 땅이라는 의미였다. 카피톨리나는 로마의 일곱 개 언덕의 하나로서, 그리스와 로마의 최고 신인 유피테르를 비롯한 신들을 모시는 신전이 있는 곳이었는데, 이러한 로마 제10군단 기지의 건설은 유대인의 가슴 속에 깊은 상처를 주었다.

로마가 설치한 제10군단 기지 내에는 원래 유대교의 성전이 있었는데, 이를 파괴하고 유피테르를 모시는 신전이 세워졌다. 그뿐만 아니라, 하드리아누스는 유대인의 할례를 금지했고, 추가하여 반대로 범죄자들에게 할례를 하도록 강제했다. 이러한 조치들은 유일신을 모시며 다른 신을 부정하는 유대인들의 감정을 크게 자극하여 반란으로 치닫게 했다. 이러한 조치들은 어찌 보면 하드리아누스 황제가 유대인들이 반란을 일으키도록 고의적으로 유도했다는 의심이 드는 조치들이었다.

AD 131년에 발생했던 유대인 제2차 반란의 중심에는 자신을 구세주라고 자처하며 군중을 선동했던 코크바(Bar Kokba)라고 하는 인물이 자리하고 있었다. 물론, 예수는 유대인들에게는 구세주가 아니었다. 반란의 초기에는 구체적인 계획이 없었으나, 점차 해외에서 지원병이 모여들고 로마군의 무기 공급처를 점령하여 무기를 획득하면서 세력을 키워갔다. 유대 지역에 주둔한 로마군 2개 군단에는 유대 상인들이 보급을 중단한 것 외에, 독이 섞인 포도주를 납품함으로써 병사들을 사망에 이르게 하지는 않았으나 다수가 앓아 누워 전투력을 상실하는 피해까지 속출했다.

하드리아누스의 대응은 신속했다. 각지에서 차출한 6개 군단이 융단 폭격하듯이 느리지만 확실하게 지역을 평정해 나갔다. 유대인들의 반란에서 보이는 속성은 과격성이 갈수록 심해진다는 것이었다. 순수를 내세울수록 사소한 불순도 용납하려 하지 않았으며, 그에 따라 희생양이 생겨났다. 코크바가 용납하지 않은 것은 로마의 금지령을 받아들였든 아니든 간에 할례를 하지 않은 유대인들이었는데, 이들은 예루살렘 출입이 아예 금지되었다. 할례를 하지 않은 유대인들은 기독교로 개종한 사람들이 대부분이었다. 그들은 코크바를 구세주로 인정하지 않았는데, 유일한 구세주는 예수라고 믿었기 때문에 갈등이 일어난 것은 필연이었다.

사실상 제1차 유대 반란 당시부터 유대교와 기독교는 서로 멀어지기 시작했지만, 단절 상태에까지 이르지는 않았었는데, 132년 2차 반란 때부터 결정적인 적대감을 느끼게 되었다. 반란의 막바지에 유대교인들은 기독교인들을 학살하기 시작하여 돌이킬 수 없는 적대감이 형성되었는데, 이 적대감은 중세를 거쳐 지금까지도 계속되어 사라지지 않고 있다.

AD 134년까지 진압 작전은 느리지만 확고하게 진행되어 예루살렘이 함락되면서 끝이 났다. 제1차 반란 당시와 같이 예루살렘은 철저히 파괴되었다. 50개의 요새가 모두 파괴되고 985개 마을이 불탔으며, 무려 50만 명에 이르는 유대인들이 목숨을 잃었다. 포로들은 가축보다 헐값에 팔렸고, 팔리지 않는 노예들은 도시 재건 공사에 동원되기도 하였다. 마지막 저항은 예루살렘 남서쪽에 있는 베틸 요새가 제2의 마사다가 되어 136년까지 저항하다가 전멸했다.

반란이 평정된 이후 하드리아누스 황제는 유대인들에 대해 몇 가지 결정적인 조치를 취했다. 하드리아누스 황제는 이러한 조치를 통해 첫째, 유대라는 명칭을 없애고, 유대 지역을 팔레스타인이라는 공식 명칭으로 바꾸었으며 둘째, 유대인들이 예루살렘에 거주할 수 없도록 그들을 예루살렘에서 영구히 추방한 것이다. 이후로 유대인들은 예루살렘에서의 거주가 금지되었다. 대신, 로마는 저항하지 않은 유대인들에 대해서는 예루살렘 이외의 어느 곳에 거주해도 문제 삼지 않았다.

기독교는 몰락한 유대인들에게 "유대인은 하느님의 독생자인 예수를 죽게 만든 하늘의 죄인으로 기독교의 적이다."라고 규정하고, "하늘에 대역죄를 지은 유대인은 거룩한 땅 예루살렘의 하늘을 바로 바라보아서는 안 되며, 신성한 하늘과 마주한 땅에 어떠한 씨앗도 뿌려서는 안 된다. 검과 창을 쓰는 무사가 되어서도 안 된다."라고 하며, 농사를 지을 수 없게 하고 군인이 될 수도 없게 했다. 아울러 유대인 개종자와 기독교인의 결혼을 금지하고 기독교인을 노예로 소유하는 것을 금지했다. 고대 농경사회에서 유대인에게 농사 금지 조치는 상업을 주로 하는 자영업을 찾아 나서도록 만들었다.

결국 이러한 조치는 유대인들의 '이산(Diaspora)'을 초래하게 했다. 수백만 명의 유대인들이 박해를 피해 북부 아프리카를 거쳐 이베리아반도로 이주했고, 그 후 서유럽지역과 동유럽 지역으로 퍼져나가도록 했다. 이리하여 유대인들은 제2차 세계대전 이후 다시 이스라엘을 건설할 때까지 거의 2천 년 동안 조국을 잃게 되었다. 물론 하드리아누스가 목표로 한 유대인들의 반란은 완전히 근절되었다.

제3절 이슬람교의 유대인 박해

AD 614년 중앙아시아의 페르시아가 점차 확장하여 팔레스타인 지방에까지 그 세력을 넓혀 오게 되자, 동로마 제국 시대의 유대인들은 과거 바빌로니아가 그들에게 베풀었던 온건정책과 해방을 기대하며 페르시아를 적극적으로 돕기 시작하였다. 유대인들은 페르시아와 연합하여 기독교인들이 거주하는 예루살렘을 수복한 후, 수천 명의 기독교인을 화형에 처하고 수많은 교회와 수도원을 불살랐다. 유대교와 기독교 간의 학살이 공식화된 것이다.

그러나 유대인이 기독교를 탄압한 상황은 길게 이어지지 못했는데, AD 622년 동로마제국이 페르시아를 밀어내고 팔레스타인을 재탈환하자, 전세가 역전되었기 때문이다. 이제 반대로 유대인 지도자들이 숙청되고 유대인들은 추방되었다. 그리고 다시 AD 640년이 되어 이슬람교가 새롭게 아라비아반도에 일어나 세력을 확장해 나가자 새로운 갈등이 생겨났다. 하나의 뿌리에서 태어난 세 종교가 모두 적대세력이 되어 서로를 박해하는 상황이 벌어지게 되었다.

제4절 중세의 유대인 박해

로마제국 후기부터 중세에 이르기까지 유대인에 대한 기독교의 기본적인 입장은 하나님의 선택이 유대인에게서 기독교로 옮겨졌다는 신학적 해석이 확대되어 종교적으로 기독교가 확고한 우위를 점하게 되었다는 것이다. AD 590년 교황 그레고리우스 1세는 유대인을 기독교와 대적해 싸우는 사람들로 규정했으며, 유대인 성당의 건축을 금지하고, 심지어는 유대교의 성서를 읽지 못하도록 제한했다. 이베리아반도에서는 한동안 유대인들이 농업에 종사할 때 한시적으로 노예를 소유할 수 있었으나, AD 589년 톨레도 공의회에서 유대인은 어떤 경우에도 노예를 소유할 수 없도록 규정했다. 7세기 중반부터는 유대인의 토지소유가 전면 금지되어 유대인은 농사에서 쫓겨나 상인이 되거나 고리대금업자가 되어야 했다.

이베리아반도의 이슬람 세계에서 지배자들이 유대인에 대해 비교적 온건한 정책을 펼쳐 자유와 부를 누렸던 유대인들은 새로운 정치세력의 등장으로 격변기를 겪으면서 수난을 피할 수 없었다. 이베리아반도 내에서 군소 이슬람 국가들의 내분이 끊이지 않게 되자, 유럽 전역의 지원을 받는 기독교인들이 1085년 서고트족의 수도인 톨레도를 일시적으로 탈환했는데, 이때 유대인들은 스페인 중부의 카스티야 왕국으로 탈출해 한동안 카스티야가 번영을 이루게 되었다. 11세기로 접어들면서 유럽에서 기독교와 유대인 및 이슬람과의 관계는 증오심이 점점 심화되어 갔다. 이베리아반도의 남쪽지방에 수립된 이슬람 왕국은 유대인들에게 이슬람 신앙을 강요하면서 유대인들에게 노란색 표식을 달도록 차별화했다.

중세 시대 노란색은 거짓과 위선 및 불충, 그리고 비겁을 뜻하는 치욕의 색이었다. 유대인들은 터번을 쓸 때 흰색, 혹은 검은색이 아닌 노란색 터번을 써야 했고, 터번을 쓰지 않으면 노란색 허리띠를 매야 했다. 노란색이 혐오의 대상이 된 것은 배반자 가롯 유다(Iscariot Judas)가 입었던 옷의 색깔이 노란색이었기 때문이었다. 유대인들은 그곳에서도 회당을 지을 수 없었고, 노예를 부릴 수 없었으며, 심지어 말을 타고 다닐 수도 없었다. 반면 북아프리카 산악지대에서는 이슬람 근본주의가 발흥해 기독교 공동체가 전멸했다. 그리고 AD 1146년에는 이슬람 근본주의를 표방하는 알 모하드 왕조가 이베리아반도에 상륙해 유대인들에 대한 광적인 탄압정책을 전개했다. 유대인들은 개종하지 않으면, 죽음을 받아들여야 했다. 1198년 예멘에서는 개종하지 않은 유대인들이 모두 참수당하는 사태가 벌어졌다.

제5절 십자군 전쟁과 유대인

AD 1077년 중앙아시아에서 확장되어 온 셀주크튀르크가 예루살렘을 점령하였다. 당황한 동로마 제국은 교황 우르비노 2세에게 지원을 요청했고, 그에 따라 1095년 프랑스의 클레르몽에서 공의회를 열어 성지인 예루살렘을 탈환하기 위한 십자군 원정이 시작되었다. 교황은 누구나 십자군 원정에 참여하면 모든 죄가 용서되어 천국에 갈 수 있다고 선포하고, 예루살렘을 탈환하면 기독교인들이 그 땅을 다스리라는 교시를 내렸다.

아울러 기독교를 보호하기 위해 이교도를 죽이는 것은 십계명에 위배 되지 않는다는 것도 선포했다. 십자군 원정이 시작되자, 이교도들에게 예수의 피에 대한 복수가 있을 것이라는 위협이 알려지고, 이슬람뿐 아니라 유대인을 포함한 비기독교인들을 학살해도 문제가 되지 않는다는 것이 공표되었다. 그리하여 유대인들은 예루살렘에서보다도 프랑스와 독일 등지의 십자군이 행군하는 경로상에서도 무수히 학살당했는데, 라인강 주변에 살던 유대계 독일인들까지 대략 1만 2천 명이 죽는 사태가 발생했다.

제1차 십자군 원정은 AD 1099년 예루살렘을 탈환함으로써 막이 내렸는데, 십자군 원정군은 제1차 원정을 통해 이슬람과 유대인을 무참하게 학살했다. 이교도들을 회당 안에 몰아넣고 불을 질렀으며, 생명을 건진 사람들은 포로가 되어 노예로 팔려나갔다. AD 1187년에 이슬람이 다시 예루살렘을 재탈환하지만, 다행히도 기독교도나 유대인에 대한 학살은 없었다. 그리고 AD 1215년에 열린 라테라노 공의회에서 인노켄티우스 3세는 유대인들에게 노란 마크를 가슴에 붙이도록 하는 칙령을 제정했다.

AD 1291년이 되면 이집트의 술탄이 십자군의 마지막 군대를 완전히 격파하고 예루살렘을 지배하게 되었는데, 이슬람 정권은 기독교인들에게는 파란 터번, 유대인들에게는 노란 터번을 쓰게 하고, 이슬람교도가 아닌 사람들은 모두 공직에서 추방했으며, 말을 타지 못하게 하고 강제 개종을 강요했다. 이렇게 200여 년에 걸친 십자군 원정이 끝나자, 유럽에서의 유대인들은 안정된 공동체 생활에 종지부를 찍게 되었고, 그 이후부터 18세기까지 온갖 냉대와 혐오의 대상이 되었다. 경제적으로 비상한 능력을 갖춘 유대인들은 통치자들에게서 경제적인 이익이 있을 때는 이용당했고, 그렇지 않으면 학대당하는 과정을 반복적으로 겪게 되었다.

AD 1321년 남부 프랑스에서 나병이 창궐하게 되자, 유대인들이 우물에 독을 풀었기 때문이라는 소문이 나돌면서 혹독하게 고문당하고 학살됐으며, 14세기 흑사병이 나돌 때도 역시 유대인들이 독을 풀었다는 누명을 쓰고 300개 이상의 유대인 마을들이 파괴되고 유대인들이 살해당하는 수모를 겪었다. 그러나 이는 사실상 질병으로 인한 경제적인 타격으로 유럽 사회에서 식량이 부족해지자, 유복한 유대인 가정을 파괴하면 여러 가족이 삶을 이어갈 수 있을 것이라는 치밀한 계산 하에 이루어진 일이었다. 이와 함께 유럽의 영국이나 프랑스 및 독일에서는 금융업을 하던 유대인을 추방하는 움직임이 본격화되었다. 유대인을 추방하면 영주들이 유대인에게 지고 있던 채무를 무효화시킬 수 있음은 물론, 그들의 재산 역시 영주에 귀속되었기 때문이었다. 유대인들은 삶을 위하여 점차 동구라파 지역의 폴란드와 러시아 등지로 더 멀리 피신하면서 퍼져나가게 되었다.

제6절 AD 1492년 스페인의 유대인 추방

스페인이 기독교 국가로 통일을 이룬 1492년에 스페인은 유대인에 대한 추방령을 선포했다. 당시 스페인 인구의 6.5%에 해당하는 인원이 유대인이었고, 주요 도시인 톨레도나 바르셀로나의 문화와 상권을 유대인들이 거의 장악하고 있었다. 1992년 바르셀로나 올림픽 당시 주 경기장이 위치한 몬주익은 황영조 선수가 마라톤을 제패하여 한국인들에게는 익숙한 지명이지만, 그 당시 유대인의 집단 거주지로서, 몬주익이란 단어 자체는 '유대인의 산'이라는 의미를 내포하고 있었다.

유대인들을 추방하게 된 배경에는 그 당시 전쟁 후유증으로 발생한 민심 이반을 수습하고 왕실의 권위를 확립하기 위해 종교적 순수성을 추방 명분으로 내세워 이교도를 탄압하였던 역사적 사실이 자리 잡고 있었다. 물론 그 이면에는 경제적 이유가 잠재해 있었는데, 유대인들을 추방함으로써 재산을 몰수하여 바닥난 국고를 메우려 한 것이었다. AD 1492년 3월 31일에 발표된 칙령에 따르면, 4개월 이내에 유대인은 스페인을 떠나야 하고, 금·은이나 화폐를 가져갈 수 없다는 것이었다.

그러나 항상 위험을 안고 살았던 유대인들은 재산을 부동산이나 현금 및 골동품과 보석 등으로 나누어 소유하고 있어서 추방될 때, 상당한 재산을 가지고 떠날 수 있었다. 그 당시 추방당한 유대인들은 총 26만 명에 이르렀다. 그들이 향한 곳은 비교적 안전한 플랑드르 지방의 브뤼셀과 앤트워프였는데, 이곳에는 영국과 프랑스에서 추방된 유대인들이 이미 터를 잡고 있었다. 당시 유대인들이 휴대했던 보석류가 바탕이 되어 앤트워프와 암스테르담은 전 세계 보석 시장으로 자리 잡을 수 있었다.

유대인을 추방한 스페인은 유대인에 의해 운영되던 금융시장과 고도의 기술 산업을 잃고 점차 해양 왕국의 지위를 영국에 빼앗기게 되었다.

추방령이 내려진 1492년은 콜럼버스가 신대륙을 발견하게 되는 해인데, 이때 선박을 건조하는 데 투입된 자금은 유대인으로부터 몰수한 돈이 바탕이 되었다.[2)]

그러나 영국, 프랑스, 독일, 그리고 스페인과 포르투갈에서 유대인이 추방되었던 것에 반해 폴란드에서는 유대인의 이주를 크게 환영했는데, 그 배경은 몽골제국의 침략 이후 경제적인 파탄을 재건해줄 대안 세력으로 유대인의 역할을 기대했기 때문이었다. 14세기부터 18세기 말 폴란드가 분할될 때까지 유대인들은 폴란드에서 자유로운 생활을 영위하면서 300만 명의 대규모 거주지가 되었다. 유대인들은 관리로서, 상인으로서 활동했고, 경제력을 바탕으로 학문과 예술에도 영향력을 행사했다.

그러나 폴란드에서도 1차 대전 이후 새롭게 등장한 신생 국가들처럼 유대인을 달갑지 않은 경제적 경쟁자로 간주하여 점차 적극적으로 차별하기 시작했다. 2차 대전 당시에 폴란드는 비록 나치의 강제가 있었기 때문이었지만, 적극적으로 유대인 색출과 학살에 동조했다.

결론적으로 중세 시대의 유대인은 세속적인 지배자와 기독교의 일정한 보호 아래 살아가도록 허용된 박해 받는 존재였다. 그 대가로 종교적으로 '저주받은 민족'이자 '하느님을 살해한 민족'이라는 낙인을 받은 비참한 신분으로 전락했다.

제3장 유대인이 박해받는 이유

제1절 종교적인 이유

고대에 유대인이 타민족에 의해 박해받았던 이유는 유대인의 종교와 독특한 문화에서 기인한다. 고대 다신교 사회에서 유일신을 숭배하는 유대교는 질시와 증오의 대상이 되었

2) 홍익희 지음, 『세 종교 이야기』(서울 : 행성 B 잎새, 2018), p. 419.

다. 똑같이 유일신을 믿는 기독교로부터도 박해받는 이유는 예수의 지위에 인식이 다르기 때문이다. 기독교는 예수가 하느님의 대리인으로서 구세주라고 인정하는 반면, 유대교는 예수가 선지자의 한 사람이지 구세주는 아니라는 것이다. 유대교에서는 구세주는 아직 오지 않았고, 예수는 선지자 중의 한 사람이라고 인식되었다. 더욱이 유대민족이 아닌 이슬람교도들이나 기독교인들은 모든 민족 가운데 오직 유대 민족만이 하나님의 구원을 받는다는 선민의식을 견지하고 있는 유대인들에 대해 배타적 일 수밖에 없었다.

특히, 기독교로서는 구세주인 예수를 십자가에 매달아 죽게 한 장본인들이 유대인들이라는 적개심이 자리 잡고 있다. 유대인의 선민의식은 그들의 문화에서도 배타적으로 작용하고 있다. 그들은 유럽의 기독교 사회에 살면서 기독교로부터 외면당한 가운데, 강제적으로 그들만의 거주지역에 살면서 [토라]와 [탈무드]를 읽고 교육하며 고집스럽게 전통을 유지해 간다. 주류 사회인 기독교인들과의 교류보다는, 자기들만의 사회를 유지하면서 외부와 잘 어울리지 않는 폐쇄적인 생활방식을 고집했다.

제2절 경제적인 이유

유대인들은 정착하는 곳마다 그 지역의 경제를 장악했다. 유대인들은 오랜 세월 나라를 잃고 떠돌이 생활을 했기 때문에 돈과 지식만이 그들의 삶을 보장해주는 수단이 될 수 있다는 점을 깊게 인식하고 있었다. 그들은 직업에서도 차별받았고, 토지를 소유할 수 없었기에 대부업과 상업이 주종이었다. 중세 시대에는 농업에 기반한 경제가 주류를 이루고 있었기에 귀족이나 사제 집단은 상업을 천한 것으로 여겼고, 돈은 귀중했지만 축적하는 과정에서 금융업은 역시 천한 것으로 취급하여 직접 관리하지는 않았다. 귀족은 지배와 전쟁, 무력으로 질서를 유지하는 것이 주 임무였고, 사제 집단은 신을 대리하는 고귀한 신분이었으므로 농사 이외의 경제 활동을 피했다.

따라서 시민 계급이 출현하기 전까지는 금융을 다루는 일을 할 계층이 유대인 외에는 없었다. 특히 유대인들은 교육을 강조하였기 때문에, 유대인들은 모두가 글을 알고 셈을 할 수 있었는데, 유대인들만이 이러한 탁월한 능력을 보유하고 있었다. 16~18세기에 접어들어 이른바 초기 자본주의가 태동하면서 유대인들에 대한 부정적인 인식은 더욱 확대되었다. 18세기 말 프랑스 혁명을 전환점으로 유대인들의 경제적 영향력은 특히 금융업면에서 유럽 전역을 휩쓸었다. 따라서 민족의 이익을 지키려는 세력과 유대인 간의 충돌이 끊이지 않게 되었다.

당시 독일에서는 경제의 7할 이상을 인구의 3%에 불과한 유대인이 장악하고 있었다는 주장도 있다.[3] 자본을 무기로 국내·외의 경제는 물론, 정치에 강한 영향력을 행사하는 유대인에 대한 혐오감이 전 유럽에 확산되었고, 이를 악용하여 국내 정치에 이용한 사람이 바로 히틀러였다. 심지어 프랑스에서도 최고 지성인이라는 볼테르조차도 1746년 발간한 [철학 사전]에서 "유대인은 한마디로 말해 약탈 민족이다"라고 규정하기까지 했다. 미국에서 마크 트웨인은 좀 더 깊이 있게 반유대 정서를 다음과 같이 표현했다.

"프로테스탄트는 가톨릭교도를 박해했지만, 그들의 생계를 앗아가지는 않았다. 가톨릭 또한 프로테스탄트를 박해했지만, 농업과 수공업에 종사하는 것을 막지는 않았다. 반면, 유대인에 대한 박해는 다르다. 예수의 수난 때문에 유대인을 박해한다는 세계인의 시각에 대해 나는 생각이 다르다. 종교적인 이유만으로 유대인에게 가지는 반감은 설명이 부족하고, 실제로는 유대인이 불로 소득자들이기 때문이다. 유대인의 인생 목표는 돈이다. 그들은 로마에서도 그랬고 그 후로도 그렇게 살아왔다. 그들의 성공은 전 인류를 그들의 적으로 만들었다."

제4장 나치와 히틀러의 유대인 탄압

제1절 세계역사로 보는 대량 학살

인류 역사에서 대량 학살의 경우는 헤아릴 수 없을 만큼 많이 찾아볼 수 있는데, 정치적·종교적·영토적이거나 사상적 이유에서 발생한 것들이었다. 식민지 전쟁의 결과 원주민들의 대량 학살이 다수 발생했고, 15세기 이후 아프리카인들은 수백만 명이 노예로 팔려갔다. 제1차 대전 중에 터키가 아르메니아인 100만 명 이상을 학살한 사건은 그 야만의 정도가 진일보했다는 점을 보여주었다.

희생자의 수를 놓고 보면 1930년대 중반부터 소련의 스탈린 치하에서 공산주의 이데올로기에 의해 인민의 적으로 몰려 살해당하고, 굶어 죽고, 중노동에 시달리다가 사망한 주민들이 가장 많을 것이다. 그 당시 소련에서 동족 학살의 피해자가 이미 2,000만 명을 상회했다는 것은 이미 밝혀진 사실이다. 모택동은 1950년대 인민공사를 만들어 경제를 개조한다는 명목으로 주민들을 다그쳐 3,000만 명 이상이 희생되었다지만, 학살당한 것은 아니었다. 가까운 1970년대의 캄보디아에서도 이데올로기 때문에 소위 Killing Field라고 명명될 만큼 무려 200만 명 정도의 자국민이 내전에서 사망했다. 제2차 세계대전 기간에

3) 홍익희 지음, 『세 종교 이야기』(서울 : 행성 B 잎새, 2018), p. 433.

도 폴란드인 300만 명이 나치의 희생자가 되었고, 소련의 전쟁 포로 수백만 명이 독일인들에 의해 기아로 죽어갔다.

또한 유럽의 집시들도 유대인과 비슷한 행태로 50만 명 정도가 학살되었다. 나치는 집시들을 반사회적 집단으로 규정하고 특히 적대시했다. 집시들은 유대인과 똑같이 아우슈비츠-비르케나우 등지의 수용소에 갇혔다가, 굶주림과 질병 및 생체실험, 그리고 독가스에 의해 살해되었다. 그러나 나치는 집시들을 사회 질서의 위협요인으로만 간주하였고, 유대인처럼 불구대천의 원수처럼 여기지는 않았다. 최근의 일이지만, 1990년대에도 구유고슬라비아의 내전으로 보스니아, 헤르체고비나, 코소보 등지에서 신유고연방의 밀로세비치에 의해 잔악한 인종 말살이 자행됨으로써 인종청소가 사라지지 않고 있음을 보여주었다.

제2절 독일인의 유대인 혐오증과 히틀러의 유대인 혐오 사상

1933년 히틀러가 집권하기 이전에 유대인들은 정치·경제·군사적으로 독일 국가에 위협을 가한 적이 없었다. 오히려 그들은 제1차 세계대전 기간에 자신들의 애국심을 입증하였고, 자신들이 독일 국민의 일원으로 인정받고자 지대한 노력을 기울였다. 그리하여 제1차 세계대전에서 1만 2천 명 정도의 유대인이 조국인 독일을 위해 목숨을 바쳤으며, 무공으로 포상을 받은 비율도 높았다. 그런데도 일부 독일 국민들은 유대인들이 독일인들을 배신했다고 믿었다.

유대인과 독일인은 적극적인 교육열과 근면성 및 가족 중시 경향, 그리고 과학과 예술에 대한 재능이 탁월한 점에서 매우 유사했다. 그러나 다른 민족들이 보기에는 독일인이나 유대인 공히 다분히 자기 연민에 쉽게 빠지고, 까다로우면서 공격적인 면이 있었다. 유대인이나 독일인에 대한 공통점은 매우 많은데, 심리학자 프로이트가 예리하게 관찰한 바와 같이, '차별성이 없는 자아도취'는 엄청난 증오심을 유발할 수 있다는 것이다. 곧, 유사성, 연관성, 그리고 동화가 상황에 따라서는 강한 반발을 일으킬 수 있다는 것인데, 19세기와 20세기에 독일이 내세운 '유대인 문제'가 바로 그러한 경우에 해당한다고 볼 수 있다.

그 배경에는 기독교의 반유대주의, 민족주의, 인종주의적 편견이 존재하고 있었다. 종교적 관점에서 기독교는 소위 부정한 이득을 얻기 위해 예수를 배반했다는 제자 유다와 유대인들을 동일시하거나, '예언자의 살해범'이나 '하느님을 모함하고 경멸한 자들', 또는 '악마의 수호자'로 간주하면서, 유대인들을 끊임없이 악마와 관련시켜 묘사해 왔다. 이러한 비난은 비록 정도 차이는 있었지만, 독일에서뿐만 아니라, 거의 모든 기독교 국가에서 공통된 견해로 수 세기에 걸쳐 내려왔다.

심지어 14세기에 유럽을 휩쓸었던 흑사병이 창궐할 때도 유대인들이 우물에 독을 풀었기 때문이라는 유언비어가 수많은 유대인의 희생을 불러왔다. 위대한 종교 개혁가인 마르틴 루터조차도 1543년 작성한 [유대인과 그들의 거짓말에 대하여]라는 글에서 유대인을 '버림받은 민족', '악마와 같은 민족'이라고 반복해서 견해를 피력하면서, 독일의 통치자들에게 "유대인의 교당을 불태우고, 유대인의 집을 파괴하고, 유대인 기도서를 빼앗고, 랍비의 전교 행위를 금지하며 신분증을 빼앗고, 고된 노동을 통해서 먹을 것을 구하도록 하여 고리대금업을 그만두도록 해야 한다."라고 주장했다. 이에 추가하여, 루터는 "스페인과 프랑스 및 보헤미아의 선례에 따라, 유대인의 재산을 몰수하고, 독일에서 유대인들을 영원히 추방하라."라고도 주장했다. 중세 시대의 가톨릭과 마찬가지로, 루터의 종교개혁에서의 주장도 훗날 나치의 반유대주의자들이 유대인을 핍박하는 준거로 삼을 만한 강력한 메시지를 남겼다.

히틀러의 유대인에 대한 인식에 크게 영향을 준 중요한 인물 중에 대표적인 사람은 독일 민족주의 작곡가 리하르트 바그너였다. 바그너는 그의 오페라에서

> *"나는 유대민족이 순수한 인류와 거기에 담긴 고귀한 모든 것을 부정하는 타고난 적대자라고 믿는다. 분명한 것은 이들이 우리 독일인들을 파멸로 몰아가고 있다는 것이고, 나는 아마도 이미 모든 것을 지배하고 있는 유대인들에게 마지막까지 당당하게 맞설 줄 아는 독일인일 것이다."*

라고 말하고 있다.[4] 히틀러는 바그너의 오페라를 암기할 정도로 심취했으며, 어린 시절부터 바그너가 음악을 포함한 예술의 분야에서 유대인이 행한 부패와 악행을 비난하는 통렬한 독설을 열심히 익히기도 하면서 유대인에 대한 증오를 키워갔다.

히틀러의 [나의 투쟁]에는 "유대인은 결코 창조적인 예술을 만들지 못한다. 특히 음악과 건축에서 그렇다."라고 주장하는 구절이 나오는데, 이는 어쩌면 바그너의 비난을 표절한 것일 수도 있다. 그렇지만 히틀러의 반유대주의는 나름대로 고유한 특징이 있다. 그가 유년 시절에 '빈의 거리에서 얻은 생생한 교훈'이라고 말했듯이, 긴 소매의 카프탄을 입은 동유럽 출신의 유대인을 보았을 때 구체화되기 시작했다. '까만 머리채에 카프탄을 걸치고 있는 모습'을 보면서 유대인의 이질성을 느꼈고, 이러한 이방인이 어떻게 독일인이 될 수 있는지 의문을 품었다. 그의 인식 속에는 시간이 지나갈수록 유대인을 이질적인 부정 요

4) 로버트 S. 위스트리치 지음, 송충기 옮김, 『히틀러와 홀로코스트』(서울 : 을유문화사, 2004), p. 25.

소로 보는 시각이 증폭되어 갔다.

그러다가 히틀러가 결정적으로 냉철한 반유대주의자로 변신하게 되는 사건이 발생하게 되는데, 이는 오스트리아 사회 민주주의의 지도자들이 유대인들이었다는 사실이 밝혀지면서 비롯되었다. 히틀러의 유대인 혐오증에는 인종적인 측면이 크게 작용한다. [나의 투쟁]에서 히틀러는 "악마의 웃음을 띤 얼굴에 검은 머리의 유대인이 순진한 처녀를 범하고 피를 섞음으로써 자기의 핏줄로 만든다. 그렇듯 온갖 수단을 다해 정복하기로 작정한 민족의 인종적 토대를 파괴하려 한다."라고 비난하였다.

한편, 히틀러는 소련의 공산주의를 '유대인인 마르크스의 교리'라고 규정하고, 전면적 파괴를 목표로 투쟁해야 한다고 강조했다. 그는 마르크스주의의 평등 원칙은 민족성과 인종의 특성에 맞지 않으며, 개성의 가치를 부정하고, 자연의 법칙에 어긋난다는 것이었다. 따라서 게르만 민족에게 가장 절실한 과제는 위협적인 국제공산주의 거점인 소련을 없애고 동구권에 독일의 더 넓은 생활공간(Lebensraum)을 건설하는 것이라고 주장했다.

히틀러는 "유대인은 마르크스주의와 결합하여 세계의 다른 민족을 지배하겠다는 꿈을 꾸고 있으며, 이는 인류의 대재앙이다."라고 생각했다. 따라서 전지전능한 창조주의 뜻에 따라 유대인으로부터 민족을 보호하는 것은 하나님의 뜻에 부합한다고 했다. 아울러 제1차 세계대전에서 독일이 패전한 것은 연합군에게 패한 것이 아니라, 배후에서 유대인이 사주한 공산주의자들과 평화주의자들이 등에 비수를 꽂았기 때문이라는 당시의 거의 모든 독일 군인이 생각한 바와 같은 견해를 소지하고 있었다. 그는 명확히 "그러한 배반이 두 번 다시 일어나서는 안 된다. 우리는 유대인을 파멸시킬 것입니다. 그들은 1918년 11월 9일에 저질렀던 과오에 대한 대가를 아직 치르지 않았습니다."라고 언급했다. 11월 9일에 있었던 제1차 세계대전에서의 독일의 항복은 유대인과 공산주의가 결합하여 등장했기 때문이라고 했다. 그에게는 유대인을 파멸시키는 것이 두 번 다시 등에 비수가 꼽히는 것을 예방하고 독일의 최종 승리를 가져오는 것으로 생각했다.

히틀러는 소비에트 연방공화국이라는 소련이 실상은 유대인의 세계관으로 슬라브인들에게 새로운 유대인 지도부를 받아들이게 만드는 속임수라고 주장했다. 공산주의 사상은 유대인이 만들었기 때문에 유대인과 공산주의는 하나라는 선언, 즉 [유대 볼셰비즘 신화]를 주장한 것이다. 이러한 주장은 처칠과 윌슨도 처음에는 비슷하게 생각했고, 일부 언론도 유대인을 볼셰비키의 전 세계적 음모 주도 세력으로 보았다.[5] 그런데 이러한 [유대 볼셰비즘 신화]는 제1차 세계대전 말기 동서 양면 전쟁을 탈피하려는 독일의 외교적 노력의 일환으로 독일이 레닌을 밀폐된 열차에 태워 취리히에서 페트로그라드로 보내어 볼셰비키

5) 티머시 스나이더 지음, 조행복 옮김, 『블랙어스 Black Earth』(서울 : 열린 책들, 2018), p. 44.

혁명이 성공하도록 도와준 데서 그 배경이 더욱 확고해졌다. 1917년 11월 볼셰비키 혁명 이전에 소련 내의 유대인의 지위는 포그롬[6]의 대상이었다.

1914년 제1차 세계대전이 벌어지자, 제정 러시아 당국은 유대인들이 침략자들과 내통할 가능성이 있다고 판단하여 50만 명의 유대인들을 추방하고 약탈했다. 러시아군이 폴란드로 진군할 때도 역시 그 지역의 유대인 수십만 명을 추방하고 재산을 탈취했다. 그러다가 1917년 10월 레닌의 혁명에 유대인들이 적극적으로 합류하자, 처지가 달라졌다. 레닌은 결정적인 지원을 해준 유대인들에게 감사를 표했고, 유대인은 제국에서 억압받던 종교적 소수파에 그친 것이 아니라, 새로운 혁명 국가에서 돌연 타 국민들과 동등한 구성원이 되었다. 따라서 [유대 볼셰비즘 신화]는 히틀러가 제국을 획득하고 지구를 공산주의로부터 회복하기 위한 군사력의 지향점이 바로 소련이라는 점을 명확히 하는 언어였다. 아울러 히틀러는 독일이 유대인을 제거할 수 있다면, 그들이 거짓 사상을 퍼뜨리지 못하게 막을 수 있을 것이고, 그들의 지구 지배를 포기하게 할 수 있을 터였다.

1918년 바이마르 공화국 수립 이후 독일 인구의 1%도 채 안 되는 50만 명 정도의 유대인들은 분명히 자유주의적 우파의 정치 노선을 지향하고 있었다. 그러다가 이들 유대인들은 1933년에 이르러 독일 전역에서 의사의 11%, 법률가 16%를 점하고, 은행업이나 무역, 예술, 언론, 학자로서 중산층 이상의 생활을 영위하면서 반유대주의적인 민족주의자들에게 질시의 대상이 되어 있었다. 바이마르 공화국 초기의 정치·경제적 위기는 독일인의 감정을 더욱 악화시켜 유대인들을 전쟁 패배에 책임이 있는 집단으로 몰아갔다. 실제로 1919년 스파르타쿠스단의 반란을 일으켰다가 살해당한 로자(R. Luxemburg)와 바이에른주의 수상이었던 쿠르트 아이스너(K. Eisner)는 유대인으로서 대표적인 공산주의자였다.

동시대에 러시아 출신 유대인들이 주축이 되어 수립한 뮌헨 소비에트 공화국은 자유 의용대에 의해 철저히 진압되면서 유혈 복수극의 대상이 되었다. 반유대주의가 짙게 깔린 사회 분위기 속에서 히틀러는 1923년 11월 제1차 세계대전의 영웅 루덴도르프를 내세워 뮌헨에서 쿠데타를 일으켰으나 실패하였다. 투옥된 그는 감옥에서 [나의 투쟁]을 동료인 헤스에게 받아쓰게 했는데, 이 책이 장차 나치 운동의 성서가 되었다.

히틀러는 유대인 문제에 있어서 단순히 감정적인 박해를 가하는 수준이 아닌, 유대인의 특권을 없애는 '합리적인 반유대주의'를 제창했다. 그것의 최종목표는 '유대인의 완전한 제거'였다. 유대인의 제거를 위한 논리를 위해 레닌 혁명 이후 소련에서 2,000만 명 이상이 희생된 사실을 '유대인이 러시아에서 헤게모니를 장악하기 위한 음모'에 기인한 것이라고 말하며, 이를 '유대 볼셰비즘'이라고 지칭했다.

---

6) Pogrom은 19세기와 20세기에 러시아 제국의 영토 내에서 유대인을 공격한 집단 학살행위를 말한다.

독일에서 유대인이 배후에 도사리고 있다고 믿는 마르크스주의와 민주주의 및 가톨릭 중앙당의 의회주의를 완전히 파괴하고, 인종 차별적 독재체제를 만드는 것이 히틀러의 복안이었다. 나치당은 1932년 9월 선거에서 37.3%의 득표율로 제1당이 되었고, 1933년 1월에는 대통령인 힌덴부르크에 의해 히틀러가 수상에 지명되었다. 그러나 이러한 히틀러의 정권 장악은 유대인들에게는 독일에서의 자유가 끝났음을 의미했다. 나치 돌격대가 수시로 유대인에게 가하는 폭력을 제어할 길이 없었다.

새로운 공무원 임용법에 따라 유대인 변호사 1,400명과 판검사 381명이 해임되었고, 그 후 5년이 채 안 되어 유대인 의사들이 모두 추방되었다. 1933년에 아인슈타인을 비롯한 학자 200명이 우선 이민을 떠났고, 이어서 첫해에 4만 명이 독일을 떠났다. 1939년까지 독일내 유대인 20만 명이 독일을 떠났고, 오스트리아에서도 8만 2천 명이 이민 길에 올랐다. 이들 가운데, 13만 명 이상이 미국에, 나머지는 팔레스타인과 영국 및 브라질, 그리고 아르헨티나 등지에 새로운 생활 터전을 마련했다.

제3절 뉘른베르크 법

1935년 9월에 '뉘른베르크 인종법'이 제정되면서, 이때부터 '뉘른베르크 법'은 본격적으로 유대인의 시민권을 박탈하는 근간이 되었다. 그 내용은 "첫째, 유대인과 독일인의 결혼 금지, 둘째, 독일인과 유대인의 혼외관계 금지, 셋째, 유대인에 의한 45세 이하 여성 가정부 고용 금지와 더불어, 유대인은 독일 국기를 게양하지 못하고, 이를 어기면 징역이나 강제 노동형을 받을 수 있다."라는 것이었다.

독일은 뉘른베르크 법과 함께 '제국 시민법'을 제정했는데, 제국 시민법의 골자는 누가 유대인인가를 규정한 것이었다. 정통 유대인과 혼혈 유대인을 규정했는데, 조부모 중에 한 사람만 유대인이어도 유대인으로 인정하는 법이었다. 이에 따르면 1935년 기준 유대인의 혈통을 가진 독일 내 거주자는 150만 명으로 추산되었다. 이 법에 따라 유대인은 이등 시민으로 전락했지만, 오히려 법적 보호망이 되어 자신들의 처지를 안정시켜주고 생계 수단을 보장해 줄 것이라는 희망을 품기도 했다.

그러나 1936년에는 베를린 올림픽 개최로 인한 전 세계 이목을 의식하여 유대인에 대한 박해가 완화되었다가, 1938년 3월 오스트리아를 병합하면서 유대인에 대한 본격적인 박해가 폭발적으로 가해지기 시작했다. 거의 20만 명에 달하는 빈의 유대인 공동체는 오스트리아의 나치 집단에 의해 신속하게 추방되었다. 비밀경찰의 사주 아래 동원된 과격분자들은 마치 중국의 홍위병들이 그랬던 것처럼, 유대인들에 대해 극심한 모욕을 주고 폭력을 가하는 동시에, 재산을 몰수했다. 히틀러는 빈의 유대인 문제 해결 방식에 놀라면서, 독일 내에서도 오스트리아에서와 똑같은 방식이 채택되기를 바랐고, 이를 시행하는 인물로 그가 염두에 둔 책임자는 괴링이었다. 결국 1938년 4월 독일 내에서도 유대인들이 강제로 재산을 신고하도록 했고, 6월에는 유대인의 기업을 아리안화시키는 법안이 제정되었다.

제4절 수정의 밤(Kristalnacht)

1938년 10월 독일에 거주하던 폴란드 출신 유대인 1만 7천 명이 무자비하게 추방되었다. 고난을 겪으면서 폴란드 국경에 도달한 그들을 기다리고 있던 것은 폴란드의 입국 금지였다. 제1차 세계대전 후 오스트리아 헝가리 제국이 붕괴하면서, 겨우 독립한 신생국가 폴란드조차도 이제 무국적자인 유대인을 자국에서도 추방하려는 의도를 드러냈던 것이다. 버림받은 그들 일행 중에는 그린스판(Grynszpan) 일가가 있었는데, 그의 아들 헤르셸은 파리에서 망명 생활 중이었다. 그는 가족이 학대받는 것에 분개하여 파리 주재 독일 3등 서기관이었던 에른스트 폼 라트를 암살했다.

나치는 즉각 이 행위를 전 세계적인 유대인 비밀 결사 조직의 음모라고 규정하였는데, 파리 주재 독일 3등 서기관의 죽음에 분노하여 독일을 비롯한 오스트리아와 체코의 수데텐 지역에서도 반유대주의적 폭력행위가 대규모로 잔혹하게 일어났다. 1938년 11월 9일 밤 유대인 상점의 유리창은 모조리 망가졌고, 유리 조각이 수정처럼 빛났다고 해서 그날 밤을 '수정의 밤(Kristallnacht)'라고 불렀다. 이어서 유대 교회 400여 곳이 불에 탔고, 건물 7,500채가 파괴되고 약탈당했다. 수백 명이 살해되고 3만여 명이 강제 수용되었다. 이어서 유대인들에게 10억 마르크의 벌금을 징수하고, 유대인 표식을 가슴에 달게 하며, 유대인 소유의 공장과 사업체를 몰수하기로 했다.

● 노란색 다윗의 별

괴벨스는 유대인 아이들의 독일 학교 퇴출과 함께 유대인들의 공공장소 이용 거부와 야간 통행금지에 대한 지시를 내렸다. 오스트리아와 독일 거주 유대인들은 모두 이민을 강요당했다. 프랑스 주재 독일 한 하급 외교관의 죽음을 잔악한 유대인 탄압으로 몰고 간 장본인은 바로 선전장관 괴벨스였다. 그는 1938년 중반부터 체코

출신 여배우와의 스캔들로 히틀러의 신임을 잃고 있었는데, 수정의 밤 사건을 계기로 유대인 문제를 확고히 처리하면서 히틀러의 신임을 되돌릴 수 있었다.

그러나 당시까지만 해도 나치는 유대인을 불구대천의 원수로 취급했지만, 신체적으로 절멸시키려는 계획은 없었다. 1939년 9월 독일과 소련이 폴란드를 침공하여 분할 점령하자, 독일 지역의 유대인을 전면 추방하는 길이 열렸다. 이어서 1940년 5월의 프랑스 침공에 이어, 1941년 6월 독일이 소련을 침공하자, 유대인 추방은 더욱더 폭력적으로 변해 대규모의 해결책으로 발전하게 되었다. 마침내 1941년 12월 일본의 진주만 기습으로 미국이 참전하게 되고, 미국이 독일과도 전쟁에 돌입하자 유대인의 절멸을 위한 계획은 본격적으로 추진되기 시작했다.

● 프랑스 유대인들이 1942년 7월 파리의 북동부 드랑시(Drancy) 수용소에서 사진 촬영되었다. 그 후 이들은 동부 집단 학살 수용소로 향하는 기차에 태워졌다.

제5절 유대인들의 해외 이주계획

1938년 3월 18일 오스트리아가 독일에 합병되자, 독일은 오스트리아와 독일 거주 폴란드 시민권을 가진 유대인을 폴란드로 추방하기 시작했다는 점은 앞에서 거론했다. 독일에 거주하던 6만여 명과 오스트리아에 거주하던 1만 7천 명이 우선 대상자였는데, 히믈러는 이들을 강제로 폴란드로 추방했다. 한편, 폴란드는 자국 내의 수백만 명의 유대인들이 시오니즘 정신으로 팔레스타인 이주를 요청하자, 이를 적극적으로 지지했다. 폴란드 외교관들은 미국과 영국의 외교부에 팔레스타인을 유럽에서 이주하는 유대인에게 개방해 달라고 요청했다. 폴란드로서는 넘쳐나는 유대인들로 인해 발생하는 빈곤과 일자리 문제를 해결할 방법이 없었기 때문에 나온 고육책이었고, 팔레스타인 이주가 성사된다면 독일로서도 환호할 일이었다. 그러나 독일이 유대인을 억압하고 폴란드가 외교적인 노력을 경주해도 팔레스타인을 실질적으로 통치하고 있는 영국을 움직일 수는 없었다.

1938년 7월 미국의 주도 아래 32개국 대표들이 프랑스의 에비앙 레벵(Éviant-les-Bains)에서 유대인의 이주 문제를 논의했다. 도미니카 공화국만이 유대인을 받아들이는데 동의했고, 나머지 국가들은 무관심했다. 수정의 밤이 지나고 2주 후에 히틀러는 폴란드 외교관과의 면담에서 유대인을 아프리카의 마다가스카르로 이주시키는 방법에 대해 논의했다. 폴란드 역시 몰려드는 유대인의 해외 이주 요청을 해결하기 위해서는 마다가스카르나 팔레스타인은 물론, 그 외 어떤 지역으로의 이주에도 반대할 이유가 없었다.

독일 외무장관 리벤트로프는 1939년 1월 폴란드를 방문하여 제1차 세계대전 후에 폴란드에 빼앗겼던 독일 영토의 반환 요구와 함께 장차 소련과의 전쟁에서의 동맹을 요구하면서, 그 보상으로 우크라이나 영토를 주겠다고 하며 유대인 문제의 공동 해결을 요구했으나, 폴란드는 독일의 이러한 기만적인 요구를 물리쳤다. 이와 같은 상황에서 1939년 5월 폴란드의 외무장관 베츠크는 런던을 방문하여 핼리팩스 영국 외무장관과 유대인의 팔레스타인 이주를 논의했으나, 영국 처지에서는 팔레스타인 지역에서 아랍인들의 감정을 중시해야 했기 때문에 폴란드의 요구를 받아들이기 어려웠다.

히틀러는 1939년 9월로 예정된 폴란드 공격으로 폴란드와는 유대인의 해외 이주에 관한 논의 자체를 할 수 없었으나, 1940년 6월 프랑스를 점령한 이후에는 프랑스의 식민지인 마다가스카르로의 유대인 이주를 계획했다. 결과론이지만, 만약 독일이 프랑스를 점령한 후 마다가스카르로의 유대인 이주계획이 실행되었더라면, 유대인들이 처참한 대량 학살을 면할 수 있었지 않았을까 하는 가정도 해볼 수 있지만, 당시는 제해권을 가진 영국을 굴복시킬 수 없었기 때문에 마다가스카르로의 이주계획도 무산되었다.

그러다가 1939년 8월 23일 독일과 소련의 비밀 협정이 체결되었는데, 이 비밀 협정은 겉으로는 상호불가침 협정이었지만, 내용은 폴란드의 분할과 발트 3국의 소련 통치를 명시하는 비밀사항이 포함되어 있었다. 때마침 제네바에서 세계 시오니스트 대회가 열리고 있었는데, 독·소 불가침 협정 체결 소식을 듣고 나서 이 대회의 지도자였던 바이츠만(Chaim Weizman)은 폐회사를 통해 "벗들이여, 나에겐 오직 한 가지 바람이 있습니다. 그것은 우리가 모두 살아남는 것입니다."[7]라고 침통한 어조로 말했다.

독일과 소련의 비밀 협정에 명시된 지역은 유럽 곳곳에서 환영받지 못한 유대인들의 최종 피난처 같은 곳으로 지난 500년 이상 정착해 살던 고향이었다. 폴란드가 독일과 소련에 의해 분할 점령되자, 양국은 폴란드를 영원히 역사 속에서 지워버리려고 했다. 폴란드

---

7) 티머시 스나이더 지음, 조행복 옮김, 『블랙 어스 Black Earth』(서울 : 열린 책들, 2018), p. 155.

의 정치인, 군인, 성직자, 지식인을 비롯한 사회 지도층은 공공연히 체포되어 구속되고 인근 숲속에서 살해되었다. 덩달아서 유대인은 재산을 강탈당하고, 주거지에서 쫓겨나 게토에 수용되었고 전문직에서 종사할 수 없었으며 강제 노동에 내몰렸다. 그러나 아무리 유대인을 게토에 수용한다 해도 유대인을 말살하려는 최종목표를 달성할 수는 없었다.

히믈러-하이드리히-아이히만으로 이어지는 독일 특수 비밀경찰은 독일이 소련을 침공하기 전 소련에 특이한 제안을 했다. 독일 점령지역의 200만 명의 유대인을 소련이 받아들이라는 것이었다. 당시에 독일의 요구를 저자세로 대부분 수용했던 스탈린도 200만 명의 유대인을 받아들이라는 제안에는 동의하지 않았다. 1940년 6월 파리를 함락시킨 독일은 비시 정부에 유대인의 마다가스카르 이주를 제안했고, 프랑스는 이를 받아들였지만, 문제는 영국이 제해권을 가지고 있다는 점이었다. 처칠은 필사적으로 독일에 저항했고, 제해권을 장악하기 위한 항공전에서도 독일은 영국을 무력화할 수 없었다. 가정이지만 만일 영국이 유대인 이송을 용인했다면, 600만 명에 달하는 유대인 학살은 없었을지도 모른다.

한편, 폴란드의 동부지역을 점령한 소련의 정책도 독일과 동일하게 폴란드라는 나라를 영원히 없애는 것이었다. 대부분의 사회 지도층은 체포 및 구금되고 살해되었으며, 특히 군 장교 2만 1,892명이 소련으로 끌려가다가 1940년 3월 스몰렌스크 인근의 카틴 숲에서 내무인민위원회(NKVD)와 경찰에 의해 사살되었다. 소련이 점령한 폴란드지역 인구 1천3백만 명 중에 50만 명이 추방되거나 사살되었다. 이 지역의 유대인들은 당장 소련의 핍박을 당하지는 않았으나, 전쟁으로 인해 우크라이나와 발트 3국에서와 같이 점차 국민으로서 자격을 잃고 고난의 상황에 몰리게 될 것임이 분명했다.

독일과 소련에 분할 점령된 폴란드에서 유대인의 운명은 독일이 소련을 침공한 1941년 6월 22일 이전에는 불안한 가운데 본격적인 핍박은 없었다. 그러나 유대인들은 좀 더 온건한 인근의 라트비아로 다수가 이주했다. 당시만 해도 라트비아는 인종차별 정책이 시행되지 않아 유대인들은 시민들과 대등한 자유를 누렸다. 유대인들의 운명은 독일과 소련의 비밀 협정을 이용하여 1940년 6월 소련이 발트 3국을 병합했을 때부터 본격적인 고난의 길로 들어가게 되었다.

제6절 독일의 소련 침공과 유대인들의 운명

1941년 6월 22일 독일은 소련을 침공했다. 불과 얼마 전까지 독일과 소련은 1938년 8월에 맺은 비밀 협정에 따라 상호 필요한 전쟁물자와 기술을 교환하면서 평화를 과시했다. 스탈린은 독일이 침공할 것이라는 수많은 정보에도 굳건히 독일을 신뢰하는 태도를 견지하다가 기습당했다. 독일의 소련 공격은 유대인 문제에 중대한 분기점이 되었다. 이제까지 히틀러는 독일을 비롯한 점령지역 내의 유대인을 제거하려 했지만, 유대인의 해외 이주는 불가능해졌고, 게토에의 수용도 한계가 있어 뚜렷한 해결책이 없었다. 차제에 소련으로의 진격에 맞추어 유럽에서 가장 많은 유대인을 보유한 폴란드에서부터 유대인의 말살 정책은 멸절의 방향으로 진행된다.

처음에는 유대인이 나치의 주된 목표가 아니었다. 괴링은 '부정적인 인구 정책'이라는 4개년 계획을 입안했는데, 폴란드인과 소련인 수백만 명을 처형시킬 것을 염두에 둔 계획이었다. 1941년 말까지 소련 포로 200만 명을 수용소에서 아사하도록 방치한 것도 이 계획의 일환이었다. 1940년 5월에 히믈러는 소련 침공을 앞두고, '동유럽 이민족 처리 방안에 대한 고찰'이라는 비밀문서를 히틀러에게 보고했다. 문서의 내용은 인종적으로 가치가 있어 보이는 폴란드 어린이들을 독일로 보내 아리안족으로 길러야 한다는 것과 유럽 유대인의 마다가스카르로의 이주를 명시하고 있다.

1940년 6월 독일이 프랑스를 항복시키자, 독일의 외교부는 유럽 유대인 400만 명을 마다가스카르로 이주시키는 계획을 외무장관 리벤트로프의 재가를 받아 히믈러와 하이드리히에게도 열람케 하고 동의를 받아냈지만, 영국의 제해권을 무력화시킬 수 없어 실현 불가능하게 되었다. 1942년 2월이 되자 유대인을 소련으로 소개하는 계획이 히틀러의 재가를 받았다. 이와 함께 히틀러는 소련군 정치장교에 대해서는 국제법을 존중해서는 안 되고 즉결 처형시키라고 지시했다. 소련군 포로에 대해서도 소련은 제네바 협정과 헤이그 협정에 가입하지 않았으므로 국제법을 적용하지 않아도 문제가 안 된다고 했다. 야전 사령관들은 이에 대해 동의하지 않았으나, 드러내놓고 반대하지도 않았다.

히믈러의 SS 친위대 3개 연대가 유대인들과 공산당원 및 정치장교, 그리고 빨치산과 그들을 도운 민간인들까지 60여만 명을 개전 수개월 이내 처형했다. 독일은 개전 이후 처음에는 유대인들의 처분과 관련하여 소련을 격파한 다음 시베리아로 보낸다는 복안이 있었지만, 1942년으로 접어들면서 군사적 승리가 어려워지자, 점차 유대인을 모두 살해해야 한다는 방향으로 생각이 변했다. 이후 18개월 동안 나치 경찰과 현지 협력자들의 도움을 받아 유대인 100만 명 이상이 살해되었다.

히믈러의 지시를 받는 특수임무단은 점령지역의 경찰과 협조자를 찾아내어 그들에게 유대인과 공산주의자들을 색출하도록 했다. 불편한 진실은 독일이 점령한 모든 지역에서 현지인들이 유대인을 색출하고 살해하는데 협조했다는 사실이다. 유대인 학살은 전쟁 이전에 반유대주의가 심했던 폴란드보다 반유대주의가 비교적 약했던 라트비아나 리투아니아에서 더 잔혹하게 자행되었다. 독일이 침공한 지 2년이 지나고 나서야 시작된 폴란드에서의 홀로코스트는 대체로 현지인들과는 무관했으나, 독일이 점령한 소련에서의 유대인 학살은 소련 지역 현지인들의 자발적 협조 하에 공공연히 실행되었다. 1941년 후반까지 100만 명의 유대인이 목숨을 잃었는데, 이를 두고 독일의 지도부는 자신들이 통제하는 지역에서의 유대인을 모두 제거할 수 있다고 확신했다.

1941년 말이 되면 폴란드의 유대인은 절대다수가 살아있었지만, 리투아니아와 라트비아 유대인은 거의 전부가 살해당했다. 리투아니아는 1939년부터 소련의 지배를 받았는데, 이때 소련은 유대인의 재산을 모두 빼앗고 부유한 유대인의 대다수를 굴라그(GULAG : 교정 노동수용소 총국)로 수용했다. 1941년 6월 독일이 침공해 오자, 리투아니아인들은 살아남기 위해 유대인들을 소련 공산당에 협력했던 자들로 몰아붙이고 유대인을 말살하려는 독일에 협력했다. 독일은 자기 손을 더럽히지 않고 현지인들에게 유대인을 학살하도록 조종했다. 리투아니아의 수도 빌뉴스에는 10만 명에 달하는 유대인이 있었는데, 1941년 7월 도시 근교의 포나리 숲에서 학살이 자행되었다. 남자는 물론, 여성과 아이들까지 사살되었다.

라트비아에서도 상황은 비슷했다. 독일은 라트비아인 협조자 300명을 주요 요직에 임명했다. 그들은 소련 통치 기간에 희생자는 라트비아인이고, 가해자는 유대인이라고 낙인을 찍었다. 그에 따라 자발적인 협조 조직이 유대인 학살에 앞장섰다. 독일 특수임무단의 사주를 받아 라트비아의 현지 경찰은 유대인을 색출하고 학살함으로써 유대인의 재산을 가로챘다. 그들은 라트비아에 거주하던 유대인 6만 6천 명가량의 유대인 중에서 5만여 명을 색출하여 수도 리가 근처의 비케르니에키(Bikernieki) 숲에서 학살했다. 이들은 유대인 살해와 함께 정신병자나 집시 같은 부랑자도 함께 살해했다. 발트 3국 가운데 가장 북쪽에 위치한 에스토니아에서는 독일이 포그롬(유대인 집단학살 행위)을 사주하지 않았지만, 에스토니아의 비밀경찰이 미처 도피하지 못한 유대인들을 자발적으로 색출하여 죽였다.

체코에서는 1939년 3월 히틀러에 의해 점령되자, 유대인들은 시민권에 대한 제한을 받게 되었다. 체코의 영토 가운데 루테니아 지방은 히틀러에 의해 강제로 헝가리에 할양되었는데, 헝가리는 이 지역의 유대인들을 폴란드와 슬로바키아로 추방했다. 이어서 1941년 6월 독일이 소련을 침공하자, 헝가리는 유대인을 포함한 불량 민간인을 우크라이나로 축출했고, 독일 특수임무단은 이들 2만 3,600명을 집단 학살했다. 독일이 점령한 소련 지역의 현지 경찰은 유대인을 죽이는 법을 빠르게 배웠고, 그것을 당연하게 생각했다.

제7절 게토에서의 생활과 봉기

유대인을 집단 수용하기 위한 게토는 1939년 9월 독일이 폴란드를 침공한 이후에 설치·운영되었다. 1939년 9월 21일 히믈러의 부하인 하이드리히는 치안 유지군의 업무 지침서에 유대인 집단수용에 관한 기본 방침을 시달했다. 그 첫 번째가 유대인의 집결이었다. 농촌과 소도시의 유대인은 대도시 인근의 철도가 연결된 곳에 수용소를 설치하는 것이고, 두 번째는 유대인의 자치 기구인 유대인 장로 위원회를 구성하라는 것이었다. 유대인 장로 위원회는 권위 있는 랍비들로 구성된 행정기구로서, 나치의 지시 사항을 신속히 전파하고 수행하는 자치 기구였다. 이 기구는 유대인의 통치기구로써 독일에 적극적으로 협조했기 때문에 증오의 대상이 되기도 했는데, 지도자들은 게토를 지배하면서 나치의 구미에 맞춰 정책을 입안하고 시행했다.

게토는 1939년 말부터 폴란드 전역에 설치되기 시작했는데, 가장 큰 게토는 바르샤바 게토로서, 그 수용인원은 한때 50만 명에 달했다. 최초의 학살수용소는 1941년 말에 세워졌는데, 유대인 장로 위원회는 누구를 학살수용소로 보낼 것인가와 같은 생살여탈권을 나치로부터 위임받아 유대인 살해과정에 개입하여 동포를 죽이는데 앞잡이가 되었다. 유대인 장로 위원회에 반대하면 살해되었고, 양심적인 지도자는 자살하기도 했다. 노동력이 없는 유대인들을 학살하기 위해 수용소별로 매일 수천 명씩 차출되었는데, 차출되지 않은 수용자들도 장티푸스 및 이질과 영양실조에 걸린 나머지, 바르샤바 게토의 경우만 하더라도 1942년 7월까지 무려 10만 명이 사망했다.

게토에서 유대인들은 절망적인 상황에서도 도서관을 설치하고 지하 학교를 설립하여 2세 교육을 계속했으며, 유대교의 종교적 가치에 충실하고자 노력했다. 토라 경전과 탈무드가 교육되었고, 히브리어 학습이 계속되었다. 유대인들은 인간에 대한 사랑과 불굴의 정신을 유지하면서 활기찬 생명력을 이어갔다. 굶주림과 장티푸스를 비롯한 각종 질병에도 불구하고, 게토에서도 다양한 공동체의 문화를 보존하려는 노력은 참으로 경이적이었다. 음악 연주회나 세미나는 물론, 시 낭송 행사까지 이어졌다.

흔히 알려졌듯이, 유대인들이 가해자들에게 저항하지 않고 순한 양처럼 학살장에 끌려갔다는 것은 올바른 묘사가 아니었다. 단지 나치는 유대인들에게 자기들에게 순응하고 함께 일하면 스스로를 구할 수 있다는 헛된 희망과 환상을 품게 하여 저항 의지를 꺾었다. 아우슈비츠 수용소 정문에 "노동이 우리를 자유롭게 한다."라는 구호가 걸려있었던 것처럼, 유대인을 그러한 방식으로 세뇌했다. 유대인들이 게토에서 탈주했을 때, 특히 남자들의 경우 할례의 흔적은 물론이고, 턱수염이나 얼굴 윤곽, 그리고 독특한 의상 때문에 쉽게 발각되었다. 이들 유대인은 언제나 죽음의 공포 속에 마치 사냥감처럼 쫓기며 버티어 나갔지만, 수시로 집단학살에 처해졌다.

1941년 9월 말, 우크라이나 수도 키예프에서 독일군은 유대인에게 귀중품을 휴대하고 모이도록 공고했다. 유대인들은 다른 곳으로 이주하는 것으로 알고 안전하게 생각했으나 경찰의 안내를 받아 바비야르의 숲에 도착하여 3만 4,000명이 학살당했다. 독일에 점령된 소련 지역에서의 유대인은 유대 볼셰비즘으로 간주되어 학살을 당연시했다. 독일은 유대인을 공산주의자와 동일시했으므로 유대인을 죽여 공산주의를 정복한다는 논리는 매우 편리했고, 점령지역의 소련인들은 한때 공산주의자였던 자신들의 과거를 유대인 처벌로 씻을 수 있는 것처럼 행동했다. 독일군이 점령한 소련 지역의 도시나 마을에서는 어디에서든 유대인의 학살이 자행되었다. 유대인을 특정한 지역으로 모이게 한 다음, 준비된 죽음의 지역으로 데리고 가서 살해하는 방식이었다.

그러나 이러한 험난한 여건 속에서도 유대인들은 게토와 살인 수용소에서 끊임없이 봉기를 일으켰고, 성공했을 때는 지역의 대독일 유격대원들과 손을 잡고 항거해 나갔다. 바르샤바와 비알리스토크의 게토와 트레블링카, 소비부르, 아우슈비츠는 물론, 리투아니아에서도 봉기가 일어났다. 1941년 12월 리투아니아 빌나의 게토에서 봉기가 일어났는데, 봉기의 지도자는 "히틀러의 목표가 유럽의 모든 유대인을 몰살시키는 것이기 때문에, 우리는 양처럼 도살장에 끌려가서는 안 된다. 우리가 무력하고 속수무책인 것은 사실이다. 그러나 살인범에 대한 유일한 대응 방식은 자기방어이다."라고 말하며 봉기를 촉구했다.[8]

무장봉기는 최소한 20개소 이상의 동유럽 게토에서 일어났다. 가장 대규모의 봉기는 1943년 4월 19일부터 5월 15일까지 지속된 바르샤바 게토의 봉기였다. 당시 게토에는 6,000명의 유대인이 있었는데, 현지 폴란드의 저항 조직으로부터 기관단총 몇 정을 지원받았고, 수류탄과 화염병으로 무장하고 있었다. 독일군 SS 대원들이 그들의 일부를 이송시키기 위해 수용소로 진입했을 때, 저항 세력은 기관총 및 지뢰와 화염병 및 수류탄 등으로 저항했다. 그들을 분쇄하기 위해 탱크를 포함한 중무장한 3,000명의 SS 대원이 투입되어야 했다. 유대인은 애초부터 성공 가망성이 별로 없다는 것을 알았지만, 존엄성과 명예를 위해 죽음을 각오하고 봉기한 것이다. 바르샤바의 무장봉기 결과 1만 5천 명 이상이 죽었고, 5,000명이 학살수용소로 보내졌다.

아우슈비츠와 비르케나우의 학살수용소에서도 봉기가 일어났고, 1943년 10월에는 소비부르에서 수백 명이 봉기를 일으켜 정문을 점거하고 탈출하여 숲속의 유격대에 합류하였고, 게토는 폐쇄되었다. 나치가 점령한 유럽 전역에서 유대인 1만 명이 유격대 활동에 가

8) 로버트 S. 위스트리치 지음, 송충기 옮김, 『히틀러와 홀로코스트』(서울 : 을유문화사, 2004), p. 135.

담하고 있었으며, 프랑스 레지스탕스 세력의 15%가 유대인이었다는 통계가 있다. 동유럽에서 유대인 유격대는 폴란드와 우크라이나 및 벨라루스, 그리고 리투아니아에서 용감하게 싸웠고, 서유럽과 발칸반도에서도 두드러진 활약을 보였다.

제8절 본격적인 집단학살

소련 침공을 앞둔 1941년 3월 30일에 열린 군사 회의에서 히틀러는 소련과의 전쟁이 '서로 대립하는 세계관 사이의 투쟁으로서, 서구와의 전쟁과는 전혀 다른 인종 전쟁이 될 것'이라고 지휘관들에게 특별히 강조했다. 이에 따라 볼셰비키 정치장교와 게릴라 대원, 그리고 유대인을 가차 없이 섬멸하라고 전 전선에 하달했으며, 그 방침은 문자 그대로 시행되었다.

여기서 독일의 이러한 집단학살을 정확히 이해하기 위해서는 언제부터 홀로코스트를 포함한 학살행위가 이루어지기 시작했으며, 이러한 홀로코스트가 전쟁 상황과 시간에 따라 어떻게 변화했는가를 이해하는 문제가 중요하다. 나치는 유럽에서의 유대인 문제 최종 해결 대상을 1,100만여 명 정도로 추정하였는데, 이는 영국의 33만 명, 아일랜드 4,000명, 스웨덴 8,000명, 스위스 1만 8,000명, 스페인 6,000명, 터키 5만 5,000명, 프랑스 비시 정부 통치 지역 70만 명, 폴란드 200만 명, 우크라이나 299만 명, 그리고 소련 500만 명 등 국가별로 분산·거주하고 있는 유대인들의 수에 근거를 두고 산정한 것이었다.

1939년 9월, 독일이 폴란드를 침공한 이후 1941년 6월 소련을 침공하기까지의 기간은 히틀러가 강조한 인종적 제국주의의 야심을 시험해보는 기간이었다고 볼 수 있다. 이 기간에 독일이 점령한 폴란드에서 폴란드인과 유대인을 축출하고 인종적으로 순수한 게르만 독일 민족을 이주시키려 노력했는데, 크게 성공적이지는 않았다. 오히려 폴란드에는 독일, 오스트리아, 체코슬로바키아에서 이송된 유대인들로 넘쳐나 이들을 수용하는 거대한 게토가 만들어졌고, 게토는 수용인원이 넘쳐나 음식 부족과 위생 미비로 인해 장티푸스를 비롯한 전염병이 창궐했다. 처참한 수용소 생활에서 유대인들은 닥치는 대로 살해당하고 전염병으로 수십만 명이 죽어 나갔다. 그렇지만 이때까지만 해도 나치는 유대인들을 조직적으로 대량 학살할 계획은 하지 않고 있었다.

그러나 독일이 소련을 침공한 1941년 6월을 기점으로 상황이 급격하게 변했다. 1941년 7월 말이 되자, 괴링은 SS 친위대 하이드리히에게 독일의 관할 하에 있는 전 지역에서 "유대인 문제를 최종 해결하기 위한 조직, 물자, 재정에 관한 모든 것을 갖추라!"라는 명령을 하달했다. 훗날 1960년에 아르헨티나에서 이스라엘 정보기관 모사드에게 체포되어

이스라엘 법정에 선 히믈러의 부하 아돌프 아이히만(Adolf Eichmann)은 "하이드리히로부터 1941년 8월에 유대인에 대한 멸종을 총통이 지시했다라고 분명히 들었다."라고 자백하였다. 이러한 지령들은 문서가 아닌 구두로 히믈러를 통해 하달된 것으로 알려지고 있다. 하이드리히는 1941년 10월 프라하에서 열린 SS 친위대 집회에서 "가능하면 올해 말까지 독일 유대인들을 모두 로즈, 리가, 민스크 지역으로 추방하는 것이 총통의 소망이다."라고 강조했다. 그가 언급한 총통의 소망이라는 표현은 대량 학살을 은폐하기 위한 그들만의 은어였다.

최근 역사가들의 주장에 따르면, 히틀러가 유럽 유대인을 전멸시키기로 최종결정한 것은 일본의 진주만 기습이 성공하고 난 후인 1941년 12월 12일에 이루어진 독일의 대미 선전포고가 있고 난 후 부터였다. 이날 오후 히틀러는 "동부전선에서 이미 독일인이 16만여 명이나 희생되었기 때문에 유대인들을 동정할 여지가 전혀 없다."[9]라고 주장하면서, 이와 함께 그는 이 전쟁에 책임이 있는 사람(유대인)들은 목숨으로 이에 대한 대가를 치러야 한다고 주장했다.

1941년 말에 동부전선에서 주로 총살에 의한 대량 학살로 인해 이를 직접 수행한 치안유지군이 심리적 불안 상태에 빠지자, 히믈러는 소위 '인간적 살해 방법'을 연구하기 시작했다. 그것이 초기에 자동차의 배기가스를 이용한 트럭에서 살해하는 것이었다. 이어서 '노동력이 없는 유대인의 집단학살'에 대한 연구가 이루어져 비로소 가스실이 만들어지게 되었다. 첫 학살수용소가 폴란드의 헤움노(독일 명 쿨름호프)에 설치되어 1941년 12월 8일부터 가동되었다. 같은 시기에 세르비아의 세믈린에서 트럭의 배기가스를 이용한 집단학살이 시행되었다. 1942년 3월에는 폴란드 동부의 베우제츠에 상설 가스실을 갖춘 시설이 완성되어 학살이 자행되었고, 아우슈비츠-비르케나우 수용소에서도 가동을 시작했다. 이후 2개월 만에 상설 가스실에서의 본격적인 집단학살이 시작되었다.

아우슈비츠(폴란드 현지어로는 오시비엥침)는 거대한 수용소로서 일관 공정 방식의 대량 학살이라는 가장 악명 높은 홀로코스트의 상징이었다. 이곳에서는 유대인 120만 명이 살해된 것으로 추정되고 있는데, 폴란드인과 집시 및 소련군 포로에 대한 학살도 대량으로 이루어진 것으로 알려지고 있다. 또한 1942년 5월에 소비부르에, 1942년 7월에 트레블링카에, 그리고 1942년 가을에 마즈다네크에도 이와 유사한 설비들이 설치되어 대량 학살이 자행되었다.

아우슈비츠는 홀로코스트의 상징이었다. 게토로서는 독일 내에 위치했던 다하우, 작센하우젠, 부헨발트, 플로센뷔르크, 마우트하우젠, 라벤스뷔르크 다음으로 큰 규모였으며, 원

---

9) 로버트 S. 위스트리치 지음, 송충기 옮김, 앞의 책, p. 176.

래 폴란드군의 병영이었는데, 이를 개조하여 수용소가 되었다. 최초 설립 당시의 용도는 폴란드 저항 세력의 수용이었고, 다음은 소련 포로와 집시 등 부랑자의 수용이었다. 이후에 유대인의 수용소로 활용되었는데, 그것도 학살을 위한 것이 아니라, 동쪽 정복지 소련을 재건할 때 필요한 노동력 확보를 위해서였다. 아우슈비츠의 악명 높은 환영사 [노동이 우리를 자유롭게 해준다]라는 구호에 그런 취지가 내포되어 있다. 따라서 종전되었을 때 트레블링카나 소비부르, 베우제츠, 헤움노에 수용되었던 유대인이 모두 살해되었으나, 아우슈비츠에서 노동에 종사한 유대인은 대부분 살아남았다. 학살에 사용된 독가스는 지클론 B라는 시안화수소였는데, 초기에는 소련인 포로를 학살하는 데 사용했다가, 그 후 100만 명에 가까운 유대인을 학살하는 데 사용했다.

● 아우슈비츠에서 학살당한 유대인의 신발

제9절 국가 주권과 학살

나치의 홀로코스트는 1941년 6월 소련을 침공하여 점령한 지역과 발트해의 연안 국가에 살고 있던 유대인 350만 명을 최초의 대상으로 했다. 거기에서 두드러진 점은 처형이 공개적으로 이루어졌다는 점이다. 얼마 후부터 시작된 아우슈비츠에서의 가스 학살이 비밀리에 실행된 것과는 달랐다. 독일군이 소련 내부 지역으로 진격해 감에 따라 유대인의 학살자 수는 급격히 늘어났는데, 1943년 말까지 소련 지역 내에서의 희생자는 유대인만 약 200만 명에 달했다.

점령지역 내에서 유대인을 이웃 주민이 숨겨주지 못하도록 한 다음, 이들을 색출하여 게토로 보내는 데는 현지 유대인으로 구성된 자치 경찰 조직을 활용하는 것이 가장 효과적이었다. 이들은 SS나 치안경찰의 통제를 받아 살해를 위한 구덩이를 팠으며, 동포를 직접 사살하기도 했다.

발칸반도나 독일의 통제를 받았던 서방 국가에서의 유대인 학살은 상황이 약간씩 달랐다. 독일의 침공으로 국가가 없어진 발트해 연안국이나 폴란드에서는 독일의 의도대로 학살이 자행되었지만, 형식적이나마 주권을 유지하고 있던 국가들에서는 마음 놓고 학살을 자행하지는 못했다. 1941년 4월 유고슬라비아가 추축국의 일원에서 이탈하여 쿠데타가 발생하자, 독일이 침공하여 독일 군정의 통제를 받는 꼭두각시 자치 정부가 수립되었다. 세르비아에서 독일은 노동력이 있는 유대인 남성들을 모두 노동 수용소에 수용했고, 크로아티아의 유대인들은 1942년 이후 모두 아우슈비츠로 이송되었다가 전체 인원의 3/4이 살해되었다.

크로아티아에서는 독일의 정책에 따라 유대인 3만 8천 명과 집시 2만 7천 명이 함께 살해되었으며, 덧붙여서 가톨릭으로 개종하지 않은 그리스 정교도를 살해했는데, 그 숫자가 유대인보다 많았다. 슬로바키아는 히틀러가 체코슬로바키아를 무너뜨리고 위성국이 되어 탄생했다. 그리하여 자동적으로 추축국의 일원이 되어 독일이 소련을 침공했을 때 군대를 파견하여 참전했다. 자체적으로 유대인 차별법을 통과시키고, 독일과 협정을 맺어 유대인 5만 8천 명을 아우슈비츠로 이송했는데, 이들 유대인은 대부분 살해되었다.

루마니아는 동부지역에서 가장 주된 독일의 동맹국이었는데, 자발적으로 유대인을 대량학살하는 정책을 시행했다. 루마니아는 19세기에 이미 유대인이 국가의 안전을 위협하는 존재라는 낙인을 찍었으며, 유대인 박해가 자발적으로 잔인하게 자행되어, 심지어 SS도 놀랄 정도였다. 제1차 세계대전의 결과, 루마니아는 승전국의 일원으로 유대인을 동등하게 대우하라는 권고와 함께 영토상으로 큰 이익을 보았으나, 제2차 세계대전으로 제1차 세계대전에서 얻었던 영토를 단 몇 주 만에 소련과 독일 때문에 잃었다. 북동부의 베사라비아와 부코비나는 소련이 점령했고, 북부의 트란실바니아는 독일의 압력으로 헝가리에 양도해야 했으며, 남부의 도브루자는 불가리아에 양도했다. 루마니아는 가만히 앉아서 영토와 인구의 1/3을 상실했는데, 정부는 책임을 엉뚱하게 유대인에게 전가하여 그 분풀이를 했다.

당시 루마니아의 정권을 장악하고 있던 안토네스쿠 장군은 영토회복을 위해서는 독일과 함께해야 한다고 생각하여, 독일의 소련 침공에 제11군을 보내기까지 하였다. 이 시점에 루마니아는 소련이 침공했던 지역을 탈환하면서, 4만 3천 명의 유대인을 살해했다. 루마니아도 독일처럼 유대볼셰비즘의 이론을 받아들여 유대인은 공산주의자요, 공산주의자는 유대인이라고 몰아붙였다. 루마니아 전역에서 포그롬(집단학살 행위)이 시행되어 유대인들은 재산을 약탈당한 채 약 20만 명이 돼지우리보다 못한 수용소에 들어갔는데, 그들은 대부분 죽어 나갔다. 소련의 전역에서도 루마니아는 전쟁에서 입은 피해에 대한 보복으로 무고한 유대인들을 살해했는데, 오데사 전역에서 루마니아 병사 7만 명이 희생당하자, 인근의 유대인 2만 6천 명을 사살하고 말았다.

루마니아의 유대인 정책은 1942년을 기점으로 바뀌었다. 독일이 수도 부쿠레슈티에 연락관들을 파견하여 내정에 간섭했는데, 그들의 고압적인 자세에 화가 났었고, 이탈리아나 헝가리의 유대인은 그대로 생활하고 있었는데, 반해, 자국의 유대인만 아우슈비츠로 이송하라고 요구받자 분개했다. 그 배후에는 대규모 군대를 대 소련전쟁에 파병했는데도 헝가리에 빼앗긴 땅을 돌려받지 못한 데다, 스탈린그라드 공방전에서 자국 병사들이 대규모로 희생되어, 이로써 독일과의 동맹 의무가 충분하다고 생각했기 때문이었다.

그러나 이러한 정책 변화를 가져오게 된 시점은 루마니아가 1942년 말까지 75만 명의 유대인을 독일의 도움 없이 이미 살해한 후였다. 이때는 유대인으로부터 돈을 받고 그들을 해외로 빼돌리는 사업이 버젓이 행해졌는데, 루마니아는 유대인들이 팔레스타인으로 가는 창구 기능을 했다. 루마니아는 1943년 말이 되면서 유대인에 대한 정책을 바꾸었고, 1944년에 이르러서는 동맹국을 바꿔 독일과 싸우는 처지가 되었으며, 그 결과 나머지 유대인은 보호받게 되어 결과적으로 루마니아 거주 유대인들의 2/3가 살아남게 되었다.

헝가리에서의 유대인 정책도 정치, 군사적인 상황에 따라 변했다. 헝가리는 전통적으로 반유대주의 성향이 강했다. 1920년에 유대인의 대학 진학률을 6%로 이하로 제한하고, 1938년에는 언론계를 비롯한 전문 직종과 상업 및 금융 분야와 주요 산업기관에서의 유대인 비율이 20%를 넘지 못하게 했다. 그렇게 해서 1939년이 되면서 유대인들의 경제부문 활동 비율은 무려 12%까지 낮춰지게 되었다.

헝가리는 제1차 세계대전에서 패전국의 지위에 놓여 있었기 때문에, 전후에 상당한 영토를 잃었다. 그러나 제2차 세계대전이 발발하자, 독일과 동맹국이 되는 혜택을 입어, 독일의 조정에 의해 루마니아와 체코슬로바키아로부터 과거에 잃었던 영토 이상의 땅을 얻을 수 있게 되었다. 따라서 헝가리는 당연히 독일에 협력하여 소련을 침공했고, 많은 희생을 당했다. 헝가리는 독일에 대한 충성의 표시로 유대인 정책을 독일의 정책에 맞추었지만, 그렇다고 학살로 나아가지는 않았다. 그러나 루마니아와 체코슬로바키아 등 외부로부터 획득한 영토에 거주하는 유대인들을 소련으로 추방하고 강제 노동에 동원함으로써 4만 명 이상의 유대인들이 희생되게 만들었다.

그러한 유대인 정책에도 불구하고, 헝가리는 자국에 정착하여 살고 있던 유대인들의 아우슈비츠 이송에는 애써 외면함으로써, 이에 따라 80만 명에 달하는 유대인들이 살아남을 수 있게 되었다. 그 시점에서는 폴란드 거주 유대인 300만 명이 살해되었기 때문에, 동유럽에서는 헝가리에 가장 큰 유대인 공동체가 존재했었다. 1943년 초에 보로네스 전투에서 헝가리 군대는 막대한 손실을 보았는데, 이를 기점으로 전황은 완연히 연합국에 유리하게 전환되었기 때문에 헝가리는 은밀히 서방국과 접촉을 시도했다. 독일은 이를 방관하지 않고 헝가리에 진주하여 꼭두각시 정부를 수립하고 헝가리를 독일로부터 이탈하지 못하도록 조종했다. 독일은 아이히만을 비롯한 특수임무부대를 헝가리에 파견하여 유대인 43만 7천 명을 아우슈비츠와 비르케나우로 이송했는데, 이들 대부분이 학살당했다. 1944년 6월이 되자, 연합군이 노르망디에 상륙하고 소련군이 국경 근처에 진격하면서 유대인의 이송은 일단 중단되었다.

불가리아는 독일과 동맹을 맺었지만, 독일의 영향을 가장 적게 받았다. 불가리아는 1941년 봄에 독일의 그리스 침공에 동참하여 일부 영토를 할양받았다. 독일의 요청에 따라 획득한 땅에 거주하던 유대인 1만 3천 명을 트레블링카에 이송했는데, 이들은 모두 가스실에서 희생되었다. 1944년에 불가리아는 동맹을 연합국으로 바꾸었기 때문에 불가리아 거주 유대인의 3/4은 살아남았다.

이탈리아는 처음부터 독일과 가장 밀접한 동맹국이었다. 무솔리니는 종족 차별법을 통과시켜 유대인을 차별했지만, 이들을 학살시설로 이송하는 데는 별로 큰 관심이 없었다. 1943년 이후 무솔리니가 실각함에 따라 이탈리아가 연합국에 접촉을 시도하려고 하자, 히틀러는 독일군을 진군시켜 이탈리아를 장악하게 되었는데, 이때부터 이탈리아 유대인들의 상황은 크게 변화되었다. 독일 특수부대가 점령지역의 유대인을 수용소로 이송하여 학살을 자행한 것이다. 그런데도, 이탈리아에 거주하던 유대인들은 그 4/5가 종전까지 살아남을 수 있게 되었다.

덴마크는 나치가 점령한 국가들 가운데 유일하게 대중들이 나치 정책에 반대하여 모든 유대인이 살아남은 나라였다. 덴마크는 1940년 4월에 독일의 침략을 받았으나, 1943년 가을까지 독일이 아무런 간섭을 하지 않아 마치 중립국과 같은 대우를 받았다. 독일은 원래부터 덴마크에 살고 있던 유대인 6,400명은 그대로 둔 채 독일로부터 탈출해온 1,400명에 대해서만 어떻게 해보려 했지만, 실패했다. 덴마크는 이들 유대인에게 나치의 활동에 대한 정보를 알려줌으로써 스웨덴으로 피신하도록 주선했다.

네덜란드에서는 원래 반유대주의가 비교적 약했으며, 나치의 유대인 정책에 광범위한 적대 감정이 있었다. 1941년 2월 나치가 유대인을 대대적으로 검거하려고 했을 때, 암스테르담의 노동자들이 총파업을 하며 공개적으로 반대 시위를 했다. 그러나 결과적으로 네덜란드 거주 유대인 가운데 80%가 강제수용소로 이송되어 학살되었는데, 이는 네덜란드의 관료들과 현지 경찰들이 나치에 협조했기 때문이었다.

벨기에에서는 전쟁이 발발하기 전에 약 9만 명의 유대인이 있었는데, 원래부터 벨기에에 거주했던 유대인은 5,000여 명에 불과했고, 대부분이 독일과 폴란드 및 체코슬로바키아 등지에서 피난해온 사람들이었다. 이들 대부분이 서방으로 피신했지만, 최종적으로 1만 5천 명이 아우슈비츠나 비르케나우 수용소로 이송되어 희생되었다.

한편, 프랑스는 입장이 다양했다. 프랑스에는 서구 유럽에서 가장 많은 유대인이 거주하고 있었으나, 반면에 전통적인 반유대주의가 팽배해 있었다. 특히 1930년대 말 독일을 비롯한 동구라파에서 수만 명의 유대인 피난민이 몰려오자, 반유대주의는 더욱 고조되었다. 1940년에 프랑스에 거주한 유대인들은 33만 명이었는데, 외국에서 들어온 유대인이 14만 명 정도로서, 이 가운데 50%가 홀로코스트에서 살해되었다. 반면, 기존 프랑스에 거주했던 유대인들은 10%만 희생되었다. 전통적인 프랑스의 반유대주의는 1940년 독일에 패배하면서 깊은 상처를 통해 더욱 심화하였는데, 비시 정부의 반유대주의는 유대인들의 재산을 약탈하거나, 일부는 나치가 이들을 홀로코스트로 이송하는 것을 방치함으로써 유대인의 숫자를 줄이도록 하는 혐오스러운 행위를 자행했다.

유대인들의 홀로코스트에 관해 간략히 정리하면, 독일군과 동맹국이 점령한 소련 지역의 유대인은 대부분 살해되었고, 전쟁의 진행에 따라 편을 바꾸려다 실패한 헝가리나 루마니아 같은 나라의 유대인은 대량으로 학살당했다. 영토가 변경되면서 국가가 파괴된 지역에서는 거의 모든 유대인이 살해되었다. 결과적으로 동구라파의 유대인은 대략 70만 명이 살해되었다. 서방 국가에서 프랑스의 유대인은 3/4이 살아남았지만, 네덜란드와 그리스의 유대인은 3/4이 살해되었다.

독일의 패전이 확실해진 1944년 11월에 히믈러는 자신의 주도하에 유대인들에 대한 가스 살해를 금지하는 명령을 내렸는데, 그는 그렇게 해서라도 서방 연합국과의 비밀 협상을 통해 소련에 대항하는 연합작전을 펼칠 수 있다는 헛된 희망을 품고 있었기 때문이었다. 한편, 히틀러는 1945년 2월 13일에 "장차 세계는 우리에게 영원히 감사할 것"이라고 말하면서, "나치는 진정으로 유대인이라는 종양을 절개했다"라고 자랑했다.

제10절 보이지 않은 구조자들

1944년 미국은 전쟁 난민국(War Refuge Board)이라는 조직을 만들어 중립국을 후원하면서, 중립국들이 외교관 특권을 이용하여 유대인들을 구출하도록 촉구했다. 중립국 가운데, 스웨덴이 미국의 이러한 요청에 협조하여 발렌베리(Raoul Wallenberg)라는 아마추어 외교관을 발탁하여 헝가리 주재 대사관에 파견했다. 그는 비록 자국과 미국의 후원을 받았지만, 개인적으로도 유대인 학살을 자행하는 독일의 만행에 대해 분개했다. 그리고 자기 행동이 독일이나 헝가리의 파시스트를 자극한다는 점을 충분히 인식하고 있었다. 그럼에도 불구하고, 그는 대략 1만 5천 개의 여권을 발급하여 유대인들이 타국으로 출국할 수 있도록 조치했다. 그는 개인적으로는 가장 많은 유대인을 구한 사례였다.

1938년 오스트리아 주재 중국 영사였던 호펑산(何鳳山)은 나치를 악마로 보았다. 오스트리아가 독일과 합병된 후 유대인을 학대하는 포그롬을 보면서, 유대인들에게 중국 여권을 발급해 주자고 하면서 1천여 개의 비자를 발급했다. 또한 1940년 봄에 독일이 네덜란드를 점령하자, 스위스 영사 프로돌리에트(Eenest Prodolliet)는 주변의 만류에도 불구하고, 수많은 유대인에게 스위스 통과 비자를 발급했다. 1942년이 되어 스위스 영사관이 폐쇄되자, 그는 유럽을 탈출하려는 유대인들을 지원하는 단체에 영사관의 자금을 넘겼다. 또한 프랑스의 보르도에 있던 스페인의 영사 데카예혼(Eduardo Propper de Callején)은 수천 장의 통과서류를 발급했고, 포르투갈의 영사 멘데스(Aristides de Sousa Mendes) 또한 유대인을 위해 수천 장의 비자를 발급했다.

1939년에는 리투아니아 주재 일본 영사관에 스기하라 지우네(杉原千畝)가 부임했는데, 그는 독일과 소련이 발트국가와 폴란드에 대해 취하는 정책을 정탐하는 임무를 수행하기 위해 부임했다. 그는 사전 철저한 준비를 통해 러시아 여자와 결혼하고, 또 러시아어를 배웠다. 그는 폴란드 정보 장교들을 접촉하고 폴란드가 패망하자, 폴란드 정보 장교 2명을 아예 영사관에 채용했다. 그는 이들을 통해 탈출을 원하는 폴란드인과 유대인을 위해 일본의 위성국이었던 만주국 여권 3,500건을 발급했다. 단체 여권이었기에 여권 1개에 가족 모두 사용이 가능하여 약 8,000명의 유대인이 소련을 가로질러 만주로 탈출했다. 이처럼 각국의 많은 외교관들은 신변의 위험과 때로는 해당국의 만류에도 불구하고, 인도주의적인 사랑으로 유대인들에 대한 구조 활동을 전개했다.

유대인들의 구조 활동에 앞장섰던 또 다른 특이한 인물은 오스카 쉰들러였다. 그는 유년 및 청년 시절에 불량한 생활을 유지했으나, 야심만은 누구보다도 컸다. 그는 독일이 폴란드를 침공하자, 한몫 잡으려고 폴란드의 크라쿠프시로 가서 나치들을 구워삶아 에나멜 그릇을 만드는 공장을 인수하여 생산품을 군대에 납품했다. 공장의 근로자들은 나치와 협조하여 근처의 유대인 수용소에서 데려왔다. 공장에는 나치가 한 명도 없어 자율적으로 공장을 운영했다. 그러한 조건을 유지하기 위해 쉰들러는 나치 친위대에 많은 뇌물을 제공했다.

1944년 2월 소련군이 진격해 오자, 쉰들러는 독일 육군성을 설득하여 후방으로 공장을 이전하고 유대인 노동자들을 데리고 갔다. 독일이 패전하자, 그는 유대인을 석방하고 자신도 미국 점령지로 피신했다. 그는 공장을 경영하며 유대인들의 처지를 인도적인 차원에서 동정하게 되어, 전쟁 말기에 모든 재물을 동원하여 소위 '쉰들러 리스트'라는 명단을 만들어 1,000명 이상의 유대인들을 구출했다.

제11절 홀로코스트에 대한 미국과 영국의 태도

연합국의 홀로코스트에 대응한 태도는 비난받아야 마땅했다. 연합국은 유대인 학살의 공범이라는 비평을 받아야 할 만큼 그들을 외면했다. 역사가들은 미국과 영국이 적극적인 작전을 펼쳤더라면 수십만 명의 유대인들을 구출할 수 있었을 것이라고 말한다. 루스벨트 대통령은 유대인 문제의 청원이 있을 때마다 전쟁의 조속한 승리만이 유대인을 돕는 최선의 방책이라고 성의 없는 답변을 거듭했다.

물론 역사가들도 전술적인 가능성을 고려할 때, 유대인을 구출할 기회가 매우 제한적이었다는 점을 부인하지는 않는다. 그러나 무엇보다도 연합국이 유대인을 받아들이는 데 대해 소극적이었다는 점을 지적하지 않을 수 없다. 실제로 히틀러는 수용하고 있던 유대인을 넘겨주겠다는 제안을 한 적이 있었지만, 거부했다. 또한 아우슈비츠와 비르케나우로 향하는 철로를 공습하여 철도를 파괴하자고 했으나, 한 번도 그러한 명령은 내려지지 않았다. 학살수용소의 학살 시설에 대한 폭격도 이루어진 적이 없었다.

1924년에 통과된 미국의 이민법에는 출신 국가별로 할당량이 정해져 있었는데, 미국의 이민법은 슬라브인과 유대인 및 이탈리아인들의 이민에 대해서는 제한했고, 북유럽 우선 원칙을 고수했다. 전통적인 고립주의와 기독교가 주류인 종교의 영향으로 유대인을 환영하지 않았다. 1940년 초에 홀로코스트를 해결하기 위해 할당된 이민자를 확대하는 법안도 의회에서 부결되고, 유대인 어린이 2만 명을 법외로 받아들이자는 법안마저 부결되었다.

1939년 초에는 상선을 타고 온 독일계 유대인 난민이 쿠바에서 미국으로 오는 입국 비자를 거절당한 채 냉정하게 돌려보내졌다. 당시 여론조사 결과에 따르면, 유대인은 독일인과 일본인 다음으로 미국 사회의 가장 큰 위협인 것으로 나타났다. 심지어 전쟁 말기인 1944년의 여론조사는 미국인의 65%가 유대인들이 너무 많은 권력을 소유하고 있다고 답했으며, 전형적인 유대인은 부정직하고 탐욕스러우며, 물질주의적이면서 공격적이고 파괴적이라는 인식이 널리 퍼져있었다.[10]

미국과 영국 사이에 유대인 구출 문제를 놓고 토의하는 과정에서 영국은 "구출해야 할

---

10) 로버트 S. 위스트리치 지음, 송충기 옮김, 앞의 책, p. 278.

유대인들의 수가 얼마나 되는지 분간하기 어려워 구출 계획에 반대한다."라는 의견을 제시하였는데, 이에 대해 반유대주의자들은 속으로 쾌재를 불렀다. 이와 같은 냉혹한 여론 때문에, 미국의 국무부는 히틀러로부터 유대인을 구출할 기회가 있었음에도, 적극적인 조치를 취하지 않았을 뿐만 아니라, 민간기구의 구출 노력도 방해하는 경향이 있었다.

히틀러는 연합국의 이러한 분위기를 일찍이 간파하고 유대인을 대량 학살하더라도 세계가 그리 크게 방해하고 나서지 않을 거라는 점을 확신하고 있었다. 450만 명 또는 500만 명에 달하는 미국 거주 유대인 사회는 그들에게 새로운 조국인 미국에 대한 자신들의 충성심을 입증함으로써 유대인 구출에 영향력을 미치고자 했다. 그 결과 50만 명이 넘는 유대인 젊은이들이 군에 입대했다.

한편, 유대인들은 미국과 영국이 유대인 피난민에게 문호를 개방하지 않자, 팔레스타인에 유대인 조국을 건설하려는 노력에 힘을 쏟게 되었다. 많은 언론과 유대인의 대규모 시위가 이루어져 여론이 정치적으로 힘을 얻게 되면서, 미국과 영국은 1943년 4월 버뮤다 회의에서 유럽의 유대인을 돕는 계획을 성사시키도록 노력하겠다는 성명을 발표했지만, 이는 실행되지 않는 헛된 약속이었다. 양국 대표단은 나치 치하의 유대인을 석방하도록 히틀러에게 호소하는 것과 나치 포로나 억류된 독일인과 유대인을 교환하는 것, 그리고 유럽 유대인의 생존을 위해 식량을 보내자는 제안에 대해서도 아무런 조치를 취하지 않았다.

홀로코스트에 대한 대응책 가운데 팔레스타인 지역이 갖는 의미는 매우 각별했다. 2천 년 전에 추방되었던 유대인들에게 영원한 고향으로 인식되어온 팔레스타인 지역은 홀로코스트로 인해 강력히 부각되었다. 특히, 제1차 세계대전 중인 1917년 11월 2일 영국 외상 밸푸어(Arthur James Balfour)가 "유대인들이 제1차 세계대전에서 영국의 전쟁 수행을 돕는다면, 팔레스타인에 유대인의 모국을 건설하는 데 최선을 다해 돕겠다."라고 선언했기 때문에, 일찍이 관심이 고조되어 있었다. 그러나 영국은 지역 내 아랍인들의 부정적인 동향으로 인해 유대인들의 불법적인 팔레스타인 유입을 적극적으로 금지했는데, 특히 영국 해군은 이민자들을 실은 배를 나포하여 강제 추방하는 활동을 적극적으로 전개하기까지 했다.

이렇듯 영국이 필요하여 내놓았던 팔레스타인 지역으로의 이주 정책도 배제되고 보니, 유대인들의 구출 활동은 더욱 어려워졌다. 이러한 완고한 조치는 1942년 2월 난민 수송선 스트루마호가 수천 명의 유대인을 싣고 팔레스타인으로 향하다가 침몰하는 참사를 가져왔다. 이는 대체로 영국 정부가 위험한 정황을 뻔히 알면서도, 튼튼하지 못한 수송선을 흑해로 돌려보내도록 터키 정부에 압력을 가했기 때문이었다.

이처럼 유대인들이 최대의 위험에 처해있던 시기에, 영국 정부의 모든 기관이 2,500년 전에 유대인들의 조상들이 대대로 살아왔던 것과 꿀이 흐르는 땅을 밟지 못하도록 유대인들에게 단호한 태도를 보였다는 것이 명백해지게 되었다. 유대인들에 대한 영국의 심한 반감은 시온주의를 열렬히 지지한 윈스턴 처칠이 전쟁을 지도하고 있는 상황에서 이루어져 더욱 놀라운 일이었다. 처칠은 다방면으로 유대인 구출 활동을 지원하려 했지만, 그의 지원 노력은 군의 반발과 외교부의 반대로 효과를 거둘 수가 없었다. 심하게 표현하면, 미국이나 영국도 유대인들을 구출하는데 큰 관심을 쏟지 않았던 것이다.

제12절 나치의 인종학살과 인간 본성

나치의 유대인 학살은 인류가 야만의 시대로 회귀하였다고 보거나, 역사상 전례를 찾아볼 수 없는 전대미문의 끔찍한 사건으로 보기보다는, 인류 발전사에서 근대성이 갖는 독특한 사건으로 해석하려는 학자들이 점차 늘어나고 있다. 인종학살이 수행되는 과정에서 보여주었던 효율적이면서 지극히 관료적이었던 냉혹함은 그 전례를 찾아볼 수가 없을 정도였다. 유대인 대량 학살을 최초로 고안한 사람들은 제3제국의 인구 정책을 연구했던 지식인 집단의 기술 관료였으며, 광적인 나치주의자들도 아니었고, 또 반 유대주의자들도 아니었다. 그들은 유능한 학자였으며, 관료로서 폴란드에서 유대인을 비롯하여 집시 및 폴란드인과 러시아인을 집단 학살하면 사회적으로 큰 유동성을 가져올 수 있다고 보았으며, 그것은 장래의 산업발전에도 큰 도움이 된다고 주장했다.

이들 학자들과 관료들의 이러한 궤변은 근본적으로 유대인에 대한 이데올로기적 반감을 고려하지 않는 것으로서, 한갓 자기변명에 불과한 것이었다. 나치 독일은 유대인을 다양한 방법으로 집단 학살했다. 총으로 학살하거나, 땅에 파묻어서 압살시키거나, 굶주림으로 아사시키는 한편, 독가스를 사용해서 학살하는 등, 가능한 모든 수단을 다 사용하였다. 그 과정에서 이러한 학살과정에 관여했던 독일의 군인들과 관료들은 물론, 이를 보조했던 점령지역 국가의 관료들이 그토록 잔인한 행위를 어떻게 태연히 자행할 수 있었는지 매우 궁금할 따름이다. 참고로, 이들의 잔악한 행위에 관한 비근한 사례는 그러한 잔악한 행위에서 살아남았던 한 유대인의 다음과 같은 증언에서 잘 나타나고 있다.

"우리가 트레블링카에 도착하자, 독일인들이 수송 열차의 문을 열었다. 그때의 광경은 으스스했다. 차 내부는 시체들로 가득했다. 시체에는 부분적으로 염소가 뿌려져 있었다. 차량에서 흘러나오는 악취는 아직 목숨이 붙어있는 사람조차 질식시킬 정도였다."

유대인들을 학살수용소로 보내는 이송 열차 안에서부터 공기 및 식수와 식량, 그리고 위생시설의 부족으로 이미 죽음을 맞이하고 있었다. 유대인을 열차에 태울 때부터 너무나 촘촘히 채워놓았기 때문에 수송 열차 자체가 죽음의 덫이었다. 살아남아 열차에서 내렸을 때 사방에 널브러진 수많은 시체를 봐야 했고 얼마 후에 그들이 똑같은 신세가 되었다.

목격자들에 따르면, 독일인·라트비아인·리투아니아인·우크라이나인 등으로 이루어진 교도관들이 잔인함으로 악명 높았던 트레블링카 및 소비부르와 벨제크 등의 수용소에서 행한 고문의 가혹함은 상상을 초월했다. 문제는 이들 교도관이 자신들이 행한 고문의 잔혹함에 대해 책임을 회피한 채, 자신들의 의무를 수행한 것에 불과했다고 생각한 점이었다. 이러한 위선과 자기기만은 그 당시 아우슈비츠-비르케나우 수용소장이었던 루돌프 헤스와 유대인들에 대한 학살을 지시한 아돌프 아히이만, 그리고 유대인 학살에 참여했던 장교들을 포함한 모든 구성원의 생활 태도와 행동 양식에서 잘 드러나고 있다.

아우슈비츠-비르케나우 수용소장이었던 루돌프 헤스는 겉으로는 사람들에게 매우 친절하고, 아내와 자식을 사랑하는 헌신적인 가장처럼 보였다. 그는 독실한 가톨릭 신자로서 모든 일을 세심하고 정확히 수행했다. 그는 비록 인간 말살이라는 업무를 수행하고 있었지만, 아주 정상적인 삶을 영위했다. 아돌프 아이히만 역시 히틀러가 부여한 임무에 대해 추호의 의심도 품지 않았으며, 유대인에 대해 개인적인 증오심도 없었다. 이들은 나무랄 데 없는 사생활을 영위하면서, 직장의 업무와 확실히 구분했기 때문에 직장에서 저지른 악랄한 만행에 대해 감정이 둔화되었음이 분명하고 따라서 양심의 가책도 느끼지 못했다. 아이히만은 “나는 결단코 단 한 사람도 살해하지 않았다. 어떤 사람을 살해하라고 명령을 내리지도 않았다.”라고 말해 자신의 책임을 인식하지 못했다는 것을 알 수 있다.

이러한 인식은 아이히만뿐 아니라, 나치 지도부, 관료, 군대, 그리고 기업가들에서부터 말단 직원에 이르기까지 학살에 참여한 모든 구성원에게 만연한 자기기만이었다. 아우슈비츠 수용소에 가보면 가스 살해실에서 100여m 밖에 떨어지지 않은 곳에 장교 클럽이 있다. 상식적으로 가까운 가스실에서 수많은 인명이 죽어가고 있는데, 관리하는 장교들은 가까운 클럽에서 맥주를 마시고 태연할 수 있었다는 데에 대해 아연실색할 수밖에 없었다. 그들에게 만약 인간의 죽음에 대한 연민이 있었다면 도저히 그럴 수 없었을텐데, 그들은 아무런 죄책감이 없는 일상을 누리고 있었기 때문이라고 생각되었다.

그런데 여기서 제기해 볼 수 있는 유대인 학살에 대한 근본적인 의문은 나치 독일의 만행만이 오로지 모든 책임이 있는 것인가 하는 점이다. 유대인 학살에 대한 책임은 물론 나치의 반유대주의 및 반공산주의와 잔학성이 기폭제이고 추진력이었지만, 나치에 적극적으로 동조한 폴란드나 리투아니아, 그리고 라트비아 및 우크라이나를 위시하여, 동구라파의 헝가리 및 루마니아와 유고슬라비아 등등의 모든 국가에서 자발적인 협조가 있었다는 점에서도 찾아볼 수 있다는 것이며, 나아가 연합국인 미국과 영국에서도 유대인의 학살을 구원할 적극적인 행동을 취하지 않았던 점에서도 그 책임을 찾아볼 수 있다.

여기서 우리는 인류 역사에서 끊임없이 지속되어온 유대인 박해에 대해 근본적인 의문을 제기해 볼 수 있다. 독일 나치의 유대인 학살 이전에 고대 이집트에서의 박해를 시작으로, 바빌론 유수와 로마에 의한 디아스포라, 그리고 스페인을 비롯한 중세 유럽 국가들에 의한 박해를 거쳐 제2차 세계대전 시에 독일의 히틀러에 의한 대량 학살을 고찰하면서, 과연 무엇이 그들 유대인을 박해에 이르게 했는지에 대한 근본적인 답은 찾을 수가 없다. 유대인들에 대한 박해의 원인은 예수를 죽게 했다는 종교적인 이유가 크고, 다른 민족과 융화하지 못하고 배타적인 일신교의 영향도 크며, 부를 쌓는데 유별나다는 점도 있을 수 있고, 의사나 변호사처럼 고급 전문직으로의 진출 비율이 다른 민족에 비해 매우 높다는 점에서도 질시의 대상이 되었을 가능성도 충분히 있겠다. 오늘날 전 세계 유대인의 수는 3천만 명도 채 안 되지만, 노벨상 수상자가 25%에 이르는 것을 본다면 유대인이 얼마나 우수한 민족인가를 가늠할 수 있다.

필자는 1986년에 미국 주간 타임스의 표지에 [KorJews Coming]이라는 기사를 보고 많은 생각을 가졌다. 한국인의 이민이 활발하던 시기에 영리하고 부지런하고 악착같은 면에서 Korean은 Jewish와 동일시된다는 뜻이기도 하지만, 한편으로는 그 사회의 공동체에 동화하지 않고 자신들의 이익만 추구하는 민족들이라는 의미도 포함되어 있지 않나 하는 우려스러운 생각도 들었다. 결론적으로 고려해 보았을 때, 유대인들은 자기들만이 하느님으로부터 선택된 민족이라는 종교적 배타주의가 이들에 대한 근본적인 박해의 원인이 아닌가 하는 생각이 들었다.

제 2 부
페이퍼클립 작전(Paper Clip Operation)

제1장 국가 이익과 국제적 정의 – 무엇이 우선인가?

제2차 세계대전이 끝날 무렵 미국을 비롯한 서방 진영과 소련을 위시한 동방 진영은 독일의 뛰어난 과학 기술을 두고 치열한 쟁탈전을 벌였다. 전쟁이란 극한의 상황에서 승리를 위해 각종 무기를 개발하고 실용화하기 위해 독일의 과학자들은 유대인을 비롯한 전쟁포로들을 실험 대상으로 삼아 무자비하게 취급했다. 독일의 최고 과학자들은 모두가 자신들의 실험에서 피실험자들이 무수히 죽어 나가고 학대당했다는 것을 알았다. 그들 대부분은 전쟁 범죄자로 뉘른베르크의 전범 재판에 회부 되어야 마땅했다. 그들은 로켓 기술 및 생화학 병기의 개발과 항공 우주과학 기술을 개발하던 세계 최고의 두뇌였다.

그러나 제2차 세계대전이 종료되자, 세계는 곧바로 공산주의와 민주주의의 대립이 시작되었고, 또 다른 끔찍한 전쟁에 대비해야 한다는 엄청난 과제에 당면했다. 그에 따라 미국은 전범으로 처리해야 할 독일의 두뇌 1,600여 명을 미국으로 빼돌려 각종 무기 개발과 과학의 발전에 투입하여 소련을 앞서기 위해 노력했고, 결과는 기대를 능가하는 성과를 이루었다.

미국이 데려오기를 원했던 독일 두뇌 집단 대상자들의 대부분은 히틀러와 히믈러 및 괴링과 함께 일했던 나치의 열렬한 추종자들로서, 일부는 히틀러의 총애를 상징하는 금장 나치 배지를 보유하고 있었던 SS 친위대였으며, 과학적 업적을 인정받아 100만 라이히스 마르크의 상금을 받은 자도 있었다. 그들 대부분은 전범 재판에 넘겨져야 할 대상이었지만, 미국은 그들의 범죄를 은폐했고, 국무성의 이민국에 허위 자료를 넘겨 미국 입국이 가능하게 했다.

미국 합동참모본부는 이들을 미국으로 데려오기를 간절히 요청했는데, 소련과의 전면전 위협이 목전에 닥쳤다고 평가했기 때문이었다. V-2 로켓은 독일 항복 후에도 진행 중인 일본과의 전쟁에 큰 도움이 될 수 있었고, 장차 소련과의 전면전쟁을 염두에 두었을 때 독일 과학자들은 승리를 위한 중요 자산일 수 있었다. 그러나 철저한 나치주의자들을 미국 정부가 고용하는 것은 지극히 위험하고 본질적으로 민주주의의 이상에 반하는 무원칙한 행위였지만, 전쟁의 위협 앞에 무시되었다.

합동참모본부의 합동 정보위원회(JIC : Joint Intelligence Commitee)는 이미 1946년에 "미국은 소련과의 전면전을 대비해야 한다."라고 경고하면서, 개전의 시기는 1952년이 될 것이라는 전망을 합참에 보고하기도 했다. 페이퍼클립 작전에 처음부터 깊숙이 간여한 당시 육군성 차관 로버트 패터슨(Robert Patterson)은 작전의 승인 여부를 놓고 토론할 때 이렇게 말했다. "그들은 우리의 적입니다." 라고 하면서도, 작전의 실행을 반대하지 않았다.

● 1958년 레드스톤 무기고의 폰 브라운 연구팀. 왼쪽부터 에른스트 슈투링거, 헬무트 휠처, 카를 하임부르크, E.D. 가이슬러, E.W. 노이베르트, 발터 호이서만, 폰 브라운, W.A. 므라체크, 한스 휘터, 에버하르트 레스, 쿠르트 데부스, 한스 마우스(NARA)

1945년 8월에 정식 출범한 합동참모본부는 갈수록 커지는 소련의 위협에 주목하고 소련의 군사적 능력과 의도를 분석하는 데 노력을 경주하였다. 합동 정보위원회는 1945년 9월에 독일의 유도 미사일 분야 최고 과학자 10명 중 8명이 사라졌는데, 그들이 소련의 포로가 되어 소련에서 일하고 있을 가능성이 크며, 소련 점령지역의 연구소와 연구 자재를 비롯하여 관련 과학자들도 소련으로 갔을 것이라는 분석과 함께, 그들의 연구 프로그램이 모두 서방세계를 위협하고 있다고 경고했다.

아울러 정보기관들은 핵물리학을 제외한 여타 과학 분야에서 독일이 미국보다 수십 년 앞서 있다는 사실을 발견했다. 특히, 전쟁 기간 미국이 저지른 끔찍한 실수는 미국의 박사 학위 소지자 1만여 명이 손실되었다는 것이었다. 그들은 학위 소지와 관계없이 전쟁에 참여했는데, 일반 병사와 똑같이 취급되어 크게 보면 국력이 엄청나게 손실된 것이었다.

당시의 기술 수준을 예를 들어 비교하면 1944년 12월, V-2 로켓이 수백 마일을 비행하여 런던을 강타했을 때, 미국은 'Private A'라고 불리는 사거리 11마일의 로켓을 실험하는 단계였을 정도였다. 그 외에도 독일은 뉴욕을 공격하기 위한 잠수함 발사용 V-2 로켓을 실험해왔으며, 제트 항공기, 대륙간 탄도미사일, 생화학 무기를 대량 개발하여 발전시켜 왔다는 사실을 알게 되었다.

● 전쟁범죄수사관이자 뉘른베르크 의사재판의 기술자문 레오폴드 알렉산더 박사가, 판사들에게 라펜스브뤼크 강제수용소에서 야드비가 지도(Jadwiga Dzido)에 대해 행해진 의학실험의 내용을 설명하고 있다. 이 실험의 책임자는 페이퍼클립 의사 발터 슈라이버였다.(NARA)

때마침 유럽 원정군 사령부는 다수의 전범을 체포하여 전범 재판에 회부하기 위해 분류하면서 처리 방침을 합참에 문의하는 과정에 있었다. 전범 중의 다수가 전쟁 무기 개발을 위해 노력해 온 과학자들이었기 때문에, 합참의 정보위원회가 차제에 그들을 미국으로 데려와 소련과의 대결에 활용하겠다는 생각은 자연스러운 것이었다. 소련이 독일의 과학자들을 빼돌리려 한다는 사실을 알게 된 합동 정보위원회는 대응 방안으로 세 가지를 제안했다.

1. *소련 측에 더 이상 과학자들이 넘어가지 않도록 현지에서 필요한 조치를 할 것.*
2. *미군은 독일의 과학자들과 가족에게 원한다면 미국 비자를 포함한 무엇이라도 다 주겠다고 약속할 것.*
3. *무기 관련 연구를 위해 미국으로 데려와야 할 독일인 1,000명의 명단을 작성할 것.*

이에 대해 국무부는 과학자들의 전력을 철저하게 검증해야 한다며 난색을 표명했지만, 미국이 데려오지 않으면 소련이 데려갈 것이라는 우려와 함께 독일 과학자들이 독일에 남아 나치의 무기체계를 계속 연구한다면 역시 미국에 위협이 된다는 논리에 손을 들었다. 그리하여 드디어 1946년 3월 SWNCC 문서 275/5호가 정식 발효되어 독일 과학자들은 미국에 입국할 수 있게 되었다.

미국의 독일 점령군 사령부는 독일 최상급 과학자 1,000명을 뮌헨 근처의 군사기지에 수용하고 가족들에게는 식량과 피복이 지급되었다. 이들 중에는 나치 신봉자와 돌격대 및 친위대 출신들이 다수 있었는데, 육군의 정보 관계자들은 이들의 인사 파일을 골라내 파일에 별도로 분류했다. 그때부터 나치 과학자 프로그램은 [페이퍼클립 작전]이라는 새로운 명칭으로 불리게 되었다.

제2장 독일 과학자들의 대표적인 연구 분야

제1절 로켓 분야

1944년 6월 13일 V-1 비행폭탄은 런던을 타격했고, 이어서 북유럽 도시들을 무차별 공격하여 공포를 선사했다. V-1보다 더욱 개량된 V-2 로켓은 항속거리 305km에 탄두 중량 900kg, 비행 속도 마하5의 가공할 무기로 폭발음은 32km까지 퍼졌다고 한다. V-2 로켓은 1944년 12월 9일 밤에 벨기에의 항구도시 안트베르펜을 향해 발사되었다. 연합군은 1944년 6월 6일 노르망디에 상륙한 이후 독일을 향해 진군하고 있었는데, 안트베르펜은 전쟁물자를 수송하는 가장 중요한 양륙 항구였다. 당시 히틀러는 연합군에 대대적인 역습을 가해 안트베르펜을 탈환하고 전세를 역전시키고자 아르덴느(Ardennes) 숲에 대규모 기갑부대를 극비리에 대기시키고 있었다.

12월 16일 오후 V-2 로켓은 안트베르펜의 극장을 직격하여 567명이 죽거나 다쳤다. 그날 밤 V-2 로켓을 생산하는 발트해 연안의 페네뮌데(Peenemünde) 지역의 고성에서 대규모 호화로운 파티가 열렸다. V-2 로켓이 계속 발사되는 도중에 V-2 로켓을 개발하는 데 공로를 세운 주인공들에게 훈장을 수여하고 격려하는 행사였다. 훈장을 받는 사람들은 V-2 로켓 프로그램을 총지휘 감독하는 도른베르거 소장, V-2 로켓을 설계하고 발전시킨 천재적인 과학자 베르너 폰 브라운, 수석과학자 발터 리델, 군수지원 담당관 하이츠 쿤체 등 4명이었다. 그들은 모두 나치 요원이었는데, 도른베르거는 친위대 소장이었고, 브라운 역시 친위대 소령이었다.

로켓을 생산하는 공장은 하르츠(Harz) 산맥의 오래된 석고 광산 속이었다. 공장은 이미 영국에 의해 위치가 노출되었으나, 지형의 특성상 항공 폭격이 불가능했다. 공장을 건설하는 데는 히믈러가 제공하는 노예 노동자 8,000명이 동원되었다. 이들은 열악한 환경과 영양실조 및 중노동으로 인해 연 투입 인원 6만 명 중 절반이 사망했다. 일부는 명령 불복종으로 사형에 처해지기도 했다. 공장을 운영하던 간부들은 포로나 유대인으로 구성된 노동 인력의 방대한 희생에 대해 알고 있었다.

그러나 전쟁은 끝이 다가오고 있었다. 브라운은 공장의 통제권을 장악하고 로켓의 생산량을 하루 2~3대에서 200대로 증가시키려고 했다. 비위생적인 터널 내에서 식량과 물 및 위생 설비가 없이 간신히 생명을 연장해 가는 근로자들에게 고도의 정밀 유도 무기를 생산하게 하는 자체가 우수한 제품 대신, 하자가 많은 제품이 다수 나올 수밖에 없게 만들었다. 불량한 환경에서 만들어진 로켓은 발사대 위에서 폭발하기도 하고, 비행 도중 공중분해 되기도 하는 일이 잦았다.

1945년 3월이 되자, 부하들은 브라운에게 연합군이 곧 공장에 도착할 것이라고 말했다. 영리한 브라운은 독일의 패배를 내심 인정하고, 자기 경력을 잘 활용하면 전쟁 후에도 영광된 삶을 이어갈 수 있다고 생각했다. 그는 자동차 사고로 팔이 부러져 병원에 있게 되면서, 그가 미군에 포로가 되었을 경우 부하로 하여금 협상카드로 사용할 수 있는 중요 기밀문서를 아무도 찾을 수 없는 곳에 숨기기로 작정했다. 사령관인 도른베르거 장군을 포함한 핵심 요원들의 안전을 책임진다는 약속을 하고, 광산촌 되른텐(Dőrnten)에 있는 폐광의 한 방에 기밀문서를 담은 상자를 넣고 광산의 입구를 폭파하여 아무도 이 기밀문서를 찾을 수 없게 만들었다.

3월 28일에 마지막 로켓이 발사되고 난 후 기지는 폐쇄되었고, 4월 1일에는 수백 명의 요원이 기지로부터 철수했다. 필수 요원들은 열차를 타고 640km 떨어진 바이에른 지방의 알프스 산록에 나치가 평소 준비해 놓은 휴양시설로 가서 은신했다. 그들은 바이에른 지역 알프스의 스키 마을 인게부르크(Ingeburg)에 숨어 있었다. 그곳은 나치 고위층을 위해 친위대가 준비해둔 휴양소로 풍부한 음식과 와인이 준비되어 있었다.

한편, 미 육군 항공군의 기술 근무지원 사령관이었던 울프(Kenneth B. Wolfe) 소장은 독일 공군의 능력을 잘 알고 있었기 때문에, 독일이 남긴 기술과 장비를 획득하기 위해 동분서주했다. 그는 독일의 노르트하우젠으로 날아가 지하 공장에 남겨진 다수의 V-2 로켓의 완성품과 부품 및 생산 설비를 보고 당장 독일 과학자들을 확보해야 한다고 생각했다. 미국의 과학자들은 핵 과학을 제외한 많은 분야에서 독일이 미국보다 훨씬 앞서 있다는 것을 발견했고, 특히 로켓 분야에서는 그 격차가 더 컸다. 1944년 12월에 V-2 로켓이 수백 마일 떨어진 런던을 강타했을 시점에 미국의 로켓 기술은 겨우 사거리 11마일의 목표를 타격하는 실험을 하고 있던 수준이었다.

노르트하우젠은 전후 소련이 통제할 지역이었으므로, V-2에 필요한 물자와 과학자들은 신속히 확보해야만 했다. 1945년 5월 12일에 미군은 노르트하우젠의 공장에 가서 완제품의 V-2를 비롯한 400t에 달하는 물자를 미국으로 수송했다. 그와 동시에 공장 주변의 인물들에게 진정으로 중요한 기밀문서의 존재를 수소문했으나, 그들은 한결같이 존재 여부를 부인하며 브라운 박사나 도른베르거 장군만이 알 것이라고 잡아뗐다. 광산 내에 집어넣고 입구를 폭파한 문서는 V-2 로켓 관련자들에게 새로운 영광을 가져다줄 생명줄이었기 때문에,

귀중하게 취급해야 했던 것이다. 그곳에서 미국의 정보 장교들은 은신처에서 생활하고 있던 브라운과 도른베르거를 만나 협조를 구했으나, 그들은 주도권을 쥐기 위해 게임을 했다.

미군 정보장교들의 목적은 V-2 관련자 전원을 미국에 데려가 주는 것이었다. 한편, 현지 미군 장교의 회유로 마음을 돌린 일부 독일 과학자들에 의해 폐쇄된 입구가 밝혀져 폭파되자, 미군 정보장교들은 되른텐 광산에 은폐·저장된 14t에 달하는 기밀문서를 꺼냈다. 이들은 모두 합쳐 100발의 V-2 로켓과 관련 기술문서를 메릴랜드주의 에버딘 시험장(Aberdeen Proving Ground)으로 보냈다. 이제 과학자들을 미국에 데려오면 로켓 연구를 위한 완전한 기반이 확보되는 것이었다.

미군 당국은 공장 지역에 남아있던 과학자들을 모두 미국으로 데려가기 위해 브라운 박사를 수용소에서 공장이 있는 페네뮌데로 데려와 현지의 과학자들을 설득했다. 이제 소련이 점령군으로서 도착하는 데 불과 이틀밖에 남지 않았다. 과학자들은 미국으로 갈 것인가 현지에 남아 소련의 통치를 받을 것인가 선택해야 했다. 독일 과학자들의 대부분이 미국행을 원해 모든 수송 수단을 동원하여 V-2 로켓 관련 과학자 400여 명은 자유 지대로 이송되어 궁극적으로 미국으로 갈 수 있었다.

그런데도, 공장에는 수천 톤에 달하는 장비와 부품들이 남아있어 향후 소련이 활용할 가능성이 확실시되었기 때문에 미군 당국은 이를 폭파하려는 생각을 가졌으나 실행하지 못했다. 미군 당국의 판단대로, 역시 소련은 훗날 잔류한 과학자들을 동원하여 기존의 공장을 가동하였다. 소련의 과학 첩보부대는 베를린을 해방시킨 전투부대를 따라 신속히 잠입해 들어갔으나, 미국이 선수를 쳐서 대부분의 과학자와 필수적인 문서 및 장비들을 싹쓸이해간 것을 알고 분노했다.

폰 브라운을 위시한 로켓 과학자들은 1946년 1월에 미국에 입국하여 텍사스주의 포트 블리스에 자리를 잡고 연구 활동을 개시했다. 도른베르거는 미국에 도착한 지 2년도 안 되어 공공의 적에서 명사로 탈바꿈했다. 그는 얼마 후에 미국 공군의 계약에서 풀려나 벨 항공사의 부사장 겸 수석과학자로 임명되었다. 방산 분야에 근무하며 그는 1급 비밀 취급을 인가받아 국방부 및 합참과 공군에서 자문역을 수행했다.

도른베르거의 연구 주제는 언제나 우주 정복이었다. 브라운 박사는 미국에서 수많은 저술과 연구 활동으로 멋진 인생을 구가했다. 최종 직업은 NASA에서 APOLO 계획을 완성한 것이었다. 1957년 10월 소련이 스푸트니크 위성을 발사한 데 충격을 받아, 미국은 APOLO 계획을 통해 1969년 아폴로 11호를 달에 착륙시키는 데 성공함으로써 우주 전쟁에서 열세를 만회하게 되었다. 그 과정에서 브라운 박사를 위시한 독일 과학자들의 공헌은 말할 수 없이 컸다.

제2절 일본군 731부대의 생물학 연구

독일이 다카우의 수용소에서 각종 의학 실험을 위해 수감자들을 학대하고 있던 동일 시간대에 만주 하얼빈 인근의 일본군 의학 실험소에서 잔혹한 생체 실험이 행해지고 있었다. 부대의 공식 명칭은 관동군 [방역 급수부]이며, 통상 명칭은 731부대였다. 어느 날 중국군 포로 3,000명은 배급된 빵을 아침에 먹었는데, 그 빵에는 731부대에서 배양해 온 장티푸스균이 주입되어 있어 며칠 만에 모두 장티푸스균에 감염되어 엄청난 고통에 시달리다 죽거나 자연 치유되었다. 731부대는 그들을 적극적으로 치료해 주지 않았다. 오히려 의사들이 환자의 상태를 살펴보며 유효한 정보를 기록하고 다녔다.

일본군 731부대장은 육군 소장으로서, 일본 최고의 미생물학자인 이시이 시로(石井四郞) 박사였다. 이시이는 청일전쟁이 발발했던 1890년대 후반에 태어났으며, 훗날 당시 전쟁 희생자의 대부분이 질병으로 사망했다는 사실을 알고 경악했다. 정부로부터 전쟁터에서 장병들의 질병 감염을 감소시킬 방안을 마련하라는 지시를 받고 최고의 의료 전문가들을 동원하여 노력한 결과, 괄목할만한 성과를 거두었다. 그는 야전병원 설치와 최전방부대에 의무 인력 배치 및 광범위한 공중위생 절차 도입 등 혁신적인 제도를 도입하여 전염병을 물리치는 데 크게 기여한 것이다. 당시의 일본의 전염병학은 세계 최고 수준이었다.

그러나 이시이는 점차 미생물을 대량살상무기로 활용하고자 하는 생각을 하게 되었다. 열렬한 민족주의자였던 그는 상대적으로 국력이 약한 일본이 강대한 국가를 상대할 때 미생물이 최적의 무기가 될 수 있다고 생각하고, 극비리에 연구를 총지휘하는 데 동의했다. 1932년 일본이 만주를 침공했을 때, 이시이는 일급 연구원들을 모아 위생부대라는 위장 명칭의 부대를 만들어 생물학 무기를 제조하기 위해 포로를 대상으로 끔찍한 실험을 자행했다. 병원균의 생산은 물론이고, 생체를 얼려 죽어가는 과정이나 감압해서 죽어가는 과정 등 모든 실험을 시도했다. 병원체 발견을 위한 실험과 생체의 치료와 자가 회복 능력 측정을 위한 수술실험 및 백신이나 약품의 개발실험, 그리고 병원체의 감염 능력실험 등에 이르기까지 각종 실험이 포로의 생체를 대상으로 이루어졌다.

731부대는 북경, 남경, 광동, 싱가포르에 지부를 둔 전체 구성원이 1만 명을 넘는 대규모 부대였고, 이시이가 이를 총괄했다. 1940년에 이시이는 생물학 무기를 개발하여 실전에 사용해 봤다. 주민 4,000명이 사는 마을에 페스트 병원균이 감염된 벼룩을 생쥐에 옮긴 다음, 포탄을 이용하여 이를 마을에 살포하자, 마을 주민들 전원이 사망했다.

이시이는 1945년에는 오키나와를 침공한 미군을 같은 방법으로 공격하려 했으나, 병원균을 운반하던 선박이 미군 잠수함의 공격으로 침몰해 버려 실패했다. 나아가 그는 보다 야심차게 대형 잠수함에서 비행정을 출격시켜 로스앤젤레스에 병원균을 살포할 계획을 세웠지만, 세계의 비난을 두려워한 참모본부의 반대로 결국 이를 실행에 옮기지는 못했다. 만일 당시에 원자탄이 먼저 투하되어 일본 민간인이 대규모로 희생되었다면, 생물학 무기의 사용이 실행되었을지도 몰랐다.

1945년 8월 패전하자, 이시이는 모든 자료는 비밀리에 일본으로 옮기고, 현장은 철저히 불태웠으며, 400명의 실험 대상자들은 살해되어 불에 태워졌다. 이시이는 전후에 연합군 전범 재판소에 최우선으로 기소되어야 할 대상이었다. 1945년 만주에 진주한 소련군은 731부대의 실험실을 발견했고, 거기에서 731부대가 인간 생체를 대상으로 잔악한 실험을 했다는 다수의 증거를 확보했다. 실험 대상에는 다수의 소련인도 포함되어 있었다. 소련군이 진주하기 전에 이시이를 비롯한 고위 인사들은 일본으로 도주했지만, 남겨진 인원들은 체포되어 소련군 단독으로 개최한 만주의 전범재판소에서 처벌받았다. 미국은 이시이 일당을 미국으로 빼돌려 미국을 위해 일하도록 만들고, 몇 년 후에 귀국시켜 일본에서 여생을 마치도록 했다.

제3절 항공의학 분야

미군의 항공의학 연구소장 암스트롱 중령은 전쟁이 끝나자, 독일의 항공연구소장 슈트루크홀트 박사를 찾아 나섰다. 그 둘은 1934년 워싱턴 D.C에서 열린 항공의학협회 연례회의에서 만나 아주 좋은 친구가 되었었다. 이들은 1937년에도 뉴욕에서 열린 학술 세미나에서 다시 만나 우정을 다졌다. 두 사람은 동일한 분야에서 책을 저술하고 실험을 해왔기 때문에 서로의 실력을 잘 알고 있었다. 암스트롱은 항공의학 연구를 위해 50명 정도의 독일 전문가를 미국으로 데려갈 계획이었다.

한편, 슈트루크홀트 박사를 찾아다니는 또 다른 인물이 있었다. 그는 독일 출신의 알렉산더 소령으로서, 1933년 히틀러가 집권하면서 유대인을 차별하자 의사 신분으로 미국에 망명했었다. 그는 전쟁 기간 미군 군의관으로 근무하다가 전쟁이 끝나자 독일로 가서 나치가 저지른 의학적 범죄를 조사하라는 명령을 받고 우선 항공 의학연구소를 방문했다. 알렉산더 소령을 만난 슈트루크홀트 박사는 놀라운 이야기를 했다. 영국과의 항공전에서 격추된 독일군 조종사들은 많은 수가 도버 해협에 빠져 대부분 저체온증으로 사망했는데, 그의 연구팀이 연구를 통해 얼어 죽은 시체를 해동한 뒤 소생시키는 방법을 알아냈다는 것이었다. 슈트루크홀트 박사 연구팀은 미군이 그들의 연구에 흥미가 많을 것이라면서 미국 연구재단의 지원을 받고 싶다고 했다. 아울러서 연구를 위해 그들은 말, 소, 돼지 등

동물을 이용했다고 덧붙였다.

알렉산더는 슈트루크홀트 박사의 말을 그대로 받아들이지 않고 집요하게 배후를 탐색했다. 그 결과 다카우의 수용소에서 살아남은 사람들의 증언과 친위대의 문서를 통해 슈트루크홀트 박사 팀이 수용소의 인원을 대상으로 저체온과 감압의 생체실험을 했다는 것을 알아냈다. 친위대의 문서와 사진이 모든 것을 증명해 주고 있었다. 사진에는 얼음이 떠다니는 욕조에 사람을 집어넣어 죽어가는 과정을 담고 있었고, 감압실험 역시 실험실에 들어간 사람이 죽어가는 장면을 친위대의 기록은 잘 보존하고 있었다. 실험은 도버 해협에 빠진 공군 조종사들의 구조와 고공비행에 필요한 것으로 당시로서는 최고의 과학 기술이었다.

1945년 6월 말에 알렉산더 소령은 전쟁범죄 수사관 임기를 끝마치면서, 무려 1,500페이지에 달하는 자세한 보고서를 제출했다. 그의 보고서는 1945년 11월 워싱턴 포스트 신문의 1면 톱으로 올라 전 국민의 엄청난 이목을 끌었다. 기사의 제목은 [육군, 나치의 추악한 인간 생체 실험 폭로]로 다카우의 강제수용소에서 실행된 저체온증 유발실험을 시간순으로 묘사하고 있었다. 저체온증 실험에서 유일하게 생존한 사람이 증언함으로써, 담당 의사들은 당연히 전범 재판에 회부 되어 처벌받아야 했다. 그러나 결론적으로 알렉산더가 제출한 가공할 슈트루크홀트 박사와 그들 팀이 실시한 반인류적인 실험에 관해서 미군은 눈을 감았다.

슈트루크홀트 박사는 1928년에 록펠러 재단의 장학금으로 1년간 뉴욕에서 연구 활동을 했으며, 이 기간에 항공의학을 연구하던 해리 암스트롱 박사와 친밀한 관계를 맺었다. 제2차 세계대전이 끝났을 때 암스트롱 박사는 중령으로 항공의학연구소장을 역임하고 있었기에, 이곳에서 맺은 그들의 친분이 독일의 항공의학 관계자들을 미국으로 데려오는 데 긍정적으로 작용했다. 1940년 독일에서는 이미 터보엔진과 제트엔진을 포함한 새로운 엔진이 개발되었는데, 그에 따라 고속도 및 저산소 상태와 저기압 및 저온 상태에서의 항공기 조종이 신체에 미치는 영향에 관해 많은 연구가 이루어지고 있었다.

전쟁 후 암스트롱 박사는 독일의 항공의학 관계자들과 한동안 독일의 항공연구소에서 연구 활동을 함께 하다가, 항공의학 연구소장 슈트루크홀트 박사, 공군 연구소 실험 국장 테오도르 벤칭거 박사, 냉동 전문가 게오르크 벨츠 박사, 동료로서 생체실험을 주관한 지그프리트 루프 박사, 그리고 바닷물을 음료수로 만드는 기술을 개발한 콘라트 쉐퍼 박사 등을 포함한 항공 관련 독일 군의관 58명과 계약을 맺고, 하이델베르크의 미국 육군 항공군의 연구실에서 다양한 연구를 깊게 하고 있었다. 이들이 함께 연구했던 분야는 최첨단 시설을 이용하여 인체의 지구력 및 야간 시력과 혈류 역동학, 그리고 폭탄의 폭발이 인체에 미치는 영향과 음향 생리학 등이었다. 그들은 모두 나치 정부에 충성을 다했으며, 벤칭거 박사의 경우 현역 대령 신분의 조종사로서 전투 시 용맹을 떨쳐 철십자 훈장을 받은 경력도 있었다.

그러나 콘라트 쉐퍼 박사는 나치를 달가워하지 않아 입당하지 않았기에 불이익을 받았다. 그는 조종사들이 해상에서 조난했을 때 갈증으로 바닷물을 마시게 되면 신장 손상으로 더욱 갈증을 느끼고 장차 사망한다는 보편적 상황을 해결하기 위해 그가 개발한 볼펜(Wolfen)이라는 물질로 볼파티트(Wolfatit)라는 약을 만들었다. 이를 바닷물에 넣으면 손쉽게 소금을 침전시켜 음료수로 쓸 수 있었는데, 이는 실로 대단한 성과였다.

연구가 본 궤도에 올라 한창 성과를 내던 중, 1946년 9월 연구소에 갑자기 육군 방첩대 요원들이 체포영장을 들고 나타나 테오도르 벤칭거, 지그프리트 루프, 콘라트 쉐퍼, 헤르만 베커 프라이젱, 오스카 슈레더 등 핵심 요원 5명을 체포하였다. 그들은 뉘른베르크 군사 재판에 전쟁 범죄자로 수배령이 내려져 있었다. 이렇게 체포된 그들은 나치의 부의무감이었던 블로메 박사가 수용된 뉘른베르크 유스티츠 궁전내에 위치한 교도소의 같은 동에 수감되었다.

소위 나치의 의사들에 대한 재판에서 드러난 이들의 죄명은 강제수용소 수감자들을 대상으로 냉동실험, 고공 실험, 겨자 가스 연구, 해수의 음료수화 연구, 말라리아 실험, 집단 불임시술, 안락사 등 잔혹한 생체실험을 다양하게 자행했다는 것이었다. 총 23명의 의사에 대한 재판을 통해 12명은 사형, 나머지는 유기징역에 각각 처해졌다. 그러나 초고공에서 비행하는 조종사의 생리현상에 관한 논문을 당시에 발표한 벤칭거 박사는 아무런 설명 없이 미국 육군에 인도되어 하이델베르크의 항공연구소로 돌아갔다. 미군이 벤칭거를 재판에서 단죄하기보다는, 그의 전문성을 이용하는 것이 더 바람직하다고 판단했기 때문이었다.

그 외에도, 미국이 원하는 핵심 인물인 블로메, 루프, 쉐퍼 등은 모두 무죄를 선고받았다. 이들은 이미 미국에 가서 항공 의학연구소의 자문위원으로 일하고 있던 슈트루크홀트 박사에 이어, 미국행이 예정되어 있었다. 미군은 이들 과학자들이 사람들을 얼리거나 감압 실험을 통해 죽였다는 사실을 알고 있었지만, 애써 눈감았다. 이들의 명단은 기밀 처리되었고, 2012년까지 일반에 공개되지 않았다. 실제로 많은 의사와 과학자들 가운데는 전쟁 범죄자로 재판에 회부 되는 것이 두려워 남미로 도망치거나 자살한 사람들도 많았다.

제4절 화학무기 분야

1945년 4월 16일 영국군 몽고메리 장군 휘하의 부대는 하노버에서 서쪽으로 120km 정도 이격된 장소에서 큰 규모의 병기 창고와 실험장을 발견했다. 이곳은 196km^{2}의 면적

규모의 시골 숲속에 필요한 모든 시설을 갖추고 있었다. 특이한 점은 거대한 축사가 있었는데, 쥐, 개, 고양이, 돼지, 말, 소 등을 사육하고 있었다. 연합군이 이곳을 정밀 수색한 결과, 수천 발의 겨자 가스 폭탄이 발견되었는데, 겨자 가스는 제1차 세계대전 당시에도 독일군이나 연합군이 공히 사용하던 화학 작용제였다.

또 다른 벙커에서는 알 수 없는 폭탄들이 다량 발견되었는데, 연합군은 이의 용도를 도저히 알 수 없어, 연구단지 내 인근 과학자들을 수소문하여 이에 대해 문의해야만 했다. 미군은 이 폭탄들을 일종의 수포 작용제로 판단했으나, 이를 토끼의 피부에 한 방울 뿌리자 몇 분 이내에 죽는 것을 보고 이제껏 알고 있던 그 어떤 화학 작용제보다 강력한 화학 작용제일 것이라고 판단했다. 그것은 바로 [타분]이었다. 폭탄에 새겨진 세 개의 초록색 동그라미는 폴란드에 있는 IG 파르벤 회사의 디헤른푸르트 공장에서 생산되었다는 것을 의미했다. 타분은 1급의 비밀 병기였지만, 전장에서 사용되지는 않았다.

미국은 화학전을 혐오했지만, 만일의 경우와 방어대책을 위해서도 연구는 필요했다. 전쟁이 종료되고 몇 개월 만에 530t의 타분이 미국으로 이송되어 시험에 사용되었다. 얼마 후에는 독일 화학자들을 미국으로 데려와 연구에 종사케 하자는 요청이 건의되었다. 이를 제조한 과학자들은 누구이고 어디에 있는지가 매우 궁금하였다. 미군 정보기관은 타분을 생산한 IG파르벤 회사의 경영진과 과학자들을 체포하기 위해 나섰다. IG 파르벤의 본사는 하이델베르크에 있었기 때문에, 수색조는 조직적인 수소문 끝에 회사의 최고경영자인 헤르만 슈미츠를 찾았다. 그는 엄청난 부자였지만, 겉으로는 검소한 생활을 유지했다. 그러나 자가의 이중벽 속에 숨겨진 금고에서 많은 금품과 비밀 자료들이 발견되었다. 그러나 문제는 슈미츠는 경영자였을 뿐 과학자가 아니었으므로, 추가적인 수소문 끝에 IG 파르벤의 이사로서 화학무기 생산을 담당했던 핵심 인물인 오토 암브로스를 체포하게 되었다.

IG 파르벤 회사는 원래 화학무기를 생산하는 공장이 아니었다. 1936년경 바구미와 뿌리혹벌레가 독일 농업에 심각한 피해를 끼치자, 독일 정부는 막대한 연구비를 지원하며 살충제를 개발하도록 했다. 연구원인 게르하르트 슈라더 박사는 조제품 9/91이라는 명칭의 살충제를 개발했는데 효과 만점이었다. 그러나 문제의 살충제는 벌레만이 아니고, 건강한 유인원을 공기 접촉만으로도 몇 분 안에 죽일 수 있는 무서운 것이라는 데 있었다.

IG 파르벤 회사는 군사적 이용이 가능한 모든 발명을 육군에 보고하도록 강제한 법률에 따라 '조제품 9/91'을 육군본부에 보고했다. 일련의 실증과정을 거쳐 이 조제품은 1급 비밀로 분류되었고, [타분 가스]라는 암호명을 받았다. 슈라더 박사는 이 조제품의 개발 공로를 인정받아 독일 근로자 평균 연봉의 15배에 달하는 보상금을 받았다. 이렇게 하여 IG 파르벤은 순식간에 독일 화학병기 생산의 메카로 태어났다. 화학무기 생산의 책임자는 오토 암브로스였다. IG 파르벤은 폴란드의 디헤른푸르트에 공장을 건립하고 타분을 대량 생산했는데, 이곳에서 타분 뿐만 아니라, 타분 보다 더 강력한 신경 작용제 사린을 생산했었다.

사린(Sarin)이라는 명칭은 개발자들의 머리글자를 따서 명명된 것인데, 슈라더(Schrader), 암브로스(Ambros), 뤼디거(Rüdiger), 린데(Linde)였다. 암브로스는 아우슈비츠에 있는 IG 파르벤의 생산부장으로서 매우 우수한 화학자였다. 1935년 그는 합성고무를 발명하여 파리 국제박람회에서 금상을 수상한 경력도 있었다. 전쟁 이전부터 합성고무는 천정부지로 수요가 뛰어올랐다. 수송차량 및 전차와 항공기의 타이어에도 합성고무는 필요했다. 히틀러의 지시에 따라 합성고무를 대량 생산하기 위해 아우슈비츠에 공장을 세웠고, 암브로스가 이를 진두지휘했던 것이다.

아우슈비츠의 IG 파르벤 회사는 암브로스를 앞세운 친위대장 히믈러와의 협상을 통해 강제수용소 인원을 거의 무제한으로 지원받을 수 있었다. 또한 이 회사가 생산한 독가스[치클론 B]는 아우슈비츠를 비롯한 강제수용소의 인원을 수백만 명이나 학살하는 데 사용되었고, 회사의 주요 간부들도 그러한 사실을 모두 알고 있었다. 암브로스는 화학전 관련 주요 학회에서 히틀러를 만나기도 했다. 전후에 암브로스는 사설 정보기관을 운영하여 한동안 체포를 피했으며, 심지어 프랑스군의 점령지역과 미군 점령지역을 넘나들면서 미군의 체포조를 농락했다.

암브로스를 전쟁 범죄자로 체포하여 전범 재판에 세우려는 방첩요원과 암브로스를 비롯한 연구원들을 미국으로 데려와 화학병기 생산에 이용하려는 세력 간에 암브로스를 두고 숨바꼭질이 벌어졌다. 암브로스는 체포를 피해 프랑스군 점령지역에 머물렀다. 프랑스가 암브로스의 체포에 동의하지 않았기 때문에, 그곳에서는 안전했다. 미군은 기다릴 수밖에 없었지만, 3개월을 넘기지 않고 체포되었다.

자만심에 찬 암브로스는 1946년 1월에 미군 점령지역으로 넘어오자 즉시 체포되어 전범 재판에 회부하도록 되어 있었다. 그는 다시는 문명사회에서 명망 있는 지위를 얻고 과학 기술을 활용하게 될 가능성은 없어 보였다. 암브로스는 1948년 여름, 재판에서 대량 학살과 강제노동 혐의로 8년 형을 선고받고, 란츠베르크 교도소에 수감되어 페이퍼클립 명단에서 제외되었다. 암브로스와 또 다른 핵심 인물인 발터 쉬버 박사도 뉘른베르크에 수감되어 재판을 기다리는 동안 미국은 다른 화학자들을 물색해야 했다.

한편, 소련은 디헤른푸르트의 IG파르벤연구소를 접수하여 소련으로 가져가 재조립했다. 아울러 미국의 페이퍼클립 작전과 동일한 작전인 '오소아비하임 작전(Osoaviakhim Operation)'을 통해 많은 화학자를 소련으로 데려갔다. 대표적인 화학자는 폰 보크(Von

Bock)로서, 그는 새롭게 건설된 소련의 공장에서 곧바로 타분을 생산할 수 있도록 만들었다.

미국은 대학의 화학전 연구소에서 독가스를 합성한 경력이 있는 반나치주의자 프리츠 호프만 박사를 1947년 2월 미국으로 데려왔다. 프리츠 박사는 메릴랜드에 있는 에지우드 병기창(Edgewood Arsenal)에서 살충제 연구란 명목으로 타분을 대량 생산하는 작업에 착수했다. 얼마 지나지 않아 프리츠 박사는 눈부신 성과를 내기 시작했으며, 아울러 사린가스 생산에도 진력했지만, 1948년 말까지도 성공하지 못했다.

미 육군의 화학 본부는 타분 생산에 부심하면서 심리화학전(Psychochemical Warfare)이라는 개념을 구상했다. 이는 전장에서 약물을 사용해 적을 무력화시키되, 살상하지는 않는 방식의 전투를 말하는 것이었다. 이런 방식의 전투는 전쟁의 야만성을 줄이고, 인도적인 측면을 강화하는 것이 목표였다. 이때의 약물로는 환각 유발제와 향정신성 의약품이 될 수 있었으며, 저농도 타분도 고려될 수 있었다.

미 육군 화학 본부는 무력화 작용제를 찾기 위한 노력으로 버섯이나 선인장 추출물 등을 연구하기 위해 중남미나 오스트레일리아를 비롯한 전 세계를 돌아다닐 계획을 세웠다. 사실 심리화학전에 적합한 약물은 이미 개발되어 있었는데, 약자로 LSD라는 환각 작용제였다. LSD는 사람을 망상에 빠지게 하고 예측 불가능한 행동을 유발하게 하되, 신체적으로 피해를 주지 않는 약품이었는데, 미국의 화학 병과에서는 이를 병기로 활용할 방법을 고려하고 있었다.

1948년이 되어도 사린가스의 생산은 결실을 보지 못하고 있었다. 메릴랜드 에지우드의 공장에서 독일 과학자들을 감독하던 찰스 E. 룩스 대령은 준장으로 승진하여 유럽사령부 화학전 수집 부장으로 전근되었다. 그는 하이델베르크의 사령부에서 나치 화학전의 최고 담당자인 발터 쉬버를 소개받아 알게 되었고, 그를 통해 타분과 사린 생산의 전문가들을 포섭하여 생산을 위한 단계별 보고서를 만들고 필요한 재료와 장비 목록을 작성하여, 미국의 화학전 사령부로 보냈다. 이로써 치명적인 신경 작용제의 제조법이 완성되었다.

미국은 쉬지 않고 사린가스 생산에 매진하여 1년에 수천 톤을 생산했고, 이를 지상이나 항공 또는 미사일로 공격할 수 있는 탄약을 만들어 냈다. 역사적 관점에서 미국의 화학전 및 생물학전 프로그램 규모는 놀랄 만큼 급속히 성장했으며, 프로그램은 철저히 기밀로 처리되었고 예산도 은닉되어 의회에 보고되지 않았다.

1969년 11월에 닉슨 대통령은 막대한 양의 화학전 및 생물학전 무기를 가지고 소련과 치킨 게임을 하는 것이 완전히 미친 짓이라고 생각하여 공격용 생물학 병기 연구를 중단하고, 보유하고 있던 생물학 병기도 파기하도록 했다. 냉전 시대에 대통령이 자국의 특정

병기 전체를 일방적으로 폐기할 것을 결심한 중요한 결단이었다. 그로부터 얼마 후에 화학병기의 프로그램도 종말을 맞게 되었다. 그러나 이러한 무기의 해체는 매우 어려운 작업이었다. 미국에 보유하고 있던 화학탄 27,000t과 오키나와에 보관 중이던 13,000t의 화학탄은 남태평양의 미국령 산호초인 존스턴섬으로 옮겨져 34년간에 걸쳐 조심스럽게 폐기되었다.

제5절 생물학 무기 분야

1945년 5월 17일 뮌헨의 검문소에서 미군은 긴급체포 1순위에 올라 있는 프리드리히 루트비히 쿠르트 블로메 박사를 검거했다. 그는 제3제국의 부의무감이자, 내과 의사 동맹 부회장이었는데, 1942년부터는 독일 암연구소 소장도 겸임하였다. 튀링겐 숲속에 버려진 기묘한 연구소 게라베르크는 독일의 생물학 무기 연구시설이며, 책임자는 블로메 박사였다. 미국은 그가 인간 생체 실험을 했다는 것을 알고 있었지만, 블로메 박사와 직접적인 연관 관계를 입증하기에는 미흡했다.

블로메를 심문한 결과, 암 연구소장을 맡은 이후 그는 다섯 번에 걸쳐 친위대장인 히믈러를 만났다. 히믈러는 전쟁에서 선페스트를 퍼뜨릴 다양한 방법을 연구하도록 지시했으며, 아울러 아군의 피해를 막기 위한 백신 개발과 개발의 속도를 높이기 위해 인간 생체 실험도 함께 지시했다. 선페스트의 실험을 위해 폴란드의 네셀슈테트(Nesselstedt)에 연구소를 건설했다. 히믈러는 연합군에게 인플루엔자를 퍼뜨리거나, 식량을 고갈시키기 위해 특정 지역에 구제역이나 우역을 전파하는 방안을 제시하기도 했다.

1945년 3월에 소련군이 진군해 오자, 블로메는 폴란드에 있는 포젠의 연구소를 포기하고 신속히 탈출했다. 그가 연구소의 생체 실험장비나 자료들을 신속하게 파괴하지 못했기 때문에, 이 실험실을 발견한 소련군은 쉽게 그 정체를 알아차리고 이를 이용할 수 있게 되었다. 블로메는 미군에게 체포된 후 수개월 간 심문을 받은 다음, 다름슈타트의 미 육군 군사 정보본부로 이송되었고, 1946년 미 육군에 고용되었다.

한편, 백신 연구는 의무감 슈라이버 박사가 담당했고, 상당한 성과가 있었다고 알려져 있었는데, 미군은 슈라이버 박사를 확보하고자 했으나, 이미 소련군에 체포된 상태였다. 블로메가 생물학 무기를 개발하고 있었다면, 그의 상관인 슈라이버 박사는 방어적인 차원에서 백신 개발을 담당하고 있었다. 1946년 8월에 갑자기 소련군에 체포되었던 슈라이버 박사가 뉘른베르크의 군사 법정에 증인으로 출석하여 제3제국의 세균전에 대해 자세하게 폭로하였으며, 특히 블로메의 비인도적인 연구에 대해 적나라하게 설명하고 소련으로 돌아갔다.

그의 증언의 목적은 명확하지 않았지만, 블로메의 앞날에 지장을 주게 된 것은 확실했다.

블로메는 페이퍼클립 명단에서 제외되어 뉘른베르크 의사 재판에 피고인 신분으로 소환되었으며, 체포되어 뉘른베르크 유스티츠 궁의 교도소에 수감되었다. 재판 결과 블로메는 1947년 8월 무죄가 확정되었다. 미국은 페이퍼클립 작전에 블로메를 포함하기 전에 광범위한 면접을 했다. 이러한 면접 과정에서 블로메는 적의 식량을 고갈시키기 위한 구제역 바이러스 살포, 페스트 연구, 장티푸스, 파라티푸스, 콜레라, 디프테리아, 이질 등에 배양과 백신 개발 등 나치가 연구했던 프로젝트에 관해 미군 당국자들과 토론을 벌였다. 아울러 그는 생물학 병기 분야에 근무했던 연구원들의 신상과 행방에 대해서도 많은 정보를 제공했다.

1949년 중반이 되자 소련이 핵무기 실험에 성공하고, 1950년 6월에는 한국전쟁이 발발했다. 세계정세의 급변에 소련을 더욱 위험하게 인식하게 된 미국은 페이퍼클립 작전을 가속시켰다. 독일에 파견된 고등판무관은 전범 재판에서 실형을 받은 많은 인원을 사면하거나 감형하여 미국에 데려오기 쉽게 만들었다. 나치의 의무감이었던 슈라이버 소장은 소련에 포로로 끌려갔다가 탈출한 후 3년 만에 미국으로 와서 텍사스 소재 랜돌프 공군기지의 항공 의학교에서 고액의 연봉을 받으며 생활하게 되었다. 얼마 후에는 나치의 부의무감이었던 블로메 박사도 미국으로 와서 생물학 무기 연구기관인 캠프 데트릭에서 각종 연구를 하게 되었다.

제6절 핵심 요원들의 말로

1984년 텍사스주에서는 매년 6월 15일을 '후베르트 슈트루크홀트의 날'로 정하는 결의안을 통과시켰다. 그러나 거짓된 신화를 폭로하려는 특별수사국의 노력은 모든 기관에 큰 영향을 주었다. 세계 유대인 협회는 육군 정보부가 50년 동안 비공개 기밀로 하려 했던 슈트루크홀트 박사의 정보를 찾아내 공개했다. 이때 뉴욕타임스는 1945년 전쟁 범죄자 중앙등록소에 등재되어 있었던 기록을 밝혀냈다. 아이러니하게도 오하이오 주립대학의 벽화에는 그의 초상화가 히포크라테스와 나란히 그려져 있었는데, 지워지고 말았다. 텍사스의 브룩스 공군기지에 슈트루크홀트 명의의 도서관이 있다는 것을 인지한 시민들은 공군과 정부에 언제 그의 이름을 지울 것인지에 대해 질의하고, 이에 대한 민원을 끝없이 제기했다.

1995년이 되자 공군 참모총장 포글만(Ronald R. Foglman) 장군은 "슈트루크홀트 박사의 전시행위에 대한 증거는 도서관에서 가장 명예로운 장소에 걸린 그의 이름을 위태롭게 만들기에 충분하다."라면서, 그의 이름이 걸린 간판을 철거했다. 청동으로 만들어진 그의 조각상도 철거되었다. 그의 조각상은 항공의학 학교의 도서관에 1977년 1월 '우주의학의 아버지'라는 명칭으로 슈트루크홀트에 헌정된 것이었다. 영원할 것이라던 그의 명예가 끝장나는 순간이었다.

그러나 항공의학에 관한 그의 연구 업적까지 사라진 것은 아니었다. 수많은 논문과 연구서는 존재했다. 그는 왕성한 필력을 자랑하며, 1년에 10여 건의 논문을 발표하기도 했다. 그는 우주생리학(bioastronautics), 중력권(Gravisphere), 생태권(Ecosphere), 우주생물학(Astrobiology) 등의 용어를 처음으로 만들어 냈다. 그는 비행 시 인체가 보이는 반응을 연구하여 제트 레그(jet lag)라는 용어를 만들기도 했다. 우주선에 원숭이를 태워 생체 징후를 관찰한 것도 그가 한 실험의 일부였다. 고공비행을 위한 기압복이나 우주 캡슐용 인공 대기 장치도 그가 처음 개발했다. 그는 폰 브라운에 버금가는 업적과 명성을 누렸다. 이듬해 그는 88세로 숨을 거두었다.

페이퍼클립 작전으로 미국에 온 저명한 의학자들은 쿠르트 블로메, 콘라트 쉐퍼, 테오도르 벤칭거, 발터 슈라이버, 헤르만 베커-프라이젱, 지그프리트 루프, 오스카 슈레더였다. 육군 정보부는 이들 모두가 학살 사건에 개입되어 있었던 사실을 알고 있었다. 그들은 대부분 뉘른베르크 전쟁범죄 재판에 기소되어 일부는 유죄판결을 받아 수형생활을 하다가 감형되어 출소 후에 미국으로 왔다. 1951년 나치의 의무감이었던 슈라이버는 정체가 공개되자, 미국을 떠나 아르헨티나로 갔다. 벤칭거는 귀 체온계를 발명하여 의학계에 공헌했고, 1999년 94세로 타계했다. 그는 또한 열역학 제2법칙을 보완했다. 그의 평생 연구의 주제는 엔트로피(Entropy)로, 이는 '혼돈이 세계를 지배한다'라는 것이었다.

페이퍼클립 작전에 관련된 과학자 중 가장 유명한 인물은 뭐니 뭐니 해도 베르너 폰 브라운이었다. 브라운과 동료들은 육군용 주피터 미사일을 연구했다. 그들은 V-2 로켓 64발을 발사하면서 그들의 이미지를 우주여행의 선구자로 포장해 갔다. 브라운은 월트 디즈니의 TV 프로그램인 "우주 속의 인간"에 출연하여 미래의 우주여행과 새로운 행성에서의 삶을 엮은 공상과학을 강조했다. 이 TV 프로그램은 당시까지는 미국 역사상 두 번째로 많은 4,200만의 시청자를 사로잡아 엄청난 명성을 가져다주었다. 1955년 그는 동료들과 함께 미국 시민권을 획득했으며, '미국의 애국자'로 탈바꿈했다. 1957년 10월 소련이 우주 경쟁에 한발 앞서 스푸트니크 위성을 발사하자, 브라운은 1958년 스푸트니크의 대항마로 익스플로러 1호(Explorer 1)를 신속히 선보였다.

1960년이 되자, 브라운을 비롯한 페이퍼클립 작전과 관련된 과학자들과 기술자들은 육군을 떠나 새로운 우주 관련 기구인 NASA의 관리로 들어갔다. NASA는 이들에게 인간을 달로 보내는 새턴(Saturn) 로켓을 제작하라는 과제를 부여했다. 새로운 대형 로켓의 발사를 위해서는 새로운 장소가 필요했고, 최적지는 플로리다의 케이프 케나베럴(Cape Canaveral)이 선정되었다. NASA는 1962년 7월 이곳에 발사 운영본부를 설립하고 본부장에 쿠르트 데부스를 임명했다.

그들의 미국에서의 성공적인 연구와 생활에 장애가 되는 것은 나치 정권에 협조하고 강제수용소에서의 착취와 학살에 관여한 사실이었다. 브라운을 고발하는 책에는 표지에 친위대 군복을 입고 소령 계급장을 달고 기사 십자 훈장을 목에 걸고 있는 사진이 실려 있었으며, 책의 제목은 [헌츠빌의 비밀 : 로켓 귀족 폰 브라운의 정체]였다. 이 책은 동구권과 소련에서 50만 부 이상이 팔렸으며, 1967년에 소련에서 [얼어붙은 번개]라는 제목으로 영화화되었다. 책의 내용 때문에 서독에서 전쟁범죄 재판이 열렸고, 브라운을 포함한 몇 사람이 증인으로 소환되었다. 브라운은 NASA의 지시로 독일로 가지 않았다. 대신 미국 법정에서 독일인 판사의 심문에 응했다. 답변은 철저히 모른다와 없었다로 일관하였으며, 내용은 모두 기밀 처리되었다. 마침 그해 7월에 아폴로 11호가 달에 착륙하여 브라운은 미국의 영웅이 되었다.

브라운은 아폴로 프로그램이 종료된 후에 민간인 신분으로 전 세계를 여행하며 명사들과 교류하면서 풍족한 삶을 이어갔다. 그러다 그는 항공기를 조종하고 싶은 욕망에 신체검사 차원에서 X선 촬영 결과 신장에 말기 암이 발견되어 1977년 6월에 사망했다. 포드(Ford) 행정부는 그에게 대통령 자유 훈장을 수여할 것을 검토했으나, 그가 영국과 벨기에에 3,000개 이상의 V-2 로켓을 발사하여 민간인을 살해한 전력으로 인해 취소되었다. 대신 과학 훈장을 받았다. 그는 미국을 위해 엄청난 공훈을 세웠으며, 그 대가로 많은 것을 얻었다.

생물학 무기와 화학무기 개발에 독보적인 존재였던 블로메와 암브로스는 미국의 지대한 관심의 대상이었지만 미국으로 가지는 않았다. 오토 암브로스는 IG 파르벤 회사의 아우슈비츠 공장의 총책임자로서 전범 재판에서 2년 5개월 형을 받아 복역한 경력이 있었다. 그 이후 그는 국제적인 회사들의 고문이나 사외이사를 맡아 고소득을 올리며 안락한 삶을 이어갔고, 미국 에너지부에 고용되어 일하기도 했다. 지속적인 유대인 단체들의 항의 때문에 몇 개의 회사에서 해임되기는 했으나, 큰 변화는 없었다.

쿠르트 블로메는 나치의 부의무감이었고, 제1의 생물학 무기 제조 기술자였다. 소련은 필사적으로 그를 채용하려 했으나, 그는 거절했다. 그가 거주했던 도르트문트에서 소련이 블로메의 과거 저지른 행위에 대해 여론을 형성하여, 그의 범죄에 대한 재수사가 이루어졌다. 그는 1차 조사에서 무죄였던 점을 부각하여 결국 불기소 처분을 받았다. 그는 도르트문트에서 계속 의료계에 종사하다가, 1965년 폐기종으로 사망했다. 그는 세상으로부터 고립되어 쓸쓸히 임종을 맞았다고 한다.

제 3 부
모뉴먼츠 맨(Monument Man)

제1장 들어가기

전쟁은 살상과 파괴를 수반한다. 그 과정에서 승리한 국가는 고귀한 물품을 약탈하고 이를 소유해 왔던 것이 과거 전쟁의 행태였다. 대영제국 박물관에 가면 이집트의 미라를 비롯하여 고대 왕들의 무덤에서 출토된 엄청난 유물을 볼 수 있다. 어떤 경위를 거쳤더라도 외국으로부터 유입된 문화재를 빼고 나면 웅대한 박물관이 텅 비지 않을까 하는 생각마저 하게 된다.

프랑스의 루브르 박물관 역시 나폴레옹 시대를 거치면서 이탈리아나 오스트리아, 독일 등지에서 수집한 유물로 가득 채워져 있다. 심지어 독일 베를린에 있는 페라가뭄 박물관은 중동 지역의 고대 신전을 몽땅 옮겨와 재현해 놓았다. 옮겨오기 위해서 거대한 건축물을 톱으로 절단하여 재조립한 것이다. 이처럼 세계의 문화유산은 전쟁에 승리한 국가가 일방적으로 약탈해도 과거에는 제대로 항의도 하지 못한 채 관행처럼 소유권을 인정하고 있다.

전쟁을 통해 문화재를 약탈당하는 경우와 함께, 현대에서 무기의 엄청난 파괴력으로 인해 주로 위대한 건축물이 파괴를 면치 못하는 경우가 비일비재해 졌다. 제2차 세계대전 이후 열린 뉘른베르크 전범 재판 헌장 제6조 C 호에 "부정한 문화유산의 반출은 전쟁범죄에 해당한다."라고 규정하여 관련자들을 단죄했다. 1954년에야 '전시 문화재 보호에 관한 헤이그 협약'이 제정되었으나, 강제력이 없는 국제법인데다, 1970년 이후의 불법 반출 문화재에 대한 반환을 주로 다루고 있어 여전히 강대국들의 영향력은 "문화재를 생산한 국가에 돌아가야 한다."라는 기본 원칙을 지키기 어렵게 하고 있다.

전후 문화재 처리와 관련된 강대국의 영향력에 관한 대표적인 사례로서는, 그리스의 파르테논 신전에서 떼어와 대영박물관에 전시되어있는 [엘긴 마블], 이집트와 에티오피아에서 가져와 프랑스 및 이탈리아와 터키에 세워놓은 [오벨리스크]를 비롯하여, [로제타 스톤] 등은 물론이고 중국의 실크로드를 따라 둔황의 석굴 등지에서 수집해간 수천, 수만의 고대 문화재를 들 수 있다. 우리나라도 임진왜란과 36년간의 일본 통치 시절에 헤아릴 수 없는 문화재의 약탈이 있었다. 세계적으로 문화재의 원산지 국가들은 문화재를 돌려받기 위해 지대한 노력을 기울이고 있지만, 매우 어려운 일이다.

특히, 제2차 세계대전의 인류 역사상 가장 파괴적이고 비인도적인 전쟁에서 인류의 위대한 정신의 정화를 약탈한 나치로부터 문화재를 되찾아, 원 소유 국가와 개인에게 돌려주려는 숭고한 노력을 다한 미국과 영국을 비롯한 연합국에 찬사를 보내지 않을 수 없다. 전쟁을 연구하는 군인 학도들은 이를 교훈으로 삼아야 하며, 만에 하나 한반도에서도 전쟁이 발발한다면, 우리는 어떻게 해야 할 것인가를 생각해야 할 것이다.

6.25 전쟁 시에 1951년 10월 합천 해인사에 지리산 공비들이 주둔한 정보를 확인한 우리 공군이 폭격을 위해 출격했지만, 편대장 김영환 대령의 기지로 폭격하지 않아 귀중한 팔만대장경을 보호할 수 있었다는 사실을 모두 잘 알고 있다. 또한 9.28 수복 당시 덕수궁에 북괴군이 집결해 있다는 정보를 받은 미군이 포격 여부를 고민했으며, 북괴군이 덕수궁을 떠날 때까지 기다렸다는 일화도 있다. 전시에는 우리 군에도 문화재 보호를 위한 팀이 별도로 구성되어야 할 것이다.

제2장 히틀러와 괴링의 문화재 약탈과 사용계획

1938년 5월 초에 히틀러는 무솔리니를 만나기 위해 로마를 방문했다. 2천 년 전에 건설된 유적들은 많은 부분이 폐허가 되었으나, 로마의 위대함은 히틀러를 감동시키기에 충분했다. 세계 정복을 꿈꾸는 히틀러에게 로마야말로 장래의 독일 수도의 모습으로 비추어졌다. 그는 이미 1936년에 건축가인 알베르트 슈페어와 함께 베를린을 거대한 규모로 재건축할 계획을 논의하고 있었다.

그는 피렌체를 방문했을 때도 영감을 얻었다. 피렌체는 르네상스의 발상지를 상징하는 건축물과 예술품으로 가득 차 있어 경탄을 금할 수 없었다. 그는 우피치 미술관에 무려 세 시간이나 머물면서, 유명한 미술품에 한없이 매료되었다. 그의 뒤에는 평생 자기 의지로는 한 번도 미술관에 발을 들여놓은 적이 없는 무솔리니가 잘 아는 것처럼 자랑스럽게 작품을 소개했다.

히틀러는 젊은 시절에 화가 겸 건축가를 꿈꾸었다. 빈 미술학교에 지원했다가 낙방하여 꿈을 접고 말았는데, 떨어진 이유를 심사위원들이 모두 유대인이었기 때문이라고 생각했다. 이후 그는 거의 10년을 노숙자로 방황했다. 그는 수천 년에 걸쳐 세계를 지배할 제3제국을 건설하는 데 베를린이 새로운 독일 제국의 수도가 될 것으로 생각했지만, 독일 내에서도 피렌체와 같은 미술의 도시를 하나 갖고 싶었다. 그리고 그는 이미 그 장소를 정하고 있었다.

1938년 3월 오스트리아가 독일에 합병되자, 히틀러는 오스트리아를 방문하였다가 어린 시절 살았던 린츠(Linz)를 찾아가 부모의 묘소를 참배했다. 린츠에서 그는 정복 영웅으로, 그리고 새로운 조국의 구세주로 환영받았다. 그는 이제 고향 린츠에 엄청난 자금을 투자하여 충분한 경제적 뒷받침을 갖춘 예술의 도시를 건설할 힘을 갖고 있었다. 그리하여 그는 피렌체를 방문하고 나서 도나우강을 따라 발전한 린츠에 공원 및 오페라 하우스와 음악당은 물론, 영화관이나 도서관을 세우고, 넓은 도로를 건설하며 로마 시대의 황제들이 묻힌 영묘처럼 자신의 영묘를 그곳에 세울 생각까지 했다. 새롭게 건설할 린츠의 신도시 모형이 6m 길이로 제작되어 한 방을 차지했다.

그는 린츠가 예술의 도시 빈과 잘츠부르크의 중간 지점으로, 대형 미술관을 건립하는데 아주 적합하다고 생각했다. 히틀러가 린츠를 방문했던 1938년 시점에 법률로 유대인의 시민권을 박탈하여 히믈러는 유대인이 소유한 미술품을 포함한 재산을 약탈하기 시작했다. 수년 전부터 독일의 미술가들은 유럽 여러 나라를 돌아다니며 유명 미술품의 목록을 작성해 두었었다. 히틀러는 프랑스를 점령한 이후 국방군 총참모장 카이텔을 통해 제국 지도자 로젠베르크를 앞세워 프랑스 내의 유대인 소유물과 폴란드나 체코슬로바키아 정부의 재산을 압수하여 독일로 이송하도록 지시했다.

제국 원수 괴링은 총통의 이름을 빌려 별도의 지령을 내렸는데, 프랑스의 군정장관과 제국 지도자 로젠베르크가 협조토록 하여 각종 예술품을 독일로 이송하도록 지시했다. 그의 하수인들은 탐욕스럽게 명작 예술품을 약탈했고, 개인 소장품의 경우 압력을 가해 헐값에 매수했다. 유대인 문제를 해결하기 위해 만들어진 조직의 지도자 로젠베르크는 재산 압류보다는 미술품 약탈을 우선시하였고, 제국 원수 괴링 역시 개인의 탐욕으로 미술품 수집에 몰두했는데, 이렇게 약탈한 미술품은 은밀한 시설에 보관되어 미술관이 완성되면 전시될 터였다.

1939년 9월 독일군이 폴란드를 침공했을 때, 폴란드의 예술품을 약탈하고 문화적 기념물을 파괴하는 임무를 부여받은 부대가 있었다. 실례로 폴란드의 국보에 해당하는 바이트 슈토스의 작품 [대제단]을 압류해 뉘른베르크로 이송했다. 이어서 다빈치의 작품으로 확인된 15점 가운데 하나인 [담비를 안고 있는 여인]을 비롯하여, 라파엘로와 렘브란트의 걸작들을 약탈했다. 바이트 슈토스의 작품을 제외한 모든 작품은 폴란드에서 가장 중요한 미술품으로서, 차르토라스키 미술관에 보존된 유물들이었다. 그때 약탈 된 이후로 이 작품들은 행방을 알 수가 없었다. 서유럽이 나치에 무릎을 꿇자, 크고 작은 박물관들의 걸작들이 약탈당하여 독일로 이송되고 있음을 연합군은 알게 되었다. 연합군의 상륙은 바로 이러한 나치의 만행을 파헤치고 바로잡을 기회라고 할 수 있었다.

제3장 연합국의 예술품 보존 대책

1940년 여름 독일이 파리를 점령하자, 영국의 박물관 지도부는 미국 국립미술관의 데이비드 핀리에게 편지를 보냈다. 내용은 전쟁으로부터 예술품을 보존하기 위한 대책을 세우라고 충고하는 것이었다. 영국은 이미 1년 전부터 예술품의 안전한 보관을 위해 웨일스의 메노드 지역에 있는 광산을 대대적으로 개조해왔다. 1941년 말에 미국은 진주만 공격 이후 일본이나 독일로부터 어떠한 경로라도 공습 받을지도 모른다는 전제하에 대책을 마련하기 시작했다.

보스턴 미술관은 분노한 폭도의 공격을 우려하여 일본관을 폐쇄했고, 보스턴의 월터스 미술관은 금과 보석 전시품을 치웠다. 화재 등 긴급 상황 발생 시 소방관들이 견물생심으로 훔치고 싶은 유혹을 느낄지 모른다는 우려 때문이었다. 뉴욕의 메트로폴리탄 미술관은 해가 지면 미술관을 폐쇄했는데, 야간의 등화관제로 인해 어두워지면 관람객들이 미술품을 훔칠지도 모른다는 생각 때문이었다.

이어서 1941년 12월 20일 뉴욕 메트로폴리탄 미술관에서 미국의 주요 미술관 관장들이 모여 위기 상황에서 미술품의 보관 방법을 토의하기 위해 모였다. 미국 국립미술관의 데이비드 핀리와 메트로폴리탄 관장인 프랜시스 테일러, 그리고 스미소니언 박물관 관장을 비롯하여 48명이 모였다. 이들은 그곳에서 독일의 공습으로 영국이나 네덜란드에 주요 문화재들이 파괴되고 예술품들이 훼손된 영상을 보았다. 네덜란드의 미술관에는 위대한 거장들의 작품이 제대로 보호되지 못하고 쌓여 있고, 심지어 렘브란트의 기념비적 그림인 [야간 순찰]이 둘둘 말려 있는 모습이 보였고, 파리의 루브르 박물관은 전시품이 소개되고 텅 빈 모습으로 방치된 모습도 보였다. 오스트리아의 유대인 부호들은 개인 소유의 미술품을 독일에 넘기겠다는 서명을 하고 구속에서 풀려났다. 러시아의 에르미타쥬 박물관은 레닌그라드가 독일군에게 완전히 포위되기 전에 소장품 2백만 점 중에 12만 점을 시베리아로 이송했다.

전시 유럽의 상황을 알리기 위해 상영된 슬라이드는 관계자들에게 충분한 경각심과 차후 대책을 논의하도록 만들었다. 특히 장차 연합군이 유럽대륙으로 진군할 경우, 주요 문화재를 포격이나 항공 폭격으로부터 보호하고 추가적인 손상이나 약탈 및 파괴의 위험으로부터 보호하는 문제를 토론했으며, 기념물은 인류의 유산이라는 점을 명심하여 이를 보호하는 것은 연합군의 책무로 인간의 믿음과 관습에 대한 존경이라고 강조했다. 그렇다면 전투과정에서 누가 기념물을 보호하는 일을 담당할까? 그것은 고도로 훈련된 전문가들이 담당해야 하므로 특별부대를 편성해야 할 것이었다.

1942년 10월에 영국군은 이집트의 엘 알라메인에서 롬멜의 독일-이탈리아 연합군을 무찌르고 리비아의 수도 트리폴리로 진격하기 시작했다. 1943년 1월이 되자 영국군은 트리폴리 동쪽 100km 지점에 도착했는데, 이곳은 고대 로마의 유적지인 레프티스 마그나가 있는 곳이었다. 레프티스 마그나는 로마의 제20대 황제인 셉티미우스 세베루스 황제의 출생지로써 세베루스 황제에 의해 건설된 웅장한 유적이 있는 곳이었다. 공회당이었던 건물의 위풍당당한 문과 수백 개의 열주, 거대한 원형 경기장이 그대로 모습을 유지하고 있었다.

영국군은 레프티스 마그나 유적에 대한 경외심이나 보호를 위한 아무런 개념 없이 그곳을 지나가고 있었다. 장비를 만재한 트럭들과 탱크들이 유적지를 관통해 지나가고 보병 병력이 언덕을 기어 올라가고 있었다. 마침 현장에는 런던 박물관장으로 있다가 입대하여 근무 중인 포병 중령 모티머 휠러 경이 지나가다가 기가 막힌 광경을 목격했다. 지난 2년간의 전투에서 이탈리아군은 영국군이 이미 수많은 유적을 파괴했다고 선전전을 펼쳐 장병들의 사기에 많은 영향을 주었었다. 아마도 렙티스 마그나를 관통하여 행군하는 것만으로도 적에게 많은 선전 자료를 제공할 것이 틀림없었다. 휠러 경은 민사담당관에게 사정을 설명하고 행군로를 변경하도록 했다. 현지 부대의 보고를 받은 런던의 육군성은 어리둥절했으나, 세계적으로 유명한 고고학자로서 육군성에 근무 중이던 찰스 레너드 울리 경에게 자문을 구했다. 휠러와 울리 경은 성의를 다해 요로에 문화재 보호의 필요성을 강조하는 건의를 했다.

때마침 1943년 1월에 루스벨트와 처칠이 향후 전략을 논의하기 위해 카사블랑카에서 회담하게 되었는데, 바로 이곳에서 문화재 보호에 대한 최소한의 조치가 시작되었다. 1943년 4월 말에 미군과 영국군 1명씩을 시칠리아로 보내 점령지의 모든 기념물을 조사할 수 있도록 하자는 결정이 내려졌다. 이로써 미국 국립박물관장 폴 색스를 비롯한 관계자들은 미국 정부로부터 최초의 반응을 끌어냈다. 미 육군에서 미술품과 기념물 관련 전문가를 추천해달라는 요구를 받고 박물관 관장들은 하버드 대학 고전학 교수 출신으로 육군항공대에 대위로 근무 중인 메이슨 해먼드를 추천했다. 그는 연합군 최초의 기록물 전담반 요원으로 선발되었지만, 동료는 물론, 정식 조직도 없었고, 활동을 위한 차량이나 타자기도 없었다. 무전기나 메모지, 지도는 말할 것도 없이, 구체적으로 무엇을 하라는 명령조차 없었던 것이다.

어쨌든 1943년 7월에 연합군은 시칠리아에 상륙했고, 해먼드 대위는 사령부를 따라 아그리젠토와 팔레르모 지역으로 갔다. 현지 관료들을 만나 애로사항 청취에 시간을 보냈으나, 해결해 줄 입장이 전혀 되지 못했다. 기록물 보존 업무는 시작이 영 신통치 않았다.

그러나 미국은 대통령의 지시에 따라 1943년 10월에 유럽 내의 미술 및 역사 유물 보호와 구조를 위한 [미국 위원회]를 설립하고 대법원 판사를 위원장으로 임명했다. 그러나 구체적인 활동을 위한 지침이나 군에서의 지휘체계는 확립되지 않아 모호한 상태였다.

이탈리아 전선에서 특기할만한 문화재 관련 전투는 몬테카시노 수도원을 두고 공방을 펼친 전투였다. 나폴리 북방의 고지대에 있는 몬테카시노 수도원은 AD 529년에 설립된 고대 건축물로서 대단한 문화유산이었고, 유럽 최초의 체계적인 수도원으로 역사적 가치가 컸으며, 고문서가 대량으로 보존된 유물이었다. 수도원은 건물 외벽만 무려 3m에 달해 어지간한 포격에는 꿈적도 하지 않는 견고한 건물인데다, 연합군이 반드시 통과해야 하는 길목의 정상에 위치하여 독일군에게 양호한 관측을 제공하는 중요한 지형지물이었다. 독일군은 여기에 공군 최정예 팔시름예거 공수사단을 배치하여 방어 작전을 펼쳤다. 독일 방어 사령관 케셀링 원수는 명장답게 수도원 보호를 위해 내부에는 병력을 배치하지 않고, 이를 연합군에게도 통보하여 문화 유물을 보호하는데 명분을 제공했다.

12월의 날씨는 비가 계속 내려 병사들은 뼛속까지 흠뻑 젖은 채로 추위에 떨면서 진흙 속을 뛰어다녔고, 고지에서 내려다보는 독일군의 총알은 병사들의 뒤를 쫓았다. 연합군은 한 달 이상을 계곡에서 쭈그리고 앉아 희생을 강요당하면서 원망스럽게 산 정상의 수도원을 바라보았다. 장병들에게는 수도원이 점점 세계적인 보물이 아니라, 독일군의 총구가 불을 뿜어내는 악마의 함정처럼 느껴졌다. 악전고투가 계속되자, 몬테카시노는 전 세계에 알려졌고, 죽음의 산 또는 슬픔의 계곡, 그리고 로마로 들어가는 길을 막고 있는 장애물이라는 꼬리표가 붙었다.

아이젠하워는 중요한 문화 유적에 폭격을 가하지 말라는 행정명령을 내렸지만, "만약 유명한 건물을 파괴하느냐, 아니면 우리 병사들의 희생을 감수해야 하느냐 하는 양자택일이라면, 우리 병사들의 생명이 월등히 중요하다는 점을 잊어서는 안 된다."라고 못 박음으로써, 연합군의 폭격 금지에 관한 예외적인 조항을 첨부하였다. 병사들의 고초를 생각하는 미국과 영국의 시민들은 수도원을 날려버리기를 원했다. 많은 지휘관은 독일군이 수도원 내에 있는지 알 수 없다는 이유로 폭격에 반대했지만, 1944년 2월 15일 병사들과 종군기자들의 환호 속에 대규모 공중 폭격이 이루어졌고, 몬테카시노의 웅장한 수도원은 철저히 파괴되었다.

그러나 몬테카시노 수도원의 파괴는 독일군의 방어력을 약화하기는커녕, 오히려 독일군이 폐허를 이용한 방어진지를 강화하게 만들어 독일군이 3개월을 더 버티도록 만들었는데, 연합군은 무려 5만 4,000명의 희생자를 내고 나서야 비로소 몬테카시노를 점령할 수 있었다. 연합군이 몬테카시노를 점령한 이후 가장 먼저 도착한 기록물 전담반 어니스트

드월드 소령은 특별히 할 일이 없었다. 다행히도 지하 시설이 워낙 견고한 탓에 중요 서적들이 건재했고, 그 이전에 중요 장서와 미술품은 바티칸으로 이송되어 소실되지 않았다.

제4장 노르망디 상륙작전과 기록물 전담반

제1절 기록물 전담반(MFAA)의 창설과 문화적 유산의 보존

1944년 3월이 되자 노르망디 상륙작전을 위한 연합군의 병력이 영국에 집결하고 있었다. 런던 인근의 미국인 학교도 징발되어 연합군의 민사담당 훈련센터가 되었다. 1943년 미국과 영국은 기록물 전담반(MFAA : The Monuments, Fine Art, and Archives Program)을 구성하여 연합군 점령지 군의 민사부서에 소속을 두었다. 그러나 이들의 권한은 군사작전에서 그 우선순위가 가장 밀리고 있었기 때문에, 정상적인 활동을 수행하기 위한 모든 여건이 매우 미흡하였다.

몬테카시노 수도원의 파괴라는 실패를 맛보고 나서, 박물관 관련 전문가들은 더 나은 대책을 마련하기 위해 부심했다. 미국 박물관 위원장 폴 색스는 기록물 전담반에 근무할 전문 요원을 추천하는 권한을 위임받았다. 대통령의 후원으로 결성된 로버츠 위원회는 미국 문화기관의 수장들로 구성되어 육군에 기록물 보존 전문가팀을 신속히 구성하도록 촉구했다. 아울러 이들 기록물 전담 전문가팀은 전투 도중에도 작전부대와 함께 활동해야 하며, 이 기구에서 활동하게 될 팀원들 또한 권위를 갖출 수 있도록 장교로 임명·운용해야 한다고 못 박았다.

그러나 이러한 강력한 요청에도 불구하고, 차출된 인원은 영국군을 포함해 총 12명에 불과했다. 이들 전문가팀에는 하버드 대학 박물관장, 케임브리지 대학 교수, 역사학자, 조각가, 건축가, 그리고 큐레이터를 포함한 경력상 저명인사들이 포함되어 있었다. 영국군 중령이 팀장이 되고, 미군 소령이 부팀장이 되었으며, 대부분 위관장교로 임명되었다. 그러나 문제는 후속 지원이었다. 활동을 위한 차량, 사진 촬영, 기록, 포장, 운반 등에 필요한 인원과 장비가 전혀 확보되지 않는 상태였다.

이들 전문가팀은 상황이 허락하는 범위에서 우선 노르망디 상륙작전 지역에 포격이나 폭격해서는 안 될 목표물 목록을 연합군 사령부에 건의했다. 그 결과, 역사적 유적을 포함한 많은 문화적 재산들이 보존될 수 있었는데, 예컨대 유타 해변에 있는 교회는 작은 손상만을 입고 멀쩡한 상태를 유지할 수 있었다. 메트로폴리탄 박물관의 큐레이터였던 로라이머 소위는 8월에 쓴 보고서에서 "이 교회는 상트 마들렌이라고 한다. 메종 카레의 훌륭한 16세기 양식의 르네상스 건축물이다."라고 했다.

해안에서 조금 진출한 연합군이 만난 도시 생로는 고대의 유물을 다량 보존하고 있는 역사적 가치가 높은 도시였지만, 연합군의 공습과 독일군이 매설한 지뢰의 폭발로 완전히 폐허가 되었다. 11세기 정복왕 윌리엄에 관한 역사적 문서가 보관된 시청 청사 건물은 완파되어 보존하고 있던 보물도 한 줌의 재로 변해버렸다. 로라이머 소위의 안내를 받아 시찰에 나선 대령급 민사 참모는 보고받은 것보다 더욱 끔찍한 상황임을 확인하고, 이러한 상황을 차후 작전에 반영하도록 전파할 것을 다짐했다. 로라이머가 작성한 피해 목록에는 수백 년간 보존되어온 미술품 컬렉션, 수도원의 수사들이 직접 제작하고 수집해온 방대한 채색 필사본, 훌륭한 도자기 컬렉션 등이 포함되어 있었다. 그의 보고서는 진격을 거듭하고 있는 야전사령관들에게 커다란 경각심을 주기에 충분했다.

제2절 [성 모자]와 [겐트 제단화]를 포함한 문화재 약탈

1944년 9월 2일 연합군은 벨기에에 도착했고, 다음날 수도 브뤼셀을 해방했다. 인근 도시 브뤼헤에 노트르담 대성당이 자리 잡고 있는데, 미켈란젤로의 조각품 중에 유일하게 이탈리아 밖에 있는 걸작품 [성 모자상]이 이 성당에 있었다. 그런데 9월 8일 새벽에 일단의 독일군이 성당을 찾아와 강제로 [성 모자상]을 강탈해 갔다. 역사적인 최고 걸작 조각품을 싣고 가는 트럭에는 단지 군용 매트리스가 몇 장 깔려있을 뿐이었다.

[겐트 제단화]는 전쟁 전에 이미 벨기에의 미술품 대피소에 피난되어 있었다. 이 작품은 높이 3.7m에 폭이 5m로 경첩으로 연결된 여러 개의 패널이 상하 두 줄로 배열되어있는 병풍 형태의 그림이었다. 본래의 명칭은 [어린 양에 대한 경배]로 불리면서, 벨기에에서 가장 사랑받는 국보였다. [겐트 제단화]는 여닫을 수 있어 24개의 그림이 주제별로 그려져 있는 형식이었는데, 이 제단화는 위대한 네덜란드의 화가 위베르 반 에이크가 의뢰받아 그리다가, AD 1426년에 그가 사망하자, 형 못지않은 화가인 동생 얀 반 에이크가 이를 이어받아 AD 1432년에 완성한 작품이었다.

[겐트 제단화]는 겐트에 있는 신트 바프의 대성당에서 처음 공개되어 사람들을 놀라게 했었다. 이 작품은 신에 대한 경배의 정신을 기가 막힐 정도로 경건하게 표현한 것은 물론, 당시 플랑드르 사람들의 생활을 세밀하게 묘사한 것으로서, 네덜란드의 높은 문화 수준을 나타내는 가늠자 역할을 했다. 이 그림은 특히 당시 플랑드르에 살았던 사람들의 모습과 건물, 풍경, 식물, 보석, 예물 등의 표현을 세밀하게 묘사하고 있었다. 이전까지는 예술계에서 이처럼 구체적인 사실주의는 찾아보기 어려웠다. 이 작품은 미술사에 크나큰 변

혁을 가져왔으며, 북유럽의 르네상스를 이탈리아의 그것과 비견할 수 있는 지표가 되었다. 르네상스 시대 이후 500년 이상이 지난 1940년 5월에 독일군이 이곳을 점령하자, 벨기에는 [겐트 제단화]를 비롯한 주요 미술품을 세 대의 차량에 싣고 대피하려 했으나, 결국에는 항복의 조건으로 미술품을 담보로 내놓아야 했다.

1940년 히틀러는 점령지에서 약탈하여 독일로 가져올 수 있는 미술품의 목록을 작성하도록 선전상 괴벨스에게 지시했고, 괴벨스는 베를린 국립 박물관의 오토 쿰멜 박사에게 의뢰하여 소위 '쿰멜 보고서'를 만들었다. 여기에는 독일이 소유하는 것이 마땅하다고 생각되는 각국의 중요한 미술품이 모두 망라되어 있었다. 그러한 점에서 [겐트 제단화]의 약탈은 히틀러가 추구하는 두 가지 목표를 상징했다. 하나는 베르사유 조약이라는 역사적 잘못을 바로잡는 것이었고, 두 번째는 린츠에 구상하고 있는 총통의 미술관에 들어갈 세계적 걸작을 하나 더하는 것이었다.

독일이 점령한 서부지역의 민정장관 A. 로젠베르크는 히틀러에게 온갖 미사여구를 동원한 아부성 편지를 보내 미술품의 약탈을 다음과 같이 보고하였다.

"각하의 생신을 축하드리고자 하는 마음에서 선물을 하나 준비했습니다. 함께 보내드리는 서류철에는 현재 저희 기동반에서 확보한 서부 점령지역의 소유주 없는 유대계 미술품 컬렉션 가운데 가장 가치 있는 것들을 담은 사진이 들어 있습니다. 이 사진들은 일전에 각하의 컬렉션으로 이송된 53점의 가장 가치 있는 작품과 비견할 만한 작품들을 촬영한 것입니다. 이들은 지금까지 확보된 탁월한 작품들 가운데 극히 일부만 담았습니다." … (하략)[11]

히틀러는 1940년 6월 14일 파리를 점령한 후, 프랑스 국립 컬렉션 미술품과 개인 소장 미술품 중에서 가치가 높은 작품에 대해 안전 보호 조치를 취해 줄 것을 파리 주재 독일 대표단에 지시하였다. 이러한 명령 및 지시 조치는 대외적으로 보면, 일종의 안전 조치에 해당하였지만, 실제로는 중요 미술품에 대한 이동과 매매를 금지하는 것이었다. 그때까지 독일과 프랑스는 휴전 협약에만 서명했는데, 히틀러는 정식 평화조약을 통해 문화 자산을 합법적으로 약탈하려는 의도가 있었다. 이는 거의 150년 전에 나폴레옹이 일방적인 조약을 이용해 프로이센의 문화재를 장악했던 수법을 되풀이하려는 것이기도 했다. "나폴레옹 당시에 각국에서 약탈한 문화재를 제외하면, 루브르 박물관은 껍질만 남게 될 것이다."라는 지적이 다소 과장되었을지 모르나, 이는 사실상 널리 받아들여지고 있는 사실임이 분명하다.

---

11) 로버트 M. 에드셀·브렛 위터 지음, 박중서 옮김, 『모뉴먼츠 맨』(서울 : 뜨인돌, 2012), p. 91.

히틀러의 지시에 기세등등한 독일의 파리 주재 대사 오토 아베츠는 이를 즉시 행동에 옮겨, '나치의 통제를 받는 점령 정부가 문화적 자산을 보호 관리하게 될 것이다.'라고 발표했다. 그렇게 하고 나서 3일 후에 아베츠는 파리의 미술상 가운데 상위 15명(대부분 유대인)의 자산 몰수를 명령했다. 얼마 지나지 않아 독일 대사관은 압수한 미술품으로 차고 넘치게 되었다. 이때 나치는 약탈 미술품의 소유를 합법화하기 위해 르네상스 건축 전문가인 볼프 메테르니히 본 대학 교수를 문화재 보존 프로그램 책임자로 임명하여 파리로 보냈다. 그는 나치 당원이었지만, 문화재 보존에 관한 한 국제 조약을 준수하는 양심적인 인물이었다. 그는 문화재 보존 국제협약 준수와 관련된 방침을 아래와 같이 명확하게 강조했다.

"어떤 상황에서든 헤이그 조약의 관련 조항을 우리 업무의 합법적인 한계로 삼는다. 문화유산 보호는 전쟁 중인 유럽의 모든 나라에 똑같이 부여되는 논박의 여지가 없는 의무이다. 내가 조국에 봉사하는 가장 좋은 방법은 이 원칙을 적절하게 준수하도록 책임을 지는 것이다."

그는 점령지역의 통제를 두고 주도권 싸움을 하는 군과 점령 정부를 조정하여 대사관이 더 이상 문화 유물을 장악하지 못하도록 했고, 이미 약탈한 문화재도 루브르 박물관에 반환하도록 조치했다. 이는 메테르니히와 학술적인 친분이 있었던 루브르 박물관장 조자르의 활약 덕분이었다. 메테르니히는 가능한 모든 방법을 동원하여 괴벨스의 지시를 거부했고, 히틀러의 명령에 대해서도 매우 엄격한 해석을 했다. 이 '착한 나치'는 1942년 6월에 해임되었지만, 프랑스 내의 게르만적 문화재 1,000여 점을 탈취하려는 괴벨스의 시도를 성공적으로 막아냈다. 그의 해임 이유는 "그가 전적으로 프랑스의 이익을 위해 일한다."라는 것이었다.

프랑스에서 국립 박물관에 보존된 작품은 안전했지만, 개인 소장품은 나치 앞에 속수무책이었다. 히틀러의 지시를 수행하기 위해 나치의 친위대가 나섰고, 제국 원수라는 직책을 가진 나치의 제2인자 괴링은 개인적인 탐욕으로 문화재를 약탈했다. 파리의 미술품 중에 보물급에 속하는 중요한 것들은 저명인사나 미술상이 보유하고 있었다. 대표적으로 로트실트 가문, 다비트 바일, 로젠베르크, 빌덴슈타인, 셀리그만, 칸 등이 이러한 미술품들을 약탈당했는데 모두가 유대인이었다. 이러한 과정에서 무려 2만 2천 점의 중요 미술품들이 게슈타포들에 의해 약탈당한 것으로 추정되었으며, 해당 유대인들은 모두 강제수용소로 끌려갔다.

나치는 약탈한 문화재를 루브르 박물관의 부속건물인 죄드폼에서 목록을 작성하고 포장했으며, 보내는 목적지를 기록한 다음 반출했다. 4년에 걸쳐 프랑스 시민들, 특히 유대인들의 소장품이 독일로 엄청나게 이송되었던 것이다. 개인적인 탐욕으로 나치의 제2인자인 괴링은 파리가 해방되기 이전에 무려 21회나 죄드폼을 방문하여 약탈하고자 하는 문화재를 점검하고, 그곳에서 향연을 베풀기까지 했다. 하수인들은 괴링의 앞잡이 노릇을 하면서 그들도 한몫을 잡기 위해 혈안이 되어 있었다.

다행히도 루브르 박물관에서 파견한 말단 직원 한 사람이 이들의 작업을 지켜보며 모든 기록을 확보했다. 로즈 발랑이라는 여직원은 수수한 중년 여성으로 나치의 눈 밖에 나는 행동을 자제하여 필요한 활동을 할 수 있었다. 그녀가 제공한 정보를 바탕으로 레지스탕스는 미술품을 적재한 기차를 움직이지 못하게 하여 문화재의 반출을 막기도 했으며, 그 양은 실로 엄청났다. 방법은 철도근로자들의 파업이나 기관차의 고장, 선로의 수리 등으로 기차가 운행하지 못하도록 하는 것이었다.

프랑스가 연합군에 의해 해방된 후, 한 달이 지난 1944년 9월에 미술품 회수위원회가 구성되었다. 이때까지 148개의 나무상자가 적재된 화물 열차가 기차역에 묶여있어 떠나지 못했다. 이 상자들에는 르누아르, 드가, 피카소, 고갱 등 거장의 작품들이 들어 있어 모두 루브르 박물관에 보내진 후, 원래의 주인에게 돌려주기 위한 분류작업에 들어갔다. 이 모든 것들은 로즈 발랑이라는 루브르 박물관 말단 여직원이 나치의 눈을 피해 기록해둔 자료에 따라 이루어졌다.

미군 기록물 보존 요원인 제임스 로라이머는 독일군이 약탈해간 문화재의 행방을 알기 위해서는 반드시 로즈 발랑의 협조가 필요하다는 것을 알았다. 루브르 박물관 관장인 조자르는 로즈 발랑이 로라이머에게 협조해줄 것을 종용했다. 그러나 그녀가 로라이머에게 제공한 정보는 대량의 문화재가 독일의 남동부 히틀러의 비밀 지휘소가 있는 베르히테스가덴이나 뮌헨의 소금 광산의 지하에 있을 것이라는 정도였다.

제5장 약탈 미술품의 이동

1945년 2월 8일 소련군은 폴란드의 오데르강을 건너 독일 영토로 진입했다.

불과 며칠 전, 헤르만 괴링의 별장이자 궁전인 카린 할에서 수십 대의 버스와 트럭이 이삿짐을 싣고 피난을 떠났다. 이것은 베를린 북동부의 숲에 있던 궁전에서 그동안 약탈했던 미술품을 인근 기차역으로 운반하여 후송하는 것으로서, 괴링의 전용 열차 11량을 가득 채운 대량의 문화재였다. 3월 13일에는 프랑스에서 운반해 보관해 왔던 미술품을 포함하여 또다시 대량의 미술품을 열차 편으로 남쪽으로 후송했다. 작품 중에는 그가 가장 애호하는 얀 베르메르의 [간음한 여인과 그리스도]는 그가 직접 챙겼고, 그의 부인은 한스 멤링의 작품 6점과 판 데르 베이던 작품 1점을 직접 챙겼는데, 이는 재난에 대비한 재정적 안전망용이기도 했다.

괴링의 미술작품에 대한 감식 능력은 별로였으나, 욕망은 넘쳐흘러 유명한 작가의 작품이라면 다소 질이 떨어지더라도 모두 갖고 싶어 했다. 그는 네덜란드의 거장 야코프판 리위스탈의 작품을 30점이나 갖고 있었으며, 프랑스의 프랑수아 부셰의 작품도 그 정도 소유했다. 네덜란드의 화가 얀반 호이엔의 작품은 40점 이상, 독일의 거장 루카스 크라나흐 1세의 작품은 무려 60점이나 소장했다. 그는 작품들을 지하 벙커나 별장에 보존하고 있었으나, 소련군이 80km 이내에 접근하자 남쪽으로 이송한 것이다.

연합군의 기록물 보존 요원들은 1945년 봄에도 서방에서 독일이 약탈해간 미술품의 행방을 대부분 모르고 있었다. 제7군의 기록물 보존 전담 요원으로 발령받은 로라이머 중위는 루브르의 부속건물인 죄드폼에서 독일인을 도와 일했던 로즈 발랑으로부터 만찬에 초대받았다. 거기에서 발랑은 죄드폼에서 독일인들이 수집한 미술품의 목록을 작성 및 포장하고, 물건을 보낼 위치를 기록한 서류를 로라이머에게 모두 제공했다. 추가로 각종 영수증과 물품 적재 기차 번호 등도 제공되었다. 이들은 모두 약탈을 증명하는 데 매우 중요한 자료였다. 약탈한 미술품은 독일의 하일브론, 북스하임, 호헨슈방가우에 있는 나치의 미술품 보관소로 갔다는 정보도 제공했다.

1943년에 파리의 죄드폼에서 독일 미술품 수집반은 수집한 미술품을 분류하면서 최고의 걸작품은 총통에게 보내고 차상 등급은 괴링에게, 그리고 나머지 비싼 값에 팔릴만한 작품은 개인적으로 빼돌리기도 했으며, 나치가 보기에 타락한 것으로 보이는 작품은 불에 태워버리기도 했다. 가치가 작다고 평가한 작품에는 피카소, 클레, 미로, 막스 에른스트 등과 같은 저명한 작가들의 작품들이 포함되어 있었는데, 이들의 작품 약 500여 점이 불태워졌다.

나치가 최고의 작품으로 평가한 것은 베르메르의 [천문학자]로서, 이 작품은 완성되자마자 세계적인 걸작으로 공인된 작품이었는데, 곧바로 히틀러에게 보내졌다. 아울러 프랑스에서 훔친 수천 점의 다량의 미술품과 각종 문화재가 뮌헨 남쪽 알프스 산록에 있는 노이슈반스타인성에 있을 것이라고 말했다. 발랑은 "죄드폼을 거쳐 간 미술품이 대략 2만 점이었으며, 그중 많은 양이 그곳에 틀림없이 있을 것이다."라고 말했다. 로즈 발랑이 로라이머에게 자료를 제공한 이유는 로라이머가 미 육군 제7군의 기록물 보존 요원으로 전방으로 갈 것이며, 제7군의 진격로가 독일 남부로 향한다는 것을 알았기 때문이었다.

한편, 제3군의 기록물 보존 전담 요원인 로버트 포시 대위는 트리어에서 전직 SS 요원을 만나 또 다른 대규모 약탈 미술품에 대한 정보를 입수했다. 특히, 반 에이크의 [겐트 제단화 : 어린 양에 대한 경배]는 오스트리아 알프스에서도 가장 깊은 지역인 린츠 근처의 알타우세 소금 광산에 있다고 알려주었으며, 나치가 훔친 미술품의 목록에는 제목 및 크기와 가격 및 원소유주 등이 기록되어 있었다.

전쟁이 막바지로 치달을수록 각종 기록물이 쏟아져 나오기 시작했다. 1945년 4월 6일 밤에 통행이 금지되어 있는데도, 출산을 돕기 위해 왕래하는 조산원을 검문한 결과 미군은 중대한 정보를 얻었다. 장소는 프랑크푸르트 동북쪽 메르케르스로서, 그곳의 소금 광산에 나치의 재산이 숨겨져 있다는 것이었다. 소금 광산을 찾아 수색한 결과, 지하 1km의 저장고에 금괴 8,198개, 20달러짜리 미국 금화 711자루, 기타 금화 1,300자루, 외국 화폐 수백 자루, 제국 마르크화 27억 6,000만 마르크가 발견되었으며, 이 외에도 다양한 외국 화폐와 백금 및 은, 그리고 독일 정부가 지폐를 발행할 때 사용하는 인쇄판까지 있었다. 이는 독일에 남아있는 금융재산 대부분이었다.

그러나 기록물 보존위원회가 진정 관심을 가질 만한 문화재에 대한 발견은 기대에 크게 미치지 못했다. 미술품도 수천 점에 달했으나, 흥미롭게도 외국에서 약탈해온 작품은 없었고, 모두 독일 미술품이었다. 독일은 연합군의 공습과 소련군의 포격이 독일을 강타하기 시작하자, 1945년 3월 말에 각 박물관에 있던 미술품과 조각상, 골동품을 메르케르스의 광산으로 옮겼다. 그러나 진정한 명품인 카라바조와 루벤스의 대형 작품 400여 점은 베를린의 방공 요새에 보존되어 있었다.

전 세계 언론은 주로 금을 비롯한 재정에 맞춰 보도하고 미술품에 관한 관심은 부차적이었다. 그러나 멀지 않은 브라운펠스 성에서 박물관 하나를 채울 만한 양의 각종 자료가 발견되었는데, 이는 유대교의 고대 문서와 고전 필사본 등으로, 아마도 유대인의 열등함을 증명하기 위한 자료로 활용하기 위한 것이었을 것으로 분석되었다. 문제는 2월에 끝난 얄타회담에서의 협의 결과, 이 지역을 전후 소련이 통제하게 되어 있어 신속히 후송해야만 했다. 기록물 보존 요원들은 393점의 그림과 2,091개의 판화 상자 및 1,214개의 나무 상자, 그리고 140점의 공예품을 프랑크푸르트로 이송했다.

또한 메르케르스 인근의 란스바흐 광산에서는 100만~200만 권의 도서들이 발견되었고, 베를린의 박물관에서 가져온 미술품을 포장한 45개의 상자도 발견되었다. 그중에 7개는 이미 누군가 가져갔지만, 다행히 뒤러와 홀바인의 작품은 안전했다. 디틀라스 광산에서도 사진 장비와 현대회화, 그리고 기록물이 담긴 선반을 발견했는데, 자료들은 바이마르 지역

1,000년의 역사를 망라한 자료였다. 연합군 기록물 보조 요원들은 이제는 로즈 발랑이 제공한 정보를 근거로, 노이슈반스타인성과 오스트리아의 알프스 산악지역 알타우세에 위치한 히틀러의 보물 창고에 틀림없이 숨겨져 있을 세계 최고의 미술품들을 조속히 확보해야만 했다.

제6장 노이슈반스타인성·베른테로데 광산

1945년 1월 기록물 보존 요원 조지 스타우트는 베른테로데 지역의 광산에 도착했다. 광산은 오직 숲으로 둘러싸여 있고 근처에 마을이 없어, 광산에서 벌어진 일을 아는 사람이 없었다. 광산은 500m 깊이로서, 광산 내부의 터널 길이는 거의 25km에 달하였다. 광산은 독일 중부 지역에서 가장 큰 군수품 저장소로 대략 40만t의 탄약이 저장되어 있었다. 작업하는 민간인은 모두 내보내고, 독일 병사들이 2주간 일한 후에 4월 2일 광산을 폐쇄했었다.

기록물 보존 요원 스타우트와 행콕은 산처럼 쌓인 폭발물 외에 이상한 보존 품을 발견했다. 225개의 깃발은 프로이센 전쟁부터 제1차 세계대전 시까지 사용된 연대기가 줄지어 걸려있었다. 많은 상자에는 회화가 들어 있었고, 태피스트리가 쌓여 있었다. 그런데 그 가운데 특이하게도 커다란 몇 개의 석관이 있었다. 이는 놀랍게도 [군인 왕 프리드리히 빌헬름 1세]와 [육군 원수 힌덴부르크와 그의 부인]의 관이었다.

베른테로데 광산에서 기록물 보조 요원 죠지 스타우트에 의해 이렇게 발견된 상자들 속에는 프로이센의 국보들이 가득 들어 있었는데, 왕관과 대관식에서 사용된 홀과 보주, 알프레드 대공의 제국 검, 프로이센으로부터 히틀러에 이르기까지 독일군 주요 군사 지휘관들의 사진과 초상화가 정리되어 있었다. 271점의 회화는 베를린과 포츠담의 궁전에 있던 것을 옮겨온 것이었다. 베르테로데 광산은 한마디로 독일 국가의 가장 중요한 유물을 보존한 곳이었다. 따라서 이곳이야말로 나치가 귀중한 예술품들을 숨겨두고 훗날 독일의 영광을 재현하려는 뜻이 있는 곳이 아니었겠냐는 추측을 가능케 한 곳이었다

그곳에서 남쪽으로 600km 내려가면 노이슈반스타인성이 있고, 그곳에 프랑스에서 약탈해온 문화재가 있다고 루브르 박물관 직원인 로즈 발랑이 문화재 보존위원인 로라이머에게 상세히 알려주었던 장소이기도 했다. 로라이머는 진군하는 제7군을 따라 노이슈반스타인성으로 갔다. 성은 나무가 울창한 산속으로 난 좁은 길을 따라가다가 맨 마지막에 자리잡고 있었다. 성은 마치 동화 속에 나오는 아름다운 모습으로 숲속에 숨어 있어 약탈한

미술품을 보존하기에 아주 적합했다. 우선 연합군은 성의 정문에 장갑차 두 대를 배치하고 엄중한 경비 조치를 취했다.

로라이머는 성 관리인의 안내를 받아 점검하기 시작했는데, 성의 내부는 마치 미궁처럼 보이는 가파른 계단과 좁은 복도에 터무니없이 작거나 큰 방들이 연달아 배치되어 있었다. 성의 설계자는 왕이었던 루트비히가 존경한 인물이기는 했지만, 일반 건축가가 아니라, 무대의 디자이너였기 때문에, 성의 내부가 수수께끼같이 기이한 형태로 설계되어 있었다. 성은 언뜻 불가능해 보이는 각도를 이루어 올라가고 또 올라갔으며 방 다음에 또다시 놀라운 방이 나타났다. 방마다 수많은 선반과 상자가 있었는데, 그것은 파리에서 곧장 이곳으로 운반되어온 유물로 어마어마하게 쌓여 있었다. 각종 미술품은 물론, 식탁 용품과 은제 식기, 촛대에 이르기까지 가정용품이 가득했다.

또한 서적을 보관한 방도 여러 개 있었으며, 희귀한 동판과 판화가 흩어져 있기도 했다. 어떤 방에는 프랑스 로트실드 가문의 보석 컬렉션과 1,000점 이상의 은 세공품이 보관되어 있었다. 또 어떤 방에는 다행스럽게도 약탈품의 목록 및 사진과 기록을 담아놓은 서류함이 가득했다. 기록물 보존 요원들은 분류 목록 카드 2만 1,000건을 확보할 수 있었는데, 이것이야말로 모든 물건을 주인에게 돌려주는데 필수적인 자료였다. 로라이머는 방문에 못질하고 봉인을 했다. 주인에게 반환하기까지 얼마나 시간이 걸릴지는 아무도 몰랐다.

제7장 알타우세 소금 광산

1945년 3월 말이 되자 영미 연합군은 공격의 최종목표를 두고 전략회의를 가졌다. 처칠은 처음부터 서부 연합군의 목표는 베를린이 되어야 한다고 강력히 주장했다. 적의 수도를 점령하는 것이 최종 승리의 영광을 차지하는 것이며, 전후의 세계 전략에도 유리할 것이기 때문이었다. 그러나 현실은 소련이 베를린에서 50km에 근접해 있었던 반면, 영·미 연합군은 300km나 떨어져 있었다. 제3군 사령관 패튼은 아이젠하워에게 48시간 이내 도달할 수 있다고 장담했으나, 브래들리 같은 신중론자들은 무리하게 베를린으로 진격하면 10만 명의 희생이 추가로 발생할 것이라고 경고했다.

또한 영·미 연합군의 최종 공격 목표를 선정함에 있어서 또 하나의 고려사항은 독일의 최후의 저항거점으로서, 영·미 연합군은 독일과 오스트리아의 국경지대, 즉 잘츠부르크 및 린츠와 이탈리아와의 국경인 브렌네르 고개 일대가 독일의 최후의 저항거점이 될 것으로 예측했다. 정보에 따르면, 독일군은 히틀러의 고향이기도 한 이곳에 무기와 식량을 대량으로 비축해 놓았으며, 얼마 전에 최정예 SS 사단이 이동해 온 후, 요새화된 방어진지가 견고하게 구축되어있는 것으로 알려졌다.

연합군 참모부는 "이 지역은 지형상 난공불락이다."라고 요약했다. 아이젠하워나 브래들리는 히틀러가 베를린에서 이곳으로 옮겨와 장기 전투를 획책하지 않을까 우려했다. 만약 이곳에서 독일군이 버티면 연합군은 향후 몇 년을 더 고생해야 할지도 모르는 상황이었다. 이러한 판단에 따라 아이젠하워는 베를린보다는 나치의 최후의 거점이 될 수 있는 남부를 점령하여 나치에게 일말의 희망도 주지 않겠다고 결심하고, 패튼에게 뉘른베르크와 뮌헨 방향으로 진군하도록 명령했다.

서부 유럽 연합군 최고사령관의 다행스러운 결심으로, 기록물 보존 임무는 확실한 목표를 두고 업무를 추진할 수 있게 되었다. 알타우세는 잘츠부르크에서 70km 떨어진 고지대에 있는 마을인데, 그곳에 오래된 소금 광산이 있었다. 이곳의 소금 광산에서는 고대 로마시대 이전부터 소금이 채취되어 왔으며, 전쟁 기간 중에도 소금이 계속 채취되고 있었다. 그런데 나치는 1943년부터 이 소금 광산을 개조하여 미술품을 보관하기 시작했다. 광산 내부에 나무 바닥을 깔고 선반을 수십 군데 만들었다.

처음에는 이곳에 빈의 여러 박물관에 있던 국보급 미술품을 옮겨왔지만, 점차 히틀러가 약탈하여 린츠에 보관하고 있던 걸작품들을 이곳으로 이전·보관하기 시작했다. 소금 광산은 소금이 습기를 흡수하여 65% 정도의 습도가 일정하게 유지될 수 있었고, 기온도 섭씨 4도에서 8도 사이를 유지할 수 있어서 미술품 보관에는 최적 환경이었다. 1945년 4월까지 히틀러의 소장품 1,687점이 이곳으로 운반되어 왔으며, 네덜란드의 국보 [겐트 재단화]와 벨기에에서 약탈한 미켈란젤로의 작품 [성모자]도 이곳에 보관되어 있었다.

문제는 이곳의 행정관인 아우구스트 아이그루버가 폭탄을 상자에 넣어 광산에 보관하면서 상부의 명령이 있으면 폭파하도록 지시받고 있었으며, 그는 철저한 나치주의자로 히틀러에게 절대복종하는 광신적인 인물이라는 점이었다. 히틀러는 전쟁이 패배가 확실해지자, 모든 지방의 사회 인프라를 연합군이 사용하지 못하도록 파괴하라는 지시를 내려놓고 있었는데, 이러한 주요 사회 인프라 목표에는 발전소나 교량 및 댐을 비롯하여 광범위한 시설들이 포함되어 있었다.

그러나 군수 장관 슈페어는 연합군의 시설 사용을 거부하기 위한 대책이 곧 독일 국민의 민생에 막대한 지장을 미치므로 파괴는 최소화해야 한다는 별도의 지시를 내렸다. 알타우세 지역의 지방관 아이그루버는 베를린에서의 지시가 혼란스럽고 모순이 있으면 그것을 해석하고 수행하는 것은 지방관의 권한이라고 생각했다. 그는 이미 베를린이나 바르샤바, 로테르담 등지에서 수많은 미술작품을 불태웠던 사례를 알고 있었다.

철공소 직원 출신인 아이그루버에게 총통의 지시야말로 반드시 실행해야 하는 지상 과제였다. 소금 광산을 폭파해서는 안 된다고 건의하는 관리소장에게 아이그루버는 "당신은 당신이 필요하다고 생각하는 일을 하시오. 핵심은 바로 완파요. 우리는 계속해서 이 뜻을 고수해야만 하오."라고 말하면서 광산을 폭파하겠다는 의지를 고수했다. 아이그루버에게는 인류의 최고 걸작품도 돼지 목에 걸린 진주 목걸이와 다름없었다.

1945년 4월 20일은 총통 히틀러의 56회 생일이었다. 나치의 고위 간부들은 총통의 관저에서 생일 축하 행사를 서둘러 마치고 각자의 위치로 돌아갔다. 이날 나치 탄생의 심장인 뉘른베르크가 미군에 점령되어 생일 축하 행사는 잔치 분위기가 아니었다. 베를린 근교에서도 소련군의 포격 소리를 들을 수 있었다. 모든 사람이 급격하게 무너지는 제국의 방위에 절망하여 베를린에서 벗어나려 했다. 히틀러는 생일 파티에 모습을 드러냈지만, 얼굴은 잿빛이었고, 자세는 구부정했다. 왼팔은 어깨에 힘없이 매달려 있었고, 머리가 푹 꺼진 것 같았다. 그는 여전히 장군들에게 호통을 퍼부었지만, 그 호통에는 불길처럼 타오르는 분노가 아니라, 얼음처럼 차가운 분노만 느껴졌다.

괴링은 참모들이 있는 곳으로 가봐야 한다며 서둘러 자리를 떴다. 다음날 괴링은 나치국가 요새의 최후 거점인 베르히테스가덴에 도착했다. 괴링은 히틀러에게 전보를 보냈다. 베를린은 이제 가망이 없으니, 이제 제국 원수인 자신이 나서서 나치당을 이끌 수밖에 없다는 내용이었다. 이어서 저녁 10시까지 응답이 없으면 총통이 자격을 박탈당한 것으로 간주하여 자신이 명령권을 장악하겠다고 전보를 타전했다. 히틀러는 자신을 배신한 괴링에게 격노했다. 4월 25일까지 아무런 답변을 하지 않다가, 곧바로 SS에게 괴링을 체포하도록 명령했다. 그러나 제3제국은 와해되고 있었기 때문에 명령은 이행되지 못했다. 후계자 문제로 분노한 히틀러는 자살하기 전에 자신의 후계자로 해군 총사령관 되니츠 제독을 임명하였다.

한편, 알타우세 광산의 관리 책임자 푀흐뮐러는 지방 행정관 아이그루버의 명령으로 설치된 40t의 폭발물을 제거하여 최고 명작 미술품을 보존하려고 노력하고 있었다. 네덜란드에서 강탈해 온 [겐트 제단화], 1688년 얀 베르메르 작품 [천문학자], 역시 베르메르의 작품으로 '네덜란드의 모나리자'로 불리는 [진주 귀고리를 한 소녀] 등 명품이 광산 안에 가득했다. 광산 관리관 푀흐뮐러는 편법으로 폭발물을 광산에서 제거하려 했지만, 현지 경찰서장에게 그만 발각되어 폭발물을 제거할 수 없었다. 그는 경찰서장에게 '총통의 명령은 미술품이 적에게 들어가서는 안 된다는 뜻이지, 파괴하라는 것이 아니다'라고 했으나, 경찰서장은 "자신은 지방 장관의 명령만 따른다."라면서 요지부동이었다.

그러한 위기 상황에서도 결국 광산은 폭파를 면하게 되었는데, 이는 순전히 광산 노동자들의 공이었다고 볼 수 있었다. 광부들은 아이그루버가 광산 내부로 가져온 나무 상자에 폭탄이 들어 있다는 것을 알고, 밤에 몰래 폭탄 상자를 광산 밖으로 옮기고 광산 입구를 봉쇄했다. 이들은 그것이 자신들의 생계 수단인 소금을 보존하는 최선의 방책이라고 생각한 것이다. 결국 소금이 미술품을 구한 결과가 되었다.

아이그루버는 전후 재판에서 사형을 선고받았다. 교수형에 처해지는 순간 그가 외친 최후의 말은 '히틀러 만세!'였다. 하일브론에서는 두 곳의 광산에 무려 4만 개의 상자가 있었는데, 이들 상자 속에서 미술품을 찾아내는 작업은 참으로 고된 일이었다. 갱도는 어둡고 추웠으며 터널이 사방으로 뻗어있어 자칫 길을 잃기에 십상이었다. 갱도 속에 수백 개의 비슷한 방들이 있었고, 방마다 비슷한 나무 상자가 있었으며, 상자에는 국보급 문화재와 금화가 폭탄 및 부비트랩과 함께 놓여 있어서 매우 위험했다. 완전히 폐쇄된 벽돌로 막아놓은 뒷 공간에는 액체의 나이트로글리세린이 들어있는 병들이 잔뜩 들어 있었다. 전문가들이 악전고투 끝에 겨우 이를 처리할 수 있었다.

미군은 5월 초에 알타우세 일대를 완전히 접수했다. 막아버린 입구를 광부들이 폭파하여 광산을 복원하는 데만 며칠이 걸렸지만, 다행히 통로를 확보할 수 있게 되어 조사는 무난히 진행되었다. 광산 내부에는 반 에이크의 [성모자상]이 있었고, [겐트 제단화]는 아름답게 빛나고 있었다. 어둠 속에 드러난 선반에는 상자들이 가득했는데, 그곳에는 회화 6,577점, 소묘 및 수채화 230점, 판화 954점, 조각 137점, 무기와 갑옷 129점이 있었고, 이 외에도 기타 관련 서적과 가구 등 귀중한 기록물과 소중한 물품들 수천 점이 발견되었다.

기록물 보존위원회는 모든 물자를 뮌헨으로 옮겨 분류작업을 시작했다. 문제는 7월까지도 광산의 물자를 후송하지 못했는데, 전후 이 지역이 소련의 통제 구역이 될 것이라서 시간이 없었기 때문에 하루에 16시간을 일해야 했다. 이제 이 물품을 원소유주에게 돌려주기 위해서는 얼마나 많은 시간을 투입해야 할지 몰랐다. 우여곡절 끝에 알타우세에 보관했던 미술품들과 예술품들은 큰 손실 없이 연합군에 의해 회수될 수 있었다.

제8장 소련군의 미술품 처리

1945년 5월 2일 소련군은 베를린 시내의 절반을 점령했다. 점령지역은 '박물관의 섬'이라고 불렸는데, 이곳에 유명한 박물관이 그곳에 산재해 있었기 때문이다. 베를린 박물관을 접수한 소련군을 따라 소련군 소속 미술 전문가들이 독일의 주요 미술품이 보존된 방공 요새로 들어갔다. 3개의 방공 요새 중에서 가장 큰 요새는 동물원에 있는 '동물원 방공 요새'로서, 그 높이가 40m에 지하 6층까지 설계되어 있었다. 요새의 벽은 두께가 무려 2m가 넘는 철근 콘크리트로 건설되었고, 방공포 요새의 역할과 아울러 라디오 방송국 및 병원과 탄약 창고 및 귀중품 보관소는 물론, 무려 3만 명을 수용할 수 있는 대피소도 구비되어 있었다. 소련군은 방공 요새에서 우선 귀중품을 챙기려 했고, 미술품에는 관심이 적었다. 그러나 지하 내부에는 외부로 쉽게 이송이 어려웠던 커다란 회화나 조각품들이 보존되어 있었는데, 이들에 대해서 소련은 별도로 편성된 전리품 여단이 확보케 하였다.

전리품 여단은 귀중한 문화재뿐만 아니라, 기계나 식량 등 가치 있는 물건은 무엇이든지 확보했다. 그들은 이러한 귀중한 문화재 등을 나치가 소련에서 파괴하고 약탈한 재산에 대한 배상 대상물 정도로 생각했다. 전리품 여단은 가치 있는 물건에는 관심이 많았으나, 가치를 알 수 없는 문화재에는 관심이 적었기 때문에, 요새의 물건은 한 달 만에 완전히 정리하여 약탈해갔으나, 미술품에 대한 관리는 소홀했다.

방공 요새에는 434점의 매우 귀중한 대형회화를 비롯해 수백 점의 조각들 및 도자기들과 골동품들이 무방비 상태로 방치되어 있었다. 당시 베를린에는 동유럽에서 끌려왔던 노예 노동자 80만 명이 무방비 상태로 풀려 나 식량을 구하기 위해 거리를 배회하고 있었고, 진공상태에 빠진 독일인들도 살아남기 위해 애쓰고 있었다. 모든 곳에서 약탈이 일어났고 자연스럽게 방공 요새에도 도둑이 자주 들었다. 그들의 주요 관심은 식량 확보에 있었고, 주변에 있는 문화재는 건드리지도 않았다.

그러나 5월 5일 화재가 발생하면서, 1층에 남아있던 미술품과 식량은 모두 소실되어 버렸다. 도둑이 불을 질렀는지, 아니면 독일의 보물을 지키지 못한데 절망한 SS 잔당이 미친 짓을 한 것인지 원인을 알 수 없었지만, 소련군은 이러한 문화재에 관해 관심이 없었고, 그 이후에도 도둑들이 계속 드나드는 상황이 계속되었다. 머지않아 또다시 화재가 발생했고, 이때 434점의 회화(보티첼리 1점, 반다이크 1점, 카라바조 3점, 루벤스 10점, 루카스 크라나흐 1세 5점)와 조각품 및 도자기들과 서적들이 모두 불에 타버렸다.

제9장 문명의 영웅들

1945년 5월 7일 독일이 공식적으로 항복을 선언함으로써 전쟁은 끝이 나게 되었다. 전쟁이 끝나자 연합군 진영 내에서는 독일과 오스트리아에서 찾아낸 보물들을 어떻게 처리할 것인가를 두고 토론이 이루어졌는데, 그에 대한 결론은 연합군 사령관 아이젠하워가 발표했다. "모든 문화 유물(시초에 독일의 소유했던 것을 포함하여)은 원래의 소유국으로 반환한다."라는 원칙을 천명한 것이다. 서부 연합군이 독일 남부에서 발견한 약탈 문화재 보관소는 모두 1,000곳 이상이었으며, 이곳에 온갖 국보급 문화재를 위시하여 수백 만점의 예술품이 보관되어 있었다. 교회의 종, 스테인드글라스, 금, 다이아몬드, 와인, 종교 관련 서적, 장서 등이었다. 이들을 모두 분류하고 목록을 작성하여 포장한 다음, 원래의 소유국에 돌려주는 작업은 무려 6년이나 걸렸다.

기록물 보존 요원들의 노력에도 불구하고, 발견하지 못한 문화재는 수십만 점에 달했다. 라파엘로의 [빈도 알토비티]는 악명 높은 나치 총독 한스 프랑크가 소유했다고 알려졌지만, 찾을 수가 없었다. 히믈러가 소유했던 문화재는 영국군이 손쓸 겨를이 없이 SS 돌격대가 불태워 버렸다. 나치가 상트페테르부르크 외곽의 예카테리나 궁전에서 약탈한 표트르 대제의 호박 궁전 패널은 독일군이 약탈해 후퇴하던 중에 쾨니히스베르크에서 벌어진 포격전에서 일부를 제외하고 모두 파괴된 것으로 보인다.

나치가 항복한 지 70년이 넘는 오늘, 나치가 약탈했던 유물들은 사방으로 흩어졌고, 일부는 박물관에 들어갔으며, 기록물의 상당 부분은 미국 국회 도서관이나 대학 도서관에 소장되었다. 연합군은 즉시 유물을 돌려주고 싶었으나, 종전 후 한동안 지하 광산에서 유물을 모두 회수하지 못한데다, 그 물량이 워낙 어마어마하여 단시일 내에 처리할 수 없었다. 그뿐만 아니라, 전 세계는 서부 연합군의 조치를 의심했다. 유럽 사람들과 국가들은 미국과 영국이 자국 젊은이들의 피와 자산을 바쳐 획득한 승리의 결과물을 과연 순순히 원래 소유국에 돌려주려 했는지 의심할 수밖에 없을 것이다.

그해 여름이 다 가기 전에 아이젠하워는 확고한 답을 내놓았다. 미처 체계적인 반환 준비가 덜 되어 있더라도, 중요한 것들은 우선적으로 소유국에 반환하도록 지시한 것이다. 맨 먼저 반환된 것은 네덜란드의 [겐트 제단화]였다. 다음은 프랑스에서 국보로 취급하는 스트라스부르 대성당의 스테인드글라스였다. 스테인드글라스는 지하 700m의 광산에서 72개의 상자로 포장하여 10월 중순에야 운반되었다. 1945년 11월 4일 이 유물을 반환하는 축하 행사가 열렸고, 미국의 기록물 전담반원 로라이머 중위는 프랑스의 레지옹도뇌르 훈장을 수여 받았다. 기록물 전담반원 가운데 이같은 영예를 얻은 사람은 그가 유일했다.

문화재를 약탈하는데 앞장선 인물들의 처리는 올바른 응징을 받았다고 할 수 있었다. 히틀러를 제외하고도 괴링은 자살했으며, 독일이 점령한 서부지역의 민정장관이었던 알프레트 로젠베르크는 교수형에 처해졌다. 동부지역 총독으로 악명을 떨친 자신의 악행을 뉘우치기는 했으나, 그가 약탈했다고 알려진 라파엘로의 그림이 어디 있는지는 끝내 밝히지 않은 채 교수형에 처해졌다.

파리에서 괴링의 대리인으로 문화재 약탈에 앞장선 브루노 로제는 루브르 박물관 별관인 죄드폼에서의 행위 때문에 체포되었다. 그는 형을 감면받기 위해 동료들에 대해 불리한 증언을 했고, 약탈 미술품을 보관하고 있는 장소를 진술하여 가벼운 5년 형을 받고 1950년 출소했다. 그는 뮌헨에서 정식 미술상으로 활동했다. 그의 사후에 그가 스위스에 비밀 금고를 운영한 것을 알고 조사한 결과, 모네와 르누아르 및 카미유 피사로의 회화가 들어 있었는데, 이곳에서 많은 회화가 여러 차례 반출된 것을 확인하고 국제적인 조사가 이루어졌다.

루브르 박물관장이었던 자크 조자르는 문화재 보호의 국가적 영웅으로 인정받아 레지옹도뇌르 3등급인 코망되르 훈장과 레지스탕스 훈장을 수여 받았다. 루브르의 부속건물인 죄드폼에서 나치와 함께하며 문화재의 행방을 추적했던 로즈 발랑은 프랑스군이 파리를 수복하자, 프랑스 제1군의 장교로 종군하면서 약탈 문화재의 반환을 위해 노력했다. 이후 수년간 독일에 머물면서 약탈당한 문화재의 추적과 회수를 위해 노력한 결과, 그녀는 레지옹도뇌르 훈장과 레지스탕스 훈장 및 예술문화 1등급 코망되르 훈장을 받았다. 또한 그녀는 1948년 미국으로부터 자유 훈장을 받았고, 독일로부터도 공로 훈장 1등급 십자 장을 받았다.

미국의 기록물 보존위원들 역시 적절한 포상을 받았다. 제임스 로라이머는 1955년 뉴욕시 메트로폴리탄 미술관의 관장이 되었으며, 능력을 발휘하여 관람객 수가 200만 명에서 600만 명으로 증가하도록 했다. 로버트 포시는 항공기 1대를 특별히 운항하여 [겐트 제단화]를 벨기에에 반환했다. 그는 벨기에의 최고 훈장인 레오폴드 훈장을 받았으며, 프랑스로부터도 레지옹도뇌르 훈장을 받았다.

제10장 맺음말

인류 문화재는 인간의 지적인 최고의 정화이다. 인간이라면 모두가 다빈치의 모나리자를 보았을 때 그 신비함에 매료된다. 로마의 포로 로마노와 콜로세움을 보면서, 2천 년 전의 로마의 모습을 상상하게 되고, 당시 로마의 위대함에 감탄하게 된다. 인간의 최고 정신세계를 표현한 이러한 문화재에 인류는 경탄하면서 오래 보존하여 즐거움을 느끼고자 한다. 그러나 폭력을 통해 이들을 파괴하고 약탈하여 소유하려고 하는 것이 제2차 세계대전 이전까지의 전쟁 행태였다. 전쟁에서 승리한 국가는 당연히 패전 국가의 유물을 소유해 왔었다. 소위 선진국이라는 프랑스나 영국, 독일은 고대 문명국이었던 이집트나 중동지역, 심지어 인도나 중국의 문화재까지도 수없이 약탈하여, 그들의 박물관을 채우고 전 세계 관광객을 끌어 모으고 있다. 그러나 제2차 세계대전에서는 달랐다. 제2차 세계대전은 히틀러나 괴링이 위대한 게르만 민족이 수립할 미래의 국가에 걸맞은 박물관을 건립하기 위해 점령지에서 최고의 걸작품을 약탈하여 지하의 소금 광산에 보관한 것까지는 여느 전쟁과 다름이 없었다.

그러나 서방 연합군인 미국과 영국은 최고의 문명국답게 독일이 약탈한 문화재를 전쟁 전의 원래 소유국에 반환하도록 결정했다. 그런데 승자의 입장에서 본다면, 무수한 젊은 피와 엄청난 자원을 쏟아 부어 획득한 문화재는 전리품으로 보아도 이를 반박하기가 쉽지 않다. 실제로 소련은 점령지역의 재물을 모두 수거하여 소련으로 가져갔다. 물론 그들의 자산이 나치에 엄청나게 약탈당하고 파괴된 데 대한 보상이라면 명분이 없는 것은 아니었다. 따라서 약탈당한 문화재들을 원소유주에게 반환한다는 결정은 가히 인도주의에 입각한 위대한 조치라고 할 수 있다. 이러한 위대한 조치는 사실은 제1차 세계대전 이후 민족 자결주의의 정신을 시작으로, 1941년의 루스벨트 대통령과 처칠 수상의 대서양 헌장에 나타난 정신이 이어진 것이라고 볼 수 있다.

전쟁을 통해서 점령한 영토에 대해서 승전국이면서도 영토에 대한 욕심을 부리지 않겠다는 결의는 참으로 훌륭한 것이었다. 미국의 레이건 대통령은 1987년 초의 연두교서 연설에서 "미국은 2차 대전이 끝났을 때, 국제정치에서 미국이 하고자 하면 모든 것을 할 수 있었다. 그러나 미국은 인도주의적 입장에서 영토의 욕심을 부리지 않고 칼과 창을 녹여 보습을 만드는 것처럼, 마셜플랜을 통해 전후 복구를 지원하여 세계 평화를 가져왔다.' 라고 역설했다.

제2차 세계대전을 치르면서 미국이 그러한 정신으로 [기록물 보존위원회]를 구성하여 때로는 생명을 바쳐가며 약탈당한 위대한 문화재를 찾아내어 원소유주에 돌려준 행위는 인류 역사에 길이 남을 쾌거라고 할 수 있었다.

참 고 문 헌

1. 게르하르트 P. 그로스 저, 진중근 역, 『독일군의 신화와 진실』(서울 : 길찾기, 2016).
2. 권주혁 지음, 『헨더슨 비행장』(서울 : 지식산업사, 2009).
3. 김성걸 지음, 『전투기 100년 역사』(서울 : 한국국방연구원, 2014).
4. 김재천 지음, 『CIA 블랙박스』(서울 : 플래닛미디어, 2011).
5. 김종빈 지음, 『갈등의 핵, 유태인』(서울 : 효형 출판, 2007).
6. 김형진 지음, 『벼랑 끝에서 만나는 처칠』(서울 : 기파랑, 2006).
7. 남도현 지음, 『히든 제너럴』(서울 : 플래닛미디어, 2009).
8. 남도현 지음, 『제2차 세계대전의 흐름을 바꾼 결정적 순간들』(서울 : 플래닛미디어, 2011).
9. 남도현 지음, 『무기의 탄생』(서울 : 플래닛미디어, 2014).
10. 남도현 지음, 『바하인드 워』(서울 : 플래닛미디어, 2015).
11. 노병천 저, 『도해 세계전사』(서울 : 도서 출판 한원, 1989).
12. 데니스 쇼월터 지음, 황규만 옮김, 『패튼과 롬멜』(서울 : 일조각, 2012).
13. 데이비드 조든 지음, 박수민 옮김, 『제3제국』(서울 : 플래닛미디어, 2012).
14. 데이비드 M. 글랜츠·조너선 M. 하우스 지음, 권도승·남창우·윤시원 옮김, 『독소 전쟁사 1941-1945』(서울 : 열린 책들, 2009).
15. 라울 할베르크 지음, 김학이 옮김, 『홀로코스트. 유럽 유대인의 파괴』(서울 : 개마고원, 2008).
16. 로버트 그린 지음, 안진환·이수경 옮김, 『전쟁의 기술』(서울 : 웅진 씽크빅, 2007).
17. 로버트 M. 에드셀 등 지음, 박중서 옮김, 『모뉴먼츠맨』(서울 : 뜨인들, 2012).
18. 로버트 S. 위스트리치 지음, 송충기 옮김, 『히틀러와 홀로코스트』(서울 : 을유문화사, 2004).
19. 리처드 오버리 지음, 류한수 옮김, 『스탈린과 히틀러의 전쟁』(서울 : 지식의 풍경. 2007).
20. 마르틴 반 크레펠트 지음, 우보형 옮김, 『보급전의 역사』(서울 : 플래닛미디어, 2010).
21. 마우리체 필립 레미 지음, 박원영 옮김, 『롬멜. Mythos Rommel』(서울 : 생각의 나무, 2003).
22. 마이클 돕스 지음, 홍희범 옮김, 『1945』(서울 : 모던 아카이브, 2018).
23. 마이클 메클리어 지음, 유경찬 옮김, 『베트남. 10,000일의 전쟁』(서울 :을유문화사, 2009).
24. 마이클 케리건 지음, 박수민 옮김, 『가짜 전쟁』(서울 : 시그마 북스, 2012).
25. 마이클 E. 헤스큐 지음, 박희성 옮김, 『드골』(서울 : 플래닛미디어, 2012).
26. 마키아벨리 지음, 이상두 옮김, 『군주론』(서울 : 범우사, 2005).
27. 마틴 폴리 지음, 박일송·이진성 옮김, 『지도로 보는 세계 전쟁사』(서울 : 생각의 나무, 2008).
28. 맥스 부트 지음, 송대범·한태영 옮김, 『전쟁이 만든 신세계』(서울 : 플래닛 미디어, 2007).

29. 바실 리델하트 지음, 주은식 옮김, 『전략론』(서울 : 책 세상, 2004).
30. 박재석·남창훈 지음, 『연합 함대. 그 출범에서 침몰까지』(서울 : 가람 기획, 2007),
31. 박휘락 지음, 『전쟁, 전략, 군사 입문』(서울 : 법문사, 2005).
32. 버나드 로 몽고메리 지음, 승영조 옮김, 『전쟁의 역사』(서울 : 책세상, 2005).
33. 베빈 알렉산더 지음, 함규진 옮김, 『히틀러는 왜 세계 정복에 실패했는가?』(서울 : 홍익 출판사, 2004).
34. 볼프 슈나이더 지음, 박종대 옮김, 『만들어진 승리자들』(서울 : 을유문화사, 2011).
35. 브레이턴 해리스 지음, 김홍래 옮김, 『니미츠』(서울 : 플래닛미디어, 2012).
36. 손관승 지음, 『탑 시크릿, 그림자 인간』(서울 : 2008).
37. 손자 지음, 김광수 해석하고 씀, 『손자병법』(서울 : 책 세상, 2006).
38. 송옌 지음, 김정자 옮김, 『베일에 가려진 스파이 이야기』(서울 : 시그마북스, 2010).
39. 스탠리 P. 허쉬슨 지음, 전경화 옮김, 『제너럴 패튼』(서울 : 이룸, 2006).
40. 스티븐 앰브로스 외 지음, 로버트 카울리 엮음, 이종인 옮김, 『만약에 1, 2』(서울 : 세종연구원, 2004).
41. 시오노 나나미 지음, 오정환 옮김, 『나의 친구 마키아벨리』(서울 : 한길사, 1996).
42. 심은식 지음, 『한국인의 눈으로 본 태평양 전쟁 2』(서울 : 가람기획, 2009).
43. 아서 브라이언트 지음, 황규만 옮김, 『워 다이어리』(서울 : 플래닛미디어, 2010).
44. 안드레아스 링케·크리스티안 슈베게를 지음, 육해원 옮김, 『미래 전쟁』(서울 : 영림카디널, 2013).
45. 안토니 비버 지음, 안종설 옮김, 『여기 들어오는 자, 모든 희망을 버려라』(서울 : 도서출판 서해문집, 2004).
46. 알프레드 세이어 마한 지음, 김주식 옮김, 『해양력이 역사에 미친 영향』(서울 : 책 세상, 2010).
47. 앤드류 로버츠 지음, 이은정 옮김, 『CEO. 히틀러와 처칠. 리더십의 비밀』(서울 : Human & Books, 2004).
48. 앤드류 호지스 지음, 김희주·한지원 옮김, 『알란 튜링의 이미테이션 게임』(서울 : 동아시아, 2015).
49. 안토니 비버 지음, 김규태·박미라 옮김, 『제2차 세계대전』(서울 : 글항아리, 2017).
50. 앨런 액슬로드 지음, 나선숙 옮김, 『불굴의 CEO 루스벨트. 두려움은 없다』(서울 : 힌스미디어, 2004).
51. 어니스트 볼크먼 지음, 이창신 옮김, 『스파이의 역사 1』(서울 : 이마고, 2003).
52. 어니스트 볼크먼 지음, 석기용 옮김, 『전쟁과 과학, 그 야합의 역사』(서울 : 이마고, 2004).
53. 어니스트 볼크먼 지음, 석기용 옮김, 『20세기 첩보전의 역사』(서울 : 이마고, 2004).
54. 에니 제이콥슨 지음, 이동훈 역, 『오퍼레이션 페이퍼클립』(서울 : 인벤션, 2016).
55. 엘리엇 코언 지음, 이진우 옮김, 『최고사령부』(서울 : 가산 출판사, 2002).
56. 온창일·정토웅·박일송·김광수·황수형 지음, 『군사 사상사』(서울 : 황금알, 2006).

57. 요시다 유타카 지음, 최혜주 옮김, 『아시아 태평양 전쟁』(서울 : 어문학사, 2013).
58. 운노 히로시 지음, 안소현 옮김, 『스파이의 세계사』(서울 : 시간과 공간사, 2005).
59. 원동호 지음, 『현대 암호학』(서울 : 도서출판그린, 2013).
60. 웨인 휴스 지음, 조덕현 옮김, 『해전사 속의 해전』(서울 : 신서원. 2009).
61. 유용원의 군사 세계 지음, 『비밀스런 군사 이야기』(서울 : 플래닛미디어, 2009).
62. 육군사관학교 전사학과, 『세계 전쟁사』(서울 : 황금알, 2004).
63. 육군사관학교 군사학처 지음, 『군사학 길라잡이』(서울 : 양서각, 2004).
64. 윤지강 지음, 『세계 4대 해전』(서울 : 느낌이 있는 책, 2007).
65. 위렌턴 지음, 박윤식 옮김, 『대본영의 참모들』(서울 : 나남, 2014).
66. 윈스턴 처칠 지음, 차병직 옮김, 『제2차 세계대전 상. 하』(서울 : 까치, 2016).
67. 윌리엄 맨체스터 저, 육사 인문사회과학처 역, 『맥아더 원수』(서울 : 병학사, 1984).
68. 윌리엄 위어 지음, 아덕열 옮김, 『세상을 바꾼 전쟁』(서울 : 시아출판사, 2005).
69. 윌리엄 L. 샤이러 지음, 유승근 옮김, 『제3제국의 흥망 1, 2, 3』(서울 : 에디터, 1993).
70. 이동훈 지음, 『전쟁 영화로 마스터하는 2차 세계대전(태평양 전선)』(서울 : 가람 기획, 2010).
71. 이동훈 지음, 『전쟁 영화로 마스터하는 2차 세계대전(유럽 전선)』(서울 : 가람기획, 2011).
72. 이쿠지로 노나카 등 저, 임해성 옮김, 『전략의 본질』(서울 : 한국 물가 정보, 2006).
73. 이현우 지음, 『미술관에서 만난 전쟁사』(서울 : 어바웃어북, 2018)).
74. 일본의 전쟁 책임 자료 센터 편, 서각수·신동규 옮김, 『세계 전쟁 책임과 전후 보상』(서울 : 동북아 역사 재단, 2009).
75. 임용환 지음, 『전쟁, 전략』(서울 : 교보문고, 2012).
76. 작모셰 크레스 지음, 도응조 옮김, 『작전적 군수』(서울 : 연경문화사, 2008).
77. 정토웅 지음, 『전쟁사 101장면』(서울 : 가람 기획, 1997).
78. 제프리 메가기 지음, 김홍래 옮김, 『히틀러 최고사령부』(서울 : 플래닛미디어, 2009).
79. 존 에드워드 지음, 류동완 옮김, 김민석 감수, 『진화하는 전쟁』(서울 : 플래닛미디어, 2006).
80. 존 키건 지음, 류한수 옮김, 『제2차 세계 대전사』(서울 : 청어람 미디어, 2007).
81. 존 키건 지음, 조행복 옮김, 『제1차 세계 대전사』(서울 : 청어람 미디어, 2009).
82. 존 G. 스토신저 지음, 임윤갑 옮김, 『전쟁의 탄생』(서울 : 플래닛미디어, 2009).
83. 줄리안 톰슨·앨런 밀레트 지음, 조성호 옮김, 김태영 감수, 『제2차 세계대전 시크릿 100선』(서울 : 책 미래, 2013).
84. 줄리오 두헤 지음, 이명환 옮김, 『제공권』(서울 : 책 세상, 2010).
85. 찰스 메신저 지음, 한상석 옮김, 『신화로 남은 영웅 롬멜』(서울 : 플래닛미디어, 2010).
86. 처칠 지음, 강우영 옮김, 『처칠, 나의 청춘기』(서울 : 청목사, 1993).
87. 카를 폰 클라우제비츠 지음, 류제승 옮김, 『전쟁론』(서울 : 책 세상, 1998).
88. 카알 폰 클라우제비츠 지음, 김만수 옮김, 『전쟁론』(서울 : 갈무리, 2006).

89. 칼 하인츠 프리저 지음, 진중근 옮김, 『전격전의 전설』(서울 : 일조각, 2007).
90. 칼 되니츠 지음, 안병구 대령 역, 『10년 20일』(서울 : 삼신각, 1995).
91. 토마스 J. 크로웰 지음, 김영진 옮김, 『제2차 세계대전의 숨은 영웅들』(서울 : 플래닛미디어, 2010).
92. 티머시 스나이더 지음, 조행복 옮김, 『블랙 어스 Black Earth』(서울 : 열린 책들, 2018).
93. 폴 클리어 등 지음, 강민수 옮김, 『제2차 세계대전』(서울 : 플래닛미디어, 2009).
94. 필립 M. H 벨 지음, 황의방 옮김, 『12 전환점으로 읽는 제2차 세계 대전』(서울 : 까치 글방, 2012).
95. 하겐 슐체 지음, 반성완 옮김, 『새로 쓴 독일 역사』(서울 : 지와 사랑, 2001).
96. 하세가와 쓰요시 지음, 한승동 옮김, 『종전의 설계자들』(서울 : 메디치, 2019).
97. 허원중 엮음, 전왕록·전혜진 옮김, 『지도로 보는 세계 사상사』(서울 : 시그마 북스. 2009).
98. 홍익희 지음, 『세 종교 이야기』(서울 : 행성비, 2018).
99. A. 히틀러 지음, 이명성 옮김, 『나의 투쟁』(서울 : 홍신 문화사, 2006).
100. A. J. P 테일러 지음, 유영수 옮김, 『제2차 세계대전의 기원』(서울 : 지식의 풍경, 2012).
101. H. 폴 제퍼스·앨런 액설로드 지음, 박희성·박동휘 옮김, 『마셜』(서울 : 플래닛미디어, 2011).
102. 존 키건 지음, 황보영조 옮김, 『정보와 전쟁』(서울 : 까치 글방, 2006).
103. Alexander Lüdeke, *Weapons of World War II*(London : Parragon Books, 2007).
104. Antony Beevor, *The Second World War*(New York : Back Bay Book, 2012).
105. Dwight D. Eisenhower, *Crusade in Europe* (New York : Ishi Press international, 2011).
106. Howard J. Langer. *The World War II 100*(London : Bounty Books, 2006).
107. Max Hastings, *Inferno, The World at War*(London, Harpers Press, 2010).
108. Philip Parker. *Atlass of Military History*(London : Harper Collins, 2004).
109. Rick Atkinson, *The Guns at Last Light*(New York : Henry Holt and Company. 2013).
110. Robert Kirchubel, *Operation Barbarossa*(Oxford : Osprey Publishing, 2013).
111. Robert Lecki, *Delivered from Evil*(New York : Harper & Row, 1988).
112. Samuel B. Griffith, *SUN TZU. THE ART OF WAR*(Oxford Universty Press, 1963).
113. Thomas C. Hone, *The Battle of Midway*(Annapolis : Naval Institute press, 2013).

색 인 목 록

ㄱ

구리다 ··· 540, 756, 757, 760, 761, 766

ㄴ

ㄹ

ㅁ

ㅂ

ㅅ

ㅇ

ㅈ

ㅊ

ㅋ

ㅌ

ㅍ

ㅎ

A

B

C

E

F

G

H

I

J

M

N

O

P

Q

R

S

T

U

Y

Z

숫자